St. Galler Kultur und Geschichte 30

*Josef Scherrer stand von 1911 bis 1956 an der Spitze
der christlichsozialen Organisationen des Kantons St. Gallen
(Aufnahme aus dem Jahr 1930).*

Walther Baumgartner

Die Christlichsoziale Partei des Kantons St.Gallen 1911–1939

*St.Galler Arbeiterschaft und Angestellte
zwischen Katholizismus und Sozialismus*

1998
Herausgegeben von
Staatsarchiv und Stiftsarchiv
St.Gallen

Die vorliegende Arbeit wurde von der Philosophischen Fakultät I der Universität Zürich im Wintersemester 1996/97 auf Antrag von Prof. Dr. Rudolf Braun als Dissertation angenommen.

Folgende Personen, Institutionen, Organisationen und Unternehmen haben die Drucklegung der Arbeit finanziell unterstützt, wofür ich ganz herzlich danke:

Dr. Josef Leo Scherrer, St.Gallen, und Geschwister
Nationalrat Dr. Eugen David, St.Gallen
Ständerat Paul Gemperli, St.Gallen
alt Nationalrat Dr. Edgar Oehler, Balgach
alt Nationalrat Anton Stadler, Altstätten
Lotteriefond des Kantons St.Gallen
Politische Gemeinde Oberriet
Ortsgemeinde Montlingen
Christlichsoziale Parteigruppe des Kantons St.Gallen
Christlichsoziale Partei Goldach
Christliche Sozialbewegung der Schweiz
CVP des Bezirks Oberrheintal
Bischöfliches Ordinariat St.Gallen
Katholischer Konfessionsteil des Kantons St.Gallen
Hugo Dietsche AG, Kriessern.

© Staatsarchiv Regierungsgebäude, St.Gallen
Redaktion: Silvio Bucher
Satz und Druck: E. Löpfe-Benz AG, Rorschach
Einband: Buchbinderei Eibert AG, Eschenbach
Kommissionsverlag: Buchhandlung am Rösslitor, Webergasse 5, 9000 St.Gallen
ISBN 3-908048-34-6

Vorwort

Am Anfang der vorliegenden Arbeit über die St.Galler Christlichsozialen stand die Neugierde meiner Heerbrugger Kantonsschüler. Als nämlich die St.Galler Christlichsozialen 1987 mit einer eigenen Liste und mit beachtlichem Erfolg – Eugen David gelang die Rückeroberung des 1983 verlorengegangenen christlichsozialen Mandats – in den nationalrätlichen Wahlkampf zogen und die Rheintaler Gymnasiasten mehr über diese sogenannte «Vereinigung» innerhalb der CVP erfahren wollten, erwies es sich als recht schwierig, Informationen zur Geschichte und zur aktuellen Stellung der christlichsozialen Parteigruppe St.Gallens zu beschaffen. Fast zeitgleich erfuhr ich von Dr. Louis Specker, Konservator am Historischen Museum in St.Gallen, dass Frau Maria Scherrer die Tagebücher ihres Vaters Josef, des Gründungspräsidenten der St.Galler christlichsozialen Parteigruppe und langjährigen Führers der christlichsozialen Arbeiter- und Volksbewegung, verwahrt, die bislang noch nie systematisch ausgewertet worden waren. Ein Augenschein im Privatarchiv Scherrer überzeugte mich sogleich von der Ergiebigkeit dieser Quelle für die Rekonstruktion der Geschichte der sanktgallischen christlichsozialen Organisationen. Zusammen mit den Archivalien der Christlichen Sozialbewegung der Schweiz in Baden (heute als Depositum im Bundesarchiv in Bern) ergaben die Tagebuchnotizen eine vergleichsweise gute Quellenbasis zur wissenschaftlichen Aufarbeitung dieses Aspekts der St.Galler Geschichte.

Aus der Neugierde meiner Schüler und wachsendem eigenen Interesse entstand die vorliegende Dissertation. Es ist mir ein aufrichtiges Bedürfnis, all jenen herzlich zu danken, die mich bei meiner Arbeit begleitet und gefördert haben. Ganz besonderen Dank schulde ich meinem verehrten Lehrer, Professor Rudolf Braun, der den Fortgang meiner Studien mit wachem Interesse verfolgte und mir in der konkreten Ausgestaltung der Arbeit vertrauensvoll grosse Freiheit gewährte. Ebenso bin ich meinem Onkel, Professor em. Jakob Baumgartner, zu grossem Dank verpflichtet. Er unterzog sich nicht nur der Mühe, die Texte sorgfältig durchzulesen, er stand mir auch mit wertvollen Ratschlägen zur Seite und war mir Stütze in einer schwierigen Zeit. Jakob Baumgartner – er starb bald nach Abschluss des Manuskripts – war es leider nicht mehr vergönnt, die Drucklegung des Werkes zu erleben. Maria Scherrer erlaubte mir die Ausleihe und Durchsicht der Tagebücher ihres Vaters; alt Nationalrat Karl Trottmann führte mich kompetent durch die Archivbestände der Christlichen Sozialbewegung der Schweiz; lic. iur Beni Würth, alt Parteisekretär der CVP des Kantons St.Gallen, Mares Bänziger, Sekretärin der Katholischen Arbeitnehmerbewegung der Diözese St.Gallen, sowie dipl. theol. Stefan Kemmer und Dr. Cornel Dora, Verantwortliche im Bischöflichen Archiv und im Archiv der Katholischen Administration in St.Gallen, liessen mich ungehindert Einblick in ihre Archive nehmen und gaben bereitwillig Auskunft. Hilfreiche Impulse erhielt ich von Dr. Louis Specker, der mir auch das Manuskript seiner geplanten «Geschichte der Ostschweizer Arbeiterbewegung» zur Verfügung stellte, von Dr. Werner Ritter, von lic. phil. Remo Wäspi sowie von lic. phil. Wolfgang Göldi. Letzterer besorgte zusammen mit Dr. Jeannette A. Aregger in verdankenswerter Weise auch das Lektorat und war mir bei der Beschaffung des Bildmaterials behilflich. Alt Bundesrat Dr. Kurt Furgler, zweiter Kantonalpräsident der St.Galler christlichsozialen Parteigruppe, nahm sich Zeit, die Ergebnisse meiner Studie durchzusprechen. Markus Kaiser vom Staatsarchiv St.Gallen, Patrick Roth und Kurt Kühne halfen bei der Bebilderung mit. Mein Schwager Daniel Zoller und mein Bruder Damian führten mich in die Computertechnik ein. Herzlich danken möchte ich auch dem Rektor der Kantonsschule Heerbrugg, Professor Hannes Kampfer, der meine privaten Studien mit Wohlwollen und Verständnis verfolgte, ebenso den Erziehungsbehörden des Kantons St.Gallen, die mir Urlaub von meinen schulischen Verpflichtungen gewährten. Für die Aufnahme der Arbeit in die Reihe «St.Galler Kultur und Geschichte» danke ich dem Vorsteher des kantonalen Amtes für Kultur, Dr. Walter Lendi, sowie dem Leiter des Staatsarchivs, Dr. Silvio Bucher, der die Drucklegung betreute.

Dieses Buch widme ich meinen Eltern, meiner Frau und meinen Söhnen Tobias und Jonas.

Hinterforst, Weihnachten 1997

Walther Baumgartner

Inhaltsverzeichnis

Einleitung 11

Erster Teil: Von der christlichsozialen Bewegung zur Parteigründung   19

1 Die christlichsoziale Arbeiter- und Volksbewegung im Kanton St.Gallen . .   20
   1.1 Der gesellschaftliche und wirtschaftliche Rahmen   20
   1.2 Vorläufer und Vorbilder   29
   1.3 Gründung und Aufbau   39
   1.4 Vielfalt in der Einheit – das organisatorische Grundmodell   54
   1.5 Die Entwicklung bis zum Zweiten Weltkrieg   61
   1.6 Die Sammlung der katholischen Angestellten und Bauern   98
   1.7 Das Werben um die Jugend   113

2 Die Anfänge der Christlichsozialen Partei des Kantons St.Gallen   123
   2.1 Die parteipolitischen Verhältnisse im Kanton St.Gallen um 1911   123
   2.2 Das politische Erwachen der Christlichsozialen   127
   2.3 Der Proporz als Katalysator   134
   *2.4 Die Gründung der CSP im Zeichen des Ringens um die Organisationsform
       und der Frontstellung gegen die Sozialdemokratie*   137
   2.5 Die Reaktion der Sozialdemokraten   151
   2.6 Das Verhältnis der CSP zur christlichsozialen Gesamtbewegung   155
   2.7 Die regionale Verbreitung der CSP   163

Zweiter Teil: Ideelle Grundlagen der Christlichsozialen Partei   175

1 Weltanschauung und Programm des schweizerischen sozialen Katholizismus   176
   1.1 Rerum novarum – der Grundstein der katholischen Soziallehre   176
   *1.2 Die Rezeption von Rerum novarum in den politischen Programmen
       der christlichsozialen Bewegung*   187
   1.3 Christlichsoziale Entwürfe zu einer berufsständischen Ordnung   193
   1.4 Quadragesimo anno und das Echo in der christlichsozialen Bewegung   201

2 Die konservativ-christlichsoziale Programmatik 215

   2.1 Christlichsozialer Programmentwurf von 1911 215
   2.2 Gemeinsames Programm der Konservativen und Christlichsozialen von 1911 . 221
   2.3 Aktionsprogramm der Konservativen und Christlichsozialen von 1919 231
   2.4 Programmatische Kontinuität und Stabilität 234

3 Die Beziehungen der Christlichsozialen zur katholischen Kirche 238

   3.1 Die Bedeutung von Kirche und Geistlichkeit für die christlichsoziale Bewegung 238
   3.2 Schicksalsgemeinschaft zwischen Kirche und politischem Katholizismus . . . 248
   3.3 Die besondere Verantwortung der St.Galler Bischöfe 255

Dritter Teil: Das innere Gefüge der Christlichsozialen Partei 269

1 Parteivolk und Parteikader 270

   1.1 Mitgliedschaft und Mitgliederzahlen 270
   1.2 Sozial- und Konfessionsstruktur 274
   1.3 Josef Scherrer – «der erste Diener» 282
   1.4 Weitere Führerpersönlichkeiten 295

2 Struktur, Organisation und Prozesse 304

   2.1 Aufbau, Parteiorgane und Willensbildung 304
   2.2 Die christlichsoziale Grossratsgruppe 317
   2.3 Parteifinanzen 325

3 «Glied der konservativen und christlichsozialen Gesamtpartei» 331

   3.1 Die konservative Partei als Rahmenpartei 331
   3.2 Der organisatorische Einbau der CSP in die konservative Gesamtpartei . . . 341
   3.3 Der Radius der christlichsozialen Autonomie in Wahl- und Sachfragen . . . 357
   3.4 Partei- und Listenbezeichnung 367

Vierter Teil: Die Christlichsozialen im Kräftespiel der St.Galler Parteien 373

1 Abriss der St.Galler Parteiengeschichte von 1912 bis 1939 374
2 Das Verhältnis zu den Konservativen 394

   2.1 Katholische Einheitsfront und Sauerteig-Gedanke 394
   2.2 Die Beziehungen zu den Jungkonservativen und Bauern 400
   2.3 Phasen der praktischen Beziehungen 407
   2.4 Konkordanz in Sachfragen … 419
   2.5 … und Dissonanzen bei Wahlen 430
   2.6 Der lange Weg in den Regierungsrat 445
   2.7 Der Zugang zur konservativen Presse und der «Hochwacht»-Konflikt 453
   2.8 Separation statt Integration – der Ruf nach Trennung 472
   2.9 Faktoren der Kohäsion 483
   2.10 Versuch einer Bilanz 490

3 Das Verhältnis zu den Sozialdemokraten 493
   3.1 Der Antisozialismus als Integrationsideologie 493
   3.2 «Gegengewicht» zur Sozialdemokratie 506
   3.3 Von Konkurrenten zu Feinden – das Trauma des Landesstreiks 509
   3.4 Pragmatische Zustimmung zur sozialdemokratischen Regierungsratskandidatur 517
   3.5 Zurück in den Doktrinarismus – die 1930er Jahre 519
   3.6 Versuch einer Bilanz 528

4 Das Verhältnis zu anderen politischen Kräften 530
   4.1 Die Stellung zum Freisinn 530
   4.2 Die Stellung zu den Demokraten 534
   4.3 Die Stellung zur Nationalen Front 536
   4.4 Die Stellung zu den «Splitterparteien» 539

Schlussbetrachtung: 543
(Katholische) Lagerloyalität vor (sozialdemokratischer)
Klassensolidarität 544

Bibliographie 551

1 Quellen 552
   1.1 Ungedruckte Quellen 552
   1.2 Gedruckte Quellen 553

2 Literatur 559

Anhang 571

1 Abkürzungsverzeichnis 572

2 Verzeichnis der Tabellen und Abbildungen 572
   2.1 Tabellen 572
   2.2 Abbildungen 574

3 Bildnachweis 574

4 Personenregister 575

Einleitung

Stadt und Kanton St.Gallen waren am Ende des 19. Jahrhunderts Ausgangspunkt und bis zum Ersten Weltkrieg und weit darüber hinaus Mittelpunkt der schweizerischen christlichsozialen Arbeiter- und Volksbewegung.[1] Nirgends in der Schweiz waren die christlichsozialen Organisationen so tief verwurzelt und so erfolgreich wie hier, wo bis 1798 die Fürstäbte des Klosters St.Gallen regiert hatten. Josef Scherrer, der Führer der St.Galler und Schweizer Christlichsozialen, sprach noch 1935 von der St.Galler «Mutterbewegung», an der die landesweite Bewegung einen «festen Rückhalt» finden müsse. Tatsächlich breiteten sich seit 1899 von der Stadt St.Gallen wie ein Kapillarnetz die Gründungen Johann Baptist Jungs und Alois Scheiwilers aus, zunächst über die Ostschweiz, bald schon über das ganze Land. Von 1899–1939 stellte der Kanton St.Gallen den Haupttharst der Mitglieder der katholischen Arbeiter- und Arbeiterinnenvereine der Schweiz. Von hier aus, dem Sitz der beiden christlichsozialen Dachorganisationen, des Zentralverbandes christlichsozialer Arbeiterorganisationen der Schweiz (ZV) und des Christlichsozialen Arbeiterbundes der Schweiz (CAB), sowie der Zentralverbände der Standesvereine und des Christlichen Gewerkschaftsbundes, erfolgte die organisatorisch-administrative Leitung der Gesamtbewegung. St.Galler Persönlichkeiten – allen voran Johann Baptist Jung, Alois Scheiwiler und Josef Scherrer – waren es, die die christlichsozialen Organisationen gründeten, aufbauten und während Jahrzehnten leiteten. Diese Dominanz St.Gallens provozierte gelegentlich auch Kritik. Nach dem Tode des ebenfalls aus St.Gallen stammenden Gewerkschaftsführers Johannes Müller im Jahre 1937 drängte eine Minderheit in der zentralen Gewerkschaftsleitung darauf, den Sitz des Dachverbandes von St.Gallen nach Zürich zu verlegen, um auf diese Weise den St.Galler Einfluss abzuschwächen. Und an der Delegiertenversammlung des Verbandes der katholischen Arbeitervereine der Schweiz im selben Jahr monierte ein Votant, dass der Verbandsvorstand mehr und mehr «versangallere» …

Was für die Rolle St.Gallens in der Gesamtbewegung gilt, trifft im besonderen für die Christlichsoziale Partei des Kantons St.Gallen (CSP) zu.

1 Bei der Schreibweise von «christlichsozial» war bis ungefähr 1920 der Bindestrich gebräuchlich («christlich-sozial»); später setzte sich die zusammengeschriebene Form durch («christlichsozial»). Wir haben uns durchgängig an die spätere Schreibweise gehalten.

Wiewohl andere Kantone, nämlich Zürich und Solothurn, in der politischen Sammlung und Organisation der katholischen Arbeiter und Angestellten St.Gallen vorangingen, so waren es mit Josef Scherrer, Johannes Duft und Johannes Müller doch wiederum St.Galler Christlichsoziale, die den politischen Kurs der Gesamtbewegung bestimmten. Der Kantonalpräsident der CSP, Josef Scherrer, stellte in seinem 1928 vorgelegten Tätigkeitsbericht sogar fest, dass den leitenden Organen der St.Galler Parteigruppe «zum schönsten Teil» auch die Leitung der schweizerischen christlichsozialen Bewegung überbunden sei. Vor allem aber wurde die zunächst in der Stadt und kurze Zeit darauf auch im Kanton St.Gallen gefundene Regelung des Verhältnisses der christlichsozialen Parteigruppe zur konservativen Mutterpartei wegleitend für die Entwicklung auch in anderen Kantonen.

Mit der Bedeutung der St.Galler Organisationen – Josef Scherrer kennzeichnete sie als «Herz der christlichsozialen Bewegung» – kontrastiert das Faktum, dass die Christlichsozialen im Schrifttum zur St.Galler Geschichte bislang stets nur stiefmütterlich behandelt worden sind. Georg Thürer streift in seiner 1972 publizierten St.Galler Kantonsgeschichte die christlichsozialen Gründungen nur am Rande, und Ernst Ehrenzeller erwähnt sie in seiner 1988 erschienenen St.Galler Stadtgeschichte mit keinem Wort. Auch die Jubiläumsschrift zum 150jährigen Geburtstag der Christlichdemokratischen Volkspartei des Kantons St.Gallen widmet den Christlichsozialen bloss eine dünne Randnotiz. Mehr Gerechtigkeit widerfuhr den Christlichsozialen dagegen von seiten Thomas Holensteins sen., der in seiner 1934 vorgelegten, auf breiter Quellenbasis und gestaltendem Miterleben basierenden und noch heute lesenswerten «Geschichte der Konservativen Volkspartei des Kantons St.Gallen 1834–1934» Gründung und Leistung der christlichsozialen Organisationen angemessen würdigte. In der aktuellen St.Galler Historiographie ist jedoch eine Trendwende erkennbar. Louis Specker wird in seiner geplanten «Geschichte der Ostschweizer Arbeiterbewegung» dem katholischsozialen Beitrag zur Linderung und Lösung der sozialen Frage gebührenden Platz einräumen, dies im Wissen darum, dass «eine Geschichte der Arbeiterbewegung der Ostschweiz, welche die aus dem Boden des Katholizismus erwachsenen Bestrebungen zur Arbeiterhilfe unbeachtet liesse, nicht mehr [wäre] als ein kümmerliches Fragment».

Doch nicht allein die Geschichte der katholischen Arbeiterbewegung liegt im Kanton St.Gallen brach, auch jene der linksbürgerlichen Demokratischen und Arbeiterpartei sowie jene der sozialistischen Arbeiterorganisationen harren nach wie vor der wissenschaftlichen Aufarbeitung. Weil sich die CSP stets als Antipode der Linken und als deren Alternative profilierte und definierte, erweist sich besonders das Fehlen einer Darstellung der 1905 gegründeten Sozialdemokratischen Partei des Kantons St.Gallen als nachteilig. Die aus Anlass des 50-Jahr-Jubiläums der sozialdemokratischen «Volksstimme» 1961 veröffentlichte Erinnerungsschrift vermag dieses Defizit nur teilweise auszugleichen.

Die vorliegende Arbeit will einen Beitrag leisten, wenigstens die erstgenannte Lücke in der St.Galler Geschichtsschreibung zu schliessen. Sie thematisiert einen Aspekt aus dem Gesamtkomplex der katholischen Sondergesellschaft St.Gallens, nämlich die Geschichte der christlichsozialen Parteigruppe des Kantons in den Jahren 1911 bis 1939. In zweifacher Hinsicht ist die Studie über ihren eigentlichen Gegenstand hinausgewachsen. Erstens umschliesst sie auch die zeitgleiche Entwicklung der Konservativen Volkspartei des Kantons St.Gallen (KVP), und zwar darum, weil die CSP nie eine «absolute» Partei war, sondern stets als teilautonome Parteigruppe oder «Partei in der Partei» im Rahmen der konservativen Gesamtpartei agierte. Und zweitens ist die Parteigeschichte eingebettet in die Darstellung der Geschichte der christlichsozialen Gesamtbewegung im Kanton. Josef Scherrer nannte die christlichsoziale Bewegung eine «totalitäre», die «alle Lebensbereiche» des Menschen umfasse. Aus dieser «Universalität» ergebe sich, «dass man nicht nur Teilbereiche kritisch würdigen kann, wenn man ein richtiges Bild des Schaffens unserer Organisationen erhalten will». Der Parteistudie ist darum ein Abriss über die Gründung und Entwicklung der christlichsozialen Gesamtbewegung im Kanton vorangestellt. Er ist notgedrungen knapp gehalten; eine Vertiefung, etwa hinsichtlich des Kassen- und Genossenschaftswesens, würde sich lohnen. Die Darstellung der CSP folgt, nach der Darlegung der Gründungsumstände (erster Teil), Erich Gruners Definition, dergemäss sich eine Partei wesentlich durch die Elemente Orientierung (zweiter Teil), Organisation (dritter Teil) und Teilnahme an der politischen Willensbildung und Entscheidungsfindung (vierter Teil) konstituiert.

Konkret schlagen wir folgenden Weg ein. Im zweiten Teil stellen wir die Rahmen- oder Referenzprogramme der St.Galler Christlichsozialen vor, die päpstlichen Sozialenzykliken Rerum novarum (1891) und Quadragesimo anno (1931), ferner das Politische Programm der Christlichsozialen aus dem Jahre 1908, die Initialzündung zur politischen Sammlung der katholischen Arbeiterschaft, sowie das die christlichsoziale Handschrift tragende Wirtschafts- und Sozialprogramm der Schweizer Katholiken von 1929 mit der Kernforderung nach Errichtung einer berufsständischen Ordnung. Im Zentrum der Programmarbeit der St.Galler Konservativen und Christlichsozialen stand deren gemeinsames Programm aus dem Jahre 1911. Bis zum Ende unserer Berichtszeit gültig, integrierte es die Vorgaben, die die Christlichsozialen in einem Programmentwurf gemacht hatten. Das gemeinsame Programm wurde zum eigentlichen Fundament der konservativ-christlichsozialen Hausgemeinschaft. Das Kapitel über die engen Beziehungen der christlichsozialen

Organisationen zur katholischen Kirche würdigt die eminente Bedeutung, die dem Klerus, im besonderen den St.Galler Bischöfen, für die ideologisch-programmatische Kursbestimmung der Bewegung zukam.

Die Beschreibung des inneren Gefüges der CSP im dritten Teil krankt daran, dass die einschlägigen Quellen – Mitgliederverzeichnisse und Protokolle – weitgehend fehlen, was zur Folge hat, dass Aussagen etwa zu den Mitgliederzahlen, zur Sozialstruktur des Parteivolkes oder zum innerparteilichen Willensbildungsprozess nur andeutungsweise gemacht werden können. Die allpräsente, dominante Stellung Josef Scherrers in den Parteigremien, die Tatsache auch, dass er die Parteigruppe von 1911 bis 1956 straff und autoritär leitete, rechtfertigt es, dessen Persönlichkeit ausführlich zu würdigen, zumal eine biographische Arbeit bis zum heutigen Tage ein Wunsch geblieben ist. Das innere Gefüge der CSP lässt sich nicht isoliert beschreiben, war doch die christlichsoziale Parteigruppe mit der konservativen Mutterpartei über gegenseitige Vertretungen eng verflochten. Den Prozess der organisatorisch-strukturellen Integration der CSP in den Rahmen der konservativen Gesamtpartei verfolgt das letzte Kapitel des dritten Teils.

Im Mittelpunkt des vierten Teils stehen die konkret-praktischen Beziehungen der CSP zu den politischen Akteuren St.Gallens, speziell zu den unmittelbaren «Nachbarn» zur Rechten, den Konservativen, und zur Linken, den Sozialdemokraten. Nach einem Abriss über die Entwicklung des St.Galler Parteiensystems der Zwischenkriegszeit beschreibt dieser Teil den vor allem in Wahlen manifesten spannungsvollen Aufstieg der CSP vom Aussenseiter zum Juniorpartner und schliesslich zum Konkurrenten der KVP. Gleichsam Kehrseite der völligen Loyalität der CSP gegenüber dem konservativen Parteilager waren die ebenso unbedingte, weltanschaulicher Grundsätzlichkeit entspringende Ablehnung und Bekämpfung der sozialdemokratischen Konkurrenzorganisationen.

Der zeitliche Bezugsrahmen der Studie ergibt sich zum einen aus der Gründung der ersten christlichsozialen Organisationen im Jahre 1899 und der Parteigruppe im Jahre 1911, zum andern daraus, dass mit dem Ausbruch des Zweiten Weltkrieges der Prozess der Integration der katholischen Arbeiter- und Angestelltenschaft ins katholisch-konservative Lager abgeschlossen war. Ausserdem verfiel die christlichsoziale Bewegung während des Zweiten Weltkrieges in eine gewisse Lethargie und vermochte nach 1945 programmatisch keine wesentlich neuen Akzente mehr zu setzen. Punktuell – so bei der Reorganisation der CSP 1949 und der Umbenennung der konservativen Partei im selben Jahr – sind auch die jüngsten Entwicklungen im Verhältnis von konservativem und christlichsozialem Parteiflügel erwähnt.

Die CSP war nicht nur als «Partei in der Partei» ein höchst eigenartiges Gebilde, sie nahm im politischen Raum St.Gallens auch einen bemerkenswerten Standort ein, den Urs Altermatt als Mittelposition zwischen dem katholisch-konservativen Lager und den sozialistischen Arbeiterorganisationen beschreibt: Ideologisch-programmatisch gehörte die CSP dem gewerblich-bäuerlich geprägten katholischen Parteilager an; soziologisch gesehen war sie aufgrund ihrer Klientel – primär Arbeiter und Angestellte – der sozialistischen Arbeiterbewegung verbunden. Aus dieser Position zwischen den weltanschaulichen Blöcken ergeben sich die leitenden Fragestellungen der Studie:

Erstens: Warum formierten sich die katholischen St.Galler Arbeiter und Angestellten in einer eigenen Parteigruppe im Rahmen der konservativen Gesamtpartei? Mit anderen Worten: Welches Verständnis ihrer politischen Sendung hatten die Christlichsozialen, und wie legitimierten sie ihre selbständige Organisation gegenüber den anderen Gruppen innerhalb der konservativen Partei?

Zweitens: Wodurch wurde die konservativ-christlichsoziale Hausgemeinschaft zusammengehalten? Welche Faktoren verbanden den christlichsozialen Arbeiter- und Angestelltenflügel mit der altkonservativen Parteirichtung? Und weiter: Über welche Konfliktregelungsmechanismen wurden die klassenbedingten Spannungen im konservativen Parteilager ausgeglichen? Was bewog die katholische Arbeiter- und Angestelltenschaft, die Loyalität gegenüber dem konservativen Parteilager über die Solidarität mit den sozialdemokratischen Klassengenossen zu stellen?

Drittens: Wie beeinflussten sich Konservative und Christlichsoziale gegenseitig? Was wäre aus den St.Galler Konservativen geworden, wenn die Gründung der christlichsozialen Parteigruppe ausgeblieben wäre oder wenn sich die Christlichsozialen auf eigene Füsse gestellt hätten? Oder wie hätte sich die CSP entwickelt, wenn sie die Lagergemeinschaft mit den Konservativen aufgekündigt hätte und stattdessen den Weg der Selbständigkeit gegangen wäre?

Die Quellenlage zur Geschichte der CSP ist vergleichsweise günstig. Zwar sind die Protokolle der christlichsozialen Parteigremien zu einem guten Teil verlorengegangen respektive gar nie angefertigt worden, was die Revisoren denn auch mehrfach gerügt haben. Dank dessen aber, dass der Kantonalpräsident Josef Scherrer auch als Archivar fungierte, ist ein Grossteil des archivalischen Gutes in seinem vorbildlich geordneten und unterdessen im Bundesarchiv verwahrten Nachlass erhalten geblieben: Tätigkeitsberichte des Präsidenten, Zirkulare an die Sektionen, Materialien zu Wahlen und Abstimmungen, Korrespondenzen, persönliche Notizen, Protokolle usw. Als ergiebige und bislang nie systematisch ausgewertete Quelle erwiesen sich im besonderen die teilweise in Stenographie abgefassten Tagebücher Josef Scherrers, die 1909 einsetzen und bis 1941 rund 10000 Seiten in 36 Bänden umfassen. Sie sind, obgleich immer wieder mit privaten Notizen vermengt, kein «journal intime», sondern Zeugnis der Aktivitäten Josef Scherrers im weitverzweigten Netz des organisierten Katholizismus. Viele Einträge haben recht eigentlich den Charakter von Protokollen, die die vielfältigen Aspekte von Scherrers Schaffen in der katholischen Sondergesellschaft erhellen. Scherrer selber nannte in der Einleitung zu den Notizen vom April bis November 1934 die leitenden Motive seiner beharrlichen Arbeit am Tagebuch: «Die Aufschriebe geben ein Bild über die Zeitverhältnisse und über die Tätigkeit des Verfassers. Ich bin mir durchaus bewusst, dass mein Schaffen dürftig genug ist und kaum der Vermerkung wert ist. Ich möchte mir mit diesen Aufschrieben zunächst selbst die Arbeit erleichtern und mir die Möglichkeit verschaffen, wichtige Vorgänge festzuhalten.» Die dominante Stellung Josef Scherrers im kantonalen und nationalen Organisationskatholizismus brachte es mit sich, dass er mit dessen Repräsentanten, weltlichen wie geistlichen, in engem Kontakt stand; Enttäuschung, ja Beleidigung blieb ihm nicht erspart. Trotzdem diente das Diarium nie als «Blitzableiter». Persönlich disqualifizierende Äusserungen finden sich in den Tagebüchern keine. Wo sich Scherrer dennoch persönliche Wertungen nicht versagt hat, respektierten wir den Willen des Tagebuchschreibers, den vertraulichen Charakter der Aufzeichnungen zu wahren. «Wem immer diese Notizblätter in der Zukunft in die Hände kommen mögen, den bitte ich herzlich darum, irgendwelchen Missbrauch derselben zu verhindern. Personen, die in diesen Blättern erwähnt werden und über die irgendwann und irgendwo ein Werturteil gefällt wird, sollen nie aus diesen Notizen irgend eine Schädigung erfahren. Jede Beleidigungsabsicht fehlt.» Leider sind die Tagebücher nicht mehr vollständig erhalten – ob Scherrer Bände vernichtet hat, ob sie, als Folge der grosszügigen Ausleihpraxis, verlorengingen oder ob sie gar nie geschrieben wurden, ist nicht zu klären. So fehlen beispielsweise Notizen aus dem Gründungsjahr der CSP, ebenso aus den Tagen des Landesstreiks. Spätere «weisse Flecken» in den Aufzeichnungen rühren von den zahlreichen, gesundheitlich bedingten Kuraufenthalten Scherrers her.

Anders als das Archiv der CSP präsentiert sich das inzwischen ins St.Galler Staatsarchiv dislozierte Archiv der CVP des Kantons St.Gallen als sehr lückenhaft. Aus der Zeit von 1905 bis 1919, aus den Präsidialzeiten von Johann Schubiger und Anton Messmer, ist ausser einigen Drucksachen praktisch nichts erhalten. Das Archivmaterial soll seinerzeit nach Zürich verfrachtet worden sein, ist aber bis heute unauffindbar. Ab Frühjahr 1919, unter den Präsidenten Eduard Guntli und Emil Grünenfelder, wurden «zwecks jederzeitiger Konstatierung der Beschlüsse u. zwecks allgemeiner Orientierung und späterer Rekonstruktion der Geschichte der Partei» gründliche Protokolle der Parteiorgane und der konservativen Fraktion geführt, die jedoch 1934/35 abrupt abreissen. Das hat zur Folge, dass beispielsweise die schwere Krise, in die die St.Galler Konservativen im Gefolge der Nationalratswahl von 1935 schlitterten und die den altkonservativen und christlichsozialen Parteiflügel in einem nie gekannten Masse entzweite, nur mit Hilfe der Quellen aus dem Archiv der Christlichen Sozialbewegung der Schweiz und den Tagebüchern Scherrers rekonstruiert werden kann.

Unter den gedruckten Quellen ist neben den von Alois Scheiwiler redigierten Jahresberichten des ZV und den von Josef Scherrer herausgegebenen Jahrbüchern des CAB vor allem das christlichsoziale Tagblatt «Hochwacht» zu erwähnen. Obwohl das Blatt auf den Erscheinungsraum Winterthur fixiert blieb, fanden dank der engagierten Korrespondententätigkeit Johannes Müllers und Josef Scherrers St.Galler Themen stets einlässliche Berücksichtigung. Daneben öffnete die «Ostschweiz», das Zentralorgan der St.Galler Katholiken, den Christlichsozialen mehr oder weniger bereitwillig ihre Seiten. Aus der schier unüberblickbaren Flut christlichsozialer Publizistik, im weitesten Sinne Paraphrasen der Grundthemen der päpstlichen Sozialenzykliken, sei Scherrers programmatische Schrift «Christlichsoziale Politik. Eine Wegleitung» aus dem Jahre 1923 herausgehoben.

Wissenschaftliche Sekundärliteratur über den schweizerischen Organisationskatholizismus, im besonderen über den politischen Katholizismus, war bis in die 1970er Jahre rar. Urs Altermatt spricht von der «Ghettoisierung der katholischen Historiographie», der mehr oder weniger bewussten Ausgrenzung des sozialen und politischen Katholizismus durch die national-liberale Geschichtsschreibung und die Historiker der 68er Bewegung. Seither, vor allem seit Altermatts bahnbrechender Studie über die beiden wichtigsten Volksorganisationen des schweizerischen Katholizismus (Schweizerischer Katholischer Volksverein und Schweizerische Konservative Volkspartei), hat der Katholizismus als Gegenstand wissenschaftlichen Interesses an Attraktivität gewonnen. Insbesondere an der Universität Freiburg i. Ue. entstand unter der Ägide von Urs Altermatt und Roland Ruffieux eine Reihe beachtenswerter Arbeiten zu einzelnen Aspekten der katholischen Sondergesellschaft. Als eindrückliches Panorama bisheriger Katholizismusforschung erschien 1989 Urs Altermatts Untersuchung «Katholizismus und Moderne», eine Arbeit, die Strukturen und Alltag des schweizerischen katholischen Milieus im Widerstreit mit der modernen Welt beschreibt und analysiert sowie erstmals zusammenhängend Entwicklungslinien und Entwicklungstendenzen des schweizerischen sozialen und politischen Katholizismus seit 1845 nachzeichnet. Die von Urs Altermatt betreute Publikationsreihe «Religion – Politik – Gesellschaft in der Schweiz» hat sich seit 1987 zu einem Sammelpunkt der historisch-sozialwissenschaftlichen Katholizismusforschung in der Schweiz entwickelt.

Zur Thematik im engeren Sinne, zur katholisch-sozialen Bewegung, im besonderen zur christlichsozialen Bewegung, liegen inzwischen ebenfalls mehrere Untersuchungen vor: Roland Ruffieux beschreibt in Zusammenarbeit mit Bernard Prongué die christlichsoziale Bewegung der Westschweiz. Pioniercharakter kommt der 1959 erschienenen Arbeit Gregor Beurets zu, die die katholisch-soziale Bewegung der Schweiz und deren in unserem Jahrhundert repräsentative Gruppe, die Christlichsozialen, in der Zeitspanne von 1848 bis 1919 thematisiert. Eine stärker politisch akzentuierte Fortsetzung erfährt Beuret durch Othmar Gehrig, der das Engagement der Christlichsozialen auf der nationalen Bühne bis zum Ausbruch des Zweiten Weltkrieges abhandelt. Verfeinert und vertieft wird Gehrigs Untersuchung durch die Studien von Markus Hodel und Lukas Rölli-Alkemper, die der Schweizerischen Konservativen Volkspartei in den Jahren 1918 bis 1929 bzw. 1935 bis 1943 und den in deren Rahmen operierenden Christlichsozialen gewidmet sind. Einzelne Aspekte der christlichsozialen Bewegung zum Gegenstand haben die Darstellungen von Wolfgang Göldi und Dieter Holenstein: Ersterer erforscht Werden und Wirksamkeit der katholischen Standesvereine der Arbeiter und Arbeiterinnen der Schweiz, letzterer in seiner unterdessen als Dissertation veröffentlichten Studie die Rolle der Christlichsozialen während des Ersten Weltkrieges und des Landesstreiks. Peter Walliser schliesslich stellt im Rahmen einer biographischen Arbeit die christlichsoziale Kantonalbewegung in Solothurn vor.

Erster Teil:
Von der christlichsozialen Bewegung zur Parteigründung

1. Die christlichsoziale Arbeiter- und Volksbewegung im Kanton St.Gallen

1.1 Der gesellschaftliche und wirtschaftliche Rahmen

Die Gründung der christlichsozialen Arbeiter- und Volksbewegung durch die Geistlichen Johann Baptist Jung und Alois Scheiwiler im Jahre 1899 sowie die Gründung der CSP im Jahre 1911 fielen auch in Stadt und Kanton St.Gallen in eine Zeit starker wirtschaftlicher und gesellschaftlicher Veränderungen und Umbrüche. Der Kanton St.Gallen partizipierte um die Jahrhundertwende in überdurchschnittlichem Masse am stetigen Wachstum der schweizerischen Wirtschaft.[1] Überragenden Anteil an der industriellen Hochkonjunktur hatte die Textilindustrie, im besonderen die Stickerei, «St.Gallens eigentliche Grossindustrie im 19. Jahrhundert».[2] Ihr Aufstieg hatte in der zweiten Hälfte des 19. Jahrhunderts mit dem Übergang von der Hand- zur Maschinenstickerei eingesetzt, und bis zum Ersten Weltkrieg entstanden «in fieberhaftem Aufschwung»[3] und angetrieben durch technische Innovationen – seit Ende der 1880er Jahre die Schifflistickmaschine, mit der der Produktionsausstoss um ein Mehrfaches gesteigert werden konnte – überall in der Ostschweiz Stickereifabriken und wurden Stickstühle eingerichtet.[4] Um 1910 verdienten im Kanton St.Gallen circa 45 Prozent der Erwerbstätigen – 60 000 von 135 000 Personen – ihr Brot direkt oder indirekt in der Stickerei, und vor dem Ersten Weltkrieg war die Stickerei wertmässig der bedeutendste Schweizer Exportzweig. Neben der fabrikindustriellen Produktion behielt dabei die ländliche Heimindustrie als Handmaschinenstickerei ihre traditionell bedeutsame Stellung. Seit den 1880er Jahren konnte sie ihre Position gegenüber der Fabrikindustrie sogar wieder verbessern, so dass um 1900 68 Prozent aller Maschinen von Heimstickern betrieben

---

1   1895 setzte in der Schweiz ein langfristiger Konjunkturanstieg ein, der bis 1913 andauerte (vgl. Böhni, Konjunkturverlauf, S. 38f.; Gruner, Arbeiterschaft und Wirtschaft, Bd. 1, S. 103ff.).
2   Röllin, Stadtveränderung, S. 46.
3   Bucher, Geschichte, S. 23.
4   Zu Aufschwung, Blüte und Niedergang der Stickerei in der Ostschweiz vgl. Bucher, Geschichte, S. 18ff.; Nüesch, Blüte und Krise; Specker, Ostschweizer Sticker; ders., Die industrielle Revolution, S. 120ff.; Stein, Industrie, S. 264ff.; Tanner, Weber, Sticker und Unternehmer, v.a. S. 99ff.; Thürer, St.Galler Geschichte, S. 451ff. Hinweise zur Industriegeschichte einzelner Orte gibt Detlef Stender (Hg.), Industriekultur am Bodensee. Ein Führer zu Bauten des 19. und 20. Jahrhunderts, Konstanz 1992.

wurden. Kurzum: Die Stickerei, sei es als Handstickerei, als heimindustriell betriebene Handmaschinenstickerei oder als vorwiegend in Fabriksälen konzentrierte Schifflistickerei, war um die Jahrhundertwende nicht nur der wichtigste Erwerbszweig der Ostschweizer Wirtschaft, sie war «ihr Lebensnerv».[5] Und die Ostschweiz war nach Einschätzung des Rheintaler Stickereiindustriellen Albert Geser-Rohner damals «unerreicht auf dem Gebiete der Stickerei und Führerin auf dem Weltmarkte».[6]

Von der Blüte der Textilindustrie empfingen Hilfs- und Zulieferindustrien, aber auch andere Produktionszweige kräftige Wachstumsimpulse, so vor allem die Maschinenindustrie[7], die Papier- und Nahrungsmittelindustrie sowie die Kartonage- und Kistenfabrikation. Als Hauptindustrie belebte die Textilbranche Handel, Handwerk und Gewerbe sowie die Dienstleistungen von Banken und Versicherungen.

Grundlage und Folge der rasanten industriellen Entwicklung waren starke Bevölkerungsbewegungen und -umschichtungen. Die demographischen Veränderungen im Kanton fügen sich dabei ins Bild des generellen Verstädterungsprozesses in der Schweiz.[8] Noch 1880 war die Stadt St.Gallen kantonsweit die einzige Siedlung mit mehr als 10 000 Einwohnern. 1910 traten neben St.Gallen (37 900 Einwohner) die St.Galler Vorortsgemeinden Tablat (22 300) und Straubenzell (15 300) sowie das Bodenseestädtchen Rorschach (12 700). Während die Wohnbevölkerung in der Stadt St.Gallen kontinuierlich gewachsen war, verzeichneten Tablat, Straubenzell und Rorschach zwischen 1880 und 1910 stürmische Zuwachsraten: Tablat 176 Prozent, Straubenzell 205 Prozent und Rorschach 191 Prozent.[9] Daneben wuchsen

---

5 Tanner, Weber, Sticker und Unternehmer, S. 99.
6 Albert Geser-Rohner, Die Stickereiindustrie der Ostschweiz in Vergangenheit und Gegenwart, S. 98, in: Monatsschrift für christliche Sozialreform, 30. Jg. (1908), S. 65–98.
7 Zum Zentrum der sanktgallischen Schwerindustrie wurde das an der Bahnlinie St.Gallen-Zürich gelegene Uzwil. Die seit 1859 resp. 1860 dort ansässigen Maschinenfabriken Benninger und Bühler beschäftigten im Jahre 1900 über 1000 Arbeiter. Zur sanktgallischen Maschinenindustrie vgl. Bucher, Geschichte, S. 24f.; Specker, Die industrielle Revolution, S. 125; Thürer, St.Galler Geschichte, S. 396ff.
8 Bergier, Wirtschaftsgeschichte, S. 46ff.; Greyerz, Bundesstaat, S. 1094; Gruner, Arbeiterschaft und Wirtschaft, Bd. 1, S. 41f.; Ruffieux, Die Schweiz des Freisinns, S. 84f. Zu Bevölkerungsbewegung und Bevölkerungsentwicklung im Kanton St.Gallen vgl. Statistik des Kantons St.Gallen, XVI und XXXIII, passim; Bucher, Geschichte, S. 9ff.; Thürer, St.Galler Geschichte, S. 560ff.
9 In Tablat und Straubenzell konzentrierten sich als Folge der Erschöpfung der Platzreserven der Stadt die Fabrikbetriebe. 1916 resp. 1918 wurden die politischen Gemeinden Tablat, Straubenzell und St.Gallen, die mehr und mehr zur wirtschaftlichen Einheit geworden waren, aufgehoben und zur neuen politischen Gemeinde St.Gallen vereinigt (zum Verstädterungsprozess von Tablat und Straubenzell vgl. Röllin, Stadtveränderung, S. 91ff., und Ehrenzeller, Stadt St.Gallen, S. 450ff. und S. 456ff.; zur Stadtverschmelzung ebd., S. 465ff.). Rorschach wurde in der Eisenbahnzeit zu einem Verkehrsknotenpunkt und seit den 1880er Jahren zu einem Zentrum der Stickerei- und Maschinenindustrie (HBLS, Bd. 5, S. 699; Thürer, St.Galler Geschichte, S. 401).

die Gemeinden Goldach (1910: 4000 Einwohner; Zuwachsrate seit 1880: 189%), Steinach (2000; 118%), St.Margrethen (3400; 128%), Widnau (2600; 148%), Buchs (4400; 57%), Henau (6200; 82%), Flawil (6200; 63%), Wil (7000; 136%) und Gossau (8500; 80%) in raschem Tempo zu neuen regionalen Zentren heran.[10] Lebten 1880 in diesen Gemeinden (inkl. St.Gallen) noch rund 29 Prozent der 210 000 Kantonseinwohner, so waren es 1910 bereits 44 Prozent der 303 000. Sie wurden, mit Ausnahme der Eisenbahnersiedlung Buchs im reformierten Bezirk Werdenberg, zu Hochburgen der christlichsozialen Organisationen und der CSP.

Die kräftige Bevölkerungszunahme in diesen Zentren war weniger verursacht durch einen Überschuss an Geburten, der im Kanton St.Gallen unter dem Landesdurchschnitt lag, als vielmehr durch bedeutende Wanderungsgewinne. Die Zunahme der Bevölkerung in der Grossagglomeration St.Gallen (Gemeinden St.Gallen, Tablat und Straubenzell) zwischen 1900 und 1910 ist zu 67 Prozent auf Zuwanderung zurückzuführen, jene in Rorschach zu 53 Prozent. 1910 waren drei Viertel der Einwohner des Grossraumes St.Gallen Zuwanderer, wobei darunter nur jene Personen subsumiert sind, die im Laufe ihres Lebens nach St.Gallen zogen; ihre nach der Übersiedlung geborenen Kinder sind dieser Kategorie bereits nicht mehr zugerechnet. Die Zuzügerkontingente verteilten sich zu je einem Drittel auf den Kanton selber, auf andere Kantone und das Ausland. Die meisten ausserkantonalen Zuwanderer stammten aus den Nachbarkantonen Thurgau und Appenzell. Unter den Ausländern stellten die Deutschen den zahlenmässig grössten Anteil (45%), gefolgt von den Italienern (34%) und den Österreichern (19%).[11]

Als Folge der starken innerkantonalen Migration in die aufblühenden Zentren von Industrie, Handel und Gewerbe entwickelten sich die Bevölkerungszahlen in den agrarisch geprägten oder verkehrsgeographisch ungünstig gelegenen Bezirken gegenläufig. In 38 der insgesamt 93 St.Galler Gemeinden lässt sich in den Jahrzehnten zwischen 1880 und 1910 eine Stagnation respektive Reduktion der schweizerbürgerlichen Bevölkerung

---

10 Diese Gemeinden lagen verkehrsgeographisch günstig. Bereits Ende der 1850er Jahre konnte das Eisenbahndreieck Zürich-Rorschach-Sargans-Zürich befahren werden. Seit 1910 verkehrt die Bodensee-Toggenburg-Bahn mit anschliessendem Rickentunnel (dazu Thürer, St.Galler Geschichte, S. 372ff.).

11 Im interkantonalen Vergleich der durchschnittlichen relativen Zunahme der Ausländer in den Jahren 1900–1910 belegte der Kanton St.Gallen den ersten Rang. Lag der Ausländeranteil 1900 noch bei 11,5% der Gesamtbevölkerung, so stieg er bis zum Ende des folgenden Jahrzehnts auf 17,5%. Von diesen 53 000 Ausländern arbeiteten fast zwei Drittel im Grossraum St.Gallen und im Bezirk Rorschach. Allein in Rorschach betrug der Anteil der Gastarbeiter an der Wohnbevölkerung im Jahre 1910 41,5%.

beobachten.[12] Betroffen von dieser Landflucht waren die Bezirke Obertoggenburg (-13,5%) und Neutoggenburg (-8,2%). Nur geringen Zuwachs von weniger als 10 Prozent wiesen die Bezirke Oberrheintal (8,6%), Sargans (8,1%), Gaster (8,6%), See (8,4%) und Alttoggenburg (9,1%) auf.

Begleiterscheinung der hohen Mobilität war eine verstärkte Durchmischung konfessionell ehemals geschlossener Räume.[13] Hatte der Anteil der Katholiken an der Wohnbevölkerung der Stadt St.Gallen anlässlich der Volkszählung von 1831 nur 15 Prozent betragen, so verdreifachte er sich bis zum Ende des Jahrhunderts. Umgekehrt lebten in den bis zur Jahrhundertmitte stark katholisch geprägten Gemeinden Tablat, Straubenzell und Rorschach um 1900 starke protestantische Minderheiten.[14] Insgesamt aber waren die Verschiebungen im Stärkeverhältnis der beiden Konfessionsteile nur gering. Das Verhältnis – 60 Prozent Katholiken, 40 Prozent Reformierte – verschob sich mit der Zeit primär als Folge der Einwanderung von (katholischen) Süddeutschen, Italienern und Österreichern leicht zugunsten der Katholiken.[15] Trotz dieses zahlenmässigen Übergewichts der Katholiken galt der Kanton St.Gallen auf Grund der sozialen, wirtschaftlichen und politischen Dominanz der Protestanten den zeitgenössischen Kommentatoren als Diaspora-Kanton.[16] Bedeutsamer als die konfessionelle Durchmischung war die mit der Industrialisierung und Urbanisierung einhergehende Veränderung traditioneller religiöser Wertorientierungen und Verhaltensweisen. «Für eine grosse Zahl von Menschen öffneten sich zum ersten Mal kirchenfreie Räume.»[17] Die christlichsozialen Standesvereine der Arbeiter und Angestellten entstanden u.a. als pastorale Antwort der katholischen Kirche auf diese gesellschaftlichen Wandlungen.

Die Folgen des wirtschaftlich-industriellen und demographischen Wandels auf die Arbeits- und Lebensverhältnisse des einzelnen und ganzer Gruppen waren tiefgreifend und lassen sich hier nur andeuten. Wie andernorts zeigte sich auch hier die asoziale Kehrseite der boomhaften Entwicklung in

---

12 Die Abwanderung der Landbevölkerung in die Städte wurde verstärkt durch die schwere Agrarkrise der 1870er Jahre, die bis zur Jahrhundertwende andauerte (vgl. Böhni, Konjunkturverlauf, S. 38; Bucher, Geschichte, S. 32).
13 Die konfessionellen Verhältnisse im Kanton St.Gallen wurden bestimmt durch den Ausgang des Zweiten Kappelerkrieges 1531 und blieben bis ins ausgehende 19. Jahrhundert relativ stabil (vgl. Beat Bühler, Die Kirche in der Diözese St.Gallen – ein Gang durch ihre Geschichte. Vortrag des Pastoralkurses 1994/95 in St.Georgen, masch.; Ehrenzeller, Gegensatz, S. 7ff.; Marianne und Frank Jehle, Kleine St.Galler Reformationsgeschichte, hg. vom evangelisch-reformierten Kirchenrat des Kantons St.Gallen, St.Gallen ²1987).
14 Tablat: 33%; Straubenzell: 43%; Rorschach: 35% (Statistik des Kantons St.Gallen XVI, S. 2 und S. 19ff.; Ehrenzeller, Stadt St.Gallen, S. 461 und S. 488; HBLS, Bd. 5, S. 699).
15 Thürer, St.Galler Geschichte, S. 563.
16 Altermatt, Ghetto, S. 30f. und S. 101ff.
17 Altermatt, Katholizismus und Moderne, S. 241.

Not, Elend und bedrückenden Lebensumständen.[18] Die Stadt St.Gallen und ihre Vorortsgemeinden standen vor schier unlösbaren Problemen und waren ausserstande, die öffentliche Infrastruktur den gewachsenen Bedürfnissen anzupassen.[19] Besonders gravierend präsentierte sich die soziale Lage der Arbeiterschaft ausserhalb der Stadtgrenze, in St.Georgen, St.Fiden und Bruggen, wo der Urbanisierungsprozess ungezügeltere Ausmasse annahm als im Stadtzentrum. Neben den Härten des Arbeitsalltags waren es vor allem die ständig prekären Wohnverhältnisse, die seit den 1860er Jahren ein Dauerproblem waren und die selbst in der Hochkonjunktur der Stickerei, trotz reger Bautätigkeit und der Entstehung völlig neuer Quartiere, nie behoben wurden. Es waren, neben der sozialistischen Arbeiterbewegung, vor allem die jungen christlichsozialen genossenschaftlichen Organisationen und Selbsthilfeeinrichtungen, die sich der sozialen Not der unteren Einkommensschichten annahmen.

In den rasch wachsenden wirtschaftlichen Ballungszentren mit ihren Heerscharen von zuwandernden und wenig verwurzelten Arbeitern und Arbeiterinnen entstand um die Jahrhundertwende ein immer grösser werdendes Organisationspotential. Als Reaktion darauf lässt sich in der Stadt St.Gallen eine markante Steigerung der Vereinszahlen beobachten[20], darunter im letzten Viertel des Jahrhunderts und um die Jahrhundertwende mehr und mehr Arbeitnehmerorganisationen, die sich um die Interessen der Arbeiterschaft kümmerten, allen voran sozialdemokratisch orientierte Vereine und, verspätet und als Reaktion auf deren Rekrutierungserfolge, christlichsoziale Organisationen und die CSP.

Mit dem «märchenhaften Aufstieg»[21] der extrem mode- und exportabhängigen Textilindustrie waren seit ungefähr 1890 periodisch wiederkehrende Krisen einhergegangen. Vermochte sie die Kriegsjahre 1914 bis 1918 noch recht unbeschadet zu überstehen, ja schienen die Zeichen nach Kriegsende wiederum auf Erholung und Wachstum hinzudeuten, so folgte zu Beginn der 1920er Jahre, mit dem Verlust ausländischer Märkte und dem Wandel in der Mode, und dann vollends mit der Weltwirtschaftskrise ein

---

18 Die Arbeits- und Lebensverhältnisse der St.Galler Arbeiterschaft dürften sich kaum von denjenigen in anderen Zentren der Schweiz unterschieden haben. Vgl. dazu Bärtschi, Lebensverhältnisse; Gruner, Arbeiterschaft und Wirtschaft, Bd. 1, v. a. S. 301ff.; Schweizerische Arbeiterbewegung, v.a. S. 95ff. Zu den Verhältnissen in der Ostschweizer Arbeiterschaft vgl. Bucher, Geschichte, S. 26ff.; Specker, Ostschweizer Sticker, S. 40ff.; Tanner, Weber, Sticker und Unternehmer, S. 143ff.
19 Zur sozialen Not in der Stadt St.Gallen und ihren Vororten vgl. Bucher, Siedlung, S. 48ff.; Ehrenzeller, Stadt St.Gallen, S. 439ff.; Röllin, Stadtveränderungen, S. 147ff. Der später den Christlichsozialen nahestehende Jacob Lorenz untersuchte 1908 die bedenklichen Wohnverhältnisse in Rorschach (vgl. Specker, Textilindustrie, S. 167f.).
20 Göldi, Vereine, S. 14f.; Röllin, Stadtveränderung, S. 115ff.
21 HBLS, Bd. 6, S. 62.

«katastrophaler Niedergang».[22] Jetzt, da die Textilindustrie den ganzen Kanton in die «tiefgreifendste Krise seiner Geschichte»[23] riss, rächte sich die «geradezu unheimliche Einseitigkeit»[24] der sanktgallischen Wirtschaftsstruktur. «Das war nicht mehr eine Krise, das war ein Kollaps», stellt Fritz René Allemann in seinem Porträt des Kantons St.Gallen fest und vermeint sich zu erinnern, in der Stadt St.Gallen das Gras zwischen den Pflastersteinen hervorspriessen gesehen zu haben, um sich aber gleich zu korrigieren, denn St.Galler Ordentlichkeit hätte dergleichen auch in dieser schwierigen Zeit nicht geduldet.[25] Doch auch andere, verlässlichere Indikatoren illustrieren das Ausmass der Krise: 1910 hatten im Kanton St.Gallen 45 000 Personen ihr Auskommen in der Stickereiindustrie gefunden, 1930 waren es noch 12 000. Die Jahresausfuhr der einstigen Paradeindustrie der schweizerischen Exportwirtschaft sank bis 1933 auf einen Zehntel der Menge von 1913 ab, und die Zahl der Stickereimaschinen reduzierte sich in der Zeit zwischen 1920 und 1936 auf einen Achtel.[26] Die Arbeitslosenzahlen schnellten mit Beginn der 1930er Jahre in die Höhe: Hatte die Zahl der bei den Arbeitsämtern gemeldeten Stellensuchenden Ende 1929 kantonsweit die Tausendermarke eben erst überschritten, so kletterte sie in den nächsten sechs Jahren auf das beinahe Achtfache.[27] «Kaum in einem andern Industriezweig», lautete bereits das zeitgenössische Urteil, «hat sich die 1920 einsetzende Krise so verheerend ausgewirkt, wie gerade in der Stickerei.»[28] Im St.Galler Rheintal besetzten aufgebrachte Schifflisticker im Oktober 1932 und im Juni 1934 die Rheinbrücken zwischen Au und Montlingen, um die «Vorarlbergerei», den Veredelungsverkehr mit dem benachbarten Vorarlberg, wo die Lohnkosten

---

22 HBLS, Bd. 6, S. 62.
23 Bucher, Geschichte, S. 36.
24 Thürer, St.Galler Geschichte, S. 502.
25 Fritz René Allemann, 26mal die Schweiz, Panorama einer Konföderation, München/Zürich ⁵1988, S. 282.
26 Die Veränderungen im Bevölkerungsstand 1870 bis 1930 im Gebiete der schweizerischen Stickereiindustrie, in: Die Volkswirtschaft. Wirtschaftliche und sozialstatistische Mitteilungen, hg. vom Eidgenössischen Volkswirtschaftsdepartement, VII. Jg. (1934), S. 158–161. Zur Linderung der Not der Sticker war 1922 die «Stickerei-Treuhandgenossenschaft» ins Leben gerufen worden. Mit ihrer Hilfe wurden bis 1938 9165 Stickmaschinen planmässig zerstört, wofür die Genossenschaft 5,7 Mio. Franken an Entschädigung auszahlte (Specker, Ostschweizer Sticker, S. 49).
27 In absoluten Zahlen: Ende 1929 1048, Ende 1935 7812 Personen. 1929 entfielen davon 77% auf die Stadt St.Gallen, 1935 36%. Seit 1936 bildete sich die Arbeitslosenzahl kontinuierlich zurück. Zur Entwicklung der Zahl der Stellensuchenden in Kanton und Stadt St.Gallen seit Ende Dezember 1928: Die Volkswirtschaft. Wirtschaftliche und sozialstatistische Mitteilungen, hg. vom Eidgenössischen Volkswirtschaftsdepartement, I. Jg. (1928) und ff., passim.
28 Die Veränderungen im Bevölkerungsstand 1870 bis 1930 im Gebiete der schweizerischen Stickereiindustrie, in: Die Volkswirtschaft. Wirtschaftliche und sozialstatistische Mitteilungen, hg. vom Eidgenössischen Volkswirtschaftsdepartement, VII. Jg. (1934), S. 151.

Die Lohnsticker im St.Galler Rheintal griffen 1934 zur Selbstwehr und besetzten die Rheinbrücken, um den Veredelungsverkehr mit dem benachbarten Vorarlberg, wo die Löhne tiefer waren, zu unterbinden. Im Bild hält die Brückenwache der Lohnsticker in Au einen Lastwagen mit Stickereiware auf.

tiefer waren, zu unterbinden.[29] Am Dreikönigstag 1935 versammelten sich gegen 3000 Sticker aus dem Rheintal und den Kantonen Appenzell und Thurgau auf dem Dorfplatz in Rebstein zu einer imposanten Protestdemonstration gegen den mit Österreich zur Regelung der Stickereiverhältnisse abgeschlossenen Staatsvertrag.[30] Georg Thürer hat für den jähen Wechsel der St.Galler Wirtschaft von hohem Flug zu tiefem Fall ein einprägsames Bild gefunden: «Verführt durch die glänzenden Geschäfte, setzte man hier seit der Jahrhundertwende sozusagen alles auf die Karte Stickerei. Und mit der Schlüsselindustrie musste alles zusammenbrechen, was mit ihr zusammenhing.»[31]

Die Schwierigkeiten der Industrie rissen auch die Landwirtschaft, im besonderen die Klein- und Mittelbauern, die in den Fabriken und in der Heimarbeit ein Zubrot verdienten, in den Strudel einer existenzbedrohenden Krise. Der allgemeine Rückgang des Exports landwirtschaftlicher Produkte

29 Rheintalische Volkszeitung, Nrn. 160 und 161, 7. und 8. Oktober 1932, und Nrn. 95 und 96, 15. und 16. Juni 1934.
30 TBSch, 6. Januar 1935 (PrivatA Scherrer), und Rheintalische Volkszeitung, Nr. 4, 7. Januar 1935. Das St.Galler Rheintal zählte zu den von der Krise der Stickerei am härtesten betroffenen Gebieten der Ostschweiz. 1910 waren im oberen Rheintal 4450, im unteren Rheintal 4610 Personen in der Stickerei beschäftigt. Bis 1939 sank die Beschäftigtenzahl auf 900 im Ober- und 950 im Unterrheintal (Rheintaler Almanach auf das Jahr 1959, gedruckt und an den Tag gelegt durch die Rheintalische Volkszeitung Altstätten im Rheintal, X. Jg., 1959, S. 90). Im schweizerisch-österreichischen Staatsvertrag vom März 1933 war erfolglos versucht worden, eine für die Ostschweiz und das Vorarlberg verbindliche Regelung hinsichtlich Stickpreistarifen, Arbeitszeit, Musterschutz und Reduktion des Maschinenparks zu vereinbaren.
31 Thürer, St.Galler Geschichte, S. 502.

Erster Teil: Von der christlichsozialen Bewegung zur Parteigründung

und die schwindende Kaufkraft brachten die oft überschuldeten Betriebe an den Rand des Ruins. «Bei uns Bauern steht es heute vielfach so», schrieb ein Kleinlandwirt der Diözese St.Gallen 1933 seinem Bischof, «dass wir uns ein Gewissen daraus machen müssen, wenn wir etwas essen, denn, wenn wir unsern Verpflichtungen voll nachkommen wollen, so bleibt für den eigenen Unterhalt gar nichts mehr übrig.»[32] In der St.Galler Bauernschaft fand die Jungbauernbewegung des Berner Bauernführers Hans Müller in der Mitte der 1930er Jahre günstige Ausbreitungs- und Wachstumsbedingungen. Grosse Versammlungen in Gossau und Flawil «zogen Massen von Bauern an und manch gut gesinnter Bauer, der unverschuldet in Sorge und Not gekommen, mit seiner Familie ein kümmerliches Dasein fristen musste, sah in Dr. Müller den Retter aus Not und Bedrängnis».[33] Das Vordringen der Jungbauern wiederum veranlasste die christlichsozialen Führer um Bischof Alois Scheiwiler und Josef Scherrer, mit der Gründung des Katholischen Bauernbundes der Diözese St.Gallen eine Gegenbewegung einzuleiten und die Bauern in katholischen Standesvereinen zu sammeln.

Bischof Alois Scheiwiler beauftragte Josef Scherrer im Frühjahr 1931, bei den christlichsozialen Vertrauensleuten in den Gemeinden und Bezirken der Diözese St.Gallen Auskünfte über die Lage der Arbeiterschaft einzuholen.[34] Die eingegangenen Antwortschreiben ergaben, dass praktisch allerorten die Löhne reduziert, Kurzarbeit eingeführt und Arbeitsplätze abgebaut wurden, dass materielle Not um sich zu greifen begann und die Zahl der Fürsorgebezüger rasch anwuchs, obwohl die Gemeindebehörden vielerorts redlich bemüht waren, die Arbeitslosen mit Notstandsarbeiten zu beschäftigen, und mancher Unternehmer seinen sozialen Sinn bezeugte. Am dramatischsten gestalteten sich die Verhältnisse im Bezirk Alttoggenburg. Aus Kirchberg, Bütschwil und Dietfurt wurden Lohnkürzungen von bis zu 50 Prozent und rasch steigende Arbeitslosenzahlen gemeldet. In Kirchberg waren dem Berichterstatter Familien bekannt, «die bestimmt Hunger leiden und frieren müssen heute, aber sich schämen würden, jemanden in Anspruch zu nehmen». Prekäre Zustände wurden aber auch aus den Bezirken Untertoggenburg und Unterrheintal gemeldet. Aus Uzwil etwa war zu vernehmen, dass die Arbeiterschaft bei den Gebrüdern Bühler infolge Arbeitszeitverkürzung «eine sehr empfindliche Lohneinbusse» hinnehmen musste und einzelne Personen und Familien «wirkliche Not» zu leiden hatten. Die sozial ge-

---

32 Schreiben von Leo Baumgartner an Bischof Alois Scheiwiler vom 12. Juli 1933 (BiA SG).
33 Alfons Schwizer, Jubiläumsbericht des zehnjährigen Bestandes des katholischen Bauernbundes der Diözese St.Gallen an die Delegiertenversammlung vom 25. März 1945, S. 2 (Archiv KBB).
34 Die Antwortschreiben befinden sich im BiA SG (Rubrik O, Fasz. 7,2). Ein Bericht aus der Stadt St.Gallen fehlt. Es ist anzunehmen, dass Scherrer den Bischof über die städtischen Verhältnisse mündlich unterrichtete.

drückte Lage beeinträchtige auch das gesellschaftliche Leben, die Zahl der Eheschliessungen sei rückläufig, und in den vergangenen Monaten seien Fasnachtsunterhaltungen und Theateraufführungen fast durchweg ausgefallen. Im unteren Rheintal, wurde aus Widnau berichtet, greife «eine allgemeine Verarmung» um sich. Am meisten betroffen seien die vielen kinderreichen Familien sowie ältere Männer. Einigermassen abgemildert werde die Not allerdings dadurch, dass einerseits die Bevölkerung dank kleiner landwirtschaftlicher Betriebe sich selbst versorge, dass andererseits der grösste Arbeitgeber der Region, die 1924 gegründete Niederlassung der Société de la Viscose Suisse in Heerbrugg-Widnau, dank christlichsozialem Engagement eine sozial aufgeschlossene Betriebspolitik verfolge.[35]

Auf der demographischen Seite schlug die bleierne Wirtschaftskrise mit einer starken Abwanderungsbewegung zu Buche. War die Kantonsbevölkerung vor dem Krieg in jedem Jahrzehnt um durchschnittlich 20 000 Einwohner gewachsen, so bildete sie sich in den beiden Jahrzehnten zwischen 1920 und 1940 um 50 000 zurück. In der Stickereimetropole St.Gallen und ihren Vororten sank die Einwohnerzahl von ehemals 77 000 bis 1935 auf 61 000, im unteren Rheintal zwischen 1910 und 1930 von 22 100 auf 21 100. Erst 1950 erreichte der Kanton die Bevölkerungszahl von 1919 wieder. Die christlichsozialen Organisationen blieben von dieser Entwicklung nicht unberührt. Als teilweise Folge des allgemeinen Bevölkerungsrückgangs schrumpften die katholischen Arbeitervereine im Kanton St.Gallen zwischen 1920 und 1940 um mehr als ein Drittel, die katholischen Arbeiterinnenvereine um mehr als die Hälfte.

Die wirtschaftliche Krise erschütterte den Staat St.Gallen in seinen Grundfesten. «Eine starke Steigerung der Ausgaben für soziale Fürsorge, in Hauptsachen bedingt durch Aufwendungen des Staates für Arbeitslose, und ein auffallender Rückgang der staatlichen Einnahmen aus seinen ergiebigsten Einnahmequellen», schrieb der St.Galler Regierungsrat 1933 in einer Botschaft an den Grossen Rat, «... charakterisiert ... die Entwicklung der staatlichen Verwaltungsrechnung. Das sind unverkennbare Merkmale einer einschneidenden Auswirkung der Wirtschaftskrise auf den Finanzhaushalt des Staates.»[36] Die politischen Behörden des Kantons sahen sich gezwungen, zur Bekämpfung der Krise und zur Bewältigung der daraus resultierenden Finanznot des Staates auf ausserordentliche Mittel zurückzugreifen. In einer

---

35 Zur Niederlassung der Société de la Viscose Suisse in Heerbrugg-Widnau vgl. Rheintaler Almanach auf das Jahr 1955, gedruckt und an den Tag gelegt durch die Rheintalische Volkszeitung Altstätten im Rheintal, VI. Jg. (1955), S. 116–119. In der Fabrik waren 1929 rund 1050 Personen beschäftigt, deren Zahl sich bis 1938 auf 430 reduzierte.

36 Bericht des Regierungsrates des Kantons St.Gallen an den Grossen Rat betreffend die kantonale Finanzlage und die Finanzsanierung, 5. Mai 1933, in: Amtsblatt, Nr. 19, 12. Mai 1933, S. 517ff.

Sondersession im Sommer 1933 verabschiedete der Grosse Rat auf dem Beschlussweg – unter Umgehung des Referendums und unter Berufung auf das «hohe Staatsinteresse» – für die Dauer der «ausserordentlichen wirtschaftlichen Verhältnisse» rigide Sparmassnahmen; zugleich hob er die bisher geltende gesetzliche Bestimmung auf, wonach Ausgaben und Einnahmen des Staates ausgeglichen sein mussten.[37] Und nochmals 1935 beschloss das Kantonsparlament auf dem Dringlichkeitsweg «vorübergehende Massnahmen zur Sanierung der Staatsfinanzen».[38]

Die Strukturkrise der St.Galler Textilwirtschaft zwang Behörden und Unternehmertum nach dem Zweiten Weltkrieg dazu, die Bemühungen um eine Diversifizierung der Industrie voranzutreiben. In der nach wie vor bedeutsamen Textilindustrie wurden die Produktionsprogramme erweitert und wurde die verhängnisvolle Abhängigkeit von der Stickerei beseitigt. Daneben erlebte die Metall- und Maschinenindustrie in den 1950er Jahren einen steilen Aufschwung und wurde zu einem wichtigen Standbein im St.Galler Wirtschaftsleben.[39]

1.2 Vorläufer und Vorbilder

Der den Christlichsozialen nahestehende Publizist Johann Baptist Rusch hat in seinen Erinnerungen bemerkt, die christlichsoziale Bewegung der Schweiz sei älter als die 1891 erschienene päpstliche Sozialenzyklika Rerum novarum.[40] Dem ist in einem doppelten Sinne beizupflichten: Erstens ist der soziale Gedanke so alt wie das Christentum selber, ja gehört als Liebe zum Nächsten sogar wesentlich zu diesem. Und zweitens fiel die christlichsoziale Bewegung, auch wenn sie kirchlich initiiert war, nicht vom Himmel, sondern sie knüpfte ebenso an bereits bestehende Strukturen und Programme an, die sich im Schweizer Vereinskatholizismus seit der Mitte des 19. Jahrhunderts herausgebildet hatten, wie sie von Vorbildern und Vorläufern in Deutschland inspiriert wurde.

Ältestes Vorbild der katholischen Standesvereine der Arbeiter und Arbeiterinnen, die im Bauplan der christlichsozialen Gesamtbewegung stets

---

37 Prot. des Grossen Rates, 10. bis 12. Juli 1933. Die Beschlüsse sind abgedr. im Anhang des Protokolls; die Botschaften des Regierungsrates zu den beiden Beschlüssen in: Amtsblatt, Nr. 19, 12. Mai 1933, S. 535ff. und S. 540ff.
38 Prot. des Grossen Rates, 21. bis 24. Januar 1935. Der Beschluss ist abgedr. in: Amtsblatt, Nr. 5, 1. Februar 1935, S. 147ff.; die Botschaft des Regierungsrates zum Beschluss in: Amtsblatt, Nr. 51, 21. Dezember 1934, S. 1233ff.
39 Zum Strukturwandel in der sanktgallischen Industrie nach dem Zweiten Weltkrieg vgl. Stein, Industrie, S. 269ff. und S. 273ff.
40 Rusch, Erinnerungen, S. 86.

den Rang von Stamm- oder Kernorganisationen einnahmen, waren die 1849 in Köln von Kaplan Adolph Kolping geschaffenen katholischen Handwerkervereine.[41] Die in der Phase der Desintegration der ständischen Gesellschaft und des aufbrechenden Industriezeitalters entstandene Gesellenbewegung griff schon wenige Jahre später auf die Schweiz über, wo es 1853 in Rorschach und später u.a. in St.Gallen, Wil, Altstätten und Gossau zu Tochtergründungen kam.[42] Die katholischen Gesellenvereine wurden zum Urmodell, zum «Typus und Ausgangspunkt für die anderweitigen Arbeiterorganisationen katholischer Richtung».[43] In bezug auf die christlichsozialen Organisationen soll Alois Scheiwiler mehrmals bemerkt haben, «dass der Kolpinggeist ... vorbildlich gewesen sei»[44], dass ihm, Scheiwiler, bei der Vereinsarbeit in den christlichsozialen Organisationen «Wesen und Aufbau des Gesellenvereins stets vor Augen» gestanden seien und «reiche Anregung und sichere Führung» geboten hätten.[45] Tatsächlich übernahmen die christlichsozialen Standesvereine der Arbeiter und Angestellten in ihrer Organisation und in ihrem Charakter das Vereinskonzept der Handwerker und Gesellen, waren ebenso wie diese kirchlich betreut und streng standesmässig abgeschlossen.[46] Auch in der Zielsetzung sind die Parallelen unübersehbar: Jung und Scheiwiler vertrauten wie Kolping auf die problemlösenden Kräfte der katholischen Religion, weshalb der religiös-sittlichen Erziehung der Mitglieder, der Gesinnungsreform, im Vereinsleben eine erstrangige Bedeutung zukam. Wie der wandernde Handwerker in den Gesellenvereinen, so sollte auch der katholische Arbeiter und die katholische Arbeiterin in den Standesvereinen unter geistlicher Leitung weltanschaulich geschult und immunisiert werden gegenüber den verderblichen und verwerflichen Einflüssen der modernen Umwelt. Es war damit der Kolpingsche Familiengedanke, auf den ein halbes Jahrhundert später auch Jung und Scheiwiler ihre Standesvereine der Arbeiter, Arbeiterinnen und Angestellten aufbauten. Im Verein als Ersatzfamilie sollte die entwurzelte, auf sich allein gestellte und den Gefahren moderner Versuchungen ausgelieferte katholische Arbeiterschaft

---

41 Zur Gründung und Konzeption der Gesellenvereine vgl. Victor Conzemius, Adolf Kolping. Der Gesellenvater aktuell: Damals und heute, Freiburg i. Ue./Hamburg 1982; Christian Feldmann, Adolph Kolping. Für ein soziales Christentum, Freiburg i. Br. 1991.
42 Jung, Jugendbewegung, S. 41f.; Meile, Katholische Vereine, S. 263; vgl. auch Festschrift Gesellenverein. Der katholische Gesellenverein St.Gallen war 1877 mit fast hundert Mitgliedern der grösste in der Schweiz (Dora, Egger, S. 485).
43 HSVSV, Bd. 1, S. 742; Gruner, Arbeiter, S. 890, erkennt in den katholischen Gesellenvereinen die «Frühformen katholischer Gewerkschaften».
44 Meile, Katholische Vereine, S. 263.
45 Zit. nach Meile, Scheiwiler, S. 74.
46 Zu den Gesellenvereinen in der Schweiz vgl. HSVSV, Bd. 1, S. 742; Beuret, Katholischsoziale Bewegung, S. 38ff.; Gruner, Arbeiter, S. 890f.; Jung, Jugendbewegung, S. 41ff.; Ruffieux, Katholische Arbeiterbewegung, S. 372f.

ideelle und emotionale Geborgenheit, aber auch materiellen Schutz vor den Wechselfällen des Lebens erfahren.

Die Kontakte der Gesellenvereine zur christlichsozialen Arbeiterbewegung waren denn auch immer sehr eng.[47] Dieses Nahverhältnis ergab sich allein schon dadurch, dass die erste Führergeneration der christlichsozialen Bewegung in den Gesellenvereinen geformt worden war[48] und dass vor allem die christlichen Gewerkschaften ihre Mitglieder lange in den Gesellenvereinen rekrutierten.[49] Im Bewusstsein der geistigen Verwandtschaft schlossen sich die Gesellenvereine 1903 dem ZV, 1919 dem CAB und 1931 dem sanktgallischen Kantonalverband christlichsozialer Organisationen an.[50] Eine Frucht der engen Beziehungen war der 1911 vom ZV in St.Gallen eingerichtete Zentralarbeitsnachweis, der christlichsozial organisierten Arbeitern ebenso offen stand wie den Mitgliedern der katholischen Gesellenvereine.[51] In den Jahren 1905 bis 1911 stand Jung dem Gesellenverein St.Gallen als Präses vor, während Scheiwiler seit 1897 Vizepräses des Vereins war.[52] Enge Beziehungen zwischen Gesellen- und Arbeitervereinen ergaben sich auf örtlicher Ebene, z.B. in St.Gallen oder Rorschach, auch dadurch, dass die christlichsozialen Vereine in den Gesellenlokalen Gastrecht erhielten[53] und die beiden Organisationen gemeinsame Veranstaltungen durchführten.[54]

---

47 Göldi, Vereine, S. 138, weist auf anfängliche Spannungen zwischen Gesellenvereinen und Christlichsozialen hin, die auf Konkurrenz- und Verdrängungsängste der Gesellenvereine zurückzuführen waren. In Rorschach zum Beispiel war der Gesellenverein bis zur Gründung des christlichsozialen Arbeitervereins der einzige Verein mit stark sozialem Einschlag. Seit 1899 lösten sich viele Mitglieder vom Gesellenverein und schlossen sich den Christlichsozialen an (vgl. Festschrift Gesellenvereine, S. 44f.). Im ersten Jahrzehnt unseres Jahrhunderts entkrampfte sich das gegenseitige Verhältnis. Später wandelten sich die Gesellenvereine zu mittelständischen Handwerkervereinen (Meile, Katholische Vereine, S. 263).
48 Z.B. die St.Galler Georg Eisele, erster Sekretär des christlichen Holzarbeiterverbandes, und Johannes Müller, seit 1916 Präsident der christlichen Gewerkschaftsbewegung der Schweiz (vgl. Hochwacht, Nr. 125, 2. Juni 1937, und Nr. 90, 19. April 1938).
49 In einem grundsätzlichen Beitrag in der «Schweizerischen Kirchenzeitung» bezeichnete Jung 1901 die Gesellenvereine als das Fundament, auf dem die christlichen Gewerkschaften aufgebaut werden müssten (Nr. 17, 26. April 1901). Vgl. auch Scheiwiler, Jung, S. 27.
50 Dagegen schloss sich der katholische Gesellenverein St.Gallen erst 1922 dem Kartell St.Gallen an (Prot. Kartell St.Gallen, Kartellsitzung vom 27. März 1922, Archiv KAB).
51 Jb ZV 1911, S. 51.
52 Festschrift Gesellenvereine, S. 35f.; Meile, Scheiwiler, S. 74.
53 Im Katholischen Gesellenhaus («Casino») in St.Gallen, 1895-97 erbaut, fand am 8. Januar 1899 nicht nur die allererste Versammlung katholischer Arbeiter statt, das Gesellenhaus diente später auch der CSP häufig als Versammlungsort. Zu Rorschach vgl. Festschrift Gesellenvereine, S. 44f.
54 1906/07 und 1907/08 beispielsweise veranstalteten katholischer Arbeiterverein und Gesellenverein St.Gallen jeweils einen gemeinsamen Sozialen Kurs (Jb katholischer Arbeiterverein St.Gallen 1906/07, S. 1, und 1907/08, S. 1).

Nicht ohne Einfluss auf das christlichsoziale Organisationswerk blieben die Erfahrungen, die Jung zwischen 1888 und 1896 als Leiter des katholischen Jünglingsvereins St.Gallen machte, der «Rekrutenschule» der katholisch-sozialen Vereine.[55] Scheiwiler jedenfalls bewertete diesen Abschnitt im Leben Jungs als «gute Vorschule für seine spätere Tätigkeit als Pionier der katholischen Arbeitervereine».[56] Diese Feststellung ist wohl dahingehend zu interpretieren, dass Jung in dieser Zeit zur Einsicht gelangte, dass rein religiös angelegte Vereine nur wenig Zugkraft besassen, dass sie, wollten sie die Jugend erfolgreich rekrutieren, auch den gesellschaftlichen und materiellen Bedürfnissen ihrer Mitglieder entsprechen mussten.[57] Die Erfolge, die die Jünglingsbewegung in den folgenden Jahren verzeichnete[58], haben Jung zweifellos in seinem Willen bestärkt, in den katholischen Standesvereinen der Arbeiter, Arbeiterinnen und Angestellten von Anfang an neben den religiös-sittlichen auch die sozialen, wirtschaftlichen und beruflichen Interessen der Mitglieder zu berücksichtigen.

Als weibliches Pendant zu den katholischen Gesellenvereinen und als Vorläufer der katholischen Arbeiterinnenvereine wurde 1891 in der Stadt St.Gallen ein christlicher Dienstbotenverein ins Leben gerufen.[59] Der Dienstbotenverein war, analog zu den katholischen Gesellenvereinen, kirchlich geführt und verfolgte in erster Linie religiöse, ethische und pädagogische Ziele.[60] Der Gründer des Vereins, Pfarr-Rektor Johann Joseph Eberle[61], beabsichtigte mit der Vereinsgründung, die religiös und sittlich gefährdeten katholischen Dienstmädchen der Stadt seelsorgerisch besser zu erfassen und enger an die katholische Kirche zu binden. Seine Mitglieder fand der Verein vor allem in den Reihen der katholischen süddeutschen Hausangestellten,

---

55 HSVSV, Bd. 1, S. 745. Die Vereinsbezeichnung darf nicht darüber hinwegtäuschen, dass in den Vereinen auch ältere Jugendliche und Jungmänner organisiert waren.
56 Scheiwiler, Jung, S. 12.
57 Dora, Egger, S. 487f.; Scheiwiler, Jung, S. 11f.
58 1890 gab es im Bistum 14, 1894 bereits 24 Vereine (Meile, Katholische Vereine, S. 257). Mehrere Neugründungen waren auf Jungs persönliche Initiative zustande gekommen (Scheiwiler, Jung, S. 12). Der Jünglingsverein St.Gallen, der bei Jungs Amtsantritt ein paar Dutzend Mitglieder gezählt hatte, nahm in der Folge eine «enorme Entwicklung» (Dora, Egger, S. 488; vgl. auch Scheiwiler, Jung, S. 11).
59 Zum Dienstbotenverein vgl. Weder, Verein christlicher Hausangestellter; Göldi, Vereine, S. 172ff.; Meile, Katholische Vereine, S. 264.
60 Vgl. den Zweckartikel in den ersten Statuten von 1891: «Die Mitglieder verpflichten sich zur treuen Erfüllung ihrer religiösen Pflichten, versprechen, ihrer Herrschaft aus Liebe zu Jesus demütig und willig zu gehorchen und geben sich Mühe, durch einen untadelhaften Wandel dem Verein zur Ehre zu gereichen» (zit. nach Weder, Verein christlicher Hausangestellter, S. 2).
61 Eberle war eifriger Förderer des kirchlichen Vereinswesens und der kirchlichen Sozialwerke in der Diözese St.Gallen. Eng mit seinem Namen verbunden sind das seraphische Liebeswerk, die marianische Kongregation und der Vinzenz-Verein (vgl. Dora, Egger, S. 135; Weder, Verein christlicher Hausangestellter, S. 2).

deren Zahl mit dem Aufschwung der Stickereiindustrie und dem wachsenden Wohlstand stark zunahm. Im Vordergrund der Vereinsarbeit standen bis zum Tode Eberles die religiöse und sittliche Erziehung der Mitglieder sowie die karitative Fürsorge. Der Verein war in den ersten Jahren seines Bestehens stark angewachsen und zählte bereits 1895 rund 300 Mitglieder, schrumpfte jedoch in den folgenden Jahren ebenso rasch wieder. Nach dem Tode Eberles übernahm 1905 Jung die Führung des Vereins. Jungs organisatorische Erfahrung, sein praktischer Sinn, aber auch eine gewisse Neuorientierung des Vereinslebens in Richtung der vermehrten Beachtung sozialer, beruflicher und wirtschaftlicher Themen erklären, warum die Mitgliederzahlen wieder anstiegen und 1914/15 den Höchstbestand von 600 erreichten. Unter dem Einfluss Jungs, aber auch als Ausdruck der engen Affinität zu den christlichsozialen Organisationen schloss sich der Dienstbotenverein 1902 dem christlichsozialen Kartell von St.Gallen und Umgebung und 1907 dem ZV an.[62]

Bauten die christlichsozialen Standesvereine bezüglich Vereinskonzept auf dem durch die Gesellenvereine vorgegebenen und vom Dienstbotenverein kopierten Modell auf, so sind sie in ihrer Programmatik über die ursprünglichen sozialkonservativen, religiös-karitativen Vereinsziele von Gesellen- und Dienstbotenverein hinausgegangen. Sie knüpften an die Neuorientierung an, zu der es im sozialen Katholizismus um 1880 im Zeichen des sozialen und wirtschaftlichen Strukturwandels gekommen war und die Erich Gruner als Übergang von der Gesinnungs- zur Zuständereform charakterisiert.[63] Neben die bislang dominierenden religiös-ethischen und karitativen Zielsetzungen traten in dieser Phase und noch vor dem Erscheinen des päpstlichen Rundschreibens Rerum novarum vermehrt sozialreformerische und sozialpolitische Aktivitäten. Oder, wie es Joseph Beck, führender katholischer Sozialtheoretiker und einer der Promotoren des Richtungswechsels, formulierte: «Mit dem Fortschritte der kapitalistischen Produktionsweise in der Schweiz wie in den Nachbarländern stellte sich ... immer gebieterischer die Notwendigkeit heraus, neben den charitativen Werken die Durchführung einer wirksamen Socialpolitik ... an die Hand zu nehmen.»[64] Gleichzeitig trat mit den seit den 1870er Jahren in den Industriegebieten

---

62 Jubiläumsbericht Kartell St.Gallen 1929, S. 4; Weder, Verein christlicher Hausangestellter, S. 11.
63 Gruner, Arbeiterschaft und Wirtschaft, Bd. 2, S. 148: «Der soziale Katholizismus erkannte unter dem Einfluss von führenden, theoretisch gut geschulten Praktikern, dass sich das proletarische Elend vom Pauperismus unterschied und dass deshalb zu seiner Bekämpfung die ‹Caritas› nicht mehr genügte.» Vgl. auch Beuret, Katholisch-soziale Bewegung, v. a. S. 10f., der im Sozialkatholizismus zwischen einer älteren, sozialkonservativen Richtung und einer jüngeren, katholisch-demokratischen Richtung unterscheidet.
64 HSVSV, Bd. 1, S. 740f.

gegründeten, heterogen aus Arbeitgebern und Arbeitnehmern zusammengesetzten katholischen Männer- und Arbeitervereinen, die sich 1888 zum Verband der katholischen Arbeitervereine der Schweiz (VMAV) zusammenschlossen, ein neuer Vereinstyp auf den Plan, der sich den sozialen und ökonomischen Problemen gegenüber offen zeigte und bald zum repräsentativen Exponenten des neuen Kurses wurde.[65] Dabei blieben die katholischen Vereine ihrem Charakter als konfessionelle Standesvereine treu, das heisst sie verzichteten auf direkte politische und gewerkschaftliche Aktionen und nannten als primären Vereinszweck nach wie vor die religiös-weltanschauliche Bildung, die Selbsthilfe und die Unterhaltung. Die gewerkschaftlichen und politischen Klasseninteressen der Mitglieder sollten im Sinne einer Arbeitsteilung solidarisch mit anderen sozial fortschrittlichen Kräften im Schweizerischen Arbeiterbund wahrgenommen werden, der 1887 im Beisein und auf Initiative der Männer- und Arbeitervereine als gesamtschweizerische, überparteiliche und überkonfessionelle Dachorganisation aller Arbeitervereine gegründet worden war und dem sich die katholisch-sozialen Vereine anschlossen.[66] Oppositionellen Stimmen im katholischen Lager gegen das Zusammengehen katholischer Verbände mit der noch jungen und reformistischen Sozialdemokratie begegnete Caspar Decurtins, prominentester Vorkämpfer der katholischen «apertura a sinistra»[67], mit dem vielzitierten Wort: «Ich bin ultramontan durch und durch, doch in socialen Dingen, in allen Brotfragen da stehe ich zu euch. Und mit mir die katholischen Arbeiter; sie werden mitthun, wo es sich um die Besserung der wirtschaftlichen Lage des Arbeiterstandes handelt; denn der Hunger ist weder katholisch noch protestantisch. Darum, wer mithilft in solchen Fragen, der sei willkommen ... Die katholischen Arbeiter bieten euch ehrlich die Hand, weiset sie nicht zurück!»[68]

Jung und Scheiwiler nahmen die weitreichenden Ziele der Zuständereform in ihren Gründungen auf, respektive sie verbanden die Gesinnungs- mit der Zuständereform, wobei der Primat der ersteren stets betont wurde. Gleichzeitig aber gingen sie, und darin besteht das qualitativ Neue der christlichsozialen Bewegung, über die Strategie der bisherigen katholischen Sozialbewegung hinaus und schufen aus noch zu erklärenden Gründen eigene Instrumente der Interessenwahrung: eine autonome, von den sozialdemokratischen Arbeiterorganisationen getrennte katholische Arbeiter- und Ge-

---

65 Zum Verband der Männer- und Arbeitervereine vgl. Altermatt, Ghetto, S. 119ff.; Beuret, Katholisch-soziale Bewegung, S. 47ff.; Ruffieux, Katholische Arbeiterbewegung, S. 373.
66 Zur Mitarbeit der katholisch-sozialen Verbände im Arbeiterbund vgl. HSVSV, Bd. 1, S. 746f., und Beuret, Katholisch-soziale Bewegung, S. 166ff.
67 Altermatt, Katholizismus und Moderne, S. 153; ders., Ghetto, S. 326.
68 Zit. nach HSVSV, Bd. 1, S. 746f.

№ 791

DER SCHWEIZERISCHE BUNDESRAT

nach Einsicht eines Gesuches

des Herrn E. Hasler, Chef des Kontroll-Bureau, in St. Gallen, vom 12. August 1905,

und nachdem er sich überzeugt hat, dass den Vorschriften des Bundesgesetzes vom 25. Juni 1903, betreffend die Erteilung des Schweizerbürgerrechts und den Verzicht auf dasselbe, insbesondere den Bestimmungen des Art. 2 dieses Gesetzes, ein Genüge getan ist,

erteilt hiermit

Herrn Gebhard Brielmaier, Schreiner, in St. Gallen, von Liebenau (Württemberg), geboren den 13. Januar 1873, seit mehr als zwei Jahren in der Schweiz wohnhaft, seiner Ehefrau und seinem minderjährigen Kinde

die Bewilligung zur Erwerbung eines schweizerischen Kantons- und Gemeindebürgerrechtes.

Das Schweizerbürgerrecht ist jedoch erst dann erworben, wenn zu gegenwärtiger Bewilligung der Erwerb eines Gemeinde- und Kantonsbürgerrechts gemäss den Bestimmungen der betreffenden Kantonsgesetzgebung hinzugekommen ist.

Gegenwärtige Bewilligung erlischt, wenn der Inhaber derselben nicht binnen drei Jahren vom Datum der Ausstellung an ein Gemeinde- und Kantonsbürgerrecht erworben hat. Ebenso hört sie auf, gültig zu sein für Kinder, die volljährig werden, bevor ihre Eltern das Schweizerbürgerrecht erworben haben.

Personen, welche neben dem Schweizerbürgerrecht dasjenige eines fremden Staates besitzen, haben diesem letzteren gegenüber, solange sie in demselben wohnen, keinen Anspruch auf die Rechte und den Schutz eines Schweizerbürgers.

Bern, den *25. August 1905.*

Im Namen des Schweizerischen Bundesrates,

Der Bundespräsident:

Der Kanzler der Eidgenossenschaft:

Taxe Fr. 20.

Diese Bewilligung darf nicht als Ausweisschrift gebraucht werden.

In der christlichen Gewerkschaftsbewegung waren bis zum Ausbruch des Ersten Weltkrieges viele Einwanderer aus Deutschland und Österreich aktiv (Einbürgerungsurkunde von Gebhard Brielmaier).

werkschaftsbewegung und einige Jahre später, wenigstens auf kantonaler Ebene, stramm antisozialistisch ausgerichtete christlichsoziale Parteigruppen. Damit trat die katholisch-soziale Bewegung der Schweiz in eine neue Entwicklungsstufe, die durch den Übergang von den parapolitischen und präsyndikalistisch orientierten katholisch-sozialen Vereinen zu den von Anfang an syndikalistisch und bald auch politisch ausgerichteten christlichsozialen Organisationen gekennzeichnet war.[69]

Neben den Vorbildern und Vorläufern, die die Gründer der christlichsozialen Organisationen in der katholischen Sondergesellschaft der Schweiz vorfanden, spielten bei der Ausgestaltung der christlichsozialen Bewegung Einflüsse aus Deutschland eine massgebliche Rolle.[70] Diese hätten, so Josef Scherrer, das Grundmodell der schweizerischen Bewegung in «Geist und Form» lange geprägt, ehe die Schweizer Christlichsozialen nach dem Ersten Weltkrieg eigene Wege gingen.[71] Früher als in der Schweiz hatten sich in Deutschland auf der Basis von Rerum novarum bald nach 1891 katholische Arbeitervereine gebildet. Durch die starke Zuwanderung deutscher Fremdarbeiter ergaben sich enge Kontakte zur deutschen katholisch-sozialen Bewegung.[72] Als Jung unmittelbar nach der Gründung eines Arbeitervereins in St.Gallen 1899 dazu überging, innerhalb dieses Vereins zum Zwecke der Verfolgung der materiellen Interessen der Vereinsmitglieder Fachgruppen auszuscheiden und damit den Grundstein für die christlichen Gewerkschaften zu legen, war, wie Scheiwiler berichtet, «das deutsche Vorbild in hohem Grade massgebend».[73] Fünf Jahre früher, 1894, hatte in Deutschland Prälat und Professor Franz Hitze seine Ideen von der beruflichen Organisation der katholischen Arbeiterschaft in «Leitsätzen betreffend Bildung von Fachabteilungen in den katholischen Arbeitervereinen» zusammengefasst und die Bildung solcher Fachgruppen in den Vereinen vorangetrieben. Diese Berufs- oder Fachabteilungen innerhalb der katholischen Arbeitervereine sollten die

---

69 Altermatt, Ghetto, S. 274; vgl. auch Beuret, Katholisch-soziale Bewegung, S. 11 und S. 159; Gruner, Arbeiterschaft und Wirtschaft, Bd. 2, S. 148.
70 Zur katholisch-sozialen Bewegung in Deutschland vgl. Grebing, Deutsche Arbeiterbewegung, v.a. S. 120ff.; Ritter, Katholisch-soziale Bewegung; Stegmann, Enzyklika.
71 Prot. Schweizerische Soziale Woche 1941, S. 80.
72 Josef Scherrer schrieb später, dass die deutschen Einwanderer «die Pioniere der jungen christlichen Arbeiterorganisationen in der Schweiz» bildeten (Hochwacht, Nr. 90, 19. April 1938). Repräsentanten der deutschen Einwanderer waren z.B. die Süddeutschen Georg Eisele und Gebhard Brielmaier. Eisele wurde erster christlicher Gewerkschaftssekretär der Schweiz und bekleidete zahlreiche Funktionen in der Bewegung, u.a. auch jene des Sekretärs des Kartells St.Gallen (JB CAB 1937/38, S. 16f.). Brielmaier war Mitbegründer des ersten christlichen Gewerkschaftsverbandes und bis 1915 Präsident des Christlichsozialen Gewerkschaftsbundes der Schweiz.
73 Scheiwiler, Jung, S. 27. Im Gründungsprotokoll der ersten christlichen Gewerkschaftsgruppe im Arbeiterverein St.Gallen wird expressis verbis auf das deutsche Vorbild Bezug genommen (das Protokoll ist abgedr. in: 60 Jahre Holzarbeiter-Sektion, S. 5).

speziellen Berufsinteressen ihrer Mitglieder vertreten.[74] Hatte Hitze noch die Unterordnung der Fachgruppen unter den Arbeiterverein vorgesehen und waren seine Gewerkschaften konfessionell homogen, so entstanden aus der Opposition christlicher Arbeiter gegen die militant atheistischen «freien» Gewerkschaften gleichzeitig zu Hitzes Fachabteilungen eigenständige christliche Gewerkschaftsverbände, die sich im Mai 1899 zum «Gesamtverband der christlichen Gewerkschaften» zusammenschlossen. Damit standen sich in Deutschland nicht nur zwei Organisationen, sondern auch zwei Gewerkschaftsmodelle konkurrierend gegenüber: Hier die konfessionell einheitlichen Fachabteilungen im Rahmen der von Geistlichen geleiteten Arbeitervereine (Berliner Richtung) und dort die interkonfessionellen, eigenständigen, das heisst von den Arbeitern selbst geleiteten gewerkschaftlichen Organisationen (Kölner Richtung). Zwischen diesen beiden Richtungen entbrannte ein jahrelanger Streit, den erst die Enzyklika Singulari quadam Papst Pius X. im Jahre 1912 zugunsten der Kölner Richtung beendete.[75]

Die im Rahmen der St. Galler Arbeitervereine gegründeten christlichen Gewerkschaftsgruppen lösten sich sehr rasch von der Bindung an die Arbeitervereine und gestatteten auch nichtkatholischen Arbeitern die Mitgliedschaft. Obgleich die Interkonfessionalität der christlichen Gewerkschaften in katholischen Kreisen auf heftigen Widerstand stiess und 1900 von den schweizerischen Bischöfen abgelehnt wurde, warf der in Deutschland tobende Gewerkschaftsstreit in der Schweiz keine hohen Wellen, wohl darum, weil die christlichen Gewerkschaften trotz formeller Interkonfessionalität faktisch immer katholische Gebilde blieben.

Die in den Arbeitervereinen und später auch in den Gewerkschaften eingerichteten genossenschaftlichen Selbsthilfe- und Unterstützungseinrichtungen, neben den konfessionellen Standesvereinen und den christlichen Gewerkschaften das dritte Standbein der Gesamtbewegung, waren gleichfalls vom Vorbild älterer katholischer Vereine inspiriert, etwa dem Unterstützungs- und Kassawesen in den Gesellen- oder in den Männer- und Arbeitervereinen[76], mit dem Unterschied allerdings, dass Jung diese Unternehmungen erweiterte, auf eigene Beine stellte und professionalisierte. Jung selber, mit dem theoretischen katholischen Schrifttum zur sozialen Frage vertraut, wies in der Schrift «Die genossenschaftliche Volkswirtschaft, die Wirtschaft der Zukunft» auf vor allem deutsche Vorarbeiten und Vorbilder

---

74 Vgl. auch Gruner, Arbeiterschaft und Wirtschaft, Bd. 2, S. 128: Franz Hitze tat den «entscheidenden Schritt vom berufsständischen zum gewerkschaftlichen Prinzip».
75 Die Enzyklika ist abgedr. in: Texte zur katholischen Soziallehre, S. 91ff. Pius X. äusserte darin den Wunsch, dass die Katholiken, die den christlichen Gewerkschaften angehören, gleichzeitig Mitglieder der katholischen Arbeitervereine seien.
76 Vgl. Beuret, Katholisch-soziale Bewegung, S. 44ff. und S. 52ff.

hin, etwa jene des Jesuiten und Sozialphilosophen Heinrich Pesch.[77] Inwieweit auch Selbsthilfeeinrichtungen der Grütlianer oder der sozialistischen Arbeiterbewegung – in der Stadt St.Gallen etwa die im Rahmen der Arbeiterunion eingerichtete Bäckerei-Genossenschaft oder die Konsumgenossenschaft[78] – kopiert wurden, lässt sich nicht ermitteln, doch ist anzunehmen, dass deren Erfolge Jung zur Schaffung von Konkurrenzorganisationen antrieben.

Offensichtlich sozialistischem Vorbild entsprach dagegen das Bemühen, die einzelnen Glieder der christlichsozialen Bewegung zu lokalen Kartellen zusammenzufassen, wie 1900 in der Stadt St.Gallen erstmals geschehen. Hier wie auch in anderen industriellen Zentren hatten sich als Gesamtvertretung der gewerkschaftlichen, politischen und genossenschaftlichen Arbeiterinteressen Arbeiterunionen gebildet, Sammelpunkte aus Gewerkschaften, den Sektionen der am Ort bestehenden Grütlivereine und anderen Arbeitervereinen.[79] Jungs Kartelle waren ebenso Kopien der sozialistischen Arbeiterunionen, wie 1903 der ZV und 1919 der CAB die Struktur des Schweizerischen Arbeiterbundes übernahmen.[80]

Halten wir fest: Die christlichsozialen Standesvereine der Arbeiter und Arbeiterinnen bauten auf der Tradition der katholisch-sozialen Bewegung in der Schweiz auf. Sie waren in organisatorisch-struktureller Hinsicht Nachbildungen der Kolpingschen Gesellenvereine bzw., auf weiblicher Seite, der Dienstbotenvereine, nämlich streng standesmässig konzipierte Organisationen unter Leitung der Kirche. Ideologisch-programmatisch verknüpften sie das alte, aus der Frühphase der katholisch-sozialen Vereine stammende Ziel der Gesinnungsreform mit dem Konzept der Zuständereform, das in einer zweiten Phase in der Entwicklung des Sozialkatholizismus neben dasjenige der Gesinnungsreform getreten war. Gleichzeitig wuchsen die Christlichsozialen über ihre Vorbilder und Vorgänger hinaus: Nicht nur haben Jung und Scheiwiler den Radius der Aktivitäten erweitert und die Organisation geschickt ausdifferenziert. Sie haben darüber hinaus mit der am deutschen Vorbild orientierten Schaffung einer autonomen Gewerkschaftsorganisation die katholisch-soziale Bewegung aus der Verklammerung mit dem Schweizerischen Arbeiterbund gelöst und auf eigene Beine gestellt.

77 Jung, Genossenschaftliche Volkswirtschaft, S. 19. Zu Pesch vgl. Katholisches Soziallexikon, S. 2106f. Pesch soll Scherrer einmal brieflich bekannt haben, dass die Christlichsozialen der Schweiz seine Ideen am besten erfasst hätten und am treuesten verträten (TBSch, 10. April 1936, PrivatA Scherrer).
78 Jb Arbeiterunion 1911, S. 63 und S. 69.
79 Zu den Arbeiterunionen vgl. HSVSV, Bd. 1, S. 162ff.; Gruner, Arbeiterschaft und Wirtschaft, Bd. 2, S. 773ff. Kurz nach der Jahrhundertwende bestanden im Kanton St.Gallen neben der Stadt St.Gallen in Uzwil und in Rorschach Arbeiterunionen (HSVSV, Bd. 1, S. 168).
80 Gruner, Arbeiterschaft und Wirtschaft, Bd. 2, S. 215.

1.3 Gründung und Aufbau

Johann Baptist Jung und Alois Scheiwiler betraten mit ihren christlichsozialen Organisationen die Bühne des Vereinskatholizismus zu dem Zeitpunkt, als sich nicht nur die katholisch-soziale Bewegung der Schweiz in einer tiefgreifenden Restrukturierung befand, sondern sich überhaupt traditionelle weltanschaulich-politische Konfliktmuster zu verändern begonnen hatten. Seit dem Abflauen des Kulturkampfes waren sich politischer Katholizismus und Freisinn näher gerückt – Altermatt spricht von einem «historischen Kompromiss»[81] –, was seinen sichtbarsten Ausdruck darin fand, dass 1891 mit Josef Zemp erstmals ein Katholisch-Konservativer in den Bundesrat gewählt wurde. Die freisinnig-konservative Allianz verfestigte sich unter dem Druck wachsender sozialer Spannungen und im Zeichen des Aufstiegs der sich zunehmend klassenkämpferischer gebärdenden sozialdemokratischen Arbeiterbewegung.[82]

Diese Entwicklungen konnten auch für den schweizerischen Sozialkatholizismus nicht ohne Folgen bleiben. In dem Masse, wie sich der Katholizismus mit dem Freisinn liierte und wie sich die sozialistischen Arbeiterorganisationen radikalisierten, erwies sich die vom VMAV verfolgte Strategie der Aktionseinheit mit der Sozialdemokratie im neutralen Arbeiterbund zunehmend als Phantom oder «zukunftslose Illusion».[83] Der Verband sah sich darum mit starker innerkatholischer Kritik konfrontiert. Aber auch von einer anderen Seite her war der VMAV bedroht: Sein Vereinskonzept mit sozial heterogener Mitgliederstruktur war immer weniger geeignet, Arbeiterinteressen wahrzunehmen, mit der Folge, dass sich die Mitgliederzahlen in den späten 1890er Jahren stetig zurückbildeten.[84] Für den sozialen Katholizismus barg diese Entwicklung die Gefahr, dass die katholische Arbeiterschaft in den städtischen Zentren Anschluss an die zugkräftigen Organisationen der Sozialdemokratie suchte und sich damit dem katholischen Milieu und dem Einfluss der katholischen Kirche zu entfremden drohte. Was sich also mit fast gebieterischer Notwendigkeit aufdrängte, das waren homogen katholische Arbeiterorganisationen, das war eine autonome katholische Arbeiter- und Gewerkschaftsbewegung mit dem primären Ziel

---

81 Altermatt, Katholizismus und Moderne, S. 151.
82 Altermatt, Katholizismus und Moderne, S. 235f., beschreibt den Vorgang als «Paradigmawechsel», d.h. «der Kulturkampf wurde als grundlegende Konfliktlinie durch den aufkommenden Klassenkampf abgelöst». Für den Kanton St.Gallen gilt diese Beobachtung nur bedingt. Hier schwelte der Kulturkampf noch bis in die 60er Jahre unseres Jahrhunderts weiter.
83 Altermatt, Katholizismus und Moderne, S. 153.
84 Zum Niedergang des VMAV vgl. Altermatt, Ghetto, S. 250ff. und S. 271ff.; Beuret, Katholisch-soziale Bewegung, S. 128ff.; Zahlen bei Gruner, Arbeiterschaft und Wirtschaft, Bd. 2, S. 151.

der «antisozialistischen Sammlung» der katholischen Arbeiter- und Angestelltenschaft.[85]

Warum diese katholische Arbeiter- und Gewerkschaftsbewegung gerade in St.Gallen entstand, lässt sich mit letzter Bestimmtheit nicht erklären. Immerhin lassen sich wenigstens drei Faktoren anführen, die günstige Ausgangsbedingungen für die Gründung der christlichsozialen Bewegung schufen:

Erstens: Die sanktgallischen Arbeiterorganisationen machten vor der Jahrhundertwende Anstalten, sich sozialdemokratisch zu orientieren. Die Arbeiterunion der Stadt St.Gallen, die lokale Dachorganisation von Arbeiterbildungsverein, gewerkschaftlichen Fachvereinen, politischen Vereinen und Grütliverein, bekannte sich 1899 in einer Statutenänderung zur Sozialdemokratie, und die «sanktgallische Arbeiterpartei», hervorgegangen aus dem Zusammenschluss von Grütli- und Arbeitervereinen, stellte die 1888 mit den linksbürgerlichen Demokraten gemeinsam gebildete «Demokratische und Arbeiterpartei» mehr und mehr in Frage, als sich seit 1896 Reibereien und Spannungen häuften. Vor allem aber wuchs die Arbeiterunion St.Gallen seit ihrer Gründung im Jahre 1886 kontinuierlich und erreichte im Jahre 1900 die Zahl von 1800 Mitgliedern, so dass die Notwendigkeit ausgewiesen und die materielle Basis geschaffen war, um ein Jahr später ein Arbeitersekretariat einzurichten.[86]

Zweitens: In der Stadt St.Gallen, aber auch an vielen anderen Orten im Bistum gab es lebendige katholische Gesellen- und Jünglingsvereine. Letztere zählten im Jahre 1900 1500 Mitglieder in 33 Vereinen, erstere 400 Mitglieder in zehn Vereinen. Jung und Scheiwiler waren in diesen Vereinen bekannt und standen in der Vereinsarbeit an vorderster Front.[87] In deren Reihen konnten die christlichsozialen Organisationen den Grundstock ihrer Mitglieder rekrutieren.

Drittens: Stadt und Kanton St.Gallen gehörten trotz hohem Industrialisierungsgrad nie zum Einflussbereich des VMAV. Zwar hatten 1888 auch St.Galler Delegierte an der Gründung des Verbandes teilgenommen[88], und 1892 hatte sich der Katholikenverein St.Gallen dem VMAV angeschlossen.[89] Dennoch vermochte der Verband im Sanktgallischen nie Fuss zu fassen. Es war vor allem Bischof Augustin Egger, der ihn von seiner Diözese fernhielt,

---

85 Altermatt, Katholizismus und Moderne, S. 152.
86 Jb Arbeiterunion 1911, S. 63ff.; Schlaginhaufen, Gewerkschaftskartell, S. 164f.; Specker, Sozialdemokratische Bewegung, S. 84f.
87 Jung war in den Jünglingsvereinen geradzu populär: «Noch heute, nach mehr denn dreissig Jahren sprechen damalige Mitglieder des Vereins mit Bewunderung von jenen glänzenden Anlässen und Versammlungen in der Blütezeit des Vereins» (Scheiwiler, Jung, S. 11).
88 Altermatt, Ghetto, S. 122.
89 Dora, Egger, S. 496; Katholikenverein St.Gallen, S. 17.

nach Eggers Biographen Cornel Dora aus der Sorge, die katholischen Arbeiterorganisationen «könnten ins sozialdemokratische Fahrwasser geraten»[90], und aus Angst vor einer Konkurrenzierung des St.Galler Piusvereins, des kirchlich-religiösen Dachverbandes der St.Galler Katholiken.[91] Das hiess konkret: Im Bistum St.Gallen bestand bezüglich organisatorischer Erfassung der katholischen Arbeiterschaft einerseits ein Vakuum, und andererseits war bei der Gründung des christlichsozialen Vereinstyps seitens des VMAV kein grosser Widerstand zu erwarten.

Bischof Augustin Egger wurde zum Anwalt jener Kreise, die eine eigene, auch gewerkschaftlich ausgerichtete katholische Arbeiterorganisation forderten. Dabei konnte sich Egger nicht nur auf die Enzyklika Rerum novarum von Papst Leo XIII. berufen, in der die Bildung katholischer Arbeiter- und Gewerkschaftsorganisationen offiziell gebilligt wurde, sondern auch auf die Unterstützung der führenden Kräfte im schweizerischen Katholizismus, denen das Linksexperiment des VMAV suspekt war. In Johann Baptist Jung und Alois Scheiwiler fand der Bischof jene «Werkzeuge»[92], die willens waren, sich in den Dienst des Aufbauwerks zu stellen.

Bischof Augustin Egger unterstützte 1898 Johann Baptist Jungs Plan, in St.Gallen einen katholischen Arbeiter- und einen katholischen Arbeiterinnenverein zu gründen.

Johann Baptist Jung (1861–1922), im fürstenländischen Niederhelfenschwil als Sohn eines Kleinbauern und Heimarbeiters geboren, lernte die Härten der sozialen Frage in seiner Jugend am eigenen Leibe kennen.[93] Nach dem

---

90 Dora, Egger, S. 418; Altermatt, Ghetto, S. 255, Anm. 68, nennt zusätzlich Differenzen zwischen Egger und den führenden Köpfen des Verbandes der Männer- und Arbeitervereine in puncto Föderalismus.
91 Zu den Piusvereinen im Bistum St.Gallen, die seit 1871 in einem Kantonalverband zusammengeschlossen waren, vgl. Dora, Egger, S. 493ff.; Meile, Katholische Vereine, S. 254 und S. 276; Schöbi, Volksverein, S. 10f.
92 Gruner, Arbeiterschaft und Wirtschaft, Bd. 2, S. 153.
93 Zu Leben und Werk Jungs vgl. die Biographien von Scheiwiler und Scherrer; vgl. auch Specker, Gegnerschaft, sowie die Nekrologe in der «Hochwacht», Nrn. 122 und 123, 26. und 27. Mai 1922; Auszüge aus Nekrologen anderer Blätter in: Scheiwiler, Jung, S. 49ff.; knappe biographische Angaben in: Katholisches Soziallexikon, S. 1254ff. Jung selber hat wenig publiziert (vgl. Duft, Schrifttum, S. 139; vgl. auch Bibliographie).

Johann Baptist Jung, der Gründer der christlichsozialen Arbeiter- und Volksbewegung der Schweiz.

Studium der Theologie in Innsbruck wurde Jung 1887 zum Priester geweiht, wirkte während einiger Jahre als Domvikar in St.Gallen, bevor er 1892 als Religionslehrer an die dortige Kantonsschule berufen wurde, wo er 23 Jahre lang wirkte. In dieser Zeit muss Bischof Egger auf den jungen Priester und dessen organisatorisches Geschick aufmerksam geworden sein. Jung war es nämlich als Domvikar gelungen, den katholischen Jünglingsverein St.Gallen nicht nur mit neuem Leben zu erfüllen, sondern die Mitgliederzahl zu verzehnfachen und im ganzen Bistum neue Vereine ins Leben zu rufen. Es waren im weitesten Sinn pastorale Gründe, die Jung bei seinen Aktivitäten im Jünglingsverein wie später in den christlichsozialen Vereinen leiteten. Jung ging es, wie Joseph Böni sich ausdrückt, darum, «die arbeitende Klasse wieder mit dem Priestertum zu verbinden».[94] Er war tief überzeugt davon, dass die bestehenden katholischen Vereine nicht mehr in der Lage waren, die Gläubigen vor der sozialistischen Gefahr zu bewahren und dem katholischen Lager und damit dem Einfluss der katholischen Kirche zu erhalten. Der Neutralität, wie sie der VMAV verfolgte, misstraute er zutiefst.[95] Die Sammlung der katholischen Arbeiterschaft aber war wiederum nur zu erreichen, wenn es gelang, in Ausführung der Richtlinien von Rerum novarum eigene Arbeiterorganisationen als positive Alternative zur freien Arbeiter- und Gewerkschaftsbewegung zu schaffen. Alois Scheiwiler sprach mit Blick auf diese doppelte Zielsetzung der katholischen Arbeiterbewegung vom «Schutzdamm gegen die stürmisch

---

94 Böni, Jung, S. 9; vgl. auch Scheiwiler, Jung, S. 22. Der Hinweis Bönis, Jung habe in einer Audienz vom Papste selber den Organisationsbefehl erhalten, ist sonst nirgends verbürgt und wohl ins Reich der Legendenbildung zu verweisen. Zu den Motiven Jungs vgl. auch die Trauerrede Josef Scherrers am Grabe Jungs, abgedr. in: Scheiwiler, Jung, S. 47ff., und Scherrer, Jung, S. 26f.

95 Vgl. Jungs Ansprache anlässlich der Gründung der christlichen Holzarbeiter-Sektion in St.Gallen am 23. September 1899, abgedr. in: Schelbert, Gewerkschaftsarbeit, S. 7ff.: «Da sehen wir andererseits [neben materieller Not und ausbeuterischem Kapitalismus] die falsche Ideologie und die verderblichen Ziele der im Schlepptau des Sozialismus segelnden neutralen Gewerkschaften. Sie sind nicht ‹frei›; sie sind nicht ‹neutral›. Neutralität?? Neutral – übrigens – ist ein Waschlappen!!» (S. 8).

einherbrausende rote Flut» und von der «planmässigen Sammlung und Befreiung des arbeitenden Volkes im Zeichen des Kreuzes»[96], während Othmar Gehrig diese beiden Gründungsimpulse treffend als «Angriff aus der Verteidigung» charakterisiert.[97] Als «unerschöpflicher Ideengeber», als «Einhaucher der Seele dessen, was er schuf»[98], und als unermüdlicher, praktisch denkender und den Nöten der Arbeiterschaft eng verbundener Organisator leitete Jung, seit 1915 von anderen Pflichten entbunden, die christlichsoziale Bewegung bis zu seinem Tod im Jahre 1922. Josef Scherrer übertrieb nicht, wenn er am Grabe Jungs und mit Blick auf dessen Lebenswerk festhielt, dass die christlichsoziale Bewegung «zu einem Faktor des öffentlichen und sozialen Lebens» geworden sei.[99]

Jungs enger Weggefährte und Mitstreiter wurde der ein gutes Jahrzehnt jüngere *Alois Scheiwiler* (1872–1938).[100] Gebürtig aus Gossau, studierte auch er in Innsbruck Theologie und schloss sein Studium in Freiburg i. Ue. mit dem Doktorat ab. Nach der Priesterweihe sammelte er seelsorgerische Erfahrungen in der bernischen Diaspora und wurde zunächst Domvikar in St. Gallen und anschliessend, 1898, Rektor der katholischen Kantonsrealschule in St. Gallen, bis er 1904 als erster christlichsozialer Arbeitersekretär nach Zürich übersiedelte, um die in der Diaspora besonders gefährdeten

Alois Scheiwiler als Arbeitersekretär in Zürich (Aufnahme aus dem Jahr 1907).

---

96 Scheiwiler, Jung, S. 22.
97 Gehrig, Das Christlichsoziale, S. 40.
98 Georg Baumberger, in: 25 Jahre christlichsoziale Presse, S. 11f. Georg Baumberger, zur Zeit der christlichsozialen Gründungen sozial aufgeschlossener Redaktor der konservativen «Ostschweiz», begleitete Jungs Aktivitäten mit grosser Sympathie und wurde, neben Bischof Egger, als einer der Mitbegründer der Bewegung genannt (JB CAB, 1930/31, S. 6). Baumbergers Verdienste im Zusammenhang mit der Gründung bestehen wohl primär darin, dass er Bischof Egger die Spalten der «Ostschweiz» für dessen sozial und politisch fortschrittliche Ideen öffnete (vgl. Dora, Egger, S. 525).
99 Zit. nach Scheiwiler, Jung, S. 48.
100 Zu Scheiwiler vgl. die mit archivischem Material, u.a. den Tagebüchern, belegte Biographie, die sein Nachfolger im Bischofsamt, Joseph Meile, nach dessen Tod verfasste. Vgl. auch die Nekrologe in der «Hochwacht», Nrn. 290 und 291, 21. und 22. Juli 1938, sowie im JB CAB 1937/38, S. 7ff. Jung würdigte die christlichsoziale Aufbauarbeit Scheiwilers 1919 im «Arbeiter» (Nr. 35, 30. August 1919). Knappe biographische Angaben in: Katholisches Soziallexikon, S. 2481f.

Katholiken in katholischen Vereinen zu sammeln. Nach Scheiwilers Biographen Joseph Meile lernten sich Jung und Scheiwiler 1898 kennen, als sie beide an der Kantonsrealschule in St.Gallen tätig waren.[101] Bald habe sich, so Meile, auf der Basis gleicher Anschauungen und Interessen eine enge Freundschaft entwickelt. «Beide ... waren von Ideen und Plänen so stark bewegt, dass sie nicht Ruhe finden konnten. Darum gingen sie gerade miteinander in die Ferien, um auf Weg und Steg gemeinsam die Forderungen der Zukunft, die brennenden Fragen der Zeit zu besprechen» – wobei der ältere, Jung, der sich durch sein Studium, seine Vereinsarbeit und seine Tätigkeit als Religionslehrer mit den sozialen Problemen schon längere Zeit auseinandergesetzt hatte, den jüngeren inspiriert haben dürfte.[102]

Es hält schwer, die jeweiligen Anteile von Johann Baptist Jung respektive von Alois Scheiwiler bei der Schaffung der christlichsozialen Organisationen auseinanderzuhalten. Den Rang des Bewegungsgründers hat Alois Scheiwiler Jung nie streitig gemacht[103], und auch innerhalb der christlichsozialen Bewegung galt immer Jung als die eigentliche Gründerpersönlichkeit.[104] Alois Scheiwiler aber stand mit Jung an der Wiege der Bewegung und stellte sich wie dieser Zeit seines Lebens vorbehaltlos in den Dienst des gemeinsamen Werkes. Dabei ergänzten sie sich in idealer Weise: War Jung der Praktiker und Organisator, so hat Scheiwiler als Generalsekretär und Zentralpräsident, als Redner und Redaktor zahlreicher Verbandsblätter sowie durch ein umfangreiches Schrifttum die Bewegung seelsorgerisch und geistig begleitet.[105] Im Sinne einer Arbeitsteilung nahm sich Alois Scheiwiler der Standesvereine an, während Jung im besonderen die Genossenschaften und Gewerkschaften betreute.[106] Ein von Josef Scherrer verfasster Nachruf auf

---

101 Meile, Scheiwiler, S. 75.
102 Über die geistige Prägung Jungs ist wenig bekannt. Scheiwiler, Jung, S. 8f., erwähnt die Lehrer Jungs, vor allem Jesuiten, an der Universität Innsbruck. Im Vorwort zum «Grundriss der christlichen Sittenlehre», S. VIII, nannte Jung in einer rudimentären Bibliographie neben anderen im besonderen die Arbeiten des Jesuiten Victor Cathrein. Specker, Gegnerschaft, S. 104f., weist auf den Einfluss von Josef Biederlack und dessen Hauptwerk «Die sociale Frage. Ein Beitrag zur Orientierung über ihr Wesen und ihre Lösung» hin.
103 Vgl. Scheiwiler, Jung, S. 23ff.; ders., Soziale Bewegungen, S. 7.
104 Vgl. Scherrer, Jung, S. 1 und passim.
105 Alois Scheiwiler redigierte von 1905 resp. 1907 bis zu seiner Wahl zum Bischof die wöchentlich erscheinenden Standesblätter «Der Arbeiter» und «Die Arbeiterin». Für das seit 1921 erscheinende christlichsoziale Tagblatt «Hochwacht» verfasste er unter dem Kürzel «ar» regelmässig Sonntags- oder Festtagsartikel, bis zu seinem Tode 1938 mehr als 800 (Meile, Scheiwiler, S. 227ff.). Eine bibliographische Übersicht geben Meile, Scheiwiler, S. 210ff., v.a. S. 218 und S. XIIIff. (Anhang), und Duft, Schrifttum, S. 139f. und S. 171.
106 Meile, Scheiwiler, S. 83, S. 86 und S. 184.

Alois Scheiwiler würdigte diesen zutreffend als «Mitbegründer» und «ersten geistlichen Führer» der Bewegung.[107]

Johann Baptist Jung hatte sich Bischof Egger neben seinem Engagement und seinen Erfolgen in der Jugendarbeit auch dadurch empfohlen, dass er bereits 1896 in einer Konferenzarbeit für das Priesterkapitel St.Gallen die Wichtigkeit und Notwendigkeit von katholischen Arbeiter- und Arbeiterinnenvereinen begründet hatte.[108] 1898 betraute Bischof Egger Jung mit der Übernahme des Präsidiums des Piusvereins Tablat-St.Gallen[109] und erlaubte ihm, im Rahmen dieses Vereins und gemäss den Richtlinien von Rerum novarum eine Sektion von Arbeitern zu gründen. Am 8. Januar 1899, in einer Vorversammlung mit Referaten von Jung und Scheiwiler, erklärten 50 Lohnarbeiter ihre Bereitschaft zur Mitarbeit in der Arbeiter-Sektion[110], und nur drei Wochen später, am 29. Januar, billigte die Gründungsversammlung im katholischen Gesellenhaus die Statuten[111] und wählte eine Kommission mit Jung als Präses an der Spitze.[112] Die Mitgliederentwicklung unterstrich, wie sehr der Verein einem wahren Bedürfnis entsprach: Gab es im Katholikenverein der Stadt St.Gallen unter den 600 Mitgliedern nur rund 50 Arbeiter, sammelte allein der katholische Arbeiterverein bis 1903 gegen 500 Arbeiter.[113]

Die positive Resonanz, auf die der Arbeiterverein stiess, ermutigte Jung, eine Parallelorganisation auch für die katholischen Arbeiterinnen aufzubauen. Dieser Schritt drängte sich geradezu auf, da in St.Gallen viele Frauen in der Stickereiindustrie beschäftigt waren, es damit neben dem Arbeiter- auch

---

107 JB CAB 1937/38, S. 7.
108 Jb katholischer Arbeiterverein St.Gallen 1908/09, S. 1. Dieser X. Jahresbericht, der im Vorspann einen Rückblick auf die Anfänge der Bewegung enthält, ist für die Rekonstruktion der Gründungsgeschichte der christlichsozialen Bewegung eine äusserst wertvolle Quelle, weil er von Jung, der den Verein seit der Gründung 1899 präsidierte, verfasst sein dürfte; ebenfalls von hoher Authentizität ist die biographische Schrift, die Alois Scheiwiler Jung gewidmet hat (Scheiwiler, Jung).
109 Zum Piusverein Tablat-St.Gallen vgl. Dora, Egger, S. 493f.
110 Mitglied im Arbeiterverein konnte «jeder unbescholtene kath. Arbeiter werden, der das 18. Lebensjahr angetreten und kein selbständiges Geschäft besitzt» (Statuten des katholischen Arbeitervereins der Domfarrei St.Gallen, Februar 1899, BAR).
111 Statuten des katholischen Arbeitervereins der Dompfarrei St.Gallen, Februar 1899; revidiert im Juli 1900 und im Juli 1907 (BiA SG, BAR).
112 Zur Ereignisgeschichte der christlichsozialen Gründungen vgl. vor allem die gründlich recherchierte und faktenreiche Arbeit von Wolfgang Göldi (Vereine); daneben auch Altermatt, Ghetto; Beuret, Katholisch-soziale Bewegung; Gruner, Arbeiterschaft und Wirtschaft, Bd. 2; Obrecht, Christlichsoziale Bewegung; Scheiwiler, Jung; Scherrer, Jung, und andere.
113 Jb katholischer Arbeiterverein St.Gallen 1908/09, S. 12. Denselben Rekrutierungserfolg erzielte Jung in Rorschach, wo, nach St.Gallen, ein zweiter Arbeiterverein gegründet wurde: Zählte der Katholikenverein unter seinen Mitgliedern praktisch keine katholischen Arbeiter, so umfasste der Arbeiterverein nach kurzer Zeit bereits 140 (Göldi, Vereine, S. 39).

> **Statuten**
> des
> **kathol. Arbeiterinnen-Vereins St. Gallens.**
>
> § 1.
>
> Der kathol. Arbeiterinnen-Verein bezweckt die „Hebung und Förderung der leiblichen und geistigen Lage der Arbeiterinnen." —
>
> I. Das materielle Wohl der Arbeiterinnen wird erstrebt:
>
> a) Durch Erzielung eines gerechten Arbeitslohnes, zweckentsprechender Arbeitszeit, durch Kranken-Versicherung, durch Arbeitsnachweis und Rechtsbeistand und Sparkassen;
> b) durch möglichst allseitige Ausbildung in den weiblichen Berufsarten.
>
> II. Das geistige Wohl der Arbeiterinnen wird erstrebt:

> **Statuten**
> des
> **kathol. Arbeitervereins**
> der
> **Dompfarrei St. Gallen.**
>
> § 1.
>
> Die Arbeitersektion des schweizer. Katholikenvereins (Pius-Verein) St. Gallen-Tablat bezweckt die „Hebung und Förderung der leiblichen und geistigen Lage der Arbeiter."
>
> I. Das materielle Wohl der Arbeiter wird erstrebt:
>
> a) Durch Erzielung eines gerechten Arbeitslohnes, zweckentsprechender Arbeitszeit, gesunde und billige Wohnungsverhältnisse, durch Kranken- und Arbeitslosenversicherung, durch Rechtsbeistand und Arbeitsnachweis;
> b) durch allgemeine und sachliche Ausbildung in event. eigenen Gewerkschaften.

Statuten des Arbeiterinnen- und des Arbeitervereins St.Gallen vom Februar und März 1899, der ersten katholischen Arbeitnehmervereine in der Schweiz.

«ein grosses und schwieriges Arbeiterinnenproblem» gab.[114] Jung und Scheiwiler und mit ihnen der St.Galler Bischof befürchteten die Abwanderung der Arbeiterinnen in sozialdemokratische und neutrale Vereine – und schritten, nicht einmal zwei Monate nach der Gründung des Arbeitervereins St.Gallen, zur Tat. Am 12. März 1899 riefen sie zur Konstituierung eines katholischen Arbeiterinnenvereins ins Gesellenhaus.[115] Wie zeitgemäss auch dieser Verein war, spiegelte sich in der Präsenz von 600 Arbeiterinnen, von denen sich die Hälfte zur Mitgliedschaft entschied.[116] Und eineinhalb Jahre später, nachdem in Rorschach ein Tochterverein gegründet worden war, gehörten den beiden Vereinen bereits 650 Arbeiterinnen an.[117]

---

114 Scheiwiler, Jung, S. 25. Bereits vor Jung gab es Versuche, die Arbeiterinnen vereinsmässig zu erfassen. Dora, Egger, S. 502, weiss von einem Arbeiterinnenverein, der in den 1870er Jahren in der Dompfarrei St.Gallen entstanden war und den er als Vorläufer der christlichsozialen Gründung bezeichnet. 1886 oder 1887 wurde auf Initiative der Arbeiterunion St.Gallen ebenfalls ein Arbeiterinnenverein gegründet, der ein Jahr später mit 40 Mitgliedern der Union beitrat (Jb Arbeiterunion 1911, S. 57f.).
115 Statuten des katholischen Arbeiterinnenvereins St.Gallen, März 1899; revidiert im Dezember 1900 (BiA SG). Die Statuten sind praktisch identisch mit jenen des Arbeitervereins St.Gallen.
116 Zahlen in: Jb ZV 1913, S. 29; Scheiwiler, Hoch die Christlichsoziale, S. 13.
117 Zahlen in: Jb ZV 1913, S. 29; Scheiwiler, Hoch die Christlichsoziale, S. 13.

Hatten sich Jung und Scheiwiler mit der Grundlegung katholischer Arbeiter- und Arbeiterinnenvereine noch auf den traditionellen Bahnen des Vereinskatholizismus bewegt, so betraten sie mit der Schaffung eigener Gewerkschaftsorganisationen insofern Neuland, als erstmals in der Geschichte der katholisch-sozialen Bewegung spezifische Instrumente zur Wahrung materieller Interessen der Arbeiterschaft geschaffen wurden. Jung sah sich wohl darum genötigt, in einem nationalen Forum, der «Schweizerischen Kirchenzeitung», Nutzen und Notwendigkeit christlicher Gewerkschaften zu begründen.[118] Dabei wies er einerseits auf die Illusion gewerkschaftlicher Neutralität, wie sie von den Männer- und Arbeitervereinen in der Zusammenarbeit mit der Sozialdemokratie angestrebt wurde, auf die radikalklassenkämpferischen Tendenzen in den freien Gewerkschaften und die religiös-weltanschauliche Gefährdung der katholischen Arbeiterschaft hin.[119] Andererseits war sich Jung aber auch bewusst, dass die Arbeiter- und Arbeiterinnenvereine als primär ideelle Vereinigungen, «die man oft künstlich galvanisieren muss», nur dann Chancen auf dauerhafte Existenz hätten, wenn es gelänge, Wege und Mittel zur Wahrnehmung auch der materiellen Standesinteressen zu finden.

Die Anregung, im Rahmen des Arbeitervereins St.Gallen Fachgruppen mit beruflich-wirtschaftlicher Zielsetzung auszuscheiden, ging unter Berufung auf die Vereinsstatuten im Frühsommer 1899 von Jung selber aus.[120] Eine Durchsicht des Mitgliederverzeichnisses hatte der Kommission des Vereins gezeigt, «dass eine Anzahl Gewerkschaften genügenden Nährboden finden würden»[121], worauf die Holzarbeiter für den 22. September 1899 zur konstituierenden Sitzung der ersten christlichen Gewerkschaft eingeladen wurden.[122] Nur wenig später sonderte sich auch im Arbeiterverein Rorschach je eine Fachgruppe der Holzarbeiter, der Metallarbeiter und Maurer ab. Am 22. September 1901 schlossen sich die Holzarbeiter von St.Gallen und Rorschach zum ersten christlichen Berufsverband der Schweiz, dem Christlichen Holzarbeiterverband, zusammen.[123]

---

118 Schweizerische Kirchenzeitung, Nr. 17, 26. April 1901.
119 Scheiwiler, Jung, S. 26, hebt vor allem dieses Motiv hervor: «Hätten die freien Gewerkschaften nach dem Vorbild der englischen Trade Unions wirkliche Neutralität geübt und nicht durch ihr religionsfeindliches und revolutionäres Gebaren die Seelen zahlloser Arbeiter gefährdet und verdorben, es wäre nicht zur Gründung christlicher Gewerkschaften gekommen.» Vgl. auch Jb ZV 1905, S. 14.
120 Statuten des katholischen Arbeitervereins der Dompfarrei St.Gallen, Februar 1899 (BAR). § 1 Abs. 1 nannte «event. eigene Gewerkschaften» als Mittel zur allgemeinen und fachlichen Ausbildung.
121 Jb katholischer Arbeiterverein St.Gallen 1908/09, S. 3.
122 Das Protokoll der Gründungsversammlung ist abgedr. in: 60 Jahre Holzarbeitersektion, S. 5; Jungs programmatische Ansprache in: Schelbert, Gewerkschaftsarbeit, S. 7ff.
123 Vgl. Dudle, Christlichnationaler Gewerkschaftsbund, S. 16. Das Protokoll der Gründungsversammlung ist abgedr. in: Schelbert, Gewerkschaftsarbeit, S. 11f.

Vorteile
welche der katholische Arbeiter-Verein bietet.

1. **Rechtsschutz.** Einmalige Konsultation 50 Cts. bei Herrn Advokat Dr. Holenstein, Administrationsrats-Präsident.
   Karten abzuholen bei den Mitgliedern der Kommission.

2. **Unentgeltlicher Arbeitsnachweis**, Gesellenhaus, Rorschacherstraße; Herr Buchle.

3. **Vorzüglich eingerichtete Krankenkasse**, Präsident: Herr Kern, Kassier: Herr Schmeh.

4. **Ermäßigte Preise:**

   a) Für Holz, bei Herrn Bonbank, Melonenstraße 61:

Hartholz,	per Stear	Fr. 16.—	anstatt	Fr. 19.—
Tannenholz,	„ „	„ 14.—	„	„ 16.—
Büschelholz,	100 St.	„ 18.—	„	„ 20.—
Torf,	per Stear,	„ 7.50	„	„ 9.—

   b) Briquettes, prima Qualität, bei Herrn Haltiner, Neudorf:
   Per Zentner 25—30 Cts. billiger. (Wenn möglich sollte ein Teil schon zum Voraus bestellt werden.)

   c) Volksmagazin Wirth, Speisergasse, für alle Einkäufe 5 % Rabatt;

   d) Schuhhandlung Moser-Pfister, Marktgasse, 10 % Rabatt für Prima-Schuhwaren;

   e) Kartoffeln, bei Frau Kobler-Gehrig, Metzgergasse, 30 Cts. billiger per Zentner;

   f) In der Metzgerei Mettler, „Schlößli", Speisergasse, für alle Einkäufe 5 % Sconto;

Mitgliederwerbung mit handfesten Argumenten. Flugblatt aus dem Jahr 1899.

Zum materiellen Rückgrat und Anziehungspunkt der Bewegung aber wurden nicht die Gewerkschaften, sondern der bunte Kranz von Unterstützungseinrichtungen und genossenschaftlichen Selbsthilfeorganisationen, mit denen Jung die Arbeiter- und Arbeiterinnenvereine von Anfang an umgab. Auf diesem Gebiet war er recht eigentlich zu Hause, hier bewährten sich sein praktischer Sinn und seine Organisationsgabe.[124] Es würde den Rahmen dieser Arbeit sprengen, das christlichsoziale Kassen- und Unterstützungswesen in allen seinen Verästelungen zu beschreiben. Es seien hier nur all jene Vorteile und Vergünstigungen aufgelistet, deren die Mitglieder der Arbeiter- und Arbeiterinnenvereine der Stadt St.Gallen – ihnen kam in dieser Hinsicht

---

124 Vgl. Scheiwiler, Jung, S. 39; Scherrer, Jung, S. 27. Jung widmete sich in seinen letzten Lebensjahren der Propagierung des Genossenschaftsgedankens im In- und Ausland.

eine Vorreiterrolle zu – in den ersten drei Vereinsjahren teilhaftig wurden: Rechtsschutz, Arbeitsnachweis, Krankenkasse, Spar- und Darlehenskasse, Arbeitslosenkasse, verbilligte Einkaufsmöglichkeiten usw.[125]

Die hohen Erwartungen, welche die überaus erfolgreiche Gründung eines Arbeiter- und Arbeiterinnenvereins in der Stadt St.Gallen geweckt hatte, wichen jedoch alsbald der Ernüchterung und Enttäuschung. Zwar wuchsen die St.Galler Vereine in den ersten beiden Vereinsjahren stetig[126] und betrug der Mitgliederbestand des St.Galler Kartells Ende 1901 rund 2000 Mitglieder.[127] Als problematisch dagegen erwies sich die Tatsache, dass die St.Galler Vereine trotz unermüdlicher Agitation Jungs ihren Aktionsradius während eineinhalb Jahren nicht über die Kantonshauptstadt

Der X. Jahresbericht des katholischen Arbeitervereins St.Gallen enthält einen Rückblick auf die Gründungsumstände und das erste Jahrzehnt der christlichsozialen Bewegung.

hinaus erweitern konnten.[128] Erst im September 1900 gelang mit der Gründung des Arbeiterinnenvereins Rorschach der erste Schritt hinaus in die industriereichen Gebiete der St.Galler Landschaft. Obwohl weitere Gründungen – im Januar 1901 ein Arbeiterverein ebenfalls in Rorschach und im gleichen Jahr zwei weitere Arbeitervereine in Gossau und in Schaffhausen –

---

125 Vgl. die als Werbemittel verfassten Flugblätter vom Juni 1899 und August 1902 mit der Überschrift «Vorteile, welche der katholische Arbeiter-Verein bietet» (BAR); vgl. auch die Jb des katholischen Arbeitervereins St.Gallen 1901 ff.
126 Die Angaben über die Mitgliederentwicklung schwanken z.T. beträchtlich. Der Jahresbericht des katholischen Arbeitervereins St.Gallen 1908/09, S. 12, nennt z.B. für den Arbeiterverein St.Gallen im Jahr 1900 die Zahl von 305 Mitgliedern, der Jb des ZV 1913, S. 20, dagegen nur 100. Der Arbeiterinnenverein soll ein Jahr nach seiner Gründung bereits 1380 Mitglieder gezählt haben (Annalen des Schweizerischen Katholikenvereins, 39, 1900, 6. Heft, S. 114); im Unterschied dazu beziffert der Jb des ZV 1913, S. 29, das Total der Mitglieder der Arbeiterinnenvereine von St.Gallen und Rorschach im Jahre 1901 nur auf 650.
127 Jb katholischer Arbeiterverein St.Gallen 1901/02, S. 1.
128 Göldi, Vereine, S. 52; Scheiwiler, Jung, S. 28. Am sanktgallischen Katholikentag 1901 in Gossau war der Arbeiterverein St.Gallen erstmals in einer Spezialversammlung vor die Öffentlichkeit getreten, um, wie Jung schrieb, «die Idee kathol. Arbeitervereine in weitere Kreise zu tragen» (Jb katholischer Arbeiterverein St.Gallen 1908/09, S. 5).

zustande kamen[129], schien der christlichsozialen Bewegung in dieser ersten Aufbauphase der Schnauf auszugehen. Noch schleppender vollzog sich der Ausbau der Gewerkschaften: Den ersten Gewerkschaften der Holzarbeiter in St.Gallen und Rorschach war 1900 nur eine Sektion in Arbon gefolgt.[130] Wenn es Jung auch gelang, vor allem im Rahmen des St.Galler Kartells weitere Gewerkschaften zu gründen[131], vergingen doch volle drei Jahre, bis ein weiterer Zentralverband, der Verband christlicher Textilarbeiter- und Textilarbeiterinnen der Schweiz, ins Leben gerufen werden konnte.[132]

Alois Scheiwiler nannte den Aufstieg der christlichsozialen Organisationen einen «Kreuzweg»[133] und deutete damit die mannigfachen Widerstände an, mit denen sich die junge Bewegung in der Anfangszeit konfrontiert sah. Sie gingen einerseits, als aktiver Widerstand, von anderen katholischen Organisationen aus, vor allem vom VMAV, dessen St.Galler Ableger, der Katholikenverein St.Gallen, beim Bischof Protest gegen die Gründung des Arbeitervereins erhoben hatte, aber abgewiesen wurde.[134] Weit mehr zu schaffen gab Jung der passive Widerstand, dem er in weiten katholischen Kreisen, bei der Geistlichkeit wie bei den Laien, begegnete und der in einer anonymen Schrift ein knappes Jahrzehnt später als «Missverstand ... Unverstand ... [und] Faulheit» umschrieben wurde.[135] Diese sozialkonservativ und paternalistisch eingestellten Kreise bestritten die Notwendigkeit von Spezialvereinen der Arbeiterschaft und wollten diese in den bestehenden allgemeinen Vereinen organisiert wissen. Auch schreckten sie nicht davor zurück, die Christlichsozialen in die Nähe der Sozialisten zu rücken.[136] Kritik gegen die Jungschen Gründungen, zumal gegen die christlichen Gewerkschaften, erhob sich andererseits aber auch in den Reihen der Sozialdemokraten, die den Christlichsozialen Verletzung der 1899 vereinbarten ge-

129 Jb ZV 1907, S. 12f. und S. 14; Göldi, Vereine, S. 52ff.
130 Dudle, Christlichnationaler Gewerkschaftsbund, S. 16; Schelbert, Gewerkschaftsarbeit, S. 11ff.
131 Der Jubiläumsbericht des Kartells St.Gallen 1929, S. 4, nennt für das Jahr 1902 Gewerkschaften für Maler, Metallarbeiter, Textilarbeiter, Wegmacher und Bauarbeiter.
132 Dudle, Christlichnationaler Gewerkschaftsbund, S. 17. Zur Verbandsbildung und -entwicklung der christlichen Gewerkschaften vgl. auch die Übersichten bei Jenatsch-Walker, Bibliographie, passim.
133 Scheiwiler, Jung, S. 21. Vgl. auch Meile, Scheiwiler, S. 91ff.
134 Jb katholischer Arbeiterverein St.Gallen 1908/09, S. 2. Ansonsten aber ignorierte der VMAV die Christlichsozialen bis 1902. Zu heftigen Kollisionen kam es erst, als die Christlichsozialen 1903 in die Hochburg des VMAV, nach Zürich, expandierten (Altermatt, Ghetto, S. 263f. und S. 267).
135 Warum katholische Arbeitervereine, S. 9ff.; ähnlich Scheiwiler, Jung, S. 21f., der zusätzlich bewegungsinterne Schwierigkeiten andeutet.
136 Scherrer zitierte in seinem Tagebuch den Präses des Arbeitervereins Bütschwil, der berichtete, dass gerade jene Kreise den Christlichsozialen oftmals einen Korb gäben, die über einen kleinen Besitz verfügten (TBSch, 28. Oktober 1912, PrivatA Scherrer). Zum Vorwurf des «verkappten Sozialismus» vgl. auch Jb ZV 1905, S. 16, und Scheiwiler, Jung, S. 22.

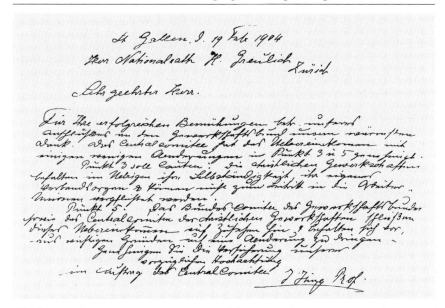

Schreiben von Johann Baptist Jung an Herman Greulich vom 19. Februar 1904. Das zwischen Jung und Greulich vereinbarte Übereinkommen betreffend Aufnahme der christlichen Gewerkschaften in den Schweizerischen Gewerkschaftsbund wurde von 1904 von den Delegierten des Schweizerischen Gewerkschaftsbundes abgelehnt.

gewerkschaftlichen Neutralität vorwarfen.[137] Auf dem Berner Arbeitertag im März 1902 wurden die Christlichsozialen deswegen «an den Pranger gestellt» und zur Auflösung ihrer Gewerkschaften aufgefordert.[138]

Den Durchbruch der christlichsozialen Organisationen brachte erst das Jahr 1902. In jenem Jahr wuchs die Zahl der Vereine um vier weitere Gründungen in Chur, Winterthur, Wil und Herisau.[139] Zudem klärten sich im sozialdemokratischen wie im katholischen Lager die Verhältnisse und schieden sich die Geister.[140] Der Arbeitertag vom März 1902 in Bern entlarvte das vom VMAV angestrebte Ziel einer einheitlichen, überparteilichen und überkonfessionellen Gewerkschaftsbewegung als Trugbild, als sozialistische und christliche Gewerkschafter sich gegenseitig der Verletzung der Neutralität bezichtigten. Der Streit liess in der katholischen Kirchenleitung und in den Kreisen des Schweizerischen Katholikenvereins, dem Nachfolger des Pius-

---

137 Jb katholischer Arbeiterverein St.Gallen 1908/09, S. 5. Der Luzerner Neutralitätsbeschluss von 1899 ist abgedr. in: Kull, Sozialreformerische Arbeiterbewegung, S. 45f.
138 Gruner, Arbeiterschaft und Wirtschaft, Bd. 2, S. 130; vgl. auch Altermatt, Ghetto, S. 261.
139 Der Jb ZV 1907, S. 12f. und S. 14, nennt die Gründungsjahre sämtlicher Arbeiter- und Arbeiterinnenvereine.
140 Zur Flurbereinigung im Organisationskatholizismus um 1900 vgl. Altermatt, Ghetto, S. 229ff.; Beuret, Katholisch-soziale Bewegung, S. 128ff. Zu den Auseinandersetzungen um die Gewerkschaftsneutralität vgl. Beuret, Katholisch-soziale Bewegung, S. 160ff.; Gruner, Arbeiterschaft und Wirtschaft, Bd. 2, S. 125ff.; Kull, Sozialreformerische Arbeiterbewegung, S. 44ff.

vereins, die Befürchtung wachsen, «der VMAV ... werde alle seine Mitglieder an die sozialistischen Gewerkschaften verlieren, wenn nicht ... eine Gegenoffensive eingeleitet werde».[141] Vor dem Hintergrund dieser Entwicklungen nahm die Akzeptanz der christlichsozialen Position zu, und Jung gewann die Unterstützung des Katholikenvereins und der katholischen Kirchenleitung. Im Frühjahr 1902 begrüsste der Katholikenverein offen die Schaffung einer eigenen katholischen Arbeiter- und Gewerkschaftsbewegung. Im selben Jahr gaben die Schweizer Bischöfe den christlichsozialen - Organisationen ihren offiziellen Segen.[142] Der Plan einer neutralen Einheitsgewerkschaft hatte sich damit zerschlagen. Am Osterkongress 1904 in Luzern lehnten die Delegierten des Schweizerischen Gewerkschaftsbundes den von Herman Greulich präsentierten Vorschlag zur Einigung zwischen dem Schweizerischen Gewerkschaftsbund und den christlichen Gewerkschaften mit grosser Mehrheit ab.[143] Damit war der Bruch zwischen sozialistischen und christlichen Arbeiterorganisationen definitiv und offiziell vollzogen und das Projekt einer einheitlichen schweizerischen Gewerkschaftsbewegung gescheitert. Der VMAV, der immer noch intransigent an der Neutralitätsillusion festhielt, wurde 1904 mit dem Schweizerischen Katholikenverein zum neuen Dachverband der Schweizer Katholiken, dem Schweizerischen Katholischen Volksverein, zusammengelegt, nachdem Fusionsverhandlungen mit den Christlichsozialen gescheitert waren.[144] Die christlichsoziale Bewegung ihrerseits ordnete sich dem Führungsanspruch des Volksvereins unter[145], «gewann ... an Zugkraft und Selbständigkeit»[146] und stieg zum «repräsentativen Träger der christlichen Sozialreform in der Schweiz» auf.[147]

Bereits ein Jahr früher, nach der nationalen Zusammenfassung der Organisation im ZV, hatten sich Jung und Scheiwiler daran gemacht, ihre Gründungen über die Ostschweiz hinaus ins Zentrum des VMAV, nach Zürich zu tragen, wo im Sommer 1903 ein katholischer Arbeiterverein gegründet werden konnte, der rasch gedieh und Ende Jahr bereits 400 Mitglieder um-

---

141 Gruner, Arbeiterschaft und Wirtschaft, Bd. 2, S. 150f.
142 Altermatt, Ghetto, S. 262ff.
143 Die Vereinbarung ist abgedr. in: Beuret, Katholisch-soziale Bewegung, S. 162f., und Kull, Sozialreformerische Arbeiterbewegung, S. 49f. Die Vereinbarung kam den christlichen Gewerkschaften weit entgegen, indem sie diese als gleichberechtigte Organisationen neben dem Gewerkschaftsbund anerkannte und von ihrer Eingliederung in den allgemeinen Gewerkschaftsbund absah. In einem Schreiben an Herman Greulich vom 19. Februar 1904 bekundete Jung diesem für die Vermittlungsbemühungen «unsern wärmsten Dank» (BAR).
144 Vgl. Altermatt, Ghetto, S. 267ff.; Beuret, Katholisch-soziale Bewegung, S. 155f.
145 Der ZV trat dem Volksverein von Anfang an bei, behielt aber seine Autonomie. Zur Organisationsstruktur des Volksvereins vgl. Altermatt, Ghetto, S. 314ff.; Beuret, Katholisch-soziale Bewegung, S. 203ff.
146 Holenstein, Konservative Volkspartei, S. 306.
147 Beuret, Katholisch-soziale Bewegung, S. 159.

> **Katholische Arbeiter!**
>
> Wir laden Euch hiemit freundlichst ein, dem **katholischen Arbeiterverein** beizutreten?
>
> Warum soll **jeder katholische Arbeiter** sich diesem Vereine anschließen?
>
> 1. Die Milliardäre bilden ihre Trusts und Ringe, um die notwendigsten Lebensbedürfnisse zu verteuern; die Großindustriellen und Arbeitgeber aller Länder bilden starke Verbände, um den Konkurrenzkampf auszuhalten. Soll der Arbeiter allein müßig dastehen und zusehen, wie er immer elender wird? Nein, schließt Euch zusammen! Hilf dir selbst, so hilft dir Gott.
>
> 2. Der Arbeiterverein bietet Euch keine leeren Worte, sondern große soziale Vorteile und praktische Taten. Er gibt Euch Rechtsschutz, Beistand zur Verbesserung von Arbeitslohn, Arbeitszeit und Arbeitsbedingungen; er bietet Euch viele Vorteile beim Einkaufen! Krankenversicherung und Sparkasse, Arbeitslosenkasse u. s. w. **Materielle und geistige Hebung der Arbeiterklasse** — das ist sein Programm.
>
> 3. Schon Tausende von Arbeitern in allen Teilen der Schweiz, auch französischer und italienischer Zunge, haben sich auf christlicher Grundlage organisiert. Bald werden es ihrer 10,000 und mehr sein. Schon bilden sie einen starken Zentralverband. Schließt Euch ihnen an, und ihr bildet zusammen eine unbesiegbare Macht zum Schutze des Rechtes und Eurer heiligsten Interessen.
>
> Keiner bleibe mehr zurück! **Der letzte, christlich denkende Arbeiter des Schweizerlandes hinein in unsere Organisation!**
>
> Gebet diesen Appell weiter! Jeder führe möglichst viele Freunde und Gesinnungsgenossen herbei! Es lebe die christlich-soziale Tat!
>
> **Zürich**, im Juni 1904.
>
> **Das Zentralkomitee**

Werbeblatt des 1903 gegründeten Zentralverbandes christlichsozialer Arbeiterorganisationen der Schweiz.

fasste.[148] Nach Jungs Willen sollte Zürich zum Ausgangspunkt der Expansion in die mittlere und westliche Schweiz werden.[149] An die vorderste Front dieses ambitiösen Projekts setzte Jung seinen Mitstreiter Alois Scheiwiler, der sich im Frühjahr 1904 als Präses an die Spitze des katholischen Arbeitervereins in Zürich stellte und zum ersten christlichsozialen Arbeitersekretär ernannt wurde.[150]

Damit war die Aufbauarbeit abgeschlossen. «Die Jahre zwischen 1899 und 1904», hielt Alois Scheiwiler später fest, «bereiteten das Werk vor und legten seine starken Fundamente.»[151] Mit den beiden Eckpfeilern St. Gallen und Zürich und einer wachsenden Zahl von Sektionen in der ganzen Ostschweiz war nicht nur die Basis für den nationalen Aufbau gelegt, gleichzeitig hatte sich in diesem Jahrfünft auch die Grundstruktur der Bewegung herausgebildet.

---

148 Zum Vorstoss der Christlichsozialen nach Zürich vgl. Göldi, Vereine, S. 58ff.
149 Scheiwiler, Jung, S. 29.
150 Göldi, Vereine, S. 60 und S. 86; Meile, Scheiwiler, S. 77ff.
151 Scheiwiler, Jung, S. 29.

1.4 Vielfalt in der Einheit – das organisatorische Grundmodell

Die zum Hauptträger der katholisch-sozialen Bewegung der Schweiz avancierten Christlichsozialen nahmen sich der Interessen ihrer Mitglieder auf breitester Front an. «Kein Gebiet sozialer Tätigkeit, heisse es Lohnfrage oder Versicherungswesen oder geistige und sittliche Hebung der Arbeiterschaft oder Gewerkschafts- und Genossenschaftswesen, lässt sich nennen, dem der Verband [ZV] nicht sein Interesse zugewandt hätte.»[152] Mehr noch: «Den ganzen Menschen wollen sie erfassen und beglücken» und «den Arbeiter wie seine Familie durch ein wohl durchdachtes System von trefflichen Einrichtungen» fördern und an die Bewegung binden.[153] Das Grundmodell dieses weitgefächerten Organisationswerks hatte sich in den wesentlichen Zügen bereits im Gründungsjahr der Bewegung herausgebildet und blieb über ein halbes Jahrhundert, bis in die mittleren 1950er Jahre, im grossen und ganzen unverändert. Es umfasste erstens die katholischen Arbeiter- und Arbeiterinnenvereine, zu denen später weitere konfessionelle Standesvereine stiessen, zweitens die christlichen Gewerkschaften und drittens die sozial-karitativen Unternehmungen und Genossenschaften. Die politische Formation stellte auf Landesebene keine eigene Säule dar, sondern vollzog sich im Rahmen der Arbeitervereine.

«Nein, nicht allein ein Kampf um Brot, um bessere Futterplätze ist die Arbeiterbewegung, sondern noch vielmehr ein Kampf um Ideale, um eine Weltanschauung», schrieb Jung im Jahre 1908.[154] Die christlichsoziale Bewegung wollte stets mehr sein als blosse Klassen- oder Interessenorganisation; sie verstand sich vielmehr als umfassende Kultur- und Weltanschauungsbewegung, als Zusammenschluss zur «Hebung und Förderung der leiblichen und geistigen Lage der Arbeiter», wie es bereits der Zweckparagraph der ersten Statuten des katholischen Arbeitervereins St.Gallen umschrieb.[155] Die Pflege der «geistigen» Interessen und Bedürfnisse war Aufgabe der religiös-sozialen Standesvereine, die als originellster Beitrag der Christlichsozialen zur Arbeiterbewegung gelten können. Sie standen nicht nur am Anfang der christlichsozialen Bewegung, die ja bekanntlich aus den Standesvereinen hervorgegangen war, ihnen kam auch im Konzept der christlichsozialen Gesamtbewegung eine herausragende Rolle zu. Josef Scherrer nannte sie

---

152 Jb ZV 1910, S. 35. Nach Scheiwiler, Hoch die Christlichsoziale, S. 19, kümmerten sich die christlichsozialen Organisationen um ihre Mitglieder «von der Wiege bis zum Grab».
153 Jb ZV 1905, S. 12.
154 Zit. nach Scherrer, Jung, S. 41.
155 Statuten des katholischen Arbeitervereins der Dompfarrei St.Gallen, Februar 1899, § 1 (BAR). Dieser Passus lehnte sich wörtlich an die Enzyklika Rerum novarum (Nr. 42) an.

«Grundvereine» und «Standardorganisationen»[156], «Seele» der Bewegung[157], den «eigentlichen Träger der katholischen Sozialideen»[158], Joseph Meile sprach von der «Prävalenz der sozialen Standesvereine».[159]

Die herausragende Stellung der Standesvereine im Gesamtgefüge der Bewegung ergab sich aus der Interpretation der sozialen Frage als primär religiös-sittliches Problem. Die soziale Frage sei, so Alois Scheiwiler, die «giftige Frucht aus dem gottlosen Zeitgeiste», das Ergebnis der Trennung des Erwerbs- und Arbeitslebens von der Religion.[160] In seiner Ursachenanalyse ging Scheiwiler zurück bis an die Schwelle der Neuzeit, als das von der Religion her durchkonstruierte System des Mittelalters zerbrach und die darin integrierten Teilbereiche sich verselbständigten. Durch die Reformation und die Aufklärung, besonders aber durch den Liberalismus und Sozialismus sei die Loslösung der Gesellschaft von Gott und der Kirche vertieft worden, «bis schliesslich die Gottlosenbewegung aus atheistischen und materialistischen Lehrsystemen der neueren Zeit die letzten Konsequenzen gezogen und in hemmungsloser Verwegenheit den letzten Rest von christlichem Erbgut hohnlachend weggeworfen hat». Rettung vor dem «unaufhaltsamen Versinken in die schaurigen Tiefen der heutigen seelischen und materiellen Not» bringe allein die Rückkehr zu Religion und Kirche. «Reform des Geistes, Hin-zu-Gott-Bewegung, Versittlichung von Arbeit, Wirtschaft und Leben» seien die Kernelemente der christlichen Sozialreform.[161] Im Dienste dieser Reform standen an vorderster Front die konfessionellen Standesvereine. Ihnen oblag die eigentliche Vorarbeit für die christliche Sozialreform. Sie sollten die religiös-sittliche Erziehung des einzelnen vorantreiben, die Gesinnungs- und Sittenreform in christlichem Geiste, die Voraussetzung jeder Zustände- und Sozialreform war. Die Standesvereine können darum im weitesten Sinn als Erziehungs- oder Bildungsvereine charakterisiert werden.[162] Auf diese Weise verschafften sie den anderen Gliedern der Bewegung die unentbehrliche ideelle Vertiefung, ohne die eine Arbeiterorganisation

---

156 TBSch, 19. August 1939 (PrivatA Scherrer).
157 TBSch, 23. Oktober 1931 (PrivatA Scherrer).
158 JB CAB 1930/31, S. 61.
159 Meile, Selbstbesinnung, S. 16.
160 Scheiwiler, Hoch die Christlichsoziale, S. 6; Ferdinand Buomberger prägte 1908 den vielzitierten Satz: «Die soziale Frage ist keine Magenfrage, sondern eine religiös-sittliche Frage» (Buomberger, Stellung, S. 3).
161 A. Scheiwiler in einem Referat zum Thema «Sittliche Forderungen an die Wirtschaft», gehalten am V. Schweizerischen christlichsozialen Arbeiterkongress vom 8./9. Oktober 1932 in Zürich, abgedr. in: Prot. CAB 1932, S. 76ff.
162 Vergnügungsanlässe sollten «auf das Notwendigste» beschränkt bleiben – «eine Familienfeier zu Weihnachten, dazu vielleicht einmal ein Volksfestchen oder ein Spaziergang im Sommer, das muss für dieses Departement genügen» (Jb ZV 1905, S. 11). Die «Krone der gesamten Vereinstätigkeit» sollte die Pflege des religiösen Lebens sein (Jb ZV 1912, S. 17).

«nur Stümperarbeit» leistet und «mehr zum Unsegen als zum Segen» beiträgt.[163]

Agierten die Arbeiter- und Arbeiterinnenvereine zunächst im örtlichen Rahmen autonom und waren sie miteinander über den ZV nur lose verbunden, so schlossen sie sich 1907 zu landesweiten Verbänden zusammen[164], dem Verband der katholischen Arbeiterinnenvereine und dem Verband der katholischen Arbeitervereine, denen später weitere nationale Verbände folgten.[165]

Aus dem Bemühen, die Standesvereine wirtschaftlich-beruflich zu verankern und sie zur wirksamen Wahrung materieller Interessen zu befähigen, waren, wie im vorigen Abschnitt beschrieben, die christlichen Gewerkschaften entstanden. Sie sollten «als wirksames Instrument die Rechte des gesamten arbeitenden Volkes vor Ausbeutung und Zurücksetzung kraftvoll zu wahren wissen», sollten «den gerechten Anteil des Arbeiters am Ertrag des wirtschaftlichen Produktes zu sichern und zu mehren imstande [sein]» sowie «den Arbeiterstand als gleichberechtigt in das Volksganze» einfügen.[166] Im Unterschied zu den Standesvereinen, die als religiöse Vereine Nichtkatholiken verschlossen blieben, war Jung trotz Widerständen von Anfang an bestrebt, die christlichen Gewerkschaften auf interkonfessionelle Grundlage zu stellen.[167] Ebenfalls hielt er dafür, die Gewerkschaften aus der Obhut des geistlichen Präses zu entlassen und den Mitgliedern die Führung zu übergeben.[168] Im Sinne einer gänzlichen organisatorischen Trennung der Gewerkschaften von den Arbeitervereinen wurde 1907, in Nachbildung des Schweizerischen Gewerkschaftsbundes, der Christlichsoziale Gewerkschaftsbund der Schweiz gegründet, der sich in seinen Programm-Leitsätzen zur parteipolitischen Unabhängigkeit und Interkonfessionalität bekannte.[169]

---

163 Warum katholische Arbeitervereine, S. 8.
164 Beuret, Katholisch-soziale Bewegung, S. 221; Altermatt, Ghetto, S. 324f.
165 1911 Zentralverband der christlichen Dienstbotenvereine, 1912 zum Zentralverband weiblicher Haus-, Hotel- und Wirtschaftsangestellter erweitert; 1919 Schweizerischer Verband katholischer Angestellter und Beamter.
166 J. B. Jung in einem Referat anlässlich der Gründung der Holzarbeiter-Sektion im Arbeiterverein St.Gallen am 23. September 1899, abgedr. in: Schelbert, Gewerkschaftsarbeit, S. 7.
167 J. B. Jung in einem Referat anlässlich der Gründung der Holzarbeiter-Sektion im Arbeiterverein St.Gallen am 23. September 1899, abgedr. in: Schelbert, Gewerkschaftsarbeit, S. 8. Die schweizerischen Bischöfe dagegen erblickten in der Interkonfessionalität eine Gefahr für die katholischen Arbeiter und legten 1900 ihr Veto ein (vgl. Balthasar/Gruner, Soziale Spannungen, S. 122 und S. 132). Zur Frage des Konfessionscharakters der christlichen Gewerkschaften vgl. Holenstein, Landesstreik, S. 116ff.
168 Schweizerische Kirchenzeitung, Nr. 17, 26. April 1901.
169 Die Programm-Leitsätze sind abgedr. in: Kulemann, Berufsvereine, S. 238f. Die Interkonfessionalität blieb allerdings weitgehend Theorie. Noch 1914 betrug der Anteil der Protestanten in den christlichen Gewerkschaften lediglich 10 bis 15 Prozent (Holenstein,

Unter dem Eindruck des Landesstreiks und zur besseren Abgrenzung gegenüber den sozialistischen Gewerkschaften änderte der Bund 1921 seinen Namen in «Christlichnationaler Gewerkschaftsbund» (CNG).[170]

Das wechselseitige Verhältnis von Standesvereinen und Gewerkschaften sollte, so wollte es bereits Jung in der Frühzeit der Bewegung, komplementär sein.[171] Johannes Müller, Präsident der christlichen Gewerkschaften, umschrieb die Bewegung 1925 als «Körper mit zwei Armen». Der eine Arm sei die «christliche Gewerkschaft, welche die materielle Besserstellung des Arbeiterstandes zur Aufgabe hat ... Der andere Arm sind unsere konfessionellen Standesvereine, welche die sittlich-religiöse Erziehung und Hebung des Arbeiterstandes zur Aufgabe haben. Diese müssen in gewissem Sinne die materiellen Erfolge der gewerkschaftlichen Organisationen in geistige Werte umsetzen, um diesen so ihre richtige Weihe zu geben.»[172] Das hiess praktisch, dass die Gewerkschafter seit 1919, übrigens auf Drängen der Bischöfe, offiziell verpflichtet wurden, sich gleichzeitig einem konfessionellen Standesverein anzuschliessen.[173] Gegen das «Nurgewerkschaftertum» ist vor allem in den 1920er und 1930er Jahren, als die Standesvereine stagnierten, von den führenden Persönlichkeiten ein intensiver, aber im Ergebnis wenig erfolgreicher Feldzug geführt worden.

Die Unterstützungseinrichtungen und genossenschaftlichen Selbshilfeorganisationen, kurz Institutionen genannt[174], waren für Jung der ideale Ausdruck «des Gemeinsinns, des Geistes christlicher Nächstenliebe und der daraus entspringenden Hilfsbereitschaft».[175] Jung war tief überzeugt, darin den Hebel gefunden zu haben im Kampf gegen das «unerträgliche Joch des Kapitalismus» und gegen die «Sklaverei des Kommunismus und Staatssozia-

---

Christlichsoziale Arbeiterbewegung, S. 238, Anm. 4). Der St.Galler Bischof Robert Bürkler schrieb 1919 seinem Churer Amtsbruder Georg Schmid v. Grüneck, die christlichen Gewerkschaften seien «in überwiegender Mehrheit katholisch» (Schreiben vom 7. Februar 1919, BiA SG).

170 Nach Johannes Müller, Präsident des CNG, sollte mit der Namensänderung zum Ausdruck gebracht werden, dass der Verband auf «vaterländischem Boden» steht (Prot. CAB 1932, S. 62).
171 Schweizerische Kirchenzeitung, Nr. 17, 26. April 1901. Zum wechselseitigen Verhältnis von Standesvereinen und Gewerkschaften vgl. auch die Schrift «Arbeitervereine und Gewerkschaften», v.a. S. 4ff.
172 Prot. CAB 1925, S. 50.
173 Die Statuten des Christlichsozialen Gewerkschaftsbundes wurden 1919 in diesem Sinn geändert (ergänzte Statuten des Christlichsozialen Gewerkschaftsbundes der Schweiz, 24. Januar 1919, Art. 21, BiA SG).
174 Kull, Sozialreformerische Arbeiterbewegung, S. 65, nennt sie zusammenfassend «Wohlfahrtsinstitutionen», Scherrer, Sozialreform, S. 77, «caritative und wirtschaftliche Institutionen» oder kurz «Institutionen».
175 Jung, Genossenschaftliche Volkswirtschaft, S. 7f. Vgl. auch Jungs Ausführungen zum Genossenschaftswesen am I. Schweizerischen christlichsozialen Arbeiterkongress 1920, abgedr. in: Prot. CAB 1920, S. 135ff.

lismus».[176] Hinter dieser theoretischen Begründung stand das praktische Ziel, das wirtschaftliche und soziale Leben konfessionell zu durchdringen und die sozialistische Genossenschaftsbewegung zu konkurrenzieren.[177]

Hinsichtlich Organisation und Verwaltung der Institutionen lassen sich drei Typen unterscheiden[178], nämlich erstens jene, wie etwa der Krankenkassenverband christlichsozialer Arbeiterorganisationen der Schweiz, die rechtlich und wirtschaftlich selbständig waren, zweitens solche, die unter der Verwaltung von Verbänden standen, z.B. die Arbeitslosenkassen der Gewerkschaften, und drittens schliesslich diejenigen, die von den Spitzenorganisationen der Bewegung geführt wurden, beispielsweise die Sterbekasse des CAB.[179] Seit 1924 war einer besonderen «Wirtschaftskommission» als zentralem Organ die Aufgabe übertragen, die einzelnen Unternehmungen zu koordinieren und deren Förderung voranzutreiben.[180]

Die Dreigliedrigkeit der christlichsozialen Bewegung mit Standesvereinen, Gewerkschaften und Institutionen barg stets die Gefahr der Verselbständigung und des Auseinanderbrechens. Um bei aller Vielfalt auch dem Gedanken der Einheit Nachdruck zu verleihen, sollten sich die Glieder der Bewegung zusammenschliessen, eine «Familiengemeinschaft» bilden, wie Josef Scherrer sich ausdrückte, und ihre Aktivitäten nach der Gesamtbewegung ausrichten.[181] Bereits ein Jahr nach der Gründung, am 17. Mai 1900, verbanden sich in diesem Sinn die christlichsozialen Organisationen der Stadt St.Gallen – Arbeiter- und Arbeiterinnenverein, Christliche Holzarbeitergewerkschaft und Lega Operaia (italienische Arbeitersektion) – unter der Leitung Jungs zum christlichsozialen Kartell der Stadt St.Gallen und Umgebung (Kartell St.Gallen), dem ersten Zusammenschluss christlichsozialer Organisationen überhaupt.[182] Das Kartell, das vorbildlich für die Zusammenfassung der Bewegung auf gesamtschweizerischem Boden wurde, verstand sich, vergleichbar der Arbeiterunion St.Gallen, als lokale Spitzenorganisation aller in St.Gallen und der weiteren Umgebung auf der Grundlage von Rerum novarum aktiven Vereine und machte sich zur Aufgabe, die

---

176 Jung, Genossenschaftliche Volkswirtschaft, S. 21. Vgl. auch Jungs Rede am schweizerischen Katholikentag in Zug im August 1909, abgedr. in: Sarganserländer, Nrn. 109 und 110, 11. und 14. September 1909.
177 Gruner, Arbeiterschaft und Wirtschaft, Bd. 2, S. 222; Scherrer, Jung, S. 74. Zum Genossenschaftsgedanken bei den Christlichsozialen vgl. auch Obrecht, Christlichsoziale Bewegung, S. 146f., und Scherrer, Jung, S. 60ff.
178 Scherrer, Sozialreform, S. 77.
179 Kurzdarstellungen dieses in der Anlage und der Leistung imponierenden Organisationswerkes, dessen Geschichte noch nicht geschrieben ist, finden sich z.B. in: Führer durch die Christlichsoziale Bewegung 1925, S. 15ff., und 1929, S. 30ff.
180 Vgl. JB CAB 1924/25, S. 30ff.
181 TBSch, 19. August 1939 (PrivatA Scherrer).
182 Vgl. Jubiläumsbericht Kartell St.Gallen 1929, S. 3ff.; Jubiläumsbeiträge in: Ostschweiz, Nr. 238, 23. Mai 1950.

bereits bestehenden Vereine zu konsolidieren, zu weiteren Vereinsgründungen anzuspornen sowie Unterstützungskassen und Genossenschaften einzuführen.

Demselben Grundgedanken war der am 17. Mai 1903 in St.Gallen konstituierte Zentralverband christlichsozialer Arbeiterorganisationen der Schweiz (ZV) verpflichtet, an dessen Spitze zuerst Jung und seit 1904 Scheiwiler stand und dessen Vorort zunächst St.Gallen und dann Zürich wurde.[183] Bis 1918 bildete der ZV den Dachverband aller katholisch-sozialen Verbände, die in Sinn und Geist von Rerum novarum arbeiteten. Anfänglich waren die einzelnen Sektionen direkt der Leitung des ZV unterstellt. Mit der 1907 einsetzenden Verbandsbildung wurde der Zentralverband zum Mittel- und Sammelpunkt grosser Verbände, nämlich der Verbände der Standesvereine, des Christlichsozialen Gewerkschaftsbundes sowie der zahlreichen Institutionen.[184]

Erster umfassender Jahresbericht des Zentralverbandes christlichsozialer Arbeiterorganisation der Schweiz.

Die im Februar 1919 – gleichzeitig mit dem Austritt der katholischsozialen Organisationen aus dem Schweizerischen Arbeiterbund – vollzogene Gründung des Christlichsozialen Arbeiterbundes der Schweiz (CAB) markiert einen Meilenstein in der Geschichte der christlichsozialen Bewegung.[185] Nach Josef Scherrer hat sich diese erst jetzt von der engen Anlehnung ans deutsche Vorbild gelöst und eine «unsern nationalen Sonderheiten, weltanschaulichen und politischen Verhältnissen entsprechende eigene Gestaltung» erhalten. Das schweizerische Modell charakterisiere sich, im Unterschied zum Ausland, durch die Zusammenfassung der verschiedenen Teile in einer «Spitzenorganisation, welche nicht nur eine einheitliche Ausrichtung der

---

183 Vgl. Jb ZV 1908, S. 3f. Zum ZV vgl. Beuret, Katholisch-soziale Bewegung, S. 219f. Kulemann, Berufsvereine, S. 236f., gibt einen Auszug aus den ersten Satzungen.
184 Vgl. Organigramm bei Beuret, Katholisch-soziale Bewegung, S. 220.
185 Die Verbände der katholischen Arbeiter- und Arbeiterinnenvereine, der Christliche Gewerkschaftsbund der Schweiz sowie der Verband der christlichsozialen Krankenkassen hatten bis Ende 1918 dem Schweizerischen Arbeiterbund angehört (Scherrer, Jung, S. 166).

Erstes von Josef Scherrer redigiertes Jahrbuch des Christlichsozialen Arbeiterbundes der Schweiz.

Tätigkeit auf die Gesamtziele, sondern auch eine bessere Zusammenarbeit der Standesvereine, Gewerkschaften und Institutionen ermöglicht».[186] Darüber hinaus brachte die Errichtung des CAB die offizielle Anerkennung der christlichsozialen Bewegung durch den Bund.[187]

Der CAB war unmittelbar nach dem Landesstreik, im Klima sozialer Spannungen und weit verbreiteter Revolutionserwartungen, als Gegenorganisation zur «revolutionären und bolschewistischen Arbeiterbewegung» gegründet worden.[188] Dank dem Beitritt sämtlicher katholisch-sozialer Verbände vermochte der CAB von Anbeginn weg dem Anspruch zu genügen, die katholisch-soziale Gesamtbewegung der Schweiz zu repräsentieren.[189] St.Gallen wurde nicht nur Sitz des Generalsekretariats des CAB; mit Josef Scherrer, der zum Präsidenten und Generalsekretär gewählt wurde, und Johannes Duft als Vizepräsidenten standen auch zwei St.Galler Christlichsoziale an der Spitze des CAB.

Ziel und Zweck des CAB war, wie im ersten Artikel der Statuten festgelegt, die «möglichst einheitliche wirtschaftliche und soziale Interessenvertretung des arbeitenden Volkes».[190] Während sich der ZV darauf konzentrierte, im Innern der Bewegung, in den Verbänden der Standesvereine und Institutionen aktiv zu sein, sollte der CAB gegen aussen wirken, als nationaler Spitzenverband wirtschafts- und sozialpolitische Sachfragen behandeln

---

186 Prot. Schweizerische Soziale Woche 1941, S. 80f.; vgl. auch Meile, Scheiwiler, S. 174f., und Scherrer, Jung, S. 135ff.
187 Nach Meile, Scheiwiler, S. 178, erlangten die Christlichsozialen mit der Gründung des CAB «in Bern droben die Hoffähigkeit».
188 Josef Scherrer in seiner Ansprache an der Gründungsversammlung, zit. nach JB CAB 1919/20, S. 5. Vgl. auch Arbeiter, Nr. 6, 8. Februar 1919. In seiner Geschichte des Schweizerischen Gewerkschaftsbundes schreibt Friedrich Heeb, die Christlichsozialen hätten mit ihrem Austritt den Arbeiterbund «regelrecht gesprengt» (Der Schweizerische Gewerkschaftsbund 1880 bis 1930, Bern 1930, S. 47).
189 Liste der Mitglieder des CAB in: JB CAB 1919/20, S. 6f. Zum CAB vgl. Beuret, Katholisch-soziale Bewegung, S. 227ff. (Organigramm); Gehrig, Das Christlichsoziale, S. 52ff.; Scherrer, Jung, S. 165ff.
190 Abgedr. in: JB CAB 1919/20, S. 5.

und Ansprechstelle für die Behörden sein.[191] Trotzdem blieben Doppelspurigkeiten und Abgrenzungsprobleme zwischen CAB und ZV unvermeidlich. Sie hielten sich darum lange in erträglichem Rahmen, weil Josef Scherrer in Personalunion sowohl den CAB als auch den ZV leitete.[192] 1937 aber schien die Belastung zu gross geworden zu sein, und insbesondere Josef Scherrer drängte auf eine Reorganisation mit dem Ziel, den Organisationsapparat zu vereinfachen und die Beweglichkeit der Verbandsführung zu verbessern.[193] Im Sommer 1937 beschlossen die beiden Spitzenorganisationen, sich unter der Bezeichnung «CAB» zu vereinigen.[194]

1.5 Die Entwicklung bis zum Zweiten Weltkrieg

Als am 24. April 1904 in St.Gallen die erste Delegiertenversammlung des ZV und daran anschliessend eine Generalversammlung im inneren Klosterhof mit rund 3000 Personen stattfand[195], zählte die christlichsoziale Bewegung im Kanton St.Gallen bereits 3800 Mitglieder, was knapp drei Vierteln der landesweiten Gesamtmitgliedschaft der Bewegung entsprach.[196] In den grösseren Orten – in St.Gallen, Rorschach und Wil, 1905 in Gossau – hatten sich christlichsoziale Kartelle aus Arbeiter- und Arbeiterinnenvereinen, Gewerkschaften und Institutionen gebildet, deren Kassenumsatz und -vermögen beachtlich angewachsen waren.[197] Die St.Galler Bewegung, deren Entwicklung wir von 1904 bis 1939 verfolgen wollen, entsprach, wie auch jene anderer Kantone, in ihrer Grundstruktur der gesamtschweizerischen, mit dem Unterschied, dass die Zentralisierung erst vergleichsweise spät, 1931,

191 Kull, Sozialreformerische Arbeiterbewegung, S. 73.
192 Hochwacht, Nr. 177, 2. August 1937. Pro forma war zwar immer noch Scheiwiler Präsident des ZV, doch lag die Führung faktisch in den Händen des Vizepräsidenten Josef Scherrer.
193 TBSch, 15. Februar und 28. Juni 1937 (PrivatA Scherrer).
194 Die Beibehaltung der alten Bezeichnung «CAB» begründete Josef Scherrer damit, dass der Dachverband unter diesem Namen vom Bund offiziell als Wirtschaftsorganisation anerkannt und subventionsberechtigt sei (TBSch, 2. August 1937, PrivatA Scherrer). Der CAB wurde 1957 zur «Christlichen Sozialbewegung der Schweiz» (CSB) umgeformt (Statuten vom 27. Januar 1957, BAR; vgl. auch Gehrig, Das Christlichsoziale, S. 188; Organigramm in: Christlichsoziales Jahrbuch 1988, hg. von der Christlichen Sozialbewegung der Schweiz, Winterthur 1988, S. 68).
195 Christlichsoziale Bewegung – Dienst am werktätigen Volk. Manuskript einer Rede von Josef Scherrer an der Jubiläumsfeier des ZV, Mai 1929, S. 10 (BAR). Die Rede, in der Scherrer die Gründungsgeschichte des ZV und des Christlichsozialen Gewerkschaftsbundes minutiös nachzeichnete, ist abgedr. in: Hochwacht, Nrn. 103, 108, 114 und 119, 3., 10., 17. und 24. Mai 1929, Beilagen Nrn. 18, 19, 20 und 21.
196 Jb ZV 1904, S. 3; davon entfielen 2700 auf das Kartell St.Gallen und rund 500 auf das Kartell Rorschach.
197 Jb ZV 1904, S. 3; der Gesamtumsatz der Kassen des Kartells St.Gallen betrug 1904 600 000 Franken, das Gesamtvermögen ohne Sparkasse 105 000 Franken.

einsetzte und neben die drei Säulen konfessionelle Standesvereine, Gewerkschaften und Institutionen eine vierte trat, die politische Organisation in der Form der eigenständigen christlichsozialen Parteigruppe, deren Gründung und Entwicklung wir im nächsten Kapitel gesondert darstellen.

Überblickt man die christlichsoziale Gesamtbewegung der Schweiz bis 1939, und fragt man nach dem Verhältnis der drei Säulen zueinander und nach deren Verhältnis zur Gesamtbewegung, so lassen sich zwei grosse Abschnitte unterscheiden, zwischen denen als Zäsur der Erste Weltkrieg und die unmittelbaren Nachkriegsjahre liegen, und zwar in doppelter Weise: Die erste Phase ist zunächst daran zu erkennen, dass die Standesvereine die Hauptorganisationen der Gesamtbewegung waren und mit dem Kassen- und Genossenschaftswesen prächtig gediehen, während die Gewerkschaftsbewegung die gesteckten Ziele nicht erreichte und eine quantité négligeable blieb. Dieses Gesamtbild veränderte sich in der zweiten Phase gründlich: Die vormals zentralen Standesvereine stagnierten und rutschten hinter die jetzt kräftig aufblühenden Gewerkschaftsorganisationen zurück, genauso wie sich auch in den Institutionen und Genossenschaften spätestens seit den 1930er Jahren die Anzeichen einer Krise mehrten. Und ausserdem: War die Gesamtbewegung in der ersten Phase noch geschlossen, ja fast monolithisch, rangierte also die Einheit vor der Vielfalt, verstärkten sich in der zweiten Phase die zentrifugalen Tendenzen und versuchten vor allem die Gewerkschaften, sich aus der zentralistischen Hörigkeit der Bewegungsleitung zu emanzipieren und eigene Wege zu gehen. Lässt sich für den Kanton St.Gallen die erstgenannte Tendenz, die ungleiche Entwicklung der einzelnen Säulen, ebenfalls beobachten, so ist hier die zweite nur in Ansätzen feststellbar. Die St.Galler Gewerkschaften traten zwar in den 1930er Jahren zunehmend selbstbewusster auf, machten aber nie nennenswerte Anstalten, gegen den Kurs der Gesamtbewegung aufzubegehren, was sich vor allem damit erklären lässt, dass die wichtigen Integrationsfiguren – Alois Scheiwiler und Josef Scherrer für die Gesamtbewegung und Johannes Müller für die Gewerkschaften – in St.Gallen beheimatet waren.

Standesvereine der Arbeiter und Arbeiterinnen
Die katholischen Arbeiter- und Arbeiterinnenvereine nahmen nicht nur in der ganzen Schweiz[198], sondern auch im Kanton St.Gallen einen rasanten Aufschwung, der sich bereits im Gründungsjahr der Bewegung abgezeichnet hatte. Diese Entwicklung drückte sich nicht nur in der Gesamtzahl der Mitglieder, sondern auch in der Zahl der Vereine aus (Tab. 1).

---

198 Zahlen für die gesamtschweizerische Entwicklung geben die Jb ZV 1904ff., passim; Zusammenstellungen dieser Zahlen etwa in: Jb ZV 1914, S. 19 und S. 29; Scheiwiler, Hoch die Christlichsoziale, S. 12ff.; Kull, Sozialreformerische Arbeiterbewegung, S. 40.

Tabelle 1: Entwicklung der Arbeiter- und Arbeiterinnenvereine im Kanton St.Gallen, 1899–1920

	Arbeiter		Arbeiterinnen	
Jahr	Vereine	Mitglieder	Vereine	Mitglieder
1899	1	40	1	300
1900	1	100	2	650
1901	2	?	2	750
1902	3	?	2	?
1903	4	?	2	?
1904	4	?	5	?
1905	6	?	9	?
1906	8	ca. 1500	10	?
1907	10	1773	12	>3364
1908	12	1982	14	4079
1909	18	>2261	15	4380
1910	23	2565	19	5208
1911	28	2943	21	5435
1912	31	3464	29	6024
1913	34	3494	31	6243
1914	36	3272	31	6180
1915	39	3274	30	6332
1916	37	3616	29	6715
1917	40	3509	30	6408
1918	42	3537	30	6157
1919	46	3725	32	6532
1920	47	3705	32	6419

Jb ZV 1904ff., passim; Scheiwiler, Hoch die Christlichsoziale, S. 12; ebd. die Zahlen zur gesamtschweizerischen Entwicklung.

Bei der Ausbreitung der Arbeiter- und Arbeiterinnenvereine sind zwei Wachstumsrichtungen zu beobachten: Erstens folgten auf Gründungen in den industriellen Zentren bald auch Vereine in ländlich-dörflichen und kleinstädtischen Gebieten, und zweitens fassten die christlichsozialen Organisationen zuerst in jenen Kantonsteilen Fuss, die traditionell katholisch waren, um dann etwa ab 1910 auch in paritätische Gebiete vorzudringen. Am Vorabend des Ersten Weltkrieges finden wir Arbeiter- und Arbeiterinnenvereine in allen heutigen St.Galler Bezirken, ausser im reformierten Bezirk Werdenberg und in den zwar paritätischen, aber mehrheitlich reformiert geprägten Bezirken Ober- und Neutoggenburg. Neben die alten Schwerpunkte im Fürstenland – die Bezirke St.Gallen, Tablat, Rorschach, Gossau und Wil –, wo sich 1914 noch 14 der insgesamt 36 Arbeiter- und 11 der insgesamt 31 Arbeiterinnenvereine befanden, traten bis zu diesem Zeitpunkt als neue Hochburgen die Bezirke Sargans (5 Arbeiter-, 3 Arbeiterinnenvereine), Untertoggenburg (4 und 5) und Unterrheintal (4 und 4). Oft wurden dabei Arbeiter- und Arbeiterinnenvereine parallel oder mit geringem zeitlichem Abstand gegründet, so dass sich an einem Ort zwei Vereine befanden.[199] Dabei kann, wie bereits der Vorstoss nach Zürich im Jahre 1903 gezeigt hatte, von einer gewissen Planmässigkeit des Vorgehens gesprochen werden. Primäres und von den zentralen Leitungsinstanzen vorgegebenes Ziel war es zunächst, Vereine in den industriellen Zentren zu etablieren.[200] Die gleichzeitige Expansion auch in ländlich-kleinstädtische Gebiete war einerseits von der Absicht getragen, die katholischen Gläubigen, die zur Auswanderung aus den arbeitsextensiven, überwiegend landwirtschaftlichen Gebieten in die Arbeit bietenden Industriestädte gezwungen waren, leichter an dort bestehende christlichsoziale Vereine überweisen zu können bzw. sie dem katholischen Milieu zu erhalten und damit vor den Fängen der sozialdemokratischen Konkurrenzorganisationen zu bewahren. Andererseits entsprach sie dem Bestreben, die Expansion der sozialdemokratischen Organisationen in ländliche Gebiete zu verhindern.[201]

Schlüsselfigur bei der Gründung neuer Vereine war der Ortsgeistliche, von dem in der Regel die Initiative ausging, der sich aber umgekehrt auch gegen die Vereinsgründung stemmen konnte.[202] Obwohl sich die Standesvereine der Führung durch die Geistlichkeit unterstellten, kirchlich anerkannt waren und die Unterstützung des Bischofs genossen, begegneten die Vereinsgründer nicht selten heftigem Widerstand seitens der Pfarrherren. In Montlingen im St.Galler Rheintal, um nur ein drastisches Beispiel klerikaler Gegnerschaft anzuführen, drohte der Arbeiterverein 1914 zusammenzubrechen, «nachdem die unmotivierte Bekämpfung desselben selbst von der Kanzel aus einsetzte».[203] Entweder verdächtigten die Pfarrer überhaupt jede

199 Im Jahre 1914 hatten von den 36 Arbeitervereinen im Kanton St.Gallen 26 einen weiblichen Parallelverein (Jb ZV 1914, S. 20ff. und S. 30ff.).
200 1906 hatte die Jahresversammlung der Präsides der Arbeiter- und Arbeiterinnenvereine der Schweiz beschlossen, die Gründung von Standesvereinen in den industriellen Zentren voranzutreiben (Jb ZV 1906, S. 9f.). 1912 bezeichneten die Delegierten der katholischen Arbeitervereine der Schweiz in einer Resolution die Expansion in die Industrieorte «als eine unerlässliche und gebieterische Notwendigkeit» (Jb ZV 1912, S. 4).
201 In einem Kommentar zu einem Malerstreik in Ragaz bemerkte ein christlichsozialer Lokalaktivist im «Sarganserländer»: «Woher rekrutieren sich die sozialdemokratischen Vereine in den Städten? Sind es nicht die ungebildeten Kinder und Lehrlinge vom Lande her, die sich am leichtesten von den ausgeworfenen Schlingen mit einigen wenigen Köderworten fangen lassen? ... Darum dürfte man in Ragaz und im ganzen Oberlande zur Einsicht kommen, wie notwendig die christlichsozialen Arbeiterorganisationen sind, die ... einen Wall gegen die Sozialdemokratie bilden» (Sarganserländer, Nr. 33, 17. März 1910). Vgl. auch Göldi, Vereine, S. 72f.
202 Vgl. Göldi, Vereine, S. 74; Scherrer, der sich bei der Neugründung von Vereinen stark engagierte, berichtete von Verhandlungen, die er mit den Ortspfarrern vor der Gründung eines Vereins führte (TBSch, 11. Januar und 27. März 1914, PrivatA Scherrer).
203 Jb CSP 1914, S. 16 (BAR).

Christlichsoziales Kartell St. Gallen und Umgebung

Programm
für den
sozialen Vortrags-Zyklus
durch
Herrn Kantonsrat Jos. Scherrer, St. Fiden

Freitag den 29. November:	Bilder aus der schweizerischen Volkswirtschaft.
Donnerstag den 5. Dezember:	Die wirtschaftliche und soziale Lage der schweizerischen Arbeiterschaft.
Dienstag den 10. Dezember:	Die schweizerische freisinnige Mehrheitspartei und die Arbeiterfrage.
Freitag den 13. Dezember:	Die schweizerische Sozialdemokratie.
Dienstag den 17. Dezember:	Konservative Bestrebungen in der schweizerischen Sozialpolitik.
Freitag den 20. Dezember:	Die Christlichsozialen der Schweiz.

Sämtliche Vorträge finden jeweils punkt **abends 8 Uhr** im Kasino, Rorschacherstraße, statt.

Keine Konsumation!

Wir erwarten, daß die christliche Arbeiterschaft recht zahlreich an diesen lehrreichen Vorträgen teilnimmt. Auch Freunde und Gönner der Christlichsozialen sind freundlichst eingeladen.

Der Kartellvorstand.

Vorträge waren ein wichtiges Medium der weltanschaulich-politischen Schulung der christlichsozialen Basis (Programm aus dem Jahre 1912).

Arbeiterorganisation des versteckten Sozialismus – «ob schwarz oder rot, Sozi ist Sozi»[204] –, oder aber sie bestritten die Notwendigkeit spezieller Arbeitervereine und drangen stattdessen auf die einheitliche Zusammenfassung aller Katholiken im ständeübergreifenden Katholischen Volksverein. In seinen Erinnerungen erwähnt Johann Baptist Rusch den einflussreichen Kapitelsdekan des Oberlandes, Kanonikus Johann Ignaz Oesch, der sich lange gegen die Gründung eines Arbeitervereins wehrte. «Ich kenne nur drei Vereine: die Familie, die Bürgergemeinde und die Kirchgemeinde. Was mehr ist, das ist zu viel. Wenn man diese rechten Geistes besorgt, braucht's nichts weite-

---

204 Georg Baumberger rückblickend in einer Rede 1930 bei einem Arbeitervereinsjubiläum im Kt. Solothurn (Hochwacht, Nr. 233, 6. Oktober 1932).

res und alles weitere ersetzt die Vernachlässigung in diesen nicht.»[205] Über einen anderen «Fall» berichtete Josef Scherrer in einem Tagebucheintrag: Er erinnerte sich anlässlich einer Vertrauensleute-Konferenz mit Arbeiterinnen und der Ortsgeistlichkeit, die im Januar 1941 die Neugründung eines Arbeiterinnenvereins in Bütschwil vorbereitete, daran, dass ein erster Versuch zur Vereinsgründung fünf Jahre zuvor gescheitert war. Zwar hatten damals über 100 Arbeiterinnen schriftlich ihren Vereinsbeitritt erklärt, «aber der Pfarrer lehnte dies strikte ab und der Versuch misslang! Weder Dr. Meile noch der Bischof vermochten gegen den Widerstand des Pfarrers aufzukommen. So war alles gescheitert.»[206]

Bei der Analyse der Faktoren, die trotz Widerständen den raschen Aufstieg der Arbeiter- und Arbeiterinnenvereine begründeten, ist neben dem grossen Engagement und missionarischen Eifer der Bewegungsführer[207] vor allem auch auf das Programm der Vereine und deren Aktivitäten hinzuweisen. Weit entfernt davon, rein geistige und rein religiöse Vereinigungen zu sein, bot der Vereinskalender den Mitgliedern nebst der religiös-apologetischen Unterweisung ein weitgefächtertes Bildungs- und Fortbildungsangebot mit konkret-praktischen und politisch aktuellen Inhalten, sei es in der Form von Vorträgen, Kursen oder Lektüre, dazu Geselligkeit und Unterhaltung.[208] In Haushaltungskursen, die im Kanton St.Gallen staatlich unterstützt wurden, bot man Frauen und Töchtern Gelegenheit, «sich in die wichtigsten Zweige des häuslichen Berufes einzuschaffen».[209] Obwohl wegen seiner Grösse nicht unbedingt typisch für den St.Galler Durchschnittsverein, sei das breite Spektrum der Vereinsaktivitäten am Beispiel des katholischen Arbeitervereins St.Gallen, den Jung leitete und der für andere Vereine einen gewissen Vorbild- und Vorzeigecharakter hatte, illustriert.[210]

---

205 Rusch, Erinnerungen, S. 57. Die Forderung nach Einordnung der Standesvereine der Arbeiter und Arbeiterinnen als Untergruppen in allgemeine katholische Vereine verstummte nie (vgl. JB CAB 1930/31, S. 61).
206 TBSch, 5. Januar 1941 (PrivatA Scherrer).
207 Göldi, Vereine, S. 70, und Meile, Scheiwiler, S. 81f., nennen vor allem A. Scheiwiler, der in seiner Funktion als Arbeitersekretär auf zahlreichen Agitationsreisen systematisch in der ganzen Schweiz Vereine gründete.
208 Vgl. die Schrift «Wie gelangen die christlich-sozialen Organisationen zu kräftiger Blüte», in der ein Musterentwurf für das Vereinsprogramm abgedruckt ist (S. 13f.). Vgl. auch die Berichterstattung über das Verbandsleben in den Jb ZV 1905ff., passim, und die JB CAB 1926/27ff., passim, ebenso Göldi, Vereine, S. 117ff. und S. 153ff.
209 Jb ZV 1906, S. 16. 1906 wurden in sämtlichen Arbeiterinnenvereinen 185 Kurse mit rund 2600 Teilnehmerinnen durchgeführt. Zum Kursangebot in den Arbeiterinnenvereinen vgl. die Statistiken des Verbandes katholischer Arbeiterinnenvereine in den Jb ZV 1907ff., passim, und in den JB CAB 1926/27ff., passim.
210 Vgl. Jb des katholischen Arbeitervereins St.Gallen 1901–1910. Einen lebendigen Einblick ins vielfältige Vereinsleben des katholischen Arbeitervereins St.Gallen vermitteln auch die anlässlich des 50-Jahr-Jubiläums des Vereins unter dem Titel «Ein Arbeiterjunge erlebt die Jugendzeit des Arbeitervereins» im «Arbeiter» veröffentlichten Erinnerungen des

Alois Scheiwiler und Johann Baptist Jung an der Spitze des Zuges der christlichsozialen Arbeiter und Angestellten am Schweizerischen Katholikentag in St.Gallen 1913 (2. Reihe, zweiter und dritter von rechts).

Entsprechend dem Auftrag der Statuten, die «geistige Lage» der Arbeiter zu heben und zu fördern[211], nahmen im Veranstaltungsprogramm des Vereins die Schulungs- und Erziehungsarbeit, also die sogenannte Standesbildung, den wichtigsten Platz ein. An vorderster Stelle standen religiös-sittliche und weltanschauliche Bildungsziele, die jedoch ergänzt wurden durch sozialwirtschaftliche und beruflich-praktische. Wichtigstes Medium der Vermittlung war der Vortrag, ungefähr zur Hälfte von Geistlichen gehalten, gelegentlich auch von bekannten auswärtigen Referenten, wie etwa vom Freiburger Professor und Sozialpolitiker Joseph Beck. Nur marginale Bedeutung kam den mehrmals durchgeführten Sozialen Kursen zu, wahrscheinlich darum, weil sie an die Teilnehmer zu hohe Anforderungen stellten. Diese mussten nämlich selber ein Thema ausarbeiten und vortragen, worauf dann Diskussion und Kritik folgten. Reger Nachfrage erfreute sich dagegen die Bibliothek, die im Vereinsjahr 1909/10 4400 Bände auslieh. Den affektiven Bedürfnissen der Vereinsmitglieder kam der Verein mit einer jährlichen Abendunterhaltung entgegen, die von der Gesangssektion gestaltet wurde

---

1986 verstorbenen Priesters und Historikers Emil Spiess (Arbeiter, 11., 25. Februar, 25. März und 6. Mai 1949).

211 Statuten des katholischen Arbeitervereins der Dompfarrei St.Gallen, Februar 1899; revidiert im Juli 1900 (BAR).

Kathol. Arbeiterverein St. Gallen

Familien-Abend

Sonntag den 22. Januar 1911, abends 5 Uhr
im großen Saale des „Kasino"

PROGRAMM:

1. Eidgenossen, Gott zum Gruß, Männerchor   Angerer
2. Begrüßung
3. Fliege du Vöglein, Solo für Tenor und Bariton   Abt
4. **„Agnes Bernauer"**
   der Engel von Augsburg
   Trauerspiel in fünf Akten von K. Rademacher

PERSONEN:

Ernst I., Herzog von München	Der Vizedom, Richter d. Stadt Straubing
Albrecht, sein Sohn	Ein Landmann
Agnes, Gemahlin Albrechts	Ulrich, dessen Kind
Bernauer, ihr Vater	Der Kerkermeister zu Straubing
Antonio, herzoglicher Rat	Martha, seine Tochter
Arnold | Knappen des jungen Herzogs	Ein Bote
Walter |	Ein Anführer von Reisigen
Kuno, Ritter, Albrechts Freund	Bürger und Volk

Zeit der Handlung: Herbst des Jahres 1435

5. Heimatliebe, Männerchor . . . . Wengert
6. a) Mutterlieb, Tenorsolo . . . . Voigt
   b) Tief drunten im Tale, Baßsolo . . . Jehring

===== PAUSE =====

7. Abendglöcklein, Männerchor . . . . . . Krenger
8. **„Der Ehregast"**
   Dialektlustspiel in zwei Aufzügen von Farner

PERSONEN:

J. Stäbli, Rentier	Dr. Georg Nägeli, sin Fründ
D' Frau Rosalie Stäbli	Dr. phil. Gantebei, Proffässer
Berthy | ihre Töchter	Babeli Gräßli, Magd bei Stäblis
Leni |	De Vetter Ruedi vo Engeiburg
Tante Hortensie, Frau Stäblis Schwester	D' Duretee, si Frau
Dr Oberst Hartm. Hanhart	s'Grittli | ihri Chind
Joachim Fröhlich, Musikdirektor	De Ruodeli |

Zwei Herren und eine Dame im Sängerfestspiel
Ort der Handlung: Salon in Stäblis Wohnung in St. Gallen

9. Sehnsucht nach den Bergen, Männerchor . Bärtsch
10. Ländliche Konzertprobe, humoristische Szene   Simon
11. Meine Heimat, Männerchor . . . . . . Kranig

In den Zwischenpausen findet die Verlosung statt
Nach Schluß des Programmes TANZ in geschl. Gesellschaft
Rauchen während der Aufführung verboten

Saalöffnung 4 Uhr   Beginn 5 Uhr

Neben der religiösen und weltanschaulichen Bildung boten die Standesvereine ihren Mitgliedern auch Geselligkeit und Unterhaltung.

Erster Teil: Von der christlichsozialen Bewegung zur Parteigründung

und die Liedvorträge, Theateraufführungen, Deklamationen und eine Tombola anbot. Im Vereinsjahr 1902/03 musste sie dreimal vor «vollem Haus» durchgeführt werden. Hohe gemeinschaftsstiftende Funktion hatten zudem gesellige Anlässe wie Familienabende, Christbaumfeiern, gemeinsame Spaziergänge, Fahnenweihen usw. Ein Waldfest in Rotmonten soll 4000 Personen angezogen haben. 1910 zählte der Arbeiterverein St.Gallen 1200 Mitglieder, womit er eine kritische Grösse überschritten hatte. Er teilte sich im folgenden Jahr in die Sektionen St.Gallen Stadt, St.Othmar, Bruggen, Tablat-St.Fiden und Wittenbach-Kronbühl auf.[212]

Mindestens ebensosehr aber trugen die Institutionen zum Aufschwung der Bewegung bei. Scherrer nennt sie die «starke Plattform für die ganze Bewegung»[213], und Gregor Beuret meint, dass der Erfolg «wohl zur Hauptsache dem tatkräftigen und überaus attraktiven Ausbau» der Selbsthilfeeinrichtungen und Genossenschaften zu verdanken sei.[214] Specker schliesslich macht auf einen weiteren, spezifisch ostschweizerischen Grund für die Erfolge der christlichsozialen Gründungen aufmerksam, indem er auf die tief verwurzelte, traditionelle katholische Religiosität und Mentalität der Ostschweizer Bevölkerung hinweist. In diesem Humusboden hätten sich die kirchlichen Vereine der Christlichsozialen viel leichter verwurzeln lassen als etwa sozialdemokratische Organisationen mit ihren revolutionär-utopischen Zielsetzungen.[215]

Ihren Zenit in puncto Vereins- und Mitgliederentwicklung erreichten die Standesvereine in den beiden letzten Kriegsjahren und in den Jahren unmittelbar nach dem Ersten Weltkrieg. Josef Scherrer gründete 1917/18 sogar einen weiteren Standesverein, den Verband katholischer Angestellter und Beamter. Zunächst aber brachte der Kriegsausbruch mit der Generalmobilmachung, dem Wegzug vieler ausländischer Mitglieder und wachsender Arbeitslosigkeit und Not den Vereinen Mitgliederverluste. Josef Scherrer befürchtete im August 1914 sogar den Zusammenbruch der Bewegung[216], doch

---

212 Jb Kartell St.Gallen 1911, S. 2. Der Jahresbericht des katholischen Arbeitervereins St.Gallen für das Jahr 1908/09 gibt im Anhang, S. 12, eine Übersicht über die Entwicklung der Mitgliederzahlen von 1899 bis 1908.
213 Scherrer, Jung, S. 236.
214 Beuret, Katholisch-soziale Bewegung, S. 149. In den Protokollen finden sich immer wieder Hinweise auf die Wirksamkeit und Nützlichkeit der Institutionen als Werbeinstrumente. Anlässlich der Ostschweizerischen Bezirks-Conferenz vom 10. Oktober 1909 wurde bedauert, dass die Vereine mit der Zentralisation der Krankenkassen «ein vorzügliches Agitationsmittel» verlieren. Ein Jahr später, am 6. November 1910, wurden an derselben Konferenz Wöchnerinnenunterstützung und Krankenkassen als Argumente in der Werbearbeit empfohlen. Der Präsident des Kartells St.Gallen empfahl an einer Versammlung der Gewerkschaftsdelegierten am 26. Februar 1912, für die Gewerkschaftspropaganda vor allem auf das Unterstützungswesen hinzuweisen (Prot. Kartell St.Gallen 1908–1913, Archiv KAB).
215 Specker, Sozialdemokratie, S. 74ff.; ders., Textilindustrie, S. 171.
216 TBSch, 1. August 1914 (PrivatA Scherrer).

Rheintaler Arbeitertag in Altstätten im August 1919. Im Anschluss an den Ersten Weltkrieg mobilisierten die Christlichsozialen in Grosskundgebungen Hunderte von Teilnehmern.

schöpfte er bereits ein halbes Jahr später wieder Hoffnung. Er war überzeugt, dass für die christlichsozialen Organisationen mit dem Krieg die eigentliche Zeit des Wirkens begonnen habe, denn durch den Krieg werde die katholische Kirche – «Not lehrt beten» – an Anziehungskraft gewinnen, vor allem aber werde der Krieg den Zusammenbruch einer Kultur bewirken, die unchristlich und unkatholisch gewesen sei.[217] Tatsächlich weckten die prekäre Entwicklung der wirtschaftlichen Verhältnisse und die wachsende Kriegsnot den sozialen Geist der christlichsozialen Führer. Die Selbsthilfeeinrichtungen wurden ausgebaut oder neue geschaffen[218], und zur Linderung der sozialen und wirtschaftlichen Folgeerscheinungen des Krieges organisierte der ZV 1914/15 parallel zu entsprechenden Aktionen der sozialistischen Verbände eine bewegungseigene Notstandsaktion, deren Leitung der Verband einer speziellen Kommission übertrug.[219] Die Kommission entfaltete sogleich eine rege Tätigkeit: Sie machte zahlreiche Eingaben, richtete Forderungen an die Behörden und aktivierte die eigenen Organisationen mit Instruktionen und Aufrufen.[220] Schon nach kurzer Zeit habe die Kommission, so ihr Sekretär Josef Scherrer, «in breiten Kreisen des Volkes Anerkennung gefunden und das Vertrauen zu den christlichsozialen Organisationen gehoben».[221] Im Kanton St.Gallen engagierte sich vor allem die CSP im Kampf gegen die allgemeine Not. Im Rahmen der Konservativen Volkspar-

---

217 TBSch, 31. Dezember 1914 (PrivatA Scherrer).
218 Z.B. der Leofonds, der 1916 zur Erinnerung an die vor 25 Jahren erschienene Enzyklika Rerum novarum eingerichtet wurde. Die erste unter den Mitgliedern durchgeführte Spendenaktion, die später wiederholt wurde, erbrachte Einnahmen von 27 000 Franken (Jb ZV 1916, S. 4 und S. 59).
219 Mit Josef Scherrer als Sekretär und dem Gewerkschafter Gebhard Brielmaier als Beisitzer gehörten zwei St.Galler der fünfköpfigen Kommission an, die vom Zürcher Bernhard Widmer präsidiert wurde (TBSch, 16. September 1914, PrivatA Scherrer; vgl. auch Holenstein, Konservative Volkspartei, S. 320; Scherrer, Jung, S. 153).
220 Vgl. dazu Beuret, Katholisch-soziale Bewegung, S. 198f., und Scherrer, Jung, S. 153ff.
221 Jb CSP 1914, S. 11 (BAR).

tei des Kantons St.Gallen trat sie ebenso vehement für soziale Verbesserungen ein wie in staatlichen Kommissionen.[222] Anlässlich der Kantonsratswahlen von 1918 präsentierte das Kantonalkomitee der CSP in einem Flugblatt den in den Kriegsjahren erworbenen Leistungsausweis, demzufolge die christlichsoziale Parteigruppe u. a. für die Erweiterung der Abgabe von Lebensmitteln zu reduzierten Preisen, für die Erhöhung des Militärsoldes und der Militärnotunterstützung, für die Festsetzung von Mindestlöhnen, für die kräftige Besteuerung der Kriegsgewinne usw. eingetreten war, kurzum: Die Christlichsozialen hätten während des Krieges «durch ihre unermüdliche … Tätigkeit mit grossem Erfolge für die untern Volksstände gewirkt und gearbeitet».[223] Diese Botschaft verfing. Im Verbund mit einem schroffen Antisozialismus, einer von der Kirche aufgestachelten eigentlichen Kreuzzugsbewegung gegen die durch den Landesstreik diffamierten sozialdemokratischen Arbeiterorganisationen, brachte sie den Christlichsozialen beachtliche Wahlerfolge und mobilisierte in Grosskundgebungen Hunderte von Teilnehmern.[224]

Im Kanton St.Gallen nahmen dann aber im Verlauf der späteren 1920er Jahre die Mitgliederzahlen in den Standesvereinen kontinuierlich ab, ehe sie sich in den 1930er Jahren auf tiefem Niveau stabilisierten und die Vereine in eine eigentliche Existenzkrise gerieten. Nachgerade dramatisch war der Mitgliederschwund in den Arbeiterinnenvereinen, deren Bestände sich in den beiden Jahrzehnten zwischen 1920 und 1939 mehr als halbierten. Darin widerspiegelt sich der Niedergang der St.Galler Textilindustrie, in der der Anteil der weiblichen Arbeitskräfte stets hoch gewesen war (Tab. 2).

Mit dem Mitgliederschwund ging eine wachsende Inaktivität in den Vereinen selber einher. So hatte der Arbeiterinnenverein Tablat, wie 1933 beklagt wurde, seine Mitglieder ausser zur Delegiertenversammlung nur noch einmal jährlich zusammengerufen.[225] Die Vereine überalterten, und das Vereinsleben erstarrte. Diese Entwicklung blieb den Führern der Bewegung nicht verborgen. Vor allem Josef Scherrer machte sich in Wort und Schrift zum Anwalt der Standesvereine. In einem Schreiben an die Schweizerische Bischofskonferenz wies Scherrer 1932 auf die zentrale Bedeutung der Vereine als «Kern und Stamm der Bewegung» hin, auf ihren unverzichtbaren Beitrag für «die grundsätzliche Schulung der Arbeiterschaft, ihre religiös-

---

222 Vgl. Jb CSP 1917–19, S. 4 (BAR). Josef Scherrer war seit September 1917 Chef des kantonalen Brot- und Fettamtes, ab Oktober 1918 der gesamten sanktgallischen Lebensmittelversorgung und Notstandsaktion.
223 An das arbeitende Volk, Flugblatt, verf. vom Kantonalkomitee der CSP, 1918 (BAR).
224 1919 in St.Gallen 1500, in Gossau 500 und am rheintalischen christlichsozialen Arbeitertag in Altstätten 3000–4000 Personen (TBSch, 25. und 29. April 1919, 24. August 1919, PrivatA Scherrer).
225 Prot. Kartell St.Gallen, Delegiertenversammlung vom 13. März 1933 (Archiv KAB).

Tabelle 2: Entwicklung der Arbeiter- und Arbeiterinnenvereine im Kanton St.Gallen, 1921–1939

Jahr	Arbeiter Vereine	Arbeiter Mitglieder	Arbeiterinnen Vereine	Arbeiterinnen Mitglieder
1921	47	3433	32	5990
1922	49	3138	33	5294
1923	46	2888	33	4985
1924	46	2899	32	4803
1925	?	?	?	?
1926	42	2458	30	4252
1927	39	2440	30	4219
1928	39	2426	29	4168
1929	41	2590	32	4112
1930	41	2605	33	3833
1931	41	2555	33	3770
1932	43	2625	32	3738
1933	43	2601	33	3709
1934	42	2687	34	3669
1935	43	2743	33	3689
1936	43	2691	33	3601
1937	43	2608	33	3429
1938	42	2536	34	3168
1939	41	2461	34	3123

Jb ZV 1921ff., passim; JB CAB 1926/27ff., passim; ebd. die Zahlen zur gesamtschweizerischen Entwicklung.

sittliche Erziehung und Festigung und allgemein soziale Ausbildung», und forderte die Bischöfe auf, den Standesvereinen vermehrte Unterstützung zukommen zu lassen.[226] Sekundiert wurde Scherrer von Alois Scheiwiler, seit 1930 St.Galler Bischof, der mit der ganzen Autorität seines Hirtenamtes für die Neubelebung der Vereine eintrat.[227] Im April 1938 entwarf der Verband katholischer Arbeitervereine der Schweiz ein Aktionsprogramm zur Neubelebung und Aktivierung der Vereine.[228] Als Therapiemassnahme emp-

---

226 Namens des ZV von Josef Scherrer verfasstes Schreiben an Bischof Victor Bieler zu Handen der Schweizerischen Bischofskonferenz vom 1. Juli 1932 (BiA SG). Die Bischöfe entsprachen Scherrers Ansuchen in einer Wegleitung betr. Förderung der sozialen Standesvereine vom Juli 1932 (vgl. JB CAB 1932/33, S. 63). Bereits 1926 hatten die Schweizer Bischöfe in ihrem Bettagsmandat die Förderung der katholischen Arbeiter- und Arbeiterinnenvereine empfohlen (vgl. JB CAB 1926/27, S. 6).
227 Vgl. u.a. die Aufrufe in der Hochwacht, Nr. 262, 10. November 1932, und Nr. 236, 9. Oktober 1936.
228 Vgl. JB CAB 1937/38, S. 86f. Bereits 1933 hatte August Steffen ein Arbeitsprogramm für die Standesvereine vorgeschlagen (Hochwacht, Nr. 232, 5. Oktober 1933). Scherrer hatte den Arboner Arbeitersekretär Steffen 1933 aufs Generalsekretariat des CAB geholt,

fahl er darin den Vereinen u.a. die Einsetzung einer «Kerngruppe als unerlässliche Schulungs- und Aktionszelle»[229], die «gleich einem Sauerteig die unorganisierten und falsch-organisierten Arbeitermassen durchdringen und erobern» sollte.[230]

Doch der Krise der Standesvereine war weder mit Appellen noch mit Programmen und Aktionen beizukommen. 1941 musste der bei der Revitalisierung der Standesvereine engagierte Zentralsekretär August Steffen frustriert eingestehen: «Ein erheblicher Teil der Vereine ist vergreist. Die Jungen fehlen. Die Vereine nehmen ab.» Steffen führte diese Erscheinung auf die «Verkalkung des Vereinslebens», auf die «Passivität der Vereine» zurück[231], Scherrer darauf, dass den Standesvereinen die Unterstützung im katholischen Lager fehle.[232] Diese Analyse aber greift zu kurz. Der tiefere Grund für die Stagnation liegt vielmehr darin, dass die Standesvereine ihre ursprüngliche Funktion als «Vielzweckorganisation»[233] an Spezialorganisationen der Bewegung verloren hatten. Die Selbsthilfeeinrichtungen und die Gewerkschaften waren den Standesvereinen entwachsen, und die politischen Interessen wurden entweder vom CAB oder, im Kanton St.Gallen, von der CSP wahrgenommen. Was den Standesvereinen blieb, war die weltanschaulich-religiöse Erziehung der Mitglieder. Damit aber – diese Erfahrung hatte bereits Jung im Jünglingsverein und später im Dienstbotenverein St.Gallen gemacht – liess sich auf Dauer kein attraktiver Verein begründen. Hinzu kamen Anfang der 1930er Jahre vermehrt Stimmen im katholischen Lager, die die Standesvereine für überflüssig hielten und sie im Volksverein oder in Kongregationen aufgehen lassen wollten.[234]

---

wo er in der Nachfolge Georg Eiseles die Funktion des Zentralsekretärs des ZV bekleidete (JB CAB 1932/33, S. 16; Wild, Aspekte, S. 5).
229 JB CAB 1939/40, S. 70.
230 Jb Kartell St.Gallen 1938, S. 3 (Archiv KAB). In den St.Galler Arbeitervereinen versuchten seit 1938 elf Kerngruppen unter der Leitung von August Steffen, «dem Standesgedanken unter der Arbeiterschaft neue Impulse zu verleihen» (Meile, Katholische Vereine, S. 260).
231 TBSch, 31. Januar 1941 (PrivatA Scherrer). Ebenso äusserte sich Steffen kritisch zum Programm der 50-Jahr-Feier der Enzyklika Rerum novarum: «Er erwähnte, dass man sich nicht mit grossen Veranstaltungen über die innere Situation der Vereine, die sehr faul sei, hinwegtäuschen solle» (TBSch, 6. Januar 1941, PrivatA Scherrer). Auch Scherrer kam zu diesem Befund: «Vieles an unserem Vereinswesen ist verkalkt» (TBSch, 8. Oktober 1941, PrivatA Scherrer).
232 TBSch, 19. Oktober 1939 (PrivatA Scherrer). Scherrer listete einen ganzen Katalog von Vorwürfen auf, die im katholischen Lager, nicht zuletzt von der Geistlichkeit, gegen die Arbeitervereine erhoben wurden: Die Arbeitervereine seien politische Gebilde, sie seien nichts wert, sie ordneten sich nicht in die Pfarreiorganisationen ein, sie wirkten «im katholischen Volk nur als Spaltpilz».
233 Göldi, Vereine, S. 188.
234 Namens des ZV von Josef Scherrer verfasstes Schreiben an Bischof Victor Bieler zu Handen der Schweizerischen Bischofskonferenz vom 1. Juli 1932 (BiA SG); vgl. auch Hochwacht, Nr. 110, 12. Mai 1932, und Nr. 21, 25. Januar 1934.

Institutionen

Zum blühendsten Ast am Wurzelstock der christlichsozialen Bewegung entwickelte sich das Kassen- und Genossenschaftswesen. In ihm fand für Jung der Grundgedanke des christlichen Solidarismus seinen vollkommensten Ausdruck.[235] Die zusammenfassend als «Institutionen» bezeichneten Unterstützungseinrichtungen und genossenschaftlichen Selbsthilfeorganisationen waren nach dem Vorbild des Arbeitervereins St.Gallen im Rahmen der Standesvereine geschaffen, dann aber, nach der Gründung des ZV, nach und nach zentralisiert worden in der Absicht, die Leistungsfähigkeit und die finanzielle Solidität der Kassen zu verbessern und die Freizügigkeit zu erhöhen.[236] 1905 zählte der ZV bereits fünf zentrale Kassen: die Verbände der Kranken- und Darlehenskassen, die Genossenschaftsbank (zentralisierte Sparkassen) sowie eine Pensions- und Sterbekasse.[237] Es würde den Rahmen dieser Arbeit sprengen, das Entwicklungsbild aller Institutionen zu beschreiben.[238] Wir beschränken uns deshalb darauf, zwei repräsentative Beispiele auszuwählen und deren Entfaltung im Kanton St.Gallen darzustellen: die christlichsoziale Kranken- und Unfallkasse der Schweiz sowie die Schweizerische Genossenschaftsbank. Beide waren in St.Gallen domiziliert (erstere bis nach dem Ersten Weltkrieg), beide wurden zu tragenden Pfeilern der gesamten Bewegung, und beide schlugen im Kanton St.Gallen tiefe Wurzeln.

Die christlichsoziale Kranken- und Unfallkasse der Schweiz geht in ihrem Ursprung auf die vom Arbeiter- und Arbeiterinnenverein St.Gallen im Gründungsjahr der Bewegung gemeinsam eingerichtete Krankenkasse mit 60 Mitgliedern zurück.[239] Sie ist damit das älteste Institut der christlichsozialen Bewegung. Bereits in den ersten Statuten der beiden Vereine war die Krankenversicherung als ein Mittel zur Förderung des «materiellen Wohls» vorgesehen.[240] Jung trieb die Schaffung einer Krankenkasse und auch anderer Kassen darum mit Energie voran[241], weil diese einerseits, wie die weitere

---

235 Jungs Biograph Josef Scherrer ist überzeugt, dass Jung in erster Linie als Schöpfer der christlichen Genossenschaftsbewegung «soziale Originalität, Grösse und Bedeutung» gewonnen habe (Scherrer, Jung, S. 60).
236 Göldi, Vereine, S. 97.
237 Jb ZV 1905, S. 4.
238 Lohnend wäre im besonderen die Darstellung der Entwicklung der Konsumgenossenschaften Konkordia. Wir haben darum darauf verzichtet, weil die erste Genossenschaft zwar 1902 durch J. B. Jung in der Stadt St.Gallen ins Leben gerufen worden war, dann jedoch Zürich zum Hauptsitz des 1908 gegründeten Verbandes der Genossenschaften Konkordia der Schweiz bestimmt wurde.
239 Jb katholischer Arbeiterverein St.Gallen 1908/09, S. 3.
240 Statuten des katholischen Arbeitervereins der Dompfarrei St.Gallen vom Februar 1899 (BAR); analog die Statuten des katholischen Arbeiterinnenvereins vom März 1899 (BiA SG).
241 Neben einer Krankenkasse eine Spar- und Darlehenskasse, eine Alters- und Sterbekasse und eine Arbeitslosenkasse (vgl. Scheiwiler, Jung, S. 25f.).

Entwicklung bewies, einem grossen Bedürfnis entsprachen, vergleichsweise einfach zu realisieren waren[242] und die Attraktivität der Organisationen begründeten[243], anderseits aber dem Gedanken der solidarischen Selbsthilfe in idealer Weise entsprachen und zudem in Rerum novarum ausdrücklich gefordert worden waren.[244] Ein Jahr nach ihrer Gründung war der Mitgliederbestand der Krankenkasse auf 400 angewachsen[245] und verdoppelte sich bis 1906.[246] 1908 wurde die Tausendermarke überschritten[247] und Anfang 1914 die Zahl von über 2000 erreicht.[248] In den ersten zehn Jahren zahlte die St.Galler Kasse rund 75 000 Franken Krankengeld und äufnete in ihrem Reservefonds ein Vermögen von 27 000 Franken.[249] Gemäss dem St.Galler Vorbild wurden auch andernorts im Kanton Kassen eingerichtet, oft als gemeinsame Kasse der örtlichen Arbeiter- und Arbeiterinnenvereine.[250] An einzelnen Orten dürften Krankenkassen den Boden für die Gründung eines Standesvereins geebnet haben.[251] 1905 verbanden sich die einzelnen Sektionen zum Zentralverband christlichsozialer Krankenkassen, wobei die einzelnen Vereinskassen autonom blieben.[252] Um das Risiko besser auf die einzelnen Kassen zu verteilen, drängte sich jedoch eine weitergehende Zentralisation auf. 1908 entschieden sich die einzelnen Kassen, ihre Vermögen zusammenzulegen, und gründeten den «Krankenkassenverband christlichsozialer Arbeiterorganisationen der Schweiz», dessen Statuten im Mai 1910 in Kraft traten.[253] Zentralpräsident wurde Josef Bruggmann, der ein Jahr später zu den Mitbegründern der CSP gehörte. Widerstand gegen die Zentralisation regte sich vor allem bei den grösseren Kassen, namentlich bei der Kasse der St.Galler Vereine, die sowohl bezüglich Vermögen als auch be-

---

242 Die Vorbereitungen nahmen nur zwei Monate in Anspruch (Jb katholischer Arbeiterverein St.Gallen 1908/09, S. 3).
243 Jb ZV 1905, S. 4: «Was in einem Körper das Knochengerüst, das ist in einem Verbande das Kassawesen.»
244 Rerum novarum, Nr. 43: «Ein Hauptbemühen hat dahin zu gehen ..., dass eine gemeinsame Kasse vorhanden sei, aus welcher den einzelnen die Unterstützungen zufliessen bei Arbeitsstockungen, in Krankheit, im Alter und bei Unglücksfällen.»
245 Annalen des Schweizerischen Katholikenvereins (39) 1900, 6. Heft, S. 115.
246 Jb katholischer Arbeiterverein St.Gallen 1905/06, S. 1.
247 Jb katholischer Arbeiterverein St.Gallen 1907/08, S. 2.
248 TBSch, 22. Januar 1914 (PrivatA Scherrer).
249 Jb katholischer Arbeiterverein St.Gallen 1908/09, S. 12.
250 Krankenkassen der Arbeiter- und Arbeiterinnenvereine gab es im Kanton St.Gallen in den Jahren 1906/07 neben St.Gallen in Flums, Gossau, Rorschach, Uzwil, Walenstadt, Wil und Uznach (Jb ZV 1906, S. 15, und 1907, S. 8).
251 Inwieweit Krankenkassensektionen Vorarbeit für die Gründung eines Standesvereins leisteten, lässt sich im einzelnen nicht nachvollziehen. Gemäss einer Tagebuchnotiz Scherrers soll im ZV einmal festgestellt worden sein, dass dort, wo keine konfessionellen Standesvereine gegründet werden könnten, Krankenkassen ins Leben zu rufen seien (TBSch, 26. Februar 1914, PrivatA Scherrer).
252 Jb ZV 1905, S. 4, und 1908, S. 5.
253 Jb ZV 1908, S. 12, und 1911, S. 33; Auszug aus den Statuten in: Jb ZV 1909, S. 21f.

züglich Mitgliederzahl die grösste Sektion des Zentralverbandes war. Aus Protest gegen den Mehrheitsbeschluss des Sektionsvorstandes trat der Gründungspräsident der Kasse, Karl Kern, ein weiterer Mitbegründer der CSP, vom Amte zurück, worauf Josef Scherrer auf Veranlassung Jungs das Sektionspräsidium übernahm.[254]

Erst jetzt, mit der solidarischen Haftung aller Kassen, war es auch kleineren Arbeiterorganisationen möglich, eine Krankenkasse einzuführen und damit an Attraktivität zu gewinnen. Der Verband wuchs denn auch kontinuierlich[255], vor allem auch im Kanton St.Gallen: Für das Jahr 1913 sind 25 Kassen mit rund 3900 Mitgliedern ausgewiesen, das heisst: Von den rund 9800 in den konfessionellen Standesvereinen organisierten Arbeitern und Arbeiterinnen des Kantons St.Gallen gehörte mehr als ein Drittel der christlichsozialen Krankenkasse an.[256]

Das 1912 vom Schweizer Volk gutgeheissene Bundesgesetz über die Kranken- und Unfallversicherung gab den Anstoss, das Leistungsangebot auszubauen. Hatte die Kasse bis 1914 nur Krankengeld bezahlt, so betrieb sie mit dem Inkrafttreten des Bundesgesetzes auch eine Krankenpflegeversicherung und richtete 1914 eine Kinderkasse und 1919 eine Unfall- und Invaliditätsversicherung ein.[257] Seit 1917 besass die Kasse einen Spezialunterstützungsfonds, aus welchem bedürftige Mitglieder über die Pflichtleistungen hinaus Zuschüsse erhielten.[258] Diese Leistungsausweitung führte nach dem Ersten Weltkrieg zu einem weiteren Wachstumsschub: Bis 1920 stieg die Zahl der Sektionen im Kanton St.Gallen auf 52[259], bis Anfang der 1930er Jahre auf 56 an[260], um dann auf diesem Niveau zu stagnieren.[261] Diese breite Mitgliederbasis – 1923 über 51 000 Erwachsene und Kinder in 340 Sektionen in der ganzen Schweiz[262] – ermöglichte es der Kasse, 1924 bzw. 1927 zwei Sanatorien in Davos zu erstehen und unweit von St.Gallen das Kurhaus Oberwaid zu betreiben.[263]

Eine hervorragende Bedeutung im weitgespannten Genossenschaftsprogramm der Bewegung[264] kam der Genossenschaftsbank zu. Jung selber soll

---

254 Scherrer, Jung, S. 72.
255 Zahlen in den Jb ZV 1912ff.; vgl. auch Jb ZV 1923, S. 49.
256 Jb ZV 1913, S. 46ff.
257 Führer durch die Christlichsoziale Bewegung 1929, S. 46f.
258 Jb ZV 1917, S. 62.
259 Jb ZV 1920, S. 48.
260 JB CAB 1930/31, S. 117.
261 Vgl. JB CAB 1932/33ff.
262 Vgl. Statistik der Mitglieder- und Sektionsentwicklung in: Jb ZV 1923, S. 49. 1931 war die Kasse die grösste katholische Krankenkasse der Schweiz und die drittgrösste der schweizerischen Krankenkassen (JB CAB 1930/31, S. 117).
263 Führer durch die Christlichsoziale Bewegung 1929, S. 47f.
264 Genossenschaften besassen einerseits die einzelnen Vereine und Organisationen (Baugenossenschaften, Darlehenskassen, Konsumgenossenschaften, Genossenschaftsfergge-

sie «das machtvollste Institut unserer Bewegung» genannt haben.[265] Ihr oberstes Ziel war es, «die genossenschaftliche Tat zu fördern».[266] Als «Kraftzentrale aller unserer genossenschaftlichen Unternehmungen»[267] und als «starker Rückgrat ... für die wirtschaftlichen Unternehmungen des Verbandes»[268] half sie beim Erwerb der Buchdruckerei Konkordia und unterstützte den christlichen Textilverband bei der Errichtung von Genossenschaftsferggereien.[269]

Ihre Wurzeln hat die Genossenschaftsbank ebenso wie die Kranken- und Unfallkasse im Arbeiter- und Arbeiterinnenverein St.Gallen. Dort hatte Jung versucht, der Wohnungsnot durch den Bau von Arbeiter-Wohnhäusern zu begegnen. Die Pläne aber zerschlugen sich, weil das Kapital fehlte. Jung ergriff die Flucht nach vorn und gründete in den Vereinen Spar- und Darlehenskassen nach dem System Raiffeisen.[270] Deren Umsatz stieg rasch an[271] und fand Nachahmung in anderen Vereinen, so dass 1904 die meisten Sektionen Spar- und Darlehenskassen besassen.[272] Aus dem Zusammenschluss der Spar- und Darlehenskassen wurde 1905 die «Genossenschaftsbank St.Gallen» gegründet, «die erste Arbeiterbank der Welt».[273] Direktor wurde Josef Riklin, der später auch als Revisor der CSP tätig war. Der Jahresbericht des ZV würdigte diesen Schritt als «kühne soziale Tat» und als «ersten Versuch ..., das System und die Grundsätze der Raiffeisenkassen auch in die Kreise der Industriearbeiterschaft hineinzuverpflanzen».[274]

Die Bank entwickelte sich bereits in den ersten Jahren gedeihlich: 29 Vereinskassen benutzten die Bank im Jahre 1906 als Depositär[275], darunter acht St.Galler Vereine, die bis Ende 1907 vier Fünftel zur Gesamtsumme der eingelegten Spargelder von rund 550 000 Franken beitrugen.[276] Hatte die Bank

reien), anderseits gründete der ZV allgemeine Genossenschaften: neben der Genossenschaftsbank den Verband der Genossenschaften Konkordia, die Genossenschaftsbuchdruckerei, die Leobuchhandlung, die Treuhand- und Verwaltungsgesellschaft Custodia sowie die Volksversicherungs-Genossenschaft. Eine gute Übersicht gibt der Führer durch die Christlichsoziale Bewegung 1929, S. 30ff.
265 Ostschweiz, Nr. 111, 12. Mai 1924.
266 Hochwacht, Festnummer zum 25jährigen Jubiläum der christlichsozialen Organisationen der Schweiz 1899–1924, 10. und 11. Mai 1924; vgl. auch Jb ZV 1905, S. 5: «Die Erreichung möglichst grosser Reingewinne ist nicht das alleinige und wichtigste Ziel unserer Bank. In der Ermöglichung und Unterstützung solider genossenschaftlicher Unternehmen haben wir ein weites ideales Wirkungsfeld.»
267 Prot. CAB 1925, S. 47.
268 Jb ZV 1906, S. 5.
269 Jb ZV 1906, S. 5.
270 Jb katholischer Arbeiterverein St.Gallen 1908/09, S. 4.
271 Vgl. Jb des katholischen Arbeitervereins St.Gallen 1901–1910, passim.
272 Jb ZV 1904, S. 3f.
273 Jb ZV 1921, S. 58.
274 Jb ZV 1905, S. 5.
275 Seit 1906 betreute die Genossenschaftsbank auch die Zentralkasse des Schweizerischen Raiffeisenverbandes (Obrecht, Christlichsoziale Bewegung, S. 148).
276 Jb ZV 1906, S. 5 und S. 12.

in den ersten zehn Jahren auf der Basis der Garantie gearbeitet, die die Vereine und Genossenschaften in der Höhe ihrer Guthaben übernommen hatten, so zeigte sich mit dem raschen Wachstum der Bank, dass diese Garantien nicht mehr zu genügen vermochten. Mit einer Statutenänderung im Jahre 1909 beschloss die Generalversammlung die Bildung eines Genossenschaftskapitals und begann 1910 mit der Ausgabe von Anteilscheinen, wodurch «den uns nahestehenden Vereinen und Institutionen, wie auch Privaten» die Möglichkeit geboten werden sollte, «ein noch engeres Interesse an unserer Bank zu nehmen».[277] Damit war die Bank aus ihrem ursprünglichen christlichsozialen Rahmen – Zusammenschluss der Spar- und Darlehenskassen – herausgetreten und zu einem selbständigen Unternehmen geworden. Ebenfalls 1909 verlor die Bank ihren bisher sanktgallischen Charakter. Sie expandierte in alle Landesteile, wo Zweigniederlassungen entstanden, so 1909 in Zürich und, diesem Beispiel folgend, 1910 auch in Rorschach.[278] Konsequenterweise benannte sich das Unternehmen nun um in «Schweizerische Genossenschaftsbank». Damit einher ging eine Ausweitung der Aktivitäten. Der Kundenkreis löste sich von Konfession oder Stand, und die Bank betrieb sämtliche ins Bankfach gehörenden Geschäfte. In den beiden Jahrzehnten zwischen 1910 und 1931 kletterte die Bilanzsumme der Schweizerischen Genossenschaftsbank von ehedem 9 auf 144 Millionen Franken, das Garantiekapital und die Reserven von 0,7 auf 21 Millionen.[279] 1931 konnte sie sich rühmen, «in den vordersten Reihen der stärksten Mittelbanken unseres Landes» zu stehen.[280]

Zu den christlichsozialen Organisationen stand die Bank stets in einem «Freundschaftsverhältnis».[281] Enge Bindungen bestanden zu den Depositenkassen der christlichsozialen Organisationen, den früheren Spar- und Darlehenskassen[282], die seit 1912 der Schweizerischen Genossenschaftsbank angeschlossen waren.[283] Seitens der Bank wurde die Schaffung von Kassen immer wieder angetrieben, und der Sparwille in den christlichsozialen Vereinen trug der Bank günstiges «Betriebskapital» zu. Die Sparkassen hatten auch in der Ostschweiz, den Rayons der Niederlassungen in St.Gallen und Rorschach, stark zugenommen, wie Tabelle 3 zeigt.

---

277 Jb ZV 1909, S. 17.
278 1931 unterhielt die Bank zwölf Niederlassungen in der ganzen Schweiz, in der Ostschweiz in St.Gallen und in Rorschach (JB CAB 1930/31, S. 125).
279 JB CAB 1930/31, S. 120f.
280 JB CAB 1930/31, S. 118.
281 Hochwacht, Nr. 68, 21. März 1930.
282 Seit 1913 nahmen die Sparkassen auch Depositen an, 1915 erfolgte die Umwandlung in Depositenkassen (Obrecht, Christlichsoziale Bewegung, S. 149 und S. 151).
283 Jb ZV 1912, S. 35f.

Tabelle 3: Stand der Sparkassen in den Rayons St.Gallen und Rorschach sowie in der Gesamtschweiz, 1910, 1920, 1931 und 1936

	St. Gallen			Rorschach			Schweiz		
	Kassen	Einleger	Sparkapital	Kassen	Einleger	Sparkapital	Kassen	Einleger	Sparkapital
1910	26	3724	1.1 Mio	6	975	0.3 Mio	117	9069	2.4 Mio
1920	36	4740	2.1 Mio	12	1588	0.6 Mio	177	13772	5.5 Mio
1931	78	7051	5.2 Mio	13	2076	1.5 Mio	332	23813	15.9 Mio
1936	62	6407	5.2 Mio	15	1909	1.4 Mio	308	23715	16.9 Mio

Jb ZV 1910, S.24ff., und 1920, S.51; JB CAB 1930/31, S.125, und 1934–36, S.127.

Die Depressionsjahre 1920–22 führten in der Entwicklung der Schweizerischen Genossenschaftsbank zu einer gewissen Stockung. Der Gesamtumsatz bildete sich um einen Drittel zurück, Bilanzsumme und Reingewinn stagnierten.[284] Von einer eigentlichen Bankkrise zu sprechen, wie dies Josef Scherrer tat[285] – er war später sogar überzeugt, dass diese Johann Baptist Jung das Leben gekostet habe[286] –, ist jedoch nicht gerechtfertigt. Mit dem Konjunkturaufschwung ab 1923 erholte sich die Bank nämlich sehr rasch wieder. 1927 galt sie als «organisatorisch und finanziell lebenskräftig» und als «tragende Säule der ganzen grossen christlichsozialen Bewegung».[287]

Weitaus härter wurde die Genossenschaftsbank seit der Mitte der 1930er Jahre von der allgemeinen Wirtschaftskrise getroffen, der sie schliesslich zum Opfer fiel. Im Februar 1936 beschloss der Verwaltungsrat in einer ausserordentlichen Sitzung und auf Empfehlung der Eidgenössischen Bankenkommission die Nachlassstundung, die von der zuständigen Behörde des Kantons St.Gallen bewilligt wurde. In einer Mitteilung begründete die Bankleitung die Schwierigkeiten mit Krisenverlusten und den verschärften Transferschwierigkeiten mit dem Deutschen Reich und kündigte eine «rasche Rekonstruktion» an.[288] Als deren Ergebnis löste sich die Genossenschaftsbank auf. Gemäss einem gerichtlich sanktionierten Sanierungsplan gingen ihre Aktiven und Passiven an die Ende 1936 in St.Gallen als Aktiengesellschaft konstituierte Schweizerische Spar- und Kreditbank über[289], die auch, wie vorher die Genossenschaftsbank, die Verwaltung der Depositen-

---

284 Vgl. Jb ZV 1920ff., passim.
285 TBSch, 27. November 1921: «Von der Krisis werden auch unsere christlichsozialen Institutionen schwer getroffen, vorab die schweizerische Genossenschaftsbank, die Buchdruckerei Konkordia und der Verband der Genossenschaften Konkordia» (PrivatA Scherrer).
286 TBSch, 17. September 1936 (PrivatA Scherrer).
287 Prot. Soziale Woche 1927, S. 137.
288 Hochwacht, Nr. 43, 20. Februar 1936.
289 Die konstituierende Generalversammlung fand am 15. Dezember 1936 in St.Gallen statt (TBSch, 16. Dezember 1936, PrivatA Scherrer).

Die Schweizerische Genossenschaftsbank mit Hauptsitz an der St.Leonhardstrasse in St.Gallen war das finanzielle Rückgrat der christlichsozialen Bewegung.

kasse der christlichsozialen Organisationen übernahm, ansonsten aber von der christlichsozialen Bewegung losgelöst war. Die Einlagen blieben vom Nachlassvertrag unberührt; nur die Abhebung der eingelegten Gelder wurde zeitweilig eingeschränkt.[290]

Josef Scherrer, seit 1924 Vizepräsident des Verwaltungsrates, erlebte den Zusammenbruch der christlichsozialen Hausbank subjektiv als Katastrophe. Die ganze christlichsoziale Bewegung werde, befürchtete Scherrer im Februar 1936, durch die Nachlassstundung der Bank «vor die schwerste Belastungsprobe gestellt, die sie seit ihrem Bestehen auszuhalten hat».[291] Als sich die Sanierungsanstrengungen in die Länge zogen, warnte er vor einem Zusammenbruch der ganzen Bewegung. «Fast übermenschliche Sorge» habe er wegen der Krise der Bank zu tragen.[292] Die pessimistische Einschätzung erwies sich aber als falsch. Nach Abschluss der Sanierung und der Restrukturierung konnte Scherrer konstatieren, dass die Krise «verhältnismässig ruhig und ohne Erschütterung der Organisationen» bewältigt werden konnte[293], was ihn aber nicht davon abhielt, im Rückblick von einem «eigentlichen Wunder» zu sprechen.[294] Tatsächlich: In einer Sitzung des Zentralkomitees und der Regionalsekretäre des ZV im Mai 1937 ergab eine Aussprache, dass

290 JB CAB 1934-36, S. 123. Im Jahrbuch finden sich nur indirekte Hinweise auf die Auflösung der Bank. Ebenfalls knapp: Scherrer, Jung, S. 72f.
291 TBSch, 22. Februar 1936 (PrivatA Scherrer).
292 TBSch, 12. Juli 1936 (PrivatA Scherrer).
293 TBSch, 27. Dezember 1936 (PrivatA Scherrer).
294 TBSch, 6. Januar 1941 (PrivatA Scherrer).

«trotz den gewaltigen Schlägen ... die christlichsoziale Bewegung unerschüttert dasteht».[295] Den sichtbaren Ausdruck fand das ungebrochene Selbstvertrauen und die ungebrochene Kraft der Bewegung in der vom St.Gallischen Kantonalverband christlichsozialer Organisationen veranstalteten Pfingsttagung in St.Gallen im Mai 1937, die rund 3500 Personen zu einer Grosskundgebung in den Klosterhof lockte und einen glänzenden Verlauf nahm.[296] Josef Scherrer würdigte diesen Erfolg wohl zu Recht als Vertrauensbeweis, den die Basis der Führung entgegenbrachte.[297]

St.Gallen hatte nicht nur wesentlichen Anteil am Aufbau der christlichsozialen Kranken- und Unfallkasse und der Schweizerischen Genossenschaftsbank, sondern ebenso an der Schaffung eines christlichsozialen Presse-, Buch- und Verlagswesens auf genossenschaftlicher Grundlage. Jung und Scheiwiler hatten von Anfang an die Wichtigkeit und Wirkung des geschriebenen Wortes erkannt und engagierten sich an vorderster Front im Dienste der Presse und des Buches, ersterer als Initiator und Organisator, letzterer als Redaktor und als Autor zahlreicher Kleinschriften. Bereits im ältesten Arbeiterverein, dem von Jung geleiteten katholischen Arbeiterverein St.Gallen, war der Presse «alle Aufmerksamkeit» zugewandt worden.[298] Mit tatkräftiger Unterstützung der beiden Bewegungsgründer entstanden seit 1903 mit dem Ausgreifen der Bewegung über den engeren ostschweizerischen Raum hinaus eine der Bewegung gehörende Buchdruckerei und eine eigene christlichsoziale Buchhandlung.[299]

Die Gründung der Verlagsanstalt Buchdruckerei Konkordia entsprang dem Willen Jungs, die christlichsoziale Bewegung auch verlegerisch auf eigene Beine zu stellen.[300] In den ersten Jahren hatten die Christlichsozialen Gastrecht beim «Arbeiter» genossen, der zwar juristisch dem VMAV gehörte, aber in christlichsozialem Sinn und Geist redigiert und von den Christlichsozialen abonniert wurde.[301] Im Kanton St.Gallen sympathisierte der sozial aufgeschlossene «Ostschweiz»-Redaktor Georg Baumberger mit den Christlichsozialen. Diese Lösung vermochte jedoch auf die Dauer nicht zu befriedigen. Als «unentbehrliches Rüstzeug und Propagandamittel» sollten

---

295 TBSch, 10. Mai 1937 (PrivatA Scherrer).
296 Vgl. Berichte in: Ostschweiz, Nr. 225, 18. Mai 1937, und Hochwacht, Nr. 115, 20. Mai 1937.
297 TBSch, 17. Mai 1937 (PrivatA Scherrer).
298 Jb katholischer Arbeiterverein St.Gallen 1908/09, S. 6. 1901/02 war im Verein ein fünfköpfiges «Presskomitee» eingerichtet worden, «das die Korrespondenzen in die Blätter besorgt» (Jb katholischer Arbeiterverein St.Gallen 1901/02, S. 1).
299 Jung und Scheiwiler gehörten als Mitglieder des Verwaltungsrates sowohl der Genossenschaftsleitung der Buchdruckerei Konkordia als auch der Leobuchhandlung an (25 Jahre christlichsoziale Presse, S. 39; Linder, Leobuchhandlung, S. 6 und S. 38f.).
300 Scherrer, Jung, S. 69.
301 Jb ZV 1908, S. 4; Altermatt, Ghetto, S. 306 und S. 308; Beuret, Katholisch-soziale Bewegung, S. 139.

Mit der 1907 gegründeten Genossenschaft «Verlagsanstalt Buchdruckerei Konkordia» stellten sich die Christlichsozialen auch verlegerisch auf eigene Beine.

eigene Arbeiterblätter geschaffen werden[302], um der Bewegung die geistige Unabhängigkeit von Privatverlegern und der katholisch-konservativen Presse zu verschaffen. Der Kauf einer Buchdruckerei in Zürich im Jahre 1905 und die Übersiedlung in eigene Räumlichkeiten im Bahnhofquartier von Winterthur ein Jahr später legten das Fundament der 1907 von der Generalversammlung des ZV beschlossenen Genossenschaft «Verlagsanstalt Buchdruckerei Konkordia». Erster Präsident der Genossenschaft wurde der St.Galler Gewerkschaftssekretär Gebhard Brielmaier.[303]

302 J. B. Jung im Gespräch mit A. Scheiwiler, zit. nach 25 Jahre christlichsoziale Presse, S. 12.
303 Vgl. Chronik der Entwicklung der Verlagsanstalt Buchdruckerei Konkordia, in: 25 Jahre christlichsoziale Presse, S. 24ff., sowie Scherrer, Jung, S. 69ff.

Nach anfänglichen Schwierigkeiten entwickelte sich die Buchdruckerei Konkordia zum blühenden Unternehmen. Wesentlichen Anteil daran hatten – neben dem wachsenden Druckereigeschäft – der «Arbeiter», der 1905 in den Besitz des ZV übergegangen war und seine Auflage erheblich steigern konnte, der «Gewerkschafter», das Organ der christlichen Gewerkschaften, und die «Arbeiterin», das Standesblatt der katholischen Arbeiterinnenvereine.[304] Erreichten die in Winterthur gedruckten Blätter 1906 eine monatliche Auflage von 12 000 Exemplaren, so waren es fünf Jahre später bereits 121 000.[305]

Christlichsoziales Ideengut wurde nicht nur über die Presse, sondern auch über Broschüren und Bücher propagiert.[306] Eine hervorragende Rolle bei der Förderung und Verbreitung katholisch-sozialer Literatur spielte die Leobuchhandlung, die in St.Gallen domiziliert war und sich als «geistige Zentrale» der christlichsozialen Organisationen verstand.[307] Ihre Anfänge reichen in die Jahre 1904/05 zurück, als der ZV in Zürich ein Papeterie- und Schriftendepot eröffnete, welches die Arbeitervereine mit sozialer Literatur versorgte – ein «Zentralpunkt für den Vertrieb sozialer Literatur» befand sich in der Stadt St.Gallen – und bei der Einrichtung von Vereins- und Kartellbibliotheken mit Rat und Tat zur Seite stand.[308] 1907 wurde das Schriftendepot zur christlichsozialen Buchhandlung ausgebaut[309] und 1912 durch Beschluss des Zentralkomitees des ZV an eine zu gründende Genossenschaft abgetreten; gleichzeitig wurde sie umbenannt in Leobuchhandlung.[310] Diese Bezugnahme auf Papst Leo XIII. war programmatisch und machte den Zweck der Gründung deutlich, nämlich die «Verbreitung des christlichsozialen Gedankens durch das Buch».[311] 1913 wurde der Hauptsitz von Zürich nach St.Gallen verlegt.[312] Nach schwierigen Anfangsjahren, einer

---

304 Auflagenzahlen von «Arbeiter», «Arbeiterin» und «Gewerkschafter» bis 1913 u.a. in: Scheiwiler, Hoch die Christlichsoziale, S. 24. Zu den auflagenstärksten Blättern «Arbeiter» und «Arbeiterin» vgl. Göldi, Vereine, S. 110ff. und S. 151f. Eine Übersicht über die christlichsoziale Presse findet sich auch in den letzten Jb des ZV, passim.
305 In der letzten Zahl eingeschlossen ist die Auflage eines Vertragsblattes. 1921 überschritt die Auflage der bewegungseigenen Blätter die Zahl von 200 000 (25 Jahre christlichsoziale Presse, S. 44). Zu Wachstum und Entwicklung der Verlagsanstalt Buchdruckerei Konkordia vgl. die Festschrift «25 Jahre Dienst für die christlichsoziale Presse 1906–1930» mit Beiträgen von Alois Scheiwiler und Georg Baumberger sowie die Festnummer der «Hochwacht» vom 19. März 1931.
306 Zum Lektüreangebot in den Arbeiter- und Arbeiterinnenvereinen vgl. Göldi, Vereine, S. 105ff. und S. 149ff.
307 Jb ZV 1919, S. 58.
308 Jb ZV 1905, S. 8.
309 Jb ZV 1907, S. 8.
310 Jb ZV 1912, S. 50.
311 Linder, Leobuchhandlung, S. 3. Mit der Zustimmung Jungs und Scheiwilers erfolgte Anfang der 1920er Jahre eine Verbreiterung des Sortiments in Richtung allgemein katholische Literatur (ebd., S. 10ff.).
312 Jb ZV 1913, S. 58.

Leobuchhandlung und Generalsekretariat des CAB an der Gallusstrasse in St. Gallen (retouchiert).

Reorganisation im Jahre 1918 und dem Kauf und Umbau der alteingesessenen Köppelschen Buchhandlung an der Gallusstrasse etablierte sich die Leobuchhandlung in den folgenden Jahren als «erste ostschweizerische katholische Buchhandlung».[313] Ihr Sortiment umfasste «nicht nur die allgemeinen belletristischen und apologetischen Neuerscheinungen katholischer Richtung», sondern im besonderen auch «liturgische und spezifisch wissenschaftliche Literatur».[314] Bis 1929 verzehnfachte die Leobuchhandlung ihren Geschäftsumsatz[315], und im Bericht des Präsidenten der Buchhandlung ist zu lesen, das Unternehmen sei «nicht nur als christlichsoziale Institution ..., sondern als katholische Buchhandlung der Schweiz ein Begriff geworden» und habe sich «im schweizerischen Buchhändlerverein einen geachteten Namen» erworben.[316]

Das Wachstum der Institutionen und ihre zunehmende Verselbständigung veranlasste den CAB 1924, eine zentrale Wirtschaftskommission zu schaffen, der als Koordinations- und Führungsorgan die Aufgabe zukam, die wirtschaftlichen Verbände, die Kassen und Unternehmungen mit der Ge-

---

313 Jb ZV 1920, S. 57. Zur Entwicklung der Leobuchhandlung seit 1918 vgl. Linder, Leobuchhandlung, S. 6ff.
314 Hochwacht, Festnummer zum 25jährigen Jubiläum der christlichsozialen Organisationen der Schweiz 1899–1924, 10./11. Mai 1924.
315 Führer durch die Christlichsoziale Bewegung 1929, S. 44; Zahlen zur Entwicklung des Umsatzes von Laden und Versand in den Jahren 1920 bis 1929 in: JB CAB 1928/29, S. 86.
316 JB CAB 1941-43, S. 172.

samtbewegung zu verklammern und die wirtschaftliche Aktion zu fördern.[317] Analog zur zentralen Wirtschaftskommission sollten nach dem Willen des CAB auch regionale und lokale Wirtschaftskommissionen gebildet werden.[318] St.Gallen machte auch hier den Anfang. Die kantonale Vorstände-Konferenz der sanktgallischen christlichsozialen Organisationen und Genossenschaften stimmte noch im selben Jahr, am 30. November 1924, einer Reihe von Leitsätzen unisono zu, die in den Gemeinden die Bildung von lokalen Wirtschaftskommissionen forderten.[319] Zweck derselben sollte «die taktvolle und kluge Förderung der Zusammenarbeit aller Glieder (Organisationen, Kassen und Institutionen) unserer Bewegung am Orte, die planmässige Förderung der Selbsthilfe-Bestrebungen durch die genossenschaftlichen Institutionen und die gewerkschaftlichen Berufsverbände, die Vorbereitung und Durchführung von Neugründungen» sein. Konkret hiess das etwa: Die Wirtschaftskommission sollte die Gründung von Spar- und Depositenkassen anregen und allgemein die Interessen der Genossenschaftsbank in der Gemeinde vertreten. Oder sie sollte sich um Gewinnung von Krankenkassenmitgliedern bemühen und die Neugründung von Kassen unterstützen.

Die Frage, wo überall im Kanton Wirtschaftskommissionen ins Leben gerufen wurden und inwieweit diese ihren Auftrag erfüllten, müsste anhand lokaler und regionaler Studien beantwortet werden. Konrad Müller, Direktor der Verlagsanstalt Buchdruckerei Konkordia und langjähriges Mitglied der zentralen Wirtschaftskommission, gab später allgemein zu, dass es bei guten Vorsätzen blieb, dass also die örtlichen Kommissionen gar nicht zustande kamen.[320] Bestätigt wird diese Aussage für den Kanton St.Gallen auch dadurch, dass in den Quellen die lokalen und regionalen Wirtschaftskommissionen nicht mehr erwähnt werden.

Gewerkschaften
Hatten sich bereits Gründung und Aufbau einer christlichen Gewerkschaftsbewegung in der Ostschweiz als äusserst schwierig erwiesen, so galt dies erst recht für das weitere Wachstum seit der Gründung des ZV im Jahre

317 Zum Arbeitsprogramm der Kommission vgl. JB CAB 1924/25, S. 30ff. Mitglieder der Kommission waren leitende Funktionäre der einzelnen Unternehmungen und Wirtschaftsverbände. Vgl. auch Kull, Sozialreformerische Arbeiterbewegung, S. 76f.; Scherrer, Jung, S. 87.
318 Vgl. Resolution des III. Schweizerischen christlichsozialen Arbeiterkongresses 1925 in Zug, in: Prot. CAB 1925, S. 58.
319 Prot. der kantonalen Vorstände-Konferenz, 30. November 1924 (Archiv KAB); Leitsätze ebd. Vgl. auch das Begleitreferat von Josef Scherrer «Die wirtschaftliche und soziale Action der christlichsozialen Bewegung» (ebd.).
320 Gedenkschrift Josef Scherrer, S. 55; dagegen hat sich nach Konrad Müller die zentrale Wirtschaftskommission als Ort des Erfahrungsaustausches und der Begegnung bewährt (S. 55f.).

1903. Erich Gruner kommt zum Schluss, dass die christlichen Gewerkschaften in der Zeit vor dem Ersten Weltkrieg «Schiffbruch» erlitten hätten.[321] Ihr Mitgliederbestand vermochte gesamtschweizerisch die Marke von 5000 nie zu überschreiten, was, wiederum nach Gruner, «im besten Falle ... 2–3% des freigewerkschaftlichen Bestandes» entsprach.[322] Im Kontrast zur stagnierenden Mitgliederzahl stand das organisatorische Wachstum: Nach und nach entstanden auf der Grundlage der Berufszugehörigkeit mehrere Zentralverbände[323], die sich 1907 zum Christlichsozialen Gewerkschaftsbund zusammenschlossen. Doch auch die Zentralisierung brachte nicht den erwarteten Erfolg. Vielmehr bildeten sich die Mitgliederbestände noch weiter zurück, und als Johannes Müller Ende 1915 das Präsidium des Christlichsozialen Gewerkschaftsbundes übernahm, zählten dessen Sektionen im ganzen Land lediglich noch 1500 Mitglieder.[324] Vor allem der Ausbruch des Ersten Weltkrieges und der Abzug der ausländischen Mitglieder deutscher, österreichischer und italienischer Nationalität hatten schmerzliche Lücken in die Bestände gerissen. Die am Vorabend des Krieges weit über 100 Mann umfassende Bauarbeiter-Sektion St.Gallen zählte nach Kriegsausbruch nur gerade noch vier Mitglieder.[325]

Der Kanton St.Gallen war nicht nur Ausgangspunkt, sondern immer auch Hochburg der christlichen Gewerkschaftsbewegung. Hier trat die christlichsoziale Bewegung erstmals mit einer gewerkschaftlichen Aktion an die Öffentlichkeit, als unter der Leitung Jungs im Februar 1904 eine Versammlung von Stickern aus den Kantonen St.Gallen, Appenzell, Thurgau und aus dem benachbarten Vorarlberg nach St.Gallen einberufen wurde. Bleibendes Ergebnis der Tagung waren die Schaffung eines Krisenfonds, die Gründung des christlichen Textilverbandes und die Schaffung zweier Genossenschaftsferggereien in Wil und Gossau. Das hauptsächlich aus Einzelstickern zusam-

---

321 Gruner, Arbeiterschaft und Wirtschaft, Bd. 2, S. 213.
322 Gruner, Arbeiterschaft und Wirtschaft, Bd. 2, S. 215. Die Jb des ZV geben in der Regel weit höhere Mitgliederzahlen an. Der Hauptgrund dafür liegt darin, dass zu den Gewerkschaften jeweils auch die Mitglieder der Arbeiterinnenvereine, die eine Pauschalsumme an den christlichen Textilverband zahlten, hinzugerechnet wurden (vgl. Jb ZV 1907, S. 15). Kritische Anmerkungen zur Mitgliederstatistik der christlichen Gewerkschaften macht Gruner, Arbeiterschaft und Wirtschaft, Bd. 2, S. 215. Josef Scherrer stellte als Gewerkschaftssekretär 1912 lapidar fest, richtige Zahlen seien nicht erhältlich (TBSch, 14. Oktober 1912, PrivatA Scherrer).
323 Vgl. Dudle, Christlichnationaler Gewerkschaftsbund, S. 17 und S. 25.
324 Statistik der Mitgliederentwicklung seit 1907 in: Heil, Christliche Gewerkschaftsbewegung, S. 57f., und Schweizerische Arbeiterbewegung, S. 490f. Weitaus höhere Mitgliederzahlen für die Jahre 1907–1910 nennt Dudle, Christlichnationaler Gewerkschaftsbund, S. 25ff., weil er die Mitglieder der Arbeiterinnenvereine zu den Gewerkschaften hinzuzählt.
325 50 Jahre Christliche Bauarbeiter-Sektion, S. 11.

Das Haus der christlichen Gewerkschaften an der Webergasse in St.Gallen beherbergte die Sekretariate mehrerer christlicher Zentralverbände sowie bis 1953 das Zentralsekretariat des CNG.

mengesetzte und mit der Ausführung der Beschlüsse betraute Komitee fiel jedoch nach kurzer Zeit wieder auseinander.[326] St.Gallen wurde 1907 Sitz des Christlichsozialen Gewerkschaftsbundes, St.Gallen und Wil waren Vororte von fünf im Gewerkschaftsbund zusammengeschlossenen Berufsverbänden.[327] Weil die regionale Verteilung der Mitglieder der christlichen Gewerkschaften erst für die Zwischenkriegszeit erfasst werden kann, lassen sich keine Angaben zur quantitativen Entwicklung der St.Galler Gewerkschaftsbewegung machen. Nach Otto Dudle zählten die sanktgallischen Gewerkschaften Ende 1912 rund 1100 Mitglieder, was einen Drittel des Gesamt-

---

326 Zur Konferenz der Sticker vgl. Jb ZV 1904, S. 2; Jb katholischer Arbeiterverein St.Gallen 1908/09, S. 6; Holenstein, Konservative Volkspartei, S. 306; Scherrer, Jung, S. 46f.
327 Dudle, Christlichnationaler Gewerkschaftsbund, S. 24f. Bis 1953 befand sich das Zentralsekretariat des CNG in St.Gallen (ebd., S. 121f.).

bestandes ausmachte.[328] Der Hauptharst der christlichen Gewerkschafter St.Gallens, rund 500, entfiel wiederum auf die Sektionen des Kartells der Stadt St.Gallen.[329]

Der Hauptgrund für den Krebsgang der christlichen Gewerkschaften ist darin zu erkennen, dass sie zahlreichen Widerständen und Anfeindungen begegneten. Dudle spricht von einem Dreifrontenkampf, dem Kampf «gegen den Unverstand in den gesinnungsverwandten Kreisen, gegen die Machtmittel eines kapitalistisch gesinnten Unternehmertums und gegen die Unversöhnlichkeit der linksorientierten Gewerkschaften».[330] In der christlichsozialen Publizistik sind diese Auseinandersetzungen, vor allem jene mit den sozialistischen Organisationen, zum eigentlichen Heldenkampf, ja zum Martyrium emporstilisiert worden.[331] Tatsächlich waren die Schwierigkeiten beträchtlich: Konservativ-katholische Kreise sahen in der Interkonfessionalität eine Gefahr für die Glaubensfestigkeit der Gewerkschafter und lehnten überhaupt jede gewerkschaftliche Aktion als verkappten Sozialismus ab; der VMAV und die freien Gewerkschafter bezichtigten die Christlichsozialen des Verrats an der Neutralität; Unternehmer verkannten deren versöhnliches und kooperatives Programm und deren grundsätzliche Loyalität.[332] Mindestens ebensosehr krankte die christliche Gewerkschaftsbewegung daran, dass sie zu schwach und zu sehr zersplittert war und ihr damit die Stosskraft zur wirkungsvollen Aktion fehlte. Als in St.Gallen 1911 eine Lohnbewegung der Bauarbeiter anstand, begründeten die Christlichen ihre Zurückhaltung damit, dass ihre Sektion zu schwach sei, um radikal vorzugehen.[333] Hinzu kam das Selbstverständnis der Christlichsozialen als nicht klassenkämpferische und nur im Ausnahmefall streikbereite Gewerkschaft. In seinem Programm von 1907 sah der Christlichsoziale Gewerkschaftsbund den Streik nur «als

328 Dudle, Christlichnationaler Gewerkschaftsbund, S. 31. Meile, Katholische Vereine, S. 298, nennt für das Jahr 1910 ohne Quellenangabe 1500 St.Galler Gewerkschaftsmitglieder in 15 Sektionen. Bezüglich des Gesamtbestands in der ganzen Schweiz schwanken die Angaben: Sowohl Heil, Christliche Gewerkschaftsbewegung, S. 57, als auch Josef Scherrer, TBSch, 3. Januar 1913 (PrivatA Scherrer), nennen die Gesamtzahl von ca. 3300 Mitgliedern. Gruner, Arbeiterschaft und Wirtschaft, Bd. 2, S. 214, dagegen gibt die Zahl von ca. 5000 an.
329 Jb Kartell St.Gallen 1911, S. 2.
330 Dudle, Christlichnationaler Gewerkschaftsbund, S. 19.
331 Schelbert, Gewerkschaftsarbeit, S. 27, spricht wörtlich vom «Heldenzeitalter»; immer wieder taucht der Begriff des «Terrors» auf, so bei Scherrer, Jung, S. 144. Scheiwiler, Hoch die Christlichsoziale, S. 11, berichtete, in der Auseinandersetzung zwischen freien und christlichen Gewerkschaftern habe es sogar Tote und Verwundete gegeben.
332 Für letzteres gab Josef Scherrer ein Beispiel: Der Inhaber der Textilfirma Jakob Rohner im sanktgallischen Rheintal drohte, den Präsidenten der christlichen Textilarbeitergewerkschaft in Widnau zu entlassen, wenn dieser sein gewerkschaftliches Engagement nicht einstellen würde. Scherrers Kommentar: «Das ist ein Begebnis aus dem Kriegsjahr 1915, das zeigt, wie auch katholische Arbeitgeber einen unerhörten Druck ausüben, um die Organisation der Arbeiter zu vernichten» (TBSch, 24. Februar 1915, PrivatA Scherrer).
333 Prot. Kartell St.Gallen, Kartellsitzung vom 14. März 1911 (Archiv KAB).

letztes Mittel und wenn Erfolg verheissend» vor.³³⁴ Im aufgewühlten sozialen Klima der Vorkriegsjahre führte diese Zurückhaltung zum Negativimage der Streikbrecher, der Kapitalistenknechte und der Verräter an der Arbeitersache und zum Vorwurf, «primär dazu zu dienen, die Arbeitermassen der katholischen Kirche treu zu erhalten und sich nur sekundär für das soziale Wohl der Arbeiter einzusetzen».³³⁵

Die Trendwende setzte mitten im Ersten Weltkrieg ein, ungefähr 1916, und das Jahr 1920 brachte mit gut 16 000 Mitgliedern einen vorläufigen Höhepunkt. Unmittelbar nach dem Krieg kam es auch zur Gründung christlicher Verbände für die Arbeitnehmerschaft des öffentlichen Dienstes.³³⁶ Die christlichsoziale Geschichtsschreibung führt diesen Umschwung auf die Rolle der christlichen Gewerkschaften während des Landesstreiks von 1918 zurück: Deren Strategie der klaren Abgrenzung gegenüber dem sozialistischen Umsturzversuch habe das Verständnis für die staatserhaltende und konstruktive Position der Christlichsozialen geschärft, und wegen des Radikalismus der freien Gewerkschaften hätten viele Zögernde den Weg in die christlichen Gewerkschaftsorganisationen gefunden.³³⁷ Dieter Holenstein dagegen kommt zum Schluss, dass die positive Mitgliederentwicklung der christlichen Gewerkschaften wie auch der sozialdemokratischen Organisationen primär eine Funktion der konjunkturellen Entwicklung gewesen sei. Der steile Anstieg der Mitgliederzahlen der christlichen Gewerkschaften zwischen 1916 und 1920 sei das Ergebnis der günstigen Konjunkturlage gewesen, in der gewerkschaftliche Aktionen erfolgreich und die gewerkschaftliche Organisation attraktiv waren.³³⁸ Umgekehrt führte die wirtschaftliche

---

334 Zit. nach Kulemann, Berufsvereine, S. 238. Zur Streiktätigkeit der christlichen Gewerkschaften vgl. Gruner, Arbeiterschaft und Wirtschaft, Bd. 2, S. 218ff.; Holenstein, Landesstreik, S. 32ff.
335 Gruner, Arbeiterschaft und Wirtschaft, Bd. 2, S. 217. Die sozialdemokratische St. Galler «Volksstimme» nannte die christlichen Gewerkschaften «getreue Handlanger des Kapitalismus», die sich immer dann hervortäten, «wenn es sich darum handelt, die um eine bessere Existenz kämpfende Arbeiterschaft an das Kapital zu verkaufen». Jedem, dem es ehrlich um die Bekämpfung des Kapitalismus zu tun sei, der müsse der Arbeiterschaft zurufen: «Sagt euch los von dem christlichsozialen Arbeiterbetrug und werdet Sozialdemokraten» (Nr. 58, 10. März 1913). Vgl. auch Göldi, Vereine, S. 64, Anm. 151.
336 Heil, Christliche Gewerkschaftsbewegung, S. 60.
337 So z. B. Dudle, Christlichnationaler Gewerkschaftsbund, S. 40.
338 Holenstein, Landesstreik, S. 102ff. Der christlichen Gewerkschaftsführung war dieser Zusammenhang vertraut. Johannes Müller etwa, Präsident des CNG, beschrieb in einem Referat 1932 die Mitgliederentwicklung vor dem Hintergrund der allgemeinen wirtschaftlichen Lage (Prot. CAB 1932, S. 61f.). Vgl. auch die Kommentare zur Mitgliederbewegung in den Jb ZV und den JB CAB. Im Jb ZV 1921, S. 33, beispielsweise wird zum Mitgliederrückgang kritisch angemerkt: «Die Ursachen dieses Rückganges sind verschieden. Einmal ist zu sagen, dass in den Jahren des Aufstiegs Scharen zur Gewerkschaft gestossen sind, die in derselben nur eine Lohnbewegungsmaschine erblickten, nicht aber eine Standesorganisation. Mit dem Aufhören der Lohnbewegungen hatte die Gewerkschaft auch kein Interesse mehr für diese.»

Krise in den Jahren 1920 bis 1923 wiederum zu einem Rückgang des Mitgliederbestandes, bevor dieser im günstigen konjunkturellen Umfeld der weiteren 1920er Jahre wiederum anstieg. Die Krise der 1930er Jahre liess dann die Mitgliederbestände abermals stagnieren.[339]

In einer anderen Hinsicht dagegen zeitigten die Ereignisse des Landesstreiks Folgen: Der Streik förderte die Integration der christlichsozialen Organisationen in die katholische Sondergesellschaft. Bis anhin immer noch misstrauisch beobachtet, erlangten die Christlichsozialen die Anerkennung im katholischen Lager als Frontorganisation gegen den Sozialismus. In einem an die Lokalsektionen der CSP gerichteten Zirkular brachte Josef Scherrer im Januar 1919 seine Genugtuung darüber zum Ausdruck, dass der Streik «besonders im katholischen Lager die Sympathien für unsere christlichsoziale Bewegung gemehrt und manche bisher gegen uns bestandene Vorurteile beseitigt» habe.[340] 1920 gaben die Schweizer Bischöfe in ihrem Bettagsmandat den interkonfessionellen christlichen Gewerkschaften ihren offiziellen Segen, womit der Schlusspunkt unter den alten Streit um die konfessionelle Ausrichtung der Gewerkschaftsbewegung gesetzt wurde.[341] Wenn auch Holenstein die Wirkung der bischöflichen Propaganda als gering veranschlagt[342], darf deren psychologische Bedeutung für die Anwerbung neuer Mitglieder nicht verkannt werden. Diese wurde auch dadurch erleichtert, dass die christlichen Gewerkschaftsverbände mit dem raschen Mitgliederwachstum an Anziehungskraft gewannen. Dank leistungsfähiger gewerkschaftseigener Unterstützungseinrichtungen wie Streik-, Reise-, Umzugs-, Arbeitslosen-, Kranken- und Sterbeunterstützung könne, so Johannes Müller, Präsident des CNG, das christliche Gewerkschaftsmitglied «das gleiche beziehen ..., wie wenn es in der sozialdemokratischen Gewerkschaft wäre».[343]

Der Kanton St.Gallen blieb auch in dieser Wachstumsphase ein Hauptverbreitungsgebiet der christlichen Gewerkschaften und vermochte seinen Anteil von rund 25 bis 30 Prozent am landesweiten Gesamtbestand zu halten. 1930 gehörten im Kanton St.Gallen rund 9800 Arbeiter und Angestellte den christlichen Berufsverbänden an (von insgesamt 33 500), 1940 rund

---

339 Im Kanton St.Gallen zählten die christlichen Gewerkschaften in diesem Jahrzehnt ca. 10 000 Mitglieder (Meile, Katholische Vereine, S. 298), im Kartell St.Gallen und Umgebung ca. 1150 (Jb Kartell St.Gallen 1930 und 1939, Archiv KAB).
340 Zirkular an die Lokalsektionen der CSP, an die katholischen Arbeitervereine des Kantons St.Gallen, an die Bezirkskomitees der CSP, 7. Januar 1919 (BAR).
341 Holenstein, Landesstreik, S. 120ff.
342 Holenstein, Landesstreik, S. 124.
343 Prot. CAB 1925, S. 52. Zahlen zu den gewerkschaftlichen Unterstützungseinrichtungen in: Führer durch die Christlichsoziale Bewegung 1929, S. 9f. Im Kartell St.Gallen beliefen sich die Unterstützungsleistungen der christlichen Gewerkschaften für das Jahr 1911 auf 870 Franken. Zehn Jahre später waren es 10 240 Franken (Jb Kartell St.Gallen 1911, S. 3, und 1920, S. 7).

10 500 (von insgesamt 36 800).³⁴⁴ Die Mitglieder verteilten sich 1930 auf alle zwölf christlichen Berufsverbände, die auf dem ganzen Kantonsgebiet rund 80 Sektionen und Ortsgruppen zählten, wobei die Hälfte auf den Verband der Arbeiter und Arbeiterinnen der schweizerischen Textil- und Bekleidungsindustrie entfiel.³⁴⁵

Bei ihrem Wachstum profitierten die Gewerkschaften zweifellos auch von der Aufbauarbeit der Standesvereine. Umgekehrt aber gelang es den Gewerkschaften trotz ständiger Appelle nicht, ihre Mitglieder zum Eintritt in die Standesvereine zu bewegen. Anhand der Entwicklung der Mitgliederbestände im christlichsozialen Kartell der Stadt St.Gallen und Umgebung lässt sich die Gewichtsverlagerung von den Standesvereinen zu den Gewerkschaften, lässt sich aber auch der allgemeine Entwicklungsgang von Gewerkschaften und Standesvereinen am lokalen Beispiel illustrieren (Tab. 4).

Tabelle 4: Mitgliederzahlen der männlichen Standesvereine und der Gewerkschaften im Kartell St.Gallen, 1911–1939

	Standesvereine¹	*Gewerkschaften*	*in %*	*Mitgliedertotal²*
1911	1331	486	73:27	1817
1920	1844	1070	63:37	2914
1925	1484	645	69:31	2129
1930	1290	1155	53:47	2445
1935	1221	1369	47:53	2590
1939	940	1158	45:55	2098

Jb Kartell St.Gallen 1911, 1920, 1925, 1930, 1935 und 1939, passim (Archiv KAB).

1 Für 1911 nur die Mitglieder der Arbeitervereine; seit 1920 sind die katholischen Angestellten und Beamten, seit 1925 die Gesellen dazugezählt (der Gesellenverein hatte sich 1922 dem Kartell St.Gallen angeschlossen).
2 Das Mitgliedertotal ist zwar in den Jahresberichten des Kartells in dieser Höhe ausgewiesen, dürfte aber wegen der Doppelmitgliedschaft in Standesverein und Gewerkschaftssektion tatsächlich kleiner gewesen sein.

St.Gallischer Kantonalverband christlichsozialer Organisationen

Die St.Galler christlichsozialen Organisationen waren in den ersten drei Jahrzehnten ihres Bestehens zu einer mächtigen, rund 27 000 Mitglieder umfassenden Bewegung angewachsen.³⁴⁶ Im Kontrast dazu und auch im Un-

---

344 Zahlen zu St.Gallen bei Meile, Katholische Vereine, S. 298 (ohne Quellenangabe).
345 Vgl. Führer durch die Christlichsoziale Bewegung 1929, passim. Der Verband war 1920 aus der Verschmelzung des Verbandes christlichen Textilarbeiter und -arbeiterinnen der Schweiz und dem Christlichen Verband der Bekleidungsbranche entstanden (vgl. Jenatsch-Walker, Bibliographie, S. 36ff.).
346 JB CAB 1930/31, S. 100. Die Zahl setzt sich aus den Mitgliedern der Standesvereine, der Gewerkschaften und der Krankenkassen zusammen. In dieser Zahl wie auch in den weiteren Angaben zum Mitgliederbestand des KV sind Doppel- oder Mehrfachzählungen nicht berücksichtigt.

terschied zu anderen Kantonen, in denen sich bereits früher Kantonalverbände gebildet hatten, blieb das organisatorische Gerippe der St.Galler Gesamtbewegung rudimentär. Einzige kantonale Organisation war die 1911 gegründete CSP. Dabei hatte bereits im Jahre 1912 der ZV in seinem Jahresbericht zur Gründung von Kantonalvereinigungen aufgerufen, um auf diesem Weg die Aktivitäten der Glieder besser zu koordinieren und den Zusammenhalt der Gesamtbewegung zu fördern.[347] Josef Scherrer erklärte dieses organisatorische Defizit mit dem Hinweis auf die zentralörtlichen Funktionen St.Gallens: Die hier domizilierten zentralen Leitungsorgane der christlichsozialen Gesamtbewegung – ZV, CAB, CNG, Landesverbände der katholischen Arbeiter- und Arbeiterinnenvereine – hätten auch die Belange der kantonalen Bewegung betreut und eine eigentliche christlichsoziale Kantonalorganisation überflüssig gemacht. Daneben habe die CSP über den engeren parteipolitischen Rahmen hinaus stets auch die allgemeinen Anliegen der kantonalen christlichsozialen Organisationen, im besonderen jene der Standesvereine, wahrgenommen.[348] Weitere Klammern waren nach Joseph Meile, dem ersten Präsidenten des St.Gallischen Kantonalverbandes christlichsozialer Organisationen (KV), die Spezialversammlungen der Christlichsozialen an den St.Galler Katholikentagen, die bewegungseigenen Sozialwerke, Kurse, Präsides- und Vorständekonferenzen sowie sozialpolitische Aktionen.[349] Hingewiesen werden müsste zusätzlich auf den integrativen und koordinierenden Einfluss, der von den in St.Gallen wirkenden und untereinander in engem Kontakt stehenden führenden Persönlichkeiten wie Johann Baptist Jung, Alois Scheiwiler, Josef Scherrer und Johannes Müller ausging.

Die Gründung eines Kantonalverbandes im Jahre 1931 – er umschloss bis 1940 das ganze Gebiet der Diözese St.Gallen, also auch die beiden Appenzell[350] – soll nach Josef Scherrer «auf besondern Wunsch» des inzwischen auf den St.Galler Bischofsstuhl berufenen Alois Scheiwiler erfolgt sein.[351] Josef

---

347 Jb ZV 1911, S. 6. Im März 1916 war aus Anlass der Jubiläumsfeier der Enzyklika Rerum novarum in St.Gallen unter dem Präsidium von Josef Scherrer ein überregionales «ostschweizerisches Komitee der katholischen Arbeiterorganisationen» gegründet worden. Es sollte über die Feierlichkeiten hinaus «zur Besprechung wichtiger Fragen zwecks Weiterleitung ans Zentralkomitee u. zur systematischen Agitation» bestehen bleiben, trat aber in der Folgezeit nie zusammen (Prot. christlichsoziale Gruppe des Grossen Rates, 6. März und 11. September 1916, BAR).
348 Christlichsoziale Organisationen in der Diözese St.Gallen, Aktennotiz von Josef Scherrer, 1945 (BAR); Zeitungsartikel von Josef Scherrer vom 19. Februar 1931 für die «Hochwacht» (BAR).
349 Meile, Katholische Vereine, S. 260.
350 1940 verselbständigten sich die Appenzeller und bildeten fortan das Christlichsoziale Kartell Appenzell und Umgebung (Meile, Katholische Vereine, S. 286; JB CAB 1941–43, S. 174f.).
351 Christlichsoziale Organisationen in der Diözese St.Gallen, Aktennotiz von Josef Scherrer, 1945 (BAR). Vgl. auch JB CAB 1937/38, S. 177.

Scherrer entwarf die Statuten und war zusammen mit Pfarrer Joseph Meile der Motor der Gründungsvorbereitungen.[352] Am 9. Februar 1931 befasste sich eine Konferenz der führenden Persönlichkeiten der katholischen Organisationen und Institutionen des Kantons unter dem Vorsitz von Josef Scherrer mit der Frage der Gründung einer sanktgallischen Dachorganisation. Einmütig beschloss die Konferenz die Gründung eines Kantonalverbandes und genehmigte die von Josef Scherrer entworfenen Statuten.[353] Nach einer weiteren Vorbesprechung am 23. Februar, an welcher organisatorische Einzelheiten und die personelle Besetzung der Verbandsleitung diskutiert wurden[354], fand am 8. März 1931 im Lindenhof in St.Gallen-St.Fiden im Beisein von 450 Delegierten aus 55 Gemeinden sowie des St.Galler Bischofs Alois Scheiwiler die Gründungsversammlung statt.[355]

Die Koinzidenz des Gründungsjahres mit dem 40-Jahr-Jubiläum der Enzyklika Rerum novarum ist gewiss nicht zufällig, vermag aber die Beweggründe für die Schaffung des kantonalen Dachverbandes nicht zu erklären. Diese sind vielmehr erstens darin zu erkennen, dass die Bewegung auch im Kanton St.Gallen, wie oben bereits ausgeführt, in den ausgehenden 1920er Jahren träge geworden war und die Wachstumskurve abflachte. Der Kantonalverband sollte der Gesamtbewegung «neue Impulse» geben und ihr in wirtschaftlich schwierigen Zeiten zu neuer «Stosskraft und Leistungsfähigkeit» verhelfen.[356] Und zweitens waren mit dem Erstarken der einzelnen Glieder der Bewegung auch die Verselbständigungs- und Separationstendenzen stärker geworden. Dem Kantonalverband kam damit – vergleichbar dem CAB auf nationaler Ebene – die zusätzliche Aufgabe zu, ein Forum für die «engere Fühlungnahme» und für ein «vom Gedanken der Solidarität getragenes Zusammenarbeiten» zu schaffen.[357] Dieser doppelte Gründungsimpuls – Förderung der Bewegung und Kräftigung des Zusammenhalts – wurde im Zweckartikel der Statuten wieder aufgenommen, wo es wörtlich hiess: Der Kantonalverband «fördert die christlichsoziale Bewe-

---

352 Vgl. Ansprache von Bischof Alois Scheiwiler an der Gründungsversammlung des KV, in: Prot. KV, Gründungsversammlung vom 8. März 1931 (Archiv KAB).
353 TBSch, 9. Februar 1931 (PrivatA Scherrer). Das von Josef Scherrer verfasste Einladungsschreiben vom 14. Februar 1931 führte die Namen der Initianten auf (Archiv KAB).
354 TBSch, 23. Februar 1931 (PrivatA Scherrer).
355 Vgl. Prot. KV, Gründungsversammlung vom 8. März 1931 (Archiv KAB), sowie Hochwacht, Nr. 58, 10. März 1931.
356 Einladungsschreiben zur kantonalen Delegiertenversammlung der christlichsozialen Organisationen des Kantons St.Gallen, 14. Februar 1931 (Archiv KAB).
357 Einladungsschreiben zur kantonalen Delegiertenversammlung der christlichsozialen Organisationen des Kantons St.Gallen, 14. Februar 1931 (Archiv KAB). Zu den Gründungsmotiven vgl. auch die Ansprachen Scherrers und Bischof Scheiwilers an der Gründungsversammlung, in: Prot. KV, Gründungsversammlung vom 8. März 1931 (Archiv KAB).

gung und sucht durch solidarische Zusammenarbeit aller Kräfte die Grundsätze des christlichsozialen Programms auf allen Lebensgebieten zur praktischen Durchführung zu bringen».[358]

In seiner organisatorischen Struktur war der KV dem CAB nachgebildet (Abb. 1).[359] Wie dieser umfasste auch die St.Galler Spitzenorganisation alle kantonalen Verbände, Gruppierungen und Institutionen, «die sich auf den Boden der christlichen Sozialreform [stellen] und Mitglied eines dem christlichsozialen Arbeiterbund angeschlossenen Verbandes oder einer ihm angeschlossenen Institution [sind]».[360] Neben diesen Vollmitgliedern sahen die Statuten die Mitarbeit verwandter Gruppen in der Verbandsleitung vor, ein Status, den etwa die CSP und die christlichsoziale Grossratsgruppe zugestanden erhielten.[361] An der Verbandsspitze stand ein 15köpfiger Ausschuss, zusammengesetzt aus je einem Vertreter der angeschlossenen Mitgliederverbände, sowie der Kantonalvorstand (oder das Kantonalkomitee). Die ordentlicherweise alle zwei Jahre einzuberufende Delegiertenversammlung entschied in wichtigen Sachfragen, wählte den Präsidenten und Vizepräsidenten und nahm die Berichte des Ausschusses und der Unterverbände entgegen.

Zum ersten Präsidenten wählten die Delegierten den Pfarrer von Bichwil und späteren Bischof Joseph Meile, zu dessen Stellvertreter Josef Scherrer. Im April 1935 übernahm Josef Scherrer das Präsidium, nachdem Meile im Oktober des Vorjahres «aus verschiedenen internen Gründen» demissioniert hatte.[362] Joseph Meile vermochte nach Scherrer «trotz der grossen Arbeitsleistung» den Verband nicht zur Entwicklung zu bringen. «Auf organisatorischem Gebiet versagte Dr. Meile, er brachte die auseinanderstrebenden Elemente nicht zusammen.»[363] Die Amtsübernahme durch Josef Scherrer vereinfachte die Verbandsführung insofern, als diese nun zum Einmannbetrieb wurde, indem Josef Scherrer sowohl Präsident als auch Sekretär des Verbandes war.[364]

358 Statuten des St.Gallischen Kantonalverbandes christlichsozialer Organisationen, 8. März 1931, Art. 2 (Archiv KAB).
359 Seit 1937 wurden die kantonalen Gesamtorganisationen in die Spitzenorganisation des CAB einbezogen (vgl. JB CAB 1937/38, S. 51).
360 Statuten des St.Gallischen Kantonalverbandes christlichsozialer Organisationen, 8. März 1931, Art. 4 (Archiv KAB).
361 Der Parteiausschuss der CSP hatte sich zweimal mit der Gründung des KV befasst. Er stimmte am 31. August 1930 der Gründung grundsätzlich zu und genehmigte am 22. Februar 1931 die Statuten (TBSch, 31. August 1930 und 22. Februar 1931, PrivatA Scherrer).
362 Prot. KV, Sitzung des Ausschusses vom 22. Oktober 1934 (Archiv KAB).
363 TBSch, 14. April 1935 (PrivatA Scherrer). Meiles Misserfolg hing möglicherweise damit zusammen, dass die christlichen Gewerkschaften seine Präsidentschaft ablehnten. In seiner Autobiographie jedenfalls bemerkte Meile, dass die Gewerkschafter einen Laien an der Verbandsspitze vorgezogen und nur widerwillig in seine Kandidatur eingewilligt hätten (Die wichtigsten Grundlinien meines Lebens, 1. Teil der Autobiographie, Manuskript, 1934, S. 81, BiA SG).

Erster Teil: Von der christlichsozialen Bewegung zur Parteigründung

Abbildung 1: Die organisatorische Struktur des St.Gallischen Kantonalverbandes christlichsozialer Organisationen

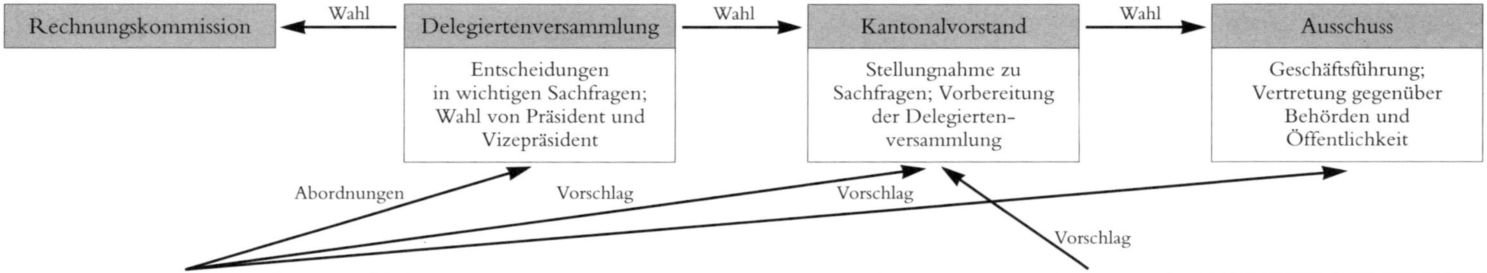

Rechnungskommission	→ Wahl →	Delegiertenversammlung	→ Wahl →	Kantonalvorstand	→ Wahl →	Ausschuss
		Entscheidungen in wichtigen Sachfragen; Wahl von Präsident und Vizepräsident		Stellungnahme zu Sachfragen; Vorbereitung der Delegiertenversammlung		Geschäftsführung; Vertretung gegenüber Behörden und Öffentlichkeit

Mitgliederverbände

	Vertretungen Delegiertenversammlung	Vorstand	Ausschuss
– Standesvereine Arbeitervereine Angestellten- u. Beamtenvereine Arbeiterinnenvereine Dienstboten- u. Hotelpersonalvereine Gesellenvereine – Christliche Gewerkschaften – Christliche Krankenkassen	2 pro Sektion; weitere Delegierte für Sektionen mit mehr als 100 Mitgliedern	alle je 1; weitere Vertreter für Verbände mit mehr als 1000 Mitgliedern	alle je 1
– Konsumgenossenschaften Konkordia	2 pro Genossenschaft; weitere Delegierte nach Jahresumsatz		
– Depositenkassen	4		
– Leobuchhandlung	2		

Verwandte Verbände/Gruppen

	Vertretungen Vorstand
– Katholische Jünglingsvereine – St.Gallischer katholischer Turnverband – Christlichsoziale Grossratsgruppe – Christlichsoziale Partei – Vereine beider Appenzell (statutarisch nicht verankert)	alle je 2

Im Mai 1949 feierten die christlichsozialen Organisationen ihr goldenes Jubiläum mit einer Kundgebung im Klosterhof in St.Gallen, zu der Kontingente aus allen Gegenden des Landes angereist waren. Festredner war Bischof Joseph Meile.

Vom Kantonalverband gingen Impulse aus zur Bildung von Unterverbänden. In seinem Gründungsjahr schlossen sich die christlichen Gewerkschaften St.Gallens und die Genossenschaften Konkordia zu Kantonal-, die Arbeiter- und Arbeiterinnenvereine zu Diözesanverbänden zusammen.[365] Doch erreichte der Verband das Ziel, der Bewegung neuen Schwung zu geben und ihr neue Mitglieder zu rekrutieren, nicht. Dies ergab sich allein schon daraus, dass sich der Mitgliederschwund in den Standesvereinen während der gesamten 1930er Jahre fortsetzte und die Entwicklung der Gewerkschaften stagnierte. Verlässliche Zahlen zur Mitgliederzahl des KV sind keine zu finden. Jene Angaben, die Josef Scherrer gelegentlich und ohne Hinweis auf die Berechnungsart im Jahrbuch des CAB machte, dürften zu hoch gegriffen sein.[366] Realistischer sind die knappen Angaben, die Joseph

---

364 Anlässlich der Gründung des KV war zwar ein Kantonalsekretariat in Aussicht gestellt worden, doch konnte dieses Vorhaben aus finanziellen Gründen nicht realisiert werden, weshalb das Generalsekretariat des CAB, also Josef Scherrer, bis nach dem Zweiten Weltkrieg die Sekretariatsgeschäfte besorgte (vgl. Prot. KV, Gründungsversammlung vom 8. März 1931; Prot. KV, Delegiertenversammlung vom 8. Dezember 1946; Archiv KAB).

365 «Kantonalverband der christlichen Gewerkschaften», «Kantonalverband der Genossenschaften Konkordia», «Diözesanverband der katholischen Arbeitervereine» und «Diözesanverband der katholischen Arbeiterinnenvereine» (JB CAB 1930/31, S. 100). Nach Meile, Katholische Vereine, S. 278, hatten sich die Arbeiterinnenvereine bereits 1907 und die Arbeitervereine 1912 zu Diözesanverbänden zusammengeschlossen. Dieser Hinweis lässt sich jedoch durch die Quellen nicht bestätigen.

366 JB CAB 1932/33, S. 106: 30 000; JB CAB 1937/38, S. 176: 31 000.

Meile für die Jahre 1932 und 1933 gab, nämlich für 1932 26 350 und für 1933 noch knapp 26 000 Mitglieder.[367] Und für die folgenden Jahre ist von einem weiteren Rückgang auszugehen. Ein plausibler Grund nämlich, warum die Mitgliederzahl des KV entgegen dem allgemeinen Trend bis zum Ende der 1930er Jahre um einige Tausend angewachsen sein soll, ist nicht zu finden.

Der KV entfaltete im ersten Jahrzehnt seines Bestehens eine rege Aktivität, wobei oftmals nicht zu unterscheiden ist, ob der Gesamtverband oder einer seiner Unterverbände Träger derselben war. Die Tätigkeiten des Verbandes lassen sich in vier Bereiche unterteilen: erstens Bildung und Schulung (Priester-Konferenzen, sozial-wirtschaftliche und staatsbürgerliche Schulungskurse, Einkehrtage für die Standesvereine sowie für Behördenmitglieder und Beamte, Vorständekurse für die Leitungsorgane der Vereine und Institutionen); zweitens Förderung der Zusammenarbeit zwischen den Unterverbänden und Unterstützung ihrer Aktivitäten; drittens Agitation und Propaganda und viertens Stellungnahmen zu politischen Fragen sowie Mitwirkung in behördlichen Kommissionen und Arbeitsgruppen.[368] Der letzte Tätigkeitsbereich, der politische Positionsbezug, war bei der Gründung des Verbandes, der sich als «unpolitische Organisation» verstand, nicht vorgesehen, sondern sollte der CSP vorbehalten bleiben.[369] Dennoch hat sich der KV mehrmals politisch exponiert, so in der Bekämpfung der Fronten[370] oder mit Stellungnahmen zu politischen Tagesfragen.[371] Wenn dennoch keine Kompetenzstreitigkeiten zwischen dem Verband und der CSP entstanden, dann darum, weil über die Person von Josef Scherrer enge Kontakte zwischen den beiden Organisationen bestanden.

Der KV stellte während des letzten Weltkrieges seine Aktivitäten ein. Im Dezember 1946 wurde er auf Veranlassung des christlichsozialen Kartells von St. Gallen und Umgebung reaktiviert und Josef Scherrer an der Verbandsspitze von Regierungsrat Paul Müller abgelöst.[372] Im Zuge der Reorganisation der christlichsozialen Gesamtbewegung legte sich der Verband 1962 neue Statuten zu und nannte sich fortan «Christliche Sozialbewegung des Kantons St. Gallen».[373]

367 Prot. KV, Sitzung des Kantonalvorstands vom 28. April 1932 (Archiv KAB); Prot. KV, Delegiertenversammlung vom 12. November 1933 (Archiv KAB). Auch Meiles Angaben berücksichtigen Doppel- und Mehrfachmitgliedschaften nicht.
368 Vgl. Prot. KV 1931–1939 (Achiv KAB); JB CAB 1930/31ff., passim.
369 Prot. KV, Gründungsversammlung vom 8. März 1931 (Archiv KAB).
370 Prot. KV, Delegiertenversammlung vom 12. November 1933 (Archiv KAB).
371 Z.B. Zustimmung zur Alters- und Hinterbliebenen-Versicherung 1931 (Prot. KV, Sitzung des Kantonalvorstandes vom 29. Oktober 1931, Archiv KAB).
372 Prot. KV, Delegiertenversammlung vom 8. Dezember 1946 (Archiv KAB); vgl. auch Zirkular der CSP an die Mitglieder des Kantonalkomitees, an die Bezirkspräsidenten und Gemeindeleiter, 2. September 1946 (BAR).
373 Vgl. die Statuten der Christlichen Sozialbewegung des Kantons St. Gallen vom 1. Juni 1962 (BAR).

1.6 Die Sammlung der katholischen Angestellten und Bauern

Die Christlichsozialen hatten sich der Arbeiterfrage als dem dringendsten Teil der umfassenden sozialen Frage zuerst zugewandt, Arbeiter und Arbeiterinnen in Standesvereinen zusammengefasst und eigene Instrumente zur Wahrung ihrer Interessen geschaffen. In ihren Zielen und ihrer Wirksamkeit aber griff die Bewegung über die Arbeiterklasse hinaus. Die Christlichsozialen, schrieb Alois Scheiwiler in einer Programmschrift, verstanden sich als «umfassende soziale Reformbewegung zum Wohle aller Stände und Klassen der menschlichen Gesellschaft».[374] Ihr Programm der christlichen Sozialreform wollten die Christlichsozialen auch in andere Volksgruppen hineintragen. Und das hiess, wiederum in den Worten Scheiwilers: «Auch dem Bauernstand, den kleinen Handwerkern und Gewerbetreibenden, der zahlreichen Schar von Beamten und Angestellten und nicht zuletzt der von neuzeitlichen Entwicklungen so schwer mitgenommenen Frauenwelt soll die rettende, helfende Hand dargereicht werden.»[375] Angesichts dieses weit gesteckten Aktionsradius hat Josef Scherrer die christlichsoziale Bewegung als «in ihrer Tendenz und in ihrem Wesen totalitär» bezeichnet.[376] Alle Stände des Berufs- und Arbeitslebens – Arbeiter und Angestellte ebenso wie die Bauernschaft und der gewerbliche Mittelstand – müssten «in eine Linie» gebracht[377], die Gesellschaft nach berufsständischen Prinzipien durchgestaltet werden.[378] Und wie der Begriff «Stand» im Unterschied zur Bezeichnung «Klasse» bereits eine «Gemeinbeziehung» ausdrückt[379] und die Standesvereine eigentliche Pflegestätten der Ideale der christlichen Sozialreform waren und auf die Gesamtgesellschaft ausstrahlten, sollte auf der Basis der ständischen Ordnung der Gesellschaft der Klassenkampf, der «Kalte Krieg im Volke»[380], überwunden werden und die solidarische Volksgemeinschaft entstehen.

Die Begrenzung auf die Arbeiterschaft im engeren Sinne durchbrachen die Christlichsozialen erstmals, als ihr Gründer Johann Baptist Jung 1905 die

---

374 Scheiwiler, Hoch die Christlichsoziale, S. 3.
375 Scheiwiler, Hoch die Christlichsoziale, S. 3f.
376 Prot. Schweizerische Soziale Woche 1941, S. 88; vgl. auch Scherrer, Sozialreform, S. 56.
377 TBSch, 24. November 1941 (PrivatA Scherrer).
378 Der Begriff «Stand» konstituierte sich im Verständnis der Christlichsozialen durch den Beruf. Gemeinhin unterschieden die Christlichsozialen drei Berufsstände, nämlich den Arbeiterstand, den Bauernstand und den gewerblich-handwerklichen Mittelstand. Vgl. etwa das Politische Programm von 1908, Abschn. c des grundsätzlichen Teils (abgedr. in: Buomberger, Stellung, S. 13ff., und Scherrer, Sozialreform, S. 83ff.).
379 Zum Begriff Stand vgl. Hochwacht, Nr. 286, 9. Dezember 1921. Die Klasse dagegen drückte in der christlichsozialen Terminologie den «Gegensatz zwischen Besitzenden und Nichtbesitzenden, zwischen Herrschenden und Dienenden» aus.
380 Scherrer, Saat und Ernte, S. 97.

Leitung des Dienstbotenvereins von St.Gallen übernahm.[381] Jung passte das Programm des stagnierenden Vereins jenem der Standesvereine der Arbeiterinnen an, indem er das religiös-karitative Vereinsideal in Richtung sozialer, wirtschaftlicher und beruflicher Ziele erweiterte.[382] Um der Leistungen der christlichsozialen Organisationen teilhaftig zu werden, schloss sich der St.Galler Verein 1907 dem ZV an.[383] 1911 verbanden sich die Dienstbotenvereine von St.Gallen, Rorschach und Winterthur auf Initiative Jungs zum «Zentralverband christlicher Dienstbotenvereine der Schweiz»[384], der sich dem ZV einfügte.[385] Aus der Verschmelzung mit dem Verband für weibliche Hotel- und Wirtschaftsangestellte entstand 1912 im Schosse des ZV der «Zentralverband der weiblichen Haus-, Hotel- und Wirtschaftsangestellten».[386]

Der bei weitem grösste Mitgliederanteil entfiel 1912 auf die Sektionen der Stadt St.Gallen, wo der Dienstbotenverein 500 und der Verein der Hotel- und Wirtschaftsangestellten 35 Mitglieder zählten.[387] Die hauptsächlichsten Attraktionspunkte der St.Galler Vereine waren die Stellenvermittlung sowie die Heime, die vorüberziehenden Mädchen, vergleichbar den Kolpingschen Gesellenhäusern, Unterkunft, Verpflegung und Betreuung boten.[388] Der häufige Stellenwechsel der Dienstboten und der Angestellten im Gastgewerbe brachte es mit sich, dass die Mitgliederzahlen starken Schwankungen unterworfen waren. Die höchste Mitgliederzahl erreichten die beiden St.Galler Sektionen im Jahre 1914, als der Dienstbotenverein auf 600 und der Verein der Hotelangestellten auf 70 Mitglieder angewachsen waren.[389] Bis 1932 konnte der Dienstbotenverein St.Gallen die Mitgliederzahl von rund 500 ungefähr halten; danach bildete sich diese – parallel zur Entwicklung in

---

381 Seit 1902 gehörte der Dienstbotenverein dem Kartell St.Gallen und Umgebung an (Jubiläumsbericht Kartell St.Gallen 1929, S. 4).
382 Art. 1 der Statuten des Vereins christlicher Dienstboten in St.Gallen vom Februar 1910 lautete: «Das materielle Wohl der Dienstboten wird erstrebt durch Stellenvermittlung, durch eigene Heime für durchreisende stellenlose Mädchen, für erholungsbedürftige Dienstboten, Dienstbotenschule, durch Kranken-, Pensions- und Sparkassen, durch Verpfründung im Alter und durch Rechtsschutz» (BiASG). Vgl. auch Göldi, Vereine, S. 174.
383 Weder, Verein christlicher Hausangestellter, S. 11. Nach Meile, Katholische Vereine, S. 278, wurde 1907 ein Diözesanverband, die Vereinigung der Dienstboten, gegründet.
384 Jb ZV 1911, S. 24; vgl. auch Weder, Verein christlicher Hausangestellter, S. 11; Göldi, Vereine, S. 174. Meile, Katholische Vereine, S. 264 und S. 298, nennt für das Jahr 1910 einen weiteren Dienstbotenverein in Uzwil.
385 Jb ZV 1911, S. 24f.
386 Jb ZV 1912, S. 27f.; Göldi, Vereine, S. 175; Scherrer, Jung, S. 36. Der Verband für Hotel- und Wirtschaftsangestellte war im Juni 1912 u.a. auf Initiative Scheiwilers entstanden (Göldi, Vereine, S. 175).
387 Jb ZV 1912, S. 28. Die gesamte Mitgliederzahl des Zentralverbandes betrug im Jahre 1912 760.
388 Zu den Heimen und zur Stellenvermittlung vgl. Weder, Verein christlicher Hausangestellter, S. 5ff. Unter der Leitung Jungs war 1908/09 das Marienheim in St.Gallen gebaut worden.
389 Jb ZV 1914, S. 48.

Pension Marienheim in St. Gallen. Das 1909 eingeweihte Heim befand sich im Besitz des christlichen Dienstbotenvereins St. Gallen.

den anderen Standesvereinen – bis zum Ende des Jahrzehnts auf gut 300 zurück.[390] Ausserhalb der Stadt St. Gallen vermochte sich einzig in Rorschach eine Sektion der Dienstboten dauerhaft zu behaupten.[391]

Den Christlichsozialen ebenfalls eng verbunden war die 1911 gegründete «Haushälterinnenvereinigung der hochw. Geistlichkeit der Schweiz», die seit 1911 dem Verband christlichsozialer Arbeiterinnenvereine angeschlossen war und bei ihrer Gründung 68 Mitglieder zählte.[392] Treibende Kraft bei der organisatorischen Zusammenfassung der Haushälterinnen war die aus Wildhaus im oberen Toggenburg stammende Ida Lehner, erste Zentralsekretärin des Verbandes der katholischen Arbeiterinnenvereine, die dabei von Alois Scheiwiler unterstützt wurde.[393] Die Standesvereinigung, die seit dem Ersten Weltkrieg immer knapp 200 Mitglieder zählte, zerfiel Anfang der 1930er Jahre.[394] Bereits kurze Zeit später, 1933, anlässlich besonderer Exer-

---

390 Vgl. Jb Kartell St. Gallen 1920 bis 1939 (Archiv KAB). Äusserst dramatisch verlief die Mitgliederentwicklung in der kleineren Sektion der Hotelangestellten St. Gallens: 1925 zählte der Verein noch ganze acht Mitglieder; 1932 aber bereits wieder gegen 100 (Jb Kartell St. Gallen 1920 bis 1939, Archiv KAB).
391 Vgl. Jb ZV 1915ff., passim, und JB CAB 1924/25ff., passim. Zu vorübergehenden Gründungen war es in Ragaz und Rapperswil gekommen.
392 Jb ZV 1911, S. 15f.
393 Meile, Katholische Vereine, S. 264; Scherrer, Jung, S. 39. Zu Ida Lehner vgl. JB CAB 1932/33, S. 15f. und S. 78.
394 Seit 1932 wurde die Vereinigung im JB CAB nicht mehr aufgeführt. Vermutlich bewirkte der Tod von Ida Lehner im Januar 1933 die Auflösung der Vereinigung.

zitien für die Haushälterinnen im Caritasheim Oberwaid bei St.Gallen, wurde seitens der Teilnehmerinnen der Wunsch laut, die Vereinigung zu reaktivieren. Unter der Leitung von Joseph Meile und Rosa Louis, der Nachfolgerin von Ida Lehner[395], und mit besonderer Unterstützung des St.Galler Bischofs Alois Scheiwiler wurde die Vereinigung neu gegründet und zählte Ende 1936 rund 300 Mitglieder.[396] Die Vereinigung bemühte sich in den folgenden Jahren vor allem um die geistig-religiösen Bedürfnisse der Mitglieder. Daneben widmete sie ihre Aufmerksamkeit auch «gewerkschaftlichen» Anliegen, wie etwa der Regelung des Arbeits- und Dienstverhältnisses oder der Altersvorsorge.[397]

Einen weiteren Schritt in Richtung Differenzierung der Bewegung machten die Christlichsozialen im Jahre 1917, als Josef Scherrer anregte, einen Angestellten- und Beamtenverband zu gründen, worauf seit Sommer 1918 in St.Gallen, Zürich, Baden, Basel, Rorschach und in Au im sanktgallischen Rheintal erste Sektionen entstanden.[398] Im Mai 1919 schlossen sich die Sektionen zu einem schweizerischen Verband mit dem Vorort St.Gallen zusammen.[399] In den Sektionen fanden katholische kaufmännische und technische Angestellte und Beamte beiderlei Geschlechts Aufnahme.

Der Verband katholischer Angestellter und Beamter war Standesvereinigung und Gewerkschaft in einem, allerdings, im Unterschied zu den christlichen Gewerkschaften, auf konfessioneller Grundlage. Als der Verband gegründet wurde, standen gewerkschaftliche Ziele im Vordergrund: die Verteidigung wirtschaftlicher Interessen von Angestellten und Beamten, von Büro- und Ladentöchtern in einer Zeit rapider Teuerung und damit verbundener Reallohnverluste. Daneben galt es, «in der Hochflut der Bewegung der Bureau- und Handelsangestellten»[400] mit einer eigenen katholischen Organisation den Anstrengungen des kaufmännischen Vereins und der Gründung sozialistischer Angestelltenvereine zuvorzukommen.[401] Als Standesverein schloss sich der Angestellten- und Beamtenverband bei seiner Gründung dem ZV an.[402] 1929 fasste die Delegiertenversammlung den Beschluss, den Verband auch dem CNG anzugliedern.[403]

---

395 Rosa Louis tauschte 1929 die Funktion einer Luzerner Kreissekretärin mit jener einer Sekretärin auf dem Generalsekretariat des CAB. 1933 wurde sie zur Zentralsekretärin des ZV gewählt (Wild, Aspekte, S. 5).
396 JB CAB, 1934–36, S. 80 und S. 89f.
397 Vgl. JB CAB 1934–36, S. 89f., 1937/38, S. 125ff., und 1939/40, S. 99.
398 Jb ZV 1918, S. 32.
399 Jb ZV 1919, S. 35f., und JB CAB 1937/38, S. 119.
400 Kull, Sozialreformerische Arbeiterbewegung, S. 63.
401 Jb ZV 1918, S. 32.
402 Jb ZV 1919, S. 36.
403 JB CAB 1928/29, S. 65.

Entsprechend seiner Doppelstellung als Standesverein und Gewerkschaft entfaltete der Verband vielfältige Aktivitäten. Dabei lässt sich beobachten, dass die weltanschauliche Bildung mehr und mehr marginalisiert wurde, während die praktische berufliche Weiterbildung sowie standespolitische und gewerkschaftliche Aktivitäten an Stellenwert gewannen.[404] Neben den allgemeinen Einrichtungen der Gesamtbewegung standen den Mitgliedern verbandseigene Unterstützungseinrichtungen zur Verfügung wie verschiedene Versicherungen und Kassen, Rechtsschutz und Stellenvermittlung.[405] Diese breite Palette der Tätigkeiten und Angebote erstaunt, wenn man bedenkt, dass der Verband in bezug auf Mitgliederzahlen und Sektionen stets ein bescheidenes Gebilde blieb, der auf seinem Höhepunkt 1920 gesamtschweizerisch nur gerade 1700 Mitglieder in 18 Sektionen umfasste.[406]

Die tragende Säule des Verbandes bildete von Anfang an die Sektion der Stadt St.Gallen, der 1920 480 Mitglieder angehörten.[407] Ausserhalb der Stadt behaupteten sich Sektionen mit bescheidener Mitgliederzahl nur in Rorschach und Uzwil.[408] Im Niedergang der St.Galler Sektion – sie zählte 1930 noch 300 und 1939 noch gut 100 Mitglieder[409] – spiegelt sich der Niedergang des Verbandes, der 1943 landesweit bloss noch 500 Mitglieder in 8 Sektionen zählte.[410]

Die katholischen Standesvereine der Arbeiter, Arbeiterinnen, Dienstboten, Angestellten und Beamten umfassten die Kategorie der Lohnabhängigen oder Arbeitnehmer. Ihrer geistig-sittlichen und sozial-wirtschaftlichen Hebung galt die erste Sorge der christlichsozialen Bewegung. Wollten die Christlichsozialen aber ihren Anspruch einlösen, eine umfassende Sozialreformbewegung zum Wohle aller Stände und Klassen zu sein, so mussten sie danach trachten, ihre Organisationsarbeit ebenso auf die anderen Stände, also auf die Bauernschaft und auf den gewerblichen und handwerklichen Mittelstand, auszudehnen und auch diese in konfessionellen Standesvereinen zu erfassen.

Als hindernisreich, doch schliesslich erfolgreich gestalteten sich die Anstrengungen der Christlichsozialen, ihre Sozialideen in die Bauernschaft hin-

404 Vgl. Jb ZV 1919ff., passim; JB CAB 1924/25ff., passim.
405 Vgl. Führer durch die Christlichsoziale Bewegung 1929, S. 20.
406 Jb ZV 1920, S. 36; Übersicht über die Mitglieder- und Sektionsentwicklung zwischen 1919 und 1924 bei Kull, Sozialreformerische Arbeiterbewegung, S. 64.
407 Jb ZV 1920, S. 36.
408 Führer durch die Christlichsoziale Bewegung 1929, S. 20.
409 Jb Kartell St.Gallen 1930 und 1939 (Archiv KAB).
410 JB CAB 1941-43, S. 136; Angaben zu Mitgliedern und Sektionen für die 1930er Jahre fehlen in den JB CAB. 1935 klagte Josef Scherrer, dem Verband fehle der Nachwuchs und damit die Lebensfähigkeit. Er schlug darum vor, die Sektionen des Angestellten- und Beamtenverbandes dem Verband der katholischen Arbeitervereine anzuschliessen und dort eine Gruppe der Angestellten zu bilden (TBSch, 25. Januar 1935, PrivatA Scherrer).

einzutragen und auch diese Gruppe in katholischen Standesvereinen zu sammeln. Gerade der Verbindung von Arbeitern und Bauern schenkten die Christlichsozialen von allem Anfang an grösste Beachtung, ja die Versöhnung der «beiden Grundstände»[411] des Volkes galt ihnen als Testfall und ideale Verwirklichung des Ziels der Ständeversöhnung. Bereits Jung hatte sich mit dem Projekt einer katholischen Bauernvereinigung befasst, damit aber zu wenig Resonanz gefunden.[412] Die Anlehnung des in der landwirtschaftlichen Bevölkerung verwurzelten Schweizerischen Raiffeisenverbandes an die Schweizerische Genossenschaftsbank würdigte Jung als «goldene Brücke, auf der Arbeiter und Mittelstand sich kameradschaftlich die Hand reichen».[413] 1911 beschäftigte sich das Zentralkomitee des ZV mit der Gründung von christlichen Bauernorganisationen, kam aber zum Schluss, diese müssten von den Bauern selber ins Werk gesetzt werden.[414] Insbesondere im Kanton St.Gallen wurde die Versöhnung von Arbeiter und Bauer propagiert und wurden auch erste organisatorische Anstrengungen in diese Richtung unternommen. Am sanktgallischen Katholikentag in Rapperswil im Juni 1911, an dem der Weg zur Gründung der CSP geebnet wurde, hielt Georg Baumberger ein Programmreferat zum Thema «Bauer und Arbeiter», in dem er von der «Blutsverwandschaft» von Bauer und Arbeiter sprach[415] und mit dem er die Kleinbauern für die christlichsoziale Sache zu gewinnen suchte.[416] An einer christlichsozialen Tagung in Mels drei Jahre später griff Alois Scheiwiler in einem Vortrag das Thema wieder auf.[417] Und schliesslich hielt der St.Gal-

---

411 Georg Baumberger in seinem Referat zum Thema «Arbeiter und Bauer» am sanktgallischen Katholikentag 1911, abgedr. in: Arbeiter, Nr. 24, 17. Juni 1911.
412 TBSch, 17. November 1935 (PrivatA Scherrer). Jung soll einmal erklärt haben: «Wenn ich nochmals von vorn beginnen könnte, würde ich zuerst die Bauern sammeln in einer katholischen Bauernstandesorganisation. Denn diese ist ebenso wichtig wie jene der Arbeiter» (zit. nach Scherrer, Saat und Ernte, S. 82; vgl. auch JB CAB 1922/23, S. 4). Bäuerliche Kreise sollen sogar an Jung herangetreten sein mit dem Wunsch, sich auch ihrer anzunehmen (Scherrer, Jung, S. 20). Auch für Alois Scheiwiler hatte die Sammlung der Bauern hohe Priorität. «Sein Ideal wären schon damals katholische Bauernvereine gewesen ...» (Meile, Scheiwiler, S. 162). Die ersten, allerdings erfolglosen Bemühungen zur Organisation der katholischen Bauern gehen in die letzten beiden Jahrzehnte des 19. Jahrhunderts zurück (vgl. Wäspi, Bauernseelsorge, S. 12ff.).
413 Rede Jungs am schweizerischen Katholikentag vom August 1909 in Zug, abgedr. in: Sarganserländer, Nrn. 109 und 110, 11. und 14. September 1909. Der Schweizerische Raiffeisenverband hatte 1906 seine Depositen der Genossenschaftsbank übergeben (Obrecht, Christlichsoziale Bewegung, S. 148).
414 Jb ZV 1911, S. 7.
415 Die Rede ist abgedr. in: Arbeiter, Nr. 24, 17. Juni 1911; Auszüge der Rede in: Scherrer, Saat und Ernte, S. 82ff. Eine Motion Baumbergers vom Dezember 1924 führte in der Bundesversammlung 1925 zu einem umfassenden Programm des Bergbauernschutzes (JB CAB 1930/31, S. 7; Gruner, Bundesversammlung, S. 50).
416 Jb CSP 1912, S. 4 (BAR).
417 Vgl. Zusammenfassung des Vortrages im Protokoll der christlichsozialen Tagung in Mels, 1. März 1914 (BAR); ein Auszug aus der Rede ist abgedr. in: Scherrer, Saat und Ernte, S. 85.

ler Johannes Duft anlässlich des IV. christlichsozialen Landeskongresses 1928 in Bern ein Grundsatzreferat mit dem Titel «Bauer und Arbeiter». Dufts Ausführungen mündeten aus in eine Resolution, in der zum Ausdruck gebracht wurde, «dass Arbeiter und Bauer als Glieder des Volksganzen in hohem Masse gemeinsam ideelle, kulturelle und ökonomische Interessen haben, welche in der Pflege des berufsständischen Gedankens, in der Betätigung einer wahren Ständeversöhnung und in der eidgenössischen Solidarität der Volksgemeinschaft ihre volle Befriedigung zu finden vermögen».[418]

Die praktische Organisationsarbeit indessen blieb weit hinter diesem Anspruch zurück. Zwar war es gelungen, in den katholischen Arbeitervereinen und den Sektionen der CSP auch Kleinbauern aufzunehmen und 1914 den ersten katholischen Bauernverein ins Leben zu rufen.[419] Als die Gefahr drohte, dass die freisinnigen Bauern- und Bürgerparteien, die seit 1917 in Zürich, Bern, Schaffhausen, im Aargau und im Thurgau aus dem Protest bäuerlicher Kreise gegen die freisinnige Parteileitung entstanden waren, auch im St.Gallischen Fuss fassen könnten, unternahmen Jung und Scheiwiler 1922 einen weiteren Vorstoss zur katholischen Sammlung der Bauern und gewannen den St.Galler Bischof Robert Bürkler für ihr Vorhaben. Der Plan scheiterte jedoch am Widerstand der Bauernvertreter innerhalb der Konservativen Volkspartei des Kantons St.Gallen, die nach zweimaliger Beratung zum Schluss kam, «es sei die Gründung von konfessionellen Bauernvereinen für so lange als unzweckmässig und nicht notwendig zu betrachten, als die bestehenden bäuerlichen neutralen wirtschaftspolitischen Organisationen keine Tätigkeit entwickeln, welche den Grundsätzen unserer Weltanschauung widerspricht».[420] Josef Scherrer, angespornt durch die erfolgreiche Gründung von katholischen Bauernvereinen in den Kantonen Aargau und Solothurn[421], setzte sich 1925 mit Zustimmung des Bischofs über diese Resolution hinweg und rief in Niederbüren und Wildhaus Bauernvereine ins Leben, musste aber alsbald dem Widerstand der konservativen Bauernvertreter nachgeben.[422]

418 Dufts Rede ist abgedr. in: Prot. CAB 1928, S. 46ff.; die Resolution ebd., S. 92ff.
419 Im Anschluss an die Melser Delegiertenversammlung gründete Josef Scherrer 1914 den ersten katholischen Bauernverein auf christlichsozialer Grundlage in Niederbüren (TBSch, 26. März 1914, PrivatA Scherrer). Den Anstoss hierzu hatte Josef Scherrer an der Sitzung des Parteiausschusses der CSP vom 16. Dezember 1913 erhalten, an der auf die religiös-sittliche Gefährdung der Kleinbauernschaft hingewiesen und das Engagement für die Bauern als wichtiges Agitationsmittel eingestuft wurde (Prot. christlichsoziale Gruppe des Grossen Rates, 16. Dezember 1913, BAR).
420 Hochwacht, Nr. 96, 25. April 1922; zu den Beratungen in der Konservativen Volkspartei des Kantons St.Gallen vgl. Prot. Parteiausschuss KVP, 1. April 1922, und Prot. Kantonalkomitee KVP, 24. April 1922 (StaatsA SG, Archiv CVP); vgl. auch Scherrer, Saat und Ernte, S. 18.
421 Vgl. Wäspi, Bauernseelsorge, S. 21ff.
422 Wäspi, Bauernseelsorge, S. 20; 50 Jahre Katholischer Bauernbund, S. 7f.

Für fast ein Jahrzehnt verschwand das Thema nun von der Traktandenliste. Eine Notwendigkeit, die Bauern in einem katholischen Bund zu organisieren, bestand darum nicht, weil es im Kanton keine nennenswerten Bestrebungen zur Gründung einer Bauernpartei gab und weil die Bauern in der Bauernpolitischen Vereinigung des Kantons St.Gallen seit 1919 ein überparteiliches und überkonfessionelles Instrument zur Interessenwahrung besassen.[423] Der Anstoss zur Wiederaufnahme der Bemühungen zur Schaffung einer konfessionellen Standesorganisation für die Bauern kam 1934/35 von zwei Seiten. Der Impuls «von innen» ging von Joseph Meile aus, der mit der 1934 erschienenen Schrift «Sind katholische Berufsgemeinschaften notwendig?» unter Berufung auf die päpstliche Enzyklika Quadragesimo anno eine Offensive zur Schaffung katholischer Berufs- und Standesvereine für alle jene Berufsleute einleitete, die in neutralen Wirtschaftsorganisationen zusammengefasst waren.[424] Neben diese neutralen Organisationen müssten, so Meile, «besondere katholische Berufsvereine für die Pflege der hohen katholischen Sozial- und Wirtschaftsidee» treten[425], das heisst katholische Standesvereine für Handwerk und Gewerbe, für die Kaufleute, für die Gebildeten und für die Bauern. Gerade die katholischen Bauern liefen in ihren neutralen Interessenorganisationen Gefahr, mit liberalem Gedankengut infiziert zu werden.[426] In katholischen Bauernvereinen sollten die Bauern darum einerseits mit den katholischen Wirtschaftprinzipien vertraut gemacht und für die weltanschauliche Auseinandersetzung in den neutralen Verbänden geschult werden. Andererseits müssten von den Standesvereinen Anstösse ausgehen, «das berufliche Leben zu verchristlichen und mit katholischen Gedanken vollständig zu durchdringen».[427]

Der zweite Impuls kam «von aussen». Zur selben Zeit begann die Bauernheimatbewegung (Jungbauern) des Berner Bauernführers Hans Müller in den sanktgallischen Bauernkreisen Fuss zu fassen, zunächst in den mehrheitlich reformierten und von der Wirtschaftskrise besonders hart getroffenen Bezirken des Toggenburgs und des Rheintals[428], seit dem Spätsommer 1934 auch in katholischen Gebieten.[429] Die Führer der St.Galler Bauernschaft in

---

423 50 Jahre Bauernpolitische Vereinigung, S. 606ff.; Holenstein, Konservative Volkspartei, S. 332. Die katholischen Bauern bildeten innerhalb der Vereinigung die «konservative Fraktion der Bauernpolitischen Vereinigung».
424 Vgl. auch Meile, Selbstbesinnung, v.a. S. 72f. Meile dürfte von Alois Scheiwiler unterstützt worden sein, der als Bischof die Idee der berufsständischen Organisation tatkräftig förderte (vgl. Meile, Scheiwiler, S. 180).
425 Meile, Berufsgemeinschaften, S. 46.
426 Meile, Berufsgemeinschaften, S. 57.
427 Meile, Berufsgemeinschaften, S. 50.
428 Riesen, Bauernheimatbewegung, S. 67; zur Bewegung vgl. neben Riesen, Bauernheimatbewegung, auch Lexikon Parteien, S. 603.
429 Wäspi, Bauernseelsorge, S. 35ff.

der Bauernpolitischen Vereinigung begegneten den Jungbauern mit einiger Sympathie und suchten die Zusammenarbeit[430], während andererseits Josef Scherrer im Dezember 1934 die Bewegung als «agrarsozialistisch» einstufte und davor warnte, sie könnte auch in die Kreise der katholischen Bauern eindringen[431], weswegen sich Scherrer vornahm, die Jungbauernbewegung im Kanton St.Gallen «rechtzeitig abzubremsen».[432] Ende April 1935 schien Scherrers Entschluss gefestigt, im Sinne einer «Gegenaktion» zu den Jungbauern «eine katholische Standesbewegung unserer Bauern analog derjenigen der katholischen Arbeiterschaft» zu gründen.[433] Zum offenen Bruch zwischen dem Katholizismus und der Bauernheimatbewegung kam es nach René Riesen im Zuge der Auseinandersetzungen um die von Linkskreisen getragene Kriseninitiative, die in den führenden katholischen Kreisen aufs schärfste abgelehnt wurde.[434] Hans Müller selbst hatte an einer von 3000 Personen besuchten Jungbauerntagung im fürstenländischen Gossau im Mai 1935 die Annahme der Initiative empfohlen und damit dem Zusammengehen der Jungbauern mit den Sozialdemokraten das Wort geredet.[435] Dieser offene Positionsbezug Müllers hatte, verbunden mit seinem wachsenden Rekrutierungserfolg gerade auch in katholischen Bauernkreisen, für Josef Scherrer den Charakter eines Fanals. Am 1. Juni 1935, am Vorabend der Abstimmung über die Initiative, trug Scherrer Bischof Alois Scheiwiler das Projekt zur Gründung katholischer Bauernvereine vor, womit sich der Bischof einverstanden erklärte.[436] Und Ende des Monats erhielt Scherrer vom Bischof den Auftrag, Statuten und ein Flugblatt für die Organisation der katholischen Bauern zu entwerfen.[437] Der Plan wurde am 1./2. Juli 1935 auf Antrag von Bischof Scheiwiler von der Schweizerischen Bischofskonferenz autorisiert, die «eindringlich die Schaffung katholischer Bauern-Standesvereine oder Bauernbünde» empfahl, «die analog den Arbeitervereinen auf Grund der sozialen Lehren der Kirche, insbesondere der Enzyklika Quadragesimo anno, mit allen Kräften für die materielle wie geistige Hebung und Förderung des Bauernstandes eintreten».[438] Für seine Diözese ging Bischof Scheiwiler einen Schritt weiter, indem er seinen katholischen Bauern den Beitritt zur Bauernheimatbewegung untersagte. Dagegen werde die Mitgliedschaft

---

430 50 Jahre Bauernpolitische Vereinigung, S. 614.
431 TBSch, 9. Dezember 1934 (PrivatA Scherrer). Zur Begründung vgl. Scherrer, Saat und Ernte, S. 131f.
432 TBSch, 15. April 1935 (PrivatA Scherrer).
433 Schreiben von Josef Scherrer an Pfarrer Eigenmann vom 27. April 1935 (Archiv KBB).
434 Riesen, Bauernheimatbewegung, S. 60.
435 Der Fürstenländer, Nr. 111, 13. Mai 1935.
436 TBSch, 1. Juni 1935 (PrivatA Scherrer).
437 TBSch, 30. Juni 1935 (PrivatA Scherrer).
438 Zit. nach Scherrer, Saat und Ernte, S. 12.

katholischer Bauern in den landwirtschaftlichen Verbänden und Genossenschaften vom Verbot nicht berührt.[439]

Die formelle Gründung des Katholischen Bauernbundes der Diözese St.Gallen (KBB) fand am 13. Juli 1935 unter dem Vorsitz von Josef Scherrer auf dem Generalsekretariat des CAB in St.Gallen statt.[440] Zum Präsidenten wurde Alfons Schwizer, ein früherer Jungbauern-Aktivist, gewählt.[441] Wie die Vereine der Arbeiter und Angestellten verstand sich der KBB als katholisch-sozialer Standesverein und bezweckte «die Hebung und Förderung der geistigen und materiellen Lage des Bauernstandes auf der Grundlage der christlichen Sozialreform».[442] Nebst der religiös-sittlichen und wirtschaftlich-sozialen Tätigkeit sahen die Statuten ausdrücklich auch die Tätigkeit auf politischem Gebiet vor.[443]

Alfons Schwizer, erster Präsident des 1935 gegründeten Katholischen Bauernbundes der Diözese St.Gallen.

439 Pressemitteilung des bischöflichen Ordinariats, verf. von Josef Scherrer und autorisiert von Bischof Alois Scheiwiler, 10. Juli 1935 (Archiv KBB), abgedr. z.B. in: Ostschweiz, Nr. 318, 11. Juli 1935. Bischof Scheiwiler, dessen Haltung zur Bauernheimatbewegung lange unklar geblieben war (vgl. Riesen, Bauernheimatbewegung, S. 61; Wäspi, Bauernseelsorge, S. 51), setzte die katholischen Bauern, die trotz bischöflichem Verbot in der Bauernheimatbewegung blieben, unter massiven Druck: «Wer daher hartnäckig bei dieser Bewegung bleibt, hat es sich selber zuzuschreiben, wenn seine katholische Gesinnung und Grundsätzlichkeit in einem bedenklichen Lichte erscheinen und er eventuell sogar vom Empfange der heiligen Sakramente, vielleicht selbst auf dem Todbette ausgeschlossen würde» (Schreiben von Alois Scheiwiler vom 14. Dezember 1937, abgedr. in: Dokumentensammlung der Konservativen Volkpartei des Kantons St.Gallen, Nr. 2, hg. vom kantonalen konservativen Parteisekretariat, März 1939, StaatsA SG, Archiv CVP).
440 Zur Gründung vgl. besonders Scherrer, Saat und Ernte, S. 11ff. Zu Umfeld und Ereignisgeschichte der Gründung des KBB vgl. auch Meile, Scheiwiler, S. 162ff.; Moser, Stand der Bauern, S. 131ff.; Wäspi, Bauernseelsorge, S. 35ff.
441 Zu Alfons Schwizer vgl. Wäspi, Bauernseelsorge, S. 38, Anm. 37; auch die übrigen Vorstandsmitglieder waren alle in der Bauernheimatbewegung aktiv gewesen (TBSch, 13. Juli 1935, PrivatA Scherrer). Neben Schwizer und Scherrer war Beda Ledergerber aus Gossau einer der eifrigsten Vorkämpfer des jungen Bauernbundes (50 Jahre Katholischer Bauernbund, S. 14).
442 Statuten des Katholischen Bauernbundes der Diözese St.Gallen / Appenzell I.-Rh. und A.-Rh., 13. Juli 1935 (Archiv KBB). Vgl. auch die von Josef Scherrer verfasste Wegleitung vom 13. Juli 1935 (Archiv KBB).
443 Zu Programm und Ziel des KBB vgl. auch Scherrers Beitrag in der Hochwacht, Nr. 169, 23. Juli 1935.

Die Gründung des KBB stiess in der überparteilichen und überkonfessionellen Bauernpolitischen Vereinigung des Kantons St.Gallen auf harsche Kritik. Eine Delegation der katholischen Mitglieder der Vereinigung forderte bereits zwei Tage nach der Gründung des KBB in einer Audienz bei Bischof Scheiwiler die Auflösung der Neugründung. Sie hielten den KBB-Gründern vor, dass ihre Vereinigung zur «Zersplitterung in der Landwirtschaft» führe.[444] Der Bischof zeigte sich von den Einwänden unbeeindruckt, und der Delegation blieb «nichts anderes übrig, als von der erfolgten Gründung Notiz zu nehmen, wenn auch die Pille bitter sein mag».[445]

Trotz bischöflicher Rückendeckung wurde in der Folge sowohl von freisinniger als auch konservativer Seite so heftig gegen den KBB agitiert, dass sich Alfons Schwizer ernstlich mit Rücktrittsabsichten trug.[446] Auch Josef Scherrer beklagte sich darüber, dass im ganzen Kanton gegen ihn gehetzt werde, «als ob ich ein Verbrecher wäre».[447] Nicht zu verkennen sind Scherrers Bemühungen um Schadensbegrenzung: In einem mehrseitigen Exposé zuhanden des Bischofs unterstrich Scherrer, dass der KBB die Bauernpolitische Vereinigung nicht konkurrieren, sondern ergänzen wolle, und stellte die rhetorische Frage: «Wie soll denn hier [in der parteipolitisch neutralen und interkonfessionellen Bauernpolitischen Vereinigung] die auch für den katholischen Bauern immer mehr erforderliche grundsätzliche katholische Erziehung und Schulung für das soziale Leben erfolgen?»[448] Die Kernfrage dagegen, inwieweit der KBB auch Wirtschaftspolitik betreiben und damit de facto die Bauernpolitische Vereinigung konkurrieren werde, liess Scherrer offen.[449] Der KBB, liess Scherrer seinen Präsidenten, der auf «eine kräftige Wirtschaftspolitik von unserer Seite» drängte[450], wissen, werde «genau das sein, was wir aus ihm machen».[451]

---

444 TBSch, 15. Juli 1935 (PrivatA Scherrer); vgl. auch Prot. KBB, Vorstandssitzung vom 15. Juli 1935 (Archiv KBB).
445 Prot. KBB, Vorstandssitzung vom 15. Juli 1935 (Archiv KBB).
446 Schreiben von Alfons Schwizer an Josef Scherrer vom 14. August 1935 (Archiv KBB). So warf der freisinnige Sekretär der Bauernpolitischen Vereinigung, Hans Haltinner, Alfons Schwizer in einem Schreiben vom 5. September 1935 Verrat an der gemeinsamen Bauernsache vor. «Das nennt man nicht getrennt marschieren und vereint schlagen, sondern getrennt marschieren und gegeneinander schlagen» (Archiv KBB).
447 Schreiben von Josef Scherrer an Pfarrer Breitenmoser vom 18. August 1935 (Archiv KBB).
448 Josef Scherrer, Punkte zur Beantwortung der Eingabe von Kantonsrat Schneider, Präsident der bauernpolitischen Vereinigung des Kantons St.Gallen, vom 5. August 1935 an den Hochwürdigsten Herrn Dr. Alois Scheiwiler, 6. August 1935 (Archiv KBB).
449 Vgl. Schreiben von Alfons Schwizer an Josef Scherrer vom 18. Juli 1935 (Archiv KBB). Schwizer forderte energisch, dass der KBB auch wirtschaftspolitisch aktiv werden müsse.
450 Schreiben von Alfons Schwizer an Josef Scherrer vom 18. Juli 1935 (Archiv KBB).
451 Schreiben von Josef Scherrer an Alfons Schwizer vom 20. Juli 1935 (Archiv KBB). Im KBB selber war diese Frage umstritten. Pfarrer Karl Büchel, der Präses des Vereins, hielt dafür, dass sich der KBB von der Politik fernhalten solle, während Josef Scherrer für ein grundsätzliches Engagement in wirtschafts- und sozialpolitischen Fragen plädierte (vgl. Prot. KBB, Vorstandssitzung vom 7. Oktober 1935, Archiv KBB).

In zwei Aussprachen im Dezember 1935 und im Januar 1936 einigten sich der KBB und die konservative Fraktion der Bauernpolitischen Vereinigung darauf, sich gegenseitig anzuerkennen und gegenseitige Vertretungsansprüche zu respektieren.[452] Die Streitfrage, ob der KBB in Konkurrierung der Bauernpolitischen Vereinigung auch Parteipolitik betreiben solle, wurde in dem Sinne gelöst, dass für die politischen Belange ein aus Vertretern des KBB und der konservativen Fraktion der Bauernpolitischen Vereinigung paritätisch zusammengesetzter Bauernausschuss ins Leben gerufen wurde, dem die Wahrnehmung der bäuerlich-politischen Interessen innerhalb der Konservativen Volkspartei des Kantons St.Gallen oblag. Im März 1937 schliesslich fand der KBB die Anerkennung der gesamten Bauernpolitischen Vereinigung.[453]

Die Umstände und die Ereignisgeschichte der Gründung des Katholischen Bauernbundes der Diözese St.Gallen präsentieren sich wie ein «Parallelfilm» zu den Anfängen der katholischen Arbeiterbewegung.[454] Beide Male leistete die Amtskirche aktiv Geburtshelferdienste, beide Male diente ein dämonisierter Sozialismus als Integrationsfaktor, beide Male auch stiess die Vereinsgründung im katholischen Lager auf teilweise massive Abwehr. Aber auch auf einen Unterschied ist hinzuweisen: Während die katholische Arbeiterstandesbewegung «von unten nach oben» gebildet wurde, also zunächst lokale Vereine entstanden, die erst später zentral zusammengefasst wurden, stand beim KBB umgekehrt der Gesamtverband am Anfang und wurden erst nach und nach Sektionen gegründet.

Der KBB erfüllte in der Anfangszeit die in ihn gesetzten Erwartungen. Der Vormarsch der Jungbauernbewegung in den katholischen Bezirken des Kantons konnte aufgefangen werden. Nach René Riesen und Remo Wäspi verlor die Jungbauernbewegung den Kampf um die katholische Bauernschaft im Kanton St.Gallen.[455] Tatsächlich gelang es dem KBB bereits im ersten Jahr seines Bestehens, 21 Sektionen zu gründen, vor allem in den

---

452 Protokolle der Konferenzen vom 7. Dezember 1935 und vom 11. Januar 1936 im Archiv KBB; zu Verlauf und Ergebnis der Besprechungen vgl. auch Scherrer, Saat und Ernte, S. 179ff.
453 Alfons Schwizer wurde 1937 in den Vorstand der Bauernpolitischen Vereinigung aufgenommen und war von 1955 bis 1965 deren Präsident (50 Jahre Bauernpolitische Vereinigung, S. 612f.; Scherrer, Saat und Ernte, S. 183f.).
454 Der Fürstenländer, Nr. 10, 13. Januar 1938.
455 Riesen, Bauernheimatbewegung, S. 61; Wäspi, Bauernseelsorge, S. 52. Nach der Nationalratswahl 1935 triumphierte Scherrer: «Es kann zu unserer grossen Freude festgestellt werden, dass die Müllerschen Jungbauern überall dort, wo Sektionen des Katholischen Bauernbundes bestehen, schlecht abgeschnitten haben. Die Wahlen haben die Notwendigkeit dieser Gründung erhärtet» (TBSch, 4. November 1935, PrivatA Scherrer). Und: Der KBB «hat den Einbruch der marxistisch angehauchten Jungbauern-Bewegung ... in unserm Kanton erheblich abzudämmen vermocht» (TBSch, 16. August 1938, PrivatA Scherrer).

Bezirken Untertoggenburg, Alttoggenburg und Gossau.[456] Bis 1940 wuchs der Sektionsbestand auf rund 47 Sektionen mit ca. 2000 Mitgliedern an.[457] 1942 schliesslich hatte der KBB wesentlichen Anteil an der Gründung der Schweizerischen Katholischen Bauernvereinigung.[458]

Nach dem Schwung der Gründungsjahre ereilte den KBB dann aber das Schicksal der anderen katholischen Standesvereine, die Stagnation. «Die katholische Bauernbewegung geht nur mühsam weiter», lamentierte Josef Scherrer, es halte schwer, «die Bauern für eine ideelle Bewegung zu gewinnen», ein grosser Teil der Bauern sei «vermaterialisiert».[459] Auch Präsident Alfons Schwizer beklagte sich über immer noch vorhandene Vorurteile gegenüber dem KBB und die weit verbreitete Indifferenz der Bauern. Die Ursache dafür ortete er gerade in der Reduktion des KBB auf eine primär ideelle Bewegung: Eine Organisation könne «auf die Dauer die Leute nicht fesseln und zusammenhalten, die keine eigene Vertretung hat in den gesetzgebenden Behörden und so von jedem direkten Einfluss ausgeschlossen ist».[460]

Zwischen dem KBB und der christlichsozialen Bewegung bestand von Anfang an eine sehr enge Affinität. Diese ergab sich zunächst daraus, dass der KBB als Standesverein nach christlichsozialem Modell konzipiert war und auf derselben ideologisch-programmatischen Grundlage stand wie die konfessionellen Vereine der Arbeiter- und Angestelltenschaft. Bereits bei der Gründung des KBB sprach Scherrer von einer «Arbeitsgemeinschaft» zwischen KBB und christlichsozialer Bewegung und offerierte den Mitgliedern des KBB die Dienste der wirtschaftlichen, genossenschaftlichen und karitativen Organisationen und Institutionen der Christlichsozialen.[461] Mit regelmässigen Geldüberweisungen unterstützte das Generalsekretariat des CAB die katholische Bauernorganisation.[462] In der Praxis wirkte sodann vor allem Josef Scherrer als Bindeglied zwischen Christlichsozialen und Bauern. Ob-

---

456 Alfons Schwizer, Jubiläumsbericht des zehnjährigen Bestandes des katholischen Bauernbundes der Diözese St.Gallen an die Delegiertenversammlung vom 25. März 1945, S. 7 und S. 9 (Archiv KBB). Scherrer dagegen nannte nur 16 Sektionen (TBSch, 16. August 1936, PrivatA Scherrer).
457 Meile, Diözese, S. 298.
458 Vgl. dazu Scherrer, Saat und Ernte, S. 214ff.; Wäspi, Bauernseelsorge, S. 53ff.
459 TBSch, 11. Januar 1941 (PrivatA Scherrer).
460 Bericht von Alfons Schwizer betr. die Nationalratswahlen vom 29. Oktober 1939, S. 2 (Archiv KBB).
461 KBB. Wegleitungen, verf. von Josef Scherrer, 13. Juli 1935 (Archiv KBB). Vgl. auch JB CAB 1934–36, S. 108.
462 Vgl. Zahlungs- und Überweisungsbelege im Archiv KBB. In einem Begleitschreiben an den Kassier des KBB vom 21. November 1935 vermerkte Josef Scherrer, es werde «für alle Zeiten gut sein, wenn diese Beiträge verbucht werden, damit auch später sichtbar wird, wer nach der finanziellen Seite die Gründung des kathol. Bauernbundes ermöglicht hat» (Archiv KBB).

wohl er offiziell nie Vorstandsmitglied war, bestimmte er den Kurs des KBB weitgehend.[463] Zu einem formellen Anschluss des KBB an die christlichsoziale Bewegung kam es allerdings nicht, obwohl Josef Scherrer diese Frage 1941 aufwarf[464] und die Zusammenarbeit immer wieder gesucht wurde.[465] Dies dürfte darauf zurückzuführen sein, dass sich der Anschluss wegen der engen Kontakte über die Person Scherrers nicht aufdrängte, darauf auch, dass diesem Schritt Opposition aus den Reihen der Konservativen erwachsen wäre.[466]

Im Unterschied zur Arbeiter- und Angestelltenschaft und zu den Bauern gelang es den Christlichsozialen weder im Kanton St.Gallen noch in der übrigen Schweiz, den gewerblichen und handwerklichen Mittelstand in eigenen katholischen Standesvereinen zu sammeln. Im christlichsozialen Bauplan für eine berufsständische Durchgestaltung der Gesellschaft waren, wie eingangs erwähnt, katholische Handwerker- und Gewerbevereine vorgesehen. Meile beklagte in der bereits genannten Schrift «Sind katholische Berufsgemeinschaften notwendig?» das Fehlen mittelständischer Standesvereine[467], und von Bischof Alois Scheiwiler wusste er, dass diesen der Gedanke, die Handwerker und Gewerbetreibenden zu organisieren, intensiv beschäftigte.[468] Josef Scherrer fasste nach der Gründung des KBB den Vorsatz, nun auch «das dritte Glied unserer Volksgemeinschaft, Gewerbe und Handwerk, zu sammeln und zu organisieren».[469] Über die Gründe, warum dieses Projekt nie über das Stadium einer Absichtserklärung hinauswuchs, lässt sich nur spekulieren. Zunächst ist darauf hinzuweisen, dass die mit der christlichsozialen Bewegung eng verbundenen Gesellenvereine «allmählich zu einer Art mittelständischer Handwerkervereine» geworden waren[470], so

---

463 Es gebe, so Scherrer, «keine Probleme, bei denen sie [die Vorstandsmitglieder des KBB] nicht um meinen Rat fragen» (TBSch, 9. Februar 1941, PrivatA Scherrer). Scherrer nahm auch regelmässig an den Sitzungen des Vorstandes und des Ausschusses teil (TBSch, passim, PrivatA Scherrer). An den ersten sechs Delegiertenversammlungen des KBB war Josef Scherrer jeweils Hauptredner (vgl. 50 Jahre Katholischer Bauernbund, S. 55).
464 TBSch, 4. Januar 1941 (PrivatA Scherrer). In einem Schreiben des KV und der CSP vom 28. Januar 1941 an den KBB wurde eine intensivere Zusammenarbeit auf kantonalem und kommunalem Gebiet vorgeschlagen mit dem Hinweis: «Beide Gruppen bilden zusammen die Nährstände des Volkes, beide Gruppen bekennen sich zu denselben weltanschaulichen und sozialen Grundforderungen» (Archiv KAB).
465 Alfons Schwizer, Jubiläumsbericht des zehnjährigen Bestandes des katholischen Bauernbundes der Diözese St.Gallen an die Delegiertenversammlung vom 25. März 1945, S. 14 (Archiv KBB).
466 1931 bereits hatte die Konservative Volkpartei des Kantons St.Gallen erfolgreich gegen den Anschluss der katholischen Jünglingsvereine an den KV opponiert.
467 Meile, Berufsgemeinschaften, S. 56f.
468 Meile, Scheiwiler, S. 180.
469 TBSch, 24. November 1941 (PrivatA Scherrer).
470 Meile, Katholische Vereine, S. 263.

dass ein katholischer Standesverein die Organisation der Gesellen unweigerlich konkurriert hätte. Auf zwei weitere erklärende Faktoren weist Altermatt hin: Die Interessen des Mittelstandes divergierten zu sehr, als dass sich eine Basis für eine gemeinsame Organisation hätte finden lassen. Und nicht zuletzt hätte die gewerblich-bäuerlich geprägte konservative Partei einen weiteren christlichsozialen Vorstoss in ihre ureigensten Reihen wohl nicht akzeptiert.[471]

Als ein Versuch, die Gedanken der katholischen Sozialreform auch in den gewerblich-industriellen Mittelstand hineinzutragen, können die Anstrengungen zur Gründung eines katholischen Arbeitgeberverbandes betrachtet werden, der bald nach dem Erscheinen der Enzyklika Quadragesimo anno im Jahre 1931 konkrete Gestalt annahm. Neben Bischof Alois Scheiwiler engagierte sich vor allem Joseph Meile für die Verbandsgründung.[472] Meile erkannte den Wert katholischer Arbeitgebervereine zum einen darin, dass sie, wie auch die anderen Standesvereine, die religiös-sittliche Bildung der Mitglieder vorantreiben und der Verbreitung der katholischen Soziallehre dienen würden. Zum andern sollte der Arbeitgeberverband zum Partner der christlichen Gewerkschaften werden. In gemeinsamen Versammlungen könnten sich Arbeitgeber und Arbeitnehmer über soziale Probleme aussprechen, «dann werden sie einander bald auch besser verstehen».[473] In dieser partnerschaftlichen Zusammenarbeit sollten Arbeitnehmer und Arbeitgeber innerkatholische Sozialpartnerschaft vorleben sowie die angestrebte berufsständische Ordnung des Staates und der Wirtschaft vorbereiten.

Die praktische Organisationsarbeit kam über die Vorbereitungsphase nicht hinaus. Abbé André Savoy, der Führer der christlichsozialen Bewegung der Westschweiz und Vorkämpfer des Konzepts der berufsständischen Ordnung[474], hatte Josef Scherrer 1932 einen Statutenentwurf für eine katholische Arbeitgebervereinigung vorgelegt, den dieser Bischof Scheiwiler unterbreitete.[475] Es dauerte eineinhalb Jahre, bis an einer Konferenz der Statutenentwurf überhaupt beraten wurde.[476] Immerhin fand sich in Nationalrat

---

471 Altermatt, Wirtschaftsflügel, S. 69.
472 Meile, Scheiwiler, S. 180. Vgl. Meiles grundsätzliche Ausführungen in: Christlichsoziale Korrespondenz, Nrn. 2 und 3, 1934, Beilagen zur Hochwacht, Nrn. 49 und 77, 27. Februar und 3. April 1934.
473 Christlichsoziale Korrespondenz, Nr. 3, 1934, Beilage zur Hochwacht, Nr. 77, 3. April 1934.
474 Zu André Savoy vgl. JB CAB 1939/40, S. 38.
475 TBSch, 12. Oktober und 4. November 1932 (PrivatA Scherrer).
476 TBSch, 3. März 1934 (PrivatA Scherrer). Der Statutenentwurf ist nicht mehr erhalten.

Albert Geser-Rohner, Seniorchef der Stickereifirma Jakob Rohner AG im sanktgallischen Rheintal und sozial aufgeschlossener Unternehmer[477], eine Persönlichkeit, die zur Gründung Hand zu bieten bereit war. Der plötzliche Tod von Geser-Rohner im Frühjahr 1935 bewirkte jedoch, dass das Projekt sistiert und vorläufig nicht mehr aufgegriffen wurde[478], obwohl sich Joseph Meile, seit 1938 St.Galler Bischof, mehrmals für die Schaffung einer «geschlossenen christlichen Phalanx» bei den Arbeitgebern aussprach[479], möglicherweise darum, weil man in konservativen Kreisen darauf setzte, die korporative Idee überparteilich und überkonfessionell zu verwirklichen.[480]

Der Rheintaler Stickereiindustrielle Albert Geser-Rohner bot Anfang der 1930er Jahre Hand zur Bildung einer katholischen Arbeitgebervereinigung.

1.7 Das Werben um die Jugend

Auch der Jugend schenkte die Führung der christlichsozialen Bewegung von Anfang an ihre Aufmerksamkeit.[481] Nicht nur die Einsicht, dass dem, der die Jugend gewinnt, auch die Zukunft gehört, stand Pate bei diesen Bemühungen.[482] Genauso wie die katholischen Arbeitnehmer und Angestellten Gefahr liefen, dem katholischen Milieu entfremdet zu werden, genauso hielten

---

477 Hochwacht, Nr. 78, 2. April 1935. Der Parteiausschuss CSP würdigte Geser-Rohner nach dessen Tod als «sozialen Arbeitgeber und Wohltäter» (TBSch, 6. April 1935, PrivatA Scherrer).
478 Meile, Selbstbesinnung, S. 32.
479 Meile, Selbstbesinnung, S. 111; vgl. auch Büchel, Meile, S. 79.
480 Weber, Korporatismus, S. 70f. Erst 1949 gelang die Gründung der «Vereinigung Christlicher Unternehmer der Schweiz» (Archivalien im BiASG, Rubrik O, Fasz. 5,1).
481 Josef Scherrer bekannte 1929: «Ich betrachte die soziale Schulung des Jungvolkes als wichtigste Führeraufgabe» (TBSch, 16. November 1929, PrivatA Scherrer). Und Joseph Meile, der sich in der Jugendarbeit besonders hervortat, bilanzierte 1942: «Warum haben sich die christlichsozialen Organisationen in vier Dezennien mit so vielen Aktionen, in schweren Kämpfen und Ringen abgemüht? Es galt doch der Jugend» (Meile, Selbstbesinnung, S. 70).
482 Die Bewegungsgründer Jung und Scheiwiler engagierten sich beide sehr intensiv in der katholischen Jugendarbeit (zu Scheiwiler vgl. Fust, Jungmannschafts-Verband, S. 85ff., und Meile, Scheiwiler, S. 74f., zu Jung oben Abschn. 1.2).

die Bewegungsführer die Jugend für bedroht. Alois Scheiwiler meinte sogar, die Jugend sei die weltanschaulich am meisten gefährdete Gruppe im katholischen Lager, ständig umworben vom «wilden Drängen» der sozialistischen Jugendorganisationen.[483] Josef Scherrer hatte bereits 1913 seinen ersten Tätigkeitsbericht als Kantonalpräsident der CSP mit der Aufforderung geschlossen: «Wir müssen die Jugend gewinnen ... Die Jugend muss unsere Ideale kennen lernen, dann wird begeistert sie mit uns machen!»[484] Wie dieses Postulat in die Praxis umzusetzen sei, erläuterte Scheiwiler am zweiten Delegiertentag der CSP im selben Jahr: Jede lokale Sektion, so sein Vorschlag, sollte Kurse, Diskussionsabende oder Rednerschulen einrichten und «namentlich jüngere Leute» einladen.[485] Diesen Impuls griff die CSP Tablat ein knappes Jahr später auf und beschloss nach Rücksprache mit dem Präses des Jünglingsvereins die Gründung einer «Sozialen Schule» für die Jungmannschaft mit dem Ziel, «die jungen Leute ... in die verschiedenen Gebiete des öffentlichen und kirchlichen Lebens» einzuführen.[486] Über diese Ansätze einer sozialen und beruflichen Schulung ist die Nachwuchsförderung der christlichsozialen Organisationen jedoch nie hinausgewachsen. Insbesondere unterliessen es die Christlichsozialen trotz stets wiederholter Beschwörung der sozialistischen Gefahr, katholische Standesvereine für die Arbeiter- und Angestelltenjugend zu gründen.[487] Warum?

Die katholische Jugendbewegung in St.Gallen ist wesentlich älter als die christlichsozialen Organisationen. In der Mitte des 19. Jahrhunderts hatten die Kolpingschen Gesellenvereine in der Ostschweiz Fuss gefasst, und seit den frühen 1860er Jahren wurden die ersten katholischen Jünglingsvereine in der Diözese gegründet[488], die nach einer Phase der Stagnation in den 1890er Jahren einen rapiden Aufschwung nahmen.[489] 1894/95, ein Jahrfünft vor der Gründung der christlichsozialen Arbeiter- und Gewerkschaftsbewegung, wurde ein Diözesanverband der katholischen Jünglingsvereine ins Le-

---

483 Scheiwiler, Jugend, S. 26 und S. 28. Einen knappen Abriss über die jungsozialistische Bewegung gibt Jung, Jugendbewegung, S. 109ff.
484 Jb CSP 1912, S. 36 (BAR).
485 Das Referat ist abgedr. in: Ostschweiz, Nrn. 48, 50 und 52, 26.,28. Februar und 3. März 1913.
486 TBSch, 6. Januar 1914 (PrivatA Scherrer); vgl. auch TBSch, 20. Januar 1914 (PrivatA Scherrer). Zum Präsidenten der «Sozialen Schule Tablat» wurde Josef Scherrer gewählt (TBSch, 16. Januar 1914, PrivatA Scherrer). Mit dem Ausbruch des Ersten Weltkrieges stellte die Schule ihre Aktivitäten wieder ein.
487 Nachfolgende Ausführungen beschränken sich auf die Darstellung des Verhältnisses der Christlichsozialen zu den katholischen Jünglingsvereinen.
488 Fust, Jungmannschafts-Verband, S. 13; Jung, Jugendbewegung, S. 55ff.; Meile, Katholische Vereine, S. 256f.
489 Jung, Jugendbewegung, S. 76; Meile, Katholische Vereine, S. 256f.; zum Jünglingsverein der Dompfarrei St.Gallen, dem grössten Verein in der Diözese, vgl. Dora, Egger, S. 487ff.

ben gerufen.[490] Über die Frage nach der Ausrichtung des Vereins wurde zwischen den Präsides der Vereine lange gestritten: Sollten die Jünglingsvereine eher Kongregationscharakter haben, also primär religiös-seelsorgerlichen Zielen dienen, oder sollten sie, vergleichbar den Standesvereinen der Christlichsozialen, aus dem eng religiösen Rahmen hinaustreten und zusätzlich profane Vereinszwecke verfolgen?[491] Umsonst hatte Josef Scherrer 1909 mit bischöflicher Genehmigung versucht, einen Delegiertenverband der katholischen Jünglingsvereine zu gründen, um damit die weltliche Komponente des Vereins mehr hervorzustreichen und das Laienelement in der Vereinsführung zu verstärken. Die Präsideskonferenz der Jünglingsvereine, befürchtend, die Vereine könnten geistlichem Einfluss zu sehr entwachsen, legte ihr Veto ein und betonte 1913 den Kongregationscharakter der Vereine.[492]

Mit den Jünglings- und Gesellenvereinen war damit das Terrain der Jugendarbeit zum Zeitpunkt der Gründung der christlichsozialen Organisationen bereits besetzt. Eigene christlichsoziale Jugendorganisationen wären unweigerlich in Konkurrenz zu den bestehenden katholischen Jugendorganisationen getreten und hätten eine Spaltung der katholischen Jugendbewegung in eine konservative und eine christlichsoziale Richtung provoziert. Was den Christlichsozialen unter diesen Umständen blieb, war die Zusammenarbeit mit den bestehenden katholischen Jugendorganisationen. Gemäss dem christlichsozialen Nachwuchskonzept sollten die katholischen Jünglings- und Gesellenvereine «Durchgangsstation» und «Vorschule» für die katholischen Arbeitervereine und die christlichen Gewerkschaften sein.[493] In den katholischen Jugendorganisationen war die Arbeiter- und Angestelltenjugend zu erfassen, im Sinne der christlichen Sozialreform zu schulen und für den Übertritt in die christlichsozialen Organisationen vorzubereiten.[494] Bereits 1907 war Alois Scheiwiler an den Zentralvorstand der Jünglingsver-

---

490 Fust, Jungmannschafts-Verband, S. 19ff.; Meile, Katholische Vereine, S. 257; Statuten des Verbandes sowie Daten aus der Verbandsgeschichte in: Fust, Jungmannschafts-Verband, S. 19ff. und S. 136f.
491 Dora, Egger, S. 487f.; Fust, Jungmannschafts-Verband, S. 58f.
492 Fust, Jungmannschafts-Verband, S. 35f. und S. 58f.; Jung, Jugendbewegung, S. 102ff.; Meile, Katholische Vereine, S. 257.
493 Scheiwiler, Jugend, S. 21. Vgl. auch Göldi, Vereine, S. 138ff.
494 Vgl. Josef Scherrers grundsätzliche Überlegungen zum Verhältnis von katholischen Jugendorganisationen und christlichsozialen Vereinen in: Hochwacht, Nr. 18, 22. Januar 1926, und Nr. 267, 17. November 1927. In den 1930er Jahren legten die schweizerischen Spitzenverbände der Jugendorganisationen die Altersgrenze für den Übertritt in die Standesvereine der Arbeiter und Angestellten auf 24/25 Jahre (Jungmannschaft) resp. 27/28 Jahre (Gesellen) fest (Prot. KV, Sitzung des Kantonalkomitees vom 25. Februar 1940, Archiv KAB). Das Konzept galt selbstredend auch für die weibliche Jugend: Auch hier setzten die Christlichsozialen auf die Zusammenarbeit der katholischen Arbeiterinnenvereine mit den Jungfrauenkongregationen (TBSch, 29. November 1934, PrivatA Scherrer). Zu den Jungfrauenkongregationen in der Diözese St.Gallen vgl. Meile, Katholische Vereine, S. 259.

eine gelangt mit der Bitte, die katholische Arbeiterjugend über die christlichsozialen Organisationen aufzuklären und Strategien zum Schutz der Jugendlichen vor der Sozialdemokratie zu entwerfen.[495] 1910 suchte das Zentralkomitee des ZV mit dem Verband der katholischen Jünglingsvereine der Schweiz Fühlung und besprach Mittel und Wege, «wodurch die soziale Schulung der Jungmannschaft gefördert und sie für die christlichsozialen Organisationen gewonnen werden können».[496] Die christlichsozialen Vorstösse fanden aber in den zentralen Leitungsorganen der Jünglingsvereine wenig Gehör. Zu gross war die Angst der Präsides der Jünglingsvereine vor der christlichsozialen Konkurrenz.[497] «Der Apathie und Hinhaltetaktik der Jünglingsvereine überdrüssig»[498], schritten die Christlichsozialen seit 1913 und vor allem seit 1920 zur Gründung eigener Jugendgewerkschaften.[499] 1922 endlich schloss der Zentralverband der katholischen Jünglingsvereine mit den christlichen Gewerkschaften ein Abkommen, das Grundlage einer engen Zusammenarbeit bilden sollte[500], sich in der Praxis allerdings nicht bewährte, obwohl die Präsidesversammlung des Zentralverbandes der katholischen Jünglingsvereine sich nochmals 1928 zur Notwendigkeit der Sammlung der industriellen und gewerblichen Jugend in den christlichen Gewerkschaften bekannte.[501] Fast schon stereotyp klagte Josef Scherrer in den 1930er Jahren über die mangelnde Kooperationsbereitschaft der katholischen Jugendorganisationen[502], drohte auch, christlichsoziale Arbeiterjugendverei-

---

495 Jung, Jugendbewegung, S. 136f.
496 Jb ZV 1910, S. 4f.; Jung, Jugendbewegung, S. 137.
497 Darüber konnte, so Jung, Jugendbewegung, S. 138, auch die Mitgliedschaft des Zentralverbandes der Jünglingsvereine im CAB nicht hinwegtäuschen. Der Zentralverband der katholischen Jünglingsvereine gehörte seit 1919 dem CAB an (JB CAB 1919/20, S. 6).
498 Jung, Jugendbewegung, S. 138.
499 Jung, Jugendbewegung, S. 138, Anm. 1, datiert die Gründung der christlichen Jugendgewerkschaften ins Jahr 1920. Jugendzirkel innerhalb der christlichen Gewerkschaften gab es allerdings bereits früher. Meile, Selbstbesinnung, S. 51, datiert ihre Gründung ins Jahr 1913. Das Kartell St.Gallen unternahm 1915 Anstrengungen zur Einrichtung einer gewerkschaftlichen Jugendorganisation (Prot. Kartell St.Gallen, Kartellsitzungen vom 9. März und 13. April 1915, Archiv KAB). 1917 bestand innerhalb der christlichen Gewerkschaftsvereinigung von St.Gallen eine Jugendsektion (Prot. Kartell St.Gallen, Kartellsitzungen vom 11. Juni und 13. August 1917, Archiv KAB).
500 Jb ZV 1922, S. 42; Jung, Jugendbewegung, S. 139ff.; Scherrer, Jung, S. 52.
501 TBSch, 10. September 1928 (PrivatA Scherrer); Jung, Jugendbewegung, S. 139ff.
502 Z. B. TBSch, 10. September 1932; 22. September 1934; 17. September 1936; 13. August 1938; 19. August 1939; 19. Oktober 1939 (PrivatA Scherrer); vgl. auch JB CAB 1934-36, S. 52, und 1939/40, S. 49. Ebenfalls erschienen in den 1930er Jahren in der «Hochwacht» regelmässig Beiträge, die die Dringlichkeit der Arbeiterjugendfrage beschworen, etwa 1934, als unter dem Titel «Arbeiterjugend in Not» beklagt wurde, dass die Jugend dem Katholizismus «zu einem grossen Teil» verlorengehe, weil zwischen Jugend- und Standesorganisationen «eine schmerzliche Lücke» klaffe (Hochwacht, Nr. 272, 22. November 1934), oder 1935, als August Steffen auf den geringen Zuwachs von Jugendlichen in den Standesvereinen aufmerksam machte, «so dass manche unserer Vereine sich zu einem grossen Teil aus älteren, vielfach bereits ergrauten Männern zusammensetzen ...» (Hochwacht, Nr. 141, 19. Juni 1935).

ne zu gründen.⁵⁰³ Diesen Schritt wagten die christlichen Gewerkschaften 1930/31: Sie gründeten eigene Jugendabteilungen, «um die Abwanderung der jugendlichen Arbeiter zur sozialistischen Bewegung zu verhindern».⁵⁰⁴ Das wiederum bedeutete faktisch das Eingeständnis, dass das christlichsoziale Nachwuchskonzept gescheitert war. Die Verantwortung hiefür trug nach Joseph Jung die Spitze des Verbandes der katholischen Jünglingsvereine: Sie liess es am guten Willen zur Umsetzung der mit den Christlichsozialen getroffenen Vereinbarungen fehlen, öffnete sich erst verspätet und bloss halbherzig sozialen Fragen und verschuldete damit die Abwanderung der katholischen Arbeiterjugend zur sozialdemokratischen Jugendbewegung.⁵⁰⁵

Für den Kanton St.Gallen bedarf dieses Bild, wenigstens für die ausgehenden 1920er und die frühen 1930er Jahre, einer gewissen Korrektur. Nach Pfarrer Joseph Meile, 1927 bis 1933 Diözesanpräses der katholischen Jünglingsvereine, war die Zusammenarbeit zwischen den katholischen Jugendorganisationen und den Christlichsozialen bei der Betreuung der Arbeiterjugend in der Diözese St.Gallen vorbildlich.⁵⁰⁶ Die Christlichsozialen besässen in den Jünglingsvereinen «eine grosse, mächtige Zugkraft». Mehr noch: Ohne die Christlichsozialen wären die industriellen Jugendlichen dem katholischen Lager zu Hunderten verlorengegangen.⁵⁰⁷ Auch Josef Scherrer lobte die «ausgezeichneten Beziehungen» zu den katholischen Jünglingsvereinen.⁵⁰⁸ Wesentliches Verdienst an dieser guten Zusammenarbeit kam Joseph Meile zu, dem es gelang, die Jünglingsvereine für soziale Themen zu sensibilisieren und das Laienelement in der Vereinsführung zu verstärken.⁵⁰⁹ So organisierte er in der Zeit zwischen 1930 und 1933 an vielen Orten «Jungführerkurse» für die Arbeiterjugend.⁵¹⁰ Einer 1932 mit dem katholischen

---

503 Scherrer erklärte an der Delegiertenversammlung des Schweizerischen katholischen Jungmannschaftsverbandes in Zug im September 1932, «dass der Gewinnung der Arbeiterjugend mehr Aufmerksamkeit geschenkt werden müsse. Sollte dies nicht geschehen, so müssten die christlichsozialen Organisationen an die Gründung einer katholischen Arbeiterjugendbewegung herantreten» (TBSch, 10. September 1932, PrivatA Scherrer).
504 JB CAB 1930/31, S. 61. Die christlichsoziale Bewegungsführung begrüsste diesen Schritt, beharrte allerdings darauf, dass die Mitglieder der Jugendabteilungen auch den konfessionellen Standesvereinen angehörten.
505 Jung, Jugendbewegung, S. 141ff.
506 Meile, Katholische Vereine, S. 260, ders., Selbstbesinnung, S. 51, und ders., Scheiwiler, S. 179.
507 Prot. KV, Gründungsversammlung vom 8. März 1931 (Archiv KAB).
508 Jb CSP 1925-28, S. 2 (BAR). Vgl. auch Hochwacht, Nr. 13, 16. Januar 1928.
509 Meile, Katholische Vereine, S. 257. Die organisatorische Form der Laienmitarbeit bestand in Delegiertenversammlungen des Diözesanverbandes der katholischen Jünglingsvereine. Die erste Delegiertentagung fand am 22. April 1928 in St.Gallen statt (TBSch, 22. April 1928, PrivatA Scherrer; Einladungsschreiben der Diözesankommission, ohne Datum, BAR).
510 Fust, Jungmannschafts-Verband, S. 78f. Meile, Selbstbesinnung, S. 51f.

Christlichsoziale Vereins- und Verbandssymbole.

Jugendverband getroffenen Abmachung zufolge wurden in den Jünglingsvereinen Bauern- und Arbeitergruppen ausgeschieden, um die spezifischen beruflichen Fragen intensiver zu behandeln.[511] Die christlichsozialen Führer, allen voran Josef Scherrer, waren eifrig bemüht, ihre Ideale in Vorträgen und Kursen in den Jünglingsvereinen zu verbreiten und für die christlichsozialen Organisationen zu werben. 1935 schliesslich gab sich der nun in «Katholischer Jungmannschaftsverband» umbenannte Jünglingsverein eine Wegleitung, in der er sich verpflichtete, «die Arbeiterjugend dem katholischen Arbeiterverein, die Angestellten und Beamten dem kath. Beamten- und Angestelltenverein etc. zu überweisen» und die soziale Schulung in den Sektionen zu vertiefen.[512]

Aufgeschreckt durch die Jugendarbeit der weltanschaulichen Gegner, initiierten Joseph Meile und Josef Scherrer unter dem Patronat des Katholischen Volksvereins im Mai 1928 die «Vereinigung für katholische Jugendbestrebungen im Kanton St.Gallen», eine Dachorganisation, der sich 28 katholische Jugendorganisationen und Jugendfürsorgestellen anschlossen. Sie sollte der katholischen Jugendarbeit in der Diözese neue Impulse verleihen, die Jugendarbeit koordinieren und im besonderen all jene Aufgabenbereiche betreuen, die durch die einzelnen Vereine nicht gelöst werden konnten, etwa Feriengestaltung, Jugendschutz, Berufsberatung, Stellenvermittlung, Kurse, Lehrlingsfürsorge usw. In der Vereinigung wirkten die christlichsozialen Organisationen mit und waren mit Josef Scherrer als Vizepräsidenten der Vereinigung im geschäftsführenden Ausschuss vertreten.[513] Scherrers Engagement war dadurch motiviert, dass er in der Vereinigung einen Hebel erkannte, um im Sinne der christlichsozialen Ideale auf die katholischen

---

511 Meile, Selbstbesinnung, S. 52.
512 Die «Wegleitung des St.Gallischen katholischen Jungmannschaftsverbandes» ist abgedr. in: Fust, Jungmannschafts-Verband, S. 139ff.
513 Schreiben von Joseph Meile an die Jugendführer des Kantons St.Gallen vom 4. Mai 1928 (BAR). Christlichsoziale Korrespondenz, 11./12. Mai 1928 (BAR). Vereinigung für katholische Jugendbestrebungen im Kanton St.Gallen, Jb 1928 (BiA SG). Vgl. auch Meile, Katholische Vereine, S. 286.

Jugendorganisationen einzuwirken. Nicht nur besorgte er kostenlos die Sekretariatsgeschäfte der Vereinigung, er liess auch keine Gelegenheit aus, etwa an den von der Vereinigung organisierten Konferenzen oder an den sogenannten «Führerkursen» als Referent aufzutreten und für die christlichsozialen Organisationen zu werben.[514]

In den 1930er Jahren wurden aber auch in St.Gallen die Grenzen des christlichsozialen Jugendkonzepts deutlich, und zwar in zweierlei Hinsicht. Einerseits wuchs in katholisch-konservativen Kreisen die Befürchtung, die Jugend werde «ob dieser sozialen Schulung allzu sehr zu den Christlichsozialen überlaufen».[515] Beinahe zum Eklat zwischen Christlichsozialen und Konservativen wäre es bei der Gründung des KV gekommen, als die Christlichsozialen sich anschickten, den katholischen Jünglingsverband dem KV anzugliedern. Sie verfolgten damit das Ziel, die Jugendorganisationen enger an die christlichsoziale Bewegung anzubinden und die sozialen Interessen der Arbeiterjugend und der Lehrlinge gezielter wahrzunehmen.[516] Die Konservativen erhoben gegen dieses Ansinnen Einspruch. Zu gross war die Befürchtung, «dass weite bäuerliche Kreise der christlichsozialen Bewegung allzu nahe kommen könnten».[517] Auf Anraten von Bischof Alois Scheiwiler, bei dem eine konservative Delegation interveniert hatte, verzichteten die Christlichsozialen auf den direkten Anschluss und begnügten sich mit einer losen Verbindung zu den Jünglingsvereinen.[518] Andererseits fanden die

514 So hielt Josef Scherrer im April 1930 das Hauptreferat an der von der Vereinigung veranstalteten Konferenz geistlicher Jugendführer. Er trat ferner im April und Mai 1930 als Redner an den Führerkursen für Jungmänner und Jungmädchen auf (vgl. Ostschweiz, Nr. 94, 25. Februar 1930).
515 Fust, Jungmannschafts-Verband, S. 79. Vgl. auch Meile, Selbstbesinnung, S. 51f.
516 Vgl. Einladungsschreiben zu einer kantonalen Delegiertenversammlung der christlichsozialen Organisationen des Kantons St.Gallen, 14. Februar 1931 (Archiv KAB); TBSch, 5. und 6. März 1931 (PrivatA Scherrer).
517 Prot. KV, Gründungsversammlung vom 8. März 1931 (Archiv KAB).
518 Josef Scherrer drohte im Zuge dieser Auseinandersetzungen damit, in St.Gallen christlichsoziale Jungmannschaftsorganisationen zu gründen (vgl. TBSch, 5. und 6. März 1931, PrivatA Scherrer; Prot. KV, Sitzung des Kantonalvorstandes vom 29. Oktober 1931, Archiv KAB).

Appelle der christlichsozialen Führer zum Ein- oder Übertritt in Standesvereine und christliche Gewerkschaften im katholischen Jungvolk ein nur schwaches Echo. Schon 1926 hatte sich die CSP der Stadt St.Gallen über das Desinteresse der Jugend an der christlichsozialen Bewegung beklagt. Sie, die Jungen, zeigten sich «an allen Bestrebungen indifferent», oblägen «nur dem Sport» und fänden «für geistige Ausbildung keine Zeit».[519] Zur Klärung der Frage, wie die Jugend vermehrt für die christlichsozialen Bestrebungen gewonnen werden könnte, wandte sich der Präsident an die «Intellektuellen» der eigenen Organisationen, an Lehrer, Pfarrer und andere in der Jugendarbeit aktive Geistliche. Die Antworten illustrieren drastisch die Schwierigkeiten in der Erfassung der katholischen Jugend. «Grosse Scharen» in den Jünglingsvereinen verhielten sich apathisch und passiv, für politische Fragen hätten die Jungen «mit verschwindend kleinen Ausnahmen» kein Interesse. Die Vorschläge zur Remedur, die die Experten machten, bewegten sich dann allerdings in den traditionellen Bahnen: Intensivierung der Aufklärungs- und Werbearbeit, engere Fühlungnahme mit den Jugendorganisationen, Vorbildlichkeit des eigenen Vereinslebens usw. Nur einmal wurde von einem Lehrer die Schaffung einer eigenen christlichsozialen Jugendorganisation erwogen, dann aber als ungeeignete Massnahme abgelehnt.[520] Gestützt auf dieses Gutachten lehnte das Zentralkomitee der CSP der Stadt St.Gallen die Gründung einer eigenen Jungmannschaftsorganisation ab und sprach sich dafür aus, auf die bestehenden Jugendorganisationen vermehrten Einfluss zu nehmen.[521]

Die Jugendfrage wurde im weiteren Verlauf der 1930er Jahre zum eigentlichen Dauerbrenner auf den Traktandenlisten der christlichsozialen Organisationen und in der christlichsozialen Presse. Es fehle den Standesvereinen an Nachwuchs[522], die Vereine seien überaltert[523], ein grosser Teil

---

519 Schreiben der CSP der Stadt St.Gallen an Pfarrer Vettiger vom 28. Oktober 1926 (Begleitbrief zur Umfrage betr. Jungmannschaft, BAR).
520 Zusammenstellung der Antworten auf die Umfrage betr. Jungmannschaft, 1926 (BAR). Ähnliche Vorschläge unterbreiteten in den 1930er Jahren der Vorstand des St.Gallischen Diözesanverbandes katholischer Arbeitervereine (Durchdringung der Jünglingsvereine durch Vorträge und Kurse, Förderung von gemeinsamen Versammlungen, vermehrte Berücksichtigung der Jugendinteressen in den christlichsozialen Verbandsorganen; Prot., 27. August 1933, BAR) und die Delegiertenversammlungen des Kartells St.Gallen (Adressenaustausch, Empfehlung zum Beitritt in die christlichsozialen Organisationen, soziale Vorträge in der Jungmannschaft, Einladung der Jünglingsvereine zu den Versammlungen des Arbeitervereins; Prot. Kartell St.Gallen, 8. November 1938 und 30. November 1939, Archiv KAB).
521 TBSch, 18. Januar 1927 (PrivatA Scherrer).
522 Prot. St.Gallischer Diözesanverband katholischer Arbeitervereine, Vorstandssitzung vom 27. August 1933 (BAR).
523 In einer Konferenz im Arbeiterverein St.Gallen-Zentrum wurde beklagt, «ein erheblicher Teil der Mitglieder sei zu alt» (TBSch, 2. Januar 1940, PrivatA Scherrer).

der Arbeiterjugend gehe der Bewegung verloren[524], nicht einmal ein Viertel der städtischen Arbeiterjugend sei organisatorisch erfasst[525], lautete der Refrain der regelmässig vorgetragenen Klagen über die Schwierigkeiten und die Erfolglosigkeit bei der Rekrutierung der Jugend. Auch liess die Zusammenarbeit mit den katholischen Jugendorganisationen seit dem Rücktritt Meiles als Diözesanpräses da und dort zu wünschen übrig.[526] Dennoch hielten die Christlichsozialen unbeirrt an ihrem Nachwuchskonzept fest und lehnten eigene Jugendgruppen für Jungarbeiter oder Jungangestellte neben den bestehenden Jugendverbänden kategorisch ab.[527] Die Begründung für diese Ablehnung hat Joseph Meile 1936 nochmals wiederholt: «Die Gründung neuer Jugendorganisationen würde nur eine unheilvolle Zersplitterung in die eigenen Reihen tragen ... Dann würde man in vielen Pfarreien neben den bestehenden Pfarreijungmannschaften und Gesellenvereinen noch einen Jungarbeiterverein, einen Verein für Söhne aus dem Mittelstand, eine Organisation für Studenten, Schülergruppen und katholische Sportsorganisationen haben, eine so grosse Überorganisation, dass die bestehenden Gruppen im Konkurrenzkampf einander vernichten würden.»[528] 1939 nahmen sich die schweizerischen Bischöfe des Nachwuchsproblems an. In den Richtlinien für die Pflege der religiös-sozialen Standesvereine bestätigten sie das christlichsoziale Nachwuchskonzept. Sie sprachen der sozialen Schulung der Jugend das Wort und verlangten, diese «bei Erreichung des entsprechenden Alters in die sozialen Standesvereine überzuführen und so auch für den notwendigen Nachwuchs derselben besorgt zu sein».[529]

Dem christlichsozialen Nachwuchs- oder Jugendförderungskonzept blieb damit letztlich auch in St.Gallen der Erfolg versagt. Dies hing hier weniger damit zusammen, dass es am guten Willen zur Zusammenarbeit zwischen den leitenden diözesanen oder kantonalen Organen der katholischen Jugend-

---

524 Prot. KV, Kantonalkomiteesitzung vom 29. Oktober 1931 (Archiv KAB).
525 TBSch, 13. August 1938 (PrivatA Scherrer). Vgl. auch Hochwacht, Nr. 57, 9. März 1937. Die Mitgliederzahlen des Diözesanverbandes der Jünglingsvereine stagnierten zwischen 1930 und 1940 (vgl. Meile, Katholische Vereine, S. 298).
526 So wurde im Verlauf der Konferenz der städtischen katholischen Jungmannschaftsorganisation St.Gallen im September 1936 die Zusammenarbeit mit den christlichsozialen Organisationen abgelehnt. «Unsere Vereine wurden als politische Vereine bezeichnet. Die H.H. Präsides sehen in der christlichsozialen Bewegung nur eine politische Aktion und die werde heute von den Jungen abgelehnt» (TBSch, 11. September 1936, PrivatA Scherrer).
527 Letztmals 1940, als das Kantonalkomitee des KV die Durchführung der Richtlinien der Schweizerischen Bischofskonferenz zur Förderung der Standesvereine und der katholischen Jugendorganisationen diskutierte (Prot. KV, Kantonalkomiteesitzung vom 25. Februar 1940, Archiv KAB).
528 Hochwacht, Nr. 220, 21. September 1936. Vgl. auch Hochwacht, Nr. 57, 9. März 1937.
529 Die Richtlinien sind abgedr. in: JB CAB 1939/40, S. 50ff., Hochwacht, Nr. 186, 11. August 1939, und Scherrer, Sozialreform, S. 100ff. Kommentar von Josef Scherrer in: Hochwacht, Nr. 190, 18. August 1939.

organisationen und der Christlichsozialen gefehlt hätte, sondern weit mehr damit, dass die Jungen der Verbandsführung die Gefolgschaft verweigerten respektive damit, dass, wie Josef Scherrer im Rückblick urteilte, «Vereinbarungen nach unten sich nicht durchsetzen, also gerade dort nicht wirksam werden können, wo sie am allerdringlichsten wären und spielen sollten».[530] Was notwendig gewesen wäre, wäre eine weitgehend selbständige, auf die spezifischen Bedürfnisse der industriellen und gewerblichen Jugend zugeschnittene christlichsoziale Jugendorganisation gewesen.[531] Diesem Schritt aber verschlossen sich die christlichsozialen Leiter aus Rücksicht auf die Konservativen und aus Angst vor einer Zersplitterung der katholischen Einheitsfront der Jugend. Nach dem Zweiten Weltkrieg, im Januar 1946, erzwangen die Jungen schliesslich gegen den Willen der christlichsozialen Führung und vor allem Josef Scherrers eine eigene christlichsoziale Nachwuchsorganisation[532] und gründeten «von unten» die St.Galler «Christlichsoziale Jugend» (CSJ), die auf maximale Selbständigkeit pochte und sich nur widerwillig in die christlichsoziale Gesamtbewegung des Kantons und in die CSP einordnen liess.[533]

---

530 Scherrer, Jung, S. 52.
531 Vgl. dazu die Überlegungen Joseph Jungs (Jugendbewegung, S. 146).
532 Die Gründung der Christlichsozialen Jugend bringe, so Josef Scherrer gegenüber Heinrich Lüchinger, dem Präsidenten der Jugendorganisation, «eine schwere und schmerzliche Enttäuschung für alle diejenigen ..., welche sich ehrlich für sie [die Jugend] bemühten und ihre Hoffnung auf ihre Treue und ehrliche Mitarbeit setzten» (Schreiben vom 19. November 1946, BAR).
533 Der Parteiausschuss CSP beschäftigte sich im November 1946 mit der dissidenten Jugendorganisation. In ultimativer Schärfe verlangte die CSP, dass sich die CSJ in die christlichsoziale Organisation einordne. In ihrem Rahmen sollte die Jugend Autonomie erhalten. Sollte sich die CSJ diesen Forderungen widersetzen, so «stellt sie sich ausser die Christlichsoziale Partei in Stadt und Kanton und hat alle sich daraus ergebenden Folgen zu tragen» (Schreiben des Parteiausschusses der CSP an Heinrich Lüchinger vom 29. November 1946; vgl. auch Zirkular an die Mitglieder des Kantonalkomitees der CSP, 30. November 1946, BAR). Die Drohung verfehlte ihre Wirkung nicht: Die CSJ entschied darauf, sich in die kantonale christlichsoziale Gesamtbewegung einzuordnen (Prot. KV, Delegiertenversammlung vom 8. Dezember 1946; Prot. KV, Kantonalkomiteesitzungen vom 26. Januar 1947 und 18. April 1948, Archiv KAB). In den revidierten Statuten der CSP von 1949 wurde der Status der CSJ nicht umschrieben. Lediglich deren Vertretungsanspruch in den Parteiorganen wurde geregelt (Statuten der CSP, 21. August 1949, Art. 6 und 7, BAR). In seiner programmatischen Schrift «Der Standort der Christlichsozialen» aus dem Jahre 1947, S. 20, korrigierte Scherrer seinen ursprünglichen Standpunkt und sprach sich sehr positiv über die CSJ aus, sofern diese sich in den Rahmen der christlichsozialen Gesamtbewegung stelle. Im übrigen scheint der Elan der CSJ schon bald erloschen zu sein. 1951 jedenfalls bemerkte Scherrer, die Jugend habe «keine nennenswerte Tätigkeit ausgeübt», und es stelle sich die Frage, ob die CSJ aufgelöst werden müsse (Jb CSP 1949–51, S. 9, BAR).

2. Die Anfänge der Christlichsozialen Partei des Kantons St.Gallen

2.1 Die parteipolitischen Verhältnisse im Kanton St.Gallen um 1911

Für Erich Gruner ist St.Gallen das «klassische Beispiel» eines Kantons, der Hegemonialparteien nur kurze Zeit kannte und der früh zum Mehrparteiensystem überging.[534] Der Übergang zum Multipartismus erfolgte nach Gruner «in der Regel um so schneller, je differenzierter die kantonalen Strukturen sind».[535] Der Kanton St.Gallen, 1803 im fernen Paris durch den Machtspruch Napoleons dekretiert, war und blieb ein heterogenes und disparates Gebilde, ein «Haus aus vielen Häusern», wie Fritz René Allemann sein St.Galler Porträt treffend überschreibt.[536] Der Kanton war von seinen Schöpfern aus einem Konglomerat von insgesamt elf Herrschaftsgebieten mit unterschiedlichen historischen und konfessionellen Traditionen und unterschiedlichen wirtschaftlichen Strukturen zusammengefügt worden. Neben den Städten St.Gallen und Rapperswil waren es die alten Herrschaftsgebiete des Fürstabts und die ehemaligen Landvogteien der eidgenössischen Orte im Rheintal, im Oberland und im Linthgebiet. Zur territorialen, konfessionellen und sozioökonomischen Vielgestaltigkeit traten geographische und topographische Eigenheiten, die den jungen Kanton lange Zeit für zentrifugale Kräfte anfällig werden liessen.

Als die CSP 1911 die politische Bühne St.Gallens betrat, war der Ausdifferenzierungsprozess des sanktgallischen Parteiensystems abgeschlossen.[537]

---

534 Gruner, Parteien, S. 72. Gruner ist allerdings dahingehend zu korrigieren, dass bis 1861 nicht konservative und liberale Regierungsmehrheiten abwechselten, sondern dass die Liberale Partei von 1831 bis 1891 die Mehrheit in der Regierung nie aus der Hand gab, obschon die Konservativen 1859 und 1861 im Grossen Rat ein Übergewicht erlangten (vgl. Oberholzer, Konservative Volkspartei, S. 72).
535 Gruner, Parteien, S. 66.
536 Fritz René Allemann, 26mal die Schweiz, Panorama einer Konföderation, München/Zürich ⁵1988, S. 265–287.
537 Zur Parteiengeschichte des Kantons St.Gallen im 19. und frühen 20. Jahrhundert liegt vergleichsweise reichhaltige Literatur vor (vgl. die Literaturübersicht bei Gruner, Parteien, S. 331). Einen konzisen Überblick über die sanktgallischen Parteienverhältnisse von 1848–1919 gibt Gruner, Bundesversammlung, S. 537f. Vgl. auch die Kurzbiographien der St.Galler Bundesparlamentarier, ebd., S. 538ff., ebenso jene der St.Galler Landammänner in Thürer, Landammänner. Neuere Literatur: zum Freisinn Ehinger, Ringen, Habicht, Wandel, und Voegtle, Verfassung, S. 46ff.; zu den Konservativen Oberholzer, Konservative Volkspartei, und Voegtle, Verfassung, S. 71ff.; zu den Sozialdemokraten

Nach wie vor waren die Parteiverhältnisse bestimmt durch den Gegensatz zwischen Liberalen und Konservativen, der wichtigsten Konstante der St.Galler Parteigeschichte des 19. und auch 20. Jahrhunderts. Anders als auf Bundesebene, wo 1891 mit der Aufnahme des ersten Konservativen in den Bundesrat eine Annäherung der beiden historischen Parteien einsetzte, standen sich in St.Gallen Konservative und Liberale bis in die 1960er Jahre entlang der kulturkämpferischen Konfliktlinie unversöhnlich gegenüber und begründeten St.Gallens Ruf als Kulturkampfkanton. Die für 1903 geplante Zentenarfeier des Kantons scheiterte an der Verstimmung der Liberalen über die Erfolge der Gegner bei einer Regierungsratsersatzwahl und bei der Nationalratswahl von 1902.

Bis 1890, als die heute noch geltende Verfassung geschaffen wurde, hatten die Liberalen die Mehrheit in der St.Galler Regierung und bis 1912 dank dem Mehrheitswahlrecht auch im Grossen Rat behauptet. Dabei war die liberale Bewegung ein äusserst heterogenes Gebilde, dessen Zusammenhalt immer wieder durch Spannungen zwischen einem altliberalen und einem linksorientierten Flügel in Frage gestellt wurde. Vier Anläufe brauchten die Freisinnigen, ehe 1890 dauerhaft eine Kantonalorganisation, die Liberale Partei, aufgebaut werden konnte.[538] Die folgenreichste Abspaltung fiel in die späten 1880er Jahre, als sich die linksliberalen Demokraten unter der Führung Theodor Curtis, Heinrich Scherrers und Joseph Scherrer-Füllemanns mit den Forderungen nach aktiver Sozialpolitik und nach Ausdehnung der Volksrechte von der zu sehr auf kultur- und schulpolitische Themen fixierten Mutterpartei lösten und im Vorfeld der Revision der Kantonsverfassung die Demokratische und Arbeiterpartei gründeten. Sammelpunkt der demokratischen Linken wurde 1884 der «St.Galler Stadtanzeiger».

Vergleichbar den Liberalen bekundeten auch die Konservativen grosse Schwierigkeiten, eine stabile Parteiorganisation aufzubauen. Erste Anfänge eines parteiähnlichen Zusammenschlusses gehen zwar zurück bis ins Jahr 1834. Damals hatten die Katholiken St.Gallens zur Abwehr liberaler Übergriffe auf die Rechte des katholischen Volksteils und der katholischen Kirche den «Oberegger Verein» ins Leben gerufen. Zu einer dauerhaften parteipolitischen Formation der Katholiken kam es jedoch erst gegen Ende des Jahrhunderts. Anstoss dazu hatte der Anfang der 1870er Jahre wieder auflebende Kulturkampf gegeben, in dessen Gefolge junge Konservative um

---

Gruner, Arbeiterschaft und Wirtschaft, Bd. 3, S. 140f., Roschewski, Sozialdemokratie, Schlaginhaufen, Gewerkschaftskartell, und Specker, Sozialdemokratische Bewegung. Dagegen fehlt eine zusammenhängende Darstellung der Geschichte der Demokratischen und Arbeiterpartei. Zu deren Gründung und Entwicklung bis 1890 vgl. Voegtle, Verfassung, S. 77ff. Zur Geschichte der Demokraten ist nach wie vor lesenswert Weber, Erinnerungen.

538 Im Jahre 1912 benannten sich die Liberalen um in «freisinnig-demokratische Partei».

Johann Josef Keel, Thomas Holenstein, Georg Baumberger und Othmar Müller die innerlich gespaltene und geschwächte Partei wieder aufbauten und die Fundamente der 1892 restaurierten Konservativen Volkspartei des Kantons St.Gallen legten.

Zur Brechung der liberalen Hegemonie im Kanton verbanden sich vor der Verfassungsrevision von 1890 Konservative und Demokraten zu einer Allianz, deren Wirksamkeit während der nächsten 40 Jahre neben dem liberal-konservativen Gegensatz zur zweiten Konstante der St.Galler Politik wurde. Nach Thomas Holenstein, einem der Väter der Allianz, war diese neben einem machtpolitischen auch von einem «idealen Moment» getragen, vom «Geist der Toleranz und des konfessionellen Friedens», sowie vom Willen, «konfessionelle und kirchliche Kämpfe – wie sie so oft die sanktgallische Politik ohne Nutzen für den Kanton beschäftigt und die Kräfte entzweit hatten – vom staatlichen Boden fern zu halten».[539] Dem freisinnigen Vorwurf, die Allianz zwischen Konservativen und Linksliberalen sei «unnatürlich», hielt Holenstein entgegen, dass «nichts natürlicher [war] als diese Zusammenarbeit», denn «sie ergab sich aus den Verhältnissen selbst».[540]

Diese Verhältnisse veränderten sich mit der Verfassungsrevision von 1890. Die neue Verfassung sah erstmals die Volkswahl der Regierung vor, was nach den Regierungsratswahlen von 1891 dazu führte, dass sich die Liberalen, die bis anhin stets die klare Mehrheit in der Regierung besessen hatten, fortan mit zwei Sitzen begnügen mussten, während die Konservativen mit drei und die Demokraten mit zwei Vertretern in den Regierungsrat einzogen.[541] Damit entstand jene paradoxe Situation, dass die Freisinnigen zwar wegen des Majorzwahlrechts im kantonalen Parlament immer noch eine Mehrheit besassen, in der Regierung dagegen in der Minderheit waren. In einem 20jährigen Ringen und erst im vierten Anlauf gelang es den Allianzparteien im Jahre 1911, eine knappe Mehrheit für die Einführung des Verhältniswahlrechts zu erhalten und damit die Voraussetzungen dafür zu schaffen, die Proportionen zwischen Legislative und Exekutive in Übereinstimmung zu bringen.

Vorläufig letzter Akt im Prozess der Formation der politischen Kräfte war die 1905 erfolgte Gründung der Sozialdemokratischen Partei des Kantons St.Gallen. Erst sehr spät hatte sich die Arbeiterschaft im Kanton zu organisieren begonnen. 1849 war in der Stadt St.Gallen eine Sektion des Grütlivereins gebildet worden, die aber weit davon entfernt war, eine Arbeiterorganisation zu sein oder sozialistischen Ideen anzuhängen. Erst in den 1870er

---

539 Holenstein, Baumberger, S. 79.
540 Holenstein, Konservative Volkspartei, S. 282. Vgl. auch ebd., S. 267ff.
541 Heinrich Scherrer war 1902 als Vertreter der Demokratischen und Arbeiterpartei, die er mitbegründet hatte, in den Regierungsrat gewählt worden. 1905 trat er der Sozialdemokratischen Partei bei (vgl. Gruner, Bundesversammlung, S. 581; Holenstein, Konservative Volkspartei, S. 301f. und S. 322, Thürer, Landammänner, S. 21f.).

und 1880er Jahren, im Zuge der sich verschärfenden Arbeitskämpfe und mit dem Zustrom fremder Arbeitskräfte, «denen die gewerkschaftliche und politische Organisation keine weltfernen, unbekannten Dinge waren»[542], entstanden auf dem Platz St.Gallen eine Reihe von Gewerkschaften und Arbeitervereinen. Sie schlossen sich mit dem Grütliverein 1886 zur Dachorganisation der Arbeiterunion St.Gallen zusammen, deren Mitgliederzahl bis 1900 auf 1800 kletterte und die 1901 ein Arbeitersekretariat einrichtete.

Auf parteipolitischem Feld verbanden sich die Arbeiter- und Grütlivereine 1888 auf der Basis gemeinsamer sozialpolitischer Postulate mit den Demokraten zur kantonalen Demokratischen und Arbeiterpartei. Dieser Verbindung zwischen linkem Bürgertum und Arbeiterschaft war freilich nur eine kurze Lebensdauer beschieden. Interessen- und Klassengegensätze zwischen den beiden Partnern, Rekrutierungserfolge und wachsendes Selbstbewusstsein der Arbeiterorganisationen sowie das Vorbild der 1888 gegründeten Sozialdemokratischen Partei der Schweiz verstärkten die Entfremdung. Zum Vorreiter der Emanzipation aus demokratischer Vormundschaft wurde die 1891 in der Stadt St.Gallen gegründete Sozialdemokratische Partei. 1904 kündigten Teile der Grütlianer und die Sozialdemokraten ihre Verbindung mit den Demokraten und konstituierten ein Jahr später die Sozialdemokratische Partei des Kantons St.Gallen. Die St.Galler Sozialdemokraten schlossen sich der Schweizerischen Sozialdemokratischen Partei an und bekannten sich zu deren marxistischem Programm.

Die jahrzehntelang stabilen Mehrheitsverhältnisse im St.Galler Kantonsparlament veränderten sich mit der Grossratswahl von 1909 erstmals zugunsten der Allianz- oder Proporzparteien (Konservative, Sozialdemokraten und Demokraten), die mit einer knappen Mehrheit von 88 Mandaten gegenüber 84 der Freisinnigen diese im nun einsetzenden Endkampf um die Einführung des Verhältniswahlrechts in die Defensive drängten (Tab. 5).

Tabelle 5: Parteipolitische Zusammensetzung des Grossen Rates des Kantons St.Gallen, 1906, 1909

	Bestand		Freisinnige		Konservative		Sozialdemokraten		Demokraten		andere	
	abs./	in %	abs./	in %	abs./	in %	abs./	in %	abs./	in %	abs./	in %
1906	172	100	88	51	68	40	6	3	10	6	0	0
1909	172	100	84	49	70	41	6	3	12	7	0	0

HSVSV, Bd. 3, S. 292; Holenstein, Konservative Volkspartei, S. 310. Freisinnige: 1909 inkl. ein unabhängiger Liberaler.

---

542 Jb Arbeiterunion 1911, S. 55.

Anders präsentierte sich die St.Galler Parteienvertretung im Bundesparlament: In der seit 1911 15köpfigen St.Galler Nationalratsdeputation waren die Liberalen mit sieben Abgeordneten gegenüber sechs Konservativen und zwei Demokraten bis zur Einführung des Proporzwahlrechts 1919 in der Mehrheit. Und bis 1911, als Heinrich Scherrer für die Sozialdemokraten das zweite St.Galler Standesmandat eroberte, hatten stets beide Ständeräte der Liberalen Partei angehört.

2.2 Das politische Erwachen der Christlichsozialen

Obwohl in der päpstlichen Enzyklika Rerum novarum die Staatshilfe, das heisst die staatlich-sozialpolitische Intervention als Mittel der christlichen Sozialreform ausdrücklich vorgesehen war[543] und der VMAV bereits in diesem Sinne gewirkt hatte, sahen die christlichsozialen Bewegungsgründer zunächst davon ab, neben den Standesvereinen, den genossenschaftlichen und karitativen Institutionen und den Gewerkschaften auch eine politische Interessenvertretung aufzubauen. Über die Gründe hiefür lassen sich nur Vermutungen anstellen. Von Georg Baumberger, einem energischen Befürworter eines christlichsozialen politischen Engagements, wissen wir, dass Johann Baptist Jung von einer parteipolitischen Ausrichtung der Bewegung nichts wissen wollte, diese vielmehr apolitisch konzipiert, das Schwergewicht auf die Selbsthilfe gelegt und der Staatshilfe, wenn überhaupt, bloss subsidiäre Bedeutung zugemessen hatte.[544] Dazu kam, dass der Aufbau der weitgefächerten Bewegung die Kräfte so sehr absorbierte, dass für die parteipolitische Arbeit kein Raum mehr blieb. Und schliesslich verfügten die Katholiken im Kanton St.Gallen in der konservativen Partei als dem Träger des politischen Katholizismus über ein starkes Instrument zur Wahrung materieller Interessen.

Altermatt datiert das politische Erwachen der Christlichsozialen allgemein ins Jahr 1905 und deutet es als Ausdruck wachsender sozial- und wirtschaftspolitischer Divergenzen zwischen den bäuerlich-mittelständisch politisierenden Konservativen und der an Zahl und Selbstbewusstsein erstarkten katholischen Arbeiterschaft in einer Zeit zunehmender Verwirtschaftlichung der Politik.[545] Auf die tages- und parteipolitischen Forderungen der christlichsozialen Arbeiterschaft, auf ihre Mitsprache- und Vertretungsansprüche reagierten die Konservativen mit Widerstand und Ablehnung. «Die ungestüme Kraft der jungen Bewegung», führte Josef Scherrer mit Bezug auf

---

543 Rerum novarum, Nr. 25ff.; vgl. auch Scherrer, Politik, S. 8f.; Beuret, Katholische-soziale Bewegung, S. 101f.
544 Hochwacht, Nr. 168, 22. Juli 1938.
545 Altermatt, Ghetto, S. 359ff.

St.Gallen später in einem historischen Rückblick aus, sei «als Bedrohung der alten Richtung» empfunden worden, als «Störung aus behaglicher Ruhe, die nach den von der konservativen Partei mit Bravour geführten Kämpfen der 90er Jahre eingetreten war».[546] Zu sehr noch seien weite Teile des katholischen Volkes in liberalen Denkvorstellungen befangen gewesen, zu wenig noch sensibilisiert für soziale Themen.[547] Darüber stand die Angst der Konservativen vor einer Zersplitterung der politischen Einheitsfront der Katholiken. Die anderen Gruppen in der konservativen Partei, Bauern und Mittelstand, so bekamen die Protagonisten einer politischen Formation der Christlichsozialen zu hören, organisierten sich innerparteilich auch nicht nach ständischen und wirtschaftlichen Gesichtspunkten.[548] Symptomatisch für die konservativen Abwehrreflexe war der im Mai 1904 unternommene Versuch einer Delegation der katholisch-konservativen Fraktion der Bundesversammlung, beim St.Galler Bischof Augustin Egger gegen die christlichsozialen Aktivitäten zu intervenieren.[549] 1907 musste Ferdinand Buomberger, seit dem Wegzug von Georg Baumberger 1904 Redaktor bei der konservativen «Ostschweiz», demissionieren, «weil sein sozialer Kurs den konservativen Herren nicht passte».[550] Viel Staub wirbelte 1905 eine Ersatzrichterwahl im Bezirk Gossau auf, als der von der christlichsozialen Arbeiterschaft favorisierte Kandidat von konservativer Seite abgelehnt wurde.[551] Unter dem Titel «Es ist ja nur ein Arbeiter» kritisierte Alois Scheiwiler die Zurücksetzung der Arbeiterschaft durch bürgerlich-konservative Kreise und schrieb: «Es ist ja nur ein Arbeiter, darum braucht man ihn nicht oder nur von oben herab zu grüssen, darum muss man ihn mit patriarchalischer Würde behandeln, darum muss man ihn sich respektvoll vom Leibe halten, darum darf man auf ihn die Gesetze schon etwas schärfer anwenden, darum taugt er nicht in einen Ratssaal oder in ein Parlament hinein. Es ist doch nur

546 Josef Scherrer, 25 Jahre christlichsoziale Partei, Vortragsmanuskript, 1936, S. 10 (BAR).
547 Jb CSP 1912, S. 3f. (BAR). Josef Scherrer, Einige Glossen zu den derzeitigen Differenzen zwischen Konservativen und Christlichsozialen im Kanton St.Gallen, St.Gallen 1935, S. 1 (BAR). Hyperkonservative Kreise, beklagte sich Alois Scheiwiler 1905, hielten den Christlichsozialen «verkappten Sozialismus» vor (Meile, Scheiwiler, S. 92).
548 Scherrer, Politik, S. 6f.
549 Der konservativen Dreierdelegation gehörte neben Georges Python (Freiburg) und Caspar Decurtins (Graubünden) auch der St.Galler Nationalrat Josef Othmar Staub an.
550 TBSch, 24. April 1940 (PrivatA Scherrer). Vgl. auch Gruner, Arbeiterschaft und Wirtschaft, Bd. 2, S. 681, Anm. 17; Rusch, Erinnerungen, S. 122f.
551 Vgl. Kommentar in Ostschweiz, Nr. 71, 27. März 1905. Träger der Polemik gegen die Konservativen waren die von Georg Baumberger redigierten «Neuen Zürcher Nachrichten». Die «Ostschweiz» wie auch die Gossauer Konservativen übten sich in Schadensbegrenzung. Nationalrat Josef Othmar Staub, Präsident der Gossauer Konservativen, erklärte an der konservativen Wählerversammlung, «es sei die konservative Partei gerne bereit, bei nächster Gelegenheit für dieses oder jenes Amt eine geeignete Kandidatur speziell aus den Reihen der christlichsozialen Arbeiterschaft aufzustellen und tatkräftig zu unterstützen» (ebd.).

ein Arbeiter!»[552] Und Ferdinand Buomberger, durch seine Erfahrungen als Redaktor der konservativen «Ostschweiz» belehrt, sprach 1908 nicht ohne Verbitterung vom «verknöcherten Konservativismus» und dessen Ignoranz gegenüber sozialen Forderungen.[553]

Die politische Emanzipation der Christlichsozialen erhielt aber noch von einer anderen Seite wichtige Impulse: An Ostern 1904 war das Projekt einer einheitlichen, überparteilichen und überkonfessionellen Arbeiterorganisation bekanntlich an der Neutralitätsfrage gescheitert. Damit entfiel für die Christlichsozialen die Verpflichtung zu parteipolitischer Zurückhaltung. Vielmehr sahen sie sich vor die Notwendigkeit gestellt, nun ihrerseits in die politische Offensive zu gehen und sozialpolitisches Profil zu gewinnen. Verstärkt wurde dieser Druck dadurch, dass mit der Auflösung des VMAV und dem Ausscheiden seines Führers Caspar Decurtins aus der Politik ein Vakuum entstanden war.[554] Wollte die katholisch-soziale Bewegung, deren repräsentativer Träger die Christlichsozialen nun geworden waren, die Gestaltung der Sozialpolitik nicht gänzlich dem weltanschaulichen Gegner überlassen, wollte sie nicht riskieren, «dass das Vertrauen der katholischen Arbeiter zu ihren Führern und zu ihren Organisationen [schwand] und weite Kreise der Arbeiterschaft sich dem Sozialismus [zuwandten]»[555], mussten sie diese Lücke ausfüllen und sich politisch mehr Gehör verschaffen.[556] Diesem Ziel diente die im April 1904 im Klosterhof in St.Gallen veranstaltete Generalversammlung der christlichsozialen Arbeiterorganisationen der Schweiz, die von rund 3000 Personen besucht wurde. Der Redaktor der «Ostschweiz», Georg Baumberger, behandelte in einem Referat die Aufgaben der Arbeiterschutzgesetzgebung und forderte staatliche Mithilfe für die Durchführung der Kranken- und Unfallversicherung sowie eine Alters- und Invalidenversicherung. In einer Resolution sprach sich die Versammlung für die damals eingeleitete Revision des Fabrikgesetzes aus.[557]

Träger der ersten politischen Aktivitäten waren die katholischen Arbeitervereine.[558] Hatten sich diese in der Frühzeit der Bewegung noch darauf

---

552 Ostschweiz, Nr. 88, 15. April 1905.
553 Buomberger, Stellung, S. 9.
554 Decurtins zog sich 1905 aus der nationalen Politik zurück. Zu Decurtins vgl. Gruner, Bundesversammlung, S. 613f.
555 Scherrer, Politik, S. 6; vgl. auch Scherrer, Jung, S. 91.
556 Beuret, Katholisch-soziale Bewegung, S. 237f.
557 Ostschweiz, Nr. 94, 25. April 1904; Hochwacht, Nr. 20, 17. Mai 1929, Beilage Nr. 20; Holenstein, Konservative Volkspartei, S. 306. Zu Georg Baumberger vgl. Hochwacht, Nr. 118, 26. Mai 1931; Ostschweiz, Nrn. 235 und 240, 22. und 26. Mai 1931; JB CAB 1930/31, S. 3ff.; Gruner, Bundesversammlung, S. 49f.; HBLS, Bd. 2, S. 52.
558 Altermatt, Ghetto, S. 359. 1908 sprach sich J. B. Jung dafür aus, dass politische Fragen nicht vom Kartell St.Gallen und Umgebung, sondern von den katholischen Arbeitervereinen betreut werden sollten (Prot. Kartell St.Gallen, Kartellsitzung vom 18. März 1908, Archiv KAB).

Georg Baumberger, «Ostschweiz»-Redaktor und Pionier der politischen Sammlung der Christlichsozialen.

beschränkt, ihre Mitglieder sozialpolitisch und staatsbürgerlich zu schulen und für die konservative Partei zu agitieren[559], so gelang es vor allem den Ostschweizer Vereinen seit ungefähr 1905, gelegentlich eigene Vertretungen in den Behörden zu erlangen.[560] Den entscheidenden Anstoss zum Eintritt in die politische Arena erhielt die christlichsoziale Bewegung jedoch aus dem Bedürfnis der Diaspora, die zugewanderten Katholiken in einer eigenen Partei zu sammeln. Eine Pionierrolle fiel der Stadt Zürich zu, wo der im Dezember 1904 von St.Gallen in die Limmatstadt dislozierte frühere «Ostschweiz»-Redaktor Georg Baumberger nicht nur die «Zürcher Nachrichten» umgestaltete und zur Tageszeitung, zu den «Neuen Zürcher Nachrichten», ausbaute, sondern auch die 1896 gegründete und marginale Katholische Volkspartei als Christlichsoziale Partei reorganisierte und auf ein neues Fundament stellte. Eine Propagandaversammlung im grossen Tonhallesaal der Stadt Zürich im Frühsommer 1905 wurde zur Manifestation dafür, «dass die katholischen Schweizer in Kanton und Stadt Zürich sich nicht länger mit dem unwürdigen Dasein politisch bloss Geduldeter, denen man ein gnädiges Gastrecht zu gewähren geruht, abfinden lassen, nicht länger sich mit einer politischen Helotenstellung begnügen unter Ausschluss aus Amt und Gericht, sondern dass sie die verfassungsmässige Gleichberechtigung auch in praxi fordern».[561] Den Durchbruch brachte der 19. zürcherische Katholikentag im Oktober desselben Jahres, der nach einem Referat von Georg Baumberger «mit jubelnder Begeisterung» eine Resolution annahm[562], in der die Bildung einer

559 Göldi, Vereine, S. 130, Anm. 322, nennt als politische Aktivitäten des katholischen Arbeitervereins St.Gallen bis ins Jahr 1905: Beschluss, für die kantonale Proporzabstimmung eine Ja-Karte für die Mitglieder drucken zu lassen (1901); Teilnahme an einer Wahlkampagne (1902); Diskussion der Nationalratswahl (1905).
560 Jb ZV 1906, S. 13. Der Jahresbericht forderte die katholischen Arbeitervereine zu intensiver politischer Betätigung auf: «Die Stimmkarte in der Hand des christlichen Arbeiters ist eine Macht von grosser Bedeutung.»
561 Baumberger, CSP Zürich, S. 5.
562 Neue Züricher Nachrichten, Nr. 290, 20. Oktober 1905; ebd. der Wortlaut der Rede Georg Baumbergers.

christlichsozialen Partei im Kanton Zürich begrüsst wurde. Die formelle Konstituierung der CSP des Kantons Zürich unter ihrem ersten Präsidenten Georg Baumberger erfolgte Anfang April 1906.[563]

Der Zürcher Erfolg gab den Anstoss dazu, die politischen Aktivitäten zu intensivieren und auch in die eidgenössische Politik vorzustossen. Anlässlich der Gründung des Zentralverbandes der katholischen Arbeitervereine im November 1907 in Luzern verankerten die Delegierten die politische Betätigung ausdrücklich in den Statuten.[564] Der Zweckartikel postulierte, die Hebung und Förderung der geistigen und materiellen Lage des Arbeiterstandes sei auch «auf politischem Wege durch Stellungnahme zur Gesetzgebung, Förderung der Arbeitervertretung in den Behörden u.s.w.» anzustreben. Als Sachwalterin der politischen Interessen der katholischen Arbeitervereine in eidgenössischen Fragen und als Führungs- und Koordinationsorgan wählten die Delegierten im Anschluss an die Statutenberatung eine siebenköpfige Politische Kommission unter dem Präsidium von Ferdinand Buomberger.[565] Von ihr gingen massgebliche Impulse zur nationalen Parteibildung der Katholiken im Jahre 1912 aus.[566]

Organisatorisch, wenn auch nur rudimentär, hatten die Christlichsozialen nun ihre politische Präsenz auf nationaler Ebene angemeldet. Ein knappes Jahr später, im September 1908, trafen sich 51 Delegierte von 41 Vereinen aus der ganzen Schweiz in Zürich zur ersten «Politischen Tagung», um ihren Willen zu bekunden, «in die politische Arena hinabzusteigen und auch da ihre Rechte energisch zu wahren».[567] Die Delegierten genehmigten das von der Politischen Kommission ausgearbeitete «Politische Programm der schweizerischen Christlichsozialen», in dem Strategie und Taktik in der eidgenössischen Politik umrissen wurden.[568] In unserem Zusammenhang wich-

---

563 Zur CSP des Kantons Zürich vgl. Baumberger, CSP Zürich, sowie Baumbergers Beitrag im HBLS, Bd. 2, S. 577; vgl. auch Die Präsenz der CVP im Kanton Zürich, hg. von der Christlichdemokratischen Volkspartei des Kantons Zürich, o.O., o.J.; Altermatt, Katholizismus und Moderne, S. 198f.
564 Vgl. die auszugsweise Abschrift aus dem Protokoll des I. ordentlichen Delegiertentages der Arbeitervereine der Schweiz vom 10. November 1907 (BAR); Altermatt, Ghetto, S. 361.
565 Zu Ferdinand Buomberger vgl. HBLS, Bd. 2, S. 435, und Gruner, Arbeiterschaft und Wirtschaft, Bd. 2, S. 681, Anm. 17. Der Kommission gehörten neben dem Zentralpräsidenten des Verbandes, Alois Scheiwiler, zwei weitere St.Galler Vertreter an, darunter Karl Kern, ein Mitbegründer der CSP.
566 Altermatt, Ghetto, S. 363. Die Politische Kommission verfiel später in eine gewisse Inaktivität und musste 1912 reaktiviert werden (vgl. Gehrig, Das Christlichsoziale, S. 44).
567 Arbeiter, Nr. 38, 19. September 1908. Ebd. ausführlicher Bericht von der Tagung. Zu den Motiven für die politischen Organisationsanstrengungen der Christlichsozialen vgl. Buombergers Programmreferat «Die Stellung der Christlich-Sozialen zur Politik» (Buomberger, Stellung).
568 Das Programm ist abgedr. in: Buomberger, Stellung, S. 13ff.; Scherrer, Sozialreform, S. 83ff.; vgl. auch Altermatt, Ghetto, S. 366ff.

tig wurde jener Passus im mittleren, taktischen Teil des Programms, in dem «die Gründung von christlichsozialen Parteien nach dem Vorbild des Kantons Zürich» in den Kantonen und in den Gemeinden begrüsst wurde. Die Christlichsozialen sollten überall dort, wo konservative Parteiorganisationen bestanden, darnach trachten, «eine eigene politische Gruppe zu bilden, die sich der [konservativen] Partei anschliesst, für die ihr gebührende Vertretung sorgt und ein sozial-fortschrittliches Gesamtprogramm anstrebt». Konkret sollte in den Kantonen ein kantonaler Delegiertentag, einberufen vom grössten Kartell oder dem grössten Verein des Kantons, die Organisation von Parteigruppen in Kanton und Gemeinden an die Hand nehmen.

Die Programmerklärung von 1908 führte in den Diaspora- und paritätischen Kantonen mit grosser Arbeiterbevölkerung zur Gründung christlichsozialer Parteien oder Parteigruppen. 1911 verfügten die Christlichsozialen in den Kantonen Solothurn, Uri, Zug, Luzern, Genf und Basel-Stadt über eine Vertretung in den kantonalen Behörden.[569] Beispielhaft in bezug auf das Verhältnis zu den Konservativen wurde der Kanton Solothurn. Bereits 1907 war dort eine politische Gruppe der Christlichsozialen gegründet worden, die sich als Untergruppe der katholischen Gesamtpartei anschloss und 1908 einen Abgeordneten ins kantonale Parlament schickte.[570]

Für den Kanton St.Gallen erging der Aufruf zur politischen Sammlung an das christlichsoziale Kartell der Stadt St.Gallen und Umgebung, der grössten christlichsozialen Organisation auf dem Kantonsgebiet. Im Rahmen der «Ostschweizerischen Bezirkskonferenz christlichsozialer Arbeiterorganisationen» vom 11. Oktober 1908 diskutierten in einer «Politischen Sitzung» 37 Delegierte aus 22 Vereinen unter dem Vorsitz des St.Galler Kartellpräsidenten Gebhard Brielmaier das im Vormonat verabschiedete «Politische Programm» und berieten über Möglichkeiten zu dessen Umsetzung im Kanton.[571] Das Programm selber wurde ohne Diskussion als gut befunden und angenommen. Zu Meinungsverschiedenheiten Anlass gab dagegen die Frage, welches die Stellung der zu gründenden christlichsozialen politischen

---

569 Jb ZV 1911, S. 11. Eine Übersicht über die kantonalen christlichsozialen Parteien oder Parteigruppen gibt Gehrig, Das Christlichsoziale, S. 194ff.
570 Vgl. Walliser, Kampf um demokratische Rechte, S. 202f. Josef Walliser, der im November 1908 Mitglied des Solothurner Kantonsrates wurde, war der erste Christlichsoziale überhaupt, der einem kantonalen Parlament angehörte (ebd., S. 119).
571 Prot. der «Politischen Sitzung» vom 11. Oktober 1908, in: Prot. Kartell St.Gallen 1908–1913 (Archiv KAB). Vgl. auch den kurzen Tagungsbericht in: Ostschweiz, Nr. 238, 13. Oktober 1908. An der Konferenz nahmen auch Vertreter der Kantone Appenzell und Thurgau teil. Der Bezirks-Delegiertentag, in dessen Rahmen Spezialversammlungen stattfanden, «bezweckt in erster Linie gegenseitigen Austausch und Aussprache der einzelnen Sektion und sucht gegenseitig Mangelhaftes zu verbessern und das erreichte Gute auch anderen Sekt. nutzbar zu machen» (Prot. der Tagung des Arbeiterinnenvereins vom 11. Oktober 1911, in: Prot. Kartell St.Gallen 1908–1913, Archiv KAB).

Gruppe zur konservativen Partei sein sollte, ob sich die Christlichsozialen in die konservative Partei einordnen oder ob sie Selbständigkeit beanspruchen sollten. Schliesslich wurde der von Jung gestellte Antrag mehrheitlich angenommen, der sich praktisch wörtlich ans Politische Programm anlehnte und lautete: «Wir begrüssen die Gründung von christl[ich] soz[ialen] Parteien nach dem Vorbilde des Kt. Zürich. In Kantonen mit konservativen Partei-Organisationen gehören die Arbeiter-Vereine diesen an und bilden innert denselben eine Vereinigung, die für die ihr gebührende Vertretung sorgt und ein sozial fortschrittliches Gesamtprogramm erstrebt.»

Trotz dieser klaren Willensbekundung unterblieb in den folgenden drei Jahren jeder Versuch zur Gründung einer christlichsozialen Partei oder Parteigruppe im Kanton St.Gallen[572], obwohl es an Vorbildern in Zürich oder Solothurn nicht fehlte. Wenn St.Gallen hierin für einmal nicht pionierhaft voranzugehen vermochte, so bieten sich als Erklärung zwei Gründe an: Erstens hatten die Konservativen in ihrem Arbeitsprogramm für die Jahre 1909 bis 1912 Arbeiterpostulate aufgenommen, sprachen sich etwa für die «Anerkennung und Förderung der Gründung von christlichsozialen Arbeitervereinen und der christlichen Gewerkschaften» aus und verpflichteten sich zur «Vertretung und Unterstützung von sachlich begründeten Postulaten des Arbeiterstandes».[573] Hinter diesen sozial fortschrittlichen Programmpunkten standen konservative Exponenten wie Anton Messmer, Thomas Holenstein, Johann Schubiger, Carl Zurburg und Emil Buomberger, die die Zeichen der Zeit erkannt hatten und der christlichsozialen Sache mit Sympathie begegneten.[574] Dass auch die praktische Politik diesem Anspruch genügte, bestätigte Gebhard Brielmaier, der an der Politischen Tagung der Christlichsozialen 1908 den Konservativen attestierte, «dass man in St.Gallen den Christlichsozialen langsam Beachtung und Berücksichtigung zuteil werden lasse, aber nicht ohne etwelches Stossen und Schupfen».[575] Im St.Galler Oberland lobte der Redaktor des «Sarganserländer», Johann Baptist Rusch, das sozialpolitische Verständnis der Konservativen, das, «etliche mehr und minder zählende Nummern abgerechnet», weit fortschrittlicher sei als jenes der Freisinnigen.[576] Der Hinweis Scherrers allerdings, die Christlichsozialen

---

572 An den Ostschweizerischen Bezirkskonferenzen vom 10. Oktober 1909 und vom 6. November 1910 fehlten entsprechende Traktanden (vgl. Prot. Kartell St.Gallen 1908–1913, Archiv KAB).
573 Programm der konservativen Partei des Kts. St.Gallen 1909–1912, Abschnitt IV a «Arbeiterfrage» (Archiv Katholische Administration).
574 Positive Würdigungen in: Schreiben von Josef Scherrer an Anton Messmer vom 10. Mai 1935 (BAR); Jb CSP 1941–43, S. 13 (BAR); TBSch, 1. Oktober 1914 und 12. November 1928 (PrivatA Scherrer). Zu Buomberger vgl. unten Abschn. 2.4 und Teil IV Abschn. 2.7.
575 Arbeiter, Nr. 38, 19. September 1908.
576 Sarganserländer, Nr. 30, 10. März 1910.

seien bereits 1910, also vor der Gründung der CSP, im Parteiausschuss der KVP vertreten gewesen, dürfte falsch sein.[577] Zudem hatte die Ostschweizerische Bezirkskonferenz der christlichsozialen Arbeiterorganisationen von 1908 gezeigt, dass zwischen der christlichsozialen Führerschaft und der Basis Differenzen hinsichtlich der Form der zu gründenden christlichsozialen Parteiorganisation bestanden, was die Gründung der CSP drei Jahre später bestätigte. Die Führung, namentlich Jung und Scheiwiler, sprach sich für einen engen Anschluss an die Konservativen aus, in den Arbeitervereinen dagegen gab es Stimmen, die eine eigenständige, von den Konservativen losgelöste Partei anstrebten. Um diese Auseinandersetzung nicht aufs neue aufleben zu lassen, hielt es die christlichsoziale Elite wohl für klüger, die Organisationsbemühungen vorerst zu sistieren.

Erst mit der Einführung des proportionalen Wahlverfahrens für den sanktgallischen Grossen Rat im Februar 1911 erhielt die Diskussion um die politische Organisation der christlichsozialen Arbeiterschaft neuen Auftrieb.

2.3 Der Proporz als Katalysator

In der politikwissenschaftlichen Literatur ist zur Beschreibung und Analyse des Phänomens der innerparteilichen Gruppen- oder Flügelbildung in den 1960er Jahren der Begriff der «Faktion» eingeführt worden. Bei der Erörterung der Bedingungsfaktoren, die zur Faktionsbildung, zur Bildung von Parteigruppen oder «Parteien in der Partei» führen können, wird in den einschlägigen Arbeiten auf die Bedeutung des Verhältniswahlrechts in dem Sinne hingewiesen, dass dieses die faktionelle Spaltung begünstigt, während das Mehrheitswahlrecht die Zahl der Faktionen reduziert.[578]

Die Gründungsgeschichte der CSP bestätigt diese Beobachtung. Die Anstrengungen der katholischen Arbeiterschaft St.Gallens, eine eigene Parteiorganisation im Rahmen der konservativen Partei zu schaffen, wurden wesentlich motiviert durch die im Februar 1911 eingeführte Verhältniswahl für das kantonale Parlament. Dem schliesslichen Sieg des Proporzgedankens war eine heftige Auseinandersetzung zwischen den Liberalen, die den Pro-

---

577 Josef Scherrer, Einige Glossen zu den derzeitigen Differenzen zwischen Konservativen und Christlichsozialen im Kanton St.Gallen, St.Gallen 1935, S. 2 (BAR). In einer anderen Version dieses Berichts korrigiert sich Scherrer: Die Zweiervertretung der Christlichsozialen im konservativen Parteiausschuss wurde erst nach der Gründung der CSP, Ende 1911, zugestanden (Josef Scherrer, Entwicklung, Ziel und Aktion der christlichsozialen Volksbewegung unter Berücksichtigung der parteipolitischen Verhältnisse im Kanton St.Gallen, Dezember 1935, S. 3, BAR).
578 Vgl. Hartmann, Parteienforschung, S. 40ff.; dort Hinweise auf weiterführende Literatur. Vgl. auch Gruner, Parteien, S. 116.

porz ablehnten, und den befürwortenden «Allianz-» oder «Revisionsparteien» (Konservative, Demokraten und Sozialdemokraten) vorausgegangen, die den Kanton während rund zweier Jahrzehnte in einer politischen Dauererregung hielt.[579] Den Revisionsparteien war es bei der Totalrevision der kantonalen Verfassung 1890 nicht gelungen, das proportionale Wahlverfahren durchzusetzen. Die Verfassung schrieb nach wie vor die gemeindeweise Wahl des Grossen Rates nach dem Majorzsystem vor. Dass dadurch grobe Verzerrungen in der parteipolitischen Repräsentation des St.Galler Volkes entstanden, machte bereits die erste Grossratswahl nach der Verfassungsrevision deutlich: Obgleich die antiliberalen Parteien die Mehrheit im Volk besassen[580], entfielen auf die Konservativen und die Demokraten nur gerade 76 Mandate, während die Freisinnigen 87 beanspruchten. In der Stadt St.Gallen mit starker katholisch-konservativer Minorität waren sämtliche 18 Volksvertreter liberal, und in paritätischen Bezirken wie Ober- und Neutoggenburg oder im unteren Rheintal waren die Konservativen entweder gar nicht oder nur ungenügend repräsentiert.

Der Kampf um die Verhältniswahl wurde zu einem zentralen Programmpunkt der antiliberalen Allianz. Die 1890er Verfassung hatte zwar die Möglichkeit der Einführung der Verhältniswahl auf dem Wege der Gesetzgebung offen gelassen, zugleich aber an den Gemeinden als Wahlkreisen festgehalten. Angesichts der liberalen Mehrheit im Grossen Rat und aus der Einsicht, dass nur die Bezirke als Wahlkreise eine angemessene Berücksichtigung der Minderheiten ermöglichen würden, sahen sich Konservative und Demokraten auf den Weg einer Teilrevision der Kantonsverfassung verwiesen. Insgesamt dreimal lancierten sie eine Verfassungsinitiative, und jedesmal – 1893, 1901 und 1906 – wurde die Vorlage in der Volksabstimmung abgelehnt. 1906 hatten lediglich noch fünfhundert Stimmen zum Erfolg der Allianz gefehlt. Eine Wende brachte die Grossratswahl von 1909, in der die Freisinnigen erstmals seit 1861 ihre absolute Mehrheit im Grossen Rat einbüssten. Bereits in der ersten Session nach den Wahlen brachte der Demokrat Joseph Scherrer-Füllemann eine Motion auf Einführung der proportionalen, bezirksweisen Wahl für den Grossen Rat ein, die mit dem Stichentscheid des konservativen Ratspräsidenten für erheblich erklärt wurde. Die Schlussabstimmung über die Proporzvorlage im Grossen Rat sodann unterstrich, wie sehr der Parteienstreit um den Proporz zu einer Schicksals-

---

579 Vgl. Weber, Erinnerungen, S. 6ff.; Holenstein, Konservative Volkspartei, S. 281ff.; Oberholzer, Konservative Volkspartei, S. 68ff.; Thürer, St.Galler Geschichte, S. 351ff.
580 Vgl. die erste Regierungsratswahl durch das Volk 1891, die den Konservativen und der Demokratischen und Arbeiterpartei fünf der sieben Sitze einbrachte (drei Konservative und zwei Demokraten), sowie die Nationalratswahl von 1890, in der die Revisionsparteien sieben der elf Mandate eroberten (fünf Konservative und zwei Demokraten).

Der Übergang vom Majorz- zum Proporzwahlrecht 1911 gab den Anstoss zur Gründung der CSP des Kantons St.Gallen.

frage für den Kanton geworden war. Mit einem äusserst knappen Resultat, nämlich mit 87 von ebensovielen notwendigen Stimmen, sprach sich der Grosse Rat für den Proporz aus. Ebenso dünn war die Volksmehrheit, die in der denkwürdigen Abstimmung vom 5. Februar 1911 die Vorlage guthiess.[581] Gegen das Ausführungsgesetz, das der Grosse Rat ein halbes Jahr später verabschiedete, wurde das Referendum nicht ergriffen, so dass das Gesetz auf den 1. Januar 1912 in Kraft trat und anlässlich der Grossratswahl vom April 1912 erstmals zur Anwendung gelangte. Erwartungsgemäss sicherte das neue Wahlverfahren den Proporzparteien fortan eine starke Mehrheit im kantonalen Parlament.[582]

Für die Christlichsozialen hatte die Einführung des Verhältniswahlrechts katalytische Wirkung. In seinem ersten Jahresbericht als Präsident der CSP bekannte Josef Scherrer, dass der Proporz der katholischen Arbeiterschaft St.Gallens «neue Perspektiven» eröffnete.[583] Das neue Wahlverfahren, für das die Christlichsozialen an der Seite von Konservativen, Demokraten und Sozialdemokraten gestritten hatten, eröffnete die «Möglichkeit, mit eigenen Listen in den Wahlkampf zu ziehen und

581 Mit dem praktisch identischen Ergebnis – nämlich rund 29 500 bejahenden und rund 28 000 ablehnenden Stimmen – hatte der Kanton St.Gallen im Oktober 1910 eine eidgenössische Proporzvorlage angenommen, die allerdings gesamtschweizerisch scheiterte (Statistik des Kantons St.Gallen, XXXIX, S. 49 und S. 62).
582 1912 entfielen von den 212 Mandaten 86 auf die freisinnig-demokratische Partei, während die Allianzparteien 116 eroberten (87 Konservative, 18 Demokraten und 11 Sozialdemokraten). Zur parteipolitischen Zusammensetzung des Grossen Rates seit der Einführung des proportionalen Wahlverfahrens vgl. Statistik des Kantons St.Gallen, XL, S. 8f.
583 Jb CSP 1912, S. 4 (BAR).

damit zur Vertretung in der obersten, gesetzgebenden Behörde des Kantons zu gelangen».[584] Voraussetzung dafür war allerdings eine eigene Parteiorganisation.

2.4 Die Gründung der CSP im Zeichen des Ringens um die Organisationsform und der Frontstellung gegen die Sozialdemokratie

Maurice Duverger unterscheidet hinsichtlich der Gründungsgeschichte von Parteien zwischen zwei Typen: der «inneren» und der «äusseren» Gründung.[585] Die «innere» Gründung ist nach Duverger dadurch charakterisiert, dass die Parteiorganisation durch den Zusammenschluss von Parlamentariern, durch die Fraktion geschaffen wurde. Bei der «äusseren» Parteibildung dagegen gingen die Impulse von ausserparlamentarischen Institutionen und Organisationen aus. Die CSP ist gemäss dieser Typologie eine «äussere» Gründung. An ihrer Wiege standen die christlichsozialen Arbeitervereine. Den entscheidenden Anstoss zur parteipolitischen Organisation empfingen diese durch die Einführung des Proporzwahlrechts im Februar 1911.

Die lückenhafte Quellenlage macht die exakte Rekonstruktion der Gründungsgeschichte der CSP nur in Umrissen möglich.[586] Praktisch einzige Quelle ist der vom ersten Kantonalpräsidenten Josef Scherrer verfasste umfangreiche Jahresbericht der CSP für das Jahr 1912, in dem Scherrer, gestützt auf eigene Aufzeichnungen[587], die Gründungsvorbereitungen und den Gründungsakt nachzeichnete.[588] Scherrer zufolge hat der Sieg des Proporzes im Februar 1911 die politischen Organisationsbemühungen der Christlichsozialen reaktiviert, indem das neue Wahlverfahren erstmals die Gelegenheit eröffnete, eine politische Vertretung der katholischen Arbeiter im kantonalen Parlament zu erreichen. Die Gründung einer eigenen christlichsozialen Partei war nach Scherrer in einem doppelten Sinne notwendig und gerechtfertigt. Erstens sollte sie der Hebel sein, christlichsoziale Vertretungs-

---

584 Scherrer, Jung, S. 95. Vgl. auch Josef Scherrer, 25 Jahre st.gallische christlichsoziale Partei, Vortragsmanuskript 1936, S. 11: «Der Proporz öffnete den Christlichsozialen den Ratssaal» (BAR).
585 Duverger, Parteien, S. 8ff.
586 Im Archiv der CVP fehlen sämtliche Akten aus den Amtszeiten der Parteipräsidenten Johann Schubiger (1906–12) und Anton Messmer (1912–19). Die Parteiarchivalien aus dieser Zeit sollen mit Georg Baumberger nach Zürich verbracht worden sein (Prot. Parteiausschuss KVP, 14. März 1919, StaatsA SG, Archiv CVP).
587 Jb CSP 1912, S. 2 und S. 35 (BAR)
588 Nach Scherrer wurden an den ersten Sitzungen keine Protokolle angefertigt. Scherrer, der selber an den Gründungsvorbereitungen Anteil nahm, stützte sich auf Korrespondenzen und persönliche Notizen. Die Tagebuchaufzeichnungen Scherrers allerdings, die Anfang 1909 einsetzten, fehlen für die Jahre 1911 und 1912. Die nachfolgenden Ausführungen basieren, wo nicht anders vermerkt, auf dem Jb der CSP 1912 (BAR).

Im 1895–97 erbauten Katholischen Gesellenhaus («Casino») an der Rorschacherstrasse in St.Gallen wurde am 26. November 1911 die Christlichsoziale Partei des Kantons St.Gallen gegründet. In den folgenden Jahrzehnten diente das «Casino» Christlichsozialen und Konservativen regelmässig als Versammlungslokal.

ansprüche gegenüber den Konservativen durchzusetzen, die – vor allem in den Bezirken und weniger in der kantonalen Parteileitung – kaum Bereitschaft zeigten, den Emanzipationsbestrebungen der Christlichsozialen entgegenzukommen. «Die Arbeitervereine ... hatten vielerorts mit den Konservativen den grössten Kampf zu führen. Es gab da überhaupt Bezirke, wo man Arbeitervereine gar nicht aufkommen lassen wollte ... Speziell einige konservative Grossräte hatten es darauf abgesehen, die Gründung von katholischen Arbeiterorganisationen zu verhindern. Ein Hinweis auf die Enzyklika Leo XIII. nützte da in der Regel nicht viel ... Unter diesen Umständen achtete man auf Forderungen der katholischen Arbeiterschaft wenig oder meistens gar nicht. Auf politischem Boden versprach man den Arbeitern hin und wieder ebenfalls eine Vertretung in den Behörden, aber wenn sich eine Gelegenheit bot, so musste man wieder ‹eigene› Leute versorgen ... Niemand wollte ernsthaft daran denken, uns Christlichsozialen die uns nach unserer Stärke gehörende Vertretung in den Behörden zu geben ...»[589] Und zweitens liess der Übergang zum Verhältniswahlrecht auch die Aussichten der Sozialdemokratie wachsen, ihre Vertreterzahl im Grossen Rat zu erhöhen. Bereits 1906, also noch unter dem Majorz-Regime, hatten die an

---

589 Jb CSP 1912, S. 3f. (BAR).

Mitgliedern rasch wachsenden St.Galler Sozialdemokraten sechs Mandate erobert und 1909 verteidigt, und die Chancen standen gut, dass die Sozialdemokratie als alleiniger Anwalt der Interessen von Arbeitern und Angestellten zu einer starken Kraft in der kantonalen Parteipolitik anwachsen würde.[590] Aus konservativen Widerständen gegenüber den christlichsozialen Forderungen und aus dem Aufstieg der Sozialdemokratie ergab sich für die christlichsoziale Führerschaft eine in höchstem Masse gefährliche Situation: Die katholische Arbeiter- und Angestelltenschaft lief Gefahr, sich dem katholischen Parteilager zu entfremden und links, bei den Sozialdemokraten, eine politische Heimat zu finden. Dieser möglichen Entwicklung, dem drohenden politischen Vertretungsmonopol der Sozialdemokratie für die Interessen der Arbeiterschaft und der Gefahr der Abwerbung und des Abmarsches der katholischen Arbeiter und Angestellten nach links, galt es mit der Gründung einer katholischen Arbeiterpartei als Alternative und Konkurrenzorganisation zur Sozialdemokratie entgegenzuwirken. Wir begegnen damit in der Gründungsgeschichte der CSP wiederum denselben Motiven, die Jung und Scheiwiler ausgangs des 19. Jahrhunderts zur Gründung von katholischen Arbeiter- und Gewerkschaftsorganisationen angetrieben hatten. Damals wie wiederum jetzt, zwölf Jahre später, trieb die christlichsoziale Führerschaft die Angst um, die katholischen Arbeiter könnten in die Fänge des Sozialismus geraten. Und damals wie jetzt waren sie davon überzeugt, dass diese Gefahr nur dann abzuwenden wäre, wenn es gelänge, der katholischen Arbeiterschaft auch eine eigene politische Organisation anzubieten.

Für die politische Organisation der Christlichsozialen standen 1911 zwei Modelle zur Verfügung: das Modell des Kantons Zürich, wo 1906 unter der Führung von Georg Baumberger eine eigenständige christlichsoziale Partei gegründet worden war, und das Modell des Kantons Solothurn, wo sich die Christlichsozialen 1907 als Untergruppe der konservativen Gesamtpartei zusammengeschlossen hatten. Als weitere «Vorgabe» schrieb das Politische Programm der schweizerischen Christlichsozialen von 1908 den Anschluss an die konservative Parteiorganisation vor. Die Auseinandersetzungen im Vorfeld der christlichsozialen Parteigründung im Kanton St.Gallen drehten sich, wie nachfolgend gezeigt wird, weniger um die Gründung als solche – die konservative Parteileitung hatte den Christlichsozialen die innerparteiliche Organisation als Gruppe nach Solothurner Muster schon recht bald

---

590 Zur Mitgliederentwicklung der Sozialdemokratischen Partei des Kantons St.Gallen seit 1905 vgl. Fuchs, Sozialdemokratische Partei, S. 90ff. Nach Scherrer gebärdete sich die Sozialdemokratische Partei bis zur ersten Proporzwahl als «einzige und alleinige Vertreterin der Arbeiterinteressen» im kantonalen Parlament (Josef Scherrer, Entwicklung, Ziel und Aktion der christlichsozialen Volksbewegung unter Berücksichtigung der parteipolitischen Verhältnisse im Kanton St.Gallen, Dezember 1935, S. 2, BAR).

zugestanden, wobei vor allem wahltaktische Überlegungen den Ausschlag gegeben hatten –, sondern um die Frage nach der konkreten Form der Organisation und insbesondere nach dem Verhältnis zu den Konservativen.

Die Keime der CSP wurden unmittelbar nach der erfolgreichen Volksabstimmung über die Einführung des proportionalen Wahlrechts gelegt, als in einem von den Arbeitervereinen bestellten «losen Komité» nach Wegen gesucht wurde, «um das neue Instrument des Proporzes auch für uns dienstbar zu machen».[591] Das Komitee kam zum Schluss, «dass man zur Gründung einer eigenen Partei schreiten sollte», und sah den für Juni 1911 vorgesehenen St.Galler Katholikentag in Rapperswil als Forum dafür vor, das Projekt zu propagieren und der Gründung den Weg zu ebnen.[592] In einer von Jung im Rahmen des Katholikentages geleiteten Spezialversammlung der katholischen Arbeitervereine löste die Absicht, eine christlichsoziale Partei zu gründen, ein starkes positives Echo aus.[593] Dadurch bestärkt, begann ein «Politisches Komité» mit Johann Baptist Jung, Josef Scherrer – zu diesem Zeitpunkt erst 20 Jahre alt und Gewerkschaftssekretär des Zentralverbandes christlicher Textilarbeiter –, Gebhard Brielmaier, Gewerkschaftssekretär sowie Präsident des Kartells St.Gallen und des Christlichsozialen Gewerkschaftsbundes der Schweiz, sowie Josef Bruggmann, Zentralpräsident des christlichsozialen Krankenkassenverbandes, christlichsoziale Bezirksverbände zu gründen. Die weiteren Gründungsvorbereitungen wurden einem zwölfköpfigen provisorischen Kantonalkomitee unter der Leitung Jungs übertragen, das sich aus Vertretern der Arbeitervereine von Gross-St.Gallen zusammensetzte[594] und das auf dem Korrespondenzweg von den Arbeitervereinen des Kantons anerkannt wurde.[595]

---

591 Zu den Vorbereitungen der Parteigründung vgl. nebst dem Jb der CSP 1912, S. 4ff., auch Scherrer, Jung, S. 92ff.

592 Die sanktgallischen Katholikentage, seit 1892 in unregelmässigen Abständen durchgeführt, waren Grossveranstaltungen der katholischen Vereine der Diözese St.Gallen. Im Rahmen der Katholikentage hielten die kirchlichen Organisationen gewöhnlich ihre Vereinsversammlungen ab (Cavelti, Partei und Kirche, S. 218f.; Dora, Egger, S. 497).

593 Im Bericht über die Arbeiterversammlung in der «Ostschweiz», Nr. 128, 6. Juni 1911, fehlen Hinweise auf die geplante christlichsoziale Parteiorganisation.

594 Vier Vertreter entfielen auf den Arbeiterverein St.Gallen-Stadt, drei auf den Arbeiterverein Tablat, drei auf den Arbeiterverein St.Othmar und zwei auf den Verein von Bruggen (Die Zusammensetzung des provisor. Kantonalkomités der Christlich-soz. Partei des Kantons St.Gallen, 1911, BAR). In diesem Gremium fehlte Alois Scheiwiler, seit 1908 als Pfarrer von St.Othmar wieder zurück in St.Gallen, obwohl gerade er sehr früh die Notwendigkeit und Bedeutung einer christlichsozialen Partei erkannt und dem Initiativkomitee zur Gründung der CSP des Kantons Zürich sowie der Politischen Kommission der Arbeitervereine angehört hatte (Hochwacht, Nr. 253, 29. Oktober 1932; Meile, Scheiwiler, S. 177; vgl. auch Scherrer, Jung, S. 113). Im Jb der CSP 1939–41, S. 1, würdigte Josef Scherrer·Scheiwiler als Mitinitianten der CSP (BAR).

595 Einziger ablehnender Bezirk war Gaster. In den Bezirken Neu- und Obertoggenburg sowie im Bezirk Werdenberg gab es 1911 keine Arbeitervereine.

Die Vorbereitungsarbeiten zur Parteigründung schritten seit Spätsommer 1911 zügig voran. Josef Scherrer erhielt in seiner Funktion als provisorischer Aktuar den Auftrag, einen Entwurf für ein Parteiprogramm mit sozial fortschrittlichem Profil zu entwerfen, das vom Komitee am 22. September 1911 mit nur marginalen Änderungen gutgeheissen wurde. Dieses Programm sollte den Konservativen, die seit zwei Jahren eine Programmrevision vorbereiteten, als Forderungskatalog der Christlichsozialen unterbreitet werden. Wider Erwarten rasch stiegen die Konservativen auf die christlichsozialen Postulate ein und präsentierten «zu unserm Staunen» ebenfalls einen Entwurf, der in der Form, nicht aber im Inhalt vom christlichsozialen Vorschlag abwich.[596] Emil Buomberger, Redaktor der «Ostschweiz», verarbeitete die beiden Programmvorschläge zu einem gemeinsamen Entwurf, der in mehreren Sitzungen diskutiert und als «Parteiprogramm der Konservativen und Christlichsozialen» schliesslich Annahme fand. Das provisorische Kantonalkomitee der Christlichsozialen stimmte dem gemeinsamen Programm am 9. November 1911 zu[597], die Konservativen an ihrer Delegiertenversammlung vom 21. November 1911.[598]

Wesentlich problematischer gestalteten sich die Vorarbeiten zu den Statuten der CSP, wie zwei Entwürfe dokumentieren, die von Josef Scherrer zusammen mit Johannes Duft ausgearbeitet wurden.[599] Von Anfang an plante das provisorische Kantonalkomitee, «eine von der konservativen Partei möglichst unabhängige und selbständige Parteiorganisation zu gründen», was konkret bedeutete, «dass wir, so die Konservativen mit uns einig gehen, ein gemeinsames Arbeiten und Vorgehen ohne weiteres wünschen, dass wir aber auch das Recht haben sollen, in Sach- und Wahlfragen unabhängig und selbständig vorzugehen, wenn ein gemeinsames Vorgehen aus wichtigen Gründen nicht möglich sein sollte».[600] Damit hatten sich die Christlichsozialen, möglicherweise unter dem Einfluss von Georg Baumberger[601], für das Zürcher Modell entschieden, obwohl die Verhältnisse im Kanton St.Gallen mit einer angestammten starken katholisch-konservativen Partei anders geartet waren als im Kanton Zürich, wo die Christlichsoziale Partei an die Stelle der 1896 gegründeten und unbedeutenden Katholischen Volkspartei getreten

---

596 Jb CSP 1912, S. 8f. (BAR).
597 Prot. provisorisches Kantonalkomitee, 9. November 1911 (BAR).
598 Vgl. Ostschweiz, Nr. 269, 22. November 1911. Jung hielt an der Delegiertenversammlung das Referat über den sozialen Teil des Programms.
599 Beide Entwürfe befinden sich im BAR, der zweite als Beilage zum Jb der CSP 1912.
600 Jb CSP 1912, S. 11f.
601 Dieser war an der Spezialversammlung der katholischen Arbeitervereine in Rapperswil persönlich anwesend gewesen und hatte das Tagesreferat zum Thema «Bauer und Arbeiter» gehalten. Scherrer bezeichnete Georg Baumberger später als Mitinitianten der Gründung der CSP (Schreiben von Josef Scherrer an Theodor Eisenring vom 28. Dezember 1949, BAR).

Christlich-soziale Partei des Kantons St. Gallen

Einladung
zur
kantonalen Delegiertenversammlung

auf Sonntag den 26. November 1911, mittags ½2 Uhr im Casino (Speisesaal)
Rorschacherstraße, St. Gallen

Traktanden:

1. *Eröffnung* der Tagung durch den Präsidenten, Hochwürden Herrn Prof. Jung.
2. *„Das Programm der christlich-sozialen Partei"*, Referat von Herrn Arbeitersekretär J. Scherrer
3. Beratung und Beschlußfassung betreffend dem Statuten-Entwurf.
4. Besprechung der Finanzfrage.
5. *„Unser taktisches Vorgehen bei den Frühlingswahlen"*, Referat von Herrn J. Bruggmann.
6. Wahl des Kantonalkomitees und des Präsidenten.
7. Besprechung betreffend der Parteipresse.
8. Allgemeine Umfrage.

Jeder Arbeiterverein und jede Gemeindeorganisation ist berechtigt an die Delegiertenversammlung wenigstens 3 Delegierte zu senden; Sektionen mit mehr als 100 Mitgliedern bestellen für jedes weitere Hundert zwei weitere Delegierte; ebenso mögen die in den einzelnen Bezirken bestellten Bezirkskomitee vollzählig erscheinen. Von Gemeinden, wo bis heute keine Organisationen sind, mögen Vertrauensleute delegiert werden.

In Anbetracht der überaus wichtigen Tagung, der ersten politischen Delegiertenversammlung der Christlich-Sozialen unseres Kantons, erwarten wir, daß alle Vereine vollzählig delegieren. Wir gehen ernsten und schweren Tagen entgegen; da gilt es alle Freunde zu sammeln, da müssen wir uns enger zusammenschließen. Der Feind soll die Christlich-Sozialen gerüstet finden. Es gilt zu kämpfen für unsere christliche Weltanschauung, es gilt an der geistigen und wirtschaftlichen Hebung der arbeitenden Stände wirksam mitzuarbeiten. Also Freunde, kommt in Scharen nach St. Gallen! Alle, alle, von den Gestaden des Bodensees bis zur Thur, die lieben Fürstenländer, die Toggenburger und Gasterländer, die urchigen Oberländer und die emsigen Rheintaler, sie alle mögen stramm aufmarschieren. In gemeinsamer Tagung wollen neue Kraft, neuen Mut und neue, edle Begeisterung wir holen für die kommende Arbeit! Christlich-Soziale von Land und Stadt, seid in den Mauern der alten, lieben Gallusstadt herzlich willkommen!

Mit christlich-sozialem Freundesgruß!

Das provisorische Kantonalkomitee.

NB. An der Versammlung sind außer den Delegierten alle Mitglieder und Gesinnungsfreunde ebenfalls herzlich willkommen.

Einladungsschreiben zur Gründungsversammlung der CSP des Kantons St. Gallen am 26. November 1911.

und alleiniger Träger des politischen Katholizismus geworden war. Der eng ans Zürcher Vorbild angelehnte Statutenentwurf sah in Artikel 2 vor, dass die zu gründende Organisation «selbständig oder in Verbindung mit der Konservativen Partei» agiere und dass die Parteiorgane über Stellungnahmen zu wichtigen kantonalen und eidgenössischen Vorlagen «endgültig» entscheiden.[602] In dieser Fassung wurde der Statutenentwurf vom provisorischen Komitee am 9. November 1911 verabschiedet, und es wurde beschlossen, diesen an die Sektionen zu verteilen.[603] In derselben Sitzung erfolgte die Festsetzung der konstituierenden Versammlung auf den 26. November 1911.

Damit waren in St. Gallen die Weichen in Richtung einer organisatorischen Trennung der christlichsozialen von der konservativen Parteirichtung gestellt. Prinzipiell-programmatisch bekannten sich Konservative wie Christlichsoziale zwar zur Einheit, was mit dem gemeinsamen Parteiprogramm nach aussen dokumentiert werden sollte, organisatorisch aber wollten die Christlichsozialen eine autonome Partei gründen. Wie die Konservativen auf dieses Ansinnen reagierten, ist im einzelnen nicht auszumachen. Josef Scherrer berichtet, dass sich die Konservativen mit einer selbständigen Organisation der Christlichsozialen befreundet hätten. Dies aber ist, wie aus einem Schreiben des konservativen Parteipräsidenten Johann Schubiger an Jung zu entnehmen ist, so zu verstehen, dass die Konservativen die Gruppenbildung der Christlichsozialen innerhalb der konservativen Gesamtpartei akzeptierten, gegebenenfalls auch – sofern christlichsoziale Ansprüche in den Bezirken ungenügende Berücksichtigung finden sollten – ein eigenständiges Vorgehen bei der anstehenden Grossratswahl. Was die konservative Parteileitung dagegen ablehnte, war die Bezeichnung dieser Gruppe als Partei.[604] Gerade die Bezeichnung als Partei und die damit nach aussen unterstrichene Selbständigkeit aber waren das Ziel der christlichsozialen Vorbereitungen. Jung selber hat dieses Beharren auf Eigenständigkeit mit taktischen Überlegungen gerechtfertigt: Die Christlichsozialen bräuchten «diesen Titel [einer Partei] als *Agitationsmittel,* um uns Fernstehende aus andern Lagern näher zuzuführen, welche unter dem allgemeinen Titel ‹konservativ› nie zu erobern wären. Nach aussen hätten wir unter dem Namen ‹Gruppe› keinen Einfluss u. deshalb keine Werbekraft.»[605]

---

602 Im ersten Statutenentwurf wurde explizit auf das Zürcher Vorbild verwiesen. Der zweite Statutenenwurf übernahm die Zürcher Statuten teilweise wörtlich (Auszug aus den Statuten der CSP des Kantons Zürich in: Baumberger, CSP Zürich, S. 7f.).
603 Prot. provisorisches Kantonalkomitee, 9. November 1911 (BAR).
604 Schreiben von Johann Schubiger an Johann Baptist Jung vom 25. November 1911 (Archiv Katholische Administration).
605 Schreiben von Johann Baptist Jung an Johann Schubiger vom 27. November 1911 (Archiv Katholische Administration). Auch für Josef Scherrer waren die Eigenständigkeit und die Bezeichnung als Partei eine Frage der Lebensfähigkeit der CSP (Jb CSP 1912, S. 11, BAR).

Johann Schubiger, Parteipräsident der St. Galler Konservativen von 1906 bis 1912.

Bei dieser Ausgangslage war der Konflikt zwischen Konservativen und Christlichsozialen vorprogrammiert. Erstere erstrebten eine möglichst weitgehende Einbindung ihres linken Flügels in die Gesamtpartei, waren aber insofern zu Konzessionen bereit, als sie den Christlichsozialen eine gewisse organisatorische Eigenständigkeit als Gruppe konzedierten. Die Christlichsozialen ihrerseits drangen auf eine autonome Parteiorganisation mit der Begründung, nur in dieser Form Zug- und Werbekraft für die Arbeiter- und Angestelltenschaft zu besitzen. Nach Scherrer, der die Dramatik dieser Stunden später immer wieder in Erinnerung rief, konnte der Konflikt im katholischen Parteilager buchstäblich erst in letzter Minute, anlässlich der Statutenberatung an der konstituierenden Versammlung der CSP vom 26. November 1911, abgewendet werden.[606] Nachdem die 116 Delegierten aus 43 St.Galler Gemeinden – Vertreter der Arbeitervereine, der Bezirksorganisationen sowie Vertrauensleute jener Gemeinden, in denen noch keine christlichsozialen Organisationen bestanden[607] – das gemeinsam mit den Konservativen verfasste und von diesen bereits genehmigte Parteiprogramm einstimmig und mit Begeisterung gutgeheissen hatten, stellte Emil Buomberger zur Überraschung aller den Antrag, den Artikel 1 der Statuten dahingehend zu ergänzen, dass die «christlichsoziale Partei ein Glied der konservativen Gesamtpartei», die zu gründende CSP damit analog dem Solothurner Modell in die KVP zu

---

606 So z.B. 1935 im Zusammenhang mit heftigen Auseinandersetzungen zwischen Konservativen und Christlichsozialen (Josef Scherrer, Entwicklung, Ziel und Aktion der christlichsozialen Volksbewegung unter Berücksichtigung der parteipolitischen Verhältnisse im Kanton St.Gallen, Dezember 1935, S. 3, BAR).
607 Prot. provisorisches Kantonalkomitee, 9. November 1911 (BAR). Vgl. auch Einladungsschreiben zur kantonalen Delegiertenversammlung vom 26. November 1911 in St.Gallen, Beilage zum Jb CSP 1912 (BAR). Neben den Delegierten nahmen an der Gründungsversammlung zahlreiche «Zaungäste» teil, so dass insgesamt rund 180 Männer anwesend waren (Rheintalische Volkszeitung, Nr. 180, 27. November 1911).

inkorporieren sei.⁶⁰⁸ Buombergers Antrag erfuhr lebhafte Bekämpfung. Insbesondere die Delegierten vom Lande drangen auf eine selbständige, von den Konservativen losgelöste Parteiorganisation nach Zürcher Vorbild.⁶⁰⁹ Erst Jungs «ausserordentlich scharfes Votum» für den Antrag Buombergers⁶¹⁰, in dem Jung so weit ging, ultimativ zu drohen, der Parteiorganisation fernzubleiben, falls Buombergers Antrag nicht angenommen würde, brachte dem Antrag eine knappe Mehrheit.⁶¹¹ Auf eine weitere Adaption des Statutenentwurfs, die sich auf Grund des Antrags von Buomberger konsequenterweise aufgedrängt hätte, verzichteten die Delegierten. Im besonderen der Artikel 2, der die «endgül-

Der 20jährige Josef Scherrer wurde 1911 erster Kantonalpräsident der CSP des Kantons St.Gallen (Aufnahme aus dem Jahr 1911).

tige» Beschlussfassungskompetenz der CSP in politischen Fragen vorsah, wurde in der Fassung des Entwurfs belassen. Im weiteren Verlauf der fast vier Stunden dauernden Gründungsversammlung wurde das Kantonalkomitee bestellt und Josef Scherrer zum Präsidenten gewählt. Den Abschluss der Versammlung bildete ein Referat von Josef Bruggmann über das taktische Vorgehen bei den ersten proportionalen Wahlen ins kantonale Parlament.⁶¹²

608 Scherrer würdigte Emil Buomberger später als Anwalt der christlichsozialen Ansprüche und als wichtige Integrationsfigur im Konflikt zwischen Konservativen und Christlichsozialen: «Er war der Vermittler zwischen der forschen jungen christlichsozialen Bewegung und der alten konservativen Richtung ... Buomberger hatte volles Verständnis für uns und brachte es dazu, dass die Altväter der Partei den Christlichsozialen mehr Raum gewährten» (TBSch, 2. März 1939; vgl. auch TBSch, 2. und 30. Dezember 1920, PrivatA Scherrer).
609 Ostschweiz, Nr. 274, 28. November 1911.
610 TBSch, 17. August 1935 (PrivatA Scherrer).
611 Interessanterweise und ohne plausiblen Grund fehlt im ansonsten ausführlichen Jb der CSP 1912 ein Hinweis auf den Antrag Buombergers und die Intervention Jungs. Dagegen ist diese Episode in der Jung-Biographie Scherrers einlässlich wiedergegeben (Scherrer, Jung, S. 95f.). Ebenso erwähnt sie Holenstein, Konservative Volkspartei, S. 309.
612 Zum Verlauf der Gründungsdelegiertenversammlung vgl. Ostschweiz, Nr. 274, 28. November 1911; Rheintalische Volkszeitung, Nrn. 180 und 181, 27. und 29. November 1911; Rorschacher Zeitung, Nr. 186, 27. November 1911; Neue Zürcher Nachrichten, Nr. 323, 28. November 1911; Josef Scherrer, Ziel und Aktion der christlichsozialen Volksbewegung unter Berücksichtigung der parteipolitischen Verhältnisse im Kanton St.Gallen, Dezember 1935, S. 3f. (BAR); Scherrer, Jung, S. 95ff.

Mit der Gründung der CSP als «Partei in der Partei» war ein Modus gefunden worden, der im politischen Katholizismus bislang beispiellos war und der als Mittelweg zwischen dem Zürcher und dem Solothurner Modell bezeichnet werden kann. In der Frage des Verhältnisses zur konservativen Gesamtpartei folgten die St.Galler Christlichsozialen dem Beispiel Solothurns, das heisst sie verzichteten darauf, eine «absolute Partei» zu bilden[613], und ordneten sich als Parteigruppe in den Rahmen der konservativen Gesamtpartei ein. Darin allerdings, dass die CSP eine eigene Parteiorganisation mit eigener Mitgliedschaft aufbaute und in der Organisation damit Selbständigkeit bewahrte, folgte sie dem Zürcher Modell. In gewisser Weise kopierte die CSP mit dem Modell der «Partei in der Partei» die auf Vereinsebene seit einem Jahrzehnt praktizierte Integration der konfessionellen Standesvereine in den Rahmen des Katholischen Volksvereins, der als Sammel- oder Spitzenorganisation das Dach bildete, unter dem sich die Spezialvereine als «Vereine im Verein» selbständig betätigten.

In der politikwissenschaftlichen Literatur ist, wie bereits erwähnt, für das Phänomen der innerparteilichen Gruppen- oder Flügelbildung der Terminus «Faktion» eingeführt worden.[614] Als solche lässt sich jede innerparteiliche Verbindung oder Gruppierung definieren, die eine kollektive Identität besitzt und die sich als erkennbarer Block innerhalb der Gesamtpartei dauerhaft organisiert, um kollektiv bestimmte Ziele zu erreichen. Konstituierend für den Begriff «Faktion» ist im weiteren, dass sich deren Anhängerschaft von der offiziellen, von der Parteimehrheit anerkannten Ideologie in vielerlei Hinsicht abgrenzt und sich damit innerparteilich in einer gewissen Oppositionsstellung befindet. In der CSP begegnen wir gleich mehreren Merkmalen einer Faktion, nämlich: deutlich bestimmbare Anhängerschaft, dauerhafte eigenständige Organisation sowie gemeinsame Ziele. Was aber die CSP von der Faktion wesentlich unterscheidet und die Übertragung des Konzepts fraglich erscheinen lässt, ist die Tatsache, dass die CSP sich weltanschaulich-programmatisch nie im Widerspruch zur Mehrheit in der Gesamtpartei befand, vielmehr im Bekenntnis zu einer gemeinsamen Ideologie das einigende Band zwischen der eigenen Organisation und der Gesamtpartei erblickte. Aus diesem Grunde ist es ratsam, im weiteren vom Begriff «Faktion» abzusehen und stattdessen den auch von der CSP selber verwendeten Begriff «Parteigruppe» zu gebrauchen, und zwar in dem Sinne, dass

---

613 Der Begriff wurde von Josef Scherrer geprägt, um die besondere Stellung der CSP als Parteigruppe mit eigener Organisation im Rahmen der KVP zu umschreiben (Josef Scherrer, Entwicklung, Ziel und Aktion der christlichsozialen Volksbewegung unter Berücksichtigung der parteipolitischen Verhältnisse im Kanton St.Gallen, Dezember 1935, S. 11, BAR; TBSch, 23. Februar 1935, PrivatA Scherrer).
614 Eine Übersicht über Konzepte der Faktionsanalyse mitsamt Hinweisen auf weiterführende Literatur gibt Hartmann, Parteienforschung, S. 40ff.

die CSP zwar eine eigenständige Parteiorganisation und eine eigenständige Mitgliedschaft ausbildete, mit den Konservativen aber auf der Grundlage einer gemeinsamen Weltanschauung und eines gemeinsamen Programms aufs engste verbunden blieb.

Josef Scherrer würdigte die Wende an der Gründungsdelegiertenversammlung, die die Einordnung der CSP in den Rahmen der konservativen Gesamtpartei brachte, später als ein Werk der Vorsehung.[615] Wahrscheinlicher ist, dass Jung und Buomberger in den zweieinhalb Wochen zwischen der letzten Sitzung des provisorischen Kantonalkomitees vom 9. November, an der die eigenständige Parteiorganisation zuhanden der Delegierten vorgeschlagen worden war, und der Gründungsversammlung vom 26. November diesen Auftritt vorbereitet hatten. Nur mutmassen dagegen lässt sich über den Gesinnungswandel Jungs. Warum willigte er als Vorsitzender des provisorischen Kantonalkomitees ein, dass dieses einen Statutenentwurf verabschiedete, der die vollständige organisatorische Trennung vorsah, um dann kurze Zeit später ebendiese Trennung wieder zu relativieren? Mehrere Antworten sind denkbar, letzte Klarheit ist aufgrund der schmalen Quellenbasis aber nicht zu erhalten. War Jung, wie Scherrer später meinte, sich zu wenig bewusst, welche Konsequenzen eine Trennung in zwei Parteien für die Katholiken St.Gallens, aber auch der übrigen Schweiz nach sich ziehen würde?[616] Demnach erkannte Jung erst in den zweieinhalb Wochen vor der Gründungsdelegiertenversammlung das Risiko, das der Einheitsfront der Katholiken bei einer vollständigen organisatorischen Trennung der Christlichsozialen von den Konservativen drohte, möglicherweise auch sah er erst jetzt die Gefahr, die CSP könnte sich im Alleingang zu einer Klassenpartei entwickeln. Die konservative Delegiertenversammlung vom 21. November 1911, die das gemeinsame Parteiprogramm von Konservativen und Christlichsozialen wuchtig guthiess, führte Jung, der dort als Programmredner auftrat, zudem die ehrliche Bereitschaft der KVP vor Augen, sich sozial zu erneuern. Ein zweiter Erklärungsversuch könnte dahingehend lauten, dass Jung glaubte, die Arbeitervereine nur unter der Bedingung für eine politi-

---

615 So erstmals im TBSch, 17. August 1935 (PrivatA Scherrer), und im Bericht «Entwicklung, Ziel und Aktion der christlichsozialen Volksbewegung unter Berücksichtigung der parteipolitischen Verhältnisse im Kanton St.Gallen», Dezember 1935, S. 3f. (BAR), später an der christlichsozialen Jubiläums-Delegiertenversammlung vom 17. Mai 1937 in St.Gallen (TBSch, 17. Mai 1937, PrivatA Scherrer). Die Dramatisierung des Verlaufs der Gründungsversammlung zu einem eigentlichen Integrationsmythos erfolgte bezeichnenderweise im Vorfeld der Nationalratswahl von 1935, als sich Konservative und Christlichsoziale in einem bisher nicht gekannten Masse zu entfremden drohten und eine Parteitrennung in greifbare Nähe gerückt war.
616 TBSch, 2. März 1939 (PrivatA Scherrer): «Jung sah wohl plötzlich, welche unheimlichen Folgen die Trennung der Katholiken in zwei Parteien in der Zukunft haben müsste.»

sche Organisation mobilisieren zu können, dass diese selbständig sein würde, weshalb er die Vereine bis zuletzt, bis zum Gründungstag, im Glauben beliess, die CSP sei eine autonome Partei, um dann im Sinne eines Überraschungscoups mit der Autorität seiner Persönlichkeit und Stellung die Wendung in Richtung der organisatorischen Verbindung mit der KVP herbeizuführen. Für diese eher unwahrscheinliche Vermutung spricht wenigstens, dass der Antrag Buombergers scharf umstritten war und nur mit knapper Mehrheit angenommen wurde, woraus geschlossen werden kann, dass viele Arbeitervereine sich alsbald von den Gründungsvorbereitungen distanziert hätten, wenn diese auf eine enge organisatorische Verbindung mit der KVP angelegt gewesen wären. Eine dritte mögliche Erklärung ist schliesslich darin zu suchen, dass die Bezeichnung der christlichsozialen politischen Organisation als «Partei» zu Missverständnissen führte. Der Terminus «Partei» suggerierte der christlichsozialen Basis wie auch der KVP, die Christlichsozialen suchten die volle organisatorische Eigenständigkeit, obwohl Jung, wie bereits gezeigt, diese Etikette nur als taktisches Mittel verstanden wissen wollte und immer davon ausging, die CSP werde sich mit der KVP verbinden. In dieser Optik wäre der Statutenzusatz nur als nähere Umschreibung oder als Verdeutlichung einer von Jung eigentlich immer angestrebten Organisationsform zu verstehen, nicht aber als plötzliche Kehrtwende. Damit würden die Ereignisse an der Gründungsversammlung die Dramatik eines abrupten Umschwungs verlieren.

Uns erscheint die dritte Interpretation als die wahrscheinlichste, obgleich auch hier eine exakte Beweisführung nicht möglich ist. Es gibt aber eine Reihe von Indizien, die diese Version stützen. Zunächst ist daran zu erinnern, dass Jung sich immer zur Einheit von konservativem und christlichsozialem Flügel bekannte. Er trat 1907 in Luzern, 1908 in Zürich und kurz darauf in St.Gallen jenen Stimmen energisch entgegen, die die Lostrennung von den Konservativen forderten.[617] Auch führende St.Galler Konservative wie Thomas Holenstein[618] oder Eduard Guntli[619] attestierten Jung später, stets für die Parteieinheit eingetreten zu sein. Aufschlussreich in diesem Zusammenhang ist der kurze Briefwechsel zwischen Johann Schubiger, dem Präsidenten der KVP[620], und Johann Baptist Jung vom November 1911. Der Briefwechsel

617 Altermatt, Ghetto, S. 361 und S. 368f.
618 Holenstein, Konservative Volkspartei, S. 309.
619 Prot. Kantonalkomitee KVP, 17. Juli 1922 (StaatsA SG, Archiv CVP). Alois Scheiwiler zitiert in seiner Jung-Biographie aus dem Nachruf im «St.Galler Wahrheitsfreund»: «Es gab keinen schärferen Gegner der Trennung von Konservativen und Christlichsozialen als Kanonikus Jung. Er dachte viel zu hoch von den gemeinsamen unzertrennlichen katholischen Grundsätzen, als dass er jemals in eine Trennung eingewilligt hätte» (zit. nach Scheiwiler, Jung, S. 55).
620 Zu Johann Schubiger vgl. Oberholzer, Konservative Volkspartei, S. 65, und Thürer, Landammänner, S. 14. Regierungsrat Schubiger präsidierte die KVP von 1906 bis 1912.

belegt sowohl Jungs Strategie der organisatorischen Einheit mit den Konservativen wie auch die Vermutung von Missverständnissen im konservativ-christlichsozialen Lager. Aufgeschreckt von Pressemeldungen, die die Gründung einer christlichsozialen Parteiorganisation ankündigten, erinnerte Schubiger Jung daran, dass dieses Ansinnen «im Widerspruch mit den bisherigen Verhandlungen zwischen den Delegierten der Christlichsozialen und der konservativen Parteileitung, wie auch mit den von ihnen an der letzten konservativen Delegiertenversammlung abgegebenen Erklärungen [steht], wonach die Christlichsozialen zur konservativen Partei gehören u. nur eine Gruppe innert dieser Partei bilden».[621] Im Antwortschreiben vom Tag nach der Gründung der CSP umriss Jung sein Verständnis der Stellung der CSP zu den Konservativen: «Das Wort ‹Partei› darf nicht im Sinne einer selbständigen für sich bestehenden Partei aufgefasst werden, das Gegenteil davon ist in den Statuten festgelegt ... Sie dürfen versichert sein, dass es mein innigstes Bestreben bleiben wird, die Einheit zu erhalten.»[622] Wie sehr die Formel von der «Partei in der Partei» Missverständnisse gestiftet hat, unterstreicht auch die Berichterstattung über den Verlauf der Delegiertenversammlung selbst in der den Christlichsozialen nahestehenden Presse.[623] Für den Berichterstatter der «Rheintalischen Volkszeitung» war nach der Einigung von Konservativen und Christlichsozialen auf ein gemeinsames Programm zum vorneherein klar, dass sich die CSP in den Rahmen der konservativen Gesamtpartei einordnen würde.[624] Dagegen schrieb ein «christlichsozialer Führer» in den «Neuen Zürcher Nachrichten», bei der neugegründeten CSP handle es sich um eine «selbständige politische Partei».[625] Jung intervenierte augenblicklich und stellte in einer «wesentlichen Korrektur» klar, dass zwischen Konservativen und Christlichsozialen «vollständige Einheit» herrsche und letztere, wie die Statuten bestimmten, ein «Glied der konservativ-christlichsozialen Partei» seien.[626]

Die an der Gründungsversammlung gefundene und missverstandene Formel von der «Partei in der Partei» oder der «Parteigruppe» ermöglichte als

---

621 Schreiben von Johann Schubiger an Johann Baptist Jung vom 25. November 1911 (Archiv Katholische Administration).
622 Schreiben von Johann Baptist Jung an Johann Schubiger vom 27. November 1911 (Archiv Katholische Administration).
623 Auch das Zürcher «Volksrecht» schrieb in der Berichterstattung, dass an der christlichsozialen Delegiertenversammlung «die Lostrennung der Christlichsozialen von der konservativen Partei und ihre Konstituierung als selbständige Partei» beschlossen worden sei (Volksrecht, Nr. 283, 2. Dezember 1911).
624 Rheintalische Volkszeitung, Nr. 180, 27. November 1911. Die lange Diskussion um die Stellung zur KVP «schien dem Schreiber dies eine Zeit lang nicht recht klar das Programm der konservativen Partei zu kennen ... Herr Professor Jung wusste die richtige Stellungnahme herbeizuführen.»
625 Neue Zürcher Nachrichten, Nr. 323, 28. November 1911.
626 Neue Zürcher Nachrichten, Nr. 326, 1. Dezember 1911.

Johann Baptist Jung klärt den konservativen Parteipräsidenten Johann Schubiger über die Motive der Gründung einer kantonalen christlichsozialen Parteigruppe auf.

Kompromiss mit kleinstem Nenner den Brückenschlag zwischen dem altkonservativen und dem christlichsozialen Parteiflügel. Sie verband in kluger, geschickter und, wie sich in der Folgezeit zeigen sollte, erfolgreicher Weise die konservative Forderung nach Einordnung und die Forderung der christlichsozialen Arbeiter- und Angestelltenschaft nach Selbständigkeit. Die offene und darum elastische Regelung des Verhältnisses der beiden Parteirichtungen erlaubte dem konservativen wie dem christlichsozialen Flügel die Gesichtswahrung, je nachdem, welches Element stärker hervorgestrichen wurde, das verbindende oder das trennende.

Organisatorisch glückte der Einbau der christlichsozialen Arbeiterschaft in die konservative Mutterpartei bald nach dem Gründungsakt. Die entscheidende Frage indessen, wo die christlichsoziale Selbständigkeit beginnen und wo sie aufhören sollte, das heisst die inhaltliche Abgrenzung des Aktionsradius der christlichsozialen Parteigruppe im Rahmen der Gesamtpartei, blieb bis 1919 ungeregelt, was sich wohl damit erklären lässt, dass es den Parteiflügeln nicht opportun erschien, vor der Grossratswahl einen parteiinternen Streit zu provozieren, aber auch damit, dass sich zum jetzigen Zeitpunkt in dieser heiklen Frage kein Konsens erzielen liess.

Analog der in Solothurn und in St.Gallen gefundenen Lösung vollzog sich auch in anderen Kantonen die Integration der Christlichsozialen in die konservativen Parteiorganisationen. Überall verblieben die Christlichsozialen bis zum Ersten Weltkrieg in den konservativen Mutterparteien, denen sie Zugeständnisse in programmatischer Hinsicht und bezüglich der Vertretungen in den Behörden abringen konnten. Die konkrete Ausgestaltung des organisatorischen Verhältnisses zwischen Konservativen und Christlichsozialen variierte dabei von Kanton zu Kanton und «umspannte das weite Spektrum vom losen Anschluss als besondere Gruppe bis zum festen Einfügen in die Gesamtpartei».[627]

2.5 Die Reaktion der Sozialdemokraten

Während die konservative Presse, sowohl das konservative Zentralorgan, die «Ostschweiz», als auch die konservative Bezirkspresse, die Gründung der christlichsozialen Parteigruppe entweder sachlich-nüchtern oder in zustimmendem Sinne vermeldete, sucht man in der sozialdemokratischen St.Galler «Volksstimme» vergeblich nach einer Reaktion auf die christlichsoziale Delegiertenversammlung vom 26. November 1911. Auch am kantonalen Parteitag der St.Galler Sozialdemokraten im März 1912 in Wattwil wurde die CSP mit keinem Wort erwähnt.[628] Einzig das Zürcher «Volksrecht» würdigte die Gründung der CSP eine Woche später mit einer kurzen, dafür um-

---

627 Altermatt, Ghetto, S. 360. Gruners Feststellung, in einzelnen Kantonen, in Luzern und St.Gallen, sei es zu Parteispaltungen gekommen, ist falsch (Gruner, Arbeiterschaft und Wirtschaft, Bd. 2, S. 222). In Luzern trennte sich die 1909 gegründete christlichsoziale Parteigruppe erst 1956 von den Konservativen (vgl. Gehrig, Das Christlichsoziale, S. 196).

628 Volksstimme, Nr. 54, 4. März 1912. Ebenfalls keine Reaktion auf die zweite Delegiertenversammlung der CSP im Februar 1913 und ebenso keine Erwähnung am folgenden sozialdemokratischen Parteitag im April 1913 in Uzwil (Volksstimme, Nr. 80, 7. April 1913). Dagegen meldete der «St.Galler Stadtanzeiger», das Organ der Demokratischen und Arbeiterpartei, die Gründung der CSP in einem knappen Telegramm (Nr. 280, 28. November 1911).

«Kapitalistenknechte» und «Schärpenträger des Kapitalismus» – die Christlichsozialen im Zerrspiegel ihrer sozialdemokratischen Gegner.

so scharfsinnigeren Notiz: Die Konstituierung der CSP als selbständige Partei sei aus rein «taktischen» Gründen erfolgt. Die Trennung gebe den Christlichsozialen die Möglichkeit, «für radikalere soziale Forderungen einzutreten, ohne dadurch die konservative Partei bei ihrer bäuerlichen Anhängerschaft zu diskreditieren». Nur auf diese Weise glaubten die Christlichsozialen, «die Arbeiter vor dem Abmarsch ins sozialdemokratische Lager abhalten zu können». Von einer wirklichen Trennung könne keine Rede sein: «Man darf es den Führern der Christlichsozialen wohl glauben, dass sie sich im Herzen durchaus eins mit der konservativen Partei fühlen.»[629]

Erst im Vorfeld der Grossratswahl von 1912 liessen sich die St.Galler Sozialdemokraten zu einer Stellungnahme zu den «sogenannten Christlichsozialen» herbei.[630] Die Argumente, die in diesem Beitrag gegen die Christlichsozialen vorgetragen wurden, waren nicht neu, sondern nur eine Neu-

629 Volksrecht, Nr. 283, 2. Dezember 1911.
630 Volksstimme, Nr. 77, 30. März 1912. Die Stellungnahme zur CSP – «so kurz wie möglich» – erschien im Rahmen einer mehrteiligen Artikelfolge, die sich mit den bürgerlichen Parteien auseinandersetzte. Die erste, indirekte Anspielung auf die Christlichsozialen seit der Gründung der CSP machte die «Volksstimme» im Februar 1912 im

auflage jener Vorhaltungen, die sich die Christlichsozialen seit 1904, dem Jahr des offiziellen Bruchs mit der freien Gewerkschaftsbewegung, regelmässig gefallen lassen mussten. Der Artikelschreiber in der «Volksstimme» stritt der CSP wie der gesamten christlichsozialen Bewegung das Existenzrecht rundweg ab. Die Christlichsozialen wurden, das war der Hauptvorwurf, einmal mehr der Zersplitterungstaktik bezichtigt, und zwar in doppelter Weise. In der Gewerkschaftsbewegung schwächten sie mit ihrem Sonderkurs die Schlagkraft der Arbeiterschaft. Die christlichsoziale Führerschaft sei unablässig bemüht, dem katholischen Arbeiter weiszumachen, «dass sein Hunger, seine soziale Not und seine kulturelle Rückständigkeit anders geartet seien als die des reformierten oder israelitischen Arbeiters». Damit machten sich die Christlichsozialen des gemeinen Verrats an der gemeinsamen Arbeitersache schuldig. «Ihre ‹Solidarität› sind die Henkersdienste, die sie dem Kapital leisten und ihre ‹christliche› Moral gestattet es ihnen, es sich als ein Verdienst anzurechnen, wenn sie irgendwo mithelfen konnten, bedrängte Arbeiter zurückzustossen in den Sumpf der Not und des Elends. Sie führen das Wort Gottes auf der Zunge und tragen die Falschheit im Herzen.» Auf politischem Gebiet sodann machten sie sich zu arglosen Helfershelfern «der gleichen schwarzen Reaktion» wie in der Gewerkschaftsbewegung. Die CSP leiste durch ihre Verbindung mit den Konservativen deren Plänen konfessioneller Machtpolitik «Handlangerdienste». Als Belohnung dafür – «gegen die Dummheit ist ja bekanntlich noch kein Kraut gewachsen» – würden den Christlichsozialen einige Kandidaten zuerkannt, «am Schwanze der Wahllisten, wo sie am sichersten sind, nicht gewählt zu werden».

Warum die St. Galler Sozialdemokraten den mit der Gründung der CSP geworfenen Fehdehandschuh nicht sogleich aufgriffen, auf die rüde antisozialistische Polemik der Christlichsozialen nicht mit ebenso rüder Gegenpolemik antworteten und es bei dieser einen «Abrechnung» bewenden liessen, ist schwer zu ergründen. Zu vermuten ist, dass die Sozialdemokraten die nach wie vor marginale christliche Bewegung in ihrer Wirksamkeit gering einstuften und aus einer Position der Überlegenheit heraus ignorierten[631], dass zudem die Fronten der Auseinandersetzung seit der definitiven

---

Zusammenhang mit der Besprechung des Jahresberichts der Arbeiterunion St. Gallen: «Wie viel mehr könnte erst erreicht werden, wenn jeder Arbeiter endlich den Wert des organisatorischen Zusammenschlusses mit seinen Kameraden erkennen wollte, statt der Kräftezersplitterung in Sonder- und Scheinorganisationen Vorschub zu leisten und sich oft wider besseres Wissen zum Handlanger des Kapitalismus zu degradieren» (Nr. 46, 23. Februar 1912).

631 Holenstein, Christlichsoziale Arbeiterbewegung, S. 241. Als es während des Landesstreiks dann doch zu einer heftigen Auseinandersetzung zwischen Sozialdemokraten und Christlichsozialen kam, warf Scherrer den ersteren vor, «jetzt zetert man über die Christlichsozialen, die man ja sonst immer ignorieren zu können glaubt» (Ostschweiz, Nr. 263, 16. November 1918).

Karikatur aus der sozialdemokratischen «Volksstimme»: Die christlichsozialen Organisationen behindern die Emanzipation der Arbeiterschaft.

Trennung im Jahre 1904 längst abgesteckt waren.[632] Für den Kanton St.Gallen kam hinzu, dass die junge Sozialdemokratie ihren eigentlichen und direkten Konkurrenten in der Demokratischen und Arbeiterpartei erkannte, von der sie sich 1905 emanzipiert hatte. Ihr vor allem, deren «falsche Rufe den Stimmenfang unter den Arbeitern bewirken und den Herren zu ihren Sesseln verhelfen» sollten, galt der Kampf und nicht dem randständigen Häuflein der Christlichsozialen.[633]

Neuerdings ins Visier sozialistischer Kritik rückten die Christlichsozialen erst wieder im Zusammenhang mit dem Landesstreik von 1918, in dem die christlichsozialen Organisationen auf Distanz zu ihren streikenden Klassengenossen gingen und Partei für den Bürgerblock ergriffen. Ihre Antistreik-Parolen hätten bewiesen, schrieb die «Volksstimme» in einer Nachlese auf die Streikbewegung, dass die christlichsozialen Organisationen «die Schutztruppe der freisinnigen Kapitalisten» seien, ja, «dass selbst freisinniges Geld nicht stinken würde, wenn es zu dem Zwecke gegeben würde, die christlichsozialen Organisationen zu stärken».[634] Weitere sozialdemokratische Attacken auf die CSP erfolgten in den 1920er und 1930er Jahren regelmässig im Vorfeld von

---

632 1910 beispielsweise, eineinhalb Jahre vor der Gründung der CSP, wurden die katholischen Arbeitervereine in der sozialdemokratischen «Ostschweizerischen Arbeiter-Zeitung», der Vorgängerin der «Volksstimme», als Einrichtungen «zur Stützung des Kapitalismus» verunglimpft, als «der krankhafte Versuch, das Rad der Zeit aufzuhalten, um dieser egoistischen Gesellschaftsordnung noch die Galgenfrist zu verlängern!» (Nr. 34, 30. April 1910).
633 Volksstimme, Nr. 77, 30. März 1912. Die Attacke gegen die Demokraten fiel nicht minder scharf aus als jene gegen die Christlichsozialen. «‹Das Beste kommt zuletzt›, heisst es im Sprichwort. Leider ist es eine Übertreibung, wenn der Satz auf die st.gallischen Demokraten angewendet werden soll. Denn wenn das schöne Mäntelchen ‹Demokratie› von der graziösen Gestalt weggenommen wird, so grinst uns eine hässliche Strohpuppe entgegen, auf deren hohlem Gestell eine wüste, abstossende Fratze sitzt, die höhnisch auf ihre Anbeter herablächelt, wenn sie sich unbeobachtet weiss.»
634 Volksstimme, Nr. 271, 21. November 1918. Ob die CSP von den Freisinnigen resp. von der KVP für ihre Anti-Streikaktion tatsächlich finanzielle Zuwendungen erhielt, lässt sich

Wahlen, besonders heftig vor der Nationalratswahl von 1925.[635] Die Anschuldigungen blieben stets dieselben: Die CSP im besonderen und die christlichsoziale Bewegung im allgemeinen bezögen ihre raison d'être einzig und allein daraus, dass sie sich im Dienste des Bürgertums dazu hergäben, «den Sozialdemokraten das Wasser abzugraben, indem sie einen Teil der sozialistischen Forderungen übernehmen ..., um den Hauptgedanken des Sozialismus, den Aufbau einer Gesellschaftsordnung nach dem Grundsatz der sozialen Gerechtigkeit, umso wirksamer bekämpfen zu können». Damit betrieben sie die Sache des Klassenfeindes, nämlich «die Spaltung der Arbeiterschaft und damit natürlich auch die Schwächung der Arbeiterbewegung».[636]

2.6 Das Verhältnis der CSP zur christlichsozialen Gesamtbewegung

Im Kanton St.Gallen ergänzte sich das Grundmodell der christlichsozialen Bewegung mit der Gründung einer christlichsozialen Parteigruppe als eigenständiger Organisation im Rahmen der KVP um eine weitere Säule, der die Interessenwahrung auf politischem Feld oblag. Obwohl sich die Statuten der CSP von 1911 über die Stellung der Parteigruppe zu den christlichsozialen Organisationen ausschwiegen, bestanden zwischen der CSP auf der einen und den Standesvereinen und Gewerkschaften auf der anderen Seite in der Praxis von Anfang an enge wechselseitige Beziehungen. Nach dem Willen ihrer Gründer sollte die christlichsoziale Arbeiter- und Volksbewegung ein organisches Ganzes bilden. Ihre einzelnen Glieder – konfessionelle Standesvereine, christliche Gewerkschaften, Institutionen und Parteiorganisationen – sollten harmonisch zusammenwirken und die Interessen ihrer Mitglieder in allen Lebensbereichen vertreten. Immer wieder erklärtes Ziel war es, den einzelnen Arbeiter und Angestellten ins gesamte Netz der christlichsozialen Organisationen einzubinden. Genauso wie die christlichsozialen Führer sich gegen das «Nurgewerkschaftertum» wehrten und «Nur-

---

mit letzter Sicherheit nicht feststellen. Im Parteiausschuss der KVP war von Fr. 1200.– die Rede (Prot. Parteiausschuss KVP, 14. März 1919, StaatsA SG, Archiv CVP), doch fehlt im Kassabuch der CSP eine entsprechende Verbuchung.
635 Die sozialdemokratischen Anfeindungen im Herbst 1925 wurden durch die Referendumsabstimmung über das kantonale Staatsschuldentilgungsgesetz ausgelöst, für welches die CSP zusammen mit den bürgerlichen Parteien und gegen die Sozialdemokraten den Kampf geführt hatte.
636 Volksstimme, Nr. 247, 22. Oktober 1925. Zu den Vorwürfen gegen die Christlichsozialen – Verräter an der Arbeitersache, Mammonswächter, Schlepper für den Kapitalismus, Fortschrittshemmer usw. – vgl. auch Scherrer, Rückblick, S. 3; ders., Standort, S. 34; Göldi, Vereine, S. 64, Anm. 151.

krankenkässler» und «Nurarbeitervereinler» ablehnten[637], sprachen sie sich auch gegen das «Nur-Politik-Dasein» aus.[638]

Ein naturgemäss enges Verhältnis bestand zwischen der christlichsozialen Parteigruppe und den konfessionellen Arbeiter- und Angestelltenvereinen. Das ergab sich zuerst aus der Tatsache, dass die CSP von den Arbeitervereinen als kantonaler politischer Zweckverband gegründet worden war, dann aber auch daraus, dass die CSP auf den Arbeiter- und Angestelltenvereinen als den lokalen Zellen aufbaute und sich die Mitgliederkreise von Standesvereinen und politischen Organisationen auf lokaler Ebene lange weitgehend deckten. Die Standesvereine erfüllten für die Parteiorganisation die wichtige Funktion eines Zubringers oder Zuträgers. Sie mobilisierten das Fussvolk bei Wahlen und Abstimmungen, verankerten die Partei an der Basis und sorgten für die Finanzierung der Parteiaktivitäten. Georg Baumberger, der Pionier der politischen Formation der Christlichsozialen, bezeichnete die Standesvereine als «nützliches Hülfselement» für die Partei[639], Alois Scheiwiler würdigte sie als «die richtigen und gegebenen Zentralen, von wo aus die Agitation für die christlichsoziale Partei betrieben werden muss»[640], und der Revisorenbericht der CSP für das Jahr 1913 nannte sie die «erste Stütze unserer Ideen».[641] Mit Altermatt lassen sich die Standesvereine in ihrer Beziehung zur Parteigruppe damit als «Vorfeldorganisationen» bezeichnen.[642] Als Vor- und Umfeld der Parteiorganisation rekrutierten, schulten und aktivierten sie die Mitglieder. Umgekehrt resultierte aus der Parteiarbeit und der öffentlichen Wirksamkeit ein Werbeeffekt für die Gesamtbewegung.[643] Darüber hinaus fungierte die CSP bis zur Gründung des KV und des Diözesanverbandes im Jahre 1931 für die Standesvereine als Koordinations- und Führungsorgan.

Ausdruck der engen Verbindung zwischen Arbeitervereinen und christlichsozialer Parteigruppe waren gemeinsame Aktionen in Gemeinden, Bezirken und im Kanton.[644] Im Januar 1919 rief Josef Scherrer, beeindruckt

---

637 Scherrer, Jung, S. 41.
638 Josef Walliser in einem Referat anlässlich der Delegiertenversammlung der katholischen Arbeitervereine in Zürich am 25. April 1926, abgedr. in: Hochwacht, Nr. 100, 30. April 1926, Beilage Nr. 17.
639 Baumberger, CSP Zürich, S. 21.
640 Referat anlässlich des zweiten Delegiertentages der CSP vom 16. Februar 1913 in St.Gallen, abgedr. in: Ostschweiz, Nrn. 48, 50 und 52, 26., 28. Februar und 3. März 1913.
641 CSP, Revisorenbericht 1913, S. 3 (BAR).
642 Altermatt, Wirtschaftsflügel, S. 84; vgl. auch ebd. S. 80; andernorts charakterisiert Altermatt die Vereine als «Annex- und Hilfsorganisationen» für die Partei (Katholizismus und Moderne, S. 115).
643 Ein Verzicht auf das politische Engagement hätte, so bekannte Josef Scherrer später, den Zusammenbruch der Bewegung zur Folge gehabt (Scherrer, Jung, S. 91).
644 Als Beispiel für viele andere gemeinsame Veranstaltungen sei der christlichsoziale Volkstag vom 24. Oktober 1926 in Wil erwähnt, der von der CSP zusammen mit dem

Nach wie vor bestehen enge Kontakte zwischen der Christlichsozialen Partei und der Katholischen Arbeiternehmerbewegung. Mitglieder der KAB St.Martin-Bruggen besorgen den Packdienst für die CSP (Aufnahme aus dem Jahr 1996).

durch den Landesstreik, in einem Zirkular zu intensiver Zusammenarbeit in der Form gemeinsamer Aktionen zwischen den örtlichen christlichsozialen Parteiorganisationen und den Arbeitervereinen auf.[645] Bereits 1913 hatte der Vorstand der CSP auf Anregung von Josef Scherrer beschlossen, zur Verbesserung der Zusammenarbeit zwischen den Arbeitervereinen und der Parteigruppe eine kantonale Vorständekonferenz zu institutionalisieren.[646] In der ersten sanktgallischen Vorstände- und Behördenkonferenz rund zehn Jahre später, einer Grossveranstaltung mit 250 Teilnehmern, versammelten sich die Spitzen der christlichsozialen Organisationen St.Gallens zu einer Kundgebung, um die Geschlossenheit der Gesamtbewegung des Kantons zu demonstrieren.[647]

Arbeiterverein Wil organisiert wurde und 300 Teilnehmer anlockte (vgl. Hochwacht, Nr. 249, 25. Oktober 1926; TBSch, 24. Oktober 1926, PrivatA Scherrer).

645 Zirkular an die Lokalsektionen der CSP, an die katholischen Arbeitervereine des Kantons St.Gallen, an die Bezirkskomitees der CSP, 7. Januar 1919 (BAR).

646 TBSch, 15. Mai 1913 (PrivatA Scherrer). Die Konferenz wurde am 29. Juni durchgeführt und von 28 Organisationen mit 73 Teilnehmern besucht (Jb CSP 1913, S. 4, BAR). Eine weitere kantonale Konferenz von CSP und Arbeitervereinen fand am 9. Dezember 1923 statt und fasste den folgenreichen Beschluss, eine St.Galler Ausgabe der «Hochwacht» ins Leben zu rufen.

647 Vgl. Hochwacht, Nrn. 276, 281, 282 und 285, 26. November, 2., 3. und 6. Dezember 1924.

Waren die Arbeitervereine in den ersten beiden Jahrzehnten des Bestehens der CSP die Träger der christlichsozialen Politik gewesen[648], so änderte sich dies zu Beginn der 1930er Jahre insofern, als die vom Papst geförderte «Katholische Aktion» die Rückbesinnung der Standesvereine auf ihre religiös-sozialen Aufgaben und den Verzicht auf tagespolitische Aktivitäten postulierte. Die Standesvereine schieden in der Folge politische Kommissionen aus, oder es entstanden neben den Vereinen eigenständige christlichsoziale Parteiorganisationen. Den Vereinen verblieb in dieser Arbeitsteilung jenes Aufgabenfeld, das im weitesten Sinn als politische und soziale Bildung bezeichnet werden kann, als «Gesinnungspflege» oder «religiöse, sittliche, soziale und allgemein politische Erziehung und Schulung».[649]

In der Praxis führte die Ausklammerung der Tagespolitik aus dem Vereinsleben und die Beschränkung des politischen Engagements auf weltanschaulich-grundsätzliche Bildung dazu, dass die Vereine an Attraktivität verloren und sich die Parteiorganisation von der Basis der Arbeitervereine zu lösen begann. So zählte etwa die christlichsoziale Partei in St.Gallen-Ost im Jahre 1925 245 und der dortige Arbeiterverein 151 Mitglieder.[650] Zehn Jahre später war die Mitgliederzahl der Parteiorganisation auf 550 angestiegen, während der Arbeiterverein stagnierte und im selben Jahr noch circa 110 Mitglieder umfasste.[651] Josef Scherrer war überzeugt, dass diese Entwicklung auf das Nebeneinander von Standesverein und Parteiorganisation zurückgehe, dass der katholische Arbeiterverein «durch die christlichsoziale Parteiorganisation konkurrenziert und dadurch bedroht» werde.[652] Vor allem jüngere Leute würden durch die arbeitsteilige Doppelorganisation davon abgehalten, in die rein religiös-weltanschaulich ausgerichteten Arbeitervereine einzutreten. Scherrer verfocht deswegen den Standpunkt, dass an jenen Orten, wo ein gut funktionierender Arbeiterverein bestand, die Bildung einer Parteisektion neben dem Arbeiterverein unterbleiben sollte. Es genüge dort, wenn die Arbeitervereine für die politischen Aktivitäten eine politi-

---

648 Vgl. auch Beschluss der Delegiertenversammlung des Verbandes der katholischen Arbeitervereine der Schweiz vom 25. April 1926, Ziff. 1: «Die katholischen Arbeiter- und Angestelltenvereine werden als die eigentlichen Träger der christlichsozialen Politik erklärt» (abgedr. in: Hochwacht, Nr. 100, 30. April 1926, Beilage Nr. 17; JB CAB 1926/27, S. 55).
649 Josef Scherrer, Einige Glossen zu den derzeitigen Differenzen zwischen Konservativen und Christlichsozialen im Kanton St.Gallen, 1935, S. 6 (BAR). Zum politischen Bildungsauftrag der Arbeitervereine vgl. auch Hochwacht, Nr. 99, 28. April 1932.
650 TBSch, 5. März 1925 (PrivatA Scherrer); JB CAB 1926/27, S. 59. Die Mitgliederzahlen des Arbeitervereins St.Gallen-Ost beziehen sich auf das Jahr 1926.
651 TBSch, 23. Februar 1935 (PrivatA Scherrer). JB CAB 1934–36, S. 64. Die CSP St.Gallen-Ost war eine Kreisorganisation der 1916 im Zuge der Stadtverschmelzung gegründeten CSP von Gross-St.Gallen (Jb CSP der Stadt St.Gallen 1916–18, S. 2, BAR).
652 TBSch, 24. Februar 1935, 29. August 1939 und 2. Januar 1940 (PrivatA Scherrer).

sche Kommission einrichten würden.⁶⁵³ Die lokalen Parteiorganisationen ermahnte er, dafür zu sorgen, «dass die Tätigkeit der politischen Organisation keine Konkurrenzierung oder gar Schädigung des katholischen Arbeitervereins mit sich bringt».⁶⁵⁴

Im gleichen Nahverhältnis zur CSP standen die christlichen Gewerkschaften, auch wenn nur wenige Gewerkschafter gleichzeitig Mitglied eines Arbeitervereins oder der politischen Organisation der Christlichsozialen waren.⁶⁵⁵ Zu erinnern ist daran, dass Gewerkschafter – Josef Scherrer, Gebhard Brielmaier, Karl Kern⁶⁵⁶ – bei der Gründung der CSP in vorderster Reihe mitgewirkt hatten. Für die Gewerkschaften, die sich politischer Aktivitäten enthielten, war die Partei Sprachrohr ihrer politischen Interessen. Die Partei ihrerseits erkannte in den Gewerkschaften die «eigentlichen Vorhuten und Sturmtruppen» in der Auseinandersetzung mit dem weltanschaulichen Gegner.⁶⁵⁷ Wo konnten die katholischen Arbeiter und Angestellten direkter angesprochen werden als an ihrem Arbeitsplatz, dort, wo die freien Gewerkschaften besonders intensiv agitierten? Wenn die Arbeiter einmal in die sozialistischen Gewerkschaften abgedrängt sein würden, mahnte Josef Scherrer, «da sind die Verluste doppelt schwer auch in der politischen und konfessionellen Organisation zu spüren».⁶⁵⁸ Scherrer legte als Parteipräsident darum grossen Wert darauf, die Gewerkschaften in die christlichsoziale Behördenvertretung einzubinden. Auf sein Betreiben fanden sich in den Reihen der christlichsozialen Deputationen im Grossen Rat und im Natio-

---

653 TBSch, 23. Februar 1935 (PrivatA Scherrer). In der Stadt Luzern, wo es 1939 zum Zerwürfnis zwischen Konservativen und Christlichsozialen und zur Trennung gekommen war, hielt es Josef Scherrer für prüfenswert, die christlichsoziale Parteiorganisation aufzulösen und die christlichsozialen Postulate durch eine politische Kommission der katholischen Arbeitervereine vertreten zu lassen (TBSch, 29. August 1939, PrivatA Scherrer).
654 Zirkular an die Mitglieder des Kantonalkomitees und an die Bezirks- und Gemeindeorganisationen der CSP, 14. November 1944 (BAR).
655 Dies geht aus einem Rundschreiben der CSP vom 7. Januar 1919 an die Lokalsektionen, an die katholischen Arbeitervereine des Kantons und die Bezirkskomitees hervor, in dem aufgerufen wurde, die Mitglieder der christlichen Gewerkschaften zum vermehrten Anschluss an die Arbeitervereine zu bewegen (BAR). 1938 regte der zweite Vizepräsident und Kassier der CSP, Emil Dürr, an, bei der christlichen Gewerkschaftsvereinigung des Kantons vorstellig zu werden und darauf zu dringen, dass sich die Gewerkschafter auch den politischen Organisationen anschliessen (TBSch, 7. Oktober 1938, PrivatA Scherrer).
656 Karl Kern, Gemeinderat und Wohnungsinspektor in St. Gallen, war Vizepräsident des Christlichsozialen Gewerkschaftsbundes (Dudle, Christlichnationaler Gewerkschaftsbund, S. 24). Er gehörte bei der Vorbereitung der Gründung der CSP dem «losen Komitée» an, spielte dann aber im weiteren Verlauf der Gründungsvorbereitungen keine sichtbare Rolle mehr (Jb CSP 1912, S. 4, BAR).
657 Rundschreiben der CSP an die christlichen Gewerkschaftssektionen des Kantons St. Gallen, 9. Oktober 1919 (BAR).
658 Jb CSP 1917-19, S. 6f. (BAR).

nalrat immer auch Vertreter der christlichen Gewerkschaften. Der ersten, achtköpfigen christlichsozialen Gruppe des Grossen Rates gehörten 1912 zwei Vertreter der christlichen Gewerkschaften an[659], später war es stets mindestens einer.[660] 1935, nach dem Tode des Konservativen Albert Geser-Rohner, rückte Johannes Müller, Präsident des CNG, als Ersatzmann in den Nationalrat nach. Mit ihm erhielten die christlichen Gewerkschaften erstmals eine direkte Vertretung in der Bundesversammlung.[661] Nach seinem plötzlichen Tod 1937 nominierte die Delegiertenversammlung der CSP 1939 Arnold Kappler, Zentralkassier des CNG und Sekretär des Schweizerischen Verbandes christlicher Textil- und Bekleidungsarbeiter, der als Ersatz für den demissionierenden Johannes Duft in den Nationalrat einzog.[662]

Die Statuten der CSP von 1911 sagen nichts aus über die Vertretungsansprüche von Standesvereinen, Gewerkschaften oder Institutionen in der engeren oder weiteren Parteileitung.[663] Trotzdem nahm Josef Scherrer Bedacht darauf, führende Persönlichkeiten der Gewerkschaften und der Standesvereine in die Parteiführung einzubeziehen.[664] Im ersten Parteiausschuss vertraten Jung und Scheiwiler die Anliegen der Standesvereine, Brielmaier jene der Gewerkschaften.[665] Seit den ausgehenden 1920er Jahren, mit dem Rück-

---

659 Neben Josef Scherrer, von 1910 bis 1918 Sekretär des christlichen Textilarbeiterverbandes der Schweiz, der erste Präsident des Christlichsozialen Gewerkschaftsbundes, Arbeitersekretär Gebhard Brielmaier (vgl. Jb CSP 1912, S. 27f., BAR).

660 Von 1924 bis 1936 Johannes Müller, Präsident des CNG; seit 1934 Ernst Bleicher, Leiter der kantonalen christlichen Gewerkschaftsvereinigung, und seit 1936 Gewerkschaftssekretär Arnold Kappler (vgl. Josef Scherrer, Christlichsoziale Grossratsgruppe des Kantons St.Gallen. Geschichtliche Notizen über die Gründung der christlichsozialen Partei und der christlichsozialen Grossratsgruppe des Kantons St.Gallen, 10. November 1937, BAR; Jb CSP 1939-41, S. 10f., BAR).

661 Hochwacht, Nr. 78, 2. April 1935.

662 Hochwacht, Nr. 232, 5. Oktober 1939. Die Gewerkschaften verloren dieses Mandat 1947 (Josef Scherrer, Bericht über die Nationalratswahlen im Kanton St.Gallen vom 26. Oktober 1947, August 1948, BAR).

663 Statuten der CSP, 26. November 1911 (BAR). In den neuen Statuten von 1949 dagegen wurden die Vertretungsansprüche der Verbände klar umschrieben. Art. 7 stellte fest, dass der KV, die christliche Gewerkschaftsvereinigung und die Christlichsoziale Jugend je zwei Vertreter in das Kantonalkomitee abordnen (Statuten der CSP, 21. August 1949, BAR).

664 Abgesehen von Josef Bruggmann, Zentralpräsident des christlichsozialen Krankenkassenverbandes, der 1911 dem ersten Parteiausschuss CSP angehörte, waren die Institutionen nie direkt in den Parteigremien vertreten. Die wirtschaftlichen Unternehmungen, so Scherrer später, hätten mit der Politik nichts zu tun (TBSch, 13. November 1934, PrivatA Scherrer). Ausdrücklich stellte Josef Scherrer 1936, im Gefolge der Krise der Schweizerischen Genossenschaftsbank, fest, dass die Bank «von uns nie für partei- und wahlpolitische Zwecke um irgendwelche Leistungen angesprochen wurde und diese uns auch keine Zuwendung gemacht hat» (Zirkular an das Kantonalkomitee und an die Vorstände der Bezirks- und Gemeindeorganisationen der CSP, 14. März 1936, BAR). Allerdings liesse sich Josef Scherrer, der in mehreren Institutionen mitwirkte, als Vertreter derselben ansprechen.

665 Jb CSP 1912, S. 16 (BAR). Ebenfalls wäre der Kantonalpräsident Josef Scherrer in sei-

zug der Geistlichkeit aus der Parteiarbeit, verminderte sich der direkte Einfluss der Arbeitervereine auf die Parteileitung, während jener der Gewerkschaftsfunktionäre wuchs. 1929 zählten die Standesvereine noch einen Repräsentanten im Parteiausschuss, die Gewerkschaften deren zwei. Und 1939 waren die Gewerkschaften mit drei Mitgliedern und die Standesvereine mit noch einem in der engeren Parteileitung vertreten.[666] Seit 1919 gehörte der Dreiervertretung der CSP im Parteiausschuss der konservativen Gesamtpartei mit Johannes Müller und später mit Arnold Kappler stets ein Gewerkschafter an.

Josef Scherrers Personalpolitik war vor allem taktisch motiviert. In der Einbindung der Gewerkschaften in die Leitung der CSP und der konservativen Gesamtpartei und in der Berücksichtigung von Gewerkschaftsvertretern in den Behörden erblickte er ein probates Mittel, um jenen Tendenzen in den Reihen der Gewerkschafter entgegenzuwirken, die die Einheit von Konservativen und Christlichsozialen in Frage stellten und auf mehr Selbständigkeit drängten. So argumentierte Josef Scherrer, als er nach dem Tode Johannes Müllers dem Parteiausschuss der CSP Arnold Kappler als Nachfolger für die Vertretung in der KVP vorschlug, damit, dass den Gewerkschaften auf diese Weise die Möglichkeit geboten werde, den Kurs der Gesamtpartei mitzubestimmen und Einblick in die Schwierigkeiten zu erhalten, die der Realisierung sozialer Postulate entgegenstanden.[667] Und nach der Wahl Kapplers in den Nationalrat im Jahre 1939 bekannte Josef Scherrer nicht ohne Erleichterung: «Seine [Kapplers] Nichtwahl hätte die christlichen Gewerkschafter noch weiter von der Konservativen Volkspartei weggeführt und innert der Bewegung die Politik des Zusammenhalts erschwert, wenn nicht geradezu verunmöglicht! ... Wenn die Gewerkschaften keinen Vertrauensmann im Nationalrat erhalten hätten, wären diese oft wenig

---

ner Funktion als Sekretär des christlichen Textilarbeiterverbandes als Gewerkschaftsvertreter zu bezeichnen. Methodisch ist die Erfassung der «Delegationen» in den Parteigremien der CSP deshalb schwierig, weil die Verzeichnisse der Komitee- und Ausschussmitglieder der CSP keine genaueren Funktionsbezeichnungen enthalten. Angaben über die leitenden Persönlichkeiten in Standesvereinen und christlichen Gewerkschaften in: Meile, Katholische Vereine, S. 293ff.

666 1929: Standesvereine mit Alois Scheiwiler, Gewerkschaften mit Johannes Müller und Arnold Kappler; 1939: Standesvereine mit August Steffen, Zentralsekretär des CAB und Geschäftsführer des Verbandes der katholischen Arbeitervereine, Gewerkschaften mit Arnold Kappler, Ernst Bleicher und Otto Dudle, Zentralsekretär des CNG. Eugen Lendi, Präsident des Verbandes katholischer Angestellter und Beamter der Schweiz, seit Ende der 1920er Jahre Ausschussmitglied der CSP, ist auf Grund der Doppelfunktion seines Verbandes als Standesverein und Gewerkschaft nicht klar zuzuordnen (vgl. Verzeichnis der Mitglieder des Kantonalkomitees und des kantonalen Parteiausschusses der CSP, Oktober 1929, BAR; Jb CSP 1939-41, S. 11, BAR).

667 TBSch, 11. Juli 1937 (PrivatA Scherrer). Der Parteiausschuss der CSP hiess Scherrers Antrag am 11. Juli 1937 gut (ebd.).

grundsätzlich eingestellten Leute noch schwerer bei der Gesamtbewegung zu halten gewesen.»[668]

Bis zur Gründung des KV im Jahre 1931 hatte die CSP und mit ihr vor allem Josef Scherrer über die engeren parteipolitischen Aufgaben hinaus die Aktivitäten der einzelnen Säulen der Bewegung zusammengehalten und koordiniert. Mit der Schaffung der kantonalen Spitzenorganisation entfiel, wenigstens nach aussen, für die CSP diese Leitungsaufgabe. Praktisch aber behielt die CSP ihre Führungsrolle, wobei wegen der leitenden Funktion Scherrers in beiden Organisationen oft nicht unterschieden werden kann, ob eine Aktion vom KV oder von der CSP ausging. Einige Schwierigkeiten bereitete die Integration der CSP und der christlichsozialen Grossratsgruppe in den kantonalen Dachverband. Dieser verstand sich als unpolitische Organisation, was eine direkte Mitgliedschaft der CSP in den Verbandsorganen ausschloss. Die CSP und die christlichsoziale Grossratsgruppe erhielten, zusammen mit dem Diözesanverband der katholischen Jünglingsvereine und dem St.Gallischen katholischen Turnverband, den Status sogenannter verwandter Gruppen mit dem Recht zur Abordnung einer Zweiervertretung ins Kantonalkomitee des Dachverbandes. Im engeren Leitungsgremium des Verbandes, dem Ausschuss, waren die CSP und die Grossratsgruppe nicht vertreten. Um den unpolitischen Charakter des Kantonalverbandes zu betonen, sollten sie nur zu wichtigen Traktanden zugezogen werden.[669] Freilich trat auch hier wie andernorts im Netz christlichsozialer Organisationen an die Stelle der offiziellen Vertretung die informelle über die Kumulation von Rollen: Josef Scherrer war bei der Gründung des KV dessen Vizepräsident und seit 1935 dessen Präsident. Auf dieselbe Weise verband er in seiner Doppelrolle als Generalsekretär des CAB und als Kantonalpräsident der CSP letztere mit der landesweiten christlichsozialen Gesamtbewegung.[670] Und über Johannes Duft, christlichsozialer Nationalrat und Vizepräsident der CSP, war die CSP auch mit dem grössten Kartell des Kantons verbunden, dem Kartell St.Gallen, dessen Präsidium Duft von 1919 bis 1938 innehatte.

Unter der Präsidentschaft Josef Scherrers kam es bis 1940, als der KV einschlief, zweimal zu gemeinsamen Konferenzen von KV und CSP. 1936 traten die beiden Kantonalkomitees in St.Gallen zu einer ausserordentlichen Konferenz zusammen, an der die wirtschaftliche Lage des Landes diskutiert

---

668 TBSch, 31. Oktober 1939 (PrivatA Scherrer).
669 Prot. KV, Komiteesitzung vom 8. März 1931 (Archiv KAB).
670 Der CAB mischte sich nicht in die Verhältnisse der parteipolitischen Organisationen in den Kantonen ein. Allerdings waren die kantonalen Parteiorganisationen verpflichtet, die Parolen des CAB-Bundesvorstandes zu eidgenössischen wirtschaftlichen und sozialpolitischen Fragen zu befolgen (TBSch, 15. Januar 1938, PrivatA Scherrer).

wurde und die mit einer Eingabe an die sanktgallische Regierung schloss.[671] 1940 besprachen sich die Leitungen der beiden Organisationen über wirtschaftliche und soziale Schwierigkeiten, die sich mit dem Ausbruch des Krieges ergeben hatten, sowie über Massnahmen zur Sicherung der christlichsozialen Organisationen.[672]

2.7 Die regionale Verbreitung der CSP

Die Stadt St.Gallen war zur Zeit der Gründung der CSP und bis 1939 das Aktivitätszentrum der Partei. Die Arbeitervereine der Bezirke St.Gallen und Tablat zählten im Gründungsjahr der CSP beinahe soviele Mitglieder wie die übrigen Vereine des Kantons zusammen.[673] Es waren Exponenten der städtischen Arbeitervereine gewesen, die die Gründung der CSP vorbereitet hatten, und im ersten, nach der Gründungsversammlung gewählten neunköpfigen Parteiausschuss sassen sechs Vertreter aus dem Grossraum St.Gallen.[674] Bereits 1916 hatten die Christlichsozialen St.Gallens hinsichtlich Parteistärke mit den Konservativen gleichgezogen.[675] 1941 endlich eroberten sie die Mehrheit in der konservativen Fraktion des städtischen Gemeinderates und stellten ein Jahr später erstmals einen Vertreter im Stadtrat.[676]

Dennoch wäre es falsch, die CSP als vorwiegend städtische Partei zu bezeichnen. Von Anfang an besass die Partei «Standbeine» und Stützpunkte ausserhalb der Kantonshauptstadt, und zwar über das ganze Kantonsgebiet hinweg. Bevor nachfolgend versucht wird, die regionale, das heisst bezirksweise Verbreitung der CSP sowohl zur Zeit der Gründung der Partei als auch in den drei Jahrzehnten bis zum Zweiten Weltkrieg zu beschreiben, ist eine methodische Vorbemerkung angebracht. Weil die CSP eine sogenannte in-

---

671 Die Eingabe betraf die Frankenabwertung und ihre Folgen. Sie ist abgedr. in: Ostschweiz, Nr. 470, 8. Oktober 1936.
672 Vgl. Einladungsschreiben des Kantonalpräsidenten Josef Scherrer vom 19. Juni 1940 (Archiv KAB).
673 Jb ZV 1911, S. 12ff. 1918 wurden die St.Galler Vorortsgemeinden Straubenzell (vorher Bezirk Gossau) und Tablat (vorher Bezirk Tablat) mit der Stadt verschmolzen und der Bezirk Tablat aufgehoben (vgl. Ehrenzeller, Stadt St.Gallen, S. 465ff.; Thürer, St.Galler Geschichte, S. 578 und S. 585).
674 Die übrigen drei Sitze verteilten sich auf die Bezirke Gossau, Rorschach und Wil (vgl. Jb CSP 1912, S. 16, BAR).
675 Memorandum des provisorischen Komitees der CSP von Gross-St.Gallen an die Präsidenten der Konservativen Volkspartei in St.Gallen, Straubenzell und Tablat, 9. August 1916, S. 6 (BAR). Die CSP von Gross-St.Gallen wurde am 21. Oktober 1916 gegründet.
676 TBSch, 5. Juli 1941 (PrivatA Scherrer). Otto Hengartner ersetzte 1942 den demissionierenden Konservativen Rudolf Keel (freundlicher Hinweis von Dr. Marcel Mayer).

direkte oder mittelbare Partei war, das heisst keine direkten Mitglieder hatte und keine Mitgliederverzeichnisse führte[677], sind wir zur Klärung der Frage, wo christlichsoziale Organisationen in welcher Stärke bestanden, auf andere Indikatoren verwiesen. Dabei bieten sich vor allem zwei «Messgrössen» an, nämlich erstens die Mitgliederzahlen der örtlichen Arbeitervereine und zweitens die in den Bezirken in Wahlen errungenen Listenstimmen respektive Grossratsmandate. Für die regionale Verankerung der CSP im Gründungsjahr kann zudem die Präsenzliste der Delegierten der Gründungsversammlung einige Hinweise geben.

Der erste Indikator, die Mitgliederzahl der Arbeitervereine, ist wenigstens fürs erste Jahrzehnt von hoher Verlässlichkeit. Die Mitglieder der Arbeitervereine waren in ihrer Gesamtheit, wie Josef Scherrer 1919 festhielt, das «Fussvolk» der CSP.[678] Dieser in den Augen der christlichsozialen Führer ideale Zustand änderte sich aber im Verlauf der 1920er Jahre. An mehreren Orten entstanden neben den Arbeitervereinen eigenständige politische Organisationen der Christlichsozialen. Das hiess konkret, dass nicht mehr alle Standesvereinsmitglieder auch Mitglieder der CSP waren und umgekehrt, dass eine wachsende Zahl von Parteimitgliedern keinem Standesverein mehr angehörte. Was den zweiten Indikator betrifft, die Listenstimmenzahlen und die christlichsozialen Grossratsmandate in den Bezirken, ist einschränkend zu bemerken, dass die Listenstimmenzahlen der CSP in den einzelnen Bezirken nur für die erste Proporzwahl des Grossen Rates bekannt sind. Für die weiteren Wahlgänge sind, weil die Christlichsozialen stets auf einer Einheitsliste zusammen mit den Konservativen kandidierten und die christlichsozialen Kandidaten nicht als solche gekennzeichnet waren, immer nur die gemeinsam mit den Konservativen erzielten Listenstimmen überliefert. Die Zahl der errungenen christlichsozialen Mandate schliesslich lässt sich ziemlich genau feststellen, obgleich sich auch hier nicht mit letzter Klarheit ermitteln lässt, ob es sich bei den Gewählten um «echte» Christlichsoziale oder lediglich um sogenannte «Hospitanten» handelte.

Träger der politischen Organisation der Christlichsozialen in den Gemeinden und in den Bezirken waren im Gründungsjahr der CSP die örtlichen Arbeitervereine, deren Zahl im Kanton bis Ende 1911 auf 28 angewachsen war und die zusammen knapp 3000 Mitglieder zählten (Tab. 6).

---

677 Vgl. unten Teil III Abschn. 1.1. Dort finden sich, gestützt auf die Zahlungseingänge im Kassabuch der CSP, einige vage und nur bedingt verlässliche Angaben zu den Mitgliederzahlen in den einzelnen Bezirken.
678 Zirkular an die Lokalsektionen der Christlichsozialen Partei, an die katholischen Arbeitervereine des Kantons St.Gallen, an die Bezirkskomitees der CSP, 7. Januar 1919 (BAR).

Tabelle 6: Arbeitervereine und ihre Mitgliederzahlen in den Bezirken des Kantons St.Gallen, 1911

St.Gallen	*Rorschach*	*Unterrheintal*	*Oberrheintal*	*Werdenberg*	*Sargans*	*Gaster*
St.Gallen Wittenbach-Kronbühl St.Othmar Bruggen Tablat-St.Fiden	Rorschach Goldach Steinach	Widnau Staad-Buchen	Altstätten Montlingen Rüthi		Flums Quarten Mels Walenstadt Ragaz	Schänis
5 Vereine/ 1331 Mitgl.	3 Vereine/ 303 Mitgl.	2 Vereine/ 103 Mitgl.	3 Vereine/ 206 Mitgl.	keine	5 Vereine/ 283 Mitgl.	1 Verein/ 60 Mitgl.

See	*Ober-toggenburg*	*Neu-toggenburg*	*Alt-toggenburg*	*Unter-toggenburg*	*Wil*	*Gossau*
Uznach			Bütschwil	Flawil Oberuzwil Uzwil	Wil	Gossau Andwil Engelburg
1 Verein/ 33 Mitgl.	keine	keine	1 Verein/ 70 Mitgl.	3 Vereine/ 173 Mitgl.	1 Verein/ 130 Mitgl.	3 Vereine/ 251 Mitgl.

Jb ZV 1911, S. 12ff. (Aktuelle Bezirkseinteilung mit der Verschmelzung des Bezirks Tablat mit dem Bezirk St.Gallen.)

Auf der Grundlage dieser Arbeitervereine waren seit Sommer 1911 in zehn der insgesamt 15 Bezirke, in denen Arbeitervereine bestanden, christlichsoziale Bezirksparteien gegründet worden.[679] Im Bezirk Wil mit dem mitgliederstarken Arbeiterverein Wil scheiterte die Gründung einer christlichsozialen Bezirkspartei, weil die Konservativen opponierten, im Bezirk Gaster waren die Schäniser Arbeiter grundsätzlich gegen eine Parteibildung in Bezirk und Kanton.[680] In den Bezirken Werdenberg, Neu- und Alttoggenburg vermochten die Christlichsozialen erst während des Ersten Weltkrieges oder unmittelbar danach Fuss zu fassen.

Ein leicht verschobenes Bild der regionalen Verbreitung der christlichsozialen Organisationen im Jahr 1911 ergibt die Analyse der Präsenzliste der Gründungsversammlung der CSP.[681] Die grössten Kontingente stellten die Vereine der Bezirke St.Gallen (Bezirke St.Gallen und Tablat), Rorschach und Gossau. Von den insgesamt 117 Delegierten stammten 68, also rund 60 Prozent, aus diesen Bezirken. Demgegenüber waren die mitgliederstarken Bezirke Oberrheintal und Sargans unterrepräsentiert, was sich vermutlich

---

679 St.Gallen, Tablat, Rorschach, Gossau, Unter- und Alttoggenburg, Ober- und Unterrheintal, Sargans, See (Jb CSP 1912, S. 5ff., BAR).
680 Jb CSP 1912, S. 6f. (BAR).
681 Jb CSP 1912, Beilage (BAR). Gemäss Einladungsschreiben war jeder Arbeiterverein und jede Gemeindeorganisation berechtigt, mindestens drei Delegierte zu entsenden. Sektionen mit mehr als 100 Mitgliedern stellten für jedes weitere Hundert zwei zusätzliche Delegierte. Ebenso waren die Komitees der Bezirksparteien eingeladen.

> ## Statuten
> ### der christlich-sozialen Partei des Bezirkes Oberrheintal
>
> #### Art. 1.
>
> Innert den Rahmen der Statuten der christlich-sozialen Partei des Kantons St. Gallen bildet sich im Bezirk Oberrheintal eine Bezirks-, sowie Gemeindeorganisation, deren Zweck die politische Betätigung auf christlich-sozialer Grundlage ist.
>
> #### Art. 2.
>
> Die Träger der Gemeindeorganisation sind die Arbeitervereine, welche ein politisches Komitee zu wählen haben. Wo keine Arbeitervereine bestehen und keine gegründet werden können, werden christlich-soziale politische Organisationen geschaffen.
>
> #### Art. 3.
>
> Mitglied dieser Organisation kann jeder in bürgerlichen Rechten stehender Schweizerbürger werden, der sich unterschriftlich dafür erklärt und sich verpflichtet, die christlich-sozialen Prinzipien hochzuhalten.

Statuten der CSP des Bezirks Oberrheintal vom 22. März 1914. 1911, im Gründungsjahr der CSP des Kantons St.Gallen, bildeten sich in zehn Bezirken christlichsoziale Bezirksparteien.

damit erklären lässt, dass diese Bezirke aus verkehrsgeographischen Gründen ihr Vertretungskontingent nicht ausschöpften.

Als aufschlussreich erweist sich schliesslich das Ergebnis der ersten Grossratswahl vom Frühjahr 1912. Josef Scherrer hat in seinem ersten Jahresbericht die Listenstimmen der Christlichsozialen in den einzelnen Bezirken neben jenen der anderen Parteien in einer Statistik zusammengestellt. Sie gibt Auskunft sowohl über den prozentualen Anteil der CSP an der Gesamtstimmenzahl im Kanton als auch über die Verteilung der konservativen Parteistimmen auf Konservative und Christlichsoziale (Tab. 7).

Tabelle 7: Prozentuale Listenstimmenanteile in den St.Galler Bezirken in der Grossratswahl von 1912

	Konservative		Sozialdemokraten	Liberale	Demokraten
	Kons.	Christl. soz.			
St.Gallen	15		9	60	16
	11	4			
Tablat	41		14	29	16
	28	13			
Rorschach	46		17	26	11
	36	10			
Unterrheintal	34		4	50	12
	29	5			
Oberrheintal	58		2	38	2
	50	8			
Werdenberg	12		4	59	25
	12	0			
Sargans	54		4	40	2
	43	11			
Gaster	57		0	35	8
	54	3			
See	54		10	31	5
	48	6			
Obertoggenburg	23		2	72	3
	23	0			
Neutoggenburg	21		6	70	3
	21	0			
Alttoggenburg	83		0	17	0
	74	9			
Untertoggenburg	34		10	45	11
	23	11			
Wil	72		1	24	3
	67	5			
Gossau	48		8	31	13
	34	14			
Kanton	41		7	42	10
	34	7			

Jb CSP 1912, Beilage (BAR); Statistik des Kantons St.Gallen, XL, S. 8f. und S. 13. In den Bezirken St.Gallen, Tablat, Rorschach, Unterrheintal, See, Alttoggenburg, Untertoggenburg, Wil und Gossau bildeten Konservative und Christlichsoziale gemeinsame Listen. Im Bezirk Sargans zogen die Christlichsozialen mit einer eigenen Liste in den Wahlkampf.

Der Tabelle ist beizufügen, dass das Ergebnis der Wahl von 1912 unter den Erwartungen der christlichsozialen Parteileitung blieb. Der «ungefähren (vermutl.) Parteistärke zufolge» glaubten die Christlichsozialen, einen Anspruch auf 15 Mandate zu haben.[682] Wenn die christlichsozialen Vertretungswünsche auf den mit den Konservativen gemeinsamen Wahllisten nicht

682 Erste Sitzung des Parteiausschusses CSP, 7. Dezember 1911, Kurzprot. in: Jb CSP 1912, S. 17 (BAR).

in dem vom Parteiausschuss der CSP gewünschten Masse erfüllt wurden, so lag das zunächst daran, dass die konservativen Bezirksparteien die Ansprüche der Christlichsozialen nur widerwillig und mit Abstrichen akzeptierten. Zudem funktionierten die neugeschaffenen christlichsozialen Bezirksorganisationen nur schlecht und pochten mit zu wenig Nachdruck auf ihre Ansprüche.[683] Anstatt mit 15 traten die Christlichsozialen nur mit zehn Haupt- und neun Ersatzkandidaten an.[684]

Bezogen auf die Gesamtstimmenzahl erzielten die Christlichsozialen in den Bezirken Gossau, wo Alois Scheiwiler Haupt- und Johannes Duft Ersatzkandidat waren, und Tablat, wo auch Josef Scherrer kandidierte, das beste Ergebnis.[685] Bemisst man den Erfolg der Christlichsozialen nach ihrem Anteil an der Gesamtzahl der Listenstimmen des konservativen Parteilagers in den einzelnen Bezirken, so schnitten sie neben Gossau und Tablat in den Bezirken St.Gallen, Rorschach, Sargans und Untertoggenburg mit einem über dem kantonalen Durchschnitt liegenden Resultat ab.[686] Die CSP war somit in der Regel in jenen Bezirken erfolgreich, wo auch die Sozialdemokraten zu den Gewinnern zählten. Diesen Bezirken ist gemeinsam, dass sie stark industrialisiert waren und über ein grosses Potential an Arbeitern und Angestellten verfügten. Dagegen blieb die CSP in jenen Bezirken ohne nennenswerten Erfolg, in denen die Konservativen eine dominante Mehrheitsstellung einnahmen: Oberrheintal, Gaster, See, Alttoggenburg und Wil. In diesen mehrheitlich katholisch eingefärbten und ländlichen-agrarischen Bezirken gelang es der CSP kaum, in die konservativen Wählerschichten einzudringen. Eine Ausnahme bildete Sargans, wo die Christlichsozialen trotz ländlichem Gepräge des Bezirks und trotz starker konservativer Position

---

683 Sitzung des Parteiausschusses CSP, 13. März 1912, Kurzprot. in: Jb CSP 1912, S. 20ff. (BAR).

684 Im Bezirk Tablat zwei Kandidaten, in den Bezirken St.Gallen, Rorschach, Unterrheintal, Untertoggenburg und Gossau je ein Kandidat, in den übrigen Bezirken nur Ersatzkandidaten. Keine Kandidaten stellten die Christlichsozialen in den Bezirken Werdenberg, Neu- und Obertoggenburg. Im Oberrheintal erklärte sich die CSP des Bezirks damit einverstanden, den Konservativen Carl Zurburg als ihren Kandidaten zu betrachten. Im Bezirk Sargans schliesslich kam eine Einheitsliste von Konservativen und Christlichsozialen nicht zustande und zogen letztere mit einer eigenen Liste und zwei Kandidaten in den Wahlkampf (Jb CSP 1912, S. 20ff., BAR; Arbeiter, Nr. 13, 30. März 1912; vgl. auch bereinigte Listen der KVP, in: Ostschweiz, Nr. 74, 27. März 1912).

685 Die von den Christlichsozialen im Bezirk Gossau erreichte Stimmenzahl hätte, so Josef Scherrer in seinem ersten Tätigkeitsbericht, einen Anspruch auf drei Sitze begründet. Doch hätten sich die Christlichsozialen schliesslich in Rücksicht auf die Konservativen mit einem Mandat begnügt (Jb CSP 1912, S. 21, BAR).

686 Im kantonalen Durchschnitt entfielen vom Total der konservativen Listenstimmen 83% auf die Konservativen und 17% auf die Christlichsozialen. Die genannten Bezirke lagen mit ihrem christlichsozialen Anteil über diesem Durchschnitt (St.Gallen: 27%; Tablat: 32%; Rorschach: 22%; Sargans: 20%, hier mit eigener christlichsozialer Liste; Untertoggenburg: 32%; Gossau: 29%).

Erster Teil: Von der christlichsozialen Bewegung zur Parteigründung

Katholisches Gesellenhaus und andere Vereinshäuser des christlichsozialen Kartells Rorschach. 1900 und 1901 hatte die junge christlichsoziale Bewegung mit der Gründung eines Arbeiter- und eines Arbeiterinnenvereins im Bodenseestädtchen Tritt gefasst.

ihren Anhang mit Erfolg mobilisierten. Das gute Wahlergebnis erklärt sich wenigstens zum Teil damit, dass sich Konservative und Christlichsoziale im Vorfeld der Wahlen überworfen hatten und die Christlichsozialen mit einer eigenen Liste und einer zugkräftigen Doppelkandidatur in den Wahlkampf gezogen waren.

Aggregiert man die drei Indikatoren für die bezirksweise Verbreitung der CSP – Zahl und Mitglieder der Arbeitervereine, Delegiertenstimmen an der Gründungsversammlung der CSP sowie Listenstimmenanteil bei der ersten proportionalen Grossratswahl –, so lassen sich hinsichtlich der regionalen Verbreitung der CSP und des Anteils der CSP an der «Macht» drei Gruppen von Bezirken unterscheiden (Tab. 8).

Tabelle 8: Klassifizierung der St.Galler Bezirke nach der Verbreitung der CSP 1911/12

Gruppe 1: stark	*Gruppe 2: mittel*	*Gruppe 3: schwach*
St.Gallen / Tablat	Oberrheintal	Werdenberg
Rorschach	Unterrheintal	Obertoggenburg
Gossau	Alttoggenburg	Neutoggenburg
Sargans	Wil	
Untertoggenburg	Gaster	
	See	

Vom Total der in den Standesvereinen organisierten Arbeiter entfielen 1911 auf die Bezirke der ersten Gruppe rund 80 Prozent und auf jene der zweiten Gruppe rund 20 Prozent. An die Gründungsversammlung der CSP delegierten diese Bezirke 84 von 117 Vertretern. Sieben der insgesamt acht Grossratsmandate wurden 1912 in den Bezirken der ersten Gruppe erobert.[687] Die Bezirke der erste Gruppe, allen voran St.Gallen und Tablat, dominierten auch die Leitungsorgane der Partei: Von den neun freigewählten Komiteemitgliedern stammten sieben aus den Bezirken der ersten Gruppe, und der Parteiausschuss war nebst einem Sitz vollumfänglich in deren Hand.[688] Bis zum Ende des Ersten Weltkrieges fanden auch die Delegiertenversammlungen immer in diesen Bezirken statt.[689]

Die Analyse ergibt, dass die christlichsozialen Arbeitervereine und auf ihrer Grundlage die CSP bei ihrer Gründung in all jenen Bezirken günstige Ausgangs- und Wachstumsbedingungen vorfanden, die entweder über einen hohen Industrialisierungsgrad und/oder über einen hohen Anteil an Katholiken verfügten. Ihre Schwerpunkte finden wir sowohl in den städtisch-industriellen Zentren des Kantons, also im Grossraum St.Gallen, in Rorschach, Gossau und im Bezirk Untertoggenburg, als auch in ländlich-katholischen Gegenden wie dem St.Galler Oberland, dem oberen Rheintal oder den ländlichen Gegenden des Fürstenlandes. Der CSP fiel es hingegen schwer, in den ländlich-agrarisch und reformiert geprägten Bezirken Fuss zu fassen.

Bis zum Ende der Untersuchungsperiode lässt sich, wie Tabelle 9 zeigt, eine gewisse Gewichtsverlagerung von den Hochburgen in den Bezirken von Gross-St.Gallen, Rorschach, Sargans, Untertoggenburg und Gossau in die Bezirke der zweiten und dritten Gruppe beobachten. Hatten sich die christlichsozialen Organisationen im ersten Jahrzehnt ihres Bestehens vor allem in den städtischen und grösseren dörflichen Siedlungen etabliert, so folgte seit dem zweiten Jahrzehnt die Expansion in die kleineren Gemeinden und Dörfer, wo oftmals kurzlebige Vereine entstanden.[690] Dabei ist allerdings anzumerken, dass die Gesamtzahl der in den Standesvereinen organisierten Arbeiter kantonsweit kontinuierlich zurückging, und zwar von

---

687 Bezirk Tablat zwei Mandate; Bezirke St.Gallen, Rorschach, Untertoggenburg, Gossau und Sargans je ein Mandat. Ein Sitz ging an den Bezirk Unterrheintal (Jb CSP 1912, S. 27f., BAR)
688 Aktennotiz von Josef Scherrer anlässlich der Sitzung des Kantonalkomitees der CSP vom 22. Januar 1927 (BAR); Jb CSP 1912, S. 13 und S. 16 (BAR). Zwei Mitglieder des Kantonalkomitees stammten aus den Bezirken der zweiten Gruppe (Wil und Oberrheintal); dem Parteiausschuss gehörte ein Vertreter eines Bezirks der zweiten Gruppe an (Wil).
689 In St.Gallen in den Jahren 1911 (Gründungsdelegiertenversammlung), 1913, 1916 und 1919; 1914 im Bezirk Sargans (Mels); 1915 im Bezirk Rorschach (Rorschach) und 1917 im Bezirk Untertoggenburg (Flawil).
690 Vgl. die Statistiken in den Jb ZV 1911ff., passim, und in den JB CAB 1926/27ff., passim.

3464 Mitgliedern im Jahre 1912 auf 2461 im Jahre 1939, was rund einem Drittel entsprach. Wachsende Anteile der zweiten und dritten Gruppe bedeutet somit lediglich, dass in diesen Bezirken der Mitgliederrückgang geringer ausfiel als in den Bezirken der ersten Gruppe. Zudem verliert der Indikator «Mitglieder der Arbeitervereine» seit dem Ersten Weltkrieg an Aussagekraft, weil sich an mehreren Orten neben den Arbeitervereinen selbständige politische Organisationen der Christlichsozialen bildeten, deren Mitgliederzahl im Unterschied zu jener der Arbeitervereine zunahm.[691]

Tabelle 9: Anteile der St.Galler Bezirke an der Mitgliederzahl aller Arbeitervereine und an der Gesamtzahl aller christlichsozialen Grossratsmandate, 1912, 1919, 1929, 1939

	Gruppe 1 Mitglieder Arbeitervereine		Grossratsmandate		Gruppe 2 Mitglieder Arbeitervereine		Grossratsmandate		Gruppe 3 Mitglieder Arbeitervereine		Grossratsmandate		Total Mitglieder Arbeitervereine	Grossratsmandate
	abs	%	abs	%	abs	%	abs	%	abs	%	abs	%	abs	abs
1912	2716	78	7	88	748	22	1	12	0	0	0	0	3464	8
1919	2624	71	8	67	889	24	4	33	212	6	0	0	3725	12
1929	1700	66	11	79	736	28	3	21	154	6	0	0	2590	14
1939	1611	65	12	67	677	28	5	28	173	7	1	6	2461	19

Jb ZV 1912, S. 13ff., und 1919, S. 12f.; JB CAB 1928/29, S. 52f., und 1939/40, S. 76ff. (Mandatsanteile ohne Hospitanten.)

Dominierender Faktor für die Entwicklung der Arbeitervereine seit 1912 ist wiederum, wie schon beim Wachstum der Vereine im ersten Jahrzehnt, der Industrialisierungsgrad der einzelnen Bezirke.[692] War dieser zunächst bestimmend für das Wachstum und die Ausbreitung der Arbeitervereine, wurde er im Zuge der krisenhaften Entwicklung der Zwischenkriegszeit zu einem Faktor der Instabilität. Den grössten dauerhaften Mitgliederschwund in der ersten Gruppe verzeichneten darum die Arbeitervereine der hochindustrialisierten Bezirke St.Gallen (–44%) und Rorschach (–38%), deren Mitgliederbestände sich als Folge der Abwanderung ausländischer Arbeitskräfte bei Kriegsausbruch 1914 und der industriellen Krise bis 1939 dramatisch zurückbildeten. In der zweiten Gruppe war es in erster Linie der von den

---

691 Oben in Abschn. 2.6 ist das Beispiel der CSP von St.Gallen-Ost aufgeführt, die im Jahre 1935 550 Mitglieder zählte, während die Mitgliederzahl des dortigen Arbeitervereins bei 110 stagnierte.
692 Zur Anzahl der Vereine und deren Mitgliederzahlen im Jahre 1911 vgl. Tab. 6. Zahl der Vereine und deren Mitgliederzahlen im Jahre 1939: St.Gallen 6 Vereine, 741 Mitglieder; Rorschach 4, 187; Unterrheintal 2, 29; Oberrheintal 4, 153; Werdenberg 0, 0; Sargans 4, 265; Gaster 2, 103; See 4, 189; Obertoggenburg 2, 46; Neutoggenburg 2, 127; Alttoggenburg 2, 100; Untertoggenburg 4, 213; Wil 2, 103; Gossau 3, 205 (JB CAB 1939/40, S. 76ff.).

Problemen der Textilindustrie hart getroffene paritätische Bezirk Unterrheintal, dessen christlichsoziale Vereine seit Mitte der 1920er Jahre praktisch zusammenbrachen. In jenen Bezirken dagegen, in denen neben dem Industrialisierungsgrad auch die Konfessionsstruktur für die Verbreitung der Arbeitervereine ausschlaggebend war, hielten sich die Verluste in Grenzen, wie in den Bezirken Gossau und Untertoggenburg, wo sich das industrielle Zentrum in einem ländlich-katholischen Umfeld befand. Bescheidene Rückgänge der Mitgliederzahlen verzeichneten die mehrheitlich katholischen und ländlichen Bezirke Wil und Oberrheintal. Ein Sonderfall war der Bezirk Sargans: Dessen bis zum Ende des Ersten Weltkrieges blühende Arbeitervereine drohten im Verlauf der 1920er Jahre zusammenzubrechen, erholten sich dann aber seit 1932/33 fast schlagartig und wiesen am Ende des Jahrzehnts wieder nahezu den gleichen Mitgliederbestand auf wie 1911.[693]

Auf der anderen Seite vermochten die Christlichsozialen stärker in jene Bezirke einzubrechen, die konservativ-katholische Stammlande (Alttoggenburg, See, Gaster) oder freisinnige Hochburgen (Obertoggenburg, Neutoggenburg) waren. Im oberen Toggenburg gelang während des Ersten Weltkrieges die Gründung der Arbeitervereine Wildhaus und Alt St.Johann, im Bezirk Neutoggenburg wurden unmittelbar nach dem Krieg Vereine in Lichtensteig und Wattwil ins Leben gerufen.[694] Ab 1930 gehörte ein Vertreter des Bezirks Neutoggenburg der christlichsozialen Grossratsgruppe an.[695] Nur episodischen Charakter hatte dagegen der Vorstoss in den Bezirk Werdenberg, der, abgesehen von der Gemeinde Gams, der einzige reformierte Bezirk des Kantons war. Der 1920 mit 71 Mitgliedern gegründete Arbeiterverein Gams löste sich 1926/27 bereits wieder auf[696], und das 1925 erworbene Grossratsmandat ging mit der Auflösung des Arbeitervereins wieder verloren.[697]

---

693 Den Tiefpunkt erreichte die Mitgliederentwicklung im Bezirk Sargans im Jahre 1931, als die drei Vereine in Murg, Walenstadt und Mels zusammen noch 58 Mitglieder zählten (JB CAB 1930/31, S. 67ff.). Hintergrund des Mitgliedereinbruchs waren scharfe Konflikte zwischen Konservativen und Christlichsozialen einerseits und Auseinandersetzungen in den christlichsozialen Reihen andererseits.
694 Jb ZV 1915, S. 18, 1918, S. 10, und 1919, S. 12f.
695 Christlichsoziale Grossratsgruppe des Kantons St.Gallen. Geschichtliche Notizen von Josef Scherrer über die Gründung der Christlichsozialen Partei und der Christlichsozialen Grossratsgruppe des Kantons St.Gallen, 10. November 1937 (BAR).
696 Jb ZV 1920, S. 13, und JB CAB 1926/27, S. 58.
697 Christlichsoziale Grossratsgruppe des Kantons St.Gallen. Geschichtliche Notizen von Josef Scherrer über die Gründung der Christlichsozialen Partei und der Christlichsozialen Grossratsgruppe des Kantons St.Gallen, 10. November 1937 (BAR). Allerdings bestand in Werdenberg bis 1939 eine Bezirkspartei. Das Mitgliederverzeichnis des Kantonalkomitees der CSP von 1929 und der Jb der CSP 1939-41, S. 10, jedenfalls erwähnten einen Bezirkspräsidenten (BAR).

Wir haben oben festgehalten, dass die christlichsozialen Führer in der Frühzeit der Bewegung bei Neugründungen von Arbeitervereinen planmässig vorgingen und ihre Organisationen zunächst in den industriellen Zentren zu installieren suchten, daneben aber auch in kleinstädtische und ländliche Gebiete vordrangen. Für den Kanton St.Gallen und die Zeit nach der Gründung der CSP, als die Industrieorte des Kantons «erobert» waren, gilt diese Feststellung nicht mehr. Hier verlief die Verbreitung der Arbeitervereine eher zufällig und in gewissem Sinn richtungslos und flachte zudem seit Beginn der 1920er Jahre merklich ab.[698] Wo Vereine entstanden, geschah es in der Regel auf Grund der Initiative der Ortsgeistlichkeit. Die oft kurze Wirkungsdauer der Kapläne in den Pfarreien oder ein Pfarrerwechsel dürfte denn auch, neben dem fehlenden Rückhalt der christlichen Gewerkschaften in den vorwiegend landwirtschaftlichen Gebieten, die Hauptursache dafür sein, dass viele Vereine alsbald wieder von der Bildfläche verschwanden.[699] Die höchste Fluktuation wies der Bezirk Unterrheintal auf, in dem in der Zeit zwischen 1911 und 1940 sieben Vereinsgründungen ebenso vielen Auflösungen gegenüberstanden.[700]

Auf den ersten Blick befremdlich anmuten mag die Tatsache, dass die Zahl der Grossratsmandate der Christlichsozialen ingesamt und in allen drei Gruppen bis 1939 zunahm, während sich die Mitgliederzahlen der Arbeitervereine zurückbildeten. Diese Entwicklung ist darauf zurückzuführen, dass sich der Kreis der christlichsozialen Wähler immer weniger mit der Mitgliedschaft der Arbeitervereine deckte. An mehreren Orten – so in der Stadt St.Gallen, in Rorschach, Gossau, Rapperswil-Jona, Steinach, Goldach und Wil – waren neben den Arbeitervereinen eigenständige christlichsoziale Ortsparteien entstanden.[701] Darüber hinaus darf angenommen werden, dass sich die Christlichsozialen über den Kreis ihrer Mitglieder hinaus Sympathien im ganzen katholischen Lager erwarben und ihre Kandidaten auf der Einheitsliste der KVP von der Unterstützung durch konservative Wähler profitierten.

Ein komplett verändertes Bild ergibt die Untersuchung der regionalen Repräsentanz in der engeren und weiteren christlichsozialen Parteileitung.

---

698 Zwischen 1911 und 1920 wurden im Kanton 27 Arbeitervereine gegründet, allein fünf im Jahre 1919; zwischen 1921 und 1930 noch fünf und zwischen 1931 und 1940 noch sechs (Jb ZV 1911ff., passim, und JB CAB 1926/27ff., passim).
699 Noch 1941 beklagte sich Josef Scherrer über die vielen «Vorurteile und Widerstände», die auf dem Lande gegenüber den Christlichsozialen bestünden (TBSch, 24. November 1941, PrivatA Scherrer).
700 Alle Vereinsauflösungen seit Mitte der 1920er Jahre (vgl. Jb ZV 1911ff., passim, und JB CAB 1926/27ff., passim).
701 Die Auflistung erhebt keinen Anspruch auf Vollständigkeit. Sie stützt sich auf Einträge der Zahlungseingänge im Kassabuch der CSP (BAR).

Kann bei der Betrachtung der Mitgliederentwicklung der Arbeitervereine und der regionalen Verteilung der Grossratsmandate seit dem Ersten Weltkrieg von einer gewissen Gewichtsverlagerung aus den städtisch-industriellen Zentren hinaus in die Landschaft gesprochen werden, so dominierten in den Parteigremien eindeutig die Bezirke der ersten Gruppe (Tab. 10).

Tabelle 10: Regionale Repräsentanz in den Parteiorganen der CSP, 1912, 1925, 1939

	Gruppe 1		Gruppe 2		Gruppe 3		Total	
	Komitee	Ausschuss	Komitee	Ausschuss	Komitee	Ausschuss	Komitee	Ausschuss
1912	7	8	2	1	0	0	9	9
1925	14	18	2	1	0	0	16	19
1939	21	19	1	0	0	0	22	19

Für 1912 Aktennotiz von Josef Scherrer anlässlich der Sitzung des Kantonalkomitees der CSP vom 22. Januar 1927; Jb CSP 1912, S. 13 und S. 16. Für 1925 Verzeichnis der Mitglieder des Kantonalkomitees der CSP, September 1925. Für 1939 Jb CSP 1939–41, S. 10f. (BAR). (Für das Kantonalkomitee nur die freigewählten Mitglieder.)

Innerhalb der ersten Gruppe dominierte wiederum der Grossraum St.Gallen. Stets hatten mindestens drei Viertel der Komitee- respektive Ausschussmitglieder der CSP hier ihren Wohnsitz. Dem «Bureau» des Ausschusses, dem innersten Führungszirkel der Partei, gehörten meistens nur St.Galler Aktivisten an.[702] Das Übergewicht der Stadt St.Gallen in den Leitungsorganen der Partei lässt sich mit der zentralörtlichen Bedeutung der Stadt für die christlichsoziale Gesamtbewegung erklären. Hinzu kam aber noch ein praktischer Grund: Die Weitläufigkeit des Kantons hätte für peripher wohnende Funktionsträger lange Anreisewege zur Folge gehabt, ein Umstand, der für die Parteikasse eine zusätzliche Belastung bedeutet hätte.[703] Und weil die Parteikader grossmehrheitlich in St.Gallen domiziliert waren, fanden die Delegiertenversammlungen der CSP auch nach dem Ersten Weltkrieg mit wenigen Ausnahmen immer in St.Gallen statt.[704]

---

702 Jb CSP 1912, S. 18; Verzeichnisse der Mitglieder des Kantonalkomitees der CSP, September 1925, Oktober 1929 und Juli 1936; Jb CSP 1939–41, S. 11 (BAR).
703 Hinweis in Jb CSP 1917–19, S. 3 (BAR).
704 Ausnahmen: 1921 in Altstätten; 1925 in Gossau. Sonst stets in St.Gallen oder in St.Fiden, obwohl in der christlichsozialen Grossratsgruppe bereits 1913 der Wunsch geäussert wurde, die Delegiertenversammlungen nicht immer in St.Gallen, sondern abwechslungsweise auch in anderen Bezirken abzuhalten (Prot. christlichsoziale Gruppe des Grossen Rates, 20. November 1913, BAR).

Zweiter Teil:
Ideelle Grundlagen der Christlichsozialen Partei

1. Weltanschauung und Programm des schweizerischen sozialen Katholizismus

1.1 Rerum novarum – der Grundstein der katholischen Soziallehre

Als Papst Pius XI. am 15. Mai 1931 zum 40jährigen Gedächtnis des Erscheinens des sozialen Rundschreibens Rerum novarum die Enzyklika Quadragesimo anno veröffentlichte, pries er Rerum novarum als «Magna Charta» und «als sichere Grundlage aller christlichen Sozialarbeit».[1] Auch Papst Johannes Paul II. nahm 1991 den hundertsten Jahrestag der Verkündigung der ersten Sozialenzyklika zum Anlass, die eminente Bedeutung von Rerum novarum für die Ausformulierung der katholischen Soziallehre hervorzuheben und gleichzeitig zur Lektüre einzuladen, «um den Reichtum der grundlegenden Prinzipien wiederzuentdecken, die für die Lösung der Arbeiterfrage ausgesprochen wurden».[2]

Die Wirkung, die Rerum novarum auch auf die christlichsoziale Bewegung ausübte, kann nicht hoch genug veranschlagt werden. Wenn auch zwischen dem Erscheinen der «Arbeiter-Enzyklika»[3] im Jahre 1891 und der Gründung der christlichsozialen Organisationen in St.Gallen acht Jahre vergingen, wurde das päpstliche Schreiben doch zum Weck- und Sammelruf für die christlichsozialen Organisationsbestrebungen und zum wichtigsten Bezugs- und Begründungsrahmen der weitgespannten christlichsozialen Aktivitäten. Die Bedeutung der Enzyklika als geistiges Fundament der christ-

1 Der ganze erste Teil der Enzyklika ist dem Rückblick auf Rerum novarum gewidmet; abschliessende Würdigung in Nrn. 39 und 40. Die Bezeichnung «Magna Charta» wurde im christlichsozialen Schrifttum bereits früher verwendet (z.B. in: Warum katholische Arbeitervereine, S. 4).
2 Enzyklika Centesimus annus Seiner Heiligkeit Papst Johannes Paul II. an die verehrten Mitbrüder im Bischofsamt, den Klerus, die Ordensleute, die Gläubigen der katholischen Kirche und alle Menschen guten Willens zum hundertsten Geburtstag von Rerum novarum, 1. Mai 1991, abgedr. in: Enzyklika «Centesimus annus» Papst Johannes Paul II., hg. und kommentiert von Walter Kerber, Freiburg i.Br. 1991. Eine knappe Übersicht über die Sozialenzykliken in: Staatslexikon, Bd. 4, S. 1250ff., und Furger, Katholische Soziallehre, v.a. S. 21ff.
3 Scheiwiler, Arbeiter-Enzyklika. Andere in der christlichsozialen Publizistik gebräuchliche Charakterisierungen: «gewaltiges soziales Dokument»; «feierliche Proklamation des Rechtes des Arbeiters»; «Weltmanifest»; «Leonisches Mobilisationsbefehl»; «soziales Friedensdenkmal»; «Gründungsurkunde der katholischen Arbeitervereine» (nach Göldi, Vereine, S. 36, Anm. 2). Der Autor der Enzyklika, Papst Leo XIII., wurde überschwenglich als «unser Führer und Feldherr, unser Bannerträger und Vorkämpfer» gerühmt (Warum katholische Arbeitervereine, S. 4).

lichsozialen Bewegung ist von deren Gründern und Führern denn auch immer wieder hervorgestrichen worden. Johann Baptist Jung pries das Programm Leo XIII. als einzig möglichen Ausweg aus der von sozialen Problemen und Spannungen erfüllten Zeit und als Verheissung einer künftigen besseren Welt, nachdem die Heilslehren des Liberalismus und des Sozialismus versagt hätten.[4] Diese letzteren hätten den Arbeiter «in einen Tempel [geführt], wo das Licht Gottes ausgelöscht, wo die Finsternis des Irrtums herrscht, wo die Gewalt allein regiert, wo die Tyrannei Königin ist, der tierische Mensch sich austobt, wo die Wände vom Blut beständiger Kriege bespritzt, wo der Boden mit den Leichen der Revolution bedeckt ist». Papst Leo aber leite den Menschen «im Namen der Kirche in eine Gesellschaft, wo Natur und Vernunft vom Geiste Gottes erleuchtet herrschen, wo die Freiheit des Willens in dem Rahmen der Sittlichkeit garantiert ist, wo die göttliche Liebe alles erneuert, wo nach dem Willen Jesu Christi alles ein Herz und eine Seele sein soll, wo der Friede der Gesellschaft und der Nationen immer mehr befestigt wird, wo das Glück der Menschheit der Abglanz des Ewigen sein soll».[5] Der Mitbegründer und geistige Leiter der Bewegung, Alois Scheiwiler, seit 1930 St. Galler Bischof, konstatierte an der Enzyklikafeier 1931 in Einsiedeln «mit freudigem Stolz», dass «unsere Organisationen stets im Sinne der Enzyklika Rerum novarum ihre Aufgabe erfüllten», und führte weiter aus: «Das Leoninische Rundschreiben war ihnen von der ersten Stunde an Kompass und Vademecum. Wie ein heiliges Feuer sind die herrlichen Gedanken dieses päpstlichen Hirtenrufes in die Seele unseres unvergesslichen Gründers und Führers hineingefallen ... Wir wüssten keinen treueren Interpreten der Gedanken Leos und keinen erfolgreicheren Pionier des Leoninischen Reformprogramms als Kanonikus Jung.»[6] Und Joseph Meile, Scheiwilers Nachfolger im St. Galler Bischofsamt, beschrieb die christlichsozialen Organisationen und Institutionen lapidar als «nichts anderes als die Verwirklichung der Enzyklika Rerum novarum».[7]

---

4 Jungs erster Biograph, Alois Scheiwiler, schrieb nach dem Tode des Bewegungsgründers, dass der Kampf um die Verwirklichung des päpstlichen Sozialprogramms der wichtigste Inhalt in dessen dreissig letzten Lebensjahren gewesen sei (Scheiwiler, Jung, S. 21). Auch Josef Scherrer, der zweite Jung-Biograph, wusste um den hohen Stellenwert der Enzyklika in Leben und Werk Jungs: «Die Enzyklika Rerum novarum war für Jung die nie versiegende Quelle der Kraft und des Einsatzes zur Lösung der sozialen Frage. Die praktische Auswertung der kirchlichen Sozialehren betrachtete er als seine eigentliche Mission» (Scherrer, Jung, S. 5).
5 Predigt, gehalten am 1. christlichsozialen Arbeiterkongress vom 28./29. August 1920 in Zürich, abgedr. in: Scheiwiler, Jung, S. 17ff., und Scherrer, Jung, S. 254ff.
6 Ansprache Scheiwilers anlässlich der Enzyklikafeier vom 22./23. August 1931 in Einsiedeln, abgedr. in: Hochwacht, Nr. 195, 24. August 1931. Vgl. auch Scheiwiler, Arbeiter-Enzyklika, v.a. S. 31, sowie Scheiwilers Predigt am II. christlichsozialen Arbeiterkongress 1922 in Luzern, in: Prot. CAB 1922, S. 125ff.
7 Meile, Selbstbesinnung, S. XI.

Der Hinweis Meiles hat auch Gültigkeit für die christlichsoziale Presse und Publizistik. Ihr Standardthema war die Ausdeutung von Rerum novarum und das Bemühen, das Papstwort für die hiesigen Verhältnisse fruchtbar zu machen. Alois Scheiwiler charakterisierte die christlichsoziale Presse als «einen fortlaufenden Kommentar zur unsterblichen Sozialenzyklika Leo XIII.».[8] Ebenso im Banne von Rerum novarum stand das übrige christlichsoziale Schrifttum. Die schier unüberblickbare Flut von populären Broschüren und Büchern lässt sich mit Göldi als «riesigen Anmerkungsapparat zur Enzyklika ‹Rerum novarum›» kennzeichnen.[9] Der eifrigste Propagator war Alois Scheiwiler. «Hundert und tausendmal», vermerkt sein Biograph Meile, habe Scheiwiler die Enzyklika zitiert, die nicht zuletzt darum im katholischen Volke so bekannt geworden sei.[10]

Über diese verbalen Bekenntnisse hinaus brachten die Schweizer Christlichsozialen ihre Verbundenheit mit Rerum novarum in regelmässigen Gedächtnisfeiern und Kundgebungen zum Ausdruck. Alois Scheiwiler regte anlässlich des silbernen Jubiläums der Enzyklika an, künftig den 15. Mai, den Tag der Veröffentlichung des päpstlichen Schreibens, als Feiertag der katholischen Arbeiterschaft zu begehen.[11] Zweimal, 1916 und 1931, riefen die Christlichsozialen in den vom ZV vorbereiteten und durchgeführten Enzyklikafeiern die Erinnerung an das soziale Rundschreiben wach.[12] An der Feier in St. Gallen nahmen im Mai 1916 über 3000 Arbeiter und Arbeiterinnen teil.[13] Auch 1931 schlossen sich die Christlichsozialen an allen grösseren Orten des Landes mit weiteren katholischen Kreisen zu Enzyklikafeiern zusammen.[14] In St. Gallen lud der neu gegründete Diözesanverband der katholischen Arbeitervereine zu einem religiös-sozialen Einkehrtag ein.[15] 1931 folgten 460 Personen dem Aufruf eines von Josef Walliser geleiteten Komitees zu einer Pilgerfahrt nach Rom, wo die zentralen Feierlichkeiten

---

8 25 Jahre christlichsoziale Presse, S. 7.
9 Göldi, Vereine, S. 102.
10 Meile Scheiwiler, S. 181. Zum Schrifttum Scheiwilers vgl. ebd., S. 210ff. und S. XIIIff. (Anhang), sowie Duft, Schrifttum, S. 139f. und S. 171.
11 Scheiwiler, Arbeiter-Enzyklika, S. 6. Dieses Vorhaben liess sich aber nicht durchsetzen (Göldi, Vereine, S. 127).
12 Jb ZV 1916, S. 4; JB CAB 1930/31, S. 58. Vgl. auch die Sonderausgaben des «Arbeiter», Nr. 19, 13. Mai 1916, und der «Hochwacht», Nr. 193, 21. August 1931. Die Feier von 1931 war mit einer Landeswallfahrt nach Einsiedeln verbunden, an der 4000 Pilger teilnahmen.
13 Arbeiter, Nr. 19, 13. Mai 1916. In der von der Festversammlung dem St. Galler Bischof überreichten Grussadresse hiess es: «Ihre Freude und ihr Stolz [der katholischen Arbeiterbewegung] ist die unverdrossene Arbeit im Sinne der Ausführungen des hochseligen Papstes Leo XIII. in der Enzyklika Rerum novarum vom 15. Mai 1891» (BiA SG).
14 JB CAB 1930/31, S. 57; vgl. auch die Berichte aus den kantonalen Organisationen, in: JB CAB 1930/31, S. 95ff.
15 Hochwacht, Nr. 124, 30. Mai 1931.

zum Jubiläum der Enzyklika stattfinden sollten.[16] Zum 50jährigen Jahrestag 1941 rief der CAB zu einer gemeinsam mit der Universität Freiburg i. Ue. veranstalteten Sozialen Woche nach Freiburg.[17] Stiftungen und Institutionen trugen den Namen Leo XIII. So war zum Gedächtnis an das 25jährige Jubiläum der Enzyklika 1916 der «Leofonds» eingerichtet worden, der in Not geratene Mitglieder unterstützen sollte.[18] Der Bildungsausschuss der CSP der Stadt St. Gallen gründete mitten im Ersten Weltkrieg die «Leoschule», «in der junge, strebsame Männer unter der Führung bewährter geistlicher und weltlicher Führer zu tüchtigen Agitatoren und Politikern herangebildet werden sollten».[19] Die Leobuchhandlung in St. Gallen machte sich den Vertrieb von jener Literatur zur Hauptaufgabe, die von Rerum novarum inspiriert war. Und auf Veranlassung der Verlagsanstalt Buchdruckerei Konkordia in Winterthur wurde 1931 der «Leopressefonds» gebildet.[20]

Papst Pius XI. führte 1931 in seiner eingangs erwähnten Würdigung des Rundschreibens Rerum novarum aus, dieses sei gerade in dem Augenblick erschienen, «da es am meisten gelegen kam, ja sogar dringendst not tat». Dieser Hinweis vermag aber nicht darüber hinwegzutäuschen, dass die oberste katholische Kirchenleitung trotz des hohen sozialen Gehalts der christlichen Botschaft allzu lange in romantischer Verklärung der Vergangenheit die drängenden Probleme der Gegenwart und die Zukunftsaufgaben übersehen hatte und mit ihrem späten Vorschlag zur Lösung der Arbeiterfrage hinter liberalen und sozialistischen Konzepten nachhinkte.[21] Johannes Schasching spricht vom «Standortverlust der Kirche in der Gesellschaft» und dem «Auszug der Kirche aus der Gesellschaft», ausgelöst erstens durch den aufgeklärten Zentralstaat mit seiner Forderung nach Trennung von Staat und Kirche, zweitens durch die konkurrierenden Ideologien des Liberalismus und Marxismus, die religions- und kirchenfeindlich eingestellt waren und innerweltliche Glücksverheissungen predigten, sowie drittens durch die Kirche selber, die es versäumte, frühzeitig Verbindung zu der neu entstehenden Grossgruppe der Industriearbeiterschaft aufzunehmen.[22]

---

16 JB CAB 1930/31, S. 58.
17 Vgl. Prot. Schweizerische Soziale Woche 1941. Die Wirkungen der Enzyklika würdigte u.a. Josef Scherrer in der Eröffnungsrede zum offiziellen Festakt (S. 109ff.).
18 Jb ZV 1916, S. 4; zum Zweck des Leofonds vgl. Führer durch die Christlichsoziale Bewegung 1929, S. 58, und Scheiwiler, Jung, S. 32. Der Leofonds wurde 1923 mit der ein Jahr zuvor geschaffenen Jung-Stiftung verbunden (Jb ZV 1922, S. 8; Jb ZV 1923, S. 46).
19 Jb CSP der Stadt St. Gallen 1916-18, S. 3 (BAR).
20 JB CAB 1930/31, S. 59. Welchen Zweck der Fonds hatte und wie er sich entwickelte, ist aus den folgenden JB CAB nicht ersichtlich.
21 So z.B. Fenske, Geschichte der politischen Ideen, S. 470; Franzen, Kirchengeschichte, S. 356f; Gottwald, Rerum novarum, S. 24; Simon, Vatikan und soziale Frage, S. 29 und S. 48; Theimer, Politische Ideen, S. 338.
22 Schasching, Kirche und industrielle Gesellschaft, S. 180ff.; zum Verhältnis von Katholizismus und moderner Zeitkultur vgl. auch Altermatt, Katholizismus und Moderne, v.a. S. 49ff.

Ungeachtet dieser allgemeinen katholischen Defensivhaltung gab es innerhalb des europäischen Sozialkatholizismus lange vor der Veröffentlichung von Rerum novarum eine intensive theoretische Auseinandersetzung mit den Problemen der industriellen Gesellschaft.[23] Diese Diskussionen zwischen einem konservativen und einem liberalen Flügel im europäischen Katholizismus drehten sich bis zum Erscheinen von Rerum novarum vorwiegend um zwei Fragenkomplexe, nämlich erstens: Sollten die kapitalistische Wirtschaftsweise, die Klassengesellschaft, das Lohnarbeitsverhältnis und das individuelle Leistungsprinzip als unsittlich abgelehnt und zugunsten einer alternativen, in der berufsständisch-korporativen Tradition des Mittelalters stehenden Gesellschafts- und Wirtschaftsordnung überwunden werden (Sozialreform)? Oder sollte das bestehende kapitalistische Wirtschaftssystem grundsätzlich akzeptiert und durch Beseitigung seiner Auswüchse mittels sozialpolitischer Eingriffe kuriert werden (Sozialpolitik)?[24] Und zweitens: Sollte der bürgerlich-liberale Staat mit den Instrumenten aktiver Sozialpolitik in Wirtschaft und Gesellschaft intervenieren und derart zur Überwindung der sozialen Missstände beitragen? Oder sollten sich aus Furcht vor einem Überwuchern der Staatstätigkeit nichtstaatliche Werke der Selbsthilfe und der Wohltätigkeit der Not der Arbeiterschaft annehmen?[25]

Die leidenschaftlich geführte Diskussion dieser grundsätzlichen Fragen band die innerkatholischen Kräfte und verhinderte ein geschlossenes Auftreten der Kirche gegen aussen. Ja, die tiefe Zerstrittenheit im Sozialkatholizismus war neben der ungelösten Frage des Kirchenstaates, dem Dogma der päpstlichen Unfehlbarkeit und dem deutschen Kulturkampf der hauptsächlichste Grund für das lange Schweigen der Kirchenleitung.[26]

Mit der am 15. Mai 1891 erschienenen, ungeduldig erwarteten und von langer Hand vorbereiteten Enzyklika Rerum novarum[27] – «das Verlangen nach Neuem»[28] – beendete Papst Leo XIII. mit der Autorität des kirchlichen

---

23 Scherrer sprach von «Vorkämpfern der christlichen Sozialreform» und erwähnte auf Schweizer Seite P. Theodosius Florentini, Caspar Decurtins, die «Union de Fribourg» und den Piusverein (Scherrer, Sozialreform, S. 47ff.).
24 Verwendung der Etiketten «Sozialreform» und «Sozialpolitik» in Anlehnung an Weber, Korporatismus, v.a. S. 53.
25 Vgl. Beuret, Katholisch-soziale Bewegung, S. 77ff.; Gottwald, Rerum novarum, S. 28ff.; Stegmann, Enzyklika, S. 48ff.
26 Gottwald, Rerum novarum, S. 28ff.
27 Von einem in Freiburg i.Ue. aktiven Studienkreis, der «Union catholique d'études sociales et économiques» («Union de Fribourg»), gingen wesentliche Impulse für die Ausarbeitung von Rerum novarum aus. Vgl. dazu den fundierten Vortrag von Joseph Beck anlässlich der Schweizerischen Sozialen Woche in Freiburg i.Ue. 1941, abgedr. in: Prot. Schweizerische Soziale Woche 1941, S. 13ff.; vgl. auch Beuret, Katholisch-soziale Bewegung, S. 87ff.
28 Alois Scheiwiler übersetzte in einer Predigt am II. christlichsozialen Arbeiterkongress 1922 in Luzern die beiden lateinischen Einleitungsworte der Enzyklika mit «Geist der Neue-

Lehramts diese Auseinandersetzungen, nachdem er bereits früher zu einzelnen Aspekten der industriellen Gesellschaft Stellung bezogen hatte.[29] An den Anfang seines Schreibens stellte der Papst eine Analyse der sozialen Frage, in der er die Missstände des industriell-kapitalistischen Systems in scharfen Worten anprangerte (Nr. 1 und Nr. 2). Die soziale Notlage und die sozialen Spannungen seien das Ergebnis der gewandelten gesellschaftlichen Beziehungen zwischen der besitzenden Klasse und der Lohnarbeiterschaft: «Das Kapital ist in den Händen einer geringen Zahl angehäuft, während die grosse Menge verarmt.» Während auf der Seite der Kapitaleigner «Wucher», «Habgier» und «Gewinnsucht» vorherrschten, führe der grösste Teil der Arbeiterschaft «ein wahrhaft gedrücktes und unwürdiges Dasein» und befinde sich unter dem «nahezu sklavischen Joch» der wenigen Begüterten.

Papst Leo XIII. legte 1891 mit der Enzyklika Rerum novarum den Grundstein der christlichen Sozialbewegung (Gemälde von Franz Lenbach 1888).

Die beiden Hauptteile der Enzyklika beschäftigten sich mit den Möglichkeiten und Mitteln zur Überwindung der Arbeiterfrage. Der ganze erste Teil (Nr. 3 bis Nr. 12) war der Auseinandersetzung mit der sozialistischen Antwort auf die soziale Frage gewidmet. Als Kerngedanke der sozialistischen Lehre strich der Papst deren Forderung nach Vergesellschaftung des Privateigentums an den Produktionsmitteln heraus. Leo XIII. lehnte dieses Ansinnen kategorisch ab und bezog eine unmissverständliche Gegenposition: «Bei allen Versuchen, den niederen Klassen aufzuhelfen, ist also durchaus als Grundsatz festzuhalten, dass das Privateigentum unangetastet zu lassen sei.» Die sozialistische Lösung beraube nicht nur die rechtmässigen Eigentümer ihres Besitzes, sondern schade auch dem Arbeiter selbst, weil dieser in der

---

rung» und umschrieb diesen als «Mammonismus, Materialismus, Atheismus …, Augenlust, Fleischeslust und Hoffart des Lebens» (Prot. CAB 1922, S. 125ff.).

29 Vgl. Simon, Vatikan und soziale Frage, S. 24ff. Wortlaut der Enzyklika in dt. Übersetzung in: Texte zur katholischen Soziallehre, S. 41–78. Die Nummern beziehen sich auf die Randnummern der Übersetzung. Inhaltliche Kurzfassungen in: Beuret, Katholischsoziale Bewegung, S. 98ff.; Gehrig, Das Christlichsoziale, S. 28ff.; Gottwald, Rerum novarum, S. 33ff.; Katholisches Soziallexikon, S. 2455ff.; Staatslexikon, Bd. 3, S. 905ff., u.a. Eine für die christlichsoziale Rezeption der Enzyklika aufschlussreiche Darstellung geben Scheiwiler, Arbeiter-Enzyklika, und Meile, Selbstbesinnung.

verwirklichten sozialistischen Gesellschaft ebenfalls die Verfügungsgewalt über seinen Lohn und sein Eigentum verliere. Als weitere Argumente für die Beibehaltung des Privateigentums führte die Enzyklika an, dass dieses natürlichem Recht entspringe sowie für die persönliche Entwicklung des Individuums und die materielle Sicherung der Familie unverzichtbar sei. Darüber hinaus sei das Privateigentum ein Ordnungsfaktor im Staat und Garant für den sozialen Frieden in der Gesellschaft.

Dieser erste Teil der Enzyklika erwies sich für die weitere Entwicklung des sozialen Katholizismus und der christlichsozialen Organisationen in der Schweiz als der folgenreichste. Die angesichts der Vielfalt der Strömungen in der sozialistischen Bewegung reichlich undifferenzierte Aburteilung jeder Ausprägung des Sozialismus als materialistisch und religionsfeindlich musste das 1887 im neutralen Schweizerischen Arbeiterbund institutionalisierte und auf katholischer Seite vom VMAV mitgetragene Projekt eines Bündnisses zwischen katholischen und sozialdemokratischen Arbeitern früher oder später zum Scheitern bringen. Mit dem durch Rerum novarum legitimierten Kampfruf «entweder christlich oder sozialistisch»[30] und mit Unterstützung der kirchlichen Hierarchie sowie des Pius- respektive Katholikenvereins bauten Jung und Scheiwiler bekanntlich eine katholische und klar antisozialistisch definierte Arbeiter- und Gewerkschaftsorganisation auf. Damit diskreditierten sie nicht nur den VMAV, sondern sie torpedierten auch die Ansätze einer überkonfessionellen und überparteilichen schweizerischen Arbeiterorganisation.[31] Für die auf Rerum novarum verpflichteten Christlichsozialen blieb jede Zusammenarbeit mit der kirchlich gebannten Sozialdemokratie ein Tabu.

Im zweiten Teil zeigte Leo XIII. die positiven und praktischen Wege zur Lösung der Arbeiterfrage auf. Als gemeinsame Träger des päpstlich-kirchlichen Sozialprogramms wurden die Kirche (Nr. 13 bis Nr. 24), der Staat (Nr. 25 bis Nr. 35) und die Arbeiterschaft selber (Nr. 36 bis Nr. 44) genannt. Daran anknüpfend sprach die christlichsoziale Literatur später von «Gotteshilfe», «Staatshilfe» und «Selbsthilfe».[32] Die Voranstellung der Kirche geschah

30 Jb ZV 1905, S. 16. In einer Würdigung der Enzyklika aus Anlass des 40jährigen Jubiläums schrieb der vormalige Redaktor der «Hochwacht», Karl Wick, 1931, es gebe neben dem in Rerum novarum formulierten Sozialprogramm nur noch ein einziges von derselben Folgerichtigkeit, nämlich das Kommunistische Manifest, der «absolute Gegensatz zu ‹Rerum novarum›». Wenn sich im wirtschaftlichen und sozialen Kampf die Geister schieden, schieden sie sich «an diesen beiden Programmen, den beiden grössten sozialen Dokumenten des 19. Jahrhunderts» (Hochwacht, Nr. 112, 15. Mai 1931).
31 In diesem Sinne kritisch gegenüber Rerum novarum: Willy Spieler, Kirchlicher Glaube und Gesellschaftspolitik. 100 Jahre kirchliche Soziallehre, Protokoll des Vortrages «Vom politischen Katholizismus zur offenen Sozialethik» vom 15. Oktober 1991, in: Romero-Haus-Protokolle 39, Luzern 1992. Vgl. auch ders., Marginalisierung.
32 So z.B. Scheiwiler, Arbeiter-Enzyklika, S. 16.

mit Absicht, denn sie brachte jene Offensivstrategie zum Ausdruck, mit der die katholische Kirche ihren seit der Aufklärung und der Französischen Revolution erlittenen Positionsverlust in der Gesellschaft zu kompensieren suchte.[33] Ohne die Mitwirkung von Religion und Kirche, so der Papst, sei kein Ausweg aus der Not der Zeit zu finden. Die Kirche allein verfüge im Evangelium und in ihrer sozialethischen Tradition über einen Schatz von Heilslehren, die dazu bestimmt seien, das Zusammenleben der Menschen auf eine neue sittliche Grundlage zu stellen und den Arbeiterstand aus seinem proletarischen Dasein herauszuführen und zur gerechten Teilhabe an den materiellen Gütern zu befähigen. Dieses Ziel dürfe aber nicht mit der dem Sozialismus vorgeworfenen Egalisierung aller individuellen Unterschiede gleichgesetzt werden. Vielmehr sei von einer natürlichen, gottgewollten Ungleichheit der Individuen auszugehen, weswegen es verfehlt sei, die besitzende und die arbeitende Klasse gegeneinander auszuspielen. Nicht im Klassenkampf, sondern nur in der Harmonie von Arbeitgebern und Arbeitnehmern werde die soziale Frage dereinst überwunden werden. Arbeitgeber und Arbeiter seien als Glieder desselben sozialen Körpers aufeinander angewiesen. «So wenig das Kapital ohne die Arbeit, so wenig kann die Arbeit ohne das Kapital bestehen.» Die Kirche baue mit ihren aus der Offenbarung und dem Naturrecht gewonnenen Lehren und Geboten die versöhnende Brücke zwischen den Klassen. Der Papst liess auf der Basis dieser Anweisungen einen Katalog von Pflichten für Arbeitgeber und Arbeiter folgen. Erstere hielt er an, die Arbeiter nicht wie Sklaven zu behandeln und ihre personale Würde zu achten, insbesondere aber einen gerechten Lohn zu gewähren. Diesen vorzuenthalten, sei «eine Sünde, die zum Himmel schreit». Letztere ermahnte er zu treuer Pflichterfüllung und zur Wahl gesetzlicher Mittel bei ihrer Interessenwahrung, warnte sie auch vor «Übelgesinnten, die ihnen trügerische Hoffnungen vorspiegeln und nur bittere Enttäuschung und Ruin zurücklassen». Schliesslich verwies der Papst, wiederum an die Adresse der Besitzenden, auf den richtigen Gebrauch des Reichtums und würdigte danach in einer Gesamtschau die karitativen und sozialen Leistungen der Kirche.

Bedeutung erlangte dieser Enzyklika-Teil über den Beitrag der Kirche zur Lösung der sozialen Frage in doppelter Weise. Erstens: Trotz punktueller Kritik vermied der Papst jede pauschalisierende Verurteilung der bestehenden gesellschaftlichen und wirtschaftlichen Verhältnisse. Vielmehr hiess er die liberal-kapitalistische Wirtschaftsordnung im Grundsatz gut und beschränkte sich darauf, systemimmanente Korrekturen vorzuschlagen. Damit erteilte er jener romantischen Sozialkritik im Katholizismus, die das Heil in der

---

33 Altermatt, Katholizismus und Moderne, S. 122.

Überwindung des Kapitalismus suchte und an dessen Stelle eine an vorrevolutionären und vorkapitalistischen Modellen orientierte neue Ordnung begründen wollte, eine Abfuhr. Über die Gründe, warum das Lehrschreiben den Gedanken einer berufsständischen Neuordnung der Gesellschaft ausblendete, lässt sich nur spekulieren. Möglicherweise war dieses Modell am Ausgang des letzten Jahrhunderts noch zu wenig ausdifferenziert und im Katholizismus zu umstritten, um in einem offiziellen kirchlichen Dokument als Ideal postuliert zu werden.[34] Und zweitens: Die Enzyklika stellte dem materialistisch begründeten Lösungsversuch der sozialen Frage, wie ihn der klassische Liberalismus und der Sozialismus Marxscher Prägung vertraten, ein diametral entgegengesetztes Heilsrezept gegenüber. Wollten Liberale und Sozialisten die soziale Gerechtigkeit und das Gemeinwohl durch Veränderung der materiell-ökonomischen Verhältnisse herbeiführen – vollständige Freiheit des Wettbewerbs als Voraussetzung für das grösstmögliche Glück der grösstmöglichen Zahl respektive Abschaffung des Privateigentums an Produktionsmitteln als Voraussetzung der Gleichheit in der klassenlosen Gesellschaft –, so setzte der Papst den Hebel der Veränderung im religiös-sittlichen Bereich an: Die wahre Sozialreform, die christliche Sozialreform, so die Enzyklika, führe über den Weg der Gesinnungs- oder Sittenreform. Erst wenn die «Moral des Christentums» unter Anleitung der Kirche im öffentlichen und privaten Leben wiederhergestellt, wenn das «evangelische Gesetz» wieder zur Norm des gesellschaftlichen Lebens geworden sei, seien die Versöhnung der Stände und der soziale Friede dauerhaft möglich. Dieses sozialethische Konzept wurde zur zentralen Botschaft der christlichsozialen Bewegung, die Bewegung selber zum wichtigsten Exponenten der christlichen Sozialreform in der Schweiz.[35] Nicht nur wurden die Christlichsozialen nie müde, als «sozialer Sauerteig» die Gedanken der christlichen

---

34 Vgl. Weber, Korporatismus, S. 25.
35 Prägnante christlichsoziale Übersetzungen des Konzepts der christlichen Sozialreform: «Nein, nicht allein ein Kampf um Brot, um bessere Futterplätze ist die Arbeiterbewegung, sondern noch vielmehr ein Kampf um Ideale, um eine Weltanschauung» (Jung, zit. nach Scherrer, Jung, S. 41); die soziale Frage ist die «giftige Frucht aus dem gottlosen Zeitgeiste ... Wer die soziale Frage lösen will, der muss beim Einzelmenschen beginnen» (Scheiwiler, Hoch die Christlichsoziale, S. 6 und S. 28); «die sozialen Fragen sind im Grunde alles moralische und religiöse Fragen» (Scheiwiler, in: Prot. CAB 1922, S. 126f.); «die soziale Frage ist keine Magenfrage, sondern sie ist eine religiös-sittliche Frage ... aus Mangel an Gottes- und Nächstenliebe wurde der Arbeiterstand unterdrückt, durch Gottes- und Nächstenliebe allein kann er wieder befreit werden» (Buomberger, Stellung, S. 3); «die soziale Frage ... wird erst gelöst, wenn sie zur ernsten, zwingenden Gewissensfrage wird und in den Menschen der Wille lebendig wird, die zehn Gebote Gottes zu befolgen» (Scherrer, in: Hochwacht, Nr. 244, 20. Oktober 1938); «ohne Sittenreform, keine Sozialreform, ohne Besserung der Menschen, keine Zuständereform» (Scherrer, Jung, S. 171); «der Weg zu einer wahrhaftigen und christlichen Sozialreform [führt] über das harte, steile Strässchen der Selbstreform» (Duft, in: Prot. Soziale Woche 1927, S. 231).

Sozialreform im katholischen Lager zu verbreiten, das Konzept prägte auch das Grundmodell der Bewegung: Im Mittelpunkt standen die religiös-sozialen Standesvereine als Träger der christlichen Gesinnungsreform, während den mehr im Dienste der Zuständereform stehenden Gewerkschaften, Institutionen und politischen Gruppierungen bloss «flankierende» Bedeutung zukam.

Den Abschnitt über den Anteil des Staates an der Lösung der sozialen Frage eröffnete Leo XIII. damit, dass er den Staatszweck erörterte. Dem Staat als überparteilichem und neutralem Schiedsrichter über die Gesellschaft komme in Überwindung des liberalen Minimalstaates die primäre Funktion zu, die Wohlfahrt aller zu fördern, vor allem jene der Arbeiterschaft. Diese mache nicht nur den bei weitem grössten Teil der Staatsangehörigen aus, mit ihrer Hände Arbeit entstehe erst der Wohlstand der Gesellschaft. Darum sei es eine «Forderung der Billigkeit, dass man sich seitens der öffentlichen Gewalt des Arbeiters annehme, damit er von dem, was er zum allgemeinen Nutzen beiträgt, etwas empfängt, so dass er in Sicherheit hinsichtlich Wohnung, Kleidung und Nahrung ein weniger schweres Leben führen kann». Leo XIII. liess die Aufzählung einzelner Staatsaufgaben folgen, von denen der grössere Teil die Arbeiterschaft betraf: Wahrung der Sonn- und Feiertagsruhe, Massnahmen betreffend Dauer und Intensität der Arbeit, Regelung der Arbeit von Kindern, Jugendlichen und Frauen. Und nochmals die Lohnfrage ansprechend, forderte der Papst vom Staat, dass dieser unter Umständen zugunsten eines zur Deckung des Lebensunterhaltes ausreichenden Lohnes interveniere. Einen besonderen Abschnitt widmete der Papst schliesslich der Forderung nach Koalitionsfreiheit, die als elementares Menschenrecht den besonderen Schutz des Staates geniesse.

Mit dem Appell an den Staat zur Mitwirkung bei der Lösung der sozialen Frage bezog Papst Leo XIII. Position in der zweiten innerkatholischen Streitfrage. Die positive Wendung des sozialen Katholizismus zum Staat beendete nicht nur die lähmende Diskussion im katholischen Lager, sondern sie führte auch zur Versöhnung der Kirche mit dem laizistischen Staat, förderte die Integration der Katholiken in Staat und Gesellschaft und «ebnete den Weg für die konstruktive Mitarbeit der Katholiken an den grossen sozialen Herausforderungen des 20. Jahrhunderts».[36] Andererseits beschrieb der Papst mehrfach die Grenzen staatlicher Intervention. Staatliche Massnahmen dürften «nur soweit es zur Hebung des Übels und zur Entfernung der Gefahr nötig ist, nicht aber weiter» in die Verhältnisse der Bürger eingreifen. In Fragen des Arbeitsrechts und der Lohngestaltung solle sich die Staatsgewalt nicht «in ungehöriger Weise» einmischen, sondern erst in letzter Instanz, das heisst im Falle einer Uneinigkeit der Sozialpartner.

---

36 Gottwald, Rerum novarum S. 39.

Schliesslich verwies die Enzyklika auch auf die Nützlichkeit des Vereinswesens, im besonderen der Arbeitervereine, zur Lösung der sozialen Frage, ohne aber zu erklären, ob Gewerkschaften, Genossenschaften oder Standesvereine gemeint seien.[37] Als moderne Nachahmung der alten Zünfte erkannte der Papst ihre Nützlichkeit im Bereich des gegenseitigen Schutzes und der gegenseitigen Unterstützung der Mitglieder, mithin in der Errichtung von Wohlfahrts- und Sozialeinrichtungen aller Art. Ihr Zusammenschluss erfolge auf der Grundlage des Naturrechts, das der Staat zu schützen habe. Der Warnung vor Vereinigungen, «die dem Wohle der Religion und des Staates nicht entsprechen», folgte die Aufforderung an die katholische Arbeiterschaft zur Gründung von Arbeitervereinen, deren Zweck «die Hebung und Förderung der leiblichen und geistigen Lage der Arbeiter» sei. Der Papst gab sodann einige praktische Hinweise zur inneren Gestaltung und Organisation der Vereine. Im besonderen mahnte er, Fundament des Vereinslebens müsse die Religion sein, weshalb es unerlässlich sei, dass der christliche Glaube die ganze Organisation durchdringe. Das Schreiben schloss mit der Wiederholung des Grundsatzes, dass jeder echten Sozialreform die «Wiederbelebung christlicher Gesinnung und Sitte» vorangehen müsse.

Mit dem Sozialrundschreiben Rerum novarum liess sich das oberste kirchliche Lehramt erstmals und bahnbrechend zur Arbeiterfrage vernehmen. Als ein «mutiges Dokument und als ein flammender Aufruf zur sozialen Gerechtigkeit»[38] legte es den Grundstein zu einer eigenständigen katholischen Soziallehre und ermöglichte der lange in der Defensive verharrenden katholischen Kirche «den entscheidenden Einstieg in die industrielle Gesellschaft».[39] Vor allem aber: Die katholisch-soziale Bewegung in ganz Europa bekam durch die Enzyklika starken Auftrieb, nicht zuletzt auch in der Schweiz.[40] Hier war es die sozial aufgeschlossene «Ostschweiz» in St. Gallen, die die Enzyklika als erste katholische Tageszeitung der Schweiz eine Woche nach ihrem Erscheinen abdruckte.[41] Der Schweizerische Arbeitertag in Biel pflichtete 1893 der Enzyklika bei und empfahl den Katholiken die Ver-

---

37 Aus dem Text der Enzyklika ist nicht zu ersehen, ob der Papst an eine einzige Organisation dachte, in der alle Angelegenheiten der Arbeiter betreut werden sollten, oder ob er Vereinigungen verschiedener Art und mit verschiedenen Aufgaben meinte. Der Hinweis, dass diese Vereinigungen von religiösem Geist getragen sein müssten, lässt darauf schliessen, dass der Papst an katholische Vereine dachte. Diese Mehrdeutigkeit der Enzyklika führte in Deutschland zum sog. Gewerkschaftsstreit, d. h. zur Auseinandersetzung darüber, ob katholische Arbeiter sich mit nichtkatholischen christlichen Arbeitern zusammenschliessen dürfen.
38 Gottwald, Rerum novarum, S. 41.
39 Katholisches Soziallexikon, S. 2464.
40 Zur Wirkungsgeschichte von Rerum novarum vgl. Gottwald, Rerum novarum, S. 37ff. und S. 102ff.
41 Dora, Egger, S. 425.

wirklichung des Programms.⁴² Aber erst mit Johann Baptist Jung und Alois Scheiwiler, denen die Enzyklika zum Lebensprogramm wurde, und mit der christlichsozialen Arbeiter- und Volksbewegung ging die Saat der päpstlichen Botschaft auch in unserem Lande auf.

1.2 Die Rezeption von Rerum novarum in den politischen Programmen der christlichsozialen Bewegung

Als sich Anfang 1899 in St.Gallen die ersten christlichsozialen Organisationen bildeten, stand die Enzyklika Rerum novarum zwar Pate, aber diese Gründungen hinkten jenen in anderen Staaten, etwa in Frankreich oder Deutschland, um Jahre hintennach. Über die Gründe, warum acht Jahre vergingen, ehe der päpstliche Aufruf auch in der Schweiz Gehör fand, lässt sich nur mutmassen. Jung selber berichtete, dass das Projekt reiner Lohnarbeitervereine angesichts des Ungenügens des VMAV – die heterogene Zusammensetzung aus Arbeitgebern und Arbeitnehmern «verhinderte jede eingehende, praktische soziale Arbeit, speziell für den Lohnarbeiter» – schon längere Zeit diskutiert worden sei, niemand aber Hand «an dieses scheinbar schwierige Werk» zu legen gewagt habe.⁴³ Auch Alois Scheiwiler schrieb, man habe «zuerst eine Lösung durch die sogenannten Männer- und Arbeitervereine» gesucht. Die Erfahrung habe aber gelehrt, «dass reine Arbeiterorganisationen nötig seien, wenn man die Arbeiterschaft in grösserem Masse gewinnen und dem Sozialismus entziehen wollte».⁴⁴ An Jungs Hinweis auf die zu erwartenden Schwierigkeiten knüpft Dora in seiner Egger-Biografie an. Nach seinem Dafürhalten gibt es gute Gründe dafür anzunehmen, dass möglicherweise Bischof Augustin Egger persönlich die Diskussion und Rezeption der Enzyklika verhinderte, in der Absicht, das ohnehin gespannte Verhältnis zwischen dem Piusverein und dem VMAV nicht zusätzlich zu belasten.⁴⁵

Die «Verspätung» in der Umsetzung der Enzyklika hat noch eine weitere Facette. Das Rundschreiben ist nämlich in der Frühzeit der christlichsozialen Bewegung nur partiell verwirklicht worden. Während der Papst mit

---

42 Obrecht, Christlichsoziale Bewegung, S. 69, Anm. 6.
43 Jb katholischer Arbeiterverein St.Gallen 1908/09, S. 1.
44 Scheiwiler, Jung, S. 23. In der Schrift «Arbeiter-Enzyklika», S. 10, registrierte Scheiwiler zwar die Verspätung, nannte dafür aber keine Gründe.
45 Dora, Egger, S. 425. Auf die der Rezeption hinderlichen inneren Auseinandersetzungen im schweizerischen Sozialkatholizismus weist auch Beuret, Katholisch-soziale Bewegung, S. 108, hin. Beuret gibt als weiteren Grund die konservative Grundhaltung der schweizerischen Arbeiterschaft an (S. 107f.).

seinen Ausführungen über den Sozialismus und über die Wichtigkeit der Mithilfe der Kirche bei der Lösung der sozialen Frage sowie mit der Aufforderung zur Gründung von Selbsthilfeeinrichtungen eifrige Zustimmung fand, blieben seine Worte über die Mitwirkung des Staates ungehört. Die Bewegungsgründer beschränkten sich darauf, zur Lösung der Arbeiterfrage das von Papst Leo XIII. an dritter Stelle empfohlene Mittel der Selbsthilfe in der Gestalt der Standesvereine, der Gewerkschaften und der Genossenschaften anzuwenden. Die vom Papst empfohlene Staatshilfe dagegen, die Möglichkeit der staatlich-sozialpolitischen Intervention zugunsten der Arbeiterschaft, wurde vorerst nicht in Betracht gezogen. «Hilf dir selbst, so hilft dir Gott»[46] – das war die Devise, als in der Dompfarrei in St.Gallen der erste Arbeiterverein eingerichtet wurde. Die Vereinsziele – in wörtlicher Anlehnung an Rerum novarum mit «Hebung und Förderung der leiblichen und geistigen Lage der Arbeiter» umschrieben – sollten ausschliesslich mit den Mitteln der Selbsthilfe erreicht werden, durch den solidarischen Zusammenschluss der katholischen Arbeiter und Arbeiterinnen in gewerkschaftlichen und genossenschaftlichen Organisationen.[47] Im Vertrauen auf die Wirkkraft der praktischen Selbsthilfe und in Verkennung der politisch-ökonomischen Dimension der Arbeiterfrage konzipierten Jung und Scheiwiler die Bewegung als apolitisches Gebilde und verzichteten trotz Rerum novarum auf die Hilfe des Staates.[48]

Eine Abkehr von dieser Fixierung auf sozial-praktische Ziele und damit vom Vertrauen in das alleinseligmachende Mittel der Selbsthilfe brachten, wenn auch erst andeutungsweise, die Statuten des 1903 gegründeten ZV. Zur Erreichung der Verbandsziele, wiederum «die Hebung und Förderung der geistigen und materiellen Lage der Arbeiter», verwies die Satzung ohne nähere Erläuterung auf den «sozialpolitischen Weg», die «Mitwirkung an

---

46 Der St.Galler Bischof Augustin Egger in einer Rede an der Generalversammlung christlichsozialer Arbeiterorganisationen der Schweiz 1904 in St.Gallen. Eggers Rede ist auszugsweise wiedergegeben in: Christlichsoziale Bewegung – Dienst am werktätigen Volk, Manuskript einer Rede von Josef Scherrer an der Jubiläumsfeier des ZV, Mai 1929, S. 10f. (BAR); Hochwacht, Nr. 114, 17. Mai 1929, Beilage Nr. 20. Vgl. auch ein im Juni 1904 vom Zentralkomitee des ZV verfasstes Werbeblatt: «Soll der Arbeiter allein müssig dastehen und zusehen, wie er immer elender wird? Nein, schliesst Euch zusammen! Hilf dir selbst, so hilft dir Gott» (BAR).

47 Vgl. Statuten des katholischen Arbeitervereins der Dompfarrei St.Gallen, Februar 1899, revidiert im Juli 1900 (BAR). Zu den Selbsthilfebestrebungen mit der Einrichtung von Kassen und der Gründung von Genossenschaften vgl. oben Teil I Abschn. 1.3 und 1.5.

48 Wie gross Jungs Vertrauen in die Kraft des Genossenschaftsgedankens war, geht auch aus seiner 1920 veröffentlichten Schrift «Die genossenschaftliche Volkswirtschaft, die Wirtschaft der Zukunft» hervor, in der er schrieb: «Das System [der Genossenschaften] befreit uns vom unerträglichen Joch des Kapitalismus, schützt uns und bewahrt vor der Sklaverei des Kommunismus und Staatssozialismus. Es hebt die Menschheit aus dem Proletariat heraus zu einer gesicherten Existenz» (S. 21).

gesetzlichen sozialen Reformen».[49] Dieser Weg wurde ein Jahr später, im Februar 1904, beschritten, als eine unter Jungs Vorsitz durchgeführte Tagung der Sticker in St. Gallen in einer Eingabe an das sanktgallische Volkswirtschaftsdepartement staatliche Hilfsmassnahmen zugunsten der notleidenden ostschweizerischen Hauptindustrie verlangte. Zweieinhalb Monate später forderte Georg Baumberger, entschiedenster Promotor sozialpolitischen Engagements des Staates, an der Generalversammlung der christlichsozialen Organisationen der Schweiz in St. Gallen ausgiebige staatliche Hilfe für die Durchführung einer Kranken- und Unfall- sowie einer Alters- und Invalidenversicherung. Ebenso begrüsste die Versammlung in einer Resolution die Revision des eidgenössischen Fabrikgesetzes und verlangte u. a. die Festsetzung des zehnstündigen Arbeitstages, die Anstellung von Fabrikinspektorinnen, die Verbesserung des Schutzes für Wöchnerinnen etc. Wie ausschliesslich aber dennoch auf die Karte der Selbsthilfe gesetzt und wie zögernd der sozial- und wirtschaftspolitische Weg eingeschlagen wurde, unterstrich ein Aufruf des ZV aus dem Jahre 1904, in dem unter dem Titel «Was wird die christlichsoziale Organisation Euch bieten» ausschliesslich gewerkschaftlich-genossenschaftliche Ziele aufgeführt wurden: Gleichstellung des Arbeiters mit dem Arbeitgeber in bezug auf den Arbeitsvertrag, berufliche und fachliche Ausbildung des Arbeitnehmers, Rechtsschutz der Verbandsmitglieder, Errichtung einer Arbeitslosenversicherung innerhalb der christlichen Gewerkschaften sowie Aufbau einer starken Genossenschaftsbewegung.[50]

Der Ruf nach staatlich-sozialpolitischer Tätigkeit fand 1906 Eingang in die Statuten der von Georg Baumberger gegründeten CSP des Kantons Zürich, wenn auch immer noch rudimentär und vage. Sie, die CSP Zürich, trete ein für einen «den Forderungen der Gegenwart angemessenen Fortschritt auf allen Gebieten ... mit einer tatkräftigen sozialen Reform nach den Geboten des praktischen Christentums». Immerhin entwickelte der Passus bereits Vorstellungen darüber, wie die staatliche Sozialpolitik beschaffen sein müsse. Diese solle nicht überborden und habe sich nach den ökonomischen Möglichkeiten des Staates auszurichten. Insbesondere dürfe sie nicht zur Klassenpolitik degenerieren, sondern müsse allen Erwerbsgruppen in gleicher Weise zukommen.[51]

Den Beginn einer sozialpolitischen Programmatik der christlichsozialen Organisationen im Sinne konkreter Vorstellungen darüber, welche Stossrichtungen die in Rerum novarum geforderte staatlich-sozialpolitische

---

49 Die Statuten des ZV sind auszugsweise wiedergegeben in: Jb ZV 1906, S. 3; Kulemann, Berufsvereine, S. 236f.; Scherrer, Jung, S. 139f.
50 Der Arbeiter und die Organisation. Zirkular, verf. vom Zentralkomitee christlichsozialer Arbeiterorganisationen der Schweiz, Zürich 1904 (BAR).
51 Auszugsweise Wiedergabe der Statuten in: Baumberger, CSP Zürich, S. 7f.

Intervention vorrangig haben müsse, markierten die «Programm-Leitsätze», die sich der Christlichsoziale Gewerkschaftsbund bei seiner Gründung im Mai 1907 gab. Zusätzlich zu den Aktivitäten von Gewerkschaften und Genossenschaften sollten sich der Bund, die Kantone und die Gemeinden auf dem Gebiete der Sozialpolitik betätigen. Vor der Auflistung einzelner sozialpolitischer Programmpunkte wurde die Notwendigkeit staatlicher sozialpolitischer Aktivitäten begründet. Die christlichen Gewerkschaften müssten sich unter Ausschaltung jeglicher Parteipolitik darum eingehend mit sozialpolitischen Fragen beschäftigen, «weil die Durchführung der gewerkschaftlichen Aufgaben durch die ständig wachsende Organisation der Arbeitgeber erschwert wird, vor allem aber, weil die Lösung der Arbeiterfrage durch gewerkschaftliche Erfolge, wie Erhöhung der Löhne, Verkürzung der Arbeitszeit usw. nicht völlig ermöglicht wird».[52] Aufschlussreich an dieser Begründung ist zunächst, dass sie das Eingeständnis enthielt, dass der christlichen Gewerkschaftsbewegung der gewünschte Erfolg versagt geblieben war. Sodann gibt sie einen Hinweis darauf, dass die staatlich-sozialpolitische Intervention nur subsidiär zum Zuge kommen sollte, dann nämlich, wenn die Möglichkeiten der Selbsthilfe erschöpft sind. In diesem Passus lässt sich der Keim des später im Wirtschafts- und Sozialprogramm der Schweizer Katholiken von 1929 und in der Enzyklika Quadragesimo anno klassisch ausformulierten Subsidiaritätsprinzips erkennen.

Der definitive Durchbruch zur Einsicht in die Notwendigkeit staatlicher Sozialpolitik erfolgte knapp eineinhalb Jahre später. Im September 1908 erliess der Delegiertentag der christlichsozialen Arbeitervereine der Schweiz in Zürich ein «Politisches Programm der schweizerischen Christlichsozialen», welches von der ein Jahr zuvor eingesetzten Politischen Kommission unter dem Präsidium von Ferdinand Buomberger ausgearbeitet worden war. Das Programm hatte drei Teile: ein «grundsätzliches Programm», ein «taktisches Programm» und eine Liste konkreter «Postulate». Eingeleitet wurde es mit dem Hinweis, «dass die Selbsthilfe allein zur Lösung der sozialen Frage nicht genügt, dass es hierzu auch der Staatshilfe bedarf (vgl. Enzyklika Rerum novarum Leo XIII.)», weswegen die Christlichsozialen ihre Arbeit ebenfalls auf das politische Gebiet verlegen müssten.[53] Ferdinand Buomberger rechtfertigte im erläuternden Referat unter ausführlicher Zitierung von Rerum novarum und im Tenor der «Programm-Leitsätze» des Christlichsozialen

---

52 Auszugsweise abgedr. in: Kulemann, Berufsvereine, S. 238f.; Kull, Sozialreformerische Arbeiterbewegung, S. 52f. Die sozialpolitischen Programmpunkte waren aufgeteilt in kommunale, kantonale und eidgenössische Postulate.

53 Das Programm ist abgedr. in: Buomberger, Stellung, S. 13ff.; Scherrer, Sozialreform, S. 83ff.; Scherrer, Jung, S. 107ff. Kommentare in: Altermatt, Ghetto, S. 366ff.; Beuret, Katholisch-soziale Bewegung, S. 231f.; Gehrig, Das Christlichsoziale, S. 43f.; Gruner, Arbeiterschaft und Wirtschaft, Bd. 2, S. 221.

Gewerkschaftsbundes die Opportunität staatlicher Sozialpolitik. Die Zeit, so Buomberger, sei gekommen, «wo die Staatshilfe herangezogen werden muss, denn immer mehr wird der geschulte Arbeiter einsehen lernen, dass die Selbsthilfe zwar der erste bedeutende Schritt zur Lösung der sozialen Frage ist, nie aber zum vollen Ziele führen kann. Heute noch wird die Organisation die vornehmste Aufgabe des Arbeiters sein, aber die Staatshilfe ausser Acht lassen, hiesse den Vogel Strauss spielen. Fünfzig Jahre hat man in der Schweiz organisiert, und erst 15% haben den edlen Gedanken der Selbsthilfe erfasst! Gerade die Ärmsten der Armen sind, um der pekuniären Opfer willen, der Organisation

Ferdinand Buomberger wurde 1907 Präsident der Politischen Kommission, die das erste politische Programm der Schweizer Christlichsozialen ausarbeitete.

ferngeblieben und gerade diese werden elend zurückbleiben, wenn nicht der Staat sie auf die Höhe des organisierten vierten Standes bringt ... Hier und überall muss eben die Staatshilfe eingreifen, wenn weitere grosse Fortschritte erzielt werden wollen.»[54] Das Programm liess, wie schon die Zürcher Statuten, im Grundsatzteil Überlegungen zu den Voraussetzungen und Anforderungen «einer richtigen Staatshilfe zur Lösung der sozialen Frage folgen», Überlegungen, die die Grundgedanken von Rerum novarum paraphrasierten sowie das eigene sozialpolitische Programm gegenüber den Forderungen der Sozialdemokraten abgrenzten und die Vorherrschaft der Liberalen im Bundesstaat kritisierten. Staatliche Sozialpolitik müsse in erster Linie vom Geiste des Christentums inspiriert sein. Ein Staat, der die christlichen Moralgrundsätze verleugne, werde «niemals wahre Sozialpolitik anbahnen können». Staatliche Sozialpolitik, die diesen Namen verdiene, solle ferner von einem Staatswesen getragen sein, das der Arbeiterschaft die ihr aufgrund der zahlenmässigen Stärke zukommenden Behördenvertreter zugestehe. Und schliesslich: Staatliche Sozialpolitik dürfe niemals Klassenpolitik sein, also Politik ausschliesslich im Dienste der Arbeiterklasse, sondern müsse allen Ständen Schutz vor der kapitalistischen Ausbeutung gewähren.

54 Buomberger, Stellung, S. 2f.

Initialzündung zur Bildung christlichsozialer Parteigruppen. Programmschrift von Ferdinand Buomberger (1908).

Das «taktische Programm» behandelte die Mittel und Wege, die zur Erreichung der Ziele angewandt werden sollten. Auf der Ebene der eidgenössischen Politik verlangte das Programm den «Zusammenschluss aller konservativen Parteien und der christlichsozialen politischen Gruppen zu einer einheitlichen christlichen Volkspartei der Schweiz mit vorwiegend sozialem Charakter und lebhafter Stellungnahme zu allen wirtschaftlichen und wirtschaftspolitischen Tagesfragen». In den Kantonen sollten christlichsoziale Parteien respektive mit der konservativen Parteiorganisation verbundene Parteigruppen gegründet werden. Die Auflistung praktischer Postulate schliesslich erscheint als ein Abbild der sozialpolitischen Kontroversen der Zeit. Materiell, urteilt Gruner, unterschieden sich die christlichsozialen Forderungen kaum von denen der Sozialdemokratie.[55]

Das «Politische Programm» von 1908 brachte, 17 Jahre nach Rerum novarum, erstmals das klare Bekenntnis der Christlichsozialen zur Notwendigkeit staatlich-sozialpolitischer Intervention. Es markierte nicht nur den endgültigen Einstieg der Christlichsozialen in die nationale politische Arena, es wurde auch zum Muster und zur Quelle der Inspiration für die Programmarbeit der St.Galler Christlichsozialen. Mit Fug und Recht lässt sich fragen, warum die Christlichsozialen trotz klarer Aussagen von Rerum novarum die helfende Hand des Staates nur zögernd ergriffen und sich so lange auf die alleinige Wirksamkeit der Selbsthilfe abstützten, um den Staat dann aber doch, und zwar sehr entschieden, in die Pflicht zu nehmen. Den Überlegungen, die wir oben als denkbare Begründungen für das späte politische Erwachen der Christlichsozialen anführten, seien zwei weitere hinzugefügt. Erstens: Im Verzicht auf das Mittel staatlicher Sozialpolitik zur Behebung der sozialen Probleme drückten sich Reserve und Abwehrreflex des schweizerischen Katholizismus gegenüber dem bürgerlich-liberalen Staat

---

55 Gruner, Arbeiterschaft und Wirtschaft, Bd. 2, S. 221.

aus, der den Kulturkampf gegen den katholischen Bevölkerungsteil eben erst beendet hatte und noch immer von den Liberalen majorisiert wurde.[56] Von diesem Staat glaubten die Christlichsozialen nicht viel Positives erwarten zu dürfen. Und zweitens: Der Ruf nach staatlicher Intervention hätte die Christlichsozialen rasch in bedrohliche Nähe zu den sozialistischen Organisationen gebracht, sie dem Verdacht ausgesetzt, «verkappte Sozialisten» oder «Sozialisten mit dem Weihwasserwedel» zu sein, wie Alois Scheiwiler sich angesichts starker konservativ-katholischer Gegnerschaft gegen die christlichsozialen Gründungen einmal beklagte.[57] Gerade aus der klaren Abgrenzung gegenüber der Sozialdemokratie zogen die christlichsozialen Organisationen aber ihre zentrale Daseinsberechtigung. Die christlichsoziale Bejahung staatlicher Sozialpolitik im Sinne von Rerum novarum fällt nun exakt in die Zeit, als einerseits die Versöhnung zwischen Freisinn und politischem Katholizismus rasche Fortschritte machte, die Katholiken sich mit dem Bundesstaat versöhnten und im Begriffe waren, in diesen hineinzuwachsen, und als andererseits die Mitgliederbestände der sozialistischen Konkurrenzorganisationen im Zeichen wachsender sozialer Konflikte kräftig anwuchsen. Wollten sich die Christlichsozialen als zugkräftige Alternative zu den sozialistischen Organisationen präsentieren und die Mitgestaltung am Ausbau des sozialen Wohlfahrtsstaates nicht vollends dem weltanschaulichen Gegner überlassen, so mussten sie ihre Stimme nolens volens auch in der politischen Arena erheben.

1.3 Christlichsoziale Entwürfe zu einer berufsständischen Ordnung

Von der Enzyklika Rerum novarum gefordert, rangen sich die Christlichsozialen damit nach anfänglichem Widerstreben bis zum Jahre 1908 zu einer gemässigten sozial- und wirtschaftspolitischen Programmatik durch. Sie gaben dadurch, gestützt auf die kirchenlehramtliche Verlautbarung, dem bestehenden liberal-kapitalistischen Wirtschaftssystem implizit ihren Segen. Die im schweizerischen Sozialkatholizismus vieldiskutierten Ansätze und

---

56 Vgl. Altermatt, Ghetto. Altermatt zeigt in dieser reich dokumentierten Studie in einer Gesamtschau den Weg des nach der Sonderbundsniederlage demoralisierten und desorientierten katholischen Volksteils in die Subgesellschaft der katholischen Kantone und der katholischen Organisationen sowie den inneren und äusseren Wandlungsprozess, den der politische Katholizismus von der Gründung des Bundesstaates bis zum Ersten Weltkrieg durchlief und der ihn zur regimentsfähigen Bundespartei und zum Juniorpartner der freisinnigen Mehrheitspartei aufsteigen liess.
57 Scheiwiler, Jung, S. 22. In diesem Sinne auch Gruber, Christliche Sozialbewegung, S. 5: ZV und christliche Gewerkschaften wollten sich mit dem Verzicht auf sozial- und wirtschaftspolitische Massnahmen «offensichtlich scharf abheben von den sozialistischen Gewerkschaften und ihrer so verpönten Vermengung von Gewerkschafts- und Parteipolitik».

Modelle einer umfassenden Sozialreform mit der Forderung nach einem Umbau der bestehenden Wirtschaftsordnung in Richtung einer berufsständischen Gliederung[58] dagegen fanden bis zum Ende des Ersten Weltkrieges keinen Eingang in die politischen Programme der Schweizer Katholiken.[59]

Die Erfahrung sozialer Not und sozialer Spannungen in den Kriegsjahren und sozialrevolutionärer Umtriebe bei Kriegsende markierte einen tiefgreifenden Wendepunkt in der programmatischen Diskussion der Schweizer Katholiken.[60] Die Jahre des Krieges hatten die Fragwürdigkeit des wirtschaftlichen Liberalismus bewiesen und neue tiefe Zweifel an dessen Reformierbarkeit geweckt. Und die Revolutionen von 1917 in Russland und 1918 in Deutschland und Österreich hatten den Verantwortungsträgern im katholischen Lager das Schreckensszenario einer bolschewistischen Machtübernahme vor Augen geführt. Dazu kamen, wie Quirin Weber feststellt, «strategische Überlegungen»:[61] Der schweizerische Sozialkatholizismus lief bei Kriegsende Gefahr, zwischen sozialreaktionären und sozialrevolutionären Kräften zerrieben zu werden. Im Sinne einer Vorwärts- und Überlebensstrategie war es dringend geboten, alternative sozialreformerische Programmpositionen zu beziehen. Die allgemeine Verunsicherung und die programmatischen Offensiven der weltanschaulichen Gegner lösten darum bei Kriegsende in der katholischen Schweiz eine «Rückbesinnung auf berufsständisches Erbgut»[62], eine Renaissance ständisch-korporativer Ordnungsmodelle aus, zuerst im Programm der Schweizerischen Konservativen Volkspartei vom Juni 1919[63], dann ein Jahr später im Wirtschaftsprogramm des

---

58 Die Idee einer berufsständischen Neuordnung war im Schweizer Katholizismus während der 1880er und 1890er Jahre lebhaft diskutiert worden. Einen wichtigen Beitrag zur Fortentwicklung der berufsständischen Idee leistete die «Union de Fribourg». Aber auch im VMAV fand die Idee positive Resonanz. Caspar Decurtins etwa vertrat den Gedanken der berufsständischen Gliederung der Gesellschaft im Nationalrat (vgl. Hochwacht, Nr. 75, 28. März 1928; Altermatt, Politischer Katholizismus, S. 495; Altermatt, Ghetto, S. 29; Beuret, Katholisch-soziale Bewegung, S. 90ff.; Weber, Korporatismus, S. 24ff.). Zum Konzept der berufsständischen Ordnung vgl. die Beiträge Gustav Gundlachs in der 6. Auflage des Staatslexikons (1957), Bd. 1, S. 1124ff., und Rudolf Weilers in der 7. Auflage (1985), Bd. 1, S. 695ff.
59 Zwar lassen sich leise Andeutungen einer berufsständischen Gliederung der Gesellschaft sowohl in der Enzyklika Rerum novarum (Nrn. 36 und 42; vgl. auch den Hinweis in der Enzyklika Quadragesimo anno, Nr. 76) als auch im Politischen Programm von 1908 (Grundsatzteil, Abschn. c) erkennen, wie überhaupt «die berufsständische Ordnung stets ein Idealziel» des schweizerischen Katholizismus blieb (Weber, Korporatismus, S. 26). Dennoch dominierte in beiden Dokumenten unmissverständlich die sozialpolitische Zielrichtung.
60 Zur berufsständischen Wende in der katholisch-sozialen Programmatik vgl. Beuret, Katholisch-soziale Bewegung, S. 236; Holenstein, Landesstreik, S. 99f.; Weber, Korporatismus, S. 42ff.
61 Weber, Korporatismus, S. 54.
62 Weber, Korporatismus, S. 54.
63 Vgl. Hodel, SKVP 1918–1929, S. 482f.; Holenstein, Landesstreik, S. 99.

CAB, das der I. Schweizerische christlichsoziale Arbeiterkongress im Spätsommer 1920 in Zürich verabschiedete. Erstmals bekannte sich die christlichsoziale Bewegung der Schweiz in diesem Programm zum Ideal einer berufsständischen Neuordnung von Gesellschaft, Wirtschaft und Staat. Damit war eine Diskussion eröffnet, die zwar im Verlauf der 1920er Jahre wieder verstummte, die dann aber am Ende des Jahrzehnts und in den 1930er Jahren die ideologisch-programmatische Reflexion im konservativ-christlichsozialen Lager in starkem Masse prägte.[64]

Warum aber Abkehr von der bislang eingehaltenen Strategie einzelner sozialpolitischer Forderungen und Aktionen? Warum ein Kurswechsel in Richtung einer umfassenden Neuordnung der Gesellschaft und der Wirtschaft? Josef Scherrer, Präsident des eben gegründeten CAB und in den 1920er und 1930er Jahren ein prominenter Vordenker und Verfechter der berufsständischen Ordnung, begründete im Grundsatzreferat am christlichsozialen Kongress von 1920 die Notwendigkeit der Neuorientierung.[65] Er diagnostizierte in dramatischen Worten eine «Weltkrisis», äusserlich ausgelöst durch den Weltkrieg, in tieferem Grunde aber wurzelnd «im völligen Versagen und Unvermögen der die Gesellschaft beherrschenden Geistes- und Kulturrichtungen, in der Ignorierung der sittlichen und natürlichen Ordnung, in der Auflösung der die Gesellschaft stützenden und tragenden Ordnungs- und Wohlfahrtsfaktoren», um anschliessend die Übel der Zeit, «Klassenegoismus» und «Klassenkampf», beim Namen zu nennen: Liberalismus und Sozialismus. «Während der nur auf das Gewinn- und Genussstreben gerichtete, durch keine sittliche Schranken gebundene Kapitalismus von oben die Menschen und Naturkräfte beherrscht und willkürlich nur seinen Profitinteressen dienstbar macht, erhebt von unten der bolschewistische Imperialismus drohend sein Haupt, um mit Blut und Eisen in die Menschen- und Völkerschicksale einzugreifen, um den Weltkrieg, die Weltrevolution folgen zu lassen.» Das hiess: Die berufsständische Neuordnung lag nicht nur in der

---

64 Der erste praktische Vorstoss zur Reaktivierung des berufsständischen Gedankens ging von den westschweizerischen Christlichsozialen aus. Der christlichsoziale Kongress von 1920 hiess neben dem Wirtschaftsprogramm auch eine «Resolution über die Berufsorganisation» gut, die vom Führer der welschen christlichsozialen Bewegung, Abbé André Savoy, vorgelegt und kommentiert wurde. Darin wurde zur Weckung des Bewusstsein der Zusammengehörigkeit die Einrichtung von «Berufsräten» innerhalb der «Berufsstände» gefordert, zusammengesetzt aus Vertretern des Unternehmertums, der Angestellten und der Arbeiter. Die Berufsräte sollten sich regional und gesamtschweizerisch zu Wirtschaftsräten mit öffentlich-rechtlichem Charakter verbinden (die Resolution ist abgedr. in: Prot. CAB 1920, S. 127; vgl. auch ebd., S. 108ff., Savoys kommentierendes Referat). Ausführlich zu den korporativen Vorstellungen der Westschweizer: Weber, Korporatismus, S. 48f., und Ruffieux, Mouvement chrétien-social, S. 147ff.
65 Prot. CAB 1920, S. 84ff.; Scherrers Programmrede erschien auch gedruckt unter dem Titel «Ein Triumph über den Materialismus!» (Winterthur 1920).

Traditionslinie der katholisch-sozialen Bewegung der Schweiz, sie ergab sich folgerichtig auch aus dem Grundanliegen der christlichsozialen Bewegung, nämlich dem in Rerum novarum vorgezeichneten Ideal der Ständeversöhnung oder Volksgemeinschaft, das Klassenscheidung und Klassenkampf überwinden sollte. Und nicht zuletzt eröffnete sie den Christlichsozialen die Möglichkeit, sich prinzipiell von den etatistisch fixierten sozialdemokratischen Organisationen abzuheben, während der bis anhin verfolgte sozialpolitische Kurs stets nur die graduelle Abgrenzung ermöglicht hatte.

Der Kongress verabschiedete im Anschluss an Scherrers Referat ein von diesem vorgelegtes Programm, worin sowohl der Sozialismus und seine Sozialisierungsexperimente als auch das «durch keine Sittengebote eingeengte und lediglich auf das private Gewinn- und Genussstreben gerichtete kapitalistische Wirtschaftssystem» entschieden abgelehnt wurden.[66] Als positive Alternative postulierte der Kongress ein noch vages, erst in den Umrissen erkennbares Gesellschaftsmodell auf berufsständischer Grundlage, das dem mittelalterlichen Zunftsystem nachempfunden war.[67] Die soziale Gliederung, hiess es im Programm, entspreche der «natürlichen Ordnung», weswegen «Ständeorganisationen zur Begründung der Solidarität der Standesgenossen und Vertiefung des Gemeinschaftslebens» zu begrüssen seien. Diese Solidarität sei «durch die Schaffung geeigneter sozialer Körperschaften, insbesondere durch die berufsgenossenschaftliche Organisation auf die Gesamtheit der Volksgenossen auszudehnen, und [es sei] eine alle Stände in gleicher Weise umfassende Volksgemeinschaft zu begründen».

Das Wirtschaftsprogramm des CAB hatte den Weg auch für die weitere Programmarbeit der christlichen Gewerkschaften vorgespurt.[68] An ihrem Kongress vom September 1921 in St.Gallen gaben sich die Gewerkschafter neue Leitsätze, in denen – wie im Wirtschaftsprogramm des CAB – der Sozialismus-Kommunismus bekämpft, die Überwindung des kapitalistischen Wirtschaftssystems gefordert und ebenso unbestimmt der «Neuaufbau der

---

66 Das Programm ist abgedr. in: Prot. CAB 1920, S. 97ff.; JB CAB 1919/20, S. 28ff.; Scherrer, Politik, S. 16ff.; Scherrer, Triumph, S. 14ff.; Scherrer, Sozialreform, S. 85ff. Kommentare in: Gehrig, Das Christlichsoziale, S. 155; Holenstein, Landesstreik, S. 98ff.; Scherrer, Jung, S. 180ff.

67 Scherrer verwies im Begleitreferat ausdrücklich auf das mittelalterliche Zunftwesen: «Wir haben da ein glänzendes Vorbild in der mittelalterlichen zünftischen Städteverfassung. Ich will nun nicht die Zünfte, die so herrliche, feine Züge aufweisen, einfach übertragen; aber ich will das Wirtschaftsleben in eine organische und sittliche Gebundenheit überführen, die notwendig ist, wenn die Bedarfsdeckung des ganzen Volkes in gerechtem Masse erfolgen soll» (Prot. CAB 1920, S. 96).

68 Einer früheren Anregung von J. B. Jung folgend, das Wirtschaftsprogramm des CAB auch in die internationale christliche Arbeiterbewegung hineinzutragen, stellte der Kongress des Internationalen Bundes der Christlichen Gewerkschaften im Juni 1922 in Innsbruck unter der Leitung von Josef Scherrer ein «Weltwirtschaftsprogramm» auf (abgedr. in: Scherrer, Jung, S. 242ff.).

Wirtschaft und Gesellschaft... durch soziale Körperschaften im Kleinsten und durch Eingliederung in das nationale Gesamtleben» heraufbeschworen wurde.[69] Damit aber verebbte die Diskussion um die berufsständische Neuordnung bis gegen Ende des Jahrzehnts. Das Programm der katholischen Standesvereine der Arbeiter, Angestellten und Dienstboten der Schweiz (sog. Einsiedler Programm, beschlossen am Jubiläumskongress des ZV in Einsiedeln im Mai 1924), sparte zwar nicht mit fundamentaler Kritik am «uneingeschränkten Individualismus der liberalen ökonomischen Schule, welcher durch seine ungebundene Freiheitslehre zur rücksichtslosen Beherrschung der wirtschaftlich Schwachen durch wenige Machthaber im modernen Kapitalismus» führe, erwähnte aber die berufsständische Neuordnung nur ganz allgemein und am Rande. Im Grundtenor signalisierte das Programm, vor allem im konkreten zweiten Teil, eine Rückkehr zu den in Rerum novarum vorgeschlagenen «Heilsmitteln» der Kirche, des Staates und der Selbsthilfe.[70] Der im Einsiedler Programm angekündigte Gesinnungswandel hing möglicherweise mit dem Scheitern des 1919 mit massgeblicher christlichsozialer Beteiligung gegründeten Ostschweizerischen Volkswirtschaftsbundes zusammen, der als berufsständisches Experiment gemäss dem Wirtschaftsprogramm des CAB erstmalig die Interessen von Gewerbe, Handel und Industrie zu harmonisieren suchte, 1922 aber seine Tätigkeit einstellen musste.

Den endgültigen Durchbruch des berufsständischen Ordnungsgedankens im schweizerischen Katholizismus brachte das im Jahre 1929 veröffentlichte Wirtschafts- und Sozialprogramm der Schweizer Katholiken. Obwohl ein Gemeinschaftswerk der Schweizerischen Konservativen Volkspartei, des Schweizerischen Katholischen Volksvereins und des CAB, trug das Programm die unverkennbare Handschrift der Christlichsozialen.[71] Diesen gelang es mit dem Programm, ihre wichtigsten Ideen und Postulate in die grossen Organisationen der katholischen Schweiz hineinzutragen. Das Programm war nicht nur das erste umfassende Wirtschaftsprogramm der Schweizer Katholiken, es war auch Ausdruck des Bedeutungsgewinns des christlichsozialen Flügels im katholischen Lager.[72] Geradezu überschwenglich wurde das Programm darum in christlichsozialen Kreisen aufgenommen.

---

69 Die Leitsätze sind auszugsweise abgedr. in: JB CAB 1921, S. 16ff.
70 Abgedr. in: JB CAB 1924/25, S. 53ff.; Scherrer, Sozialreform, S. 88ff. Kommentare in: Hochwacht, Nr. 115, 16. Mai 1924; Gedenkschrift Josef Scherrer, S. 32f.
71 Das Programm war, so Josef Scherrer, «in Wirklichkeit ... das Programm der christlichsozialen Arbeiter- und Volksbewegung der Schweiz» (zit. nach Gehrig, Das Christlichsoziale, S. 165, Anm. 202). Tatsächlich wurde es zur Hauptsache von Josef Scherrer ausgearbeitet (Gedenkschrift Josef Scherrer, S. 80; vgl. auch Hodel, SKVP 1918–1929, S. 380f.).
72 Altermatt, Wirtschaftsflügel, S. 71; vgl. auch Hodel, SKVP 1918–1929, S. 385.

Unter massgeblicher Beteiligung der Christlichsozialen erarbeiteten die Spitzen der katholischsozialen Bewegung der Schweiz während einer Sozialen Woche in Einsiedeln die Grundlagen für das Wirtschafts- und Sozialprogramm der Schweizer Katholiken von 1929.

Josef Scherrer etwa notierte in sein Tagebuch, das Wirtschafts- und Sozialprogramm bedeute «einen verheissungsvollen Sieg der christlichsozialen Ideen. Nach dreissig Jahren unermüdlicher kath. und sozialer Werbearbeit sind die Ideen von Prof. Jung sel. und Dr. A. Scheiwiler zum Gemeingut des katholischen Schweizervolkes erklärt.»[73] Und Georg Baumberger soll vor katholischen Journalisten in Zug gar ausgerufen haben, mit der Annahme des neuen Programms seien «christlichsozial und katholisch identische, gleichwertige Begriffe».[74]

Der Ausarbeitung des Programms ging die seit Mitte der 1920er Jahre unter dem Einfluss tiefgreifender Strukturwandlungen in Wirtschaft und Bevölkerung allgemein wachsende Einsicht voraus, «dass die übliche Sozialpolitik keine probate Antwort auf die soziale Frage war» und sich darum grundsätzliche organisatorische Neuerungen jenseits einer bloss punktuellen Korrektur der Auswüchse der bestehenden Sozial- und Wirtschaftsordnung aufdrängten.[75] «Wir haben uns vielleicht doch allzusehr an das Bestehende, an eine vom antichristlichen Kapitalismus und einseitigen Materialismus beherrschte Ordnung des wirtschaftlichen Lebens geklammert», war auch die Überzeugung von Josef Scherrer[76], der namens des CAB und zusammen mit den Spitzen der katholisch-sozialen Bewegung der Schweiz im August 1927 zu einer Sozialen Woche nach Einsiedeln einlud[77], deren Haupttraktandum die Er-

---

73 TBSch, 4. April 1929 (PrivatA Scherrer). Vgl. auch JB CAB 1928/29, S. 5, und Hochwacht, Nr. 31, 6. Februar 1929.
74 Zit. nach Josef Scherrer, in: Hochwacht, Nr. 31, 6. Februar 1929.
75 Weber, Korporatismus, S. 52.
76 Hochwacht, Nr. 189, 17. August 1927.
77 Die Soziale Woche kann mit Gehrig (Das Christlichsoziale, S. 164) als eine Art wissenschaftliches Seminar bezeichnet werden, welches aktuelle soziale und wirtschaftliche Probleme erörterte. Scherrer nannte in seiner Eröffnungsansprache die Soziale Woche von 1910 in Freiburg i. Ue. als Vorgängerin (Prot. Soziale Woche 1927, S. 15).

örterung wirtschaftlicher und sozialer Probleme der Gegenwart war.[78] Das Ergebnis der Beratungen wurde in Beschlüssen zusammengefasst[79], auf deren Basis eine paritätisch aus Vertretern der katholischen Spitzenverbände zusammengesetzte Kommission unter dem Vorsitz Josef Scherrers ein Wirtschafts- und Sozialprogramm entwarf[80], das am 4. April 1929 allgemeine Zustimmung fand.[81]

Das Wirtschafts- und Sozialprogramm der Schweizer Katholiken von 1929 beanspruchte, die «Grundlinien einer christlichen Wirtschafts- und Sozialordnung» aufzuzeigen.[82] Gleich in der Einleitung, nach einer knappen Skizze der Vision einer christlichen Gesellschaftsordnung, wurden der individualistische Liberalismus und der kollektivistische Sozialismus als «irrtümliche Systeme» abgelehnt. Die folgenden Programmteile – Mensch und Volkswirtschaft, Familie, Beruf, Staat, Völkergemeinschaft – erläuterten die «Bausteine» der einleitend postulierten christlichen Gesellschaftsordnung. Eine detaillierte Wiedergabe der einzelnen Programminhalte würde zu weit führen. Wir beschränken uns deshalb darauf, das Programm schematisch und stichwortartig darzustellen, und ergänzen es durch Charakterisierungen des Liberalismus und Sozialismus, wie sie im katholisch-konservativen Zerrbild des Programms wiedergegeben sind (Tab. 11). Nur der Abschnitt über den Beruf soll ausführlicher referiert werden. Neben dem Wortlaut des Programms stützen wir uns auf den Kommentar von Otmar Scheiwiller, Benediktinerpater in Einsiedeln, der bei der Ausarbeitung des Programms als Experte mitwirkte.[83]

---

78 Vgl. Einladungsschreiben und Tagungsprogramm, abgedr. in: Prot. Soziale Woche 1927, S. 5f. Den vom 18. bis zum 20. August dauernden Verhandlungen wohnten 190 Teilnehmer bei.
79 Die Beschlüsse sind abgedr. in: Prot. Soziale Woche 1927, S. 223ff.
80 Der sogenannten 15er Kommission gehörten je fünf Vertreter der Schweizerischen Konservativen Volkspartei, des Schweizerischen Katholischen Volksvereins und des CAB an. Die Erwartung, die 15er Kommission werde als Konsultations- und Koordinationsorgan der katholischen Verbände die Arbeit fortsetzen und ein konkretes katholisch-politisches Aktionsprogramm entwerfen, erfüllte sich nicht (Hodel, SKVP 1918–1929, S. 383). 1941 wurde sie als 18er Kommission unter dem Vorsitz von Josef Scherrer reaktiviert (TBSch, 9. Oktober 1941, PrivatA Scherrer; vgl. auch Prot. Schweizerische Soziale Woche 1941, S. 90f.). Zur Entstehung des Wirtschafts- und Sozialprogramms vgl. JB CAB 1928/29, S. 23; Gehrig, Das Christlichsoziale, S. 163ff.; Hodel, SKVP 1918–1929, S. 379ff.; Katholisches Handbuch, S. 261.
81 Das Programm ist abgedr. in: JB CAB 1928/29, S. 24ff.; Scherrer, Sozialreform, S. 93ff.; Katholisches Handbuch, S. 261ff.; Scheiwiller, Wirtschafts- und Sozialprogramm, passim. Kommentare in: Gehrig, Das Christlichsoziale, S. 165; Hodel, SKVP 1918–1929, S. 385f.; Weber, Korporatismus, S. 67ff. Zeitgenössische christlichsoziale Kommentare in: Hochwacht, Nrn. 207 und 238, 6. September und 12. Oktober 1929.
82 Hochwacht, Nr. 31, 6. Februar 1929.
83 Scheiwiller, Wirtschafts- und Sozialprogramm.

Tabelle 11: Zentrale Programmpunkte des Wirtschafts- und Sozialprogramms der Schweizer Katholiken von 1929 in Abgrenzung gegenüber Liberalismus und Sozialismus

Liberalismus / Kapitalismus	Wirtschafts- und Sozialprogramm der Schweizer Katholiken 1929	Sozialismus / Kommunismus
Grundlagen		
Materialismus	Naturrecht; christliches Sittengesetz	Materialismus
Gesellschaft		
Atomisierung; Individualismus	Natürlich-organischer Gesellschaftsaufbau	Unterschiedslose Vermassung; Kollektivismus
Verabsolutierung des Privateigentums	Privateigentum mit Sozialverpflichtung	Beseitigung des Privateigentums
Klassenkampf	Solidarität; Volksgemeinschaft	Klassenkampf
Wirtschaft / Beruf		
Absolut freie, ungebundene Wirtschaft; einseitiges kapitalistisches Gewinninteresse	Autonome Berufsgemeinschaften als Träger des wirtschaftlich-sozialen Lebens	Staatliche Bevormundung und Regulierung; Staatswirtschaft
Egoismus des einzelnen	Solidarität der Berufsstände	Egoismus der Klasse
Staat		
Minimal-, Ordnungsstaat	Primat der Selbsthilfe; subsidiäre Staatshilfe	Staatsomnipotenz; Auslieferung der Wirtschaft an den Staat
Klassenstaat im Dienste des Kapitals	Gemeinwohlorientierung staatlicher Tätigkeit	Proletarischer Klassenstaat

Scheiwiller nannte die Ausführungen über den Beruf das «Kernstück» des Programms.[84] Tatsächlich bekannte sich das Wirtschafts- und Sozialprogramm ausdrücklich, zwei Jahre vor Erscheinen der Enzyklika Quadragesimo anno, zur ständischen Berufsgemeinschaft, dem «geeigneten Träger des wirtschaftlichen und sozialen Lebens». Die berufliche Organisation «soll alle im Beruf beschäftigten Elemente zur Arbeitsgemeinschaft auf korporativer Grundlage zusammenfassen und eine wirkungsvolle Zusammenarbeit ermöglichen». Sie müsse durch den Staat geschützt und von diesem «zur möglichsten Selbstverwaltung und Ordnung der Berufsverhältnisse durch paritätische Institutionen» ermächtigt werden. Der Staatsgewalt obliege die Aufgabe, «den notwendigen Interessenausgleich zwischen den verschiede-

---

84 Scheiwiller, Wirtschafts- und Sozialprogramm, S. 28.

nen Berufen und Gruppen zu bewerkstelligen und die Interessen der Allgemeinheit tatkräftig zu wahren». Sozialpolitische Intervention des Staates billigte das Programm zwar ausdrücklich, aber nur im Sinne der Subsidiarität: «Wo die Kraft und die Mittel der Einzelnen und der privatwirtschaftlichen Organisationen und beruflichen Institutionen zur Selbsthilfe nicht ausreichen, hat der Staat die Pflicht, zur Bekämpfung des Missbrauchs der ökonomischen Macht und zur Vorbeugung gegen die mit dem heutigen Wirtschaftssystem verbundenen Gefahren durch die Sozialpolitik und besonders durch den Ausbau eines speziellen Arbeitsrechtes die erforderlichen Massnahmen zu treffen.»

Das Wirtschafts- und Sozialprogramm der Schweizer Katholiken hatte, wohl wegen seines wenig konkreten Charakters, bis über 1939 hinaus Gültigkeit. Bereits während des Zweiten Weltkriegs aber gab es im christlichsozialen Lager Stimmen, die eine Überarbeitung und Aktualisierung des Programms forderten. Doch kamen derlei Bemühungen nie über das Stadium von Absichtserklärungen hinaus.[85]

1.4 Quadragesimo anno und das Echo in der christlichsozialen Bewegung

Die hohe Wertschätzung, die das Rundschreiben Rerum novarum in der katholischen Welt immer noch genoss, wurde 1931 dadurch unterstrichen, dass Papst Pius XI. zum 40jährigen Jubiläum eine Gedächtnisschrift veröffentlichte, die Enzyklika Quadragesimo anno. Ihr Erscheinen fiel in die Zeit der durch den Aktiensturz an der New Yorker Börse ausgelösten wirtschaftlichen Depression, die sich zu einer Weltwirtschaftskrise ausweitete und die zu Beginn der 1930er Jahre auch die Schweiz erfasste. Die Unklarheit über die Ursachen der Depression gab all jenen Stimmen Auftrieb, die schon immer Zweifel am Axiom von der selbstheilenden Kraft der freien Marktwirtschaft hegten und die die tiefere Ursache der Krise in Systemmängeln der kapitalistischen Wirtschaftsordnung orteten.[86]

Während die Enzyklika Rerum novarum nur der Arbeiterfrage gewidmet war und zu deren Lösung empfohlen hatte, auf die probaten Mittel der staatlichen Sozialpolitik und der gewerkschaftlich-genossenschaftlichen Selbsthilfe zurückzugreifen, hatte das Rundschreiben Quadragesimo anno

---

85 Vgl. Luig, Christlichsoziale Bewegung, S. 210 und S. 259ff. Im Mai 1943 verabschiedete der VII. Christlichsoziale Landeskongress in Baden das «Manifest an das christliche Werkvolk» (abgedr. in: JB CAB 1941–43, S. 202ff.; Scherrer, Sozialreform, S. 102ff.). Nach Luig enthält das Manifest keine grundlegend neuen Elemente. «Es erscheint lediglich als eine neue arrangierte Bündelung aller bereits seit langem bekannten Forderungen und Programmpunkte der Christlichsozialen» (S. 263).
86 Greyerz, Bundesstaat, S. 1191.

Papst Pius XI. propagierte 1931 in der Enzyklika Quadragesimo anno die berufsständische Neuordnung von Gesellschaft und Wirtschaft.

insofern eine neue Qualität, als es als Ziel die Totalreform und den Neuaufbau der Gesellschaft im Sinne eines «‹dritten Weges› zwischen liberalem Kapitalismus und sozialistischem Kollektivismus» verkündete.[87] Für diese neue Ordnung wurde in der deutschen Übersetzung die auch in der schweizerischen katholischen Sozialtradition gebräuchliche Bezeichnung «berufsständische Ordnung» gewählt.[88] Die Ausführungen über die neue Ordnung auf berufsständischer Grundlage bildeten den Kernpunkt der Enzyklika (Nr. 76 bis Nr. 97, v.a. Nrn. 81ff.).[89] Mit der Neuordnung, so Papst Pius XI., solle der «bis zur Stunde» andauernde «unnatürlich-gewaltsame Zustand der Gesellschaft», der auf der «Gegensätzlichkeit der Interessenlagen der Klassen und damit auf dem Gegensatz der Klassen selbst» aufbaue, überwunden werden. Die industriell-kapitalistische Produktionsweise habe zur Bildung von zwei Klassen geführt, «sozusagen zwei Kampffronten», habe den Arbeitsmarkt zum «Kampffelde» werden lassen, «auf dem die beiden Parteien in heissem Streite miteinander ringen». Davon gehe eine «Gefährdung der menschlichen Gesellschaft aus», und die «Notwendigkeit schleunigster Abhilfe» sei evident. Abhilfe brächten einzig berufsständisch-genossenschaftliche Einrichtungen, «denen man nicht nach der Zugehörigkeit zur

---

87 Furger, Katholische Soziallehre, S. 30.
88 Die deutsche Übersetzung von «Ordinum mutua conspiratio» im lateinischen Original mit «berufsständische Ordnung» wurde bei Erscheinen der Enzyklika dahingehend missverstanden, die päpstliche Schrift wolle «etwas längst Dahingegangenes in ein wenig modernisierter Gestalt» wiederbeleben, «während in Wirklichkeit etwas ganz und gar Neues gemeint war». Ebenso wurde die Verwendung des Begriffs sowie die (kritische) Betrachtung des faschistischen Korporationenstaates als Reverenz gegenüber dem italienischen Diktator Mussolini missverstanden (Texte zur katholischen Soziallehre, Einführung, S. 11; vgl. auch Katholisches Soziallexikon, S. 2309).
89 Wortlaut der Enzyklika in dt. Übersetzung in: Texte zur katholischen Soziallehre, S. 101–160. Die Nummern beziehen sich auf die Randnummern der Übersetzung. Inhaltliche Kurzfassungen in: Gehrig, Das Christlichsoziale, S. 152f.; Weber, Korporatismus, S. 80ff.; Katholisches Soziallexikon, S. 2303ff.; Staatslexikon, Bd. 4, S. 400f. Das zweite Grundthema der Enzyklika war die bereits in Rerum novarum geforderte sog. «Sittenreform», d.h. die sittliche Erneuerung des Wirtschaftslebens, die jeder Zuständereform vorangehen müsse (Nrn. 127ff.).

einen oder anderen Arbeitsmarktpartei, sondern nach der verschiedenen gesellschaftlichen Funktion des einzelnen angehört». Nachdrücklich betonte der Papst die Freiwilligkeit des Zusammenschlusses. Vergleichbar der nachbarschaftlichen Verbundenheit in der Gemeinde, führe die Berufszugehörigkeit zur berufsständischen Körperschaft. Was diese Gemeinschaft verbinde, sei zum einen die Produktion von Gütern respektive die Darbietung von Dienstleistungen gleicher Art, zum anderen die Ausrichtung auf das Gemeinwohl.

Mit solcherart gebildeten Berufsständen werde «das einst blühend und reichgegliedert in einer Fülle verschiedenartiger Vergemeinschaftungen entfaltete menschliche Gesellschaftsleben» erneuert werden. Die Berufsstände würden sich, indem sie die beruflich-wirtschaftlichen Angelegenheiten selbständig regeln, zwischen den Einzelmenschen und den Staat einfügen und letztern, «der sich mit all den Aufgaben belud, welche die von ihm verdrängten Vergemeinschaftungen nun nicht mehr zu leisten vermochten», entlasten. Im Zusammenhang mit der Abgrenzung der Aufgabenbereiche zwischen den innergesellschaftlichen Gliederungen – Familie, Berufsstand – und dem Staat postulierte der Papst den Grundsatz der Subsidiarität: «Wie dasjenige, was der Einzelmensch aus eigener Initiative und mit seinen eigenen Kräften leisten kann, ihm nicht entzogen und der Gesellschaftstätigkeit zugewiesen werden darf, so verstösst es gegen die Gerechtigkeit, das, was die kleineren und untergeordneten Gemeinwesen leisten und zum guten Ende führen können, für die weitere und übergeordnete Gemeinschaft in Anspruch zu nehmen ... Angelegenheiten von untergeordneter Bedeutung, die nur zur Abhaltung von wichtigeren Aufgaben führen müssten, soll die Staatsgewalt also den kleineren Gemeinwesen überlassen.» Das hiess: Die höhere staatliche oder gesellschaftliche Einheit sollte nur dann Funktionen der niederen Einheiten an sich ziehen, wenn deren Kräfte nicht ausreichen, diese Aufgaben wahrzunehmen.

Der Papst proklamierte die berufsständisch-genossenschaftliche Neuordnung vor dem Hintergrund negativer wirtschaftlich-sozialer Entwicklungen – Konzentration, Machtzuwachs des Finanzkapitals, Proletarisierung der Arbeiter- und Angestelltenschaft, finanzkapitalistischer Internationalismus –, Entwicklungen, die er scharf anprangerte (Nr. 100 bis Nr. 110). Die kapitalistische Wirtschaftsweise beurteilte er dennoch als «nicht in sich schlecht». Anders dagegen bewertete Papst Pius XI. den Sozialismus, den er einer fundamentalen Kritik unterzog (Nr. 111 bis Nr. 126, v.a. Nr. 117 und Nr. 120). Zwar räumte er ein, dass es in den Reihen der sozialistischen Bewegung eine «gemässigte» Richtung gebe, die zentrale sozialistische Programmpunkte – Klassenkampf, Aufhebung des Privateigentums – modifiziert habe. Mehr noch: Der gemässigte Sozialismus habe sich, «erschreckt vor seinen eigenen Grundsätzen und den vom Kommunismus davon gemachten Anwendungen», auf «Wahrheiten, die christliches Erbgut» seien, zurückbesonnen, und es könne «eine bemerkenswerte Annäherung sozialistischer Propagandaforderungen an die Postulate einer christlichen Sozialreform» beobachtet werden. Dann aber stellte der Papst die rhetorische Frage: «Hat er [der gemässigte Sozialismus] damit auch schon seinem widerchristlichen Wesen entsagt?» – um darauf mit einem kategorischen Nein zu antworten und zu erklären: «Der Sozialismus, gleichviel ob als Lehre, als geschichtliche Erscheinung oder als Bewegung, auch nachdem er in den genannten Stücken der Wahrheit und Gerechtigkeit Raum gibt, bleibt mit der Lehre der katholischen Kirche immer unvereinbar», es sei denn, der Sozialismus höre auf, Sozialismus zu sein. Der Abschnitt über den Sozialismus gipfelte in dem in der christlichsozialen Presse und Publizistik vielzitierten Satz: «Religiöser Sozialismus, christlicher Sozialismus sind Widersprüche in sich; es ist unmöglich, gleichzeitig guter Katholik und wirklicher Sozialist zu sein.»

Die Wirkung der Enzyklika blieb in den 1930er Jahren insgesamt gering. Das Konzept der berufsständischen Ordnung, wohl auch zu wenig durchdacht, war zu sehr durch faschistische Verfälschungen diskreditiert, als dass es eine wirkliche Realisierungschance gehabt hätte. Erst nach dem Zweiten Weltkrieg, im Zeichen der sozialen Marktwirtschaft, fand es unter der Etikette «Sozialpartnerschaft» prägende Verbreitung.[90] In der katholischen Schweiz dagegen löste das Erscheinen der Enzyklika ein starkes positives Echo aus.[91] Das Rundschreiben brachte die Sanktionierung des mit dem Wirtschafts- und Sozialprogramm von 1929 beschrittenen Weges einer berufsständisch-genossenschaftlichen Neuordnung der Gesellschaft. Die oft divergierenden Flügel im schweizerischen Katholizismus wurden durch die Autorität des päpstlichen Wortes auf eine einheitliche Plattform verpflichtet. Jene Stimmen im katholischen Lager, die der Idee der berufsständischen Ordnung bisher reserviert gegenübergestanden waren, verstummten oder wurden eines Besseren belehrt. Ja, die Enzyklika bewirkte, «dass der schweizerische Organisationskatholizismus zur damaligen Zeit wie ein Monolith für den Weg der christlichen Sozialreform und mithin für die Verwirklichung der berufsständischen Ordnung in Wirtschaft und Gesellschaft» eintrat.[92] Weber spricht von einer «zweiten korporatistischen Welle», die, nach einer «ersten Welle» im Anschluss an Weltkrieg und Landesstreik, in der ersten Hälfte der 1930er Jahre das katholisch-konservative Lager, aber auch Kreise des bäuerlich-gewerblichen Mittelstandes erfasste.[93]

---

90 Furger, Katholische Soziallehre, S. 30f.
91 Vgl. Weber, Korporatismus, S. 86.
92 Weber, Korporatismus, S. 87.
93 Weber, Korporatismus, S. 199.

Sozialer Führerkurs 1932 in der Oberwaid, St. Gallen. Vorne in der Mitte Bischof Alois Scheiwiler, rechts neben ihm Josef Scherrer und links neben ihm Joseph Meile. Hauptthema der Konferenz war die Besprechung und Progagierung der Enzyklika Quadragesimo anno.

In geradezu hymnischen Tönen feierten die Christlichsozialen die Veröffentlichung des päpstlichen Lehrschreibens. Das päpstliche soziale Dokument habe die Hoffnungen und Erwartungen des katholischen Schweizervolkes erfüllt, schrieb «Vaterland»-Redaktor Karl Wick, als an Pfingsten 1931 die Textausgabe erfolgte[94], vor allem aber, so Alois Scheiwiler, empfingen die Christlichsozialen durch das päpstliche Schreiben «die höchste Approbation für die bisher geleistete Arbeit».[95] Scheiwiler, inzwischen St. Galler Bischof, pries die Enzyklika als «ein Programm, wie es grösser und machtvoller nicht gedacht werden kann».[96] Die offizielle Würdigung erfolgte im Rahmen der Enzyklikafeier vom August 1931 in Einsiedeln. Die beiden Festredner, Alois Scheiwiler und Josef Scherrer, überboten sich in ihren Laudationes gegenseitig mit Huldigungen an die Adresse sowohl der Enzyklika Rerum novarum als auch der Enzyklika Quadragesimo anno.[97] Bemerkenswert ist, wie beide Redner die Kontinuität zwischen den zwei Schreiben herausstrichen, indem sie das letztere als Vertiefung und Erweiterung des ersteren interpretierten, wohl wissend, dass Quadragesimo anno mit der Propagierung des berufsständischen Neubaus gegenüber dem am Status quo orientierten Vorgängerschreiben völlig neue Töne anschlug.[98]

---

94 Hochwacht, Nr. 123, 29. Mai 1931.
95 Hochwacht, Nr. 195, 24. August 1931.
96 Hochwacht, Nr. 193, 21. August 1931.
97 Beide Reden sind abgedr. in: Hochwacht, Nr. 195, 24. August 1931.
98 Quadragesimo anno ist «ein Hirtenruf von höchster Aktualität, der die Gedanken Leos Schritt um Schritt auf die drängenden Probleme der Gegenwart anwendet» (Alois Scheiwiler). «Was Papst Leo XIII. gelehrt, bestätigt Pius XI. und setzt, den Zeitverhältnissen entsprechend, Leos Werk grosszügig fort» (Josef Scherrer).

Die Christlichsozialen bemühten sich in der Folge, das Rundschreiben in Kursen und Kongressen in den Reihen ihrer Mitglieder zu popularisieren. Jeder Katholik solle die Sätze der Enzyklika, «die mit Feuer geschrieben sind ... zu seiner Lieblingslektüre wählen», forderte Alois Scheiwiler in seiner Doppelrolle als St.Galler Bischof und als Präsident des ZV die christlichsoziale Gefolgschaft auf.[99] So organisierte der ZV im Juli 1932 in St.Gallen eine soziale Führerkonferenz, in deren Mittelpunkt die Enzyklika Quadragesimo anno stand.[100] Am V. Schweizerischen christlichsozialen Arbeiterkongress im Oktober desselben Jahres waren Quadragesimo anno und die berufsständische Ordnung das Haupttraktandum.[101]

Im besonderen aber erhielten die im Wirtschafts- und Sozialprogramm von 1929 umrisshaft vorgetragenen berufsständischen Reorganisationsvorschläge durch die Enzyklika neuen Auftrieb. Wir finden die Christlichsozialen zuvorderst in der Phalanx der Protagonisten der Neuordnung, an erster Stelle Josef Scherrer, der, unbeirrt und unermüdlich, in Wort und Schrift für die berufsständische Ordnung eintrat.[102] Überzeugt, dass die berufsständische Reform die einzig mögliche Alternative zum Sozialismus darstelle, reduzierte Scherrer die ordnungspolitische Diskussion der frühen 1930er Jahre auf ein holzschnittartiges Entweder-Oder: Es gebe «nur noch zwei Lösungen für die soziale Reform: der Weg zum Vollsozialismus oder der Weg zur berufsständischen Ordnung. Der wirtschaftliche Liberalismus ist von der Entwicklung überholt!»[103] Wie aber sollte die berufsständische Ordnung konkret aussehen? Und wie vor allem sollte sie sich von im benachbarten Ausland verwirklichten Lösungen abheben? Josef Scherrer schlug in seiner Funktion als Generalsekretär und Präsident des CAB im Januar 1935 in der Form von zwölf Thesen ein Realisierungsmodell für die berufsständische Neuordnung der Gesellschaft vor, das als repräsentativ für die christlichsozialen Vorstellungen gelten kann.[104]

Scherrer ging davon aus, dass das von der christlichen Arbeiterbewegung seit ihrem Bestehen verfolgte Ziel – Harmonie und solidarischer Ausgleich zwischen allen Ständen und Gruppen der Gesellschaft, sozialer Friede, Volks-

99 Hochwacht, Nr. 193, 21. August 1931.
100 Hochwacht, Nr. 162, 14. Juli 1932; JB CAB 1932/33, S. 66.
101 Prot. CAB 1932, S. 104ff. und S. 121ff.; vgl. auch JB CAB 1932/33, S. 10.
102 Karl Wick nannte Scherrer einen «glühenden Vertreter» des berufsgemeinschaftlichen Ordnungsideals (Gedenkschrift Josef Scherrer, S. 77).
103 JB CAB 1932/33, S. 10. Vgl. auch Scheiwiler in der bereits zitierten Festrede an der Enzyklikafeier in Einsiedeln: «Eine Entscheidungsstunde der Weltgeschichte naht. Der Kampf geht ums ganze. Immer klarer erscheinen die Fronten: Hie Bolschewismus – hie Katholizismus!» (Hochwacht, Nr. 195, 24. August 1931).
104 Christlichsoziale Korrespondenz Nr. 1, 1935, Beilage zur Hochwacht, Nr. 18, 22. Januar 1935. Die Thesen waren gedacht als Vortragsskizze zur Propagierung des berufsständischen Gedankens in Gewerkschaften und Standesvereinen. Zu Scherrers Projekt vgl. auch Gehrig, Das Christlichsoziale, S. 157.

gemeinschaft – «am besten durch die berufsständische Ordnung der Gesellschaft» erreicht werden könne, und grenzte diese zunächst gegenüber dem liberalen und sozialistischen Ordnungsmodell ab: «Sie verkörpert ein System, das weder volle, ungezügelte Freiheit, noch eine absolute, sklavische Bindung fordert.» Positiv ausgedrückt hiess das: Die berufsständische Ordnung wollte Freiheit und Bindung «nach Massgabe der volkswirtschaftlichen Gesamtinteressen und Bedürfnisse» in Übereinstimmung bringen und dabei dem arbeitenden Volk ein «grösstmöglichstes Mass von Selbständigkeit und Unabhängigkeit» gewährleisten. Im Mittelpunkt der berufsständischen Neuordnung standen in Scherrers Entwurf national zusammengefasste korporative Organe, für die er abwechselnd die Bezeichnung «Berufsgemeinschaft», «Berufsstand» oder «Berufskörperschaft» gebrauchte. Sie waren paritätisch aus Arbeitgebern und Arbeitnehmern desselben Berufs oder derselben Branche gebildete Selbstverwaltungskörperschaften, staatlichem Einfluss entzogen und öffentlich-rechtlich anerkannt. In ihren Kompetenzbereich fielen Fragen wie die Gestaltung der Arbeitsbedingungen, der Berufsbildung, der Sozialversicherung, der Unfallverhütung, der Hygiene, des Familienschutzes, aber auch allgemeine Fragen der wirtschaftlichen Existenzsicherung des Volkes, der Ordnung der wirtschaftlichen Verhältnisse und der Wirtschaftsplanung. Staatliche Intervention sollte bloss subsidiär erfolgen, das heisst nur dort, «wo die Kraft und die Mittel der einzelnen und der privatwirtschaftlichen Organisationen und beruflichen Institutionen nicht ausreichen, um eine drohende Gefahr abzuwenden oder einen bestehenden Missstand zu beseitigen».

Eher vage zog Scherrer einen Trennungsstrich gegenüber ausländischen korporativen Lösungen. Zunächst unterstrich er das fortbestehende Recht der Arbeitnehmer auf freie Organisation in Gewerkschaften, um sodann der Überzeugung Ausdruck zu geben, dass die berufsständische Ordnung «in ihrem innersten Wesen gegen eine so oder anders geartete Zwangsherrschaft oder Diktatur gerichtet» sei.[105]

---

105 Karl Wick erinnerte sich später, dass Josef Scherrer öfters der Vorwurf gemacht worden sei, eine Neugestaltung nach dem Muster des 1934 unter Bundeskanzler Engelbert Dollfuss in Österreich errichteten autoritären «christlichen» Ständestaates anzustreben (Gedenkschrift Josef Scherrer, S. 80). Diese Vorwürfe sind nicht stichhaltig. Scherrer hat sich mehrmals von ausländischen antidemokratischen Neuordnungen distanziert und stets betont, dass die berufsständische Ordnung organisch aus den schweizerischen Verhältnissen herauswachsen müsse; nicht der Korporationenstaat sei das Ziel, sondern im Gegenteil die möglichst weitgehende Selbstverwaltung der Wirtschaft (vgl. JB CAB 1932/33, S. 10f., und JB CAB 1934–36, S. 10). Befremdlich ist darum die Feststellung Hans Ulrich Josts, die Christlichsozialen hätten eine Wirtschaftspolitik entwickelt, die die Prinzipien des italienischen Faschismus und der Enzyklika Quadragesimo anno zu verbinden und in ein «helvetisches Mäntelchen» zu stecken versucht habe (Bedrohung und Enge, S. 152f.).

Bereits ein halbes Jahr nach Erscheinen der Enzyklika reichte Josef Scherrer im Nationalrat eine Motion ein, in der er beantragte, der schweren Krise der Wirtschaft durch eine berufsständische Neuordnung entgegenzuwirken.[106] Da «ein Bedürfnis für ein Projekt für die praktische Durchführung dieses Gedankens» bestand, setzte der CAB im Sommer 1933 eine Studienkommission unter der Leitung von Karl Wick ein mit dem Auftrag, ein Projekt für die Realisierung der berufsständischen Ordnung auszuarbeiten.[107] Und als die Schweizerische Konservative Volkspartei sich gleichzeitig an einem ausserordentlichen Parteitag als erste Schweizer Partei für eine berufsständische Ordnung aussprach[108], fand sie die ungeteilte Zustimmung der Christlichsozialen.[109] In deren Reihen hatten sich inzwischen vor allem die Gewerkschaften mit Vorschlägen für die praktische Verwirklichung der neuen Ordnung hervorgetan. Ihnen kam im berufsständischen Ordnungsmodell eine Schlüsselrolle zu, und sie versprachen sich mit den in Aussicht gestellten Möglichkeiten der Mitsprache und Mitbestimmung eine Aufwertung. Im besonderen knüpften sie daran die Erwartung, die Neuordnung werde die Monopolansprüche der sozialdemokratischen Gewerkschaften im Arbeitsleben durchbrechen.[110] Ein ausserordentlicher christlicher Gewerkschaftskongress im Sommer 1933 in Luzern bekannte sich zu einem berufsständischen «Aktions- und Wirtschaftsprogramm» und erliess «Richtlinien zur Gesellschafts- und Wirtschaftsordnung».[111] Obwohl das Programm angesichts der Flut berufsständischer Neuordnungsvorschläge ausserhalb des katholisch-konservativen Lagers wenig Beachtung fand, ist es insofern bemerkenswert, als es in den 1930er Jahren das einzige offizielle Programm eines Verbandes der christlichsozialen Bewegung blieb, das dem berufsständischen Ordnungsgedanken verpflichtet war.

Ohne auf einzelne Programmpunkte näher einzutreten, halten wir jene Passage in den «Richtlinien» für aufschlussreich, welche den Bereich der von der Berufsgemeinschaft beanspruchten Selbstverwaltung genauer umschrieb,

---

106 Die Motion wurde vom Parlament in ein Postulat umgewandelt. Wortlaut und Begründung in: Scherrer, Berufsständische Ordnung I. Wenn auch im Ergebnis gering, darf die Signalwirkung des Postulats für das katholisch-soziale Lager nicht verkannt werden (Weber, Korporatismus, S. 92).
107 JB CAB 1932/33, S. 43.
108 Auszugsweise Wiedergabe der Leitsätze vom 30. Juli 1933 in: Weber, Korporatismus, S. 158, Anm. 19.
109 Hochwacht, Nr. 179, 3. August 1933; Weber, Korporatismus, S. 160f.
110 Vgl. den Ingress zum Aktions- und Wirtschaftsprogramm: «Die christlichnationalen Gewerkschaften verurteilen auf das entschiedenste jeden Zwang und jeden Terror, von welcher Seite er auch ausgeübt werde, und verlangen eine ausreichende Sicherung der Koalitionsfreiheit, der freien Wahl der Organisationszugehörigkeit» (JB CAB 1932/33, S. 53).
111 Programm sowie Richtlinien im Wortlaut in: JB CAB 1932/33, S. 53ff. Vgl. auch Dudle, Christlichnationaler Gewerkschaftsbund, S. 70ff.; Weber, Korporatismus, S. 163f.

jene Aufgaben mithin, bei deren Lösung die Gewerkschaften Mitsprache und Mitbestimmung beanspruchten. Es sei «alles einzubeziehen, was dem betreffenden Produktionszweig an arteigenen Aufgaben erwächst», das heisst: Berufserziehung, Nachweis von Arbeitsgelegenheiten, Regelung der Lohn- und Arbeitsbedingungen, Preisgestaltung, soziales Versicherungswesen etc. Für den wahrscheinlichen Fall, dass in den Korporationen «Meinungsverschiedenheiten oder Schwierigkeiten» auftauchen sollten, war erstinstanzlich ein gemeinsamer, aus Arbeitgebern und Arbeitnehmern zusammengesetzter Schlichtungsausschuss vorgesehen, letztinstanzlich der Staat. Die christlichen Gewerkschafter gingen auf dem Weg zur berufsständischen Ordnung sogar noch einen Schritt weiter. Im Januar 1934 präsentierte der CNG einen «Entwurf für ein Bundesgesetz über die Ordnung der Wirtschaft», der die Errichtung einer berufsständischen Ordnung auf eidgenössischem Boden forderte.[112]

Unterdessen war es auch in mehreren kantonalen Parlamenten zu Vorstössen in Richtung einer berufsständischen Neuordnung gekommen, im Kanton Freiburg 1934 gar zu einem «Gesetz über die korporative Organisation», das aber nie promulgiert wurde.[113] In der Ostschweiz spielte der Kanton St.Gallen in der Diskussion über die korporative Neuordnung eine Pionierrolle. Das mag damit zusammenhängen, dass der berufsgenossenschaftliche Gedanke hier an eine lange Tradition anknüpfen konnte, die in der Mitte der 1880er Jahre begründet worden war, als sich Stickereifabrikanten, Kaufleute und Einzelsticker zur Wahrnehmung ihrer gemeinsamen Interessen, zur Regelung ihrer Berufsangelegenheiten und zur Entschärfung der Konkurrenzsituation zwischen den Stickern an der Rheingrenze im Zentralverband der Stickerei-Industrie der Ostschweiz und des Vorarlbergs zusammengeschlossen hatten.[114] In den Wirren des ausgehenden Ersten Weltkrieges erlebte der berufsständische Ordnungsgedanke in der Gestalt des Ostschweizerischen Volkswirtschaftsbundes eine Neuauflage. Dieser wurde im April 1919 unter wesentlicher Mitarbeit des CAB gegründet und umfasste 1920 28 Arbeitgeber- und 22 Arbeitnehmervereinigungen mit rund

---

112 Vgl. dazu JB CAB 1934–36, S. 96. Dudle, Christlichnationaler Gewerkschaftsbund, S. 72; Weber, Korporatismus, S. 181ff.
113 Weber, Korporatismus, S. 134, nennt die Kantone Freiburg, Wallis, Solothurn, Luzern, Zürich und St.Gallen. Zum Freiburger Gesetz vgl. ebd. S. 174ff.
114 Anfänglich war der Zentralverband sehr erfolgreich. Er umfasste Ende 1885 143 Sektionen mit mehr als 10000 Mitgliedern und 20000 Maschinen. Das entsprach 97% aller Maschinenbesitzer resp. 98% aller Maschinen. Doch schon nach wenigen Jahren hatte der Verband kaum mehr Mitglieder und löste sich 1893 wieder auf. Zur Gründung und zur Wirksamkeit des Verbandes vgl. Georg Baumberger, Geschichte des Zentralverbandes der Stickerei-Industrie der Ostschweiz und des Vorarlbergs und ihre wirtschafts- und sozialpolitischen Ergebnisse, St.Gallen 1891; Scherrer, Jung, S. 177f., Specker, Ostschweizer Sticker, S. 45ff., und Tanner, Weber, Sticker und Unternehmer, S. 175f.

40000 Einzelmitgliedern in der ganzen Ostschweiz. Er verfolgte den Zweck, die gemeinsamen wirtschaftlich-beruflichen Interessen der Mitglieder zu wahren und zu allen wirtschafts- und sozialpolitischen Fragen Stellung zu beziehen. Der Ostschweizerische Volkswirtschaftsbund – Josef Scherrer stand an der Spitze der Arbeitnehmergruppe und bekleidete ein Vizepräsidium – lag in der Linie des ständeversöhnenden Programms der Christlichsozialen und beeinflusste das 1920 verabschiedete Wirtschaftsprogramm des CAB.[115] Trotz der Erfolge des Verbandes im Bereich der Lohnregelung und der gesamtarbeitsvertraglichen Abmachungen löste er sich mit der 1921/22 hereinbrechenden Wirtschaftskrise wieder auf.[116]

In den 1930er Jahren setzten sich die beiden bürgerlichen Parteien St.Gallens intensiv mit den berufsständischen Ordnungsideen auseinander. Dem freisinnigen Gewerbepolitiker und Nationalrat August Schirmer gelang es 1933, seine Partei für mittelständisch-korporative Vorstellungen zu gewinnen.[117] Im gleichen Jahr wurde in St.Gallen auf Initiative der KVP die überparteilich-bürgerliche «Ostschweizerische Arbeitsgemeinschaft zur Errichtung der berufsständischen Ordnung» gegründet, der der Christlichsoziale Eugen Lendi, Präsident des Verbandes katholischer Angestellter und Beamter der Schweiz, vorstand[118] und die im April 1933 und im November 1934 zwei Studientagungen veranstaltete.[119] Der CAB rief im Februar 1934 die christlichsoziale Prominenz zu einem mehrtägigen Kurs in die Oberwaid bei St.Gallen, wo die Frage der berufsständischen Ordnung erörtert und Verwirklichungsmöglichkeiten diskutiert wurden.[120] Bereits in der ausserordentlichen Sommersession des Jahres 1933 hatte Eugen Lendi eine «Motion

---

115 André Savoy, christlichsozialer Vordenker einer berufsständischen Neuordnung, nahm in seinem Referat am I. christlichsozialen Arbeiterkongress 1920 ausdrücklich Bezug auf den Ostschweizerischen Volkswirtschaftsbund (vgl. Prot. CAB 1920, S. 118ff.). Zum Engagement der Christlichsozialen im Volkswirtschaftsbund vgl. JB CAB 1919/20, S. 26ff., und 1921, S. 5 und S. 48ff., sowie Hochwacht, Nr. 76, 30. März 1922.
116 Vgl. Holenstein, Landesstreik, S. 101f.; Scherrer, Jung, S. 174ff.
117 Ein Vorschlag zur Organisation der Wirtschaft, hg. von der Freisinnig-demokratischen Partei des Kantons St.Gallen, St.Gallen 1933 (sog. Plan Schirmer oder St.Galler Plan); vgl. auch August Schirmer, Neuordnung der Wirtschaft. Aufgaben der Berufsverbände, zwei Vorträge, St.Gallen 1934; Paul Keller, August Schirmer, Bruno Hartmann, Die korporative Idee. Die Neuordnung der Wirtschaft, St.Gallen 1934; Gilg/Gruner, Nationale Erneuerungsbewegungen, S. 18; Gruner, Bundesversammlung, S. 583f, und Gruner, Parteien, S. 94.
118 JB CAB 1932/33, S. 43. Eugen Lendi, geboren 1902 in St.Gallen und gestorben 1978 in St.Gallen, war technischer Angestellter und seit 1927 Mitglied des sanktgallischen Grossen Rates. Die konservative Gesamtpartei war in der Arbeitsgemeinschaft mit Carl Doka, Thomas Holenstein und Eugen Lendi vertreten (Prot. Parteiausschuss KVP, 24. Mai 1933, StaatsA SG, Archiv CVP). Zweck der Vereinigung war, «die Idee der berufsständischen Ordnung durchgehend bekannt zu machen» (Schreiben von Eugen Lendi an Bischof Alois Scheiwiler vom 29. Oktober 1933, BiA SG).
119 Hochwacht, Nrn. 79 und 83, 3. und 7. April 1933, und Nr. 277, 28. November 1934.
120 Hochwacht, Nr. 39, 15. Februar 1934.

betr. Förderung paritätischer Berufsvereinigungen (Korporationen)» im St.Galler Grossen Rat eingereicht, die von der KVP gutgeheissen und von 61 Parlamentariern mitunterzeichnet worden war.[121] In der Motion wurde der Regierungsrat «eingeladen, dem Grossen Rate Bericht und Antrag zu unterbreiten, wie durch gesetzliche und administrative Massnahmen die Bildung und Tätigkeit paritätischer Berufsvereinigungen (Korporationen) und ihre zweckdienliche Zusammenarbeit unter sich gefördert werden kann». In seiner Begründung im Ratsplenum zwei Jahre später verwies der Motionär darauf, dass die wirtschaftliche Dauerkrise «zu neuen Formen der volkswirtschaftlichen Organisationen dränge, die, abrückend von der Entwicklung zur Staatswirtschaft und zum Staatssozialismus, auf dem Eigenleben der Berufe aufbaue». Konkret ziele sein Vorstoss darauf, die paritätischen Berufsorganisationen zu Vereinigungen öffentlichen Charakters zu erheben und eine paritätisch zusammengesetzte sanktgallische Wirtschaftskammer zu schaffen. Nachdem der Motion nur aus dem sozialdemokratischen Lager Widerstand erwachsen war, der Regierungsrat dagegen Zustimmung empfohlen hatte, wurde sie, allerdings in einer abgeschwächten Form, für erheblich erklärt.[122] Ein Jahr später plädierte der Regierungsrat dafür, mit konkreten Schritten zuzuwarten, bis auf Bundesebene Klarheit über weitere Massnahmen bestehe. Bereits deutete die Regierung an, dass eine eidgenössische Lösung den verschiedenen kantonalen Bemühungen vorzuziehen sei, «wenn das vorliegende, ohnehin schwierige Problem überhaupt einer Lösung näher gebracht werden soll».[123] Im Herbst 1936 kam die Regierung zum Schluss, dass das durch die Motion Lendi angeregte Problem «nur vom Bund in befriedigender Weise» gelöst werden könne, und empfahl dem Rat die Streichung der Motion.[124] Trotz dem Antrag Lendis, die Motion weiterhin zu verfolgen, folgte der Rat ohne weitere Diskussion dem Vorschlag der Regierung.[125] Damit war das Traktandum im St.Galler Grossratssaal erledigt[126], und

---

121 Prot. Fraktion KVP, 10. Juli 1933 (StaatsA SG, Archiv CVP). Die Motion ist im ursprünglichen Wortlaut abgedr. in: Prot. des Grossen Rates, 10. bis 12. Juli 1933.
122 Prot. des Grossen Rates, 13. bis 15. Mai 1935; Hochwacht, Nr. 121, 24. Mai 1935. Die korrigierte Fassung der Motion ist abgedr. in: Prot. des Grossen Rates, 13. bis 15. Mai 1935; Amtsblatt, Nr. 21, 24. Mai 1935, S. 593f.
123 Bericht des Regierungsrates über die anhängigen Gegenstände, in: Prot. des Grossen Rates des Kantons St.Gallen, 1. Mai 1936 (StaatsA SG).
124 Bericht des Regierungsrates über die anhängigen Gegenstände, in: Prot. des Grossen Rates des Kantons St.Gallen, 30. Oktober 1936 (StaatsA SG).
125 Prot. des Grossen Rates, 9. bis 13. November 1936.
126 Eugen Lendi reichte in der Novembersession 1936 eine weitere Motion ein, in der er die Bestellung einer «kantonalen Wirtschaftskommission» verlangte. Diese sollte als paritätisch zusammengesetztes «Begutachtungsorgan» der Regierung wirtschaftliche Sachfragen vorberaten. Der Regierungsrat verneinte die Zweckmässigkeit dieser Einrichtung, worauf der Grosse Rat die Erheblichkeitserklärung der Motion ablehnte (Wortlaut der Motion, Begründung und Debatte in: Prot. des Grossen Rates, 13. Juli 1938).

auch die Arbeitsgemeinschaft traf sich zu keinen weiteren Veranstaltungen mehr.

Bei der Diskussion der Totalrevision der Bundesverfassung, zu der die Jungkonservativen und korporative Kreise des Welschlandes den Anstoss gegeben hatten, spielte der berufsständische Ordnungsgedanke eine zentrale Rolle. Die Christlichsozialen stellten sich denn auch, wie Alois Scheiwiler schrieb, in die «vorderste Front der Revisionsfreunde»[127], erhofften sie sich doch von der Verfassungsrevision die Einführung der berufsständischen Ordnung und damit «die Beseitigung des zersetzenden Klassenkampfes, eine wirkungsvollere Zusammenarbeit und einen besseren sozialen Ausgleich».[128] Im Kanton St.Gallen stand mit dem Gewerkschafter Johannes Müller ein Christlichsozialer an der Spitze des konservativ-christlichsozialen Aktionskomitees für die Verfassungsrevision.[129]

Nach dem Scheitern der Totalrevisionsinitiative – sie wurde am 8. September 1935 landesweit mit 512 000 gegen 196 000 Stimmen, im Kanton St.Gallen mit 37 000 gegen 21 000 Stimmen klar verworfen – «verstummte der Ruf nach berufsständischer Ordnung in der schweizerischen politischen Arena augenblicklich».[130] Diese Beobachtung gilt für die Christlichsozialen nur bedingt. Zwar trat die Forderung nach einer berufsständischen Neuordnung auch in ihren Reihen zunächst in den Hintergrund. Spätestens aber seit den Vorbereitungen zur Revision der Wirtschaftsartikel der Bundesverfassung Anfang 1937 lebte der Gedanke der berufsständischen Ordnung wieder auf und behielt seine Aktualität über 1939 hinaus. Besonders Josef Scherrer hielt beharrlich an diesem einmal eingeschlagenen Weg fest und engagierte sich mit missionarischem Eifer für die Propagierung der Idee der Berufsgemeinschaft. Er schlug in einer Antwort auf die Vernehmlassung zuhanden des Eidgenössischen Volkswirtschaftsdepartementes «Richtlinien für eine schweizerische Lösung» vor, die der berufsständischen Ordnungsidee verpflichtet waren.[131] Als Festredner am Jubiläumsparteitag der Schwei-

---

127 Hochwacht, Nr. 194, 22. August 1935. Eine Minderheit im Bundesvorstand des CAB unter der Führung von Karl Wick allerdings zweifelte an der Opportunität des Zeitpunktes einer Totalrevision (vgl. JB CAB 1934–36, S. 8).
128 Hochwacht, Nr. 194, 22. August 1935; zur Haltung der Christlichsozialen zum Begehren auf Totalrevision der Bundesverfassung vgl. ausführlich Gehrig, Das Christlichsoziale, S. 176ff.
129 TBSch, 17. August 1935 (PrivatA Scherrer). Im Kanton St.Gallen hiessen das Kantonalkomitee und der Parteiausschuss der CSP (mit Bezirkspräsidenten) unter dem Einfluss Josef Scherrers, der sich persönlich schon sehr früh für die Revision ausgesprochen hatte, diese einmütig gut (TBSch, 2. April und 13. Mai 1934, 17. August 1935, PrivatA Scherrer; vgl. auch Zirkular an die Bezirkspräsidenten und Gemeindeleiter der CSP, 21. August 1935, BAR).
130 Weber, Korporatismus, S. 196. Anderer Ansicht ist Rölli-Alkemper, SKVP 1935–43, S. 249. Nach seinen Erkenntnissen blieb der berufsständische Gedanke «weiterhin der zentrale Aufhänger für die katholisch-konservative Wirtschaftspolitik».
131 Scherrer, Berufsständische Ordnung II.

zerischen Konservativen Volkspartei im Mai 1937 sprach sich Scherrer wiederum vehement für den Korporatismus schweizerisch-katholischer Prägung aus, wenn er auch enttäuscht über das durch antidemokratische Beispiele im benachbarten Ausland beeinflusste negative Echo war. «Wir Konservative und Christlichsoziale fordern eine durch die Entwicklung der wirtschaftlichen und gesellschaftlichen Verhältnisse notwendige neue berufsständische Ordnung!»[132] Auch im Kreise des von ihm gegründeten Katholischen Bauernbundes warb Josef Scherrer für die Gedanken der berufsständischen Ordnung, überzeugt, dass gerade die krisengeschüttelte Landwirtschaft ein vitales Interesse an einem wirtschaftspolitischen Alternativkonzept haben müsste.[133]

Josef Scherrer hatte die Genugtuung zu erleben, wie berufsständisches Ideengut nach und nach weitere Kreise erfasste: zunächst den Schweizerischen Gewerbeverband, der einen von seinem Präsidenten August Schirmer vorgelegten mittelständisch-korporativen Plan guthiess[134]; dann den Arbeitgeberverband Schweizerischer Maschinen- und Metallindustrieller und den Schweizerischen Metall- und Uhrenarbeiterverband, die 1937 ein «Friedensabkommen» abschlossen[135]; und schliesslich, als mit der Etablierung des Gesamtvertragswesens und der Möglichkeit der Allgemeinverbindlichkeitserklärung nach dem Zweiten Weltkrieg erste Schritte in Richtung einer berufsgemeinschaftlichen Ordnung erfolgten, auch die sozialdemokratischen Gewerkschaften.[136]

132 Josef Scherrer, Eidgenössische Zeitaufgaben im Lichte unseres Programms, Referat am Jubiläumsparteitag der Schweizerischen Konservativen Volkspartei vom 30. Mai 1937, S. 7f. (BAR).
133 Katholischer Bauernbund der Diözese St.Gallen. Wegleitung, verf. von Josef Scherrer, März 1938, S. 9f. (Archiv KBB). Scherrer beschränkte sich auf allgemeine Forderungen und entwickelte keine konkreten Vorstellungen darüber, wie eine berufsständische Ordnung für die Landwirtschaft auszusehen hätte.
134 JB CAB 1934–36, S. 11. Scherrer attestierte August Schirmer «wirkliche Pionierarbeit auf diesem Gebiete». Wortlaut von Schirmers Plan in: Hochwacht, Nr. 145, 25. Juni 1935; christlichsozialer Kommentar dazu in: Hochwacht, Nr. 153, 4. Juli 1935.
135 Josef Scherrer würdigte das «Friedensabkommen» als Anerkennung der christlichsozialen Ideale beim weltanschaulichen Gegner: «Wir registrieren dies [die im Abkommen vereinbarte Verpflichtung zum Arbeitsfrieden] mit Genugtuung, weil damit ein soziales Postulat aufgenommen und erfüllt wurde, das die christliche Gewerkschaftsbewegung von Anfang ihres Bestehens bis heute grundsätzlich verfochten hat» (JB CAB 1937/38, S. 33).
136 Scherrer, Standort, S. 24f.: «Der Umstand, dass die sozialdemokratischen Verbände, wenn auch da und dort noch zögernd, heute diesen Weg der beruflichen, vertragsrechtlichen Ordnung der Arbeitszeitverhältnisse betreten, so besagt dies, dass wenigstens ein Teil der sozialistischen Arbeiterschaft von den ursprünglichen radikalen, klassenkämpferischen und revolutionären Forderungen Abstand nimmt. Hatte man auf dieser Seite die arbeitsfriedlichen Bestrebungen der christlichen Berufsverbände als willigen, entehrenden Schlepperdienst für den Kapitalismus und als Verrat am Arbeiter verschrieen, so übernehmen nun selbst die sozialistischen Gewerkschaften die ursprünglichen Postulate der christlichsozialen Arbeiterbewegung.» Vgl. auch Scherrer, Sozialreform, S. 71.

Die Enzyklika Quadragesimo anno gab der christlichsozialen Bewegung nicht nur ideologisch-programmatisch, sondern ebenso organisatorisch starken Auftrieb. Zu erinnern ist daran, dass die christlichsozialen Organisationen – vor allem Standesvereine, aber auch Gewerkschaften und Genossenschaften – zur Zeit des Erscheinens der Enzyklika stagnierten oder gar, wie die Standesvereine, in einer Krise steckten. Die Führer der Bewegung bemühten sich, vom Rückenwind der Enzyklika zu profitieren. Josef Scherrer berief sich in einem 1932 an die Schweizerische Bischofskonferenz gerichteten Gesuch um Unterstützung der Standesvereine ebenso auf die Enzyklika Quadragesimo anno wie Bischof Scheiwiler, der in einem Rezess die Geistlichkeit der Diözese St.Gallen dazu einlud, den christlichen Gewerkschaften «warme Empfehlung» zuteil werden lassen.[137] Und als sich Alois Scheiwiler, Josef Scherrer und Joseph Meile 1934/35 anschickten, die katholischen Bauern sowie die katholischen Gewerbler und Arbeitgeber in Standesorganisationen zu sammeln, versäumten sie es nicht, ihre Offensive mit Hinweisen auf das päpstliche Rundschreiben zu legitimieren.

---

137 Namens des ZV von Josef Scherrer verfasstes Schreiben an Bischof Victor Bieler zu Handen der Schweizerischen Bischofskonferenz vom 1. Juli 1932 (BiASG). Der Rezess Bischof Scheiwilers ist auszugsweise abgedr. in: JB CAB 1930/31, S. 62.

2. Die konservativ-christlichsoziale Programmatik

2.1 Christlichsozialer Programmentwurf von 1911

Die CSP besass als Parteigruppe im Rahmen der konservativen Gesamtpartei zwar eine eigene Organisation, nie aber ein eigenes Programm. Programmatische Eigenständigkeit im Sinne eines besonderen christlichsozialen «Arbeiterprogramms» hätte sich, im Unterschied zur organisatorischen Selbständigkeit, mit dem gerade auch von christlichsozialer Seite immer wieder betonten Grundanliegen der politischen Einheitsfront aller St.Galler Katholiken nicht vertragen. Mehr noch: Weil die Christlichsozialen in der Organisation Eigenständigkeit beanspruchten, war ein mit den Konservativen gemeinsames Programm als weltanschaulich-ideeller Sammelpunkt von altkonservativem und christlichsozialem Parteiflügel umso wichtiger. Für die Gründer der CSP hiess dies konkret, dass sie dahingehend arbeiten mussten, die Programmatik der konservativen Mutterpartei im Sinne ihrer Postulate zu beeinflussen. Diesem Bemühen entsprang im Sommer 1911 der Programmentwurf der CSP, der zwar nie zum offiziellen Parteidokument erhoben wurde, der aber dennoch hinsichtlich der politischen Leitvorstellungen und der konkreten sachpolitischen Anliegen der katholischen Arbeiter- und Angestelltenschaft St.Gallens aufschlussreiche Hinweise gibt.

Unmittelbar nach dem St.Galler Katholikentag vom Juni 1911 hatte Josef Scherrer vom sogenannten «Politischen Komité», der mit den Vorbereitungen zur Gründung einer christlichsozialen Partei im Kanton St.Gallen betrauten Initiativgruppe, den Auftrag erhalten, einen Entwurf für ein «modernes, sozial-fortschrittliches» Parteiprogramm auszuarbeiten, einen «Plan, nach dem intensiv und praktisch gearbeitet werden konnte».[138] Scherrers Entwurf wurde kurz darauf vom «Politischen Komité» mit geringfügigen Änderungen gutgeheissen und am 22. September auch vom mittlerweile eingerichteten provisorischen Kantonalkomitee genehmigt.[139] Mit der Aufstellung eines Programms verfolgte das Komitee ein doppeltes Ziel: Erstens ging es darum, «nun einmal selber sich über unsere Postulate zu einigen»[140], und mithin eine Programm-Plattform zu schaffen, welche den politischen Zu-

---

138 Jb CSP 1912, S. 7 (BAR).
139 Jb CSP 1912, S. 8 und S. 10 (BAR).
140 Jb CSP 1912, S. 8 (BAR).

sammenschluss der katholischen Arbeitervereine zu einer Partei ermöglichen sollte. Die andere Absicht ergab sich aus dem Umstand, dass die Konservativen sich bereits seit zwei Jahren mit dem Gedanken trugen, ihr Programm einer Revision zu unterziehen. Mit ihrem Programmentwurf verfolgten die Christlichsozialen den Zweck, die Programmarbeit der Konservativen voranzutreiben und in ihrem Sinne mitzuprägen. Zu erinnern ist daran, dass die Christlichsozialen zu diesem Zeitpunkt sich anschickten, eine in der Organisation möglichst unabhängige und selbständige Partei zu schaffen, die aber über ein gemeinsames Programm mit den Konservativen verbunden bleiben sollte. Mit ihrem Programmentwurf formulierten die Christlichsozialen die Bedingungen einer programmatischen Einheit mit der KVP und machten, wie sich Josef Scherrer erinnerte, den Konservativen klar, «dass man die Christlichsozialen nicht mehr nur als willige Jagdhunde der [konservativen] Partei betrachten und behandeln durfte, sondern dass man ihnen nun wohl oder übel bestimmte politische Zugeständnisse machen musste».[141]

Der christlichsoziale Programmentwurf lehnte sich sehr eng an das Politische Programm der schweizerischen Christlichsozialen von 1908 an[142], was sich einerseits damit begründen lässt, dass das 1908er Programm als erstes politisches Programm der Christlichsozialen überhaupt den Charakter einer Vorgabe oder eines Musters hatte, andererseits aber auch dadurch, dass in der Politischen Kommission, welche das Programm von 1908 entworfen hatte, zwei St.Galler Einsitz genommen hatten, nämlich Karl Kern und Alois Scheiwiler, die dann allerdings beide bei der Gründung der CSP nicht direkt in Erscheinung traten.[143] Bereits im formalen Aufbau der beiden Programme sind Ähnlichkeiten unverkennbar. Beiden waren grundsätzliche Überlegungen vorangestellt, ehe in derselben Systematik – Postulate in politischer, sozial-wirtschaftlicher und religiöser Beziehung – konkrete Sach-

---

141 Scherrer, Jung, S. 98. Im Jb CSP 1912, S. 8 (BAR), sprach Scherrer gar von einer «Drohung der Christlichsozialen, sich von den Konservativen zu trennen, wenn diese nicht weit entgegenkommen würden». Auffallend ist die Parallele zur Genese des Politischen Programms von 1908: Genauso wie der Programmentwurf der St.Galler Christlichsozialen von 1911 sollte auch das Politische Programm von 1908 den Konservativen den «Tarif» bekanntgeben, zu welchem die Christlichsozialen mit den Konservativen zusammenzuarbeiten gewillt waren.

142 Der christlichsoziale Programmentwurf ist dem Jb CSP 1912 als Beilage angefügt (BAR). Es lässt sich nicht ausmachen, ob es sich dabei um Scherrers Rohfassung oder um den vom provisorischen Kantonalkomitee sanktionierten Entwurf handelt. Die Tatsache, dass der Entwurf dem Jahresbericht beigelegt ist, spricht eher für die zweite Möglichkeit. Als Interpretationshilfe zum Programmentwurf dient das undatierte, vom Kantonalkomitee der CSP verfasste Flugblatt «Die christlichsoziale Partei. Was sie ist und was sie will», das möglicherweise im Zusammenhang mit der Grossratswahl vom Frühjahr 1912 aufgesetzt wurde (BAR).

143 Scheiwiler und Kern gehörten nach der Gründung der CSP dem ersten Kantonalkomitee an, was darauf schliessen lässt, dass sie an den Gründungsvorbereitungen nicht unbeteiligt gewesen waren (Jb 1912, S. 13, BAR).

forderungen präsentiert wurden. Im Unterschied zum Programm von 1908 entfiel im St.Galler Programm allerdings der mittlere Teil, das «taktische Programm», das im wesentlichen die politische Organisation der Christlichsozialen innerhalb der konservativen Parteien forderte. Die Weglassung dieses Teils im St.Galler Entwurf erklärt sich wohl damit, dass die Parteigründer zum Zeitpunkt der Niederschrift und der Sanktionierung des Entwurfs von einer organisatorischen Trennung der künftigen CSP von den Konservativen ausgegangen waren.[144]

Der christlichsoziale Programmentwurf brachte, ausser konkreten Postulaten zur kantonalen Politik, substantiell nichts Neues. Er war im Grunde eine eher wirre Paraphrase von Programmaussagen aus Rerum novarum und aus dem Politischen Programm von 1908, die recht unbesehen miteinander vermengt werden. Einleitend legitimierte der Programmentwurf die Notwendigkeit «einer regen aktiven Betätigung im öffentlichen und politischen Leben» damit, dass die Selbsthilfe allein zur Lösung der sozialen Frage nicht genüge. Im Unterschied zum Programm von 1908 brachte der Ingress zusätzlich die Überzeugung zum Ausdruck, dass «das praktische Christentum die erste Grundlage der menschlichen Gesellschaft und des Staates» sein müsse. Der daran anschliessende grundsätzliche Teil, gegliedert in zwei Abschnitte mit den plakativen Überschriften «Die christlichsoziale Partei ist eine christliche Partei!» und «Die christlichsoziale Partei ist eine soziale Volkspartei!», wiederholte im wesentlichen das Bekenntnis zu den «ehernen Gottesgesetzen» und zu den «ewigen Grundwahrheiten des Christentums in der Familie, in der Schule und im Staate» sowie das Bekenntnis zum Ideal der «sozialen Versöhnung aller Stände», um sodann abschliessend ein Profil staatlicher Sozialpolitik zu entwerfen: «Demzufolge erachten wir es als Pflicht des Staates, alle Mittel zur Hebung des Arbeiterstandes sowie des bäuerlichen und gewerblichen Mittelstandes anzuwenden, indem er alle genossenschaftlichen Unternehmungen der arbeitenden Stände unterstützt und mit allen gesetzlichen Mitteln der Ausbeutung der ehrlichen Arbeit seitens des unersättlichen Grosskapitalismus entgegenarbeitet.»

Im konkret-praktischen zweiten Programmteil wurden unter dem Titel «Was wollen wir daher?» neben politischen und religiösen vor allem soziale und wirtschaftliche Postulate aufgelistet, die insgesamt einem kräftigen Staatsinterventionismus das Wort redeten und ihres konkreten Charakters wegen eigentlich eher in ein Aktions- oder Wahlprogramm gehört hätten. Dabei war die Grenzziehung zum Grundsatzteil, wo ebenfalls konkrete

---

144 Im Sinne einer Hypothese liesse sich möglicherweise auch unterstellen, dass das Bekenntnis zur Einheit mit den Konservativen deshalb weggelassen wurde, um derart die auf strikte Trennung drängenden katholischen Arbeiterkreise überhaupt für die politische Sammlung zu gewinnen.

Die Christlich-soziale Partei des Kantons St. Gallen.
o-o-o-o-o-o-o-o-o-o-o-o-o-o-o-o-o-o-o-o-o-o-o-o-o-o-o-o

Die Christlich-Sozialen, in der festen Ueberzeugung, dass das praktische Christentum die erste Grundlage der menschlichen Gesellschaft und des Staates sein muss, ersehen die Lösung der sozialen Frage für alle Berufsstände nicht nur in der Selbsthilfe, sondern auch in einer regen aktiven Betätigung im öffentlichen und politischen Leben.

Die christlich-soziale Partei ist eine christliche Partei!
+
Als solche kämpft sie dafür, dass die ehernen Gottesgesetze und die ewigen Grundwahrheiten des Christentums in der Familie, in der Schule und im Staate respektiert werden. Sie will daher kirchliche Gleichberechtigung für alle christlichen Konfessionen, volle Freiheit und Parität der christlichen Religion im privaten und öffentlichen Leben, vollständige Wahrung des religiösen Einflusses in der Jugenderziehung und gebührende Berücksichtigung der christlichen Moralgrundsätze in der Gesetzgebung. Sie tritt für das grosse Gesetz der Gerechtigkeit und Nächstenliebe ein, verlangt die Respektierung von Gesetz, Ordnung und Bürgersitte. Sie will, dass die christliche Religion als höchstes Gut dem Volke erhalten und dass unser Volk ein christliches Volk bleibe, gleichviel ob Katholik oder Protestant.

Die christlich-soziale Partei ist eine soziale Volkspartei!
+
Als Volkspartei umfasst sie alle Stände, den Arbeiter, Bauern, Handwerker und Gewerbetreibenden. Sie verwirft den Klassenkampf und damit den Grundsatz der blossen Klassen und Ständepartei. Sie kämpft dafür, dass der stolze Grundsatz unserer Verfassung, der das Volk zum Souverän des Landes macht zur Tat und Wahrheit werde. Sie will eine allseitige politische Gleichberechtigung aller Stände und fordert die proportionale Vertretung und das aktive und passive Wahlrecht zu allen staatlichen Aemtern und Verwaltungszweigen für alle Stände in Gemeinde, Bezirk und Kanton. Die christlich-soziale Partei ist eine soziale Reformpartei gemäss den sozialen Grundsätzen des Christentums. Sie erkennt jedem ehrlich Arbeitenden ein volles Recht auf eine würdige Existenz, auf ausreichende Familienhaltung zu und fordert auch für den Arbeiter und den Kleinhandwerker, für den kleinen Geschäftsmann, den Kleinbauer, Angestellten etc. ihre Existenz sichernde und fördernde soziale Rechte, verurteilt dagegen entschieden den Klassenkampf und alle sozialpolitischen Massnahmen, die eine Bereicherung des einen Erwerbstandes auf Kosten der andern arbeitenden Stände bedingen. diese christlichen Grundsätze fordern auch eine soziale Ordnung, welche auf ein harmonisches Verhältnis zwischen Arbeitgeber und Arbeitnehmer hinzielt. Die christlich-soziale Partei kämpft für die berechtigte soziale Stellung, aber auch für die soziale Disziplin beider mit dem Endziele der Förderung des sozialen Friedens und der sozialen Verständigung, bewusst, dass die Herrschaft der Sozialdemokratie für das Volk so wenig glückbringend wäre, wie jene des Kapitalismus. Demzufolge erachten wir es als Pflicht des Staates alle Mittel zur Hebung des Arbeiterstandes, sowie des bäuerlichen und gewerblichen Mittelstandes anzuwenden, indem er alle genossenschaftlichen Unternehmungen der arbeitenden Stände unterstützt und mit allen gesetzlichen Mitteln der Ausbeutung der ehrlichen Arbeit seitens des unersättlichen Grosskapitalismus entgegenarbeitet.

Die Grundsätze und Postulate des christlichsozialen Programmentwurfs gingen ohne Abstriche ins gemeinsame Programm der St. Galler Konservativen und Christlichsozialen von 1911 ein.

Forderungen erhoben wurden, undeutlich. Entsprechend dem Anspruch, «soziale Volkspartei» zu sein, standen neben spezifischen Arbeiterpostulaten konsequenterweise auch landwirtschaftliche und gewerblich-mittelständische Forderungen. So folgte etwa auf die Forderung nach Förderung des sozialen Versicherungswesens jene nach Einführung der obligatorischen Viehversicherung. Eine Auflistung der einzelnen sozialen und wirtschaftlichen Postulate findet sich am Ende des nächsten Abschnitts.

Zur Interpretation des christlichsozialen Programmentwurfes ist es hilfreich, von der generellen Funktion von Parteiprogrammen auszugehen. Diese haben allgemein die Aufgabe, nach aussen zu wirken und das innere Gefüge der Partei zu gestalten. Nach aussen richtet sich vor allem die Werbefunktion, ebenso die Funktion, die eigene Partei gegenüber anderen Parteien abzugrenzen und ihr ein eigenes Profil zu geben. Nach innen soll das Parteiprogramm integrieren, indem es für die Mitglieder verbindliche Richtschnur ihres Denkens und Handelns ist und auf diese Weise die Identifikation mit der Partei und ihren Idealen sichert.[145] Diesen drei Funktionen – Werbung, Abgrenzung, Integration – entsprachen Aufbau und Inhalt des Programmentwurfs. Der Anwerbung von Mitgliedern dienten die handfesten Postulate im zweiten Teil, die, unmittelbar vor der Grossratswahl, vor allem die «kleinen Leute» ansprechen sollten, im besonderen die Arbeiterschaft und die Kleinbauern.[146] Im grundsätzlichen Programmteil waren die Christlichsozialen bestrebt, sich gegenüber den Sozialdemokraten abzugrenzen, von denen es im Programmentwurf ausdrücklich hiess, dass deren Herrschaft «für das Volk … wenig glückbringend wäre». Weil sich die Sozialdemokraten in ihren sozialpolitischen Zielsetzungen aber nur unwesentlich von den Christlichsozialen unterschieden, die Christlichsozialen damit im konservativen Lager Gefahr liefen, mit der Sozialdemokratie gleichgesetzt und der Klassenpolitik verdächtigt zu werden, bemühten sich die Christlichsozialen um ein eigenes Profil und bekannten sich zur sozialen «Volkspartei». Gleich an zwei Stellen verurteilte der christlichsoziale Programmentwurf die sozialdemokratische Klassenkampfparole. Der «Klassenkampf und alle sozialpolitischen Massnahmen», hiess es im Entwurf wörtlich, «die eine Bereicherung des einen Erwerbstandes auf Kosten der anderen arbeitenden Stände bedingen», seien entschieden abzulehnen. Im Gegensatz dazu wolle die zu gründende christlichsoziale Partei «für den Arbeiter und den Kleinhandwerker, für den kleinen Geschäftsmann, den Kleinbauern, Ange-

---

145 Vgl. Heino Kaack, Geschichte und Struktur des deutschen Parteiensystems, Köln 1971, S. 401ff.
146 Bereits an der Arbeitervereinsversammlung am St.Galler Katholikentag im Juni 1911 hatte Georg Baumberger mit einem Referat über das Thema «Bauer und Arbeiter» versucht, «vor allem auch die Kleinbauern für die christlichsoziale Sache zu gewinnen» (Jb CSP 1912, S. 4, BAR).

Christlich-soziale Partei des Kantons St. Gallen.

An das St. Gallervolk!

Im St. Gallerlande hat sich eine neue, junge, aber vielversprechende Partei auf das politische Feld unseres Kantons begeben:

Die christlich-soziale Partei!

Was ist die christlich-soziale Partei?

Sie ist eine soziale Volkspartei!

Als **Volkspartei** umfaßt sie alle Stände, den **Arbeiter, Kleinbauern, Kleinhandwerker** und **Gewerbetreibenden**. Sie verwirft den Klassenkampf und Klassenhaß. Sie tritt in erster Linie dafür ein, daß der stolze Grundsatz unserer Verfassung zur Tat und Wahrheit werde, der das Volk zum Souverän des Landes macht! Daher will sie eine allseitige politische Gleichberechtigung aller Stände. Sie fordert die proportionale Vertretung aller Stände für die staatlichen Aemter und Verwaltungszweige in Gemeinde, Bezirk und Kanton. Die christlich-soziale Partei ist eine

soziale Reformpartei

gemäß den Grundsätzen des Christentums. Sie erkennt jedem Arbeitenden ein volles Recht auf eine **würdige Existenz, auf ausreichende Familienhaltung zu** und fordert in erster Linie für den **Arbeiter**, aber auch für den Kleinhandwerker, für den kleinen Geschäftsmann, den Kleinbauer, Angestellten zc. ihre Existenz sichernde und fördernde soziale Rechte; sie verurteilt hingegen jeden Klassenkampf und alle politischen Maßnahmen, die eine Bereicherung des einen Erwerbstandes auf Kosten der andern arbeitenden Stände bedingen. Die Christlich-Sozialen kämpfen für die berechtigte soziale Stellung von Arbeiter und Arbeitgeber, aber auch für die soziale Disziplin beider mit dem Endziele der sozialen Verständigung und des sozialen Friedens, bewußt, daß die Herrschaft der

Sozialdemokratie

für unser Volk **so wenig glückbringend** wäre, wie jene des

Kapitalismus!

Wir erachten es als Pflicht des Staates alle Mittel zur Hebung des Arbeiterstandes, sowie des bäuerlichen und gewerblichen Mittelstandes anzuwenden, indem er alle genossenschaftlichen Unternehmungen der arbeitenden Stände wirksam unterstützt und mit allen gesetzlichen Mitteln der **Ausbeutung der ehrlichen Arbeit seitens des unersättlichen Kapitalismus entgegenarbeitet.**

Also Kampf dem System der wucherischen, manchesterlichen Volkswirtschaft, tatsächliche Förderung der wahren Volkswohlfahrt ist die christlich-soziale Parole!

Was ist die christlich-soziale Partei ferner?

Sie ist eine christliche Partei!

Als solche kämpft sie dafür, daß die ehernen Gottesgesetze und die **ewigen Grundwahrheiten des Christentums** in der **Familie**, in der **Schule** und im **Staate** respektiert werden. Sie will daher kirchliche **Gleichberechtigung** für alle christlichen Konfessionen, volle **Freiheit** und **Parität** der **christlichen Religion** im privaten und **öffentlichen Leben**; volle Berücksichtigung der christlichen Moralgrundsätze in der Gesetzgebung. Ihr Grundsatz ist die christliche **Gerechtigkeit** und **Nächstenliebe!** Die christlich-soziale Partei will, daß die christliche **Religion als höchstes Gut dem Volke erhalten bleibe, und daß unser Volk ein christliches Volk bleibe**, gleichviel ob Katholik oder Protestant!

St. Gallervolk! Das sollen deine Grundsätze sein! Tretet der Partei bei, die ihr Programm auf diesen **unerschütterlichen Grund** aufgestellt, auf den Boden der

christlichen Sozialreform.

Arbeiter, Angestellte, Kleinbauern, Handwerker und **Gewerbetreibende** schließt Euch der Partei an, die am **wirksamsten für Eure Interessen** einsteht:

Der christlich-sozialen Partei!

St. Gallervolk! **Wach auf!**

Christlich-soziale Partei des Kantons St. Gallen.

Der Unterzeichnete verpflichtet sich hiermit der **christlich-sozialen Partei** beizutreten und deren Grundsätzen und Statuten treu nachzuleben, für die Interessen der Partei stets mannhaft einzustehen.

Name und Geschlecht: ....

Bürgerort: .... Geboren: ....

Wohnort, Straße: ....

Angemeldet durch: ....

«Was ist die christlichsoziale Partei?» Flugblatt aus dem Gründungsjahr der CSP des Kantons St. Gallen.

stellten etc.» einstehen.[147] Integration schliesslich, die dritte Funktion des Programms, war in einem doppelten Sinne notwendig: Zum einen musste der Entwurf die christlichsoziale Klientel in die Partei einbinden und vor allem verhindern, dass sie zu den sozialdemokratischen Konkurrenzorganisationen überlief, und zum anderen die Einheit von Christlichsozialen und Konservativen zum Ausdruck bringen. Dieser doppelten Integration diente das im ersten Abschnitt des Grundsatzprogramms abgelegte Bekenntnis zum christlichen Charakter der Partei. Was die Christlichsozialen untereinander, was sie aber auch mit den Konservativen zu einer «Einheitsfront» verband, das war, trotz angestrebter organisatorischer Trennung, die Verpflichtung auf die Grundwerte des katholischen Christentums.[148]

Der christlichsoziale Programmentwurf von 1911 war, wie auch die Enzyklika Rerum novarum und das als Vorbild dienende Politische Programm der schweizerischen Christlichsozialen von 1908, noch weit entfernt von der integralen Gesellschaftsreform, wie sie nach dem Ersten Weltkrieg mit dem Konzept der berufsständisch-genossenschaftlichen Neuordnung von Gesellschaft, Staat und Wirtschaft im Umfeld des CAB angestrebt wurde. Zwar forderte der Programmentwurf bereits eine «soziale Ordnung, welche auf ein harmonisches Verhältnis zwischen Arbeitgeber und Arbeitnehmer hinzielt», unterliess es aber, diese künftige Ordnung näher zu beschreiben. In der Tendenz war der Programmentwurf unmissverständlich einer christlich inspirierten staatlichen Sozialpolitik verpflichtet. Von der sozial- und wirtschaftspolitischen Intervention des Staates wurde erwartet, dass sie die negativen Effekte des liberal-kapitalistischen Wirtschaftssystems korrigiere und «allen arbeitenden Ständen» eine «würdige Existenz» sichere.

2.2 Gemeinsames Programm der Konservativen und Christlichsozialen von 1911

Der christlichsoziale Programmentwurf aus der Feder von Josef Scherrer wurde in der Sitzung des provisorischen Kantonalkomitees der Christlichsozialen vom 22. September 1911 verabschiedet und der konservativen Parteileitung im Sinne eines Forderungskatalogs zugestellt. Damit verbanden die Christlichsozialen ein regelrechtes Ultimatum. Wie Scherrer später schrieb,

---

147 Im Flugblatt «Die christlichsoziale Partei. Was sie ist und was sie will» (BAR) war diese Liste der «Volksstände» um jene der Kaufleute, Fabrikanten, Geistlichen und Beamten erweitert. Der Vorwurf der «Klassen- oder Ständepartei» wurde hier nicht nur gegenüber der Sozialdemokratie erhoben, sondern ebenfalls gegenüber den bürgerlichen Parteien.
148 Vgl. auch Jb CSP 1912, S. 11 (BAR): «Es lag uns ferne, eine Trennung heraufzubeschwören. Es konnte sich nur um eine Trennung in der Organisation handeln. Prinzipiell hatten wir uns ganz speziell in religiöser Beziehung auf denselben Boden wie die Konservative Partei zu stellen.»

Anton Messmer, Parteipräsident der St. Galler Konservativen von 1912 bis 1919.

sollte es von der Annahme der Forderungen und deren Übernahme in ein gemeinsames Programm von Konservativen und Christlichsozialen, «abhängen, ob die Christlichsozialen weiterhin in der [konservativen»] Partei verbleiben».[149] Den Konservativen waren die Aktivitäten der Christlichsozialen nicht entgangen. Veranlasst durch deren Vorprellen und Drängen, forcierten sie nun auch ihrerseits die Arbeit an der Revision ihres Programms. An einer gemeinsamen Sitzung von Konservativen und Christlichsozialen legte Landammann Anton Messmer namens der Konservativen ebenfalls einen Programmentwurf vor, der zum Erstaunen der Christlichsozialen «durch und durch sozial gehalten» war und «nur in der Form, nicht aber im Inhalt» von den Vorschlägen der Christlichsozialen abwich.[150]

Die Hintergründe der konservativen Programmarbeit liegen weitgehend im dunkeln, da die Protokolle der konservativen Parteigremien fehlen. Für das rasche Entgegenkommen der Konservativen in der Programmfrage gibt es aber eine plausible Erklärung: Die für das Frühjahr 1912 angesetzte erste Grossratswahl nach proportionalem Wahlrecht machte ein einheitliches Vorgehen und eine Einigung von Konservativen und Christlichsozialen unbedingt notwendig, denn im Falle einer Trennung drohte der konservativen Partei die Gefahr, den Lohn ihres Kampfes für das neue Wahlsystem zu verwirken. Nach Josef Scherrer war sich vor allem Anton Messmer dessen bewusst. Dieser sei zwar den Christlichsozialen «innerlich nicht näher» gestanden, er sei aber «gescheit genug [gewesen], mit der christlichsozialen Bewegung als einem realen Faktor zu rechnen und ihr Lebensraum zu geben».[151]

---

149 Jb CSP 1939–41, S. 2 (BAR)
150 Jb CSP 1912, S. 8 (BAR).
151 TBSch, 3. Mai 1937 (PrivatA Scherrer). Am 10. Mai 1935 schrieb Josef Scherrer an Anton Messmer, der 1912 das Parteipräsidium der KVP übernommen hatte: «Ich denke gerne an die Zeit zurück, wo die christlichsoziale Bewegung wohl wie jede junge Bewegung etwas forsch und ungestüm sich Geltung zu verschaffen suchte. Du hast mit Deinem politischen Weitblick die Situation bemeistert, Dich neuen Notwendigkeiten nicht verschlossen und daher auch der christlichsozialen Bewegung in der konservati-

Josef Scherrer liess in seinem ersten Jahresbericht als Kantonalpräsident der CSP wie auch in späteren Äusserungen immer wieder den Eindruck entstehen, die konservative Partei sei eine asoziale oder sozial reaktionäre «Herrenpartei» gewesen, die «nur der Not der Zeit gehorchend» den sozialen Postulaten der Christlichsozialen zugestimmt und nur unter Druck und Drohungen einen Kurswechsel vorgenommen habe.[152] Scherrers harsche Kritik ist zwar verständlich als Versuch, die Gründung der CSP zu legitimieren, sie ist aber in dieser Form nicht gerechtfertigt. Natürlich gab es innerhalb der konservativen Partei Widerstände gegen die Christlichsozialen, doch weniger gegen die Bewegung mit ihren sozialen Forderungen, als vielmehr gegen deren Anstrengungen, sich innerparteilich selbständig zu organisieren. Die konservative Partei war nämlich immer eine soziale Reformpartei, was sich allein schon daraus ergab, dass sich die Katholiken St.Gallens stets in einer Minoritätsstellung befanden, nicht zahlenmässig, sondern ökonomisch und sozial.[153] So gehörten die Konservativen in St.Gallen zu den Mitinitianten der 1890 durchgeführten Totalrevision der Kantonsverfassung, die den «Übergang vom Polizei- und Rechtsstaat zum Wohlfahrtsstaat» brachte.[154] In ihren Statuten aus dem Jahre 1896 proklamierten die Konservativen den «gesunden und besonnenen Ausbau der ... sozialen Institutionen».[155] In den ersten beiden Jahrzehnten der neuen Verfassung prägten die Konservativen – sie waren seit 1891 mit drei Mitgliedern in der siebenköpfigen St.Galler Regierung vertreten und zusammen mit den beiden Demokraten in der Mehrheit – die soziale Gesetzgebung wesentlich mit.[156] Und nicht zuletzt trat sie in ihrem in der Legislaturperiode 1909 bis 1912 gültigen Aktionsprogramm für die «besondere Berücksichtigung des Arbeiterstandes»

---

ven Volkspartei den Platz eingeräumt, den sie haben musste, um in einer Zeit der Gährung eine Zeitaufgabe erfüllen zu können» (BAR). Messmer war von 1912 bis 1915 Verwaltungsratspräsident der Schweizerischen Genossenschaftsbank (Jb CSP 1939–41, S. 2, BAR).

152 Jb CSP 1912, S. 9 (BAR); vgl. auch Josef Scherrer, Entwicklung, Ziel und Aktion der christlichsozialen Volksbewegung unter Berücksichtigung der parteipolitischen Verhältnisse im Kanton St.Gallen, Dezember 1935, S. 2ff. (BAR); Josef Scherrer, 25 Jahre st.gallische christlichsoziale Partei. Vortragsmanuskript, 1936, S. 12 (BAR); Scherrer, Jung, S. 98.

153 Altermatt, Katholizismus und Moderne, S. 182, schreibt, für die Minoritätssituation einer Bevölkerungsgruppe sei «nicht so sehr die zahlenmässige Unterlegenheit als vielmehr die soziologische Inferiorität entscheidend». Vgl. auch ebd., S. 201.

154 Holenstein, Konservative Volkspartei, S. 277.

155 Statuten der katholisch-konservativen Partei des Kantons St.Gallen, 4. November 1896, Ingress (Archiv Katholische Administration).

156 Vgl. Holenstein, Konservative Volkspartei, S. 290ff. Holenstein nennt u.a.: Einführung eines Fachgerichts zur Erledigung von Streitigkeiten in der Stickereiindustrie; gesetzliche Regelung des Sparkassawesens; Gesetz zum Schutz der Arbeiterinnen, die nicht dem Fabrikgesetz unterstehen; Gesetz über die Versicherung gegen die Folgen der Arbeitslosigkeit; Gesetz über die Versorgung armer Kinder und Waisen.

ein und listete eine Reihe konkreter Postulate zur «Arbeiterfrage» auf.[157] Wenn nun die Konservativen in ihrem Programmentwurf den christlichsozialen Vorstellungen und Ansprüchen in hohem Masse entsprachen, so war das keine abrupte, durch christlichsozialen Druck bewirkte programmatische Zäsur, sondern lediglich die Fortsetzung einer sozialen Tradition mit verstärkter Akzentuierung.

Die Entwürfe von Josef Scherrer und Anton Messmer dienten als Grundlage für ein gemeinsames Programm, das der Chefredaktor der «Ostschweiz», Emil Buomberger, ausarbeitete. «Zähe Verhandlungen», christlichsozialerseits von Jung und Scherrer geführt, folgten[158], und es war vor allem dem Geschick Buombergers zu verdanken, dass dabei recht rasch eine Einigung erzielt werden konnte.[159] Worüber inhaltlich gestritten wurde, ist nicht mehr auszumachen. Scherrer berichtete lediglich, dass der Titel des Programms zu längeren Diskussionen Anlass gegeben habe. Für die Christlichsozialen nämlich war es «ein Gebot der Selbsterhaltung» zu verlangen, dass sie im Programmtitel mitgenannt würden, was die Konservativen vorerst ablehnten, wohl Missverständnisse oder Widerstand in den eigenen Reihen befürchtend.[160] Schliesslich setzten sich die Christlichsozialen durch, und die Verhandlungsdelegationen einigten sich auf den Titel «Parteiprogramm der Konservativen und Christlichsozialen des Kantons St.Gallen».[161] Allerdings

---

157 Programm der konservativen Partei des Kts. St.Gallen 1909–1912, Abschnitt IV a: «Anerkennung u. Förderung der Gründung von christlichsozialen Arbeitervereinen u. der christlichen Gewerkschaften; Vertretung u. Unterstützung von sachlich begründeten Postulaten des Arbeiterstandes; Ausbau des staatlichen u. privaten Vermittlungs- u. Schiedsgerichtsverfahrens (Einigungsämtern) bei kollektiven Streitigkeiten zwischen Arbeitgebern u. Arbeitern; staatliche u. kommunale Subventionierung von Arbeitslosenkassen der Arbeiterorganisationen; Errichtung von Arbeits- u. Wohnungsämtern in grösseren Ortschaften» (Archiv Katholische Administration).
158 Josef Scherrer, 25 Jahre st.gallische christlichsoziale Partei. Vortragsmanuskript, 1936, S. 12 (BAR).
159 Während Buomberger in den Verhandlungen die christlichsozialen Postulate unterstützte, soll sich insbesondere Nationalrat Thomas Holenstein, seit dem Abgang von Johann Joseph Keel 1899 dominante Persönlichkeit in der konservativen Partei, eher ablehnend verhalten haben (Jb CSP 1912, S. 9, BAR). Von einer grundsätzlichen Gegnerschaft kann aber nicht die Rede sein. Holenstein hatte dem Kartell St.Gallen seit der Gründung seine Dienste als Rechtsberater zur Verfügung gestellt und die Gründung christlicher Gewerkschaften befürwortet (Jb CSP 1941–43, S. 13, BAR). In Holensteins «Geschichte der Konservativen Volkspartei des Kantons St.Gallen 1834–1934» fanden die christlichsoziale Bewegung und die CSP angemessene Berücksichtigung (v. a. S. 305ff.).
160 Jb CSP 1912, S. 9 (BAR). Eine vergleichbare Diskussion wurde später bezüglich der Partei- und Listenbezeichnung geführt.
161 Im Archiv der Katholischen Administration sind zwei undatierte Programmentwürfe erhalten. Beim ersten, überschrieben mit «Konservativ-christlichsoziale Volkspartei. Arbeits- und Parteiprogramm», dürfte es sich um den Vermittlungsvorschlag Buombergers handeln, beim zweiten, der bereits den Titel der definitiven Fassung trägt, handelt es sich vermutlich um die Vorlage der zweiten Lesung. Das Original des Programms befindet sich im BAR. Es ist im Wortlaut ebenfalls wiedergegeben in: Ostschweiz, Nr. 269, 22.

blieb es den Christlichsozialen verwehrt, in der Programmüberschrift als «Partei» bezeichnet zu werden.[162]

Die Christlichsozialen konnten sich schliesslich nicht nur in der Titelfrage, sondern praktisch auf der ganzen Linie ihrer sozialen Postulate durchsetzen.[163] Ihr provisorisches Kantonalkomitee stellte in der Sitzung vom 9. November denn auch befriedigt fest, dass «sozusagen alle Postulate aus unserem Entwurfe im gemeinsamen Entwurf aufgenommen sind», und stimmte dem gemeinsamen Programm zu.[164] Zwei Wochen später, am 21. November 1911, erteilten die konservativen Delegierten nach Anhörung eines Referats von Johann Baptist Jung zum sozialen Programmteil dem Parteiprogramm ihre Genehmigung.[165] Als «eine hochernste, bedeutungsvolle und historische Stunde im politischen Leben des St.Gallervolkes», als einen «unverkennbaren Sieg der christlichsozialen Sache innert der konservativen Partei» würdigte Josef Scherrer in seinem ersten Jahresbericht diesen Erfolg.[166] Am 26. November hiess auch die Gründungsversammlung der CSP das Programm nach nur kurzer Diskussion einstimmig gut.[167]

Das gemeinsame Programm, das ähnlich wie der christlichsoziale Programmentwurf von 1911 in ein Grundsatzprogramm und ein Aktionsprogramm mit konkreten Forderungen aufgeteilt war, legte im grundsätzlichen Teil das Selbstverständnis der konservativen Gesamtpartei dar, die ehernen Prinzipien gleichsam, die konservativer Politik zugrunde liegen sollten. Es waren deren drei, nämlich erstens das Bekenntnis zur christlichen Religion als «höchstem Gut» und als Grundlage «wahrer Volkswohlfahrt». Im Eintreten für die christlichen Moralgrundsätze in Gesetzgebung und Familie, im Kampf um den Einfluss der Kirche und der Konfession auf Familie und Ju-

---

November 1911; eine auszugsweise und kommentierende Wiedergabe in Holenstein, Konservative Volkspartei, S. 314f.

162 Ein Vorschlag der Christlichsozialen lautete nämlich: «Parteiprogramm der konservativen und christlichsozialen Partei» (Jb CSP 1912, S. 9, BAR).
163 Lediglich «einige unbedeutende Konzessionen» mussten die Christlichsozialen machen (Jb CSP 1912, S. 9, BAR)
164 Prot. provisorisches Kantonalkomitee, 9. November 1911 (BAR). In den «Neuen Zürcher Nachrichten», Nr. 326, 1. Dezember 1911, schrieb J. B. Jung, das gemeinsame Programm von Konservativen und Christlichsozialen entspreche «in allen Teilen, speziell in den sozialen Postulaten für den Mittel- und Arbeiterstand, ganz den Intentionen der christlichsozialen Organisationen».
165 Ostschweiz, Nr. 269, 22. November 1911. Jb CSP 1912, S. 10 (BAR). Der von J. B. Jung vorgestellte soziale Teil des Programms wurde ohne Diskussion und mit allen Stimmen angenommen.
166 Jb CSP 1912, S. 10; vgl. auch ebd., S. 33 (BAR).
167 Ostschweiz, Nr. 274, 28. November 1911. Jb CSP 1912, S. 12 (BAR). Eine andere, in der zeitlichen Abfolge offensichtlich falsche «Programmgeschichte» gibt Scherrer in seiner Jung-Biographie, S. 98f. Dieser Version zufolge nahmen die Christlichsozialen den Programmentwurf Scherrers an ihrer Gründungsdelegiertenversammlung an. Die Verhandlungen mit den Konservativen und die Verständigung auf ein gemeinsames Programm hätten erst im Anschluss an diese Versammlung stattgefunden.

Partei-Programm

der

Konservativen und Christlich-Sozialen

des Kantons St. Gallen.

Unsere Partei macht sich zur Aufgabe, gemeinsam mit den andern Volkskreisen auf dem Boden der bestehenden Verfassung für eine gesunde und ruhige Fortentwicklung unseres politischen, wirtschaftlichen und und sozialen Lebens zu arbeiten, gemäß dem ersten Artikel der st. gallischen Kantonsverfassung: „Der Staat setzt sich zur Aufgabe die Förderung der gesamten Volkswohlfahrt".

* * *

Die wahre Volkswohlfahrt kann aber nur auf **religiöser** Grundlage gedeihen, die in der Kirche bezw. in der Konfession gegeben ist. Diese historischen und nach unserer Ueberzeugung notwendigen Träger des Christentums wollen wir — darin zeigt sich hauptsächlich der **konservative** Charakter unserer Partei — ungeschwächt erhalten und gegen kulturkämpferische Angriffe schützen. Demgemäß verlangen wir auch Wahrung des religiösen Einflusses in Familie und Jugenderziehung und gebührende Berücksichtigung der christlichen Moralgrundsätze in Gesetzgebung und Verwaltung. Wir wollen, daß die christliche Religion als höchstes Gut dem Volke erhalten werde, und daß unser Volk ein christliches Volk bleibe.

Die geschichtliche Entwicklung hat bei uns zu einem Nebeneinanderbestehen großer christlicher Gemeinschaften geführt. Das Blühen und Gedeihen des gemeinsamen Vaterlandes ist nur denkbar bei friedlichem Zusammenleben der Konfessionen auf dem Boden der religiösen Freiheit und staatlicher Gleichberechtigung.

* * *

Wir stehen auch in **sozialer** Hinsicht auf dem Boden des **Christentums** und bekennen uns zu den praktischen sozialen Folgerungen, die sich aus dessen Geschichte und Grundsätzen ergeben. Die wirtschaftlichen Verhältnisse unserer Zeit haben bedenkliche Gegensätze zwischen den verschiedenen Berufsständen und Klassen gezeigt. Unser Bemühen geht dahin, einen gerechten Ausgleich entgegenstehender Interessen zu schaffen. Daher verurteilen wir entschieden jeden Klassenkampf und Klassenhaß. Wir anerkennen jedem redlich Arbeitenden sein Recht auf eine menschenwürdige Existenz und auf ausreichende Familienhaltung und fordern insbesondere auch für den Arbeiterstand die seine Existenz sichernden und fördernden sozialen Rechte. Die christlichen Grundsätze verlangen ein harmonisches Verhältnis zwischen Arbeitgeber und Arbeitnehmer, soziale Verständigung und sozialen Frieden.

Unser Volkstum hat die Wurzeln seiner Kraft im Mittelstande. Es muß daher darnach getrachtet werden, durch eine verständige Sozialpolitik möglichst viele unselbständig erwerbende Existenzen nach und nach in den Mittelstand zu erheben und zugleich den schon vorhandenen Mittelstand zu erhalten und zu kräftigen. Die Kleinindustrie, das Gewerbe, das Handwerk, sowie die Landwirtschaft sind in ihrem Dasein ernstlich bedroht und es muß alles aufgeboten werden, sie zu retten. Es kann dies nur geschehen durch positive Mitarbeit aller beteiligten Kreise, im Zeichen der Ständeversöhnung, unter werktätiger Mithilfe des Staates.

Die soziale Frage kann jedoch nicht vom Staate allein gelöst werden; Staat, Kirche und Private müssen zusammenwirken.

* * *

Das gemeinsame Parteiprogramm von Konservativen und Christlichsozialen von 1911 verband Konservative und Christlichsoziale auf fester weltanschaulicher Basis.

gend zeige sich der konservative Charakter der Partei. Zweitens bekannte sich das Programm auch in sozialer Hinsicht zum Christentum, «zu den praktischen sozialen Forderungen, die sich aus dessen Geschichte und Grundsätzen ergeben». Konservative und christlichsoziale Politik ziele jenseits von

Klassenpolitik und Klassenkampf darauf, einen «gerechten Ausgleich» zwischen den Interessen der einzelnen Berufsstände und Sozialschichten herzustellen und damit die «soziale Verständigung» und den «sozialen Frieden» zu wahren. Bemerkenswert ist die Ausrichtung auf den Mittelstand, in dem der Staat «die Wurzeln seiner Kraft» habe. Nicht nur gelte es, den Mittelstand zu schützen, es müsse gleichzeitig «darnach getrachtet werden, durch eine verständige Sozialpolitik möglichst viele unselbständig erwerbende Existenzen nach und nach in den Mittelstand zu erheben.» Diese staatliche Intervention wird allerdings dahingehend relativiert, dass der Staat die soziale Frage allein nicht zu lösen vermöge, dass er dazu mit Privaten und mit der Kirche zusammenwirken müsse. Der dritte Abschnitt schliesslich war den staatspolitischen Prinzipien gewidmet. Das Programm erinnerte an die demokratische Tradition der KVP und bekannte sich zur Verpflichtung, weiterhin «am demokratischen Ausbau unseres Staatswesens im Sinne der Gleichberechtigung der Parteien und Stände und insbesondere einer wahren Volksherrschaft» zu arbeiten. Daran knüpften sich Forderungen nach dem Ausbau des Schulwesens, nach der Erleichterung der Einbürgerung sowie nach einem gerechten Ausgleich der öffentlichen Lasten zwischen Bund, Kanton und Gemeinden. Und analog dem christlichsozialen Programmentwurf mündeten die Grundsätze in konkret-praktische Postulate aus, gegliedert in die Bereiche «Religion», «Soziales» und «Politik».

Die Christlichsozialen errangen mit der Aufnahme ihrer sozialen Postulate in ein ihren Namen tragendes und auf christlichen Sozialgrundsätzen aufbauendes gemeinsames Programm mit den Konservativen unbestritten einen wichtigen Erfolg. Was das Politische Programm der schweizerischen Christlichsozialen für die kantonale Politik forderte, nämlich die Schaffung christlichsozialer Parteigruppen innert der konservativen Parteiorganisation mit dem Ziel, das konservative Programm in sozial fortschrittlichem Geiste zu durchwirken, war optimal erreicht.[168] Aber auch die Konservativen gingen gestärkt aus den Auseinandersetzungen um das gemeinsame Programm hervor. Nicht nur war die Parteispaltung abgewendet und die politische Einheit der St.Galler Katholiken gerettet worden. Die KVP gewann in einer Zeit, in der wirtschaftlich-soziale Fragen zunehmend an Gewicht zunahmen, an Werbekraft, wie der Erfolg bei der Grossratswahl vom Frühjahr 1912 bewies. Mit andern Worten: Mit dem zeitgemässen Programm blieb die konservative Gesamtpartei wenigstens programmatisch für katholische Arbeiter und Angestellte eine glaubwürdige Alternative zur sozialdemokratischen Konkurrenz. Damit schuf das gemeinsame Programm von Konservativen

---

168 Auch die im Juni 1912 gegründete Konservative Volkspartei der Schweiz stellte sich in ihrem Grundsatzprogramm auf den Boden einer «christlich inspirierten Sozialreform» (Altermatt, Ghetto, S. 409; vgl. auch Beuret, Katholisch-soziale Bewegung, S. 231).

Tabelle 12: Synopse der sozial- und wirtschaftspolitischen Leitvorstellungen und Postulate im Politischen Programm der schweizerischen Christlichsozialen 1908, im Programmentwurf der St.Galler Christlichsozialen 1911 und im Parteiprogramm der Konservativen und Christlichsozialen des Kantons St.Gallen 1911

	Christlichsozialer Programmentwurf 1911	Politisches Programm 1908	Kons.-christlich-soziales Programm 1911
Grundsatz	Lösung der sozialen Frage nur durch Zusammenwirken aller arbeitenden Stände auf der Basis der sozialen Grundsätze des Christentums; Ablehnung von Klassenegoismus und Klassenkampf	+	+
Staatsauffassung	Primat der Selbsthilfe; subsidiäre Staatshilfe. Pflicht des Staats zur Anwendung aller Mittel zwecks Hebung des Mittel- und Arbeiterstandes	+	+[1]
Allgemeine Postulate	Soziales Versicherungswesen: Kranken- und Unfallversicherung; Alters- und Invalidenversicherung; Witwen- und Waisenversicherung; staatliche Mobiliarversicherung	+[2]	+[3]
	Förderung der Volksgesundheit: Bekämpfung des Alkoholismus, der Genusssucht und der Festwut	+[4]	+
	Sanierung des Wohnungswesens durch ein staatliches Wohnungsgesetz	o	+[5]
	Bekämpfung des Bodenwuchers und der Güterschlächterei	+[6]	+[7]
	Einrichtung von Spezialklassen in der Schule für Schwachbegabte	o	o
	Förderung der landwirtschaftlichen und gewerblichen Fortbildungsschulen	+[8]	+[9]
Mittelstand	Förderung des Genossenschaftswesens: Kreditgenossenschaften, Raiffeisenkassen, landwirtschaftliche Einkaufs- und Verkaufsgenossenschaften	+[10]	+
	Gesetzliche Regelung des Lehrlingswesens	o	+
	Bekämpfung des unlauteren Wettbewerbs	o	+
	Beaufsichtigung der Abzahl- und Leihgeschäfte	o	+
	Strenge Überwachung der Ausverkäufe	o	+
	Einschränkung des Hausiererhandels	o	+
	Regelung des Submissionswesens; Berücksichtigung des Kleinhandwerks	+	+
	Obligatorische Viehversicherung	o	o

	Christlichsozialer Programmentwurf 1911	Politisches Programm 1908	Kons.-christlich-soziales Programm 1911
Arbeiterschaft	Staatlicher Schutz des Koalitionsrechts der Arbeiterschaft	o	+
	Staatliche Arbeitslosenversicherung und Subventionierung der bestehenden Kassen	+[11]	+
	Einführung obligatorischer Einigungsämter bei Kollektivstreitigkeiten	o	+
	Ausdehnung und Ausbau der gewerblichen Schiedsgerichte	o	+
	Aktives und passives Wahlrecht der Frauen bei gewerblichen Schiedsgerichten	o	+
	Schutz und Hebung der Heimindustrie; Ausdehnung des Arbeiterinnenschutzgesetzes auf die Heimindustrie	o	+
	Ausbau der Arbeiterschutzgesetze, spez. des Arbeiterinnenschutzgesetzes	+	+[12]
	Anstellung kantonaler Fabrikinspektoren	o	+
	Frauen- und Kinderschutz	o	+
	Schaffung billiger und gesunder Arbeiterwohnungen durch den Staat	o	+
	Vergabe von Arbeiten an jene Unternehmer, bei denen das Arbeitsverhältnis tariflich geregelt ist	o	o

Legende + = kongruente Entsprechung
o = keine Entsprechung

1 «Der Staat setzt sich zur Aufgabe die Förderung der gesamten Volkswohlfahrt» (Art. 1 der St.Galler Kantonsverfassung).
2 Allgemeine Formulierung: «weitere Ausgestaltung der sozialen Versicherung».
3 Kranken- und Unfallversicherung fehlt.
4 Nur «Bekämpfung des volksschädigenden Alkoholismus».
5 Präzisere Formulierung: «Staatliche und kommunale Wohnungsfürsorge; Schaffung von Wohnungsämtern in industriellen Gemeinden und Verkehrszentren».
6 «Rücksichtslose Bekämpfung des Wuchers (Bodenwucher, Börsenspiel und Dividendenwucher)».
7 Nur «Bekämpfung des Bodenwuchers».
8 «Unterstützung aller fachlichen Ausbildung der Arbeiter und der hauswirtschaftlichen Kurse der Arbeiterinnen».
9 «... und des hauswirtschaftlichen Unterrichts sowie des Real- und Fachschulwesens».
10 Teilweise Entsprechung: staatliche Förderung aller genossenschaftlichen Unternehmen, Beschaffung billigen Geldes für die Landwirtschaft.
11 Nur «Subventionierung der Arbeitslosenkassen».
12 Weitergehende Formulierung: «... durch vermehrte Massnahmen zum Schutze der Gesundheit, des Lebens und der Sittlichkeit der Arbeiter; Reduktion der Arbeitszeit für jugendliche Arbeiter; Ausdehnung des Verbots der Sonntags- und Nachtarbeit».

und Christlichsozialen erste Voraussetzungen für die Integration der katholischen Arbeiter- und Angestelltenschaft ins katholisch-konservative Parteilager.

Abschliessend soll eine Synopse der sozialen und wirtschaftlichen Leitvorstellungen und Postulate im Politischen Programm der schweizerischen Christlichsozialen von 1908 (dritte Spalte), im christlichsozialen Programmentwurf von 1911 (zweite Spalte) und im gemeinsamen Parteiprogramm von Konservativen und Christlichsozialen von 1911 (vierte Spalte) die mehrfach angesprochene gegenseitige Beeinflussung nochmals verdeutlichen (Tab. 12). Methodisch gehen wir von einer exakten Auflistung der Programminhalte des christlichsozialen Entwurfs von 1911 aus und untersuchen, wie stark dieser vom Politischen Programm der schweizerischen Christlichsozialen von 1908 inspiriert wurde respektive inwieweit es den Christlichsozialen St.Gallens gelang, ihre Anliegen in das mit den Konservativen gemeinsame Programm einzubringen.

Vor allem zwei Beobachtungen lassen sich bei der inhaltlichen Analyse der drei Programme machen. Zunächst ist unverkennbar, wie stark der Programmentwurf der St.Galler Christlichsozialen im Grundsätzlichen vom Politischen Programm von 1908 inspiriert wurde. Die einzelnen Forderungen des 1908er Programms wurden allerdings im St.Galler Entwurf konkretisiert, erweitert und ergänzt durch Postulate, die Ausdruck spezifischer Ostschweizer Probleme waren (z.B. Heimindustrie mit hohem Anteil beschäftigter Frauen). Ferner konnten die St.Galler Christlichsozialen in den Programmberatungen mit den Konservativen ihre sozialen Anliegen tatsächlich auf der ganzen Linie durchsetzen. Das gemeinsame Programm übernahm die christlichsozialen Postulate bis auf wenige Ausnahmen. Gelegentlich wurden ganze Passagen aus dem christlichsozialen Programmentwurf wörtlich ins gemeinsame Programm übertragen, und in einigen Punkten ging das gemeinsame Programm sogar über die christlichsozialen Vorgaben hinaus. Was Erich Gruner zum Politischen Programm von 1908 bemerkt, dass sich dieses nämlich kaum von sozialdemokratischen Programmen unterscheiden lasse, gilt mutatis mutandis auch für das gemeinsame konservativ-christlichsoziale Programm von 1911, wie die sozialdemokratische «Volksstimme» monierte: «Trügen diese Produkte der Druckerpresse nicht die ausdrückliche Bezeichnung einer der verschiedenen bürgerlichen Parteien, man könnte versucht sein, sie als sozialdemokratischen Ursprungs anzusehen.»[169]

169 Volksstimme, Nr. 70, 22. März 1912. Das erste Programm der St.Galler Sozialdemokraten stammte aus dem Jahre 1905 und wurde 1913 revidiert (Roschewski, Sozialdemokratie, S. 99 und S. 104f.).
170 Um was handelt es sich bei den Nationalratswahlen?, Flugblatt der KVP, 1919 (StaatsA SG, Archiv CVP). Vgl. auch das gleichzeitig von der KVP verteilte Flugblatt «Heraus zur Entscheidung! Katholiken an die Urne!», 1919 (StaatsA SG, Archiv CVP).

2.3 Aktionsprogramm der Konservativen und Christlichsozialen von 1919

Der Landesstreik vom November 1918 hatte in der KVP wie überhaupt im bürgerlichen Lager St.Gallens zu tiefer Verunsicherung und Revolutionsangst geführt. Die Streikereignisse wurden nicht als Aufschrei grosser Teile der Bevölkerung angesichts wachsender sozialer Not, sondern als gewalttätiger Anschlag auf Recht und Ordnung verstanden. Ein Aufruf der KVP vor der Nationalratswahl von 1919 warnte die Wähler vor «Umsturz und Revolution», vor «Gewalttaten und Blutvergiessen». Er beschwor die Erinnerung «an den revolutionären Generalstreik und die Ausschreitungen, womit man an Stelle unserer altehrwürdigen Demokratie die Diktatur der Klassenkämpfer setzen wollte». Die Befürchtung ging um, die Sozialisten, die «schweizerischen Nachbeter» der «Bolschewisten nach russischem und ungarischem Muster», würden im Klima revolutionärer Gärung von dem auf Bundesebene eben eingeführten proportionalen Wahlverfahren profitieren, die Bürgerlichen in die Minderheit versetzen und «für alle Zeiten entrechten und mundtot machen».[170]

Vor diesem Hintergrund und mit Blick auf die im Herbst stattfindende Nationalratswahl entschlossen sich die Konservativen und Christlichsozialen St.Gallens, möglicherweise bereits unmittelbar im Anschluss an die Streikbewegungen[171], «für die gegenwärtige Übergangszeit» ein Aktionsprogramm aufzustellen. Die Einleitung des Aktionsprogramms, welches der Parteiausschuss der KVP entwarf und vorbeiret und welches das Kantonalkomitee am 28. Juli 1919 verabschiedete[172], hielt ausdrücklich fest, dass das Programm auf dem gemeinsamen Programm von Konservativen und Christlichsozialen von 1911 aufbaue, dieses also nicht ausser Kraft setze, sondern im Zeichen der «Umgestaltungen und Neuschöpfungen» den neuen Zeitverhältnissen anpasse.[173]

---

171 Die Protokolle der konservativen Parteigremien sind erst ab Frühjahr 1919 erhalten. Josef Scherrer ersuchte die Sektionen der CSP aber bereits im Januar 1919, Anregungen und Vorschläge für das Aktionsprogramm einzureichen (Zirkular an die Lokalsektionen der CSP, an die katholischen Arbeitervereine des Kt. St.Gallen, an die Bezirkskomitees der CSP, 7. Januar 1919, BAR).
172 Prot. Kantonalkomitee KVP, 28. Juli 1919 (StaatsA SG, Archiv CVP). Original des Programms im BiA SG. Das Programm ist abgedr. in: Ostschweiz, Nr. 203, 2. September 1919; Holenstein, Konservative Volkspartei, S. 320f.
173 Auf der Linie des gemeinsamen Programms von 1911 und des Aktionsprogramms von 1919 bewegte sich auch die umfangreiche Kundgebung der KVP vor der Grossratswahl von 1918. In dieser umfangreichen Schrift bekannte sich die KVP «rückhaltlos zum Programm der christlichen Sozialreform» und verpflichtete sich, «mit Wärme und Entschiedenheit eine fortschrittliche Sozialpolitik im Staats- und Gemeinwesen» zu vertreten (Kundgebung des Kantonalkomitees und der Grossratsfraktion der konservativen Volkspartei des Kantons St.Gallen, 1918, S. 18, BAR).

Im Unterschied zu den Vorarbeiten für das gemeinsame Programm von 1911 bestanden 1919 zwischen altkonservativem und christlichsozialem Flügel kaum Differenzen, was u. a. damit zusammenhing, dass die Zusammenarbeit der beiden Parteirichtungen seit 1911 durch gegenseitige Abordnungen in die Parteiausschüsse institutionalisiert war, die Christlichsozialen damit ihre Positionen bereits im Vorbereitungsstadium des Programms einbringen konnten. Nur die im Entwurf vorgesehene Forderung nach Einführung des fakultativen Finanzreferendums für jene Staatsaufgaben, die die Millionengrenze überstiegen, stiess auf christlichsozialen Widerstand.[174] Die Christlichsozialen beantragten die Streichung dieses Postulats, weil sie die Befürchtung hegten, das Finanzreferendum würde die Lösung sozialer Aufgaben künftig erschweren. Im Sinne eines Kompromisses einigte man sich auf eine abgemilderte Fassung, die lediglich noch von einem «angemessen begrenzten» fakultativen Finanzreferendum sprach.[175]

Das Entgegenkommen der Konservativen gegenüber diesem punktuellen Einwand des christlichsozialen Parteiflügels ist symptomatisch für das wechselseitige Verhältnis, das mit dem Weltkrieg und mit dem Landesstreik eine wesentliche Wandlung erfahren hatte. Während die Christlichsozialen im ersten Jahrfünft seit der Gründung ihrer Partei noch grosse Mühe bekundeten, sich sowohl sach- als auch personalpolitisch innerhalb der konservativen Gesamtpartei die gebührende Beachtung zu verschaffen, änderten sich nun die Beziehungen zwischen Konservativen und Christlichsozialen dahin, dass letztere in den Rang eines gleichberechtigten Juniorpartners der Konservativen aufrückten. Diese Aufwertung hing einerseits damit zusammen, dass die christlichsozialen Organisationen in den Kriegsjahren einen kräftigen Aufschwung erlebt hatten, andererseits damit, dass sie während des Landesstreiks der Streikparole des Oltener Aktionskomitees ihre Gefolgschaft verweigert und damit den Tatbeweis ihrer staatstreuen Gesinnung erbracht hatten. In dieser starken Position eines für die konservative Gesamtpartei «unentbehrlichen Gliedes»[176] und unter dem Damoklesschwert eines sozialistischen Wahlsiegs fiel es den Christlichsozialen leicht, ihre Positionen nicht nur im Aktionsprogramm, sondern auch praktisch-politisch durchzusetzen, wofür die beiden Plätze auf der konservativen Wahlliste für den Nationalrat ebenso Zeugnis ablegten wie die konservativerseits im selben Jahr den Christlichsozialen offiziell zugestandene Autonomie in sozial- und wirtschaftspolitischen Fragen.

---

174 Aktionsprogramm der Konservativen und Christlichsozialen des Kantons St.Gallen, Entwurf, 1919 (BAR).
175 Prot. Kantonalkomitee KVP, 28. Juli 1919 (StaatsA SG, Archiv CVP).
176 Jb CSP 1917–19, S. 2 (BAR).

Das Programm, vor allem sein sozialer Teil, trug den christlichsozialen Positionen denn auch maximal Rechnung, in exakter Parallelität übrigens zur Entwicklung des konservativ-christlichsozialen Verhältnisses auf Landesebene, wo ein im Dezember 1918 vom Zentralkomitee der Schweizerischen Konservativen Volkspartei verabschiedetes Programm die weitgehende Annäherung der Konservativen an die Christlichsozialen brachte.[177] In ihrem Kommentar zum St.Galler Aktionsprogramm von 1919 schrieb die «Ostschweiz», die Enzyklika Rerum novarum sei «zum eigentlichen Grundton» des Programms gemacht worden, und fuhr fort: «Das Aktionsprogramm zeigt, dass der christlichsoziale Gedanke, die Überzeugung von der Notwendigkeit, der Zeitgemässheit und Pflichtgemässheit der sozialen Arbeit tief in die Reihen der grossen konservativen Volkspartei des Kantons eingedrungen ist, dass vor allem die leitenden Instanzen der Partei ohne Ausnahme vom besten Willen beseelt sind, den grossen sozialen Aufgaben und Pflichten der Gegenwart im Sinne der christlichen Sozialreform gerecht zu werden.»[178]

Das Aktionsprogramm präsentierte neben einem Abschnitt mit früher schon erhobenen Postulaten zur kantonalen Politik erstmals auch einen eigenen eidgenössischen Programmteil, der den Willen der St.Galler Konservativen – sie stellten das stärkste konservative Stimmenkontingent unter allen Kantonen – zur kräftigen Mitgestaltung der Politik der konservativen Landespartei zum Ausdruck bringen sollte. Der Kommentator der «Ostschweiz» meinte, dass gerade im sozial-wirtschaftlichen Teil des eidgenössischen Programms sich dessen fortschrittlicher Zug manifestiere. Es sei keine «Glacé-Handschuhpolitik», die hier vorgeschlagen werde, vielmehr erfasse das Programm «kühn und zukunftsfroh all die grossen Aufgaben der Gegenwart sowohl inbezug auf die Arbeiterpolitik, wie in bezug auf die Bauern- und Mittelstandspolitik».[179] An der Spitze der sozialen Forderungen stand das auch vom Oltener Aktionskomitee verfochtene Postulat der Alters- und Hinterbliebenenversicherung, allerdings unter «tunlichster Vermeidung der Zentralisation». Anstelle einer zentralen Lösung solle der Bund sich darauf beschränken, die bestehenden kommunalen, kantonalen und gewerkschaftlichen Versicherungskassen zu subventionieren. Zu den eidgenössischen sozialen und wirtschaftlichen Forderungen gehörten im weiteren: Gewährleistung des Koalitionsrechts und der Koalitionsfreiheit, Errichtung von Einigungs- und Lohnämtern, Förderung der Gesamtarbeitsverträge, Reduktion der Arbeitszeit innert tragbarer Grenzen.

---

177 Hodel, SKVP 1918–1929, S. 480ff. Vgl. auch Scherrer, Politik, S. 26ff., und Scherrer, Jung, S. 103ff. (mit teilweiser Wiedergabe des Programms).
178 Ostschweiz, Nr. 203, 2. September 1919.
179 Ostschweiz, Nr. 206, 5. September 1919.

Das Aktionsprogramm bewegte sich praktisch durchwegs auf den traditionellen Bahnen staatlich-sozialpolitischer Intervention. Es bekannte sich zur individuellen wirtschaftlichen Freiheit und zur bestehenden liberalkapitalistischen Wirtschaftsordnung und lehnte «unnötige Eingriffe» des Staates ab. Der Kampf der Konservativen galt also lediglich den Übertreibungen des Systems, etwa den «Auswüchsen der Handels- und Gewerbefreiheit» oder den «Auswüchsen des Börsenwesens und des Geld- und Warenwuchers». Das zu dieser Zeit in der Schweizerischen Konservativen Volkspartei und in den christlichsozialen Reihen diskutierte Modell einer berufsständischen Neuordnung von Wirtschaft und Gesellschaft jenseits von Liberalismus und Sozialismus, wie es in der Sozialkundgebung der Schweizerischen Konservativen Volkspartei von 1919[180] und besonders im Wirtschaftsprogramm des CAB von 1920 Gestalt annahm, fand im St.Galler Aktionsprogramm keinen Widerhall, abgesehen von einem nicht näher bestimmten Hinweis auf die «Arbeitsgemeinschaft zwischen Arbeitgeber und Arbeitnehmer».

2.4 Programmatische Kontinuität und Stabilität

Das 1911 zwischen den Konservativen und Christlichsozialen St.Gallen vereinbarte gemeinsame Parteiprogramm ist bis 1939 nie revidiert oder erneuert worden. An Anläufen seitens der Christlichsozialen hat es allerdings nicht gefehlt: In einem Rundschreiben an die Mitglieder des Kantonalkomitees und an die Sektionen der CSP stellte der Kantonalpräsident im Januar 1926 fest, das 1911er Programm sei «durch die Zeitverhältnisse zum Teil überholt» und die seinerzeit aufgestellten Postulate seien «zum Teil» erfüllt worden.[181] Das Kantonalkomitee der CSP erteilte darum in seiner Sitzung vom 17. Januar 1926 dem Parteiausschuss den Auftrag, ein neues christlichsoziales Partei- und Aktionsprogramm auszuarbeiten, und forderte gleichzeitig die Bezirks- und Gemeindeorganisationen auf, entsprechende Vorschläge ein-

---

180 Die Schweizerische Konservative Volkspartei hatte an ihrem Parteitag vom Juni 1919 in Bestätigung und Erweiterung der Dezemberkundgebung des Zentralkomitees von 1918 festgehalten, dass die Lösung der sozialen Frage nur durch eine neue Wirtschaftsordnung, durch den Wiederaufbau der berufsständischen Ordnung mit öffentlich-rechtlichem Charakter denkbar sei (vgl. Scherrer, Politik, S. 30ff.; Hodel, SKVP 1918–1929, S. 482f.; Holenstein, Landesstreik, S. 99; Scherrer, Jung, S. 106f.).
181 Zirkular an die verehrlichen Mitglieder des Kantonalkomitees, an die Bezirks- und Gemeindeorganisationen der CSP, 20. Januar 1926, S. 3 (BAR); vgl. auch Hochwacht, Nr. 13, 16. Januar 1926. Dagegen unternahmen die Konservativen, soweit aus den Protokollen der Parteigremien hervorgeht, nie irgendwelche Anstrengungen, das Programm einer Überarbeitung zu unterziehen.

zureichen.[182] Doch ein Jahr später musste das Kantonalkomitee enttäuscht zur Kenntnis nehmen, dass «von keiner einzigen Seite Anregungen oder Vorschläge für die Revision des kantonalen christlichsozialen Parteiprogramms vom Jahre 1911 zugegangen» waren, worauf beschlossen wurde, vorläufig von einer Revision abzusehen und stattdessen eine «kurze Orientierungsschrift» für die Grossratswahl von 1927 abzufassen.[183] Im Oktober 1929 war es der christlichsoziale Parteiausschuss, der den Anstoss zu einer Erneuerung des «kantonalen christlichsozialen Programms» gab.[184] Auch dieser zweite Anlauf verlief offenbar im Sande. Jedenfalls finden sich keine Hinweise darauf, dass der Vorstoss diesmal von der Basis aufgenommen worden wäre und eine breite Programmdiskussion ausgelöst hätte.

Bei beiden Anläufen, 1926 und 1929, war die Rede von einem «kantonalen christlichsozialen Programm», was vermuten liesse, die CSP habe erwogen, ein eigenes, von den Konservativen losgelöstes Parteiprogramm aufzustellen. Diese Deutung ist indessen missverständlich. Die christlichsozialen Vorstösse hätten vielmehr in eine Erneuerung des 1911 verabschiedeten gemeinsamen Programms ausmünden sollen, wären also nicht mehr gewesen als ein Programmvorschlag zuhanden der konservativen Gesamtpartei. Ein eigenes christlichsoziales Programm hätte sich auch jetzt mit der konservativ-christlichsozialen Parteieinheit ebensowenig vertragen wie 1911. Noch immer war das gemeinsame Programm ein zentrales Integrationsmittel der beiden Parteirichtungen. Anlass zu einem Sonderkurs gab es zudem in der zweiten Hälfte der 1920er Jahre nicht. Im Gegenteil, das Verhältnis zwischen Konservativen gestaltete sich gut, ja reibungslos, «immer mehr [wurde] das christlichsoziale Programm Gemeingut der konservativen Gesamtpartei».[185] Und gerade angesichts kulturkämpferischer Regungen im freisinnigen und sozialdemokratischen Lager in den 1920er Jahren hielten auch die Christlichsozialen «die volle Geschlossenheit und Einheit des gläubigen katholischen Volkes für unerlässlich».[186]

Der konservativ-christlichsoziale Immobilismus in der Programmfrage mag angesichts der doch stark zeitgebundenen konkreten Postulate im gemeinsamen Programm von 1911 verwundern. Darauf lässt sich mit Gruner antworten, dass sich die Doktrin konservativer Parteien allgemein durch Sta-

---

182 Hochwacht, Nr. 15, 19. Januar 1926.
183 Prot. Kantonalkomitee CSP, 22. Januar 1927 (BAR). Die Orientierungsschrift, ein von Josef Scherrer namens der CSP verfasstes doppelseitiges Flugblatt, trug die Überschrift «Christlichsoziale Kundgebung zu den Grossratswahlen 1927» (BAR).
184 Zirkular der CSP an die Mitglieder des Kantonalkomitees, die Bezirkspräsidenten und christlichsozialen Gemeindeorganisationen des Kantons St.Gallen, 4. Oktober 1929, S. 2 (BAR).
185 Jb CSP 1925–28, S. 2 (BAR).
186 Christlichsoziale Kundgebung zu den Grossratswahlen 1927, S. 1 (BAR).

bilität und Kontinuität auszeichnet, was sich beispielsweise darin zeigt, dass die Konservative Volkspartei der Schweiz bei ihrer Gründung 1912 das aus dem Jahre 1881 stammende Programm in den grundsätzlichen Zügen übernehmen und bis 1951 ohne grosse Veränderungen beibehalten konnte, während etwa die Sozialdemokraten der Schweiz zwischen 1870 und 1959 elf Programme verabschiedeten.[187] Die Grundwerte, auf die sich Konservative und Christlichsoziale beriefen, das christliche Naturrecht, die Offenbarung und ihre autoritative Auslegung durch die Päpste, «im Felsengrund einer zweitausendjährigen Überlieferung eingemauert»[188], beanspruchten von den jeweiligen Zeitverhältnissen losgelöste, ewige Gültigkeit. Die konservative «Ostschweiz» schrieb im Zusammenhang mit der Beratung und Verabschiedung des Aktionsprogramms von 1919, dass der Weltkrieg bewiesen habe, «dass wir unser Programm nicht zu revidieren brauchen». Denn «wo alles wankte und wich, hat es allein noch bestanden mit seinem Hinweis auf eine unwandelbare Gerechtigkeit, auf höhere geistige Güter, auf Ewigkeitswerte, die alles Menschliche überdauern».[189] Galt diese Feststellung allgemein für die katholisch-konservativen Grundwerte, so galt sie im besonderen auch für die christlichsozialen Prinzipien. Diese seien, so Alois Scheiwiler, «so alt, so ehrwürdig, so heilig wie das Christentum selber, so alt wie die katholische Kirche».[190] Josef Scherrer, der diese Werte persönlich zu unwandelbaren Grundüberzeugungen verinnerlicht hatte, schrieb 1945 in völlig veränderter Zeitlage, die Prinzipien und die grundsätzliche Ausrichtung der christlichsozialen Arbeit ständen ausser Diskussion. «Wir haben sie nicht zu revidieren, sie sind unabänderlich und ewig.»[191] Wenn eine Revision des Parteiprogramms von 1911 je zustande gekommen wäre, dann hätte sie folgerichtig nur die konkreten Einzelforderungen betroffen, die Akzidentalien, nicht aber die Essentialien, den Programmkern mit den darin festgehaltenen Leitgedanken.

Um aber die konkrete politische Arbeit dennoch über das Grundsätzliche hinaus nach einem aktuellen Programm auszurichten, orientierte sich die

---

187 Gruner, Parteien, S. 117. Gruner ist allerdings dahingehend zu korrigieren, dass das 1912er Programm der Schweizer Konservativen in sozial-wirtschaftlicher Hinsicht den Übergang vom sozialkaritativen Paternalismus zur christlichen Sozialreform brachte (vgl. Altermatt, Ghetto, S. 409; Beuret, Katholisch-soziale Bewegung, S. 231).
188 Gruner, Parteien, S. 117.
189 Ostschweiz, Nr. 203, 2. September 1919.
190 Scheiwiler, Hoch die Christlichsoziale, S. 4. Vgl. auch Meile, Selbstbesinnung, S. 75 und S. 78.
191 Scherrer, Sozialreform, S. 106. Über Alois Scheiwilers grundsätzliche Einstellung schreibt Meile: «Was er verfocht, das christliche Programm, blieb sich stets das gleiche. Da trat in allen Entwicklungen keine Krise ein, und es war im Wechsel der Verhältnisse nie eine Revision notwendig. Es handelte sich ja um die ewigen Grundsätze der religiös sittlichen Ordnung und die Lehren des Christentums» (Meile, Scheiwiler, S. 188).

CSP seit der zweiten Hälfte der 1920er Jahre zusätzlich am Einsiedler Programm, das die katholischen Standesvereine der Arbeiter, Angestellten, Arbeiterinnen und Dienstboten der Schweiz 1924 beschlossen hatten und das einen Aktionsplan mit sozial- und wirtschaftspolitischen Postulaten enthielt.[192] Die konservative Gesamtpartei ihrerseits bezeichnete in ihren revidierten Statuten von 1936 das gemeinsame Programm von 1911 sowie das Wirtschafts- und Sozialprogramm der Schweizer Katholiken aus dem Jahre 1929 als Bezugsrahmen ihrer Tätigkeit.[193] Auf letzteres verpflichtetete sich auch die CSP in ihren revidierten Statuten von 1949.[194]

---

[192] Prot. Kantonalkomitee CSP, 22. Januar 1927 (BAR). Das Programm ist abgedr. in: JB CAB 1924/25, S. 53ff.; Scherrer, Sozialreform, S. 88ff. Kommentare zum Programm in: Hochwacht, Nr. 115, 16. Mai 1924; Gedenkschrift Josef Scherrer, S. 32f.
[193] Statuten der Konservativen Volkspartei des Kantons St.Gallen, 2. Mai 1936, Ingress (StaatsA SG, Archiv CVP).
[194] Statuten der Christlichsozialen Partei des Kantons St.Gallen, 21. August 1949, Art. 4 (BAR).

3. Die Beziehungen der Christlichsozialen zur katholischen Kirche

3.1 Die Bedeutung von Kirche und Geistlichkeit für die christlichsoziale Bewegung

Die christlichsoziale Bewegung stand seit ihrer Gründung in engster Verbindung zur katholischen Kirche. Diese Verbindung wies, vor allem in den ersten beiden Jahrzehnten, eigentlich paternalistischen Charakter auf und begann sich erst nach dem Zweiten Weltkrieg zu lockern, als die christlichen Gewerkschaften anstelle der religiös-sozialen Standesvereine endgültig zum wichtigsten Pfeiler der Bewegung wurden und sich vom CAB emanzipierten. Den katholischen Leitungsorganen, dem Papst, den Bischöfen, aber auch der mitten in der Vereinsarbeit stehenden Geistlichkeit, stand die nie bestrittene geistige und teilweise auch organisatorische Führerschaft der christlichsozialen Bewegung zu. Johann Baptist Rusch, der christlichsoziale Publizist, charakterisierte die Christlichsozialen denn auch mit gutem Grund als «geistliche Arbeiterbewegung»[195], und die sozialdemokratische St.Galler «Volksstimme» sprach nicht ohne abschätzigen Unterton von einer «Kaplanbewegung».[196]

Diese enge Bindung der christlichsozialen Organisationen an die katholische Kirche ist zunächst darauf zurückzuführen, dass die Enzyklika Rerum novarum die unbedingte Mitwirkung der Kirche bei der Lösung der sozialen Frage forderte. Ohne sie, ohne Religion und Kirche, sei «kein Ausgang aus dem Wirrsale zu finden». Erst wenn öffentliches und privates Leben wieder vom Christentum durchdrungen seien, sei Heilung der gesellschaftlichen Missstände, sei die Sozialreform möglich.[197] In den Dienst der «Erneuerung ... in christlichem Geiste»[198], der «Durchsittlichung» von Gesellschaft, Wirtschaft und Staat[199], mithin der Sittenreform als Voraussetzung jeder Sozialreform, stellten sich vor allem die unter geistlicher Leitung stehenden reli-

---

195 Rusch, Erinnerungen, S. 55. «Die katholische Arbeiterbewegung fusst auf dem Felsengrund der glorreichen Kirche Jesu Christi» (Grussadresse der katholischen Arbeiterschaft der Diözese St.Gallen für Bischof Robert Bürkler, überreicht an der St.Galler Enzyklikafeier vom 7. Mai 1916, BiA SG).
196 Volksstimme, Nr. 271, 21. November 1918.
197 Rerum novarum, v.a. Nrn. 13 und 22.
198 Josef Scherrer in: JB CAB 1937/38, S. 20.
199 Johannes Duft in einem Referat am IV. Schweizerischen christlichsozialen Arbeiterkongress 1928, in: Prot. CAB 1928, S. 75.

giös-sozialen Standesvereine. Josef Scherrer hat diese kirchlich vorgegebene Deutung der sozialen Frage prägnant auf den Punkt gebracht: Die soziale Frage finde ihre Lösung «nur in der Wahrheit». Und diese Wahrheit liege «in der katholischen Religion».[200] Ebensosehr war die Anlehnung der christlichsozialen Organisationen an die katholische Kirche aber auch Ausdruck der Tatsache, dass die Bewegung 1899 von Geistlichen ins Leben gerufen worden war und Geistliche die Bewegung an vorderster Front mittrugen.

Die Gemeinschaft von Kirche und christlichsozialer Bewegung

«Symbol der Treue zur Kirche»: 1939 geweihte Fahne des Arbeitervereins St.Gallen Zentrum. Der eine der Arbeiter unter dem Kreuz trägt ein Modell der Kathedrale in der Hand; sein Kollege drückt durch seine ablehnende Haltung aus, dass er der Kirche (noch) fernsteht.

wird darüber hinaus verständlich im Kontext der engen Verbindung von Kirche und katholischem Volksteil in der katholischen Sondergesellschaft oder Subkultur, in die sich die Schweizer Katholiken im Zuge der Kulturkämpfe des 19. Jahrhunderts zurückgezogen hatten.[201] Die Identität dieses Milieus war katholisch bestimmt, das heisst die katholische Weltanschauung bildete das «konstitutive Element ..., das das katholische Milieu von den anderen Blöcken unterschied und trennte».[202] Der katholischen Kirche kam in diesem Milieu die Lehrbefugnis zu. Sie hatte den Auftrag, «das Lehrsystem der katholischen Weltanschauung zu erarbeiten und zu verkündigen». Die katholischen Organisationen andererseits, darunter die Christlichsozialen als repräsentative Träger der katholisch-sozialen Bewegung, verstanden sich als «Vollzugsinstanz» und übernahmen es, die kirchlich approbierten und verkündeten Leitbilder in der Gesellschaft durchzusetzen und die Emanzipation

---

200 TBSch, 6. Februar 1926 (PrivatA Scherrer); vgl. auch Scherrer, Standort, S. 15: Die Kirche ist «die erste moralische und erzieherische Macht, ohne deren Einwirkung auf Gesellschaft und Staat nie die rechte soziale und sittliche Ordnung des menschlichen Gemeinschaftslebens begründet werden kann».
201 Urs Altermatt übertrug das Subkultur-Modell Anfang der 1970er Jahre auf den schweizerischen Katholizismus. Vgl. dazu Altermatt, Katholizismus und Moderne, v.a. S.103ff. Verglichen mit den anderen beiden Subkulturen, dem Freisinn und der Sozialdemokratie, besass der Katholizismus das stärkste subkulturelle Gepräge. Die Fundamente des katholischen Milieus wurden in den 1830er und 1840er Jahren gelegt. Nach der Niederlage im Sonderbundskrieg zogen sich die Katholiken in die Réduits ihrer Stammlande und ihrer Organisationen zurück. Die Blütezeit der katholischen Sondergesellschaft begann nach dem Ersten Weltkrieg und dauerte bis in die 1950er Jahre.
202 Altermatt, Katholizismus und Moderne, S. 109.

des katholischen Volksteils voranzutreiben.[203] Die Christlichsozialen wurden von der um die Geschlossenheit und Einheit der Katholiken besorgten kirchlichen Hierarchie zu dem Zeitpunkt auf den Plan gerufen, als das katholische Lager infolge klassenbedingter Gegensätze Auflösungs- und Abbröckelungserscheinungen zeigte.

Die christlichsozialen Führer haben die Ursprünge und den katholischen Charakter ihrer Bewegung nie verleugnet. «Wir stehen auf katholischem Boden und leisten katholische Arbeit», bekannte Alois Scheiwiler 1915 in einer Programmschrift.[204] Und Josef Scherrer schrieb anlässlich des 40jährigen Jubiläums der christlichsozialen Organisationen der Stadt St.Gallen: «So gründet die christlichsoziale Volksbewegung auf dem Boden von Religion und Kirche. Sie übernimmt die mächtigen, nie versiegenden Kräfte des Christentums und aktiviert sie im Gemeinschaftsleben des Volkes.»[205] Für ihn, Scherrer, hiess «christlichsoziale Auffassung» nichts anderes als «katholische Auffassung», waren christlichsozial und katholisch «gleichwertige Begriffe».[206] Für die Christlichsozialen war die enge Anlehnung an die katholische Kirche und die Geistlichkeit in zweifacher Hinsicht wichtig:

Erstens organisatorisch-personell: Geistliche trugen die Bewegung an massgebender Stelle mit. Am stärksten und unmittelbarsten wirkte sich der geistliche Einfluss naturgemäss in den konfessionellen Standesvereinen aus, die von einem vom Bischof ernannten geistlichen Präses geleitet wurden und somit als «kirchliche Organisation» bezeichnet werden können.[207] Aber auch im Kassen- und Genossenschaftswesen, ja sogar in den christlichen Gewerkschaften arbeiteten Geistliche mit.[208] Mehrere Verbandsblätter wurden von Geistlichen betreut, so «Der Arbeiter» und «Die Arbeiterin», die lange von Alois Scheiwiler redigiert wurden.[209] Und nicht zuletzt fiel der geistliche Einfluss in den Spitzenverbänden stark ins Gewicht: Ein gutes Drittel der Mitglieder des Zentralkomitees des ZV war 1920 geistlichen Standes[210], Alois Scheiwiler von der Gründung des Verbandes 1903 bis zu dessen Auflösung 1937 Zentralpräsident. Ebenfalls wirkten im Bundesvorstand und im

---

203 Altermatt, Katholizismus und Moderne, S. 116.
204 Scheiwiler, Hoch die Christlichsoziale, S. 7.
205 Ostschweiz, Nr. 223, 13. Mai 1939.
206 TBSch, 1. Februar 1937 (PrivatA Scherrer).
207 TBSch, 16. Juli 1937 (PrivatA Scherrer).
208 Gehrig, Das Christlichsoziale, S. 106. Die christlichen Gewerkschaften im Tessin sollen zeitweilig von einem Geistlichen geführt worden sein (J. Streuli, Die Linksentwicklung im schweizerischen Katholizismus, in: Politische Rundschau 28, 1949, S. 202).
209 Im Jahre 1920 wurden folgende Blätter von Geistlichen redigiert: «Hochwacht-Arbeiter», «Die Arbeiterin»; «Heimat und Fremde»; «Soziale Warte»; «L'Action sociale» (Jb ZV 1920, S. 4).
210 Jb ZV 1920, S. 6.

Zweiter Teil: Ideelle Grundlagen der Christlichsozialen Partei

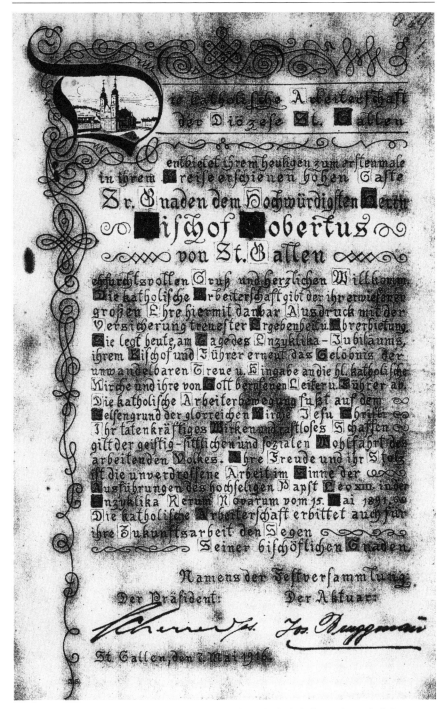

Mittelalterlicher Buchmalerei nachempfundene Grussadresse der katholischen Arbeiterschaft der Diözese St. Gallen für Bischof Robert Bürkler anlässlich der 25-Jahr-Feier der Enzyklika Rerum novarum 1916.

leitenden Ausschuss des CAB stets Geistliche mit.[211] Der 1931 gegründete KV zählte in seinem Komitee rund ein Viertel Geistliche und wurde von Pfarrer Joseph Meile präsidiert.[212]

Zweitens ideologisch-propagandistisch: Christus (und in seiner Nachfolge die katholische Kirche) sei der «Steuermann» der christlichsozialen Bewegung, schloss Josef Scherrer seine 1945 publizierte Programmschrift «Die christliche Sozialreform».[213] Denn «wo immer eine Bezogenheit menschlichen Denkens, Wollens und Handelns zum Sittengesetz» bestehe, da gebühre der Kirche das Wort.[214] Die katholische Kirche lieferte der christlichsozialen Bewegung die weltanschauliche Begründung sowie den ideologischen Rahmen und trat mehrmals offen für die christlichsozialen Organisationen ein.[215] Vor allem die päpstlichen Rundschreiben Rerum novarum und Quadragesimo anno, aber auch die Hirtenschreiben und Weisungen der Bischöfe waren letzte Bezugsgrössen und verpflichtende Autoritäten der christlichsozialen Aktion.[216]

Umgekehrt lässt sich fragen, was die katholische Kirchenleitung motivierte, die christlichsoziale Bewegung zu unterstützen. Zur Beantwortung dieser Frage ist an den oben skizzierten historischen Hintergrund der Entstehung der Enzyklika Rerum novarum sowie an die Gründungsgeschichte der christlichsozialen Organisationen zu erinnern. Die katholische Kirche hatte sich mit dem Beginn des industriellen Zeitalters in Widerspruch zur modernen Zeitkultur gesetzt. Die konkurrierenden Ideologien des Liberalismus und Sozialismus, die auf dem der christlichen Glaubenslehre konträren Materialismus aufbauten, bedrohten die Stellung der Kirche in Gesellschaft

211 Zur personellen Zusammensetzung der Leitungsorgane des CAB vgl. JB CAB 1919/20ff., passim.
212 Prot. KV, Gründungsversammlung vom 8. März 1931 (Archiv KAB). Meile, in zahlreichen christlichsozialen Leitungsgremien engagiert, wies in seiner Autobiographie darauf hin, dass der Einbezug von Geistlichen in die christlichsozialen Organisationen stets auch die Funktion hatte, Kirchennähe zu demonstrieren. In gewissen Fällen etwa sei er eine Art «Schutzpatron» gewesen, «durch dessen geistliche Autorität man gegenüber äusseren Urteilen Deckung suchte» (Die wichtigsten Grundlinien meines Lebens, 1. Teil der Autobiographie, Manuskript, 1934, S. 82, BiA SG).
213 Scherrer, Sozialreform, S. 107.
214 JB CAB 1939/40, S. 8; vgl. auch Scherrer, Standort, S. 15.
215 1902 hatten sich die Schweizer Bischöfe in einer Resolution erstmals zugunsten der christlichsozialen Organisationen ausgesprochen: Die Schweizer Bischöfe «begrüssen und segnen die schon bestehenden katholischen Arbeiter- und Arbeiterinnenvereine und sprechen den dringenden Wunsch aus, dass überall an Industrieorten solche Vereine nach den Grundsätzen der Enzyklika Rerum novarum ins Leben gerufen werden» (zit. nach Meile, Scheiwiler, S. 181).
216 Die für den Kurs der christlichsozialen Bewegung folgenreichste kirchliche Verlautbarung war, nebst den Enzykliken, das Bettagsmandat der Schweizer Bischöfe von 1920, das den Sozialismus in schärfster Weise verurteilte und die Beziehungen zwischen christlichsozialen und sozialdemokratischen Arbeiterorganisationen bis über das Jahr 1939 hinaus vergiftete (vgl. unten Teil IV Kap. 3).

> **Eintritts-Karte**
> zum
> **SOZIALEN KURSE IN BRUGGEN**
> am
> 2., 4., 8., 10. und 13. November 1910, im Saale des Restaurant „Hirschen".
>
> Kursleiter:
> Herr **Redaktor Scherrer**, Arbeitersekretär, Wittenbach.
>
> Die Diskussionsredner haben sich schriftlich zum Wort anzumelden. Redezeit 10 Minuten.
>
> **Die Komitees.**

Von den Standesvereinen und den Kartellen angebotene Soziale Kurse waren ein wichtiges Instrument zur weltanschaulich-religiösen Schulung des christlichsozialen Fussvolkes.

und Staat. Im besonderen der «vierte Stand», die katholische Arbeiterschaft, machte Anstalten, sich der lange defensiv, auf sozialkaritativ-paternalistischen Rezepten beharrenden katholischen Kirche zu entfremden und zur aufstrebenden Sozialdemokratie abzuwandern. In der christlichsozialen Bewegung schuf sich die Kirchenleitung ein Instrument zur «antisozialistischen Sammlung» der katholischen Arbeiterschaft.[217] Auf ein zweites, mit dem ersten zusammenhängendes Motiv weist Altermatt hin: Die traditionelle Kirchenpraxis der Gläubigen war in der Anonymität des städtisch-industriellen Umfeldes in viel stärkerem Masse bedroht als in dörflich-ländlicher Umgebung.[218] Die Kirchenführung sah sich deshalb veranlasst, in den urbanen Zentren neue Wege und Formen der Seelsorge zu suchen. Die christlichsozialen Organisationen, vor allem die konfessionellen Standesvereine, waren darum immer auch ein modernes Instrument – Altermatt spricht vom «Antimodernismus mit modernen Mitteln»[219] – zur seelsorgerischen Betreuung der dem Einfluss der Kirche entgleitenden und der sozialistischen Versuchung ausgesetzten katholischen Arbeiter und Angestellten in den städtischen Agglomerationen.[220]

---

217 Altermatt, Katholizismus und Moderne, S. 152. So schrieb Bischof Joseph Meile 1941 an Papst Pius XII.: «Hätten die christlichsozialen Organisationen der Schweiz während den 42 Jahren nicht so eifrig und tapfer gearbeitet, so wären Tausende und Tausende von Katholiken in Vereinigungen hineingeraten, in welchen die kirchlichen Grundsätze missachtet werden» (12. März 1941, BiA SG).
218 Altermatt, Katholizismus und Moderne, S. 64f.; vgl. auch S. 240f. und S. 244ff.
219 Altermatt, Katholizismus und Moderne, S. 49 und S. 60ff.
220 In einer Resolution im August 1902, in der die Schweizer Bischöfe die katholischen Standesvereine sanktionierten, wurden die Arbeiter- und Arbeiterinnenvereine auch «als ein sehr notwendiges Mittel zur wirksamen Pastoration von industriereichen Gegenden» begrüsst (zit. nach Meile, Scheiwiler, S. 181). Alois Scheiwiler schrieb kurz nach seiner Wahl zum St.Galler Bischof: «Die Arbeiterorganisationen auf katholischer Basis sind ...

Bildungsanlässe aller Art und im weitesten Sinn – Führerkurse, Vorständekurse, Exerzitien, religiös-soziale Tagungen, Vorträge, kirchliche Feiern etc. – boten der Geistlichkeit ein weites Feld der weltanschaulich-religiösen Unterweisung und Beeinflussung. In diesen von den Standesvereinen, den Kartellen, später vor allem vom KV und den Diözesanverbänden der katholischen Arbeiter- und Arbeiterinnenvereine organisierten Veranstaltungen wirkten Geistliche in der Regel mittels Vorträgen oder Predigten auf die katholisch-kirchliche Grundausrichtung der christlichsozialen Bewegung ein. Zwei Beispiele, die repräsentativ für viele andere stehen, mögen dies illustrieren: Im November 1921 führte das christlichsoziale Kartell Gossau einen sozialen Bildungskurs durch. Von den sieben Kursabenden wurden deren vier von Geistlichen bestritten.[221] 1935 fand ein unter geistlicher Leitung stehender religiös-sozialer Einkehrtag für Behördenmitglieder in St.Gallen mit 63 Teilnehmern statt, der durch Messfeiern, Andachten und Vorträgen die «religiös-sittliche Vertiefung und Verinnerlichung unserer beruflichen und amtlichen Arbeit» bezweckte, wie es im Einladungsschreiben hiess.[222] Neben solchen Veranstaltungen war die von der Geistlichkeit mitbetreute christlichsoziale Gesinnungspresse ein weiteres bedeutsames Bildungs- und Schulungsinstrument.

Wichtigster Verbindungsmann zwischen der kirchlichen Obrigkeit und den christlichsozialen Organisationen – besonders den Gewerkschaften und den wirtschaftlichen und karitativen Institutionen, die dem direkten Zugriff der Kirche weniger offen standen als die Standesvereine – war Josef Scherrer, Präsident und Generalsekretär des CAB und engagiert in allen Schlüsselpositionen der christlichsozialen Organisationen. «Josef Scherrer war ein

---

wertvolle und nicht zu unterschätzende Hilfsmittel in der Erziehung der Seelen. Sie erwecken und erhalten im Arbeiter wie in der Arbeiterin den religiösen Geist; sie sind ein trefflicher Sonntagsheiligungsverein für den arbeitenden Stand; sie sind kräftige Stützen für die Hochhaltung des fünften Gebotes; sie schirmen Gesundheit und Leben der arbeitenden Klasse und gewähren ihr sittlichen Schutz und Halt» (Hochwacht, Nr. 153, 4. Juli 1930). Der Luzerner Theologieprofessor Albert Meyenberg nannte die Arbeitervereine eine «Ergänzung der Pastoration» (Gedanken über die Gewerkschaftsfrage, Vortragsmanuskript 1919, S. 2, BiA SG).

221 Einladungsschreiben zum Sozialen Kurs des christlichsozialen Kartells Gossau vom 7. bis 21. November 1921, verf. von der Kartellkommission (BAR). Vgl. auch TBSch, 7. bis 21. November 1921 (PrivatA Scherrer).

222 Einladungsschreiben zum religiösen Einkehrtag für Behörden und Beamte vom 30. und 31. März 1935 im Caritasheim Oberwaid-St.Gallen, verf. von Josef Scherrer (BAR). Vgl. auch TBSch, 30. und 31. März 1935 (PrivatA Scherrer). Solche Einkehrtage wurden seit Beginn der 1930er Jahre regelmässig durchgeführt. Sie dienten der «Weiterbildung und Vertiefung der Kenntnisse und der Gewinnung neuer innerer religiöser Kraft für den Kampf um die höchsten Güter» (Zirkular der CSP an die Mitglieder des Kantonalkomitees, an die christlichsozialen Bezirks- und Gemeindeorganisationen, resp. der politischen Kommissionen der katholischen Arbeiter- und Angestelltenvereine, 17. Februar 1937, BAR).

Mann der Kirche»[223] und «Vertrauensmann beim Episkopat»[224], der kirchlichen Autorität zu absoluter Loyalität verpflichtet. Dafür erhielt Josef Scherrer von höchster kirchlicher Warte Dank und Anerkennung. Der St.Galler Bischof Joseph Meile schrieb Scherrer zum 50. Geburtstag: «Riefen die Bischöfe ihre Gläubigen zum Kampf gegen die gesellschaftlichen Irrtümer auf, so bist Du stets der Erste gewesen, welcher seine ganze Person, sein Ansehen und seine Kräfte, seine Organisationen und Institutionen für die Forderungen der Kirche eingesetzt hat.»[225] Und Papst Pius XII. sprach «Unserem geliebten Sohn Josef Scherrer» in einem Handschreiben seinen Dank aus: «Wir können nicht umhin, an dieser Stelle dir selbst, geliebter Sohn, ein besonderes Wort des Lobes und der Anerkennung auszusprechen für die hingebende Arbeit, die du im Dienste der Sache Christi und seiner heiligen Kirche geleistet hast und leistest. Das ist Mitarbeit der Laien am Apostolat im besten Sinne des Wortes.»[226]

Das Nahverhältnis der Christlichsozialen zur katholischen Kirche war für die weltanschaulichen Gegner immer auch Ansatzpunkt zu Kritik und Diffamierung. Vor allem in der Anfangszeit wurde die christlichsoziale Bewegung des Ultramontanismus und der Kirchenhörigkeit bezichtigt, so am Osterkongress des schweizerischen Gewerkschaftsbundes 1904, als ein Votant die Christlichsozialen «schwarze Pfaffenröcke» nannte und meinte, die christlichen Gewerkschaften seien «allein schon durch den Umstand gerichtet, dass sie von Geistlichen geleitet werden», während ein anderer den Christlichsozialen ihren sozialen Charakter rundweg abstritt und sie als «lediglich religiöse Zweckorganisationen» disqualifizierte.[227] Andere Stimmen im sozialistischen Lager bemängelten die autoritäre Führung der katholischen Vereine. Nicht demokratische Verhältnisse herrschten in den christlichsozialen Organisationen, sondern es regiere «die Diktatur der [geistlichen] Führer».[228]

Der generelle Sukkurs, den die Christlichsozialen seitens des Klerus und der Kirchenleitung erfuhren, darf aber nicht darüber hinwegtäuschen, dass offensichtlich ein nicht unbeträchtlicher Teil der Geistlichkeit der christ-

---

223 Gedenkschrift Josef Scherrer, S. 46.
224 Gehrig, Das Christlichsoziale, S. 107.
225 Schreiben von Bischof Joseph Meile an Josef Scherrer vom 22. März 1941 (BiA SG).
226 Das päpstliche Schreiben ist abgedr. in: Meile, Selbstbesinnung, S. VIIIff.
227 Ostschweiz, Nr. 77, 5. April 1904.
228 «Volksrecht», Nr. 263, 10. November 1905, zit. nach: Balthasar/Gruner, Soziale Spannungen, S. 161. Gemäss «Volksrecht» sollen Jung und Scheiwiler einmal geäussert haben: «Wenn wir von der Wichtigkeit einer Neuerung überzeugt sind, ist es genügend; wir brauchen doch die Arbeiter nicht noch besonders zu fragen, da ja wir zwei die Seele der ganzen Bewegung sind.» Zu Scheiwilers autoritärer Amtsführung als Generalsekretär und Zentralpräsident des ZV vgl. auch Gruner, Arbeiterschaft und Wirtschaft, Bd. 2, S. 216.

lichsozialen Bewegung desinteressiert gegenüberstand oder diese gar ablehnte und ihr offenen Widerstand entgegensetzte. Einige Berühmtheit erlangte die sogenannte «Gewitterkonferenz» im Jahre 1904 in Zürich, während der die Zürcher Geistlichkeit die nach Zürich expandierenden Christlichsozialen, allen voran Alois Scheiwiler, aufs heftigste attackierte, da sie befürchtete, die neue Bewegung werde die bisherigen kirchlichen Organisationsbemühungen in Frage stellen und zu unerwünschter Verzettelung des katholischen Vereinswesens führen.[229] Diese Kritik ist bis 1939 nie verstummt. Noch 1938, als die christlichsozialen Organisationen längst etabliert und zu einem Faktor im öffentlichen Leben geworden waren, beschwerte sich Josef Scherrer gegenüber Alois Scheiwiler, mittlerweile St.Galler Bischof, darüber, dass viele katholische Geistliche die Standesvereine der Arbeiter und Arbeiterinnen auflösen und diese dem allgemeinen Katholischen Volksverein inkorporieren wollten.[230] Ein Jahr später klagte er wiederum, «dass viele geistliche Herren sich gegen die Bewegung wenden und immer wieder versuchen, unsere christlichsozialen Organisationen zu beseitigen».[231] Mehrmals gelangte Josef Scherrer deswegen an die Bischofskonferenz.[232] Mehr noch: Scherrer drohte sogar, «bis nach Rom zu gehen».[233] Denn auch in der Bischofskonferenz war die Unterstützung der Christlichsozialen nicht immer unbestritten. An einer Sitzung des Landesausschusses der Katholischen Aktion im Dezember 1939 lehnte der Bischof von Basel-Lugano eine Vertretung der Christlichsozialen in deren Leitungsgremium ab[234], und eine Woche später nahm der Bischof von Chur im Streitfall um die Gründung eines Arbeitervereins in Zürich eine unentschiedene Haltung ein.[235] Den ersten Vorfall kommentierte Scherrer entrüstet als «eine Ungeheuerlichkeit! Ich könnte sagen einen Skandal. Da konnten wir wieder

229 Vgl. Meile, Scheiwiler, S. 79f.
230 TBSch, 4. März und 12. April 1938 (PrivatA Scherrer).
231 TBSch, 19. April 1939 (PrivatA Scherrer).
232 TBSch, 10. Mai 1926, 1. Juli 1932 und 16. Mai 1939 (PrivatA Scherrer). Scherrers Demarchen waren offensichtlich erfolgreich: Im September 1926 sprachen die Schweizer Bischöfe in einem Bettagsmandat den christlichsozialen Organisationen ihre Unterstützung aus (abgedr. in: Hochwacht, Nrn. 219 und 220, 20. und 21. September 1926; vgl. auch JB CAB 1926/27, S. 6); im Juli 1932 traten sie in einer Kundgebung für die Unterstützung der Standesvereine ein resp. der Tendenz entgegen, diese in Kongregationen umzuwandeln oder in die Volksvereine zu überführen (JB CAB 1932/33, S. 63; die von Scherrer namens des ZV verfasste Eingabe vom 1. Juli 1932 befindet sich im BiA SG); 1939 erliessen die Bischöfe «Richtlinien für die Pflege der religiös-sozialen Standesvereine» (abgedr. in: JB CAB 1939/40, S. 50ff., und Scherrer, Sozialreform, S. 100ff.). Überhaupt hatte Josef Scherrer beträchtlichen Einfluss auf die Entscheide der Schweizer Bischöfe. «Selbst an die Bischofskonferenzen hatte Scherrer Zutritt, und mehr als ein Bettagsmandat entsprach seinen Intentionen» (Gedenkschrift Josef Scherrer, S. 47).
233 TBSch, 27. Februar 1939 (PrivatA Scherrer).
234 TBSch, 12. Dezember 1939 (PrivatA Scherrer).
235 TBSch, 19. Dezember 1939 (PrivatA Scherrer).

sehen, wie die Spitzen der katholischen Bewegung der Schweiz zur sozialen Sache eingestellt sind»[236], der zweite verletzte ihn tief. Noch nie seit 30 Jahren, in denen er aktiv in der Bewegung tätig sei, habe er «seitens der Geistlichkeit so viele und starke Widerstände» angetroffen.[237] Dennoch blieben die Bischöfe ihrer traditionellen Verpflichtung als Schirmherren der christlichsozialen Organisationen auch jetzt treu. 1939 legten sie ihre schützende Hand über die konfessionellen Standesvereine. Insbesondere untersagten sie den Pfarrern, ohne Zustimmung des Diözesanbischofs Standesvereine aufzulösen.[238]

Trotz dieser gelegentlichen Zurücksetzungen standen die christlichsozialen Laienführer stets loyal zu Kirche und Geistlichkeit. Christlichsoziales Wirken war zuallererst Laienapostolat, war Dienst an Religion und Kirche, gemäss der in Rerum novarum verkündeten Überzeugung, dass die sozialen Probleme in ihrem tiefsten Grunde religiös-sittliche Ursachen hätten und ohne Religion und Kirche keine dauerhafte soziale Befriedung möglich sei. Engagement für die Stellung der Kirche in der Gesellschaft und Einsatz für die materielle Hebung der Arbeiterklasse waren damit nur zwei Seiten derselben Medaille. Oder wie sich Josef Scherrer ausdrückte: «Die Verteidigung des Arbeitsplatzes und der Existenz des christlichen Arbeiters und seiner Familie ist auch der Kampf für die Freiheit und Wirkungsmöglichkeit der Kirche ...»[239] In diesem Kampf war die Kirche der feste Orientierungspunkt und waren die Geistlichen die bestimmenden Leitfiguren oder, wie Altermatt bezogen auf die Päpste schreibt, die «Gegenhelden ... gegen die Moderne».[240]

---

236 TBSch, 12. Dezember 1939 (PrivatA Scherrer).
237 TBSch, 19. Dezember 1939 (PrivatA Scherrer). Widerstände in den Reihen der Bischöfe gab es bereits früher. 1900 lehnten die Schweizer Bischöfe die konfessionelle Neutralität der christlichen Gewerkschaften ab (vgl. Balthasar/Gruner, Soziale Spannungen, S. 122 und S. 132). Bis 1912, bis zum Erscheinen der Enzyklika Singulari quadam, und weit darüber hinaus wurden die Christlichsozialen des versteckten Interkonfessionalismus verdächtigt (Meile, Scheiwiler, S. 187). 1916 verzichteten die St.Galler Christlichsozialen darauf, einen von den Bischöfen zu unterzeichnenden Aufruf zur Förderung der Bewegung zu veranlassen, «weil feststeht, dass die hochwdgst. Herren Bischöfe von Chur, Basel, Lugano und Sitten unserer Bewegung gar nicht freundlich gesinnt sind» (Prot. Ostschweizerisches Komitee der katholischen Arbeiterorganisationen, 17. April 1916, in: Prot. christlichsoziale Gruppe des Grossen Rates, BAR).
238 Richtlinien für die Pflege der religiös-sozialen Standesvereine. Beschluss der Schweizerischen Bischofskonferenz 1939, abgedr. in: JB CAB 1939/40, S. 50ff., und Scherrer, Sozialreform, S. 100ff. In einem auf die Synodalstatuten der Diözese St.Gallen gestützten Gutachten schränkte Josef Scherrer die Kompetenzen des Ortspfarrers in Angelegenheiten der katholischen Standesvereine dahingehend ein, dass er den Pfarrherren ein Vetorecht nur in jenen Fragen zugestand, «wo religiöse und sittliche Interessen» tangiert waren (Schreiben von Josef Scherrer an August Stolz vom 9. Januar 1941, Archiv KAB).
239 Prot. Schweizerische Soziale Woche 1941, S. 82.
240 Altermatt, Katholizismus und Moderne, S. 234. Was Altermatt, ebd., S. 257ff. und S. 364, über den Papstkult ausführt, galt christlichsozialerseits für die Verehrung der Bischöfe,

3.2 Schicksalsgemeinschaft zwischen Kirche und politischem Katholizismus

Die eingangs des vorigen Abschnitts gemachte Feststellung einer engen Symbiose zwischen der katholischen Kirche und den katholischen Organisationen galt in besonderer Weise für den Kanton St.Gallen. Obwohl der Kanton traditionell paritätisch war, zählten ihn zeitgenössische Beobachter zu den Diaspora-Kantonen, zu jenen Kantonen also, in denen sich der kirchennahe Katholizismus in einer Minderheitsstellung befand. Der im öffentlichen Leben dominante Freisinn erstrebte hier seit der Totalrevision der Kantonsverfassung im Jahre 1831 ein im Geist des Josephinismus säkularisiertes, laizistisches Gemeinwesen, in dem die Kirche dem Staat unterworfen und von diesem streng getrennt sein sollte.[241] Der kirchenfeindliche Kurs des Freisinns provozierte Abwehrreaktionen des katholischen Bevölkerungsteils und war zu Beginn des Jahres 1834 Veranlassung zur Bildung des sogenannten «Oberegger Vereins». Ende 1834 rief dieser, nachdem der St.Galler Grosse Rat kurz vorher in Ausführung der von der Tagsatzung beschlossenen Badener Artikel ein Gesetz «Über die Rechte des Staates in kirchlichen Dingen» erlassen hatte, die kirchentreuen St.Galler Katholiken zur ersten Generalversammlung nach Gossau. Die Versammlung genehmigte die «Satzungen des Katholischen Vereins im Kanton St.Gallen», deren erster Artikel lautete: «Der Zweck dieses Vereins, zu welchem sich ... rechtschaffene und christliche Männer des Kantons St.Gallen brüderlich verbinden, ist: 1. Beschützung und Verteidigung ihrer gesetzlichen Freiheit, ihrer bürgerlichen Rechte, ihres katholischen Glaubens und der römisch-katholischen Religion und Kirche, wo dieselben jemals gefährdet sein sollten ...»[242]

Die Gossauer Tagung hatte mit der Gründung des Katholischen Vereins auch im Kanton St.Gallen die Fundamente einer katholischen Sondergesellschaft gelegt. Nachdem seit den 1850er Jahren zunächst die konservative Presse ausgebaut worden war, betrieb Bischof Augustin Egger in den 1880er und 1890er Jahren den systematischen Aufbau und die planmässige Erwei-

---

die in den 1930er Jahren, als Alois Scheiwiler St.Galler Bischof war, die Formen eines eigentlichen Führerkults annahm. «Du rufst uns, Führer!», begann eine in Gedichtform gehaltene Huldigung an Bischof Scheiwiler, «Dank dir, dass du uns rufest. So hör' denn unsere Antwort: Wir kommen!» (Hochwacht, Nr. 193, 21. August 1931). Vgl. auch den Kommentar zur Bischofsweihe Scheiwilers mit der Überschrift «Unser Führer: Bischof von St.Gallen» (Hochwacht, Nr. 229, 3. Oktober 1930) sowie die Gratulation zum 60. Geburtstag Scheiwilers mit dem Titel «Dem Führer zum 60. Geburtstag» (Hochwacht, Nr. 78, 4. April 1932).

241 Zur Kirchenpolitik der St.Galler Liberalen vgl. Ehrenzeller, Gegensatz, S. 44 und S. 75ff.
242 Zit. nach Oberholzer, Konservative Volkspartei, S. 29. Zu den kirchenpolitischen Auseinandersetzungen zwischen Konservativen und Liberalen im Kanton St.Gallen und zur Gründung des Katholischen Vereins vgl. Holenstein, Kirchenpolitische Kämpfe, S. 21ff.; ders., Konservative Volkspartei, S. 16ff.; Oberholzer, Konservative Volkspartei, S. 27ff.; Schöbi, Volksverein, S. 5ff.

terung des katholischen Vereinswesens.²⁴³ Zählte das Bistum 1880 rund 50 katholische Ortsvereine mit 3000 Mitgliedern, so waren es am Vorabend des Ersten Weltkrieges 300 Vereine mit 34000 Mitgliedern. Diese Vereine boten den Katholiken eine weltanschaulich-kulturelle Ersatzheimat in der sich zunehmend säkularisierenden Gesellschaft, waren Orte der solidarischen Selbsthilfe und Instrumente der Interessenwahrung im öffentlichen Leben. In der Nachfolge des 1871 gegründeten kantonalen Piusvereins fungierte seit 1900 der St.Gallische Katholikenverein und seit 1910 der Katholische Volksverein als Dachorganisation der St.Galler Katholiken.²⁴⁴ An den seit 1892 in unregelmässigen Abständen durchgeführten kantonalen Katholikentagen demonstrierte der katholische Volksteil innere Geschlossenheit und den Willen, als gesellschaftliche Kraft Anteil an der Gestaltung der öffentlichen Ordnung zu nehmen.²⁴⁵

Der Katholische Verein war zwar aus einer religiösen Volksbewegung entstanden, hatte aber von Anfang an auch politischen Charakter, weswegen die Ursprünge der späteren konservativen Partei in der Gossauer Tagung vom Dezember 1834 zu suchen sind. Die Partei, personell und organisatorisch auf engste mit den religiös-gesellschaftlichen Organisationen verbunden, war ihrem Selbstverständnis nach immer der politische Arm oder die politische Sachwalterin der Kirche und der kirchlich gebundenen Katholiken.²⁴⁶ Urs Josef Cavelti spricht von einer «Aktionsgemeinschaft» von Partei und Kirche²⁴⁷, betont aber, dass diese Verbindung stets informellen Charakter hatte und dass die Partei nie kirchliche Weisungen erhielt oder sich organisatorisch-institutionell mit der Kirchenhierarchie liierte.²⁴⁸ Die Kirche lieferte der Partei die ideologischen Grundlagen, während diese sich für die Interessen der Kirche und der Katholiken in der Gesellschaft einsetzte, wie

---

243 Dora, Egger, v.a. S. 471ff.; Meile, Katholische Vereine, v.a. S. 276ff.
244 Schöbi, Volksverein, S. 7ff., S. 17f. und S. 19ff.
245 Cavelti, Partei und Kirche, S. 218f.; Dora, Egger, S. 497.
246 Cavelti, Partei und Kirche, S. 216f. Bis in die Mitte unseres Jahrhunderts war die KVP in kleinen Gemeinden organisatorisch eine Sektion des örtlichen Volksvereins (Holenstein, Konservative Volkspartei, S. 317; Schöbi, Volksverein, S. 33ff.).
247 Cavelti, Partei und Kirche, S. 213 und S. 216. Vgl. auch Altermatt, Katholizismus und Moderne, S. 164f.
248 In den Parteigremien der KVP sassen immer auch Geistliche (vgl. Mitgliederverzeichnisse der Organe der KVP 1921–24 und 1930–33, StaatsASG, Archiv CVP). Parteipräsident Eduard Guntli begründete die geistliche Vertretung mit dem «nötigen Kontakt zwischen dem tit. Ordinariat, der Geistlichkeit und unserer Partei» (Prot. Kantonalkomitee KVP, 30. August 1926, StaatsA SG, Archiv CVP). Während die Statuten der KVP von 1896 und 1912 keinerlei offizielle Verbindung der Partei mit der katholischen Kirche nannten, sahen die Statuten von 1936 in Art. 8 erstmals vor, dass ein Geistlicher im Kantonalkomitee Einsitz nahm (StaatsA SG, Archiv CVP). Eine Erklärung dafür dürfte darin zu suchen sein, dass die personelle Verbindung von Partei und Kirche lange faktisch gegeben war und sich damit eine statutarische Regelung erübrigte, bis sich im Verlauf der 1930er Jahre die Geistlichkeit aus der Partei und der Tagespolitik zurückzog.

ein Blick in die konservative Parteiprogrammatik zeigt, wo kirchlich-religiöse Themen stets oberste Priorität besassen. Das gemeinsam mit den Christlichsozialen 1911 verabschiedete Programm etwa stellte das Eintreten für die Erhaltung der religiösen Grundlage des Staates und die Rechte der Kirche an vorderste Stelle, ja brachte sogar zum Ausdruck, dass sich gerade darin die tiefere Bedeutung des Epithetons «konservativ» manifestiere.[249] Die Beziehungen zwischen katholischer Kirche und der konservativen Partei als der Trägerin des politischen Katholizismus im Kanton St.Gallen waren bis über den Zweiten Weltkrieg hinaus dermassen eng, dass statt von einer «Aktionsgemeinschaft» besser von einer «Lebens-» oder «Schicksalsgemeinschaft» gesprochen werden sollte. Bischof Alois Scheiwiler war davon tief überzeugt, als er 1936 gegenüber einer Delegation von Exponenten der KVP und der CSP warnte, «dass im Kanton St.Gallen mit dem Steigen und Fallen der konservativen Partei das Steigen und Fallen der Kirche unzertrennlich verbunden sei».[250] Mehrmals, nämlich 1919, 1924, 1936 und 1942, wurde innerhalb der KVP die Umbenennung der Partei in «Katholische Volkspartei» erwogen mit der Begründung, die neue Bezeichnung würde «den tatsächlichen Verhältnissen ... besser entsprechen» und die Einheit von konservativem und christlichsozialem Flügel gegen aussen «in idealer Weise» dokumentieren.[251]

In der Verteidigung der Rechte der katholischen Kirche und des katholischen Volksteils standen die Christlichsozialen stets eng an der Seite der konservativen Mutterpartei. Ja, gerade dieser gemeinsam geführte Kampf für Religion und Kirche und gegen die Übergriffe des Staates auf den kirchlichen Hoheitsbereich war die Grundlage, auf der sich die beiden Parteiflügel über alle materiellen Gegensätze hinweg einheitlich verbanden und immer wieder fanden. An ihrem Parteitag 1914 in Mels verabschiedeten die Christlichsozialen eine Resolution, in der sie ihrer Entrüstung über das nicht näher präzisierte Sakrilegium der Entweihung einer Hostie Ausdruck gaben und das Kantonalkomitee beauftragten, «an die berufenen Instanzen zu gelangen, um in Zukunft einen besseren Schutz gegen öffentliche Religionsdelikte zu verlangen».[252] Einmal, 1917, überboten die Christlichsozialen die Konservativen in ihrem Engagement für die katholische Kirche sogar. Trotz ableh-

---

249 Parteiprogramm der Konservativen und Christlichsozialen des Kantons St.Gallen, 1911 (StaatsA SG, Archiv CVP). Als konkrete Postulate führte das Programm auf: Fernhaltung des Kulturkampfes, christliche Jugenderziehung und sittlich-religiöse Gesellschaftsordnung.
250 TBSch, 19. September 1936 (PrivatA Scherrer). Vgl. auch Scheiwilers Beitrag zum 100jährigen Jubiläum der KVP, in: Ostschweiz, Sonderbeilage zu Nr. 598, 28. Dezember 1934.
251 Eduard Guntli, Exposé für die vertrauliche Besprechung vom 18. April 1919, S. 3 (StaatsA SG, Archiv CVP).
252 Jb CSP 1914, S. 11f. (BAR).

Soziale Woche

Die Arbeit und ihre Probleme im Lichte katholischer Grundsätze

1. Vortrag:

Montag den 25. Oktober 1926, abends 8 Uhr, im Hotel „Kreuz", in Jona

„Zweck und Sinn der Arbeit"

von H. H. Dr. A. Teobaldi, Kantonalpräsident des kathol. Volksvereins, Zürich.

2. Vortrag:

Mittwoch den 27. Oktober 1926, abends 8 Uhr, im grossen Saale des Hotel „Post", in Rapperswil

„Der Kampf um die Arbeitsbedingungen"

von Kantonsrat Dr. E. Hobi, Ragaz.

3. Vortrag:

Freitag den 29. Oktober 1926, abends 8 Uhr, im Hotel „Kreuz", in Jona

„Soziale Staats- & Selbsthilfebestrebungen"

von Kantonsrat Bernhard Widmer, Bankpräsident, Zürich.

4. Vortrag:

Sonntag den 31. Oktober 1926, nachm. 4 Uhr, im „Casino", in Rapperswil

„Die Standwerdung der Arbeiterklasse"

von Nationalrat Jos. Scherrer, St. Gallen.

Die Versammlungen werden durch Gesangsvorträge eingerahmt. Der Eintritt ist frei. Keine Bewirtung (Konzertbestuhlung). Allen Vorträgen folgt eine allgemeine Diskussion. **Das Organisationskomitee.**

Tagespolitische Fragen in der Perspektive katholischer Grundsätze. Programm einer Sozialen Woche 1926 in Rapperswil und Jona.

nender Stellungnahme der KVP beharrten sie darauf, im Grossen Rat eine Motion einzubringen und die Abschaffung des Plazets, des Kanzelparagraphen und der regierungsrätlichen Bestätigung gewählter Geistlicher zu erwirken.[253] Wohl in Absprache mit Bischof Alois Scheiwiler, der sich im Sommer 1932 in grosser Sorge gegen Badeunsitten, speziell gegen das Gemeinschaftsbad engagiert hatte[254], reichten die christlichsozialen Grossräte in der Frühjahrssession 1933 eine Interpellation ein, in der sie sich nach den behördlichen Massnahmen zur «Bewahrung der Jugend vor der Sittenverderbnis» erkundigten.[255] 1939 liess die christlichsoziale Delegiertenversammlung einen Nationalratskandidaten einzig deswegen durchfallen, weil Kritik an dessen Kirchenpraxis geübt wurde.[256] Es ist bemerkenswert, dass die CSP das Engagement für die religiös-kulturellen Ziele stets höher einstufte als den Einsatz für sozial-wirtschaftliche Anliegen. Sie war in ihrem Selbstverständnis, wie es sich im Programmentwurf von 1911 ausdrückte, immer zuerst eine «christliche Partei» und erst in zweiter Linie eine «soziale Partei», gemäss der in Rerum novarum vorgetragenen Forderung, dass die Sitten- und Gesinnungsreform in christlichem Geiste jeder Sozial- oder Strukturreform vorangehen müsse.[257]

Die Christlichsozialen haben sich dem ideologischen Führungsanspruch der kirchlichen Hierarchie auch auf dem Feld der Politik stets untergeordnet. «Wer sind unsere Führer?» fragte ein Flugblatt der Partei vor der Grossratswahl von 1918, um darauf Papst Leo XIII. und den (mittlerweile verstorbenen) Bischof Augustin Egger zu nennen.[258] Es gibt gute Gründe anzunehmen, dass der christlichsoziale Programmentwurf von 1911 von Jung und Scheiwiler stark mitgeformt wurde.[259] Jung erläuterte an der konservativen Delegiertenversammlung im November 1911 den sozialwirtschaftlichen Teil des konservativ-christlichsozialen Parteiprogramms, Scheiwiler hielt an der zweiten Delegiertenversammlung der CSP 1913 ein

---

253 Prot. christlichsoziale Gruppe des Grossen Rates, 21. Mai 1917 (BAR).
254 Meile, Scheiwiler, S. 162.
255 Die Interpellation ist abgedr. in: Hochwacht, Nr. 109, 10. Mai 1933.
256 TBSch, 1. Oktober 1939 (PrivatA Scherrer). Anstelle des offiziellen Kandidaten Franz Egger-Forster – ihm und seiner Familie wurde der Vorwurf gemacht, sie seien «religiös sehr flau» – nominierten die Delegierten den Oberländer Bezirksamtsschreiber Felix Erb.
257 1913 umriss Alois Scheiwiler in einem Referat am zweiten Delegiertentag der CSP das christlichsoziale «Arbeitsprogramm». An erster Stelle nannte Scheiwiler «religiös-sittliche», an zweiter Stelle «kulturell-pädagogische» und erst an dritter Stelle «wirtschaftlich-soziale» Aufgaben (Ostschweiz, Nrn. 48, 50 und 52, 26., 28. Februar und 3. März 1913). Vgl. auch Josef Scherrers einleitende Bemerkungen zu Zielsetzung und Programm der christlichsozialen Organisationen in: Führer durch die Christlichsoziale Bewegung 1929, S. 6.
258 Zehn Fragen zum christlichsozialen Programm, Flugschrift o. J. (1918), S. 1 (BAR).
259 Jung selber gehörte im Vorfeld der Gründung der CSP dem vorbereitenden Komitee an. Scheiwiler dürfte als politisch erfahrener Berater im Hintergrund mitgewirkt haben.

ausführliches Referat zum Thema «Christlichsoziales Arbeitsprogramm».[260] Noch deutlicher drückte sich Josef Scherrer aus, als er, alle Zweifel beseitigend, 1947 erklärte, «dass die gegebenen kirchlichen Weglegitungen ohne weiteres auch für unsere parteipolitische Tätigkeit massgebend und verpflichtend sind».[261] Wie stark die Kirche die politische Meinungsbildung der Christlichsozialen prägte und wie loyal sich diese der kirchlichen Autorität beugten, belegt u. a. die Diskussion der Altersversicherungsvorlage im Kantonalkomitee des KV. Josef Scherrer wies bei den Beratungen darauf hin, «dass speziell unser Landesbischof Aloisius sich für die Vorlage ausgesprochen habe und wir deshalb ohne Bedenken ihr zustimmen können».[262]

Im Unterschied zur KVP, in der die Einwirkung von Kirche und Geistlichkeit auf die Partei eher im Hintergrund blieb, nahm der Klerus offen und direkt Einfluss auf die Geschicke der CSP. Das ergab sich zunächst daraus, dass Geistliche bei den Vorbereitungen der Parteigründung – dem provisorischen Kantonalkomitee gehörten zwei Geistliche an – eine prominente Rolle spielten[263], sodann daraus, dass die Arbeitervereine, die die örtliche Basis der CSP bildeten, von einem geistlichen Präses geleitet wurden. Nach dem Willen der Delegierten an der Gründungsversammlung hätte Jung Kantonalpräsident der Parteigruppe werden sollen, doch lehnte er die Wahl ab.[264] Auch beim Aufbau von politischen Organisationen in den Bezirken standen Geistliche in vorderster Reihe.[265] Und bis Anfang der 1930er Jahre nahmen sie auch Einsitz in die Parteigremien und gehörten der christlichsozialen Grossratsgruppe an, wie Tabelle 13 zeigt:

Tabelle 13: Geistliche in den Parteigremien der CSP und in der christlichsozialen Grossratsgruppe, 1912–1941

	1912	1915	1925	1929	1936	1941
Bezirkspräsidenten	0	1	2	1	0	0
Parteikomitee	2	4	6	3	0	0
Parteiausschuss	2	1	2	1	0	0
Grossratsgruppe	2	1	2	1	0	0

Für 1912 Jb CSP 1912, passim (BAR); für 1915 Einladung zur kantonalen Delegiertenversammlung der CSP vom 13. Mai 1915 in Rorschach, 27. April 1915 (BAR); für 1925, 1929 und 1936 Mitgliederverzeichnisse der Parteigremien und der christlichsozialen Grossratsgruppe (BAR); für 1941 Jb CSP 1939–41, S. 10f. (BAR).

260 Scheiwilers Programmrede ist abgedr. in: Ostschweiz, Nrn. 48, 50 und 52, 26., 28. Februar und 3. März 1913.
261 Scherrer, Standort, S. 9. Daraus leitete Scherrer ab, dass die christlichsozialen Parteigruppen nicht auf interkonfessionelle Grundlage gestellt werden könnten.
262 Prot. KV, Sitzung des Kantonalkomitees vom 29. Oktober 1931 (Archiv KAB).
263 Jb CSP 1912, S. 10 (BAR).
264 Jb CSP 1912, S. 13 (BAR).
265 Vor allem in den Bezirken Rorschach, Gossau und Unterrheintal (Jb CSP 1912, S. 5f., BAR).

Die seit den 1930er Jahren zu beobachtende Tendenz des Rückzugs des Klerus aus den Parteiämtern und der christlichsozialen Grossratsgruppe lässt sich damit erklären, dass die CSP nach den ersten beiden Formationsjahrzehnten nicht mehr auf die organisatorische Stützung seitens der Geistlichkeit angewiesen war, weil sich in der Zwischenzeit die Rekrutierungsbasis der Partei vergrössert hatte und in zunehmendem Masse Laien zu Verfügung standen. Der Exodus der Geistlichkeit aus der direkten Mitwirkung in der Partei ergab sich im weiteren aus der Zielsetzung der sogenannten «Katholischen Aktion»[266], derzufolge Kirche und Parteipolitik strikte zu trennen waren.[267]

Die Geistlichkeit hielt sich in der Regel davor zurück, offen in die Tagespolitik einzugreifen oder sich etwa im Vorfeld von Wahlen und Abstimmungen parteipolitisch zu exponieren. Letzteres erübrigte sich darum, weil die Positionen von Christlichsozialen und Konservativen mit jenen der Kirche stets übereinstimmten. Ersteres hätte sich mit der Stellung Kirche nicht vertragen, die eine überparteiliche Haltung nahelegte. Angesichts der latent stets vorhandenen Konkurrenzsituation zwischen altkonservativem und christlichsozialem Parteiflügel wäre eine einseitige Parteinahme nicht opportun gewesen. Joseph Meile schrieb 1933 in einer grundsätzlichen Betrachtung zum Verhältnis des Priesters zu Politik und Staat, der Geistliche solle sich davor hüten, als «Parteimann» zu gelten. «Nehmen wir es parteilich, so ist er nicht ausschliesslich christlichsozial und nicht ausschliesslich konservativ, sondern er bleibt eben der Vertreter der Kirche. Er vertritt die Ansichten und Rechte der Kirche, mag er auf diesem oder auf jenem Gebiete ein Urteil abgeben. Darum steht er trotz der Mitwirkung in einem Parteikomitee als Priester über den Parteien. Er muss ja für alle Seelen sorgen, die katholisch sind, gehören sie nun parteilich dahin oder dorthin.»[268] Einige wenige Ausnahmen bestätigen die Regel, Ausnahmen, die zudem alle in die Amtszeit von Bischof Alois Scheiwiler fallen, der wegen seiner besonderen Nähe zu den christlichsozialen Organisationen als Sonderfall zu bezeichnen

---

266 Die «Katholische Aktion» ging 1922 von Papst Pius XI. aus, der in einer Enzyklika zu einer «actio catholica» der ganzen Welt zur Bekämpfung des Atheismus aufrief. Mittel dazu waren die Erneuerung und Konzentration der Vereine und Werke sowie der Einbezug der Laien ins hierarchische Apostolat. Damit einhergehen sollte die Trennung von Religion und Tagespolitik (Katholisches Soziallexikon, S. 1293). Im Kanton St.Gallen berief Bischof Alois Scheiwiler ein aus Geistlichen und Laien zusammengesetztes Diözesankomitee, das mit der Durchführung der Aktion betraut wurde. Zum Direktor der Katholischen Aktion in der Diözese ernannte der Bischof Pfarrer Joseph Meile (Hochwacht, Nrn. 39 und 53, 16. Februar und 4. März 1931; Meile, Katholische Vereine, S. 286; Meile, Scheiwiler, S. 137ff.).

267 Die Distanznahme der Kirche zur Parteipolitik lässt sich in den 1930er Jahren auch für die Schweizerische Konservative Volkspartei beobachten (vgl. Rölli-Alkemper, SKVP 1935–1943, S. 151f.).

268 Christlichsoziale Korrespondenz Nr. 9, 1933, Beilage zur Hochwacht, Nr. 224, 26. September 1933.

ist. Scheiwiler setzte nicht nur seine ganze bischöfliche Autorität für die Bewegung ein, er schreckte auch nicht davor zurück, sich im politischen Tagesgeschäft zu engagieren, so in der Bekämpfung der Jungbauern- und Freiwirtschaftsbewegung[269] sowie der von den Sozialdemokraten lancierten eidgenössischen Kriseninitiative.[270]

3.3 Die besondere Verantwortung der St.Galler Bischöfe

Die St.Galler Bischöfe standen seit den Anfängen der Bewegung stets in einem besonderen Nahverhältnis zu den Christlichsozialen. Dies lässt sich einerseits historisch und örtlich erklären, damit, dass die christlichsoziale Arbeiter- und Volksbewegung auf St.Galler Boden entstanden und bis zum Rückzug Scherrers aus der Organisation hier am tiefsten verwurzelt war. Andererseits waren die St.Galler Bischöfe Alois Scheiwiler und Joseph Meile mit der Bewegung aufs engste verbunden. Josef Scherrer sprach von der «hohen sozialen Tradition der St.Galler Bischöfe»[271] und bekannte 1948 im Rückblick auf die Feierlichkeiten zum 100jährigen Jubiläum des Bistums St.Gallen: «Wir Christlichsoziale haben einen besonderen Grund, uns dieses Anlasses zu erfreuen; denn die Bischöfe des Kantons St.Gallen standen an der Wiege unserer Bewegung und sie haben seit der Zeit Augustinus Eggers bis zum heutigen Tage der Bewegung Geleit und Unterstützung gegeben.»[272] Die Leistung der St.Galler Bischöfe für die christlichsozialen Organisationen war dreifacher Art:

269 Zur Haltung Scheiwilers gegenüber der Jungbauernbewegung vgl. die Mitteilung des bischöflichen Ordinariats St.Gallen an die Presse, 10. Juli 1935 (Archiv KBB). Zu jener gegenüber der Freiwirtschaftsbewegung vgl. Scheiwilers Vorwort vom Dezember 1934 zur Broschüre von Alfred Teobaldi, Freigeld und Katholizismus, Zürich 1935; vgl. auch TBSch, Oktober, November 1934 und Dezember 1935, passim (PrivatA Scherrer). Scheiwiler hatte sich zunächst sowohl zur Jungbauern- als auch zur Freiwirtschaftsbewegung sehr missverständlich geäussert, so dass die Freigeldanhänger und die Jungbauern behaupteten, der Bischof unterstütze ihre Aktivitäten. Endgültig mit dem Bann belegt wurden Jungbauern und Freiwirtschafter, als die Schweizer Bischöfe an ihrer Konferenz vom 1./2. Juli 1935 beide Bewegungen ablehnten (vgl. Meile, Scheiwiler, S. 150ff. und S. 163; Bernold, Episkopat, S. 179ff.).
270 Vgl. Bischof Scheiwilers Aufruf auf der Frontseite der «Ostschweiz» (Nr. 250, 29. Mai 1935) und in der «Hochwacht» (Nr. 126, 31. Mai 1935). Das Original befindet sich im BAR. Bischof Scheiwiler liess dem Klerus der Diözese zudem Josef Scherrers gegen die Initiative gerichtetes Pamphlet (Scherrer, Kriseninitiative) zukommen (Begleitschreiben von Josef Scherrer an die Geistlichkeit der Diözese St.Gallen vom 15. Mai 1935, BiA SG). Ebenso hatte sich Bischof Scheiwiler 1932 öffentlich gegen die sozialdemokratische Krisensteuerinitiative ausgesprochen (Prot. Parteiausschuss KVP, 2. Dezember 1932, StaatsA SG, Archiv CVP).
271 TBSch, 24. September 1938 (PrivatA Scherrer).
272 Josef Scherrer, Bericht über die Nationalratswahlen im Kanton St.Gallen vom 26. Oktober 1947, August 1948, S. 23 (BAR).

Erstens Protektion: Die St.Galler Bischöfe hielten von Anfang an ihre schützende Hand über die Gründungen Jungs und Scheiwilers. An der Enzyklikafeier vom Mai 1941 in Einsiedeln erinnerte Josef Scherrer in einer Rede daran, «dass die Bischöfe von St.Gallen, so Augustinus Egger, Ferdinandus Rüegg, Robertus Bürkler, Aloisius Scheiwiler, immer die Protektoren der christlichsozialen Bewegung waren und dass wir St.Galler stolz darauf seien».[273] Den St.Galler Bischöfen war seit Augustin Egger das Mandat der Schweizerischen Bischofskonferenz für die sozialen Belange übertragen.[274] Die der jungen christlichsozialen Bewegung 1902 seitens der Schweizerischen Bischofskonferenz erteilte Approbation erfolgte mit einiger Sicherheit auf Initiative des St.Galler Bischofs Egger.[275] Vor allem in der Anfangszeit, als der Widerstand gegen die jungen christlichsozialen Organisationen im katholischen Lager gross war, nahmen die Bischöfe die Bewegung in ihren Schutz und trugen damit wesentlich dazu bei, dass sich die Christlichsozialen in der katholischen Sondergesellschaft etablieren und über die Ostschweiz hinauswachsen konnten. Georg Baumberger wusste, wovon er sprach, wenn er im Nachruf auf Bischof Egger schrieb: «Hätte Jung nicht in Bischof Dr. Egger einen verständnisvollen und unentwegten Protektor besessen, wäre sein Wirken schon bei den ersten schönen Anfängen auf fast unüberwindliche Barrieren gestossen.»[276] Bischof Scheiwiler selber wies 1935 den Protest der konservativen Fraktion der Bauernpolitischen Vereinigung gegen die Gründung des KBB zurück und setzte zwei Jahre später «seine ganze bischöfliche Autorität» für die seit der Krise der Genossenschaftsbank angeschlagene Bewegung ein[277], während sein Nachfolger Joseph Meile

273 TBSch, 24. Mai 1941 (PrivatA Scherrer).
274 TBSch, 28. Mai 1930 (PrivatA Scherrer); Beilage zur Ostschweiz, Nr. 211/212, 7. Mai 1949.
275 Meile, Scheiwiler, S. 181.
276 Der Nachruf ist auszugsweise abgedr. in: Hochwacht, Nr. 123, 27. Mai 1922, und Scheiwiler, Jung, S. 49ff. So wies Egger den Protest des Katholikenvereins der Stadt St.Gallen gegen die christlichsozialen Gründungen ab (Jb katholischer Arbeiterverein St.Gallen 1908/09, S. 2). Er soll sich 1904 auch geweigert haben, eine gegen die christlichen Gewerkschaften protestierende Abordnung der katholisch-konservativen Fraktion der Bundesversammlung zu empfangen. Diese Episode ist in der christlichsozialen Publizistik immer wieder zitiert (Meile, Scheiwiler, S. 91f.; Scherrer, Jung, S. 15f. und S. 91) und in der wissenschaftlichen Literatur übernommen worden (Altermatt, Ghetto, S. 388; Dora, Egger, S. 429f.). Sie ist nur indirekt, in einem von J. B. Jung für das bischöfliche Ordinariat verfassten Lebenslauf, verbürgt (TBSch, 30. Januar 1941, PrivatA Scherrer; Dora, Egger, S. 430, Anm. 67). Ihr Wahrheitsgehalt erscheint uns zweifelhaft, und zwar nicht darum, weil die Delegation sich nicht aus irgendwelchen, sondern aus hochrangigen konservativen Politikern zusammensetzte und Eggers Weigerung, diese auch nicht zu empfangen, als Affront empfunden worden wäre. Viel wahrscheinlicher ist jene Version, die ein ungenannter «mehrjähriger Tisch- und zeitweilig auch Kampfgenosse» Jungs überliefert hat. Ihr zufolge soll die Delegation, ohne beim Bischof auch nur angeklopft zu haben, von ihrer Mission abgesehen haben, als sie erfahren hatte, dass Bischof Egger an der christlichsozialen Generalversammlung vom 24. April 1904 in St.Gallen als Redner auftreten wollte (Hochwacht, Nr. 118, 24. Mai 1937).
277 TBSch, 17. Mai 1937 (PrivatA Scherrer).

1939 gegen den Widerstand des Bischofs von Basel-Lugano eine Vertretung des CAB im Landesausschuss der Katholischen Aktion durchsetzte.[278]

Zweitens Förderung: Als Jung 1899 die ersten christlichsozialen Organisationen gründete, handelte er im Auftrag des St.Galler Bischofs Augustin Egger. Dieser entschied auch, Alois Scheiwiler nach Zürich zu versetzen, mit dem Auftrag, dort neben St.Gallen ein zweites Zentrum der Bewegung aufzubauen.[279] Besonders Alois Scheiwiler gab auch als Bischof der Bewegung wichtige Impulse. So erfolgte die Gründung des KV wie jene des KBB auf Bischof Scheiwilers Anregung. Desgleichen versuchte Scheiwiler, einen katholischen Arbeitgeberverband ins Leben zu rufen, allerdings ohne Erfolg. In diesen Zusammenhang gehören auch die Anstrengungen der St.Galler Bischöfe, den Klerus für die christlichsozialen Ideale und Organisationen zu gewinnen[280], sowie die Bemühungen vor allem Scheiwilers, die religiössozialen Standesvereine zu reaktivieren.[281]

Drittens Integration: Die St.Galler Bischöfe haben sowohl für den Zusammenhalt der christlichsozialen Bewegung als auch für die Geschlossenheit des konservativ-christlichsozialen Parteilagers einen nicht zu unterschätzenden Beitrag geleistet. Ihr mit hoher Autorität ausgestattetes, über allen Parteien und Interessen stehendes Hirtenamt machte sie zu zentralen Integrationsfiguren des katholischen Lagers.[282] Bei Konflikten in den christlichsozialen Reihen sowie bei Spannungen in der konservativen Gesamt-

---

278 TBSch, 12. Dezember 1939 (PrivatA Scherrer).
279 Meile, Scheiwiler, S. 77; nach Holenstein, Baumberger, S. 82, ermutigte der Bischof auch den «Ostschweiz»-Redaktor Georg Baumberger zur Übersiedelung nach Zürich (vgl. auch Scherrer, Jung, S. 11, und Dora, Egger, S. 530).
280 Bischof Robert Bürkler forderte 1920 die Geistlichkeit seiner Diözese auf, die christlichsozialen Organisationen, namentlich die Gewerkschaften, zu unterstützen (Instruktion an den Diözesanklerus, 29. Januar 1920, abgedr. in: Kirchenzeitung, Nr. 16, 22. April 1920; vgl. auch Scheiwiler, Bürkler, S. 67ff.). 1928 erklärte sich Bürkler gegenüber Josef Scherrer bereit, die Geistlichkeit im Rheintal zur Unterstützung der christlichsozialen Organisationen aufzufordern (TBSch, 9. Juni 1928, PrivatA Scherrer; Schreiben von Bischof Robert Bürkler an das Dekanat des hochw. Landkapitels Rheintal vom 12. Juni 1928, BiA SG). Auch sein Nachfolger, Alois Scheiwiler, hielt den Klerus seiner Diözese dazu an, den Gewerkschaften «warme Empfehlung» zuteil werden zu lassen (Rezess an die Geistlichkeit der Diözese, 1931, abgedr. in: JB CAB 1930/31, S. 62).
281 Die von der Schweizerischen Bischofskonferenz im Juli 1932 herausgegebene Wegleitung zur Förderung der sozialen Standesvereine erfolgte zweifellos auf Initiative Scheiwilers (JB CAB 1932/33, S. 63). Mehrmals rief Scheiwiler in der «Hochwacht» zur Aktivierung der Standesvereine auf (z.B. Nr. 262, 10. November 1932, und Nr. 236, 9. Oktober 1936).
282 Alois Scheiwiler hat, obwohl gerade er sich den Vorwurf gefallen lassen musste, diesem Anspruch nicht genügt zu haben, das Amtsverständnis des Bischofs treffend umschrieben: «Der Bischof gehört allen Ständen an. Er muss für die Arbeiterschaft ein warmfühlendes Herz haben, sich für die Berufsfragen, Freuden und Leiden der Bauern, wie auch des Handwerker- und Gewerbestandes interessieren. Es ist nicht ein einziger Stand, der nicht seine Rechte, seine Sorgen, seine sozialen Fragen aufweisen würde» (Scheiwiler, Bauernstand, S. 21).

partei wurden sie als allgemein akzeptierte Schiedsrichter angerufen. Als der Vorstand des Zentralverbandes der christlichen Holzarbeiter, Bauarbeiter und Maler im Dezember 1934 beschloss, aus dem CAB auszutreten – einer der wenigen Fälle offener Dissidenz innerhalb der christlichsozialen Bewegung –, drohte Bischof Scheiwiler, «dass er die Angelegenheit vor die Bischofskonferenz bringen werde und entsprechende Massnahmen gegen den Verband beantragen werde».[283] Auch bei Dissonanzen zwischen konservativem und christlichsozialem Parteiflügel haben die St.Galler Bischöfe regelmässig vermittelnd interveniert, so 1923 beim Konflikt wegen der geplanten St.Galler Ausgabe der «Hochwacht»[284], bei der Gründung des KV, als sich die Konservativen gegen die direkte Angliederung der Jünglingsvereine wehrten, und bei der Gründung des KBB, als die konservativen Bauern heftig protestierten.[285] Und als sich 1935 ein tiefer Riss zwischen konservativem und christlichsozialem Parteiflügel auftat, warnte Bischof Scheiwiler die Verantwortlichen «vor dem Verhängnis und der Katastrophe einer Trennung, deren Wirkungen unausdenkbar wären»[286], und bat Josef Scherrer eindringlich, «alles zu tun, um die Spaltung der Konservativen Volkspartei zu verhindern».[287] Kurze Zeit später brachte Josef Scherrer die eine Trennung von der KVP anstrebende christliche Gewerkschaftsvereinigung des Kantons St.Gallen u. a. mit dem Hinweis auf die missbilligende Haltung Bischof Scheiwilers zur Räson.[288]

Worin bestand nun die konkrete Bedeutung der insgesamt fünf St.Galler Bischöfe für die christlichsozialen Organisationen im allgemeinen und für jene St.Gallens im besonderen?[289] Wie nahmen sie ihre herausragende Ver-

283 TBSch, 9. Januar 1935 (PrivatA Scherrer).
284 Eine Dreierdelegation der KVP intervenierte beim Bischof, woraufsich dieser um Vermittlung bemühte (Prot. Parteiausschuss KVP, 30. November 1923, StaatsA SG, Archiv CVP; Schreiben von Bischof Robert Bürkler an Eduard Guntli vom 5. Dezember 1923, StaatsA SG, Archiv CVP).
285 Nach dem Scheitern einer ersten Einigungskonferenz am 7. Dezember 1935 setzte sich Bischof Scheiwiler offensichtlich für eine Verständigung ein. Josef Scherrer eröffnete die zweite Konferenz im Januar 1936 damit, dass er namens des Bischofs «beide Gruppen bittet, alles zu tun, um eine Verständigung herbeizuführen, damit in dieser bösen und schweren Zeit das katholische Volk und seine Stände beieinander bleiben mögen» (Prot. der Konferenz der Vertreter des Katholischen Bauernbundes und der Bauernpolitischen Vereinigung des Kantons St.Gallen, 11. Januar 1936; Archiv KBB).
286 Alois Scheiwiler in seinem Urteil über Scherrers Bericht «Entwicklung, Ziel und Aktion der christlichsozialen Volksbewegung», Dezember 1935, S. 18 (BAR).
287 TBSch, 12. Dezember 1935 (PrivatA Scherrer).
288 TBSch, 18. Februar 1936 (PrivatA Scherrer).
289 Von sämtlichen fünf Bischöfen liegen Biographien vor: Zu Egger von Oesch und Dora, zu Rüegg von Oesch, zu Bürkler von Scheiwiler, zu Scheiwiler von Meile, zu Meile von Büchel (vgl. Literaturverzeichnis). Kurze biographische Porträts geben: Müller, Bischöfe, S. 100ff.; Johannes Duft, in: Erwin Gatz (Hg.), Die Bischöfe der deutschsprachigen Länder 1785/1803 bis 1945. Ein biographisches Lexikon, Berlin 1983, passim; ders., Bistum St.Gallen, S. 33ff.

antwortung und Verpflichtung gegenüber der christlichsozialen Bewegung wahr? Begründet wurde die Tradition der besonderen Affinität zwischen dem St.Galler Episkopat und den Christlichsozialen durch *Augustin Egger* (1882–1906), den Josef Scherrer später als Mitbegründer der Bewegung bezeichnete.[290] Dies dürfte übertrieben sein. Treffender ist Egger als sozial sensibilisierter Förderer der Ideen Jungs und der jungen christlichsozialen Organisationen zu charakterisieren, wie ein Weggefährte Jungs überliefert hat. Demzufolge gelang es Jung, den Bischof für seine Ziele zu gewinnen, worauf sich dieser «der jungen Gründung annahm, ihrem Vater Mut einflösste und die Adventsstürme, die in Form einer fanatischen Oppositionspolitik sowohl aus gegnerischen als namentlich auch aus dem eigenen Lager aufstiegen, mit dem Nimbus seiner überragenden Autorität bannte».[291] Eggers Verdienste um die christlichsozialen Organisationen lagen also im wesentlichen darin, dass er, eine Linksschwenkung des VMAV befürchtend, die Christlichsozialen im katholischen Lager hoffähig machte und gegen Kritik in Schutz nahm. Seiner Autorität war es zuzuschreiben, dass sowohl der Katholikenverein als auch die Schweizer Bischöfe die Gründung und Ausbreitung der jungen Bewegung in der ganzen Schweiz befürworteten.

Wenig Konkretes ist bekannt über die christlichsoziale Gesinnung von Eggers Nachfolger, *Ferdinand Rüegg* (1906–1913). Thomas Holenstein schildert ihn als unpolitischen und stärker dem religiös-kirchlichen Leben verpflichteten Amtsträger.[292] Immerhin scheint auch er den christlichsozialen Organisationen mit Wohlwollen begegnet zu sein und soll er die christlichsozialen Vereine sogar gelegentlich materiell unterstützt haben.[293]

Robert Bürkler (1913–1930), dem eine mehr als doppelt so lange Amtszeit als seinem Vorgänger beschieden war, brachte seine Wertschätzung der Christlichsozialen bereits 1915 dadurch zum Ausdruck, dass er Jung, mit dem er gemeinsame Studienjahre in Innsbruck verbracht hatte, zum Mitglied des Domkapitels ernannte[294], was Josef Scherrer als «offizielle Approbation

---

290 TBSch, 24. Mai 1941 (PrivatA Scherrer).
291 Hochwacht, Nr. 118, 24. Mai 1937. Zum selben Schluss kommt Dora in seiner Egger-Biographie (S. 430). Vgl. auch die postume Würdigung Eggers im Jb ZV 1908, S. 6, wo «an den unvergesslichen Bischof Augustin Egger sel. von St.Gallen» erinnert wurde, «der mit klarem und weitem Blick die Notwendigkeit einer starken christlichen Arbeiterbewegung erkannte».
292 Holenstein, Konservative Volkspartei, S. 318; ebenso Dora, Egger, S. 283, Anm. 15.
293 Ostschweiz, Nr. 99, 2. Mai 1910. In einer Ansprache an der grossen Kartellversammlung des Kartells St.Gallen vom 1. Mai 1910 bekundete der Bischof seine Freude an der Gründung von christlichsozialen Vereinen und zollte Jung Anerkennung für sein Werk. Ebenfalls soll sich Rüegg in seinem Tagebuch lobend über die christlichsozialen Aktivitäten ausgesprochen haben (Oesch, Rüegg, S. 63f.).
294 Müller, Bischöfe, S. 109. Jung resignierte 1919 mit Zustimmung des Bischofs als Kanonikus, um sich ganz den christlichsozialen Organisationen widmen zu können. Darauf ernannte ihn Bürkler zum Ehrenkanonikus an der Kathedrale St.Gallen (Schreiben von Robert Bürkler an Johann Jung vom 1. August 1919, BiA SG).

Bischof Robert Bürkler förderte die christlichsozialen Organisationen als «Schutzwehr und Gegenverband gegenüber der Sozialdemokratie».

der christlichsozialen Arbeiterbewegung» würdigte.[295] 1919 berief der Bischof Jungs Mitstreiter Alois Scheiwiler in diese Position[296], 1926 favorisierte er dessen Wahl ins Amt des Dompfarrers[297], des Vorstehers der grössten Pfarrei der Diözese, womit er Scheiwiler den Weg zur Bischofswürde geebnet haben dürfte. Bürkler machte sich vor allem nach dem Ersten Weltkrieg zum Anwalt der christlichsozialen Organisationen, tief besorgt über die klassenkämpferischen Töne in der Arbeiterschaft und in grosser Angst, die katholischen Arbeiter könnten ins Lager der Sozialisten abwandern. Dem Sozialismus, diesem «grimmigen und wohlorganisierten Feinde», wollte Bischof Bürkler darum «mit allen zu Gebote stehenden Mitteln» entgegentreten.[298] Er unterstützte zusammen mit der christlichsozialen Führerschaft die Abfassung des gegen die sozialistischen Arbeiterorganisationen gerichteten Bettagsmandats der Schweizer Bischöfe von 1920.[299] Seinem Klerus teilte der Bischof mit, dass «das obstinate Fortmachen in den ‹freien› Gewerkschaften wie überhaupt die Zugehörigkeit zur sozialdemokratischen Partei einen Grund zur Verweigerung oder Aufschiebung der Absolution bilden» könne.[300] Den christlichsozialen Organisationen liess Bürkler vielfache Förderung zukommen, wie Alois Scheiwiler in seinem Nachruf auf

---

295 TBSch, 5. März 1915 (PrivatA Scherrer); vgl. auch Jb CSP 1915, S. 15 (BAR). Ein Jahr später war Bischof Bürkler Festredner an der zum silbernen Jubiläum der Enzyklika Rerum novarum in St.Gallen durchgeführten Arbeitertagung (die Rede ist abgedr. in: Arbeiter, Nr. 19, 13. Mai 1916).
296 Meile, Scheiwiler, S. 107; Müller, Bischöfe, S. 109. «Diese hohe Ehre fällt auf die ganze Organisation und sie weiss dieselbe zu schätzen», schrieb J. B. Jung zum Fest der Installation Scheiwilers (Arbeiter, Nr. 35, 30. August 1919).
297 Meile, Scheiwiler, S. 113. Die «Hochwacht» würdigte die Beförderung als bischöfliche Anerkennung der Verdienste Scheiwilers um die katholische Arbeiterschaft (Nr. 122, 28. Mai 1926).
298 Instruktion an den Diözesanklerus, 29. Januar 1920, abgedr. in: Kirchenzeitung, Nr. 16, 22. April 1920; vgl. auch Scheiwiler, Bürkler, S. 67ff.
299 Bernold, Episkopat, S. 119ff.
300 Instruktion an den Diözesanklerus, 29. Januar 1920, abgedr. in: Kirchenzeitung, Nr. 16, 22. April 1920; vgl. auch Scheiwiler, Bürkler, S. 67ff.

den Bischof schrieb.³⁰¹ So war Bürkler Initiant des Bettagshirtenbriefes der Schweizer Bischöfe von 1926, in dem diese «jene sozialen Organisationen und genossenschaftlichen Institutionen, im besonderen die katholischen Arbeiter- und Arbeiterinnenvereine und die christlichen Gewerkschaften [empfahlen], die sich klar und treu zum sozialen Programm Leo XIII. bekennen».³⁰² Kurz vor seinem Tode würdigte Robert Bürkler in einer Ansprache an der Jubiläumsversammlung des ZV in St.Gallen Leben und Werk von Johann Baptist Jung.³⁰³ Scherrer erinnerte sich nach dem Tode des Bischofs daran, «hin und wieder zu wichtigen Besprechungen» in die bischöfliche Wohnung gerufen worden zu sein.³⁰⁴ In einer dieser Begegnungen soll Bürkler einmal zwei Stunden lang versucht haben, Scherrer zu einer Gegenkandidatur gegen den sozialdemokratischen Regierungsratskandidaten Valentin Keel zu bewegen.³⁰⁵

Alois Scheiwiler, Mitbegründer und Zentralpräsident der christlichsozialen Organisationen der Schweiz, wurde 1930 St.Galler Bischof.

Zum Nachfolger Bürklers wählte das sanktgallische Domkapitel am 23. Juni 1930 *Alois Scheiwiler* (1930–1938), den Mitbegründer und unbestrittenen geistlichen Führer der christlichsozialen Organisationen. Da nach kirchlicher Vorschrift über dem Wahlakt der Mantel des Geheimnisses liegt, lassen sich über die Hintergründe der Ernennung nur Vermutungen anstellen. Nach Scheiwilers Biographen Meile haben persönliche Qualifikationen sowie die Stellung Scheiwilers als Pfarrektor und Residentialkanonikus die ausschlaggebende Rolle gespielt.³⁰⁶ Diese Erklärungen sind zu vordergründig. Bezüglich der tatsächlich leitenden Motive machte das freisinnige

---

301 Hochwacht, Nr. 125, 30. Mai 1930. Vgl. auch die Würdigungen von Johannes Duft und Josef Scherrer, in: Hochwacht, Nrn. 229 und 230, 3. und 4. Oktober 1929.
302 Freundlicher Hinweis von lic. phil. Wolfgang Göldi. Das Mandat ist abgedr. in: Hochwacht, Nrn. 219 und 220, 20. und 21. September 1926; vgl. auch JB CAB 1926/27, S. 6.
303 Die Ansprache ist abgedr. in: Scherrer, Jung, S. 251ff.
304 TBSch, 28. Mai 1930 (PrivatA Scherrer).
305 TBSch, 26. Februar 1930 (PrivatA Scherrer).
306 Meile, Scheiwiler, S. 122ff.

Hirt und Herde.

Daß Gott Dich segnen wolle, hoher Hirte
In Deines Amtes opfervoller Bürde,
Ist heute Deiner Kinder frommes Gebet,
Da uns'rer Kirche gnadenvolle Weihe
Dich in der Kirchenfürsten erste Reihe
Auf Gallus Bischofsthron so hoch erhöht!

Wir jubeln Dir! Bist Du nicht uns're Zierde?
Laß Segen strömen uns aus Deiner Würde,
Nimm unser kindlich gläubiges Vertrau'n!
Und breite auf Dein Volk die Segenshände,
Daß Unrecht in G e r e c h t i g k e i t sich wende
Und wir in F r i e d e n uns're Hütten bau'n.

Wir danken Dir! Hast Du uns nicht geleitet
Und sicher uns der Wahrheit Weg bereitet
Durch Nacht zum Licht, zum Sieg durch Kampf und Qual?
Bist Du ihn nicht für uns vorangeschritten,
Hast Du nicht mehr, als wir, gekämpft, gelitten
Für uns um Himmels Gunst und Gnadenwahl?

Wir wollen schützen, was uns heilig ist.
Bleib' unser Führer in des Höchsten Namen,
Ob uns umzüngeln grimmen Hasses Flammen,
Wir halten treu zu Dir und unserm König-Christ!
So gib uns heute Deinen Hirtensegen,
Wir wollen ihn unserm Herzen hegen,
In Treue warten Deiner reichen Saat.
Daß einst nach dieses Lebens Kampf und Plage
Vereint mit Dir am großen Erntetage
Wir ewig preisen
Uns Stütze, Kraft sei uns Dein Hirtenstab.
Dein Ring, Symbol und Siegel höchster Weihe –
So unlösbar sei unser Schwur der Treue –
Dir und der Kirche über Tod und Grab! R. L.

Gedicht von Rosa Louis, seit 1929 Sekretärin auf dem Generalsekretariat des CAB, aus Anlass der Bischofswahl von Alois Scheiwiler.

«St.Galler Tagblatt» zwei vage Anspielungen:[307] Erstens sei die Wahl Scheiwilers als Reaktion auf die «beschaulich-irenische» und «zu milde und zu unpolitische» Amtsführung des Vorgängers zu deuten.[308] Alois Scheiwiler sei als Exponent eines katholisch-grundsätzlicheren, streitbareren Kurses gewählt worden. Und zweitens sei die Wahl Scheiwilers als Signal zu deuten, der christlichsozialen Bewegung den Rücken zu stärken «im Sinne einer Abwehr der sozialdemokratischen Einflüsse». Damit ergäbe sich ein Zusammenhang zur erst einige Monate zurückliegenden Wahl des Sozialdemokraten Valentin Keel in den St.Galler Regierungsrat, die in der katholischen Basis heftige Proteste ausgelöst hatte.

Die Christlichsozialen feierten Wahl und Weihe Scheiwilers in überschwenglicher Freude. «Diese Berufung unseres Führers ist ein unvergesslicher Höhepunkt in der Geschichte der christlichsozialen Bewegung»[309], ein «Jubelfest für die ganze grosse christlichsoziale Gemeinde unseres Landes».[310] Die Wahl dieses prominenten Exponenten der christlichsozialen Bewegung lässt sich, welche Beweggründe ihr auch immer zugrunde lagen, als Ausdruck der Sympathie und des Rückhalts deuten, die die christlichsozialen Organisationen unterdessen im katholischen Bevölkerungsteil und im Klerus genossen. Für Scheiwiler selber hatte die Berufung programmatischen Charakter. In einer Aussprache anlässlich der Festsitzung des Zentralausschusses des ZV in St.Gallen äusserte er sich dahingehend, «dass mit dieser Wahl besonders der Erkenntnis Ausdruck verliehen worden sei, dass die christlichsoziale Bewegung und Arbeit dringliches Gebot der Stunde ist».[311] Für ihn war es darum selbstverständlich, auch als Bischof in der Zentralleitung der christlichsozialen Organisationen zu verbleiben und das Zentralpräsidium des ZV beizubehalten.[312] Während seiner ganzen Amtszeit war ihm die Förde-

---

307 St.Galler Tagblatt, Nr. 289, 24. Juni 1930. Eine Zusammenstellung von vorwiegend katholischen Pressestimmen zur Wahl Scheiwilers in: Ostschweiz, Nr. 290, 25. Juni 1930. In der sozialdemokratischen «Volksstimme» fehlte diese Andeutung. Sie beschränkte sich auf die sachliche Meldung der Wahl und verwies lediglich darauf, dass Scheiwiler innerhalb des diözesanen Klerus zur «schärferen konfessionellen Richtung» gehöre (Volksstimme, Nr. 144, 24. Juni 1930).
308 Johann Baptist Rusch schrieb Jahre später in seiner maliziösen Art über Bischof Robert Bürkler, «dieser habe nichts ohne Rat, dies und jenes auch trotz Rat nicht getan ... Der alte Feldprediger gewöhnte den Staat an eine ergebene Kirche» (Schweizerische Republikanische Blätter, Beilage Nr. 1, 30. Juli 1938).
309 TBSch, 22. Juni 1930 (PrivatA Scherrer).
310 JB CAB 1930/31, S. 57; vgl. auch Hochwacht, Nrn. 144, 146, 147, 153 und 229, 24., 26., 27. Juni, 4. Juli und 3. Oktober 1930.
311 TBSch, 26. Juni 1930 (PrivatA Scherrer).
312 TBSch, 26. Juni, 11. September und 6. Oktober 1930 (PrivatA Scherrer). Nach der Verschmelzung des ZV mit dem CAB 1937 liess Bischof Scheiwiler mitteilen, dass er künftig in den Leitungsgremien des CAB mitwirken werde (Hochwacht, Nr. 235, 8. Oktober 1937).

Bischof Alois Scheiwiler (links) und Josef Scherrer (rechts) mit Stiftsabt Ignatius Staub (Mitte) anlässlich der christlichsozialen Landeswallfahrt nach Einsiedeln 1934.

rung der christlichsozialen Organisationen, im besonderen der religiössozialen Standesvereine, ein vornehmliches Anliegen.[313]

Weder vorher noch nachher waren die Beziehungen zwischen dem St.Galler Bischofsstuhl und den Christlichsozialen derart eng wie in der Amtszeit Scheiwilers. Dieser lud Scherrer ein, «mit allem zu ihm zu kommen»[314], was dieser denn auch reichlich tat. Scherrer pflegte – und davon gibt sein Tagebuch beredtes Zeugnis – mit keinem anderen Bischof derart intensive Kontakte wie mit Alois Scheiwiler, mit dem er nicht nur Fragen der Organisationen und Probleme der Wirtschafts- und Sozialpolitik, sondern auch wahltaktische Fragen erörterte. Der Bischof war für Josef Scherrer «Führer, Freund und Vater»[315], und nur zu verständlich war Scherrers Trauer am Todestag des Bischofs: «Nun ist mein hoher bischöflicher Freund Dr. theol. Aloisius Scheiwiler tot! Dieses Ereignis trifft mich schwer. Wenn ich auch seit vielen Jahren die christlichsoziale Bewegung führen musste, so hatte ich doch zu jederzeit in meinem bischöflichen Freunde einen nie versagenden Ratgeber und Helfer. In der tiefsten und letzten Not konnte ich zu ihm

---

313 Vgl. Nekrologe in: Hochwacht, Nrn. 167 und 173, 21. und 28. Juli 1938. Eine Zusammenstellung der Nachrufe anderer Blätter in: Hochwacht, Nr. 168, 22. Juli 1938.
314 TBSch, 12. Dezember 1935 (PrivatA Scherrer).
315 TBSch, 19. Juli 1938 (PrivatA Scherrer).

gehen und fand bei ihm den sichern Rückhalt! Mit nie versagender Treue ist Bischof Aloisius zu mir und der ganzen christlichsozialen Bewegung gestanden.»[316]

Die engen Kontakte zwischen der St.Galler Bistumsleitung und der christlichsozialen Bewegung schienen sich auch unter Scheiwilers Nachfolger *Joseph Meile* (1938–1957) fortzusetzen. Tatsächlich war Meile seit seinem ersten priesterlichen Wirken der christlichsozialen Bewegung eng verbunden. Als junger Kaplan in Wattwil brachte Meile den dortigen Arbeiterverein zur Blüte, er war Mitarbeiter beim «Arbeiter», bei der «Arbeiterin» und der «Hochwacht» und nahm als Pfarrer

Bischof Joseph Meile verstand sich wie seine Vorgänger als «Protektor» der christlichsozialen Organisationen.

von Bichwil-Oberuzwil zeitweilig sogar Einsitz in den Grossen Rat des Kantons St.Gallen, wo er der christlichsozialen Gruppe angehörte.[317] Seit 1930 bekleidete Meile wichtige Positionen in der christlichsozialen Bewegung.[318] In St.Gallen übernahm er 1931 das Präsidium des neugegründeten KV und war Diözesanpräses der katholischen Arbeiter- und Arbeiterinnenvereine.[319] 1933 ernannte ihn Bischof Scheiwiler offiziell zu seinem Vertreter gegenüber den christlichsozialen Organisationen.[320] Meile aber scheint die in ihn gesetzten Erwartungen nicht erfüllt zu haben. Bereits 1934 trat er «aus verschiedenen internen Gründen»[321] vom Präsidium des KV zurück und schied auch aus den Leitungsgremien des ZV und des CAB aus.[322] Die Hintergründe von Meiles Rückzug sind unbekannt.[323] Es lässt sich lediglich ver-

316 TBSch, 20. Juli 1938 (PrivatA Scherrer).
317 Vgl. Büchel, Meile, S. 23ff. und S. 31.
318 Seit 1930/31 gehörte Meile dem Bundesvorstand und dem leitenden Ausschuss des CAB an. 1931 trat er als geistlicher Berater in die Dienste des ZV und betreute das Bildungs- und Propagandawesen (JB CAB 1930/31, S. 16f. und S. 59).
319 Hochwacht, Nrn. 219 und 220, 21. und 22. September 1938.
320 Hochwacht, Nr. 119, 22. Mai 1933.
321 Prot. KV, Sitzung des Ausschusses vom 22. Oktober 1934 (Archiv KAB). Der Verband wurde darauf interimsweise von Josef Scherrer geführt.
322 JB CAB 1934–36, S. 22f. und S. 49.
323 Meiles Biograph Büchel und Meile selber geben gesundheitliche Gründe an. Gleichzeitig mit dem Rücktritt aus den christlichsozialen Führungspositionen legte Meile auch das Amt des Direktors der Katholischen Aktion in der Diözese St.Gallen nieder (Büchel, Meile, S. 42f.; Meile, Scheiwiler, S. 138).

muten, dass es zwischen Meile und den Christlichsozialen zu einer gewissen Entfremdung und Verstimmung gekommen war. Gegenüber Bischof Scheiwiler bemerkte Josef Scherrer 1934, Meile sei «nie eigentlich christlichsozial» gewesen und habe die «richtige christlichsoziale Linie nie gefunden».[324]

Das hinderte Josef Scherrer freilich nicht daran, nach der Wahl Meiles zum Oberhirten der Diözese St.Gallen zu triumphieren: «St.Gallen hat wieder einen christlichsozialen kirchlichen Oberhirten.»[325] Scherrer gab sich zuversichtlich, «dass Bischof Dr. Josephus Meile die hohe soziale Tradition seiner grossen Vorgänger fortsetzen und mit seinem Wirken bereichern» werde.[326] Joseph Meile verpflichtete sich Scherrer gegenüber denn auch, das Protektorat über die Bewegung in dem Sinne zu übernehmen, dass er sachlich zur Bewegung stehe, eine organisatorische Bindung wie sein Vorgänger aber ablehne.[327] Kurz darauf stellte Josef Scherrer dann aber ernüchtert fest, dass sich der neue Bischof den Christlichsozialen gegenüber reserviert verhalte, mehr noch: «Der neue Bischof distanziert sich ... immer mehr von uns!?»[328] Ein halbes Jahr später jedoch korrigierte Scherrer diese pessimistische Einschätzung: «Glücklicherweise hat sich die Einstellung von Bischof Meile uns gegenüber bereits geändert und leistet er uns jeden Dienst, den er uns leisten kann.»[329] Tatsächlich sprach sich Bischof Meile bereits im Mai 1939 an einer Führerkonferenz des CAB in Luzern energisch für die Förderung der christlichsozialen Organisationen aus.[330] Und an der Enzyklikafeier des CAB 1941 in Einsiedeln freute sich Josef Scherrer, dass sich der St.Galler Bischof offen zur «christlichsozialen Familie» bekannt habe.[331]

Bischof Meiles Distanznahme gegenüber den christlichsozialen Organisationen erklärt sich aus der Kritik, die seitens katholisch-konservativer

324 TBSch, 4. Mai 1934; vgl. auch TBSch 25. Juni 1934 (PrivatA Scherrer). In seiner Autobiographie schrieb Meile, der bäuerlichen Verhältnissen entstammte, zu diesen Vorhaltungen: «Der christlichsoziale Sinn war mir nicht angeboren, sondern angelernt.» Er habe sich immer dagegen gewehrt, als «rein christlichsozial» taxiert zu werden, und sich als Priester bemüht, über den innerkatholischen Parteiungen zu stehen (Die wichtigsten Grundlinien meines Lebens, 1. Teil der Autobiographie, Manuskript, 1934, S. 79 und S. 85, BiA SG).
325 TBSch, 20. September 1938 (PrivatA Scherrer).
326 Hochwacht, Nr. 220, 22. September 1938.
327 TBSch, 18. Oktober 1938 (PrivatA Scherrer).
328 TBSch, 10. Januar 1939; vgl. auch TBSch 13. Januar 1939 (PrivatA Scherrer).
329 TBSch, 3. Juli 1939 (PrivatA Scherrer).
330 Hochwacht, Nr. 101, 1. Mai 1939.
331 TBSch, 25. Mai 1941 (PrivatA Scherrer). Vgl. auch Scherrers Glückwunschschreiben an Bischof Meile zu dessen 50. Geburtstag: «Ich bin Dir zu grossem Dank verpflichtet, da Du mir und besonders der christlichsozialen Bewegung Deine wertvolle Unterstützung geliehen hast» (TBSch, 23. Juli 1941, PrivatA Scherrer). An der Sozialen Woche 1941 bezeichnete sich Meile selber als «Protektor der christlichsozialen Bewegung» (Prot. Schweizerische Soziale Woche 1941, S. 103).

Kreise an der Amtsführung seines Vorgängers geübt wurde. Alois Scheiwiler musste sich nämlich den Vorwurf gefallen lassen, sich zu sehr in den Dienst der christlichsozialen Organisationen gestellt zu haben und darum sozusagen «parteiischer» Bischof gewesen zu sein.[332] Besonders verübelt wurde Scheiwiler die gegen konservativ-bäuerlichen Widerstand durchgesetzte Gründung des KBB.[333] Scherrer deutete an, von verschiedener Seite sei auf Bischof Meile in dem Sinne eingewirkt worden, dass er von den Christlichsozialen mehr Abstand nehme.[334] Der Bischof löste dieses Dilemma – einerseits persönliche Sympathie für die christlichsozialen Organisationen, andererseits die mit dem bischöflichen Mandat verbundene Erwartung der Äquidistanz zu den verschiedenen Richtungen im katholischen Lager – dadurch, dass er das christlichsoziale Wirken zwar mit Anteilnahme begleitete, sich gleichzeitig aber bemühte, dieser Verbundenheit nie offiziellen Charakter zu geben.[335]

Trotzdem markierte dieser Wechsel in der St.Galler Bistumsleitung eine Bruchstelle in den Beziehungen zwischen der Kirchenleitung und den christlichsozialen Organisationen. In St.Gallen fand nämlich erst jetzt, beim Übergang von Scheiwiler zu Meile, jene gesamtschweizerisch bereits zu Beginn der 1930er Jahre beobachtbare Distanzierung der Kirche von der Parteipolitik und damit die Verselbständigung der christlichsozialen Organisationen gegenüber kirchlichem Einfluss statt. Diese Phasenverschiebung hing aufs engste mit den Persönlichkeiten von Bischof Alois Scheiwiler und Josef Scherrer zusammen. Ersterer war zu sehr verwachsen mit der christlichsozialen Bewegung, als dass er sie aus dem engen kirchlichen Betreuungsverhältnis zu entlassen bereit gewesen wäre. Josef Scherrer seinerseits, der zu Scheiwiler in einem besonderen Vertrauensverhältnis stand, war tief überzeugt von der Notwendigkeit und Richtigkeit kirchlicher Einflussnahme auf den Kurs der Bewegung und damit offen für bischöfliche Insinuationen. Wenn nun Joseph Meile zumindest gegen aussen diese enge Verbindung auf-

---

332 Vgl. Einsendung im «Fürstenländer» vom 21. September 1938. Der Artikelschreiber kritisierte, dass es in katholischen Kreisen «unangenehm empfunden wurde, wenn ein Bischof allzusehr von einer Richtung beansprucht wurde und dort für jedes und alles einzutreten hatte, was, streng genommen, nicht mehr zum bischöflichen Pflichtenkreis gehörte … Das Wirken und besondere Eintreten für einzelne Volkskreise schafft Misstrauen und Spannungen mit der allgemeinen Autorität und Anerkennung Abbruch» (zit. nach Hochwacht, Nr. 226, 29. September 1938). Ähnlich auch das «St.Galler Tagblatt»: Scheiwiler «nahm am öffentlichen Leben regen Anteil und blieb dabei seinen christlichsozialen Grundsätzen treu, wodurch er sich nicht immer die Sympathie der alt-konservativen Kreise errang» (Nr. 333, 21. Juli 1938).
333 Hochwacht, Nr. 167, 21. Juli 1938. Zur Kritik an Scheiwilers Amtsführung vgl. auch andeutungsweise JB CAB 1937/38, S. 9; Altermatt, Milieukatholizismus, S. 18; Meile, Scheiwiler, S. 188f.
334 TBSch, 3. Juli 1939 (PrivatA Scherrer).
335 Seine innere Verbundenheit mit den Christlichsozialen brachte Bischof Meile auch mit zwei Publikationen zum Ausdruck (Meile, Scheiwiler, und Meile, Selbstbesinnung).

kündigte und zu den christlichsozialen Organisationen auf Distanz ging, so vollzog er nur nach, was sich anderswo im Verhältnis der Kirche zur Politik seit Beginn des Jahrzehnts durchgesetzt hatte. Keinesfalls handelte es sich aber, wie Josef Scherrer zunächst argwöhnte, um einen in der Person des neuen Bischofs begründeten Kurswechsel. Damit wird Meiles auf den ersten Blick sprunghaft erscheinendes Verhalten gegenüber der christlichsozialen Bewegung verständlich. Gegen aussen bemühte er sich, den Eindruck der besonderen Nähe zu den Christlichsozialen zu vermeiden. Dagegen zeigte sich Meile wie seine Vorgänger besorgt, die Interessen der christlichsozialen Organisationen in der katholischen Sondergesellschaft zu vertreten. In diesem Sinne hat Meile die soziale Tradition der St.Galler Bischöfe fortgesetzt.

Dritter Teil:
Das innere Gefüge der Christlichsozialen Partei

1. Parteivolk und Parteikader

1.1 Mitgliedschaft und Mitgliederzahlen

Die CSP war 1911 von den Arbeitervereinen als politischer Zweckverband im Rahmen der konservativen Gesamtpartei gegründet worden. Sie verfügte zwar über eine selbständige, von der KPV losgelöste Mitgliedschaft, doch war diese nicht formalisiert. Mitglieder der CSP waren sämtliche lokalen Arbeitervereine sowie, wo vorhanden, die politischen Gemeinde- und Bezirksorganisationen, die kollektiv der CSP angehörten. Mitgliederkarteien oder Mitgliederlisten führte die christlichsoziale Kantonalpartei keine. Das hat zur Folge, dass Angaben über die Mitgliederzahlen nur indirekt und ungenau gemacht werden können.

Die Statuten von 1911 wie auch die 1949 revidierten Statuten fassten den Begriff der Mitgliedschaft sehr weit. Mitglied der CSP konnte «jeder im Vollgenuss der bürgerlichen Ehren und Rechte stehende stimmfähige Schweizerbürger werden», der sich zu den christlichsozialen Grundsätzen und zum Parteiprogramm bekannte und sich in diesem Sinne zu engagieren bereit war.[1] Die Aufnahme in die Partei erfolgte über die lokalen Sektionen. Doch auch in diesen waren die Voraussetzungen der Mitgliedschaft bloss grob umschrieben. Im Arbeiterverein von St.Gallen zum Beispiel galten sittliche Unbescholtenheit, das Mindestalter von 18 Jahren, die Zahlung des Mitgliederbeitrages sowie die Zugehörigkeit zum Arbeiterstand und zur katholischen Kirche als Beitrittsbedingungen.[2] Entsprechend der wenig präzisen Umschreibung der Mitgliedschaft waren auch Rechte und Pflichten des einzelnen Mitglieds nur vage definiert. Dieses hatte sich einer bestimmten moralisch-geistigen Haltung zu befleissigen, sich gemäss den Statuten zu den «Grundsätzen und zum Parteiprogramm» zu bekennen und «zur Verwirklichung derselben Hand zu bieten».[3] Dazu gehörte beispielsweise die Haus-

---

1 Statuten der CSP, 26. November 1911, Art. 3 (BAR); Statuten der CSP, 21. August 1949, Art. 1 (BAR). Ähnlich die Statuten, die sich die CSP des Bezirks Oberrheintal 1914 gab (Statuten der Christlichsozialen Partei des Bezirks Oberrheintal, 22. März 1914, Art. 3, BAR).
2 Statuten des katholischen Arbeitervereins St.Gallen und Umgebung, Juli 1907, Art. 2 (BiASG); ebenso die revidierten Statuten vom Januar 1929 (BiASG). Zu den Bedingungen der Mitgliedschaft in den Arbeitervereinen vgl. auch Göldi, Vereine, S. 93f.
3 Statuten der CSP, 26. November 1911, Art. 3 (BAR); in den revidierten Statuten der CSP vom 21. August 1949, Art. 2, wurde zusätzlich die «gewissenhafte Erfüllung der staatsbürgerlichen Pflichten» gefordert (BAR).

agitation, die die Revisoren 1915 als «Ehrenpflicht» jedes Mitglieds rühmten.[4] Behördenmitglieder wurden ferner seit 1926 verpflichtet, die Freitagsnummer des christlichsozialen Tagblatts «Hochwacht» zu abonnieren.[5] Parteimitglieder hatten neben den statutarisch festgelegten Rechten zur Mitwirkung in der kantonalen Delegiertenversammlung ausserdem das Recht, im Falle eines Ausschlusses an die Mitgliederversammlung der lokalen Organisation zu rekurrieren.[6]

Wenigstens im ersten Jahrzehnt dürfte sich die Mitgliedschaft der Arbeitervereine (vermindert um die Zahl der Ausländer und der politisch noch nicht Mündigen) mit jener der CSP weitgehend gedeckt haben. Josef Scherrer bestätigte im Januar 1919 diese Gleichsetzung[7], obwohl kritisch angemerkt werden müsste, dass sich – zu erinnern ist an die starken Widerstände gegen die Integration der CSP in die konservative Gesamtpartei an der Gründungsdelegiertenversammlung 1911[8] – ein Teil der christlichsozial organisierten Arbeiter- und Angestelltenschaft des politischen Engagements enthielt. Spätestens während des Ersten Weltkriegs verschoben sich die bis anhin deckungsgleichen Mitgliederkreise. Die CSP, die nie reine Arbeiter- oder Klassenpartei, sondern Volkspartei sein wollte, zog mehr und mehr auch Mitglieder an, «die vermöge ihres Standes u. Berufes nicht einem kath. Arbeiterverein beitreten wollen, in parteipolitischer Hinsicht aber für unsere Richtung Sympathien haben».[9] An mehreren Orten entstanden christlichsoziale Parteisektionen, deren Mitgliedschaften sich mit jenen der Arbeitervereine zwar überschnitten, aber immer weniger deckten.[10] Josef Scherrer

4 CSP, Revisorenbericht 1914/15, S. 7 (BAR).
5 Beschluss der Delegiertenversammlung der katholischen Arbeitervereine vom April 1926, in: Hochwacht, Nr. 96, 26. April 1926, und Nr. 100, 30. April 1926, Beilage Nr. 17; JB CAB 1926/27, S. 54f. Das Kantonalkomitee der CSP bestätigte das Obligatorium in der Sitzung vom 15. Januar 1928 (TBSch, 15. Januar 1928, PrivatA Scherrer).
6 Statuten der CSP, 26. November 1911, Art. 3 (BAR). Zum Ausschlussverfahren in den Arbeitervereinen vgl. die Statuten des katholischen Arbeitervereins St.Gallen und Umgebung, Juli 1907, Art. 5 (BiASG), und die revidierten Statuten vom Januar 1929 (BiASG). Uns ist kein Fall eines Ausschlusses aus den christlichsozialen Organisationen bekannt. Nach Göldi kam es aber gelegentlich zu Ausschlüssen wegen Nichtbezahlung des Mitgliederbeitrages (Vereine, S. 94).
7 Zirkular an die Lokalsektionen der CSP, an die katholischen Arbeitervereine des Kantons St.Gallen, an die Bezirkskomitees der CSP, 7. Januar 1919 (BAR).
8 Johannes Duft warb in einem Referat im Jahre 1920 für den Anschluss der in Standesvereinen und christlichen Gewerkschaften organisierten Arbeiter und Angestellten an die örtlichen Sektionen der CSP (Johannes Duft, Kommunale Aufgaben unserer Organisationen, Referat für die christlichsoziale Woche im September 1920 in St.Gallen, S. 5, BAR).
9 Antwort des Bezirks Rorschach auf einen Fragebogen der kantonalen Parteileitung, 1915 (BAR).
10 Gemäss Kassabuch der CSP bestanden nach 1919 selbständige politische Organisationen in St.Gallen, Wil, Gossau, Rorschach, Rapperswil-Jona, Steinach und Goldach (BAR). Bereits 1912 hatte Josef Scherrer in einer statistischen Zusammenstellung ohne genauere Bezeichnung fünf selbständige lokale Parteiorganisationen aufgeführt (Jb CSP 1912, Beilage, BAR).

reagierte erstmals 1919 auf diese Entwicklung, als er anregte, den Beitrag für jene Parteimitglieder, die keinem Standesverein angehörten, zu erhöhen.[11] 1926 nahm sich der Delegiertentag der katholischen Arbeitervereine der Schweiz dieses Phänomens an. Josef Walliser, Solothurn, wandte sich in einem Referat entschieden gegen das «Nur-Politik-Dasein», und auf seinen Antrag hin beschlossen die Delegierten, die christlichsozialen Parteisektionen zu verpflichten, für jene Mitglieder, die keinem Arbeiterverein angehörten oder angehören konnten, einen jährlichen Beitrag von einem Franken in die Zentralkasse des ZV zu entrichten.[12] In den 1930er Jahren verstärkte sich dieser Trend: Während die Arbeitervereine rückläufige Mitgliederzahlen verzeichneten, wuchs die Mitgliedschaft in den selbständigen Parteisektionen. Die Loslösung der CSP von der Basis der Arbeitervereine verlief damit parallel zu jener der christlichen Gewerkschaften, die sich ebenfalls mehr und mehr von der Bindung an die Standesvereine trennten.

An ihrer zweiten Delegiertenversammlung im Februar 1913 knüpfte die CSP an die Mitgliedschaft zusätzlich einen jährlichen Mitgliederbeitrag von 20 Rappen, den die Orts- oder Bezirksorganisationen in die kantonale Parteikasse abliefern mussten, nachdem die Statuten von 1911 Mitgliederbeiträge nur in ausserordentlichen Fällen vorgesehen hatten.[13] Die im Kassabuch der CSP bis 1935 eingetragenen Zahlungseingänge ermöglichen Rückschlüsse auf die Mitgliederzahlen der CSP. Allerdings ist dagegen einzuwenden, dass die Zahlungen vor allem in der Zeit zwischen 1915 und 1925 nur unregelmässig erfolgten, oft Raten- oder Akontozahlungen waren oder teilweise ganz ausblieben. 1918 gingen beispielsweise überhaupt keine Zahlungen ein, und der mitgliederstarke Bezirk Rorschach – dessen Arbeitervereine zählten 1920 ca. 350 Mitglieder – überwies 1920/21 ganze zehn Franken in die kantonale Parteikasse. Die effektive Mitgliederzahl der CSP dürfte deswegen, vor allem für das Erhebungsjahr 1920, bedeutend höher als die aufgrund der Mitgliederbeiträge errechneten Bestände gewesen sein. Einigermassen verlässliche Zahlen lassen sich dagegen für die Zeit bis zum Ersten Weltkrieg sowie für die Jahre 1927 und 1933 ermitteln (Tab. 14).

---

11 Zirkular an die Lokalsektionen der CSP, an die katholischen Arbeitervereine des Kantons St.Gallen, an die Bezirkskomitees der CSP, 7. Januar 1919 (BAR).
12 Hochwacht, Nr. 96, 26. April 1926, und Nr. 100, 30. April 1926, Beilage Nr. 17; JB CAB 1926/27, S. 54f.
13 Ostschweiz, Nr. 40, 17. Februar 1913. Der Grund für diesen Schritt lag darin, dass die kantonale Parteikasse im ersten Jahr über praktisch keine finanziellen Mittel verfügte, weil der Parteimarkenverkauf, über den die kantonale Kasse nach den Statuten hätte alimentiert werden sollen, nicht das gewünschte Ergebnis brachte. Ende Januar 1913 betrug der Kassabestand ganze 12 Franken. Der jährlich von den Gemeinde- oder Bezirksorganisationen zu entrichtende Beitrag von 20 Rappen pro Mitglied blieb bis über die Statutenrevision von 1949 hinaus immer gleich hoch.

Tabelle 14: Approximative Mitgliederzahlen der CSP nach Bezirken, 1913/14, 1920, 1927, 1933

	St.Gallen	Rorschach	Unter-rheintal	Ober-rheintal	Werden-berg	Sargans	Gaster
1913/14	916	336	138	242	0	100	41
1920	1050	50	?	223	0	?	?
1927	600	255	50	111	0	0	0
1933	700	396	0	225	0	65	55

	See	Ober-toggenburg	Neu-toggenburg	Alt-toggenburg	Unter-toggenburg	Wil	Gossau	Total
1913/14	33	0	0	142	316	120	310	2662
1920	91	0	50	?	293	153	250	>2192
1927	95	0	0	90	259	100	250	1810
1933	72	0	116	0	200	100	250	2179

Kassabuch der CSP 1911–1935 (BAR). Aktuelle Bezirkseinteilung (1913/14: St.Gallen: 516; Tablat: 400). Zu 1913/14: Bis zum 1. März 1914 hatten nach Auskunft der Revisoren der CSP 2487 Parteigenossen ihren Beitrag bezahlt (CSP, Revisorenbericht 1913, S. 1, BAR). Die Zahlung des Bezirks Oberrheintal erfolgte erst im Juli 1914. Zu 1920: Berücksichtigt wurden alle Zahlungen, die seit der Delegiertenversammlung vom August 1919 bis Ende 1921 eingingen. Bei jährlichen Zahlungseingängen wurde der Durchschnittswert errechnet. Zu 1927: Der Bezirk Unterrheintal überwies 1928 Fr. 40.–, möglicherweise aber für die Jahre 1924 bis 1927. Zu 1927 und 1933: Im Unterschied zu den Vorjahren vermerkte der Kassier, auf welches Jahr sich die Zahlung bezog.

Die Zahlenreihe zur Mitgliedschaft der CSP bestätigt in der Tendenz die bereits oben gemachten Aussagen, dass sich die CSP bezogen auf die Mitgliederzahlen in den ersten beiden Jahrzehnten ihres Bestehens parallel zu den Arbeitervereinen entwickelte und sich in den 1930er Jahren von deren Basis löste. Bildete sich nämlich die Mitgliedschaft sowohl der Arbeitervereine als auch der CSP in den 1920er Jahren stark zurück, so laufen die Kurven der Mitgliederentwicklung in den 1930er Jahren auseinander: Die Mitgliederzahlen der Standesvereine wuchsen in der Zeit zwischen 1927 und 1933 nur geringfügig um etwa 6 Prozent, während die CSP im gleichen Zeitraum ihren Mitgliederbestand um rund 20 Prozent erhöhen konnte. Und hatte die CSP vor dem Ersten Weltkrieg ihre wichtigsten Stützpunkte in den Bezirken St.Gallen/Tablat, Rorschach, Sargans, Untertoggenburg und Gossau, so änderte sich dies bis 1933 in der Weise, dass die CSP zusätzlich im oberen Rheintal, aber auch in den Bezirken Wil, Neutoggenburg und See eine beachtliche Position aufbauen konnte, während sie im Bezirk Sargans ihre vormals starke Stellung (vorübergehend) einbüsste und im Unterrheintal völlig von der Bildfläche verschwand.

1.2 Sozial- und Konfessionsstruktur

Die Untersuchung der Frage, in welchen Lohn- oder Erwerbsgruppen die CSP vorwiegend verankert war, muss auf drei Ebenen erfolgen: auf der Ebene der Parteimitglieder, auf jener der Parteikader und auf jener der Behördenmitglieder.[14] Der bereits angesprochene Umstand, dass die Mitgliedschaft in der CSP über das Medium eines Arbeitervereins respektive einer lokalen politischen Organisation führte und darum in der Kantonalpartei keine Mitgliederverzeichnisse angelegt wurden, macht empirische Aussagen über die Sozialstruktur der Parteimitglieder unmöglich. Für diese Ebene müssen wir uns mit Hinweisen in den Statuten und in den programmatischen Erklärungen behelfen. Dagegen lässt sich mittels der in den Verzeichnissen der Parteichargen und der Mitglieder der christlichsozialen Grossratsgruppe in der Regel angegebenen Berufsbezeichnungen für die zweite und dritte Ebene ein ungefähres Sozialprofil ermitteln.

Die CSP umschrieb den Kreis ihrer Mitglieder nach zwei Gesichtspunkten. Erstens nach einem sozio-ökonomischen, das heisst nach dem Kriterium der Zugehörigkeit zu den «werktätigen Volksschichten», zum «kleinen Volk» oder zu den «kleinen Erwerbsständen».[15] Arbeiter, Angestellte, Beamte, Kleinbauern und Kleingewerbetreibende, ja sogar Kleinunternehmer und kleine Geschäftsleute, kurzum all jene, «welche sich zusammentun wollen gegen Ausbeutung, gegen die rücksichtslose Geldwirtschaft, gegen neue indirekte Steuern und Abgaben, gegen ein Herrentum, das für soziale und wirtschaftliche Forderungen der Zeit kein Verständnis zeigt oder aus Selbstsucht und Steuerfurcht einem gerechten Ausgleich hemmend entgegentritt»[16], sollten in der CSP eine Anwältin ihrer Interessen finden. Die Begrenzung auf die Arbeiterklasse lehnte die CSP immer ab. So wie die christlichsoziale Bewegung sich nie als blosse Arbeiterbewegung verstand, sondern als umfassende soziale Volksbewegung zum Wohl aller Stände und Klassen «über die Schranken der Mitgliederverzeichnisse hinaus gehen musste»[17], sollte sich, wie Alois Scheiwiler einmal forderte, auch die CSP öffnen, «damit wir eine Volks- und nicht nur eine Klassenpartei werden».[18] Auch Josef Scherrer verwahrte sich stets dagegen, «Nurarbeiterpolitik» zu

---

14 Vgl. Gruner, Parteien, S. 248ff.
15 Vgl. Kundgebungen und Flugschriften der CSP (BAR). Andere «Anreden»: «kleiner Mann», «arbeitendes Volk», «Männer der Arbeit», «kleine Leute», «werktätiges St.Gallervolk», «Werkvolk» u.a.m.
16 Zehn Fragen zum christlichsozialen Programm, ca. 1918, S. 3f. (BAR).
17 Joseph Meile, Die wichtigsten Grundlinien meines Lebens, 1. Teil der Autobiographie, Manuskript, 1934, S. 83 (BiASG).
18 Prot. christlichsoziale Gruppe des Grossen Rates, 20. Januar 1913 (BAR).

Dritter Teil: Das innere Gefüge der Christlichsozialen Partei

Christlichsoziale Pfingstkundgebung im Klosterhof in St.Gallen im Mai 1937. Unter dem Porträt des Bewegungsgründers Johann Baptist Jung sprach Josef Scherrer zu den rund 4000 Teilnehmern.

betreiben.[19] Die soziale Frage war ihm mehr als nur Arbeiterfrage; sie ertrug «keine Begrenzung auf die Klasse», «keine klassenkämpferische Einstellung und keine klassenkämpferische Enge». Sie habe vielmehr «universellen Charakter»[20], weswegen die Christlichsozialen «stets ehrlich versucht [hätten], eine alle arbeitenden Stände umfassende und allen berechtigten Interessen dienende Politik zu verfolgen».[21] In ihrem Programmentwurf von 1911 bezeichnete sich die CSP darum als «soziale Volkspartei», die «alle Stände, den Arbeiter, Bauern, Handwerker und Gewerbetreibenden», unter ihrem Dach sammeln wollte.[22]

Obwohl die Statuten von 1911 in Anlehnung an die Zürcher Statuten[23] die CSP als «interkonfessionell» bezeichneten[24] und die CSP wenigstens

---

19 Jb CSP 1917–19, S. 2 (BAR).
20 Jb CSP 1939–41, S. 3 (BAR).
21 Jb CSP 1917–19, S. 2 (BAR).
22 Christlichsozialer Programmentwurf von 1911, Beilage zum Jb CSP 1912 (BAR).
23 Auszugsweise abgedr. in: Baumberger, CSP Zürich, S. 7. Ferdinand Buomberger hatte in seinem Programmreferat am Delegiertentag der christlichsozialen Arbeitervereine 1908 in Zürich für eine interkonfessionelle konservativ-christlichsoziale Volkspartei geworben (Buomberger, Stellung, S. 11).
24 Statuten der CSP, 26. November 1911, Art. 1 (BAR).

anfänglich auch um reformierte Christen warb[25], kam als zweites Kriterium der Mitgliedschaft das Bekenntnis zum katholischen Glauben und die Zugehörigkeit zur katholischen Kirche hinzu. Vom Anspruch, interkonfessionelle Partei zu sein, rückte die CSP erstmals gegen Ende des Ersten Weltkrieges ab, als sie sich, unter Bezugnahme auf die katholische Glaubens- und Sittenlehre, als «katholische Partei» definierte.[26] Über die konkreten Hintergründe und Ursachen der Abkehr von der Interkonfessionalität ist nichts bekannt. Interessanterweise fiel diese Wende mit jenen unmittelbar nach dem Ersten Weltkrieg geführten Diskussionen in der KVP zusammen, die die Partei, nachdem sie sich in ihren Statuten von 1912 analog der konservativen Landespartei auf eine überkonfessionelle, das heisst rein konservative Grundlage gestellt hatte, in «Katholische Volkspartei» umbenennen wollten. Der verstärkte Bezug zur katholischen Weltanschauung wird verständlich vor dem Hintergrund der durch den Krieg ausgelösten klassenbedingten Spannungen im katholischen Lager. Das explizite Bekenntnis zum Katholizismus sollte dazu dienen, den Zusammenhalt der konservativen und christlichsozialen Katholiken über alle sozialen und wirtschaftlichen Gegensätze hinweg aufrechtzuerhalten.[27] Möglicherweise war es aber auch einfach die normative Kraft des Faktischen, die diese Änderung veranlasste. Denn de facto war die CSP immer eine katholische Partei, was sich allein schon daraus ergab, dass sie auf den katholischen Standesvereinen aufbaute, aber auch daraus, dass sie sich organisatorisch und ideologisch aufs engste an die katholische Kirche anlehnte. Verknüpft mit dem ersten Kriterium hiess das: Die Mitglieder der CSP waren «die katholische Arbeiter- und Angestellten-

---

25 In einem Flugblatt aus dem Jahre 1911 verwies der Vorstand der CSP auf das Vorbild der CSP der Stadt Zürich, wo sich Katholiken und Protestanten parteipolitisch zusammengeschlossen hätten (Die christlichsoziale Partei. Was sie ist und was sie will, Flugblatt, verf. vom Vorstand der CSP, 1911, BAR). Die CSP verpflichtete sich in ihrem Programmentwurf von 1911 dazu, sich für die Interessen des «christlichen Volkes» einzusetzen, «gleichviel ob Katholik oder Protestant» (Christlichsozialer Programmentwurf von 1911, Beilage zum Jb CSP 1912, BAR). Ein Vorstoss der Sektion Wil im Jahre 1916, der die Interkonfessionalität in den Statuten zu streichen beantragte, wurde von der Parteileitung mit dem Hinweis abgelehnt, die konservative Partei, deren Glied die CSP war, sei auch interkonfessionell (Prot. christlichsoziale Gruppe des Grossen Rates, 7. Februar 1916, BAR). Die KVP hatte sich bis 1912 als «katholisch-konservative Partei» bezeichnet (Statuten der katholisch-konservativen Partei des Kantons St.Gallen, 4. November 1896, Archiv Katholische Administration).

26 Zehn Fragen zum christlichsozialen Programm, ca. 1918, S. 1 (BAR). Auch die Zürcher CSP rückte 1919 von der Interkonfessionalität ab und deklarierte in ihren neuen Statuten die Bindung an die katholische Weltanschauung.

27 Nach Altermatt hatte die katholische Weltanschauung für das katholische Lager insgesamt eine doppelte Funktion: Seit ungefähr 1900 diente sie als Abgrenzungsideologie gegenüber dem Freisinn, mit dem sich die Konservativen auf Bundesebene 1891 arrangiert hatten. Ferner integrierte sie den durch soziale Spannungen in seiner Einheit bedrohten katholischen Block (Katholizismus und Moderne, S. 153).

schaft, das katholische Kleinbauern- und Kleingewerbetum», kurz das «katholische, arbeitende Volk».[28] In den revidierten Statuten von 1949 passte die CSP den Statutenbuchstaben der Statutenwirklichkeit an und strich das Bekenntnis zur Interkonfessionalität.[29]

Inwieweit neben der Arbeiterschaft, die, wenigstens bis zum Ende des Ersten Weltkrieges, den Haupthast der Mitgliedschaft gestellt haben dürfte, tatsächlich auch andere Erwerbsgruppen des katholischen Lagers in der CSP eine politische Heimat gefunden haben, lässt sich kaum eruieren, geschweige denn quantitativ erfassen. Immerhin, soviel lässt sich sagen, war die CSP analog zu den Arbeitervereinen hinsichtlich Mitgliederstruktur stets recht heterogen, deckte sich also der in den Statuten und in programmatischen Äusserungen erhobene Anspruch mit der Wirklichkeit.[30] Vor allem das bäuerliche Element scheint in der Parteibasis recht gut vertreten gewesen zu sein. Von Anfang an war es erklärte Absicht der christlichsozialen Parteiführer, die Bauern für die Parteiarbeit zu gewinnen[31], was aber erst während des Ersten Weltkrieges realisiert werden konnte.[32] 1919 vermerkte der Kantonalpräsident in seinem Tätigkeitsbericht, «dass immer mehr das bäuerliche Element in unserer Partei sich heimisch fühlt und zu unserer Bewegung immer mehr Vertrauen erhält».[33] Tatsächlich war in den Arbeitervereinen der ländlichen Gebiete der bäuerliche Einfluss stark. Im St.Galler Oberland etwa fänden sich, so Johann Baptist Rusch im Gründungsjahr der CSP, in sämtlichen Arbeitervereinen «währschafte Bauernnamen», in einem würde das bäuerliche Element sogar dominieren.[34] Und noch 1937 war im Arbeiterverein Ragaz rund die Hälfte der Mitglieder Bauern, in Mels ein knappes

---

28 In den Stürmen der Gegenwart, Dokumente zu den Grossratswahlen 1921, verf. von der CSP, S. 1 und S. 3 (BAR).
29 Statuten der CSP, 21. August 1949 (BAR). 1947 sprach sich Josef Scherrer strikte gegen die Interkonfessionalität aus (Scherrer, Standort, S. 29).
30 Die Standesvereine der Arbeiter standen immer auch Kleinbauern und Handwerkern offen (Scherrer, Saat und Ernte, S. 82; Meile, Selbstbesinnung, S. 32).
31 An der Spezialversammlung der Arbeitervereine im Rahmen des sanktgallischen Katholikentages in Rapperswil 1911 hatte Georg Baumberger ein Referat zum Thema «Bauer und Arbeiter» gehalten. Damit sollten «vor allem auch die Kleinbauern für die christlichsoziale Sache» gewonnen werden (Jb CSP 1912, S. 4, BAR). Das Kantonalkomitee der CSP bekräftigte diese Strategie kurze Zeit später (Prot. Kantonalkomitee CSP, 12. Oktober 1912, BAR).
32 Den Bemühungen zur parteipolitischen Organisation der Bauern blieb wenigstens im ersten Jahr seit der Parteigründung der Erfolg versagt (Prot. Kantonalkomitee CSP, 12. Oktober 1912, BAR). Das bäuerliche Element dürfte erst während und kurz nach dem Ersten Weltkrieg in der CSP heimisch geworden sein, als christlichsoziale Versuche, katholische Bauernvereine zu gründen, am Widerstand der Konservativen scheiterten und sich die Arbeitervereine auch den Bauern öffneten.
33 Jb CSP 1917–19, S. 7f. (BAR).
34 Sarganserländer, Nr. 89, 27. Juli 1911.

Drittel.³⁵ Josef Scherrer erklärte dies mit den Besonderheiten der wirtschaftlichen Verhältnisse im Kanton St.Gallen, damit, dass viele Kleinbauern mit einem Fuss in der Industrie standen respektive viele Arbeiter Nebenerwerbsbauern blieben.³⁶ Seit der Gründung des Verbandes katholischer Angestellter und Beamter im Jahre 1917 mit Sektionen in St.Gallen und Rorschach gewann auch das mittelständische Element in der Parteibasis an Gewicht.³⁷ Dagegen blieben die Bemühungen, auch das Handwerk und das Gewerbe für die Parteiorganisation zu gewinnen, ohne Erfolg, genauso wie es den Christlichsozialen versagt blieb, Standesvereine für das mittelständische Handwerk und Gewerbe zu gründen.³⁸

Ebensowenig erfolgreich war das Bemühen der christlichsozialen Führung, die Akademiker (ohne Geistliche) für die Bewegungs- und die Parteiarbeit zu rekrutieren. An Anläufen hierzu fehlte es nicht. Ein Aufruf anlässlich des 25jährigen Jubiläums des ZV 1929 unter dem Titel «Akademiker und Arbeiterschaft» mahnte, dass «Bildung verpflichtet», und forderte die katholischen Akademiker zur Wahrnehmung ihrer Führungsverpflichtungen in den christlichsozialen Organisationen auf.³⁹ Viel zu wenige würden dieser Verantwortung gerecht, klagte 1936 August Steffen, Scherrers Mitarbeiter auf dem Generalsekretariat des CAB. Die katholischen Akademiker hätten «keinen lebendigen Kontakt mit dem gewöhnlichen Volk, leben weitgehend abgeschlossen ihrem eigenen Gedankenkreis und kümmern sich herzlich wenig um die Sorgen, Nöte und Interessen der unteren Volksschichten».⁴⁰ Josef Scherrer hat das Fehlen der Akademiker gerade auch in der CSP bedauert. Nur mit der Unterstützung auch akademisch gebildeter Katholiken

---

35 TBSch, 15. November 1937 (PrivatA Scherrer). In einem historischen Rückblick hielt Josef Scherrer 1947 fest, dass sich in vielen Arbeitervereinen und parteipolitischen Gruppierungen immer auch Kleinbauern einfanden (Josef Scherrer, Bericht über die Nationalratswahlen im Kanton St.Gallen vom 26. Oktober 1947, August 1948, S. 13, BAR).
36 Josef Scherrer, Bericht über die Nationalratswahlen im Kanton St.Gallen vom 26. Oktober 1947, August 1948, S. 13 (BAR); Scherrer, Saat und Ernte, S. 82.
37 Jb CSP 1917–19, S. 8 (BAR). Die Mitgliedschaft der Angestellten- und Beamtenvereine in der CSP wurde formell nie geregelt. Es gingen auch nie Beiträge in die Parteikasse der CSP ein.
38 Die Wünschbarkeit der Verstärkung des gewerblich-mittelständischen Einflusses in der Partei hat Josef Scherrer stets betont. Eine Anfrage, ob ein Gewerbevertreter in die Reihen der Christlichsozialen eintreten könne, beantwortete Josef Scherrer in klar zustimmendem Sinne, «weil wir damit auch die wünschbare Fühlung mit weiteren *mittelständischen* Schichten gewinnen könnten» (Schreiben von Josef Scherrer an Rudolf Diethelm vom 2. November 1942, BAR).
39 Hochwacht, Nr. 91, 19. April 1929. Im Frühjahr 1932 war im Rahmen des KV ein mehrtägiger Sozialer Kurs für katholische Akademiker geplant worden (Prot. KV, Sitzung des Kantonalvorstandes vom 28. April 1932, Archiv KAB), der darauf als II. Soziale Führerkonferenz im Juli im Caritasheim Oberwaid bei St.Gallen stattfand (vgl. Hochwacht, Nr. 162, 14. Juli 1932).
40 Hochwacht, Nr. 113, 14. Mai 1936.

könnten Bewegung und Partei «auf der Höhe ihrer Aufgaben» bleiben.[41] In einer Analyse dieses Mankos kam Scherrer zum Schluss, dass sich junge Akademiker, selbst wenn sie aus dem Arbeiterstand herauswuchsen, im Verlauf ihrer Ausbildung ihrer Herkunft entfremden und den sozialen und politischen Problemen mit Desinteresse begegnen würden. Andere wiederum benützten die christlichsozialen Organisationen bloss als Sprungbrett für ihre Karriere, um sich nach Erreichung des Zieles nicht mehr um die Organisation zu kümmern. In der christlichsozialen Basis, vor allem in den Reihen der Gewerkschafter, seien deswegen verstärkt Ressentiments gegen die Akademiker wach geworden. Im übrigen stelle sich das Akademikerproblem nicht nur im christlichsozialen, sondern im gesamten katholischen Lager.[42]

Dürfte die Aussage zutreffen, dass in der Parteibasis die Arbeiterschaft das dominierende Element darstellte und in ländlichen Gebieten die Kleinbauern ein starkes Mitgliederkontingent stellten, so ergibt die Untersuchung des Sozialprofils der Parteichargen – Bezirkspräsidien, Kantonalkomitee, Parteiausschuss – für sämtliche Erhebungsjahre ein komplett verändertes Bild. Die Analyse der Berufszugehörigkeit der Bezirkspräsidenten, der Kantonalkomitee- und Parteiausschussmitglieder führt zum klaren Befund, dass die Parteileitung von Vertretern des sogenannten neuen Mittelstandes, das heisst vor allem von Angestellten, dominiert wurde[43], während die Arbeiterschaft und die Kleinbauern in den leitenden Parteigremien eindeutig unterrepräsentiert blieben, und dass die starke Präsenz der Angestellten mit der Zeit sogar noch zunahm. Und noch eine Beobachtung lässt sich machen: Je höher wir in der Parteihierarchie nach oben klettern, desto erdrückender wird das Gewicht der Angestellten. Im Parteiausschuss waren die Angestellten zahlenmässig stärker repräsentiert als im Komitee, und das «Bureau», der engste Führungszirkel der CSP, setzte sich in allen drei Stichjahren nur aus Angestellten zusammen (Tab. 15).[44]

---

41 Zirkular an die Bezirkspräsidenten und an die Mitglieder des Kantonalkomitees der CSP, 20. August 1938 (BAR).
42 Schreiben von Josef Scherrer an Rudolf Diethelm vom 2. November 1942 (BAR). Josef Scherrer war u.a. auch bemüht, in den Kreisen der akademischen Jugend für die christlichsozialen Organisationen zu werben. So veranstaltete er 1932 im Rahmen der Studentenverbindung «Bodania» in St.Gallen soziale Kurse in der Absicht, «mit der studentischen Jugend möglichst enge Beziehungen zu unterhalten, um diese Kräfte für die katholische und christlichsoziale Bewegung zu aktivieren» (TBSch, 26. Februar 1932, PrivatA Scherrer).
43 Zum Begriff «neuer Mittelstand» vgl. Günther Hartfiel / Karl-Heinz Hillmann, Wörterbuch der Soziologie, Stuttgart ³1972, S. 504f.
44 Dem ersten «Bureau» gehörten die Bewegungsfunktionäre Josef Scherrer, Josef Bruggmann und Gebhard Brielmaier sowie der Rechtsanwalt Johannes Duft an (Jb CSP 1912, S. 18).

Tabelle 15: Berufszugehörigkeit der Bezirkspräsidenten sowie der Mitglieder des Kantonalkomitees und des Parteiausschusses der CSP, 1915, 1925, 1941

Bezirkspräsidien

	Arbeiter abs / in%		Angestellte abs / in%		Selbständige abs / in%		Geistliche abs / in%		Unbestimmt abs / in%		Total abs / in%	
1915	1	8	6	46	3	24	1	8	2	15	13	100
1925	0	0	9	64	1	7	2	14	2	14	14	100
1941	1	8	7	54	1	8	0	0	4	31	13	100

Kantonalkomitee

	Arbeiter abs / in%		Angestellte abs / in%		Selbständige abs / in%		Geistliche abs / in%		Unbestimmt abs / in%		Total abs / in%	
1915	2	8	13	52	4	16	4	16	2	8	24	100
1925	4	9	24	50	8	17	5	11	6	13	47	100
1941	2	4	30	66	5	10	0	0	9	19	46	100

Parteiausschuss

	Arbeiter abs / in%		Angestellte abs / in%		Selbständige abs / in%		Geistliche abs / in%		Unbestimmt abs / in%		Total abs / in%	
1915	0	0	5	63	2	26	1	13	0	0	8	100
1925	1	5	14	74	3	16	1	5	0	0	19	100
1941	1	5	16	84	1	5	0	0	1	5	19	100

Josef Scherrer stellte in seinen Verzeichnissen der Parteikader ein politisches Mandat jeweils über die Berufszugehörigkeit, weshalb Angaben zum Beruf gelegentlich fehlen. Die Abweichung von Tab. 13 ergibt sich dadurch, dass der Geistliche Joseph Böni 1925/26 aus Komitee und Ausschuss ausschied und nicht mehr mitgezählt wurde. – Für 1915 Jb CSP 1915; Einladung zur kantonalen Delegiertenversammlung der CSP vom 13. Mai 1915 in Rorschach, 27. April 1915 (BAR). Für 1925 Verzeichnis der Mitglieder des Kantonalkomitees und des Parteiausschusses der CSP, September 1925; Zirkular an die verehrlichen Mitglieder des Kantonalkomitees, an die Bezirks- und Gemeindeorganisationen, 20. Januar 1926 (BAR); TBSch, passim (PrivatA Scherrer). Für 1941 Jb CSP 1939–41 und 1941–43 (BAR); TBSch, passim (PrivatA Scherrer).

Das Phänomen lässt sich auch in den sozialdemokratischen Organisationen St.Gallens beobachten, deren Führungselite sich in der Mehrheit ebenfalls nicht aus der Arbeiterschaft rekrutierte, sondern sogar akademisch geschult war.[45] Erklärungen dafür liegen auf der Hand. Die Übernahme einer Parteicharge und erst recht eines öffentlichen Amtes stellte an den Kandidaten

---

45 Johannes Huber und Heinrich Scherrer waren Rechtsanwälte, Paul Brandt und Howard Eugster Theologen; Valentin Keel liess sich zum Stickereizeichner ausbilden; Franz Schmidt war Agronom ETH. Einzig Alfred Kessler hatte einen handwerklichen Beruf erlernt (vgl. Gruner, Bundesversammlung, passim; Roschewski, Lebensbilder, passim; Thürer, Landammänner, passim).

gewisse Anforderungen schulischer Art, über die der Angestellte in höherem Masse verfügte als Arbeiter oder Bauern, was ihn für die Übernahme von Leitungsfunktionen prädestinierte. Allerdings lässt sich für die christlichsoziale engere Parteiführung – für Josef Scherrer, Johannes Duft, Johannes Müller und Paul Müller – auch feststellen, dass deren wichtigste Exponenten aus ärmlichen Verhältnissen stammten und dank persönlicher Tüchtigkeit den sozialen Aufstieg in den Mittelstand schafften.

Die Dominanz der Kategorie der Angestellten einerseits und die Unterrepräsentation der Arbeiterschaft andererseits zeigt sich auch, sogar noch stärker akzentuiert, bei der Untersuchung der Berufsstruktur der christlichsozialen Grossratsgruppe (Tab. 16).

Tabelle 16: Berufszugehörigkeit der Mitglieder der christlichsozialen Grossratsgruppe in den Legislaturperioden 1912–15, 1924–27, 1939–42

	Arbeiter abs / in %		Angestellte abs / in %		Selbständige abs / in %		Geistliche abs / in %		Unbestimmt abs / in %		Total abs / in %	
1912–1915	0	0	6	66	1	11	2	22	0	0	9	100
1924–1927	0	0	8	57	4	28	2	14	0	0	14	100
1939–1942	1	5	14	75	4	20	0	0	0	0	19	100

Inkl. Hospitanten. – Für 1912–15 Notiz von Josef Scherrer zum Bestand der ersten christlichsozialen Gruppe des Grossen Rates, 1956; Christlichsoziale Grossratsgruppe des Kantons St.Gallen. Geschichtliche Notizen von Josef Scherrer über die Gründung der CSP und der christlichsozialen Grossratsgruppe des Kantons St.Gallen, 10. November 1937 (BAR). Für 1924–27 Zirkular an die verehrlichen Mitglieder des Kantonalkomitees, an die Bezirks- und Gemeindeorganisationen, 20. Januar 1926; Verzeichnis der Mitglieder des Kantonalkomitees und des Parteiausschusses der CSP, September 1925 (BAR). Für 1939–42 Jb CSP 1939–41 und 1941–43 (BAR); TBSch, 8. Mai 1939 (PrivatA Scherrer).

Eine Feinanalyse der Kategorie der Angestellten schliesslich zeigt, dass sich die Gewichte innerhalb der Angestelltenschaft im Laufe der Zeit zuungunsten der Bewegungsfunktionäre und zugunsten der höheren Beamten und Lehrer verschoben (Tab. 17). Für die Gruppe der Bewegungsfunktionäre gilt, was wir bereits für die Geistlichkeit anführten: Das Wachstum der christlichsozialen Organisationen während und nach dem Ersten Weltkrieg vergrösserte das Rekrutierungsreservoir für Leitungsfunktionen, wodurch die Mitarbeit der Bewegungsfunktionäre in der Partei entbehrlich wurde. Die zunehmende Bedeutung, die die Gruppe der höheren Angestellten und Lehrer erlangte, ist ein Indiz dafür, dass es der CSP gelang, in das Segment der oberen Mittelschicht vorzudringen. Es zeigt sich, dass die CSP mit der Etablierung in der St.Galler Parteienlandschaft für diese Kreise an Attraktivität gewann.

Tabelle 17: Prozentuale Verteilung der Parteiämter und Grossratsmandate der CSP auf einzelne Angestelltenkategorien, 1915, 1925, 1941

	Untere / mittlere Angestellte				Höhere Angestellte / Lehrer				Bewegungsfunktionäre			
	Bez. präs.	Komitee	Ausschuss	Grosser Rat	Bez. präs.	Komitee	Ausschuss	Grosser Rat	Bez. präs.	Komitee	Ausschuss	Grosser Rat
1915	33	38	20	0	17	31	0	33	50	31	80	67
1925	78	42	21	25	22	46	57	50	0	12	21	25
1941	57	37	19	43	43	50	56	43	0	13	25	14

1.3 Josef Scherrer – «der erste Diener»

Bei allen Vorbehalten gegenüber dem biographisch-psychologischen Zugang zur Geschichte und in Kenntnis der Kontroverse, ob Personen oder Strukturen mehr Einfluss auf den Gang der Geschichte nehmen, kann eine Studie über die christlichsoziale Bewegung der Schweiz und erst recht St.Gallens nicht umhin, die Persönlichkeit von Josef Scherrer zu würdigen. Josef Scherrer war, neben den «roten Kaplänen» Jung und Scheiwiler, während mehr als drei Jahrzehnten der unbestrittene Laienführer, war Pionier, Kraftmotor, Schlüssel- und Integrationsfigur, war die «eigentliche Seele» der christlichsozialen Bewegung und der christlichen Sozialreform.[46] Der Aufstieg der Christlichsozialen zu einem Faktor des öffentlichen Lebens in Bund und Kanton, zu Respekt und Geltung war in allererster Linie Scherrers Werk und Verdienst.[47]

Josef Scherrer wurde am 22. März 1891 in Wittenbach bei St.Gallen als ältestes von sechs Kindern geboren. Sein Wunsch nach einem Studium ging wegen der Armut der Familie – sein Vater Ambros war Briefbote und Wegmacher – nicht in Erfüllung. Die kaufmännische Lehre, die Josef Scherrer in

---

46 Gehrig, Das Christlichsoziale, S. 47.
47 Die Biographie über Leben und Werk Josef Scherrers wurde bis heute nicht geschrieben. Nach dessen Tode erschien eine Gedächtnisschrift, in der Weggefährten die vielfältigen Aspekte von Scherrers Wirken würdigten (Gedenkschrift Josef Scherrer). Im PrivatA Scherrer finden sich zwei von Scherrer verfasste Kurzbiographien aus den Jahren 1928 und 1930. Die ergiebigste Quelle zu Scherrers Biographie sind seine seit 1909 geführten umfangreichen Tagebücher (im PrivatA Scherrer). Unter den Eintragungen zum 23. Mai und 9. September 1936 sowie zum 1. November 1939 und 28. November 1941 gab Scherrer knappe biographische Angaben. Stark autobiographischen Charakter haben die Arbeiten über Johann Baptist Jung (Scherrer, Jung) und den Katholischen Bauernbund der Diözese St.Gallen (Scherrer, Saat und Ernte). Ein Dossier mit Nekrologen wird im PrivatA Scherrer aufbewahrt. Auszüge aus den Nekrologen sind abgedr. in: Verkehrs- und Staatspersonal. Obligatorisches Organ des Verbandes der Gewerkschaften des christlichen Verkehrs- und Staatspersonals, Nr. 26, 25. Juni 1965. Kurze biographische Angaben gibt auch Gruner, Bundesversammlung, S. 582. Würdigungen aus Anlass des 100. Geburtstages in: Ostschweiz, 22. März 1991, und St.Galler Tagblatt, 22. März 1991.

einer Textilfirma in St.Gallen durchlief, blieb die einzige Ausbildung, die er je erhielt. Seine fundierten und soliden Kenntnisse ökonomischer, sozialer und geistesgeschichtlicher Zusammenhänge eignete er sich erst später als Autodidakt oder in der praktischen Arbeit in den christlichsozialen Organisationen an. Die entbehrungsreiche, aber dennoch glückliche Jugend prägte Scherrer in doppelter Weise: Seine tiefgläubige Mutter Maria legte nach seinem eigenen Bekunden «die Glut der katholischen Überzeugungstreue» in seine Seele.[48] Dem katholischen Glauben und den Autoritäten der katholischen Kirche blieb Josef Scherrer sein ganzes Leben hindurch in unverbrüchlicher Treue verbunden. Zum anderen sensibilisierten ihn die kargen Verhältnisse im Elternhaus für die soziale Not der kleinen Leute und weckten in ihm die Berufung zum sozialen Engagement.[49]

Erste öffentliche Aktivitäten entfaltete Josef Scherrer in den katholischen Jünglingsvereinen von Wittenbach und St.Gallen. In der Vereinsarbeit wurde Johann Baptist Jung auf den initiativen und rhetorisch begabten Jungmann aufmerksam. Für Scherrer wurde die Begegnung mit Jung zu einem eigentlichen Schlüsselerlebnis. «Es waren selige Stunden im Kreise des hochw. Herrn Professors», notierte er in seinem Tagebuch.[50] Vor allem aber: Die seither engen Kontakte zu Johann Baptist Jung, den Scherrer später als «Mann der göttlichen Vorsehung» bezeichnete[51], aber auch zu Alois Scheiwiler, der seit 1908 als Pfarrer von St.Othmar wieder in St.Gallen wirkte, prägten Grundhaltung und Grundsätze des jungen Scherrer für dessen ganzes Leben[52] und zwar so sehr, dass Karl Wick, ein enger Weggefährte Scherrers in der christlichsozialen Bewegung, diesen in der

---

48 Ostschweiz, Nr. 251, 29. Oktober 1919.
49 In einem «biographischen Versuch» schrieb Josef Scherrer 1928 über seine Kindheit und Jugend: «So sehr ihn das Studium anzog, versäumte er doch nicht, seiner Mutter in allem behilflich zu sein und verrichtete jeden Tag seine gewissen Stunden industrielle Heimarbeit, um so auch das Seine zum Unterhalt der Familie beizutragen. Hier mag auch sein späterer Beruf in ihm geboren worden sein und mit den Voraussetzungen zu diesem Beruf die Liebe zum arbeitenden Stande, das Wissen und Verstehen um seine Nöte, die klare Erkenntnis seiner berechtigten Forderungen, der erstrebenswerten Ziele» (S. 1f., PrivatA Scherrer).
50 TBSch, 3. Oktober 1909 (PrivatA Scherrer). Die erste Erwähnung Jungs im Tagebuch findet sich unter dem 19. Januar 1909: Scherrer trug Jung seine Absicht vor, einen Delegiertenverband für die katholischen Jünglingsvereine zu gründen. Zusammen mit Jung gründete Scherrer im Mai 1909 den Arbeiterverein Wittenbach-Kronbühl, dessen erster Präsident er wurde (TBSch, 11. Mai und 12. Juni 1909, PrivatA Scherrer).
51 Scherrer, Jung, S. 111.
52 In seiner Jung-Biographie bezeichnete Scherrer Jung als seinen «eigentlichen Lehrmeister, Vater und Freund» (Scherrer, Jung, S. 1). Von Scheiwiler schrieb er Jahrzehnte später, dass dieser «nicht minder denn Prof. Jung auf mein empfindliches Gemüt einwirkte und mir auch zum Lehrer und Freund wurde» (TBSch, 1. November 1939, PrivatA Scherrer).

Rückschau als «getreuen politischen Testamentsvollstrecker Jungs» charakterisierte.[53] In den Jahren 1908 und 1909 dürfte Scherrers Entschluss herangereift sein, sich in den Dienst der christlichsozialen Organisationen zu stellen und auf eine materiell aussichtsreiche Karriere im erlernten Beruf zu verzichten. Sein «Herzenswunsch» sei es, vertraute Scherrer an seinem 18. Geburtstag dem Tagebuch an, «dass der liebe Gott auch mich einstelle in das Heer der katholischen Kirche, als Anführer und Leiter der Katholiken, als Helfer der Arbeiter in ihrem Existenzkampfe, als Sieger über die unsittliche und glaubenslose Welt».[54] Im Mai 1909 sprach Scherrer bei Alois Scheiwiler, dem Zentralpräsidenten des ZV, vor und teilte diesem mit, «dass es mein Bestreben sei, mich mit der Zeit ganz der christlichsozialen Sache zu widmen, sei es als Redaktor oder Arbeitersekretär etc».[55]

Nach Scherrers eigenem Bekunden begann seine Tätigkeit als christlichsozialer Funktionär am 1. Mai 1910, als er an der Versammlung des Kartells St.Gallen über die Verhältnisse in der Stickereiindustrie referierte.[56] Zehn Tage vorher war er von der Delegiertenversammlung des Zentralverbandes christlicher Textilarbeiter zum Gewerkschaftssekretär gewählt worden, nachdem ihn der Regierungsrat des Kantons St.Gallen vorzeitig für volljährig erklärt hatte. Josef Scherrer stürzte sich geradezu in die Arbeit, weit über sein Pflichtenheft hinaus. Er gründete neben seinem gewerkschaftlichen Engagement Arbeiter- und Arbeiterinnenvereine, wurde Präsident der christlichsozialen Krankenkasse St.Gallen, stand bei der Gründung der CSP an vorderster Stelle und wurde 1911 erster Kantonalpräsident. Seit 1912 gehörte Scherrer in führender Position dem Politischen Komitee der katholischen Arbeitervereine an, 1916 erfolgte die Ernennung zum Zentralsekretär des ZV, 1922, nach dem Tode Jungs, die Übernahme des Vizepräsidiums des Zentralverbandes. Während des Ersten Weltkrieges stand Scherrer der christlichsozialen Notstandskommission vor, in den Tagen des Landesstreiks im November 1918 leitete er das christlichsoziale Antistreik-Komitee. Und 1919, nicht einmal ein Jahrzehnt nach seinem Debüt in der christlichsozialen Bewegung, wurde Scherrer zum Präsidenten und Generalsekretär des

53 Gedenkschrift Josef Scherrer, S. 91. Scherrer selber schrieb 1935, in Tagen starker Anfeindungen: «Vor allem betrachte ich es als meine Aufgabe, ein treuer Hüter des Erbes von Prof. Jung sel. zu sein und es unversehrt durch die stürmische Zeit in die Zukunft zu tragen» (TBSch, 28. September 1935, PrivatA Scherrer).
54 TBSch, 22. März 1909 (PrivatA Scherrer). Und nochmals, eine Woche später: «Aber wie einem höheren Rufe folgend, treibt es mich zur sozialen Arbeit, zur Arbeit für das Wohl des Volkes, zum Kampfe für die Hl. katholische Kirche» (TBSch, 31. März 1909, PrivatA Scherrer).
55 TBSch, 8. Mai 1909 (PrivatA Scherrer).
56 TBSch, 4. Januar 1935 (PrivatA Scherrer). Berichterstattung über die Versammlung in: Ostschweiz, Nr. 99, 2. Mai 1910. Scherrer war zweiter Tagesreferent und sprach in seiner Funktion als Textilarbeitersekretär über die Verhältnisse in der Stickereiindustrie. Der Berichterstatter versäumte es nicht, Josef Scherrer «ein gutes Organ» zu attestieren.

von ihm initiierten CAB gewählt, der vom Bundesrat anerkannten christlichsozialen Spitzenorganisation. Diese Funktion, die Scherrer während mehr als drei Jahrzehnten, bis 1952, innehatte, wurde zur Basis seiner dominanten Stellung innerhalb der christlichsozialen Gesamtbewegung, der CAB zu seinem Lebenswerk.⁵⁷ Als ob das heimatliche Feld seinem Tatendrang zu eng geworden wäre, trat Scherrer von 1920 bis 1928 an die Spitze des Internationalen Bundes der Christlichen Gewerkschaften und leitete die internationalen Kongresse in Innsbruck, Luzern und München.⁵⁸ Im Kanton St. Gallen ging die Gründung des KV auf seine Initiative zurück. Von allem Anfang seines Engagements an war Scherrer be-

Als Generalsekretär und Präsident des CAB stand Josef Scherrer von 1919 bis 1957 an der Spitze der christlichsozialen Bewegung der Schweiz (Aufnahme aus dem Jahr 1939).

müht, seinen Einfluss im gesamten katholischen Lager geltend zu machen. Mit der Gründung des Verbandes katholischer Angestellter und Beamter während des Ersten Weltkrieges und des KBB in der Mitte der 1930er Jahre trug Scherrer das Ideal der christlichen Sozialreform auch in andere Berufsstände hinein. 1911 hatte er wesentlichen Anteil an der Ausarbeitung des gemeinsamen Parteiprogramms der St. Galler Konservativen und Christlichsozialen. 1927 leitete er die Schweizerische Soziale Woche in Einsiedeln und stand seither an der Spitze der von den katholischen Dachverbänden gebildeten Studienkommission zur Schaffung eines Wirtschafts- und Sozialprogramms der Schweizer Katholiken. In den Leitungsgremien der Schweizerischen Konservativen Volkspartei und der KVP nahm er starken Einfluss auf deren politischen Kurs.

Als prominenter Exponent der christlichsozialen Bewegung wurde Scherrer alsbald in öffentliche Ämter gewählt. Anlässlich der ersten Proporzwahl zog er 1912, erst 21jährig, in den Grossen Rat des Kantons St. Gallen

---

57 Eine Umschreibung des umfangreichen Tätigkeitsbereiches des Generalsekretärs des CAB findet sich im JB CAB 1932/33, S. 23, sowie in Scherrer, Jung, S. 234.
58 Nach dem Zweiten Weltkrieg bemühte sich Scherrer um die Wiederherstellung der internationalen Beziehungen und gründete 1948 die Internationale Christlichsoziale Vereinigung, deren erster Präsident er wurde.

Vertreter des Internationalen Bundes der Christlichen Gewerkschaften an der Weltwirtschaftskonferenz in Genf im Mai 1927. Vorne (zweiter von rechts) der Präsident des Bundes, Josef Scherrer.

ein, den er 1929 präsidierte und dem er bis 1936 angehörte.[59] Er war Begründer und Präsident der christlichsozialen Gruppe des Grossen Rates. Ende September 1917 berief ihn der St.Galler Regierungsrat zum Leiter des kantonalen Brotamtes, bevor er ein Jahr später Chef des kantonalen Lebensmittelamtes wurde. Als jüngsten Kandidaten und mit den meisten Stimmen wählte ihn das St.Galler Volk 1919 in den Nationalrat[60], aus dem er erst 1951 «aus zwingenden gesundheitlichen Gründen» ausschied.[61] In der Nachfolge Georg Baumbergers übernahm er 1931 die Leitung der christlichsozialen Gruppe der eidgenössischen Räte. Von seinem Einfluss auf die Sozial- und

59 Die Demission als Grossrat erfolgte eher unfreiwillig. Über die Beweggründe schrieb Scherrer im Tagebuch: «Meine Kandidatur hätte wohl im Momente, wo die Schweizerische Genossenschaftsbank in Schwierigkeiten geriet, dem politischen Gegner Anlass zu einem besonders heftigen Kampfe gegeben. So musste ich im Interesse des Ganzen auf eine Kandidatur verzichten, da ich dem Verwaltungsrat der in Not geratenen Bank angehöre» (TBSch, 11. Mai 1936, PrivatA Scherrer). In seinem Demissionsschreiben nannte Scherrer dagegen gesundheitliche und zeitliche Rücktrittsgründe (Schreiben von Josef Scherrer an Emil Dürr vom 15. Februar 1936, BAR).
60 Kurz vor seiner Wahl in den Nationalrat wurde Josef Scherrer seitens der konservativen Grossratsfraktion angefragt, ob er sich als Kantonsrichter portieren lassen wolle, was er aber mit Bestimmtheit ablehnte, «weil ich politisch frei sein will, weil ich nicht so gouvernemental werden will und weil ich mich noch nicht versorgen lassen will» (TBSch, 19. Februar 1919, PrivatA Scherrer).
61 Josef Scherrer, Bericht über die Nationalratswahlen 1951, 9. September 1951, S. 4 (BAR).

Wirtschaftspolitik unseres Landes zeugte seine Einsitznahme in über 60 parlamentarische Kommissionen.

«Das öffentliche Leben ist mir zur zweiten Natur geworden», schrieb Josef Scherrer 1939.[62] Es würde den Rahmen dieser biographischen Skizze sprengen, alle Verpflichtungen und Aktivitäten Scherrers im weitgespannten Geflecht des organisierten Katholizismus aufzuzählen, geschweige denn zu würdigen.[63] Einige Zahlen mögen wenigstens deren quantitativen Umfang andeuten: 1939 nahm Scherrer an 147 Sitzungen und 50 Versammlungen teil, hielt 707 Besprechungen und 88 Referate.[64] Im Rückblick auf die 30jährige Tätigkeit in der Bewegung und in der Politik errechnete Scherrer 1940 «approximativ folgende Arbeitsziffern»: Versammlungen: 2190; Sitzungen: 4350; Besprechungen und Audienzen: 16 700; Referate: 2940. «Zu diesen Daten kommen die grosse Korrespondenz, das Studium der Fragen, die Bahnfahrten, die geopferten Sonntage etc. dazu.»[65] Dabei ist zu bedenken, dass Josef Scherrer seit der Grippeepidemie von 1918/19 an der Parkinsonschen Krankheit litt, die ihn zunehmend behinderte und mehrere, zum Teil längere Kuraufenthalte notwendig machte.

Es erstaunt, dass Josef Scherrer bei dieser Vielzahl an Verpflichtungen noch Zeit fand, sich für lokale Angelegenheiten zu engagieren respektive seine Positionen publizistisch zu reflektieren. Er wurde 1916 Präsident der neugegründeten CSP von Gross-St.Gallen und war lange Mitglied der Kommission für Soziale Fürsorge der Gemeinde Tablat, in der er sich für die Sanierung des Lindenhofes in St.Fiden einsetzte. Und stets fand Josef Scherrer, wie viele Einträge im Tagebuch bezeugen, ein offenes Ohr für Bittsteller und Ratsuchende. Nicht zuletzt hinterliess er ein umfangreiches Schrifttum, in dem er die christlichsozialen Ideale propagierte, zu aktuellen Themen Stellung bezog und diese in einer Gesamtschau würdigte. In den Aufgabenbereich des Generalsekretärs des CAB fiel die Betreuung der «Christlichsozialen Korrespondenz», in deren Namen er die katholische Presse des Landes mit Stellungnahmen und Kommentaren vorsorgte. In derselben Funktion redigierte Scherrer die seit 1920 erscheinenden, umfangreichen Jahrbücher des CAB.

Josef Scherrer war vor allem andern und bis in die letzte Faser seines Wesens Katholik. «Ich danke Gott von ganzem Herzen, dass ich katholisch bin»,

---

62 TBSch, 29. August 1939 (PrivatA Scherrer).
63 Mehrmals, in der Regel zum Jahreswechsel, erstellte Josef Scherrer in seinen Tagebuchaufzeichnungen eine Auflistung seiner «Engagements» (TBSch, 7. Januar 1927; 31. Dezember 1930; 4. Januar 1934; 9. März 1935; 20. November 1937; 3. Dezember 1939, PrivatA Scherrer).
64 JB CAB 1939/40, S. 41. Vgl. auch die Tätigkeitsberichte in den JB CAB 1919/20ff., passim.
65 TBSch, 31. Dezember 1940 und 2. Januar 1941 (PrivatA Scherrer).

bekannte er anlässlich einer seiner zahlreichen Wallfahrten nach Einsiedeln.[66] Nicht nur verstand er sein Wirken als Dienst an der katholischen Kirche, als Laienapostolat, auch sein Weltbild war absolut kongruent mit jenem der Kirche.[67] Josef Scherrer wurde das Programm der katholischen Kirche, das Altermatt als «antimodernistische Zivilisationskritik» umschreibt[68], zum granitenen Fundament seiner Überzeugungen. Er hat es nie kritisch reflektiert, auch nicht weitergedacht, dafür scharf akzentuiert und unermüdlich propagiert. In der katholischen Kirche und ihrer Weltschau fand Josef Scherrer Orientierung und ideelle Geborgenheit.[69] Seine katholischen Glaubensüberzeugungen waren ihm, neben der Familie, die ihm Rückhalt gab und sein Wirken mit Verständnis begleitete, Kraftquelle seines unermüdlichen Schaffens.[70] Josef Scherrer war tief durchdrungen vom Bewusstsein, kraft göttlicher Berufung hineingestellt zu sein in den epochalen Welten- oder Kulturkampf zwischen Christentum und modernen materialistischen Ideologien, zwischen Gottesglauben und Gottlosigkeit. Die christlich-katholische Gesellschaft und Kultur des Abendlandes sah er in gefährlicher Weise bedroht, «der Zersetzung zutreiben».[71] «Die Entchristlichung breiter Arbeitermassen» vollziehe sich «in raschem, fast unaufhaltsam scheinendem Tempo», schrieb er im Geleitwort zum Protokoll der Sozialen Woche 1927[72], und «mit blutendem Herzen», bekannte er 1935 im Zusammenhang mit der Gründung des KBB, müsse er vielfach sehen, «dass die Katholiken unserem hl. Glauben fremden und widersprechenden Organisationen ahnungslos in das

66 TBSch, 12. April 1913 (PrivatA Scherrer).
67 Wie unbedingt Josef Scherrer die kirchliche Autorität achtete und wie sehr ihm die kirchlichen Lehren Richtschnur seines Denkens und Handelns waren, belegt eindrücklich ein Schreiben an Bischof Joseph Meile, in dem Scherrer den Bischof um ein Vorwort zur Schrift «Die christliche Sozialreform» bat und beifügte: «Sollten sich Häresien in der Arbeit finden, so bitte ich Dich, mit kräftigem Federstrich dahinter zu gehen» (Schreiben von Josef Scherrer an Joseph Meile vom 17. Mai 1945, BiASG). Einem Kritiker Bischof Scheiwilers schrieb er ins Stammbuch: «Bei Katholiken, die sich derart gegen die geistliche Obrigkeit auflehnen, ist etwas im Kopf oder im Herzen nicht in Ordnung» (Hochwacht, Nr. 231, 4. Oktober 1934).
68 Altermatt, Katholizismus und Moderne, S. 58.
69 «Ich selbst will mich anstrengen, soviel in meinen schwachen Kräften liegt, alle meine Handlungen, mehr als bis anhin, getreu mit den Grundsätzen unseres heiligen Glaubens in Übereinstimmung zu bringen, noch mehr als bis jetzt für Gott und Kirche im öffentlichen und sozialen Leben zu kämpfen» (TBSch, 2. Dezember 1921, PrivatA Scherrer).
70 «Ich gehe am Morgen zum Tische des Herrn. Das ist die hl. Quelle unserer Kraft, unseres Optimismus und unserer Freude, die nicht versiege, wenn der Sturm der Zeit auch noch so tobe» (TBSch, 4. Juni 1928, PrivatA Scherrer).
71 JB CAB 1937/38, S. 20. In der Einleitung zum Tätigkeitsbericht im JB CAB 1937/38, S. 19ff., gleichzeitig ein Rückblick auf vier Jahrzehnte christlichsozialer Bewegung, entfaltete Josef Scherrer in gedrängter Form sein Credo, ebenfalls in einem Referat an der Schweizerischen Sozialen Woche 1941 in Freiburg i. Ue (Prot. Schweizerische Soziale Woche 1941, S. 79ff.). Vgl. auch Scherrers programmatische Schriften (u.a. Scherrer, Politik; ders., Standort; ders., Sozialreform).
72 Prot. Soziale Woche 1927, S. 9.

Garn laufen und dann nicht mehr herauszubringen sind».[73] Hier fand Josef Scherrer seine Lebensaufgabe, hier begegnen wir dem innersten Kern seiner Überzeugungen, der Grundmotivation seiner unermüdlichen Arbeit, hier manifestierte sich ihm der wahre Sinngehalt des Begriffs «christlichsozial». Als Verteidiger einer gefährdeten Welt, als weltlicher Arm der kirchlichen Obrigkeit, als Laienapostel wollte er in der Öffentlichkeit für die Verteidigung und Erneuerung des Christentums, für die Rechte der katholischen Kirche und des katholischen Volksteils kämpfen, den geistigen Gefährdungen der Zeit entgegentreten und «Dämme aufwerfen, die den kapitalistischen und sozialistischen Sturmfluten Einhalt gebieten».[74] Es gelte, schrieb Josef Scherrer, «die in die Irre geleiteten Massen zu Christus, zur Kirche zurückzuholen», Gesellschaft, Wirtschaft und Staat «im christlichen Geiste» zu erneuern.[75] Erst dann, wenn die Gesellschaft auf christlicher Grundlage neu gebaut, wenn das Ideal der von den Päpsten geforderten christlichen Sozialreform wieder Gemeingut des gesamten Volkes sein würde, sei die soziale Frage zu lösen und die Gesellschaft dauerhaft zu befrieden. Unzählige Male hat Scherrer diesen ehernen Glaubenssatz verkündet, 1934 auch im Kantonalkomitee der CSP: «Die *christlichsoziale Bewegung* stellt Programm und Tätigkeit hinein in den göttlichen Weltplan, der schlicht und doch so gewaltig sorgt, dass der Mensch von Gott ausgeht u. bestimmt ist, zu Gott zurückzukehren. Diese *Gottbeziehung* ist das *Entscheidende*. Von ihr empfängt unser Denken und Schaffen Inhalt und Richtung. Keine *flüchtige,* auf den Augenblickserfolg eingestellte *Tagespolitik. Politik* auf *weite Sicht. Politik* der grossen Linie, d. h. *Bestrebung* auf *Wiederverchristlichung des Volks- und Staatslebens* durch *innere, geistige, sittliche Reform* der Menschen.»[76] Die kirchlichen Autoritäten wussten Josef Scherrers kirchlich-katholische Arbeit zu würdigen. «Riefen die Bischöfe ihre Gläubigen zum Kampf gegen die gesellschaftlichen Zeitirrtümer auf», schrieb ihm Bischof Joseph Meile zum 50. Geburtstag, «so bist Du stets der Erste gewesen, welcher seine Person, sein Ansehen und seine ganzen Kräfte, seine Organisationen und Institutionen für die Forderungen der Kirche eingesetzt hat.»[77]

---

73 Schreiben von Josef Scherrer an Viktor Schmon vom 25. Juni 1935 (Archiv KBB). Vgl. auch Scherrers Analyse der Krise der 1930er Jahre, wie er sie 1934 in der Programmrede zum 100jährigen Jubiläum der KVP vortrug: «Man hat nur noch auf die materiellen Faktoren, auf Gewinn, Genuss, auf ungehemmtes Erwerbsstreben abgestellt ... Man hat das öffentliche Leben laisiert und den Menschen aus seiner heiligsten Bindung, aus der Gottbeziehung herausgelöst» (Josef Scherrer, Unser Programm, Referat anlässlich der Jahrhundertfeier der KVP, 30. Dezember 1934, S. 2, BAR).
74 Hochwacht, Nr. 105, 4. Mai 1928.
75 JB CAB 1937/38, S. 20.
76 Josef Scherrer, Unsere Stellung zur politischen Lage, Manuskript eines Referats anlässlich der Sitzung des Kantonalkomitees der CSP, 2. April 1934, S. 16 (BAR).
77 Schreiben von Joseph Meile an Josef Scherrer vom 22. März 1941 (BiASG).

Wenn wir nach den Grundsätzen suchen, nach den Konstanten, die Scherrers Wirken bestimmten, nach den Leitlinien und Leitmotiven seiner öffentlichen Arbeit, so sind, neben der Treue zu ebendiesen Überzeugungen, vor allem zwei Grundhaltungen hervorzustreichen: Einheit und Ausgleich. Josef Scherrer war ein kompromissloser und unbeirrbarer Verfechter der Einheit und Geschlossenheit des katholischen Lagers, im besonderen der Einheit von konservativen und christlichsozialen Katholiken. Er war in erster Linie dafür verantwortlich, dass die Christlichsozialen keine unsicheren Kantonisten waren, sondern sich auf Landes- wie auf Kantonsebene loyal in die konservative Gesamtpartei einordneten. «Ich trat den Trennungstendenzen immer energisch entgegen, da ich die Verantwortung für die Zerschlagung der politischen Einheitsfront des katholischen Volkes nicht auf mein Gewissen laden durfte und wollte.»[78] Über den materiellen Fragen «stehen die entscheidenden religiös-sittlichen Fragen», der soziale Ausgleich «wird an der Kommunionsbank, am Tisch des Herrn in erhabenster Weise geschaffen».[79] Als im Vorfeld der Nationalratswahl von 1919 eine Minderheit in der CSP Josef Scherrer auf einer separaten, von der Konservativen getrennten Liste portieren wollte, lehnte er entschieden ab. «Es scheint mir erste Pflicht zu sein, das katholische Volk geschlossen in einer Front in den Kampf zu führen ... Es scheint mir trotz der noch zwischen uns und den Konservativen bestehenden Differenzen unverantwortlich zu sein, das katholische Volk auseinanderzureissen.»[80] Und 1935, nachdem seine Nomination für den Ständerat in der konservativen Fraktion gescheitert war, lehnte er das Ansinnen seiner Freunde kategorisch ab, seine Kandidatur direkt in den Grossen Rat zu tragen. Zu oft habe er Parteidisziplin verlangt, als dass er nun selber einen Disziplinbruch begehen könne.[81] Kein geringerer als der Präsident der katholisch-konservativen Fraktion der Bundesversammlung, Heinrich Walther, zollte Josef Scherrer dafür Anerkennung: «Mit eiserner Konsequenz hast Du die Zugehörigkeit der christlichsozialen Gruppe zur konservativen Hauptpartei im Heimatkanton und in der Gesamtschweiz hochgehalten. Wenn alle Absplitterungsversuche bisher glücklich abgewendet werden konnten, so ist das einzig Deiner Weitsicht, Klugheit und Ehrlichkeit zu verdanken.»[82]

78 TBSch, 26. November 1936 (PrivatA Scherrer).
79 TBSch, 26. November 1926 (PrivatA Scherrer).
80 TBSch, 1. September 1919 (PrivatA Scherrer).
81 TBSch, 13. Mai 1935 (PrivatA Scherrer); Josef Scherrer, Aktennotiz zur Ersatzwahl in den Ständerat, 15. Mai 1935 (BAR).
82 Der Brief ist auszugsweise wiedergegeben in: Schreiben von Johannes Duft an Emil Grünenfelder und Rudolf Keel vom 6. Mai 1935 (BAR). 1920 und 1927 trat Josef Scherrer der Gründung einer selbständigen schweizerischen christlichsozialen Parteiorganisation «mit Entschiedenheit» entgegen (Prot. Politisches Komitee der christlichsozialen Organisationen der Schweiz, 4. Januar 1920, BAR; TBSch, 13. November 1927, PrivatA

Die Einheit des katholischen Lagers, dessen war sich Scherrer bewusst, konnte nur dann gewahrt bleiben, wenn ihr der soziale Ausgleich voranging, die Versöhnung der Stände im Zeichen der Lehren der katholischen Kirche. Denn die christliche Sozialreform war nicht auf eine Klasse beschränkt, sondern musste alle Volksteile durchdringen. Christlichsoziales Engagement war für Scherrer Dienst am Volk, nicht an einer Klasse, die christlichsoziale Bewegung Volks- und nicht Klassenbewegung. Scherrer war es deswegen stets darum zu tun, die Ideale der christlichen Sozialreform in die anderen Stände des katholischen Volkes hineinzutragen, in die Angestellten- und Beamtenschaft, in die Kreise der Bauern und der Arbeitgeber, immer geleitet von der Überzeugung, dass «wir alle … die Glieder eines unteilbaren Volksganzen, Glieder der einen, alle mit tausend Fäden, unzertrennbaren Bindungen und Wechselbeziehungen umschliessenden Volksgemeinschaft [sind]».[83]

Josef Scherrer mit Gemahlin Maria, geborene Brisig (Aufnahme aus dem Jahr 1938).

Scherrers Einfluss und Wirkung in der christlichsozialen Bewegung, aber auch im politischen Katholizismus waren gross. Bischof Alois Scheiwiler attestierte Scherrer anlässlich des 25jährigen Dienstjubiläums die «unbestrittene erste Führerstellung» in der christlichsozialen Bewegung[84]; Scheiwilers Nachfolger Joseph Meile würdigte Scherrer 1942 als «geistiges Haupt der praktischen Sozialbewegung».[85] Neue wissenschaftliche Arbeiten bestätigen diese Urteile: Bernhard Wild spricht von einer «Alleinposition unter den Christlichsozialen»[86], Markus Hodel nennt Scherrer die «christlichsoziale Galionsfigur schlechthin»[87], Lukas Rölli-Alkemper zählt ihn zu den einfluss-

---

Scherrer), ebenso in den 1930er Jahren (Rölli-Alkemper, SKVP 1935–1943, S. 175f.). Die Treue zu den Konservativen trug Scherrer mehr als einmal den Vorwurf ein, «ich sei konservativ und nicht christlichsozial» (TBSch, 1. und 5. August 1925, PrivatA Scherrer).
83 Hochwacht, Nr. 210, 10. September 1923.
84 Hochwacht, Nr. 62, 14. März 1935.
85 Meile, Selbstbesinnung, S. 13.
86 Wild, Aspekte, S. 3; vgl. ebd. S. 2 und S. 7
87 Hodel, SKVP 1918–1929, S. 399.

reichsten Politikern im katholisch-konservativen Lager der Schweiz.[88] Auf die Kursbestimmung und praktische Arbeit der christlichsozialen Gesamtbewegung wie der einzelnen Säulen der Bewegung hat er in seiner Funktion als Präsident und Generalsekretär des CAB beharrlich eingewirkt. Es gab keine Sitzung oder Versammlung von grösserer Tragweite, an der Scherrer nicht persönlich teilnahm und die er nicht im Sinne seiner Ideale zu beeinflussen suchte, und keine grössere Veranstaltung, an der Scherrer nicht als Redner auftrat. Innerhalb der christlichsozialen Organisationen, aber auch in der konservativen Partei hat er die programmatische Ausrichtung wesentlich mitgeprägt. Sowohl an der Jahrhundertfeier der KVP als auch am Jubiläumsparteitag der Schweizer Konservativen trat Scherrer als Festredner auf[89], für ihn willkommene Gelegenheiten, «die christlichsozialen Grundsätze in der Gesamtpartei vertreten zu können».[90] In den 1920er und 1930er Jahren wurde Scherrer zum Inspirator und prominenten Exponenten des Modells einer berufsständischen Neuordnung von Gesellschaft, Wirtschaft und Staat auf christlicher Grundlage. Im Kanton St.Gallen verfasste Josef Scherrer seit 1911 meistens die Wahlkundgebungen der konservativen Gesamtpartei, «freilich ohne viel Dank zu erhalten».[91] Darüber hinaus war Scherrer 1935 massgeblich beteiligt an der Reorganisation der konservativen Parteien der Schweiz und St.Gallens.[92] Grossen Rückhalt und volles Vertrauen genoss Scherrer in der St.Galler Bevölkerung. Er wurde regelmässig mit der höchsten Stimmenzahl als Nationalrat wiedergewählt.[93] Im Januar 1935 gelang es ihm, in einem «laut tobenden Proteststurm»[94] der rheintalischen Sticker in Rebstein Verständnis für die behördlichen Massnahmen zu wecken.[95] Im Kanton St.Gallen wurde Scherrer 1939 Mitglied der Kriegswirtschaftlichen Kommission, auf Bundesebene Mitglied der Vollmachtenkommission.

88 Rölli-Alkemper, SKVP 1935–1943, S. 169.
89 Die Manuskripte beider Referate befinden sich im BAR (Josef Scherrer, Unser Programm, 1934; ders., Eidgenössische Zeitaufgaben im Lichte unseres Programms, 1937).
90 TBSch, 8. März 1939 (PrivatA Scherrer).
91 TBSch, 13. Januar 1939 (PrivatA Scherrer).
92 Auf Antrag Scherrers beschloss das Zentralkomitee der Schweizer Konservativen im Januar 1935 die Schaffung eines Parteidirektoriums (TBSch, 26. Januar 1935, PrivatA Scherrer; vgl. auch Rölli-Alkemper, SKVP 1935–1943, S. 109).
93 In ihrem Kommentar zum Ausgang der Nationalratswahl von 1939 im Kanton St.Gallen schrieb die «Hochwacht», Josef Scherrer habe «zum siebten Mal die höchste Stimmenzahl unter den katholischen Nationalräten erhalten». Diese Tatsache zeige, «dass Nationalrat Josef Scherrer nicht nur das lückenlose Vertrauen der christlichsozialen, sondern auch zum grossen Teil das des konservativen Wahlvolkes besitzt» (Nr. 255, 2. November 1939).
94 Prot. Parteiausschuss KVP, 8. Januar 1935 (StaatsA SG, Archiv CVP). Regierungsrat Emil Mäder dankte Scherrer für «die geschickte und mannhafte Art, mit der er in dieser schwierigen Angelegenheit gehandelt» habe.
95 TBSch, 6. Januar 1935 (PrivatA Scherrer), und Rheintalische Volkszeitung, Nr. 4, 7.

Die herausragende Position Scherrers und seine Omnipräsenz in der Bewegung haben auch Kritik provoziert. Im Kantonalkomitee der CSP wurde 1935 die Ämterkumulation Scherrers beanstandet[96], was Scherrer veranlasste, über seinen Rücktritt als Kantonalpräsident der CSP und als Nationalrat nachzudenken.[97] Gewerkschaftskreise beanstandeten Scherrers autoritär-zentralistischen Leitungsstil und unterstellten ihm «Diktaturgelüste und Führertum».[98] Anstelle der früheren kollektiven Leitung der Bewegung sei jetzt ein «Einmannsystem» getreten.[99] Kritik und Rückschläge aber brachten Josef Scherrer nicht von seinem Kurs ab. Zu tief war er überzeugt von seiner Mission und der Richtigkeit seines Handelns. «In allem liegt doch irgendwie auch Gottes heiliges Walten. Mein katholischer Glaube sagt mir, dass Gott die züchtigt, die er lieb hat.»[100] Diese Vorhaltungen waren insofern berechtigt, als Josef Scherrers Führungsstil nicht frei von autoritären Zügen war.[101] Sie sind aber ungerecht, wenn sie Eigennützigkeit oder Herrschsucht unterstellen. Josef Scherrer ging es nie um seine eigene Person, sondern stets um das Ideal, um die als richtig erkannte Sache. Seine Arbeit verstand er als «Dienst an der Gemeinschaft»[102], sich selber als «ersten Diener» der Bewegung.[103] Für sich selbst beanspruchte er nichts. Als Josef Scherrer davon erfuhr, dass er an der Jubiläumsdelegiertenversammlung der CSP für die 25jährige Kantonalpräsidentschaft geehrt werden sollte, drückte er sein Missfallen darüber aus: «Was ich für die christlichsoziale Politik getan habe, das war ja nicht mehr als meine Pflicht. Ich weiss ausserdem, dass es in diesen 25 Jahren eine Reihe von einfachen Arbeitern gegeben hat, die unter viel schwierigeren Verhältnissen und Erbringung grösserer Opfer für die christlichsoziale Sache gearbeitet haben. Diese Pioniere würden eine Ehrung und

---

Januar 1935. Josef Scherrer vertrat seit August 1934 die St.Galler Regierung in der vom Eidgenössischen Volkswirtschaftsdepartement bestellten Expertenkommission zur Regelung des Rheintaler Lohnstickerkonflikts. Ebenso gehörte Scherrer jener Delegation an, die 1933 den schweizerisch-österreichischen Staatsvertrag zur Regelung der Verhältnisse in der Stickereiindustrie aushandelte.

96 TBSch, 28. September 1935 (PrivatA Scherrer). Gegenstand der Kritik war Scherrers Doppelfunktion als Kantonalpräsident der CSP und als Präsident des KV.
97 In einem Schreiben an die Delegiertenversammlung der CSP vom 29. September 1935 teilte Josef Scherrer seine Demission als Nationalrat und als Kantonalpräsident der CSP mit (BAR). Dieser Schritt löste in der CSP «Bestürzung» aus (TBSch, 29. September 1935, PrivatA Scherrer). «Auf Drängen meiner Freunde» zog Scherrer die Demission gleichentags wieder zurück (handschriftlicher Vermerk auf dem Demissionsschreiben).
98 TBSch, 4. März 1936 (PrivatA Scherrer).
99 TBSch, 23. Mai 1941 (PrivatA Scherrer).
100 TBSch, 13. Juli 1936 (PrivatA Scherrer).
101 In diesem Sinne Gehrig, Das Christlichsoziale, S. 53.
102 Josef Scherrer, Unsere Stellung zur politischen Lage, Manuskript eines Vortrages anlässlich der Sitzung des Kantonalkomitees der CSP, 2. April 1934, S. 17 (BAR).
103 TBSch, 11. Oktober 1937 (PrivatA Scherrer).

einen besonderen Dank verdienen.»[104] Wenn an Scherrers Amtsführung Kritik angebracht ist, dann viel eher in dem Sinn, dass Scherrers Weltbild sich in der langen Zeit seines öffentlichen Wirkens kaum verändert hat. Für ihn hatten die Prinzipien, für die er einstand, als Wahrheiten der christlichen Offenbarung und des Naturrechts absolute Gültigkeit. Negative Konsequenz dieser rigorosen Prinzipienfestigkeit war eine ausgeprägte doktrinäre Unbeweglichkeit, ein starres und oft simplifizierendes Freund-Feind-Denken, das pragmatisches Zusammengehen mit den ideellen Antipoden erschwerte und Verbindendes nicht erkennen liess. So hat Josef Scherrer (und mit ihm die katholische Kirche) beispielsweise nicht erkannt, dass der Liberalismus mit seiner Wertschätzung des Individuums ein elementar christliches Konzept vertrat. Genausowenig war er imstande, das sozialistische Genossenschaftswesen positiv zu würdigen. Zwar attestierte Scherrer den sozialistischen Arbeiterorganisationen «ehrliche Absicht», «guten Glauben» und «unzweifelhaft wertvolle Pionierarbeit».[105] Deren ideologische Grundlagen, die materialistische Weltanschauung, lehnte er aber ebenso entschieden ab wie deren Zielsetzungen, die Vision der klassenlosen Gesellschaft. Noch 1943 bezeichnete er das Engagement der sozialistischen Verbände im Dienste der materiellen Hebung der Arbeiterklasse despektierlich als «Kampf um den besten Futtertrog».[106]

Im Grunde hat Josef Scherrer wenig Anerkennung, materielle wie ideelle, für sein selbstloses und selbstverleugnendes Schaffen erhalten. Der Wechsel vom National- in den Ständerat, sein Herzenswunsch[107], scheiterte ebenso wie 1935 die Krönung seiner Laufbahn durch das Vizepräsidium des Nationalrates.[108] Die wohl grösste Ehrung, die Scherrer zuteil wurde, war ein an ihn persönlich gerichtetes Handschreiben Papst Pius XII., in dem dieser ihm für seine unermüdliche Arbeit dankte. Was dieses Schreiben für Scherrer bedeutete, kann nur ermessen, wer weiss, wie eng verbunden Josef Scherrer

---

104 Schreiben von Josef Scherrer an Emil Dürr vom 13. Mai 1937 (BAR). Ebenso hatte Scherrer zuvor eine Ehrung zu seinem 25jährigen Dienstjubiläum entschieden abgelehnt. «Ich bin mir zu sehr bewusst, wie unzulänglich und lückenhaft mein Wirken oft war. Was ich zum Wohle unseres christlichen Werkvolkes tun konnte, das versuchte ich ja nur mit der Hilfe Gottes zu tun. Für mich will ich keine besondere Anerkennung ... Nekrologe mögen sie dann schreiben, wenn ich gestorben bin» (TBSch, 9. März 1935, PrivatA Scherrer). In der «Hochwacht» würdigten zwei Beiträge von Bischof Alois Scheiwiler und Johannes Duft das Wirken Scherrers in der christlichsozialen Bewegung (Nr. 62, 14. März 1935).
105 Scherrer, Politik, S. 6 und S. 14.
106 Scherrer, Sozialismus, S. 9.
107 «Wenn ich ja je einen Wunsch in meinem Herzen trug, so war es dieser» (TBSch, 28. Juni 1936).
108 Scherrers Kandidatur für das Vizepräsidium des Nationalrates scheiterte in der katholisch-konservativen Fraktion an den Ansprüchen der Welschen (vgl. Rölli-Alkemper, SKVP 1935–1943, S. 171f.). Zur missglückten Ständeratskandidatur vgl. unten Teil IV Abschn. 2.5.

mit der katholischen Kirche war. «Immer wieder muss ich das Schreiben des Heiligen Vaters lesen. Ich bin durch dieses so eingehende persönliche Schreiben des gegenwärtig glorreich regierenden Papsts in der Seele zutiefst betroffen ... Meine Arbeit, mein Schaffen, mein Lebenswerk hat die Billigung des Papstes gefunden. Wie hätte ich mehr Anerkennung für all die Arbeit, welche ich seit mehr als 30 Jahren für die christlichsoziale Bewegung leisten durfte, finden können, als durch dieses ehrende Schreiben ... Das Handschreiben des Heiligen Vaters ist eine unverdiente Ehrung. Sie bildet die Krönung meiner Arbeit für die christlichsoziale Bewegung.»[109] Die weltliche Auszeichnung erhielt Josef Scherrer 1952 von der Universität Freiburg i. Ue. mit der Verleihung des Ehrendoktorats. 1965, nach seinem Tod im selben Jahr, würdigte eine Gedächtnisschrift sein Lebenswerk.

1.4 Weitere Führerpersönlichkeiten

«Wahrhaftig es ist gut, dass wir einen Kantonalpräsidenten haben, der mit grosser Begeisterung, Opfersinn und wir glauben fast untödlichem Optimismus die Leitung der Kantonalpartei geführt hat.»[110] Diese von den Revisoren der CSP anlässlich der Delegiertenversammlung im Mai 1915 vorgetragene Bemerkung enthielt neben Lob und Anerkennung an die Adresse Josef Scherrers auch eine kritische Spitze: Sie implizierte, dass die CSP vom Kantonalpräsidenten Josef Scherrer mehr oder weniger in Einmannregie geleitet wurde. Wenn auch die besonderen Umstände des Krieges dieses Urteil bedingten, so lässt es sich durchaus auf die Normalverhältnisse übertragen und verallgemeinern. Die CSP war de facto die Partei Josef Scherrers oder Josef Scherrer die Partei! In seinen 45 Präsidialjahren – in der KVP lösten sich in dieser Zeitspanne vier Präsidenten ab – drückte er der Parteigruppe wie kein anderer den Stempel seiner Persönlichkeit auf und führte sie souverän durch politisch bewegte Zeiten. Er vor allem repräsentierte die Parteigruppe gegen aussen, integrierte gegen innen, mobilisierte in Wahl- und Abstimmungskämpfen, organisierte das Parteileben und dirigierte den politischen Kurs. Lediglich in den Anfangsjahren, als auch die Be-

---

109 TBSch, 29. Juli 1941 (PrivatA Scherrer). Das Schreiben des Papstes ist abgedr. in: Meile, Selbstbesinnung, S. VIIIff. (Anhang). Das päpstliche Schreiben war durch Bischof Joseph Meile veranlasst worden, der am 12. März 1941 an Papst Pius XII. geschrieben hatte: «Im Interesse der katholischen Sache in der Schweiz müssen wir alles tun, um die Autorität dieses verdienten katholischen Volksführers [Josef Scherrer] zu stärken» (BiASG).
110 CSP, Revisorenbericht 1914/15, S. 3f. (BAR). Im Jb CSP 1914/15, S. 9, gab Josef Scherrer eine statistische Zusammenstellung seiner kantonalen Aktivitäten im Rahmen der CSP und der konfessionellen Standesvereine: 43 Referate, 54 Versammlungen, 91 Sitzungen (BAR).

wegungsgründer Alois Scheiwiler und Johann Baptist Jung sich parteipolitisch noch engagierten[111], liesse sich von einer kollektiven Führung sprechen. Spätestens aber seit 1919, seit der Wahl Scherrers in den Nationalrat und in die Leitung des CAB, bestimmte dieser die Wegrichtung der CSP praktisch im Alleingang, natürlich immer unter formeller Wahrung der statutarisch festgeschriebenen Mitwirkungsrechte der Parteiorgane. Die Dominanz des Kantonalpräsidenten hat nicht damit zu tun, dass Scherrer diese Position anstrebte, auch nicht damit, dass seine Parteifreunde ihm die Mitarbeit verweigerten und ihn die Parteiarbeit allein machen liessen. Die beherrschende, fast schon monarchisch zu nennende Stellung Scherrers in der Parteiführung ergab sich aus der Kumulation der vielen Rollen, die er in der christlichsozialen Bewegung der Schweiz und des Kantons besetzte. Als Verbandsfunktionär und Vollblutpolitiker konnte er sich – im Unterschied zu Johannes Duft, der nebenberuflich politisierte, oder zu Johannes Müller, dessen Kräfte durch die aufreibende Leitung der christlichen Gewerkschaften absorbiert waren – vollumfänglich der Arbeit in den Organisationen und der Politik widmen und dabei von vielen Synergieeffekten profitieren. Unter dem Gesichtspunkt innerparteilicher Demokratie mag man die Machtfülle Scherrers für bedenklich halten. Dem liesse sich entgegnen, dass Scherrer aus seinem Parteiamt nie einen materiellen Vorteil zog, auch auf diesem Feld seines Engagements der Sache und nicht Personen, auch nicht seiner eigenen, verpflichtet war, so sehr, dass daraus die Bewegung insgesamt und die CSP im besonderen grossen Nutzen zogen.

Hinter der dominanten Figur Scherrers, gleichsam in der zweiten Reihe, lassen sich, ausser Jung und Scheiwiler, nur wenige Persönlichkeiten ausmachen, die über einen längeren Zeitraum Einfluss auf die Parteiführung ausübten: Johannes Duft, der neben Josef Scherrer zum bekanntesten und profiliertesten Exponenten der CSP wurde, Gebhard Brielmaier, Josef Bruggmann, Johannes Müller sowie, eine halbe Generation später, Paul Müller, der 1942 als erster Christlichsozialer in den Regierungsrat des Kantons St.Gallen gewählt wurde.

Johannes Duft (1883–1957) war christlichsozialer Politiker der ersten Stunde und einer der ersten Akademiker in der Bewegung.[112] In Gossau in ein-

---

111 Jung und Scheiwiler gehörten 1911 beide dem Kantonalkomitee und dem Parteiausschuss der CSP an. Jung vertrat, zusammen mit Josef Scherrer, bis 1919 die CSP in der Parteileitung der KVP. Scheiwiler war während der Legislaturperiode 1912–1915 Mitglied des Grossen Rates des Kantons St.Gallen. Jung schied bis 1919 zunächst aus dem Parteiausschuss, später aus dem Kantonalkomitee der CSP aus. Scheiwiler dagegen nahm bis 1930, bis zu seiner Wahl zum St.Galler Bischof, Einsitz in Kantonalkomitee und Parteiausschuss der CSP.
112 Nach dem Tode Dufts erschien 1958 eine Gedächtnisschrift mit Auszügen aus der Selbstbiographie des Verstorbenen sowie Nekrologen und einem Schriftverzeichnis

fachen Verhältnissen geboren und aufgewachsen, hätte Johannes Duft nach Abschluss der Volksschule gerne ein Studium ergriffen, wogegen aber finanzielle Bedenken standen. An der St.Galler Verkehrsschule bereitete er sich darnach auf die Postbeamtenlaufbahn vor. In diese Zeit fiel die Begegnung mit Johann Baptist Jung und Alois Scheiwiler, «die mir liebe geistliche Freunde und soziale Führer» wurden.¹¹³ Als Werkstudent – neben dem Postdienst – ergriff er 1906 ein Studium an der sanktgallischen Handels-Akademie, welches er in Zürich fortsetzte und 1910 mit dem juristischen Doktorat abschloss. Zurück in St.Gallen, trat er dem katholischen Arbeiterverein

Nationalrat Johannes Duft, Mitbegründer und prominenter Exponent der CSP des Kantons St.Gallen.

der Stadt St.Gallen bei, als dessen Vertreter er ins provisorische Kantonalkomitee der CSP delegiert wurde.¹¹⁴ Zusammen mit Josef Scherrer zeichnete Johannes Duft als Autor des Statutenentwurfs der zu gründenden CSP.¹¹⁵ Wie Josef Scherrer stritt auch Johannes Duft, seit 1913 Anwalt in St.Gallen, auf lokaler, kantonaler und eidgenössischer Ebene für die christlichsozialen Ziele. In der Stadt St.Gallen präsidierte er die Kreispartei St.Gallen-West und gehörte dem Zentralkomitee der CSP von Gross-St.Gallen an.¹¹⁶ 1919 wurde er als Nachfolger von Georg Eisele zum Präsidenten des Kartells St.Gallen gewählt.¹¹⁷ Als er 1938 in dieser Funktion demissionierte, ernannte ihn die Kartell-Hauptdelegiertenversammlung in Würdigung seiner Verdienste zum Ehrenpräsidenten.¹¹⁸ Johannes Duft zählte zum innersten Leitungszirkel der CSP, dem Bureau, zunächst als Aktuar¹¹⁹, dann als Vizepräsident¹²⁰

(Gedenkschrift Johannes Duft). Kurze biographische Angaben gibt auch Gruner, Bundesversammlung, S. 550.
113 Gedenkschrift Johannes Duft, S. 8.
114 Jb CSP 1912, S. 10 (BAR).
115 Jb CSP 1912, S. 11 (BAR).
116 Jb CSP der Stadt St.Gallen 1916–18, S. 1f. (BAR).
117 Prot. Kartell St.Gallen, Kartellhauptsitzung vom 14. April 1919 (Archiv KAB).
118 Prot. Kartell St.Gallen, Kartell-Hauptdelegiertenversammlung vom 30. Mai 1938 (Archiv KAB).
119 Jb CSP 1912, S. 16 (BAR).
120 Wann genau Duft das Vizepräsidium von Gebhard Brielmaier übernahm, lässt sich nicht ermitteln. Erstmals führte ihn ein Verzeichnis der Mitglieder des Kantonalkomitees der CSP vom September 1925 als Vizepräsidenten auf (BAR).

und seit 1919 als Vertreter der CSP in der konservativen Gesamtpartei.[121] Auf nationaler Ebene schliesslich gehörte Johannes Duft seit 1916 dem Politischen Komitee der katholischen Arbeitervereine und von 1919 bis 1940 dem Bundesvorstand des CAB an, in dem er das Amt des Vizepräsidenten bekleidete.[122] In der politischen Öffentlichkeit wirkte Johannes Duft in erster Linie als Parlamentarier: im Gemeinderat der Stadt St.Gallen, im Grossen Rat des Kantons St.Gallen, in den er 1915 als Nachfolger von Alois Scheiwiler einzog, und während zweier Jahrzehnte, von 1919 bis 1939, im Nationalrat. In letzterem exponierte er sich vor allem im Kampf gegen den überwuchernden Staatsinterventionismus und gegen monopolistische Organisationen. 1936 wurde Johannes Duft von der sanktgallischen konservativen Deputation der eidgenössischen Räte als Kandidat für das Bundesgericht gehandelt.[123] Aus gesundheitlichen Gründen trat er 1939 als Nationalrat zurück[124], Anfang der 1940er Jahre legte er auch seine Parteiämter in der CSP nieder, nachdem er sich bereits seit Jahren von der aktiven Parteiarbeit entlastet hatte.[125]

Die Grundüberzeugungen, die Johannes Duft in seinem politischen Wirken leiteten, teilte er mit Josef Scherrer, doch unterschied er sich von diesem darin, dass seine Grundsätze weniger scharf profiliert und weniger dogmatisch waren und er sie weniger leidenschaftlich verfocht. In seiner Selbstbiographie bekannte sich Johannes Duft zu den Grundforderungen der Enzyklika Rerum novarum, dazu, dass er in sich «die heilige Pflicht» fühle, «das katholische Erbgut der Väter im Volke zu wahren und zu mehren und so das katholische Bewusstsein im öffentlichen Leben zu stärken und zu festigen». Stets sei es ihm «Herzenssache» gewesen, «den Gedanken des sozialen Friedens zu vertiefen, die schuldige Achtung des Menschen im Arbeiter als Mitteilhaber an der Gotteskindschaft zu wecken, das Zusammenwirken von Arbeit und Kapital zu propagieren, soziale Gerechtigkeit nicht nur für den Arbeiter zu fordern, sondern auch Verständnis des Arbeiters für die Sorgen des Unternehmers ... begreiflich zu machen».[126] In einer

121 Prot. Parteiausschuss KVP, 27. April 1919 (StaatsA SG, Archiv CVP). Jb CSP 1917–19, S. 7 (BAR).
122 Jb ZV 1916, S. 7; JB CAB 1919/20ff., passim.
123 Die Kandidatur Dufts war von Josef Scherrer vorgeschlagen worden. Weil Johannes Duft an der einmütigen fraktionsinternen Unterstützung seiner Kandidatur zweifelte und ihm damit die Gefahr einer Niederlage drohte, zog er seine Kandidatur zurück (Prot. der Sitzung der sanktgallischen konservativen Deputation der eidgenössischen Räte, 9. Dezember 1936, BAR; TBSch, 28. November, 9. und 10. Dezember 1936, PrivatA Scherrer).
124 TBSch, 23. und 24. September 1939 (PrivatA Scherrer). Kurze Würdigungen in: TBSch, 1. Oktober 1939 (PrivatA Scherrer); JB CAB 1939/40, S. 40; Hochwacht, Nrn. 227 und 229, 29. September und 2. Oktober 1939.
125 Jb CSP 1941–43, S. 12 (BAR).
126 Gedenkschrift Johannes Duft, S. 12f. Zur christlichsozialen Staats- und Gesellschaftsauffassung Dufts vgl. auch seine 1920 gehaltene und als Sonderdruck erschienene Rede «Die Pflicht zur christlichen Sozialreform» (Duft, Sozialreform).

Programmrede, gehalten am IV. christlichsozialen Arbeiterkongress 1928 in Bern, warb Johannes Duft für die Gemeinschaft von Arbeitern und Bauern als Bedingung der sozialen Wohlfahrt des ganzen Schweizervolkes.[127] Und zusammen mit Josef Scherrer gehörte Duft zu den Garanten der religiösweltanschaulich fundierten politischen Einheitsfront von Konservativen und Christlichsozialen im Kanton St.Gallen.[128]

Zu den Initianten und zur ersten Führungsgarnitur der CSP, dem vierköpfigen Bureau des Ausschusses, gehörten neben Josef Scherrer und Johannes Duft auch Gebhard Brielmaier und Josef Bruggmann. *Gebhard Brielmaier* (1871–1929) war, wie zahlreiche andere christliche Gewerkschafter, deutscher Herkunft und seit 1896 Schreiner in St.Gallen. Zusammen mit Georg Eisele, auch er aus Süddeutschland stammend, gründete Brielmaier 1901 den ersten christlichen Gewerkschaftsverband, die Holzarbeitergewerkschaft, und engagierte sich in vorderster Reihe im landesweiten Aufbau der christlichen Gewerkschaftsorganisationen. 1907 bis 1915 bekleidete er das Präsidium des Christlichsozialen Gewerkschaftsbundes der Schweiz. Bereits zur Zeit der Gründung der CSP gehörte Brielmaier dem sanktgallischen Gemeinderat an, bevor er 1912 in den Grossen Rat gewählt wurde, in dem er zehn Jahre mitwirkte. In der CSP fungierte Brielmaier bis zum Ende des Ersten Weltkrieges als Vizepräsident, bevor er sich in den frühen 1920er Jahren aus dem Parteileben zurückzog.[129]

Repräsentierten Josef Scherrer und Gebhard Brielmaier das gewerkschaftliche Element in der Führungsmannschaft der CSP, so ist *Josef Bruggmann* (1871–1934) als Vertreter der Institutionen zu bezeichnen. Geboren in Degersheim im unteren Toggenburg, erlernte Bruggmann den Beruf eines Stickers. 1908 übernahm er das Zentralpräsidium des drei Jahre früher gegründeten Verbandes christlichsozialer Krankenkassen der Schweiz. Unter seiner Leitung, die er während 27 Jahren innehatte, wuchs der Verband bis 1934 zur zweitgrössten Krankenkasse in der Schweiz heran. In der Parteileitung der CSP versah er während sieben Jahren das Amt des Kassiers und vertrat die Gruppe im kantonalen Parlament. Nach seinem Wegzug nach Luzern 1919 stellte Josef Bruggmann seine Kräfte in den Dienst der dortigen

---

127 Die Rede mit dem Titel «Bauer und Arbeiter» ist abgedr. in: Prot. CAB 1928, S. 46ff. Sie erschien im selben Jahr auch als Druckschrift (Duft, Bauer und Arbeiter).
128 «Uns eint und bindet ein gemeinsames Zentrum», führte Duft in einer Rede am zweiten Parteitag der Konservativen in Altstätten 1923 aus, «die gemeinschaftliche Weltanschauung». In der Wahrung und Verteidigung derselben, «in der Hochhaltung der christlichen Volkstradition im Lande des hl. Gallus» wollten auch die Christlichsozialen «konservativ sein, konservativ bis zum letzten Pulsschlag unseres Herzens» (Hochwacht, Nr. 232, 5. Oktober 1923, Beilage Nr. 40; vgl. auch Ostschweiz, Nr. 228, 1. Oktober 1923).
129 Jb CSP 1912ff., passim (BAR); Nekrolog in JB CAB 1928/29, S. 7f.; Schelbert, Gewerkschaftsarbeit, passim. Weitere biographische Hinweise zu Gebhard Brielmaier und Josef Bruggmann stellte lic. phil. Wolfgang Göldi zur Verfügung.

Johannes Müller, Präsident des Christlichnationalen Gewerkschaftsbundes 1916 bis 1937.

christlichsozialen Organisationen, die er u.a. von 1928 bis 1934 im Grossen Rat vertrat.[130]

Ganz anderen Zuschnitts als Scherrer oder Duft war der Gewerkschafter *Johannes Müller* (1883–1937).[131] Er verkörperte in der Parteileitung den Typus des Arbeiters. Er galt «immer als besonderer Vertrauensmann der Arbeiter- und Angestelltenschaft»[132], der, so die sozialdemokratische «Volksstimme», auch in den Reihen anderer Parteien und Bewegungen «viel Achtung» genoss.[133] Josef Scherrer beschrieb ihn als «in seinen Formen und Äusserungen hin und wieder derb», als Persönlichkeit mit einer «rauhen Schale», hinter der sich aber ein «idealer, hochgemuter und tiefer Mensch mit einem guten Herzen verbarg».[134] Johannes Müller war kein Theoretiker, er war Praktiker und Pragmatiker, Mann der Tat, zuweilen polternd, launisch und unberechenbar, doch auch er tief verwurzelt in der katholischen Sozialtradition.[135] «Wenn ... meine Arbeit nun doch von etwelchem Erfolg gekrönt wurde», schrieb Müller an Bischof Scheiwiler, «so verdanke ich das wohl dem, dass ich, seit ich Sekretär bin, jeden Tag den lieben Gott bitte, er möge meine Arbeit für die christl. soziale Bewegung segnen.» Es gelte schliesslich, «dahin zu wirken, dass der neue Bau [der Gesellschaft und Wirtschaft] auf dem soliden Fundamente unserer christlichen Glaubens- und Sittenlehre gebaut» werde.[136] Von bescheidenster Herkunft, hatte Müller den

---

130 Jb CSP 1912ff., passim (BAR); Nekrolog in JB CAB 1934–36, S. 18f.
131 Kurze biographische Anmerkungen gibt Schelbert, Gewerkschaftsarbeit, S. 39ff. Dudle, Christlichnationaler Gewerkschaftsbund, S. 38ff., würdigt Müllers Wirken als Präsident des CNG. Nekrologe in: JB CAB 1937/38, S. 13ff., und Hochwacht, Nrn. 124, 125 und 129, 1.,2. und 7. Juni 1937.
132 Hochwacht, Nr. 124, 1. Juni 1937.
133 Volksstimme, Nr. 124, 1. Juni 1937.
134 Hochwacht, Nr. 125, 2. Juni 1937.
135 Schriften hinterliess Johannes Müller keine. Dagegen engagierte er sich für die Presse der Bewegung, u.a. als Verwaltungsrat der Verlagsanstalt Buchdruckerei Konkordia, als Leiter des «Gewerkschafter» und als St.Galler Korrespondent der «Hochwacht».
136 Schreiben von Johannes Müller an Bischof Alois Scheiwiler vom 22. September 1933 (BiASG).

Beruf eines Schreiners erlernt und war nach der Lehre als Geselle quer durch Europa gewandert. Über den katholischen Gesellenverein fand er 1911 den Weg in die christlichen Gewerkschaften, in denen er zunächst als Sekretär des Verbandes christlicher Holzarbeiter, später als Zentralpräsident des Verbandes christlicher Textil- und Bekleidungsarbeiter wirkte. Nach dem Rücktritt Gebhard Brielmaiers wurde er Ende 1915 an die Spitze der christlichen Gewerkschaftsbewegung der Schweiz berufen, die unter seiner straffen Leitung einen rasanten Aufschwung nahm. Als Gewerkschaftsvertreter betrat er bald auch die Arena der Politik. Er wurde 1917 städtischer Gemeinderat, 1924 Mitglied des sanktgallischen Grossen Rates und rückte 1935 als erster Ersatzmann für den verstorbenen Konservativen Albert Geser-Rohner in den Nationalrat nach. In der Führung der CSP begegnen wir Johannes Müller erst gegen Ende des Ersten Weltkrieges, zunächst als Mitglied des Kantonalkomitees[137], dann auch des Parteiausschusses.[138] Seit 1919 bis zu seinem plötzlichen Tod im Frühsommer 1937 vertrat er, zusammen mit Josef Scherrer und Johannes Duft, die christlichsoziale Parteigruppe in der konservativen Parteileitung.[139]

Müllers eminent wichtige Bedeutung für die CSP lag weniger in seiner Mitarbeit in den Parteiorganen – Sitzungen der Parteileitung hat er eher unregelmässig besucht – als vielmehr in seiner integrativen Leistung. Müller, der sich einmal als Schüler Scherrers bezeichnet haben soll[140], liess an der Einheit von Konservativen und Christlichsozialen nie einen Zweifel. Seiner Autorität war es zuzuschreiben, dass die christlichen Gewerkschafter Scherrers Kurs der Einheit von Konservativen und Christlichsozialen mittrugen und sich auch in der kritischen Phase der mittleren 1930er Jahre loyal zur gemeinsamen politischen Front von Konservativen und Christlichsozialen bekannten.[141] Scherrer war sich der Schlüsselrolle Müllers durchaus bewusst: Auf sein Betreiben war Johannes Müller in den konservativen Parteiausschuss abgeordnet worden, und Müllers Kandidaturen für den Grossen Rat und den Nationalrat befürwortete Scherrer mit allem Nachdruck.

Paul Müller (1895–1966) schliesslich, auch er aus einfachen, kleinbäuerlichen Verhältnissen hervorgegangen, war bezüglich Herkunft, Bildungsgang und geistigem Habitus Josef Scherrer, mit dem er bis zu dessen Tod freund-

---

137 Jb CSP 1917–19, S. 3 (BAR).
138 Verzeichnis der Mitglieder des Kantonalkomitees der CSP, September 1925 (BAR).
139 Prot. Parteiausschuss KVP, 27. April 1919 (StaatsA SG, Archiv CVP). Jb CSP 1917–19, S. 7 (BAR).
140 TBSch, 17. Mai 1937 (PrivatA Scherrer).
141 Ebenso lehnte Johannes Müller Experimente einer Zusammenarbeit von christlichen und sozialistischen Gewerkschaften kategorisch ab (vgl. das Referat Müllers anlässlich des Gedenkakts zum 25jährigen Jubiläum des Christlichnationalen Gewerkschaftsbundes am 9. Oktober 1932, abgedr. in: Prot. CAB 1932, S. 61ff., bes. S. 65).

1942 wurde Paul Müller als erster Christlichsozialer in den Regierungsrat gewählt, wo er bis 1964 das Departement des Innern leitete.

schaftlich verbunden blieb, am meisten verwandt.[142] Wie dieser war auch Müller grundsatztreuer Katholik und zutiefst überzeugt von der Notwendigkeit und Richtigkeit der Einheit von Konservativen und Christlichsozialen, was er etwa dadurch unterstrich, dass er über lange Zeit Präsident der Konservativen Volkspartei des Bezirks Untertoggenburg war.[143] Er stiess über den Arbeiterverein seines Heimatortes, der Industriegemeinde Henau, zu den Christlichsozialen. Wie Josef Scherrer oder Johannes Müller verfügte auch er nur über einen vergleichsweise schmalen Schulsack und erwarb sich einen Grossteil seiner Kenntnisse in der praktischen Arbeit. Er absolvierte eine Banklehre, war kurze Zeit im Bankfach tätig, ehe er auf dem Gemeindeamt in Uzwil verschiedene Verwaltungsaufgaben wahrnahm und nebenher das sanktgallische Rechtsagenten-Patent erwarb. Als Parteileiter der christlichsozialen Organisationen seiner Heimatgemeinde und des Bezirks Untertoggenburg nahm er Anfang der 1920er Jahre Einsitz in den St.Galler Grossen Rat und damit auch in das christlichsoziale Kantonalkomitee.[144] In der engeren kantonalen Parteileitung profilierte er sich aber erst in den 1930er Jahren. 1936 figurierte er erstmals auf der Mitgliederliste des kantonalen Parteiausschusses.[145] Ebenfalls 1936 übernahm

---

142 Knappe biographische Angaben machte Josef Scherrer anlässlich der Regierungsratskandidatur Müllers, in: Prot. Kantonalkomitee KVP, 29. Januar 1942 (StaatsA SG, Archiv CVP); Ostschweiz, Nr. 65, 9. Februar 1942. Ebenfalls knapp, vor allem die Regierungsratstätigkeit würdigend: Thürer, Landammänner, S. 41f. Nekrologe in: Hochwacht, Nr. 130, 8. Juni 1966, und Ostschweiz, Nr. 130, 7. Juni 1966. Nach dem Tode Paul Müllers gab die Verlagsanstalt Buchdruckerei Konkordia in Winterthur eine Gedenkschrift mit den Traueransprachen und Nekrologen heraus (Gedenkschrift Paul Müller).
143 1942, eben in den Regierungsrat gewählt, versprach Paul Müller seinem Mentor Josef Scherrer, wie bis anhin auch in Zukunft für die Einheit und Geschlossenheit von Konservativen und Christlichsozialen zu wirken (Schreiben von Paul Müller an Josef Scherrer vom 28. Februar 1942, BAR).
144 Verzeichnis der Mitglieder des Kantonalkomitees der CSP, September 1925 (BAR).
145 Verzeichnis der Mitglieder des Kantonalkomitees und des Parteiausschusses der CSP, Juli 1936 (BAR).

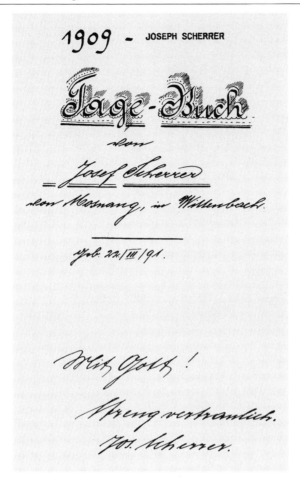

Paul Müller von Josef Scherrer die Leitung der christlichsozialen Grossratsgruppe.[146] Gleichzeitig vertrat er die CSP von 1933 bis 1942 nebenamtlich im Kantonsgericht. 1942 wurde Paul Müller nach harter parteiinterner Ausmarchung in der Nachfolge Emil Grünenfelders als erster Christlichsozialer in den Regierungsrat des Kantons St.Gallen gewählt, in dem er das Departement des Innern übernahm und bis 1964 leitete. Seine Treue zur christlichsozialen Bewegung und zur CSP bezeugte er dadurch, dass er 1946 von Josef Scherrer das Präsidium des reaktivierten KV übernahm und in der CSP bis zu seinem Tode 1966 als Vizepräsident fungierte.

146 TBSch, 9. November 1936 (PrivatA Scherrer).

2. Struktur, Organisation und Prozesse

2.1 Aufbau, Parteiorgane und Willensbildung

Den Statuten, die sich die CSP an ihrer Gründungversammlung am 26. November 1911 in St.Gallen gegeben hatte, war eine vergleichsweise lange Lebenszeit von fast vier Jahrzehnten beschieden. Ein Beschluss der christlichsozialen kantonalen Delegiertenversammlung im Jahre 1921, eine Revision der Statuten einzuleiten, blieb aus unerklärlichen Gründen ohne Wirkung.[147] Zur langen Lebensdauer haben zwei Faktoren beigetragen: Zum einen erlaubte die insgesamt knappe und weitmaschige Fassung eine flexible Anpassung an veränderte Umstände.[148] Und zum andern scheuten die Parteiverantwortlichen nicht davor zurück, sich vom Statutenbuchstaben zu entfernen und diesen gewohnheitsrechtlich weiterzuentwikkeln.[149]

Analog der staatsrechtlichen Struktur des Kantons mit der kommunalen, der Bezirks- und der kantonalen Ebene war auch die CSP dreistufig aufgebaut. Die Organisationen der Christlichsozialen in den Gemeinden waren in der Regel die katholischen Arbeitervereine, die als multifunktionale Gebilde immer auch als Träger der christlichsozialen Politik walteten. Sie hatten die kantonale Parteiorganisation als politischen Zweckverband 1911 gegründet und gehörten diesem kollektiv an. Unmittelbar nach der Gründung der kantonalen christlichsozialen Parteigruppe schlug deren Ausschuss den Arbeitervereinen vor, im Blick auf die anstehenden kantonalen Parlamentswahlen politische Komitees auszuscheiden, um «die Werbetrommel auch

---

147 Ostschweiz, Nr. 270, 21. November 1921.
148 Für die CSP trifft damit zu, was Gruner generell feststellt: «Je lakonischer sie [die Statuten] sind, desto grösser ist der Unterschied zu dem, was man in der Praxis aus ihnen macht» (Parteien, S. 204). Die Statuten der CSP von 1911 fanden auf vier Seiten Platz, für jene von 1949 hatte sich der Platzbedarf bereits nahezu verdoppelt.
149 Josef Scherrer mass den Bestimmungen der Statuten eine eher untergeordnete Bedeutung zu. 1935 bekannte er, «dass wir nicht zu sehr auf einer schablonenhaften Organisation bestehen, sondern eine gewisse Freiheit gestatten. In der Politik ist für uns die Organisation schon deshalb nicht entscheidend, weil wir keine absolute Partei sind, sondern eine Gruppe innert der Konservativen Volkspartei. Entscheidend ist, welchen Einfluss wir praktisch auf die Gesamtpartei auszuüben vermögen» (TBSch, 6. Januar 1935, PrivatA Scherrer).

Statuten
der christlich-sozialen Partei des Kantons St. Gallen.

§ 1.

Die christlich-soziale Partei des Kantons St. Gallen ist eine interkonfessionelle. Sie ist ein Glied der konservativen und christlich-sozialen Gesamtpartei. Sie tritt ein für die Erhaltung und Förderung der Religion, Staat und Gesellschaft, im Sinne der christlichen Weltanschauung. Sie vertritt die Grundsätze eines kraftvollen schweizerischen Nationalgedankens in Staat und Volk, einer aufrichtigen und tatsächlichen politischen und kirchlichen Gleichberechtigung in freiheitlicher Ausgestaltung ohne Unterschied der Partei und Konfession, eines den Forderungen der Gegenwart angemessenen Fortschrittes auf allen Gebieten unter Berücksichtigung der finanziellen Kräfte des Volkes und einer tatkräftigen sozialen Reform nach den Geboten des praktischen Christentums im Interesse des Arbeiter-, Kleinhandwerker- und Kleinbauernstandes unter Wahrung der staatlichen und gesellschaftlichen Rechtsordnung und Disziplin, sowie unter Erhaltung der wirtschaftlichen Erwerbs- und Konkurrenzkraft unseres Landes.

§ 2.

Die Partei nimmt selbständig oder in Verbindung mit der konservativen Partei zu allen wichtigen eidgenössischen, kantonalen und Gemeindefragen Stellung unter objektiver Aufklärung ihrer Mitglieder über dieselben. Ueber die Stellungnahme in wichtigen kantonalen und eidgenössischen Angelegenheiten entscheidet endgültig die kantonale Delegiertenversammlung, in dringlichen Fällen der kantonale Parteivorstand.

§ 3.

Mitglied der Partei kann jeder im Vollgenuß der bürgerlichen Ehren und Rechte stehende stimmfähige Schweizerbürger werden, der sich zu den in § 1 bezeichneten Grundsätzen und zum Parteiprogramm bekennt, sowie zur Verwirklichung derselben Hand zu bieten bereit ist. Die Aufnahme erfolgt durch die Lokalvorstände, ebenso ein eventueller Ausschluß von Mit-

Statuten der CSP des Kantons St.Gallen vom 26. November 1911. Sie blieben bis 1949 in Kraft.

ausser dem Kreise des Arbeitervereins zu schlagen».[150] Alois Scheiwiler erkannte in der Kommissionsbildung zudem ein taugliches Instrument, um die Vereinsführung von politischen Tagesgeschäften zu entlasten und die politische Interessenvertretung zu professionalisieren.[151] Dieser Aufforderung kamen die Arbeitervereine aber nur zögernd nach. Im Frühjahr 1913 verfügten gemäss einer statistischen Zusammenstellung Josef Scherrers nur 13 der 32 Arbeitervereine über ein spezielles politisches Komitee.[152] In der Mitte der 1920er Jahre drang auch der Zentralverband katholischer Arbeitervereine auf die Bildung politischer Kommissionen.[153] Zusätzlicher Druck zur Ausscheidung politischer Ausschüsse ging zu Beginn der 1930er Jahre von der sogenannten «Katholischen Aktion» aus, die eine Vertiefung und Neubelebung des Vereinslebens anstrebte und die Trennung desselben von der Tagespolitik anvisierte. Der Direktor der Katholischen Aktion in der Diözese St.Gallen, Joseph Meile, verlangte mit der Begründung, die katholischen Standesvereine seien zuerst seelsorgerliche Vereine, die Loslösung dieser Vereine von den politischen Organisationen.[154] In der Praxis wäre dieser Plan in Anbetracht der traditionellen politischen Funktion der Vereine nicht durchführbar gewesen ohne Schädigung der politischen Präsenz der Katholiken in den Gemeinden. Bischof Alois Scheiwiler gestattete angesichts der Wichtigkeit und Unentbehrlichkeit der katholischen Vereine als Stützen der lokalen Parteiorganisation die weitere politische Tätigkeit, stellte aber zur Bedingung, dass deren Träger eine besondere politische Kommission sein müsse.[155] Für

---

150 Prot. Parteiausschuss CSP, 7. Dezember 1911 (BAR). Kurz zuvor hatte auch die konservative Parteileitung die Bildung von politischen Komitees in den Sektionen des Katholischen Volksvereins vorgeschlagen (Zirkular des konservativen Parteiausschusses an die Bezirksleiter der KVP, 30. November 1911, StaatsA SG, Archiv CVP).
151 Alois Scheiwiler, Christlichsoziales Arbeitsprogramm, Referat, abgedr. in: Ostschweiz, Nrn. 48, 50 und 52, 26., 28. Februar und 3. März 1913.
152 Jb CSP 1912, Beilage (BAR).
153 Vgl. Beschlüsse der Delegiertenversammlung des Verbandes der katholischen Arbeitervereine der Schweiz vom 25. April 1926, abgedr. in: JB CAB 1926/27, S. 55. 1923 sprach Josef Scherrer in der Programmschrift «Christlichsoziale Politik» von der «unbedingten Notwendigkeit» einer politischen Gruppierung in den Arbeitervereinen (Scherrer, Politik, S. 25).
154 Meile, Berufsgemeinschaften, S. 47ff.
155 In einer Aussprache mit den Spitzen der KVP willigte Bischof Scheiwiler ein, dass der Volksverein auch künftig Träger der politischen Aktion in der Gemeinde sein dürfe, sofern die politischen Geschäfte analog den Arbeitervereinen von einer besonderen politischen Kommission geführt würden (TBSch, 18., 19. September 1936 und 2. Februar 1941, PrivatA Scherrer; vgl. auch Meile, Scheiwiler, S. 157f.). Einen ähnlich pragmatischen Standpunkt hatte bereits Scheiwilers Vorgänger Bürkler vertreten (freundlicher Hinweis von lic. phil. Wolfgang Göldi). Eine Weisung des Präsidiums des Katholischen Volksvereins St.Gallen an die örtlichen Volksvereine forderte diese am 17. September 1937 auf, eine «Subkommission, welche die parteipolitischen Belange ordnet», einzusetzen (StaatsA SG, Archiv CVP). Ebenso drang der Vorstand des KBB darauf, dass in

den geistlichen Leiter des Vereins hatte diese organisatorische Massnahme ferner den Vorzug, dass er parteipolitisch im Hintergrund agieren konnte und sich nicht exponieren musste.[156] Doch scheint auch dieser Appell nicht die gewünschte Wirkung gezeitigt zu haben. Wiederum 1938 und nochmals 1944 erging seitens der kantonalen Parteileitung der Appell an die Arbeitervereine, politische Kommissionen einzurichten.[157]

Bereits sehr früh bildeten sich an einigen Orten selbständige christlichsoziale politische Organisationen, entweder neben dem Arbeiterverein oder anstelle des Arbeitervereins.[158] Im ersten Fall sollte damit auch anderen Berufsgruppen die Möglichkeit zur politischen Mitwirkung in den christlichsozialen Reihen gegeben werden. Zudem erlaubte die selbständige politische Organisation ein kraftvolleres Auftreten gegenüber den Konservativen wie gegenüber den Sozialdemokraten.[159] Im zweiten Fall sollte die politische Organisation als eine Art Vorposten das Terrain für die Gründung eines Arbeitervereins ebnen.[160] Denn, so Alois Scheiwiler, «wo ein Arbeiterverein im Rücken steht, da ist das Schaffen viel leichter, fruchtbarer und dauerhafter».[161] Nach dem Vorbild der CSP ordneten sich die lokalen christlichsozialen Parteigruppen in die konservative Parteiorganisation vor Ort ein, und wie die CSP bezeichneten sie sich «aus taktischen Gründen» als «Christlichsoziale Partei».[162]

Die einzigen im CSB-Archiv respektive im Bundesarchiv erhaltenen Statuten einer Lokalorganisation der CSP, die Statuten des im Februar 1912

---

den Sektionen politische Kommissionen gebildet werden (KBB. Mitteilungen an die Sektionsvorstände, Zirkularschreiben Nr. 1, 26. Januar 1936, Archiv KBB).

156 Zirkular an die Bezirkspräsidenten und an die Mitglieder des Kantonskomitees der CSP, 20. August 1938 (BAR). Vgl. auch August Steffens Beitrag mit dem Titel «Arbeitervereine und Politik» in der «Hochwacht», Nr. 164, 16. Juli 1936.
157 Zirkular der CSP an die Bezirkspräsidenten und an die Mitglieder im Kantonskomitee, 20. August 1938 (BAR); Zirkular an die Mitglieder des Kantonskomitees und an die Bezirks- und Gemeindeorganisationen der CSP, 14. November 1944 (BAR).
158 Nach der statistischen Zusammenstellung Scherrers bestanden im Frühjahr 1913 im Kanton fünf selbständige politische Organisationen, nämlich drei im Bezirk Rorschach und je eine in den Bezirken Unterrheintal und See (Jb CSP 1912, Beilage, BAR). Identifizieren lassen sie sich allerdings erst für die Jahre nach dem Ersten Weltkrieg: St.Gallen, Rorschach, Rapperswil-Jona, Gossau, Steinach, Goldach, Wil (die Auflistung stützt sich auf die Einträge der Zahlungseingänge im Kassabuch der CSP, BAR).
159 Göldi, Vereine, S. 133.
160 Vgl. Statuten der Christlichsozialen Partei des Bezirks Oberrheintal, 22. März 1914, Art. 2: «Wo keine Arbeitervereine bestehen und keine gegründet werden können, werden christlichsoziale politische Organisationen geschaffen» (BAR). Ähnliche wegbereitende Funktion hatte die Gründung von Krankenkassen-Sektionen.
161 Alois Scheiwiler, Christlichsoziales Arbeitsprogramm, Referat, abgedr. in: Ostschweiz, Nrn. 48, 50 und 52, 26., 28. Februar und 3. März 1913.
162 Scherrer, Politik, S. 25.

gegründeten Bezirksverbandes des Oberrheintals[163], schwiegen sich über das Tätigkeitsfeld der lokalen Organisationen aus und beschränkten sich darauf, im Zweckartikel «die politische Betätigung auf christlichsozialer Grundlage» zu nennen.[164] Eine präzisere Umschreibung dürfte sich darum erübrigt haben, weil die Statuten der christlichsozialen Kantonalpartei den Rahmen politischer Aktivitäten in allgemeiner Form absteckten – Stellungnahme der Partei zu allen wichtigen eidgenössischen, kantonalen und kommunalen Fragen – und diese Vorgaben auch für die lokale Parteiarbeit galten.[165]

Zwischen den lokalen politischen Gruppierungen und der Kantonalpartei standen die Bezirksparteien, welche meist bereits vor der Gründung der CSP ins Leben gerufen worden waren. Weil die Bezirke im St.Galler Staatsrecht lediglich mit Vollzugsaufgaben betraute Verwaltungseinheiten und keine politischen Körperschaften sind, reduzierte sich die Bedeutung der Bezirksparteien – ausser bei den Grossratswahlen, bei denen die Bezirke die Wahlkreise bildeten – auf innerparteiliche Aufgaben im Sinne der Koordination und Organisation. Die Bezirksparteien wirkten einerseits nach unten, in den Gemeinden, indem von ihnen, wie Alois Scheiwiler an der christlichsozialen Delegiertenversammlung 1913 forderte, «Kraft, Anregung, Initiative, tüchtige Propaganda belebend und begeisternd in die einzelnen Gemeinden ausgehen» sollten[166], andererseits nach oben, indem sie respektive ihre Präsidenten an der Willensbildung und Entscheidungsfindung in den kantonalen Parteigremien Anteil nahmen. Ihre organisatorische Struktur war nur rudimentär ausgebildet. Die Oberrheintaler Statuten nannten als Organe die Generalversammlung, die Delegiertenversammlung und das Bezirkskomitee mit dem Bezirkspräsidenten. Während die Funktion der Generalversammlung nicht näher erläutert wurde – sie ist als Mitgliederversammlung zu bezeichnen und hatte die Bezirksstatuten zu genehmigen –, oblag der jährlich einmal zusammentretenden und von den Gemeindeorga-

---

163 Der christlichsoziale Bezirksverband Oberrheintal war am 4. Februar 1912, im Vorfeld der ersten Grossratswahl nach proportionalem Wahlrecht, in Oberriet gegründet worden, ohne sich allerdings eine formale Struktur zu geben. Mitglieder waren die christlichsozialen Arbeitervereine in Altstätten, Montlingen und Rüthi (Rheintalische Volkszeitung, Nrn. 19 und 20, 3. und 5. Februar 1912). Anfang Juni 1913 hielt der Verband seine erste ordentliche Hauptversammlung ab, an der Josef Scherrer über das gemeinsame Programm von Konservativen und Christlichsozialen referierte (Rheintalische Volkszeitung, Nr. 85, 5. Juni 1913), bevor die zweite Hauptversammlung im März 1914 die Statuten guthiess (Rheintalische Volkszeitung, Nr. 47, 25. März 1914) und sie der kantonale Parteiausschuss am 2. Juli 1914 genehmigte.
164 Statuten der Christlichsozialen Partei des Bezirks Oberrheintal, 22. März 1914, Art. 1 (BAR). In diesen Statuten war auch die politische Organisation in den Gemeinden grob geregelt (Art. 10). Den Gemeindeorganisationen war es freigestellt, sich zusätzlich spezielle Statuten zu geben.
165 Statuten der CSP, 26. November 1911, Art. 2 (BAR).
166 Alois Scheiwiler, Christlichsoziales Arbeitsprogramm, Referat, abgedr. in: Ostschweiz, Nrn. 48, 50 und 52, 26., 28. Februar und 3. März 1913.

nisationen beschickten Delegiertenversammlung die Wahl der Bezirksleitung und des Bezirkspräsidenten. Ihre weiteren Kompetenzen sind vage in den Kantonalstatuten der CSP aufgelistet: Nomination der Kandidaten für Grossrats- und Bezirkswahlen, Wahlagitation sowie Stellungnahme zu «sonstigen Bezirksfragen».[167] Das Bezirkskomitee, in dem jede Gemeinde des Bezirks vertreten sein sollte, dessen Aufgaben jedoch nicht näher bezeichnet wurden, führte für eine dreijährige Amtsdauer die Geschäfte.

Die Gemeinde- und Bezirksorganisationen konnten über mehrere ordentliche Wege auf die Tätigkeit der Kantonalpartei Einfluss nehmen. Zunächst stand jeder Gemeindeorganisation das Recht zu, wenigstens drei Vertreter ins oberste kantonale Parteiorgan, die Delegiertenversammlung, zu entsenden.[168] Der praktisch bedeutsamere Weg war die offizielle Einsitznahme der Bezirkspräsidenten in das Kantonalkomitee und, faktisch, in den Parteiausschuss.[169] In dringlichen Fällen konnten mindestens drei Bezirkskomitees die Einberufung einer ausserordentlichen kantonalen Delegiertenversammlung verlangen.

Im Unterschied zu den Gemeinde- und Bezirksorganisationen verfügte die kantonale Partei über drei Geschosse der Willensbildung (Abb. 2).[170] Zwischen der Delegiertenversammlung als «Parteiparlament» und der Parteileitung, hier kantonaler Parteiausschuss genannt, stand das Kantonalkomitee, das sich in Anlehnung an Erich Gruner als «Miniatur-Delegiertenversammlung» bezeichnen lässt.[171] Die Zusammensetzung der Parteiorgane war in den Statuten denkbar einfach geregelt. Die Delegiertenversammlung vereinigte die Abordnungen der Gemeindeverbände, während sich das Kantonalkomitee aus den Bezirkspräsidenten und neun freigewählten Mitgliedern und der Parteiausschuss aus sieben Freigewählten sowie dem Präsidenten, dem Vizepräsidenten, dem Aktuar und dem Kassier zusammensetzten. Anders als die KVP, deren Statuten von 1912 für die Delegiertenversammlung und das Kantonalkomitee Vertretungen der Parteioffiziellen, der verwandten Organisationen, der Presse und der Behörden vorsahen[172], waren in den Satzungen der CSP keine Ex-officio-Vertretungen erwähnt, mit der Ausnahme, dass die Bezirksparteipräsidenten sowie die christlichsozialen

---

167 Statuten der CSP, 26. November 1911, Art. 13 (BAR).
168 Sektionen mit mehr als hundert Mitgliedern hatten das Recht, für jedes weitere Hundert zwei zusätzliche Delegierte zu bestimmen. Aus jenen Gemeinden, in denen keine christlichsoziale Organisation bestand, beriefen die Bezirkskomitees Vertrauensleute (Statuten der CSP, 26. November 1911, Art. 6, BAR).
169 Die Bezirkspräsidenten gehörten ex officio dem Kantonalkomitee der CSP an. Im Parteiausschuss der CSP waren sie bis in die Mitte der 1920er Jahre stark vertreten (1915: 5 von 8; 1925: 3 von 19; 1936: 2 von 20; 1941: 2 von 19).
170 Statuten der CSP, 26. November 1911, Art. 5 (BAR).
171 Gruner, Parteien, S. 206.
172 Statuten der KVP, 23. Oktober 1912, Art. 5 und 13 (StaatsA SG, Archiv CVP).

Die Christlichsoziale Partei des Kantons St. Gallen 1911–1939

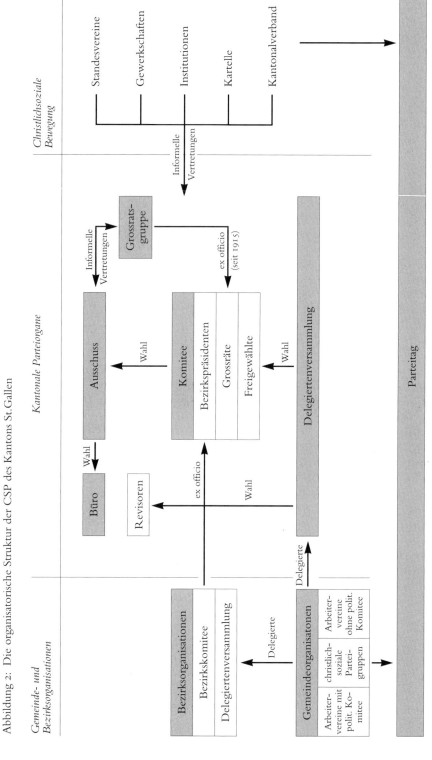

Abbildung 2: Die organisatorische Struktur der CSP des Kantons St. Gallen

Kantonsparlamentarier – nach einer 1915 erfolgten Änderung der Statuten – von Amtes wegen dem Kantonalkomitee angehörten.[173] Erklären lässt sich das Fehlen statutarisch fixierter Vertretungen damit, dass sich diese Vertretungen aus der intensiven Rollenkumulation und der vielfältigen personellen Verflechtung innerhalb der CSP, in der christlichsozialen Bewegung sowie zwischen der Partei und den einzelnen Organisationen der Bewegung von selbst ergaben. So vertraten beispielsweise Gebhard Brielmaier und Josef Scherrer im ersten Kantonalkomitee gleichzeitig ihren jeweiligen Bezirk, die christlichsoziale Grossratsgruppe und die christlichen Gewerkschaften, Othmar Wick, Verwalter der Konsumgenossenschaft «Konkordia», und Josef Bruggmann, Zentralpräsident des christlichsozialen Krankenkassenverbandes, gleichzeitig die christlichsoziale Grossratsgruppe und die Institutionen.[174]

Das Kantonalkomitee wurde personell massiv aufgestockt. Ursprünglich als verhältnismässig kleines Gremium mit circa 20 Mitgliedern konzipiert, wuchs es seit den 1920er Jahren auf mehr als die doppelte Mitgliederzahl an.[175] 1935 erhielt das Komitee das Recht zur Kooptation.[176] Es setzte sich ab 1915, als ihm auch die christlichsozialen Grossräte ex officio angehörten, aus drei «Fraktionen» zusammen: die Bezirkspräsidenten, die Freigewählten sowie die Mitglieder der christlichsozialen Grossratsgruppe. Der hohe Anteil der Freigewählten am Gesamtbestand des Kantonalkomitees – stets rund die Hälfte, die nach den Statuten von der Delegiertenversammlung zu wählen waren – könnte den Eindruck erwecken, hier handle es sich zum Ausgleich gegenüber der starken Repräsentation der Offiziellen um die Vertretung des Parteivolkes. In Tat und Wahrheit wurden aber in dieser Kategorie mehr und mehr auch alle jene Parteioffiziellen, Behördenvertreter und Bewegungsfunktionäre «versorgt», die nicht über ein Bezirkspräsidium oder ein Grossratsmandat Einsitz ins Komitee nehmen konnten. Waren 1925 unter den Freigewählten noch rund zwei Drittel ohne Amt und Würde in den Behörden oder in der Bewegung, so sank der Anteil der wirklich freien Repräsentanten bis 1941 auf die Hälfte.[177] Dasselbe gilt in noch stärkerem

---

173 Prot. Delegiertenversammlung CSP, 13. Mai 1915 (BAR).
174 Vgl. oben Teil I Abschn. 2.6.
175 Personelle Zusammensetzung von Kantonalkomitee und Parteiausschuss der CSP: für 1912 Jb CSP 1912, S. 13 und S. 16; für 1915 Einladung zur kantonalen Delegiertenversammlung der CSP vom 13. Mai 1915, 27. April 1915; für 1925, 1929 und 1936 Verzeichnisse der Mitglieder des Kantonalkomitees und des Parteiausschusses der CSP, September 1925, Oktober 1929 und Juli 1936; für 1941 Jb CSP 1939–41, S. 10f. (BAR).
176 TBSch, 29. September 1935 (PrivatA Scherrer); Hochwacht, Nr. 230, 3. Oktober 1935. Die Delegiertenversammlung der CSP bestätigte diese Ermächtigung 1941 (Zirkular an die Mitglieder des Kantonalkomitees der CSP, 21. Januar 1942, BAR).
177 1925 waren von den 16 freigewählten Komiteemitgliedern elf nicht gleichzeitig auch Träger eines öffentlichen Amtes oder in den Organisationen der Bewegung engagiert, 1936 waren es 13 von 22, 1941 noch elf von 22.

Ausmass für die engere Parteileitung, den Parteiausschuss. Auch er wurde in den 1920er Jahren von den einst in den Statuten vorgesehenen zehn Mitgliedern auf rund 20 aufgestockt. Nach den Statuten gehörten ihm der Präsident, der Vizepräsident, der Aktuar und der Kassier von Amtes wegen an, während die anderen Mitglieder vom Kantonalkomitee frei zu wählen waren. In der Statutenwirklichkeit wurden aber stets circa zwei Drittel der freien Mandate von Persönlichkeiten besetzt, die bereits ein anderes Parteiamt innehatten, die Partei in Behörden vertraten oder als Funktionäre in der Gesamtbewegung wirkten.[178] Wenn dennoch der eine oder andere nicht durch eine Parteicharge, ein öffentliches Mandat oder eine Funktion in der Bewegung verpflichtete Parteimann Einsitz in die Gremien der CSP nahm, dann waren die geographische Nähe seines Wohnortes zur Stadt St.Gallen oder sein parteipolitisches Engagement die ersten Aufnahmekriterien.[179] Für die Zusammensetzung der Delegiertenversammlung schliesslich lassen sich wegen des Fehlens der Präsenzlisten keine Aussagen machen. Es ist aber auch hier anzunehmen, dass Parteioffizielle, Behördenvertreter und Bewegungsfunktionäre zahlenmässig über eine beträchtliche Stärke verfügten. «In manchen Fällen» nämlich, stellt Gruner fest und bestätigen eigene Erfahrungen, «wird das Parteivolk, da das Interesse an den Delegiertenversammlungen in seinen Reihen recht gering ist, ohnehin meistens Parteioffizielle abordnen, mit der verständlichen Begründung, diese müssten ja sowieso dort anwesend sein.»[180]

Das allgemein zu beobachtende Phänomen der geringen demokratischen Repräsentanz in den Leitungsgremien der Partei und damit der Oligarchisierung der Organisation ist im Falle der CSP vornehmlich auf zwei Gründe zurückzuführen.[181] Zum einen ist es Ausdruck der kleinen Rekrutierungsbasis und damit des Mangels an Anwärtern für die ehrenamtliche und zeitintensive Mitarbeit in den Parteiorganen, was dazu führte, dass die Parteileitung sich genötigt sah, immer wieder auf jene Aktivisten zurückzugreifen, die sich bereits beruflich oder nebenberuflich politisch oder in der Bewegung betätigten. Und zum andern hatte die Einbindung der Behördenvertreter und der Bewegungsfunktionäre in die Parteileitung eine eminent wichtige koordinierende und integrierende Funktion. Auf diese Weise liess sich der politische Kurs der Partei in den Behörden sichern, konn-

---

178 1925 waren von den 14 freigewählten Ausschussmitgliedern fünf nicht gleichzeitig auch Bezirkspräsidenten, Träger eines Behördenmandates oder Bewegungsfunktionäre, 1936 waren es sechs von 16, 1941 fünf von 15.
179 So wurden an der Delegiertenversammlung 1931 neun weitere Mitglieder ins Kantonalkomitee aufgenommen, «die sich um die Sache verdient gemacht haben» (Hochwacht, Nr. 228, 1. Oktober 1931).
180 Gruner, Parteien, S. 206.
181 Zu dieser Erscheinung allgemein Gruner, Parteien, S. 206f.

ten aber auch zentrifugale oder dissidente Tendenzen in der Gesamtbewegung aufgefangen werden. Bezeichnend für dieses Kalkül war Scherrers Drängen, die Exponenten der christlichen Gewerkschaften und die Jungen in der Parteileitung zu berücksichtigen, erstere darum, um deren parteiseparatistischen Bestrebungen zu dämpfen, letztere darum, um der Gründung einer politischen christlichsozialen Jugendorganisation zuvorzukommen.

Die De-facto-Vertretung von Parteioffiziellen, Behördenvertretern und Bewegungsfunktionären in den Organen der Partei wurde mit der Statutenrevision von 1949 einer verbindlichen Regelung zugeführt. In der Delegiertenversammlung und im Kantonalkomitee erhielten die Parteioffiziellen und die Behördenvertreter ebenso feste Vertretungskontingente zugeteilt wie der KV, die christlichen Gewerkschaften und die CSJ. Im Parteiausschuss, für den die Statuten keine Delegationen vorsahen, waren die Behördenmitglieder und die Exponenten der parteinahen Organisationen faktisch vertreten. Gleichzeitig wurden die zu schwerfälligen Apparaten aufgeblähten Parteiorgane redimensioniert.[182]

Eingehend regelten die Statuten der CSP von 1911 die Verteilung der Kompetenzen auf die Parteiorgane. Die Delegiertenversammlung war das «oberste Organ» der Partei und entschied letztinstanzlich über Fragen der parteiinternen Organisation sowie über kantonale und eidgenössische Sach- und Wahlfragen. Über einen nur beschränkten Kompetenzbereich verfügte dagegen das Kantonalkomitee. Seine Zuständigkeit erschöpfte sich nebst der Wahl des Parteiausschusses und gewissen Kontrollrechten in der Vorbereitung der Geschäfte und Anträge zuhanden der Delegiertenversammlung. Die «engere Geschäfts- und Parteileitung» lag in der Hand des Parteiausschusses. Er lässt sich als eigentlicher Kraftmotor der Partei bezeichnen, denn von ihm hatten die Impulse für «ein reges, fruchtbares Parteileben» auszugehen. Ihm oblag die Vorbereitung der Traktanden des Kantonalkomitees sowie die Führung «allfälliger Unterhandlungen» mit anderen Parteien und mit den Behörden. Der vage Hinweis, «kleinere Parteiangelegenheiten» von sich aus besorgen zu können, liess sich extensiv im Sinne einer Generalermächtigung zur Erledigung praktisch aller administrativen und politischen Geschäfte interpretieren. Die über die üblichen Ressorts – Präsident, Vizepräsident,

---

182 Prot. Delegiertenversammlung CSP, 21. August 1949 (BAR); Statuten der CSP, 21. August 1949, Art. 6 und 7 (BAR); Jb CSP 1947–49, S. 2f., und 1949–51, S. 1ff. (BAR); Zirkulare an die Mitglieder des Kantonalkomitees der CSP, 23. August und 30. Dezember 1949 (BAR). Ex-officio-Vertretungen an der Delegiertenversammlung: Mitglieder des Kantonalkomitees und der Geschäftsprüfungskommission; Bezirkspräsidenten; Vertreter in Kantonsparlament, Regierungsrat, Kantonsgericht und Nationalrat; je drei Vertreter des KV, der CSJ und der christlichen Gewerkschaften. Ex-officio-Vertretungen im Kantonalkomitee: Bezirkspräsidenten; Vertreter in Regierungsrat, Kantonsgericht und Nationalrat; Doppelvertretung der christlichsozialen Grossratsgruppe, des KV, der CSJ und der christlichen Gewerkschaften.

Kassier, Aktuar – hinausgehende weitere innere Organisation oder Arbeitsteilung war nach den Statuten dem Ermessen des Parteiausschusses überlassen. Dieser bestellte an seiner zweiten Sitzung das «Bureau», das sich aus drei Mitgliedern und einem Ersatzmann – Josef Scherrer als Präsident sowie Johannes Duft (Aktuar), Josef Bruggmann (Kassier) und Gebhard Brielmaier (Vizepräsident) – zusammensetzte und «... das rein interne bzw. agitatorische Sachen» zu betreuen hatte.[183] Ob und wie in diesem Führungskern die Funktionen verteilt waren, wie sich insbesondere Präsident und Vizepräsident die Aufgaben teilten, ist nicht bekannt. Josef Scherrer erwähnte 1935, dass Emil Dürr, seit den 1930er Jahren neben Johannes Duft zweiter Vizepräsident, als Leiter der Propaganda- und Organisationstätigkeit fungierte.[184] Erst mit der Statutenrevision von 1949 wurde die Präsidialgewalt aufgeteilt, wobei davon ausgegangen werden kann, dass an eine frühere Praxis angeknüpft wurde.[185]

Die Frage, wie in der Praxis die Gewichte zwischen den Parteiorganen verteilt waren, welches Organ den innerparteilichen Prozess in welchem Masse prägte, ist angesichts der lückenhaften Quellenlage nur andeutungsweise zu beantworten. Grundsätzlich gilt auch für die CSP Erich Gruners allgemeine Beobachtung, dass der Einfluss gegen die Parteispitze hin zunehme und die praktische Willensbildung und Entscheidungsfindung von oben nach unten verlaufe.[186] Für die CSP liesse sie sich sogar in dem Sinn zuspitzen, dass die Führungstroika aus Josef Scherrer als Hauptakteur und Johannes Duft und Johannes Müller als seine Sekundanten die Partei spätestens seit den 1920er Jahren unangefochten durch die Parteiinstanzen souverän und zentralistisch leitete, allenfalls noch beeinflusst durch Insinuationen der Geistlichkeit. Scherrer dürfte die innerparteilichen Einflussverhältnisse (ungewollt) richtig charakterisiert haben, als er in seinem Jahresbericht 1928 von «Führern, Unteroffizieren und Truppen» sprach.[187] Die starke Position der

183 Prot. Parteiausschuss CSP, 19. Januar 1912 (BAR); vgl. auch Jb CSP 1912, S. 18 (BAR).
184 TBSch, 23. Februar 1935 (PrivatA Scherrer). Der Lehrer und Schulvorsteher Emil Dürr (geboren 1894 in Oberuzwil, gestorben 1973 in Altstätten) gehörte seit den 1930er Jahren zu den aktivsten Christlichsozialen in der Stadt St.Gallen. 1947 wurde er zum Grossratspräsidenten gewählt.
185 Dem Präsidenten oblag seit 1949 die allgemeine Leitung der Partei sowie die Behandlung der eidgenössischen Sachfragen und Aktionen. Der erste Vizepräsident war zuständig für Organisation und Werbung, der zweite für die Behandlung der kantonalen Angelegenheiten und Aktionen. Zusammen mit dem Parteisekretär bildeten der Präsident und die Vizepräsidenten den Präsidialausschuss (Schreiben von Josef Scherrer an Emil Dürr und Paul Müller vom 31. Oktober 1949, BAR).
186 Gruner, Parteien, S. 211.
187 Jb CSP 1925–28, S. 10 (BAR). So hatte, um nur ein Beispiel anzuführen, die engere Parteileitung der CSP um Josef Scherrer im November 1920 ohne Konsultation des Kantonalkomitees resp. der Delegiertenversammlung den Verzicht auf eine christlichsoziale Regierungsratskandidatur erklärt. Dieses eigenmächtige Vorgehen wurde daraufhin im Kantonalkomitee beanstandet (TBSch, 4. Dezember 1920, PrivatA Scherrer).

«Führer» ergab sich aus der Verbindung zahlreicher Funktionen ausserhalb der CSP mit dem Parteimandat. Josef Scherrer und Johannes Duft gehörten auf nationaler Ebene beide der Politischen Kommission der Arbeitervereine respektive zusammen mit Johannes Müller dem engsten Führungszirkel des CAB an, der seit 1919 anstelle der Politischen Kommission den sozial- und wirtschaftspolitischen Kurs der landesweiten Bewegung bestimmte. Scherrer, Duft und Müller waren kantonale und nationale Parlamentarier und vertraten die CSP in der konservativen Gesamtpartei. Durch diese Ämterhäufung begründeten sie eine Autorität, die in den Parteigremien der CSP nie ernsthaft bestritten wurde. Wie sehr die Führung die Partei im Griff hatte, demonstrierte sie eindrücklich im Umfeld des «Hochwacht»-Konflikts im Jahre 1923. Der Parteiausschuss und erst recht das Kantonalkomitee, zahlenmässig zu gross, um eine Führungsfunktion wahrnehmen zu können, verharrten, soweit es sich überblicken lässt, in einer insgesamt passiven und rezeptiven Haltung. Sie beschränkten sich im Parteialltag darauf, die Entscheidungen der Parteispitze zu diskutieren und zu legitimieren. Impulse für die Parteitätigkeit gingen von ihnen kaum je aus.[188] Innerparteiliche Flügelkämpfe, Kampfabstimmungen, Fronden oder grundsätzliche Kontroversen waren in den Leitungsinstanzen der CSP kaum bekannte Erscheinungen. Er habe für seinen an Grundsätzen orientierten Kurs in den christlichsozialen Parteigremien «immer volles Verständnis gefunden», und nie sei es zu «ernstlichen Meinungsverschiedenheiten» gekommen, schrieb Josef Scherrer 1925.[189] Nur wenige Fälle sind überliefert, in denen es im Parteiausschuss zu Disputen kam, sachpolitisch etwa, als sich Josef Scherrer und Johannes Duft im Vorfeld der Parolenfassung zur eidgenössischen Getreidevorlage 1926 nicht einigen konnten[190], personalpolitisch, als die christlichen Gewerkschafter Ende 1920 gegen den konservativen Regierungsratskandidaten Emil Grünenfelder opponierten oder im Juli 1936 gegen Scherrers Widerstand eine christlichsoziale Nomination für die kantonale Exekutive verlangten. Erst recht gilt diese Feststellung für die Delegiertenversammlung, die

---

188 Als Indikator für das Gewicht eines Parteiorgans liesse sich die Häufigkeit der Einberufung prüfen. Dieses Verfahren ist für die CSP insofern problematisch, als die Parteileitung wegen der Doppelfunktion vieler Mandatare in der KVP und der CSP mit der Einberufung der Organe zurückhaltend war. Im Sinne von Durchschnittswerten und auf der Basis von Scherrers Tagebüchern und Tätigkeitsberichten sowie der Presseberichterstattung lässt sich festhalten, dass der Parteiausschuss jährlich drei- bis viermal und das Kantonalkomitee zwei- bis dreimal zusammentraten. Die Delegiertenversammlung wurde durchschnittlich alle zwei Jahre zusammengerufen. Die Organe der KVP versammelten sich rund doppelt so häufig.
189 TBSch, 5. August 1925 (PrivatA Scherrer).
190 Josef Scherrer trat für das Monopol ein, Johannes Duft war Gegner der Vorlage (TBSch, 5. Juni, 5. November und 2. Dezember 1926, PrivatA Scherrer). Die KVP empfahl die Vorlage zur Annahme, allerdings ohne Parteizwang (Prot. Kantonalkomitee KVP, 28. Juni 1926, StaatsA SG, Archiv CVP).

zunächst noch jährlich, seit den 1920er Jahren bloss noch unregelmässig zusammentrat und die vollends die Funktion eines Akklamationsorgans hatte. Die Wahlen in die Parteigremien und die Nominationsvorschläge für die Behördenvertretung billigte die Delegiertenversammlung ebenso zuverlässig wie die von der Leitung vorgefassten Parolen. Sachpolitische Auseinandersetzungen hat es, soweit erkennbar, seit der Gründungsdelegiertenversammlung von 1911 nie mehr, personalpolitische nur einmal gegeben, als die Delegierten 1939 den Nationalratskandidaten der Parteileitung ablehnten und einen Gegenkandidaten portierten.[191] Diese beiden Vorfälle bildeten die Ausnahme von der Regel, die sich in Verallgemeinerung des Schlusswortes des Berichts über die zweite Delegiertenversammlung dahingehend umschreiben lässt, dass «kein Misston» den Verlauf trübte und der Führerschaft «rauschender Applaus» entgegenschallte.[192]

Worin gründeten Geschlossenheit und Einheitlichkeit der CSP? Zuallererst sind sie das Ergebnis der sozialen Homogenität der christlichsozialen Bewegung. Anders als in der soziologisch weitgespannten KVP waren die Interessen der christlichsozialen Anhängerschaft – vornehmlich Arbeitnehmer – gewissermassen von Natur aus gleichgerichtet und darum einfach auf einen Nenner zu bringen. Mindestens ebenso bedeutsam für die innere Disziplinierung war die Tatsache, dass die CSP in der konservativen Gesamtpartei in einer Minderheitsposition war. Wollte sie in der Gesamtpartei u Einfluss und Gewicht gelangen, war die innere Einheit unabdingbare Voraussetzung. Von nicht zu unterschätzender Wirkung dürften auch die zahlreichen Kurse, Konferenzen und Studientage gewesen sein, in denen die Parteileitung die Basis auf gemeinsame Grundpositionen einschwor und den politischen Kurs vorgab. Denkbar ist auch, dass mentale Dispositionen und Verhaltensweisen der katholischen Arbeiter- und Angestelltenschaft im kirchlich-religiösen Alltag auf das politische Verhalten abfärbten und auch hier zu einer gewissen Obrigkeitsfrömmigkeit führten.

Nicht in den Statuten vorgesehen und im Gefüge der innerparteilichen Willensfindung völlig unerheblich war der Parteitag oder auch Volkstag, der

---

191 Das Kantonalkomitee der CSP hatte an seiner Sitzung vom 1. Oktober 1939 als dritten christlichsozialen Nationalratskandidaten den Fabrikanten Franz Egger-Forster aus Flawil vorgeschlagen. In der Delegiertenversammlung erhob sich gegen diese Kandidatur Protest. Egger-Forster wurde vorgehalten, dass er seine religiösen Pflichten nicht erfülle und auch seine Familie «religiös sehr flau» sei. Dieser Einwand verfing bei den Delegierten. An der Stelle des offiziellen Kandidaten nominierten sie den allerdings auch dem Komitee genehmen Oberländer Bezirksamtsschreiber Felix Erb (TBSch, 1. Oktober 1939, PrivatA Scherrer). Anzumerken bleibt, dass die Delegiertenversammlung bis 1939 nur dreimal neue Nominationen für Behördenvertretungen vorzunehmen hatte (1919, 1931 und 1939 für den Nationalrat). Eine echte parteiinterne Ausmarchung fand dagegen 1943 anlässlich der Kür eines dritten christlichsozialen Nationalratskandidaten statt (vgl. Prot. Delegiertenversammlung CSP, 3. Oktober 1943, BAR).
192 Ostschweiz, Nr. 40, 17. Februar 1913.

1914 in Mels erstmals stattfand und als «Landsgemeinde» des Parteivolkes angekündigt war.[193] Später wurde der Parteitag gewöhnlich im Anschluss an die Delegiertenversammlungen abgehalten. Sein Ablauf folgte einem bestimmten Muster: An die Begrüssung schloss sich ein Referat an, bevor die Versammlung als Höhepunkt des Tages eine Resolution verabschiedete.[194] Mit den Parteitagen, die regelmässig Hunderte von Teilnehmern anzogen, verfolgten die Organisatoren zwei Ziele: Gegen innen sollten die Veranstaltungen solidarisieren und mobilisieren und dem Parteimann die Organisation als Erlebnisgemeinschaft erfahrbar machen. Gegen aussen sollten sie Manifestation sein für die christlichsozialen Prinzipien und Demonstration der Loyalität gegenüber der konservativen Gesamtpartei. Die zweite Zielsetzung wurde regelmässig durch die Anwesenheit konservativer Honoratioren unterstrichen. So war am ersten Parteitag in Mels der konservative Parteichef Anton Messmer Gast der Christlichsozialen.

Die CSP besass bis 1939 kein Parteisekretariat, obgleich das Kantonalkomitee dem Parteiausschuss bereits 1920 den Auftrag erteilt hatte, mit anderen Instanzen und Organisationen zwecks Einrichtung eines Kantonalsekretariats in Verbindung zu treten.[195] Diese Bemühungen zerschlugen sich aber wieder, wohl wegen der fehlenden finanziellen Basis. Bis 1949 führte Josef Scherrer die Sekretariatsgeschäfte in Verbindung mit dem Generalsekretariat des CAB.[196]

2.2 Die christlichsoziale Grossratsgruppe

Die CSP war im April 1912 mit dem Gewinn von acht respektive neun Mandaten aus der ersten St. Galler Grossratswahl nach proportionalem Wahlrecht hervorgegangen. Ausser im Bezirk Sargans waren Konservative und Christ-

---

193 Einladung zum kantonalen Parteitag der CSP vom 1. März 1914 in Mels (BAR). Sechs Jahre später, mit der Statutenrevision von 1920, führte auch die KVP einen Parteitag ein, der im September 1921 in Gossau erstmals durchgeführt wurde (vgl. Ostschweiz, Nr. 223, 26. September 1921).
194 Der Melser Parteitag vom 1. März 1914 wurde von Josef Scherrer geleitet und war von 350 Personen besucht. Tagesreferent war Alois Scheiwiler («Unsere Stellung zum Bauern- und Mittelstand»). Nachdem die Versammlung in einem Telegramm den St. Galler Bischof «ihrer unentwegten Anhänglichkeit» versichert hatte, nahm sie eine Resolution an, in der sie ihren Protest gegen eine nicht näher umschriebene Hostienschändung zum Ausdruck brachte (vgl. Ostschweiz, Nr. 51, 2. März 1914).
195 TBSch, 31. Juli 1920 (PrivatA Scherrer).
196 In den revidierten Statuten von 1949, Art. 10, war ein christlichsoziales Parteisekretariat vorgesehen. Die Delegiertenversammlung, die die Statuten genehmigte, beschloss, einen Spezialbeitrag zur Finanzierung eines halbamtlichen Sekretariats zu erheben (Prot. Delegiertenversammlung CSP, 21. August 1949, BAR; vgl. auch Jb CSP 1949–51, S. 12, BAR). Erster Sekretär wurde 1952 der Rechtsanwalt und spätere Bundesrat Kurt Furgler (Jb CSP 1952/53, S. 1, BAR).

lichsoziale mit gemeinsamen Listen in den Wahlkampf gezogen und hatten 87 der 202 Grossratssitze erobert. Überzeugt, als eigene Fraktion «Positives ... doch nichts arbeiten [zu] können», beschlossen die christlichsozialen Parlamentarier nach dem Wahlgang, der konservativen Fraktion beizutreten.[197] In der Novembersession desselben Jahres ergriff anlässlich der Beratung des staatswirtschaftlichen Berichts «das erste Mal ein katholischer Arbeitervertreter in der Person des Parteipräsidenten Scherrer das Wort im Ratssaale».[198] Und am 2. Dezember 1912, ein rundes halbes Jahr nach der ersten Grossratssession, organisierten sich die Christlichsozialen als selbständige Gruppe im Rahmen der konservativen Fraktion und gaben sich die Bezeichnung «christlichsoziale Grossratsgruppe» oder «christlichsoziale Gruppe im Grossen Rat».[199] Die St.Galler Gruppe dürfte zum Vorbild der gleichartigen Gruppe der Bundesversammlung geworden sein, zu der sich die 1919 gewählten fünf christlichsozialen Nationalräte, darunter die beiden St.Galler Josef Scherrer und Johannes Duft, im Schosse der katholisch-konservativen Fraktion zusammenschlossen.[200]

Die Gruppe war ein weitgehend informelles, organisatorisch wenig verfestigtes Gebilde. Ihr fehlte ein Reglement, das die innere Organisation und Arbeitsweise umschrieben hätte. Dieser Umstand ist wohl in erster Linie darauf zurückzuführen, dass die Gruppe sehr klein war und sich deswegen mit rudimentären organisatorischen Strukturen begnügen konnte. Ein weiterer Grund dafür dürfte aber auch sein, dass die Gründung der Gruppe spontan, aus einem Erlebnis der Frustration heraus erfolgt war. Die christlichsozialen Grossräte waren nämlich enttäuscht über das Unverständnis und die Arroganz, mit denen ihnen die konservativen Parlamentarier in den ersten Fraktionssitzungen begegnet waren.[201] So war es den christlichsozialen Parlamentariern während der Sitzung der konservativen Grossratsfraktion im November 1912 nicht möglich gewesen, ihre Motion betreffend Schaffung eines Einigungsamtes zu begründen, weil kaum mehr konservative Parla-

---

197 Jb CSP 1912, S. 28 (BAR).
198 Jb CSP 1912, S. 34 (BAR).
199 Jb CSP 1912, S. 34f. (BAR); vgl. auch Josef Scherrer, Christlichsoziale Grossratsgruppe des Kantons St.Gallen 1912–1937. Notizen zum 25jährigen Bestand der Gruppe, 1937 (BAR). Möglicherweise stand bei der Gründung der christlichsozialen Grossratsgruppe das Vorbild der «sozialen Gruppe» der katholisch-konservativen Bundesversammlungsfraktion Pate, die seit 1906 bestand (vgl. dazu Gehrig, Das Christlichsoziale, S. 61f.; Gruner, Arbeiterschaft und Wirtschaft, Bd. 2, S. 221). Hingegen hatten sich im Kanton Solothurn, der für die Einordnung der Christlichsozialen St.Gallens in die konservative Gesamtpartei vorbildlich war, die christlichsozialen Parlamentarier in der konservativen Fraktion nicht als Gruppe organisiert (vgl. Walliser, Kampf um demokratische Rechte, S. 212ff.).
200 Vgl. Gehrig, Das Christlichsoziale, S. 61ff.
201 Josef Scherrer sprach vom «elenden Interesse der Konservativen an den Arbeiterpostulaten» (TBSch, 2. Dezember 1912, PrivatA Scherrer).

Die christlichsoziale Grossratsgruppe feierte im Mai 1929 die Wahl Josef Scherrers (vorne rechts) zum Ratspräsidenten.

mentarier anwesend waren. «Wir sahen sehr bald ein, dass wir hier nicht fruchtbringend arbeiten können,» rechtfertigte Josef Scherrer in seinem ersten Tätigkeitsbericht die Absicht der Christlichsozialen, «auch in dieser Beziehung möglichst auf eigene Füsse zu stehen».[202] Aber auch eigene Unzulänglichkeiten und Schwächen bestärkten den Plan zur Gruppenbildung. «Wir haben uns gegenüber der Sozialdemokratie zu wenig hervorgetan», resümierte Scherrer selbstkritisch die ersten Sessionserfahrungen, «wir waren zu wenig vorbereitet.»[203] Damit ist auch der Zweck angedeutet, den die Christlichsozialen mit der Organisation als Gruppe verfolgten: Als erstes sollte mit der Gruppe das Gewicht der Christlichsozialen in der konservativen Grossratsfraktion verstärkt werden. Ausserdem sollte die Gruppe ihren Mitgliedern die Vorbereitung der Ratsgeschäfte erleichtern und das geschlossene Vorgehen sichern.

Was sich aus den Bedürfnissen der praktischen Arbeit an innerer Organisation dennoch nach und nach herausbildete, ist rasch umschrieben. Den Gruppenvorsitz hatte der Kantonalpräsident Josef Scherrer inne, ohne je formell in diese Funktion gewählt worden zu sein, nach seinem Rücktritt aus dem Rat im Jahre 1936 Paul Müller. Daneben amtete bis 1917 ein Aktuar[204],

202 Jb CSP 1912, S. 34f. (BAR).
203 TBSch, 2. Dezember 1912 (PrivatA Scherrer). Vgl. auch Prot. christlichsoziale Gruppe des Grossen Rates, 2. Dezember 1912 (BAR).
204 Die Protokolle der Sitzungen der Gruppe in der Zeit zwischen Dezember 1912 bis August 1917 sind in einem Protokollbuch gesammelt (BAR); in der Folgezeit wurden keine Protokolle mehr angefertigt (Hinweis im Protokollbuch, S. 74).

und später wurde zusätzlich ein Vizepräsidium eingerichtet.[205] In der ersten Konferenz am 2. Dezember 1912 legte die Gruppe im Sinne einer nur mündlichen Vereinbarung ihre Arbeitsprinzipien fest. Jedes Geschäft, das im Rat zur Behandlung gelangte, war von einem Gruppenmitglied vorgängig zu bearbeiten. Dieses sollte hernach in den Sitzungen der Gruppe berichten, bevor die Gruppe einen Beschluss fasste und die gemeinsame Marschrichtung absprach.[206] In den folgenden Jahren verfeinerte die Gruppe diese Arbeitsteilung dahingehend, dass analog der Organisation der Departemente in der kantonalen Verwaltung Ressorts ausgeschieden wurden, denen jeweils ein Gruppenmitglied vorstand. Dieser Sachbearbeiter vertrat, sofern notwendig, die Position der Gruppe in der konservativen Fraktion und im Ratsplenum.[207] Die Gruppensitzungen, als lockere Aussprachen veranstaltet, verliefen im übrigen immer in einer Atmosphäre der Einigkeit und der Harmonie. Nie habe es in der Gruppe «ernsthafte Differenzen» gegeben, stellte Josef Scherrer im Rückblick auf seine fast 25jährige Mitwirkung an deren Spitze fest.[208]

Vollends offen blieben der Auftrag der Gruppe und deren Stellung innerhalb der konservativen Fraktion. Mit welchen Traktanden sollte sich die Gruppe vornehmlich befassen? Und vor allem: Wie sollte sie sich verhalten, wenn sie in ihren Beratungen zu anderen Schlüssen kam als die konservative Mehrheit in der Fraktion? Zu ersterem bemerkte Josef Scherrer 1915 in seinem Tätigkeitsbericht, dass die Gruppe überall dort Stellung bezogen habe, «wo es die Interessen der arbeitenden Stände verlangten»[209], im Rückblick auf die folgende Legislaturperiode führte er aus, dass die Gruppe bestrebt gewesen sei, «alles zu tun, was im wohlverstandenen Interesse unseres christlichsozialen Volkes lag».[210] Die Durchsicht der Protokolle der Gruppe aus den Jahren 1912 bis 1917 und der Berichte an die Delegiertenversammlungen zeigt, dass sich die Christlichsozialen zwar schwergewichtig der Standesfragen der Arbeitnehmerschaft annahmen, daneben aber immer auch die anderen Ratstraktanden vorbereiteten und je nach persön-

---

205 Die Einrichtung des Vizepräsidiums geht daraus hervor, dass nach der Demission Scherrers sein Stellvertreter, Josef Klaus, als Nachfolger vorgesehen war, der aus beruflichen Gründen aber verzichtete (TBSch, 11. Mai 1936, PrivatA Scherrer).
206 Prot. christlichsoziale Gruppe des Grossen Rates, 2. Dezember 1912 und 20. Januar 1913 (BAR); Jb CSP 1912, S. 35, und 1913, S. 4 (BAR); Josef Scherrer, Christlichsoziale Grossratsgruppe des Kantons St.Gallen 1912–1937. Notizen zum 25jährigen Bestand der Gruppe, 1937 (BAR).
207 Prot. christlichsoziale Gruppe des Grossen Rates, 21. und 27. November 1916 (BAR); TBSch, 27. November 1916 (PrivatA Scherrer).
208 TBSch, 14. Mai 1935 (PrivatA Scherrer). Scherrers Bemerkung wird wenigstens für die ersten beiden Legislaturperioden durch die Protokolle der Grossratsgruppe bestätigt.
209 Jb CSP 1914/15, S. 10 (BAR).
210 Jb CSP 1917–19, S. 7 (BAR).

lichen Präferenzen der Gruppenmitglieder Schwerpunkte setzten.[211] Das Verhältnis zu den Konservativen jedoch respektive die (theoretische) Frage eines eventuellen Ausscherens aus der Fraktionsdisziplin wurde nie verbindlich geregelt[212], genauso wie der sachpolitische Spielraum der christlichsozialen Parteigruppe innert der konservativen Gesamtpartei zunächst nicht eingegrenzt worden war. Obwohl nirgends expressis verbis festgelegt, darf angenommen werden, dass die zwischen Konservativen und Christlichsozialen 1919 getroffene Vereinbarung, wonach die letzteren in sozial- und wirtschaftspolitischen Fragen vom Kurs der Gesamtpartei abweichen konnten, sinngemäss auch für die christlichsoziale Grossratsgruppe galt.[213]

Eine Besonderheit der christlichsozialen Grossratsgruppe bestand darin, dass die Zugehörigkeit zu ihr nicht an die Mitgliedschaft in der CSP gebunden war. Die Gruppe stand immer auch gesinnungsverwandten Parlamentariern offen, die als sogenannte «Hospitanten» oder «Sympathisanten» galten und alle Rechte der ordentlichen Gruppenmitglieder genossen, also ebenfalls ex officio an den Kantonalkomitee-Sitzungen der CSP teilnehmen konnten. Kriterien für die Aufnahme in die Gruppe wurden nie definiert. Das Angebot zur Mitwirkung erstreckte sich auf jene Grossräte, die «unseren Bestrebungen geneigt sind»[214] und die sich zu den «grossen Linien der päpstlichen Rundschreiben» bekannten[215], womit sich der Kreis der Adressaten faktisch auf die konservative Fraktion beschränkte. Praktisch erlangte dieser Status bloss geringe Bedeutung. Soweit ersichtlich, schlossen sich zwischen 1912 und 1939 nur zwei konservative Parlamentarier aus dem oberen Rheintal der Gruppe an.[216] Der erste war Carl Zurburg, Rechtsanwalt in Altstätten und seit 1905 konservativer Nationalrat, den Josef Scherrer als «Vorläufer christlichsozialer Vertreter» und «Johannes in der Wüste» wür-

---

211 Zu den Grundsätzen und zu den Aktivitäten der christlichsozialen Gruppe der Bundesversammlung vgl. Scherrer, Bundesversammlung. Darin nannte Scherrer als Hauptaufgabe der Gruppe die «Verteidigung und Vertretung des christlichsozialen Programms», als Schwerpunkte der praktischen Arbeit die Betreuung der «Existenzfragen des Arbeiter-, Angestellten- und Beamtenstandes, ja der kleinen Leute überhaupt» (Scherrer, Bundesversammlung, S. 2).
212 Soweit aus den Protokollen der christlichsozialen Grossratsgruppe und aus jenen der konservativen Grossratsfraktion ersichtlich, gab es zwischen Konservativen und Christlichsozialen nie nennenswerte sachpolitische Differenzen.
213 In den revidierten Statuten von 1949 war zwar der Auftrag der Gruppe umschrieben – «Vertretung der christlichsozialen Belange in der gesetzgebenden Behörde» –, ungeklärt aber blieb nach wie vor die Frage der Autonomie in Standesangelegenheiten (Statuten der CSP, 21. August 1949, Art. 9, BAR).
214 Prot. christlichsoziale Gruppe des Grossen Rates, 21. November 1916 (BAR).
215 Hochwacht, Nr. 117, 20. Mai 1939.
216 Nicht eigentlicher Hospitant, doch den Christlichsozialen ideell eng verbunden war der prominente Rheintaler Konservative Karl Weder, Rechtsanwalt in Heerbrugg. Er gehörte seit 1915 dem Grossen Rat an, dessen Präsident er 1931 wurde (vgl. Ostschweiz, Nr. 42, 26. Januar 1932; JB CAB 1932/33, S. 15). Holensteins Hinweis, Weder sei Mitglied der CSP gewesen, ist nicht korrekt (Konservative Volkspartei, S. 335).

Die beiden Konservativen Carl Zurburg (links) und Josef Schöbi aus Altstätten gehörten als Hospitanten der christlichsozialen Grossratsgruppe an.

digte[217], der die christlichsozialen Interessen «wiederholt ernstlich und klug in Bern vertreten [habe] und unser Kandidat im Oberrheintal [sei]».[218] Zurburg war wesentlich am Aufbau der politischen Organisation der Christlichsozialen im Oberrheintal beteiligt.[219] 1912 hatten die Christlichsozialen dort darauf verzichtet, einen eigenen Kandidaten für die Grossratswahl zu nominieren und stattdessen Zurburg als ihren Vertrauensmann bezeichnet.[220] 1914 wurde Zurburg zum Grossratspräsidenten gewählt, eine Ehrung, die Scherrer sogleich für die Christlichsozialen beanspruchte. «Es wird als Präsident des Grossen Rates ein Vertreter der Christlichsozialen, Nationalrat Zurburg, gewählt. Es ist doch ein Zeichen des Fortschritts, dass ein Christlichsozialer den Grossrats-Präsidentenstuhl besteigt.»[221] Nach dem Abgang Zurburgs 1915 nahm Josef Schöbi dessen Position ein. Schöbi war von 1902 bis 1927 Redaktor der «Rheintalischen Volkszeitung» in Altstätten und von 1927 bis zu seinem Tod Oberrheintaler Bezirksammann.[222] Wie

217 TBSch, 29. Februar 1915 (PrivatA Scherrer). Zu Carl Zurburg vgl. Gruner, Bundesversammlung, S. 600.
218 TBSch, 25. Mai 1914 (PrivatA Scherrer). Kurze Würdigungen anlässlich seines Todes in TBSch, 12. November 1928 (PrivatA Scherrer); JB CAB 1928/29, S. 7.
219 Zurburg war Mitorganisator des ersten oberrheintalischen christlichsozialen Arbeitertages, der im Juli 1911 in Rüthi stattfand, und Mitbegründer des christlichsozialen Bezirksverbandes Oberrheintal im Februar 1912 (Rheintalische Volkszeitung, Nrn. 99 und 100, 3. und 5. Juli 1911, sowie Nrn. 19 und 20, 3. und 5. Februar 1912).
220 Rheintalische Volkszeitung, Nrn. 46 und 48, 21. und 25. März 1912. Vgl. auch Jb CSP 1912, S. 21 (BAR).
221 TBSch, 25. Mai 1914.
222 Josef Schöbi war an der konservativen Volksversammlung im März 1912 in Altstätten als christlichsozialer Vertrauensmann zum Ersatzkandidaten bestimmt worden (Rheintalische Volkszeitung, Nrn. 46 und 48, 21. und 25. März 1912).

Zurburg genoss auch Schöbi das Vertrauen der Oberrheintaler Christlichsozialen, in deren Organisationen er sich engagierte und deren Wirksamkeit er in seinem Blatt reichlich Platz zugestand. Obgleich nur christlichsozialer Gesinnungsfreund, wurde Schöbi 1915 sogar in den Parteiausschuss der CSP gewählt.[223] Im Grossen Rat, dem er mehr als zwei Jahrzehnte angehörte, zählte Josef Schöbi zu den «prominenten Mitgliedern der sanktgallischen christlichsozialen Grossrats-Gruppe».[224] Seine Parlamentarierlaufbahn krönte er im Mai 1935 mit der Wahl in den Ständerat und 1936, nur kurze Zeit vor seinem plötzlichen Tod, mit dem Grossratspräsidium.[225] 1941 öffnete sich die christlichsoziale Gruppe auch den gesinnungsverwandten Parlamentariern des KBB, die als «zugewandte Orte» zu den Sitzungen eingeladen wurden.[226]

Die personellen Beziehungen der Grossratsgruppe zu den Organen der Partei waren sehr eng. Mit einer Statutenänderung erhielt die Gruppe 1915 offiziellen Zutritt zu den Sitzungen des Komitees[227], nachdem sie bereits vorher mit einem Anteil von circa 30 Prozent in diesem Gremium vertreten gewesen war. Aber auch im Parteiausschuss und im Bureau war die Parlamentsgruppe mit einem konstanten Anteil von rund einem Viertel gut repräsentiert, und wiederholt berieten Grossratsgruppe und Parteiausschuss gemeinsam, «um stetsfort eine enge Fühlung mit der Vertretung in den gesetzgebenden Behörden zu haben».[228] Wie stark die Gruppe an den Delegiertenversammlungen vertreten war, ist nicht zu eruieren. Hingegen hat der Gruppenpräsident der Delegiertenversammlung jeweils Bericht über die Aktivitäten der Parlamentarier erstattet (Tab. 18).[229]

---

223 Jb CSP 1915/16, S. 3 (BAR).
224 JB CAB 1934–36, S. 20.
225 Nekrologe aus christlichsozialer Feder in: Hochwacht, Nr. 121, 25. Mai 1936, und JB CAB 1934–36, S. 20. Vgl. auch Eugen Rohner, Im Wandel der Zeit. Die Buch- und Offsetdruck Rheintalische Volkszeitung AG, Altstätten, 1855–1995, Altstätten 1996, S. 52ff.
226 TBSch, 5. und 10. November 1941 (PrivatA Scherrer).
227 Prot. Delegiertenversammlung CSP, 13. Mai 1915 (BAR). Die Erklärung für die erst nachträgliche Fixierung der Vertretungsansprüche der Grossratsgruppe in der Parteileitung ist wohl darin zu suchen, dass die CSP bei ihrer Gründung im November 1911 noch keine Parlamentarier zählte.
228 Jb CSP 1925–28, S. 3 (BAR). An ihrer zweiten Sitzung im Dezember 1912 sprach sich die Gruppe dafür aus, künftig zu den Sitzungen von Komitee und Ausschuss der CSP eingeladen zu werden (Prot. christlichsoziale Gruppe des Grossen Rates, 16. Dezember 1912, BAR). Zwischen 1912 und 1917 fanden insgesamt fünf gemeinsame Sitzungen statt, an denen sowohl Grossratsgeschäfte als auch Fragen der Parteiorganisation und der politischen Aktion besprochen wurden (vgl. Prot. christlichsoziale Gruppe des Grossen Rates, passim, BAR).
229 Beschluss der christlichsozialen Grossratsgruppe vom Dezember 1912 (Prot. christlichsoziale Gruppe des Grossen Rates, 16. Dezember 1912, BAR). Gemäss den neuen Statuten von 1949 gehörte die Grossratsgruppe in corpore der Delegiertenversammlung an; ins Komitee delegierte sie zwei Vertreter (Statuten der CSP, 21. August 1949, Art. 6 und 7, BAR). Auch im Parteiausschuss sassen zwei christlichsoziale Grossräte (Jb CSP 1949–51, S. 3, BAR).

Tabelle 18: Vertretung der christlichsozialen Grossratsgruppe in den Präsidien der Bezirksparteien und in der Leitung der CSP, 1915, 1925, 1936, 1941

	Bezirkspräsidien	Kantonalkomitee	Parteiausschuss	Bureau
1915	5 (von 13)	7 (von 24)	5 (von 8)	4 (von 4)
1925	4 (von 14)	ex officio	5 (von 19)	1 (von 4)
1936	3 (von 13)	ex officio	5 (von 20)	1 (von 4)
1941	5 (von 13)	ex officio	5 (von 19)	1 (von 4)

Für 1915 Einladung zur kantonalen Delegiertenversammlung der CSP vom 13. Mai 1915, 27. April 1915; für 1925 und 1936 Verzeichnis der Mitglieder des Kantonalkomitees und des Parteiausschusses der CSP, September 1925 und Juli 1936; für 1941 Jb CSP 1939–41, S. 10f. (BAR).

Wie stand es um die Freiheit oder Abhängigkeit der Grossratsgruppe gegenüber der Parteileitung? Die Tatsache, dass die CSP aus einer ausserparlamentarischen Bewegung hervorging und die Parlamentsgruppe nach der Gründung der Parteigruppe geschaffen wurde, liesse vermuten, dass der Parteiapparat gegenüber der parlamentarischen Vertretung eine dominierende Rolle beanspruchte.[230] Diese Vermutung lässt sich für die St.Galler Christlichsozialen nicht bestätigen. Es ist kein Fall bekannt, in dem die Parlamentsgruppe auf Parteibeschlüsse verpflichtet oder durch Parteiweisungen zurückgebunden worden wäre. Die starke personelle Verflechtung von Parteileitung und Gruppe, vor allem die während nahezu 25 Jahren in der Person Josef Scherrers verbundenen beiden Präsidien, gewährleistete einen intensiven wechselseitigen Austausch und verhinderte das Aufkommen von Spannungen. Und wenn sich Parteileitung und Parlamentsgruppe vor den Sessionen zu gemeinsamen Sitzungen trafen, war dies nicht Ausdruck der Superiorität der Partei über die Gruppe, sondern Ausdruck enger Zusammenarbeit.

Josef Scherrer, der die christlichsoziale Parlamentsgruppe bis 1936 führte, verband diese über seine zahlreichen Funktionen in den christlichsozialen Organisationen und sein gleichzeitiges Nationalratsmandat mit der christlichsozialen Gesamtbewegung und mit der konservativen Nationalratsdeputation. Scherrer war nach seiner Demission bemüht, diese Verbindungen aufrecht zu erhalten. Paul Müller, sein Nachfolger im Präsidium der Grossratsgruppe, lud Scherrer zwar in den folgenden Jahren jeweilen als Berater zu den Sitzungen der Gruppe ein[231], doch leistete Scherrer den Einladungen keine Folge.[232] Vielmehr versuchte Scherrer, über seinen ersten Mitarbeiter

---

230 Handlexikon Politikwissenschaft, Bd. 2, S. 311; zum Verhältnis von Partei und Fraktion vgl. Gruner, Parteien, S. 213f.
231 Schreiben von Paul Müller an Josef Scherrer vom 15. Mai 1936 (BAR).
232 Nach seinen Tagebuchaufzeichnungen besuchte Josef Scherrer erst 1939 wieder Sitzungen der Grossratsgruppe (TBSch, 7. Februar und 27. November 1939, PrivatA Scherrer).

auf dem Generalsekretariat des CAB, August Steffen, auf die Tätigkeit der Gruppe weiterhin Einfluss zu nehmen. Scherrer schlug darum anlässlich seiner Demission als Kantonsrat vor, August Steffen auf die Kandidatenliste für den Grossen Rat zu setzen, mit der Begründung, «dass eine engste Fühlung unserer christlichsozialen Grossratsgruppe mit der zentralen Organisationsleitung in wohlverstandenem Interesse beider liegen dürfte».[233] Die Kandidatur Steffens scheiterte jedoch am Widerstand der christlichen Gewerkschafter der Stadt St.Gallen[234], worauf sich Kantonsrat Emil Dürr, zweiter Vizepräsident der CSP, bereit erklärte, die Rolle eines Verbindungsmannes zwischen der Grossratsgruppe und dem Generalsekretariat des CAB zu übernehmen.[235] Die von Josef Scherrer (bis 1936), Johannes Duft (bis 1924) und Johannes Müller (bis 1936) verkörperte Verknüpfung des Grossrats- und des Nationalratsmandats wurde 1939, nach einem Unterbruch von drei Jahren, mit der gleichzeitigen Wahl des Gewerkschafters Arnold Kappler in den Kantons- wie in den Nationalrat wiederhergestellt.[236]

2.3 Parteifinanzen

«Kurzes Haar ist bald gebürstet», kommentierte der Kassier der CSP, Josef Bruggmann, die Rechnungsablage an der zweiten Delegiertenversammlung der christlichsozialen Parteigruppe im Februar 1913.[237] Tatsächlich bewegten sich die Finanzverhältnisse der CSP bis 1939 in äusserst bescheidenen Grössenordnungen, und die Sorgen um die Parteifinanzierung durchzogen die Geschichte der CSP wie ein roter Faden.[238] Erst in der zweiten Hälfte der 1920er Jahre gelang es den Kassaverantwortlichen, die finanziellen Verhältnisse einigermassen zu festigen und einige Rücklagen zu bilden.

In jenem halben Jahr, in dem die Gründung der CSP vorbereitet wurde, spielten Fragen der Parteifinanzierung eine merkwürdig untergeordnete Rolle. Insbesondere wurde nie, soweit überblickbar, Geld gesammelt. Erst zweieinhalb Wochen vor der Gründungsversammlung befasste sich das pro-

---

233 Schreiben von Josef Scherrer an Emil Dürr vom 15. Februar 1936 (BAR). Vgl. auch TBSch, 29. Februar 1936 (PrivatA Scherrer).
234 Scherrer musste sich u.a. von Johannes Müller den Vorwurf fallen lassen, August Steffen «vom hohen Olymp herab durchdrücken» zu wollen (TBSch, 29. Februar 1936, PrivatA Scherrer). Die Gewerkschafter favorisierten eine Kandiatur aus ihren eigenen Reihen.
235 TBSch, 3. Mai 1936 (BAR).
236 Arnold Kappler (geb. 1889 in Gossau, gest. 1970 in Mels) war Sekretär des Textilarbeiterverbandes und gehörte dem Nationalrat bis 1947 an.
237 Ostschweiz, Nr. 40, 17. Februar 1913.
238 Wir stützen uns in diesem Abschnitt vor allem auf das Kassabuch der CSP, das von 1911 bis 1935 geführt wurde, sowie auf Akten zum Kassaverkehr (BAR).

Ständeversöhnung im Zeichen des Kreuzes: christlichsoziale Parteimarke aus dem Jahr 1911.

visorische Kantonalkomitee mit finanziellen Aspekten der Organisation. In der Einsicht, «dass irgendwelche Institution zur Beschaffung von Parteigeldern» gegründet werden müsse, beschloss das Komitee den Druck einer Parteimarke, die im Parteivolk verkauft werden sollte und deren Erwerb den Charakter eines freiwilligen Mitgliederbeitrages hatte. Wohl in der Erwartung eines Verkaufserfolges entschied das provisorische Komitee an der gleichen Sitzung, all jenen Delegierten die Fahrtkosten zu vergüten, die von Orten abgeordnet wurden, wo noch keine Vereine bestanden.[239] Auf eine ordentliche Parteifinanzierung über Beiträge der Mitglieder, der Sektionen oder der Behördenvertreter wurde in den beiden Statutenentwürfen sowie in den von der Gründungsversammlung gebilligten Statuten ausdrücklich verzichtet. Diese sahen lediglich ausserordentliche Finanzierungsquellen vor, nämlich «Erträgnisse der speziellen Parteikassen-Institutionen, wie Parteimarkenverkauf usw. usw.», sowie «freiwillige Zuwendungen». Nur in Ausnahmefällen sollten Jahresbeiträge der Mitglieder erhoben werden.[240]

Die Gründe für den Verzicht auf die ordentlichen Wege der Parteifinanzierung sind unbekannt. Im Sinne einer plausiblen Erklärung kann angenommen werden, dass die Verantwortlichen vermeiden wollten, durch Erhebung eines zwangsweisen Beitrages die Attraktivität der Arbeitervereine zu schmälern, dass sie ferner die finanzielle Belastung ihrer ohnehin nicht betuchten Klientel zu minimieren suchten und dass mit dem Verkauf von Parteimarken jedem die Möglichkeit eröffnet werden sollte, nach Massgabe seiner Verhältnisse einen freiwilligen finanziellen Beitrag zu leisten. Offensichtlicher sind die Gründe für den Verzicht auf Mandatarbeiträge, konkret auf Beiträge der christlichsozialen Kantonsparlamentarier. Weil diese, sollten überhaupt je christlichsoziale Vertreter in den Grossen Rat gewählt werden, nämlich der konservativen Fraktion angehören würden, waren sie zu Bei-

---

239 Prot. provisorisches Kantonalkomitee, 9. November 1911 (BAR).
240 Statuten der CSP, 26. November 1911, Art. 4 (BAR). Auf soliden Grundlagen standen die Parteifinanzen der KVP. Das «Standbein» ihrer Kasse waren die Jahresbeiträge der Behördenvertreter. Mitgliederbeiträge waren nur in ausserordentlichen Fällen vorgesehen (Statuten der KVP, 23. Oktober 1912, Art. 11, StaatsA SG, Archiv CVP). Einen detaillierten Einblick in die Kassaverhältnisse der KVP in den Jahren 1936/37 gibt: Eugen Knecht, Bericht über die Tätigkeit des Parteisekretariats der KVP, 1937, S. 1f. (StaatsA SG, Archiv CVP).

tragsleistungen an die Kantonalkasse der KVP verpflichtet.[241] Erst 1939 beschloss die christlichsoziale Gruppe des Grossen Rates, dass jedes Mitglied der Gruppe für die dreijährige Amtsdauer einen Beitrag von zehn Franken an die Parteikasse zu leisten habe.[242]

Das Rechnungsergebnis, das der Kassier an der eingangs erwähnten zweiten Delegiertenversammlung 1913 präsentierte, blieb denn auch weit unter den Erwartungen. Ganze zwölf Franken betrug das Nettovermögen am Ende des ersten Rechnungsjahres! Hätte nicht Josef Riklin sein Gemeinderatsgehalt in die Parteikasse überwiesen, hätte gar ein Defizit resultiert. Die Finanzierungsquellen brachten offensichtlich nicht ein, was sich die Parteigründer versprochen hatten. Vor allem der Parteimarkenverkauf erwies sich als Fiasko. Von den 5000 gedruckten Marken wurde nur ein Bruchteil verkauft[243], und die freiwilligen Zuwendungen von Lokal- und Bezirksorganisationen hielten sich in engen Grenzen. «Grosse Sprünge lassen sich bei diesen mageren Finanzen nicht machen», folgerte der Revisor und schloss seinen kurzen Bericht mit dem Wunsch, «die Opferwilligkeit der Mitglieder für die Parteikasse möge mit den idealen Zielen und Bestrebungen ihres Programms Schritt halten».[244]

Bereits vor der zweiten Delegiertenversammlung war der Parteileitung klar geworden, dass nach einer anderen Finanzierungsmöglichkeit gesucht werden musste, wollte die Partei ihre Sendung erfüllen und zu einer ernst zu nehmenden politischen Kraft im Kanton aufsteigen.[245] Zuhanden der Delegiertenversammlung stellte das Kantonalkomitee darum den Antrag, einen jährlichen Mitgliederbeitrag von 20 Rappen pro Mitglied einzuführen, dem die Delegierten diskussionslos und einstimmig stattgaben.[246] Der Mitgliederbeitrag war noch 1949 gleich hoch[247], und obgleich die Beiträge oft

---

241 1912 war der Beitrag auf jährlich fünf Franken angesetzt worden (Statuten der KVP, 23. Oktober 1912, Art. 11, StaatsA SG, Archiv CVP). Nach der Statutenrevision von 1936 wurde der Beitrag verdoppelt. Zudem zahlte seit 1936 jedes Fraktionsmitglied zehn weitere Franken an die Kosten des Parteisekretariats (Eugen Knecht, Bericht über die Tätigkeit des Parteisekretariats der KVP, 1937, S. 1f., StaatsA SG, Archiv CVP).
242 TBSch, 8. Mai 1939 (PrivatA Scherrer).
243 Prot. Parteiausschuss CSP, 7. Dezember 1911, und Prot. Kantonalkomitee CSP, 12. Oktober 1912 (BAR). In seinem ersten Jahresbericht nannte Josef Scherrer die Zahl von 50 000 gedruckten Marken, was aber offensichtlich ein Irrtum war (Jb CSP 1912, S. 18, BAR). Gemäss Kassabuch wurden an der Delegiertenversammlung vom 26. November 1911 170 Marken verkauft. Weitere Einkünfte aus dem Parteimarkenverkauf wurden keine verbucht.
244 CSP, Revisorenbericht 1912, S. 1 (BAR). Die Aufgabe der Revisoren war im Parteistatut nicht umschrieben. Dieses erwähnte lediglich, dass sie von der Delegiertenversammlung zu wählen waren. Die Revisoren interpretierten, soweit sich dies aus den wenigen Berichten ersehen lässt, ihren Zuständigkeitsbereich sehr extensiv im Sinne einer Geschäftsprüfungskommission.
245 Prot. Kantonalkomitee CSP, 12. Oktober 1912 (BAR).
246 Ostschweiz, Nr. 40, 17. Februar 1913.
247 Prot. Delegiertenversammlung CSP, 21. August 1949 (BAR).

unregelmässig eingingen, 1918 sogar vollständig ausblieben, bildeten sie stets einen zuverlässigen und wichtigen Einnahmeposten der kantonalen Parteikasse.[248]

Die Entwicklung der Vermögensverhältnisse der CSP hielt sich bis 1939 in bescheidenem Rahmen. Bis in die zweite Hälfte des Ersten Weltkrieges blieben jeweils ein paar Hundert Franken in der Kasse übrig, ja diese schloss in den unmittelbaren Nachkriegsjahren gar mit einem Negativsaldo ab. Ab 1922 gelang eine gewisse Konsolidierung der Finanzen, mit dem Erwerb einer Obligation 1923 sogar die Bildung einer Reserve. Hintergrund dieser positiven Veränderung waren die verbesserte Zahlungsmoral der Sektionen und der reichliche Fluss freiwilliger Zuwendungen und Schenkungen, ausgelöst durch Bettelbriefe des Kantonalpräsidenten. 1935 kletterte das Kassavermögen erstmals über die Tausendfranken-Grenze, um sich dann aber während des Krieges wieder beträchtlich zurückzubilden.[249] Dass die Bäume aber noch immer nicht in den Himmel wuchsen, lässt sich daraus ersehen, dass die Delegiertenversammlung 1949 zur Einrichtung eines nebenamtlichen Parteisekretariats einen Spezialbeitrag in der Höhe des Mitgliederbeitrages beschliessen musste.[250]

Gegenüber der KVP war die CSP finanziell autonom. Zwar war die CSP eine politische Gruppe unter dem Dach der konservativen Gesamtpartei, doch war sie zu keinen Beitragsleistungen an die Kasse der KVP verpflichtet. Umgekehrt dagegen flossen sporadisch Rückvergütungen für gemeinsame konservativ-christlichsoziale Aktionen in die Kasse der CSP, so etwa im Zusammenhang mit dem Engagement der Christlichsozialen während des

---

248 Die Erhebungsweise der Mitgliederbeiträge war von Ort zu Ort verschieden. Im Bezirk Oberrheintal hatten gemäss Statuten von 1914 sämtliche Arbeitervereine – 1915 bestanden Vereine in Altstätten, Montlingen, Rüthi und Rebstein-Marbach mit zusammen rund 200 Mitgliedern – einen Beitrag von 60 Rappen pro Mitglied in die Bezirkskasse zu entrichten. Davon flossen 20 Rappen in die Kantonalkasse (Statuten der Christlichsozialen Partei des Bezirkes Oberrheintal, 22. März 1914, Art. 5, BAR). In anderen Bezirken zahlten die Arbeitervereine resp. die lokalen politischen Organisationen ihren Beitrag direkt an die CSP. Die Ortsgruppen erhoben die Beiträge für den Arbeiterverein und die politische Organisation entweder getrennt, oder sie erhoben einen erhöhten Beitrag für den Arbeiterverein, von dem auch die Auslagen für die politische Organisation gedeckt wurden. Für solche Parteimitglieder, die keinem Arbeiterverein angehörten, war der Jahresbeitrag höher angesetzt (Zirkular an die Lokalsektionen der CSP, an die katholischen Arbeitervereine des Kantons St.Gallen, an die Bezirkskomitees der CSP, 7. Januar 1919, BAR).
249 Im Kassabuch finden sich am Ende jeder Rechnungsperiode Angaben zum Kassavermögen. Nur 1918/19 waren die Parteifinanzen dermassen ausser Rand und Band geraten, dass an der Delegiertenversammlung keine Rechnungsablage erfolgen konnte (Prot. Delegiertenversammlung CSP, 17. August 1919, BAR). Zur Entwicklung des Kassavermögens seit 1935 vgl. TBSch, 17. August 1938 und 9. November 1941 (PrivatA Scherrer).
250 Prot. Delegiertenversammlung CSP, 21. August 1949 (BAR); vgl. auch Jb CSP 1949–51, S. 12 (BAR).

Landesstreiks oder aus Anlass von Wahlen zur Deckung von Propagandakosten. Druckerzeugnisse, die im Namen der Gesamtpartei verbreitet wurden, wurden stets der Gesamtpartei belastet, wodurch die CSP vom finanziellen Engagement der Mutterpartei profitierte. Ebenso waren die christlichsozialen Bundesparlamentarier zunächst von der in der KVP üblichen Beteiligung an den Wahlkampfkosten entbunden, ehe dann 1932 im konservativen Parteiausschuss die Beitragspflicht aller Mandatare festgestellt wurde, wofür im Gegenzug der christlichsozialen Gruppe Beiträge an ihre Aufwendungen zurückzuerstatten waren.[251]

Betrachen wir die Einnahmen- und Ausgabenstruktur in je einer Rechnungsperiode der 1920er und der 1930er Jahre. Anzumerken ist allerdings, dass die Kassabuchführer nur spärliche Angaben über Herkunft und Verwendungszweck der Gelder machten und die Aufschlüsselung nach Grossposten je nach Gutdünken des jeweiligen Kassiers vorgenommen wurde (Tab. 19).

Tabelle 19: Einnahmen- und Ausgabenstruktur der Kasse der CSP in den Perioden 1922–1925, 1931–1935

		Januar 1922–Juni 1925	September 1931–September 1935
Einnahmen	Volumen	3020.25	5002.40
		in %	in %
	Sektionsbeiträge	28	37
	Freiwillige Zuwendungen	30	52
	Rückvergütungen der KVP u.a.	39	6
	Kapitalerträge	2	2
	Diverses	0	2
Ausgaben	Volumen	1813.10	3261.75
		in %	in %
	Drucksachen	58	53
	Administration (inkl. Abonnements)	22	21
	Zuwendungen / Beiträge	17	9
	Spesen	1	17
	Diverses	2	1

Auf der Einnahmenseite sticht zuerst der hohe Anteil der Spenden respektive der vergleichsweise geringe Anteil der Mitgliederbeiträge ins Auge, nach Gruner ein Merkmal von Parteien, die im rechten politischen Spektrum anzusiedeln sind.[252] Während bei diesen aber Zuwendungen von Institutionen, Verbänden oder Unternehmen eine grosse Rolle spielen, setzte

---

251 Prot. Parteiausschuss KVP, 22. Februar 1932 (StaatsA SG, Archiv CVP). Im Oktober 1931 zahlte die KVP 300 Franken in die Kasse der CSP ein. Trotz seines Beitrages in die Kasse der KVP erklärte sich Josef Scherrer 1940 gegenüber dem Kantonalkassier der CSP bereit, als Mitglied der Bundesversammlung zusätzlich einen Beitrag von 50 Franken in die Kasse der CSP zu leisten (TBSch, 11. September 1940, PrivatA Scherrer).
252 Gruner, Parteien, S. 222.

sich bei der CSP die Summe der Spenden aus vielen kleinen Einzelbeiträgen zusammen, die Einzelpersonen, in der Regel Behördenvertreter, gelegentlich aber auch anonyme Donatoren, und Lokal- und Bezirksorganisationen über ihre Pflichtbeiträge hinaus an die Parteikasse entrichteten. Von den Organisationen der Bewegung, etwa der Genossenschaftsbank oder den christlichen Gewerkschaften, erhielt die CSP nie finanzielle Unterstützung. Der hohe Anteil der Vergütungen in der Periode 1922 bis 1925 ergab sich aus einer Rückerstattung aus dem Aktionsfonds gegen die sozialdemokratische Vermögensabgabe-Initiative, die von Konservativen und Christlichsozialen gemeinsam bekämpft wurde.[253] Ausgabenseitig bildeten die Aufwendungen für die Wahlagitation – in beiden Rechnungsperioden fanden je eine National- und eine Grossratswahl statt – den wichtigsten Posten. Trotz angespannter Kassenlage unterstützte die CSP 1923 die christlichsoziale Wahlpropaganda in Österreich mit einer freiwilligen Zuwendung von 100 Franken. Rund zehn Prozent der Ausgaben flossen als Beitrag in die Zentralkasse des ZV. In bescheidenem Rahmen hielten sich die Auslagen für Administration und Spesen. Josef Scherrer besorgte in Verbindung mit dem Generalsekretariat des CAB gleichzeitig die Sekretariatsgeschäfte und berechnete nach eigenem Bekunden persönlich nie irgendwelche Spesen, obwohl er materiell nicht auf Rosen gebettet war.[254] Der einzige Funktionsträger, der zweimal ein eher symbolisches Honorar zugesprochen erhielt, war in den 1930er Jahren der Kantonalkassier Emil Dürr. Der tiefe Anteil der Entschädigungen, die die Kantonalkasse den Funktionsträgern für Fahrten und andere Unkosten in den Jahren 1922 bis 1925 auszurichten in der Lage war, lässt darauf schliessen, dass das parteipolitische Engagement mit persönlichen finanziellen Opfern verbunden war. Erst als die Kasse einige Reserven geäuffnet hatte, war es möglich, den Mitgliedern der Parteileitung und den Delegierten ihre persönlichen Unkosten teilweise zu vergüten.

---

253 Die Initiative war 1921 von der Sozialdemokratischen Partei der Schweiz eingereicht worden und sah die Erhebung einer einmaligen Vermögensabgabe vor. Der II. Landeskongress der Christlichsozialen und die Delegiertenversammlung der KVP beschlossen die Bekämpfung der Initiative, die in der Volksabstimmung vom 3. Dezember 1922 verworfen wurde (Zirkular der CSP an die Parteifreunde, 4. November 1922, BAR; Prot. Delegiertenversammlung KVP, 2. Oktober 1922, StaatsA SG, Archiv CVP; vgl. auch JB CAB 1922/23, S. 41f.).

254 TBSch, 11. September 1940 (PrivatA Scherrer).

3. «Glied der konservativen und christlichsozialen Gesamtpartei»

3.1 Die konservative Partei als Rahmenpartei

Soll die KVP nach den gängigen Parteitypologien klassifiziert werden[255], so ist sie in soziologischer Hinsicht als Volkspartei zu bezeichnen, als «Allklassenpartei»[256], die nach den Statuten den Anspruch erhob, das «konservative und christlichsoziale St.Galler Volk» zu repräsentieren.[257] Mit Blick auf die Parteiziele jedoch hat sie, wiederum gemäss Statuten, als Interessenpartei zu gelten, die den partikulären Interessen einer Bevölkerungsgruppe – der konservativen und christlichsozialen St.Galler – verpflichtet war. Soziale Basis einer Partei und Parteiziele stehen zueinander in einem engen Zusammenhang: Die Einheit und Geschlossenheit der Partei ist umso grösser, je mehr in den parteiinternen Gruppen oder Flügeln über die zu verfolgenden Parteiziele Übereinstimmung herrscht. Doch ist dieser Zusammenhalt latent gefährdet, wenn der Basiskonsens aufgeweicht ist und innerparteiliche Gruppierungen unterschiedliche Vorstellungen über die zu verfolgenden Ziele entwickeln.

Die auf fester weltanschaulicher Grundlage ruhende Einheit der konservativen Gesamtpartei St.Gallens war mehrmals schweren Belastungsproben ausgesetzt. Hintergrund dieser parteiinternen Spannungen waren gesamtgesellschaftliche Wandlungsprozesse im Gefolge der industriellen Entwicklung, die Rückwirkungen auf die Politik im allgemeinen und die Parteien im besonderen hatten. In der politischen Auseinandersetzung zwischen den Parteien und innerhalb derselben gewannen sozio-ökonomische Fragen seit der Jahrhundertwende mehr und mehr an Gewicht, währenddessen die vormals dominierenden kulturellen und weltanschaulichen Themen in den

---

255 Vgl. dazu: Manfred Hättich, Zur Typologie politischer Parteien, in: Zibura, Parteienlehre, S. 375–410; Handlexikon Politikwissenschaft, Bd. 2, v. a. S. 310f.
256 Altermatt, Allklassenpartei, S. 29f.
257 Statuten der KVP, 23. Oktober 1912, Ingress (StaatsA SG, Archiv CVP). Gleichlautende Formulierung, unter Weglassung des Adjektivs «christlichsozial» und Beifügung des Adjektivs «katholisch», auch in den Statuten von 1896 (Statuten der katholisch-konservativen Partei des Kantons St.Gallen, 4. November 1896, Ingress, Archiv Katholische Administration).

Hintergrund rückten.²⁵⁸ Neue Sozialschichten wie Industriearbeiterschaft und Angestellte traten auf den Plan, und in der Gestalt der Sozialdemokratie, die die Wahrung der materiellen Interessen einer Klasse zum Programm erhoben hatte, betrat eine Kraft die politische Bühne, die Arbeiter und Angestellte auf der Grundlage eines klassenkämpferischen Programms sammeln wollte. Mit dem Bekenntnis des Staates zur wohlfahrtsstaatlichen Entwicklung formierten sich zudem ausserparteilich wirtschaftliche Interessengruppen, welche die historischen Parteien konkurrierten und versuchten, auf deren Leitung und Kurs Einfluss zu nehmen, im Kanton St.Gallen die 1915 vom freisinnigen Gewerbepolitiker August Schirmer geschaffene Geschäftsstelle der kantonalen Gewerbeverbände St.Gallen-Appenzell²⁵⁹ sowie die kurz nach dem Ersten Weltkrieg gegründete Bauernpolitische Vereinigung des Kantons St.Gallen.²⁶⁰

Unter dem Druck des sich dergestalt wandelnden Umfeldes veränderte die KVP nach und nach ihr inneres Gefüge. Die Herausforderung durch die «Verwirtschaftlichung der Politik» beantworteten die St.Galler Konservativen mit der «Verwirtschaftlichung der Partei»²⁶¹, das heisst: In einem rund ein Vierteljahrhundert, von 1912 bis 1936, andauernden Prozess versuchte die KVP zunächst, die heterogenen wirtschaftlichen Interessen im Vorraum der Parteiorgane zu kanalisieren und auszugleichen, bevor sie 1936 den

258 Altermatt, Katholizismus und Moderne, S. 151; Jost, Bedrohung und Enge, S. 144ff.; Altermatt spricht von einem Paradigmawechsel: «Mit dem Aufkommen der sozialen Frage Ende der siebziger Jahre des 19. Jahrhunderts wurde die integrative Kraft des Kulturkampfes abgeschwächt. An seine Stelle traten neue Spannungspotentiale, die quer durch die konfessionspolitischen und kulturkämpferischen Konfliktfronten verliefen. Ein Paradigmawechsel kündigte sich an; der Kulturkampf wurde durch den aufkommenden Klassenkampf abgelöst» (Katholizismus und Moderne, S. 235f.).
259 Liberale Köpfe, S. 125f. Beim «st.gallischen Mittelstandskomitee», das Anfang der 1920er Jahre mit gelegentlichen Eingaben an die konservative Parteileitung in Erscheinung trat, scheint es sich um eine überparteiliche Ad-hoc-Gruppe des Gewerbeverbandes gehandelt zu haben, die den Zweck verfolgte, auf die bürgerlichen Parteien im Sinne mittelständisch-gewerblicher Postulate einzuwirken (vgl. Schreiben des sanktgallischen Mittelstandskomitees an die Leitung der KVP vom 27. September 1923, StaatsA SG, Archiv CVP).
260 Die Bauernpolitische Vereinigung des Kantons St.Gallen war im August 1919 als überparteiliche und konfessionell neutrale bäuerliche Interessenorganisation im Rahmen der beiden bürgerlichen Parteien ins Leben gerufen worden. Sie trug massgeblich dazu bei, dass die Gründung einer sanktgallischen Bürger- und Bauernpartei unterblieb. Die Mitglieder der Bauernpolitischen Vereinigung gehörten zum grossen Teil der konservativen und der freisinnigen Partei an. Für politische Fragen bestand in der Vereinigung eine konservative und eine liberale Fraktion, die ihre Angelegenheiten getrennt behandelten (Prot. Parteiausschuss KVP, 1. April 1922, StaatsA SG, Archiv CVP; 50 Jahre Bauernpolitische Vereinigung, S. 606ff.; Holenstein, Konservative Volkspartei, S. 332; Riesen, Bauernheimatbewegung, S. 55f. und S. 59f.).
261 Altermatt spricht von einem «schichtspezifischen Ausdifferenzierungsprozess» (Wirtschaftsflügel, S. 70), Gruner von einem «korporativistischen Kompositionsprinzip» (in: Lexikon Parteien, S. 604). Zum Verhältnis der Parteien zu den wirtschaftlichen Interessengruppen im allgemeinen Gruner, Parteien, S. 167ff.

Wirtschaftsgruppen spezielle Vertretungen in der Parteileitung zugestand. Diese Entwicklung verlief in einer gewissen Parallelität zu jener innerhalb der konservativen Landespartei, allerdings mit dem Unterschied, dass letztere den korporatistischen Umbau der Parteiorganisation bereits früher vorgenommen hatte.[262] Am Ende dieses Weges, nach der Statutenrevision von 1936, hatte die KVP ihr einstmals monolithisches Gefüge zugunsten des flexiblen Organismus einer Rahmenpartei aufgegeben, in dem die Sonderinteressen ohne Gefährdung der Parteieinheit sich entfalten konnten. Weltanschaulich abgesichert wurde das Parteigebäude durch das klare Bekenntnis zur katholischen Weltanschauung, verbunden mit einem stark akzentuierten Antisozialismus und Antiliberalismus.

Den ersten Akt im innerparteilichen Ausdifferenzierungsprozess markierte das den Christlichsozialen 1911/12 respektive 1919 als erster Gruppe gemachte Zugeständnis, sich als «linker Flügel» parteiintern eigenständig zu organisieren und in sozial- und wirtschaftspolitischen Fragen einen von der Gesamtpartei abweichenden Kurs einschlagen zu können. Es waren dann aber vor allem die sozialen Spannungen des Ersten Weltkrieges und der Nachkriegszeit, die in den historischen Parteien die wirtschaftlichen Gruppeninteressen stärker hervortreten liessen und vor allem die Gefahr der Absplitterung des bäuerlichen und gewerblichen Flügels verstärkten.[263] Die konservative Parteileitung in St.Gallen registrierte diese Entwicklung mit Besorgnis und bemühte sich, rechtzeitig Vorkehrungen zur Sicherung der Parteieinheit zu treffen. In seiner Eröffnungsansprache anlässlich der konservativen Fraktionsversammlung im Mai 1919 gab der konservative Parteichef Eduard Guntli zu bedenken, dass «die ungeheuren Umwälzungen ... ihre Rückwirkungen auch auf unsere innerpolitischen Verhältnisse ausüben. Parteien, die bis jetzt ... die politische Macht in der Hand hatten, lösen sich in wirtschaftliche Interessengruppen auf ... Es hiesse die Augen vor offenkundigen Tatsachen verschliessen, wenn wir annehmen wollten, dass unsere Konservative Volkspartei von diesem Entwicklungsprozesse unberührt geblieben wäre. Auch bei uns zeichnet sich eine Bewegung ab, welche ein Hervortreten wirtschaftlicher Tendenzen und eine Gruppierung nach

---

262 Innerhalb der katholisch-konservativen Fraktion der Bundesversammlung waren 1919 fraktionsinterne Wirtschaftsgruppen geschaffen worden, Anfang der 1920er Jahre wurde eine alle Stände umfassende Wirtschaftskonferenz eingerichtet, und 1930 bildete die Volkspartei für alle drei Wirtschaftsbereiche sog. Arbeitsgemeinschaften (vgl. Altermatt, Ghetto, S. 408ff.; ders., Wirtschaftsflügel; Gruner, Parteien, S. 114ff.; Hodel, SKVP 1918–1929, S. 338f., S. 372 und S. 428f.; Rölli-Alkemper, SKVP 1935–1943, S. 124ff.).

263 In der freisinnigen Partei traten die Partikularinteressen in noch weit stärkerem Masse hervor als in der durch die konfessionellen Bande zusammengehaltenen KVP (Büchler, Erschütterung und Bewährung, S. 71). Einer im Bezirk St.Gallen gebildeten selbständigen jungfreisinnigen Partei gelang es bei der Grossratswahl von 1921, drei Mandate zu erobern (Ehrenzeller, Jungfreisinn).

spezifisch wirtschaftlichen Interessen erkennen lässt. Es ist unsere Aufgabe, diese Tatsache fest ins Auge zu fassen und die daraus sich ergebenden Konsequenzen zu ziehen.»[264] Es ist anzunehmen, dass Eduard Guntli die bevorstehende, erstmals nach dem Proporzsystem vorgenommene Nationalratswahl vom Herbst desselben Jahres im Visier hatte. Die Listengestaltung – die KVP zog mit einer unkumulierten Zehnerliste in den Wahlkampf – wurde nach Eduard Guntli tatsächlich zu einer «starken Belastungsprobe» für die Parteieinheit[265], weil die Ansprüche der wirtschaftlichen Gruppen und jene der Regionen mit grosser Heftigkeit aufeinanderprallten.[266]

Die konservative Parteileitung hatte bereits ein Jahr früher auf die Verwirtschaftlichung der Politik reagiert. In der Absicht, «den wirtschaftlichen Fragen in Zukunft eine grössere Aufmerksamkeit zu schenken», waren aus der Mitte der Fraktion sogenannte «Spezialkommissionen» ausgeschieden worden, denen die Betreuung spezifisch standespolitischer Interessen oblag. Die Kommissionen – Handel und Industrie, Verkehrswesen, Gewerbe und kaufmännischer Mittelstand, Landwirtschaft, Arbeiterschaft – sollten den konservativen Parteiausschuss «auf alle wichtigen Vorgänge auf den ihnen zugewiesenen Gebieten aufmerksam machen und ihm frühzeitig alle Anträge zur Kenntnis und Prüfung zustellen».[267] In der Praxis funktionierten die Kommissionen nicht, weil es zu viele gab und weil sie im zu engen Rahmen der Grossratsfraktion geschaffen worden waren.[268] Eine weitere Berücksichtigung der wirtschaftlichen Interessengruppen in der Partei, etwa derart, dass

264 Eduard Guntli, Eröffnungsansprache anlässlich der Fraktionsversammlung der KVP, 12. Mai 1919 (StaatsA SG, Archiv CVP). In ähnlichem Sinne äusserte sich Guntli aus demselben Anlass zwei Jahre später (Prot. Fraktion KVP, 9. Mai 1921, StaatsA SG, Archiv CVP). Auch einem anderen aufmerksamen Beobachter der Zeitlage, «Ostschweiz»-Redaktor Emil Buomberger, fielen die Verwirtschaftlichungstendenzen im politischen Leben auf. In einer Rede 1921 führte er u.a. aus: «In den letzten Jahren haben wir im Kanton St.Gallen im allgemeinen die Tendenz beobachten können, politische Parteigruppierungen nach wirtschaftlichen Gesichtspunkten vorzunehmen.» Die Gefahr drohe, «alles und jedes nur unter dem engen Gesichtswinkel des Berufs- und Standesinteresses zu sehen und zu beurteilen und damit an Stelle der Grundsätze blosse wirtschaftliche Forderungen zu setzen» (die Rede ist abgedr. in: Ostschweiz, Nrn. 7 und 8, 10. und 11. Januar 1921).
265 Prot. Kantonalkomitee KVP, 11. September 1922 (StaatsA SG, Archiv CVP).
266 Prot. Parteiausschuss KVP, 19. Juli und 26. September 1919; Prot. Kantonalkomitee KVP, 13. September 1919 (StaatsA SG, Archiv CVP).
267 Schreiben von Anton Messmer an die Mitglieder der Spezialkommissionen der konservativen Grossratsfraktion vom 25. Mai 1918 (StaatsA SG, Archiv CVP). Eduard Guntli, Eröffnungsansprache anlässlich der Fraktionsversammlung der KVP, 12. Mai 1919 (StaatsA SG, Archiv CVP). Der Kommission «Arbeiterfragen» gehörten lauter christlichsoziale Parlamentarier an (Josef Scherrer als Präsident sowie Johannes Duft und Josef Bruggmann als Beisitzer), so dass diese als Ausschuss der christlichsozialen Grossratsgruppe bezeichnet werden kann.
268 Eduard Guntli, Eröffnungsansprache anlässlich der Fraktionsversammlung der KVP, 12. Mai 1919 (StaatsA SG, Archiv CVP). Prot. Wirtschaftskommission KVP, 27. September 1924 (StaatsA SG, Archiv CVP).

diesen in den Parteiorganen offiziell Vertretungen zugesprochen worden wären, unterblieb indessen, obgleich die (kleine) Statutenrevision von 1920 dazu Gelegenheit geboten hätte.[269] Zu gross war die Angst der Parteileitung vor einer Gefährdung der Parteieinheit.[270] Stattdessen wurde die Zahl der Mitglieder des Parteiausschusses zwecks besserer Repräsentation der wirtschaftlichen Gruppen und der Regionen von 15 auf 20 erhöht[271] sowie Bedacht darauf genommen, den Bauern und Gewerblern in den Parteigremien eine adäquate Vertretung zu verschaffen.[272] Auf den Vorschlag Guntlis, als «Grundstein der Einheit»[273] die Parteibezeichnung in «Katholische Volkspartei» umzuändern, wurde dagegen nicht eingegangen.

Den Status einer parteiinternen, im Rahmen der KVP agierenden Gruppe mit statutarisch verbürgten Vertretungsrechten erwarb sich nach den Christlichsozialen zuerst die konservative Jungmannschaft. Bereits von 1907 an waren in der Stadt St.Gallen, in Gossau, in Straubenzell, Rorschach und Wil konservative Jugendorganisationen entstanden.[274] Auf Veranlassung der konservativen Jungmannschaft der Gemeinde Gossau bildete sich im Frühjahr 1916 ein «Kantonalkomitee konservativer Jungmannschaften des Kantons St.Gallen»[275], und im September 1917 fand in Gossau der erste sanktgallische Jungmannschaftstag statt.[276] Was die Initianten antrieb, war die Einsicht in die Notwendigkeit der politischen Sammlung der katholischen

269 Nachtrag zu den Statuten der KVP, 19. Mai 1920 (StaatsA SG, Archiv CVP). Diese kleine Statutenrevision wurde vom Kantonalkomitee und der konservativen Fraktion durchgeführt, nachdem ihnen die Delegiertenversammlung den Auftrag und die Vollmacht dazu erteilt hatte (Prot. Delegiertenversammlung KVP, 29. September 1919, StaatsA SG, Archiv CVP).
270 Vgl. Eduard Guntli, Eröffnungsansprache anlässlich der Fraktionsversammlung der KVP, 12. Mai 1919 (StaatsA SG, Archiv CVP). So lehnte Guntli eine statutarisch festgesetzte Vertretung der Bauernpolitischen Vereinigung in der konservativen Parteileitung mit dem Hinweis ab, dass «sonst andere Gruppen ausser der Partei sofort mit gleichen Begehren kommen ...» (Prot. Parteiausschuss KVP, 5. September 1919, StaatsA SG, Archiv CVP).
271 Prot. Kantonalkomitee KVP, 11. Mai 1921 (StaatsA SG, Archiv CVP).
272 Den konservativen Mitgliedern in der Leitung der Bauernpolitischen Vereinigung wurde die Aufnahme ins Kantonalkomitee zugesichert (Prot. Parteiausschuss KVP, 5. September 1919). Desgleichen beschloss der Parteiausschuss auf Empfehlung einer Subkommission, vermehrt Bauern- und Gewerbevertreter in die Parteileitung aufzunehmen (Prot. Subkommisison des Parteiausschusses KVP, 6. November 1926, und Prot. Parteiausschuss KVP, 20. November 1926, StaatsA SG, Archiv CVP). Vor der Statutenrevision von 1936, als den Bauern und dem gewerblichen Mittelstand in den Statuten eine feste Vertretung in der Parteileitung zugestanden wurde, waren je zwei Mitglieder des konservativen Komitees Bauern- resp. Gewerbevertreter (TBSch, 4. März 1936, PrivatA Scherrer).
273 Prot. Parteiausschuss KVP, 27. Oktober 1919 (StaatsA SG, Archiv CVP).
274 Zur Geschichte der einzelnen Sektionen vgl. Fürstenländer, Nr. 141, 8. September 1917. Der konservativen Jungmannschaft von Straubenzell stand als erster Präsident Johannes Duft vor.
275 Fust, Jungmannschafts-Verband, S. 53.
276 Ostschweiz, Nr. 211, 11. September 1917.

Jugend und in die Wichtigkeit staatsbürgerlicher Aufklärung und Erziehung.[277] 1919 beschlossen die lokalen Jungmannschaftsorganisationen die Gründung eines kantonalen Verbandes. Dieser bezweckte gemäss den Statuten «die Organisation und Schulung der katholischen jungen Bürger zur Durchführung des Programms der Konservativen und Christlichsozialen».[278] Die Form des Anschlusses an die KVP wurde in der Statutenrevision von 1920 geregelt, und zwar so, dass den Jungkonservativen an der Delegiertenversammlung der Gesamtpartei und bei Traktanden von grösserer politischer Tragweite im Kantonalkomitee Sitz und Stimme zugestanden wurde.[279]

1924 gingen von den Christlichsozialen Impulse aus, auch den wirtschaftlichen Gruppeninteressen in der Partei mehr Gewicht zu geben und damit die desintegrierenden Tendenzen aufzufangen.[280] Auch Josef Scherrer war besorgt um die Einheit der Gesamtpartei und trug dem Parteiausschuss der KVP einen «Vorschlag für die Zusammenarbeit der wirtschaftlichen Gruppen der konservativen Volkspartei» vor.[281] Sein Plan hatte eine zweifache Stossrichtung: Erstens regte Scherrer an, für jede wirtschaftliche Interessengruppe innerhalb der konservativen Gesamtpartei – also für Landwirtschaft, Gewerbe und Industrie sowie für Arbeiter- und Angestelltenschaft – eine besondere, drei- bis fünfköpfige Kommission zu bilden. Aufgabe dieser Gruppenkommissionen sollte es sein, als Subkommissionen des Parteiausschusses alle in ihren Bereich fallenden Standesfragen vorzuberaten. Wichtige wirtschafts- und sozialpolitische Traktanden von allgemeiner Bedeutung waren an die Wirtschaftskommission zu überweisen, die sich aus den drei Gruppenkommissionen zusammensetzte. Zweitens wollte Scherrer die drei Wirtschaftsgruppen mit grösserer Manövrierfähigkeit in sozial-wirtschaftlichen Fragen ausstatten, analog der 1919 mit der christlich-

---

277 Schreiben der Initianten der kantonalen konservativen Jugendorganisation an die Kantonalkonferenz der Präsides der sanktgallischen Jünglingsvereine vom 12. Oktober 1916, abgedr. in: Fust, Jungmannschafts-Verband, S. 54ff.
278 Zit. nach Holenstein, Konservative Volkspartei, S. 322.
279 Nachtrag zu den Statuten der KVP, 19. Mai 1920, Art. 5 und Art. 13 (StaatsA SG, Archiv CVP). 1929 wurde den Jungkonservativen eine Einer- und 1933 eine Doppelvertretung im Parteiausschuss zugestanden (Prot. Kantonalkomitee KVP, 29. Juni 1929 und 10. Mai 1933, StaatsA SG, Archiv CVP).
280 Bereits 1922 hatte Josef Scherrer die Schaffung eines kantonalen Wirtschaftsrates gefordert, analog der Wirtschaftskonferenz der Schweizerischen Konservativen Volkspartei. Parteichef Eduard Guntli opponierte und verwies darauf, dass die wirtschaftlichen Gruppen im Parteiausschuss vertreten seien (Prot. Kantonalkomitee KVP, 24. April 1922, StaatsA SG, Archiv CVP).
281 Josef Scherrer, Vorschlag für die Zusammenarbeit der wirtschaftlichen Gruppen der konservativen Volkspartei, 1924 (BAR). Scherrers Vorschlag ist auch im Prot. Parteiausschuss KVP, 28. Juni 1924, wiedergegeben (StaatsA SG, Archiv CVP). Vgl. auch Scherrer, Politik, S. 35. Eduard Guntli wies bei der Beratung von Scherrers Vorschlag übrigens darauf hin, dass bereits 1913 eine parteiinterne Wirtschaftskommission eingerichtet worden sei, die aber in praxi nie funktioniert habe.

sozialen Gruppe getroffenen Vereinbarung. Auf diese zweite Forderung ist der kantonale Parteiausschuss nicht eingetreten, wohl weil Scherrer mit diesem Postulat offene Türen einrannte. 1919 nämlich, als den Christlichsozialen die Autonomie in Standesfragen gewährt wurde, hatte Eduard Guntli auf das Begehren der Bauern nach denselben Rechten geantwortet, dass andere Gruppen und Stände «die gleiche Möglichkeit» hätten.[282] Eine verbindliche Regelung analog zu der mit der CSP getroffenen erübrigte sich auch darum, weil das bäuerlich-mittelständische Element in den Parteiorganen dominierte, so dass in der Praxis kaum zu erwarten war, dass die Gesamtpartei einen Kurs einschlagen würde, der den Interessen der Bauern oder des Gewerbes zuwiderlief. Dazu verfügten Bauern und Gewerbe in ihren neutralen Verbänden über Instrumente der wirtschaftlich-beruflichen Interessenvertretung. Die erste Forderung Scherrers modifizierte der Parteiausschuss dahingehend, dass er anstelle der Gruppenkommissionen eine als «Wirtschaftskommission» bezeichnete Gesamtkommission unter der Leitung des Parteipräsidenten einsetzte, in der fünf Gruppierungen mit je zwei Stimmen vertreten waren: Landwirtschaft, Mittelstand und Gewerbe, Angestellte und Arbeiter, Industrie sowie öffentliche Beamte und Angestellte. Zweck und Aufgabe der Kommission war die Diskussion und Vorberatung sozial- und wirtschaftspolitischer Fragen. Beschlusskompetenz kam der Kommission keine zu. Dagegen konnte sie ihre Beratungsergebnisse im Sinne eines Gutachtens oder Antrages an den Parteiausschuss weiterleiten.[283]

Die Wirtschaftskommission konstituierte sich im September 1924 unter dem Vorsitz von Eduard Guntli. Sie beriet in der Folge neben mehrmaligen Aussprachen über Allgemeines und Grundsätzliches primär aktuelle wirtschafts-, sozial- und finanzpolitische Fragen in Bund und Kanton. Sie trat, soweit dies aus den Protokollen ersichtlich ist, bis Ende 1931 insgesamt neunmal zusammen, um schliesslich still einzuschlafen, nachdem die Abstände zwischen den Sitzungen immer länger und die Präsenz immer dünner geworden war.[284] 1933 wurde von einer Wiederbestellung der Kommission Abstand genommen.[285]

Es bedurfte der äusseren Erschütterung in Gestalt einer Wahlniederlage, um in der auf den Gedanken der Einheit fixierten Parteileitung die Einsicht und den Willen wachsen zu lassen, die Parteiorganisation umzuformen und

---

282 Prot. Kantonalkomitee KVP, 29. September 1919 (StaatsA SG, Archiv CVP).
283 Prot. Parteiausschuss KVP, 6. September 1924 (StaatsA SG, Archiv CVP); vgl. auch Prot. Wirtschaftskommission KVP, 27. September 1924 und 2. April 1926 (StaatsA SG, Archiv CVP), und Holenstein, Konservative Volkspartei, S. 329. Die Gruppierung der Arbeiter und Angestellten vertraten Josef Scherrer und Johannes Müller.
284 Die Protokolle der Sitzungen der Wirtschaftskommission sind ins Protokollbuch des Parteiausschusses der KVP integriert (StaatsA SG, Archiv CVP).
285 Prot. Kantonalkomitee KVP, 10. Mai 1933 (StaatsA SG, Archiv CVP).

Die Christlichsoziale Partei des Kantons St.Gallen 1911–1939

Abbildung 3: Die organisatorische Struktur der KVP des Kantons St.Gallen nach der Statutenrevision von 1936 (leicht vereinfacht)

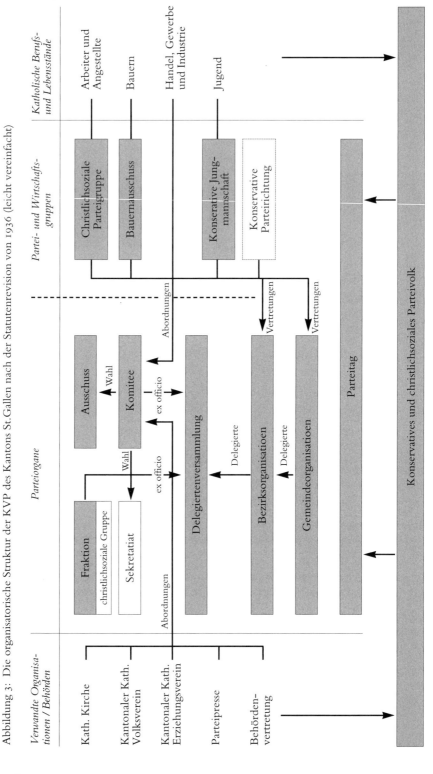

den auf vermehrten Einfluss drängenden Wirtschaftsgruppen ihr Recht zu geben. Im Vorfeld der Nationalratswahl von 1935 kam es innerparteilich zu harten Auseinandersetzungen zwischen den Vertretungsansprüchen der wirtschaftlichen Gruppen und der Regionen. Josef Scherrer sprach vom «Krieg in der Konservativen Volkspartei»[286], vom «Kampf aller gegen alle».[287] Die konservative Parteileitung zog die Konsequenzen aus diesem Debakel und leitete eine Statutenrevision ein, durch die sie versuchte, die heterogenen Wirtschaftsflügel in die Gesamtpartei zu integrieren und innerparteiliche Konflikte in geordnete Bahnen zu leiten, um auf diese Weise die Einheit und Geschlossenheit der Partei institutionell abzusichern (Abb. 3). Konkret erfolgte dies erstens dadurch, dass nun neben den Christlichsozialen und den Jungkonservativen auch die Bauern auf der Basis ihrer Standesorganisationen innerhalb der KVP eine eigene Gruppe – den sogenannten Bauernausschuss – bildeten[288] und sich das mittelständische Gewerbe[289] und die konservative Parteirichtung[290] lose formierten. Indem den innerparteilichen Gruppen und Gruppierungen eine numerische festgelegte Repräsentation im Kantonalkomitee zugestanden wurde, die sie selbständig bestimmten[291], wurde die

---

286 TBSch, 5. November 1935 (PrivatA Scherrer).
287 Josef Scherrer, Bericht über die Nationalratswahlen vom 26./27. Oktober 1935, 1935, S. 6 (BAR).
288 Die konservative Fraktion der Bauernpolitischen Vereinigung und der KBB einigten sich nach zwei von Josef Scherrer veranlassten und geleiteten Sitzungen auf die Schaffung eines Bauernausschusses innert der KVP. In diesem sollten die konservative Fraktion der Bauernpolitischen Vereinigung und der KBB angemessen vertreten sein. Im Bauernausschuss waren sämtliche den Bauernstand betreffende Sachfragen sowie Wahlangelegenheiten vorzuberaten (Josef Scherrer, Vorschläge zur Reorganisation der KVP, verfasst im Auftrag des Vorstandes des KBB, 4. Januar 1936, Archiv KBB; Prot. der Konferenzen von Bauernpolitischer Vereinigung und KBB, 7. Dezember 1935 und 11. Januar 1936, Archiv KBB; vgl. auch Scherrer, Saat und Ernte, S. 75ff. und S. 180).
289 Die Bildung einer mittelständischen Wirtschaftsgruppe in der KVP unterblieb, obwohl der konservative Parteiausschuss 1933 im Zusammenhang mit der um die Jahreswende 1932/33 erfolgten Gründung einer Bauern- und Mittelstandspartei im Bezirk Werdenberg die Schaffung einer mittelständischen Gruppierung in der KVP erwogen hatte (Prot. Parteiausschuss KVP, 14. Januar, 22. und 27. April 1933, StaatsA SG, Archiv CVP). Zur Bauern- und Mittelstandspartei des Bezirks Werdenberg vgl. Werner Hagmann, Politlandschaft im Umbruch. Parteien und politische Gruppierungen im Werdenberg 1930-1945, in: Unser Rheintal, Jahrbuch für das St.Galler Rheintal, 49. Jg. (1992), S. 85–89. Warum die Organisation der mittelständischen Gruppe unterblieb, ist wegen des Fehlens der Protokolle nicht auszumachen. Allgemeine Gründe nennt Altermatt, Wirtschaftsflügel, S. 66 und S. 69.
290 Der konservative Parteiflügel verzichtete auf die formelle Gründung einer konservativen Parteigruppe, nachdem sich die Christlichsozialen damit einverstanden erklärt hatten, den Konservativen Vertretungen in ihren Organisationen in den Gemeinden, im Bezirk und im Kanton zuzugestehen.
291 Sofern eine Gruppe oder ein Berufsstand nicht organisiert war – das galt für den gewerblichen Mittelstand und die konservative Parteirichtung –, wurden deren Vertreter vom Komitee nach Rücksprache mit den interessierten Kreisen bestimmt. Zur personellen Zusammensetzung des Komitees vgl. das Schreiben von Eugen Knecht an die Mitglieder des Kantonalkomitees KVP vom 11. Mai 1939 (StaatsA SG, Archiv CVP).

Die Statutenrevision der KVP St.Gallen vom 2. Mai 1936 schuf die Voraussetzungen dafür, dass sich die wirtschaftlich-sozialen Sonderinteressen in den Parteiorganen besser artikulieren konnten.

weitere Parteileitung von einer demokratischen zu einer weitgehend ständischen Vertreterversammlung umgebaut.[292] Diese Parteistruktur schuf die Voraussetzung dafür, dass sich die wirtschaftlich-sozialen Sonderinteressen künftig im innerparteilichen Willensbildungs- und Entscheidungsprozess formieren und artikulieren konnten, um hernach in der Gesamtpartei harmonisch ausgeglichen zu werden. Zweitens definierten die Statuten den Radius der Autonomie dieser Gruppen in der Weise, dass diesen in sozial- und wirtschaftspolitischen Fragen Selbständigkeit zugebilligt wurde, während sie sich in allgemein politischen und weltanschaulichen Angelegenheiten sowie in Wahlfragen den Beschlüssen der Gesamtpartei zu unterwerfen hatten. Das war jener modus vivendi, der gewohnheitsrechtlich schon seit 1919 galt und den Josef Scherrer bereits 1924 vorgeschlagen hatte.[293]

Im selben Jahr wurde auf Vorschlag von Parteichef Josef Riedener und gemäss Beschluss des erweiterten Parteiausschusses der KVP die Wirtschaftskommission neu gebildet.[294] In ihr sollten alle wirtschaftlichen Gruppen der Gesamtpartei vertreten sein und «vorinstanzlich Fragen des Wirtschaftslebens studieren und einen allfälligen Bericht an die Parteileitung abfassen».[295] Zum Präsidenten der Kommission wurde Josef Scherrer ernannt, der, angefochten wegen der Krise der Genossenschaftsbank, darin

---

292 Im Unterschied zur ständischen Zusammensetzung des Komitees sollten die Mitglieder der engeren Parteileitung, des Ausschusses, nach Persönlichkeitsmerkmalen ausgewählt werden, nach ihrer «Eignung für eine zielbewusste, klare und tätige Führung» (Statuten der KVP, 2. Mai 1936, Art. 9, StaatsA SG, Archiv CVP).
293 Statuten der KVP, 2. Mai 1936, bes. Art. 8 und Art. 15ff. (StaatsA SG, Archiv CVP). Zur Statutenrevision der KVP vgl. auch den Kommentar in der «Ostschweiz», Nrn. 222, 224 und 228, 12., 13. und 15. Mai 1936.
294 TBSch, 18. September 1936 (PrivatA Scherrer). Neben der Wirtschaftskommission wurde eine Presse- und Referentenkommission geschaffen, später eine Politische Kommission.
295 Anfrageschreiben der KVP vom 23. September 1936 betr. Mitarbeit in einer Wirtschaftskommission (BAR).

einen Beweis des Vertrauens seitens der konservativen Parteileitung erblickte.[296] Die Kommission trat seit dem Oktober 1936 mehrmals zusammen und diskutierte eine Reihe wirtschaftlicher Fragen[297], ohne allerdings die in dieses Gremium gesetzten Erwartungen zu erfüllen. Ausser der schlechten Präsenz – an einer der letzten Sitzungen war nebst dem Präsidenten und dem Protokollführer nur ein einziges weiteres Mitglied anwesend[298] – krankte die Kommission von Anfang an daran, dass sie sich in langen Diskussionen verhedderte und keinen Konsens zu erzielen vermochte. Der tiefere Grund für ihr Scheitern aber dürfte darin zu suchen sein, dass eine solche Kommission nicht mehr notwendig war, seit die wirtschaftlichen Interessen im Schosse des Kantonalkomitees der Partei artikuliert werden konnten. Bereits Ende 1937 ereilte die zweite Wirtschaftskommission das Schicksal ihrer Vorgängerin: Sie schlief ein, ohne je formell aufgelöst worden zu sein.[299]

3.2 Der organisatorische Einbau der CSP in die konservative Gesamtpartei

In der turbulenten Gründungsversammlung der CSP vom 26. November 1911 hatten die Christlichsozialen darauf verzichtet, eine «absolute Partei» nach dem Vorbild der Zürcher Christlichsozialen zu schaffen, und sich stattdessen «als Glied» in die konservative Gesamtpartei eingefügt.[300] Doch diese Formel der «Partei in der Partei» warf mehr Fragen auf, als sie Antworten gab. Wie sollte die christlichsoziale Parteigruppe institutionell-rechtlich mit der Gesamtpartei verbunden werden? Wie war bei Wahlen vorzugehen, wenn eine Einigung nicht zustande kam? In welchem Verhältnis standen Unterordnung und Autonomie der Gruppe? Über welche Mechanismen sollte im Konfliktfall vermittelt werden? Und schliesslich: Unter welcher Bezeichnung sollte die Gesamtpartei gegen aussen auftreten?

Die Parteispitzen der Konservativen und der Christlichsozialen befassten sich unmittelbar nach der Gründung der CSP mit den Modalitäten der Eingliederung der christlichsozialen Parteiorganisation. Sie verständigten sich vorläufig darauf, gegenseitig Vertreter in die Parteileitungen zu delegieren.

296 TBSch, 18. September und 9. Oktober 1936 (PrivatA Scherrer).
297 Über die in der Wirtschaftskommission bis zum Herbst 1937 behandelten Sachfragen informierte Eugen Knecht in seinem Bericht über die Tätigkeit des Parteisekretariats der KVP, 1937 (StaatsA SG, Archiv CVP). Das konservative Parteisekretariat war im November 1936 eingerichtet und Eugen Knecht als Sekretär im Nebenamt angestellt worden (Ostschweiz, Nr. 525, 11. November 1936).
298 Prot. Wirtschaftskommission KVP, 8. September 1937 (StaatsA SG, Archiv CVP).
299 1943 nahm die Kommission ihre Arbeit wieder auf. Die CSP wurde darin wiederum durch Josef Scherrer vertreten (Jb CSP 1941–43, S. 5, BAR).
300 Vgl. oben Teil I Abschn. 2.4. Die sozialdemokratische «Volksstimme» sprach später ironisch von einer «Filiale» der Konservativen (Nr. 247, 22. Oktober 1925).

Die Konservativen gestanden der CSP unmittelbar nach deren Gründung zu, eine christlichsoziale Zweiervertretung in ihren 15köpfigen Parteiausschuss aufzunehmen, worauf der christlichsoziale Parteiausschuss beschloss, Gegenrecht zu halten und den Konservativen ebenfalls eine Zweiervertretung einzuräumen. Seitens der CSP wurden Johann Baptist Jung und Josef Scherrer delegiert, die Konservativen ihrerseits bestimmten Redaktor Emil Buomberger und Regierungsrat Edwin Rukstuhl.[301]

Das war eine Behelfslösung. Gelegenheit, das Verhältnis der beiden Parteirichtungen einer verbindlicheren Regelung zuzuführen, bot die im Oktober 1912 vom konservativen Kantonalkomitee durchgeführte Teilrevision der Statuten, zu der dieses von der Delegiertenversammlung und von der Grossratsfraktion ermächtigt worden war.[302] In den neuen Statuten wurde die CSP als Parteigruppe im Rahmen der konservativen Gesamtpartei offiziell anerkannt.[303] Neben der De-facto-Vertretung im Parteiausschuss[304] erhielt das christlichsoziale Kantonalkomitee in corpore Zutritts- und Stimmberechtigung an der Delegiertenversammlung der Gesamtpartei und wurde der gesamte christlichsoziale Parteiausschuss bei Fragen von grösserer politischer Tragweite ins konservative Kantonalkomitee zugezogen. Den Kantonalpräsidenten Josef Scherrer erfüllte diese Regelung mit Befriedigung: «Diese Kantonalkomitee-Sitzung der Konservativen Volkspartei hat für die christlichsoziale Richtung mit einem schönen Erfolg geendet, indem wir nun im Statut der Gesamtpartei als Partei die offizielle Anerkennung erhalten haben. Es ist dies ein erfreulicher Fortschritt der christlichsozialen Sache.»[305] Auch die «Ostschweiz» kommentierte die Ergebnisse der Revision mit sichtlicher Genugtuung: Die christlichsozialen Vertretungsansprüche

---

301 Prot. Parteiausschuss CSP, 7. Dezember 1911 (BAR); Schreiben von Johann Schubiger an Josef Scherrer vom 7. Januar 1912 (BAR); Jb CSP 1912, S. 17 und S. 19 (BAR); vgl. auch Scherrer, Jung, S. 98.
302 Prot. Kantonalkomitee KVP, 23. Oktober 1912 (BAR); Ostschweiz, Nr. 248, 24. Oktober 1912. Die Revision war von einer Subkommission, der kein Christlichsozialer angehörte, vorbereitet worden. Anlass der Revision waren der Beitritt der KVP zur Schweizerischen Konservativen Volkspartei, die Annahme des neuen Parteiprogramms sowie die organisatorische Integration der CSP. Vgl. auch Holenstein, Konservative Volkspartei, S. 309 und S. 314.
303 Statuten der KVP, 23. Oktober 1912, Art. 5 und Art. 13 (BAR).
304 Bei der Bestellung des Parteiausschusses wählte das Komitee der KVP Johann Baptist Jung als Vertreter der Christlichsozialen in die engere Parteileitung (Prot. Kantonalkomitee KVP, 23. Oktober 1912, BAR). Als sich der Ausschuss kurze Zeit später erweiterte, wurde auch Josef Scherrer in die Parteiführung aufgenommen und mit dem Aktuariat betraut (Prot. Parteiausschuss KVP, 8. November 1912, BAR). 1919 wurde der CSP ein dritter Sitz im Parteiausschuss der KVP zugestanden (Prot. Parteiausschuss KVP, 14. April 1919, StaatsA SG, Archiv CVP).
305 TBSch, 23. Oktober 1912 (PrivatA Scherrer). Ähnlich im Jb CSP 1912, S. 32f.: «Zum erstenmale wird hier von den Konservativen unsere Partei-Organisation als solche offiziell anerkannt. Das zeigt vor allem auch unsere Stellung jetzt in der Gesamtpartei. Ein

Statuten
der
Konservativen Volkspartei
des
Kantons St. Gallen.

Um gemeinsam und einheitlich die Interessen des konservativen und christlichsozialen St. Galler Volkes zu wahren und um einen den Bedürfnissen und Kräften unseres Kantons entsprechenden gesunden und besonnenen Ausbau der politischen und sozialen Institutionen anzustreben und zu fördern, werden für die Organisation der konservativen Volkspartei des Kantons St. Gallen gegenwärtige Statuten aufgestellt.

Art. 1.

Die Vertretung und Förderung der von der konservativen Volkspartei des Kantons St. Gallen verfochtenen Interessen und Bestrebungen wird folgenden Organen übertragen:
a) der kantonalen Delegiertenversammlung;
b) der konservativen Fraktion des Großen Rates;
c) dem Kantonalkomitee und dem Parteiausschuß;
d) den Bezirksparteiorganen.

a) Die kantonale Delegiertenversammlung.

Art. 2.

Der kantonalen Delegiertenversammlung kommt die Aufgabe zu, innert dem Rahmen von Art. 8 in allen Fragen von größerer politischer Bedeutung auf eidge-

Die Statuten der KVP des Kantons St.Gallen vom 23. Oktober 1912 brachten die offizielle Anerkennung der christlichsozialen Parteigruppe.

hätten vollumfängliche Berücksichtigung gefunden, und es sei «eine ideale Einigung auf der ganzen Linie» erzielt worden.[306]

Es fällt schwer, den nun vereinbarten Status der CSP exakt zu umschreiben. Inwieweit war die CSP eine autonome «Partei», inwieweit lediglich «Partei in der Partei»? Oder anders: In welchem Verhältnis standen Selbständigkeit und Bindung? Eine Antwort geht sinnvollerweise von den Elementen Organisation, Orientierung und Aktion aus, die den Begriff der selbständigen Partei konstituieren.[307] Organisatorisch-strukturell war die

---

knappes Jahr seitdem wir uns auf eigene Füsse gestellt hatten, und heute muss selbst die grosse konservative Partei uns in ganz anderm Masse Rechnung tragen, als sie dies je bis jetzt getan» (BAR).
306 Ostschweiz, Nr. 248, 24. Oktober 1912.
307 Vgl. Gruner, Parteien, S. 11f.

CSP insofern eine eigenständige Partei, als sie über eine von der KVP losgelöste Mitgliedschaft sowie über selbständige Parteiorgane verfügte. Relativiert wurde ihre organisatorische Selbständigkeit allerdings durch die mit den Konservativen getroffene Vereinbarung, dass deren Vertreter in der Leitung der CSP Sitz und Stimme hatten. Ideologisch-programmatisch betrachtet war die CSP unselbständig. Sie verfügte über kein eigenes Programm, das ihre spezifischen Interessen zum Ausdruck gebracht hätte, sondern war über das gemeinsame politische Programm von 1911 mit der konservativen Partei verbunden und in diese eingebunden. Die Schlüsselfrage aber, ob und wenn ja in welchen Bereichen die CSP in der politischen Aktion, das heisst in der Verfolgung der politischen Interessen ihrer Mitglieder in Sach- und Wahlfragen einen selbständigen Kurs verfolgen dürfe oder ob sie sich den Beschlüssen der Gesamtpartei zu unterziehen habe, blieb bis ins Jahr 1919 offen.

Die St.Galler Christlichsozialen versuchten, ihr Modell der «Partei in der Partei» auch auf das konservativ-christlichsoziale Verhältnis auf Bundesebene zu übertragen, auf der im Frühjahr 1912 nach langem Tauziehen die Schweizerische Konservative Volkspartei gegründet worden war. Auf Antrag von Josef Scherrer beschloss der christlichsoziale Parteiausschuss, der im Oktober desselben Jahres in Luzern stattfindenden Politischen Tagung der christlichsozialen Arbeitervereine der Schweiz das Begehren vorzulegen, «es sei das politische Verhältnis der Christlichsozialen zur schweiz. konservativen Volkspartei in gleicher Weise zu regeln wie im Kanton St.Gallen», es seien also die Christlichsozialen auch auf Landesebene im Rahmen der konservativen Gesamtpartei als Parteigruppe zu organisieren, mit dem Ziel, die politische Interessenvertretung der Arbeitervereine auf demokratischere Basis zu stellen und mit mehr Schlagkraft auszustatten.[308] Scherrers Antrag aber unterlag, worauf die Delegierten beschlossen, die 1907 gegründete, dann aber wieder eingeschlafene Politische Kommission zu reaktivieren und auszubauen. Als St.Galler Vertreter nahmen Josef Scherrer und Alois Scheiwiler Einsitz in diese Kommission.[309] In den Organen der katholisch-

---

308 Prot. Parteiausschuss CSP, 5. Oktober 1912 (BAR).
309 Prot. des zweiten politischen Delegiertentages der christlichsozialen Arbeitervereine der Schweiz, 6. Oktober 1912 (BAR); Jb ZV 1912, S. 11. 1916 wurde die Zahl der Kommissionsmitglieder auf 18 erhöht, von denen fünf aus dem Kanton St.Gallen stammten (Jb ZV 1916, S. 6f.). Die Kommission entfaltete bis Anfang der 1920er Jahre zahlreiche Aktivitäten, ehe dann der CAB zum Träger der sozial- und wirtschaftspolitischen Tätigkeit wurde (vgl. Jb ZV 1912ff.; Altermatt, Ghetto, S. 413f.; Gehrig, Das Christlichsoziale, S. 44f.; Scherrer, Jung, S. 117ff.). Die organisatorischen Konsequenzen dieser Entwicklung wurden 1937 anlässlich der Verschmelzung des ZV mit dem CAB gezogen. Die neuen Statuten übertrugen dem CAB nun auch formell die politische Interessenvertretung gegen aussen (JB CAB 1937/38, S. 50). Nach dem Zweiten Weltkrieg wurde innerhalb des CAB eine Politische Kommission gebildet, der die «Wahrung der politischen

konservativen Landespartei hatte man den christlichsozialen Arbeiterorganisationen zuvor Vertretungskontingente zugestanden.[310]

Dem Beispiel der Kantonalorganisation folgend, verständigten sich St.Galler Konservative und Christlichsoziale auch in den Bezirken, den Gemeinden und den Kreisen in der Stadt St.Gallen darauf, wechselseitig Delegationen in die Leitungsgremien zu entsenden. In der Gemeinde Tablat, wo die Christlichsozialen über keine eigenständige Parteiorganisation verfügten, der katholische Arbeiterverein aber ein eigenes politisches Komitee ausgeschieden hatte, beriet die konservative Lokalsektion, der Konservative Volksverein Tablat, bereits eine Woche nach der Gründung der CSP über die Eingliederung der Christlichsozialen. Organisatorisch einigte man sich ohne Schwierigkeiten darauf, diesen ein Drittel der Sitze in der gemeinsamen Kommission zu überlassen.[311] Desgleichen erhielten die Christlichsozialen im Katholischen Volksverein der Stadt St.Gallen, der örtlichen Sektion der KVP, eine ihrer Stärke entsprechende Vertretung zugestanden.[312] 1913 schloss die CSP im Bezirk Unterrheintal ein Abkommen mit den Konservativen, in dem eine gegenseitige Zweiervertretung in die Parteikomitees vereinbart wurde.[313] Als 1916 im Hinblick auf die Stadtverschmelzung die konservativen Gemeindeorganisationen von Tablat, der Stadt St.Gallen und von Straubenzell zu einer politischen Organisation vereinigt wurden, sah die konservative Partei der neuen Gemeinde von Gross-St.Gallen Vertretungen der Christlichsozialen in der Parteileitung vor.[314] Von der kantonalen konservativen Parteiführung 1936/37 ausgearbeitete «Normalstatuten» für die Lokalorganisationen empfahlen, bei der Besetzung der Parteikomitees «auf die Vertretung ... der Christlichsozialen ... unbedingt Rücksicht zu nehmen»[315], während die Christlichsozialen seit der Statutenrevision der KVP

und parteimässigen Interessen der Christlichsozialen auf schweizerischem Boden» aufgetragen war (Scherrer, Standort, S. 35). 1955 wurde die Kommission durch die christlichsoziale Parteigruppe der Schweiz abgelöst (Casetti, Partei und Christlichsoziale, S. 112f.; Gehrig, Das Christlichsoziale, S. 186ff.).

310 Altermatt, Ghetto, S. 415f.
311 Prot. Konservativer Volksverein Tablat, Sitzung der Grossen Kommission, 5. Dezember 1911 (StaatsA SG, Archiv CVP).
312 Katholikenverein St.Gallen, S. 46. Den Konservativen und Christlichsozialen der Gemeinde Henau riet Josef Scherrer 1914, gegenseitig Delegierte zu bestimmen (TBSch, 18. Januar 1914, PrivatA Scherrer).
313 TBSch, 13. April 1913 (PrivatA Scherrer).
314 Organisationsstatut der Konservativen Volkspartei der Stadt St.Gallen (Vereinigte Konservative und Christlichsoziale), 22. Oktober 1916, Art. 4 (BAR); vgl. auch Jb CSP der Stadt St.Gallen 1916–18, S. 1f. (BAR), und Katholikenverein St.Gallen, S. 57. Die bisherigen Gemeindeorganisationen der Konservativen blieben als Kreisorganisationen von Gross-St.Gallen bestehen. Auch in diesen Kreisorganisationen wurden den Christlichsozialen Vertretungen in den Parteileitungen zugesichert (vgl. z.B. Statuten des Katholiken-Vereins der Stadt St.Gallen Kreis C, 2. September 1925, Art. 7, BAR).
315 Organisation der konservativen und christlichsozialen Volkspartei der Gemeinde ... (vom ... 193.), Normalstatuten, ca. 1936/37, Art. 3 (StaatsA SG, Archiv CVP).

von 1936 formell verpflichtet waren, in die Leitung ihrer Organisationen in Bezirken und Gemeinden konservative Vertreter aufzunehmen.[316]

Analog der Regelung des Verhältnisses der CSP zur konservativen Gesamtpartei wurden auch die Beziehungen der christlichsozialen Grossratsgruppe zur konservativen Fraktion geregelt. Die 1912 gewählten acht Christlichsozialen beschlossen bekanntlich, keine eigene Fraktion zu bilden, sondern der konservativen Fraktion beizutreten, sich aber innert dieser Fraktion als Gruppe zu organisieren. Der Anschluss hatte einen praktischen Aspekt: Er eröffnete die Möglichkeit, in die grossrätlichen Kommissionen Einsitz zu nehmen.[317] In praxi nahmen jeweils die christlichsozialen Grossräte zwar an den Sitzungen der Gesamtfraktion teil, umgekehrt aber «verirrten» sich kaum je Konservative in die christlichsoziale Grossratsgruppe.[318] Bis 1936 amtete der konservative Parteiausschuss, in dem die Christlichsozialen eine Zweier- respektive Dreiervertretung besassen, als Fraktionsvorstand.[319] Als mit der Statutenänderung von 1936 anstelle des Parteiausschusses ein dreiköpfiger Fraktionsvorstand eingesetzt wurde, erhielt der Präsident der christlichsozialen Grossratsgruppe, Paul Müller, Sitz und Stimme in diesem Leitungsorgan.[320]

Es waren die im vorigen Abschnitt beschriebene Verwirtschaftlichung der Politik und die dadurch in der konservativen Gesamtpartei ausgelösten Desintegrationstendenzen, die 1919 Anlass zu einer neuerlichen Statutenänderung gaben.[321] Übergeordnetes Ziel der Revision sollte gemäss dem Parteipräsidenten Eduard Guntli die «Fixierung und Sicherung der Parteieinheit» sein.[322] Die Christlichsozialen hatten der konservativen Parteileitung ihre Anträge im August 1919 in einer Eingabe unterbreitet und darin eine proportionale Vertretung im Kantonalkomitee der Gesamtpartei, in der konservativen Delegiertenversammlung, in den konservativen Bezirks- und

---

316 Statuten der KVP, 2. Mai 1936, Art. 16 (StaatsA SG, Archiv CVP).
317 Hinweis bei Scherrer, Bundesversammlung, S. 3.
318 Bis 1917 nahm mit «Ostschweiz»-Redaktor Emil Buomberger nur einmal ein Konservativer an den Sitzungen der Gruppe teil (Prot. christlichsoziale Gruppe des Grossen Rates, 8. November 1915, BAR). In den revidierten konservativen Statuten von 1936 war vorgesehen, dass ein konservatives Fraktionsmitglied in der christlichsozialen Grossratsgruppe Beratungs- und Antragsrecht hatte (Statuten der KVP, 2. Mai 1936, Art. 16, StaatsA SG, Archiv CVP).
319 Statuten der KVP, 23. Oktober 1912, Art. 9f. und Art. 14 (StaatsA SG, Archiv CVP).
320 TBSch, 12. Mai 1936 (PrivatA Scherrer).
321 Die Delegiertenversammlung der KVP hatte dem Parteiausschuss das Mandat übertragen, die Revision in Verbindung mit der Fraktion und dem Komitee durchzuführen (Hinweis in: Prot. Parteiausschuss KVP, 27. Oktober 1919, StaatsA SG, Archiv CVP).
322 Prot. Parteiausschuss KVP, 27. Oktober 1919 (StaatsA SG, Archiv CVP). Die weiteren Revisionsziele waren: Einrichtung eines Parteitages, Präzisierung der Pflichten der Bezirksorganisationen, Regelung der Vertretung der Jungkonservativen im Kantonalkomitee der KVP sowie Erweiterung der Kompetenzen der kantonalen Delegiertenversammlung.

Gemeindeorganisationen sowie in allen kantonalen und eidgenössischen Behörden verlangt.[323] Die Begehren der Christlichsozialen stiessen bei den Konservativen auf positive Resonanz, nachdem deren Organisationen in der Feuerprobe des Landesstreiks der sozialistischen Versuchung widerstanden und Fahnentreue zum bürgerlichen Lager bewiesen hatten. Konservative und Christlichsoziale waren sich darin einig, die Vertretungsansprüche, die teilweise ja bereits erfüllt waren, nicht in den Statuten zu fixieren, sondern als bindenden Beschluss ins Protokoll aufzunehmen.[324]

Eduard Guntli, der um die Parteieinheit ehrlich besorgte konservative Parteichef, wollte die Parteireform nicht bei diesen Änderungen, die er als blosse Marginalien betrachtete, bewenden lassen. Vielmehr nahm er die Revisionsdiskussion zum Anlass, das Verhältnis zwischen Konservativen und Christlichsozialen, die «wichtigste» und «wirkliche Revisionsfrage»[325], einer grundsätzlichen Lösung entgegenzuführen. Bereits im April 1919 gab Guntli, nachdem ihm Josef Scherrer seine persönlichen Vorschläge zur Einordnung der CSP in die konservative Gesamtpartei unterbreitet hatte, in einer vertraulichen Besprechung mit der Spitze der KVP zu bedenken, «dass die Vorschläge [Scherrers] keine grundsätzliche Lösung des Verhältnisses der Christlichsozialen zur Gesamtpartei bringen». Die den Christlichsozialen gemachten Konzessionen würden nämlich den «Dualismus» zwischen konservativem und christlichsozialem Parteiflügel nicht beseitigen; «vielmehr verschärfen sie denselben u. bilden einen wirksamen Anreiz zur Erweiterung der christl. sozialen Parteiorganisation auf Kosten der bisherigen Konservativen Partei». Zudem beanspruche dieser Dualismus viel Kraft, Zeit und Geldmittel, die sinnvoller zur Wahrung der gemeinsamen politischen Interessen des katholischen St.Gallervolkes verwendet würden. Eduard Guntli regte die Diskussion darüber an, ob nicht über die Nahziele der Revision

---

323 Eingabe vom 18. August 1919, abgedr. in: Prot. Parteiausschuss KVP, 5. September 1919 (StaatsA SG, Archiv CVP). Die Anträge waren von der Delegiertenversammlung der CSP am 17. August 1919 genehmigt worden (Prot. Delegiertenversammlung CSP, 17. August 1919, BAR).

324 Prot. Parteiausschuss KVP, 5. September 1919 (StaatsA SG, Archiv CVP). Der Beschluss wurde in folgender Fassung vom Parteiausschuss der KVP angenommen: «Die Christlichsozialen sind bei Aufstellung der Parteikandidaten für die Behörden sowie der Nomination für die Parteikommissionen u. die kant. Delegiertenversammlung angemessen zu berücksichtigen.» Dieser Beschluss ist allerdings, soweit aus den Protokollbüchern ersichtlich, vom Kantonalkomitee der KVP nie genehmigt worden. Die CSP erklärte sich einverstanden, das bislang in den Statuten verbürgte Recht auf Abordnung ihres gesamten Parteikomitees in die konservative Delegiertenversammlung dahingehend zu ändern, dass die konservativen Bezirksorganisationen künftig angehalten werden sollten, bei der Bestellung der Delegierten die christlichsoziale Richtung «angemessen» zu berücksichtigen (ebd.; vgl. auch Nachtrag zu den Statuten der KVP, 19. Mai 1920, Art. 5, StaatsA SG, Archiv CVP).

325 Prot. Subkommission des Parteiausschusses KVP, 4. November 1919 (StaatsA SG, Archiv CVP).

hinaus «eine Lösung gesucht werden solle, welche diesen Dualismus grundsätzlich beseitigt». Sein Lösungsvorschlag sah vor, dass die Konservativen und Christlichsozialen – «erstere vielleicht unter Verzicht auf ihre Bezeichnung ‹konservativ›, letztere unter Verzicht auf ihre Sonderorganisation» – sich zu einer «einheitlich organisierten Partei» zusammenschliessen, «vielleicht unter der Bezeichnung ‹Christliche Volkspartei› oder, was den tatsächlichen Verhältnissen noch besser entsprechen würde: ‹Katholische Volkspartei›».[326] Wegen der bevorstehenden Nationalratswahl blieb Guntlis Anregung zunächst ohne Wirkung. Ende Oktober, einen Tag nach dem Wahlgang, griff der konservative Parteiausschuss Guntlis Vorschlag wieder auf und setzte zur weiteren Abklärung eine Subkommission ein, der seitens der Christlichsozialen die eben auf der konservativen Liste in den Nationalrat gewählten Josef Scherrer und Johannes Duft angehörten.[327] Darin umriss Guntli nochmals sein Fusionsprojekt: Die Änderung der Parteibezeichnung in «Katholische Volkspartei» habe «den Sinn zu dokumentieren, dass das kath. Volk unter einer einzigen politischen Organisation zusammengefasst würde u. dass damit die bisherige Christl. soz. Partei als im Rahmen der konservativen Gesamtpartei verschwinde. Es würden ausser der Partei der Katholiken nur mehr spezifisch christl. soz. Standesvereine und Standesinstitutionen als christl. soz. Organisationen bestehen bleiben. Der jetzt bestehende, seit 1912 gegründete Zustand musste von Anfang an als ein Zwischenstadium angesehen werden u. es sollte jetzt ein definitiver Zustand geschaffen werden u. nachdem wir in der Zwischenzeit einander bedeutend näher gekommen sind, so soll der definitive Zustand den Sinn eines Zusammenschlusses haben.» Die beiden Christlichsozialen Josef Scherrer und Johannes Duft signalisierten grundsätzliche Zustimmung. Die wichtigsten Gründe für die Aufrechterhaltung einer eigenständigen christlichsozialen Parteiorganisation, so Scherrer, seien weggefallen, «man ist sich gegenseitig näher gekommen, besonders ist auf Seite der Konservativen ein wesentlicher Fortschritt für das Verstehen u. Lösen der soz. Probleme festzustellen». Duft ergänzte, dass eine Lösung in dieser Richtung zwar zu befürworten, aber nur mittelfristig anzustreben sei, in Rücksicht darauf, dass in den christlichsozialen Reihen «noch teilweise Trennungstendenzen bestehen». Die Subkommission fasste

---

326 Eduard Guntli, Exposé für die vertrauliche Besprechung vom 18. April 1919 (StaatsA SG, Archiv CVP). Von dieser Besprechung existiert kein Protokoll.
327 Prot. Parteiausschuss KVP, 27. Oktober 1919 (StaatsA SG, Archiv CVP). Josef Scherrer stimmte an dieser Sitzung Guntlis Vorschlag als der Parteieinheit dienend grundsätzlich zu. In der Zwischenzeit hatten einige Bezirksorganisationen die neue Bezeichnung angenommen (Prot. Subkommission des Parteiausschusses KVP, 4. November 1919, StaatsA SG, Archiv CVP). Bis 1927 nannte sich die konservative Organisation des Bezirks See «Katholische Volkspartei» (Prot. Parteiausschuss KVP, 12. April 1924 und 12. Februar 1927, StaatsA SG, Archiv CVP).

darauf den Beschluss, dem Parteiausschuss zu beantragen, die Parteibezeichnung sei in «Katholische Volkspartei» umzubenennen.[328]

Was bewog Josef Scherrer und Johannes Duft zur grundsätzlichen Einwilligung ins Fusionsprojekt, das «ein Stück [der] Selbständigkeit als Opfer verlangt» hätte, wie konservativerseits durchaus anerkannt wurde?[329] Hatte nicht gerade Josef Scherrer 1912 das St.Galler Modell der «Partei in der Partei» auch auf das Verhältnis der beiden Parteirichtungen auf Landesebene übertragen wollen? Und war das Modell im Kanton St.Gallen nicht auch auf Bezirks- und Lokalebene realisiert worden? Zwei Gründe wenigstens lassen sich ausmachen, die in der christlichsozialen Parteiführung die Bereitschaft nährten, auf Guntlis Vorschlag einzutreten. Erstens führte die Doppelorganisation zu einer starken Inanspruchnahme der christlichsozialen Parteiführung, die gleichzeitig in den eigenen und in den konservativen Parteiorganen mitwirken musste. Josef Scherrer wollte dieser doppelten Belastung 1925 dadurch entgegenwirken, dass er eine Verlängerung der Amtsdauer der kantonalen und kommunalen Behörden von drei auf vier Jahre vorschlug, blieb aber damit erfolglos.[330] Entscheidend aber war zweitens, dass Ende 1919 die wesentlichen Forderungen, die die Christlichsozialen an die konservative Partei stellten und mit deren Durchsetzung sie die Notwendigkeit einer eigenen Parteiorganisation begründeten, erfüllt waren. Eingedenk der loyalen und stramm antisozialistischen Haltung, die die christlichsozialen Organisationen während des Landesstreiks eingenommen hatten, waren die Konservativen ihrem Juniorpartner weit entgegengekommen: Das im Sommer 1919 gemeinsam verabschiedete Aktionsprogramm trug über weite Passagen die Handschrift der Christlichsozialen, die christlichsozialen Vertretungsansprüche in der Gesamtpartei waren vollumfänglich akzeptiert, in sozial- und wirtschaftspolitischen Fragen genossen die Christlichsozialen seit September 1919 einen Sonderstatus, und der sechsköpfigen konservativen

---

328 Prot. Subkommission des Parteiausschusses KVP, 4. November 1919 (StaatsA SG, Archiv CVP). Es ist davon auszugehen, dass Scherrer und Duft ihre Voten als persönliche Zustimmung abgaben und vorgängig keine Rücksprache mit den Parteiorganen der CSP genommen hatten. In seinem Tätigkeitsbericht an der Delegiertenversammlung der CSP im August 1919 erwähnte Scherrer das Fusionsprojekt nicht. Ebenfalls kam es an der Delegiertenversammlung nicht zur Sprache. Und zwischen der Delegiertenversammlung und der Sitzung der Subkommission fanden nach Scherrers Tagebuchnotizen keine Sitzungen der christlichsozialen Parteileitung statt.
329 Prot. Subkommission des Parteiausschusses KVP, 4. November 1919 (StaatsA SG, Archiv CVP).
330 Schreiben von Josef Scherrer an Eduard Guntli vom 11. Februar 1925 (StaatsA SG, Archiv CVP). Mit Unterstützung der KVP reichte Scherrer im Frühjahr 1928 eine entsprechende Motion im Grossen Rat ein, die für erheblich erklärt wurde. Die Verfassungsvorlage scheiterte dann allerdings im Sommer 1930 in der Volksabstimmung (Argumente Scherrers in: Prot. Kantonalkomitee KVP, 27. April 1925, StaatsA SG, Archiv CVP; Hochwacht, Nr. 39, 16. Februar 1925, und Nr. 138, 16. Juni 1930).

Nationalratsdeputation gehörten seit den Oktoberwahlen von 1919 zwei Christlichsoziale an. Bereits 1914 hatte Josef Scherrer seinem Tagebuch im Sinne einer langfristigen Perspektive anvertraut: «Wenn wir einmal die Mehrheit haben in der Konservativen Partei, oder wenn die leitenden Kreise mehrheitlich christlichsozial sind, brauchen wir unsere Organisation nicht mehr.»[331] Diese Vision Scherrers schien nun Ende 1919, unter dem Stern einer harmonischen Partnerschaft zwischen altkonservativem und christlichsozialem Parteiflügel, Wirklichkeit geworden zu sein.

Im Parteiausschuss, im Kantonalkomitee und in der Fraktion der KVP gingen allerdings die Meinungen über die Opportunität des Vorschlages der Subkommission weit auseinander. Ein Beschluss wurde nicht gefasst und der Ball den Bezirksorganisationen zugespielt.[332] Im Mai 1920 sprach sich die grosse Mehrheit der konservativen Fraktion und des konservativen Kantonalkomitees dann aber dafür aus, die bisherige Parteibezeichnung und die bisherigen Verhältnisse beizubehalten.[333] Damit verstummte die Diskussion um den Parteinamen und die Sonderorganisation der Christlichsozialen für lange Zeit. Die Spannungen, die in der Folgezeit zwischen Konservativen und Christlichsozialen immer wieder aufkamen – hinzuweisen ist etwa auf die «Hochwacht»-Krise Ende 1923 –, waren nicht dazu angetan, die Bereitschaft der christlichsozialen Parteileitung zu einem Verzicht auf die eigene Organisation neu zu beleben. Als dieser Vorschlag im Zusammenhang mit der Statutenrevision der KVP 1935/36 nochmals auftauchte, winkte Scherrer augenblicklich ab. «Bei den unabgeklärten internen Verhältnissen können wir zunächst auf die eigene politische Gruppierung nicht verzichten. Diese ermöglicht heute doch innert der Gesamtpartei die Durchsetzung unserer Forderungen.»[334] Auch im Zusammenhang mit der Revision der Statuten der CSP im Jahre 1949 und der Änderung der Bezeichnung der konservativen Gesamtpartei tauchte die Frage wiederum auf, ob die Doppelorganisation überhaupt notwendig sei, was Scherrer unbedingt bejahte: «Es bleibt nach wie vor die Notwendigkeit bestehen, dass wir eine eigene organisatorische Gruppierung haben müssen, wenn wir unsere Forderungen und Ansprüche in der Gesamtpartei durchsetzen wollen. Wir werden auch die nötigen Sitze in den Behörden nur dann uns sichern können, wenn diese Organisation in straffer Form da ist. Sie gibt uns jederzeit die Möglichkeit zum selbständigen Vorgehen. Würden wir auf die eigene Organisation verzichten, so wäre dies

---

331 TBSch, 25. Februar 1914 (PrivatA Scherrer).
332 Prot. Parteiausschuss KVP, 8. November 1919; Prot. Fraktion und Kantonalkomitee KVP, 26. November 1919 (StaatsA SG, Archiv CVP). Als Wortführer der Gegner der Neuerung profilierte sich vor allem Thomas Holenstein, der wie bereits 1912 aus historischen Gründen für eine überkonfessionelle, also rein konservative Partei votierte.
333 Prot. Fraktion und Kantonalkomitee KVP, 19. Mai 1920 (StaatsA SG, Archiv CVP).
334 TBSch, 19. November 1935 (PrivatA Scherrer).

nicht mehr der Fall.»³³⁵ Erst nach Scherrers Ableben, im Rahmen der grossen Parteireform im Jahre 1971, gaben die Christlichsozialen ihre eigene Parteiorganisation und ihre Sonderstellung auf und fusionierten mit den Konservativen zur «Christlichdemokratischen Volkspartei des Kantons St.Gallen». Die Christlichsozialen reorganisierten sich ein Jahr später innerparteilich als «Vereinigung» unter der Bezeichnung «Sozialpolitische Bewegung des Kantons St.Gallen».³³⁶

Die den Christlichsozialen 1912 gewährte Sonderstellung als Parteigruppe in der konservativen Gesamtpartei blieb bis in die politisch bewegten mittleren 1930er Jahre unangefochten. Begehren anderer Interessengruppen nach verstärkter Berücksichtigung ihrer Anliegen in der Parteileitung wurden durch Zuwahl von deren Exponenten in die Parteiführung aufgefangen. Erst im Umfeld der Nationalratswahl von 1935, als die antagonistischen Gruppeninteressen wie bereits 1919 hart aufeinanderprallten und als Folge parteiinterner Manöver ein konservatives Mandat verlorenging, erscholl in der konservativen Gesamtpartei nicht nur der Ruf nach Reform an Haupt und Gliedern, sondern flackerten auch alte Ressentiments gegen die Sonderstellung der Christlichsozialen wieder auf. Im konservativen Parteiausschuss, der den Wahlausgang besprach, wurden die Christlichsozialen hart attackiert, ja «einzelne Votanten hätten uns ... eigentlich am liebsten vor die Türe gestellt»³³⁷ und die «ganze grosse Partei in die Luft fliegen lassen».³³⁸ Die konservative Parteileitung erteilte Staatsanwalt Josef Riedener den Auftrag, Vorschläge für eine Parteireform auszuarbeiten³³⁹, die «die Partei auf einen neuen Boden stellen ... und vor allem die widerspenstigen Christlichsozialen wieder in die Partei eingliedern und ihre Freiheit einschränken» sollten.³⁴⁰ Josef Scherrer, der an der Jahreswende 1935/1936 die schwierigste Phase seiner Kantonalpräsidentschaft durchzustehen hatte, ergriff augenblicklich die Offensive. An die Adresse der konservativen Kritiker der christlich-

---

335 Jb CSP 1949–51, S. 4 (BAR). Vgl. auch Josef Scherrer, Bericht über die Nationalratswahlen im Kanton St.Gallen vom 26. Oktober 1947, August 1948, S. 3 (BAR).
336 Markus Rohner, Die Christlichsozialen in der Schweiz und ihre Sonderentwicklung im Kanton St.Gallen, Vortragsmanuskript, 1991. Vgl. auch die Statuten der Sozialpolitischen Bewegung der CVP des Kantons St.Gallen, 13. Mai 1972 (StaatsA SG, Archiv CVP). «Vereinigungen» bilden die soziologischen Gliederungen der CVP. Ihr Zweck ist einesteils die Verbreitung des Gedankengutes der Partei in bestimmten Bevölkerungssegmenten, andernteils die Vertretung der Gruppen in der innerparteilichen Meinungs- und Willensbildung. Neben den Christlichsozialen geniessen heute die CVP-Frauengruppe, die Junge CVP sowie die Arbeitsgemeinschaft Wirtschaft und Gesellschaft (AWG) den Status einer «Vereinigung» (zu den «Vereinigungen» vgl. die Statuten der CVP des Kantons St.Gallen, 27. März 1971, Art. 19, StaatsA SG, Archiv CVP).
337 Josef Scherrer, Bericht über die Nationalratswahlen vom 26./27. Oktober 1935, 1935, S. 8 (BAR); vgl. auch TBSch, 7. Dezember 1935 (PrivatA Scherrer).
338 TBSch, 22. Dezember 1935 (PrivatA Scherrer).
339 TBSch, 7. Dezember 1935 (PrivatA Scherrer).
340 TBSch, 22. Dezember 1935 (PrivatA Scherrer).

sozialen Separatstellung verfasste er eine «Verteidigungsschrift gegen die Verzerrung und Heruntermachung unserer Organisationen und unserer Arbeit».[341] Die Reformvorschläge, die Riedener in emotional aufgeladener Atmosphäre entwarf und Scherrer unterbreitete, bestätigten dessen Befürchtungen: «Verzicht der C.S. [Christlichsozialen] auf die Bezeichnung ‹Partei›, Ersetzung von ‹Partei› mit ‹Gruppe›, Dreiervertretung der Gesamtpartei im christlichsozialen Parteiausschuss, Vertretung der Konservativen auch in den christlichsozialen Organen der Gemeinde- und Bezirksorganisationen, Zustellung der Protokolle an die Gesamtpartei ...»[342] Als Scherrer die Pläne Riedeners seinen Parteifreunden vorlegte, war die Entrüstung gross. Die christliche Gewerkschaftsvereinigung des Kantons St.Gallen drang gar auf Trennung von der konservativen Mutterpartei und auf eigenständiges Vorgehen bei der bevorstehenden Grossratswahl. Es war dem mässigenden Einfluss Scherrers und, im Hintergrund, Bischof Scheiwilers zu danken, dass christlichsozialerseits der Fehdehandschuh nicht aufgegriffen und der weiteren Zusammenarbeit mit den Konservativen das Wort geredet wurde.[343]

Scherrer hatte über alle temporären Querelen hinweg erkannt, dass die Revision der Statuten auch die Möglichkeit eröffnete, die konservative Gesamtpartei im Sinne der berufsständischen Ordnung umzubauen und die verschiedenen Erwerbsgruppen stärker in die Parteileitung einzubeziehen.[344] «Da bestehen die Ursachen der Schwierigkeiten. Die divergierenden Interessen und Anschauungen müssen überbrückt und ausgeglichen werden. Das kann nach meiner Ansicht nur dann geschehen, wenn die wirtschaftlich, zugegebenerweise oft einseitig orientierten Gruppenexponenten miteinander reden müssen und an der Spitze der Partei einsehen lernen, dass noch höhere allgemeine, kulturelle und politische Interessen zu vertreten sind.»[345] Unmittelbar nach dem Jahreswechsel 1935/36 besprach sich Scherrer mit Josef Riedener. Inhalt und Verlauf der mehrstündigen Konferenz lassen sich

---

341 TBSch, 15. Dezember 1935 (PrivatA Scherrer). Die Schrift ist in zwei Fassungen überliefert: Die erste Fassung mit dem Titel «Einige Glossen zu den derzeitigen Differenzen zwischen Konservativen und Christlichsozialen im Kanton St.Gallen» sandte Josef Scherrer an Bischof Alois Scheiwiler. Die zweite Fassung, vom Bischof approbiert und nur unwesentlich korrigiert, trug die Überschrift «Entwicklung, Ziel und Aktion der christlichsozialen Volksbewegung unter Berücksichtigung der parteipolitischen Verhältnisse im Kanton St.Gallen» (beide im BAR). Ende Dezember verfasste Josef Scherrer zudem einen 15seitigen Bericht über die Nationalratswahl, in dem er sich entschieden gegen die den Christlichsozialen gemachten Vorwürfe verwahrte (BAR).
342 TBSch, 16. Dezember 1935 (PrivatA Scherrer). Die Vorschläge Riedeners, sofern sie überhaupt schriftlich vorlagen, sind nicht erhalten.
343 TBSch, 22. Dezember 1935 (PrivatA Scherrer).
344 Scherrer hatte diese Vorschläge bereits 1919 unterbreitet, ohne allerdings Gehör zu finden (Prot. Parteiausschuss KVP, 27. Oktober 1919, und Prot. Subkommission des Parteiausschusses KVP, 4. November 1919, StaatsA SG, Archiv CVP).
345 TBSch, 22. Dezember 1935 (PrivatA Scherrer).

nicht rekonstruieren. Indirekt lässt sich aber schliessen, dass Scherrer mit seinen Postulaten bei Riedener Gehör fand. Einen Tag später nämlich legte Scherrer namens des KBB «Vorschläge zur Reorganisation der konservativen Volkspartei des Kantons St.Gallen vor», in denen er seine Vorstellungen hinsichtlich der Einordnung der wirtschaftlich-beruflichen Gruppen, im besonderen der Bauern, in die Leitung der konservativen Gesamtpartei konkretisierte.[346] Die Vorschläge fanden Eingang in den Statutenentwurf, den Riedener Mitte Januar dem Parteiausschuss der KVP zur ersten Lesung vorlegte[347] und der auch von der Seite Scherrers grundsätzliche Zustimmung fand.[348]

Der heftige innerparteiliche Disput legte sich in der weiteren Diskussion des Entwurfs sehr rasch. Der Stimmungsumschwung ist neben dem allgemein bekundeten Willen zur weiteren Zusammenarbeit und zum weiteren Zusammengehen wohl auch auf die bevorstehende Grossratswahl zurückzuführen, die wie ein Damoklesschwert über den Verhandlungen schwebte. Das christlichsoziale Kantonalkomitee beriet den Statutenentwurf zwei Wochen später. Die allgemeine Zielrichtung, im besonderen die vermehrte Berücksichtigung der wirtschaftlichen Gruppen in der Parteileitung, blieb unbestritten. Hingegen entzündete sich heftige Kritik – die Rede war von «Bevormundung» – an der Absicht, den Konservativen eine statutarisch fixierte Vertretung in den christlichsozialen politischen Organisationen einzuräumen. Das Kantonalkomitee erteilte Josef Scherrer Vollmacht für die weiteren Verhandlungen mit der konservativen Gesamtpartei[349], die den Entwurf in einer zweiten Lesung beriet und in einer weiteren Sitzung bereinigte, so dass die revidierten Statuten Anfang Mai vom konservativen Kantonalkomitee verabschiedet werden konnten, nachdem auch die christlichsoziale Parteileitung ihre Zustimmung signalisiert hatte.[350]

---

346 Vorschläge zur Reorganisation der konservativen Volkspartei des Kantons St.Gallen, verf. von Josef Scherrer im Auftrag des Vorstandes des KBB, 4. Januar 1936 (BAR). Scherrer erläuterte seine Vorschläge an der Vorstandssitzung des KBB vom 4. Januar 1936 (Prot. KBB, Vorstandssitzung vom 4. Januar 1936, Archiv KBB).
347 Entwurf der Statuten der KVP vom Januar 1936 (BAR).
348 TBSch, 18. Januar 1936 (PrivatA Scherrer). Der Parteiausschuss der KVP setzte eine Kommission ein, die die weitere Revisionsarbeit betreuen sollte. Ihr gehörte christlichsozialerseits Josef Scherrer an. Die konservative Delegiertenversammlung erteilte dem Kantonalkomitee der KVP am 27. Februar 1936 Auftrag und Vollmacht, die Revision der Statuten und die Reorganisation der Partei durchzuführen.
349 TBSch, 2. Februar 1936 (PrivatA Scherrer).
350 TBSch, 4. März, 4., 18. April und 2. Mai 1936 (PrivatA Scherrer). Statuten der KVP, 2. Mai 1936 (StaatsA SG, Archiv CVP). In einem Memorandum, das Josef Scherrer am 30. April 1936 namens der CSP dem Präsidenten der KVP, Emil Grünenfelder, zukommen liess, drückte Josef Scherrer nochmals die grundsätzliche Zustimmung der CSP zum Statutenentwurf und die Bereitschaft zur loyalen Mitarbeit in der Gesamtpartei aus, verband damit aber die Erwartung, «dass sie [die neuen Statuten] nicht zu einer unerträglichen Belastung und Hemmung unserer christlichsozialen Tätigkeit werden» (BAR).

«Wir Christlichsoziale dürfen mit dem Resultat der Revision nun durchaus zufrieden sein», notierte Josef Scherrer am Tage des Inkrafttretens der neuen Statuten ins Tagebuch.[351] Die Statutenrevision verlief sogar so, hielt er in einer Aktennotiz fest, «dass die ganze Partei nach einer Richtung umgebaut wurde, die durchaus den christlichsozialen Intentionen gerecht wurde». Vor allem sei es gelungen, die christlichsoziale Gruppe nicht als blosse Wirtschafts- oder Arbeitergruppe – diese Bezeichnung würde ihrem klassenübergreifenden Charakter widersprechen –, sondern als politische Gruppe zur Geltung zu bringen.[352] Wie aber veränderte die Revision die institutionell-rechtliche Stellung der Christlichsozialen in der Gesamtpartei? Die augenfälligste und im Grunde einzige Änderung, gegen die sich in den christlichsozialen Reihen denn auch am meisten Widerstand regte, betraf die Bestimmung, wonach den Konservativen künftig Vertretungen in den Parteileitungen der Christlichsozialen im Kanton, in den Bezirken und in den Gemeinden sowie in der christlichsozialen Grossratsgruppe einzuräumen waren. Neu war diese Regelung indessen nicht. Sie galt seit 1911/12 im Sinne eines Gewohnheitsrechts und wurde nun in den Rang einer statutarischen Regelung erhoben.[353] Josef Scherrer gewann dieser Bestimmung sogar positive Seiten ab: «Es wird damit den Konservativen Gelegenheit gegeben, die Denkweise und ganze Mentalität der Christlichsozialen kennen zu lernen und anderseits ist es nur vom guten, wenn auch unsere Heisssporne die Gründe und Überlegungen, die Schwierigkeiten vernehmen, die andere Volkskreise haben.»[354] Zudem konnten die Christlichsozialen Gegenrecht beanspruchen: Neben der statutarisch festgelegten Fünfervertretung im konservativen Kantonalkomitee wurden den Christlichsozialen im sieben Mitglieder zählenden konservativen Parteiausschuss zwei Sitze überlassen. Und nicht zuletzt hatten die Konservativen aus diesem Grunde darauf verzichtet, eine eigene Parteigruppe zu schaffen.[355] Weitere Bestimmungen, die die Christlichsozialen, wie ursprünglich beabsichtigt, in ihrem Sonderstatus

---

351 TBSch, 2. Mai 1936 (PrivatA Scherrer). In einem Zirkular an die Bezirkspräsidenten der CSP vom 8. Juli 1936 fasste Josef Scherrer die wichtigsten Neuerungen in ihren Auswirkungen auf die CSP zusammen (BAR).
352 Josef Scherrer, Revision der Statuten der Konservativen Volkspartei des Kantons St.Gallen. Notiz für die Akten, 5. Mai 1936 (BAR). Vgl. auch Scherrers Kommentar in der «Hochwacht», Nr. 107, 7. Mai 1936.
353 Josef Scherrer hatte bis zur «Hochwacht»-Krise 1923 stets eine konservative Delegation zu den Sitzungen des Parteiausschusses der CSP eingeladen, darnach aber darauf verzichtet (Josef Scherrer, Revision der Statuten der Konservativen Volkspartei des Kantons St.Gallen. Notiz für die Akten, 5. Mai 1936, BAR).
354 Josef Scherrer, Revision der Statuten der Konservativen Volkspartei des Kantons St.Gallen. Notiz für die Akten, 5. Mai 1936 (BAR).
355 Schreiben von Josef Scherrer an Emil Grünenfelder vom 30. April 1936 (BAR); Josef Scherrer, Revision der Statuten der Konservativen Volkspartei des Kantons St.Gallen. Notiz für die Akten, 5. Mai 1936 (BAR).

beeinträchtigt hätten, gab es keine, mit Ausnahme einer bloss formalen und praktisch nicht bedeutsamen Einschränkung der Autonomie in Wahlangelegenheiten.

Noch positiver fällt die Bilanz aus, wenn die tatsächlichen Verhältnisse zwischen Konservativen und Christlichsozialen betrachtet werden. Josef Scherrer hat, allerdings ohne nähere Präzisierungen, das Verhältnis der Vertreter der beiden Parteirichtungen im alten Kantonalkomitee der Gesamtpartei mit 37:17 (69% zu 31%) und im Parteiausschuss mit 16:5 (76% zu 24%) angegeben.[356] In den neuen Parteigremien verschob sich das Vertretungsverhältnis nur geringfügig: Im Kantonalkomitee betrug das Verhältnis 39:14 (74% zu 26%)[357] und im Parteiausschuss 5:2 (71% zu 29%)[358]. Und was schliesslich die konservative Delegation im kantonalen christlichsozialen Parteiausschuss anbelangte, so waren Josef Scherrer die Namen dieser Delegierten noch im August 1938 nicht bekannt, weshalb er sie auch nicht zu den Sitzungen einladen konnte.[359]

Josef Scherrer war es also in den stürmischen Wochen um den Jahreswechsel 1935/1936 gelungen, den Angriff auf die besondere Stellung der CSP in der Gesamtpartei zu parieren. Die christlichsoziale Parteiorganisation blieb unbestritten und ihre starke Stellung als Parteigruppe innerhalb der konservativen Gesamtpartei gewahrt. Zudem wurde die konservative Partei in christlichsozialem Sinne berufsständisch umgebaut und nahm damit beispielhaft jene Neuordnung vorweg, die die christlichsozialen Programme seit langem für die Gesellschaft und den Staat forderten. Im übrigen bewährte sich die Restrukturierung der Gesamtpartei: Nicht nur zogen die Christlichsozialen 1939 geeint und «Schulter an Schulter mit den katholischen Bauern und Mittelstandsleuten aus Handwerk, Gewerbe und Handel» in den nationalrätlichen Wahlkampf, auch gelang es der Gesamtpartei, das 1935 verlorene sechste Nationalratsmandat zurückzuerobern und damit den Status quo ante wiederherzustellen.[360]

---

356 TBSch, 4. März 1936 (PrivatA Scherrer). Zu den drei direkten Delegierten der CSP im Parteiausschuss der KVP kam von 1933 an ein weiterer Christlichsozialer hinzu, der über das Kontingent der konservativen Jungmannschaft in den Ausschuss Einsitz nahm. Als fünften Christlichsozialen dürfte Scherrer den christlichsozialen Gesinnungsfreund Josef Schöbi bezeichnet haben.
357 TBSch, 11. Mai 1936 (PrivatA Scherrer). Fünf von der CSP selbständig zu bestimmende Delegierte und neun Ex-officio-Vertreter (drei Nationalräte und zwei christlichsoziale Vertreter im Parteiausschuss der KVP; zusätzlich je ein christlichsozialer Vertreter aus den Kontingenten der konservativen Jungmannschaft und der Presse sowie zwei Bauern des KBB).
358 Christlichsoziale Vertreter waren Josef Scherrer und Johannes Müller. Nach dem Tode Müllers im Mai 1937 rückte der Gewerkschafter Arnold Kappler nach (TBSch, 9., 16. Mai 1936, 11. Juli und 11. November 1937, PrivatA Scherrer).
359 TBSch, 17. August 1938 (PrivatA Scherrer).
360 Hochwacht, Nr. 232, 5. Oktober 1939; vgl. auch Jb CSP 1939–41, S. 10 (BAR).

Die in St.Gallen im Jahre 1911/12 realisierte organisatorische Formel mit der engen Verbindung der konservativen und der christlichsozialen Parteigruppe unter der Vorherrschaft des konservativen Parteiflügels wurde in den meisten Kantonen angewandt.[361] Die ausgeprägte Selbständigkeit der kantonalen Parteien in den föderalistisch-kleinräumigen Verhältnissen unseres Landes führte dazu, dass es von diesem Typus zwei Abweichungen gab. Die eine wurde im Kanton Zürich verwirklicht und bestand in dessen Umkehrung. Dort spielten die Christlichsozialen in der Kantonalpartei die dominierende Rolle, während der rechte Parteiflügel in die Minderheitsposition verwiesen wurde. Die andere Abweichung ergab sich aus der Trennung der beiden Parteirichtungen. Als Beispiele hiefür seien der Kanton Graubünden, wo 1936 eine selbständige CSP entstand, und die Stadt Luzern erwähnt, wo sich die CSP 1939 von den Konservativen trennte.[362]

Tabelle 20 gibt eine Übersicht über die Vertretungen der CSP in den Organen der konservativen Gesamtpartei und in der konservativen Fraktionsleitung, wie sie in den Statuten der KVP von 1912, dem Parteibeschluss von 1919 und den Statuten von 1936 fixiert bzw. zwischen den beiden Parteileitungen vereinbart wurden.

Tabelle 20: Vertretung der CSP in den Organen der konservativen Gesamtpartei und in der konservativen Fraktionsleitung, 1912, 1919, 1936

	Delegiertenversammlung	Kantonalkomitee	Parteiausschuss	Fraktionsleitung
1912	Kantonalkomitee CSP	• Vertreter der CSP im Parteiausschuss KVP • Parteiausschuss CSP (fallweise)	Zweiervertretung	Vertreter der CSP im Parteiausschuss KVP
1919	«Angemessene» Berücksichtigung der CSP in den Vertretungskontingenten der Bezirke	• Vertreter der CSP im Parteiausschuss KVP • Parteiausschuss CSP (fallweise)	Dreiervertretung	Vertreter der CSP im Parteiausschuss KVP
1936	«Angemessene» Berücksichtigung der CSP in den Vertretungskontingenten der Bezirke	• Fünfervertretung • Vertreter der CSP im Parteiausschuss KVP • Christlichsoziale Vertreter in Behörden • Christlichsoziale Vertreter in parteiinternen Gruppen	Zweiervertretung	Einervertretung

---

361 Altermatt, Ghetto, S. 414, Anm. 83.
362 Eine Übersicht über das Verhältnis von Konservativen und Christlichsozialen in den Kantonen gibt Gehrig, Das Christlichsoziale, S. 194ff.; zur Trennung von Konservativen und Christlichsozialen seit den 1930er Jahren vgl. Rölli-Alkemper, SKVP 1935–1943, S. 172ff. Die heutigen Beziehungsformen von Konservativen und Christlichsozialen in den Kantonen insgesamt umschreibend, spricht Casetti von einem «Organisationswirrwarr» (Partei und Christlichsoziale, S. 112).

3.3 Der Radius der christlichsozialen Autonomie in Wahl- und Sachfragen

Die institutionell-rechtliche Einordnung der CSP als Parteigruppe in den Rahmen der konservativen Gesamtpartei verlief 1911/12 ohne Friktionen. Auch in den folgenden Jahrzehnten wurde weder die christlichsoziale Sonderorganisation noch ihr Vertretungsanspruch in den Organen der Gesamtpartei je ernsthaft in Frage gestellt. Die Kernfrage jedoch, in welchem Masse und in welchen Bereichen die Christlichsozialen in ihrer konkreten politischen Aktion Autonomie beanspruchen konnten respektive inwieweit sie sich dem Willen der Mutterpartei unterordnen mussten, beschäftigte die Parteiverantwortlichen mit stetiger Regelmässigkeit von den Anfängen der christlichsozialen Parteigruppe bis zum heutigen Tag.

Die CSP liess weder im Vorfeld der Parteigründung noch nachher jemals Zweifel daran verlauten, dass sie Anspruch auf diesen Autonomiestatus habe, wie die Gründungsstatuten denn auch unmissverständlich feststellten: «Die Partei nimmt selbständig oder in Verbindung mit der konservativen Partei zu allen wichtigen eidgenössischen, kantonalen und Gemeindefragen Stellung…. Über die Stellungnahme in wichtigen kantonalen und eidgenössischen Angelegenheiten entscheidet endgültig die kantonale Delegiertenversammlung, in dringenden Fällen der kantonale Parteivorstand.»[363] Warum die Konservativen diese Frage nicht aufs Tapet brachten und eine Regelung suchten, bleibt unklar. Dass das Problem aber bald zum Herd dauernder Unruhe wurde und nach einer Lösung rief, zeigte sich bereits kurze Zeit nach der Gründung der CSP, als die Grosse Kommission des Konservativen Volksvereins Tablat das künftige Verhältnis von Konservativen und Christlichsozialen als Haupttraktandum besprach. Die anwesenden Christlichsozialen, die in der Zwischenzeit in ihrem Arbeiterverein ein politisches Komitee gebildet hatten, gaben zu Protokoll, «dass sie sich nicht ohne weiteres allem fügen könnten, wenn eine konservative Delegiertenversammlung etwas entscheide und das ihnen nicht genehm sei». Die konservativen Mitglieder der Kommission waren nicht wenig verwundert über das forsche christlichsoziale Ansinnen und verwiesen auf das gemeinsame Programm, blieben aber ebenso wie die kantonale Parteileitung eine substantielle Antwort auf das christlichsoziale Begehren schuldig.[364] Dieselbe Freiheit beanspruchten die Christlichsozialen auch in Wahlfragen. Im Vorfeld der Grossratswahl von 1912 etwa forderte die CSP des Bezirks Tablat von den Konservativen die Abtretung zweier Mandate – und drohte im Weige-

---

363 Statuten der CSP, 26. November 1911, Art. 2 (BAR).
364 Prot. Konservativer Volksverein Tablat, Sitzung der Grossen Kommission, 5. Dezember 1911 (StaatsA SG, Archiv CVP).

rungsfall damit, «selbständig vorzugehen und eine eigene Liste aufzustellen».[365] Kam es in Tablat noch zu einer gütlichen Einigung, so machten die Christlichsozialen im Bezirk Sargans die Drohung wahr und zogen, nachdem die konservative Bezirkspartei ihrem Mandatsanspruch nicht gerecht geworden war, mit einer eigenen Liste in den grossrätlichen Wahlkampf.[366]

Die Statutenrevision vom Oktober 1912 hätte Gelegenheit zu einer Lösung dieses Problems geboten. Dass es dennoch von den Konservativen ignoriert wurde, lässt sich auf mehrere Gründe zurückführen. Zuerst ist daran zu erinnern, dass es in den Reihen der Christlichsozialen starke Tendenzen gab, die CSP als eine von der KVP völlig losgelöste Partei zu gründen. Der organisatorischen Einordnung der CSP in die konservative Gesamtpartei war an der Gründungsdelegiertenversammlung aktiver Widerstand erwachsen, den Johann Baptist Jung bekanntlich nur mit dem Gewicht seiner Autorität zu brechen vermochte. Die ausdrückliche Regelung der Autonomie der christlichsozialen Parteigruppe hätte an deren Basis als Einschränkung oder Knebelung interpretiert werden können. Damit hätten die Trennungsbestrebungen möglicherweise neuen Auftrieb erhalten und die fragile Konstruktion der «Partei in der Partei» in Frage gestellt. Zum zweiten hatten sich Konservative und Christlichsoziale im Programm von 1911 auf eine gemeinsame politische Marschrichtung geeinigt und einen bunten Strauss konkreter Forderungen aufgelistet, die sie zusammen verfechten wollten. Aus konservativer Optik waren die Christlichsozialen mit diesem programmatischen Bekenntnis in Sachfragen gebunden und Sondertouren des Partners somit ausgeschlossen. Und nicht zuletzt: Für eine grundsätzliche Regelung der Autonomiefrage gab es keine Vorbilder.

Offensichtlicher war das Motiv, das die Christlichsozialen zur Autonomie drängte. Josef Scherrer hat darin eine Existenzfrage erkannt und im Rückblick auf die Gründung der CSP geschrieben: «In der Organisation wollten und mussten wir freier bleiben, wenn wir auch in Zukunft lebensfähig bleiben wollten.» Ebenso müsse es den Christlichsozialen anheimgestellt bleiben, «in Sach- und Wahlfragen unabhängig und selbständig vorzugehen, wenn ein gemeinsames Vorgehen aus wichtigen Gründen nicht möglich sein sollte».[367] Mit anderen Worten: Die christlichsoziale Gründergarde war überzeugt, dass die CSP nur dann über genügend Zugkraft in der Arbeiterschaft verfüge und sich nur dann gegenüber der sozialdemokrati-

---

365 Schreiben von Josef Scherrer an Bezirksammann Wirth vom 10. Januar 1912 (StaatsA SG, Archiv CVP). Im Vorfeld der Gründung der CSP behielten sich die Christlichsozialen «ausdrücklich vor, dort allein in den Kampf zu ziehen, wo eine Berücksichtigung der Christlichsozialen abgelehnt» werde (Jb CSP 1912, S. 12, BAR).
366 Jb CSP 1912, S. 21 und S. 25 (BAR).
367 Jb CSP 1912, S. 11 (BAR).

schen Konkurrenz behaupten könne, wenn ihr die Möglichkeit geboten sei, sich in der konkreten politischen Aktion notfalls als Arbeiter- und Angestelltenpartei von der mittelständisch-bäuerlichen KVP abzuheben. Solange jedoch Konservative und Christlichsoziale in dieser Kernfrage ihres gegenseitigen Verhältnisses keinen Konsens fanden, solange blieb ihre Verbindung trotz des gemeinsamen programmatischen Fundaments ein Provisorium.

Die Bestimmung des Radius christlichsozialer Autonomie erfolgte erstmals auf lokaler Ebene, und zwar bezeichnenderweise in der Stadt St.Gallen, wo ein grosses Organisationspotential an Arbeitern und Angestellten bestand und wo die Sozialdemokratie ihre Hochburg hatte. Wollten die Christlichsozialen hier als attraktive Alternative zu den Sozialdemokraten auftreten, wollten sie verhindern, dass ihre Klientel zur weltanschaulichen Konkurrenz absprang, so mussten sie imstande sein, sich ein von der KVP klar unterscheidbares sozial- und wirtschaftspolitisches Profil zu verschaffen. Das Umfeld, in dem die erstmalige Regelung zustande kam, bildete ein Konflikt zwischen Konservativen und Christlichsozialen der Stadt St.Gallen, der so weit gedieh, dass die Christlichsozialen der Stadt beschlossen, sich von den Konservativen zu trennen.[368] Die um Vermittlung angerufenen kantonalen Parteileitungen von Konservativen und Christlichsozialen – der konservative Parteichef Anton Messmer, Redaktor Emil Buomberger und Josef Scherrer – einigten sich an einer gemeinsamen Sitzung am 23. Februar 1914 auf folgende Abmachung: «3. Den Christlichsozialen wird das Recht eingeräumt, bei Wahlen die Vorschläge ihrer Kandidaten selber zu machen. Gewählt werden sie durch die gemeinsame Versammlung. 4. In wirtschaftlichen Sachfragen bleibt es den Christlichsozialen unbenommen, eventuell selbständig vorzugehen.»[369] Die Christlichsozialen interpretierten den ersten Passus zwei Tage später eigenmächtig dahingehend, dass für den Fall eines Konflikts bei der Gestaltung von Kandidatenlisten ein selbständiges Vorgehen legitim sei, erklärten sich im übrigen aber mit dieser Regelung einverstanden und beschlossen, weiterhin in der konservativen Gesamtpartei zu verbleiben.[370]

---

368 Schenkt man den Tagebuchaufzeichnungen Scherrers Glauben, so bestritten die Konservativen in diesem Konflikt die Notwendigkeit der christlichsozialen Parteiorganisation. Als «Sonderbündler» sollen die Christlichsozialen sogar gebrandmarkt worden sein. Ohne Rücksprache mit der CSP setzten die Konservativen christlichsoziale Parteimitglieder an die Spitze der konservativen Kreisorganisationen der Stadt, worauf die CSP beschloss, in der KVP keine Ämter mehr anzunehmen, was die Konservativen wiederum damit beantworteten, dass sie die Vertretung der CSP in ihrem Komitee in Frage stellten (TBSch, 27. Januar und 23. Februar 1914, PrivatA Scherrer; vgl. auch Jb CSP 1914, S. 3, BAR).
369 TBSch, 23. Februar 1914 (PrivatA Scherrer). Die Abmachung ist ebenfalls abgedr. in: Jb CSP 1914, S. 3f. (BAR).
370 TBSch, 25. Februar 1914 (PrivatA Scherrer).

Die in der Stadt St.Gallen mit den Konservativen getroffene Vereinbarung erhielt den Charakter eines Fanals. Im Tätigkeitsbericht, den Josef Scherrer dem Kantonalkomitee der CSP im März 1915 vortrug, forderte dieser die Übertragung der städtischen Regelung auch auf die konservativ-christlichsozialen Beziehungen auf kantonaler Ebene. «Wenn wir aber hier [in Wahlfragen] nicht auf Gnade oder Ungnade der Konservativen angewiesen sein wollen», führte Scherrer aus, müsse die CSP «auch praktisch in der Lage sein, die Fähigkeit besitzen, durch *eigene Kraft unsere Vertretungen zu erkämpfen*». Ebenfalls müsse der CSP «in Sachfragen die Möglichkeit gegeben werden, selbständig Stellung zu nehmen und gegebenenfalls auch allein eine Aktion durchzuführen».[371] Als sich Konservative und Christlichsoziale des Grossraums St.Gallen 1916 im Hinblick auf die Stadtverschmelzung neu organisierten, hielt das Komitee der vereinigten christlichsozialen Organisationen von St.Gallen, Tablat und Straubenzell den Moment für geeignet, nun «auch in St.Gallen bezüglich des Verhältnisses zwischen Konservativen und Christlichsozialen volle Klarheit zu schaffen». Als Begründung führten die Christlichsozialen «taktische» Motive an: «Das künftige St.Gallen wird eine zahlreiche Arbeiter- und Angestelltenschaft aufweisen. Es gilt schon aus diesem Grunde alles daran zu setzen, möglichst zahlreiche Kreise dieser bedeutenden Volksklasse an uns zu ziehen. Das wird uns einzig und nur gelingen, wenn wir als Parteigruppe eine allerdings fest umgrenzte, aber bestimmte *Bewegungsfreiheit* insbesondere auf wirtschaftspolitischem und sozialpolitischem Gebiete haben.» Diese «Bewegungsfreiheit» implizierte einerseits das Recht, die Kandidaten in Wahlen selbständig zu bestimmen, andererseits die Möglichkeit, in sachpolitischer Hinsicht unabhängig zu agieren. Die in der Eingabe vorgeschlagene Regelung präzisierte die 1914 getroffene Vereinbarung, indem sie jene Politikbereiche explizit nannte, in denen Freiheit respektive Bindung das gegenseitige Verhältnis bestimmte, und lautete: «In allgemein-politischen, religiösen, pädagogischen und kulturellen Fragen unterziehen wir [die Christlichsozialen] uns den Beschlüssen und Entscheidungen der Gesamtpartei; dagegen verlangen wir das Recht der selbständigen Stellungnahme in wirtschafts- und sozialpolitischen Fragen.»[372] Die Verhandlungen mit den Konservativen über dieses Autonomiestatut erwiesen sich, so Josef Scherrer, als «ziemlich schwierig und langwierig, um nicht mehr zu sagen».[373] Schliesslich willigten letztere ein, und die neuen Statuten der Konservativen Volkspartei von Gross-St.Gallen und mit diesen

---

371 Jb CSP 1914, S. 6 (BAR).
372 Memorandum des provisorischen Komitees der CSP von Gross-St.Gallen an die Präsidenten der Konservativen Volkspartei in St.Gallen, Straubenzell und Tablat, 9. August 1916, S. 1f. und S. 5 (BAR).
373 Jb CSP der Stadt St.Gallen 1916–18, S. 1 (BAR).

das in einem Protokollbeschluss festgehaltene Autonomiestatut konnten am 22. Oktober 1916 in Kraft treten.[374]

Im Frühjahr 1919 ging von christlichsozialer Seite im Zusammenhang mit der Vorbereitung der Statutenrevision der KVP die allgemeine Anregung aus, das Verhältnis zwischen Konservativen und Christlichsozialen auf kantonaler Ebene im Sinne der Vereinbarung in Gross-St.Gallen zu regeln.[375] Der engste konservative Führungszirkel diskutierte den christlichsozialen Vorstoss in einer vertraulichen Besprechung und kam offensichtlich zu einem positiven Entscheid.[376] Auch im konservativen Parteiausschuss, der das christlichsoziale Begehren daraufhin besprach, ergab sich allgemeine Zustimmung.[377] Konkrete Gestalt nahm das christlichsoziale Postulat im Spätsommer desselben Jahres an. Eine von der Delegiertenversammlung der CSP genehmigte Eingabe an die konservative Parteileitung forderte u.a.: «Die christlichsoziale Partei beansprucht das Recht der selbständigen Stellungnahme in wirtschaftlichen u. sozialen Sachfragen.»[378] Johannes Duft verteidigte den Anspruch der CSP im konservativen Parteiausschuss mit dem Hinweis, es handle sich hierbei um «Reservatrechte, die zum Wesen der Gruppe der Christlichsozialen gehören». Dagegen erhoben sich seitens der konservativen Parteileitung gewisse Bedenken, nicht gegen die Forderung an und für sich, sondern gegen deren absolute Fassung. Sie sollte, so der vermittelnde Vorschlag, analog der Regelung in Gross-St.Gallen dadurch ergänzt werden, dass erstens das einigende und versöhnende Moment betont werde, und dass zweitens die Autonomie in Standesfragen nur im Sinne einer ultima ratio gelte, nämlich im Fall, dass eine Einigung zwischen Konservativen und Christlichsozialen nicht zustande komme.[379] Eine Subkommission, in der Josef Scherrer die CSP vertrat, legte darauf eine Version vor, die nach erneuter Beratung im Ausschuss in folgender Fassung beschlossen[380]

374 TBSch, 22.Oktober 1916 (PrivatA Scherrer). Jb CSP der Stadt St.Gallen 1916–18, S. 1f. (BAR). Organisationsstatut der konservativen Volkspartei der Stadt St.Gallen (Vereinigte Konservative und Christlichsoziale), 22. Oktober 1916 (BAR).
375 Prot. Parteiausschuss KVP, 14. März 1919 (StaatsA SG, Archiv CVP); TBSch, 14. und 29. März 1919 (PrivatA Scherrer).
376 Ein Protokoll dieser Besprechung vom 18. April 1919 wurde nicht angefertigt. Der Vorsitzende Guntli unterstützte in seinem Einleitungsreferat das christlichsoziale Begehren: «Einer Übertragung der Parteibeschlüsse von Gross-St.Gallen auf den Kanton sollten sich keine grossen Schwierigkeiten entgegenstellen ...» (Eduard Guntli, Exposé für die vertrauliche Besprechung vom 18. April 1919, StaatsA SG, Archiv CVP).
377 Prot. Parteiausschuss KVP, 24. Mai 1919 (StaatsA SG, Archiv CVP); TBSch, 24. Mai 1919 (PrivatA Scherrer).
378 Eingabe vom 18. August 1919, abgedr. in: Prot. Parteiausschuss KVP, 5. September 1919 (StaatsA SG, Archiv CVP). Die Anträge waren von der Delegiertenversammlung der CSP am 17. August 1919 genehmigt worden (Prot. Delegiertenversammlung CSP, 17. August 1919, BAR).
379 Prot. Parteiausschuss KVP, 5. September 1919 (StaatsA SG, Archiv CVP).
380 Prot. Parteiausschuss KVP, 12. September 1919 (StaatsA SG, Archiv CVP).

und vom konservativen Kantonalkomitee als Protokollbeschluss einstimmig genehmigt wurde.[381] Sie lautete: «In allgemeinen, politischen, religiösen u. kulturellen Fragen unterziehen sich die Christlichsozialen den Beschlüssen und Entscheidungen der Gesamtpartei. In wirtschaftlichen u. sozialpolitischen Fragen ist jeweilen auf dem Boden der Gesamtpartei eine auf den Prinzipien der Ständeversöhnung u. der christlichen Wirtschaftsauffassung beruhende gemeinsame Lösung anzustreben. Erweist sich eine solche als unmöglich, so ist in speziellen Standesfragen die Stellungnahme frei gegeben.»[382]

Den Christlichsozialen bot die Vereinbarung nun offiziell die Möglichkeit zur selbständigen politischen Aktion in jenen Sachfragen, die materielle Interessen der Arbeiter- und Angestelltenschaft tangierten. Was bedeutete dieses mögliche Ausscheren jedoch für die Gesamtpartei? War es opportun, und vertrug es sich mit dem Gedanken der katholischen Einheitsfront, dass die Flügel des katholischen Parteilagers unter Umständen gegensätzliche Positionen einnahmen, dass also im Abstimmungskampf Parole gegen Parole stand? Eduard Guntli verneinte dies und postulierte 1920 im Zusammenhang mit der Beratung der Regelung der Arbeitszeit bei den eidgenössischen Transportanstalten[383] im Sinne einer «Faustregel», es dürfe «von Partei wegen erst dann eine strikte Parole ausgegeben werden, wenn mit Bestimmtheit erwartet werden kann, dass mit Parteitreue und Parteidisziplin die Parole auf der ganzen Linie restlos befolgt wird ... Wenn wir die Stimme freigeben, so bleibt es den Freunden und Gegnern des Gesetzes unbenommen, in den Presseorganen unserer Partei ihren Standpunkt klar zu legen.»[384] Gemäss dieser Interpretation kam der CSP bei der Parolenfassung der Gesamtpartei eine Art Vetorecht zu. In diesem Sinne wurde die Vereinbarung bei der Parolenfassung der konservativen und christlichsozialen Kantonalpartei denn auch tatsächlich gehandhabt. Bei drei eidgenössischen Abstimmungen – u.a. bei der Abstimmung über das eidgenössische Fabrikgesetz 1924, bei der die Abmachung ihre Feuerprobe zu bestehen hatte – sowie bei einer kantonalen Abstimmung machte die CSP spezielle Standesinteressen

381 Prot. Kantonalkomitee KVP, 29. September 1919 (StaatsA SG, Archiv CVP).
382 Prot. Kantonalkomitee KVP, 29. September 1919 (StaatsA SG, Archiv CVP). Ebenfalls abgedr. in: Scherrer, Politik, S. 24; Scherrer, Jung, S. 102. Vgl. auch Holenstein, Konservative Volkspartei, S. 320. Die von Scherrer behauptete Bestätigung des Protokollbeschlusses durch eine spätere Delegiertenversammlung der KVP liess sich in den Protokollen nicht ausfindig machen.
383 Das Gesetz, gegen welches das Referendum ergriffen wurde, beinhaltete im wesentlichen die Einführung der 48-Stunden-Woche für das Personal der schweizerischen Transportanstalten und wurde in der Volksabstimmung vom 31. Oktober 1920 angenommen.
384 Prot. Kantonalkomitee KVP, 23. Oktober 1920 (StaatsA SG, Archiv CVP). In den Beratungen im konservativen Parteikomitee waren die Christlichsozialen für das Gesetz eingetreten. Weil die Meinungen aber auseinandergingen, beschloss das Kantonalkomitee der KVP Stimmfreigabe.

geltend, worauf die Gesamtpartei jeweils Stimmfreigabe beschloss. Doch findet sich auch ein Beispiel einer von dieser Praxis abweichenden Deutung. Im Vorfeld der Abstimmung über eine Zusatzsteuer zur Arbeitsbeschaffung in der Stadt St.Gallen im Dezember 1936 reihte sich die städtische CSP (im Verein mit den Sozialdemokraten) in die Front der Befürworter, während die Konservativen gegen die Vorlage Stellung bezogen, so dass sich christlichsozialer und konservativer Flügel in der Abstimmung als Gegner gegenüberstanden.

Ausgeklammert von der Regelung blieb die sensible Frage der Autonomie bei Wahlen, auf der die CSP seit ihrer Gründung bestanden hatte. Wie sollten sich die Christlichsozialen verhalten, wenn ihnen, wie 1912 im Oberland, konservativerseits die «proportionale» oder «angemessene» Vertretung in den kantonalen und eidgenössischen Behörden verweigert würde?[385] Sollten sie sich in diesem Fall dem Machtanspruch des Seniorpartners beugen müssen? Oder sollte ihnen das Recht vorbehalten bleiben, mit einer eigenen Liste in den Wahlkampf zu ziehen? Eine Erklärung für diesen Befund liesse sich möglicherweise darin finden, dass Wahlangelegenheiten unter allgemein-politischen Fragen subsumiert waren, dass die CSP also eine Bindung in diesem Bereich gegen die Freiheit in sachpolitischen Fragen eintauschte. Wahrscheinlicher aber scheint uns, dass die konservative Parteileitung eine Regelung im Vorfeld der Nationalratswahl, als die Vertretungsansprüche der parteiinternen Gruppen hart aufeinanderprallten, nicht für opportun hielt, weil Konzessionen gegenüber den Christlichsozialen unweigerlich Begehrlichkeiten anderer Gruppen geweckt hätten.[386]

Es ist bemerkenswert, dass der christlichsozialen Forderung nach Autonomie in Standesfragen innerhalb der KVP kein Widerspruch erwuchs, sondern das Postulat im Gegenteil begrüsst wurde. Immerhin gilt es zu bedenken, dass mit dieser Konzession die Geschlossenheit der Gesamtpartei in der sachpolitischen Auseinandersetzung aufgegeben wurde. In erster Linie dürfte dies darauf zurückzuführen sein, dass die für die lokalen Verhältnisse in Gross-St.Gallen getroffene Vereinbarung auf kantonaler Ebene präjudizierenden Charakter hatte. Im Sinne der Unité de doctrine war es ratsam, die Verhältnisse einheitlich zu regeln. Im weiteren fiel die Vereinbarung in ein günstiges Umfeld: Wegen ihrer loyalen Haltung während des Landesstreiks hatten sich die Christlichsozialen im bürgerlichen Lager, das in der be-

---

385 In ihrer Eingabe vom 18. August 1919 hatten die Christlichsozialen die «proportionale» Vertretung in den Behörden verlangt. Im Parteiausschuss der KVP war «proportional» durch «angemessen» ersetzt worden (Prot. Parteiausschuss KVP, 5. September 1919, StaatsA SG, Archiv CVP).
386 Josef Scherrer schrieb 30 Jahre später, diese Frage sei 1919 offen gelassen worden, weil sich eine verbindliche Regelung hier nicht treffen liess (Scherrer, Jung, S. 102; vgl. auch Scherrer, Standort, S. 33).

vorstehenden ersten Nationalratswahl nach proportionalem Wahlrecht einen Linksumschwung befürchtete und nun die Nützlichkeit der Christlichsozialen als antisozialistischen Prellbock entdeckte, Sympathien erworben und ihre Stellung gefestigt. Schliesslich muss auch das oben erwähnte Projekt der Konfessionalisierung der konservativen Gesamtpartei, der Plan zu deren Umbenennung in «Katholische Volkspartei», vor diesem Hintergrund gedeutet werden. Der Dissens in konkreten Sachfragen sollte überwölbt werden von der Verpflichtung der Parteiflügel auf die katholische Weltanschauung, deren Bindekraft in der konservativen Parteileitung als stark genug eingeschätzt wurde, um die divergierenden Parteiflügel über konkrete sachpolitische Meinungsverschiedenheiten hinweg immer wieder zusammenzuführen. Ob den konservativen Parteichef Eduard Guntli, der massgeblich am Zustandekommen der Vereinbarung beteiligt war, zusätzlich taktische Beweggründe leiteten, lässt sich nur vermuten. Wollte Guntli die Christlichsozialen mit dem Zugeständnis der Autonomie für sein Projekt der «Katholischen Volkspartei» gewinnen, was ja für die Christlichsozialen mit dem Verzicht auf ihre eigenständige Parteiorganisation verbunden gewesen wäre?

Welches die Beweggründe im einzelnen auch waren: Für die CSP markierte die Vereinbarung, die beispielhaft für das Verhältnis von Konservativen und Christlichsozialen in anderen Kantonen und auf Bundesebene wurde[387], eine wichtige Zäsur und kann in ihrer Bedeutung nicht hoch genug veranschlagt werden. Auf der rechtlichen Ebene wurde jetzt jener Schwebezustand, in den sie sich 1911 mit dem Bekenntnis zur Einordnung in die konservative Gesamtpartei manövriert hatte, beendet und der Status der CSP als Parteigruppe der KVP abschliessend definiert. Die CSP war nun eine politische Gruppierung innerhalb der konservativen Gesamtpartei mit eigenständiger Organisation, eigenständiger Mitgliedschaft und partieller Autonomie in ihrer politischen Aktion. Verklammert wurden die beiden Parteiflügel über gegenseitige Vertretungen in den Parteiorganen und durch die Verpflichtung auf ein gemeinsames Partei- und Aktionsprogramm. Auf der praktischen Ebene erwies sich das Autonomiestatut als innerparteilicher Ausgleichs- und Konfliktregelungsmechanismus von hoher integrativer Kraft. Es erlaubte einerseits den Verbleib der Christlichsozialen im konservativen Parteilager und dessen Durchwirkung mit den Postulaten der christlichen Sozialreform. Andererseits schuf es mit der Möglichkeit der okkasionellen Opposition zum Kurs der Gesamtpartei die Voraussetzungen dafür, dass die CSP ein eigenständiges sozial- und wirtschaftspolitisches Profil

387 Gruner, Parteien, S. 116. Im Programm der katholischen Standesvereine der Arbeiter, Angestellten und Dienstboten der Schweiz von 1924 (sog. Einsiedler-Programm) wurde analog dem St.Galler Vorbild die Freiheit der Stellungnahme in Standes- und Wirtschaftsfragen postuliert (abgdr. in: Scherrer, Sozialreform, S. 88ff.). Vgl. auch Gehrig, Das Christlichsoziale, S. 47, Anm. 58.

gewinnen und sich als (katholische) Alternative zu den sozialistischen Arbeiterorganisationen präsentieren konnte. Damit wurde jenen Kräften in den christlichsozialen Reihen der Wind aus den Segeln genommen, die dieses Ziel nur mit einer von der KVP vollständig getrennten Partei zu erreichen glaubten.[388]

Die 1919 getroffene Vereinbarung – Anspruch auf angemessene Berücksichtigung der CSP in den Behörden und das Recht zu selbständigem Vorgehen in Standesfragen – blieb während eineinhalb Jahrzehnten unbestritten, ein Umstand, der dadurch begünstigt wurde, dass die Autonomie-Regelung in der praktischen Politik nur selten zur Anwendung kam und sich die beiden Parteigruppen bei sämtlichen kantonalen und eidgenössischen Wahlgängen stets auf eine einheitliche Liste verständigten. Erst die parteiinternen Erschütterungen im Umfeld der Nationalratswahl von 1935, als sich die konservative und christlichsoziale Parteirichtung in einem bislang nie gekannten Ausmass entfremdeten und die konservative Parteileitung Anstalten machte, die Zügel der Parteiführung zu straffen, weckten in konservativen Kreisen Zweifel an der Opportunität der christlichsozialen Autonomie in klassenspezifischen Sachfragen. Es war nicht zuletzt der Überzeugungsarbeit Josef Scherrers zuzuschreiben, dass der Angriff auf die Sonderstellung der CSP abgewendet werden konnte und der Status quo im wesentlichen erhalten blieb. Die Vereinbarung von 1919 erhielt, nun in den Statuten der KVP fixiert, eine inhaltlich praktisch identische Neufassung.[389] In Wahlfragen hingegen – bis anhin nicht ausdrücklich geregelt – musste sich die CSP der Gesamtpartei fügen. Wörtlich bestimmten die Statuten: «Alle Wahlfragen sind allgemein politische Fragen, in denen nur die Gesamtpartei verbindliche Beschlüsse fassen kann.»[390]

Im Verlaufe der Auseinandersetzungen um die Reorganisation der konservativen Gesamtpartei hat Josef Scherrer der bisherigen Begründung des Autonomiestatuts ein weiteres Argument beigefügt, das auf dem Faktum der Spaltung der Arbeitnehmerschaft in weltanschaulich unversöhnliche Richtungen aufbaute. War das Begehren zunächst mit taktischen und psychologischen Erwägungen begründet worden, so wurde das Postulat nun zusätzlich mit dem Hinweis gestützt, dass die christlichsozialen Organisationen nicht nur den politischen Bereich berührten, sondern Träger wirtschaftlicher

---

388 Zur Bewertung der Autonomie-Regelung vgl. Altermatt, Wirtschaftsflügel, S. 66, und Gruner, Parteien, S. 116. Josef Scherrer versäumte es nicht, etwa in Wahlaufrufen auf die Möglichkeit selbständigen Vorgehens der CSP hinzuweisen (vgl. Hochwacht, Nr. 51, 29. Februar 1924, und Nr. 71, 25. März 1927).
389 Wörtlich: «In wirtschaftlichen und sozialpolitischen Fragen ist jeweils eine Einigung anzustreben. Erweist sich eine solche als unmöglich, so ist die Stellungnahme freigegeben, soweit nicht unzweifelhaft weltanschaulich oder staatspolitisch grundsätzliche Fragen berührt werden» (Statuten der KVP, 2. Mai 1936, Art. 15, StaatsA SG, Archiv CVP).
390 Statuten der KVP, 2. Mai 1936, Art. 15 (StaatsA SG, Archiv CVP).

und gesellschaftlicher Funktionen seien. Im Unterschied zur Arbeitnehmerschaft werde die wirtschaftlich-berufliche Interessenvertretung der übrigen Parteigruppen durch neutrale und einheitliche Verbände wahrgenommen, die dem Einfluss und der Mitwirkung der Partei entzogen seien. In diesen Organisationen könnten Bauern, Gewerbe oder Industrie zusammen mit ihren Standesgenossen anderer weltanschaulicher oder parteipolitischer Ausrichtung in wirtschafts- und sozialpolitischen Fragen unter Umständen einen von der Parteimeinung abweichenden Standpunkt einnehmen. Der Arbeiterschaft dagegen sei diese Möglichkeit verwehrt, weil sie in weltanschauliche und politische Richtungen aufgespalten sei. Die Gewährung der Autonomie in wirtschafts- und sozialpolitischen Sachfragen sei darum nichts anderes als ein Gebot der Gerechtigkeit und Ausdruck der besonderen Verhältnisse in der organisierten Arbeiterschaft.[391]

Die Christlichsozialen trachteten anlässlich ihrer Statutenrevision von 1949 – übrigens der einzigen bis zur Fusion mit den Konservativen im Jahre 1971 – darnach, die 1936 eingegangene Bindung in Wahlfragen zu lockern und zu jenen Verhältnissen zurückzukehren, wie sie bis 1936 bestanden hatten. «Wenn begründete Vertretungsansprüche der christlichsozialen Parteigruppe von der Gesamtpartei nicht berücksichtigt werden oder wenn andere wichtige Gründe vorliegen, bleibt das Recht zur Aufstellung einer eigenen Wahlliste vorbehalten», postulierten die neuen Statuten.[392] Abgemildert wurde dieser sehr offen gehaltene Passus dadurch, dass sich die Christlichsozialen verpflichteten, im Falle eines getrennten Vorgehens die Leitung der Gesamtpartei zu orientieren und eine Listenverbindung mit der konservativen Parteirichtung einzugehen. Die Reaktion der Konservativen auf diesen offensichtlichen «Verfassungsbruch» fiel vergleichsweise milde aus. Sie liessen es bei einem Protest bewenden und vertrauten im übrigen, als die Christlichsozialen keinerlei Anstalten machten, ihre Statuten neuerdings zu ändern, auf die weitere loyale Zusammenarbeit.[393]

---

391 Diese Begründung trug Scherrer in St.Gallen erstmals 1936 anlässlich der ersten Lesung des Statutenentwurfs im Parteiausschuss der KVP vor (TBSch, 18. Januar 1936, PrivatA Scherrer). Vgl. auch Schreiben von Josef Scherrer an Emil Grünenfelder vom 30. April 1936 (BAR) und Hochwacht, Nr. 107, 7. Mai 1936. In allgemeiner Form findet sich das Argument bereits in Scherrer, Politik, S. 6f.
392 Statuten der CSP, 21. August 1949, Art. 4 (BAR). In ähnlichem Sinne Scherrer, Standort, S. 32f., und Scherrer, Jung, S. 102.
393 Die einschlägigen Protokolle fehlen. Emil Dürr rapportierte dem Parteiausschuss der CSP im Dezember 1949 über die Reaktion des Kantonalkomitees der KVP (Prot. Parteiausschuss CSP, 22. Dezember 1949, BAR). In einem Schreiben an den Präsidenten der Konservativ-christlichsozialen Volkspartei, Theodor Eisenring, legte die CSP ihren Standpunkt ausführlich dar und betonte ihren Willen zur loyalen Zusammenarbeit (Schreiben des Präsidiums der CSP an Theodor Eisenring vom 28. Dezember 1949, BAR). Vgl. auch Zirkular an die Mitglieder des Kantonalkomitees der CSP, 30. Dezember 1949 (BAR), und Jb CSP 1949–51, S. 6 (BAR).

Den Christlichsozialen gelang es 1971, ihre Sonderrechte über die Fusion von altkonservativem und christlichsozialem Parteiflügel hinaus zu erhalten. Die 1972 als Nachfolgeorganisation der CSP gegründete Sozialpolitische Bewegung des Kantons St.Gallen behielt sich die «selbständige Willensdurchsetzung in der Öffentlichkeit» vor, sofern «in wichtigen Fragen oder Vertretungsansprüchen keine Einigung mit der Partei» erzielt werde.[394] In einer Vereinbarung, die die Christlichsozialen und die anderen parteiinternen Gruppen Anfang der 1980er Jahre mit der Gesamtpartei trafen, wurde die Autonomie der Gruppen zwar im Prinzip nicht angetastet, aber deren Anwendung doch an restriktive Bedingungen gebunden.[395] Diese Beschneidung der Autonomie kann als Reflex auf die im Zeichen eines tiefgreifenden Wertewandels schwächer gewordene Kohäsionskraft der katholischen Doktrin interpretiert werden, die Konservative und Christlichsoziale bisher verband.

3.4 Partei- und Listenbezeichnung

Eher ein Randthema im Prozess der Integration der christlichsozialen Parteigruppe in die KVP bildete die Frage nach der Benennung der Gesamtpartei in jenen Bereichen, in denen Konservative und Christlichsoziale gemeinsam auftreten wollten. Obwohl die Frage für die Selbstdarstellung und Aussenwirkung der CSP nicht unerheblich war, bildete sie lediglich am Anfang und am Ende unserer Berichtszeit Gegenstand von Diskussionen. Die untergeordnete Rolle, die diese Frage in den gegenseitigen Beziehungen von Konservativen und Christlichsozialen spielte, ist auf zwei Gründe zurückzuführen: Erstens stand es der CSP jederzeit frei, selbständig und unter dem Titel «Partei» aufzutreten. Sie tat dies regelmässig in Aufrufen vor Wahlen und Abstimmungen. Zweitens war die Opportunität einer Mitnennung der christlichsozialen Parteigruppe in der Bezeichnung der konservativen Gesamtpartei in den christlichsozialen Reihen umstritten. Anders als vielleicht vermutet werden könnte, ist darum die Frage nach der Partei- und der Listenbezeichnung kein Gradmesser für das gegenseitige Verhältnis von Konservativen und Christlichsozialen.

---

394 Statuten der Sozialpolitischen Bewegung der CVP des Kantons St.Gallen, 13. Mai 1972, Art. 3 (StaatsA SG, Archiv CVP).
395 Sog. «Papier Hofmann», abgedr. in: Bericht der Kommission für die Wahl- und Parteianalyse der CVP des Kantons St.Gallen, 30. Juni 1992, Anhang. Die Vereinbarung wurde, im Wortlaut leicht gestrafft, 1994 in den Rang einer Statutenbestimmung erhoben und als Anhang II den aktuellen Statuten der CVP des Kantons St.Gallen vom 21. März 1994 beigefügt.

Das Thema beschäftigte Konservative und Christlichsoziale erstmals im unmittelbaren Vorfeld der Gründung der CSP. Bekanntlich beabsichtigten die Christlichsozialen zu diesem Zeitpunkt, sich organisatorisch zwar von der KVP zu lösen, dabei aber über ein gemeinsames Programm mit den Konservativen verbunden zu bleiben. Für die Christlichsozialen war es «ein Gebot der Selbsterhaltung zu verlangen, dass unsere Gruppe im Titel des Programms deutlich zum Ausdruck kam». Sie schlugen darum vor, das gemeinsame Programm als «Konservatives und christlichsoziales Programm», als «Parteiprogramm der konservativen und christlichsozialen Partei» oder als «Parteiprogramm der Konservativen und Christlichsozialen» zu überschreiben.[396] Die Konservativen ihrerseits wollten den Gedanken der Einheit der beiden Parteirichtungen stärker hervorstreichen und das Programm mit «Konservativ-christlichsoziale Volkspartei. Arbeits- und Parteiprogramm» kennzeichnen. Einiger konservativer Widerstand war zu überwinden, ehe das gemeinsame Parteiprogramm im Sinne der CSP die Überschrift «Parteiprogramm der Konservativen und Christlichsozialen» erhielt.[397] Entsprechend diesem Vorbild wurde auch das «Aktionsprogramm der Konservativen und Christlichsozialen des Kantons St.Gallen» von 1919 mit der Erwähnung beider Parteirichtungen übertitelt.[398]

Ebenfalls Anlass zu einigem Hin und Her gab die Frage, wie die gemeinsame Liste von Konservativen und Christlichsozialen in der Grossratswahl von 1912 zu bezeichnen sei, nachdem sich Konservative und Christlichsoziale auf ein gemeinsames Vorgehen geeinigt hatten. In den meisten Bezirken waren Konservative und Christlichsoziale vor der Wahl übereingekommen, auf den Wahllisten beide Parteirichtungen zu erwähnen, was dazu führte, dass die Listenbezeichnungen von Bezirk zu Bezirk variierten. Die konservative Parteileitung erkannte darin eine Gefahr für die Orientierung der Wähler und legte Josef Scherrer nahe, für die im ganzen Kanton einheitliche Listenbezeichnung «Konservative Volkspartei» einzutreten. Dieser folgte der konservativen Argumentation, und zwar deshalb, «weil es ihm nur eine rein taktische Frage schien, andrerseits aber sehr viel auf dem Spiele stand. Wir waren eine junge Partei und konnten nach einer vierteljährlichen Dauer die Bogen nicht allzu straff spannen.» Jetzt, in dieser politischen

---

396 Jb CSP 1912, S. 9f. (BAR).
397 Die Konservativen berieten die Frage des Programmtitels im Parteiausschuss am 9. Oktober 1911 und im Kantonalkomitee am 6. November 1911 (vgl. Protokollnotizen von Thomas Holenstein, Archiv Katholische Administration). Die Mitnennung der Christlichsozialen als Partei lehnten die Konservativen strikte ab. Anderseits wehrte sich die CSP gegen den konservativerseits vorgebrachten Vorschlag «Konservativ-christlichsoziale Volkspartei. Arbeits- und Parteiprogramm», weil er eine zu weitgehende Subordination suggerierte.
398 Die CSP hatte vor der Grossratswahl von 1912 entschieden verlangt, dass alle Aufrufe, Erlasse etc. «beide Parteibezeichnungen» enthalten müssten (Jb CSP 1912, S. 23, BAR).

Schicksalsstunde, müsse dieser kleinliche Streitpunkt in den Hintergrund treten. Der Parteiausschuss der CSP schloss sich – gegen entschiedenen Widerstand des Bezirks Rorschach – Scherrers Standpunkt an, worauf die konservative Delegiertenversammlung die für alle Bezirke verbindliche Bezeichnung «Konservative Wahlliste» guthiess.[399]

Mit Ausnahme des erfolglosen Vorstosses von Eduard Guntli, die konservative Gesamtpartei in «Katholische Volkspartei» umzubenennen, verstummte die Diskussion um die Partei- und Listenbezeichnung bis zum Ende der 1930er Jahre. Neben der bereits erwähnten Tatsache, dass es den Christlichsozialen unbenommen war, jederzeit unter dem Titel «Partei» an die Öffentlichkeit zu treten, ist dieser Umstand vor allem damit zu erklären, dass sich Josef Scherrer für eine Modifikation der Partei- oder Listenbezeichnung «nie so ganz recht erwärmen» konnte[400] und er sich dagegen verwahrte, «dass die Parteibezeichnung ... zu einer Hauptsache gestempelt werde».[401] Scherrer schätzte die Nachteile der Namensänderung der Gesamtpartei höher ein als einen möglichen Gewinn, und zwar darum, weil eine Umbenennung die Christlichsozialen gegenüber den Konservativen stärker verpflichtet und mit der Autonomie in Wahl- und Sachfragen kollidiert hätte. «Man stelle sich heute vor», räsonnierte Josef Scherrer, «wie das aufgenommen würde und wie das wirken müsste, wenn wir eine eigene christlichsoziale Wahlliste für die Nationalratswahlen aufstellen würden und anderseits die Liste der Gesamtpartei [vorläge], die in ihrer Parteibezeichnung den Namen ‹christlichsozial› mitführen müsste, weil es eben keine nur konservative Partei im Kanton St.Gallen gibt. Wir müssten also unter Umständen gegen eine Partei ziehen und kämpfen, die unsern Namen trägt.»[402] Dasselbe gelte vice versa auch für Abstimmungsvorlagen, bei denen Konservative und Christlichsoziale unterschiedliche Parolen beschlössen.[403]

---

399 Jb CSP 1912, S. 22f. (BAR). Einzig im Bezirk Sargans zogen die Christlichsozialen mit einer von den Konservativen getrennten christlichsozialen Liste in den Wahlkampf (Sarganserländer, Nr. 38, 28. März 1912).
400 Josef Scherrer, Bericht über die Nationalratswahlen im Kanton St.Gallen vom 26. Oktober 1947, August 1948, S. 3 (BAR).
401 TBSch, 26. Mai 1939 (PrivatA Scherrer).
402 Josef Scherrer, Bericht über die Nationalratswahlen 1951, September 1951, S. 3 (BAR).
403 In seinem Tätigkeitsbericht 1949–51, S. 5, erwähnte Josef Scherrer zwei Fälle, die die Problematik der mittlerweile geänderten Parteibezeichnung illustrieren. «Einmal hat die Konservativ-christlichsoziale Volkspartei sich gegen die Weitersubventionierung der Wohnungsbauten durch den Bund eingestellt, währenddem die Christlichsozialen sich dafür aussprachen. So wurde auf der einen Seite die Parole ausgegeben ‹Nein›, und zwar unter dem Titel ‹Konservativ-christlichsoziale Volkspartei›; auf der andern Seite stand das ‹Ja› der Christlichsozialen Partei. Ebenso bestand eine Schwierigkeit bei der Bundesfinanz-Vorlage, wo die Gesamtpartei unter dem Namen ‹Konservativ-christlichsoziale Volkspartei› für die Vorlage in den Kampf zog, während anderseits die Christlichsozialen auf gesamtschweizerischem Boden Stimmfreigabe beschlossen hatten» (BAR).

Der Druck von der Basis, von den Orts- und Bezirksparteien, vor allem der Stadt St.Gallen, war stärker als die Bedenken des Parteipräsidenten.[404] Im Mai 1939 richtete die christlichsoziale Kreispartei von St.Gallen-Ost ein Schreiben an Josef Scherrer, in dem mit Blick auf die Nationalratswahl der Antrag gestellt wurde, die bisherige Bezeichnung «Konservative Volkspartei» in «Konservativ-Christlichsoziale Partei» umzuändern. Als Begründung führten die Antragsteller an, die Erwähnung der Christlichsozialen in der gemeinsamen Parteibezeichnung entspreche den tatsächlichen Verhältnissen und bringe zum Ausdruck, dass die Christlichsozialen während dreier Jahrzehnte loyal in der konservativen Gesamtpartei mitgearbeitet und zu deren Aufschwung beigetragen hätten. Gleichzeitig erblickten die Postulanten in ihrem Vorschlag ein probates Mittel, um der immer wieder auftauchenden Forderung nach Trennung von den Konservativen den Wind aus den Segeln zu nehmen.[405] Die Besprechung im christlichsozialen Parteiausschuss ergab ein uneinheitliches Bild. Dennoch wurde beschlossen, die Eingabe zur Prüfung an die konservative Parteiführung weiterzuleiten.[406] Diese respektive ihre Politische Kommission lehnte die Behandlung der Eingabe unmittelbar vor der Nationalratswahl ab[407], woraufhin die Christlichsozialen im September 1939 entschieden, angesichts des Ernstes der Zeitlage das Begehren nicht weiter zu verfolgen.[408]

Ein erneuter Vorstoss, diesmal auf Änderung der Listenbezeichnung, ging zwei Jahre später wiederum von den Christlichsozialen der Stadt St.Gallen aus, die im Juni 1941 den Antrag stellten, «es seien mit der Leitung der Konservativen Volkspartei des Kantons Verhandlungen einzuleiten, um für die kantonalen Wahlgänge die einheitliche Listenbezeichnung: ‹Konservativ-christlichsoziale Volkspartei› einzuführen». Begründet wurde das Anliegen mit dem Hinweis, auf diese Weise die christlichsoziale Wählerschaft wirkungsvoller mobilisieren zu können.[409] In der Besprechung des Antrages im christlichsozialen Parteiausschuss stimmte Josef Scherrer, wohl in der Einsicht, dass er sich dem Druck von unten ohne Gefährdung der Parteieinheit

---

404 Überhaupt scheinen in den Gemeindeorganisationen die Berührungsängste vor einer Namensänderung geringer gewesen zu sein. Bereits Ende 1911 wurde im Konservativen Volksverein Tablat erwogen, die Organisation in «Vereinigte Konservative und Christlichsoziale» umzubenennen (Prot. Konservativer Volksverein Tablat, Sitzung der Grossen Kommission, 5. Dezember 1911, StaatsA SG, Archiv CVP). Und 1916 war die konservative Parteiorganisation von Gross-St.Gallen ihrem christlichsozialen Flügel dadurch gerecht geworden, dass sie ihrer Bezeichnung den Klammerzusatz «Vereinigte Konservative und Christlichsoziale» beifügte (Organisationsstatut der Konservativen Volkspartei der Stadt St.Gallen, 22. Oktober 1916, BAR).
405 TBSch, 26. Mai 1939 (PrivatA Scherrer).
406 TBSch, 26. Mai 1939 (PrivatA Scherrer).
407 TBSch, 23. September 1939 (PrivatA Scherrer). Jb CSP 1939–41, S. 8f. (BAR).
408 TBSch, 24. September 1939 (PrivatA Scherrer).
409 TBSch, 5. Juli 1941 (PrivatA Scherrer).

nicht länger widersetzen könne, dem Begehren seinerseits zu und schlug, unter Verweis auf das gemeinsame Parteiprogramm von Konservativen und Christlichsozialen, vor, die Wahllisten künftig mit «Wahlliste der Konservativen und Christlichsozialen» zu bezeichnen.[410] Die christlichsozialen Bezirksorganisationen forderte er auf, ihrerseits bezüglich der Namensänderung bei den Konservativen zu intervenieren.[411]

In der Politischen Kommission der KVP, die die christlichsoziale Eingabe im Januar 1942 beriet, überwogen die Bedenken, obgleich Arnold Kappler vehement für das Begehren warb. «Es war bis jetzt nicht denkbar, den chr.-soz. Standpunkt zu vertreten. Für uns ist das keine Prestigefrage, sondern wir möchten möglichst viel Volk sammeln für unsere Sache. Das Randvolk muss für unsere Sache gewonnen werden. Die Listenbezeichnung bei den Sozialisten [Liste der Sozialdemokratischen Partei und der Gewerkschaften] war für uns gefährlich.» Ihm wurde entgegengehalten, dass die Namensänderung kurz vor der Grossratswahl nicht angebracht sei, überdies in der Doppelbezeichnung eine «gewisse Gruppenbildung» suggeriere. Ein Beschluss wurde nicht gefasst und Parteichef Josef Riedener beauftragt, mit Josef Scherrer nochmals Rücksprache zu nehmen.[412]

Obwohl Josef Riedener Josef Scherrer in Aussicht gestellt hatte, das Traktandum «in nächster Zeit» zu klären[413], wurde das christlichsoziale Begehren auch bei der Listengestaltung der Nationalratswahl von 1943 mit dem Hinweis abgetan, eine Namensänderung unmittelbar vor den Wahlen sei nicht opportun.[414] 1947 verlor die offensichtlich mit starkem Druck der Basis konfrontierte CSP die Geduld. In einem geharnischten Schreiben an den konservativen Parteichef forderte Josef Scherrer ultimativ die Einlösung des mittlerweile acht Jahre alten christlichsozialen Postulats, indem er drohte, eine Ablehnung werde getrennte Listen zur Folge haben.[415] Die Drohgebärde hatte Erfolg: Die Konservativen lehnten zwar den christlichsozialen Vorschlag «Liste der konservativen und christlichsozialen Partei» ab, weil er

---

410 TBSch, 5. Juli 1941 (PrivatA Scherrer).
411 Zirkular an die Mitglieder des Kantonalkomitees der CSP, 21. Januar 1942 (BAR).
412 Prot. Politische Kommission KVP, 22. Januar 1942 (StaatsA SG, Archiv CVP). In der KVP tauchte, unterstützt von Parteichef Josef Riedener, 1941/42 der bereits 1919/20 und wiederum 1936 diskutierte Vorschlag erneut auf, die Gesamtpartei in «Katholische Volkspartei» umzubenennen (vgl. TBSch, 12. November 1941, PrivatA Scherrer; Prot. Politische Kommission KVP, 16. und 22. Januar 1942, StaatsA SG, Archiv CVP).
413 Jb CSP 1939–41, S. 9 (BAR).
414 Schreiben von Josef Scherrer an Theodor Eisenring vom 7. August 1947 (BAR).
415 Schreiben von Josef Scherrer an Theodor Eisenring vom 7. August 1947 (BAR). Vgl. auch Zirkular an die Mitglieder des Kantonalkomitees der CSP, 18. August 1947 (BAR). Seitens der CSP waren folgende Bezeichnungen vorgeschlagen worden: «Liste der Konservativen und Christlichsozialen» oder «Liste der konservativen und christlichsozialen Partei».

eine Parteitrennung impliziere, stimmten jedoch dem Kompromissvorschlag «Liste der konservativ-christlichsozialen Volkspartei» schliesslich zu.[416]

Damit war auch der Weg zu einer Umbenennung der Gesamtpartei geebnet.[417] Zwei Jahre später, im Dezember 1949, wurde die bisherige «Konservative Volkspartei des Kantons St.Gallen» umbenannt in «Konservativ-christlichsoziale Volkspartei des Kantons St.Gallen».[418] Auch Josef Scherrer, der lange Zeit an der Zweckmässigkeit der Namensänderung gezweifelt hatte, gab seiner Genugtuung über diesen endlichen Erfolg Ausdruck: «Die Namensänderung stellt eine volle Anerkennung der christlichsozialen Parteigruppe durch die Gesamtpartei dar. In ihr kommt die Gleichwertung der beiden Parteiflügel zum Ausdruck. Wir dürfen uns darüber freuen.»[419]

---

416 Josef Scherrer, Bericht über die Nationalratswahlen im Kanton St.Gallen vom 26. Oktober 1947, August 1948, S. 3 (BAR).
417 Bereits in den Vorjahren hatten die konservativen Bezirksorganisationen ihre Namen geändert und in den neuen Bezeichnungen die Ebenbürtigkeit der konservativen und christlichsozialen Parteirichtung zum Ausdruck gebracht (Schreiben von Josef Scherrer an Theodor Eisenring vom 7. August 1947, BAR).
418 Zirkular an die Mitglieder des Kantonalkomitees der CSP, 30. Dezember 1949 (BAR). Das Kantonalkomitee der KVP erteilte dem Parteiausschuss den Auftrag, die im Zusammenhang mit der Statutenrevision der CSP von 1949 entstandenen Meinungsverschiedenheiten abzuklären und das Verhältnis von Konservativen und Christlichsozialen endgültig zu ordnen. Am 29. Dezember 1949 entschied sich der Parteiausschuss der KVP für die Namensänderung (ebd.). Die CSP hatte analog ihrem 1947 vorgebrachten Vorschlag zur Listenbezeichnung den Namen «Konservative und christlichsoziale Volkspartei» vorgeschlagen (Josef Scherrer, Aktennotiz betr. Statutenrevision der CSP, September 1949, BAR).
419 Zirkular an die Mitglieder des Kantonalkomitees der CSP, 30. Dezember 1949 (BAR). Vgl. auch Jb CSP 1949–51, S. 4 (BAR). 1957 löste der in St.Gallen gewählte Doppelname «Konservativ-christlichsoziale Volkspartei» auch auf Landesebene die seit 1912 geltende Bezeichnung «Konservative Volkspartei» ab (Altermatt, Ghetto, S. 23).

Vierter Teil:
Die Christlichsozialen im Kräftespiel der St.Galler Parteien

1. Abriss der St.Galler Parteiengeschichte von 1912 bis 1939

Hervorstechendstes Merkmal der sanktgallischen Parteiengeschichte seit 1912, als das proportionale Wahlverfahren für den Grossen Rat nach langen und heftigen Auseinandersetzungen eingeführt wurde, ist deren bis in unsere Zeit andauerndes hohes Mass an Stabilität.[1] Politische Erdrutsche oder Erdbeben sind in St.Gallen unbekannte Phänomene, Veränderungen, so es denn solche gibt, vollziehen sich lautlos. Bis heute beherrschen die Traditionsparteien CVP und FDP das politische Feld, und neben ihnen vermochten sich einzig die Sozialdemokratie als «dritte Kraft» und, in der Wählergunst allerdings starken Schwankungen unterworfen, der Landesring der Unabhängigen dauerhaft im Parteiensystem zu etablieren. Von 1911 bis 1996 spielte die St.Galler Zauberformel mit drei Konservativen (heute CVP), drei Freisinnigen und einem Demokraten oder Sozialdemokraten; seit 1919 teilen Konservative und Freisinnige die beiden Ständeratsmandate. In dieser Beständigkeit spiegelt sich das konservative Temperament des St.Galler Wählers, aber auch die Fähigkeit der Grossparteien, auf veränderte Stimmungslagen in der Bevölkerung rasch zu reagieren und divergierende Strömungen stets von neuem zu integrieren. Doch wäre es verkehrt, aus der Stabilität auf einen hohen Grad an Konkordanz zu schliessen. Bis in die 1960er Jahre durchzog neben der sozialen die kulturkämpferische Konfliktlinie die politische Landschaft St.Gallens und war sogar, mit episodischen Unterbrüchen, über weite Zeiträume hinweg die Dominante der politischen Auseinandersetzung. Der traditionelle Antagonismus zwischen dem katholischen Konservativismus und dem laizistischen Liberalismus verfestigte die politischen Blöcke und führte zu jahrzehntelangen Verhärtungen und Verkrustungen der politischen Strukturen, die erst Erosionserscheinungen zu zeigen begannen, als sich die traditionellen Milieus auflösten und in den 1970er und 1980er Jahren demographische Entwicklungen und wachsendes

---

1 Vgl. Graphik der Wähleranteile im Grossen Rat von 1912 bis 1984 in: Bucher, Geschichte, S. 40. Zur Parteiengeschichte St.Gallens in der Zwischenkriegszeit vgl. Statistik des Kantons St.Gallen, XL (Grossratswahlen) und XLI (Nationalratswahlen); zu den Nationalratswahlen im Kanton 1919 bis 1955 vgl. auch Ostschweiz, Nrn. 474 und 476, 13. und 14. Oktober 1959. Zur KVP Holenstein, Konservative Volkspartei, v.a. S. 316ff.; zum Freisinn Büchler, Erschütterung und Bewährung, und Ehrenzeller, Jungfreisinn; zur Sozialdemokratie Roschewski, Sozialdemokratie, und Schlaginhaufen, Gewerkschaftskartell; zur Demokratischen und Arbeiterpartei Weber, Erinnerungen.

ökologisches Bewusstsein neue Bewegungen und Gegenbewegungen auf den Plan riefen.

1891 hatte der St.Galler Freisinn nach dem Inkrafttreten der neuen Verfassung und der darin vorgesehenen Volkswahl der Regierung sein jahrzehntelanges Übergewicht in der Regierung an die Allianz aus Konservativen und Demokraten verloren. St.Gallen ging als erster Schweizer Kanton zum Regierungsproporz mit drei Konservativen, zwei Demokraten und zwei Liberalen über, 1911 dahingehend korrigiert, dass den Liberalen ein dritter Sitz auf Kosten der Demokraten zugestanden wurde. Mit der erstmals 1912 nach proportionalem Wahlrecht durchgeführten Grossratswahl verloren die Liberalen ihre prädominante Stellung auch im St.Galler Kantonsparlament, während die Konservativen zur numerisch stärksten politischen Kraft im Kanton aufstiegen. Vollends erschüttert wurde die liberale Position in der Grossratswahl von 1918 – nachdem sich die Parteien 1915 auf eine stille Wahl geeinigt hatten – und der Nationalratswahl von 1919. In ersterer büsste der Freisinn fast einen Zehntel seines Mandatsanteils ein und erlebte die schwerste Wahlniederlage seiner Geschichte, in letzterer gingen ihm zwei der bisher sieben Sitze verloren. Gewinner beider Wahlgänge waren die Sozialdemokraten: Im Grossen Rat verdoppelten sie ihre Abordnung, und in den neu nach Proporz zu wählenden Nationalrat schickten sie fortan zwei Vertreter.

Die Tabellen 21 und 22 zeigen die parteipolitische Zusammensetzung des St.Galler Grossen Rates und der St.Galler Nationalratsdeputation zwischen 1912 und 1939 mit den Zäsuren 1918 (Grosser Rat) und 1919 (Nationalrat) sowie 1930 respektive 1936 (Grosser Rat) und 1935 (Nationalrat).

Tabelle 21: Parteipolitische Zusammensetzung des Grossen Rates des Kantons St.Gallen, 1912–1939

Bestand	1912–18 202 abs./in %		1918–21 202 abs./in %		1921–24 173 abs./in %		1924–27 173 abs./in %		1927–30 173 abs./in %		1930–33 173 abs./in %		1933–36 174 abs./in %		1936–39 174 abs./in %	
Kons.	87	43	88	44	76	44	77	44	78	45	76	44	79	45	76	44
Freis.	86	43	69	34	57	33	57	33	61	35	61	35	56	32	55	32
Sozialdemokraten	11	5	25	12	23	13	25	15	26	15	33	19	34	20	28	16
Demokr.	18	9	19	9	16	9	13	8	8	5	2	1	1	1	0	0
Andere	0	0	1	1	1	1	0	0	0	0	1	1	4	2	15	9

Statistik des Kantons St.Gallen, XL, v.a. S. 8f. Konservative: 1912 inkl. ein auf separater Liste gewählter Christlichsozialer des Bezirks Sargans; Freisinnige: 1921 inkl. drei auf separater Liste gewählte Jungfreisinnige des Bezirks St.Gallen; Demokraten: 1927 und 1930 Mandate der Demokratischen und Arbeiterpartei («Altdemokraten») und der Demokratischen Fortschrittspartei («Fortschrittsdemokraten»).

Tabelle 22: Parteipolitische Zusammensetzung der St.Galler Nationalratsdeputation, 1914–1939

	1914–17	1917–19	1919–22	1922–25	1925–28	1928–31	1931–35	1935–39
Bestand	15	15	15	15	15	15	13	13
Kons.	6	6	6	7	6	7	6	5
Freis.	7	7	5	5	5	5	4	4
Sozialdemokraten	0	0	2	2	3	3	3	2
Demokr.	2	2	2	1	1	0	0	0
Andere	0	0	0	0	0	0	0	2

Statistik des Kantons St.Gallen, XLI; Gruner, Bundesversammlung, S. 539ff.; Thürer, St.Galler Geschichte, S. 969f.

Die in die Defensive gedrängte, mit tiefen inneren Spannungen und Absetzbewegungen konfrontierte freisinnige Parteileitung sah sich am Ende des Ersten Weltkrieges in die Isolation gedrängt und taktisch an einen Scheideweg gestellt: Sollte sie die Annäherung an die Konservativen suchen und unter Hintanstellung ihres bisherigen antiklerikalen und kulturkämpferischen Programms in Verbindung mit diesen einen antisozialistischen Bürgerblock bilden? Oder sollte sie sich nicht vielmehr sozial erneuern und Tuchfühlung mit der erstarkten Sozialdemokratie aufnehmen und damit dem konservativ-demokratischen Rechtsbündnis ein freisinnig dominiertes sozialliberales Linksbündnis entgegenstellen? Tatsächlich schien unter dem Eindruck des Landesstreiks – er fand im St.Gallischen mit Ausnahme der Hauptstadt, wo beispielsweise der öffentliche Verkehr zeitweilig zum Erliegen kam oder die «Ostschweiz» nicht erscheinen konnte, allerdings nur wenig Rückhalt und brach «vor der Geschlossenheit des Bürgertums» zusammen[2] – zunächst alles darauf hinzudeuten, als würden Konservative und Freisinnige das Kulturkampfbeil begraben und angesichts der an Zugkraft gewinnenden Linken zu einem Bürgerblock zusammenfinden. Konservative wie Freisinnige waren sich im November 1918, als der Grosse Rat über die Ereignisse des Generalstreiks debattierte, in der Verurteilung des Landesstreiks als «eines revolutionären, auf den Umsturz der bestehenden Ordnung und die Vernichtung

---

2 Holenstein, Konservative Volkspartei, S. 320. Streikleitungen gab es nur in den Städten St.Gallen, Rorschach und Rapperswil. Der Landesstreik sei, schrieb die «Ostschweiz», eine «schweizerische Angelegenheit» gewesen, die Ereignisse im Kanton St.Gallen seien nur «eine Episode im Gesamtbilde» geblieben (Nr. 262, 15. November 1918). Ein Einsender aus dem Oberland etwa berichtete in der «Volksstimme», «vom Generalstreik hörten und sahen wir nichts, als dass die Eisenbahn nicht verkehrte» (Nr. 274, 25. November 1918). Zum Landesstreik in St.Gallen vgl. auch Roschewski, Sozialdemokratie, S. 113f.; Thürer, St.Galler Geschichte, S. 485ff.

Bulletin der „Ostschweiz".

Ausgabe Dienstag, 12. November 1918, vormittags 9 Uhr.

Waffenstillstand.
Letzte Nacht 11 Uhr wurde an der Westfront der Kampf völlig eingestellt.

Internierung des deutschen Kaisers.
Ex-Kaiser Wilhelm wurde samt seinem Gefolge in Holland, wohin er sich begeben hatte, interniert.

Die sozialistische deutsche Regierung.
Die neue Regierung setzt sich zusammen aus den [drei Sozialisten Ebert, Landsberg, Scheidemann und den] drei Unabhängigen Haase, Dittmann, Barth.

Die Republik Deutsch-Oesterreich.
Der deutsch-österreichische Staatsrat hat Deutsch-Oesterreich als Republik und als Bestandteil der deutschen Republik erklärt.

Hindenburg.
Hindenburg hat sich und die Armee zur Verfügung der neuen Regierung gestellt.

Die Arbeiterbewegung in Frankreich.
In Frankreich ist seit zwei Tagen eine Volksbewegung ausgebrochen, die sich gegen Clemenceau richtet. Es wurde die Freilassung aller Arbeiterführer und namentlich auch Caillaux's verlangt.

Vertagung des st. gallischen Grossen Rates.
Der Grosse Rat von St. Gallen hat sich auf unbestimmte Zeit vertagt.

Aufruf des Bundesrates.
Der Bundesrat hat in einem Aufruf alle öffentlichen Verkehrsanstalten, auch Gas-, Wasser- und Elektrizitätswerke und Lebensmittelbetriebe unter das Militärgesetz gestellt.

Während des Generalstreiks im November 1918 konnte die «Ostschweiz» in St.Gallen nicht ausgeliefert werden. Eine «Notnummer» berichtete in Schlagzeilen über die wichtigsten Ereignisse des Tages.

des Bürgertums gerichteten» Anschlages einig.[3] Die sozialdemokratische «Volksstimme» beklagte sich im Anschluss an die grossrätliche Generalstreikdebatte, gegen die kleine sozialdemokratische Fraktion sei «ein konzentrisches Feuer» eröffnet worden, in dem sich «die ganze Wut der Bourgeoisie über die kraftvolle Regung des schweizerischen Proletariats in

---

3 Prot. des Grossen Rates, 19., 22. und 25. November 1918. In einer von der konservativen und der freisinnig-demokratischen Fraktion unterstützten und von der Sozialdemokratie heftig bekämpften Erklärung sprach der Grosse Rat am 11. November 1918 dem Bundesrat sein Vertrauen aus. Darauf wurden mit Zustimmung aller Fraktionen die Verhandlungen geschlossen. Die eigentliche «Streikdebatte» im Rat entbrannte, nach Wiederaufnahme der Verhandlungen, am 22. und 25. November 1918 im Zusammenhang mit einer Interpellation der konservativen Fraktion betr. Bestrafung der Verantwortlichen des Streiks. Über diese Debatte ist ein Stenogramm aufgenommen worden (Prot. des Grossen Rates des Kantons St.Gallen, 19., 22. und 25. November 1918, StaatsA SG).

den Tagen des Generalstreiks» entladen habe.[4] In der Tat hatte die freisinnige kantonale Parteileitung unter dem Druck der Drohung des rechten Parteiflügels, sich von der Mutterpartei zu lösen und eine sanktgallische Bauern-, Gewerbe- und Bürgerpartei zu gründen, unmittelbar nach Kriegsende eine starke Rechtsbewegung vollzogen. Die mittelständisch-bäuerliche Richtung, die auf dem Land ihre Bastionen hatte, plädierte für eine bürgerliche Politik, war antisozialistisch und erkannte in den Konservativen einen natürlichen Bündnispartner. Konservative und freisinnige Bauern fanden sich 1919 in der überparteilichen Bauernpolitischen Vereinigung des Kantons St.Gallen.[5] Emil Buomberger, 16 Jahre Redaktor der konservativen «Ostschweiz», Mitgestalter und aufmerksamer Beobachter der politischen Verhältnisse, war noch am Jahreswechsel 1920/21 überzeugt, dass Konservative und Liberale sich wie auf eidgenössischer Ebene zu einer bürgerlichen Allianz zusammenfinden würden. «Je schärfer und ausgeprägter die revolutionäre Sozialdemokratie ihr Haupt erhebt, je drohender der Bolschewismus und seine Abarten vor den Toren Europas stehen, je zwingender das Bedürfnis nach einer starken bürgerlichen Phalanx sich zeigt, desto mehr vergessen glücklicherweise weite Kreise in den bürgerlichen Parteien die alten Gegensätze und Kämpfe und schliessen sich unter Wahrung ihrer Grundsätze zu einer Koalition staatserhaltender Elemente zusammen, die tatsächlich das Wohl des Vaterlandes in den Händen trägt.»[6]

Doch überschätzte Emil Buomberger die Anzeichen einer konservativliberalen Versöhnung. Er verkannte die schwerwiegenden inneren Spannungen, denen die freisinnige Partei in den letzten Kriegsjahren ausgesetzt war und die die Identität und den Zusammenhalt der Partei ernsthaft bedrohten. Der jungfreisinnige Parteiflügel und der hauptstädtische Freisinn fochten unter dem Eindruck der starken Wählereinbussen und des gleichzeitigen Erstarkens der Sozialdemokraten für eine soziale Erneuerung, für eine Linksorientierung der Partei in kulturellen, sozialen und wirtschaftlichen Fragen und für eine Zusammenarbeit mit der Sozialdemokratie – worauf ihnen seitens der Konservativen prompt «Liebäugeln mit den Sozialisten» unterstellt wurde.[7] Die Nationalratswahl von 1919 brachte die Spaltung: Die wirtschaftlichen Interessengruppen der Bauern und des gewerblichen Mittelstandes setzten ihre Vertretungen durch, während die Jungfreisinnigen erfolglos kandidierten. Diese Zurücksetzung beantworteten die Jungfreisinnigen damit, dass sie sich 1919 im Bezirk St.Gallen von der Mutterpartei

---

4 Volksstimme, Nr. 276, 27. November 1918.
5 50 Jahre Bauernpolitische Vereinigung, S. 606ff.
6 Ostschweiz, Nr. 7, 10. Januar 1921.
7 Um was handelt es sich bei den Nationalratswahlen? Flugblatt der KVP zur Nationalratswahl 1919, 1919 (StaatsA SG, Archiv CVP).

abspalteten. «Fast neidvoll schauen die Verantwortlichen auf die durch das konfessionelle Band verbundenen Konservativen und auf die Sozialdemokraten, die durch das Klasseninteresse zusammengeschweisst wurden.»[8]

Es war dem Einfluss der Jungfreisinnigen zuzuschreiben, wenn in der freisinnigen Kantonalpartei seit 1919 die sozial aufgeschlossenen Elemente um Regierungsrat Albert Mächler die Oberhand gewannen[9], sich Freisinnige und Sozialdemokraten näher kamen und sich zu jenem losen «Linksblock» formierten, vor dem den konservativen Parteistrategen graute und mit dessen unablässiger Beschwörung sie ihre Basis disziplinierten. Erleichtert wurde dieses Zusammengehen dadurch, dass die St.Galler Sozialdemokraten stets, auch im aufgewühlten Klima des Landesstreiks und der Nachkriegsjahre, eine klar demokratische und reformistische Linie verfolgten und etwa die Frage nach dem Anschluss an die III. Internationale mit grosser Deutlichkeit verneinten. Mit erdrückender Mehrheit sprachen sich die St.Galler Sozialdemokraten nach dem Tod Heinrich Scherrers 1919 auch für eine weitere Regierungsbeteiligung ihrer Partei aus.[10]

Warum blieb das Projekt einer bürgerlichen Allianz von Konservativen und Freisinnigen im Kanton St.Gallen Episode? Oder anders gefragt: Warum spielten in St.Gallen kulturpolitische und kulturkämpferische Momente eine so dominierende Rolle, dass sie sozio-ökonomische Konfliktpotentiale wieder und wieder zu überlagern vermochten? Zweifellos wirkte die Last der Geschichte nach, das Echo und das Trauma jahrzehntelanger Fehden entlang der kulturkämpferischen Demarkationslinie. Dagegen mag man einwenden, das kirchenpolitische Ringen habe schon lange viel von seiner Substanz und Brisanz verloren, seit die Verfassungen von 1861 und 1890 das Verhältnis von Staat und Kirche geregelt hatten und dann 1923 respektive 1931 auch die letzten Relikte des Staatskirchentums aus den Gesetzen gestrichen wurden.[11] Auch in schulpolitischen Fragen sei 1861 und 1890 mit

---

8 Büchler, Erschütterung und Bewährung, S. 71. Die Jungfreisinnigen vereinigten sich 1924 wieder mit der Mutterpartei (vgl. Ehrenzeller, Jungfreisinn).
9 Zu Albert Mächler vgl. Gruner, Bundesversammlung, S. 571, Liberale Köpfe, S. 120ff., und Thürer, Landammänner, S. 19f.
10 Johannes Huber, der langjährige Führer der St.Galler Sozialdemokraten, erklärte gegenüber jener kleinen Minderheit, die am Ziel einer «reinen sozialistischen Revolution» festhielt und die Beteiligung der Sozialdemokratie an der Regierung ablehnte: «In Wirklichkeit geht .. die sozialistische Revolution alle Tage vor sich. Die bürgerliche Ordnung wird nicht auf einmal durch die sozialistische ersetzt, sondern der Sozialismus tritt stufenweise an die Stelle des Kapitalismus» (zit. nach Roschewski, Sozialdemokratie, S. 122). Dieselbe Position vertrat der Chefredaktor der «Volksstimme», Valentin Keel (Thürer, Landammänner, S. 32). Die Kommunisten blieben im Kanton St.Gallen eine ephemere Kraft: Lediglich 1921 und 1933 gewannen sie im Bezirk St.Gallen je ein Grossratsmandat.
11 Ohne Opposition war 1923 resp. 1931 das «landesherrliche Plazet» (Genehmigung der Wahl des Bischofs durch den Regierungsrat) durch den Grossen Rat aufgehoben worden. 1959 schliesslich wurde auch der vom Bischof zu leistende Staatseid abgeschafft (Holenstein, Konservative Volkspartei, S. 325, S. 334f. und S. 345; Duft, Bistum St.Gallen, S. 16).

der Garantie der konfessionellen Volksschule ein Modus vivendi gefunden worden. Eine Antwort dagegen ergibt sich aus der Frage nach der Funktion des Kulturkampfes, einer Funktion, die aktuell blieb und im Zeichen klassenbedingter Gegensätze in den historischen Volksparteien sogar an Aktualität gewann, auch wenn die Gründe, die die weltanschaulichen Konflikte vor Jahrzehnten ausgelöst hatten, nicht mehr existierten. Kulturkämpferische Positionsbezüge behaupteten sich darum so lange, weil ihnen als Integrationsmittel in beiden historischen Parteien eine zentrale Bedeutung zukam. Von der KVP wissen wir, dass sie in der Verteidigung der Rechte der katholischen Kirche und des katholischen Bevölkerungsteils ihre vornehmste Aufgabe erkannte, dass das Bekenntnis zur katholischen Weltanschauung der gemeinsame Boden war, auf dem die Geschlossenheit der Partei ruhte. Als der konservative Parteiausschuss 1931 die Frage einer Listenverbindung mit der freisinnig-demokratischen Partei diskutierte, wurde das Traktandum mit dem Hinweis ad acta gelegt, «es würde ... ein grosser Teil unseres eigenen Parteivolkes ein Wahlbündnis mit unserm historischen Gegner, dem Freisinn, angesichts der tiefgründenden Differenzen in weltanschaulicher Hinsicht unangenehm empfinden».[12] Dasselbe galt für den Freisinn: Auch er integrierte seine Klientel über kulturpolitische Positionen. «Wenn die beiden historischen Parteien im Kanton St.Gallen zusammengingen ...», warnte ein St.Galler Briefschreiber in der «Neuen Zürcher Zeitung» 1924, «würde das die ganz natürliche Folge haben, dass alle kulturpolitisch regsamen und empfindlichen Bürger die freisinnige Partei verlassen und dorthin gehen würden, wo noch Kampfluft herrscht und wo man kulturpolitische Errungenschaften nicht um das Linsengericht eines sogenannten bürgerlichen Friedens preisgibt.»[13] Durch kulturpolitische Profilierung grenzten sich die beiden bürgerlichen Parteien voneinander ab, integrierten und mobilisierten sie ihre Anhängerschaft. Gerade im Umfeld des Ersten Weltkrieges, als beide Parteien unter der Einwirkung der Verwirtschaftlichung der Politik mit desintegrierenden Tendenzen zu kämpfen hatten, waren kulturpolitische Positionen und Postulate das Band, das die heterogene soziale Basis zusammenhielt. Solange diese Themen das politische Klima prägten, stand die Anhängerschaft Gewehr bei Fuss und blieb die Sozialdemokratie in enge Grenzen verwiesen.[14] Der Artikelschreiber der «Neuen Zürcher Zeitung»

---

12 Prot. Parteiausschuss KVP, 18. September 1931 (StaatsA SG, Archiv CVP).
13 Neue Zürcher Zeitung, Nr. 1985, 29. Dezember 1924.
14 Hodels Feststellung, die bürgerlichen Parteien hätten es sich angesichts einer schwachen Sozialdemokratie leisten können, ihre alten kulturpolitischen Fehden weiterzupflegen, taugt als Erklärung für die Beständigkeit kulturkämpferischer Konfliktmuster nicht und verwechselt Ursache und Wirkung (Hodel, SKVP 1918–1929, S. 30). Nicht weil die Sozialdemokratie schwach war, überlebten kulturkämpferische Traditionen, sondern

Vierter Teil: Die Christlichsozialen im Kräftespiel der St.Galler Parteien

Kulturkampfluft in St.Gallen: Die KVP verteidigt Religion und Kirche gegen den Ansturm von Freisinnigen und Sozialisten-Kommunisten (Broschüre zur Grossratswahl 1933).

trifft den Nerv der Sache, wenn er weiter schreibt, dass die Einebnung kulturpolitischer Positionen letztlich zu einer «Schwächung des Bürgertums» und einer Stärkung der Sozialdemokratie geführt hätte. Diese liesse sich viel eher zur positiven Mitarbeit heranziehen, «wenn sie nicht durch eine allbürgerliche Allianz an die Wand gedrückt» würde.

Damit hatten sich in St.Gallen bald nach Kriegsende zwei Blöcke formiert: Neben die alte Allianz von Konservativen und Demokraten trat ein «Linksblock» aus Freisinnigen und Sozialdemokraten. Otto Weber, der letzte Vertreter der Demokraten in der St.Galler Regierung, erinnerte sich, dass Freisinnige und Sozialdemokraten in kulturpolitischen Fragen «beinahe immer» zusammenspannten und dass die Freisinnigen, im «heissen Bestreben», die konservativ-demokratische Mehrheitsstellung zu brechen, «durch Konzessionen bei der Besetzung wichtiger kantonaler und städtischer Ämter sich die Unterstützung der äussersten Linken im Kampfe gegen Konservative und

umgekehrt: Weil kulturkämpferische Themen die Anhängerschaft von Konservativen und Freisinnigen in hohem Masse integrierten, blieb die Sozialdemokratie auf den Platz als dritte Kraft verwiesen. Vgl. auch Gruner, Parteien, S. 90: «Überall dort, wo die Politik nach wie vor unter dem Vorzeichen weltanschaulich-ideeller Frontbildung steht …, vermag der Freisinn … seinen Charakter als sozial umfassende Volkspartei zu wahren, am deutlichsten in Solothurn, Luzern und St.Gallen. In diesen Kantonen bleiben ihm sowohl Bauern wie Arbeiter in mehr oder weniger starker Geschlossenheit treu.»

Demokraten zu sichern suchten».[15] Bereits im Frühjahr 1919 flackerte der alte, unterschwellig ständig weitermottende konservativ-freisinnige Antagonismus ein erstes Mal wieder auf, als Freisinn und Sozialdemokratie in einer von der Presse in den alten kulturkämpferischen Tönen orchestrierten Kantonsrichterwahl eine gemeinsame Kandidatur gegen den konservativen Anwärter portierten, aber nicht durchzusetzen vermochten. Zur selben Zeit durchkreuzten die Freisinnigen die konservative Absicht, die Wahl des Führers der St.Galler Sozialdemokraten, Johannes Huber, auf den Präsidentenstuhl des Grossen Rates zu verhindern. Und vollends seit dem Jahr 1920 beherrschten die traditionellen Konfliktmuster wieder die St.Galler Politik. Mit voller Schärfe brach der konservativ-liberale Gegensatz bei der Ersatzwahl in den Regierungsrat 1920 wieder durch. Gegen den offiziellen Kandidaten der Konservativen, Emil Grünenfelder, erhob sich in linksfreisinnigen und sozialdemokratischen Kreisen starke Opposition, und zwar so sehr, dass die konservative Parteileitung mit Entsetzen registrierte, dass «bei den Freisinnigen die Elemente mit catilinarischem Geiste die Oberhand» gewannen, und sich veranlasst sah, das Wahlmanöver gegen Grünenfelder in einem offenen Protestschreiben als «eine politische Gemeinheit, wie solche die Geschichte unserer kant. Demokratie auf absehbare Zeit zurück nicht kennt», zu verurteilen.[16] 1921 misslang den Konservativen der Versuch, die Wahl eines Sozialdemokraten in den Erziehungsrat zu verhindern, «da die freisinnigen Regierungsräte hierzu nicht zu gewinnen waren».[17] Den Höhepunkt dieser neu aufgeflammten kulturkämpferischen Zänkereien bildete der sogenannte «Nuntius-Streit» im Frühsommer 1924, eine in der Sache harmlose Auseinandersetzung, die aber im Kanton St.Gallen die alten Ressentiments zwischen politischem Katholizismus und Liberalismus von neuem aktivierte und die nur verständlich wird vor dem Hintergrund jahrzehntelang genährter übergrosser Empfindlichkeiten und Gereiztheiten in beiden konfessionellen Lagern. 1920 war im Einvernehmen mit dem Bundesrat die stän-

---

15 Weber, Erinnerungen, S. 62f. Dagegen akzeptierte die freisinnig-demokratische Parteileitung den Anspruch der Konservativen auf das durch den Tod Heinrich Scherrers vakant gewordene zweite Ständeratsmandat unter der Bedingung, dass die Konservativen die freisinnige Dreiervertretung im Regierungsrat und das freisinnige Ständeratsmandat anerkannten (Prot. Fraktion und Kantonalkomitee KVP, 26. November 1919, und Prot. Fraktion KVP, 28. November 1919, StaatsA SG, Archiv CVP). Nachfolger Heinrich Scherrers wurde Anton Messmer, der von 1912 bis 1919 konservativer Parteipräsident gewesen war.

16 Prot. Parteiausschuss KVP, 20. Dezember 1920 (StaatsA SG, Archiv CVP). Das Protestschreiben, ein offener Brief an die freisinnig-demokratische Parteileitung, ist abgedr. in: Ostschweiz, Nr. 298, 23. Dezember 1920. Kulturkämpferische Traditionen lebten auch in anderen Kantonen zu Beginn der 1920er Jahre wieder auf. «Nach 1922 schwächte sich das Klassenkampfparadigma etwas ab. Das Pendel schlug zurück. Das Kulturkampfparadigma bestimmte vorübergehend wieder das kantonalpolitische Feld» (Hodel, SKVP 1918–1929, S. 103).

17 Prot. Parteiausschuss KVP, 9. Juli 1921 (StaatsA SG, Archiv CVP).

dige päpstliche Nuntiatur in der Schweiz wieder errichtet worden. Auf Visitationsreisen wollte Nuntius Luigi Maglione nicht nur die katholisch-kirchlichen Institutionen und Organisationen des Landes kennenlernen, sondern auch, einer alten Tradition folgend, den Regierungen der Konkordatskantone einen Höflichkeitsbesuch abstatten. Im Kanton St.Gallen löste der offizielle Empfang des Nuntius durch den Regierungsrat eine scharfe Polemik aus, in der der Geist der kirchenpolitischen Kämpfe des alten Jahrhunderts fröhliche Urständ feierte.[18]

In dem Masse, wie sich der Linksblock verfestigte, bekam der Rechtsblock Sprünge. Die als «Allianz» in die Geschichte eingegangene Verbindung von Konservativen und Demokraten hatte das Verfassungswerk von 1890 gegen den Widerstand des Freisinns durchgesetzt, hatte 1891 die Mehrheitsstellung des Freisinns in der Regierung gebrochen und, unterstützt durch die junge Sozialdemokratie, 1911 dem proportionalen Wahlrecht für den Grossen Rat zum Durchbruch verholfen. Damit hatte die Allianz ihre wichtigsten Postulate durchgesetzt. Nur der Erste Weltkrieg und die Persönlichkeit von Ständerat und Regierungsrat Heinrich Scherrer, eine «der letzten Stützen der alten Allianz»[19], verhinderten, dass das konservativ-demokratische Zweckbündnis zerbrach. 1919 starb Heinrich Scherrer, und prompt ging ein Riss durch die Demokratische Partei, die sich bei der Nomination nicht auf eine gemeinsame Kandidatur einigen konnte. Die Stadtdemokraten und die Landdemokraten portierten je einen eigenen Kandidaten, wobei der eine die Unterstützung der Freisinnigen, der andere jene der Konservativen genoss. Der Kandidat der letzteren, Otto Weber, wurde mit Unterstützung der Konservativen gewählt und übernahm in der Tradition der Demokraten das Erziehungsdepartement.[20]

Die 1920er Jahre erhielten ihr parteipolitisches Gepräge durch den Niedergang und das schliessliche Ende der Demokratischen und Arbeiterpartei, die zwischen der konservativen und der freisinnig-sozialdemokratischen Front buchstäblich zerrieben wurde. Der Graben, der anlässlich der Wahl von Otto Weber durch die Partei gegangen war, vertiefte sich in den folgenden Jahren und führte 1926 zur Spaltung der Partei in die rechtsliberalen

---

18 Der freisinnige Landammann Gottlieb Baumgartner war wegen angeblich dringender auswärtiger Verpflichtungen dem Empfang ferngeblieben. Zum Streit um die Nuntiatur in St.Gallen vgl. Johannes Duft, Die Nuntiatur in der Schweiz. Ein geschichtlicher Überblick zum IV. Zentenarium des heiligen Karl Borromäus, St.Gallen o.J. (1939), S. 41ff.; Hodel, SKVP 1918–1929, S. 101; Holenstein, Konservative Volkspartei, S. 327.
19 Würdigung Heinrich Scherrers durch den konservativen Parteichef Eduard Guntli (Prot. Fraktion und Kantonalkomitee KVP, 26. November 1919, StaatsA SG, Archiv CVP). Vgl. auch Holenstein, Konservative Volkspartei, S. 322.
20 Das Erziehungsdepartement, der traditionelle Zankapfel zwischen Konservativen und Freisinnigen, war seit 1891 immer in der Hand der Demokraten. Zu Otto Weber vgl. Gruner, Bundesversammlung, S. 594f., und Thürer, Landammänner, S. 28f.

«Weber-» oder «Altdemokraten» und die linksfreisinnigen «Fortschrittsdemokraten».[21] Die Freisinnigen witterten im Jahr darauf die Chance, den des Rückhalts in der eigenen Partei beraubten und gleichzeitig in einen Prozess verwickelten Otto Weber aus dem Regierungsrat zu drängen und an dessen Stelle einen Sozialdemokraten wählen zu lassen, womit die seit 1891 funktionierende konservativ-demokratische Allianz beendet worden und die freisinnig-sozialistische Linksallianz zur Mehrheitsstellung im Regierungsrat aufgestiegen wäre. Otto Weber, gegen den seitens der Gegner «ein wildes Kesseltreiben» inszeniert wurde[22], erhielt zwar die geschlossene Unterstützung der Konservativen und wurde knapp wiedergewählt, doch hatte die gleichzeitig abgehaltene Grossratswahl gezeigt, dass die Demokratische und Arbeiterpartei zu einer bedeutungslosen Kraft abgesunken war und sich ihr Vertretungsanspruch im Regierungsrat auf Dauer nicht mehr behaupten liess. Otto Weber verlor trotz Schützenhilfe der KVP 1928 sein Nationalratsmandat[23], und 1930 verzichtete er auf eine Wiederwahl als Regierungsrat. Die dissidente Demokratische Fortschrittspartei löste sich auf, die «Altdemokraten», noch durch einen Vertreter im Grossen Rat repräsentiert, sanken zur Bedeutungslosigkeit herab. Die Partei hatte sich überholt, ihre Programmpunkte, für die sie einst eingetreten war – Erweiterung der Volksrechte und soziales Engagement des Staates –, waren weitgehend erfüllt oder wurden vom Freisinn, der sich 1912 in ‹freisinnig-demokratische Partei› umbenannt hatte, und von den Sozialdemokraten vertreten. Die Anhängerschaft schloss sich vor allem den Sozialdemokraten, aber auch den Freisinnigen und Konservativen an. Ein kleines Grüpplein, besonders in den Bezirken St.Gallen und Werdenberg, blieb den alten Idealen treu, «bei der Unbeständigkeit und Veränderlichkeit aller irdischen Dinge auf bessere Zeiten hoffend».[24]

21 Das Organ der «Fortschrittsdemokraten» war der «Stadtanzeiger», das frühere Zentralorgan der Demokratischen und Arbeiterpartei. Die «Altdemokraten» sammelten sich um die seit Juli 1928 wöchentlich einmal erscheinende «St.Galler Post».
22 Weber, Erinnerungen, S. 60. Gegen Otto Weber waren im Oktober 1925 in der sozialdemokratischen «Volksstimme» seine Integrität anzweifelnde Beschuldigungen vorgebracht worden, gegen deren Verfasser Weber Klage erhob. Der Prozess wurde bei den Erneuerungswahlen des Regierungsrates 1927 von der gegnerischen Seite gegen den Klagesteller ausgeschlachtet. Die konservative Parteileitung liess die Vorwürfe durch Eduard Guntli untersuchen, der in seinem Gutachten zum Schluss kam, «dass keine Tatsachen vorliegen, welche ein Verbleiben des Herrn Weber im Amte ausschliessen oder unsere Partei veranlassen könnten, die Bestätigung des Herrn Weber als Mitglied der sanktgallischen Regierung abzulehnen» (StaatsA SG, Archiv CVP). Vgl. auch Prot. Parteiausschuss KVP, 27. Dezember 1926, und Prot. Kantonalkomitee KVP, 14. Februar 1927, sowie den Wahlaufruf der KVP vom 4. März 1927 (StaatsA SG, Archiv CVP).
23 Konservative und Demokraten gingen nicht nur eine Listenverbindung ein, die KVP gab darüber hinaus ihr Einverständnis zu einem «Panaschieren unter der Hand» (Prot. Kantonalkomitee KVP, 15. und 29. September 1928, und Prot. Delegiertenversammlung KVP, 4. Oktober 1928, StaatsA SG, Archiv CVP).
24 Holenstein, Konservative Volkspartei, S. 334.

Mit dem Ausscheiden Otto Webers aus dem Nationalrat und aus dem Regierungsrat ging im Kanton St.Gallen die Ära der konservativ-demokratischen Allianz zu Ende. Wer sollte die Nachfolge der Demokraten im Regierungsrat antreten? Bereits 1919 und 1927 hatten die Sozialdemokraten an die Türe des Regierungsrates geklopft, wurden jedoch beide Male von den Konservativen abgewiesen, die um ihre Mehrheitsstellung bangten und dem Allianzpartner die Treue hielten. Wie würde sich die KVP nun 1930 gegenüber dem Anspruch der Sozialdemokraten auf Regierungsbeteiligung verhalten? Wenn sie zustimmte, würde sie es dulden, dass der Neugewählte das kulturpolitisch sensible Erziehungsdepartement übernähme? Oder würde sie nicht vielmehr versuchen, in einer Kampfwahl ein viertes Exekutivmandat und damit die Mehrheit im Regierungsrat zu erobern? In der Zwischenzeit hatten die Sozialdemokraten Valentin Keel nominiert, der seit 15 Jahren Redaktor der «Volksstimme» war[25], und die Freisinnigen hatten den Sozialdemokraten wie bereits 1927 ihre Unterstützung angekündigt. Gute Erfahrungen aus der Zusammenarbeit mit ihnen in den Exekutiven der Städte St.Gallen und Rorschach hatten sie in diesem Entschluss bestärkt.[26] An zwei Sitzungen beriet das konservative Kantonalkomitee diese heiklen Fragen und beschloss nach einem zustimmenden Referat von Landammann Emil Mäder mit 30 gegen drei Stimmen die Unterstützung der sozialdemokratischen Regierungsratskandidatur.[27] Nun rächte sich die jahrelange antisozialistische Stimmungsmache der konservativen Parteileitung, die drei Jahre zuvor ihre Anhängerschaft hatte wissen lassen, dass es den Sozialdemokraten «nicht etwa darum zu tun ist, die Verantwortlichkeit am Staatsleben mitzutragen, sondern in erster Linie darum, durch die Eroberung eines

---

25 Zu Valentin Keel vgl. Gruner, Bundesversammlung, S. 569f.; Roschewski, Lebensbilder, S. 15ff.; Thürer, Landammänner, S. 32f.
26 Im St.Galler Stadtrat waren die Sozialdemokraten seit 1918 mit einem (Theophil Koch) und seit 1924 mit zwei Vertretern (neben Koch Emil Hardegger) präsent. In Rorschach vertrat Johannes Huber die Sozialdemokraten seit 1906 in der Exekutive (freundliche Hinweise von Dr. Marcel Mayer und Dr. Louis Specker).
27 Prot. Kantonalkomitee KVP, 11. und 20. Februar 1930 (StaatsA SG, Archiv CVP). Emil Mäder operierte vor allem mit dem Argument einer gerechten Minderheitsvertretung: «Der sozialdemokratische Anspruch auf eine Vertretung im Regierungsrate ist zahlenmässig ausgewiesen.» Man müsse sich fragen, «ob es klug sei und der stets für die Minderheitenvertretung eingestandenen konservativen Volkspartei anstehe, die sozialdemokratische Partei von der Mitbeteiligung an der Exekutive auszuschliessen». Schliesslich warnte er vor den Folgen konservativer Resistenz: «Es könnten damit der Stoss- und Werbekraft der Sozialdemokraten nur neue Impulse gegeben werden.» Dieser Entscheid der Parteileitung war im Grundsatz bereits im April 1929 gefällt worden, als Otto Weber seine Demission aus dem Regierungsrat angekündigt und sich das Kantonalkomitee auf Anraten von Eduard Guntli auf die Position «nicht unter allen Umständen keinen Sozialisten, die Voraussetzungen persönlicher Natur sollen entscheidend sein» verständigt hatte (Prot. Kantonalkomitee KVP, 18. April 1929, StaatsA SG, Archiv CVP). Das Kantonalkomitee der CSP stimmte der sozialdemokratischen Kandidatur am 16. Februar 1930 einstimmig zu.

Regierungsratssitzes eine wichtige Stufe nach dem Podium der klassenkämpferischen und umstürzlerischen Macht zu erringen».[28] An der Basis, vor allem in den Bezirken Alttoggenburg, Neutoggenburg und Wil, erhob sich laute Opposition gegen den Entscheid der Parteileitung. «Vae victis! Wehe den Besiegten!», betitelte der «Alttoggenburger» seinen Kommentar dazu und protestierte in aller Schärfe gegen den Beschluss der Parteileitung. «Soweit ist es also nun gekommen, dass man sich so preisgibt! Wehe den Besiegten! Erbarmen haben sie keines verdient; denn sie sind nicht von anderen besiegt worden, nein, sie selbst haben sich besiegt. Kennen denn diese Befürworter und Förderer der liberal-sozialistischen Bündnispolitik die Folgen ihrer Stellungnahme wirklich nicht? Trauen sie dem christlichen und katholischen St.Galler Volke keine grössere Stosskraft und keine lebendigere Glaubensüberzeugung mehr zu? Soll unser Volk nun einfach Ja und Amen sagen zu dem, was einige Politiker wollen?»[29]

In der Tonart moderater, aber die Enttäuschung gleichwohl nicht verhehlend, reagierte in Zürich Emil Buomberger. Er sprach vom «Todestag der Allianz» und vom «Beginn des Linkskurses» und befürchtete weitreichende Konsequenzen für die politischen Verhältnisse im Kanton, vor allem für den Fall, dass der Sozialdemokrat das Erziehungsdepartement übernehmen sollte. «Dann liegt die oberste Leitung der sanktgallischen Schule in der Hand eines Sozialdemokraten, in der Hand eines Mannes, der vor einigen Jahren aus der katholischen Kirche ausgetreten ist, der in seinem Blatte [der «Volksstimme»] für die katholischen Grundsätze, für die katholischen Schulbestrebungen, für die katholische Geistlichkeit stets nur Hohn und Spott hatte.»[30] Aufgeschreckt durch soviel Widerspruch, sah sich die konservative Parteileitung genötigt, in einer dringlichen Sitzung darüber zu beraten, «ob noch auf die ... Delegiertenversammlung hin etwas weiteres zur Beruhigung der Gemüter getan werden könnte».[31] Die gleichentags einberufene Delegiertenversammlung liess sich jedoch durch die Argumente der Parteileitung überzeugen und billigte die sozialdemokratische Regierungsratskandidatur mit der grossen Mehrheit von 100 gegen 26 Stimmen, die auf den Gegenantrag, die Aufstellung eines vierten konservativen oder christlichsozialen Kandidaten, entfielen.[32] Mit diesem klaren Entscheid hatte die sozialdemokratische «Volksstimme» nicht gerechnet. «Denn noch am Tage zuvor polterten die Frondeure so laut und ungehobelt gegen den Vorentscheid [des konservativen Kantonalkomitees], dass man sich ... auf ein anderes Resultat

28 Ostschweiz, Nr. 96, 26. Februar 1927.
29 Alttoggenburger, Nr. 23, 24. Februar 1930.
30 Neue Zürcher Nachrichten, Nr. 52, 22. Februar 1930; vgl. auch Nr. 7, 8. Januar 1930.
31 Prot. Parteiausschuss KVP, 27. Februar 1930 (StaatsA SG, Archiv CVP).
32 Prot. Delegiertenversammlung KVP, 27. Februar 1930 (StaatsA SG, Archiv CVP). Vgl. auch Ostschweiz, Nr. 99, 28. Februar 1930.

gefasst machen musste.»³³ Die heikle Frage der Departementszuteilung wurde im Sinne eines Entgegenkommens an die Konservativen dahingehend gelöst, dass Valentin Keel das um das Militärdepartement verkleinerte Polizeidepartement erhielt, während der Freisinnige Albert Mächler das Erziehungsdepartement übernahm, dem zusätzlich das Militärdepartement angehängt wurde. Im übrigen scheint sich Valentin Keel im regierungsrätlichen Kollegium eines sehr pragmatischen Kurses befleissigt zu haben. Der konservative Parteichef und Regierungsrat Emil Grünenfelder jedenfalls attestierte ihm ein halbes Jahr nach der Wahl, er bemühe sich redlich, auch den Konservativen gerecht zu werden, «und schon mehr als einmal» habe er «in bedeutenden Angelegenheiten» mit den konservativen Regierungsvertretern gestimmt³⁴, wie denn überhaupt die Wahl Keels und der Aufstieg der Sozialdemokratie zur Regimentsfähigkeit das Verhältnis der KVP zu den Sozialdemokraten entkrampfte.³⁵

Valentin Keel wurde 1930 als erster Sozialdemokrat in den Regierungsrat gewählt.

Bereits in den späten 1920er Jahren hatten die weltanschaulich-konfessionellen Auseinandersetzungen an Schärfe verloren. Ganz andere Probleme schoben sich mächtig in den Vordergrund. Nachdem sich die St.Galler Stickereiindustrie, nach wie vor die Hauptindustrie des Kantons, in den 1920er Jahren von den Schlägen der Nachkriegsdepression einigermassen hatte erholen können, traf sie der weltweite Konjunktureinbruch am Ende des Jahrzehnts abermals mit voller Wucht und löste eine langanhaltende Depression aus. Die wirtschaftliche Krise habe, schrieb die KVP in einer Wahlschrift am Ende des Jahrzehnts, «kaum irgendwo im Schweizerland so

---

33 Volksstimme, Nr. 50, 28. Februar 1930. Ebenso überrascht zeigte sich das «St.Galler Tagblatt»: Die KVP habe «... einen klugen, auch dem Gegner imponierenden Beschluss gefasst und dadurch das Ihrige zur Reinigung der politischen Atmosphäre im Kanton St.Gallen beigetragen» (Nr. 99, 28. Februar 1930).
34 Prot. Parteiausschuss KVP, 20. September 1930 (StaatsA SG, Archiv CVP).
35 Ein Indiz für diesen Stimmungswandel lässt sich u.a. auch darin erkennen, dass die KVP 1932 der Wahl eines Sozialdemokraten zum Grossratspräsidenten ohne Diskussion zustimmte (Prot. Parteiausschuss KVP, 29. April 1932, und Prot. Fraktion KVP, 9. Mai 1932, StaatsA SG, Archiv CVP).

tiefe Furchen gezogen, wie im Kanton St.Gallen».[36] Die krisenhaften wirtschaftlichen Verhältnisse blieben nicht ohne Rückwirkungen auf die Politik. War es den etablierten Parteien nach dem Ersten Weltkrieg dank geschicktem Taktieren gelungen, die Bildung mittelständischer Bauern- und Bürgerparteien zu verhindern, so mussten sie in den 1930er Jahren das Aufkommen neuer Bewegungen und Gruppierungen hinnehmen. Die Wirtschaftskrise einerseits und die Konkurrenz neuer politischer Gruppierungen andererseits bewirkten, dass sich die Blöcke der 1920er Jahre aufweichten und die beiden historischen Parteien einander näher kamen.

Ein erster Einbruch ins Revier der historischen Parteien gelang im Frühjahr 1933 der Bauern- und Mittelstandspartei, die sich in den Bezirken Werdenberg, Alttoggenburg, Sargans und Gaster gebildet hatte und die im Werdenbergischen als Erbin der Demokraten und auf Kosten des Freisinns auf einen Schlag zwei Grossratssitze eroberte.[37] Die Nationale Front, obwohl seit Frühsommer 1933 auch im St.Gallischen aktiv, nahm an keinen kantonalen oder nationalen Wahlgängen der 1930er Jahre teil.[38] Als der Nationalrat 1935 neu zu bestellen war[39], stiegen gleich drei neue Parteien in den Ring, die untereinander eine Listenverbindung eingingen: erstens die unter der Bezeichnung «Allgemeine Volksliste» zusammengefassten und von Jakob Nüesch aus Balgach angeführten Lohnsticker des Rheintals, die sich mit den Resten der alten Demokraten sowie den Freigeldlern verbanden, zweitens die «Unabhängigen» des Migros-Gründers Gottlieb Duttweiler und drittens die «Jungbauern» (Schweizerische Bauernheimatbewegung), die seit 1933

36 Was kann ich von meiner Partei dem Volk sagen? Eine kurze Wegleitung für den Vertrauensmann der KVP, hg. vom Wahlausschuss, St.Gallen 1939, S. 17 (StaatsA SG, Archiv CVP).
37 Vgl. Werner Hagmann, Politlandschaft im Umbruch. Parteien und politische Gruppierungen im Werdenberg 1930 bis 1945, in: Unser Rheintal, Jahrbuch für das St.Galler Rheintal, 49 (1992), S. 85–89. Der Bezirk Werdenberg war von der Wirtschaftskrise der 1930er Jahre besonders hart betroffen, weshalb neue politische Gruppierungen hier einen idealen Nährboden vorfanden. Josef Scherrer berichtete dem konservativen Parteichef Josef Riedener, dass in der Gemeinde Gams im Sommer 1938 270 Zahlungsbefehle für rückständige Steuern und Perimeter verschickt wurden und dass 70 Kleinbauern drohte, von ihren Liegenschaften vertrieben zu werden (Schreiben vom 3. Juni 1938, StaatsA SG, Archiv CVP).
38 Glaus, Nationale Front, S. 109 und S. 126; 1942 beteiligte sich die Nachfolgeorganisation der 1940 aufgelösten Nationalen Front, die «Nationale Opposition», an der Grossratswahl und eroberte im Bezirk St.Gallen ein Mandat. Nach Glaus besassen die Frontisten ausserhalb der Stadt St.Gallen aktive Ableger im Rheintal (Heerbrugg) und im Toggenburg (Wattwil). Zu den nationalen Erneuerungsbewegungen in der Stadt und im Kanton St.Gallen vgl. auch Georg Thürer, Der Kanton St.Gallen während der beiden Weltkriege, in: Rorschacher Neujahrsblatt 58 (1968), S. 76f., und Ernst Ziegler, Die Stadt St.Gallen in den dreissiger Jahren, in: Rorschacher Neujahrsblatt 72 (1982), S. 28ff., sowie Wolf, Faschismus, v.a. S. 30ff. und S. 121.
39 Seit 1931 betrug die Amtsdauer des Nationalrats vier Jahre. Die Erhöhung der Wahlzahl und der gleichzeitige Rückgang der Bevölkerung bewirkten, dass dem Kanton St.Gallen seither nur noch 13 Mandate (vorher 15) zustanden.

vornehmlich in den von der Krise stark heimgesuchten Bezirken des Toggenburgs und des Rheintals Fuss fassen konnten. Der Wahlgang endete mit je einem Sitzgewinn der Unabhängigen und der Allgemeinen Volksliste auf Kosten der Konservativen und Sozialdemokraten. Das Jahr 1936 brachte den Höhepunkt der parteipolitischen Zersplitterung: Die Unabhängigen zogen mit gleich fünf Mandaten nun auch in den Grossen Rat ein, während die Jungbauern, die Freigeldler und die Reste der Demokraten – die «Kuddelmuddelgruppe», wie sie Johannes Müller geringschätzig nannte[40] – zehn Sitze errangen. 1939 gelang es den Kleinparteien, ihren Mandatsanteil im Grossen Rat auf 24 Mandate auszubauen. Waren 1936 die Sozialdemokraten die Verlierer gewesen, so waren es nun, 1939, die Freisinnigen. Anders verlief die nach Kriegsausbruch durchgeführte Nationalratswahl von 1939, die deshalb zur Kampfwahl wurde, weil die Jungbauern die stille Wahl verhinderten. Als seien die Jungbauern für ihre Kampfeslust bestraft worden, ging das Mandat der «Allgemeinen Volksliste» zurück an die Konservativen, während die Unabhängigen ihren Sitz verteidigen konnten.[41]

Im April 1934 machte eine Reihe prominenter konservativer und freisinniger Parteiangehöriger eine Eingabe an ihre Parteiorganisationen, in welcher im Sinne einer Diskussionsgrundlage «eine gewisse Verständigung zwischen den beiden historischen Parteien über politische Programmpunkte, eine Milderung des gegenseitigen Kampfes und vermehrte Gemeinsamkeit in der Bekämpfung marxistischer Bestrebungen» angeregt wurde.[42] Im Parteiausschuss der KVP erläuterten die konservativen Unterzeichner die Motive und die Zielrichtung der Eingabe: Die Initianten einer Zusammenarbeit der bürgerlichen Parteien seien besorgt über die «Anbiederung der Sozialisten an den linken Flügel der Freisinnigen»; es drohe die Gefahr einer

---

40 Hochwacht, Nr. 84, 8. April 1936. Die KVP nannte die neuen politischen Gruppierungen in ihrer Wahlkundgebung von 1935 «Splitterparteien». Ihr Zweck liege einzig in der «Kräftezersplitterung und Förderung aller Spaltungs- und Zerfallstendenzen» (Der Grosskampf um die Eroberung der politischen Macht in der Schweiz. Eine Kundgebung der KVP zu den Nationalratswahlen vom 26./27. Oktober 1935, St.Gallen 1935, S. 10, StaatsA SG, Archiv CVP).

41 Die Initianten und Anhänger der «Allgemeinen Volksliste» von 1935 stiegen 1939 unter der Bezeichnung «Bund Freier Demokraten» in den Wahlkampf.

42 Prot. Parteiausschuss KVP, 11. Mai 1934 (StaatsA SG, Archiv CVP). Die Eingabe, die vom 19. April 1934 datierte, ist nicht erhalten. Erstunterzeichner der Eingabe an die KVP war Leo Eberle, St.Gallen, Erstunterzeichner jener an die freisinnige Parteileitung Walter Gsell, St.Gallen. In der Sitzung des konservativen Parteiausschusses erläuterte Leo Eberle die Hintergründe ihrer Entstehung: Die Initiative sei vom freisinnigen Kantonsrat Alfons Josuran in Altstätten ausgegangen, worauf die Unterzeichner im März in einer Konferenz in Rorschach die Eingabe beschlossen hätten (Prot. Parteiausschuss KVP, 2. Juni 1934, StaatsA SG, Archiv CVP). Bereits ein Jahr vorher hatte der Vaterländische Verband mit Leo Eberle an der Spitze Konservative und Freisinnige zum gemeinsamen Kampf gegen den Marxismus aufgefordert (Prot. Parteiausschuss KVP, 24. Mai 1933, StaatsA SG, Archiv CVP).

«Linksblockbildung» und für die Konservativen jene einer politischen Isolierung. Den konservativen und freisinnigen Trägern der Eingabe gehe es darum, «den historischen Gegensatz zwischen konservativ und freisinnig durch ‹tunlichst sachliche Zusammenarbeit› zu überbrücken». Auch der Einbezug der Fronten, die in den Reihen der Konservativen einige Sympathien genossen, in die Zusammenarbeit sei denkbar.[43] Die konservative wie die freisinnige Parteileitung entschieden, die Frage der bürgerlichen Zusammenarbeit einer genaueren Prüfung zu unterziehen.

In der Zwischenzeit bekam die sozialdemokratische «Volksstimme» Kenntnis vom Projekt, das bis anhin hinter den Kulissen der Öffentlichkeit verhandelt worden war. Unter dem Titel «Freisinnig-Katholische Allianz im Kanton St.Gallen» verurteilte sie den Plan der bürgerlichen Einheitsfront als Mittel, die Sozialdemokratie ins Abseits ab- und aus Amt und Würden herauszudrängen.[44] Derart provoziert, sahen sich die Unterzeichner der Eingabe genötigt, mit einer Erklärung an die Öffentlichkeit zu treten. Darin beteuerten sie, «einzig die grundsätzlich gleichartige Betrachtung der Not der Zeit» habe sie zusammengeführt. Sie seien von der Überzeugung geleitet, «dass heute die Zeit gekommen ist, die Arbeit für das Volksganze nicht so sehr in der Weiterführung des im Kanton St.Gallen geradezu historisch gewordenen Parteienkampfes zu sehen, als vielmehr in dem Zusammengehen in all den Fragen, in welchen Einigung möglich ist». Im übrigen sei der Kreis der Beteiligten nicht auf die historischen Parteien beschränkt, vielmehr stehe die Mitarbeit all jenen Organisationen offen, die sich zur Demokratie und zur Landesverteidigung bekennen würden.[45]

Die sondierenden Kontakte zwischen Konservativen und Freisinnigen zogen sich dahin. Ende November 1934 war noch keine Grundlage oder Leitlinie einer Zusammenarbeit gefunden worden. Insbesondere bei kulturpolitischen Themen, rapportierte der konservative Parteichef Emil Grünenfelder das Ergebnis einer Konferenz mit den Freisinnigen, sei ein Brückenschlag nicht möglich. Dagegen sei die Zusammenarbeit im Bereich von Wirtschafts-, Finanz- und wehrpolitischen Fragen denkbar.[46] Im Januar 1935 endlich scheint die erste Konferenz der Delegationen von Konservativen und Freisinnigen stattgefunden zu haben.[47] Ob und wie oft weitere Konferenzen

43 Prot. Parteiausschuss KVP, 28. April und 2. Juni 1934 (StaatsA SG, Archiv CVP).
44 Volksstimme, Nr. 138, 16. Juni 1934.
45 St.Galler Tagblatt, Nr. 289, 23. Juni 1934; Ostschweiz, Nr. 288, 23. Juni 1934.
46 Prot. Parteiausschuss KVP, 25. November 1934 (StaatsA SG, Archiv CVP). Dieses Protokoll ist das letzte, das bis 1939 im Archiv der CVP des Kantons St.Gallen erhalten ist. Die Konferenz fand am 20. November 1934 statt (Kurzprot. in: TBSch, 20. November 1934, PrivatA Scherrer).
47 Schreiben von Leo Eberle an den konservativen Kantonalpräsidenten und an andere konservative Parteiführer vom 27. Dezember 1934 betr. Einladung zu einer Konferenz der

abgehalten wurden, ist nicht zu ergründen und wohl eher auszuschliessen.[48] Denn es gibt eine Reihe plausibler Gründe, die die Erfolgsaussichten des Experiments von Anfang an fragwürdig erscheinen liessen. Auf konservativer Seite wurde im Verlauf der Beratungen mehrmals darauf hingewiesen, dass im Parteivolk und insbesondere im Klerus grosse Widerstände zu erwarten seien. Zur Überwindung dieser Opposition wurde sogar in Betracht gezogen, den Bischof um ein beschwichtigendes Wort zu bitten.[49] Im freisinnigen Parteilager andererseits dürften Befürchtungen bestanden haben, dass der linksfreisinnige Flügel den Rechtskurs der Partei bekämpfen werde, nachdem Freisinnige und Sozialdemokraten seit eineinhalb Jahrzehnten erfolgreich kooperierten und seit dem Einzug Valentin Keels in den Regierungsrat eine Mehrheitsposition errungen hatten.[50]

Trotz des Scheiterns des Projekts einer bürgerlichen Zusammenarbeit lässt sich im Verhältnis der beiden historischen Parteien in den weiteren 1930er Jahren eine Klimaänderung in der Richtung eines «Burgfriedens» beobachten. Von kleinen Scharmützeln oder Rückzugsgefechten abgesehen, flauten die alten kulturkämpferischen Rivalitäten bis auf kleine Restbestände ab. Die Konservativen hielten sich im Nationalratswahlkampf 1935 in dem eine Listenverbindung mit dem Freisinn diskutiert worden war, und vor der Grossratswahl 1936 mit Polemiken an die Adresse des Freisinns auffallend zurück. Bei der Weihe des neuen St.Galler Bischofs Joseph Meile im Jahre 1938 strich der freisinnige Landammann und spätere Bundesrat Karl Kobelt das Verbindende der beiden Konfessionen hervor, und in der Stadtkirche St.Laurenzen beteten die reformierten Gläubigen während der Weihehandlung in der Kathedrale für eine gesegnete und glückliche Wirksamkeit des neuen Bischofs.[51] In der nach Kriegsausbruch stattfindenden Nationalratswahl verbanden Konservative und Freisinnige ihre Listen. Im Sommer 1940 erlebte das Projekt einer überparteilichen Zusammenarbeit auf Initiative der freisinnig-demokratischen Partei eine erweiterte Neuauflage:

Parteidelegationen von Konservativen und Freisinnigen (BAR). In der Tagespresse fehlen Hinweise.
48 Einen Hinweis darauf, dass die Zusammenarbeit nicht funktionierte, gab Johannes Müller im Frühjahr 1936 in der «Hochwacht», als er anregte, «diese Bemühungen wieder aufzunehmen und der Verwirklichung entgegenzuführen» (Nr. 84, 8. April 1936).
49 Bischof Alois Scheiwiler dürfte dem Projekt einer bürgerlichen Zusammenarbeit allerdings mit grossem Misstrauen begegnet sein (vgl. Bernold, Episkopat, S. 97ff.).
50 Wie eifersüchtig Konservative und Freisinnige jenseits gemeinsamer Interessen über ihre Pfründen und Positionen wachten, zeigte sich nirgends besser als bei Wahlen. Als der Grosse Rat 1934 mehrere Ersatzwahlen vorzunehmen hatte und sich die beiden Parteien wieder in die Quere kamen, war dies für Johannes Müller ein Anzeichen dafür, «wie schwer es im konkreten Falle der einen oder anderen Seite fällt mit dem Nachgeben». Und weiter: «Wie soll aber eine Arbeitsgemeinschaft zwischen zwei Parteien lebendig sich auswirken, wenn es schon im kleinen unmöglich erscheint, dass man nachgibt?» (Hochwacht, Nr. 118, 23. Mai 1934).
51 Hochwacht, Nr. 244, 20. Oktober 1938.

In einem Schreiben an alle im Grossen Rat vertretenen Parteien warb die freisinnige Parteileitung angesichts der «malitia temporis» für eine Einstellung der «kämpferischen Auseinandersetzungen» und für eine einvernehmliche Lösung der anhängigen drängenden Sachfragen.[52] In mehreren Sitzungen, in denen alle St.Galler Parteien ausser Jungbauern und Freiwirtschafter vertreten waren, wurden im folgenden Jahr tatsächlich einige kantonale und eidgenössische Fragen diskutiert, doch bereits Ende 1941 bemerkte Josef Scherrer, der die CSP in der interparteilichen Kommission vertrat, dass seit längerer Zeit keine Sitzungen mehr stattgefunden hätten, um zwei Jahre später ernüchtert zu bilanzieren, die Kommission sei nicht lebensfähig gewesen und an weltanschaulich bedingten Gegensätzen zerbrochen.[53]

Weder landschaftliche noch sozial-wirtschaftliche Konflikte formten die Physiognomie des paritätischen Kantons St.Gallen in so starkem Masse wie die weltanschaulich-ideellen Auseinandersetzungen um Kirche und Schule. Religiös-konfessionell bestimmte Ressentiments, Animositäten und Rivalitäten behinderten während langer Abschnitte der kantonalen Geschichte Bemühungen um sachdienliche Lösungen. Selbst nach dem Zweiten Weltkrieg, als im wirtschaftlich darniederliegenden Kanton St.Gallen ein gewaltiges Werk des Wiederaufbaus zu leisten war, blieben die kulturkämpferischen Gräben bestehen oder wurden sogar neue aufgeworfen. Die lange Wirkungsdauer und Geschichtsmächtigkeit historisch gewachsener Mentalitäten und Dispositionen, aber auch die Schäden, die dadurch angerichtet wurden, belegt eindrücklich der Schulstreit, der in den 1950er und 1960er Jahren zwischen den historischen Parteien nochmals in alter Schärfe entbrannte. In der Verfassung von 1890 war in Rücksicht auf den konfessionellen Frieden darauf verzichtet worden, die öffentliche Einheitsschule zuungunsten der nach den Bekenntnissen getrennten Schulgemeinden durchzusetzen. Die pädagogischen Konsequenzen waren fragwürdig: Die vielfach kleinen konfessionellen Schulgemeinden waren in der Erfüllung ihrer Aufgaben überfordert, weswegen die St.Galler Schulen im interkantonalen Vergleich ein tiefes Niveau und einen schlechten Ruf genossen. Mehrere Versuche des Erziehungsrates, das aus dem Jahre 1862 datierende und durch die 1890er Verfassung bestätigte Erziehungsgesetz zu revidieren, verliefen im Sande. Zu verhärtet und zu gegensätzlich waren die schulpolitischen Positionen von Konservativen und Freisinnigen, als dass ein Konsens

---

52 Schreiben der freisinnig-demokratischen Partei an die Vorstände aller im Grossen Rat vertretenen Parteien vom 31. August 1940; Antwortschreiben der KVP an die freisinnig-demokratische Partei vom 22. September 1940. Beide abgedr. in: Dokumentensammlung der KVP, hg. vom konservativen Parteisekretariat, St.Gallen 1940, S. 107ff. (StaatsA SG, Archiv CVP). Vgl. auch Ostschweiz, Nr. 452, 27. September 1940.
53 Jb CSP 1939–41, S. 8, und 1941–43, S. 5 (BAR).

Die Einführung des proportionalen Wahlverfahrens für den Grossen Rat brachte den Konservativen und Christlichsozialen im Jahre 1912 die relative Mehrheit im Kantonsparlament.

hätte gefunden werden können. Als das Gesetz schliesslich 1952 nach 90 Jahren einer Totalrevision unterzogen wurde, prallten Freisinnige und Konservative in der Diskussion der Verschmelzungsfrage heftig aufeinander. Erst 1970 konnten sie sich auf die Zweckmässigkeit neutraler öffentlicher Schulen verständigen.[54]

---

54 Zu den Schulkämpfen im Kanton St.Gallen vgl. Gottfried Hoby, St.Gallische Schulpolitik 1803–1984. Von der politisch-weltanschaulichen Konfrontation zur Befriedung, in: Festschrift 150 Jahre Christlichdemokratische Volkspartei des Kantons St.Gallen 1834–1984, hg. von der Christlichdemokratischen Volkspartei des Kantons St.Gallen CVP, St.Gallen 1984, S. 77–109; Georg Thürer, Die Entwicklung der Volksschule im Kanton St.Gallen, in: Rorschacher Neujahrsblatt 54 (1964), v.a. S. 94ff.

2. Das Verhältnis zu den Konservativen

2.1 Katholische Einheitsfront und Sauerteig-Gedanke

An ihrer Gründungsversammlung vom 26. November 1911 hatte sich die CSP auf Drängen von Johann Baptist Jung «als Glied der konservativen und christlichsozialen Gesamtpartei» in die KVP integriert. Konservativerseits war den Christlichsozialen eine eigene Parteiorganisation sowie, 1919, eine Teilautonomie in sozial- und wirtschaftspolitischen Fragen zugestanden worden. «Warum gehen die Christlichsozialen mit dieser Partei?» fragte ein Flugblatt des christlichsozialen Kantonalkomitees 1918.[55] Oder anders gefragt: Warum verband sich die CSP mit den mittelständisch-bäuerlichen Konservativen und verzichtete auf die volle Eigenständigkeit als reine Arbeiter- und Angestelltenpartei? Warum stellten die Christlichsozialen die Loyalität gegenüber dem katholischen Lager über die Solidarität mit den sozialdemokratischen Genossen? Warum rangierten katholische Lagerinteressen höher als soziale Klasseninteressen?

In der Begründung ihres politischen Standorts argumentierte die CSP auf zwei Ebenen, einer weltanschaulich-grundsätzlichen und einer taktischen. Die Christlichsozialen gingen davon aus, dass es, um ein Wort von Karl Wick zu gebrauchen, auch im Bereich der Werte «Rangstufen» im Sinne von übergeordneten und untergeordneten Werten gebe.[56] Unter Berufung auf die katholische Weltanschauung standen in dieser Skala religiös-sittliche, also ideelle Werte über den materiellen. Ja, die religiös-sittlichen Werte waren die eigentlichen geschichtswirksamen und kulturbestimmenden Kräfte. In der Analyse der krisenhaften Verhältnisse der Zeit zeigte sich nun aber, dass mit dem Aufkommen der materialistischen Ideologien des Liberalismus und Sozialismus sich diese Wertskala zu verschieben drohte und eine eigentliche «Umwertung der Werte» zu erwarten war. Es sei, um nochmals Karl Wick zu zitieren, eine kapitale Sünde von Liberalismus und Sozialismus gewesen, «diese Wertordnung, diese Rangordnung der Werte von Grund auf gestört, ja zerstört» und «die materiellen, wirtschaftlichen Werte zu obersten Werten gestempelt» zu haben. Von diesem Axiom empfing die christlichsoziale

---

55 An das arbeitende Volk. Flugblatt, verf. vom Kantonalkomitee CSP, 1918 (BAR).
56 Hochwacht, Nr. 66, 19. März 1931.

Bewegung ihre Gründungsimpulse, ihre Legitimation und ihr Programm: Ihr Engagement war ein Kampf um die Restauration der ursprünglichen, vorkapitalistischen Wertordnung, ein Kampf um die Seele des von den materialistischen Ideologien bedrohten Arbeiters und Angestellten. Daraus leitete sie die Rezepte zur Lösung der sozialen Frage ab. Diese sei in ihrer Ursache ein Produkt der Verkehrung der Werte und würde erst dann gelöst werden können, wenn Religion und Kirche wieder in ihre alten Rechte eingesetzt sein würden. Erst dann, hatte Papst Leo XIII. in der Enzyklika Rerum novarum betont, wenn das göttliche, durch die katholische Kirche verkündete Sittengesetz wieder zur Grundlage von Gesellschaft, Staat und Wirtschaft geworden, mithin die christliche Wertordnung wiederhergestellt sei, erst dann sei die Lösung der dringenden sozialen Probleme der Zeit möglich. «Die soziale Frage ist keine Magenfrage», rief Ferdinand Buomberger den Delegierten der christlichsozialen Arbeitervereine der Schweiz im Jahre 1908 zu, «sondern sie ist eine religiös-sittliche Frage ... Aus Mangel an Nächstenliebe wurde der Arbeiterstand unterdrückt, durch Gottes- und Nächstenliebe allein kann er wieder befreit werden.»[57]

Diese Wertordnung – Primat der religiös-sittlichen gegenüber den materiell-ökonomischen Werten – verwehrte der CSP die Allianz mit der einer materialistischen Wertorientierung verpflichteten Sozialdemokratie und verwies sie in die gemeinsame Phalanx mit den auf dieselbe Werthaltung verpflichteten Konservativen. Die KVP, so argumentierte das eingangs erwähnte Flugblatt, stehe «allein auf positiv-religiöser Grundlage»; mit ihr «einig und geschlossen im öffentlichen Leben die höchsten religiösen und sittlichen Güter des Volkes zu verteidigen» sei die historische Sendung der Christlichsozialen. Karl Wick sprach in der «Hochwacht» mit Bezug auf die St.Galler Verhältnisse von einer «religiös-politischen Schicksalgemeinschaft der Christlichsozialen und Konservativen», sogar von einer «Gewissensgemeinschaft».[58] Das gemeinsame Programm, auf welches sich Konservative und Christlichsoziale 1911 verpflichtet hatten und welches den konservativen und den christlichsozialen Parteiflügel integrieren sollte, war der sichtbare Ausdruck dieser Wertegemeinschaft.

Diese Verbindung, dessen waren sich die Christlichsozialen bewusst, würde keine harmonische sein. Wirtschaftlich-soziale Gegensätze der antagonistischen Interessengruppen in der konservativen Gesamtpartei würden permanente Konflikte und Spannungen provozieren. Doch über den materiellen Interessenkämpfen, diese überwölbend und abmildernd, ständen die gemeinsamen ideellen Werte, stehe, so Josef Scherrer vor der Grossratswahl

---

57 Buomberger, Stellung, S. 3.
58 Hochwacht, Nr. 56, 6. März 1924.

Bekenntnis zur katholischen Einheitsfront von Konservativen und Christlichsozialen. Richtungweisende politische Programmschrift von Josef Scherrer (1923).

von 1921, «das religiös-sittliche Ideal, steht unser hl. katholischer Glaube».[59] Ein Ausscheren der CSP aus dieser «katholischen Einheitsfront»[60] würde der gemeinsamen katholischen Sache in unverantwortlicher Weise Schaden zufügen. In wirtschaftlichen und sozialen Fragen, das war der Inhalt des 1919 vereinbarten Autonomie-Statuts, mochten die Gruppen in der KVP aus guten Gründen unterschiedliche Positionen einnehmen. «In den grossen weltanschaulichen, kulturellen und allgemeinen politischen Fragen aber», schrieb Josef Scherrer im Vorfeld der St.Galler Nationalratswahl von 1939, «da ist die geschlossene Stellungnahme Pflicht. Da geht es um Werte und Ziele, welche die Zeitlichkeit überragen und Entscheidungen fordern, welche zutiefst die höchsten und letzten Lebensfragen des Menschen berühren.»[61] Kein christlichsozialer oder konservativer Führer hat in St.Gallen je an diesem Dogma gerüttelt, am allerwenigsten Josef Scherrer, der die Bewahrung der Einheit von Konservativen und Christlichsozialen, «die treue Waffenbruderschaft des gesamten katholischen Volkes»[62], als ein Vermächtnis Johann Baptist Jungs während eines halben Jahrhunderts unbeirrbar verteidigte und im Dienste dieser Einheit wieder und wieder Konzessionen an den altkonservativen Flügel machte.[63]

59 Winterthurer Volkszeitung, Nr. 75, 1. April 1921. 1923 schrieb Scherrer in einer Vorschau auf den Parteitag der KVP in Altstätten: «Schliesslich steht über dem rein Wirtschaftlichen immer noch das Sittliche, über allem irdischen Schaffen und Mühen das Ewig-Göttliche!» (Hochwacht, Nr. 210, 10. September 1923).
60 Diese Bezeichnung, gelegentlich auch «katholische Volksfront», «katholische Kampffront» oder «katholische Schicksalsgemeinschaft», verwendete Josef Scherrer immer wieder, nach unserem Kenntnisstand erstmals anlässlich einer Abschiedsfeier für die «Ostschweiz»-Redaktoren Emil Buomberger und Karl Wick Ende 1920 (TBSch, 30. Dezember 1920, PrivatA Scherrer). 1936 fand der Begriff Eingang in die revidierten Statuten der KVP (Art. 15, StaatsA SG, Archiv CVP).
61 Hochwacht, Nr. 232, 5. Oktober 1939.
62 Hochwacht, Nr. 74, 28. März 1930.
63 Ein ebenso konsequenter Verfechter der Geschlossenheit des politischen Katholizismus war Johannes Duft, Vizepräsident der CSP.

«Nach und nach die konservative Partei durchsetzen mit den sozialen Gedanken.» An der Feier zum 100-Jahr-Jubiläum der Konservativen Volkspartei in der Tonhalle St.Gallen am 30. Dezember 1934 hielt Josef Scherrer (erste Reihe, zweiter von rechts) das Hauptreferat. Vorne in der Mitte Bischof Alois Scheiwiler, links hinter ihm in der zweiten Reihe Johannes Duft.

Mit der Einreihung in die katholische Einheitsfront verbanden die Christlichsozialen von Anfang an die Erwartung, in der konservativen Gesamtpartei «immer mehr Einfluss zu gewinnen».[64] Genauso wie sich die christlichsoziale Gesamtbewegung als umfassende soziale Reformbewegung im Dienste aller Stände verstand, wollte sich die CSP auf der politischen Ebene nicht darauf beschränken, die materiellen Interessen von Arbeitern und Angestellten zu vertreten. Damit wäre sie zur Klassenpartei denaturiert. Über diesem Nahziel stand ein viel umfassenderes: Das Fernziel christlichsozialen Wirkens in der politischen Arena war die Durchsetzung der konservativen Gesamtpartei mit den Idealen der christlichen Sozialreform. «Sozialer Sauerteig»[65] müssten die Christlichsozialen im politischen Katholizismus sein,

64 Jb CSP 1912, S. 33 (BAR). Diese Integrationsstrategie war 1908 am Delegiertentag der christlichsozialen Arbeitervereine der Schweiz in Zürich mit der Verabschiedung des Politischen Programms «vorgespurt» worden. Das Programm forderte für die kantonale Politik: «In den Kantonen mit konservativen Parteiorganisationen sollen die Arbeitervereine eine eigene politische Gruppe bilden, die sich der Partei anschliesst, für die ihr gebührende Vertretung sorgt und ein sozial-fortschrittliches Gesamtprogramm erstrebt» (zit. nach Buomberger, Stellung, S. 15).

65 Die Metapher «sozialer Sauerteig» wurde von Georg Baumberger geprägt (Altermatt, Ghetto, S. 362). Josef Scherrer sprach von der «Durchsäuerung der alten Partei mit den sozialen Gedanken» (Prot. Politisches Komitee der christlichsozialen Organisationen, 4. Januar 1920, BAR). Das Konzept ist einlässlich beschrieben und begründet in Scherrers programmatischer Schrift «Christlichsoziale Politik» (v.a. S. 22f.). Vgl. dazu auch Scherrer, Rückblick, S. 8f., Scherrer, Sozialreform, S. 55f., und Gehrig, Das Christlichsoziale, S. 92ff.

hatte Georg Baumberger schon 1907 gefordert.[66] «Es muss», schrieb Josef Scherrer 1914 in seinem Tagebuch, «unser Bestreben sein, nach und nach die konservative Partei zu durchsetzen mit den sozialen Gedanken.»[67] Die CSP müsse als «Reibungs- und Spannungselement», notfalls auch als «Störungselement» in der konservativen Gesamtpartei wirken und diese restlos für die Gedanken der christlichen Sozialreform zu gewinnen suchen.[68] Mit der Verankerung im katholischen Lager eröffnete sich der CSP taktisch ein weites, die eigene Klientel weit übergreifendes Wirkungsfeld, die Chance nämlich, ihre Ideale in die mittelständischen Kreise der konservativen Partei zu tragen. Allerdings wird die Vorwärtsstrategie der Christlichsozialen, wie noch zu zeigen sein wird, ständige Spannungen mit dem altkonservativen Parteiflügel provozieren, der auf den christlichsozialen Expansionismus mit Verdrängungsängsten und Widerständen reagierte.

Der Sauerteiggedanke war, nebst dem Antisozialismus, der zentrale Rechtfertigungsgrund für die Existenz der christlichsozialen Parteigruppe. Die Christlichsozialen sollten die konservative Partei sozial erneuern, Arbeitern und Angestellten eine angemessene Vertretung und Berücksichtigung verschaffen und damit die Arbeiter- und Angestelltenschaft für die kulturpolitischen Ziele des konservativen Parteilagers gewinnen. So gesehen war die 1911 diskutierte Lostrennung von der KVP nur scheinbar eine Alternative zur Integration in die KVP und machte strenggenommen nur Sinn als Drohgebärde an die Adresse der Konservativen. Denn mit der Schaffung einer selbständigen, von der KVP losgelösten Partei hätte die CSP darauf verzichtet, sozialer Sauerteig in der Gesamtpartei zu sein. Sie hätte nicht nur ihren Aktionsradius eingeengt und wäre zur Klassenpartei geworden, sie hätte auch Verrat an den ständeversöhnenden Grundprinzipien der Bewegung begangen und letztlich ihre Identität preisgegeben.

Das unterscheidend und unaufhebbar Christlichsoziale bestand eben gerade darin, dass sich christlichsoziale Politik stets auf das Volksganze bezog und das Volkswohl, d. h. der soziale Ausgleich und der soziale Friede in der Gesellschaft der Orientierungspunkt christlichsozialen Engagements waren.

---

66 Altermatt, Ghetto, S. 362.
67 TBSch, 25. Februar 1914 (PrivatA Scherrer). Josef Scherrer wurde von der KVP regelmässig zur programmatischen Arbeit beigezogen. Er habe dies, schrieb er 1939, immer gern gemacht. «Ich finde so Gelegenheit, die christlichsozialen Grundsätze in der Gesamtpartei vertreten zu können. Die christlichsoziale Idee kommt so als Meinung der ganzen Partei in das Volk und wird zum Gemeingut aller Stände gemacht. So wirkt das Christlichsoziale als sozialer Sauerteig und wird das Ziel erreicht, das die Gründer der christlichsozialen Bewegung sich gestellt haben» (TBSch, 8. März 1939, PrivatA Scherrer).
68 Hochwacht, Nr. 107, 7. Mai 1936. Vgl. auch Josef Scherrer, Entwicklung, Ziel und Aktion der christlichsozialen Volksbewegung unter Berücksichtigung der parteipolitischen Verhältnisse im Kanton St.Gallen, Dezember 1935, v.a. S. 8f. und S. 14 (BAR).

Nach diesem Gesetz waren die Christlichsozialen angetreten, und darin grenzten sie sich scharf von der Sozialdemokratie ab, der sie Klassenpolitik und klassenkämpferische Verblendung vorwarfen. Für die CSP gab es keinen Platz ausserhalb der konservativen Mutterpartei, ausser sie hätte den Anspruch aufgegeben, sich christlichsozial zu nennen. Insofern waren die Christlichsozialen Gefangene ihres programmatischen Selbstverständnisses. Wenn die Christlichsozialen den Mut nicht mehr aufbrächten, sich zu einer alle Stände umfassenden und allen Interessen gleichermassen dienenden Politik zu bekennen, mahnte Josef Scherrer ein Jahr nach dem Landesstreik, «dann haben wir kein Recht mehr, uns christlichsozial zu nennen».[69] Und als sich 1935 Konservative und Christlichsoziale in St.Gallen in einem nie gekannten Masse entfremdeten, beschwor Josef Scherrer seine Parteifreunde: «Der christlichsoziale Gedanke ... erträgt nicht die beklemmende Enge blossen Kasten- und Klassengeistes. Nein, er ist umfassend, weit und grosszügig und geht auf das Ganze; er zwingt zur Solidarität und zu kraftvoller Zusammenfassung aller gutgesinnten Volksgenossen in einer Front. Diese Solidarität leugnen, hiesse Aufgeben des Kerngedankens der christlichsozialen Bewegung, hiesse Verzicht darauf, im Ganzen als sozialer Sauerteig zu wirken.»[70]

In diesem Sinne war auch die eingangs aufgeworfene Frage eine bloss rhetorische. Eine eigenständige, von der KVP völlig losgelöste und auf der Basis identischer Klasseninteressen mit den Sozialdemokraten gemeinsam operierende christlichsoziale Arbeiter- und Angestelltenpartei stand bis 1939 nie ernsthaft zur Diskussion. Diese Option wäre dem christlichsozialen Gedankengut und Selbstverständnis diametral entgegengestanden. Die Frage hätte anders lauten müssen: Warum drangen die Christlichsozialen parteiintern überhaupt auf eine eigene Organisation? Und die Antwort darauf hiess: Die Organisation war nur «Mittel zum Zweck»[71], nämlich das Instrument, um die Partei der Katholiken sozial zu erneuern und dadurch die Abwanderung der Arbeitnehmerschaft zu den Fahnen der Sozialdemokratie zu verhindern. Sollte dieser Zweck dereinst erfüllt und die sozialen Postulate der Christlichsozialen Gemeingut der konservativen Gesamtpartei geworden sein, würde sich die christlichsoziale Parteigruppe wieder auflösen und in der Mutterpartei aufgehen.

---

69 Jb CSP 1917–19, S. 2 (BAR).
70 Hochwacht, Nr. 107, 7. Mai 1936. Zur Sendung der CSP vgl. auch Josef Scherrers Ausführungen im Beitrag zum 100jährigen Jubiläum der KVP, in: Ostschweiz, Nr. 598, 28. Dezember 1934 (Sonderbeilage).
71 Jb CSP 1914, S. 7 (BAR).

2.2 Die Beziehungen zu den Jungkonservativen und Bauern

Der Anspruch der CSP, innerhalb der konservativen Gesamtpartei als sozialer Sauerteig zu wirken, mehr und mehr Einfluss auf deren Kurs zu gewinnen und auf diese Weise die Existenz der Gruppe zu legitimieren, liess sich auf mehreren Ebenen realisieren. So hatten die Christlichsozialen mit Erfolg darauf hingewirkt, die Programmarbeit der KVP im Sinne ihrer sozialen Postulate zu beeinflussen, wie das gemeinsame Programm von 1911, das Aktionsprogramm von 1919 und das Wirtschafts- und Sozialprogramm der Schweizer Katholiken von 1929 belegen. Ebenso war es ihnen gelungen, ihre Vertretungsansprüche in den Organen der Gesamtpartei und, vor allem seit dem Ersten Weltkrieg, auch in den Behörden durchzusetzen, um auf diese Weise die praktische Politik der Mutterpartei mitzuprägen. Auch gingen von der CSP wichtige Impulse zur organisatorischen Erneuerung der konservativen Gesamtpartei aus im Sinne des berufsständischen Gedankens. Das Konzept des sozialen Sauerteigs ging jedoch darüber hinaus: Nicht nur die Gesamtpartei sollte mit dem Ideengut der christlichen Sozialreform durchsäuert werden, sondern auch ihre inneren Gliederungen und Gruppen. «Ich muss alles tun», schwor sich Josef Scherrer 1936, «um in allen Gruppierungen den christlichsozialen Einfluss zu stärken.»[72] Im Visier hatte Josef Scherrer zuallererst die Bauern. Vor allem mit ihnen müssten die Christlichsozialen zusammenspannen, «um in der Gesamtpartei eine soziale Politik und einen sozialen Kurs zu sichern».[73] Acht Jahre nach der CSP hatte die konservative Jugend den Status einer parteiinternen Gruppe erhalten, 1936 mit der Schaffung eines Bauernausschusses innerhalb der konservativen Partei schliesslich auch die Bauernschaft. Inwieweit gelang es der CSP, auf diese beiden Gruppen einzuwirken, derart, dass in ihnen der christliche Sozialreformgedanke heimisch wurde und die CSP dadurch aus diesen Gruppen zur Verwirklichung ihrer Ziele Sukkurs erhielt?

Problemlos, in den 1930er Jahren geradezu harmonisch, gestalteten sich die Kontakte der CSP zur konservativen Nachwuchsorganisation. Zwar scheint diese ihrer Bestimmung, die Jungbürger für die konservative Parteiorganisation zu rekrutieren, in den ersten Jahren ihres Bestehens nicht nachgekommen zu sein. Verantwortlich hiefür war nebst dem offenbar mangelnden Interesse der Jungen am öffentlichen Leben die an vielen Orten bestehende Rivalität zwischen den katholischen Jünglingsvereinen und den

---

72 TBSch, 7. Mai 1936 (PrivatA Scherrer). In diesem Sinne schrieb Scherrer an den konservativen Parteichef Emil Grünenfelder: «Die christlichsoziale Gruppe sucht im Rahmen der Gesamtpartei eine Aufgabe zu erfüllen, die ... versucht, alle Gruppen der Gesamtpartei für die Grundforderung katholischer Gesellschafts-, Staats- und Wirtschaftsgestaltung ... zu gewinnen» (Schreiben vom 30. April 1936, BAR).
73 TBSch, 25. September 1939 (PrivatA Scherrer).

Vierter Teil: Die Christlichsozialen im Kräftespiel der St.Galler Parteien

Jungmannschaften. 1926 jedenfalls sahen sich die Delegierten der kantonalen konservativen Jungmannschaft genötigt, in einer Resolution an die Adresse der leitenden konservativen Parteiinstanzen zu verlangen, «es seien in allen Bezirken und Gemeinden Parteifreunde zu beauftragen, die Gründung u. Organisation von Jungmannschaftssektionen vorzubereiten u. durchzuführen».[74] Eine Konferenz der führenden Persönlichkeiten der KVP, des kantonalen Katholischen Volksvereins, der Jünglingsvereine und der Jungmannschaften einigte sich darauf, dass die Gründung von Jungmannschaftssektionen zu begrüssen sei, und sann nach Mitteln und Wegen, wie die konservative Jungmannschaft revitalisiert werden könnte.[75]

Josef Scherrer, an der Konferenz nicht zugegen, gab in einem Schreiben an den konservativen Parteipräsidenten Eduard Guntli sein Einverständnis zur verstärkten Förderung der konservativen Jungmannschaftsorganisationen. Als besonders dringlich erachtete er die politische Sammlung der Jugend auf dem Lande. Diese sei mangelhaft aufgeklärt und liefe nach Abwanderung in die Industriegebiete vielfach Gefahr, in die Schlingen der Sozialisten zu geraten. Seine Zustimmung zur Unterstützung der Jungmannschaften knüpfte Scherrer an die Bedingung, dass die christlichsoziale Richtung in der gemeinsamen politischen Jugendbewegung «gebührend berücksichtigt» werde. Gleichsam im Gegenzug würden sich die Christlichsozialen verpflichten, von der Gründung eigener politischer Jungmannschaftsverbände abzusehen.[76]

Dem christlichsozialen Begehren wurde offensichtlich entsprochen. Das christlichsoziale Kantonalkomitee bestätigte Anfang 1927 den Verzicht auf eigene christlichsoziale politische Jungmannschaftsorganisationen, rief aber ihre Sektionen dazu auf, «überall den christlichsozialen Einfluss auf die kathol. Jünglingsvereine und politischen Jungmannschaftsorganisationen zielbewusst, taktvoll und energisch geltend zu machen».[77] Im Januar 1928

---

74 Die Resolution, datierend vom 26. September 1926, ist abgedr. in: Prot. Parteiausschuss KVP, 16. Dezember 1926; vgl. auch Zirkular der Parteileitung der KVP an die Bezirksleiter vom 28. Dezember 1926 (StaatsA SG, Archiv CVP).
75 Das Protokoll der Konferenz findet sich in: Prot. Parteiausschuss KVP, 16. Dezember 1926 (StaatsA SG, Archiv CVP). Die Ergebnisse der Aussprache wurden darauf im Parteiausschuss der KVP diskutiert und genehmigt (Prot. Parteiausschuss KVP, 27. Dezember 1926, StaatsA SG, Archiv CVP) und in einem Zirkular den Bezirksleitern der KVP mitgeteilt (Zirkular vom 28. Dezember 1926, StaatsA SG, Archiv CVP). Zu den analogen Bemühungen um die Reaktivierung der konservativen Nachwuchsorganisation auf nationaler Ebene vgl. Jung, Jugendbewegung, S. 165f.
76 Schreiben von Josef Scherrer an Eduard Guntli vom 14. Dezember 1926 (BAR); vgl. auch TBSch, 15. Dezember 1926 (PrivatA Scherrer).
77 Prot. Kantonalkomitee CSP, 22. Januar 1927 (BAR); vgl. auch Zirkular an die tit. Bezirks- und Gemeindeorganisationen der CSP, 24. Januar 1927 (BAR). Kurz zuvor hatte das Zentralkomitee der CSP der Stadt St.Gallen die Schaffung einer eigenen christlichsozialen Jungmannschaftsorganisation abgelehnt und sich dafür ausgesprochen, vermehrt Einfluss auf die bestehenden Jugendorganisationen zu nehmen (TBSch, 18. Januar 1927, PrivatA Scherrer).

konnte Josef Scherrer seinen Parteifreunden mitteilen, dass den Christlichsozialen im Kantonalvorstand der konservativen Jungmannschaft eine Dreiervertretung eingeräumt worden sei, ebenso entsprechende Vertretungen in den Lokalkomitees.[78] Auf kantonaler Ebene blieb es bis 1939 bei dieser Dreierabordnung. Über diese Delegation gelang es der CSP, ihren Einfluss in der Führung der konservativen Gesamtpartei zu verstärken. Denn von den beiden Delegierten der Jungkonservativen im konservativen Parteiausschuss gehörte seit 1933 einer der christlichsozialen Richtung an.[79] Und nach der Statutenrevision der KVP von 1936 setzten die Christlichsozialen durch, dass von den beiden Vertretern, die die Jungkonservativen ins Kantonalkomitee der konservativen Gesamtpartei zu entsenden befugt waren, jeweils einer aus den Reihen der CSP stammte.[80]

Zwischen Jungkonservativen und Christlichsozialen entwickelten sich in der Folgezeit freundschaftliche Beziehungen. Der tiefere Grund dieses guten Einvernehmens ist darin zu erkennen, dass das von den Christlichsozialen seit langem verfochtene Projekt einer berufsständischen Neuordnung in den jungkonservativen Kreisen begeisterte Aufnahme fand. Anlässlich des 100jährigen Jubiläums der KVP bekannte der Jungkonservative Theodor Eisenring, die katholische Jugend stehe «im Lager der Korporation», ihr Ideal sei «die ständisch gebundene Wirtschaft», wie sie von den Päpsten gefordert werde.[81] Wohl wegen dieser programmatischen Affinität bezeichnete der jungkonservative Präsident, der Redaktor des «Fürstenländer», Karl Hangartner, Josef Scherrer als «Berater» der konservativen Jungmannschaft.[82] Die Wertschätzung, die Josef Scherrer in der jungkonservativen Bewegung genoss, ging gar so weit, dass die Jungkonservativen Scherrer 1936 anlässlich des Wechsels im Präsidium der konservativen Gesamtpartei zu deren Präsidenten vorschlugen.[83]

Das einvernehmliche Verhältnis der CSP zur jungkonservativen Bewegung, das auf der starken christlichsozialen Vertretung im jungkonserva-

78 Hochwacht, Nr. 13, 16. Januar 1928; vgl. auch Jb CSP 1925–28, S. 3 (BAR). Die christlichsoziale Dreierdelegation wurde im April 1928 vom Parteiausschuss der CSP bestimmt (TBSch, 27. April 1928, PrivatA Scherrer).
79 Prot. Kantonalkomitee KVP, 10. Mai 1933 (StaatsA SG, Archiv CVP).
80 TBSch, 7. und 9. Mai 1936 (PrivatA Scherrer). Diese Rolle übernahm August Steffen, Zentralsekretär auf dem Büro des CAB.
81 Ostschweiz, Nr. 598, 28. Dezember 1934 (Sonderbeilage). Die St.Galler Jungkonservativen hatten zum Zustandekommen der Initiative betr. Totalrevision der Bundesverfassung rund 6000 Unterschriften beigetragen. Zu den korporativen Ideen in der konservativen Jugendbewegung Josef Widmer, Von der konservativen Parteinachwuchsorganisation zur katholischen Erneuerungsbewegung. Die Schweizer Jungkonservativen in den dreissiger Jahren, Lizentiatsarbeit, Freiburg i. Ue. 1983. Vgl. auch Altermatt, Milieukatholizismus, S. 14f.; Gilg/Gruner, Nationale Erneuerungsbewegungen, S. 19f.; Gruner, Parteien, S. 119 und S. 259f.
82 TBSch, 17. Mai 1937 (PrivatA Scherrer).
83 TBSch, 9. und 12. Mai 1936 (PrivatA Scherrer).

tiven Leitungsorgan sowie der ideologisch-programmatischen Übereinstimmung gründete, hielt die CSP auch in der Folgezeit davon ab, eigene politische Jugendgruppen zu schaffen. Die kantonale christlichsoziale Parteileitung, allen voran Josef Scherrer, widersetzte sich diesem Ansinnen stets mit dem Hinweis auf die gute Zusammenarbeit mit der konservativen Jugendorganisation. Alternativ zu einer eigenen christlichsozialen politischen Jugendbewegung bemühte sich die christlichsoziale Parteispitze, die Jugend in den eigenen Parteigremien zur verstärkten Mitarbeit heranzuziehen.[84]

Weitaus spannungsreicher gestalteten sich die Beziehungen der CSP zur konservativen Bauernschaft. Den Christlichsozialen war es Anfang der 1920er Jahre versagt geblieben, organisatorisch in den Bauernkreisen Fuss zu fassen, nachdem die konservative Parteileitung der Gründung von katholischen Bauernstandesvereinen ihre Zustimmung verweigert hatte. Einzige Bauernorganisation blieb deshalb die 1919 gegründete überkonfessionelle und überparteiliche Bauernpolitische Vereinigung des Kantons St.Gallen, in deren Rahmen sich die katholischen Bauern lose zu einer Fraktion verbanden. Der Bauernflügel der konservativen Partei reagierte nach dem Ersten Weltkrieg argwöhnisch auf die Emanzipationsbestrebungen der Christlichsozialen. Als Nationalrat Jakob Steiner namens der konservativen Gruppe der Bauernpolitischen Vereinigung im April 1920 eine bessere Vertretung der Bauernschaft in der konservativen Parteileitung verlangte, versäumte er es nicht, darauf hinzuweisen, dass «man der viel schwächeren Gruppe der Christlichsozialen auf ihre Begehren ohne weiteres Vertretung zugesichert hat».[85] Äusserst gereizt reagierten die konservativen Bauern drei Jahre später auf die Pläne der Christlichsozialen, im Kanton St.Gallen ein eigenes christlichsoziales Tagblatt zu gründen. Die Bauernschaft könne, schrieb wiederum Jakob Steiner an den konservativen Parteipräsidenten, «nicht tatenlos zusehen, bis die christlichsoziale Partei durch ein rücksichtsloses Vorgehen ihre Werbearbeit derart gefördert hat, dass die wirtschaftlichen Interessen unserer Bauernsame u. des Mittelstandes überhaupt schwer benachteiligt sind».[86] Die unerwartet schroffe Zurückweisung, die dem christlichsozialen

---

84 TBSch, 7. April 1934, 28. und 29. September 1935 (PrivatA Scherrer); Hochwacht, Nr. 230, 3. Oktober 1935. Nochmals am 20. August 1938 sprach sich Josef Scherrer in einem Zirkular an die Bezirkspräsidenten und Kantonalkomiteemitglieder der CSP nachdrücklich gegen eine eigene politische Organisation der jungen Christlichsozialen aus (BAR).
85 Schreiben von Jakob Steiner an den kantonalen konservativen Parteiausschuss vom 28. April 1920 (StaatsA SG, Archiv CVP).
86 Schreiben von Jakob Steiner an Eduard Guntli vom 1. Dezember 1923 (StaatsA SG, Archiv CVP). Steiner kündigte in diesem Brief im weiteren an, dass als «Gegenaktion» ab Januar 1924 ein Bauernblatt mit dem Titel «Der katholische Schweizer Bauer» erscheinen werde. Weil die Christlichsozialen ihr Zeitungsprojekt wenige Tage später zurückzogen, zerschlugen sich auch die Zeitungspläne der Bauern.

Zeitungsprojekt in der konservativen Parteileitung widerfuhr, erklärt sich wesentlich aus der Befürchtung heraus, das während des Krieges und unmittelbar danach diskutierte Projekt einer eigenen St.Galler Bauernpartei könne wieder aufleben.[87]

In den folgenden zehn Jahren, bis 1935, klangen die Animositäten zwischen Bauern- und Arbeiterflügel in der konservativen Gesamtpartei ab. So zuträglich diese Entwicklung für den Zusammenhalt der konservativen Gesamtpartei war, so unbefriedigend war sie für die CSP. Ihr blieb, abgesehen von den in den eigenen Reihen organisierten Bauern, bei diesem modus vivendi die Türe zur Bauernschaft verschlossen. Damit blieb ihr Anspruch, neben der Arbeiter- und Angestelltenschaft auch die Bauern für die Ideale der christlichen Sozialreform zu gewinnen und Arbeiter und Bauern miteinander zu versöhnen, uneingelöst. In dieser Perspektive erfährt die von Josef Scherrer und Bischof Alois Scheiwiler im Sommer 1935 hinter dem Rücken der konservativen Parteispitze und der Bauernpolitischen Vereinigung initiierte Gründung einer katholischen Bauernstandesorganisation, des KBB, eine zusätzliche Motivation. Nicht nur als Reaktion auf den Vormarsch der Jungbauern und nicht nur als Antwort auf den Aufruf der päpstlichen Enzyklika Quadragesimo anno wurde der KBB gegründet, sondern ebensosehr zu dem Zweck, christlichsoziales Gedankengut nun endlich auch in die katholische Bauernschaft zu tragen.[88]

Die Reaktion der katholischen Bauernführer sowie der konservativen Parteileitung auf die Gründung des KBB war zunächst verhalten, nicht zuletzt darum, weil sich Bischof Scheiwiler hinter die Bauernstandesvereine stellte.[89] Zum heftigsten Konflikt zwischen Christlichsozialen und Bauern kam es erst im Herbst 1935 anlässlich der Listengestaltung für die Nationalratswahl, als in der konservativen Nominationsversammlung der offizielle Bauernkandidat, der Präsident der Bauernpolitischen Vereinigung, Johann Schneider, durchfiel und an seiner Stelle Alfons Schwizer, der Präsident des KBB, nominiert wurde. Der Misserfolg Schneiders wurde den Christlichsozialen und im besonderen Josef Scherrer angelastet, die beschuldigt wurden, den Präsidenten der Bauernpolitischen Vereinigung durch gezielte Manöver

---

87 Emil Mäder, der Präsident der Bauernpolitischen Vereinigung, warnte noch 1923 im konservativen Parteiausschuss vor den Rückwirkungen einer gegenüber den Christlichsozialen zu nachgiebigen Haltung auf die Bauern, «wo die Gelüste zur Gründung einer eigenen Bauernpartei noch nicht ganz unterdrückt sind» (Prot. Parteiausschuss KVP, 28. November 1923, StaatsA SG, Archiv CVP).

88 Josef Scherrer erläuterte dem konservativen Parteichef Emil Grünenfelder in einem ausführlichen Schreiben die Gründe, die ihn zur Schaffung des KBB bewogen hatten (Schreiben vom 24. Juli 1935, Archiv KBB).

89 In einem Schreiben an den konservativen Parteipräsidenten Emil Grünenfelder vom 22. Juli 1935 rechtfertigte Bischof Scheiwiler die Gründung des KBB (Archiv KBB).

zu Fall gebracht zu haben.[90] Es war Josef Scherrer zu verdanken, dass der Konflikt nicht weiter eskalierte. Bereits Anfang Dezember trafen sich die Vertreter von KBB und Bauernpolitischer Vereinigung unter der Leitung Josef Scherrers zu einer Aussprache, in der die letzteren mit Vorwürfen an die Adresse der Christlichsozialen nicht sparten: Diese wurden der «Eigenpolitik» bezichtigt und beschuldigt, die Bauernorganisation gespalten und ihr dadurch Schaden zugefügt zu haben. Wenn die Unterredung auch keine konkreten Resultate brachte, so einigte man sich immerhin darauf, in einer weiteren Konferenz nach Möglichkeiten zur Einigung zu suchen.[91]

Zwei Fragen harrten vor allem einer Klärung. Wie sollte das Verhältnis zwischen Bauernpolitischer Vereinigung und KBB geregelt und wie die in zwei Organisationen aufgesplittete katholische Bauernschaft in die konservative Gesamtpartei eingegliedert werden, so dass eine einheitliche Interessenvertretung der Landwirtschaft in der Gesamtpartei gewährleistet sein würde. Das erste Traktandum liess sich in einer weiteren Konferenz im Januar 1936 ohne längere Diskussion bereinigen: Die konservative Fraktion der Bauernpolitischen Vereinigung anerkannte den KBB, und zwischen den beiden Organisationen wurden gegenseitige Vertretungen vereinbart. Die zweite Frage dagegen gab Anlass zu einer intensiven Aussprache, und zwar darum, weil der KBB, der in seinen Statuten die politische Betätigung explizit vorsah, darauf bestand, direkt und nicht über die Bauernpolitische Vereinigung in die konservative Gesamtpartei integriert zu werden. Auf der Grundlage von Lösungsvorschlägen, die Johann Schneider und darauf aufbauend Josef Scherrer vorgängig entworfen hatten[92], einigte sich die Konferenz darauf, innerhalb der konservativen Gesamtpartei einen aus Vertretern der beiden Bauernorganisationen paritätisch zusammengesetzten Bauernausschuss zu schaffen. In ihm sollten alle den Bauernstand betreffenden politischen Fragen vorbesprochen werden, ehe der gemeinsam gefasste Beschluss an die zuständigen Parteiorgane weitergeleitet würde.[93]

---

90 Schwizer hatte 109, Schneider 62 Stimmen erhalten. Scherrer wies diesen Vorwurf der Stimmungsmache gegen Johann Schneider zurück. Die rund 40 Christlichsozialen hätten mehrheitlich sowohl für Schwizer wie für Schneider votiert. Schneider sei nicht wegen der Christlichsozialen gescheitert, sondern darum, weil die konservativen Delegierten Schwizer den Vorzug gegeben hätten (Prot. KBB, Vorstandssitzung vom 7. Oktober 1935, Archiv KBB; TBSch, 12., 22. und 26. Oktober 1935, PrivatA Scherrer; Scherrer, Saat und Ernte, S. 73ff.).
91 Prot. der Konferenz von Bauernpolitischer Vereinigung und KBB, 7. Dezember 1935 (Archiv KBB).
92 Schreiben von Johann Schneider an Josef Scherrer vom 22. Dezember 1935 (Archiv KBB); Vorschläge zur Reorganisation der Konservativen Volkspartei des Kantons St.Gallen, verf. v. Josef Scherrer im Auftrag des Vorstandes des KBB, 4. Januar 1936 (BAR).
93 Prot. der Konferenz der Vertreter des KBB und der Bauernpolitischen Vereinigung des Kantons St.Gallen, 11. Januar 1936 (Archiv KBB).

Die Vereinbarung brachte nicht nur eine Lösung des Konflikts zwischen den beiden Bauernorganisationen; sie erwies sich auch als taktisch geschickter Schachzug. Endlich war es den Christlichsozialen möglich geworden, in die ihnen bis dato verschlossenen bäuerlichen Kreise einzudringen und auch dort praktisch im Sinne der christlichen Sozialreform zu wirken. Zwischen der christlichsozialen Bewegung respektive der CSP auf der einen und dem KBB auf der anderen Seite entwickelten sich in der Folge intensive Kontakte, wobei die Christlichsozialen die Rolle eines Mentors übernahmen. Im besonderen Josef Scherrer liess keine Gelegenheit aus, dem KBB seine Unterstützung zukommen zu lassen. Der Erfolg blieb nicht aus. Bereits im Sommer 1937 konnte Josef Scherrer im christlichsozialen Parteiausschuss erfreut feststellen, «dass die Bauern zum Teil die christlichsozialen Bestrebungen schon wacker unterstützen, während sie vor der Schaffung der katholischen Bauernbünde gegen dieselben eingenommen waren».[94] Im August 1939 wurden die bis anhin informellen Beziehungen institutionalisiert, indem der KBB im christlichsozialen Parteiausschuss eine Doppelvertretung eingeräumt erhielt.[95] Seit 1941 wurden die dem KBB angehörenden Grossräte als «zugewandte Orte» zu den Sitzungen der christlichsozialen Grossratsgruppe eingeladen.[96] 1939 betrieb Josef Scherrer die Wahl Alfons Schwizers in den Grossen Rat.[97] Christlichsozialer Unterstützung war es ebenfalls zuzuschreiben, dass Alfons Schwizer 1939 seitens der konservativen Gesamtpartei für den Nationalrat nominiert wurde.[98]

Während des Zweiten Weltkrieges wurde die Zusammenarbeit zwischen der CSP und dem KBB weiter ausgebaut. Unmittelbar nach der Nationalratswahl von 1939, in der die Allianz zwischen Bauern und Christlichsozialen im Fussvolk nicht im gewünschten Masse funktioniert hatte[99], regte Josef

94 TBSch, 11. Juli 1937 (PrivatA Scherrer).
95 TBSch, 26. Mai und 27. August 1939 (PrivatA Scherrer).
96 TBSch, 5. und 10. November 1941 (PrivatA Scherrer). Sechs resp. sieben 1936 gewählte Kantonsräte gehörten dem KBB an (Verzeichnis im Archiv KBB). Sie schlossen sich zu einer «losen Gruppe» zusammen, die von Emil Grawehr, der gleichzeitig der christlichsozialen Gruppe des Grossen Rates angehörte, geleitet wurde (TBSch, 8. Mai 1936, PrivatA Scherrer).
97 TBSch, 4. Januar 1939 (PrivatA Scherrer). Schwizer wurde nicht gewählt, rückte dann aber 1941 für einen konservativen Demissionär nach.
98 TBSch, 7. und 15. Oktober 1939 (PrivatA Scherrer). Mit der Unterstützung des bäuerlichen Kandidaten verband Scherrer die Erwartung, dass die katholischen Bauern im Gegenzug für den christlichsozialen Kandidaten Arnold Kappler eintreten. Schwizer wurde, zur Enttäuschung Scherrers, wiederum nicht gewählt und musste sich mit dem ersten Ersatzplatz begnügen.
99 In der Analyse der Nationalratswahl von 1939 beklagte sich Alfons Schwizer über die mangelnde Solidarität zwischen Christlichsozialen und katholischen Bauern an der Basis. «Es genügt nicht, dass sich die Ausschüsse und Kantonalkomitees ... einigen, es muss auch versucht werden, diese Einigkeit in die Sektionen und in die Gemeinden hineinzutragen» (Bericht betr. die Nationalratswahlen vom 29. Oktober 1939, S. 1, Archiv KBB). Vgl. auch Scherrer, Saat und Ernte, S. 77f.

Scherrer an, zur Festigung und Vertiefung der weiteren Zusammenarbeit zwischen CSP und KBB gemeinsame Konferenzen einzurichten.[100] Die erste Konferenz im Februar 1941 befasste sich mit den behördlich angeordneten Anbaumassnahmen und brachte den Willen aller Beteiligten zum Ausdruck, «in den schweren Zeiten ... trotz etwa gegensätzlichen Interessen auf der Grundlage der päpstlichen Soziallehren zusammenzuarbeiten und Fühlung zu halten».[101] Weitere Zusammenkünfte in den folgenden Jahren thematisierten den Mehranbau, Lohn-Preis-Fragen sowie den Arbeitseinsatz in der Landwirtschaft.[102] Den kantonalen Konferenzen entsprachen in den Bezirken und Gemeinden regionale Veranstaltungen, die demselben Zwecke dienten.

Dank der engen Verbindung mit dem KBB konnte die CSP auch ihr numerisches Gewicht in der konservativen Gesamtpartei ausbauen, indem nun über das dem KBB zugestandene Vertretungskontingent indirekt christlichsoziale Gesinnungsverwandte Einsitz in die konservative Parteileitung nahmen. In der in den neuen konservativen Statuten von 1936 fixierten fünfköpfigen Abordnung des Bauernausschusses im Kantonalkomitee der konservativen Gesamtpartei gehörten zwei Vertreter dem KBB an.[103] Die Früchte ihrer Organisationsarbeit in der Bauernschaft ernteten die Christlichsozialen 1942, als ihr Kandidat, Paul Müller, selber kleinbäuerlicher Herkunft, mit Unterstützung der Bauern in den Regierungsrat gewählt wurde.[104]

2.3 Phasen der praktischen Beziehungen

Der um die grundsätzliche Klärung der Beziehungen von Konservativen und Christlichsozialen immer wieder bemühte «Hochwacht»-Redaktor Karl Wick fand für die Beschreibung des wechselseitigen Verhältnisses der beiden

---

100 TBSch, 12. November 1939 (PrivatA Scherrer). Vgl. auch Scherrer, Saat und Ernte, S. 104ff.
101 Jb CSP 1939–41, S. 6 (BAR).
102 Jb CSP 1941–43, S. 4 (BAR); vgl. auch JB CAB 1941–43, S. 187. 1943 richteten die CSP und die KBB einen aus je drei Vertretern zusammengesetzten Ausschuss ein, der unter der Leitung von Josef Scherrer die Aktionen der beiden Gruppen koordinieren sollte.
103 Gemäss Statuten der KVP vom 2. Mai 1936, Art. 8, musste von den fünf Bauernvertretern im Parteikomitee wenigstens einer dem KBB angehören. Faktisch waren es aber zwei, wie aus einem Verzeichnis der Komiteemitglieder von 1939 zu ersehen ist (StaatsA SG, Archiv CVP).
104 Josef Scherrer schrieb Paul Müller nach dessen Wahlerfolg: «Ich könnte mir den Entscheid der Delegiertenversammlung nicht denken, wenn nicht die von mir betreuten Vertreter des Katholischen Bauernbundes unseres Kantons mit aller Entschiedenheit auf unsere Seite getreten wären. Die Zusammenarbeit zwischen unsern Arbeitern und den katholischen Bauern hat also eine erste Frucht getragen» (Schreiben vom 23. Februar 1942, BAR). Vgl. auch Zirkular an das Kantonalkomitee, an die Bezirks- und Gemeindepräsidenten der CSP, 24. Februar 1942 (BAR).

Parteirichtungen einprägsame Bilder. Kurz nach seiner Dislozierung von St.Gallen nach Winterthur bemerkte Wick in einem seiner ersten Beiträge für die «Hochwacht», die katholische Bewegung der Schweiz beschreibe «keinen Kreis mehr, in dessen Mittelpunkt der politische und wirtschaftliche Katholizismus steht, sondern eine Ellipse mit den beiden Brennpunkten konservativ und christlichsozial. Die Distanz zwischen diesen beiden Brennpunkten kann eine grössere oder kleinere sein, das ändert im Wesen nichts an der katholischen Bewegung. Dass diese eine geschlossene ist, darauf kommt es an.» Kurze Zeit später präzisierte er diesen Vergleich dahingehend, dass christlichsozial und konservativ «wohl kontradiktorische, aber nicht konträre Gegensätze» seien, «d. h. sie stehen einander nicht gegenüber wie weiss und schwarz; die Gegensätze sind komplementär, sie ergänzen sich gegenseitig zu einem höheren Dritten und werden von diesem aus bestimmt».[105] Und 1924, in einer Nachlese auf die St.Galler Grossratswahl, verwendete Wick das Bild von zwei Balken, die den Bau der katholisch-konservativen Gesamtpartei stützen.[106]

Beiden Bildern Wicks, dem «Ellipsen»- und dem «Balkenbild», ist gemeinsam, dass sie von der absoluten Gleichberechtigung und Gleichwertigkeit von Konservativen und Christlichsozialen ausgehen. Damit aber beschrieb Wick nicht den faktischen, sondern den wünschenswerten, nicht den Ist-, sondern den Sollzustand. Diese Feststellung gilt erst recht, wenn sie auf die St.Galler Verhältnisse bezogen wird. Zwar schafften die Christlichsozialen St.Gallens nach dem Ersten Weltkrieg den Aufstieg zu Respekt und Anerkennung im konservativen Parteilager, doch die im Sinne Wicks angestrebte Gleichberechtigung und Gleichwertigkeit gelang bis 1939 nicht. Stets blieb die CSP der kleinere und eo ipso schwächere Partner, dessen Begehrlichkeiten und Ambitionen durch die Macht der Mehrheit immer wieder in die Schranken gewiesen wurden.

Verfolgen wir das Verhältnis von Konservativen und Christlichsozialen in St.Gallen, so lassen sich im Sinne einer Ablauftypologie deutlich drei Phasen unterscheiden, die mit den Etiketten «Aussenseiter», «Juniorpartner» und «Konkurrent» charakterisiert werden können. Anzumerken ist, dass die

---

105 Winterthurer Volkszeitung, Nr. 4, 6. Januar 1921 (Lokalausgabe der «Hochwacht»). Wicks Vergleich stiess im «Morgen», einem in Olten erscheinenden katholischen Tagblatt, auf Widerspruch. Das Blatt befürchtete in seiner Ausgabe vom 18. Januar 1921 eine Zersplitterung der katholischen Kräfte und eine Schwächung der Stosskraft der katholischen Aktion in der Schweiz. Wick entgegnete, «dass auch eine Ellipse konstruktiv die Projektion eines Kreises ist, dass, um den Vergleich praktisch anzuwenden, die christlichsoziale und die konservative Bewegung nur die Projektion der katholischen Bewegung auf die bestehenden tatsächlichen Verhältnisse ist» (Winterthurer Volkszeitung, Nr. 16, 20. Januar 1921).

106 Hochwacht, Nr. 78, 1. April 1924. Vgl. auch Wicks Ausführungen zum Verhältnis von Konservativen und Christlichsozialen in: Katholisches Handbuch, S. 328f.

drei Abschnitte ein allgemeines Entwicklungsbild zeichnen und (stets auch vorhandene) gegenläufige Trends ausser acht lassen.

Am Anfang der ersten Phase, die mit der Gründung der CSP 1911 begann und bis zum Ende des Ersten Weltkrieges andauerte, stand die Euphorie. Die Christlichsozialen rangen der konservativen Partei das Zugeständnis zur Schaffung einer eigenen Parteigruppe sowie ein sozial fortschrittliches Programm ab. Zuvor waren Konservative und Christlichsoziale Schulter an Schulter in den Abstimmungskampf für das proportionale Wahlrecht gezogen.[107] Die konservative Parteileitung unter der Führung von Anton Messmer zeigte sich darauf sichtlich bemüht, den christlichsozialen Vertretungsbegehren mit Verständnis zu begegnen.[108] In die Gesamtpartei sei ein «grosser sozialer Zug gekommen», freute sich Josef Scherrer anlässlich der zweiten Delegiertenversammlung der Christlichsozialen.[109] In praxi waren die gegenseitigen Beziehungen allerdings wesentlich komplexer. Für die Ebene der kantonalen Parteileitung mag die Feststellung einvernehmlicher Zusammenarbeit insgesamt zutreffen, obgleich auch hier Misstöne nicht ausblieben.[110] Spannungsreicher dagegen präsentierten sich die Beziehungen zwischen den beiden Parteirichtungen in den Bezirken und Gemeinden sowie in der konservativen Fraktion des Grossen Rates. Im Oktober 1912 beschwerten sich die Bezirkspräsidenten über «unkorrektes Benehmen konservativer Kreise unseren Ansprüchen und Bestrebungen gegenüber».[111] Zahlreich waren in der Folgezeit die Beschwerden der Bezirks- und Ortssektionen, in denen über konservative Ignoranz und Arroganz Klage geführt wurde.[112] Als «Sozialisten und Revoluzzer», klagten die Revisoren der CSP, würden die christlichsozialen Arbeiter beschimpft; «die Herren des Ortes» behinderten die politischen Aktivitäten der christlichen Arbeiter; blosses

---

107 Holenstein, Konservative Volkspartei, S. 317.
108 Zirkular des konservativen Parteiausschusses an die Bezirksleiter der KVP, 30. November 1911 (StaatsA SG, Archiv CVP). Vgl. auch Jb CSP 1912, S. 19 (BAR). Zu Anton Messmer vgl. Gruner, Bundesversammlung, S. 571f.; Thürer, Landammänner, S. 22f.
109 Ostschweiz, Nr. 40, 17. Februar 1913.
110 Vgl. Jb CSP 1912, S. 3f. (BAR). Der spektakulärste Konflikt entzündete sich Ende 1913 an der Weigerung der konservativen Parteileitung, Alois Scheiwiler, Pfarrer von St.Othmar und von 1912 bis 1915 Mitglied des Grossen Rates, für die Wahl in den Erziehungsrat zu nominieren. Nach Josef Scherrer brachte die Zurückweisung Scheiwilers «einen ziemlichen Riss in die Partei» (TBSch, 11. und 22. Januar 1914, PrivatA Scherrer). Nach Meile, Scheiwiler, S. 179, wurde Scheiwiler deswegen abgelehnt, weil er sich als Parlamentarier den «Ruf eines Scharfmachers» erworben hatte. Die CSP war bis 1939 nie im Erziehungsrat vertreten.
111 Prot. Kantonalkomitee CSP, 12. Oktober 1912 (BAR).
112 Die Korrespondenz zwischen den Bezirks- und Ortssektionen und der christlichsozialen kantonalen Parteileitung ist nicht erhalten. Dagegen hat Josef Scherrer die Mitteilungen der Sektionen in seinen Jahresberichten verarbeitet und jeweils knappe Hinweise auf die Situation in den Bezirken gegeben (Jb CSP 1912ff., BAR). Die folgenden Zitate stammen aus dem Revisorenbericht der CSP 1914/15, passim (BAR).

«Stimmaterial» seien diese und «nur gut für die Agitation». Und wenn die letzteren je auf den verwegenen Gedanken kämen, für sich ein Behördenamt zu beanspruchen, so werde ihnen konservativerseits kurzerhand entgegengehalten: «Jo luegid er gueta Lüt, mer gäbedi jo gern en Gmändrot, aber luegid ... d'Ufgobe sind gross ... do brucht's halt Lüt!» Vollends erschwert werde die Durchsetzung der Vertretungsansprüche der christlichsozialen Arbeiterschaft oftmals auch dadurch, dass diese sich in Abhängigkeit von ihrem konservativen Prinzipal befinde, der seine Untergebenen nach einer Wahl «nicht funktionieren liesse und ihnen aus lauter arbeiterfreundlicher und christlicher Gesinnung sogar nicht einmal eine gemütliche Abendstunde bei seinen Amtskollegen ... gönnen möchte». In Gossau waren sich Konservative und Christlichsoziale 1915 bei Schulratswahlen so sehr in die Haare geraten, dass das «St.Galler Tagblatt» die baldige Auflösung der «konservativ-christlichsozialen Ehe» prophezeite. Innerlich sei die «gegenwärtige Liebe völlig erkaltet».[113] Dass die christlichsozialen Klagen nicht überspannten Ansprüchen oder der Wehleidigkeit entsprangen, belegte die kantonale Parteileitung 1915 mit einer statistischen Zusammenstellung der Behördenmandate: Zwar hatte sich die Zahl der christlichsozialen Vertreter in den kommunalen Behörden zwischen 1912 und 1915 verdoppelt. Allerdings bestand ein Gutteil der Gewinne aus Mandaten in Rechnungskommissionen. Die Zahl der christlichsozialen Vertreter in den Gemeinderäten reduzierte sich dagegen von zehn auf acht.[114] Dasselbe Lamento stimmten die christlichsozialen Kantonsparlamentarier an. Die Konservativen brächten nur wenig Verständnis für die Anliegen der Arbeiterschaft auf und behandelten deren Vertreter «despektierlich» und «als Laufburschen der konservativen Fraktion», so dass sich die christlichsozialen Grossräte dagegen wehren müssten, «nur Diener der konserv. Partei» und «nur Stimmvieh» zu sein.[115] Auch dieses Unbehagen lässt sich objektivieren: Bis 1918, also während zweier Legislaturperioden, war die CSP tatsächlich kaum in grossrätlichen Kommissionen vertreten.[116]

Josef Scherrer, regelmässiger Adressat der Klagen über die Zurücksetzung der Christlichsozialen und oft Vermittler bei Zwistigkeiten[117], war in dieser

---

113 St.Galler Tagblatt, Nr. 105, 6. Mai 1915. Das Blatt bezog sich auf eine längere Pressepolemik im «Fürstenländer».
114 Jb CSP 1915, S. 5 (BAR).
115 Prot. christlichsoziale Gruppe des Grossen Rates, 2. Dezember 1912 und 24. Februar 1913 (BAR).
116 Prot. christlichsoziale Gruppe des Grossen Rates, 24. Februar 1913, 12. Mai 1915 und 14. Februar 1916 (BAR). Ihrer ständigen Zurücksetzung müde, erwogen die Christlichsozialen im Februar 1916, mit einer Eingabe an den Präsidenten der KVP, ja sogar ans Grossratspräsidium zu gelangen. Vgl. auch Jb CSP 1917–19, S. 7 (BAR).
117 Im Sommer 1914 intervenierte Scherrer, um nur einige Beispiele zu nennen, im Streit um einen Gemeinderatssitz in Altstätten (TBSch, 15. und 18. Juni 1914, PrivatA Scher-

ersten Phase sichtlich bemüht, die Emotionen zu dämpfen und zur Geduld zu mahnen. Zwischen der formellen Zustimmung zu einem Programm und dessen praktischer Durchführung bestehe eben ein grosser Unterschied, «manchesterliche Ideen» seien auch in konservativen Kreisen tief verwurzelt, und es sei illusorisch zu glauben, die konservative Parteibasis werde allein wegen eines sozialen Programms von heute auf morgen die Gesinnung ändern. Scherrers Strategie war darum langfristig angelegt: Die CSP sollte zunächst darauf bedacht sein, ihre eigenen, durch den Kriegsausbruch angeschlagenen Organisationen in den Gemeinden und Bezirken zu festigen sowie durch Erziehung und Schulung ein Reservoir an potentiellen Kandidaten für die Vertretung in den Behörden heranzubilden, um sodann aus einer Position der Stärke heraus die soziale Erneuerung der konservativen Gesamtpartei voranzutreiben. «Wenn wir ... nicht auf Gnade oder Ungnade der Konservativen angewiesen sein [wollen]», begründete Scherrer seine Strategie, «[müssen] wir auch praktisch in der Lage sein, die Fähigkeit besitzen, durch eigene Kraft unsere Vertretungen zu erkämpfen». Nie hat Josef Scherrer dagegen den Gedanken der Parteitrennung auch nur erwogen. «Unsere politische Aufgabe», rief er 1915 den Delegierten der CSP zu, «ist nicht die Zersplitterung, das Auseinanderreissen der katholischen Gesamtpartei. Vielmehr besteht unsere politische Aufgabe in der Beeinflussung der Gesamtheit im Sinne der christlichen Sozialreform.»[118] Für den loyalen Scherrer kam allenfalls in Frage, den Konservativen gegenüber «hin und wieder etwas kräftiger aufzutreten».[119]

In dem Masse, wie die christlichsoziale Bewegung insgesamt seit der zweiten Hälfte des Ersten Weltkrieges in die katholische Sondergesellschaft hineinwuchs, gelang der CSP analog zur Landesebene[120] auch im Kanton

---

rer), im Februar und März 1915 im Bezirk Oberrheintal im Zusammenhang mit der konservativerseits verweigerten Nomination von Carl Zurburg (TBSch, 29. Februar, 3., 4. und 13. März 1915, PrivatA Scherrer), im Februar 1915 bei Spannungen in der Gemeinde Henau (TBSch, 27. Februar 1915, PrivatA Scherrer).
118 Jb CSP 1914, S. 4ff. und S. 7 (BAR). Vgl. auch TBSch, 8. Januar 1914 (PrivatA Scherrer): «Es muss mit Bedauern konstatiert werden, dass auch heute in den konservativen Reihen gegenüber der christlichsozialen Bewegung noch grosse Vorurteile vorherrschend sind. Man sieht die modernen geänderten Verhältnisse noch zu wenig, man ist einfach auf verschiedenen Gebieten zu konservativ. Alle diese Vorurteile müssen aber gebrochen werden. Das ist nur dann möglich, wenn die christlichsoziale Partei geschlossen auftritt und durch ihre Macht bei den Konservativen imponiert.»
119 TBSch, 4. September 1918 (PrivatA Scherrer).
120 Josef Scherrer schrieb 1922, für die christlichsoziale Bewegung der Schweiz sei «eine neue Epoche angebrochen». Sie sei «aus der bisherigen Aschenbrödelstellung herausgehoben und auch als Faktor in der Öffentlichkeit in aller Form anerkannt». Es gebe seit 1919 in der Bundesversammlung keine Kommissionen mehr, wo nicht christlichsoziale Vertreter bei der Behandlung von Arbeiterfragen mitwirkten (Scherrer, Bundesversammlung, S. 2; vgl. auch ders., Politik, S. 30). Zum Wendecharakter des Kriegsendes vgl. auch Altermatt, Wirtschaftsflügel, S. 66; Beuret, Katholisch-soziale Bewegung, S. 236f.; Gehrig, Das Christlichsoziale, S. 121f.; Hodel, SKVP 1918–1929, S. 46; Holenstein, Landesstreik, S. 116ff.

St.Gallen die Emanzipation von konservativer Bevormundung und Zurücksetzung und der Aufstieg zum respektierten Juniorpartner. Der Stimmungsumschwung in St.Gallen lässt sich durch eine Reihe von Belegen dokumentieren: Im Februar 1919 wurde Josef Scherrer von der konservativen Parteileitung angefragt, ob er sich als Kantonsrichter zur Verfügung stellen wolle[121]; Ende 1919 fiel Scherrers Name in der konservativen Parteileitung im Zusammenhang mit der Kür eines Regierungsratskandidaten; im Sommer 1919 verabschiedeten Konservative und Christlichsoziale ein Aktionsprogramm, das den christlichsozialen Programmpositionen maximal Rechnung trug, und im Herbst gestanden die Konservativen der CSP eine Doppelvertretung auf der gemeinsamen Nationalratsliste zu und gewährten ihrem linken Parteiflügel die Autonomie in wirtschafts- und sozialpolitischen Sachfragen. Schliesslich zog mit Ulrich Lutz aus Rapperswil 1921 erstmals ein Vertreter der CSP ins St.Galler Kantonsgericht ein.[122]

Die Gründe, die diesen Emanzipationsschub auslösten, haben wir oben bereits dargelegt. Neben dem Wachstum der christlichsozialen Organisationen während des Krieges hatte, wie Josef Scherrer Anfang 1919 in einem Zirkular an die Lokal- und Bezirksorganisationen der CSP schrieb, die loyale Haltung zur bürgerlichen Front während des Landesstreiks «besonders im katholischen Lager die Sympathien für unsere christlichsoziale Bewegung gemehrt und manche bisher gegen uns bestehende Vorurteile beseitigt».[123] Die Zugkraft, die die Christlichsozialen über ihre Klientel hinaus genossen, schlug erstmals durch in der Grossratswahl von 1918, als die CSP ihren Anteil am Gesamtbestand der konservativen Fraktion von zehn auf 15 Prozent steigern konnte. Den eindrücklichsten Beweis für das Gewicht und die Popularität der Christlichsozialen in der Gesamtpartei brachte schliesslich die Nationalratswahl von 1919: Nicht nur gelang es der CSP, zwei der sechs konservativen Mandate zu erobern, der erstmals kandidierende Josef Scherrer erzielte auf Anhieb das beste Resultat auf der konservativen Wahlliste.

Es war aber nicht allein das Wachstum der christlichsozialen Bewegung und deren staatstreue Gesinnung in den Streiktagen, die die Konservativen

---

121 Josef Scherrer lehnte zwar ab, vermerkte aber, es sei «immerhin erfreulich, dass die [konservative] Fraktion die Christlichsozialen ansprechen wollte» (TBSch, 19. Februar 1919, PrivatA Scherrer).
122 Prot. Fraktion KVP, 30. Mai 1921 (StaatsA SG, Archiv CVP); Winterthurer Volkszeitung, Nr. 123, 31. Mai 1921. Lutz ersetzte den Konservativen Rudolf Keel, der in den St.Galler Stadtrat gewählt worden war, und blieb bis 1938 im Amt (vgl. auch TBSch, 30. Juni 1938, PrivatA Scherrer).
123 Zirkular der CSP an die Lokalsektionen, an die katholischen Arbeitervereine des Kantons St.Gallen, an die Bezirkskomitees, 7. Januar 1919 (BAR). Unmittelbar nach dem Streik dankte Landammann Anton Messmer der christlichsozialen Arbeiterschaft namens der KVP dafür, dass sie «mutig und treu zur Sache des Rechts und der Ordnung gestanden» sei (Ostschweiz, Nr. 266, 20. November 1918).

zu Konzilianz und Konzessionen bewogen. Krieg und Nachkriegsjahre hatten auch den sanktgallischen Sozialdemokraten grossen Zulauf gebracht. Die Mitgliederzahl der Sozialdemokratischen Partei des Kantons St.Gallens stieg im Streikjahr auf den bis zu Beginn der 1970er Jahre nicht mehr erreichten Spitzenwert von 2500 an, und wie die CSP gehörte auch die Sozialdemokratische Partei in den Wahlen von 1918 und 1919 zu den Gewinnern.[124] Revolutionsangst erfüllte das bürgerliche Lager, Angst vor «gewalttätiger Klassenherrschaft» nach dem Muster der Moskauer Sowjets und der ungarischen Räteherrschaft.[125] «Eine gewaltige Linksbewegung» habe eingesetzt, schrieb Josef Scherrer 1919, «Tausende [sind] nach links marschiert, stolze Freisinnsburgen sind gefallen». Und wenn dem konservativen Lager diese Erosion erspart geblieben sei, so gehe dies «auf das Konto der rückgratfesten christlichsozialen Bewegung».[126] Diese Selbsteinschätzung der Christlichsozialen als «starker Wellenbrecher ... gegenüber der roten Flut»[127] wurde vom gesamten bürgerlichen Lager geteilt. In einem Kommentar zur Grossratswahl vom Frühjahr 1918 schrieb das «St.Galler Tagblatt», das Zentralorgan der Freisinnigen, «der Abbröckelung nach links [sei] durch die christlichsozialen Organisationen ein starker Damm entgegengesetzt» worden.[128] Bischof Robert Bürkler warnte in einem Rundschreiben an seinen Klerus vor einem weiteren Anschwellen der sozialistischen Bewegung und empfahl die Förderung der christlichsozialen Organisationen. «Je stärker und mächtiger die christlichsozialen Organisationen dastehen», war der Bischof überzeugt, «desto weniger ist die sozialistische Gefahr zu fürchten.»[129] Die KVP liess im Verein mit der freisinnig-demokratischen Partei den Christlichsozialen «für ihre Anti-Streikbewegung» eine erkleckliche Summe zukommen.[130] Und als anlässlich der Entgegennahme der Ergebnisse der Nationalratswahl von 1919 Kritik an die Adresse der CSP laut wurde, soll, wie sich Josef Scherrer später erinnerte, der konservative Parteichef Eduard Guntli zu bedenken gegeben haben, dass «ohne Vertretung der Christlichsozialen im Parlament der Abmarsch nach links noch viel grösser ... und die katholische Partei geschwächt»

---

124 Fuchs, Sozialdemokratische Partei, S. 91. Bei der Grossratswahl von 1918 vergrösserten die Sozialdemokraten ihren Anteil von 11 auf 25 Mandate. In der Nationalratswahl von 1919 eroberten sie gleich zwei Sitze.
125 Heraus zur Entscheidung! Katholiken an die Urne! Flugblatt der KVP zur Nationalratswahl 1919, 1919 (StaatsA SG, Archiv CVP).
126 Jb CSP 1917–19, S. 1 (BAR).
127 Winterthurer Volkszeitung, Nr. 84, 12. April 1921.
128 St.Galler Tagblatt, Nr. 84, 11. April 1918.
129 Instruktion an den Diözesanklerus, 29. Januar 1920, abgedr. in: Kirchenzeitung, Nr. 16, 22. April 1920; vgl. auch Scheiwiler, Bürkler, S. 67ff.
130 Im Parteiausschuss der KVP war von Fr. 1200.– die Rede (Prot. Parteiausschuss KVP, 14. März 1919, StaatsA SG, Archiv CVP). Im Kassabuch der CSP fehlt allerdings ein entsprechender Eintrag.

Eduard Guntli, Parteipräsident der St.Galler Konservativen von 1919 bis 1927.

worden wäre.[131] Ja, rief Guntli den Christlichsozialen an deren Parteitag 1921 in Altstätten zu, wenn es die christlichsozialen Organisationen nicht gäbe, «müssten sie ins Leben gerufen werden, einerseits zur Wahrung der wirtschaftlichen Interessen der katholischen Arbeiterwelt, anderseits um die Linksschwenkung der Arbeiter, ihren Abmarsch ins sozialistische Lager zu verhindern».[132] Guntlis Nachfolger Emil Grünenfelder schloss sich Ende der 1920er Jahre dieser Argumentation an und erklärte, dem Einbruch der Sozialisten in die ländlichen Gemeinden könne «nur in gemeinsamer Abwehr mit den Christlichsozialen» standgehalten werden.[133]

Die Aufwertung der CSP zum Juniorpartner der Konservativen wies schliesslich noch eine persönliche Dimension auf. 1919 hatte der Rechtsanwalt Eduard Guntli das Präsidium der KVP übernommen. Guntli, um die Einheit von Konservativen und Christlichsozialen redlich bemüht, zeigte für den bisweilen forsch fordernden Juniorpartner stets grosses Verständnis. Er selber bekannte 1923, den Christlichsozialen so weit entgegengekommen zu sein, dass er dadurch das Vertrauen des konservativen Parteivolkes mehr als einmal strapaziert habe.[134] Die Christlichsozialen wussten es zu schätzen: Als im Frühjahr und im Spätherbst 1920 konservative Regierungsratskandidaten zu nominieren waren, favorisierte die CSP beide Male die Kandidatur Guntlis.[135] Und als er in der Nationalratswahl 1925 scheiterte und vom Amt des Parteipräsidenten zurücktreten wollte, sprach ihm die CSP der Stadt St.Gallen ihr unbedingtes Vertrauen aus.[136] Nach seiner Demission als Parteichef

131 TBSch, 31. Oktober 1925 (PrivatA Scherrer).
132 Rheintalische Volkszeitung, Nr. 185, 21. November 1921. Vgl. auch Winterthurer Volkszeitung, Nr. 270, 21. November 1921.
133 Prot. Kantonalkomitee KVP, 18. April 1929 (StaatsA SG, Archiv CVP).
134 Prot. Parteiausschuss KVP, 25. November 1923 (StaatsA SG, Archiv CVP).
135 Prot. Kantonalkomitee KVP, 17. April 1920; Prot. Kantonalkomitee KVP, 29. November 1920, und Prot. Delegiertenversammlung KVP, 6. Dezember 1920 (StaatsA SG, Archiv CVP).
136 TBSch, 2. November 1925 (PrivatA Scherrer). Auch die christlichsoziale Kantonalpartei hatte die Nationalratskandidatur Guntlis vehement unterstützt (TBSch, 29. August und 4. September 1925, PrivatA Scherrer).

zwei Jahre später lobte die «Hochwacht» sein «volles Verständnis für die Bedeutung einer guten Zusammenarbeit der Konservativen und Christlichsozialen». Guntli habe stets seinen ganzen Einfluss geltend gemacht, «wenn es galt, Gerechtigkeit auch uns widerfahren zu lassen».[137]

Im Verlaufe der 1920er Jahre gestaltete sich das Verhältnis von Konservativen und Christlichsozialen mit Ausnahme der schweren Krise im Zusammenhang mit der geplanten St.Galler Ausgabe der «Hochwacht» und einiger Dissonanzen im Umfeld der Abstimmung über das eidgenössische Fabrikgesetz weitgehend einvernehmlich. «Einiger denn je» seien Konservative und Christlichsoziale, gab sich Josef Scherrer 1921 überzeugt[138], «wir dürfen … befriedigt sein, dass die Gesamtpartei unsere Bedeutung für sie selbst immer mehr erkennt und würdigt.»[139] Über dem Parteitag der Christlichsozialen 1925 in Gossau habe der Stern «der vollen Einigkeit und Einheit» der konservativen Partei geleuchtet, schrieb die «Hochwacht». Der konservative Parteichef Eduard Guntli nutzte in seiner Ansprache die Gelegenheit, um den Christlichsozialen, die er «zu den zuverlässigsten Stützen der Partei und des Staates» rechnete, «für ihre aufbauende Mitarbeit im Interesse der Partei und des Staates» zu danken.[140] In seinem Tätigkeitsbericht für die Jahre 1925 bis 1928 vermerkte Scherrer, dass die Zusammenarbeit mit den Konservativen «eine gute und reibungslose» gewesen sei, und immer mehr sei das christlichsoziale Programm Gemeingut der Gesamtpartei geworden.[141] Tatsächlich: In Scherrers Tagebüchern fehlen Hinweise auf Spannungen, wie sie in den ersten Jahren auf Lokal- und Bezirksebene häufig vorkamen. Die Kritik am nationalrätlichen Doppelmandat verstummte, und in den Bezirken einigten sich Konservative und Christlichsoziale stets und ohne Schwierigkeiten auf gemeinsame Listen. In den Gemeinderäten vermochten die Christlichsozialen ihre Vertretung bis 1928 gegenüber 1912 zu verdreifachen.[142] In den ständigen Kommissionen des Grossen Rates, von denen die christlichsozialen Parlamentarier bis 1918 praktisch ausgeschlossen geblieben waren, war die CSP seit 1918 respektive

---

137 Hochwacht, Nr. 113, 16. Mai 1927. Ähnlich Josef Scherrer anlässlich von Guntlis Tod 1933: «Er zeigte in dieser Stellung [als Präsident der KVP] grosses Verständnis und Wohlwollen für die christlichsozialen Bestrebungen und hielt seine schützende Hand über uns, als die Wahl zweier christlichsozialer Nationalräte im Jahre 1919 einen Sturm in die Partei brachte» (TBSch, 8. Dezember 1933, PrivatA Scherrer). Biographische Angaben zu Eduard Guntli in: Rölli-Alkemper, SKVP 1935–1943, S. 104.
138 TBSch, 17. März 1921 (PrivatA Scherrer).
139 TBSch, 20. November 1921 (PrivatA Scherrer).
140 Hochwacht, Nr. 226, 29. September 1925.
141 Jb CSP 1925–28, S. 2 (BAR).
142 Christlichsoziale Vertretungen in den sanktgallischen Behörden, zusammengestellt von Josef Scherrer, 15. Januar 1928 (BAR). 1912 hatte die Zahl der christlichsozialen Behördenvertreter 80 und 1915 161 betragen; bis 1928 stieg sie auf rund 250.

1921 stets gut vertreten.[143] Insbesondere Josef Scherrer vermochte sich in der KVP eine Vertrauensstellung aufzubauen. Regelmässig verfasste er die Wahlaufrufe für die Gesamtpartei; 1927 zog ihn der konservative Landammann Emil Mäder bei der Verteilung der Departemente ins Vertrauen[144]; an einer Sitzung des erweiterten konservativen Kantonalkomitees war ihm 1927 das Hauptreferat übertragen[145]; er referierte anlässlich der Generalversammlung des Verbandes der katholischen Journalisten des Kantons St.Gallen[146]; 1934 war er einer der Hauptredner an der Hundertjahrfeier der KVP usw. Es ehrte Scherrer persönlich, brachte aber in erster Linie den Respekt der Konservativen gegenüber dem christlichsozialen Partner zum Ausdruck, als der christlichsoziale Kantonalpräsident auf einstimmigen Vorschlag der konservativen Gesamtpartei 1928 zum Vizepräsidenten des Grossen Rates und ein Jahr später zum Grossratspräsidenten gewählt wurde.[147]

Das Klima der Harmonie und des guten Einvernehmens, das während der 1920er Jahre die Beziehungen der konservativen Mutterpartei zum christlichsozialen Juniorpartner insgesamt bestimmt hatte, schlug im folgenden Jahrzehnt auch im Kanton St.Gallen in eine Atmosphäre starker Spannungen und Konflikte um.[148] Interessanterweise wurden die Dissonanzen weniger durch unterschiedliche Positionen in der Sachpolitik als vielmehr durch personalpolitische Debatten und durch Fragen der Organisation ausgelöst. Eine erste Trübung erfuhr die konservativ-christlichsoziale Eintracht im Zusammenhang mit der Gründung des KV im Jahre 1931. Dieser Streit, rasch und gütlich beigelegt, war nicht allein Vorbote des einige Jahre später ausbrechenden grossen Hauskrachs, er war auch ein für die konservative Gesamtpartei typischer Konflikt, und zwar insofern, als er in puncto Ursachen weitere Auseinandersetzungen musterhaft vorwegnahm. Konkret brach der Streit aus, als die Christlichsozialen ihrem Kantonalverband auch die katholischen Jünglingsvereine anzuschliessen beabsichtigten. Die konservative Parteileitung intervenierte augenblicklich in der Befürchtung, die konser-

---

143 Jb CSP 1917–19, S. 7, und 1925–28, S. 5 (BAR); Winterthurer Volkszeitung, Nr. 108, 11. Mai 1921. 1921 willigte die konservative Fraktion ein, dass die CSP in jeder Amtsperiode wenigstens einmal eine Vertretung in der Ratsleitung erhielt (Prot. Fraktion KVP, 9. Mai 1921, StaatsA SG, Archiv CVP).
144 TBSch, 2. Mai 1927 (PrivatA Scherrer).
145 TBSch, 29. Oktober 1927 (PrivatA Scherrer).
146 TBSch, 2. Juni 1928 (PrivatA Scherrer).
147 Prot. Parteiausschuss KVP, 28. April 1928, und Prot. Fraktion KVP, 7. Mai 1928 (StaatsA SG, Archiv CVP). «Damit steigt nun zum ersten Mal einer der Unsrigen auf den Präsidentenstuhl. Auch das ist ein Zeichen des Fortschritts, ein Zeichen der Wertschätzung unserer Gruppe innerhalb der Gesamtpartei», kommentierte die «Hochwacht» Scherrers Wahl (Nr. 113, 14. Mai 1928; vgl. auch Nrn. 111 und 114, 14. und 17. Mai 1929).
148 Zu den Spannungen zwischen Konservativen und Christlichsozialen auf Bundesebene und in einzelnen Kantonen vgl. Gehrig, Das Christlichsoziale, S. 98ff., und Rölli-Alkemper, SKVP 1935–1943, S. 169ff.

vative Richtung in den Jünglingsvereinen werde zugunsten des christlichsozialen Flügels verdrängt. Auf Anraten von Bischof Alois Scheiwiler gaben die Christlichsozialen nach und beschränkten sich darauf, den Jünglingsverein ihrem Verband nur indirekt anzugliedern.[149] Der tiefere Kern dieses Konflikts sowie jener der schweren Krise von 1935/36 ist im Offensivgeist der CSP zu suchen, darin, «dass die Christlichsozialen», wie Rudolf Keel, der Chef der konservativen Grossratsfraktion, Josef Scherrer vorwarf, «ihre Leute immer in konservativen Kreisen suchen».[150] Die CSP war bekanntlich mit dem Anspruch und dem Vorsatz angetreten, in der konservativen Gesamtpartei und im katholisch-konservativen Lager als sozialer Sauerteig zu wirken. Diesem Impetus entsprang die Initiative zur Gründung des KBB, aus ihm ergab sich im personalpolitischen Bereich das unausgesetzte christlichsoziale Bemühen, die Vertreterzahlen in den Behörden zu erhöhen. Die nach dem Landesstreik vollzogene Absteckung der Interessensphären zwischen Konservativen und Christlichsozialen konnte deswegen nicht von Dauer sein. Die Christlichsozialen wollten ihren Einfluss in der konservativen Gesamtpartei nach und nach ausweiten und erst dann ruhen, wenn das konservative Parteilager christlichsozial geworden war. Diese Vorwärtsstrategie drohte das labile Kräfteparallelogramm in der Gesamtpartei nach links zu verschieben. Sie provozierte in der konservativen Partei Abwehrreflexe und Verdrängungsängste, führte dazu, dass der Juniorpartner mehr und mehr als Konkurrent empfunden wurde, und gab jenen Stimmen Auftrieb, die dafürhielten, die CSP an die Kandare zu nehmen. Josef Scherrer hat dieses Dilemma klar erkannt und auf dem Höhepunkt der Krise im Jahre 1935 in einem umfassenden Bericht analysiert. «Jede Weitung und Expansion der christlichsozialen Organisationen wird leider von vielen Konservativen als Störung empfunden, obwohl ja eigentlich darunter die Gesamtpartei nicht zu leiden hat. Solange die christlichsozialen Organisationen arbeiten, sich wehren und vorwärtskommen, werden Spannungen geschaffen. Diese Vorwärtsentwicklung der christlichsozialen Bewegung wird von gewissen, nicht von allen, konservativen Kreisen fortgesetzt als Bedrohung der eigenen Position empfunden.»[151] Ein Verzicht auf die Rolle eines Sauerteiges kam für Josef Scherrer nicht in Frage. Damit hätte die CSP ihren neben dem Antisozialismus wichtigsten Daseinszweck verloren. Das wiederum implizierte,

---

149 Im Verlauf einer Unterredung mit dem Präsidenten der konservativen Grossratsfraktion warnte Josef Scherrer die Leitung der KVP davor, «in der Angelegenheit zu diktieren». Für manchen Konservativen sei «das christlichsoziale Gespenst immer noch etwas Schreckliches» (TBSch, 6. März 1931, PrivatA Scherrer).
150 TBSch, 7. Dezember 1935 (PrivatA Scherrer).
151 Josef Scherrer, Entwicklung, Ziel und Aktion der christlichsozialen Volksbewegung unter Berücksichtigung der parteipolitischen Verhältnisse im Kanton St.Gallen, Dezember 1935, S. 5 (BAR).

dass die CSP ein Herd der Unruhe blieb und bleiben musste.

In der zweiten Hälfte der 1930er Jahre beruhigten sich die Verhältnisse, dadurch begünstigt, dass die CSP ihr auf Kosten der KVP erobertes drittes Nationalratsmandat wieder verlor und sich bei den nationalrätlichen Erneuerungswahlen von 1939 mit einer Doppelvertretung begnügte. Die Stimmung in der konservativen Gesamtpartei blieb aber bis zum Kriegsausbruch gespannt, wenn auch offene Konflikte, wenigstens auf der kantonalen Ebene[152], ausblieben. 1938 sprach Josef Scherrer vom «reaktionären Kurs der jetzigen konservativen Machthaber» und davon, «dass wir schweren Zeiten entgegengehen».[153] Johannes Duft kritisierte, dass die Arbeit der Christlichsozialen in der Gesamtpartei keine Anerkennung und Würdigung finde. Ängstlich wache die altkonservative Richtung in der Partei darüber, «dass ja nie ein Christlichsozialer an einen Posten kommt, wo noch etwas zu verdienen ist».[154] Unter dem Druck des Krieges entspannte sich das gegenseitige Verhältnis[155], bis es sich im Zuge der Statutenrevision der CSP in den späten 1940er Jahren abermals verschlechterte.

Josef Riedener, Parteipräsident der St. Galler Konservativen von 1936 bis 1947.

Wie beim Aufstieg der christlichsozialen Gruppe zum Juniorpartner zwischenmenschliche Gesichtspunkte eine Rolle spielten, so hatten auch die Spannungen der 1930er Jahre einen persönlichen Hintergrund. Mit Josef Riedener – zunächst Staatsanwalt und seit 1936 Regierungsrat – war ein Exponent jener Kräfte in der KVP Parteipräsident geworden, der sich, wie

---

152 Scharfe Konflikte gab es dagegen auf Bezirks- und örtlicher Ebene: In Sargans verwehrten die Konservativen den Christlichsozialen eine gebührende Vertretung auf der gemeinsamen Grossratswahlliste (TBSch, 16. und 18. Februar 1939, PrivatA Scherrer). In Rapperswil führte die Weigerung der Konservativen, der Gründung einer christlichsozialen Parteigruppe zuzustimmen, 1941 zu so heftigen Spannungen, dass sich Josef Scherrer namens der kantonalen Parteigruppe zur Intervention genötigt sah (TBSch, 6. Dezember 1941, PrivatA Scherrer).
153 TBSch, 1. September 1938 (PrivatA Scherrer).
154 TBSch, 27. August 1939 (PrivatA Scherrer).
155 Jb CSP 1939–41, S. 9, und 1941–43, S. 10f. (BAR).

Josef Scherrer mehrmals klagte, den Christlichsozialen gegenüber «eher ablehnend oder sogar feindlich» verhielt. Josef Scherrer litt darunter, dass er bei Josef Riedener «nur sehr zurückhaltende, ja kalte Aufnahme» fand und dieser sich von ihm «offensichtlich distanzierte».[156]

2.4 Konkordanz in Sachfragen ...

Konservative und Christlichsoziale seien, behauptete ein konservativer Votant an der Delegiertenversammlung der KVP im Februar 1942, «zu 90 Prozent ... der gleichen Meinung».[157] Auch wenn sich die sachpolitische Konvergenz oder Divergenz in dieser Form nicht quantifizieren lässt, so ist die Aussage in der Tendenz richtig. Konservative und Christlichsoziale vertraten in den relevanten kantonalen und eidgenössischen Sachfragen meistens identische, nie aber gegensätzliche Positionen. Mit anderen Worten: Die Sachpolitik war, im Unterschied zu Wahlfragen, weder für die Konservativen noch für die Christlichsozialen je Veranlassung, die Einheit und Geschlossenheit der konservativen Gesamtpartei in Frage zu stellen.

Tabelle 23 vergleicht die Parolen von Konservativen und Christlichsozialen (sowie Sozialdemokraten und Freisinnigen) des Kantons St.Gallen zu allen kantonalen Abstimmungen über die sozial-, wirtschafts- und finanzpolitischen Vorlagen zwischen 1912 und 1939. Anders als Gehrig, der von einer grösseren Untersuchungseinheit ausgeht und für die Zwischenkriegszeit sämtliche eidgenössischen Stellungnahmen der Schweizer Konservativen und Christlichsozialen prüft[158], beschränken wir uns auf die Vorlagen zur Sozial-, Wirtschafts- und Finanzpolitik. Nur in diesen Politikbereichen war gemäss der Autonomie-Vereinbarung von 1919 den Christlichsozialen selbständiges Vorgehen erlaubt. In allgemein politischen, kulturellen und religiösen Fragen hingegen hatte sich die CSP den Beschlüssen der konservativen Gesamtpartei zu unterziehen.

---

156 TBSch, 18. und 19. Juni 1940 (PrivatA Scherrer). Scherrer war überzeugt, dass ihm Riedener vor allem deswegen grollte, weil er den KBB gegründet hatte und sich in diesem stark engagierte. «Ich gelte als Führer der von den Konservativen so ungern gesehenen katholischen Bauernbewegung und bin in den Augen dieser Politiker natürlich ein Schädling der Partei» (TBSch, 13. Januar 1939; vgl. auch TBSch 28. Februar und 16. September 1939, PrivatA Scherrer). Zu Josef Riedener vgl. Thürer, Landammänner, S. 35f.
157 Ostschweiz, Nr. 65, 9. Februar 1942.
158 Gehrig, Das Christlichsoziale, S. 78ff.

Tabelle 23: Parolen der St.Galler Konservativen, Christlichsozialen, Sozialdemokraten und Freisinnigen zu den kantonalen sozial-, wirtschafts- und finanzpolitischen Abstimmungsvorlagen, 1912–1939

Nr.	Datum	Gegenstand / Inhalt	Ja in %	nein in %	KVP	CSP	SP	FDP
1	1. 9. 1918	Steuernachtragsgesetz (B)	53		+	+	+	+
2	20. 2. 1921	Ruhetags- und Ladenschlussgesetz (B)		55	+	+	+	+
3	29. 1. 1922	Steuernachtragsgesetz (B)		65	+	+	0	+
4	7. 10. 1923	Krankenversicherung (B)		81	0	0	+	+
5	20. 1. 1924	Finanzreferendum (A)	50		+	+	+	+
6	13. 9. 1925	Staatsschuldentilgungsgesetz (B)		60	+	+	–	+
7	5. 2. 1928	Finanzhaushalt und Finanzreferendum (C)		58	–	–	–	–
8	8. 9. 1929	Volksrechte im Finanzwesen (C)		66	–	–	–	–
9	8. 9. 1929	Kantonaler Finanzausgleich (C)		67	–	–	–	–
10	13. 9. 1931	Arbeitslosenversicherungsgesetz (D)	68		0+	+	+	+
11	28. 10. 1934	Staatssteuerzuschlag (B)		62	+	+	+	+
12	26. 7. 1936	Warenhandelsgesetz (B)		52	+	+	+	+
13	27. 9. 1936	II. Nachtragsgesetz zum Armengesetz (B)		56	+	+	0	+
14	12. 9. 1937	Wirtschaftsgesetz (B)		68	+	+	+	+

Legende
+ = JA-Parole
– = NEIN-Parole
0 = Stimmfreigabe; keine Parole
A = Obligatorisches Verfassungsreferendum
B = Fakultatives Gesetzesreferendum
C = Gesetzesinitiative
D = Finanzreferendum

Für die KVP die Protokolle der KVP und die «Ostschweiz»; für die CSP die Tagebücher Scherrer, die Jahresberichte und Zirkulare des Kantonalpräsidenten sowie die «Hochwacht»; für die SP die «Volksstimme»; für die FDP das «St.Galler Tagblatt». Zu den einzelnen Vorlagen und den Ergebnissen der Urnengänge vgl. Statistik des Kantons St.Gallen, XXXIX.

Die Auflistung der Parolen belegt die praktisch durchgehende sachpolitische Übereinstimmung von Altkonservativen und Christlichsozialen. Ein einziges Mal, im Vorfeld der Abstimmung über das Arbeitslosenversicherungsgesetz (Nr. 10), wollte die KVP ihrem Juniorpartner nicht folgen und beschloss in Rücksicht auf innerparteiliche Gegnerschaft in den Bezirken Gaster und Oberrheintal, der Vorlage zwar grundsätzlich zuzustimmen, aber keinen Parteizwang auszuüben.[159] Der Revision des Krankenversicherungsgesetzes (Nr. 4), gegen die private Kassen das Referendum ergriffen hatten, war sowohl in den Reihen der KVP als auch in jenen der CSP so grosse Gegnerschaft erwachsen, dass die Gesamtpartei auf Antrag der Christlichsozialen

---

159 Vgl. Prot. Parteiausschuss KVP, 25. Juli 1931 (StaatsA SG, Archiv CVP). Die Opposition in der KVP entzündete sich an der mit der Vorlage verbundenen Verpflichtung der Gemeinden, Beiträge an die privaten Arbeitslosenkassen zu leisten.

die Stimmfreigabe beschloss.[160] Dieses Bild der sachpolitischen Konkordanz wird noch dadurch verstärkt, dass auch aus der parlamentarischen Arbeit der Konservativen und Christlichsozialen kein einziger Fall bekannt ist, in dem die christlichsoziale Parteigruppe mit ihren Anliegen in der konservativen Fraktion auf Ablehnung gestossen wäre oder einen von der KVP abweichenden Kurs eingeschlagen hätte.[161] Im Gegenteil: Der christlichsozialen Parlamentsgruppe gelang es seit dem Ersten Weltkrieg in hohem Masse, die konservative Fraktionsmehrheit für ihre Postulate zu gewinnen.[162] Josef Scherrer bekannte 1925, die CSP geniesse in der konservativen Fraktion eine «über unsere zahlenmässige Bedeutung hinausgehenden Bedeutung»[163], und im Rückblick auf vier Jahrzehnte konservativ-christlichsozialer Ratsarbeit schrieb er, «gerade die Tätigkeit der sanktgallischen Grossratsgruppe [zeige], dass man auch innert der Gesamtpartei ... im öffentlichen Bereich starke und erfreuliche Erfolge erzielen» könne.[164]

Ein leicht verändertes Ergebnis zeigt sich, wenn auch die rund 15 Bundesvorlagen sozial-, wirtschafts- und finanzpolitischen Inhalts, zu denen sowohl die KVP als auch die CSP regelmässig Stellung nahmen[165], in die Untersuchung einbezogen werden. Drei «Fälle» lassen sich ausmachen, in

---

160 Vgl. Prot. Delegiertenversammlung KVP, 30. September 1923 (StaatsA SG, Archiv CVP). Der Protest richtete sich zum einen gegen die aus den Leistungsverbesserungen der Kassen erwachsende Mehrbelastung der Gemeinden; zum anderen – daraus resultierten die christlichsozialen Vorbehalte – wurden Befürchtungen laut, die Gemeindekassen könnten die privaten Versicherungen konkurrieren.
161 Vgl. Prot. Fraktion KVP 1919–34 (StaatsA SG, Archiv CVP).
162 Im Jahresbericht 1925–28 schrieb Scherrer, es sei der christlichsozialen Gruppe darum zu tun gewesen, reaktionäre Sparmassnahmen im Staate zu verhindern. Die Gruppe habe mit Erfolg gegen den Abbau der Lehrergehälter interveniert. Aufgrund einer Motion Scherrers habe der Grosse Rat dem Ausbau der Hilfskasse für das Staatspersonal zugestimmt. Bei der Schaffung eines Arbeitslosenversicherungsgesetzes hätten die Christlichsozialen erfolgreich für die Gleichstellung der gewerkschaftlichen und der paritätischen Kassen gefochten (Jb CSP 1925–28, S. 4f., BAR). Während der von der Wirtschaftskrise überschatteten Legislaturperiode 1933–36 habe die Gruppe, so ein Wahlaufruf der CSP, erfolgreich für «praktische und soziale Wohlfahrtspolitik» gekämpft (Christlichsoziale Kundgebung zu den sanktgallischen Grossratswahlen vom 29. März 1936, verf. vom Parteiausschuss CSP, BAR). Die Rekonstruktion der parlamentarischen Wirksamkeit der Gruppe ist deswegen nur bedingt möglich, weil deren Angehörige namentlich nur zum Teil bekannt sind und in den Grossratsprotokollen unter dem Etikett «konservativ» erscheinen. Zu den Aktivitäten der Gruppe vgl. die Jb der CSP sowie die regelmässigen Ratsberichte, die Johannes Müller und Josef Scherrer für die «Hochwacht» verfassten.
163 Schreiben von Josef Scherrer an Peter Scheiwiler vom 10. Februar 1925 (BAR).
164 Josef Scherrer, Geschichtlicher Abriss über die CSP, 1951, S. 7 (BAR). Im Jahresbericht der CSP 1925–28, S. 4, rühmte Scherrer die Zusammenarbeit mit den Konservativen im Rat als «eine gute und freundschaftliche» (BAR), in einem Referat zum 25jährigen Bestand der Gruppe im November 1937 das Wohlwollen der konservativen Grossräte (Christlichsoziale Grossratsgruppe des Kantons St.Gallen 1912–1937. Notizen zum 25jährigen Bestand der Gruppe, 1937, S. 6, BAR).
165 Bei Bundesvorlagen übernahm die CSP regelmässig die Parolen des Politischen Komitees der katholischen Arbeitervereine der Schweiz, des Bundesvorstandes resp. Zentral-

denen sich Konservative und Christlichsoziale nicht auf eine gemeinsame Parole einigen konnten: Bei der Abstimmung über die Arbeitszeit bei den Transportanstalten 1920 beschloss die CSP die Ja-Parole, bei jener über das eidgenössische Fabrikgesetz 1924 und jener über den Besoldungsabbau beim Bundespersonal 1933 plädierte sie für ein Nein, während die Konservativen in allen drei Fällen die Stimme freigaben.[166] Verliefen die Urnengänge von 1920 und 1933 ohne merkliche Belastung für die Beziehungen der beiden Parteirichtungen[167], so führte die Abstimmung über das Fabrikgesetz auch in St.Gallen zu einer «Gereiztheit»[168] im Verhältnis von Konservativen und Christlichsozialen, wie die «Hochwacht» zugab.[169] Hier bildete die Vorlage bereits im Sommer 1923 Gegenstand eines Meinungsaustausches im konservativen Parteiausschuss. Während seitens der Konservativen eher Zustimmung signalisiert und darauf verwiesen wurde, dass die christlichsozialen Nationalräte bei den Parlamentsberatungen schliesslich auch für das Gesetz votiert hätten, setzte sich Johannes Müller namens der Christlichsozialen vehement für die Stimmfreigabe der Gesamtpartei ein.[170] Es waren die Christlichsozialen, die darauf die Initiative ergriffen und gleichsam vollendete Tatsachen schufen. In einer gemeinsamen kantonalen Konferenz mit den Arbeitervereinen im Dezember 1923 sprachen sie sich einmütig für die Verwerfung der Vorlage aus. Den «reaktionären Bestrebungen», die «in

 ausschusses des CAB oder der christlichsozialen Gruppe der katholisch-konservativen Fraktion der Bundesversammlung, was sich in der Anfangszeit faktisch dadurch ergab, dass die führenden St.Galler Christlichsozialen – J. Scherrer, J. Duft und J. Müller – in diesen Gremien Einsitz nahmen, später zusätzlich dadurch, dass der CAB die kantonalen politischen Gruppen verpflichtete, seine Parolen zu übernehmen (TBSch, 15. Januar 1938, PrivatA Scherrer). Einzig bei der Initiative zur Totalrevision der Bundesverfassung trat die CSP für die Vorlage ein, während die Schweizer Christlichsozialen sich der Stimme enthielten.

166 Prot. Kantonalkomitee KVP, 23. Oktober 1920, 7. Januar 1924 und 10. Mai 1933 (StaatsA SG, Archiv CVP).

167 Entsprechende Hinweise fehlen jedenfalls in den Protokollen der KVP und in der Tagespresse. Bei der Abstimmung über die Arbeitszeit bei den Transportanstalten bedauerte Josef Scherrer die konservative Indifferenz (Zirkular an die Bezirks- und Lokalorganisationen der CSP, 16. Oktober 1920, BAR), bei der Abstimmung über den Besoldungsabbau erinnerte er sich im Rückblick an gewisse Spannungen, die in der Gesamtpartei im Gefolge der Parolenfassung aufgetaucht waren (TBSch, 26. August 1933, PrivatA Scherrer). Insbesondere sollen Äusserungen des konservativen Parteichefs Emil Grünenfelder in der kantonalen christlichen Gewerkschaftsvereinigung Empörung ausgelöst haben (TBSch, 18. Februar 1936, PrivatA Scherrer).

168 Hochwacht, Nr. 56, 6. März 1924. Hodel dramatisiert zu sehr, wenn er von einer «tiefen Missstimmung» spricht (SKVP 1918–1929, S. 108). Für die unmittelbar nach der Abstimmung über das Fabrikgesetz durchgeführte Grossratswahl beschloss das Kantonalkomitee der CSP «in aller Einmut», den Wahlkampf gemeinsam mit dem konservativen Seniorpartner zu führen (Hochwacht, Nr. 51, 29. Februar 1924).

169 Zu den Auseinandersetzungen zwischen Konservativen und Christlichsozialen auf Landesebene vgl. Gehrig, Das Christlichsoziale, S. 130ff., und Hodel, SKVP 1918–1929, S. 258ff.

170 Prot. Parteiausschuss KVP, 14. Juli 1923 (StaatsA SG, Archiv CVP).

weiten Kreisen der konservativen Partei» spürbar seien, so Josef Scherrer in seinem einleitenden Referat, müsse «gleich von Anfang an Halt geboten werden». Sofern die Nein-Parole nicht durchsetzbar sei, dränge sich von seiten der Gesamtpartei wenigstens Stimmfreigabe auf.[171] Die Gesamtpartei, gleichzeitig mit den gegensätzlichen Forderungen ihres bäuerlich-gewerblichen und industriellen Flügels konfrontiert, entschied sich gegen die CSP, die auf absoluter Stimmfreigabe bestand, schliesslich dafür, die Revision zwar grundsätzlich zu empfehlen, im übrigen aber die Stimme freizugeben.[172] Damit zog sich die konservative Parteileitung zwar taktisch geschickt aus der Affäre, beim christlichsozialen Parteiflügel, der offensichtlich mehr Solidarität erwartet hatte, blieb dagegen einige Enttäuschung und Entfremdung zurück. Mehrmals sah sich Josef Scherrer in den folgenden Wochen genötigt, die Einheit von Konservativen und Christlichsozialen zu beschwören und die eigenen Leute daran zu erinnern, dass über sachpolitischen Tagesfragen eine «höhere Bindung» liege, «die wegen wirtschaftlichen Differenzen und gelegentlichen Meinungsdifferenzen nicht leichthin gelöst wird, nicht leichthin gelöst werden darf».[173]

Ziehen wir Bilanz: Konservative und Christlichsoziale des Kantons St.Gallen bezogen vor nationalen und kantonalen Abstimmungen in aller Regel identische Positionen. Lediglich bei vier Vorlagen, einer kantonalen und drei eidgenössischen, entschied sich die Gesamtpartei für Stimmfreigabe, während die CSP einen befürwortenden respektive ablehnenden Standpunkt einnahm. Hingegen lässt sich keine einzige kantonale oder eidgenössische Sachfrage ermitteln, auf die die beiden Parteirichtungen mit gegensätzlichen Stellungnahmen geantwortet hätten. Und mit Ausnahme des Urnenganges über das eidgenössische Fabrikgesetz, der zu einer gewissen Verstimmung führte, sind von der Sachpolitik nie ernst zu nehmende Gefährdungen für die Einheit der konservativen Kantonalpartei ausgegangen.

Der Vollständigkeit halber ist ausser der eidgenössischen und der kantonalen Ebene auch die kommunale in die Untersuchung einzubeziehen. Hier lässt sich, soweit überblickbar[174], ein Urnengang ausmachen, in dem Kon-

---

171 Prot. Kantonalkomitee CSP, 9. Dezember 1923 (BAR); vgl. auch Hochwacht, Nr. 287, 10. Dezember 1923. Den christlichsozialen Standpunkt zur Arbeitszeitfrage vertrat Josef Scherrer u.a. in: Hochwacht, Nrn. 21 und 31, 25. Januar und 6. Februar 1924. Vgl. auch Scherrer, Arbeitszeit.
172 Prot. Kantonalkomitee KVP, 7. Januar 1924 (StaatsA SG, Archiv CVP). Vgl. auch Ostschweiz, Nr. 33, 8. Februar 1924. Damit übernahm die KVP die Parole, die das Parteikomitee der Schweizer Konservativen am 18. Dezember 1923 beschlossen hatte. Ebenso nahm die «Ostschweiz» einen befürwortenden Standpunkt ein, liess aber auch die Gegenseite zu Wort kommen.
173 Hochwacht, Nr. 51, 29. Februar 1924. Vgl. auch Hochwacht, Nrn. 56 und 78, 6. März und 1. April 1924.
174 In Scherrers Tagebuch, in den Archivalien der CSP und in der «Hochwacht» finden sich keine weiteren Hinweise auf sachpolitische Divergenzen auf Gemeindeebene.

servative und Christlichsoziale gegensätzlich Positionen vertraten, und zwar bei der Abstimmung über die Einführung einer zeitlich befristeten Zusatzsteuer für die Arbeitsbeschaffung in der Stadt St.Gallen im Dezember 1936. Seitens der städtischen Konservativen erfuhr das Projekt eine entschiedene Ablehnung, während die christliche Gewerkschaftsvereinigung, das Kartell St.Gallen und die CSP für die Ja-Parole eintraten und sich dem aus Freisinnigen und Sozialdemokraten zusammengesetzten Pro-Komitee anschlossen.[175] Nicht in der kantonalen, wohl aber in der ausserkantonalen Tagespresse mussten sich die städtischen Christlichsozialen deswegen Kritik gefallen lassen. Von einem «höchst bedenklichen Seitensprung» sprach der St.Galler Korrespondent der Thurgauer Zeitung, die Christlichsozialen hätten sich der Linken verkauft, «Loyalität gegen Loyalität» vertauscht.[176] Johannes Müller replizierte, indem er auf das Recht der Christlichsozialen verwies, in wirtschaftlichen und sozialen Fragen eine selbständige Stellung einzunehmen. Im übrigen hätten die Christlichsozialen «schon oft unter Überwindung verschiedener Hemmungen und Schwierigkeiten auch in wirtschaftlichen Fragen an der Seite der konservativen Partei gekämpft, ohne hiefür eine Anerkennung zu finden».[177] Allerdings lässt sich auch für diesen einen Fall gegensätzlicher Positionsbezüge keine negative Rückwirkung auf die Einheit und Geschlossenheit der konservativen Partei feststellen.

Die weitgehende Übereinstimmung in der Sachpolitik festzustellen ist eines. Ein anderes ist es, Gründe dafür anzuführen. Wie erklärt sich dieses für eine Zeit der Verwirtschaftlichung der Politik und der damit einhergehenden starken sozioökonomischen Spannungen doch einigermassen verwunderliche Phänomen weitestgehender Konkordanz zwischen altkonservativer und christlichsozialer Parteirichtung? Warum gefährdeten, wie nachfolgend gezeigt wird, wohl Wahlgänge, nie aber sachpolitische Entscheide den konservativ-christlichsozialen Hausfrieden? Für die kantonale und kommunale Politik lässt sich das Phänomen zunächst ganz allgemein damit erklären, dass die grossen Themen der Wirtschafts- und Sozialgesetzgebung in den Kompetenzbereich des Bundes fielen. Was hier im Kanton und in den Gemeinden als Ausführungsgesetzgebung anfiel, war naturgemäss weniger dazu angetan, Zündstoff für parteiinterne Querelen zu liefern. Sodann lässt der Vergleich der Parteiparolen erkennen, dass die Konfliktlinie in den St.Galler Abstimmungen nicht zwischen den Parteien verlief, sondern diese sich in der Regel mit einer ausserparteilichen Gegnerschaft konfrontiert sahen. Für die CSP hiess das, dass bei kantonalen Abstimmungen

---

175 Zu den Argumenten von Konservativen und Christlichsozialen vgl. Ostschweiz, Nrn. 580, 588 und 589, 14., 18. und 19. Dezember 1936. Die Vorlage wurde mit 5872 Ja- gegen 5479 Nein-Stimmen knapp angenommen.
176 Zit. nach Hochwacht, Nr. 273, 21. Januar 1937.
177 Hochwacht, Nr. 273, 21. Januar 1937.

Vierter Teil: Die Christlichsozialen im Kräftespiel der St.Galler Parteien

> **In der Arbeiterfamilie.**
> „.... Diese kleine Mehrleistung darf auch dem Arbeiter zugemutet werden....."
> (Aus einer christlichsozialen Rede zugunsten der Mehrsteuer).
>
> *Hüt git's nünt z'essa, hüt han i wieder a Stür zahle müesse.*

Die Zustimmung der Christlichsozialen zum kantonalen Staatsschuldentilgungsgesetz beantworteten die Sozialdemokraten mit scharfer Polemik.

(konservativer) Lager- und (sozialdemokratischer) Klassenstandpunkt konvergierten, dass mithin das Spannungsfeld zwischen (konservativer) Lagerloyalität und (sozialdemokratischer) Klassensolidarität meistens gar nicht existierte. Einzig beim Staatsschuldentilgungsgesetz (Nr. 6), gegen welches die Sozialdemokraten das Referendum ergriffen hatten, vermochten sich die St.Galler Hauptparteien nicht auf eine Linie zu einigen. In der von scharfer Polemik erfüllten Auseinandersetzung zwischen den bürgerlichen Parteien einerseits und der Sozialdemokratie andererseits schlug sich die CSP wie vorher in der Landesstreikdebatte auf die Seite des Bürgertums.

Nicht zuletzt ist die konservativ-christlichsoziale Harmonie in Sachfragen aber auch Ausdruck der gemeinsamen programmatischen Erklärungen, auf die sich Konservative und Christlichsoziale 1911 und 1919 verpflichtet hatten. In diesen Programmabsprachen war es der CSP gelungen, die Gesamtpartei auf eine sozial fortschrittliche Linie und auf konkrete Postulate zu verpflichten. Dass die programmatischen Bekenntnisse in eine entsprechende politische Praxis ausmündeten, ergibt sich aus einem Vergleich mit den Positionen der Sozialdemokraten. Das hohe Mass an Übereinstimmung unterstreicht, dass die konservative Partei St.Gallens im Unterschied zu den Schweizer Konservativen[178] weit davon entfernt war, eine reaktionäre Politik zu verfolgen, sondern auch in der Programmwirklichkeit ihrem Partner mit einem sozialreformerischen Kurs beachtlich entgegenkam. Es sei der CSP gelungen, zog Scherrer Bilanz, ihr «ganzes christlichsoziales Ideengut zum Gemeingut der ganzen konservativen Volkspartei zu machen».[179] Wenn die Christlichsozialen nicht gewesen wären, wäre die KVP «der Verknöcherung verfallen»[180] und hätte unweigerlich einen sozial reaktionären Kurs gesteuert.[181] Belegen lässt sich die Feststellung konservativer Fortschrittlichkeit anhand der finanz- und sozialpolitischen Vorlagen. Trotz Widerständen in den eigenen Reihen sprach sich die KVP im Verein mit der CSP regelmässig dafür aus, dem Staat die zur Erfüllung der ihm aufgetragenen sozialen Aufgaben notwendigen Mittel zu beschaffen. So trat sie etwa 1918 trotz scharfer Opposition in den eigenen Reihen für das Steuernachtragsgesetz ein (Nr. 1) und lehnte 1929 eine von bürgerlichen Kreisen lancierte Gesetzesinitiative ab, die sämtliche kostenrelevanten Beschlüsse und Gesetze des Grossen Rates dem Referendum unterstellen wollte (Nr. 8). Bei den Urnengängen zum wichtigsten sozialen Projekt der Zwischenkriegszeit, der Alters-, Hinterlassenen- und Invalidenversicherung, standen die Konservativen mit den Christlichsozialen in einer gemeinsamen Front, wobei die konservative Parteileitung ihre Zustimmung u.a. mit dem Argument begründete, «dass es sich um eine Vertrauensfrage gegenüber den Christlichsozialen handle».[182] Gerade hier zeige sich, so die «Hochwacht», «wie die christlich-

---

178 Auf der Landesebene «traten die Konservativen mehrheitlich als Bremser auf» (Altermatt, Milieukatholizismus, S. 19).
179 Zirkular an das Kantonalkomitee, an die Bezirks- und Gemeindepräsidenten der CSP, 24. Februar 1942 (BAR). Vgl. auch Jb CSP 1941–43, S. 2, BAR).
180 Hochwacht, Nr. 182, 8. August 1938. Mehrmals bemühte Scherrer auch das vom Luzerner Prälaten Albert Meyenberg geprägte Wort von der «Arterienverkalkung», vor der die CSP die Konservativen bewahrt habe (z.B. 25 Jahre st.gallische christlichsoziale Partei, Vortragsmanuskript, 1936, S. 20, BAR).
181 TBSch, 1. Oktober 1939 (PrivatA Scherrer).
182 TBSch, 11. November 1925 (PrivatA Scherrer); vgl. auch Prot. Kantonalkomitee und Fraktion KVP, 11. November 1925 (StaatsA SG, Archiv CVP). Ebenfalls stimmte das konservative Kantonalkomitee 1931 dem Bundesgesetz über die Alters- und Hinterlassenenversicherung zu (vgl. Prot. Kantonalkomitee KVP, 12. November 1931, StaatsA

sozialen Gedanken Gemeingut der führenden konservativen Kreise [St.Gallens] geworden sind».[183] Es lässt sich sogar beobachten, dass konservative Exponenten – Regierungsräte, Fraktionschefs oder Parteipräsidenten – selbst bei sozialpolitischen Fragen die Meinungsführerschaft in der Gesamtpartei übernahmen und sich die CSP darauf beschränkte, entweder Impulse zu sozial- und wirtschaftspolitischen Aktivitäten zu geben oder als eine Art «Spezialkommission» die Position der Gesamtpartei auf ihre Sozialverträglichkeit zu prüfen und punktuell Akzente zu setzen.[184] Dabei kam der CSP zweifellos der Umstand zustatten, dass die christlichsozialen Parteigremien wie auch die christlichsoziale Grossratsgruppe die Sachvorlagen in aller Regel vor den Instanzen der Gesamtpartei berieten und die gefassten Beschlüsse über ihre Vertretungen in die Gesamtpartei trugen, wodurch die gemeinsamen Positionsbezüge in gewisser Weise präjudiziert wurden.[185]

Der konservative Regierungsrat Emil Mäder war in den 1920er und 1930er Jahren als Vorsteher des Finanzdepartementes Garant für eine sozial aufgeschlossene Ausgestaltung der kantonalen Politik.

Doch nicht allein die konservative Aufgeschlossenheit gegenüber den Anliegen des christlichsozialen Juniorpartners begründete die Einvernehm-

SG, Archiv CVP). Genauso einträchtig lehnten St.Galler Konservative und Christlichsoziale im Frühjahr 1925 auf Empfehlung Josef Scherrers die sog. Initiative Rothenberger ab, die den Bund verpflichten wollte, eine gesetzliche Invaliditäts-, Alters- und Hinterbliebenenversicherung einzuführen, und die die Unterstützung der linken Arbeiterorganisationen fand (Prot. Kantonalkomitee KVP, 27. April 1925, StaatsA SG, Archiv CVP; zur Argumentation Scherrers vgl. auch JB CAB 1924/25, S. 47ff.).
183 Hochwacht, Nr. 226, 29. September 1925.
184 Vgl. Prot. Wirtschaftskommission KVP, 1924–1931 (StaatsA SG, Archiv CVP). Garant des sozialen Kurses der KVP war u.a. Regierungsrat Emil Mäder, der von 1920 bis 1936 dem Finanzdepartement vorstand. «Mäder war ein Staatsmann von Format, der trotz seiner schwierigen Aufgabe als Finanzchef den sozialen Gedanken auch im Steuerwesen vertrat» (TBSch, 28. Juni 1936, PrivatA Scherrer; vgl. auch Hochwacht, Nr. 141, 19. Juni 1936, und Thürer, Landammänner, S. 29f.).
185 Um nur ein Beispiel anzuführen: Der Parteiausschuss der KVP entschied bei der ersten Besprechung des Arbeiterinnenschutzgesetzes, dieses zuerst der christlichsozialen Gruppe des Grossen Rates vorzulegen. Deren Resultate sollten Grundlage der weiteren Beratung im Rahmen der konservativen Fraktion bilden (Prot. 27. Oktober 1924, StaatsA SG, Archiv CVP).

lichkeit in Sachfragen. Auch die Christlichsozialen waren durchaus bereit, dazu einen Beitrag zu leisten. Zwar setzten sie sich energisch gegen den Sozialabbau und für die Standesinteressen der Arbeitnehmerschaft ein, nie aber erlagen sie der Versuchung, ihre Forderungen zu verabsolutieren. Ihr sozial- und wirtschaftspolitisches Engagement war einerseits durch den Vorsatz geprägt, dass sie «eine alle arbeitenden Stände umfassende und allen berechtigten Interessen dienende Politik» verfolgen wollten[186], andererseits durch die Einsicht, dass die Sozialpolitik des Staates an dessen wirtschaftlicher Tragfähigkeit «ihre natürliche Grenze» findet.[187] Die christlichsoziale Kompromisspolitik lässt sich anhand der Auseinandersetzung um das kantonale Finanzreferendum (Nr. 5) sowie der Kontroverse um das kantonale Staatsschuldentilgungsgesetz (Nr. 6) illustrieren. Das Finanzreferendum hatten Konservative und Demokraten als zentrales Anliegen bereits bei den Verfassungsberatungen 1890 vorgetragen. Die CSP verhielt sich aus Furcht vor negativen sozialpolitischen Auswirkungen zunächst reserviert. «Was übrigens dann geschehen soll, wenn das Volk dringlichste soziale Ausgaben ablehnt, wird nicht gesagt; sollen dann die Leute verhungern?»[188] Dennoch billigte die CSP das Referendum im Grundsatz, verband aber ihre Zustimmung mit der Erwartung einer «vernünftigen, sozialen» Ausgestaltung.[189] Beim Staatsschuldentilgungsgesetz stellten sich die Christlichsozialen entschieden gegen die Sozialdemokraten und auf den bürgerlichen Standpunkt. Die Sozialdemokraten führten den Referendumskampf mit dem Argument, der Gesetzesentwurf privilegiere grosskapitalistische Interessen und wolle die Staatsfinanzen auf dem Buckel der Kleinverdiener sanieren.[190] Die CSP dagegen empfahl ihrer Klientel die Vorlage «im Bewusstsein unserer Mitverantwortung für das Ganze», wie ein von den Christlichsozialen verfasster und von allen bürgerlichen Arbeitnehmerverbänden unterzeichneter Aufruf erklärte. Zwar trage der Staat den unteren Volksklassen gegenüber soziale Verant-

---

186 Jb CSP 1917–19, S. 2 (BAR). Vgl. auch Jb CSP 1939–41, S. 3 (BAR).
187 Josef Scherrer, Unsere Stellung zur politischen Lage. Manuskript eines Referats anlässlich der Sitzung des Kantonskomitees der CSP, 2. April 1934, S. 19 (BAR). Immer wieder verwahrte sich Josef Scherrer gegen ein Überborden staatlicher Intervention: «Wir wollen keinen Staatssozialismus, wohl aber das vernünftige Eingreifen des Staates in jenen Fällen, in denen es im Interesse einzelner oder des Volkes notwendig ist» (Hochwacht, Nr. 100, 30. April 1926).
188 TBSch, 17. November 1921 (PrivatA Scherrer). Scherrer sprach sich für ein kombiniertes System von obligatorischem und fakultativem Referendum aus. In diesem Sinne verabschiedete der Grosse Rat im Mai 1929 das kantonale Finanzhaushalts- und Finanzreferendumsgesetz, das ohne Referendum in Kraft trat (vgl. Holenstein, Konservative Volkspartei, S. 331f.).
189 Hochwacht, Nr. 9, 11. Januar 1924.
190 Volksstimme, Nrn. 210, 211 und 212, 9., 10. und 11. September 1925; vgl. auch Roschewski, Sozialdemokratie, S. 121.

wortung. Diese Erwartung aber impliziere, «dass auch die Arbeiter- und Angestelltenschaft nach ihren Kräften mithelfen muss, den Staat gesund und leistungsfähig zu erhalten».[191]

Als letzter erklärender Grund für die weitgehende Konkordanz in sachpolitischen Fragen ist schliesslich die Autonomie-Vereinbarung von 1919 zu erwähnen, auch wenn sie in ihrer praktischen Bedeutung nicht überschätzt werden darf. Zwar wurde sie nur ausnahmsweise angewandt, doch bewährte sie sich in der Praxis mehrmals als Mechanismus des Ausgleichs von ansonsten möglicherweise unausweichlichen Konflikten. Bei der Abstimmung über das eidgenössische Fabrikgesetz etwa, der kantonalen Abstimmung über das Arbeitslosenversicherungsgesetz oder der kommunalen Abstimmung über die Arbeitsbeschaffungssteuer erlaubte die Autonomie-Übereinkunft der CSP, entgegen der Position der Mutterpartei einen klar «linken» Standpunkt einzunehmen und sich damit als Anwältin der Arbeitnehmerinteressen zu profilieren, ohne dass deswegen die katholische Einheitsfront ins Wanken geriet.

Die hohe sachpolitische Konkordanz zwischen konservativem und christlichsozialem Parteiflügel liefert auch eine Erklärung dafür, warum die CSP nie von den Instrumenten der Volksrechte, den «klassischen Mitteln der Opposition im schweizerischen Regierungssystem», Gebrauch machte.[192] Umgekehrt dürfte gerade der Verzicht auf Initiative und Referendum auch ein Indiz für die weitgehende sachliche Übereinstimmung von Konservativen und Christlichsozialen sein. Denn die positive Resonanz, auf die die CSP mit ihren sozialen und wirtschaftlichen Postulaten in der Gesamtpartei regelmässig stiess, und die Aussicht auf Verstärkung der Forderungen durch die numerisch stärkste Partei im Kanton liessen zusammen mit der Einsicht in die beschränkten eigenen Mittel den «Dienstweg» erfolgversprechender erscheinen als den steinigen Weg über die ausserparlamentarische Opposition.

---

191 Ostschweiz, Nr. 209, 9. September 1925. Zur Argumentation der CSP vgl. auch Zirkular an das tit. Kantonalkomitee, die tit. Bezirksorganisationen, die tit. katholischen Arbeitervereine und Lokalorganisationen der CSP, 4. August 1925 (BAR), und Hochwacht, Nrn. 181 und 205, 6. August und 4. September 1925. Die Christlichsozialen mussten sich deswegen seitens der Sozialdemokratie den Vorwurf gefallen lassen, «Marionetten des Grosskapitals» zu sein (Volksstimme, Nr. 210, 9. September 1925).
192 Gruner, Parteien, S. 24. Ob die CSP gemäss der Vereinbarung von 1919 überhaupt das Recht zu Initiative und Referendum hatte, war nie Gegenstand irgendwelcher Abklärungen. Ein einziges Mal, 1938, wurde auf Anregung von Eugen Lendi im Parteiausschuss der CSP ein Referendum gegen das vom Grossen Rat erlassene Gesetz über die berufliche Ausbildung erwogen, wegen geringer Erfolgsaussichten aber abgelehnt (TBSch, 28. Mai 1938, PrivatA Scherrer).

2.5 ... und Dissonanzen bei Wahlen

Mit dem Gesamtbefund weitgehender Einvernehmlichkeit in sachpolitischen Fragen kontrastiert das Faktum, dass insbesondere Wahlgänge die Einheit von Konservativen und Christlichsozialen mehrmals vor gefährliche Zerreissproben stellten. Dafür gibt es einen plausiblen Grund: Das Wachstum der CSP verlief stets gegen «innen», womit Wahlgänge regelmässig zu einer Art «Nullsummenspiel» wurden, in dem die Gewinne der CSP gleichzeitig die Verluste der KVP bedeuteten. Mit anderen Worten: Die CSP rekrutierte ihre Wähler praktisch ausschliesslich im konservativen Parteilager, nicht aber in den Reihen des weltanschaulichen Gegners, der Sozialdemokraten. Tabelle 24 zeigt, dass die Mandatzahl des katholischen Parteilagers im sanktgallischen Grossen Rat grosso modo bis 1939 konstant blieb, dass sich dagegen die Proportionen innerhalb der konservativen Gesamtpartei kontinuierlich zugunsten der Christlichsozialen verschoben.

Tabelle 24: Mandatsanteile von Konservativen und Christlichsozialen im Grossen Rat des Kantons St.Gallen, 1912–1939

	1912–18 abs./in%		1918–21 abs./in%		1921–24 abs./in%		1924–27 abs./in%		1927–30 abs./in%		1930–33 abs./in%		1933–36 abs./in%		1936–39 abs./in%	
Bestand	202		202		173		173		173		173		174		174	
kons. Fraktion	87	43	88	44	76	44	77	44	78	45	76	44	79	45	76	44
davon KVP	78	90	75	85	63	83	63	82	63	81	56	74	58	73	57	75
davon CSP	9	10	13	15	13	17	14	18	15	19	20	26	21	27	19	25

Statistik des Kantons St.Gallen, XL, S. 8f. Die Mandate der CSP, die mit Ausnahme der 1912er Wahl im Bezirk Sargans immer gemeinsam mit der KVP in den Wahlkampf zog, sind in der Tagespresse sowie in den Statistiken nie als solche ausgewiesen, sondern stets unter jenen der KVP subsumiert. Angaben zum Sitzanteil der CSP in: TBSch, passim (PrivatA Scherrer); CSP, Jb des Präsidenten, Zirkulare und Verzeichnisse (BAR). Die Angaben zur CSP schliessen die Hospitanten – soweit erkennbar bis 1936 jeweils einer – mit ein. Kam es während einer Legislaturperiode zu Sitzverschiebungen zwischen Konservativen und Christlichsozialen, ist jeweils die höhere Zahl angegeben. 1915 einigten sich die Parteien darauf, stille Wahlen durchzuführen. Dabei rückte für einen konservativen Demissionär ein christlichsozialer Ersatzmann nach. Die CSP stimmte dem Übereinkommen nur widerstrebend zu (TBSch, 11. November 1914, PrivatA Scherrer).

Diese Beobachtung – konstanter Mandatsanteil des konservativen Parteilagers, Wachstum der CSP auf Kosten der KVP – wird durch die Nationalratswahlen seit 1919 bestätigt. Die konservative Gesamtpartei behauptete bei den ersten Proporzwahlen von 1919 zwar ihre sechs bisherigen Mandate, doch gingen zwei davon an die erstmals für das nationale Parlament kandidierenden Christlichsozialen, die zwei Konservative verdrängten. Im Frühjahr 1935 fiel der CSP ein drittes Mandat zu. Weil die konservative Gesamtpartei im Wahlgang im Oktober desselben Jahres gleichzeitig einen

Sitz verlor und insgesamt nur noch fünf Mandate behauptete, stellte die CSP während zweier Jahre sogar die Mehrheit in der konservativen Nationalratsdeputation St.Gallens (Tab. 25).[193]

Tabelle 25: Mandatsanteile von Konservativen und Christlichsozialen an der St.Galler Nationalratsvertretung, 1919–1939

	1919–22	1922–25	1925–28	1928–31	1931–35		1935–39
Mandatzahl SG	15	15	15	15	13		13
kons. Deputation	6	7	6	7	6		5
davon KVP	4	5	4	5	4	3	2	3
davon CSP	2	2	2	2	2	3	3	2

Statistik des Kantons St.Gallen, XLI; Holenstein, Konservative Volkspartei, S. 321ff.; Thürer, St.Galler Geschichte, S. 969f. Carl Zurburg, im Nationalrat von 1905 bis 1925 und christlichsozialer Vertrauensmann, ist unter den Konservativen subsumiert.

Die Grossratswahl vom Frühjahr 1918, die Nationalratswahl von 1919 sowie die kantonale Parlamentswahl von 1930 brachten der CSP die markantesten Wachstumsschübe. Im Ergebnis des Wahlgangs von 1918 spiegelte sich ebenso wie bei der Nationalratswahl 1919 das durch die wirtschaftliche Konjunktur begünstigte allgemeine Wachstum der christlichsozialen Organisationen während des Ersten Weltkrieges.[194] Bemerkenswert sind auch Verlauf und Ausgang der Grossratswahl von 1921: Die mit der Reduktion der Mitgliederzahl des Grossen Rates verbundenen Mandatsverluste wurden, wie Scherrer mit Genugtuung vermerkte, «allein von der konservativen Richtung innert unserer Partei» getragen; dennoch sei die Gesamtpartei «einiger denn je».[195] Die Mandatsgewinne von 1930 (Grosser Rat) respektive das gute Abschneiden Johannes Müllers in der Nationalratswahl von 1931 – er wurde zweiter Ersatzmann – dürften einerseits auf konjunkturelle Gründe

---

193 Der Anteil der christlichsozialen Grossratsgruppe am Gesamtbestand der konservativen Fraktion nahm nach dem Zweiten Weltkrieg zunächst weiter zu. In der Legislaturperiode 1951–54 betrug er 33%. In der aktuellen Legislaturperiode 1996 bis 2000 zählt die Gruppe der 66köpfigen CVP-Fraktion 20 Mitglieder (30%). Im Nationalrat verlor die CSP 1947 mit der Abwahl Arnold Kapplers ihren zweiten Sitz. 1951 ersetzte Walter Klingler Josef Scherrer. Erst 1954, als Kurt Furgler für den in den Bundesrat gewählten Thomas Holenstein in den Rat nachrückte, erlangten die Christlichsozialen wiederum eine Doppelvertretung. Seit 1987 vertritt Eugen David den christlichsozialen Flügel in der St.Galler Nationalratsdeputation der CVP.
194 Die Gewinne der CSP in der Grossratswahl vom Frühjahr 1918 sind ein weiterer Beleg für Holensteins These, dass der Aufschwung der christlichsozialen Organisationen nicht das Ergebnis von deren Rolle während des Landesstreiks war, sondern seine Ursachen in der wirtschaftlichen Konjunktur während des Krieges hatte (Holenstein, Landesstreik, S. 102ff.).
195 TBSch, 17. März 1921 (PrivatA Scherrer). Vgl. auch Winterthurer Volkszeitung, Nrn. 75 und 84, 1. und 12. April 1921.

zurückzuführen sein – die Zahl der Arbeitslosen stieg vom Dezember 1929 bis zum Dezember 1930 auf mehr als das Doppelte an[196] –, andererseits aber auch auf Veränderungen in der politischen Landschaft St.Gallens. Zum einen verloren Alt- und Fortschrittsdemokraten sechs der bisher acht Mandate. Zwar sei das Gros der ehemaligen Demokraten zu den Sozialisten und den Freisinnigen abgewandert, analysierte Johannes Müller den Wahlausgang, aber «etwas weniges» sei auch zu den Konservativen respektive den Christlichsozialen gestossen.[197] Zum andern stehen die Mandatsgewinne der CSP in direktem Zusammenhang mit der trotz starker Widerstände in der konservativen Basis unmittelbar zuvor erfolgten Wahl eines Sozialdemokraten in den sanktgallischen Regierungsrat. Mit diesem Prestige- und Einflussgewinn der Sozialdemokraten wuchs offenbar in konservativen Kreisen die Einsicht in die Notwendigkeit, die Christlichsozialen als Gegengewicht gegen die weitere Expansion der Sozialdemokraten zu stärken. So dürfte mancher konservative Stammwähler die Christlichsozialen aus der Erwägung heraus bevorzugt haben, dadurch jene politische Kraft zu unterstützen, deren Führer, Josef Scherrer, vor der Wahl den «vollen Gegensatz und die Unvereinbarkeit der sozialistischen Bewegung mit der katholischen Welt- und Lebensanschauung» betont und gelobt hatte, den «Kampf gegen den Sozialismus... auch in der Zukunft mit allen erlaubten Mitteln» zu führen.[198] Auch die Wahl von Alois Scheiwiler, dem Zentralpräsidenten der christlichsozialen Organisationen, zum St.Galler Bischof im Sommer 1930 ist nicht zuletzt aus dieser Perspektive zu würdigen.

Der christlichsoziale Vormarsch bei gleichzeitiger Zurückdrängung des altkonservativen Parteiflügels bildete einen ständigen Herd der Unruhe in der Gesamtpartei. Im April 1919, anlässlich einer vertraulichen Besprechung der konservativen Parteileitung, zeigte sich Parteichef Eduard Guntli beunruhigt über die «Erweiterung der christl. sozialen Parteiorganisation auf Kosten der bisherigen konservativen Partei».[199] Als sich die Konservativen und Christlichsozialen im Zusammenhang mit der Nationalratswahl 1935 wie nie zuvor entfremdet hatten, sah sich Josef Scherrer vor allem mit dem Vorwurf konfrontiert, die Christlichsozialen würden sich «nicht an den Gegner wenden..., verzichteten darauf, [ihre] Mitglieder aus [dessen] Reihen zu werben und würden [sich] nur an die konservativen Parteigänger halten». Ja, klagte Scherrer, die Zunahme des christlichsozialen Einflusses werde «oft

---

196 Dezember 1929: 1048; Dezember 1930: 2435. In der Stadt St.Gallen von 811 auf 1224 (Die Volkswirtschaft. Wirtschaftliche und sozialstatistische Mitteilungen, hg. vom Eidgenössischen Volkswirtschaftsdepartement, III. Jg., 1930, und IV. Jg., 1931, passim).
197 Hochwacht, Nr. 79, 3. April 1930.
198 Hochwacht, Nr. 57, 8. März 1930.
199 Eduard Guntli, Exposé für die vertrauliche Besprechung vom 18. April 1919 (StaatsA SG, Archiv CVP).

sogar viel störender empfunden, als die Festigung und Ausweitung gegnerischer Positionen oder gar die Entstehung neuer gegnerischer Bewegungen». Josef Scherrer replizierte, indem er den Konservativen die rhetorische Frage stellte, «wo so mancher konservative Parteigänger heute wäre, wenn nicht die Aktivität der Christlichsozialen ihn bei der Partei gehalten hätte». Sie, die Konservativen, würden dazu neigen, die christlichsozialen Wahlerfolge zu sehr «unter einem ausschliesslich parteipolitischen Aspekt» zu beurteilen, dabei aber verkennen, dass die CSP Teil der konservativen Gesamtpartei sei und diese deswegen insgesamt keinen Schaden nehme.[200]

Es würde den Rahmen dieser Arbeit sprengen, sämtliche Auseinandersetzungen, die kantonale und nationale Wählgänge regelmässig provozierten, darzustellen. Wir beschränken uns darum auf jene Fälle, die das konservativ-christlichsoziale Verhältnis besonders stark belasteten. In zeitlicher Reihenfolge waren dies die erste Proporzwahl des Grossen Rates von 1912, sodann die 1919 ebenfalls erstmals nach dem Proporz vorgenommene Wahl des Nationalrates, die vom Grossen Rat vorgenommene Ständeratswahl von 1935 sowie die Nationalratswahl von 1935. Die Vorgänge im Zusammenhang mit den Wahlen in den Regierungsrat stellen wir im nächsten Abschnitt gesondert dar.

Konservative und Christlichsoziale hatten im Verein mit Demokraten und Sozialdemokraten im Frühjahr 1911 dem proportionalen Wahlverfahren für den Grossen Rat zum Durchbruch verholfen. Die danach gegründete CSP formulierte gleich an der ersten konstituierenden Sitzung des Parteiausschusses im Dezember 1911 ihre Vertretungsansprüche und stellte «unserer ungefähren (vermutl.) Parteistärke zufolge» das Begehren auf 15 Mandate und ein Ersatzmandat.[201] Die Verhandlungen zwischen Konservativen und Christlichsozialen in den Bezirken erwiesen sich als schwierig[202], obgleich die kantonale konservative Parteileitung in einem vertraulichen Zirkular die christlichsozialen Forderungen gutgeheissen hatte.[203] Statt der geforderten 15 vermochten die christlichsozialen Bezirksparteien nur acht Haupt- und eine Handvoll Ersatzkandidaten durchzusetzen.[204] Als Haupt-

---

200 Josef Scherrer, Entwicklung, Ziel und Aktion der christlichsozialen Volksbewegung unter Berücksichtigung der parteipolitischen Verhältnisse im Kanton St.Gallen, Dezember 1935, S. 5f. und S. 17f. (BAR). Ähnlich argumentierte Scherrer in einem Bericht, in dem er Verlauf und Ergebnisse der Nationalratswahl von 1935 analysierte (v.a. S. 8, BAR).
201 Jb CSP 1912, S. 17 (BAR).
202 Vgl. Jb CSP 1912, S. 20ff. (BAR).
203 Zirkular des Parteiausschusses der KVP an die Bezirksleiter der KVP, 30. November 1911 (StaatsA SG, Archiv CVP); Jb CSP 1912, S. 19 (BAR).
204 Jb CSP 1912, S. 20ff. (BAR); Arbeiter, Nr. 13, 30. März 1912; vgl. auch bereinigte Listen der KVP, in: Ostschweiz, Nr. 74, 27. März 1912. Im Oberrheintal erklärten sich die Christlichsozialen damit einverstanden, auf eine eigene Kandidatur zu verzichten und stattdessen den Konservativen Carl Zurburg als ihren Kandidaten zu betrachten.

grund für diesen Misserfolg führte Josef Scherrer in seinem ersten Tätigkeitsbericht die starken konservativen Widerstände an.[205] Im Bezirk Gossau etwa war das konservative Entgegenkommen so gering, dass die christlichsoziale Delegiertenversammlung um ein Haar beschlossen hätte, mit einer separaten Liste anzutreten. In Tablat stimmten die Konservativen einer christlichsozialen Doppelkandidatur erst zu, als Josef Scherrer namens der christlichsozialen Delegiertenversammlung mit selbständigem Vorgehen drohte.[206] Die Rorschacher überluden ihre Kandidatenliste derart, dass der christlichsoziale Vertreter Othmar Wick ernsthaft gefährdet war und im Wahlgang dann tatsächlich auf den ersten Ersatzrang verwiesen wurde. «Nach langen Unterhandlungen» erklärte schliesslich ein Konservativer nach der Wahl seinen Rücktritt, so dass der christlichsoziale Kandidat nachrücken konnte.[207] Josef Scherrer war ehrlich genug, auch eigene Versäumnisse einzugestehen. In mehreren Bezirken – Scherrer nannte das untere Rheintal sowie die Bezirke Wil und See – scheiterten die christlichsozialen Ansprüche entweder daran, dass die Strukturen der christlichsozialen Bezirksorganisationen noch zu wenig verfestigt waren, um die Forderungen mit dem gebotenen Nachdruck vertreten zu können, oder daran, dass sich die Christlichsozialen bezüglich ihrer Kandidatenkür nicht einig waren.

Obgleich die Christlichsozialen grundsätzlich davon ausgingen, jederzeit mit einer eigenen, von den Konservativen getrennten Liste in den Wahlkampf ziehen zu können, schlugen die konservativ-christlichsozialen Verhandlungen nur in einem einzigen Bezirk fehl, nämlich im Bezirk Sargans, wo Konservative und Christlichsoziale mit zwei getrennten Listen zur Wahl antraten.[208] Der Bezirk Sargans war 1911 mit fünf Arbeitervereinen und rund 300 Mitgliedern eine Hochburg der Christlichsozialen im Kanton St.Gallen. Unter der Führung des Redaktors des «Sarganserländer», Johann Baptist Rusch, war im Frühsommer 1911 ein christlichsozialer Bezirksverband ins Leben gerufen worden – zum Missfallen der konservativen Honoratioren im Bezirk, die den umtriebigen und eigenwilligen Redaktor, der in seinem Blatt die Idee einer von den Konservativen losgelösten politischen Organisation der Christlichsozialen verfocht, schon längere Zeit bearg-

---

205 Jb CSP 1912, S. 20ff. (BAR).
206 Vgl. auch Schreiben von Josef Scherrer an den konservativen Parteiausschuss des Bezirks Tablat vom 10. Januar 1912 (StaatsA SG, Archiv CVP).
207 Vgl. auch Josef Scherrer, Notiz zum Bestand der ersten christlichsozialen Gruppe des Grossen Rates, 1956 (BAR).
208 1948 wiederholten sich vor der Grossratswahl im Bezirk Wil die Vorgänge von 1912 in Sargans. Die Wiler Christlichsozialen zogen – Scherrer sprach von «Bruderzwist» und «schwerem Disziplinbruch» – mit einer eigenen Liste in den Wahlkampf, blieben aber ohne Erfolg (vgl. Jb CSP 1947–49, S. 3, BAR; Flugblatt der CSP zu den Grossratswahlen von 1948, Februar 1948, BAR).

wöhnten.²⁰⁹ Als nun die Christlichsozialen den Anspruch auf zwei Mandate anmeldeten, die Konservativen dagegen mangels Vakanzen nur einen Vertreter zugestanden, kam es zum Eklat: Das christlichsoziale Bezirkskomitee entschied mit Billigung der kantonalen christlichsozialen Parteileitung, ihre beiden Kandidaten auf einer eigenen Liste zu portieren.²¹⁰

Abgesehen vom Oberland kam es, wie Josef Scherrer in seinem ersten Jahresbericht festhielt, zwischen altkonservativem und christlichsozialem Parteiflügel zur «Einigung auf der ganzen Linie».²¹¹ Dabei verschwieg Scherrer, dass die Einigkeit neben konservativem Entgegenkommen ebensosehr dem Umstand zu verdanken war, dass 1912 die Gesamtzahl der Grossratsmitglieder von 172 auf 202 aufgestockt worden war. Das bedeutete, dass der erste St.Galler Urnengang nach Proporzsystem im Unterschied zur Proporzwahl des Nationalrates von 1919 keine Verdrängungswahl war, sondern dass die CSP ihre Vertretung einfordern konnte, ohne gleichzeitig konservative Ratsmitglieder zu verdrängen.²¹²

Die Ausgangslage für die Neubestellung des Nationalrates im Jahre 1919 präsentierte sich ähnlich wie jene für die Grossratswahl von 1912. Wie damals hatten Konservative und Christlichsoziale gemeinsam für die Einführung des proportionalen Wahlrechts gekämpft²¹³, wie damals sah sich die KVP auch bei diesem Wahlgang zum ersten Mal mit christlichsozialen Vertretungsforderungen konfrontiert. Im Unterschied zu den Wahlen von 1912, als sich weite konservative Parteikreise gegen die christlichsozialen Ambitionen gestemmt hatten, erwuchsen den Mandatsansprüchen der CSP 1919 keinerlei Widerstände. «Die Ansprüche der Christl. Soz. werden ohne weiteres anerkannt», stellte das Protokoll des konservativen Parteiausschusses fest²¹⁴, als die christlichsozialen Delegierten auf Antrag ihres Parteiausschusses «mit Entschiedenheit Anspruch auf mindestens zwei Mandate» erhoben und dieses Begehren mit dem eher sonderbaren Argument begründeten, dass die christlichsozialen Organisationen als Folge ihrer Zersplitterung in anderen Kantonen keine Vertretung erlangen könnten und darum im

---

209 Rusch, Erinnerungen, v.a. S. 142f.
210 Sarganserländer, Nrn. 38, 41 und 45, 28. März, 4. und 13. April 1912. Jb CSP 1912, S. 11f. und S. 25 (BAR). Vgl. auch Scherrer, Jung, S. 99. Der gewählte Christlichsoziale, der Lehrer Anton Widrig aus Ragaz, schloss sich der christlichsozialen Gruppe des Grossen Rates an.
211 Jb CSP 1912, S. 24 (BAR).
212 1909 waren auf die KVP 70 Mandate entfallen, was einem Anteil von rund 41% entsprochen hatte (Holenstein, Konservative Volkspartei, S. 310).
213 Vgl. Zirkular der CSP an die Bezirkspräsidenten und Bezirkskomitees, an die Lokalsektionen, an die katholischen Arbeitervereine des Kt. St.Gallen, 20. September 1918 (BAR).
214 Prot. Parteiausschuss KVP, 1. September 1919 (StaatsA SG, Archiv CVP).

Sinne eines Ausgleichs in St.Gallen eine Übervertretung beanspruchen müssten.[215]

Wie erklärt sich der Gesinnungswandel in der konservativen Partei? Zwei Gründe vor allem lassen sich ausmachen. Erstens: Stand die CSP 1912 noch auf schwachen Beinen und waren ihre Forderungen mithin noch leicht in die Schranken zu weisen, so waren die christlichsozialen Organisationen in den Kriegsjahren zu einer respektablen Kraft angewachsen, deren Sesselansprüche sich ohne Belastung der Parteieinheit nicht mehr in den Wind schlagen liessen. Und zweitens: Die konservative Parteileitung stand noch im Herbst 1919 unter dem traumatisierenden Eindruck der Streikereignisse des Vorjahres. «Noch nie», warnte sie in einem Flugblatt zur Wahl, «hat der Ruf zu den roten Fahnen des Umsturzes so laut und stürmisch auch durch unser friedliches Vaterland getönt.»[216] Aus dieser Stimmungslage ergab sich eine Neubeurteilung der christlichsozialen Bewegung: War die CSP bei ihrer Gründung und noch Jahre später als störendes Element empfunden worden, so setzte sich nun in den konservativen Reihen die Erkenntnis durch, die Christlichsozialen seien als Gegengewicht gegen die Sozialdemokratie zu begünstigen, und wuchs die Bereitschaft, christlichsoziale Ansprüche auf eine Übervertretung zu billigen, zumal es in der CSP nicht an Stimmen fehlte, die einer von der KVP getrennten Liste den Vorzug geben wollten.[217]

Die Konservativen zogen nach einer langen parteiinternen Ausmarchung, in der die Ansprüche der Regionen und der wirtschaftlichen Gruppen hart aufeinandergeprallt waren, mit einer unkumulierten Zehnerliste in den Wahlkampf.[218] Der Wahlausgang brachte eine doppelte Überraschung. Weder konnte, wie seitens der Christlichsozialen erwartet, ein zusätzliches

215 Beschluss der Delegiertenversammlung der CSP vom 17. August 1919, abgedr. in: Prot. Delegiertenversammlung CSP, 17. August 1919 (BAR). Noch 1917 hatte sich die CSP mit der Forderung nach einem Nationalratsmandat begnügt (Prot. christlichsoziale Gruppe des Grossen Rates, 21. August 1917, BAR; Prot. Delegiertenversammlung CSP, 30. September 1917, BAR). Den Gossauer Antrag auf eine eigene Liste wiesen die christlichsozialen Delegierten 1919 mit klarer Mehrheit zurück.
216 Um was handelt es sich bei den Nationalratswahlen? Flugblatt der KVP zur Nationalratswahl 1919, 1919 (StaatsA SG, Archiv CVP).
217 Prot. Parteiausschuss KVP, 19. Juli 1919 (StaatsA SG, Archiv CVP). In diesem für die CSP günstigen Umfeld verabschiedete die konservative Gesamtpartei das Aktionsprogramm von 1919 und gestand ihrem christlichsozialen Flügel das Recht zu selbständigem Vorgehen in Sachfragen zu.
218 Zur Listengestaltung vgl. Prot. Parteiausschuss KVP, 19. Juli, 1. und 12. September 1919, sowie Prot. Kantonskomitee KVP, 13. September 1919 (StaatsA SG, Archiv CVP). Eduard Guntli erinnerte sich drei Jahre später, dass die Wahl «einen deutlichen Kampf nach innen» ausgelöst hatte (Prot. Kantonskomitee KVP, 11. September 1922, StaatsA SG, Archiv CVP). 1919 wie auch bei späteren Wahlgängen gab die Frage viel zu reden, ob die KVP mit einer kumulierten oder einer unkumulierten Liste in den Wahlkampf ziehen solle. Erstere hatte den Vorzug der grösseren Berechenbarkeit des Wahlausgangs, letztere verfügte über mehr Zugkraft. 1922, 1925 und 1928 entschied sich die KVP jeweils für eine kumulierte, 1919, 1931, 1935 und 1939 für eine unkumulierte Liste.

Die Christlichsozialen feierten im Oktober 1919 im «Casino» die Wahl von Johannes Duft (5. von links) und Josef Scherrer (Mitte) in den Nationalrat.

siebtes, der CSP zufallendes Mandat erobert werden[219], noch blieb Johannes Duft auf der Strecke, wie in der KVP insgeheim erhofft wurde.[220] Stattdessen wurden von den fünf wiederkandidierenden Konservativen nur deren drei bestätigt. Zwei, Josef Othmar Staub aus Gossau, Ratsmitglied seit 1888 und zeitweilig Präsident der katholisch-konservativen Fraktion der Bundesversammlung, sowie der eher widerwillig kandidierende Johann Baptist Eisenring, Rorschach, mussten über die Klinge springen.[221] Neu zogen zwei Christlichsoziale – Josef Scherrer an der Spitze der gewählten Konservativen, Johannes Duft auf dem fünften Platz – sowie mit Jakob Steiner ein Exponent des Bauernflügels in den Nationalrat ein.

Der Wahlausgang löste in konservativen Rechtskreisen Unruhe und Missmut aus. Die CSP wurde hinter vorgehaltener Hand bezichtigt, die Schuld am Fall der beiden konservativen Mandatare zu tragen.[222] Scherrer wehrte sich gegen diese Vorhaltungen und sprach später von einer «historischen Lüge». Die Abwahl der beiden Konservativen sei ebensosehr verursacht durch die Wahl Jakob Steiners, also durch die Konservativen selber. Es

---

219 Zirkular der CSP an die Bezirks- und Gemeindekomitees, 7. Oktober 1919 (BAR).
220 TBSch, 2. November 1941 (PrivatA Scherrer).
221 Zu Staub und Eisenring vgl. Gruner, Bundesversammlung, S. 551 und S. 588. Staub war zum Zeitpunkt der Wahl bereits 72jährig, Eisenring hatte vor der Wahl den Rücktritt erklärt, sich dann aber auf Drängen von Parteifreunden nochmals nominieren lassen.
222 Die sozialdemokratische «Volksstimme» glaubte zu wissen, «dass christlichsoziale Führer sich eingehend mit der Organisation der Kumulierung ihrer Kandidaten Scherrer und Duft befassten» (Nr. 253, 29. Oktober 1919).

gehe nicht an, die Christlichsozialen, die sich im Wahlkampf korrekt verhalten hätten, in die Rolle von Sündenböcken zu drängen.[223] Als sich der konservative Parteichef Eduard Guntli vor die Christlichsozialen stellte und ihren Anspruch auf das Doppelmandat bekräftigte, klangen die Turbulenzen rasch ab.[224] Bei der zweiten Nationalratswahl nach Proporz 1922 wurde der christlichsoziale Anspruch von keiner Seite in Frage gestellt.[225] Lediglich 1925 gab es in bäuerlichen Kreisen vereinzelte Stimmen, die die Überrepräsentation der CSP respektive die Unterrepräsentation der Bauern kritisierten, ohne aber die Mandate von Scherrer und Duft ernsthaft anzufechten.[226] Ein Nachspiel sollte die erste Proporzwahl des Nationalrates dennoch haben: So soll, wie Eduard Guntli später Josef Scherrer verriet, die Kür des den Christlichsozialen nicht genehmen Konservativen Emil Grünenfelder zum Regierungsrat eine Spätfolge der Nationalratswahl von 1919 gewesen sein. Durch die Wahl Grünenfelders in den Regierungsrat sei, so Eduard Guntli, «die politische Gleichgewichtslage wieder hergestellt» worden.[227]

Das Ergebnis der Nationalratswahl von 1919 hatte die Mandatsansprüche von konservativem und christlichsozialem Flügel für mehr als ein Jahrzehnt abgesteckt. 1922, 1925 und 1928 begnügten sich die Christlichsozialen mit der Sicherung der 1919 eroberten Mandate von Josef Scherrer und Johannes Duft.[228] Aus der Überlegung heraus, dass eine unkumulierte Liste in der mit grosser Spannung erwarteten Nationalratswahl von 1931 – gleichzeitig mit der Verlängerung der Amtsdauer des Nationalrates von drei auf vier Jahre wurde die Wahlzahl von 20 000 auf 22 000 erhöht, so dass auf den Kanton St.Gallen künftig nur noch 13 statt 15 Nationalratsmandate entfielen – mehr Zugkraft haben werde, stellte die konservative Delegiertenversammlung eine Elferliste auf, auf der christlichsozialerseits neben den Bisherigen Scher-

---

223 TBSch, 2. Oktober 1936 (PrivatA Scherrer). Konkret wurde der CSP der Vorwurf gemacht, sie habe präparierte Stimmzettel in Umlauf gebracht.
224 Guntli soll, wie sich Scherrer später erinnerte, an einer Versammlung der konservativen Partei der Stadt St.Gallen in einer Nachlese auf die Wahl erklärt haben, die christlichsoziale Zweiervertretung sei «unbestritten von Muolen bis Vättis» (Josef Scherrer, Christlichsoziale Gruppe des Grossen Rates 1912–1937. Notizen zum 25jährigen Bestand der Gruppe, 1937, S. 5, BAR). Vgl. auch TBSch, 31. Oktober 1925, 2. Oktober 1936 und 2. November 1941 (PrivatA Scherrer), und Ostschweiz, Nr. 251, 29. Oktober 1919.
225 Der konservative Parteichef Eduard Guntli hatte sich im Dezember 1920, nachdem die CSP die Regierungsratskandidatur Emil Grünenfelders loyal mitgetragen hatte, Scherrer gegenüber verpflichtet, für die Sicherung der beiden christlichsozialen Mandate einzustehen (TBSch, 20. Dezember 1920, PrivatA Scherrer).
226 TBSch, 29. August und 12. September 1925 (PrivatA Scherrer); Prot. Parteiausschuss KVP, 29. August 1925, und Prot. Kantonalkomitee KVP, 12. September 1925 (StaatsA SG, Archiv CVP).
227 TBSch, 30. Dezember 1920 (PrivatA Scherrer).
228 1928 verlangten Parteileitung und Delegiertenversammlung der CSP erstmals einen dritten christlichsozialen Kandidaten für den Fall, dass die Gesamtpartei eine unkumulierte Liste beschliessen würde (TBSch, 2., 15., 22. und 29. September 1928, PrivatA Scherrer).

rer und Duft zusätzlich der Gewerkschafter Johannes Müller figurierte.²²⁹ Der Wahlausgang entsprach den allgemeinen Erwartungen: Zwar gelang es nicht, das 1922 gewonnene siebte Mandat zu sichern, doch wurden immerhin alle sechs bisherigen konservativen Amtsträger bestätigt, und Johannes Müller eroberte mit einem achtenswerten Resultat den Platz eines zweiten Ersatzmannes.²³⁰

Zwei unerwartete Todesfälle in der konservativen Nationalratsdeputation St.Gallens – im Dezember 1933 verschied Eduard Guntli, für den Albert Geser-Rohner nachrückte, der knapp eineinhalb Jahre später ebenfalls starb – öffneten Johannes Müller im Frühjahr 1935 die Tür zum Nationalratssaal. Damit be-

1919 wurde Josef Scherrer auf Anhieb und mit dem besten Resultat aller konservativen Kandidaten in den Nationalrat gewählt (Aufnahme aus dem Jahr 1919).

setzte die CSP erstmals die Hälfte der insgesamt sechs konservativen Nationalratsmandate. Die Übervertretung war offensichtlich, und in Erkenntnis der daraus für die Gesamtpartei möglicherweise entstehenden Belastung suchte der christlichsoziale Parteiausschuss im Vorfeld des Wahlgangs von 1935 nach Möglichkeiten zur Korrektur, ohne allerdings die errungene Position preiszugeben. Als Ausweg schlug die CSP auf Antrag von Johannes Duft vor, Josef Scherrer als Nachfolger für den altershalber demissionierenden Anton Messmer in den Ständerat zu portieren, um damit die Proportionen zwischen konservativer und christlichsozialer Richtung wieder herzustellen.²³¹ Josef Scherrer stimmte nach kurzer Bedenkzeit dem Vorhaben zu, und Johannes Duft, Vizepräsident der CSP, gab in einem Schreiben an die konservative Parteileitung die Kandidatur Scherrers bekannt.²³²

---

229 Prot. Delegiertenversammlung KVP, 28. September 1931 (StaatsA SG, Archiv CVP). Das Kantonalkomitee und die Delegiertenversammlung der CSP hatte für den Fall einer unkumulierten Liste mindestens drei christlichsoziale Nominationen verlangt (TBSch, 27. September 1931, PrivatA Scherrer).
230 Vgl. die Wahlbetrachtung in der «Hochwacht», Nr. 254, 31. Oktober 1931.
231 TBSch, 6. April 1935 (PrivatA Scherrer). Diese Rochade war kurz zuvor in der katholisch-konservativen Fraktion in Bern diskutiert worden (TBSch, 4. April 1935, PrivatA Scherrer) und fand auch die Unterstützung der christlichsozialen Grossratsgruppe (TBSch, 13. Mai 1935, PrivatA Scherrer).
232 Schreiben von Johannes Duft an Emil Grünenfelder und Rudolf Keel vom 6. Mai 1935 (BAR).

Die konservative Grossratsfraktion, die über die Nomination zu befinden hatte, entschied anders: Im dritten Wahlgang und mit knapper Mehrheit gab sie dem Oberrheintaler Bezirksammann Josef Schöbi aus Altstätten den Vorzug. In der vorangegangenen Diskussion war die persönliche Eignung Scherrers nicht in Frage gestellt und Scherrers Ambitionen einzig und allein mit dem Argument bekämpft worden, dieser «passe besser in den Nationalrat».[233] Die wirklichen Motive für die Rückweisung Scherrers waren indessen darin zu suchen, dass einerseits viele Fraktionsmitglieder den Versuch nicht goutierten, das Vertretungsverhältnis zwischen Konservativen und Christlichsozialen durch eine nur taktisch begründete «Schiebung» zu korrigieren, wie die freisinnige und sozialdemokratische Presse kommentierte, und andererseits die Abgeordneten vom Land eine Kandidatur aus der Stadt energisch bekämpften.[234] Josef Scherrer führte ausserdem persönliche Konstellationen ins Feld: Sein Wechsel in den Ständerat hätte den Konservativen Otto Huber in den Nationalrat nachrücken lassen, was gewisse Kreise unbedingt verhindern wollten.[235]

Scherrer trug die Zurücksetzung, obwohl sie ihn persönlich hart traf, mit Fassung. «Es ist nicht das erste Mal, ich will diese Niederlage tragen u. den gewohnten Dank der Republik gelassen einstecken.»[236] Abgemildert wurde sein Misserfolg dadurch, dass Josef Schöbi zwar in der Partei zur konservativen Richtung zählte, gleichzeitig aber auch Mitglied der christlichsozialen Grossratsgruppe war.[237] Die christlichsozialen Grossräte dagegen protestierten heftig und verliessen nach der Abstimmung den Sitzungssaal, um darüber zu beraten, ob sie die Kandidatur Scherrers nicht über die konservative Fraktion hinweg direkt in den Grossen Rat tragen sollten. Scherrer widersetzte sich diesem Vorhaben mit aller Entschiedenheit.[238]

Obgleich die Partei alsbald zum Tagesgeschäft überging, blieb ein gerüttelt Mass an Gereiztheit zurück. In den Reihen der Konservativen habe die Reaktion der Christlichsozialen, wie Anton Messmer an Josef Scherrer

---

233 Die Protokolle der konservativen Fraktion fehlen. Josef Scherrer hielt die Vorgänge am 15. Mai 1935 in einer Aktennotiz fest (BAR). Vgl. auch TBSch, 13. Mai 1935 (PrivatA Scherrer).
234 St.Galler Tagblatt, Nr. 225, 15. Mai 1935; Volksstimme, Nr. 114, 17. Mai 1935.
235 Josef Scherrer, Aktennotiz zur Ersatzwahl in den Ständerat, 15. Mai 1935 (BAR).
236 TBSch, 13. Mai 1935 (PrivatA Scherrer).
237 Josef Schöbi versicherte Scherrer in einem kurzen Schreiben seiner weiteren Freundschaft und bekräftigte, «dass ich nach wie vor der christlichsozialen Sache alle meine Sympathien entgegenbringe» (zit. nach Josef Scherrer, Aktennotiz zur Ersatzwahl in den Ständerat, 15. Mai 1935, BAR). Vgl. auch die positive Bewertung in der «Hochwacht», Nr. 121, 24. Mai 1935.
238 TBSch, 13. Mai 1935 (PrivatA Scherrer); Josef Scherrer, Aktennotiz zur Ersatzwahl in den Ständerat, 15. Mai 1935 (BAR). Scherrer beteuerte, mit dem grösseren Teil der christlichsozialen Gruppe im Grossen Rat für Josef Schöbi gestimmt zu haben.

schrieb, «viel Missstimmung» verursacht».[239] Die Christlichsozialen ihrerseits verübelten den Konservativen die Rückweisung ihres Kantonalpräsidenten. In diese angespannte Stimmung fiel im Juli 1935 die Gründung des KBB, die Josef Scherrer mit der Rückendeckung von Bischof Scheiwiler und ohne Konsultation der katholischen Bauernführer durchsetzte. «Es weht da ein eisiger Wind u. es stürmt», umschrieb Josef Scherrer im August 1935 die Stimmungslage in der konservativen Gesamtpartei[240], die sich nun daran machte, die Kandidaten für den Nationalrat zu bestimmen. Die CSP bestand auf Sicherung ihrer drei Mandate und schlug der konservativen Delegiertenversammlung die bisherigen Amtsträger Josef Scherrer, Johannes Duft und Johannes Müller vor.[241] Die Listengestaltung erwies sich als äusserst schwierig: Der Bauernflügel bestand auf einer Doppelkandidatur, und keiner der Bisherigen – Emil Grünenfelder, Parteipräsident, war seit 30 Jahren im Nationalrat, Paul Müller bereits 70jährig – machte Anstalten zu demissionieren. Erschwerend kam hinzu, dass die Parteileitung es an einem klaren Führungswillen fehlen liess, so dass die Wahlvorbereitung zu einer «Lotterie» verkam, wie Scherrer kritisierte.[242] Die konservative Delegiertenversammlung brachte tatsächlich eine Überraschung. Die Delegierten nominierten auf Antrag und mit Unterstützung der Christlichsozialen den Präsidenten des KBB, Alfons Schwizer, während der Vertreter der Bauernpolitischen Vereinigung wegen Vorbehalten gegen seine Person durchfiel.[243] Die derart desavouierten Bauern erwogen an einer ausserordentlichen Versammlung, mit einer eigenen katholischen Bauernliste in den Wahlkampf zu ziehen, was die konservative Parteileitung mit einiger Mühe abwenden konnte. Der darauf einsetzende Wahlkampf, in den die konservative Gesamtpartei mit einer unkumulierten Dreizehnerliste zog, erhielt sein Gepräge nicht allein dadurch, dass drei neue Gruppierungen um Mandatsanteile stritten und der Wahl-

---

239 Schreiben von Anton Messmer an Josef Scherrer vom 15. Mai 1935 (BAR).
240 TBSch, 17. August 1935 (PrivatA Scherrer).
241 TBSch, 17. August, 28. und 29. September 1935 (PrivatA Scherrer). Zur Wahlvorbereitung hatte der Parteiausschuss der CSP einen siebenköpfigen Wahlausschuss eingesetzt (Zirkular an die Bezirkspräsidenten und Gemeindeleiter der CSP, 21. August 1935, BAR; vgl. auch Hochwacht, Nr. 194, 22. August 1935). Später bestimmte auch die KVP einen Ausschuss, dem von seiten der CSP Josef Scherrer und Johannes Duft angehörten (TBSch, 11. und 14. September 1935, PrivatA Scherrer).
242 TBSch, 16. und 20. September 1935 (PrivatA Scherrer).
243 Josef Scherrer drang darum auf eine Kandidatur Schwizers, weil sich auch die Jungbauern mit einer eigenen Liste am Wahlgang beteiligen wollten. Er rechnete damit, dass beide Bauernkandidaten, jener der Bauernpolitischen Vereinigung wie jener des KBB, nominiert würden (Schreiben von Josef Scherrer an Alfons Schwizer vom 4. Oktober 1935, Archiv KBB). Als der offizielle Bauernkandidat in der Delegiertenversammlung scheiterte, wurde vor allem Scherrer dafür verantwortlich gemacht (Hochwacht, Nr. 246, 22. Oktober 1935). Zu den Vorgängen rund um die Bauernkandidatur vgl. auch Scherrer, Saat und Ernte, S. 73ff.

kampf in aller Schärfe geführt wurde[244], sondern vor allem auch dadurch, dass sich die konservativen Kandidaten wie wohl nie zuvor gegenseitig Stimmenanteile strittig machten und der konservative Wahlkampf zum «Kampf aller gegen alle» entartete.[245] Scherrer räumte nach der Wahl ein, «dass auch die Christlichsozialen die Rettung ihrer Kandidaten mehr innert der konservativen Reihen versuchten und praktisch den Kampf nicht so gegen die Sozialdemokraten führten, wie dies notwendig gewesen wäre».[246]

Das Wahlergebnis – die Konservativen verloren ein Mandat, während alle drei Christlichsozialen wiedergewählt wurden – liess die Wellen der Erregung in der konservativen Parteileitung hochschlagen. Scherrer sprach vom «Krieg in der konservativen Volkspartei»[247], vom «Feuer im Dach».[248] Insbesondere die Bauern hatten Grund zur Klage: In der sanktgallischen Deputation war, nachdem Alfons Schwizer nicht gewählt worden war, kein aktiver Bauer mehr vertreten.[249] Die Jungkonservativen blieben überhaupt ohne Vertretung. «In der Aufregung schlug man vor, die kantonale Delegiertenversammlung einzuberufen, und natürlich sollte sie über die christlichsozialen Sünder zu Gericht sitzen.»[250] An zwei Sitzungen des konservativen Parteiausschusses beschuldigten die Konservativen die CSP, das Resultat mit «organisierten Machenschaften» herbeigeführt, im besonderen mit unlauteren Methoden für den Gewerkschafter Johannes Müller agitiert zu haben. Ihre Attacken gipfelten im Vorwurf, die Christlichsozialen betrieben «die Liquidation» der konservativen Partei.[251] Zielscheibe der Kritik waren vor allem Josef Scherrer und Alfons Schwizer. Letzterer musste sich als «Judas und Verräter» beschimpfen lassen[252], und was auf Josef Scherrer niederging, «grenzt ans Ungeheuerliche, und nur kampferprobte, aufrechte

---

244 «Noch selten», schrieb die «Hochwacht», habe man «einen von den Gegnern so widrig geführten Wahlkampf miterlebt wie diesmal. Man darf schon sagen, dass man das Empfinden hat, dass heute kein Mittel schlecht genug ist, um den Gegner herunterzumachen» (Nr. 250, 26. Oktober 1935).
245 Josef Scherrer, Bericht über die Nationalratswahlen vom 26./27. Oktober 1935, Ende Dezember 1935, S. 6 (BAR).
246 TBSch, 2. November 1935 (PrivatA Scherrer). Scherrer erwähnte ein für die Wiederwahl Johannes Müllers werbendes Flugblatt der kantonalen christlichen Gewerkschaftsvereinigung, das in den Reihen der Konservativen starke Proteste hervorgerufen hatte (Bericht über die Nationalratswahlen vom 26./27. Oktober 1935, Ende Dezember 1935, S. 14, BAR).
247 TBSch, 5. November 1935 (PrivatA Scherrer).
248 TBSch, 15. November 1935 (PrivatA Scherrer).
249 Allerdings galten die beiden gewählten konservativen Regierungsräte Emil Grünenfelder und Emil Mäder als Vertreter der Bauernschaft. Mäder genoss gleichzeitig die Sympathien der Christlichsozialen.
250 Josef Scherrer, Bericht über die Nationalratswahlen vom 26./27. Oktober 1935, Ende Dezember 1935, S. 8 (BAR).
251 TBSch, 6. November und 7. Dezember 1935 (PrivatA Scherrer).
252 Schreiben von Alfons Schwizer an Josef Scherrer vom 25. Oktober 1935 (Archiv KBB).

Naturen sind imstande, solches auszuhalten, ohne von solchem Treiben angeekelt der ganzen Sache den Rücken zu kehren».[253] Scherrer wies die Vorwürfe in einem ausführlichen Bericht zurück, dabei mit Gegenkritik nicht sparend. «Man führte die Debatte so, als ob nur die Christlichsozialen ‹manövriert› hätten, während über Manöver und Machinationen von konservativen Gruppen einfach hinweggesehen wurde.» Der christlichsoziale Erfolg gründe nicht in irgendwelchen Machenschaften, sondern darin, dass die CSP im Unterschied zur konservativen Partei den Wahlkampf engagiert und diszipliniert geführt habe. Vor allem aber reflektiere das Resultat «die gewaltige, sittliche, soziale, berufliche und politische Schulungsarbeit», die die Bewegung zu einem «realen Machtfaktor» emporgetragen habe. Und schliesslich: Die christlichsoziale Überrepräsentation im Nationalrat kompensiere die Untervertretung im Erziehungsrat sowie im Regierungsrat.[254]

Es war der unmittelbar bevorstehenden Grossratswahl zuzuschreiben, dass der Konflikt nicht weiter eskalierte und stattdessen das Projekt einer Parteireform, die ein halbes Jahr später in die Neufassung der Statuten ausmündete, konkrete Gestalt annahm. Dennoch: Das krasse Missverhältnis zwischen Konservativen und Christlichsozialen in der St.Galler Nationalratsvertretung erfüllte auch die Christlichsozialen mit Unbehagen, blieb doch zu befürchten, es könne zu einer Quelle ständiger Unruhe und Anfechtungen werden.[255] Doch wie sollte ein Ausgleich herbeigeführt werden? Eine erste Möglichkeit eröffnete sich, als Ständerat Josef Schöbi im Mai 1936 überraschend verstarb. Als Nachfolger wurde wiederum Josef Scherrer gehandelt[256], der aber abwinkte. Er glaubte, als Verwaltungsrat der in Konkurs gegangenen Schweizerischen Genossenschaftsbank eine Kandidatur nicht verantworten zu können[257], rechnete sich wohl auch geringe Wahlchancen aus, weil er seit der Gründung des KBB in der konservativen Gesamtpartei isoliert war.[258]

---

253 Bericht von Alfons Schwizer über die Nationalratswahl von 1935, zit. nach Scherrer, Saat und Ernte, S. 75. Josef Scherrer, bis anhin stets mit Spitzenresultaten wiedergewählt, hatte sogar mit seiner Abwahl gerechnet (TBSch, 7. Oktober 1935, PrivatA Scherrer).
254 Josef Scherrer, Bericht über die Nationalratswahlen vom 26./27. Oktober 1935, Ende Dezember 1935, S. 8 (BAR). Vgl. auch die Wahlanalyse in der «Hochwacht», Nr. 260, 8. November 1935.
255 So überliessen die Christlichsozialen der Stadt St.Gallen, «um gewisse Spannungen zu beseitigen», in der Grossratswahl von 1936 ein Mandat den Konservativen (Hochwacht, Nr. 49, 27. Februar 1936).
256 Hochwacht, Nr. 262, 9. November 1936.
257 TBSch, 29. Oktober 1936 (PrivatA Scherrer).
258 Die konservative Grossratsfraktion nominierte als Nachfolger Schöbis Thomas Holenstein jun. Entgegen diesem Vorschlag wählte der Grosse Rat den in der parteiinternen Ausmarchung unterlegenen Johann Schmuki aus Uznach. Trotz der Drohung, bei Annahme des Mandats aus der konservativen Fraktion ausgeschlossen zu werden, hielt Schmuki an der Wahl fest – für Scherrer ein «politischer Skandal, wie er seit Jahrzehnten nicht vorgekommen ist» (TBSch, 10. November 1936, PrivatA Scherrer). Schmuki

Aussichtsreicher erschien Scherrer eine andere Möglichkeit, die sich kurze Zeit später ergab: Johannes Duft sollte das Mandat eines Nationalrats mit jenem eines Bundesrichters vertauschen.[259] Die Rochade indessen scheiterte. Duft erhielt in der sanktgallischen konservativen Deputation der eidgenössischen Räte nicht die gewünschte geschlossene Unterstützung, worauf er seine Kandidatur zurückzog.[260]

So unerwartet die christlichsoziale Übervertretung im Nationalrat 1935 entstanden war, so unerwartet sollte sie sich wiederum korrigieren. Ende Mai 1937 starb Johannes Müller mitten in der politischen Arbeit plötzlich an einem Herzversagen. Für ihn rückte der Konservative Thomas Holenstein junior nach, der damit – er wurde 1954 in den Bundesrat gewählt – eine verheissungsvolle Laufbahn auf eidgenössischem Boden antrat. Die Erneuerungswahl im Kriegsjahr 1939 brachte die Rückkehr zum früheren Zustand: Die konservative Partei gewann das 1935 verlorene Mandat zurück, womit sich die Nationalratsvertretung wieder, wie zwischen 1919 und 1935, aus vier respektive fünf Konservativen und zwei Christlichsozialen (neben Josef Scherrer dem in der Nachfolge von Johannes Duft gewählten Gewerkschafter Arnold Kappler) zusammensetzte. Die CSP hatte im Vorfeld der Wahl äusserst vorsichtig agiert. Wahlziel war die Sicherung der beiden bisherigen Mandate. Josef Scherrer erklärte an der Delegiertenversammlung der CSP, die Christlichsozialen wollten keine Übervertretung.[261] Diese Selbstbescheidung entsprang einerseits der Rücksichtnahme auf konservative Empfindlichkeiten, andererseits machte die CSP aus der Not eine Tugend. Denn durch den Tod Johannes Müllers und die Demission Johannes Dufts hatte die CSP ihre neben Josef Scherrer populärsten Exponenten verloren. Unter diesen Umständen weiterhin auf einer Dreiervertretung zu beharren, muss auch den christlichsozialen Parteistrategen als unrealistisch erschienen sein. Und schliesslich dürfte der Verzicht auf das dritte Mandat den Weg für den Einzug eines christlichsozialen Vertreters in den Regierungsrat geebnet haben.

gehörte bis 1935 der christlichsozialen Parteileitung an, versah in den 1920er Jahren zeitweilig das Amt des Kassiers, erklärte dann aber aus nicht zu klärenden Gründen seinen Austritt aus dem Parteiausschuss der CSP sowie aus der christlichsozialen Gruppe des Grossen Rates (CSP, Akten zum Kassaverkehr, BAR; TBSch, 16. Juli 1936, PrivatA Scherrer).

259 TBSch, 22. und 28. November 1936 (PrivatA Scherrer).
260 Sanktgallische konservative Deputation der eidgenössischen Räte, Protokoll der Verhandlungen über die Ersatzwahl ins Bundesgericht, 9. Dezember 1936 (BAR). Gewählt wurde schliesslich der St.Galler Wilhelm Schönenberger.
261 TBSch, 1. Oktober 1939 (PrivatA Scherrer). Vgl. auch Hochwacht, Nrn. 229 und 232, 2. und 5. Oktober 1939. Die Nomination von Felix Erb, Flums, verstand sich als Ersatzmandat.

2.6 Der lange Weg in den Regierungsrat

Die CSP rückte spät in den Rang einer Regierungspartei auf. Erst 1942, gut drei Jahrzehnte nach Gründung der christlichsozialen Parteigruppe, wurde Paul Müller aus Henau (heute Uzwil) als Nachfolger des Konservativen Emil Grünenfelder in den Regierungsrat gewählt. Dabei hätte die CSP die Voraussetzungen für die Regierungsfähigkeit – Gruner nennt die minimale Wahlstärke, die Anerkennung des herrschenden politischen Systems und der geltenden Spielregeln sowie die Bereitschaft der Regierungsparteien, die Anliegen des Neulings als legitim anzuerkennen[262] – bereits seit dem Ende des Ersten Weltkrieges erfüllt: In der kantonalen Legislative verfügten die Christlichsozialen über einen anfänglich zwar bescheidenen, aber kontinuierlich wachsenden Mandatsanteil; sie bekannten sich von Anfang an als systemerhaltende Kraft und erbrachten in den Tagen des Landesstreiks den Tatbeweis ihrer staatstreuen Gesinnung; und schliesslich hatte der konservative Seniorpartner im gemeinsamen konservativ-christlichsozialen Programm von 1911 wie im Aktionsprogramm von 1919 die sozialreformerischen Anliegen der Christlichsozialen zu den seinen gemacht.[263]

Es war die KVP, die erstmals im Zusammenhang mit einer Ersatzwahl in den Regierungsrat eine christlichsoziale Kandidatur diskutierte. Der Tod des Sozialdemokraten Heinrich Scherrer im November 1919 und die Aussicht, dass die Demokraten oder die Sozialdemokraten einen den Konservativen nicht genehmen Kandidaten portieren könnten, liess die konservative Parteileitung Ende Dezember 1919 erwägen, «ob eine eigene Kandidatur aus den Reihen unserer christl. soz. Parteifreunde ... aufgestellt werden solle». Doch wurde der Vorschlag an der gleichen Sitzung verworfen, weil die Erfolgsaussichten als gering eingeschätzt wurden und zudem einer Regierungsmehrheit der Konservativen keine Mehrheit im Grossen Rat gegenübergestanden hätte.[264]

Als ob in der CSP dadurch der Appetit auf einen Regierungssessel geweckt worden wäre, erhob deren Leitung im Frühling 1920 anlässlich des

---

262 Gruner, Parteien, S. 37.
263 Seit 1891, als der Regierungsrat erstmals durchs Volk gewählt wurde, waren die Konservativen stets mit drei Vertretern in der kantonalen Exekutive repräsentiert. 1912, 1920, 1936 und 1942 gab es in der konservativen Regierungsratsvertretung Vakanzen. Zur Zusammensetzung der St.Galler Exekutive vgl. Holenstein, Konservative Volkspartei, S. 316ff.; Thürer, St.Galler Geschichte, S. 955f. Zu den einzelnen Regierungsräten vgl. Thürer, Landammänner, passim.
264 Prot. Parteiausschuss KVP, 29. Dezember 1919 (StaatsA SG, Archiv CVP). Vgl. auch das Zirkular des Parteiausschusses der KVP an die Bezirks- und Gemeindeleiter, 8. Januar 1920 (StaatsA SG, Archiv CVP). Wie die CSP sich zu diesem Vorschlag stellte, ist nicht zu ermitteln.

Rücktritts von Johann Hauser «grundsätzlich den Anspruch auf ein Mandat im Regierungsrat», liess es aber offen, ob dieser Anspruch jetzt oder zu einem späteren Zeitpunkt einzulösen sei.[265] Auf Drängen der christlichsozialen Parteileitung, im besonderen Alois Scheiwilers, der «wichtige Gründe» für eine Kandidatur geltend machte[266], entschloss sich Josef Scherrer zur Bewerbung um die Nachfolge Hausers.[267] Bei den Beratungen im konservativen Kantonalkomitee, in denen der christlichsoziale Vertretungsanspruch auf heftige Opposition stiess, wurden die Christlichsozialen aber wieder auf den Boden der Realität gestellt.[268] Die Wunden, die die Nationalratswahl vom Herbst 1919 mit zwei christlichsozialen Mandatsgewinnen auf Kosten des konservativen Parteiflügels gerissen hatte, waren noch zu weit offen, als dass die Konservativen gewillt gewesen wären, einer Regierungsratsbeteiligung ihres Juniorpartners zuzustimmen. Diesem blieb nur der Rückzug[269], zu dem Josef Scherrer nicht ohne Resignation anmerkte: «Das ist die Reaktion, die sich heute im konservativen Lager in sehr scharfer Weise geltend macht. Wenn sie im allgemeinen obsiegen sollte, so wäre das tief zu bedauern.»[270] Der Verzicht der CSP wurde allerdings dadurch erleichtert, dass der neu gewählte konservative Regierungsrat Emil Mäder als junger Lokalpolitiker den Christlichsozialen nahegestanden hatte.[271]

Als ein halbes Jahr später nach dem Rücktritt Johann Schubigers in der konservativen Partei eine weitere Ersatzwahl in den Regierungsrat vorzubereiten war, verhielt sich die CSP zurückhaltender. Ihr Ausschuss hielt zwar grundsätzlich am Anrecht auf eine Vertretung in der kantonalen Exekutive fest, verzichtete aber darauf, «heute den Anspruch realisieren zu wollen».[272] Die christlichsozialen Organisationen bräuchten, lautete die Verzichtsbegründung zuhanden der konservativen Parteileitung, ihre Leute in der

---

265 TBSch, 10. April 1920 (PrivatA Scherrer); Prot. Parteiausschuss KVP, 10. April 1920 (StaatsA SG, Archiv CVP). Als 1912 der Konservative Anton Messmer demissionierte, erhob die CSP keinen Anspruch auf die Nachfolge. Die damalige Wahl Johann Hausers verschaffte den Christlichsozialen im Bezirk Tablat eine Zweiervertretung im Grossen Rat (Jb CSP 1912, S. 22, BAR).
266 TBSch, 14. April 1920 (PrivatA Scherrer).
267 Schreiben von Josef Scherrer an Edwin Rukstuhl vom 17. April 1920 (StaatsA SG, Archiv CVP); vgl. auch TBSch, 14. und 17. April 1920 (PrivatA Scherrer). Scherrer machte seine Kandidatur allerdings davon abhängig, dass nicht gleichzeitig der konservative Parteichef Eduard Guntli portiert werde, gegen den er auf keinen Fall kandidieren wollte.
268 Prot. Kantonalkomitee KVP, 17. April und 3. Mai 1920 (StaatsA SG, Archiv CVP).
269 Prot. Delegiertenversammlung KVP, 3. Mai 1920 (StaatsA SG, Archiv CVP); TBSch, 3. Mai 1920 (PrivatA Scherrer).
270 TBSch, 17. April 1920 (PrivatA Scherrer).
271 Mäder war christlichsozialer Vertrauensmann im Gossauer Gemeinderat und stand, wie Scherrer im Nekrolog hervorstrich, immer «in enger freundschaftlicher Beziehung zur christlichsozialen Bewegung» (Hochwacht, Nr. 141, 19. Juni 1936). Vgl. auch TBSch, 28. Juni und 4. Juli 1936 (PrivatA Scherrer).
272 TBSch, 29. November 1920; vgl. auch TBSch, 4. Dezember 1920 (PrivatA Scherrer).

Bewegung; überdies zähle die CSP darauf, dass zwischen den konservativen Regierungsräten und den Christlichsozialen ein «verträgliches Verhältnis» bestehe.[273] Der Ausgang der konservativen Nominationsversammlung – die Delegierten hoben Emil Grünenfelder auf den Schild – überraschte die Christlichsozialen. Grünenfelder war, neben Emil Mäder, nicht nur ein weiterer Exponent des Bauernflügels der Gesamtpartei, er stand in den christlichsozialen Reihen darüber hinaus im Ruf, «sozialen Fragen gegenüber wenig Verständnis» zu zeigen und ein «Vertreter der sozialen Reaktion» zu sein.[274] Die christlichsoziale Parteileitung sah sich durch die Nomination Grünenfelders vor eine heikle Lage gestellt: Einerseits protestierte der christliche Gewerkschaftsflügel gegen die Kandidatur – Johannes Müller trat zeitweilig aus dem konservativen Parteiausschuss aus[275] –, andererseits erwartete die heftig gegen Grünenfelder opponierende linksfreisinnige und sozialistische Presse, «dass wir der [konservativen] Partei in den Rücken schiessen».[276] Es gelang Josef Scherrer, den die Billigung der konservativen Kandidatur ebenfalls, wie er selber eingestand, einige «Überwindung» kostete, der die Loyalität gegenüber der Gesamtpartei aber nie in Frage stellte[277], seine Parteifreunde hinter die Kandidatur Grünenfelders zu scharen.[278] Damit verband Scherrer die Erwartung, «dass der Bogen vom rechten Flügel der Partei nicht überspannt» werde und die Parteileitung dafür sorge, dass die soziale Reaktion nicht Oberwasser bekomme, wie er den konservativen Parteichef in einem vom christlichsozialen Parteiausschuss gutgeheissenen Schreiben wissen liess.[279]

Nach der Wahl Emil Grünenfelders vergingen 16 Jahre, ehe sich wieder eine konservative Vakanz im Regierungsrat ergab. Zweimal nur in dieser

---

273 Erklärung Scherrers gegenüber dem Kantonalkomitee und der Delegiertenversammlung der KVP, abgedr. in: Prot. Kantonalkomitee KVP, 29. November 1920, und Prot. Delegiertenversammlung KVP, 6. Dezember 1920 (StaatsA SG, Archiv CVP).
274 TBSch, 6. Dezember 1920 (PrivatA Scherrer). Zu Grünenfelder vgl. auch Gruner, Bundesversammlung, S. 558.
275 TBSch, 11. Dezember 1920 (PrivatA Scherrer). Müller hatte an der konservativen Nominationsversammlung eine deplazierte Bemerkung gegen Grünenfelder gemacht, von der sich die anschliessend tagende Delegiertenversammlung der CSP distanzierte (TBSch, 6. Dezember 1920, PrivatA Scherrer).
276 TBSch, 19. Dezember 1920 (PrivatA Scherrer). Zur Opposition gegen die Kandidatur Grünenfelders vgl. Holenstein, Konservative Volkspartei, S. 323.
277 TBSch, 6. Dezember 1920 (PrivatA Scherrer). Josef Scherrer verfasste für den «Arbeiter» einen die Wahl empfehlenden Artikel. Gleichzeitig avisierte er Buchdruckerei und Verlag Konkordia in Winterthur, «Einsendungen gegen Grünenfelder zu unterdrücken» (Schreiben von Josef Scherrer an Eduard Guntli vom 8. Dezember 1920, StaatsA SG, Archiv CVP; vgl. auch TBSch, 11. Dezember 1920, PrivatA Scherrer).
278 Die Delegiertenversammlung der CSP beschloss am 6. Dezember 1920 einstimmig, «unbedingte Parteiparole zu halten und jede Aktion gegen Grünenfelder zu unterbinden» (TBSch, 6. Dezember 1920, PrivatA Scherrer).
279 Schreiben von Josef Scherrer an Eduard Guntli vom 8. Dezember 1920 (StaatsA SG, Archiv CVP); vgl. auch TBSch, 11. Dezember 1920 (PrivatA Scherrer).

Zeitspanne, nämlich im Zusammenhang mit den Diskussionen um die Wiederwahl respektive die Nachfolge des Demokraten Otto Weber in den Jahren 1927 und 1930, öffnete sich der CSP der Türspalt zur Regierungsverantwortung. Beide Male meldeten sich im konservativen Lager Stimmen, die dafürhielten, den Regierungsratssitz der Demokraten für die Konservativen zu beanspruchen und einen christlichsozialen Kampfkandidaten in die Wahl zu schicken. Wären die Christlichsozialen 1927 für dieses Experiment noch zu gewinnen gewesen[280], so winkten sie, die Brüchigkeit der Konstruktion einer Regierungsmehrheit ohne Parlamentsmehrheit durchschauend, 1930 ab und respektierten den Vertretungsanspruch der Sozialdemokraten.

Die beiden konservativen Vakanzen im Regierungsrat im Jahre 1936 fielen, vergleichbar mit jenen des Jahres 1920, in eine Zeit schwerer Spannungen in der konservativen Gesamtpartei. Die Nationalratswahl vom Vorjahr hatte den Konservativen nicht allein den Verlust ihres sechsten Mandats eingetragen, erstmals hatten sich in diesem Wahlgang auch die Mehrheitsverhältnisse in der konservativen Nationalratsdeputation zugunsten der Christlichsozialen verschoben. Zudem war 1935 mit Josef Schöbi ein christlichsozialer Gesinnungsfreund Ständerat geworden. Angesichts dieser unbestreitbaren Übervertretung der Christlichsozialen erachtete es Josef Scherrer darum nach der Demission von Edwin Rukstuhl als nicht opportun, zusätzlich auf einer Regierungsratskandidatur zu beharren. Er warnte seine Parteifreunde vor der «Überspannung der Verhältnisse» und den daraus möglicherweise resultierenden Belastungen für die Einheit des konservativen Parteilagers. Nach langer Diskussion schloss sich das christlichsoziale Kantonalkomitee Scherrers Standpunkt an und entschied, zwar «den grundsätzlichen Antrag auf ein Regierungsmandat [zu] erheben, dagegen im Momente mit Rücksicht auf die bestehenden politischen Verhältnisse und um eine weitere Entspannung innert der konservativen Volkspartei herbeizuführen, auf die praktische Geltendmachung unseres Vertretungsanspruches in der sanktgallischen Regierung für diesmal [zu] verzichten».[281]

Nachdem im Sommer 1936 Regierungsrat Emil Mäder im Amt verstorben war, flackerte im christlichsozialen Lager die Diskussion um eine Regierungsratskandidatur sofort wieder auf. Im Unterschied zu früheren

---

280 »Eine vierte konservat. Reg. Ratskandidatur sollte man nicht ohne weiteres aus der Hand weisen», gab Josef Scherrer zu bedenken, «die Gelegenheit ist jetzt günstig. Jedenfalls dürfen wir nicht kampflos das Feld räumen.» Als möglicher Kandidat wurde Scherrer genannt (Prot. Parteiausschuss KVP, 29. Januar 1927, StaatsA SG, Archiv CVP).
281 TBSch, 24. Januar und 2. Februar 1936 (PrivatA Scherrer); Hochwacht, Nr. 20, 24. Januar 1936. Als Kandidaten waren auch Josef Scherrer und Johannes Duft im Gespräch. Letzterer lehnte mit dem Hinweis ab, eingegangenen finanziellen Verpflichtungen mit dem Gehalt eines Regierungsrates nicht nachkommen zu können.

Vakanzen sah sich die christlichsoziale Parteileitung dieses Mal mit grossem Erwartungsdruck seitens der Basis, vor allem der Gewerkschaften, konfrontiert, einer eigentlichen «Zwängerei», wie Scherrer ins Tagebuch notierte.[282] Die Gewerkschafter um Johannes Müller und Arnold Kappler argumentierten, dass ein christlichsozialer Regierungsrat in einer Zeit der Gefährdung sozialer Errungenschaften mehr ausrichte als ein Konservativer, zudem auch die sozialdemokratische Konkurrenz in der Exekutive vertreten sei.[283] Den offiziellen Vorstoss machten die Christlichsozialen des Bezirks St.Gallen. Sie stellten an die Adresse der kantonalen Parteiinstanzen das Begehren, «nun endlich den wiederholt erhobenen Anspruch auf ein Regierungsmandat bei der sich nun ergebenden Gelegenheit praktisch mit allem Nachdruck geltend zu machen», und schlugen Departementssekretär Otto Hengartner als Kandidaten vor.[284] Der Parteiausschuss, der den Antrag an zwei Sitzungen beriet, gelangte zu keinem Ergebnis und überliess die weitere Beschlussfassung dem Kantonalkomitee.[285] Dieses entschied sich äusserst knapp mit elf gegen zehn Stimmen für die Portierung einer christlichsozialen Kandidatur. Und praktisch einstimmig wurde Otto Hengartner zum Regierungsratskandidaten erhoben.[286]

Otto Hengartners Kandidatur war nicht unproblematisch. Hengartner war nämlich Mitglied des Revisorenkollegiums der von einer schweren Krise geschüttelten und im Nachlassverfahren stehenden Schweizerischen Genossenschaftsbank. Daraus würden, davon war Josef Scherrer überzeugt, im Wahlkampf Schwierigkeiten erwachsen, zumal der neugewählte Regierungsrat in der Nachfolge Emil Mäders voraussichtlich das Finanzdepartement zu übernehmen hatte.[287] Tatsächlich gab es bereits sehr früh Stimmen in der KVP, die Hengartner deswegen die Wählbarkeit absprachen oder darin einen Vorwand erkannten, die CSP weiterhin von einer Regierungsbeteiligung fernzuhalten.[288] Hengartner jedenfalls berichtete Josef Scherrer,

---

282 TBSch, 8. Juli 1936 (PrivatA Scherrer).
283 TBSch, 28. Juni, 4. und 8. Juli 1936 (PrivatA Scherrer).
284 TBSch, 27. und 28. Juni 1936 (PrivatA Scherrer). Otto Hengartner hatte sich bereits bei der vorigen Vakanz um eine Kandidatur beworben (TBSch, 2. Februar 1936, PrivatA Scherrer).
285 TBSch, 28. Juni und 4. Juli 1936 (PrivatA Scherrer). Fünf Mitglieder des Ausschusses waren für, fünf gegen eine Kandidatur. Scherrer verzichtete auf den ihm zustehenden Stichentscheid.
286 TBSch, 4. Juli 1936 (PrivatA Scherrer).
287 TBSch, 4. Juli 1936 (PrivatA Scherrer). Hinzu kamen, wenigstens bei Josef Scherrer, Zweifel an der Eignung des Kandidaten. In einer Erklärung im Parteiausschuss der CSP lehnte Josef Scherrer jede Verantwortung für den Fall ab, dass der Kandidat «angesichts der überaus schweren Aufgabe als Leiter des kantonalen Finanzdepartements den grossen Anforderungen des Amtes nicht genügen sollte».
288 Josef Scherrer verwies auf dieselben kritischen Vorbehalte, die bereits bei der letzten Vakanz gegen Hengartner laut geworden waren (TBSch, 27. Juni 1936, PrivatA Scherrer).

dass der konservative Parteichef Josef Riedener zum jetzigen Zeitpunkt eine christlichsoziale Regierungsratskandidatur ablehne.[289]

Otto Hengartner erkannte die Unhaltbarkeit seiner Kandidatur und zog diese wenige Tage nach der Nomination zurück.[290] Der Verlauf der daraufhin einberufenen ausserordentlichen Sitzung des christlichsozialen Parteiausschusses zeigte das Dilemma, in welches sich die Partei hineinmanövriert hatte. Einerseits warnten vor allem die Gewerkschafter und die Exponenten der CSP der Stadt St.Gallen davor, kleinmütig zu resignieren und solcherart die Erwartungen der Basis zu enttäuschen. Sie drängten darauf, in einem Akt des Protests an einer christlichsozialen Kandidatur festzuhalten. Eine Niederlage sei, so Arnold Kappler, «ehrenvoller als ein schwächlicher Verzicht». Andererseits wehrte sich Josef Scherrer dagegen, die Frage einer Regierungsratskandidatur zum Testfall christlichsozialer Eigenständigkeit und zum alleinigen Gradmesser christlichsozialer Erfolge hochzustilisieren, und drohte gar, die Vertrauensfrage zu stellen. In der Abstimmung beschloss der Ausschuss mit klarer Mehrheit, im Augenblick keine Vertretung im Regierungsrat zu fordern, dafür einmal mehr das grundsätzliche Begehren nach einem Sitz im Regierungsrat zu stellen.[291]

Als 1942 Regierungsrat Emil Grünenfelder nach 22 Dienstjahren demissionierte, hatten sich die politischen Rahmenbedingungen für eine christlichsoziale Kandidatur insofern verändert, als in der St.Galler konservativen Nationalratsdeputation die zeitweilige christlichsoziale Übervertretung korrigiert und auch das Ständeratsmandat wiederum in konservativer Hand war. Zudem stand in der Person von Kantonsrichter und Kantonsrat Paul Müller ein Kandidat zur Verfügung, dessen persönliche und fachliche Qualifikation unbestritten war und der die ungeteilte Unterstützung der christlichsozialen Parteileitung, im besonderen jene Josef Scherrers, genoss.[292] In zwei Sitzungen des christlichsozialen Parteiausschusses wurde Paul Müller einmütig nominiert.[293] Seitens der Konservativen fehlte es zwar auch jetzt nicht an Versuchen, eine christlichsoziale Regierungsratskandidatur zu verhindern. In der die Wahl vorbereitenden Politischen Kommission sowie im konserva-

---

289 TBSch, 6. Juli 1936 (PrivatA Scherrer).
290 Die Verzichtserklärung ist wiedergegeben in: TBSch, 8. Juli 1936 (PrivatA Scherrer). Vgl. auch Hochwacht, Nr. 49, 27. Februar 1936.
291 TBSch, 8. Juli 1936 (PrivatA Scherrer). Vgl. auch Zirkular an die Bezirks- und Gemeindeorganisationen der CSP, 10. Juli 1936 (BAR).
292 Paul Müller war bereits 1936 als Nachfolger Emil Mäders im Gespräch gewesen. Er hatte damals aber eine Kandidatur mit der Begründung abgelehnt, für das frei gewordene Finanzdepartement die nötigen Voraussetzungen nicht mitzubringen (TBSch, 28. Juni 1936, PrivatA Scherrer).
293 Aus terminlichen sowie aus Kostengründen verzichtete Josef Scherrer darauf, das Parteikomitee resp. die Delegiertenversammlung einzuberufen, und erbat die schriftliche Zustimmung zur Nomination Müllers (Zirkular an die Mitglieder des Kantonalkomitees der CSP, 21. Januar 1942, BAR).

tiven Kantonalkomitee wurde mehrmals darauf verwiesen, dass der neue Regierungsrat in der Nachfolge Grünenfelders das Justizdepartement übernehmen müsse und darum ein für dieses Departement geeigneter Kandidat zu portieren sei.[294] Josef Scherrer widersprach geschickt und stellte sich auf den Standpunkt, «dass wir einen Regierungsrat und nicht einen Departementschef zu wählen haben».[295] Dennoch war es gerade dieses Argument, das die Nomination Müllers fraglich erscheinen liess, zumal sich Josef Riedener, der Jurist und bis zu seiner Wahl in den Regierungsrat Staatsanwalt war, strikte weigerte, das Departement des Inneren mit dem Justizdepartement zu vertauschen. In der dramatisch verlaufenen konservativen Delegiertenversammlung im Februar 1942 setzte sich, nach einem fulminanten Plädoyer Josef Scherrers und mit Unterstützung der Bauern des KBB, Paul Müller im vierten Wahlgang knapp durch.[296] Völlig unbestritten war dagegen Müllers Wahl durch das Volk: Paul Müller erzielte auf Anhieb das zweitbeste Ergebnis. Dank dem Entgegenkommen Josef Riedeners konnte Paul Müller das ihm zusagende Departement des Innern übernehmen, das er bis 1964 innehatte.

Josef Scherrer kommentierte den Einzug des ersten Christlichsozialen in den St.Galler Regierungsrat mit überschwenglichen Worten. «Ein bedeutender Markstein» in der Geschichte der Bewegung sei gesetzt worden, der Tag der Wahl werde in die christlichsozialen Annalen eingehen. Der Erfolg Paul Müllers bestätige die Richtigkeit der 1911 getroffenen Entscheidung, in der konservativen Gesamtpartei zu verbleiben und an der katholischen Einheitsfront festzuhalten.[297] Doch mahnte Scherrer auch, dass die Übernahme des Regierungsratsmandats die «vermehrte Verantwortung für die kantonale Politik» mit sich bringe. «Unser Regierungsrat muss auch vorab auf uns in der Erfüllung seiner Aufgaben zählen können.»[298]

Die eingangs dieses Abschnitts gemachte Feststellung, die CSP habe die Regierungsfähigkeit erst spät erlangt, obgleich die Voraussetzungen dazu längst gegeben waren, verliert im Kontext der jeweils bei Vakanzen anzu-

---

294 Prot. Politische Kommission KVP, 22. und 29. Januar 1942 (StaatsA SG, Archiv CVP); Prot. Kantonalkomitee KVP, 29. Januar 1942 (StaatsA SG, Archiv CVP). Grundsätzlich wurde der Anspruch der CSP auf eine Vertretung in der Regierung in der Kommission nicht angefochten, nicht zuletzt deshalb, weil 1930 auch die Sozialdemokraten in die kantonale Exekutive eingezogen waren. Nur wurde von den Christlichsozialen erwartet, anstelle Müllers einen Fachjuristen vorzuschlagen, was die CSP aber ablehnte (vgl. auch Jb CSP 1941–43, S. 10, BAR).
295 Zirkular an die Mitglieder des Kantonalkomitees der CSP, 21. Januar 1942 (BAR).
296 Prot. Delegiertenversammlung KVP, 7. Februar 1942 (StaatsA SG, Archiv CVP); vgl. auch Ostschweiz, Nr. 65, 9. Februar 1942.
297 Zirkular an das Kantonalkomitee, an die Bezirks- und Gemeindepräsidenten der CSP, 24. Februar 1942 (BAR).
298 Jb CSP 1941–43, S. 8 (BAR). Gruner, Parteien, S. 38ff., stellt allgemeine Überlegungen dazu an, wie die Regierungsfähigkeit das politische Verhalten einer Partei beeinflusst.

Staatsschreiber Hans Gmür, Verbindungsmann der Christlichsozialen zum St.Galler Regierungsrat.

treffenden politischen Konstellationen an Dramatik. 1920 und vor allem 1936 scheiterte der christlichsoziale Anspruch daran, dass die CSP in den eidgenössischen Räten überrepräsentiert war, 1936 zusätzlich daran, dass valable christlichsoziale Kandidaten auf eine Nomination verzichtet hatten. Hinzu kam, dass für die CSP keine zwingende sachliche Notwendigkeit bestand, ein Regierungsratsmandat zu besetzen. Erstens verfügte die CSP nämlich mittels der ihr zustehenden Vertretung in den Parteigremien der konservativen Gesamtpartei über einen direkten und institutionalisierten Zugang zu den konservativen Regierungsräten. Zweitens besass sie in Hans Gmür, 1923 bis 1951 St.Galler Staatsschreiber, einen Verbindungsmann im Regierungsrat.[299] Und drittens erlaubte der Verzicht auf exekutive Verantwortung der CSP, in der praktischen Politik eine Doppelrolle zu spielen und gouvernementales und oppositionelles Verhalten miteinander zu verbinden. Exakt von dieser Überlegung liess sich Josef Scherrer leiten, als er sich 1935 in einem Gutachten gegen die Übernahme der Präsidentschaft der konservativen Partei der Stadt und des Bezirks St.Gallen durch einen Christlichsozialen aussprach: «Die *Christlichsozialen* können jetzt *von Fall zu Fall*, besonders bei wirtschaftlichen und sozialpolitischen Fragen, *eine oppositionelle Stellung* beziehen, was die etwas unsicheren Elemente der christlichsozialen Partei eher noch anzieht und bei uns hält.»[300] Diese Überlegungen leiteten

299 Anlässlich des Rücktritts von Hans Gmür als Staatsschreiber bedankte sich Josef Scherrer namens der CSP «für die Mitarbeit und die wertvollen Ratschläge, die Sie uns oft und oft in unserem Ausschuss gegeben haben. In jenen Jahren, wo wir noch keine eigene Vertretung im Regierungsrat hatten, waren Sie, ohne Indiskretionen zu begehen, uns ein steter Berater, der dadurch unserer Aktion im politischen Leben bestimmend beeinflusste. Sie haben so Ihre hervorragenden Kenntnisse auch uns dienstbar gemacht» (Schreiben vom 2. Juli 1951, BAR). Vgl. auch Aktennotiz Josef Scherrers anlässlich des Rücktritts von Staatsschreiber Hans Gmür, 1951 (BAR). Gmür gehörte seit der zweiten Hälfte der 1920er Jahre dem Parteiausschuss der CSP an. Auch Gmürs Vorgänger Othmar Müller, Staatsschreiber von 1888 bis 1923, soll aus seiner Sympathie für die christlichsoziale Bewegung keinen Hehl gemacht haben (Hochwacht, Nr. 196, 24. August 1923).
300 Notizen von Josef Scherrer anlässlich des Präsidentenwechsels der konservativen Partei der Stadt und des Bezirks St.Gallen, Februar 1935, S. 4f. (BAR). Vgl. auch TBSch, 6. und 23. Februar 1935 (PrivatA Scherrer).

Scherrer auch, als er sich mehrmals gegen eine Namensänderung der Gesamtpartei in «konservativ-christlichsoziale Partei» aussprach. Und mit demselben Argument lehnte er 1936 die Kandidatur Otto Hengartners ab, als er im christlichsozialen Parteiausschuss erklärte, «dass die Befürworter dieses Anspruchs später, wenn ein christlichsozialer Finanzchef event. gezwungen ist, gegen die christlichsozialen Postulate zu kämpfen und Massnahmen gegen sie durchzuführen, kein Recht haben, gegen unseren Vertreter in der Regierung aufzutreten und ihm seine Stellungnahme als ungehörig vorzuhalten».[301]

2.7 Der Zugang zur konservativen Presse und der «Hochwacht»-Konflikt

Dem Presse-, Buch- und Verlagswesen kam in der katholischen Sondergesellschaft stets eine eminente Bedeutung zu. Es hielt den katholischen Bevölkerungsteil zusammen, war Träger der weltanschaulichen Indoktrination, Mittel der Aktivierung und Mobilisierung sowie Bindeglied zwischen Führerschaft und Gefolgschaft.[302] Im geographisch und konfessionell vielgestaltigen Kanton St.Gallen hatten die liberal-konservativen Auseinandersetzungen seit den 1850er Jahren eine ganze Reihe katholischer Bezirks- und Lokalblätter entstehen lassen. Am Neujahrstag des Jahres 1874 erschien erstmals die von der konservativen Grossratsfraktion gegründete «Ostschweiz». Ihren Anspruch, überregionales Zentralorgan des politischen Katholizismus im Kanton zu sein, vermochte das Blatt aber erst in der zweiten Hälfte des folgenden Jahrzehnts zu erfüllen, als Georg Baumberger die Redaktionsgeschäfte übernahm und dem Blatt, das seit 1911 zweimal täglich erschien, auch ausserhalb des katholischen Lagers zu Ansehen und Geltung verhalf.[303]

Trotz gedeihlicher Entwicklung der Verlagsanstalt Buchdruckerei Konkordia in Winterthur und der Leobuchhandlung in St.Gallen erwies sich das Fehlen einer eigenen christlichsozialen Tageszeitung zunehmend als Mangel. Es fehle den Christlichsozialen, schrieb das St.Galler Aktionskomitee zur Propagierung der «Hochwacht», «bis heute das Tagesorgan, das die einzelnen Glieder unserer weitverzweigten Familie erzieht zu eiserner Entschlossenheit im Weiterschaffen nach innen und nach aussen, zu heiliger Begeisterung für unsere siegreichen Ideale, zu vertraulichem Plaudern auch nach

---

301 TBSch, 4. Juli 1936 (PrivatA Scherrer). Ähnlich argumentierte Scherrer in einem Zirkular an die christlichsozialen Bezirks- und Gemeindeorganisationen vom 10. Juli 1936, in dem er den Verzicht Otto Hengartners mitteilte (BAR).
302 Vgl. Altermatt, Katholizismus und Moderne, S. 251ff.
303 Zur sanktgallischen katholisch-konservativen Presse vgl. Oberholzer, Katholische Presse, S. 308ff.; Pfiffner, Presse, S. 231ff.; Thürer, Zeitungswesen, S. 43ff.

Festnummer der «Hochwacht» aus Anlass des 25-Jahr-Jubiläums der christlichsozialen Organisationen der Schweiz 1924.

des Tages Werken und Wirken».[304] Um mehr Einfluss auf die katholische Tagespresse zu erlangen, war 1912 die von Josef Scherrer betreute «Soziale Korrespondenz» ins Leben gerufen und ein Jahr darauf ausgebaut worden.[305] Ein Antrag der Sektion Bern vom Juni 1914 auf Herausgabe eines christlichsozialen Tagblattes wurde dagegen von den Delegierten des ZV mit dem Hinweis auf die Undurchführbarkeit des Projekts abgetan.[306] Es bedurfte erst der «Feuerzeichen» des Landesstreiks, ehe die Christlichsozialen erkannten, «wie unabweisbar notwendig es ist, dass ihre ‹Kanonen der Neuzeit›, die Presse, zur modernsten Waffe ausgestaltet wird».[307] Seit Dezember 1918 beschäftigte sich das Zentralkomitee des ZV an mehreren Sitzungen mit dem Plan einer Tageszeitung, und im September des folgenden Jahres sprach sich die Delegiertenversammlung der katholischen Arbeitervereine darüber aus. Die Wünschbarkeit einer Tageszeitung war unbestritten. Nach der Abklärung der wirtschaftlichen und technischen Aspekte des Vorhabens und der Wahl von Karl Wick zum Redaktor erschien unter dem Titel «Hochwacht. Christlichsoziales Tagblatt der Schweiz» im Januar 1921 die erste Nummer.

Promotoren der Gründung der «Hochwacht» waren in erster Linie St.Galler Christlichsoziale, neben Jung und Scheiwiler vor allem Josef Scherrer und Johannes Duft.[308] In einem St.Galler Werbeschreiben für die «Hochwacht» wurde unter anderem damit geworben, dass das Blatt «vorwiegend St.Galler Initiative» entsprungen sei und die Redaktionskommission sich «mehrheitlich aus bewährten St.Galler Führern» zusammensetzte, womit Gewähr geboten sei, dass St.Galler Anliegen gebührend berücksichtigt würden.[309] Eine enge Affinität zu St.Gallen ergab sich auch dadurch, dass der erste Chefredaktor Karl Wick von 1917–1920 die «Ostschweiz» redigiert hatte.

Die «Hochwacht» verstand sich weniger als Nachrichten- denn als weltanschaulich-kämpferisches Gesinnungsblatt der christlichsozialen Arbeiter- und Angestelltenschaft und verfolgte eine defensive und eine offensive Ziel-

---

304 Werbeschreiben für die «Hochwacht», verf. v. St.Galler Aktionskomitee, Winterthur o.J. (ca. 1920, BAR).
305 TBSch 16. Mai 1913 (PrivatA Scherrer); Obrecht, Christlichsoziale Bewegung, S. 109.
306 Zur Gründungsgeschichte der «Hochwacht» vgl. 25 Jahre christlichsoziale Presse, S. 16ff. und S. 31f.; Holenstein, Landesstreik, S. 96ff.; Walliser, Kampf um demokratische Rechte, S. 117f. Aus Anlass des 25-jährigen Bestehens der «Hochwacht» (1921–1946) erschien 1946 eine nicht weiter datierte Jubiläumsausgabe.
307 Jb ZV 1919, S. 53.
308 Josef Scherrer und Johannes Duft gehörten der Studienkommission an, die die Gründung eines christlichsozialen Tagblattes vorbereitete (TBSch, 17. August 1919, PrivatA Scherrer).
309 Werbeschreiben für die «Hochwacht», verf. v. St.Galler Aktionskomitee, Winterthur o.J. (ca. 1920, BAR). St.Galler Christlichsoziale in der siebenköpfigen Redaktionskommission waren: Jung, Scheiwiler, Duft und Josef Riklin, Direktor der Schweizerischen Genossenschaftsbank (25 Jahre christlichsoziale Presse, S. 19).

setzung. Als «Tageswehr» wurde sie angekündigt[310]; als «Damm und stärkste Wehr gegen die Sturmflut des Unglaubens und des Materialismus, gegen den Offensivsturm der verbündeten Feinde unserer katholischen, unserer christlichsozialen Weltanschauung» pries sie sich ihren Lesern an.[311] Sodann wollte sie «die vernünftigen Arbeiterforderungen sowohl gegenüber der revolutionären Überschwemmung als auch gegenüber der von rechts provozierten Reaktion ... schützen und ... vertreten».[312]

Trotz der Euphorie der Gründer und der Bereitschaft der Arbeiter- und Arbeiterinnenvereine der Schweiz, ihre Standesorgane als Beilage in die «Hochwacht» zu inkorporieren[313], und trotz intensiver Werbearbeit[314] vermochte die «Hochwacht» die in sie gesetzten Erwartungen, nämlich nationales christlichsoziales Tagblatt zu werden, nicht zu erfüllen. Das Blatt blieb infolge der bald nach der Gründung sich verschlechternden Wirtschaftslage während der ganzen 1920er Jahre defizitär.[315] Regelmässig klagten Verwaltungsrat und Direktion der Verlagsanstalt Buchdruckerei Konkordia über die geringe Resonanz des Blattes sowie darüber, «dass uns das Tagblatt enorme Kosten verursacht, denen leider viel zu geringe Einnahmen (Abonnemente und Inserate) gegenüberstehen, so dass unser Betrieb für die ‹Hochwacht› grosse Opfer bringen muss».[316] Daran vermochte auch der Beschluss des Verbandes der katholischen Arbeitervereine vom 25. April 1926 nichts zu ändern, der die Freitagsausgabe der «Hochwacht» zum offiziellen Organ der christlichsozialen lokalen und kantonalen politischen Organisationen erklärte und das obligatorische Abonnement für all jene Mitglieder vorschrieb, die nicht einem Arbeiter- oder Angestelltenverein angehörten.[317]

Auch im Kanton St.Gallen vermochte sich die «Hochwacht» nicht durchzusetzen. Ganze 197 Abonnenten zählte hier das Blatt im Jahre 1924[318], 300

---

310 Jb ZV 1920, S. 52.
311 Hochwacht, Nr. 77, 1. April 1927, Beilage Nr. 13.
312 Hochwacht, Nr. 75, 1. April 1921. Nach Georg Baumberger, einem Mitbegründer, war der Hauptzweck des Blattes, «einen Damm gegenüber dem immer mächtigeren Andrang der Sozialdemokratie, der ‹Roten Flut›, zu bilden» (25 Jahre christlichsoziale Presse, S. 17).
313 1926 erwirkten die Arbeiterinnenvereine die Loslösung der «Arbeiterin» von der «Hochwacht», und seit 1930 erschien der «Arbeiter» wiederum selbständig (25 Jahre christlichsoziale Presse, S. 31ff.; Wild, Aspekte, S. 4f.).
314 Zirkular an die Bezirks- und Gemeindeorganisationen der CSP, 16. Oktober 1920 (BAR). In einem weiteren Zirkular vom 2. November 1921 forderte Josef Scherrer die Einrichtung von «Propagandakommissionen» zur Werbung für die «Hochwacht» (BAR).
315 Im Oktober 1924 zählte die «Hochwacht» lediglich 2680 Abonnenten (TBSch, 22. Oktober 1924, PrivatA Scherrer).
316 JB CAB 1926/27, S. 88. 1930 bezeichnete die Verlagsanstalt Buchdruckerei Konkordia die «Hochwacht» als «Sorgenkind ..., für das wir viele Opfer bringen müssen» (JB CAB 1928/29, S. 84).
317 Der Beschluss ist abgedr. in: JB CAB 1926/27, S. 55.
318 TBSch, 20. November 1924 (PrivatA Scherrer).

An das christlichsoziale Volk des St. Gallerlandes

Christlichsoziale Männer!

In christlichsozialer Solidarität vorwärts!

Dies war unser Wahlspruch für und für. Und mit dieser Parole ging es vorwärts. Das beweisen unsere politischen Errungenschaften in Gemeinde, Kanton und Bundeshaus und selbst im Weltgebäude durch die „weiße Internationale", das beweisen ferner unsere kraftvollen Organisationen, die man noch vor wenig Jahren so gern als „Krüppel-Organisationen" lächerlich zu machen suchte; das beweisen endlich auch unsere blühenden Institutionen, die zu Quellen wirtschaftlicher und sittlicher Wohlfahrt geworden sind. Fürwahr, das Senfkorn ist zum Baume geworden, der herrliche Blüten christlicher Gesinnung und reiche Früchte sozialen Schaffens trägt.

Wer wollte da stille stehen.

In christlichsozialer Solidarität vorwärts! Diese Parole treibt uns zu neuem Ringen. Uns Christlichsozialen fehlte bis heute das Tagesorgan, das die einzelnen Glieder unserer weitverzweigten Familie erzieht zu eiserner Entschlossenheit im Weiterschaffen nach innen und nach außen, zu heiliger Begeisterung für unsere siegreichen Ideale, zu vertraulichem Plaudern auch nach des Tages Werken und Wirken; und dieses Organ kommt zu Euch und heißt:

HOCHWACHT

das christlichsoziale Tagblatt der Schweiz

Eine *Hochwacht* muß es sein, die auf dem Felsen Petri erbaut, im Lichte der Encyclica Leo XIII. trutzig hinausschaut in die Oede des kapitalistischen Raubrittertums und sozialistischer Verwirrung.

Eine *Hochwacht* wird es sein, auf der ein altbewährter Haudegen und Volksmann, *Nationalrat Georg Baumberger*, ein *Nationalrat Dr. Duft*, ein *Kanonikus Jung*, ein *Kanonikus Dr. Scheiwiler*, ein *Nationalrat Josef Scherrer* und viele andere stehen. Sie werden unter der jugendfrischen Schriftleitung eines *Chefredaktor Dr. Wick* mit blankem Schwert und Schild im Zeichen christlicher Solidarität unentwegt für die gerechte Sache der christlichsozialen Arbeiter, Angestellten und Beamten, für das christliche Volk überhaupt, streiten.

Trotz intensiver Werbeanstrengungen vermochte das christlichsoziale Tagblatt «Hochwacht» im Kanton St. Gallen kaum Fuss zu fassen.

weitere wären notwendig gewesen, um das Überleben des Blattes zu sichern.[319] Dieses Malaise veranlasste das Kantonalkomitee der CSP 1924, einen Verantwortlichen für die Propagierung des Blattes zu bestimmen und das Abonnement für alle christlichsozialen Behördenvertreter obligatorisch zu erklären.[320]

Die Schwierigkeiten der «Hochwacht» bestanden u.a. darin, dass das Blatt trotz seines Anspruchs, die ganze Deutschschweiz abzudecken, zu sehr auf den Erscheinungsraum Winterthur – Zürich beschränkt blieb. Es gelang der «Hochwacht» nach der Analyse Josef Scherrers nicht, die regionalen und lokalen Blätter zu ersetzen bzw. die lokalen Informationsbedürfnisse zu befriedigen.[321] Emil Buomberger, alt Chefredaktor der «Ostschweiz» und Kenner der regionalen Presseverhältnisse, brachte das Problem auf den Punkt, wenn er 1923 feststellte, die «jetzige Hochwacht [sei] nirgends recht daheim».[322] 1924 schien sich mit dem Projekt einer Fusion mit den «Neuen Zürcher Nachrichten», die ebenfalls auf christlichsozialem Boden standen, eine Lösung des Dilemmas abzuzeichnen. Allein die Pläne zerschlugen sich bald, u.a. darum, weil die «Neuen Zürcher Nachrichten», wie Georg Baumberger als ehemaliger Chefredaktor des Blattes im Rückblick feststellte, im Unterschied zur «Hochwacht» kein spezifisches Arbeiter- oder Angestelltenblatt waren, sondern auch den Mittelstand ansprechen wollten.[323]

Der missglückte Start der «Hochwacht» bewog den Zentralausschuss des ZV im November 1922, analog dem Vorbild der sozialistischen Presse kantonale Ausgaben im Kopfblatt-System anzuregen.[324] Bevor wir die dadurch ausgelösten dramatischen Turbulenzen im sanktgallischen konservativ-christlichsozialen Parteilager darstellen, soll auf die Anfänge der Beziehungen der St.Galler Christlichsozialen zur hiesigen konservativen Presse eingegangen werden.

---

319 Prot. Kantonalkomitee CSP, 9. Dezember 1923 (BAR).
320 Zirkular der CSP an die christlichsozialen Bezirks- und Gemeindeorganisationen des Kantons St.Gallen, 18. Februar 1924 (BAR); Zirkular an die katholischen Arbeiter- und Angestelltenvereine und die Lokalorganisationen der CSP, 17. Januar 1928 (BAR).
321 TBSch, 16. Oktober 1924 (PrivatA Scherrer).
322 Bericht über eine Konferenz betr. St.Galler Ausgabe der «Hochwacht», 27. November 1923, S. 2 (BAR).
323 TBSch, 16., 22. Oktober und 20. November 1924 (PrivatA Scherrer); Georg Baumberger in: 25 Jahre christlichsoziale Presse, S. 17f. Dagegen gelang 1922 die Verschmelzung der «Hochwacht» mit der «Winterthurer Volkszeitung», die zunächst noch als Lokalausgabe der «Hochwacht» erschienen war und Mitte Februar 1922 vollständig mit der «Hochwacht» verbunden wurde.
324 TBSch, 10. November 1922 (PrivatA Scherrer). Nach Alois Scheiwiler hatten die Initiatoren der «Hochwacht» von allem Anfang an, also seit Ende 1918, als ein christlichsoziales Tagblatt projektiert wurde, kantonale Kopfblätter angestrebt, damals aber «accidentaliter» davon abgesehen (Prot. Parteiausschuss KVP, 25. November 1923, StaatsA SG, Archiv CVP).

Den Gründern der CSP – jenem Führungskern, der später auch an der Wiege der «Hochwacht» stand – war von Anfang an bewusst, dass die Parteigründung ohne enge Kontakte zur Presse eine Totgeburt wäre, dass Partei und Parteipresse, wie der hierin erfahrene Georg Baumberger später schrieb, «in einer engsten Schicksalsgemeinschaft» lebten und sich gegenseitig tragen müssten.[325] In nüchterner Einschätzung der eigenen realen Möglichkeiten sprachen die St.Galler Christlichsozialen nie von einem parteieigenen Blatt. Die CSP wollte sich vielmehr auf die bestehenden, in der St.Galler katholischen Sondergesellschaft gut verankerten konservativen Blätter abstützen.[326] In diesem Sinne beantragte das mit den Vorbereitungen zur Parteigründung betraute provisorische Kantonalkomitee der christlichsozialen Delegiertenversammlung, die konservative Kantonal- und Bezirkspresse solle angefragt werden, ob sie ihre Spalten der CSP zu öffnen gewillt sei.[327] Nach der Zustimmung der Delegierten gelangte der Parteiausschuss der CSP an die konservative Presse und sondierte, ob diese bereit sei, «den spezifisch christlichsozialen Parteizwecken zu dienen ... und das auch für den ev. Fall, dass die Christlichsozialen in einem Wahlkampf selbständig und getrennt von der kons. Partei vorgehen sollten».[328] In zustimmendem Sinne antworteten die «Ostschweiz», die «Rorschacher Zeitung», der «Fürstenländer» sowie das «St.Galler Volksblatt». Einen ungenügenden Bescheid gab die «Rheintalische Volkszeitung», gar keinen die «Sarganserländische Volkszeitung».[329] Wichtig war vor allem die Zusage der «Ostschweiz», des Flaggschiffs der St.Galler konservativen Presse, die ein Jahr darauf versicherte, «den Christlichsozialen ... möglichst die Spalten zu öffnen», damit aber die Erwartung verband, die christlichsozialen Vereine sollten «mehr für die ‹Ostschweiz› und die Presse arbeiten».[330]

In der Absicht, die Mitarbeit und die Präsenz der Christlichsozialen in der konservativen Presse zu fördern, richtete das Kantonalkomitee der CSP ein Zirkular an die kommunalen Organisationen.[331] Um die Presse «in weit höherem Masse als es bisher geschehen ist» zu unterstützen, entwarf das Parteikomitee ein Konzept für die Pressearbeit in den Gemeinden. Diese sollte auf zwei Ebenen vorangetrieben werden: Erstens sei in jeder Gemeinde eine Pressekommission zu bilden, «die ganz energisch das Suchen nach neuen

---

325 Baumberger, CSP Zürich, S. 21.
326 Die Statuten der CSP vom 26. November 1911 nannten in Art. 15 den «Arbeiter» und, «auf Grund besonderer Abmachungen», die konservativen Kantonal-, Bezirks- und Gemeindeblätter als Presseorgane der Partei (BAR).
327 Prot. provisorisches Kantonalkomitee, 9. November 1911 (BAR).
328 Prot. Parteiausschuss CSP, 7. Dezember 1911 (BAR).
329 Jb CSP 1912, S. 17 (BAR).
330 Jb CSP 1912, S. 30 (BAR).
331 Zirkular an die verehrlichen Lokalvorstände der CSP, 21. Oktober 1912 (BAR).

Abonnenten an die Hand nehmen kann». Die «Ostschweiz» förderte diese Aktion dadurch, dass sie Probenummern zur Verfügung stellte und den kommunalen Organisationen für jeden gewonnenen Neuabonnenten 50 Rappen vergütete.[332] Und zweitens sollte in jeder Gemeinde ein Berichterstatter bestimmt werden, «der über wichtigere Sachen an die Presse korrespondiert» und dabei die «Ostschweiz» ebenso bediente wie die Lokal- oder die Bezirkspresse.

Die Zusammenarbeit vor allem mit der «Ostschweiz» gestaltete sich zur Zufriedenheit der Verantwortlichen der CSP.[333] Dies war primär das Verdienst der beiden Redaktoren Emil Buomberger und Karl Wick, die, wie vorher Georg Baumberger, die Spalten des konservativen Blattes auch den Christlichsozialen öffneten. 1913 stellte Emil Buomberger nach Rücksprache mit dem konservativen Parteichef Anton Messmer Josef Scherrer gar in Aussicht, Redaktor bei der «Ostschweiz» zu werden.[334] Dieser Plan blieb aber Episode, wohl darum, weil der dynamische Scherrer in der christlichsozialen Bewegung gebraucht wurde. Drei Jahre später ging von der christlichsozialen Delegiertenversammlung die Initiative aus, die Aufnahme eines Christlichsozialen in die Redaktion der «Ostschweiz» zu erwirken.[335] Auch dieses Vorhaben scheiterte, vermutlich einfach deshalb, weil sich bis 1920 keine Vakanzen ergaben und 1920, nach der Demission von Buomberger und Wick, keine valablen christlichsozialen Kandidaten zur Verfügung standen.[336] Dennoch blieben die Kontakte zur «Ostschweiz» auch nach dem Abgang Buombergers und Wicks und ohne direkten Einfluss auf die Redaktionsgeschäfte gut. 1923 stellte jedenfalls Thomas Holenstein mitten in der «Hochwacht»-Krise fest, von seiten der Christlichsozialen seien nie Beschwerden gegen den Kurs des konservativen Hauptorgans vorgetragen worden, und Aloys Horat, seit 1921 Redaktor bei der «Ostschweiz», bekannte 1923 vor versammelter konservativer Parteikorona seine Sympathien für die christlichsoziale Bewegung.[337]

Dieser modus vivendi mit der konservativen Presse wurde aber christlichsozialerseits schon bald in Frage gestellt. Anlass dazu gab das aus dem all-

---

332 Jung soll damals der «Ostschweiz» 3000 neue Abonnenten in Aussicht gestellt haben – «das tatsächliche Ergebnis war mager» (Prot. Parteiausschuss KVP, 25. November 1923, StaatsA SG, Archiv CVP).
333 Prot. Parteiausschuss CSP, 5. Oktober 1912 (BAR); Jb CSP der Stadt St.Gallen 1916–18, S. 3 (BAR).
334 TBSch, 7. Mai 1913 (PrivatA Scherrer).
335 Prot. Delegiertenversammlung CSP, 7. Mai 1916 (BAR).
336 Auf Buomberger und Wick folgten 1921 Aloys Horat und Josef Bächtiger. Die Christlichsozialen waren bis 1939 nie in der Redaktion der «Ostschweiz» vertreten (zur Zusammensetzung der Redaktion der «Ostschweiz» vgl. 100 Jahre «Die Ostschweiz», S. 69f.). Vor der Gründung der CSP, in den Jahren 1904 bis 1907, stand der christlichsoziale Arbeitersekretär Ferdinand Buomberger in den Diensten der «Ostschweiz».
337 Prot. Parteiausschuss KVP, 25. November 1923 (StaatsA SG, Archiv CVP).

gemeinen Erlebnis der Zurücksetzung heraus genährte Bedürfnis nach Emanzipation von konservativer Abhängigkeit.[338] Greifbar wird die Idee der Gründung eines eigenen christlichsozialen Blattes erstmals im Jahre 1913, als die christlichsoziale Grossratsgruppe, allerdings mit negativem Ergebnis, das Traktandum diskutierte.[339] An der Delegiertenversammlung der CSP von 1913 griff Alois Scheiwiler in einem Referat das Anliegen auf, hielt diesem aber, ohne näher zu präzisieren, «grosse Bedenken finanzieller wie organisatorischer und prinzipieller Natur entgegen» und riet, die bestehenden konservativen Organe zu nutzen.[340] Zwei Jahre später ertönte im Oberland der Ruf nach einer christlichsozialen Zeitung. Zwar hielt der kantonale Parteiausschuss den Gedanken «für durchaus diskutierbar»[341], kam aber zum Schluss, davon Abstand zu nehmen, nachdem eine Kommission den Vorschlag geprüft hatte. Die Gründung eines eigenen christlichsozialen Blattes erscheine zum momentanen Zeitpunkt verfrüht. «Der Boden für ein solches Unternehmen ist noch nicht geebnet ... Ein eigenes Blatt wäre gewiss unser Ideal; aber die Durchführung ist vorläufig nicht möglich», weswegen sich die Christlichsozialen bemühen sollten, «die konservative Kantonal- und Bezirkspresse nach und nach für unsere Ideen zu gewinnen».[342]

Neue Perspektiven eröffneten sich den St.Galler Christlichsozialen, als vom Dezember 1918 an mit massgeblicher St.Galler Unterstützung das Projekt einer nationalen christlichsozialen Tageszeitung erste Konturen annahm. Josef Scherrer bekannte 1919 in seinem Tätigkeitsbericht als Parteipräsident der städtischen Christlichsozialen, dass in christlichsozialen Kreisen bei aller Wertschätzung des guten Einvernehmens mit der «Ostschweiz» der Gedanke immer lebendig geblieben sei, «dass gerade die heutige Zeit mit ihrem sozialen Vorwärtsstreben einem tüchtig geführten, eigentlichen naturwüchsigen, echt christlichsozialen schweizerischen Tagblatt dringend ruft».[343]

Im Frühjahr 1919 besprach der kantonale christlichsoziale Parteiausschuss die Gründung eines christlichsozialen Tagblattes einlässlich und stimmte dem Projekt einmütig zu. Die dabei vorauszusehenden Schwierigkeiten wurden als «nicht unüberwindlich» eingeschätzt.[344] Damit war nicht allein die ökonomische Tragkraft des Unternehmens angesprochen, sondern auch die zu erwartende Reaktion der Konservativen. Diese hatten im Frühherbst

338 Die christlichsoziale Grossratsgruppe etwa beschwerte sich im Februar 1913, von der gesamten konservativen Presse im Stich gelassen worden zu sein (Prot. christlichsoziale Gruppe des Grossen Rates, 24. Februar 1913, BAR).
339 Prot. christlichsoziale Gruppe des Grossen Rates, 10. Februar 1913 (BAR).
340 Das Referat ist abgedr. in: Ostschweiz, Nrn. 48, 50 und 52, 26., 28. Februar und 3. März 1913.
341 TBSch, 13. März 1915 (PrivatA Scherrer).
342 Jb CSP 1915, S. 6 (BAR).
343 Jb CSP der Stadt St.Gallen 1916–18, S. 3 (BAR).
344 TBSch, 29. März 1919 (PrivatA Scherrer).

1919 Kenntnis vom Projekt erhalten, worauf es vom Parteipräsidenten Eduard Guntli im konservativen Parteiausschuss zur Sprache gebracht wurde.[345] Was die konservative Parteileitung im besonderen aufhorchen liess, war das Gerücht, das christlichsoziale Blatt werde in St.Gallen domiziliert.[346] Taktisch geschickt versuchte Josef Scherrer zu beschwichtigen: Zwar gebe es tatsächlich solche Absichten, der Plan zur Gründung eines christlichsozialen Tagblattes sei jedoch schon mehr als zehn Jahre alt und St.Gallen nur einer von mehreren möglichen Standorten. Das beste Mittel, das Unternehmen zu verhindern, sei «eine bessere Rücksichtnahme unserer Presse auf die christl. soz. Bestrebungen», führte Scherrer weiter aus. Trotzdem versäumten es die Konservativen nicht, Scherrer auf die Konsequenzen einer in St.Gallen erfolgenden Blattgründung hinzuweisen: «Gegenseitiger Kampf» wäre unvermeidlich, gegenseitige Entfremdung, wenn nicht gar Trennung von konservativem und christlichsozialem Parteiflügel würde drohen.

Als die Gründung der «Hochwacht» Ende 1920 beschlossen und Winterthur zum Sitz von Verlag und Redaktion auserkoren war, meldete sich in konservativen St.Galler Kreisen zwar Unmut. «Die Konservativen sind etwas erbost über die Gründung des christlichsozialen Tagblattes», stellte Scherrer fest, «aber die Herren scheinen immerhin zu merken, dass wir nicht länger in der Rolle des Aschenbrödels verharren wollen.»[347] Tatsächlich hatten die Konservativen die Gründung der «Hochwacht» akzeptiert in der Erwartung, «dass diese Gründung zu keiner Trübung des bisherigen friedlichen Verhältnisses zwischen Christlichsozialen u. Konservativen führen werde», und nach der Versicherung von Johannes Duft, «dass die Haltung des neuen Organes u. die Werbearbeit für dasselbe eine loyale sein werde».[348] In einer Aussprache zwischen Konservativen und Christlichsozialen anlässlich der Verabschiedung von Emil Buomberger von der «Ostschweiz» Ende Dezember 1920 versuchte Josef Scherrer, der Gründung der «Hochwacht» auch für die Konservativen einen positiven Aspekt abzugewinnen. Das Blatt sei «nicht mit der Tendenz gegründet worden, einen Riss in die Gesamtpartei zu tragen ... Die ‹Hochwacht› hat eine besondere Aufgabe und sie richtet sich an besondere Kreise, die durch die konservative Presse nicht oder nur schwer erreicht werden.»[349]

345 Prot. Parteiausschuss KVP, 26. September 1919 (StaatsA SG, Archiv CVP).
346 Tatsächlich hatten Josef Scherrer und Johannes Duft bei der Vorbereitung der Blattgründung mit der Druckerei Cavelti in Gossau Verhandlungen geführt. Trotz günstiger Offerte sprach sich das Zentralkomitee des ZV dann aber am 13. Oktober 1919 dafür aus, die Zeitung in der verbandseigenen Druckerei in Winterthur herstellen zu lassen (Holenstein, Landesstreik, S. 96f.).
347 TBSch, 2. Dezember 1920 (PrivatA Scherrer).
348 Prot. Fraktion KVP, 8. November 1920 (StaatsA SG, Archiv CVP).
349 TBSch, 30. Dezember 1920 (PrivatA Scherrer). Die konservative Kritik am Erscheinen blieb natürlich nicht auf St.Gallen beschränkt, sondern war in weiten katholischen Krei-

Konnte der Konflikt im konservativ-christlichsozialen Lager diesmal noch gütlich beigelegt werden, so musste, nach den Mahnungen im konservativen Parteiausschuss, jeder Versuch, eine Aussenstelle der «Hochwacht» in St.Gallen anzusiedeln, auf harten Widerstand stossen. Wenn die St.Galler Christlichsozialen dennoch prompt auf die Anregung des Zentralausschusses des ZV reagierten und bereits im November 1922 eine St.Galler Ausgabe der «Hochwacht» anvisierten[350], sind dafür drei Gründe anzuführen.[351] Erstens bot sich durch die Herausgabe von Kopfblättern die Chance, der bisher zu sehr auf die Region Winterthur fixierten «Hochwacht» regionalen Zuschnitt zu geben, sie für Inserenten und Abonnenten attraktiver zu machen und damit auf Erfolgskurs zu bringen. Zweitens wollte sich die CSP mehr als zehn Jahre nach ihrer Gründung mit der Schaffung eines eigenen Blattes von der engen Bindung an die Mutterpartei emanzipieren. Obwohl weder die Grossratswahl von 1921 noch die Nationalratswahl von 1922 die Beziehungen der Parteiflügel belastet hatten, dürften die Erfahrungen des Wahlkampfes der Forderung nach einem eigenen Blatt Auftrieb gegeben haben. Drittens schliesslich verfolgte die CSP mit der regionalen Ausgabe der «Hochwacht» den Zweck, den Einfluss von Bewegung und Partei auch in bisher nicht erfasste Kreise der katholischen Arbeiterschaft hineinzutragen, in jene Kreise mithin, die ausserhalb der Reichweite der konservativen Presse lagen und Gefahr liefen, von der sozialistischen Konkurrenz abgeworben zu werden.

Der Beschluss, eine St.Galler Regionalausgabe der «Hochwacht» herauszugeben, wurde ausserparteilich an einer Vertrauensmännerversammlung am 26. Oktober 1923 gefasst, an der Delegierte aus den Bezirken Unterrheintal, Rorschach, St.Gallen, Gossau, Untertoggenburg und Wil das Projekt energisch befürworteten.[352] Ohne parteiinterne Diskussion des Vorhabens – zwischen der Vertrauensmännerversammlung und der Bekanntgabe des Pla-

---

sen hörbar. Die Kritikpunkte waren: Die «Hochwacht» führe zu einer Zersplitterung der katholischen Kräfte, zur Schwächung der Stosskraft der katholischen Aktion, ja zu einer Spaltung der konservativen Partei; zudem diene die «Hochwacht» zu sehr materiellen Standesfragen, worüber die Kulturpolitik vergessen werde (Winterthurer Volkszeitung, Nr. 4, 6. Januar 1921; vgl. auch Nr. 75, 1. April 1921).

350 Josef Scherrer liess seine Parteifreunde in einem Zirkular vom 4. November 1922 wissen, dass die Herausgabe einer sanktgallischen Ausgabe der «Hochwacht» beabsichtigt sei, «die unseren Verhältnissen besser entsprechen dürfte» (BAR). Wer hinter dem Projekt stand, ist nicht ersichtlich. Nach Alois Scheiwiler spielte der Kanton St.Gallen beim Kopfblatt-Projekt darum eine Pionierrolle, «weil hier die christl. soz. Organisationen am meisten entwickelt sind» (Prot. Parteiausschuss KVP, 25. November 1923, StaatsA SG, Archiv CVP).

351 Vgl. die Erklärung Josef Scherrers vor dem konservativen Parteiausschuss (Prot. Parteiausschuss KVP, 25. November 1923, StaatsA SG, Archiv CVP).

352 TBSch, 26. Oktober 1923 (PrivatA Scherrer); Prot. Kantonalkomitee CSP, 9. Dezember 1923 (BAR).

Emil Buomberger, bis 1920 «Ostschweiz»-Redaktor und 1923 designierter Redaktor der geplanten St.Galler Ausgabe der «Hochwacht».

nes fand weder eine Delegiertenversammlung noch eine Komitee- oder Ausschusssitzung der CSP statt – und ohne vorgängige Information der konservativen Gesamtpartei kündigte die «Hochwacht» am 23. November 1923 ihren Lesern die St.Galler Ausgabe mit eigener Redaktion und Administration in St.Gallen an.[353]

Damit stellt sich die Frage nach den Hintermännern und den treibenden Kräften des Projekts. Neben Johann Baptist Jung, der gemäss Scherrer das Vorhaben bis zu seinem Tod mit Sympathie begleitet hatte[354], sind an erster Stelle Alois Scheiwiler und Josef Scherrer zu nennen.[355] Nicht zu den Initiatoren, wohl aber zu den Promotoren des Projekts zählte der frühere «Ostschweiz»-Redaktor Emil Buomberger, der zum konservativen Parteiflügel zählte und während seiner Redaktorentätigkeit bei der «Ostschweiz» zum inneren Führungszirkel der KVP gehört hatte. Emil Buomberger, der den

353 Hochwacht, Nr. 273, 23. November 1923. Die Ankündigung im Wortlaut: «In Nachachtung zahlreicher Wünsche aus dem Kanton St.Gallen und der einstimmigen Befürwortung durch die führenden christlichsozialen Vertrauensleute des Kantons hat der Verwaltungsrat der Verlagsanstalt Buchdruckerei Konkordia beschlossen, für Stadt und Kanton St.Gallen mit eigener Administration und Redaktion in St.Gallen von Neujahr 1924 weg eine Spezialausgabe der ‹Hochwacht› herauszugeben. Das Blatt wird den Titel führen ‹Hochwacht›, christlichsoziales Tagblatt für Stadt und Kanton St.Gallen.» Den Initianten war es gelungen, das Vorhaben bis zur öffentlichen Bekanntmachung unter Verschluss zu halten. Der konservative Parteichef Eduard Guntli bekannte, vom Projekt erst aus der Presse erfahren zu haben (Schreiben von Eduard Guntli an Emil Buomberger vom 26. November 1923, StaatsA SG, Archiv CVP; vgl. auch Prot. Parteiausschuss KVP, 25. November 1923, StaatsA SG, Archiv CVP). Auch in der CSP scheinen nur wenige ins Projekt eingeweiht worden zu sein. Scherrer musste sich nämlich anlässlich der Kantonalkomitee-Sitzung vom 9. Dezember 1923 den Vorwurf gefallen lassen, nicht rechtzeitig informiert zu haben (Prot. Kantonalkomitee CSP, 9. Dezember 1923, BAR).
354 TBSch, 2. März 1939 und 24. April 1940 (PrivatA Scherrer). Jung starb im Mai 1922. Daraus lässt sich schliessen, dass die Vorbereitungsarbeiten für die St.Galler Ausgabe in die erste Hälfte des Jahres 1922 zurückreichen. Nicht in die Vorbereitungsarbeiten involviert war Johannes Duft (Prot. Parteiausschuss KVP, 25. November 1923, StaatsA SG, Archiv CVP).
355 Alois Scheiwiler war Präsident und Josef Scherrer Vizepräsident des Zentralausschusses des ZV, der im November 1922 die Schaffung kantonaler Auflagen der «Hochwacht» gefordert hatte.

Christlichsozialen stets mit Wohlwollen und Verständnis begegnet war[356], wurde von den St.Galler Christlichsozialen und vom Verwaltungsrat der Verlagsanstalt Buchdruckerei Konkordia als Redaktor der St.Galler «Hochwacht» designiert. Als Beweggründe für seine Zustimmung führte Buomberger einerseits persönliche Motive an, nämlich das Bedürfnis, nach mehrjähriger politischer Abstinenz wiederum in der Öffentlichkeit wirken zu wollen, andererseits ideelle – die «innerste Überzeugung» habe ihn auf den Boden des christlichsozialen Programms geführt – und parteitaktische Erwägungen: Die St.Galler Ausgabe der «Hochwacht» werde zu einer «dauernden Stärkung und Mehrung der konservativen Gesamtpartei» beitragen, indem diese «in Kreise eindringt, die bisher für unsere Partei unerreichbar waren».[357] In einem Schreiben an den konservativen Parteiausschuss erklärte Buomberger seine Bereitschaft zur loyalen Zusammenarbeit mit der konservativen Partei und ihrer Presse.[358]

Die Strategie der vollendeten Tatsachen löste, wie nicht anders zu erwarten war, in konservativen Kreisen von Stadt und Kanton einen «Sturm der Entrüstung» aus.[359] Bereits zwei Tage nach Ankündigung des christlichsozialen Vorhabens trat der konservative Parteiausschuss zu einer Aussprache zusammen, an der christlichsozialerseits zusätzlich Alois Scheiwiler teilnahm. Über den Christlichsozialen entlud sich ein eigentliches Gewitter. Von Vertrauensbruch war die Rede, von der Gefährdung der Parteieinheit und der Schädigung der Interessen der «Ostschweiz». Einen «besonderen Stachel und Stempel» erhalte die Angelegenheit durch die Ankündigung, Emil Buomberger sei als Redaktor der St.Galler «Hochwacht»-Ausgabe vorgesehen.[360] Alle christlichsozialen Beschwichtigungen verhallten. Parteichef Guntli

---

356 Zu erinnern ist an Buombergers Vermittlertätigkeit anlässlich der Gründung der CSP 1911. Buomberger war von 1904 bis 1920 Chefredaktor der «Ostschweiz», ehe er 1921 in den Dienst der Stickereifirma Jakob Rohner AG in Rebstein eintrat. 1924 übernahm er von Georg Baumberger die Redaktion der «Neuen Zürcher Nachrichten» (vgl. Hochwacht, Nr. 53, 3. März 1939; JB CAB 1939/40, S. 37).
357 Schreiben von Emil Buomberger an Eduard Guntli vom 25. November 1923 (StaatsA SG, Archiv CVP).
358 Schreiben von Emil Buomberger an den konservativen Parteiausschuss vom 29. November 1923 (StaatsA SG, Archiv CVP); vgl. auch Prot. Parteiausschuss KVP, 28. November 1923 (StaatsA SG, Archiv CVP).
359 Prot. Kantonalkomitee CSP, 9. Dezember 1923 (BAR).
360 Eduard Guntli brachte seine persönliche Enttäuschung darüber in einem Brief an Emil Buomberger zum Ausdruck. Die Ankündigung sei eine der «grössten Enttäuschungen» seines Lebens, und er, Guntli, empfinde die Nachricht «wie eine schallende Ohrfeige» (Schreiben von Eduard Guntli an Emil Buomberger vom 26. November 1923, StaatsA SG, Archiv CVP). Der konservative Widerstand gegen die Person Buombergers ist, wie Johannes Duft argwöhnte, möglicherweise in Konkurrenzängsten der «Ostschweiz» zu suchen: «Bei der Qualifikation der heutigen ‹Ostschweiz›-Redaction ist die Befürchtung, dass Dr. Buomberger ihr ‹über› ist, ja nicht ungerechtfertigt» (Bericht über eine Konferenz betr. St.Galler Ausgabe der «Hochwacht», 27. November 1923, S. 1, BAR).

bekannte, er sei «Pessimist u. sehe ganz schwarz»; die konservative Gesamtpartei stehe am Scheideweg: «Wenn es kein zurück mehr gibt, dann kommt der Zerfall», und er schloss die Sitzung nach dreieinhalbstündiger Diskussion mit der unmissverständlichen Mahnung an die Christlichsozialen, das angekündigte Vorhaben rückgängig zu machen.[361]

Mit dermassen heftigem Widerstand des konservativen Parteiflügels hatten die Christlichsozialen offenbar nicht gerechnet – niemand dachte daran, so Johannes Müller, «dass man daraus eine Staatsaktion mache».[362] Zwei Tage später berieten die Christlichsozialen unter Beizug der Verantwortlichen von Verlag und Redaktion der «Hochwacht» in einer fünfstündigen Konferenz die neue Lage.[363] In den Voten drückte sich einerseits Überraschung und Unverständnis über die heftige Reaktion der Konservativen aus, andererseits Empörung über konservative Druckversuche und Drohungen. Der Verlauf der Aussprache brachte bald Einigkeit darüber, dass gegen die Opposition der Konservativen das Projekt in seiner ursprünglich angestrebten Form nicht verwirklicht werden könne, dass die Geschlossenheit der konservativen Gesamtpartei keinen Schaden nehmen dürfe und darum Konzessionen gemacht werden müssten. Bereits hielten einzelne Votanten das Projekt für gescheitert und mahnten zum Rückzug. Noch während der Konferenz wurde eine Delegation abgeordnet, die in einer Besprechung mit Eduard Guntli sondieren sollte, «in welchem Rahmen wir die St.Galler Ausgabe herausgeben können, ohne wirklich die Spaltung der Partei herbeizuführen». Die Mission der Abordnung brachte keine Annäherung der Standpunkte, und der konservative Parteichef beharrte auf seiner Position. Immerhin liess sich Eduard Guntli bewegen, für den folgenden Tag eine konservativ-christlichsoziale Konferenz einzuberufen[364], die «in einem etwas freundlicheren und gemässigteren Tone»[365] verlief als die erste gemeinsame Sitzung. Das Verdienst dafür gebührte den Christlichsozialen, die sich kompromissbereit zeigten und nach Wegen und Mitteln suchten, die Parteikrise zu beenden. Die Konservativen ihrerseits blieben in der Sache hart und

---

361 Prot. Parteiausschuss KVP, 25. November 1923 (StaatsA SG, Archiv CVP). Josef Scherrer schrieb über den Verlauf der Sitzung: «Die Sitzung war für uns [die christlichsozialen Vertreter] keine angenehme. Der Ton der konservativen Redner erinnerte an eine frühere Sitzung des Ausschusses, an der Dr. Scheiwiler als Erziehungsrat allseits abgelehnt worden war» (TBSch, 25. November 1923, PrivatA Scherrer).
362 Prot. Parteiausschuss KVP, 25. November 1923 (StaatsA SG, Archiv CVP); auch Scherrer konzedierte, mit dermassen heftigem Widerstand nicht gerechnet zu haben (TBSch, 25. November 1923, PrivatA Scherrer).
363 Bericht über eine Konferenz betr. St.Galler Ausgabe der «Hochwacht», 27. November 1923 (BAR).
364 Vgl. Prot. Parteiausschuss KVP, 28. November 1923 (StaatsA SG, Archiv CVP).
365 Bericht über die Konferenz betr. Ausgabe der sanktgallischen «Hochwacht», 28. November 1923, S. 1 (BAR).

forderten die Christlichsozialen auf, ihre Vorschläge zuhanden der konservativen Parteileitung schriftlich niederzulegen.³⁶⁶

Wie problematisch die Suche nach einem Kompromiss wurde, zeigte sich anlässlich der zweiten christlichsozialen Konferenz in der Angelegenheit der «Hochwacht».³⁶⁷ Die Christlichsozialen hatten sich durch ihr Vorgehen in ein äusserst heikles Dilemma manövriert. Auf der einen Seite forderte die konservative Parteileitung den Rückzug des Projekts und stellte die Parteieinheit in Frage, anderseits drohte beim Verzicht auf das St.Galler Blatt die Kompromittierung der CSP in der Öffentlichkeit und, wie Alois Scheiwiler befürchtete, «das Abspringen unserer Arbeiter von der Partei». Als «Beweis für unsere Loyalität der Gesamtpartei gegenüber» und mit dem Hinweis auf die «absolute Unmöglichkeit …, in unseren Konzessionen weiter zu gehen», offerierten die Christlichsozialen den Konservativen folgenden Vermittlungsvorschlag, mit dem sie den Einwänden so «gut als möglich» entgegenzukommen suchten: Der Titel «Christlichsoziales Tagblatt für Stadt und Kanton St.Gallen» werde entfallen und durch «St.Galler Ausgabe» ersetzt werden; weiter zeigten sich die Christlichsozialen bereit, auf die selbständige St.Galler Redaktion zu verzichten; und für die Redaktion der sanktgallischen Ausgabe der «Hochwacht» sollten dieselben Grundsätze gelten, welche für die CSP im Verhältnis zur KVP 1919 vereinbart worden waren.³⁶⁸

Im Parteiausschuss der KVP, der übrigens ohne die christlichsozialen Ausschussmitglieder beriet, befriedigten die Konzessionen nicht. Formell, erklärte Parteipräsident Eduard Guntli, sei zwar ein Entgegenkommen feststellbar, aber «materiell [bleibe] alles beim alten».³⁶⁹ Für Josef Scherrer, der sich ehrlich und redlich um Versöhnung bemüht hatte, bedeutete dieses Verdikt eine «schwere Enttäuschung».³⁷⁰

Nach dieser erneuten Zurückweisung standen die Christlichsozialen nun vor der Alternative, entweder am modifizierten Projekt festzuhalten und damit die Parteieinheit zu gefährden oder aber zum Rückzug zu blasen und damit «das Vertrauen unserer eigenen Leute in unsere Bewegung auf das schwerste [zu] erschüttern und diese ernstlich [zu] gefährden».³⁷¹ Diese Alternative wurde – erstmals im Verlauf des Konflikts – im Schoss einer Parteiinstanz, des Kantonalkomitees der CSP, diskutiert. In nüchterner

---

366 TBSch, 28. November 1923 (PrivatA Scherrer): «Sachlich werden uns [den Christlichsozialen] keinerlei Konzessionen gemacht.»
367 Bericht über die Konferenz betr. Ausgabe der sanktgallischen «Hochwacht», 28. November 1923 (BAR).
368 Die Vorschläge wurden den Konservativen in einem von Alois Scheiwiler und Josef Scherrer verfassten Schreiben am 29. November 1923 mitgeteilt (BAR).
369 Prot. Parteiausschuss KVP, 30. November 1923 (StaatsA SG, Archiv CVP).
370 TBSch, 2. Dezember 1923 (PrivatA Scherrer).
371 Schreiben von Alois Scheiwiler und Josef Scherrer an Eduard Guntli vom 29. November 1923 (BAR).

Abwägung setzte sich schliesslich der von Alois Scheiwiler vorgetragene Vorschlag durch, «der Gewalt zu weichen, selbst auf die Gefahr hin, dass unsere Nachgiebigkeit dazu angetan sein könnte, auf der anderen Seite gegebenenfalls solche Manöver zu wiederholen». In diesem Sinne stimmte das Kantonalkomitee mehrheitlich einer Resolution zu, die unter «nachhaltigstem Protest» gegen die konservative Intransigenz den Rückzug des Tagblatt-Projekts erklärte, es aber ausdrücklich nicht ausschloss, das Vorhaben zu einem späteren Zeitpunkt wieder aufzugreifen.[372]

Offen blieb, wie die christlichsoziale Basis auf diesen Entscheid reagieren würde. Auch wenn nur einige wenige Indizien Aufschluss über die Stimmungslage in den lokalen Arbeitervereinen und Kartellen geben, lässt sich mit Josef Scherrer doch feststellen, dass die Gründung eines christlichsozialen Tagblatts einem «in weiten Kreisen tief empfundenen Bedürfnis» entsprochen hätte.[373] Ausdruck hiefür war die euphorische Zustimmung der christlichsozialen Vertrauensmännerversammlung vom 26. Oktober 1923 zum Projekt. Und einer Tagebuchnotiz Scherrers ist zu entnehmen, dass Anfang Dezember 1923 die Christlichsozialen von St.Gallen-Ost energisch die Ausgabe der St.Galler «Hochwacht» forderten und einen Rückzug des Projekts entschieden ablehnten.[374] Umso bemerkenswerter und überraschender ist die Reaktion der kantonalen Vorständekonferenz der katholischen Arbeitervereine und der CSP, die die Resolution des christlichsozialen Kantonalkomitees zu genehmigen hatte. Nach Scherrer nahm die Versammlung «einen sehr bewegten Verlauf».[375] Zwar verlangten die Teilnehmer im Sinne der Resolution «einhellig und mit Entschiedenheit» die Ausgabe einer sanktgallischen Auflage der «Hochwacht», verschoben die Realisierung «angesichts verschiedener noch bestehender Schwierigkeiten» jedoch auf einen späteren Zeitpunkt.[376] Dieser klare Entscheid überraschte offenbar auch Josef Scherrer, «denn es war doch für unsere Leute so schwer, den Rückzug anzutreten, und dennoch haben sie der Führerparole einmütig Folge gegeben». Er führte die Loyalität der Gefolgschaft auf die Schulungsanstrengungen in den christlichsozialen Organisationen zurück.[377] Mindestens ebenso sehr war sie Ausdruck der Überzeugungskraft und Autorität, die besonders Josef Scherrer und Alois Scheiwiler in der Bewegung genossen. Und auch mit-

---

372 Prot. Kantonalkomitee CSP, 9. Dezember 1923 (BAR).
373 Prot. Kantonalkomitee CSP, 9. Dezember 1923 (BAR).
374 TBSch, 2. Dezember 1923 (PrivatA Scherrer).
375 TBSch, 9. Dezember 1923 (PrivatA Scherrer).
376 Hochwacht, Nr. 287, 10. Dezember 1923; über den Verlauf der Konferenz existiert kein Protokoll. Die Resolution wurde Eduard Guntli in einem von Josef Scherrer namens der katholischen Arbeitervereine und der CSP unterzeichneten Schreiben vom 10. Dezember 1924 mitgeteilt (BAR).
377 TBSch, 9. Dezember 1923 (PrivatA Scherrer).

telfristig führte die Niederlage nicht zu einer Abwanderung der Basis ins gegnerische Lager. Als Beleg dafür seien die im Frühjahr 1924 durchgeführten Erneuerungswahlen ins kantonale Parlament erwähnt, in denen die Christlichsozialen ihren Mandatsanteil zu behaupten vermochten.[378]

Den äusseren Abschluss des Konflikts bildete, nur gerade zweieinhalb Wochen nach der Ankündigung der St.Galler «Hochwacht»-Ausgabe, eine knappe Mitteilung in der «Hochwacht» über den Verlauf der Vorständekonferenz.[379] Parteiintern allerdings wirkte die Auseinandersetzung noch eine Weile nach. Vor allem die Konservativen übten sich in Schadensbegrenzung. Im besonderen verwahrten sie sich gegen jenen Passus in der christlichsozialen Rückzugsresolution, der die KVP auf die Anklagebank setzte und ihr ein Vabanquespiel mit der Parteieinheit vorwarf.[380] «Niemandem aber kam es auch nur im entferntesten in den Sinn», replizierte Eduard Guntli in einem Schreiben an Josef Scherrer, «mit einer Zerstörung der Parteieinheit zu drohen.» Einzig und allein die Sorge um die Parteieinheit habe die Konservativen zu ihrer unnachgiebigen Haltung motiviert. Ausserdem stehe es den Christlichsozialen nach Rücksprache mit dem konservativen Partner jederzeit frei, das Projekt wieder aufzugreifen.[381]

Somit bleibt zu fragen, wie sich der konservative Widerspruch gegen die St.Galler «Hochwacht», zumal gegen deren modifizierte Form erklären lässt. Im Vordergrund der konservativen Ablehnung stand zunächst die bereits erwähnte Befürchtung, die St.Galler «Hochwacht» werde die ökonomisch ohnehin nicht gut situierte «Ostschweiz» konkurrieren. Schon das Erscheinen der «Hochwacht» 1921 hatte dem konservativen Zentralorgan Einbussen bei Abonnenten und Inseraten gebracht.[382] Stärker wog im konservativen Argumentarium freilich die vor allem vom Präsidenten Eduard Guntli vorgebrachte Sorge um die Geschlossenheit der konservativen Gesamtpartei: «Man hätte 2 kant. Hauptblätter, die nicht auf den gleichen Ton gestimmt sein können u. die Folgen ergeben sich von selbst: Meinungsverschiedenheiten in der Zeitung, Schadenfreude beim Gegner, Desorientierung beim Parteivolk.» Oder, wie sich Regierungsrat Emil Grünenfelder bei derselben Gelegenheit ausdrückte: «Es entstehen 2 Leserkreise u. damit 2 Ideenkreise. Einheitlichkeit der Orientierung u. damit der Auffassung setzt

---

378 Josef Scherrer war bereits während der «Hochwacht»-Krise überzeugt, dass der Schaden für die CSP darum gering sein werde, weil die Partei nicht in die Vorbereitung und Lancierung des Projekts involviert gewesen sei (Prot. Kantonalkomitee CSP, 9. Dezember 1923, BAR).
379 Hochwacht, Nr. 287, 10. Dezember 1923.
380 Prot. Parteiausschuss KVP, 22. Dezember 1923 (StaatsA SG, Archiv CVP).
381 Schreiben von Eduard Guntli an Josef Scherrer vom 20. Dezember 1923 (BAR); vgl. auch Prot. Parteiausschuss KVP, 22. Dezember 1923 (StaatsA SG, Archiv CVP).
382 Prot. Parteiausschuss KVP, 25. April 1921 (StaatsA SG, Archiv CVP).

aus. Zuerst tritt Mangel an Fühlung ein u. dann Entfremdung. Man hat diese Erfahrung anderswo auch gemacht.»[383] Der tiefste Grund für das Veto der Konservativen dürfte indessen, wenn auch in dieser Deutlichkeit nie ausgesprochen, darin zu suchen sein, dass sich die Christlichsozialen seit den Kriegsjahren im Aufwind befanden und dass die christlichsozialen Terraingewinne weniger auf Kosten der weltanschaulichen Gegner als vielmehr auf jene des konservativen Parteiflügels gingen. Erinnert sei an die Grossratswahlen von 1918 und 1921 und die Nationalratswahl von 1919. Der christlichsoziale Vormarsch provozierte in den Reihen der Konservativen – zumal im Bauernflügel, der im Zuge des «Hochwacht»-Konflikts offen mit einer «Gegenaktion» drohte[384] – Verlust- und Abwehrängste, die durch das Zeitungsprojekt verstärkt wurden und an denen dieses scheitern musste. In diesem Zusammenhang ist die aus Anlass der «Hochwacht»-Krise geäusserte Klage Josef Scherrers zu verstehen, die Konservativen hemmten die Fortentwicklung der Christlichsozialen mit aller Kraft und schreckten selbst vor Drohungen nicht zurück.[385] Damit erscheint auch die von Eduard Guntli gemachte Feststellung fragwürdig, dass das Vorhaben dann bessere Aussicht auf Realisierung gehabt hätte, wenn die Christlichsozialen vorgängig Rücksprache mit der konservativen Parteileitung genommen hätten.

Sosehr der Streit um die St.Galler Ausgabe der «Hochwacht» bloss episodischen Charakters war, so lässt er dennoch einige Rückschlüsse auf das Verhältnis zwischen konservativem und christlichsozialem Parteiflügel zu. Zwei Aspekte vor allem sind hervorzuheben: Erstens liess die Auseinandersetzung die Machtverhältnisse innerhalb der konservativen Gesamtpartei klar zum Vorschein treten. Die CSP musste sich – daran änderten auch alle Bemühungen zur Schadensbegrenzung nichts – dem Diktum der Mutterpartei beugen, die den Emanzipationsbestrebungen ihres christlichsozialen Juniorpartners unmissverständlich Grenzen setzte. Und zweitens: In keiner Phase des Konflikts wurde von christlichsozialer Seite die Parteieinheit in Frage gestellt. Diese stand gleichsam als Dogma immer ausser Zweifel. Ja, es war die konservativerseits in Frage gestellte Parteieinheit, die als stärkstes Argument die Christlichsozialen zum Rückzug bewogen hatte. Die CSP verzichtete mithin im Interesse der Einheit des katholischen Parteilagers darauf, ihrer Klientel ein Sprachrohr zur Wahrung ihrer Interessen zu schaffen.

383 Prot. Parteiausschuss KVP, 25. November 1923 (StaatsA SG, Archiv CVP).
384 Schreiben von Jakob Steiner an Eduard Guntli vom 1. Dezember 1923 (StaatsA SG, Archiv CVP). Der Bauernpolitiker Jakob Steiner kündigte dem Parteichef das Erscheinen eines neuen Blattes mit dem Titel «Der katholische Schweizer Bauer» für Neujahr 1924 an. Der Plan zerschlug sich in dieser Form aber wieder, weil das «Hochwacht»-Projekt der Christlichsozialen zurückgezogen wurde. Steiner soll ebenfalls bei Bischof Bürkler gegen das christlichsoziale «Hochwacht»-Unternehmen interveniert haben (Prot. Kantonalkomitee CSP, 9. Dezember 1923, BAR).
385 TBSch, 2. Dezember 1923 (PrivatA Scherrer).

Obwohl die Rückzugsresolution der christlichsozialen kantonalen Konferenz ausdrücklich daran festhielt, zu einem späteren Zeitpunkt auf das Projekt eines christlichsozialen St.Galler Tagblatts zurückzukommen, und obwohl die Kritik an der konservativen Presse im allgemeinen und an der «Ostschweiz» im besonderen nie ganz verstummte[386], wurde das Vorhaben einer St.Galler Ausgabe der «Hochwacht» nie mehr aufgegriffen. Dafür gab es mehrere Gründe. Zunächst bestand die konservative Drohung fort, bei einer Neuauflage des Projekts unter Umständen wieder zu opponieren. Wichtiger aber war, dass die Presse der christlichsozialen Bewegung florierte.[387] So gelang es der «Hochwacht» seit den beginnenden 1930er Jahren dank des Obligatoriums und erhöhter Attraktivität, auch ohne regionale Kopfblätter die Auflage zu steigern und ökonomisch standfester zu werden.[388]

Über die St.Galler politischen Verhältnisse und die sanktgallische christlichsoziale Bewegung orientierten die regelmässigen Berichte aus den Federn von Johannes Müller und Josef Scherrer. Nach dem Tode Müllers besorgte ein von der Winterthurer Redaktion beauftragter Korrespondent die Berichterstattung aus dem Kanton St.Gallen.[389] Hinzu kam, dass die konservative Presse in St.Gallen zum Teil von christlichsozialen oder der Bewegung nahestehenden Redaktoren betreut wurde und zunehmend Bereitschaft zeigte, den Christlichsozialen ihre Spalten zu öffnen.[390] Zu ihrer Belieferung mit bewegungsinternen Nachrichten, mit Versammlungsberichten und Kommentaren wurde 1926/27 die «Christlichsoziale Korrespondenz» ins

---

386 «Im allgemeinen machen wir die Erfahrung, dass in der politischen konservativen Presse gegenüber unserer Bewegung eine sehr laue und zurückhaltende Haltung bezogen wird. Wenige Ausnahmen abgerechnet, finden wir in der konservativen Parteipresse nur insoweit Unterstützung, als das aus Konkurrenzgründen durch die christlichsoziale Presse als opportun erachtet wird» (Zirkular an die Bezirkspräsidenten und an die Mitglieder des Kantonalkomitees der CSP, 20. August 1938, BAR). Oder, die «Ostschweiz» betreffend: «Die ‹Ostschweiz› schenkt unserer Bewegung wenig Beachtung und begleitet sie publizistisch mangelhaft» (TBSch, 27. August 1939, Archiv Scherrer).
387 Vgl. die JB CAB 1924/25ff., passim, in denen die Verlagsanstalt Buchdruckerei Konkordia jeweils über die Entwicklung der Bewegungspresse informierte.
388 Die Abonnentenzahl stieg in den Jahren 1932 und 1933 trotz wirtschaftlicher Krise um 20 Prozent (JB CAB 1932/33, S. 129) und erreichte 1935 die 4000er Marke (TBSch, 22. November 1935, PrivatA Scherrer). Zu den Abonnentenzahlen im Kanton St.Gallen fehlen Angaben. 1928 hatte der Jahresumfang des Blattes noch 1588 Seiten betragen, zehn Jahre später waren es 2127 Seiten (JB CAB 1937/38, S. 155).
389 TBSch, 5. Juli und 5. November 1941 (PrivatA Scherrer).
390 Thürer, Zeitungswesen, S. 45; Gehrig, Das Christlichsoziale, S. 67. Bereits während der «Hochwacht»-Krise hatte Thomas Holenstein auf die den Christlichsozialen günstig gesinnte konservative Bezirkspresse hingewiesen (Prot. Parteiausschuss KVP, 25. November 1923, StaatsA SG, Archiv CVP). Josef Schöbi, Redaktor der «Rheintalischen Volkszeitung», stand den Christlichsozialen nahe, Walter Klingler, Redaktor beim «Wiler Boten», war christlichsozialer Kantonsrat, und Aloys Horat, Redaktor der «Ostschweiz», figurierte bei der Grossratswahl 1933 als Ersatzkandidat auf der Liste der CSP der Stadt St.Gallen (Hochwacht, Nr. 48, 25. Februar 1933).

Leben gerufen.³⁹¹ Sie wurde vom Generalsekretär des CAB, Josef Scherrer, geleitet und verfolgte den Zweck, «die gesinnungsverwandten Blätter nach Bedürfnis mit Meldungen über Anlässe und Aktionen der christlichsozialen Bewegung» zu bedienen.³⁹²

2.8 Separation statt Integration – der Ruf nach Trennung

Anfang 1930 druckte die St.Galler «Volksstimme» unter der Überschrift «Christlichsoziale Erkenntnis» den Leserbrief eines christlichsozialen Arbeiters aus Rorschach nach, der kurz zuvor in der «Hochwacht» erschienen war. Der Einsender schrieb: «Meine lieben Freunde in Rorschach, ihr feindet mich so oft an, dass ich letzten Herbst in der Konserve zu den Roten gegangen bin ... Ist das ein Unglück, dass ich zu meinen Nebenarbeitern, seien sie jetzt rot oder nicht, gestanden bin, um mit ihnen eine Verbesserung zu erkämpfen? Sind nicht alle in der Magenfrage gleichgestellt? Man schreibt immer, ein roter Gewerkschafter ist ein schlechter Katholik. Warum ist aber der konservative Arbeitgeber im gleichen Arbeitgeberverband wie der Freisinnige? Ist etwa der Freisinn besser als der Sozialdemokrat? ... Wie können wir Christlichsozialen immer noch so eng mit den Konservativen gehen, wenn sie doch im gleichen freisinnigen kapitalistischen Arbeitgeberverband sind, der dem Arbeiter kein Jota Boden abgibt unerkämpft ...»³⁹³ Der Brief wirft, unabhängig von seinem konkreten Anlass, ein grelles Licht auf das Spannungsfeld, in dem sich die christlichsozialen Organisationen, die Gewerkschaften vor allem, aber auch die CSP, bewegten. Sollten sich die christlichsozialen Arbeiter und Angestellten auf der Grundlage der gemeinsamen Weltanschauung ins katholisch-bürgerliche Lager einordnen und Front gegen die Sozialdemokraten beziehen, oder sollten sie sich auf der Basis des gemeinsamen Klasseninteresses mit der sozialdemokratisch organisierten Arbeiterschaft solidarisieren und deren antibürgerlichen und antikapitalistischen Kurs mittragen? Die zweite Option, die Option «Klassensolidarität», konnte an das Erbe der in den 1870er Jahren geschaffenen Männer- und Arbeitervereine anknüpfen, die unter der Führung von Caspar Decurtins,

---

391 Sie wird erstmals im JB CAB 1926/27, S. 15, erwähnt als «christlichsoz. Pressekorrespondenz (C.s.K.)».
392 JB CAB 1928/29, S. 19. Die «C.s.K.» entfaltete eine rege Tätigkeit: 1928 wurden 74, 1931 84 Meldungen verfasst (JB CAB 1928/29, S. 19, und 1930/31, S. 28). Die oben erwähnte, 1912 geschaffene «Soziale Korrespondenz» hatte bereits 1913 eine andere Bestimmung erhalten und war Bildungsinstrument der Bewegung geworden (Jb ZV 1913, S. 7).
393 Volksstimme, Nr. 24, 29. Januar 1930. Bei der «Konserve» handelt es sich um die Roco Konservenfabrik in Rorschach, die seit 1886 bestand und die zu den wichtigsten örtlichen Arbeitgebern zählte.

Joseph Beck und Ernst Feigenwinter einer Allianz des sozialen Katholizismus mit der reformistischen Sozialdemokratie, einer «apertura a sinistra», das Wort redeten, ehe dann bekanntlich die Kirchenleitung unter dem Eindruck der Enzyklika Rerum novarum und der klassenkämpferischen Radikalisierung der sozialistischen Arbeiterbewegung dieses Experiment abblockte und die christlichsozialen Organisationen ins Leben rief, die sie auf einen stramm antisozialistischen Kurs und unbedingte Lagertreue einschwor und die nach der Jahrhundertwende die Männer- und Arbeitervereine verdrängten.

Die CSP hatte sich an ihrer Gründungsdelegiertenversammlung nach heftigen Auseinandersetzungen für die Zugehörigkeit zum katholischen Parteilager entschieden und hielt fortan unbeirrt an diesem Beschluss fest. In anderen Kantonen – in Graubünden etwa oder in Luzern – durchtrennten die Christlichsozialen in den 1930er Jahren diese Bindung und stellten sich auf eigene Füsse. Doch auch im Kanton St.Gallen gab es stets latent vorhandene Bestrebungen – Scherrer sprach im Vorfeld der St.Galler Nationalratswahl 1939 von «das Tageslicht scheuender Wühlarbeit»[394] –, die für eine Scheidung von Konservativen und Christlichsozialen optierten[395], zunächst und deutlich vernehmbar im Vorfeld der Parteigründung von 1911, dann im Gefolge des Landesstreiks, wiederum in den frühen 1920er Jahren und schliesslich nochmals 1935/36, als die christliche kantonale Gewerkschaftsvereinigung das Begehren auf Trennung stellte. Zwar blieben diese Ansätze ohne praktisches Echo und konnten den Mehrheitskurs einer katholischen Einheitsfront nie ernsthaft gefährden. Dennoch sind sie bemerkenswert als Gegenmodell oder Alternative zum Konzept der «Partei in der Partei», für welches sich die Parteigründer um Johann Baptist Jung und Josef Scherrer 1911 entschieden hatten.

Am greifbarsten wird dieses Gegenmodell in der Person von Johann Baptist Rusch, der vom Februar 1909 bis zum September 1911 als Redaktor am «Sarganserländer» waltete, einem konservativen Blatt, das dreimal

---

394 Hochwacht, Nr. 232, 5. Oktober 1939.
395 Im Rückblick auf seine zehnjährige Präsidentschaft notierte Josef Scherrer 1921: «Wir hatten ja oft und oft auch in unseren Reihen Bestrebungen, die auf die Trennung der Christlichsozialen von den Konservativen tendierten» (TBSch, 27. März 1921, PrivatA Scherrer). 1935, auf dem Höhepunkt der Spannungen zwischen Konservativen und Christlichsozialen im Kanton St.Gallen, schrieb er, es habe «zu keiner Zeit an Bestrebungen gefehlt, die Christlichsozialen von den Konservativen zu trennen» (Josef Scherrer, Entwicklung, Ziel und Aktion der christlichsozialen Volksbewegung unter Berücksichtigung der parteipolitischen Verhältnisse im Kanton St.Gallen, Dezember 1935, S. 4, BAR). 1941, nach drei Jahrzehnten an der Spitze der CSP, erinnerte sich Scherrer in einem historischen Rückblick, dass es innert der CSP stets Stimmen gegeben habe, die die Trennung von der KVP begrüsst hätten (Jb CSP 1939–41, S. 2f., BAR). Und wiederum 1943 monierte er, «dass es immer wieder christlichsoziale Gesinnungsfreunde gibt, die glauben, dass eine völlig eigenwillige und radikalere Politik uns weiter bringen würde» (Jb CSP 1941–43, S. 2, BAR).

1909 wurde der Appenzeller Johann Baptist Rusch Redaktor beim «Sarganserländer» in Mels.

wöchentlich in Mels erschien. Rusch, 1886 in Appenzell als Sohn eines armen Bergbauern geboren, war unmittelbar nach Ablegung der Matura von den konservativen Honoratioren des Sarganserlandes als Redaktor angestellt worden. Zusammen mit Eduard Bernhardsgrütter, geistlicher Reallehrer in Mels und Pionier der christlichsozialen Organisationen im Oberland, wurde Rusch bald zum führenden Aktivisten der christlichsozialen Arbeitervereine, zum «vielbefochtenen, aber auch vielbefechtenden jungen Kämpfer».[396] Nach der Einführung des proportionalen Wahlrechts für den Grossen Rat hielt Rusch die Zeit für gekommen, die christlichsoziale Arbeiter- und Bauernschaft auch aufs politische Parkett zu führen, worauf er im Sommer 1911 einen christlichsozialen Bezirksverband gründete. Ruschs Engagement in den Arbeitervereinen, vor allem aber seine im «Sarganserländer» immer unverhohlener vorgetragene Absicht, eine absolut selbständige christlichsoziale Partei zu gründen, brachten die Konservativen in Harnisch. Weil Rusch sich zu keinen Konzessionen bereit zeigte, die Polemiken gegen seine konservativen Brotgeber vielmehr fortsetzte, wurde seine Stellung zunehmend unhaltbarer. Emil Grünenfelder, der Führer der Oberländer Konservativen, verwahrte sich gegen Ruschs demagogische Ausfälle und stellte in einer «Erklärung» im «Sarganserländer» fest, «dass die Redaktionsführung des Herrn Rusch der konservativen Partei nicht zudiene».[397] Anfang Oktober 1911 reichte Rusch seine Demission ein, um in Baden die Redaktion des «Aargauer Volksblattes» zu übernehmen.[398]

396 Sarganserländer, Nr. 51, 28. April 1910.
397 Sarganserländer, Nr. 116, 26. September 1911.
398 Zur Redaktionsarbeit Ruschs beim «Sarganserländer» und zu dessen Engagement in der christlichsozialen Bewegung des Oberlandes vgl. die autobiographische Schrift «Erinnerungen», v.a. S. 85ff. und S. 142ff., ebenso die 1984 an der Universität Freiburg i. Ue eingereichte Seminararbeit von Bruno Pfiffner mit dem Titel «Johann Baptist Rusch. Ein eigenwilliger Redaktor bei der katholisch-konservativen Zeitung ‹Sarganserländer› (1909–1911)» sowie den Beitrag «Johann Baptist Rusch am ‹Sarganserländer›» von Fritz Pfiffner, in: Ein Sarganserländer in St.Gallen, Festschrift für Gottfried Hoby, hg. v. der Sarganserländischen Talgemeinschaft, Mels 1985, S. 72–91. Biographische Angaben zu

Ruschs politische Vorstellungswelt – er war zum Zeitpunkt des Stellenantritts beim «Sarganserländer» erst 23jährig – war stark von Caspar Decurtins geprägt, der sich nach seinem Abschied aus der Politik ins bündnerische Truns zurückgezogen hatte und mit dem Rusch lebhafte Verbindungen pflegte.[399] Wie Decurtins verband Rusch katholische Grundsätzlichkeit in kulturpolitischen Fragen mit einem pragmatischen Kurs in der Sozialpolitik.[400] Tief verwurzelt in der katholischen Weltanschauung und in enger Zusammenarbeit mit der oberländischen Geistlichkeit, warb Rusch in der Tradition der Männer- und Arbeitervereine und im Geiste Decurtins' für eine Allianz aller sozialpolitisch fortschrittlichen Kräfte im Land auf interkonfessioneller Grundlage, für eine geschlossene Front von Katholiken und Sozialdemokraten zur gemeinsamen Lösung der sozialen Frage. Anders als die Enzyklika Rerum novarum, die unterschiedslos alles, was sich Sozialismus nannte, in denselben Topf warf und ablehnte, anders auch als die christlichsozialen Bewegungsgründer, für die der Sozialismus in allen seinen Spielarten lediglich die Gestalt gewordene Gottlosigkeit und Anarchie darstellte, unterschied Rusch innerhalb des sozialistischen Lagers zwischen einer reformistischen und einer radikal-klassenkämpferischen Richtung. Innerhalb der sozialistischen Bewegung vollziehe sich eine Scheidung der Geister, schrieb er 1909. «Die Polterer und Radikaleski vom Schlage Bebels und Pflügers und der meisten österreichischen, italienischen und französischen Sozi werden sich trennen müssen von denen, die von Anfang an nur eine wirtschaftliche Umgestaltung auf rechtlichem Wege im Auge hatten, wie Greulich, Brandt und Eugster.» Mit ersteren könne ein Katholik ohne Aufgabe seines Glaubens niemals marschieren, mit letzteren dagegen «wäre zu fahren», und zwar schon in naher Zukunft, sobald sie sich von ihren radikalen Genossen trennten.[401] Am Delegiertentag des christlichsozialen Kreisver-

---

Rusch in: HBLS, Bd. 5, S. 768, und Eduard Stäuble, Johann Baptist Rusch und die «Schweizerischen Republikanischen Blätter». Erinnerungen an einen Mann und seine Zeitung, in: Innerrhoder Geschichtsfreund, hg. v. Historischen Verein Appenzell, 25. Heft (1981), S. 5–23. Seit seiner Übersiedlung nach Baden gehörte Rusch dem Politischen Komitee der katholischen Arbeitervereine der Schweiz an (Jb ZV 1912, S. 11).

399 In seiner Autobiographie bekennt Rusch, er sei «mehr in Truns als Flums» gewesen. In Flums wohnte der konservative Parteichef des Oberlandes, Emil Grünenfelder (Erinnerungen, S. 138).

400 Zu Caspar Decurtins vgl. HBLS, Bd. 2, S. 677, und Gruner, Bundesversammlung, S. 613f.

401 Sarganserländer, Nr. 17, 9. Februar 1909; vgl. auch Nr. 30, 10. März 1910, und Nr. 9, 21. Januar 1911. Mit «Brant» ist Paul Jakob Brandt gemeint, der 1902 bis 1905 als St.Galler Nationalrat zur «Kapelle Greulich», d.h. zu den sieben Sozialisten im Nationalrat gehörte und der 1905 die Sozialdemokratische Partei des Kantons St.Gallen mitbegründet hatte. Bei Eugster handelt es sich um den Appenzeller Nationalrat und Gewerkschafter Howard Eugster-Züst, der 1900 den Appenzellischen Weberverband konstituiert hatte (vgl. Gruner, Bundesversammlung, S. 512f. und S. 546f.).

bandes Oberland im April 1910 brach Rusch gar eine Lanze für die Sozialdemokraten. Man solle, rief er der Versammlung zu, «die Sozialdemokraten in den christlichsozialen Blättern nicht fort und fort bekämpfen». Schliesslich sei «nicht die Sozialdemokratie, sondern der Liberalismus unser nächster und grösster Feind».[402]

Was Rusch zunächst für die vorpolitische katholisch-soziale Bewegung plante, wollte er auch auf der politischen Bühne verwirklichen. In seiner Programmrede am ersten Bezirkstag der Christlichsozialen des Oberlandes, der die politische Sammlung der katholischen Arbeiter und Bauern einleiten sollte, wehrte er sich dagegen, die Christlichsozialen parteipolitisch auf ein konfessionelles Programm zu verpflichten und warb für die interkonfessionelle Öffnung der zu schaffenden Parteiorganisation. «Jeder, der die christliche Grundlage unseres Programms anerkennt und darauf arbeitet und dem antikirchlichen Kampf prinzipiell entsagt, hat Platz in unseren Reihen, auch wenn er im übrigen religiös anders denkt als wir.» Rusch verwies auf das Vorbild der von Karl Lueger geleiteten österreichischen Christlichsozialen, die ihre «gewaltigen Erfolge nur auf Grund eines nicht konfessionellen Programms erreicht» hätten.[403]

Inwieweit zwischen Rusch und den Christlichsozialen der Stadt St.Gallen, die die Gründung der CSP vorbereiteten, eine Auseinandersetzung über die Konzeption der zu schaffenden Parteiorganisation stattgefunden hat, ist nicht zu ermitteln. Die Tagebücher Josef Scherrers aus dem Jahre 1911 sind nicht erhalten, und in seinem ersten Jahresbericht erwähnte Scherrer Johann Baptist Rusch mit keinem Wort.[404] Einiges spricht gegen die Annahme von Kontakten: Zunächst bewegten sich die Gründungsvorbereitungen ganz auf der Linie von Ruschs Vorstellungen. Geplant war bekanntlich die Gründung einer interkonfessionellen, mit den Konservativen zwar eng kooperierenden, aber doch eigenständigen Partei. Erst die Gründungsversammlung entschied sich, gegen den starken Widerstand der Delegierten vom Land, für die Integration der CSP in die konservative Gesamtpartei. Und zweitens hatte Rusch den Kanton St.Gallen in der entscheidenden Phase der Gründungsvorbereitung bereits verlassen. Erst im folgenden Jahr, im Zuge der Vorbereitungen der Grossratswahl vom Frühjahr 1912, erregte der Bezirk Sargans

402 Sarganserländer, Nr. 51, 28. April 1910.
403 Sarganserländer, Nrn. 89 und 90, 27. und 29. Juli 1911. In einem Leitartikel zum 1. August 1910 befasste sich Rusch eingehend mit der Frage des Verhältnisses von Katholiken und Protestanten. Die Unterschiede zwischen den beiden Konfessionen seien «untilgbar» und «unverwischbar». Diese Trennung im Grundsätzlichen schliesse aber nicht aus, dass Katholiken und Protestanten auf dem Felde der Politik einträchtig zusammenwirken könnten (Sarganserländer, Nr. 92, 2. August 1910).
404 Scherrer beklagte sich in diesem Bericht nur allgemein über gelegentliche Kritik am Kurs der Integration und auch darüber, dass er deswegen wiederholt persönlich angegriffen worden sei (Jb CSP 1912, S. 33, BAR).

die Aufmerksamkeit der kantonalen christlichsozialen Parteileitung, als sich Konservative und Christlichsoziale dort nicht auf eine gemeinsame Liste zu verständigen vermochten und getrennt in den Wahlkampf zogen. Ruschs Geist der Aufmüpfigkeit wirkte über den Wahlgang hinaus weiter. Die Oberländer Christlichsozialen machten keine Anstalten, sich wie andernorts in die konservative Bezirkspartei zu integrieren, sondern hielten an ihrem separatistischen Kurs fest. In der christlichsozialen Grossratsgruppe erwog man sogar, die Dissidenten aus der CSP auszuschliessen.[405] Die Abhaltung der dritten kantonalen christlichsozialen Delegiertentagung in Mels im Beisein des konservativen Parteipräsidenten Anton Messmer entsprang offensichtlich der Absicht, die Oberländer auf den Kurs der Integration in die konservative Gesamtpartei zu verpflichten.[406]

Das Oberland blieb auch in den 1920er Jahren ein Hort der Unruhe. Abermals war es Johann Baptist Rusch, seit 1919 wieder in Mels domiziliert und seit 1918 Herausgeber der «Schweizerischen Republikanischen Blätter», der das Feuer der Opposition schürte und im stets gespannten konservativ-christlichsozialen Parteilager des Oberlandes für Konfliktstoff sorgte. Mit der «Bergpost», einer zwischen Juli 1921 und Januar 1922 wöchentlich zweimal erscheinenden, sich parteipolitisch unabhängig gebenden Postille[407], zog Rusch über die konservativen Amtsträger in Bund und Kanton her, «Satz für Satz ... mit perfiden Verdächtigungen gegen die Führer u. Behörden durchtränkt».[408] Beharrlich verfolgte Rusch das Projekt einer eigenständigen christlichsozialen Partei weiter. Dem kantonalen christlichsozialen Parteipräsidenten Josef Scherrer warf Rusch vor, er habe «die Christlichsozialen an den konservativen Wagen gespannt»[409]; Scherrer sei «nur der Schleppenträger der Konservativen».[410] Vor der Nationalratswahl von 1922 bekämpfte Rusch die Kandidatur Scherrers, was diesem eine «bedeutende Stimmeneinbusse» eingetragen haben soll, und liebäugelte mit einer eigenen christlichsozialen Liste.[411] Rückhalt fand Rusch im Arbeiterverein Mels,

405 Prot. christlichsoziale Gruppe des Grossen Rates, 20. November 1913 (BAR).
406 Josef Scherrer drängte in seinem Präsidialbericht darauf, dass sich Konservative und Christlichsoziale bis zu den nächsten Wahlen verständigen sollten (Jb CSP 1913, S. 6, BAR). 1915 fand kein Wahlgang statt, und 1918 und bei allen folgenden Wahlgängen einigten sich Konservative und Christlichsoziale stets auf eine gemeinsame Wahlliste. Zum Verlauf der Tagung in Mels vgl. den Bericht in der «Ostschweiz», Nr. 51, 2. März 1914.
407 Die «Bergpost» trug den Untertitel «Für Wahrheit und Recht. Doch niemandes Knecht»; als verantwortlicher Herausgeber zeichnete J. B. Rusch (vgl. Bibliographie der Schweizer Presse, Bd. 1, S. 141; einige Belegexemplare sind im Archiv der CVP abgelegt).
408 Schreiben von Josef Müller an Eduard Guntli vom 25. September 1922 (StaatsA SG, Archiv CVP).
409 TBSch, 5. September 1922 (PrivatA Scherrer).
410 TBSch, 7. September 1925 (PrivatA Scherrer). Vgl. auch Prot. Parteiausschuss KVP, 4. September, 7. Oktober und 30. Dezember 1922 (StaatsA SG, Archiv CVP).
411 TBSch, 7. September 1925 (PrivatA Scherrer).

dessen Vizepräsident er war und dessen Präses, Peter Scheiwiler, den separatistischen Kurs guthiess.[412] Der Verein habe, wurde dem St.Galler Bischof hinterbracht, «ganz und gar den Konnex mit der christlichsozialen Kantonalleitung verloren» und sei «in das Fahrwasser destruktiver republikanisch-revolutionärer Mentalität des Herrn Redaktor J. B. Rusch geleitet» worden.[413] Sammelpunkt der Melser Dissidenten war inzwischen der «Freie Oberländer» geworden, ein Blatt, das, wie vormals die «Bergpost», heftige Attacken gegen die Konservativen in Bezirk und Kanton ritt und das redaktionell ebenfalls von Johann Baptist Rusch betreut wurde.[414]

Nun riss der kantonalen konservativen Parteileitung der Geduldsfaden. Im Januar 1925 verurteilte der Ausschuss das Gebaren der Melser Christlichsozialen.[415] Eine aus konservativen und christlichsozialen Vertretern zusammengesetzte Delegation sprach bei Bischof Robert Bürkler vor, der bei Präses Peter Scheiwiler zu intervenieren versprach.[416] Im folgenden Monat sass der christlichsoziale Parteiausschuss über Rusch zu Gericht und gab sein Einverständnis zu dessen Ausschluss aus der CSP.[417] In der Folge schien sich das Verhältnis zwischen den Oberländer Parteigenossen und der Parteizentrale tatsächlich zu entspannen. Versöhnenden Einfluss hatte der im September 1925 in Mels durchgeführte St.Galler Katholikentag, in dessen Rahmen sich die katholischen Arbeitervereine zu einer Spezialversammlung trafen.[418] Im Sommer 1926 stellte der «Freie Oberländer» sein Erscheinen ein, und im August desselben Jahres gab sich Scherrer zuversichtlich, dass eine Einigung in Reichweite gerückt sei.[419]

---

412 Zu den «Drahtziehern» des Widerstandes gegen den Kurs der kantonalen christlichsozialen Parteileitung gehörte neben J. B. Rusch und dem Geistlichen P. Scheiwiler auch der Präsident der oberländischen christlichsozialen Bezirksvereinigung, Anton Good (vgl. TBSch, 11. Januar 1927 und 26. Januar 1930, PrivatA Scherrer; Prot. Kantonalkomitee CSP, 22. Januar 1927, BAR). Good hatte 1912 zusammen mit Anton Widrig auf der «wilden» christlichsozialen Liste für den Grossen Rat kandidiert (Sarganserländer, Nr. 38, 28. März 1912).
413 Schreiben aus Mels an Bischof Robert Bürkler vom 9. Januar 1925 (BiASG).
414 Der «Freie Oberländer» erschien zwischen September 1924 und Juni 1926 (vgl. Bibliographie der Schweizer Presse, Bd. 2, S. 733).
415 Prot. Parteiausschuss KVP, 12. Januar 1925 (StaatsA SG, Archiv CVP). TBSch, 12. Januar 1925 (PrivatA Scherrer). Vgl. auch Prot. Parteiausschuss KVP, 27. Dezember 1924 und 9. Februar 1925 (StaatsA SG, Archiv CVP).
416 TBSch, 14. Januar 1925 (PrivatA Scherrer). Kurze Zeit später richtete Josef Scherrer ein im Grundton zwar versöhnliches, aber entschieden abgefasstes Schreiben an Peter Scheiwiler, worin er diesem die Gründe für das Zusammengehen der Christlichsozialen mit den Konservativen auseinandersetzte (10. Februar 1925, BAR).
417 TBSch, 9. Februar 1925 (PrivatA Scherrer). Ob Rusch dann auch tatsächlich aus der Partei ausgeschlossen wurde, lässt sich nicht eruieren. Der Ausschluss wäre nach den Statuten der CSP in den Kompetenzbereich des Arbeitervereins Mels gefallen.
418 TBSch, 6. September 1925 (PrivatA Scherrer).
419 TBSch, 26. und 28. August 1926 (PrivatA Scherrer). Im November registrierte Scherrer

Ruschs Kampagne konnte den Integrationskurs der kantonalen christlichsozialen Parteileitung nie in Frage stellen. Nicht einmal im Oberland gelang es ihm, die Christlichsozialen auf breiter Front gegen die Konservativen zu mobilisieren. In sämtlichen Wahlgängen, kantonalen wie eidgenössischen, verbanden sich auch dort Konservative und Christlichsoziale jeweils zu einer gemeinsamen Liste. Sein Versuch, 1922 mit einer eigenen christlichsozialen Wahlliste in den Nationalratswahlkampf zu steigen, scheiterte. Schliesslich besann sich auch Rusch, sofern man Scherrer Glauben schenken darf, eines Besseren: Er soll nach dem Zweiten Weltkrieg Scherrer gegenüber bekannt haben, dass dieser die Dinge richtiger gesehen und sich sein Kurs der Einheit von Konservativen und Christlichsozialen bewährt habe.[420]

Auftrieb erhielten die separatistischen Kräfte auch 1918 im Zusammenhang mit dem Landesstreik. Sollten die Christlichsozialen den Streik solidarisch mittragen, oder sollten sie an der Seite des Bürgertums an dessen Bekämpfung mitwirken? Zwar bezog die christlichsoziale Parteileitung der Stadt St.Gallen bereits sehr früh Stellung gegen allenfalls zu erwartende Unruhebewegungen und verweigerten die Christlichsozialen im November 1918 den Streikparolen des Oltener Aktionskomitees ihre Gefolgschaft.[421] Doch täuschte sich Scherrer, als er Jahrzehnte später in seiner Jung-Biographie von einem «geschlossenen» Widerstand der «ganzen Organisation der Christlichsozialen gegen diesen Staatsstreich» sprach.[422] Vielmehr ist davon auszugehen, dass es auch in den christlichsozialen Reihen Kräfte gab, die mit den Streikenden wenigstens sympathisierten. Im Jahresbericht zuhanden der christlichsozialen Delegiertenversammlung vom August 1919 nämlich vermerkte Scherrer mit Missfallen, dass es «ja schliesslich auch bei uns nicht an Mitgliedern [fehlt], die den starken Linkskurs gerne mitgemacht hätten und denen unsere Forderungen zu zahm und unsere Taktik zu überlegt ist, die gerne forscher und extremer dreinfahren möchten».[423] Noch ein knappes Jahr nach dem Streik beklagte sich Scherrer im Zusammenhang mit der Gestaltung der konservativen Nationalratsliste darüber, dass «die Köpfe ... zum Teil ... revolutioniert» seien und eine «radikale Richtung» das Zu-

---

«mit Genugtuung, dass die grosse Mehrheit meiner christlichsozialen Freunde heute auf diesem Boden [der Parteieinheit] steht» (TBSch, 6. November 1926, PrivatA Scherrer).
420 Letzter Rapport des 1. Kantonalpräsidenten Dr. h.c. Josef Scherrer anlässlich der Delegiertenversammlung der CSP 1956, S. 3 (BAR).
421 Jb CSP der Stadt St.Gallen 1916–18, S. 4 (BAR).
422 Scherrer, Jung, S. 22. Nach Holenstein gibt es tatsächlich keine Hinweise darauf, dass sich die Christlichsozialen aktiv und direkt am Streik beteiligten (Landesstreik, S. 79ff., v.a. S. 84).
423 Jb CSP 1917–19, S. 2 (BAR). Scherrers Tagebücher der Monate September, Oktober und November 1918, die mehr Aufschluss über diese Bestrebungen geben könnten, sind unauffindbar.

sammengehen mit den Konservativen in Frage stelle.[424] Der verschärfte antisozialistische Kurs der Bewegungsleitung und der Kirche, der im Bettagsmandat von 1920 gipfelte, ist nicht zuletzt auch als Antwort auf Erosionserscheinungen im katholischen Lager zu interpretieren, als Absage an all jene linkskatholischen Kreise, die sich von der Solidarität mit der Linken mehr versprachen als von der Loyalität gegenüber dem katholischen Bürgertum.

Die Aktivitäten, welche die Lagergemeinschaft von Konservativen und Christlichsozialen am bedrohlichsten in Frage stellten, gingen in den 1930er Jahren von den christlichen Gewerkschaften aus. Diese hatten sich seit dem Ersten Weltkrieg nicht nur sehr stark entwickelt und pochten gegenüber der zentralen Bewegungsleitung auf Autonomie – zwischen christlichen und sozialistischen Gewerkschaftsverbänden gab es trotz verbaler Attacken und unterschiedlicher ideologischer Positionen bei den praktischen Aktionen immer zahlreiche Berührungspunkte. Christliche und sozialistische Gewerkschafter standen in zahlreichen Arbeitskonflikten Seite an Seite. 1919, im Jahr nach dem Landesstreik, verband sich der christliche Metallarbeiterverband in 16 von insgesamt 31 Lohnbewegungen mit dem sozialistischen Konkurrenzverband.[425] 1932 kämpften in St.Gallen in einem acht Wochen dauernden Streik christliche und sozialistische Bauarbeiter Schulter an Schulter erfolgreich gegen einen drohenden Lohnabbau.[426] Warum sollten sich Christlichsoziale und Sozialdemokraten nicht auch auf der politischen Bühne verbinden, wo es in den frühen 1920er Jahren darum ging, sozial reaktionäre Revisionsversuche von rechts abzuwehren, und in den 1930er Jahren darum, die Wirtschaftskrise mit sozial verträglichen Mitteln zu bekämpfen?

In den Quellen lassen sich für die 1920er Jahre keine Hinweise auf separatistische Bestrebungen der sanktgallischen christlichen Gewerkschafter finden. Die einzige Ausnahme, welche die Verbindung der CSP mit der KVP allerdings nicht grundsätzlich zur Diskussion stellte, bildete der vornehmlich von christlichen Gewerkschaftern vorgetragene Protest gegen die Nomination Emil Grünenfelders zum Regierungsratskandidaten. Anders in den 1930er Jahren: Parallel zur nationalen Ebene, wo die Zentrifugalkräfte innerhalb der christlichsozialen Gesamtbewegung stärker wurden, wo im besonderen die christlichen Gewerkschaften gegen die Unterordnung unter

---

424 TBSch, 1. September 1919 (PrivatA Scherrer). Die Delegiertenversammlung der CSP sah sich im August 1919 denn auch mit einem Antrag aus Gossau konfrontiert, der das selbständige Vorgehen der CSP bei der anstehenden Nationalratswahl verlangte, den die Delegierten aber ablehnten.
425 Holenstein, Christlichsoziale Arbeiterbewegung, S. 242; vgl. auch ders., Landesstreik, S. 113ff.
426 Hochwacht, Nr. 185, 10. August 1932.

den Führungsanspruch des CAB aufbegehrten[427], traten die Gewerkschafter auch im Kanton St.Gallen gegenüber den leitenden Instanzen von KVP und CSP zunehmend selbstbewusster auf. 1932 beharrte Johannes Müller entgegen der ablehnenden Haltung der konservativen Parteispitze und Josef Scherrers auf seiner Zustimmung zur Krisensteuerinitiative der Sozialdemokraten.[428] Vor der St.Galler Grossratswahl im Jahre 1933 gab es in den Reihen der Gewerkschafter «gewisse Kreise, die gerne ein separates Vorgehen der Christlichsozialen gesehen hätten».[429] Anfang 1934 beklagte sich Emil Dürr, Präsident der CSP der Stadt St.Gallen, über die «intransigente Politik der Gewerkschaftssekretäre»[430], Josef Scherrer über die «radikale Politik» der Gewerkschaftsvertreter in der CSP, die die Zusammenarbeit mit den Konservativen erschwere.[431]

Zum Eklat kam es Ende 1935, auf dem Höhepunkt des Konflikts zwischen Konservativen und Christlichsozialen, der durch den Verlauf und das Ergebnis der Nationalratswahl vom Oktober 1935 ausgelöst worden war. Im Dezember probte die christliche Gewerkschaftsvereinigung des Kantons St.Gallen, provoziert durch scharfe Vorwürfe der Konservativen, den Aufstand und verlangte, dass sich die CSP von der konservativen Gesamtpartei trenne und für die kommende Grossratswahl eine eigene Liste aufstelle. Johannes Müller, der sich persönlich von diesem Ansinnen distanzierte, erklärte gegenüber Josef Scherrer, das Begehren sei «Ausdruck der Stimmung in Arbeiterkreisen».[432] Und Ernst Bleicher, der Präsident der christlichen Gewerkschaftsvereinigung des Kantons St.Gallen, konkretisierte in einer Aussprache mit Scherrer die Hintergründe der Missstimmung der Gewerk-

---

427 Zwischen dem CNG und dem CAB kam es 1932, als der CNG der unter sozialistischer Führung stehenden «Nationalen Arbeitsgemeinschaft für wirtschaftliche Verteidigung» beitrat, zu einer tiefen Entfremdung. Scherrer, der als Zentralpräsident des CAB gegen diesen Schritt Protest einlegte, wurde bis 1937 nicht mehr zu den Beratungen des CNG eingeladen (TBSch, 1. Juni 1937, PrivatA Scherrer). Der Zentralverband christlicher Holzarbeiter, Bauarbeiter und Maler der Schweiz war unter der Leitung seines Präsidenten August Schelbert Ende 1934 sogar aus dem CAB ausgetreten (TBSch, 31. Dezember 1934 und 9. Januar 1935, PrivatA Scherrer). Im Spätsommer 1935 beschloss der Verband seine Wiedereingliederung (TBSch, 4. August 1935, PrivatA Scherrer). Zu Schelbert bemerkte Scherrer: Er «ist ein sehr temperamentvoller Muothataler und nicht leicht in eine Front zu bringen» (TBSch, 19. September 1941, PrivatA Scherrer).
428 Prot. Parteiausschuss KVP, 2. Dezember 1932 (StaatsA SG, Archiv CVP). Der CNG begrüsste die Initiative, während der CAB sie ablehnte (JB CAB 1932/33, S. 45f. und S. 98; Gehrig, Das Christlichsoziale, S. 78, S. 81 und S. 170f.). Die Initiative gelangte nicht zur Abstimmung, weil ein Bundesbeschluss vom 13. Oktober 1933 ihre Zielsetzung aufgriff und den Bund ermächtigte, eine ausserordentliche Krisenabgabe zu erheben. Im Mai 1934 distanzierte sich der Bundesvorstand des CNG von den Intentionen der Initiative (TBSch, 24. und 28. Mai 1934, PrivatA Scherrer).
429 Hochwacht, Nr. 66, 20. März 1933.
430 TBSch, 31. Januar 1934 (PrivatA Scherrer).
431 TBSch, 27. Januar 1934 (PrivatA Scherrer).
432 TBSch, 5. und 22. Dezember 1935 (PrivatA Scherrer).

schafter: Das Malaise sei durch die sozial reaktionäre Politik der katholisch-konservativen Bundeshausfraktion im Zusammenhang mit der Beratung des bundesrätlichen Spar- und Finanzprogramms sowie durch Aussagen des kantonalen konservativen Parteichefs Emil Grünenfelder anlässlich der Behandlung der eidgenössischen Besoldungsvorlage im Jahre 1933 ausgelöst worden. Die christlich organisierte Arbeiterschaft wolle «einfach nicht mehr mit den Konservativen marschieren und wenn sie durch uns [die Leitung der CSP] dazu gezwungen werde, so ziehe sie es vor, mit den Sozialisten zu gehen».[433] Josef Scherrer wehrte sich mit Händen und Füssen gegen den gewerkschaftlichen Vorstoss. Er bestritt den Gewerkschaftern das Recht, Parteipolitik zu treiben, nahm sie anderseits aber vor konservativen Anschuldigungen in Schutz.[434] Mit der Unterstützung Bischof Scheiwilers gelang es ihm in der Folge recht rasch, der gewerkschaftlichen Aktion die Spitze zu brechen. An einer Krisensitzung Mitte Februar 1936 konnte er Ernst Bleicher von der «Unhaltbarkeit seiner Stellung» überzeugen, worauf dieser das Trennungsbegehren zurückzog.[435] In der Grossratswahl vom Frühjahr 1936 waren Konservative und Christlichsoziale wie eh und je in einer gemeinsamen Liste verbunden.[436] Und im Mai des folgenden Jahres gab sich Scherrer überzeugt, dass sich die Erregung gelegt und «man ... sich doch eines Besseren besonnen» habe.[437]

Gleichwohl bleibt die Episode bemerkenswert als Indiz für das erstarkte Selbstbewusstsein der christlichen Gewerkschaften St.Gallens sowie für deren Drang, sich aus der Unterordnung unter die politische Linie der konservativen Gesamtpartei zu emanzipieren. Künftig wollten es sich die Gewerkschafter vorbehalten, notfalls aus der katholischen Einheitsfront auszuscheren, und, wie Ernst Bleicher in seinem Bericht auf das Jahr 1936/37 schrieb, sich in ihren Entschliessungen die «volle Freiheit» nehmen, «ohne Rücksicht auf das Geschrei parteipolitischer Richtungen und auch ohne Rücksicht darauf, wenn auch sogenannte gesinnungsverwandte Parteien eine andere

---

433 TBSch, 18. Februar 1936 (PrivatA Scherrer).
434 TBSch, 22. Dezember 1935 (PrivatA Scherrer). Josef Scherrer, Bericht über die Nationalratswahlen im Kanton St.Gallen vom 26. Oktober 1935, Ende 1935, v.a. S. 14 (BAR).
435 TBSch, 18. Februar 1936 (PrivatA Scherrer). Die Krisensitzung fand im engsten Kreis statt. Neben Josef Scherrer und Ernst Bleicher waren Emil Dürr, zweiter Vizepräsident der CSP, und August Steffen, Ausschussmitglied der CSP und erster Mitarbeiter Scherrers auf dem Generalsekretariat des CAB, anwesend.
436 Im Vorfeld der Wahl kam es innerhalb der CSP des Bezirks St.Gallen zu heftigen Turbulenzen. Die christlichen Gewerkschafter bekämpften die von Josef Scherrer favorisierte Kandidatur von August Steffen und versuchten, einen Kandidaten aus ihren Reihen durchzusetzen, drohten gar mit einer Sonderliste. Erst der Rückzug der Kandidatur Steffens und die Nomination und die Wahl von Gewerkschaftssekretär Arnold Kappler brachte eine Entspannung (TBSch, 19., 27., 28., 29. Februar, 2. und 4. März 1936, PrivatA Scherrer).
437 Josef Scherrer, Aktennotiz betr. Revision der Statuten der KVP, 5. Mai 1936 (BAR).

Auffassung vertreten».[438] Und das hiess, wenn auch die praktischen Auswirkungen vorderhand ausblieben: Die christlichen Gewerkschaften waren unter Umständen bereit, aus dem katholischen Parteilager auszubrechen und zur Wahrnehmung ihrer sozialen und wirtschaftlichen Interessen mit der Linken gemeinsame Sache zu machen.

2.9 Faktoren der Kohäsion

Zur Allianz der Christlichsozialen mit der Linken ist es nicht gekommen. Trotz ständiger latenter innerer Spannungen zwischen integrationistischen und separatistischen Kräften in der CSP und trotz zuweilen starker Entfremdung zwischen christlichsozialen Arbeitern und Angestellten einerseits und konservativem Bauern- und Gewerbeflügel andererseits blieb das konservative Parteilager vor Abfallbewegungen und Abbröckelungsprozessen bewahrt. Was hielt die konservative Gesamtpartei mit ihren sozial heterogenen Flügeln in St.Gallen ungeachtet aller klassenbedingten Gegensätze zusammen? Gab es neben allgemeinen auch spezifisch sanktgallische Faktoren konservativ-christlichsozialer Kohäsion?

Die konservative Gesamtpartei St.Gallens bildete, um ein Wort Erich Gruners zu gebrauchen, eine «Wertegemeinschaft par excellence».[439] Was die altkonservative und die christlichsoziale Parteirichtung miteinander verband, war die Einheit des katholischen Glaubens und die Geschlossenheit der katholischen Kirche. In religiös-kirchlichen Belangen wussten sich alle «Stände» des katholischen Lagers – Arbeiter und Bauern, Angestellte, Gewerbetreibende und Unternehmer – einträchtig vereint, mochten sie in sozial-wirtschaftlicher Hinsicht auch noch so sehr auseinanderstreben. «Es gibt nicht einen katholischen und einen christlichsozialen Katholizismus, es gibt nur einen katholischen Glauben», formulierte Josef Scherrer einmal kurz und bündig.[440] Die materiellen Divergenzen der verschiedenen katholischen Volksgruppen wurden gleichsam überdacht von der Gemeinschaft des Glaubens. Als Katholiken wollten Konservative wie Christlichsoziale in der Öffentlichkeit für die Rechte ihrer Konfession und ihrer Kirche streiten, wollten sie, wie sie im gemeinsamen Programm von 1911 zuvorderst gelobten, Kirche und Konfession «ungeschwächt erhalten und gegen kultur-

---

438 Christliche Gewerkschaftsvereinigung des Kantons St.Gallen. Jb umfassend den Zeitraum vom 29. März 1936 bis 14. März 1937, S. 3 (BAR).
439 Handbuch Politisches System, S. 139. Zur Bedeutung der katholischen Weltanschauung für die Konservativen vgl. auch Altermatt, Ghetto, S. 414; ders., Katholizismus und Moderne, S. 153f.; ders., Wirtschaftsflügel, S. 71 und 83f.; Gruner, Parteien, S. 111 und S. 113f.
440 TBSch, 1. Februar 1937 (PrivatA Scherrer).

Die katholische Weltanschauung vereint das konservative und christlichsoziale Parteivolk (Broschüre zur Nationalratswahl 1935).

kämpferische Angriffe schützen».[441] Thomas Holenstein, der intime Kenner und jahrzehntelange Mitgestalter des politischen Katholizismus im Kanton St.Gallen, schrieb 1934 in seiner Geschichte der St.Galler Konservativen, «das starke Fundament der Partei, das Geheimnis ihrer Lebensfähigkeit und ihrer Geschlossenheit [sei] der Geist des Christentums, der sie eint».[442]

Dieser Geist des Christentums, de facto des katholischen Christentums, schien zur Zeit der Gründung der CSP im Jahre 1911 und der Statutenrevision der KVP im folgenden Jahr als ideeller Rahmen der konservativen Gesamtpartei in den Hintergrund gerückt. Sowohl die CSP als auch KVP dokumentierten in ihren Statuten die Bereitschaft zur interkonfessionellen Öffnung. Auch das gemeinsame Programm von Konservativen und Christ-

---

441 Parteiprogramm der Konservativen und Christlichsozialen des Kantons St.Gallen, 1911 (BAR).
442 Holenstein, Konservative Volkspartei, S. 348f.

lichsozialen aus dem Jahre 1911 redete einer Versöhnung der Konfessionen das Wort, eingedenk dessen, dass Katholiken und Protestanten in einem laizistischen Staat gleichviel zu verlieren hätten. Mit dem Ersten Weltkrieg, den in diesen Jahren auflebenden sozialen Spannungen und der Vertiefung der klassenbedingten innerparteilichen Desintegrationstendenzen erfuhr das konfessionelle Moment als Kohäsionsfaktor eine Renaissance. Ausdruck dafür waren die Bemühungen der konservativen Parteileitung, die Gesamtpartei in «Katholische Volkspartei» umzubenennen, damit «der Name sagt, was uns zusammenhält», wie Emil Buomberger argumentierte.[443] Vollends konfessionell-katholisches Gepräge erhielt die konservative Gesamtpartei während der 1920er Jahre, als im Kanton St.Gallen alte kulturkämpferische Gräben wieder aufbrachen. Tiefsitzende Verdrängungsängste und das scharf konturierte Feindbild eines kulturpolitisch aggressiven Linksblocks aus Freisinnigen und Sozialdemokraten liessen konservative und christlichsoziale Katholiken zur Verteidigung ihrer gemeinsamen Sache zusammenrücken. Erst im Kulturkampfklima dieses Jahrzehnts bekam die katholische Doktrin den Charakter einer eigentlichen Integrationsideologie. Das konservative Parteilager versuchte über den Appell an weltanschaulich-katholische Gemeinsamkeiten und über die Beschwörung eines mehr fiktiven als wirklich feindlichen Linksblocks die katholische Basis zu mobilisieren und zu disziplinieren. Treffend illustrieren lässt sich diese Beobachtung anhand der Wahlgänge der 1920er Jahre, besonders am Beispiel der Grossratswahl von 1924. Rund sechs Wochen vor dem Wahlgang hatte das Stimmvolk das eidgenössische Fabrikgesetz abgelehnt, dessen Beurteilung – die Konservativen waren dafür, die Christlichsozialen dagegen – auch im konservativen Parteilager St.Gallens zu einiger Verstimmung geführt hatte. Im Hinblick auf die Kantonsratswahl ging es also darum, die Reihen der Gesamtpartei wiederum zu schliessen, vorab die katholische Arbeiter- und Angestelltenschaft wieder um die konservative Fahne zu sammeln. Die konservative wie die christlichsoziale Parteileitung argumentierten in ihrer Wahlagitation primär mit weltanschaulich-konfessionellen Argumenten. «Zu welcher Partei sollen wir uns stellen?» fragte die KVP in einer mehrseitigen Wahlkundgebung. In ihrer Begründung dafür, dass dies für jeden überzeugten Katholiken die konservative sein müsse, verwies sie zuallererst darauf, dass nur sie die Rechte und Interessen des katholischen Volksteils wirksam vertrete. Die anderen Parteien, der Freisinn und die in kulturellen Fragen mit ihm verbundenen «Absplitterungen», die Demokraten und Sozialdemokraten, stünden «der katholischen Weltanschauung entweder feindlich oder indifferent gegenüber». Die Anzeichen würden sich mehren, dass in naher Zukunft ein neuer Kul-

---

443 Prot. Parteiausschuss KVP, 8. November 1919 (StaatsA SG, Archiv CVP).

turkampf entbrennen werde. «Gegenüber solchen drohenden Kämpfen ist die weitere Stärkung unserer Reihen und die vermehrte Ausbreitung unserer Grundsätze notwendig.»[444] In dasselbe Horn stiessen die Christlichsozialen. Sozial-wirtschaftliche Interessengegensätze in der konservativen Gesamtpartei herunterspielend, appellierte auch ihre Wahlpropaganda in erster Linie an weltanschaulich-katholische Empfindlichkeiten ihrer Klientel. Sie gingen dabei sogar so weit, die Loyalität gegenüber den Konservativen zur Gewissenssache hochzustilisieren. Jeder konservative und christlichsoziale Parteigänger müsse wissen, «wo die Grenzlinie zwischen der konservativen Volkspartei und der Partei der Freisinnigen liegt. Jenseits dieser Grenzlinie haben Christlichsoziale und Konservative gleichviel zu verlieren: das Fundament ihrer politischen Weltanschauung.»[445]

In den frühen 1930er Jahren verloren die kulturkämpferischen Auseinandersetzungen an Schärfe. Für die konservative Gesamtpartei blieb die katholische Weltanschauung weiterhin der gemeinsame Boden, auf dem sie ihre Flügel integrierte, ja der Katholizismus gewann als Integrationsmittel sogar an Bedeutung. So schrieb Johannes Müller vor der Grossratswahl im Frühjahr 1936, im Anschluss an die heftigen innerparteilichen Konvulsionen im Zusammenhang mit dem nationalen Wahlgang von 1935: «Weltanschaulich sind wir mit dieser Partei [den Konservativen] verbunden und unsere kulturellen, religiösen und grundsätzlichen Belange werden in einer uns entsprechenden Weise nur von dieser Partei vertreten. Und schliesslich kommen diese grundsätzlichen Belange im ersten Rang.»[446] Doch ungeachtet aller Beschwörungen durch die Parteiführung ist unverkennbar, dass der Katholizismus mit der Abflachung der kultur- und kirchenpolitischen Auseinandersetzungen, mit der Lockerung der Fronten und Blöcke faktisch an Bindekraft einbüsste. In dem Masse, wie die Sozialdemokratie zur Regimentsfähigkeit aufstieg und sich Konservative und Freisinnige zu einer friedlichen Koexistenz verständigten, also die alten Feinbilder ihres realen Gehalts verlustig gingen, auch in dem Masse, wie sich sozial-wirtschaftliche Probleme mit grosser Wucht in den Vordergrund drängten, verlor der Katholizismus seinen Rang als zentraler Integrationsfaktor. Zwar gehörten kultur- und kirchenpolitische Positionsbezüge nach wie vor zum Arsenal der konservativen Parteistrategen. Damit allein liess sich aber in den krisengeschüttelten 1930er Jahren keine Politik mehr machen. Symptom dafür, dass

---

444 Kundgebung der KVP zu den Grossratswahlen 1924 (StaatsA SG, Archiv CVP). Den Schlussteil mit den Postulaten zur Wirtschafts- und Sozialpolitik verfasste Josef Scherrer.
445 Hochwacht, Nr. 56, 6. März 1924. Vgl. auch Hochwacht, Nr. 78, 1. April 1924.
446 Hochwacht, Nr. 73, 26. März 1936. Mit den gleichen Argumenten trat Josef Scherrer dem Gerede über eine Trennung von KVP und CSP entgegen: «So lange katholischer Geist beide Gruppen... beseelt, so lange wird die Spekulation auf den Zerfall der Partei eine Fehlrechnung bleiben (Fürstenländer, Nr. 21, 25. Januar 1936).

die Flügel der konservativen Gesamtpartei nicht mehr bereit waren, ihre materiellen Gruppeninteressen bedenken- und bedingungslos zugunsten «höherer» gemeinsamer weltanschaulicher Interessen hintanzustellen, war die schwere Parteikrise von 1935/36. Erinnert sei an den zwar nur episodischen Versuch der christlichen Gewerkschafter, sich von der konservativen Partei zu lösen, um auf diesem Weg konsequenter Interessenpolitik betreiben zu können. Erinnert sei auch an die Revision der Statuten der konservativen Gesamtpartei, in der diese ihr monolithisches Gepräge abstreifte und sich gezwungen sah, den wirtschaftlichen Interessen mehr Raum zu gewähren. Der gewerkschaftliche Vorstoss war dadurch möglich geworden, dass die konfessionellen Bande inzwischen lockerer geworden waren, und der Umbau der Partei hatte sich deshalb aufgedrängt, weil die desintegrierenden Tendenzen an Intensität zugenommen hatten.

Wenn die Einheit der konservativen Partei St.Gallens in den 1930er Jahren dennoch nicht zerbrach, ist dies wesentlich der Tatsache zuzuschreiben, dass keiner der Hauptakteure, weder in der KVP noch in der CSP, eine Trennung je als opportun erachtete. Damit ist ein weiterer Kohäsionsfaktor angesprochen, der in seiner Bedeutung nicht hoch genug veranschlagt werden kann. Die konservativ-christlichsoziale Gesamtpartei war neben der Wertegemeinschaft immer auch eine Willensgemeinschaft. Es gab keine einzige prominente Stimme im konservativen Parteilager St.Gallens, die die Zweckmässigkeit und Notwendigkeit der Einheit von Konservativen und Christlichsozialen bezweifelt, geschweige denn bestritten hätte.[447] Auf christlichsozialer Seite, im Kanton wie auf nationaler Ebene, bürgte zuvorderst Josef Scherrer für die Erhaltung der katholischen Einheitsfront, wobei er sich regelmässig auf das Vermächtnis der Bewegungsgründer berief, die die CSP im Jahre 1911 auf die Verbindung mit den Konservativen verpflichtet hatten.[448] «Wenn wirklich katholischer Geist die Partei beherrscht», räsonierte Scherrer in seiner wegleitenden Programmschrift «Christlichsoziale Politik» im Jahre 1923, «dann ist seine versöhnende Macht unendlich grösser als alle auseinanderstrebenden Kräfte.»[449] Scherrer garantierte und personifizierte diese Einheit geradezu, ja, es liesse sich mit gutem Grund sogar behaupten,

---

447 Auch auf nationaler Ebene verbürgten starke Persönlichkeiten die Einheit von Konservativen und Christlichsozialen. Hodel nennt auf der Seite der Konservativen Heinrich Walther und Hans von Matt, auf der Seite der Christlichsozialen Georg Baumberger und Josef Scherrer (SKVP 1918–1929, S. 397 und S. 399).
448 «Ich sah mich verpflichtet», eröffnete Scherrer den Delegierten der CSP anlässlich seines Rücktritts als Kantonalpräsident, «die von JUNG und SCHEIWILER (Hervorhebung im Original) befolgte Politik als unveräusserliches Erbe zu übernehmen und es als ihr Treuhänder durch viereinhalb Jahrzehnte zu behüten (Letzter Rapport des 1. Kantonalpräsidenten Dr. h.c. Josef Scherrer anlässlich der Delegiertenversammlung der CSP 1956, S. 2, BAR).
449 Scherrer, Politik, S. 20f.

dass ohne seine überragende Persönlichkeit die CSP sich vom konservativen Seniorpartner gelöst hätte.[450] Solche Szenarien bezeichnete Scherrer kurz und bündig als «Abenteuerpolitik».[451] Und ihren Propagandisten unterstellte er, sie hätten «den Kern des christlichsozialen Gedankens nicht hinreichend erfasst».[452] Eher hätte sich Scherrer aus Amt und Würden verabschiedet, als einer Trennung zuzustimmen.[453] Karl Wick, auch er ein Verfechter der politischen Gemeinschaft von Konservativen und Christlichsozialen, bescheinigte Josef Scherrer nach dessen Ableben, «zeit seines Lebens» sei die parteipolitische Einheit der Konservativen und Christlichsozialen eine Maxime gewesen, die «er mit seiner ganzen Persönlichkeit bis zu seinem Tode vertrat, mochten die Organisationsformen dieser Einheit so oder anders sein».[454] Ebenso waren Scherrers engste Mitarbeiter in der christlichsozialen Parteileitung, Johannes Duft, Johannes Müller und Paul Müller, unbedingte Befürworter der katholischen Einheitsfront. Auch die konservative Gegenseite liess nie einen Zweifel an ihrem Willen aufkommen, an der Einheit mit ihrem mitunter unbequemen und forsch fordernden Juniorpartner festzuhalten und diesem durch programmatische wie durch sach- und personalpolitische Konzessionen entgegenzukommen. Es gab zum Beispiel im Zuge der Abstimmung über das eidgenössische Fabrikgesetz keine einzige konservative Persönlichkeit von Gewicht, die die Trennung gutgeheissen hätte. Eduard Guntli etwa, konservativer Parteichef von 1919 bis 1927, bekannte auf dem Höhepunkt des «Hochwacht»-Konflikts, «dass meine *ganze* Arbeit seit Frühjahr 1919 dem Gedanken der Aufrechterhaltung dieser Einheit [von Konservativen und Christlichsozialen] galt».[455] Nicht einmal während der Auseinandersetzungen im Herbst 1935 fanden sich in der konservativen Führungsriege nennenswerte Kräfte, die auf eine Trennung drängten. Zu den Integrationsfiguren des katholischen Lagers sind nicht zuletzt auch die St.Galler Bischöfe zu rechnen, allen voran Alois Scheiwiler, deren moralische Autorität die katholischen Brüder immer wieder zu Einheit und Geschlossenheit mahnte.

450 Eine Andeutung in diese Richtung machte Scherrer 1940 in seinem Tagebuch: «Wenn ich für die Trennung votiert hätte, wären die Christlichsozialen schon längst nicht mehr in der Partei» (19. Juni 1940, PrivatA Scherrer).
451 Jb CSP 1941–43, S. 2 (BAR).
452 Hochwacht, Nr. 232, 5. Oktober 1939.
453 TBSch, 26. November 1936 (PrivatA Scherrer).
454 Gedenkschrift Josef Scherrer, S. 84. Als Josef Scherrer als Kantonsrat demissionierte, schrieb er an den Vizepräsidenten der CSP, Emil Dürr: «Wenn ich bei dem Anlasse meines Rücktrittes ... noch eine Bitte aussprechen darf, so ist es die, dass die ganze christlichsoziale Grossratsgruppe es als ihre erste Aufgabe auffassen möchte, in der Fraktion wie im Rate das Erbe unseres unvergesslichen Führers und Gründers der christlichsozialen Bewegung, Professor und Kanonikus J. Jung sel., treu zu bewahren und an der Parteieinheit des katholischen Volkes festzuhalten» (Schreiben vom 15. Februar 1936, BAR).
455 Schreiben von Eduard Guntli an Emil Buomberger vom 26. November 1923 (BAR).

Neben der katholischen Weltanschauung als zentralem Bindemittel für die Flügel der Gesamtpartei und dem unisono geäusserten Willen der beiden Parteileitungen, an der Einheit festzuhalten, wurde der innere Zusammenhalt auch durch die Autonomie-Vereinbarung von 1919 begünstigt, die der CSP erlaubte, in klassenspezifischen Fragen einen eigenen Kurs zu steuern.[456] Praktisch hat die Regelung zwar nur selten gespielt. Trotzdem liess sie sich propagandistisch-taktisch in der Auseinandersetzung mit den separatistischen Kräften in den eigenen Reihen und gegenüber Vorhaltungen der gegnerischen Seite, die CSP sei nur ein Anhängsel der Konservativen, ausspielen. Nach der Abstimmung über das eidgenössische Fabrikgesetz im Jahre 1924 erinnerte Josef Scherrer Freunde wie Gegner daran, dass die Zugehörigkeit der CSP zur konservativen Gesamtpartei die Freiheit der katholischen Arbeiter und Angestellten keinesfalls einenge. «Dort, wo es unerlässlich erscheint, nimmt sich die christlichsoziale Partei die Selbständigkeit des Handelns, die ihr zur Erreichung der gesteckten Ziele als notwendig und zweckmässig erscheint.»[457] Dieser Hinweis auf die Autonomie der christlichsozialen Parteigruppe in der wirtschaftlichen und sozialen Aktion gehörte zum festen Repertoire christlichsozialer Wahlkampfführung.

Diese drei Faktoren – katholische Weltanschauung, integrierende Persönlichkeiten und Autonomie-Vereinbarung – erklären hinreichend, warum Konservative und Christlichsoziale allen Anfechtungen zum Trotz einträchtig verbunden blieben. Von eher untergeordneter Bedeutung für den Zusammenhalt war hingegen die nicht bestreitbare Tatsache, dass die Strategie der Integration und Einheit durch die Erfolge der CSP gerechtfertigt wurde.[458] Die CSP hat ihr selbst gestecktes Ziel, ihren Einfluss in der konservativen Gesamtpartei zu mehren und diese mit sozialem Geist zu durchdringen, in hohem Masse erreicht, und zwar so sehr, dass ihre Erfolge beim Seniorpartner Verdrängungs- und Konkurrenzängste auslösten. Doch wäre die Parteieinheit auch dann erhalten geblieben, wenn die CSP weniger erfolgreich gewesen wäre. Für die Zurücksetzung der CSP liessen sich manche Beispiele anführen, viele aus dem ersten Jahrzehnt, als die Christlichsozialen in der konservativen Gesamtpartei eine Art Paria-Stellung einnahmen, ohne deswegen eine Trennung von den Konservativen in Betracht zu ziehen,

---

456 Altermatt, Wirtschaftsflügel, S. 66f.
457 Hochwacht, Nr. 51, 29. Februar 1924.
458 Auf die Erfolge der CSP, die in der sanktgallischen politischen Öffentlichkeit wie in der konservativen Gesamtpartei «zu einem Faktor geworden [sei], mit dem gerechnet werden [müsse]», verwies Scherrer 1941 in einem historischen Rückblick auf drei Jahrzehnte christlichsozialer Politik. Darin rechtfertigte er die Integrationsstrategie mit dem Hinweis auf diese Erfolge (Jb CSP 1939–41, S. 4, BAR).

Beispiele auch aus dem zweiten Jahrzehnt, in dem die Christlichsozialen zum Juniorpartner der KVP heranwuchsen und ungeachtet aller Rückschläge loyal zur Gesamtpartei standen, wie die Auseinandersetzungen um den Zugang zur konservativen Presse und um ein eigenes christlichsoziales Blatt mit aller Deutlichkeit zeigten.

2.10 Versuch einer Bilanz

Mit dem Anspruch, innert der konservativen Gesamtpartei als sozialer Sauerteig zu wirken, diese also mit den Gedanken der christlichen Sozialreform zu durchdringen und derart der Arbeiter- und Angestelltenschaft im konservativen Parteilager eine politische Heimat zu schaffen, waren die Christlichsozialen 1911 angetreten und hatten sich mit den Konservativen zu einer politischen Einheitsfront verbunden, die in gewandelter Form bis zum heutigen Tage weiterbesteht. Wie verhielten sich Anspruch und Wirklichkeit? Inwieweit prägte die CSP Programm, Organisation und Aktion der KVP tatsächlich? Oder anders gefragt: Wie hätte sich die KVP entwickelt, wenn sich die katholischen Arbeiter und Angestellten politisch nie formiert oder wenn sie sich als eigenständige Partei konstituiert hätten? Und schliesslich: Was wäre aus den Christlichsozialen geworden, wenn sie sich 1911 nicht als «Gruppe» in die konservative Partei eingeordnet, sondern den Weg einer «absoluten Partei» eingeschlagen hätten?

Josef Scherrer stellte dieses Gedankenexperiment immer wieder an, offensichtlich in der Absicht, den Kritikern der Einheitsfront von Konservativen und Christlichsozialen zu demonstrieren, dass das Ergebnis einer Scheidung für beide Partner nur nachteilig gewesen wäre. Für ihn gab es keinen Zweifel daran, dass die KVP ohne den Einfluss der Christlichsozialen der «Arterienverkalkung» verfallen wäre, wie er unter Berufung auf ein Wort des Luzerner Theologen Albert Meyenberg mehrmals formulierte. Ohne die Christlichsozialen wäre die katholische Arbeiter- und Angestelltenschaft aus dem konservativen Parteilager ausgeschert, wodurch die KVP ihren Charakter als Volkspartei verloren hätte und zu einer bäuerlich-gewerblichen Mittelstandspartei geworden wäre. Die CSP selber, auch das stand für Scherrer ausser Zweifel, wäre zu einer «Klassenpartei» denaturiert, die nicht nur ihren Aktionsradius eingeengt, sondern auch Verrat an ihrer eigentlichen programmatischen Grundlage, dem Ideal der Ständeversöhnung und der Volksgemeinschaft, begangen hätte.

Halten wir uns an die Fakten: Die konservative Gesamtpartei behauptete seit 1912, als erstmals eine Grossratswahl nach Proporz durchgeführt wurde, einen konstanten Mandatsanteil von rund 43 Prozent, während die anderen Parteien, vor allem der Freisinn, in den 1920er Jahren aber auch die Demokraten, kontinuierlich Wähler an die Sozialdemokraten verloren. Für dieses Phänomen gibt es nur eine Erklärung: Die Christlichsozialen, die notabene fast im Gleichschritt mit den Sozialdemokraten wuchsen, erhielten dem konservativen Parteilager die Arbeiter- und Angestelltenschaft. Diese Leistung wiederum war nur deswegen möglich, weil die christlichsoziale Integrationsstrategie in hohem Masse erfolgreich war – und gerade deswegen auch Spannungen mit dem altkonservativen Parteiflügel provozierte. 1911 und 1919 war es den Christlichsozialen gelungen, ihre sozialreformerischen Postulate in gemeinsamen konservativ-christlichsozialen Programmen zu plazieren. Organisatorisch wurde der CSP bei der Gründung der Status einer parteiinternen Gruppe zuerkannt, die seit dem Ersten Weltkrieg zudem berechtigt war, in Standesfragen autonom zu agieren. Schliesslich glückte es den Christlichsozialen, ihre Vertretungsansprüche in den Behörden ebenso durchzusetzen, wie sie die konservative Gesamtpartei auf eine insgesamt sozial fortschrittliche Politik zu verpflichten vermochte.

Auf letzteres, die Verstärkung ihrer Standesanliegen durch die konservative Partei, hätte die CSP im Falle einer Trennung verzichten müssen, ja es wäre sogar denkbar, dass die dannzumal sozial reaktionäre KVP christlichsoziale Postulate bekämpft hätte. Natürlich hätte die CSP als eigenständige Partei auch Freiräume gewonnen, beispielsweise das Projekt einer St.Galler Ausgabe der «Hochwacht» ohne Rücksichten auf katholisch-konservative Empfindlichkeiten verwirklichen oder in der Sachpolitik den Arbeitnehmerstandpunkt prononcierter vertreten können. Und natürlich hätte sich für die Christlichsozialen die Chance eröffnet, in der Tradition des VMAV die Verbindung mit den sozialdemokratischen Arbeiterorganisationen zu suchen und sich mit diesen zu einer losen Linksallianz zu verbinden. Abgesehen davon, dass diese Strategie aus der Gründungsgeschichte der Christlichsozialen heraus undenkbar war und dass sie von keinem christlichsozialen Verantwortungsträger je ernsthaft ins Auge gefasst wurde, wären Risiken und Gefahren eines Alleinganges jedoch grösser gewesen als ein allfälliger Gewinn, ja wären für die christlichsoziale Bewegung möglicherweise sogar existenzbedrohend gewesen. Die Christlichsozialen hätten sich nämlich erstens im katholischen Lager isoliert, insbesondere die für sie eminent wichtige Rückendeckung und Unterstützung durch die Kirchenleitung verspielt und wohl auch Teile ihrer eigenen Klientel abgestossen. Und zweitens wären die innerhalb der organisierten Arbeiter- und Angestelltenschaft minoritären Christlichsozialen Gefahr gelaufen, von ihrem weitaus grösseren sozialdemokratischen Partner aufgesogen oder zerrieben zu werden.

Die einzige Überlebens- und Erfolgschance der Christlichsozialen bestand damit in der festen Verankerung im katholischen Lager. Diese Verankerung indessen und damit die Möglichkeit, innerhalb des katholischen Lagers als soziales Ferment zu wirken, setzte das Bekenntnis zur Abgrenzung von den Sozialdemokraten, den Antisozialismus, voraus.

3. Das Verhältnis zu den Sozialdemokraten

3.1 Der Antisozialismus als Integrationsideologie

Parteien seien, so Erich Gruner, «historische Gebilde, die ihre Gründung einer besonders intensiv erlebten Konfrontation mit einer jeweiligen Gegenwartssituation verdanken», und zwar so sehr, dass sich von einem eigentlichen «Geburtserlebnis» sprechen lasse.[459] Die christlichsoziale Bewegung insgesamt war ebenso wie die CSP unter anderem deswegen gegründet worden, um die von der erstarkenden Sozialdemokratie umworbenen katholischen Arbeiter und Angestellten dem katholischen Lager zu erhalten. An der Wiege der christlichsozialen Organisationen und der CSP stand damit als «Geburtserlebnis» die Kampfstellung gegen den Sozialismus. Der Antisozialismus der christlichsozialen Organisationen war derart heftig, dass es nicht verfehlt wäre, statt von einem «Geburtserlebnis» von einem «Geburtstrauma» zu sprechen. Die christlichsoziale Bewegung, schrieb Josef Scherrer anlässlich ihres silbernen Jubiläums 1924, begründe ihr Daseinsrecht allein schon dadurch, dass «sie einen wertvollen Teil der Arbeiterschaft um ein Banner schart, auf dem das christliche Zeichen des Kreuzes leuchtet!» Sie gewinne und bewahre «der Kirche und dem Staat Kräfte, die sich sonst in einer Bewegung auswirken würden, die Kirche und Staat zu guter Letzt in gleicher Feindschaft gegenübersteht».[460] Vier Jahrzehnte nach der Gründung der Bewegung, 1939, bilanzierte Scherrer, die Christlichsozialen seien stets «in einem unablässigen Kampf gegen den Sozialismus» gestanden.[461] Dieser Antisozialismus lässt sich als defensives Komplementärstück zum offensiven Sauerteig-Gedanken, als zweites ideologisches Standbein der christlichsozialen Arbeiter- und Volksbewegung bezeichnen. Er blieb eine Programmatik und Aktion der christlichsozialen Organisationen konstant prägende Grösse, die sich auch dann nicht veränderte, als die Sozialdemokratie im Kanton St.Gallen zur Regierungsfähigkeit aufstieg und sich gesamtschweizerisch zu einer sozialreformerischen und demokratischen Volkspartei wandelte.

Der Antisozialismus wurde den Christlichsozialen sozusagen in die Wiege gelegt und spiegelte sich bereits in der Bezeichnung «christlichsozial». Mit

459 Handbuch Politisches System, S. 137.
460 Ostschweiz, Nr. 111, 12. Mai 1924.
461 JB CAB 1939/40, S. 7.

dem Attribut «christlich» brächten die Jungschen Gründungen ihr Selbstverständnis als «Gegenverband zu den Sozialisten» zum Ausdruck, klärte der St.Galler Bischof Robert Bürkler 1919 seinen Churer Amtsbruder Georg Schmid von Grüneck auf.[462] Gemäss Joseph Meile wählte Jung das Attribut «christlichsozial» in der Absicht, auf diese Weise den Gegensatz zu «atheistisch-sozial» hervorzuheben. In klarer Abgrenzung zu den sozialistischen Arbeiterorganisationen habe Jung damit signalisieren wollen, dass die soziale Frage im Kern religiös-sittlicher Natur und deswegen nur auf dem Boden des Christentums zu lösen sei.[463] Diese Einsicht hatte Papst Leo XIII. bereits in der Enzyklika Rerum novarum, der Geburtsurkunde der christlichsozialen Organisationen, verkündet. Der ganze erste Teil dieses päpstlichen Schreibens diente dem Nachweis, die Unfähigkeit des Sozialismus zur Lösung der sozialen Frage darzulegen. Die sozialistische Lehre, in der Tradition des Aufklärungsdenkens und auf dem Boden des philosophischen Materialismus stehend, irre, wenn sie glaube, die soziale Frage lediglich durch eine Struktur- oder Sozialreform lösen zu können. Was not tue, so der Papst, sei die mit Unterstützung der Kirche zu betreibende Sitten- oder Gesinnungsreform aus dem Geist des Evangeliums. Zu jeder Art von Sozialismus bezog Papst Leo deswegen eine unzweideutige Gegenposition, die Papst Pius XI. vierzig Jahre später in einer weiteren Enzyklika aufnahm und vertiefte.

Der Gründer der christlichsozialen Bewegung, Johann Baptist Jung, knüpfte in seinem Schrifttum an die päpstliche Sozialismus-Kritik an. In dem 1899, dem Gründungsjahr der christlichsozialen Organisationen, für die pädagogische Praxis verfassten «Grundriss der christlichen Sittenlehre» räumte Jung dem Sozialismus und dessen kritischer Beurteilung ein ganzes Kapitel ein.[464] Jung führte vier Gründe ins Feld, die «die Unmöglichkeit des Sozialismus» dartun. Falsch, eine «Chimäre», sei erstens die sozialistische Annahme der Gleichheit aller Menschen. Diesem gleichmacherischen Axiom stellte Jung die These natürlicher Ungleichheit entgegen, die naturgegebene Verschiedenheit der Menschen und ihrer Stellung in der Gesellschaft. Zweitens: Dadurch, dass der Sozialismus für die vollständige Trennung von Staat und Religion eintrete und letztere zur Privatsache erkläre,

---

462 Schreiben von Robert Bürkler an Georg Schmid von Grüneck vom 7. Februar 1919 (BiA SG).
463 Meile, Scheiwiler, S. 187. Vgl. auch die 1914 erschienene Werbeschrift «Lebensfragen für den Arbeiter», S. 11, dergemäss die Bezeichnung «christlich» dazu diente, «leicht erkennbare Grenzpfähle zwischen sich und der sozialdemokratischen Richtung aufzustellen».
464 Jung, Grundriss, S. 54ff. Die Schrift entsprang der Tätigkeit Jungs als Religionslehrer an der St.Galler Kantonsschule und verstand sich «als Lehrbuch der Sittenlehre, welches den gegenwärtig wichtigen Zeitfragen aus dem Gebiete der Moral besondere Aufmerksamkeit» schenkte (S. V).

sei er antichristlich und kirchenfeindlich, sei er ein Kind des «nackten Materialismus». Der dritte Einwand war theoretischer Natur und setzte sich mit der marxistischen Mehrwertlehre auseinander. Jung bestritt die Marxsche These, wonach der Wert einer Ware ausschliesslich nach deren Tauschwert und dieser nur durch die in der Ware enthaltene Arbeit bestimmt werde. Dieser Wert bestimme sich ebensosehr nach der «Nützlichkeit und Brauchbarkeit». Im letzten Punkt der Kritik zog Jung die praktische Realisierbarkeit der sozialistischen Prinzipien in Zweifel, da diese auf einem zu optimistischen Menschen- und Weltbild aufbauten. Die sozialistische Gesellschaft liesse sich nur dann verwirklichen, «wenn alle Menschen Heilige wären» – oder aber, weil dem nicht so sei, als «Schreckensherrschaft». Berührungspunkte zwischen Sozialismus und christlicher Soziallehre – die Ablehnung des schrankenlosen Kapitalismus, die Hochschätzung des Genossenschaftsgedankens, der Ruf nach Staatshilfe – vermochte Jung ebensowenig zu erkennen wie Papst Leo XIII.

Auf derselben Argumentationslinie bewegte sich Jungs Ansprache, die er im September 1899 vor den zur Gründung des ersten christlichen Gewerkschaftsverbandes versammelten Holzarbeitern in St.Gallen hielt. Jung war es vor allem darum zu tun, die angebliche Neutralität der «freien» Gewerkschaftsorganisationen zu enttarnen und diese der Parteinahme für den Sozialismus zu überführen. Deren gewerkschaftliche Arbeit sei «überschattet vom Geist der allgemeinen Verneinung», und dieses Nein würde «selbst vor dem Heiligsten ..., selbst vor der Bekämpfung jeder Religion ... und auch nicht vor den Rechten Gottes» Halt machen. Die Botschaft des Sozialismus sei «der Klassenhass und demzufolge die Aufhebung jeden privaten Eigentums und dessen Überleitung in die Hände des Staates».[465]

Derart auf antisozialistischen Kurs eingeschworen, nahmen die christlichsozialen Gründungen von allem Anfang an Distanz zu den «freien» Arbeiterorganisationen. Als die Arbeiterunion St.Gallen den eben ins Leben gerufenen katholischen Arbeiterverein zum Beitritt und zur Mitwirkung an der Maifeier einlud, lehnte dieser «aus religiösen und politischen Gründen» ab.[466] Die klare Abgrenzung gegen die Sozialdemokraten verschaffte den christlichsozialen Gründungen die Unterstützung der katholischen Kirchenleitung und des Katholikenvereins, während der VMAV diesen Sukkurs zum selben Zeitpunkt gerade dadurch verspielte, dass er statt der Grenzziehung die Öffnung nach links postulierte. Trotz verbaler Attacken und

---

465 Zit. nach Schelbert, Gewerkschaftsarbeit, S. 7ff. Schelbert gibt die Jung-Rede ohne Angabe von Quellen wieder. Für die Authentizität der Wiedergabe spricht, dass sich die Argumentation mit jener im «Grundriss» weitgehend deckt.
466 Jb katholischer Arbeiterverein St.Gallen 1908/09, S. 3. Vgl. auch Jb Arbeiterunion 1911, S. 64.

Distanznahme in der praktischen Vereinsarbeit indes lässt sich das Verhältnis von christlichsozialen und sozialistischen Organisationen in den ersten Jahren als durchaus freundlich beschreiben. Christliche Gewerkschaften gingen bei Lohnbewegungen und Arbeitskonflikten oft Hand in Hand mit den Sektionen und Verbänden des Gewerkschaftsbundes.[467] Und noch stand das katholischerseits vom VMAV favorisierte Projekt einer neutralen, überparteilichen und überkonfessionellen Einheitsgewerkschaft im Raum. Es erwies sich allerdings als undurchführbar und erlitt bekanntlich 1904, als der Gewerkschaftskongress ein Übereinkommen der beiden Gewerkschaftsrichtungen mit klarer Mehrheit ablehnte, Schiffbruch. Es scheiterte, wie Erich Gruner urteilt, einerseits daran, dass die Widerstände gegen die Neutralisierung im katholischen Lager wuchsen, andererseits daran, dass der Sozialismus bereits zu tief in die «freie» Gewerkschaftsbewegung eingedrungen war[468], scheiterte letztlich an der Gegensätzlichkeit und Grundverschiedenheit der ideologischen Systeme. Frei von Rücksichten, zogen die christlichsozialen Führer mit Alois Scheiwiler an der Spitze nun einen klaren Trennstrich zwischen den eigenen und den Konkurrenzorganisationen. «Entweder christlich oder sozialistisch», hiess seither die Losung[469], und in einem vom August 1904 datierten Aufruf definierte Scheiwiler das ideologische Selbstverständnis der christlichen Arbeiterorganisationen dadurch, dass er sie gegenüber den sozialdemokratischen Verbänden scharf abgrenzte: Hier christliche Grundhaltung, dort «Unglauben» und «Diesseits-Moral», hier Sozialreform und Einschränkung der Kapitalmacht, dort «Klassenkampf» und «Kommunismus der Produktionsgüter». Immerhin sollte in «manchen Fragen» der praktisch-gewerkschaftlichen Aktion die bisherige Zusammenarbeit weitergeführt werden.[470]

Mit dem Jahre 1904 war die de facto von Anfang an angelegte Scheidung zwischen christlichen und sozialdemokratischen Arbeiterorganisationen auch formell vollzogen. Der jetzt stärker akzentuierte christlichsoziale Antisozialismus – Alois Scheiwiler warnte 1912 vor der «roten Sturmflut ..., die dro-

---

467 Kulemann, Berufsvereine, S. 237. In den 1906 in der Stadt St.Gallen erstmals durchgeführten Wahlen ins gewerbliche Schiedsgericht verband sich die lokale Arbeiterunion mit dem Kartell St.Gallen. Anlässlich der Neuwahlen 1909 kam es dagegen zu harten Auseinandersetzungen zwischen freien und christlichen Gewerkschaftern (Jb Arbeiterunion 1911, S. 66f.; vgl. auch Prot. Kartell St.Gallen, Kartellsitzung vom 13. Mai 1909, Archiv KAB).
468 Gruner, Arbeiterschaft und Wirtschaft, Bd. 2, S. 127ff.
469 Jb ZV 1905, S. 16.
470 Der Arbeiter und die Organisation, Aufruf, verf. vom Zentralkomitee christlichsozialer Arbeiterorganisationen der Schweiz, Zürich 1904 (BAR). Nach Scherrer zog dieser Aufruf die «Scheidungslinie» zwischen christlichen und sozialdemokratischen Verbänden (Christlichsoziale Bewegung – Dienst am werktätigen Volk. Manuskript einer Rede an der Jubiläumsfeier des ZV, Mai 1929, S. 15, BAR; vgl. auch den Nachdruck in: Hochwacht, Nr. 114, 17. Mai 1929, Beilage Nr. 20).

hend und brausend durch die moderne Welt hinschäumt»[471] – hatte zwei Komponenten. Die erste, zunächst dominante, war religiös-weltanschaulicher Natur: Der Sozialismus wurde entlarvt als Kraft, welche zur Zersetzung der christlichen Religion und Kultur führe. Dagegen verstand sich die christlichsoziale Bewegung als ein dem modernen Zeitgeist trotzendes Bollwerk christlicher Grundwerte. Die andere, durch die marxistisch-klassenkämpferische Doktrin der Sozialdemokratie genährte Komponente war gesellschaftlich-politischer Art. Sie stigmatisierte die sozialistischen Organisationen als eine die bestehende bürgerliche Gesellschafts- und Staatsordnung bedrohende Umsturzbewegung. Ihr stellten die christlichsozialen Bewegungsführer die reformistischen und staatserhaltenden Anstrengungen der eigenen Verbände gegenüber. Mit dieser doppelten Kritik suchten die Christlichsozialen eigene, von den Konkurrenzorganisationen klar unterscheidbare Konturen zu gewinnen und sich als Gegenorganisation zu den sozialistischen Verbänden zu profilieren. Eine christlichsoziale Agitationsschrift aus dem Jahre 1908 spitzte diese Alternative auf die Prognose zu, entweder werde über dem 20. Jahrhundert und dessen sozialen Verhältnissen «das Panier des Kreuzes ... oder aber die rote Fahne des Umsturzes und Gotteshasses» wehen.[472]

Mit dem Ersten Weltkrieg und dem Landesstreik, in dessen Verlauf sich die Christlichsozialen entschieden auf die Seite des Bürgertums schlugen, verschärfte sich der christlichsoziale Antisozialismus, er wurde gröber und aggressiver. Der Sozialismus sei, schrieb Jung 1920, zwei Jahre vor seinem Tod, «das System des Klassenhasses und des Klassenkampfes, negiere das Privateigentum, führe zum extremen Staatssozialismus und damit zur Aufhebung persönlicher Rechte und Freiheiten». Er beinhalte «in seiner Auswirkung das System der Gewalt und damit die permanente soziale und politische Revolution».[473] In die gleiche Kerbe schlug Alois Scheiwiler, als er im selben Jahr die wissenschaftlichen Grundlagen, die kulturpolitischen Ziele sowie die Gesellschafts- und Wirtschaftsauffassungen des Sozialismus einer vernichtenden Kritik unterzog und die «Verjudung der Sozialdemokratie» diagnostizierte. Deren Taktik heisse «Terror und Revolution», und unter der derart terrorisierten nichtsozialistischen Arbeiterschaft gebe es bereits «Märtyrer und Bekenner».[474] Mit der Verschärfung der antisoziali-

---

471 Scheiwiler, Rote Flut, S. 274.
472 Arbeitervereine und Gewerkschaften, S. 14.
473 Jung, Genossenschaftliche Volkswirtschaft, S. 6. Vgl. auch Jungs am ersten christlichsozialen Landeskongress 1920 gehaltene Predigt, abgedr. in: Scherrer, Jung, S. 254ff.
474 Scheiwiler, Sozialismus, passim. Die judenfeindlichen Ausfälle Scheiwilers dürfen nicht überbewertet werden. Sie entsprangen einem latent antisemitischen Klima im schweizerischen Katholizismus der 1920er Jahre (vgl. Bernold, Episkopat, S. 395ff.). Immerhin war Alois Scheiwiler der einzige Schweizer Bischof, der 1935 gegen die Verfolgung der Juden in Europa die Stimme erhob (ebd., S. 403).

stischen Propaganda ging eine veränderte Akzentuierung einher. Wurde der Sozialismus bislang vor allem wegen seiner kulturpolitischen Ziele bekämpft, so fokussierte sich die christlichsoziale Kritik nun ebensosehr auf die sozialwirtschaftlichen und politischen Postulate des Gegners. Mit diesen setzte sich – ohne den sozialdemokratischen Exponenten ein Anhörungsrecht zu gewähren – der erste Kongress des CAB im August 1920 in Zürich auseinander, um das sozialistische Gesellschafts- und Wirtschaftsideal in einer Resolution in Bausch und Bogen zu verwerfen und ihm das berufsständische Ordnungsmodell gegenüberzustellen.[475]

Die Akzentverschiebung war ein Reflex der siegreichen bolschewistischen Revolution vom November 1917 in Russland und der daran anschliessenden Errichtung des Sowjetstaates. In ihm wurde das bislang nur in den Köpfen und Programmen existierende sozialistische Gesellschafts- und Wirtschaftsmodell erstmals politische Realität. Dessen Vorbild drohte auch andere Staaten in den Strudel revolutionärer Veränderung zu reissen. Josef Scherrer, bewegt von den revolutionären Ereignissen im Deutschen Reich und in Österreich und deren Widerhall in der Schweiz, notierte Ende 1918 ins Tagebuch, die «blutige Revolution» erhebe ihr Haupt und verkünde «eine neue schreckliche Zeit».[476] Mit der Revolutionsfurcht verband sich in der christlichsozialen Bewegungsleitung die Angst, der «Bazillus, der von Osten her in die Köpfe sozialdemokratischer Führer und dann leider auch in die Köpfe ihrer Verführten gekommen ist», werde auch die katholischen Arbeiter und Angestellten infizieren.[477] Der Gefahr der Desintegration der eigenen Bewegung glaubte die christlichsoziale Führerschaft nur dadurch begegnen zu können, dass sie ihre antisozialistische Abwehr verstärkte. Vor allem Alois Scheiwilers Initiative dürfte es zuzuschreiben sein, dass sich auch die katholische Kirchenleitung für den antisozialistischen Abwehrkampf einspannen liess. Scheiwiler, eben erst zum Domkapitular ernannt, beklagte in einem an den St.Galler Bischof Robert Bürkler, seinen geistlichen Vater, gerichteten Schreiben im November 1919 die Tatsache, «dass ein nicht unbeträchtlicher Teil der katholischen Arbeiterschaft trotz aller Aufklärung in Presse, Schriften und Referaten der Kirche entfremdet» werde und ahnungslos den Sozialisten ins Garn laufe. Die eben durchgeführte Nationalratswahl habe mit aller Deutlichkeit gezeigt, «wie sozusagen an allen auch

---

475 Die Resolution ist abgedr. in: Prot. CAB 1920, S. 97f. Der Beschlussfassung ging ein Referat von Josef Scherrer mit dem Titel «Sozialisierung und neues Wirtschaftsprogramm» voraus (abgedr. in: ebd., 84ff.). Gemäss Scherrer bestand «der scharfe Gegensatz» der christlichsozialen zur sozialdemokratischen Arbeiterbewegung «vor allem in der Anerkennung des Privateigentums» (S. 88).
476 TBSch, 31. Dezember 1918 (PrivatA Scherrer).
477 Josef Scherrer im November 1918 in der Streikdebatte im St.Galler Grossen Rat (Prot. des Grossen Rates des Kantons St.Gallen, 19., 22. und 25. November 1918, S. 26, StaatsA SG).

katholischen Orten der Sozialismus mehr oder weniger Stimmen erobert hat und wie ohne Zweifel Zehntausende von Katholiken für die Partei des Umsturzes und der Religionsfeindlichkeit votiert haben». Dringendes Gebot der Stunde sei darum die Aufklärung über das wahre Wesen des Sozialismus. Scheiwiler bat den Bischof, «diesen schweren und drängenden Fragen Ihre gütige Aufmerksamkeit zuwenden und in dem Abwehrkampfe gegen die sozialistische Gefahr uns Ihre starke Hilfe leihen zu wollen». Welche Massnahmen im einzelnen zu ergreifen seien, überliess Scheiwiler dem Ermessen des Bischofs. Er versäumte aber nicht, auf das Fastenmandat «Die grosse Gefahr» des Churer Bischofs Georg Schmid von Grüneck von 1919 und analoge Kundgebungen des holländischen und deutschen Episkopats hinzuweisen, die «viel zur Klärung der Lage und zur Schärfung der Grundsätze beigetragen haben».[478]

Die Demarche der Christlichsozialen zeigte Wirkung. In einem Rundschreiben warnte Bischof Bürkler den St.Galler Klerus davor, «dem unaufhaltsamen Vordringen der roten Flut ... in stummer Resignation tatenlos zuzuschauen» oder sich gar «dem fatalistischen Wahne hinzugeben, diesem grimmigen und wohlorganisierten Feinde gegenüber seien alle Anstrengungen vergeblich». Es sei «unsere erste Pflicht, mit allen zu Gebote stehenden Mitteln ihm entgegenzutreten».[479] Im Sommer 1920 nahm sich, veranlasst durch die Bischöfe von Chur und St.Gallen, die sich in der Bekämpfung der Sozialdemokraten am stärksten exponiert hatten, die Schweizerische Bischofskonferenz des Themas an. Sie genehmigte den möglicherweise von einem Mitarbeiter des Churer Bischofs verfassten Entwurf für ein Bettagsmandat, das im September 1920 von allen katholischen Kanzeln des Landes verlesen wurde und das, so Patrick Bernold, «die konkretesten politischen Richtlinien [enthielt], welche die Schweizerische Bischofskonferenz jemals erlassen hat».[480] Ihr Kernsatz konstatierte mit einer alle Zweifel ausschliessenden Deutlichkeit die Unvereinbarkeit von katholischer Glaubenstreue und katholischer Kirchenzugehörigkeit mit der sozialistischen Gesinnung und der Mitgliedschaft in sozialistischen Verbänden. «Wer zum Sozialismus

---

478 Schreiben von Alois Scheiwiler an Bischof Robert Bürkler vom 26. November 1919 (BiASG). Zum Fastenmandat des Churer Bischofs vgl. Bernold, Episkopat, S. 120f. Das Mandat ist auszugsweise abgedr. in: F.J.B., Arbeiter, Arbeiterin, S. 3ff. Es gipfelte in der Feststellung, «dass ein Katholik nicht Sozialdemokrat sein darf – weder ein innerlich überzeugter noch ein äusserlich mitlaufender», und in der gebieterischen Aufforderung, «den Pesthauch der roten Vereine und ihrer Gewerkschaften» zu meiden.
479 Instruktion an den Diözesanklerus, 29. Januar 1920, abgedr. in: Kirchenzeitung, Nr. 16, 22. April 1920. Vgl. auch Bernold, Episkopat, S. 127, und Scheiwiler, Bürkler, S. 67ff.
480 Bernold, Episkopat, S. 132. Zur Verfasserschaft vgl. ebd., S. 130. Die gelegentlich vermutete Autorschaft Josef Scherrers erscheint uns mit Bernold fraglich. Die Tagebücher Scherrers, zwar 1919 und 1920 nur teilweise erhalten, belegen keine direkten Kontakte Scherrers zum Churer Bischof.

als System, zu seinen Grundanschauungen und Hauptzielen sich offen bekennt, oder wer offen für die sozialistische Sache kämpft und wirbt, entbehrt, solange er in dieser Gesinnung unbelehrbar verharren will und verharrt, derjenigen Vorbedingung, welche zum würdigen Empfang eines Sakraments unerlässlich ist.»[481]

Der Episkopat hat seine intransigente Haltung gegenüber der Sozialdemokratie in der ganzen Zwischenkriegszeit nie revidiert. Willy Spieler spricht von einem «amtskirchlichen Klassenkampf ‹von oben›», einem «Kulturkampf» der katholischen Amtskirche gegen die sozialistische Arbeiterbewegung.[482] Die bischöflichen Verlautbarungen gegen den Sozialismus milderten sich mit der Zeit zwar im Ton, doch liessen sie in der Sache keinen Zweifel an der grundsätzlichen Ablehnung des Sozialismus wie des Kommunismus, die unterschiedslos im gleichen Atemzug genannt wurden.[483] 1931 bestätigte die päpstliche Enzyklika Quadragesimo anno den Gegensatz und die Unvereinbarkeit jeder Form des Sozialismus mit den Lehren der katholischen Kirche. Und das Hirtenschreiben der Schweizer Bischöfe von 1932, das der inzwischen zum Bischof gekürte Alois Scheiwiler verfasste, nahm explizit Bezug auf die im Churer Fastenmandat und im Bettagsmandat von 1920 erlassenen Weisungen, «die seitdem an ernster Bedeutung nur noch gewonnen haben», und erklärte es zur «Gewissenspflicht …, sich von Organisationen fernzuhalten, die nicht auf christlichem Boden stehen, ja, die erfahrungsgemäss offen oder versteckt oft kirchen- und vaterlandsfeindliche Ziele verfolgen».[484] Erst am Vorabend des Zweiten Weltkrieges, im Zeichen der Bedrohung durch den Faschismus, klang der bischöfliche Antisozialismus ab.

Das Bettagsmandat von 1920 und die weiteren kirchlichen Stellungnahmen zum Sozialismus vergifteten die Beziehungen zwischen den Christlichsozialen und den Sozialdemokraten bis 1939. Die christlichsozialen Führer, allen voran Alois Scheiwiler und Josef Scherrer, eröffneten mit dem Rückenwind der katholischen Kirchenleitung einen eigentlichen Kreuzzug gegen die sozialdemokratischen Organisationen. Die «Hochwacht», das seit 1921

481 Das Bettagsmandat ist abgedr. in: Ostschweiz, Nrn. 221 und 222, 21. und 22. September 1920, und Kirchenzeitung, Nr. 38, 23. September 1920. Das Mandat wurde ebenfalls in der ersten Nummer der Flugschriftenreihe «Im Zeitensturm» publiziert (Ansprache der HH. Schweizer Bischöfe auf den eidgenössischen Bettag 1920, Flugschriften zu Schutz und Trutz, Nr. 1, hg. v. Alfred Teobaldi, Winterthur 1921). Vgl. auch Bernold, Episkopat, S. 128ff.
482 Spieler, Marginalisierung, S. 261f.
483 Bernold, Episkopat, S. 159ff.
484 Das Bettagsmandat von 1932 ist abgedr. in: Ostschweiz, Nr. 436, 19. September 1932; vgl. auch Bernold, Episkopat, S. 168ff. Bereits im Frühling 1932 hatte ein in der «Hochwacht» erschienener, möglicherweise von Alois Scheiwiler verfasster Beitrag mit dem Titel «Die grosse Gefahr» die weiter bestehende Aktualität des Churer Fastenmandats von 1919 betont (Nr. 110, 12. Mai 1932).

erscheinende christlichsoziale Tagblatt, widerhallte vom antisozialistischen Kampfeslärm. Die reduktionistische Weltsicht der Christlichsozialen erzeugte die Vorstellung von einem epochalen Kultur- und Zeitenkampf zwischen Glaube und Unglaube, zwischen Ordnung und Chaos, zwischen Licht und Finsternis. Nachdem die Linke im Januar 1928 im «roten» Zürich einen Wahlsieg errungen hatte, schien für Josef Scherrer der Weltuntergang nahe: «Bauen wir Dämme, hoch und weit, Dämme der Sittlichkeit, des Glaubens, der Gerechtigkeit und der Liebe! Sie allein halten den Sturmfluten der Zeit stand, an ihnen nur wird ihre Kraft gebrochen!»[485] Und Alois Scheiwiler, eben St.Galler Bischof geworden, verstieg sich 1930 im heiligen Ernst zur Behauptung, in der Sozialdemokratie stehe dem Christentum die «grösste Apostasie» gegenüber, «der es in den vergangenen zwei Jahrtausenden begegnet ist»![486] Im besonderen die katholischen Arbeiter- und Arbeiterinnenvereine entwickelten sich zu eigentlichen antisozialistischen Agitationszellen. Ihr vornehmster Zweck bestand im «Kampf um die Arbeiterseele», wie regelmässige Beiträge in der «Hochwacht» übertitelt waren. Der katholische Arbeiterverein Rapperswil-Jona warb mit einer antisozialistischen Breitseite um neue Mitglieder. «Nicht durch Klassenkampf, sondern auf dem Wege der Ständeversöhnung, auf dem Boden des Christentums, der zehn Gottesgebote wollen wir eine Besserung der Verhältnisse erringen. Nicht nach russischem Muster, das nur Hunger und grässliches Elend im Gefolge hatte, wollen wir die Welt erneuern. Wir wollen nicht, wie die Sozialdemokraten, dass die Himmelslichter gelöscht werden, dass der Mensch zum Tier herabsinke.»[487] Ende der 1920er Jahre hielt der Kaplan von Bazenheid in mehreren Ostschweizer Arbeitervereinen ein «tiefschürfendes Referat» mit dem Titel «Bethlehem oder Moskau»![488] Ein Brückenbau zwischen den beiden Arbeiterorganisationen war unter diesen Vorzeichen undenkbar. Einen nochmaligen Höhepunkt erreichte der christlichsoziale Antisozialismus in der Mitte der 1930er Jahre, als die von den Sozialdemokraten und dem Schweizerischen Gewerkschaftsbund lancierten Krisenbekämpfungsoffensiven in den christlichen Gewerkschaften und katholischen Bauernkreisen auf einige Sympathien stiessen. Mit der ganzen Wucht ihrer Autorität stürzten sich die christlichsozialen Führer, allein voran wiederum Scherrer und Scheiwiler, in die Bekämpfung des weltanschaulichen Gegners, dabei stereotyp das päpst-

---

485 Hochwacht, Nr. 17, 20. Januar 1928.
486 Hochwacht, Nr. 153, 4. Juli 1930. Denselben Geist atmete ein zwei Jahre später veröffentlichter Grundsatzartikel in der «Hochwacht» mit dem Titel «Christ oder Sozialist!», der im Verdikt gipfelte: «Was beim Sozialismus gut ist, das ist nicht sozialistisch, und was sozialistisch ist, das ist nicht gut!... Entweder ist man Christ oder Sozialist» (Nr. 105, 6. Mai 1932).
487 Hochwacht, Nr. 52, 2. März 1923, Beilage Nr. 9.
488 Hochwacht, Nr. 4, 6. Januar 1928, Beilage Nr. 1; Nr. 22, 27. Januar 1928, Beilage Nr. 4; Nr. 195, 23. August 1929 usw.

liche Diktum zitierend, dass «der Gegensatz zwischen sozialistischer und christlicher Gesellschaftsauffassung ... unüberbrückbar» sei.[489] Die sozialistische Lehre stehe, so glaubte Scherrer noch Jahre darnach, «nun einmal im Gegensatz zur christlichen Gesellschaftsauffassung», und «zwischen Irrtum und Wahrheit» gebe es «keinen Kompromiss».[490] Selbst wenn die behauptete Neutralität der freien Gewerkschaften der Wirklichkeit entspräche – was Scherrer vehement bestritt –, käme ein Mittun der Christen in diesen Organisationen nicht in Frage, denn: «Es kann in den grundlegenden Fragen der Gesellschaft, des Staates, der Kultur usw. in Wirklichkeit gar keine Neutralität geben.»[491] Als sich Max Weber, der Präsident der Gewerkschaft Bau und Holz, 1942 im Zusammenhang mit der Zugehörigkeit katholischer Arbeiter zum Schweizerischen Bau- und Holzarbeiterverband nach der aktuellen Stellungnahme der Schweizer Bischöfe erkundigte, erhielt er zur Antwort, die 1920 erlassenen Richtlinien behielten ihre volle Gültigkeit.[492] Und noch 1945 forderte der St.Galler Gewerkschaftssekretär Fritz Münch, in der christlichen Arbeiterschaft müsse eine gegen die Sozialisten gerichtete «Kreuzfahrergesinnung» zu neuem Leben erweckt werden.[493]

Das Bettagsmandat von 1920 und der Feldzug gegen die Sozialdemokratie hätten, so Patrick Bernold, für die christlichsozialen Organisationen insgesamt «wenig Früchte» getragen.[494] Tatsächlich stagnierten oder schrumpften die Mitgliederbestände der katholischen Standesvereine St.Gallens während der 1920er Jahre. Unbestreitbar aber bewirkte der kirchliche Bannstrahl eine verstärkte Ausdifferenzierung zwischen der christlichsozialen und sozialdemokratischen Arbeiterbewegung, am deutlichsten erkennbar im Austritt der katholischen und christlichsozialen Organisationen aus dem Schweizerischen Arbeiterbund und in der Gründung des CAB im Jahre 1919. Einige Beispiele aus dem St.Gallischen, wo Josef Scherrer seine Gesinnungsfreunde 1919 aufrief, «die Grenzlinien zwischen uns und der Sozialdemokratie scharf zu ziehen», weil jede Zusammenarbeit den Christlichsozialen «zum eigenen Verderben, zur eigenen schweren Schädigung» gereiche[495], mögen

---

489 Christlichsoziale Korrespondenz Nr. 3, 1935, Beilage zur Hochwacht, Nr. 78, 2. April 1935. In ähnlichem Sinn Joseph Meile, in: Hochwacht, Nr. 249, 25. Oktober 1935. Meile wandte sich, unter Berufung auf Quadragesimo anno, im besonderen auch gegen den religiösen Sozialismus: «Der Sozialismus hat feinere Formen angenommen, wodurch er nur gefährlicher wird. Selbst ins religiöse Kleid hat er sich noch gehüllt» (Berufsgemeinschaften, S. 52). Vgl. dazu auch Scherrer, Sozialreform, S. 29.
490 Scherrer, Sozialreform, S. 30.
491 Scherrer, Sozialismus, S. 8.
492 Die Antwort des Bischofs von Basel und Lugano ist abgedr. in: Scherrer, Sozialismus, S. 15f. Josef Scherrer verfasste diese Schrift, eine Kompilation von Zitaten aus der sozialdemokratischen Presse und Publizistik, zum Zweck, die nach wie vor sozialistische Ausrichtung der freien Gewerkschaften zu belegen.
493 Prot. KV, Delegiertenversammlung vom 8. Dezember 1946 (Archiv KAB).
494 Bernold, Episkopat, S. 145.

diesen Scheidungsprozess illustrieren. So ergab eine 1920 durchgeführte Umfrage im Arbeiterverein St.Othmar, dass zehn Mitglieder gleichzeitig in einem sozialistischen Berufsverband eingeschrieben waren. Der Aufforderung «zum raschestmöglichen Austritt» entweder aus der sozialistischen Gewerkschaft oder aber aus dem Arbeiterverein kamen offensichtlich viele nach. Ein Dreivierteljahr später stellte das Protokoll des Kartells St.Gallen nämlich den Verlust von 32 Mitgliedern an die Konkurrenzorganisation fest. Es sei besser, kommentierte das Protokoll die Abgänge, «wenn solche aufhetzerischen Elemente entfernt werden».[496] Im selben Jahr kam Josef Scherrer zu Ohren, dass katholische Arbeiter und Angestellte dem sozialdemokratischen Personalverband der Stickereiindustrie «gutgläubig» beigetreten seien. «Diese Personen», belehrte Josef Scherrer seine christlichsozialen Parteifreunde, «müssen unbedingt zum Austritt aus diesem sozialistischen Verbande angehalten» und in die christliche Parallelorganisation, den Verband christlicher Textilarbeiter, übergeleitet werden, der «mindestens die gleichen, wenn nicht grössere Vorteile bieten kann».[497] 1927 erliess die Kartellversammlung in St.Gallen ein ausdrückliches Verbot der Zugehörigkeit der katholisch organisierten Arbeiter zu den sozialdemokratischen Gewerkschaften.[498] Vier Jahre später wurden die Kartellmitglieder aufgefordert, laufend Umschau zu halten, «ob nicht der eine oder andere in den Standesvereinen sogar noch in einer roten Gewerkschaft ist». Sollte derlei vorkommen, so müssten «solche Mitglieder rasch herausgeholt und in die christlichen Gewerkschaften überführt werden».[499] Den Teilnehmern der II. Sozialen Führerkonferenz, die im Juli 1932 im Caritasheim Oberwaid bei St.Gallen tagte, gab Josef Scherrer zu bedenken, dass noch Zehntausende von katholischen Arbeitern in den sozialistischen Gewerkschaften mitmachten; durch verstärkte soziale Arbeit müsse es gelingen, «viele zurückzuführen ins Vaterhaus, wohin der Heilige Vater alle verirrten Brüder so herzlich» einlade».[500]

Wie erklärt sich die zuerst noch moderate, später indessen wüste und leidenschaftliche antisozialistische Rhetorik der christlichsozialen Organisationen? Eine Antwort auf die Frage nach der Funktion des Antisozialismus ergibt sich aus der besonderen Stellung der Christlichsozialen im gesell-

---

495 Jb CSP 1917–19, S. 2 (BAR).
496 Prot. Kartell St.Gallen, Kartellsitzungen vom 20. Dezember 1920 und 12. September 1921 (Archiv KAB). Die Mitgliederzahl des katholischen Arbeitervereins St.Othmar betrug 1920 482 und sank bis 1924 auf 425, bis 1930 auf 362 ab (Jb ZV 1920, S. 14, und 1924, S. 15; JB CAB 1930/31, S. 69).
497 Zirkular an die Bezirks- und Gemeindeorganisationen der CSP, 5. Mai 1920 (BAR). Der Präsident des Christlichsozialen Gewerkschaftsbundes, Johannes Müller, hatte kurz zuvor die Parole «hie sozialistisch – hie christlich!» ausgegeben (Jb ZV 1919, S. 30).
498 Jb Kartell St.Gallen 1928, S. 9 (Archiv KAB).
499 Jb Kartell St.Gallen 1931, S. 2 (Archiv KAB).
500 Hochwacht, Nr. 162, 14. Juli 1932.

schaftlichen und politischen Raum. Die christlichsozialen Organisationen definierten sich im Kanton St.Gallen immer als Teil des katholischen Lagers, genauso wie sich die CSP bei ihrer Gründung in die politische Einheitsfront der Katholiken eingeordnet hatte. Als antisozialistische Sammlungsbewegung, als katholische Frontorganisation gegen den Sozialismus wollten sie die katholischen Arbeiter und Angestellten der katholischen Sondergesellschaft und ihren kulturpolitischen Zielen erhalten. Die Integration der katholischen Arbeiter und Angestellten ins katholische Milieu sollte dadurch erreicht werden, dass die Christlichsozialen das katholische Lager im Sinne der christlichen Sozialreform zu durchwirken suchten und sich für die materielle Besserstellung ihrer Klientel abmühten. Dieser Integrationsstrategie erwuchsen von zwei Seiten Gefahren: Erstens sahen sich die Christlichsozialen im katholisch-konservativen Lager mit dem Widerstand jener mittelständisch-bäuerlichen Kreise konfrontiert, die jeden Ruf nach staatlicher Intervention und jedes Engagement zugunsten der materiellen Hebung der Arbeiter- und Angestelltenschaft sofort als «sozialistisch» ablehnten. Schon 1905 hatte sich Alois Scheiwiler darüber beklagt, dass jede «staatliche Hilfe in der Gesetzgebung» gleich als «verkappter Sozialismus» diskreditiert werde.[501] Johann Baptist Rusch, der in der christlichsozialen Bewegung des Oberlandes engagierte Redaktor des «Sarganserländer», musste oft und oft erleben, dass konservative Honoratioren «die Christlichsozialen und die Sozialdemokraten in den gleichen Tigel schmeissen».[502] 1925 erfuhr Josef Scherrer vom Vizepräsidenten der Christlichsozialen Partei von Goldach, dass die Christlichsozialen auf dem Lande wieder und wieder als «katholische Sozialisten» missverstanden würden.[503] Und noch 1935 beschuldigte die KVP die St.Galler Christlichsozialen, sie seien «Förderer einer sozialistischen Finanzwirtschaft und Finanzpolitik».[504] Die zweite Gefahr, die der christlichsozialen Integrationsstrategie drohte, ergab sich aus der erstgenannten: In dem Masse, wie es den Christlichsozialen verwehrt blieb, innerhalb des katholischen Lagers als sozialer Sauerteig erfolgreich für die Hebung der materiellen Lage der Arbeiter und Angestellten zu wirken, in dem Masse verstärkten sich in der CSP jene Tendenzen, die die Lostrennung der Christlichsozialen von den Konservativen und die Aktionseinheit mit den Sozialdemokraten forderten. Johann Baptist Ruschs 1911 im Oberland anvisiertes Projekt einer selbstän-

---

501 Jb ZV 1905, S. 16. Vgl. auch Scheiwiler, Jung, S. 22.
502 Sarganserländer, Nr. 30, 10. März 1910; vgl. auch ebd., Nr. 89, 27. Juli 1911.
503 TBSch, 10. September 1925 (PrivatA Scherrer).
504 Josef Scherrer, Entwicklung, Ziel und Aktion der christlichsozialen Volksbewegung unter Berücksichtigung der parteipolitischen Verhältnisse im Kanton St.Gallen, Dezember 1935, S. 8 (BAR). Vgl. auch TBSch, 7. Dezember 1935 (PrivatA Scherrer). Im Kanton Schwyz bezeichneten gewisse bürgerliche Kreise die Christlichsozialen noch in jüngster Vergangenheit als «Rosenkranz-Kommunisten» (Fritz René Allemann, 26mal die Schweiz, Panorama einer Konföderation, München/Zürich ^{5}1988, S. 43).

digen, von den Konservativen losgekoppelten und mit der reformistischen Sozialdemokratie kooperierenden christlichsozialen Parteiorganisation entsprang unter anderem der Frustration über den sozialreaktionären Kurs der dortigen Konservativen, die der Arbeiterschaft nicht mehr zu gewähren gewillt waren «als Wahlabkommen, Sesselbesetzungen und alle Maikäferjahre einen Vortrag».[505] Auch der 1935/36 von der christlichen Gewerkschaftsvereinigung des Kantons St.Gallen ausgehende Antrag auf Trennung von der konservativen Mutterpartei und Verbindung mit der Sozialdemokratie auf der Basis gemeinsamer Klasseninteressen war durch die Kritik an der sozial rückschrittlichen Politik der katholisch-konservativen Bundeshausfraktion ausgelöst worden.

Aus dieser doppelten Gefährdung der christlichsozialen Integrationsstrategie erklärt sich die Funktion des Antisozialismus. Neben dem Bekenntnis zur katholischen Weltanschauung stellte er ein zentrales Integrationsmittel der altkonservativ-christlichsozialen Hausgemeinschaft dar. Gegen rechts, gegenüber dem katholischen Lager, entkräftete er die Vorbehalte gegen die christlichsozialen Organisationen, machte die Christlichsozialen hoffähig und öffnete ihnen die Tür zur Einflussnahme im Sinne ihrer sozialen Postulate. Je besser es den Christlichsozialen gelang, die Gefährlichkeit des Sozialismus zu beschwören, desto besser liess sich die Notwendigkeit der christlichsozialen Organisationen als Gegengewicht ausweisen und desto grösser war die Chance, innerhalb des katholischen Lagers zu Gewicht und Geltung zu gelangen. Gegen links, gegenüber der sozialdemokratischen Konkurrenz, grenzte der Antisozialismus ab. Er verhinderte, dass die katholischen Arbeiter und Angestellten über die Brücken gemeinsamer wirtschaftlicher und sozialer Interessen ins gegnerische Lager überliefen. Die hochrangige Bedeutung, die damit dem Antisozialismus als Integrationsfaktor zukam, erklärt ferner, warum die christlichsoziale Bewegungs- und Parteiführung die antisozialistischen Leidenschaften auch dann weiterschürte, als die Sozialdemokraten ihren Klassenkampfparolen längst abgeschworen und sich zu einer reformistischen und demokratischen Kraft gewandelt hatten. Ein Verzicht darauf hätte erstens die Gefahr der Ausgrenzung aus dem katholischen Lager verstärkt und zweitens die Grenzen zu den sozialdemokratischen Verbänden verwischt und damit unweigerlich die desintegrativen Tendenzen in den eigenen Reihen verstärkt.[506]

---

505 Sarganserländer, Nr. 116, 26. September 1911.
506 Dem christlichsozialen Antisozialismus entsprach in der schweizerischen Sozialdemokratie die revolutionäre Doktrin des Klassenkampfes, wie sie in die Parteiprogramme von 1904 und 1920 Eingang fand. Auch sie hatte primär die Funktion einer Abgrenzungs- oder Integrationsideologie, mit deren Hilfe die Anhängerschaft bei der Stange gehalten werden sollte (vgl. Gruner, Parteien, S. 134f.).

3.2 «Gegengewicht» zur Sozialdemokratie

Wie die christlichsozialen Organisationen 1899 als antisozialistische Sammlungsbewegung ins Leben gerufen worden waren, so verdankte auch die 1911 geschaffene christlichsoziale Parteigruppe ihre Gründung der in katholisch-kirchlichen Kreisen um Johann Baptist Jung gehegten Befürchtung, die St.Galler Sozialdemokraten könnten in der bevorstehenden ersten Grossratswahl nach proportionalem Wahlrecht in die Reihen der katholischen Arbeiter- und Angestelltenschaft vordringen und weiter an Terrain gewinnen. Die CSP verstand sich damit aus ihrer Gründungsgeschichte heraus, sozusagen ab ovo, als Konkurrenzorganisation zu den Sozialdemokraten oder, wie sich Redaktor Emil Buomberger 1912 im konservativen Kantonalkomitee ausdrückte, als «Gegengewicht gegen die ... Sozialisten».[507]

Eine genauere Betrachtung des christlichsozialen Antisozialismus der Anfangszeit, wie er im Vorfeld der ersten Grossratswahl nach Proporzrecht greifbar wird, zeigt, dass er, wie übrigens der Antisozialismus der Gesamtbewegung in der Vorkriegszeit insgesamt, ein ausgesprochen moderates Gepräge aufwies. In einem nach der Gründung der Parteigruppe verteilten Werbeblatt fiel der CSP zur Sozialdemokratie nicht mehr ein als der Hinweis, ihre Herrschaft werde «wenig glückbringend» sein.[508] Konkreter wurde ein von Josef Scherrer verfasster Wahlaufruf im «Arbeiter». Der hauptsächlichste Vorwurf, der darin von christlichsozialer Seite gegen die Sozialdemokraten erhoben wurde, entzündete sich an der sozialistischen Vision einer zukünftigen klassenlosen Gesellschaft. Josef Scherrer warnte vor den Glücksverheissungen der sozialistischen Demagogen, vor «dem Kartenhaus des Zukunftsstaates», vor «dem Sandgebäude sozialistischer Utopien», vor den «hochklingenden Phrasen der von Arbeiterfreundlichkeit triefenden Sozialistenführer». Im Gegensatz dazu versprach die CSP realistische Politik, «praktische Gegenwartsarbeit» und «soziale Reformen auf dem Boden des ewig wahren, des nie wankenden Christentums». Der Aufruf schloss mit der Bestätigung der 1904 zwischen christlichen und sozialdemokratischen Arbeitern gezogenen Demarkationslinie: «Entweder – oder, entweder auf christlichem oder auf ungläubigem, antichristlichem Boden» werde sich das St.Galler Volk am Wahltag sammeln.[509] Sieger in dieser ersten Proporzwahl blieben die Christlichsozialen, die die sozialdemokra-

---

507 Prot. Kantonalkomitee KVP, 23. Oktober 1912 (BAR). Ein anderer konservativer Votant sprach von einer «mächtigen Mauer gegen die Gegner». Vgl. auch TBSch, 23. Oktober 1912 (PrivatA Scherrer).
508 An das St.Gallervolk! Werbeflugblatt der CSP, ca. 1911/12, Beilage zum Jb CSP 1912 (BAR).
509 Arbeiter, Nr. 13, 30. März 1912.

tische Konkurrenz hinsichtlich Listenstimmen knapp zu überflügeln vermochten.[510]

Die Frontstellung der St.Galler CSP gegen die Sozialdemokratie erfüllte dieselbe Funktion, die der Antisozialismus für die christlichsoziale Bewegung insgesamt hatte: Zum einen rechtfertigte er die Gründung der Parteigruppe gegenüber dem konservativen Seniorpartner, in dessen Reihen die Notwendigkeit einer christlichsozialen Sonderorganisation nicht unbestritten war, ja nicht selten der Vorwurf laut wurde, die Christlichsozialen seien «ganze oder halbe Sozialisten».[511] Zum anderen bemühte sich die CSP, durch die Absetzung gegen die sozialdemokratische Konkurrenz eine eigene Identität zu finden und auf diese Weise das Fussvolk bei der Stange zu halten. Dies war umso wichtiger, als die CSP bis zum Ende des Ersten Weltkrieges erhebliche Mühe bekundete, ihre sozialen Postulate und ihre Vertretungsansprüche in der konservativen Gesamtpartei durchzusetzen, und darum Gefahr lief, dass die frustrierte Klientel nach links abwanderte.

Auch in den folgenden Jahren bis in die Mitte des Ersten Weltkrieges brannte der christlichsoziale Antisozialismus auf ruhiger, ja sparsamer Flamme. Das Verhältnis der CSP zu den Sozialdemokraten war von Konkurrenz geprägt und noch fern von den späteren gehässigen Injurien. Die CSP bemühte sich, als attraktive Alternative zu den Sozialdemokraten zu erscheinen, denen sie das Alleinvertretungsrecht für die Arbeiterschaft strittig machte. Als die Sozialdemokraten Anfang 1913 im Begriffe waren, in den Gemeinden Bildungsausschüsse einzurichten, zogen die Christlichsozialen unter dem Motto «Bleiben wir nicht hinter denselben [den Sozialdemokraten] zurück» sofort nach.[512] Im Dezember desselben Jahres beschloss der christlichsoziale Parteiausschuss, die nächste Delegiertenversammlung im Oberland abzuhalten, «woselbst Sozialisten ... fleissig arbeiten».[513] Unmittelbar nach Kriegsausbruch 1914 kritisierte Gebhard Brielmaier in der christlichsozialen Grossratsgruppe, dass sich die Sozialdemokraten in Bern als «Vertreter der schweizerischen Arbeiterschaft» aufspielten. Der christlichsoziale Zentralpräsident «soll in Bern sofort reklamieren und betonen, dass genannte Herren nicht Vertreter der schweizerischen Arbeiterschaft, sondern Sozialisten seien».[514] Dennoch: Die CSP verwandte in dieser Zeit nur einen kleinen Teil ihrer Energie für die Bekämpfung der Sozialdemokraten, möglicherweise deswegen, weil ein Gutteil der Kräfte durch den Kampf um

---

510 Die CSP erzielte nach Scherrers Angaben 4100, die Sozialdemokratie 3800 Listenstimmen (Jb CSP 1912, Beilage, BAR; Statistik des Kantons St.Gallen, XL, S. 8).
511 Jb CSP 1912, S. 3 (BAR).
512 Prot. christlichsoziale Gruppe des Grossen Rates, 24. Februar 1913 (BAR).
513 Prot. christlichsoziale Gruppe des Grossen Rates, 16. Dezember 1913 (BAR).
514 Prot. christlichsoziale Gruppe des Grossen Rates, 10. September 1914 (BAR).

die Emanzipation gegenüber der konservativen Mutterpartei absorbiert wurde.

Parallel zum «Burgfrieden», den die Sozialdemokratie 1914 mit dem Bürgertum schloss und in dessen Geist sich die St.Galler Parteien 1915 auf eine stille Wahl des kantonalen Parlaments einigten, verstummte auch in der CSP die antisozialistische Kritik. Ende 1914 gab sich Josef Scherrer zuversichtlich, dass die Sozialdemokratie ihre revolutionäre Gesinnung abstreifen und sich zur staatserhaltenden Kraft wandeln würde.[515] Und noch im Frühjahr 1917 regte die christlichsoziale Gruppe des Grossen Rates an, «wieder einmal» kundzutun, wes Geistes Kind die CSP eigentlich sei, und «gegenüber der Sozialdemokratie deutlich zu markieren ..., dass wir wohl für gerechte Forderungen der Arbeiter, aber nicht für jede Hetze seien».[516]

Wann genau das Verhältnis der friedlichen Koexistenz in offenen Schlagabtausch umschlug, ist nicht auszumachen. Im November 1916 jedenfalls, als in St.Gallen, Tablat und Straubenzell Wahlen in den Verfassungsrat stattfanden, taten sich die Christlichsozialen vor allem in der Bekämpfung der Sozialdemokraten hervor.[517] Ihre Ablehnung der Sozialdemokratie erhielt nun eine neue Qualität: Nicht mehr nur als Utopisten und als Religionsfeinde wurden die Gegner attackiert, sondern vermehrt auch als Feinde der bürgerlich-liberalen Staatsordnung. Die Sozialisten seien revolutionärer Gesinnung, predigten den Klassenkampf und führten «den Keulenschlag ... gegen die Grundlage des Staates, gegen Gott und die von ihm ausgehende Autorität in Familie und Staat».[518] Obwohl nicht ausdrücklich genannt, dürfte die zu neuem Leben erwachte antisozialistische Kampagne durch die Radikalisierung und wachsende Militanz der schweizerischen Sozialdemokratie, insbesondere durch die beiden in der Schweiz abgehaltenen internationalen sozialistischen Konferenzen von Zimmerwald (September 1915) und Kiental (April 1916), ausgelöst worden sein.[519] Im November 1915 hatte ein Partei-

---

515 TBSch, 31. Dezember 1914 (PrivatA Scherrer).
516 Prot. christlichsoziale Gruppe des Grossen Rates, 21. Mai 1917 (BAR).
517 Der am 18./19. November 1916 gewählte Verfassungsrat hatte die Aufgabe, eine Gemeindeordnung für das zu schaffende Gross-St.Gallen zu entwerfen. Die Christlichsozialen erlangten eine Vierervertretung, und Johannes Duft nahm in die vorberatende Kommission Einsitz (vgl. CSP der Stadt St.Gallen, Jb 1916–18, S. 2, BAR). Josef Scherrer freute sich vor allem über das Wahlergebnis in der Gemeinde Tablat: «Die Demokraten und Sozialisten haben in unserer Gemeinde keinen Zuwachs. Das ist unser Verdienst, der Verdienst unserer Christlichsozialen, die in unserer Gemeinde gut gearbeitet haben» (TBSch, 19. November 1916, PrivatA Scherrer).
518 Arbeiter, Nr. 46, 18. November 1916.
519 Ein vom 6. Februar 1918 datiertes und möglicherweise von Josef Scherrer verfasstes Flugblatt mit der Überschrift «Ein Appell an das Schweizervolk in ernster Stunde!» stützt diese Vermutung: «Eine Anzahl gewissenloser Hetzer, darunter viele ausländische Refraktäre und Deserteure..., bieten alles auf, um unser friedliches Land in den Abgrund eines wahnsinnigen Generalstreiks und dadurch der Revolution hineinzustürzen» (BAR).

tag der Schweizer Sozialdemokraten im Geiste des Zimmerwalder Manifests die 1914 eingeschlagene Burgfriedenspolitik offiziell widerrufen und die Partei in die konsequente Opposition gegen die bürgerliche Regierung zurückgeführt.[520]

In dem Masse, wie in der sozialdemokratischen Bewegung der Gedanke an die Anwendung ausserparlamentarischer Kampfmittel an Boden gewann, in dem Masse versuchten die St.Galler Christlichsozialen nun vor allem dadurch an Profil zu gewinnen, dass zwar auch sie lauthals gegen «die unerhörte, zum Himmel schreiende Ausbeutung» der Arbeiter- und Angestelltenschaft Protest einlegten[521], sich allerdings, und das war der entscheidende Punkt, bei der Bekämpfung von Not und Elend nur legaler Mittel bedienen wollten, während sie den Sozialisten vorhielten, selbst vor Gewalt und Rechtsbruch nicht zurückzuschrecken. Mit anderen Worten: Nicht in den Zielen unterschieden sich die Christlichsozialen von ihren Klassengenossen zur Linken, sondern allein in der Frage des Mitteleinsatzes. Wo allerdings die Grenzen zwischen legalen und illegalen Formen des Protests gezogen werden sollten, liess die CSP offen. Es macht den Anschein, als habe bereits die sozialdemokratische Trägerschaft einer Protestaktion diese als illegal disqualifiziert. So lehnten christlichsoziale Parteileitung und Grossratsgruppe eine für Ende August 1917 von Sozialdemokraten und sozialistischen Gewerkschaften initiierte landesweite Teuerungsdemonstration «als ein widerrechtliches Gewaltmittel der Sozialdemokratie» ab, wollten aber gleichzeitig in der Presse und in lokalen Versammlungen gegen «Schiebertum, Teuerung und Wucher» protestieren.[522]

3.3 Von Konkurrenten zu Feinden – das Trauma des Landesstreiks

Als sich die scharfen sozialen Spannungen im November 1918 schliesslich im Generalstreik entluden, zögerten die Christlichsozialen St.Gallens keinen Augenblick, sich auf die Seite des Bürgertums zu schlagen. Die bürgerliche Bewertung des Streiks – «auf der einen Seite stand die gesetzliche Gewalt, stand das Recht, auf der anderen Seite stand die Revolution, der Umsturz»[523] – fand

---

520 Gruner, Parteien, S. 135ff.; Jost, Bedrohung und Enge, S. 136f.; Schweizerische Arbeiterbewegung, S. 160f. Im Juni 1917 sprachen sich die Schweizer Sozialdemokraten gegen die Landesverteidigung aus.
521 Prot. christlichsoziale Gruppe des Grossen Rates, 21. August 1917 (BAR).
522 Prot. christlichsoziale Gruppe des Grossen Rates, 21. August 1917 (BAR). Vgl. auch Jb CSP der Stadt St.Gallen 1916–18, S. 4 (BAR). Nach Scherrer befürwortete Jung die Beteiligung an der Demonstration, konnte sich aber im Ausschuss des ZV nicht durchsetzen (Jung, S. 22).
523 Ostschweiz, Nr. 269, 23. November 1918.

die ungeteilte christlichsoziale Zustimmung.[524] Die christlichsoziale Kartellleitung von St.Gallen und Umgebung wählte in Verbindung mit der CSP der Stadt St.Gallen in zwei von Josef Scherrer geleiteten Sitzungen am 11. und 12. November ein «Aktionskomitee», welches, ausgestattet mit allen nötigen Kompetenzen, sogleich mit Flugblättern, Aufrufen und Plakaten der Streik-Parole des Oltener Aktionskomitees entgegentrat.[525] Mit einem an den Bundesrat übermittelten Zehnpunkte-Programm ging das St.Galler Komitee, das gleichzeitig als Aktionsausschuss der christlichsozialen Gesamtbewegung der Schweiz fungierte, in die Offensive und präsentierte seinerseits einen sozialen und politischen Forderungskatalog.[526] Die christlichsozialen Begehren standen jenen des Oltener Aktionskomitees in nichts nach und waren, so Dieter Holenstein, «Ausdruck eines gestörten Vertrauens, ja eines eigentlichen Misstrauens gegenüber dem Staat und seinen Institutionen, die nicht in der Lage gewesen waren, die verheerende Entwicklung der sozialen Lage im Verlauf des Krieges und das zunehmende Auseinanderklaffen der gesellschaftlichen Gegensätze in den Griff zu bekommen».[527] Wenigstens sechs der insgesamt neun konkreten Postulate des Oltener Aktionskomitees fanden auch im christlichsozialen Aufruf ihren Niederschlag: Neuwahl des Nationalrates auf der Grundlage des Proporzes, Achtstundentag, Umgestaltung der Armee zu einem Volksheer, Existenzsicherung der Arbeiter- und Angestelltenschaft, Alters- und Invalidenversicherung sowie Tilgung der Staatsschulden durch die Besitzenden.[528] Nicht in der Zielrichtung unterschieden sich die Christlichsozialen mithin von den Sozialdemokraten, sondern nur darin, dass sie – darauf verwies ihr Programm

---

524 Vgl. Jb ZV 1918, S. 3 und S. 5: «Als ein Schandfleck in der Geschichte unseres Vaterlandes und in der schweizerischen Arbeiterbewegung insbesondere steht der unselige Generalstreik vor uns. In verbrecherischer Weise haben leichtfertige Elemente diese revolutionäre Bewegung durch eine monate- und jahrelange systematische Hetze vorbereitet, zwei Tage lang hat die elende Machenschaft gedauert ... An den christlichsozialen Dämmen brach sich die rote Flut.»

525 Prot. Kartell St.Gallen, Sitzungen vom 11. und 12. November 1918 (Archiv KAB). Dieses ad hoc gebildete und von Josef Scherrer geleitete St.Galler Aktionskomitee war personell identisch mit dem Aktionsausschuss des Zentralkomitees des ZV (Jb ZV 1918, S. 5). Ihm gehörten neben Josef Scherrer Johannes Duft und Johannes Müller an. Die Aktivitäten des Komitees liegen weitgehend im dunkeln (vgl. Holenstein, Landesstreik, S. 71).

526 Undatiertes, in St.Gallen gedrucktes Flugblatt gegen den Generalstreik, verf. vom christlichsozialen Aktionskomitee (Archiv KAB).

527 Holenstein, Landesstreik, S. 79.

528 Weitere christlichsoziale Postulate: Totalrevision der Bundesverfassung; Volkswahl des Bundesrates; durchgreifende Reform der Bundesverwaltung sowie staatliche Unterstützung des Genossenschaftswesens (dazu kommentierend Holenstein, Landesstreik, S. 75ff.). Nicht im christlichsozialen Katalog enthaltene Programmpunkte des Oltener Aktionskomitees waren: aktives und passives Frauenwahlrecht; Einführung der allgemeinen Arbeitspflicht sowie Staatsmonopole für Import und Export (der Aufruf des Oltener Landesstreik-Komitees ist abgedr. in: Schweizerische Arbeiterbewegung, S. 186f.; Werden und Wachsen des Bundesstaates, S. 87f.).

Vierter Teil: Die Christlichsozialen im Kräftespiel der St.Galler Parteien

«Gegen den Generalstreik» und für politische Reformen «auf legalem Wege»: Flugblatt des christlichsozialen Aktionskomitees St.Gallen gegen den Landesstreik 1918.

ausdrücklich – ihre Forderungen «auf legalem Wege» und nicht mittels «rechtsbrecherischer Gewalt» realisieren wollten.

Der Kanton St.Gallen stand lediglich an der Peripherie des Streiks. Das hinderte die St.Galler Christlichsozialen freilich nicht daran, die Ereignisse kräftig zu dramatisieren. Nicht «um Recht und Brot» sei es den Oltener Streikführern zu tun gewesen, «sondern um Gewalt und Terror», schrieb Josef Scherrer in einer Nachlese auf den Generalstreik.[529] Eine von den Konservativen in den Grossen Rat eingebrachte Interpellation[530], an der sich eine

---

529 Ostschweiz, Nr. 263, 16. November 1918.
530 Die Interpellation wurde von Eduard Guntli und vier Mitunterzeichnern eingereicht. Guntli erkundigte sich darin beim Regierungsrat, ob und wie die Verantwortlichen des Streiks im Kanton St.Gallen bestraft würden (die Interpellation mitsamt der Antwort des Regierungsrates ist abgedr. in: Prot. des Grossen Rates, 19., 22. und 25. November 1918). Die sozialdemokratische «Volksstimme» sprach von einer «Scharfrichter-Interpellation» (Nr. 273, 23. November 1918).

eineinhalb Sitzungstage beanspruchende Debatte entzündete, erlaubte es Josef Scherrer, coram publico die christlichsoziale Interpretation des Streiks und die eigene Position darzulegen.[531] Die Sozialdemokratie sei, entgegen anderslautenden Versicherungen, eine «revolutionäre Partei»; seit Spätsommer 1917 habe sie mit dem Feuer des Generalstreiks gespielt. Nicht um die Geltendmachung bestimmter sozialer Forderungen sei es den Sozialdemokraten gegangen, «sondern es ging um mehr», nämlich darum, «die bestehende bürgerliche Ordnung durch die sozialistische zu ersetzen», die Demokratie durch die «*Diktatur* des Oltener Aktionskomitees abzulösen». Vor dieser düsteren Kulisse und in scharfer Abgrenzung von den Sozialdemokraten umriss Scherrer sodann das Sozialprogramm der christlichsozialen Organisationen: «Wir stehen auf dem Boden der *sozialen Reform,* nicht aber auf dem Boden der sozialen Revolution! Wir wollen auch, dass in der bürgerlichen Gesellschaftsordnung eine Reform eintrete, eine Umgestaltung der wirtschaftlichen Verhältnisse, aber nicht auf dem Wege der Macht, der Gewaltmassnahmen, sondern auf dem Wege der Evolution, auf legalem, verfassungsmässigem Wege.» Seine mit «lebhaftem Beifall» quittierte Rede schloss Josef Scherrer mit dem Appell an den Rat, für die soziale Reform und Neugestaltung von Gesellschaft und Wirtschaft einzutreten. «Dann bauen Sie den revolutionären Gedanken ab; dann ist keine Ursache mehr vorhanden, die politische Schwüle des Generalstreiks zur Entladung zu bringen».[532] Scherrers Revolutions-These, im April 1919 vom ZV und der christlichen Gewerkschaftsleitung übernommen, blieb bis über 1939 hinaus die quasi offizielle christlichsoziale Interpretation des Landesstreiks.[533]

Der Generalstreik bestimmte das Verhältnis der Christlichsozialen zu den Sozialdemokraten bis 1939. Angeheizt durch die kirchliche Verurteilung des Sozialismus, hob nun auch in den St.Galler christlichsozialen Organisationen eine wilde Kampagne an, in der die Sozialdemokratie in die landesverräterische Ecke abgedrängt wurde, in der die Christlichsozialen aber auch keine Gelegenheit verpassten, die eigene Notwendigkeit und Nützlichkeit als «starker Wellenbrecher... gegenüber der roten Flut» hervorzustreichen und für ihr soziales Programm zu werben.[534] Zu diesem Zweck riefen die

531 Prot. des Grossen Rates des Kantons St.Gallen, 19., 22. und 25. November 1918 (StaatsA SG). Die Rede Scherrers ist wiedergegeben auf den Seiten 26ff. Eine verkürzte Wiedergabe findet sich im Jb CSP 1917–19, S. 6 (BAR).
532 Die Revolutions-These Josef Scherrers ist im Lichte von Willi Gautschis Landesstreik-Studie nicht haltbar. Nach Gautschi liegt kein beweiskräftiges Indiz dafür vor, dass das Oltener Aktionskomitee einen Umsturz im Sinne einer Umwälzung der gesamten Staats- und Gesellschaftsordnung plante (Willi Gautschi, Der Landesstreik 1918, Zürich 1968, S. 171 und S. 380ff.).
533 Zirkular des ZV und des Christlichsozialen Gewerkschaftsbundes an die Vorstände der Arbeiter- und Arbeiterinnen-Vereine und der christlichen Gewerkschaften, April 1919, v.a. S. 2 (BAR). Vgl. auch JB CAB 1919/20, S. 24f.

> **Angestellte, Arbeiter, Arbeiterinnen!**
>
> Wir rufen Euch, Mitglieder und Freunde der christlich-sozialen Arbeiter-Organisationen, auf zu einer machtvollen
>
> **Demonstration**
>
> für die Forderungen der Arbeiter und Angestellten.
>
> Nur durch unaufhörliche Bearbeitung werden wir Staat und Gesellschaft von der Berechtigung unserer Forderungen überzeugen.
>
> Daher auf in den „Schützengarten" zur grossen
>
> **Demonstrations-Versammlung**
> Freitag den 25. April 1919, abends halb 8 Uhr.
>
> Referate:
> 1. Das arbeitende Volk im Existenzkampf der Gegenwart.
> 2. Die Forderungen der Arbeiter und Arbeiterinnen der Stickereiindustrie.
>
> Jeder Angestellte, jeder Arbeiter, jede Arbeiterin, jeder, dem sein eigenes und das Wohl seiner Arbeitsgenossen aufrichtig am Herzen liegt, betrachte es als eine Ehren- und Solidaritäts-Pflicht, zu dieser Demonstration selbst zu erscheinen und Freunde mitzubringen!
>
> Christlich-soziale Arbeiterschaft! Auf zur Tat und kraftvollen Stellungnahme gegen Kapitalismus und Revolution.
>
> **Das christlich-soziale Kartell St. Gallen.**

«Kraftvolle Stellungnahme gegen Kapitalismus und Revolution»: Rund 1500 Personen folgten im April 1919 der Einladung der christlichsozialen Kartells St.Gallen zur Demonstrationsversammlung im «Schützengarten».

St.Galler Christlichsozialen im Frühjahr 1919 zu einer Demonstrationsversammlung in den «Schützengarten». Die von 1500 Personen besuchte und von Johannes Duft geleitete Versammlung lehnte in einer Resolution «revolutionäre und umstürzlerische Tendenzen und Bestrebungen mit aller Entschiedenheit» ab und postulierte eine Wirtschafts- und Sozialordnung auf der Grundlage der christlichen Sozialreform. Die Kundgebung, schrieb der Berichterstatter in der «Ostschweiz», habe eindrücklich gezeigt, dass die christlichsoziale Bewegung «das stärkste und zuverlässigste Bollwerk gegen den revolutionären Umsturz ist, der uns nicht Erlösung bringen würde, sondern noch ärgere Knechtschaft, eine Diktatur, die sich in nichts unterscheidet von der Gewalt, wie sie uns der Militarismus und der ihm verbündete

---

534 Winterthurer Volkszeitung, Nr. 84, 12. April 1921. Zur propagandistischen Auswertung des Generalstreiks vgl. auch Holenstein, Landesstreik, S. 87ff.

Kapitalismus beschieden hatten».⁵³⁵ Mit diesen im Feuer des Landesstreiks geschmiedeten geistigen Waffen zogen die Christlichsozialen in die Wahlkämpfe von 1919, 1921 und 1922.⁵³⁶

Die bürgerliche Front aus Konservativen und Freisinnigen, die sich unter dem Schock des Generalstreiks im Kanton St.Gallen gebildet hatte, zerbrach ebenso rasch, wie sie entstanden war. Seit dem Beginn der 1920er Jahre orientierte sich die parteipolitische Frontlinie St.Gallens wiederum am traditionellen konservativ-liberalen Gegensatz, wobei die beiden historischen Antipoden sich mit den kleineren Parteien verbanden, so dass sich zwei Blöcke formierten: der Rechtsblock aus Konservativen (und Christlichsozialen) und Rechtsdemokraten auf der einen und der Linksblock aus Freisinnigen, Linksdemokraten und Sozialdemokraten auf der anderen Seite. Während des ganzen Jahrzehnts wurde die kantonale Politik durch die Auseinandersetzungen zwischen diesen beiden Gruppierungen bestimmt.⁵³⁷ Die CSP erwies sich dabei als absolut loyaler Partner des Rechtsblocks. Sie sah im Rückfall in alte kulturkämpferische Konfliktmuster die Richtigkeit ihrer seit je vorgetragenen These bestätigt, dass Liberalismus und Sozialismus enge Verwandte seien, die beide auf dem philosophischen Materialismus aufbauten. Der Sozialismus, schrieb Scherrer vor der Grossratswahl von 1921, habe seine Ideen «aus der Rüstkammer des Liberalismus» geholt, «der zuerst die Sandgrube einer religions- und autoritätslosen Gesellschaft geschaffen» habe. Ja, der Sozialismus sei «heute nichts anderes als angewandter Liberalismus zugunsten des Proletariats, [sei] klassenbewusster Liberalismus».⁵³⁸

Die CSP stand der KVP hinsichtlich der Schürung alter kulturkämpferischer Ängste in nichts nach. Mobilisierte die CSP ihre Anhängerschaft seit den Tagen des Landesstreiks zunächst mit dem Schreckensszenario einer drohenden proletarischen Revolution und Parteidiktatur, so attackierten die Christlichsozialen die Sozialdemokraten (und Freisinnigen) nun vermehrt auch wegen deren kulturpolitischen Zielen. Seit ungefähr der Mitte der 1920er Jahre lässt sich im christlichsozialen Antisozialismus eine deutliche Akzentverschiebung in dem Sinne beobachten, dass die im Landesstreik

---

535 Ostschweiz, Nr. 97, 26. April 1919. In diesem Geiste beschloss das Zentralkomitee der CSP der Stadt St.Gallen auch die Unterstützung der Ende 1918 geschaffenen Bürgerwehr, die zur Bekämpfung der sozialistischen Aktivitäten gebildet worden war (TBSch, 2. Januar 1919, PrivatA Scherrer).
536 Vgl. Flugblatt der christlichsozialen Parteileitung zur Nationalratswahl von 1919, Oktober 1919 (BAR); Wahlschrift der CSP zu den Grossratswahlen von 1921, 1921, v.a. S. 2f. (BAR); Flugblatt der CSP zur Nationalratswahl von 1922, 1922 (BAR).
537 Einmal noch in den 1920er Jahren, nämlich anlässlich der kantonalen Referendumsabstimmung über das Gesetz zur Sanierung der Staatsschulden im Jahre 1925, standen die bürgerlichen Parteien gemeinsam in einer Front gegen die Sozialdemokraten.
538 Josef Scherrer, Manuskript für einen Zeitungsartikel zur Grossratswahl von 1921 (BAR). Vgl. auch Scherrer, Kapitalismus.

gegen die Sozialdemokraten vorgetragenen Argumente mehr und mehr kulturpolitischen Bedenken wichen. «Es könne», gab die von Josef Scherrer mitverfasste Wahlbroschüre der Konservativen im März 1924 zu bedenken, «in jedem Augenblick» ein von den Freisinnigen und ihren «Absplitterungen», den Demokraten und Sozialdemokraten, entfachter Kulturkampf ausbrechen, «die Anzeichen dafür mehren sich bereits».[539] Vor der Neubestellung des Nationalrats im Jahre 1925 machte die christlichsoziale Wahlpropaganda in St.Gallen den Sozialdemokraten einen Parteitagsbeschluss zum Vorwurf, worin diese ihren Willen kundgetan haben sollen, «der katholischen Kirche, d. h. also der Glaubensvorbereitung, ihrer Lehre und Seelsorge entgegenzutreten».[540] Es herrsche Kulturkampfstimmung, warnte Josef Scherrer in einem vertraulichen Schreiben an seine Parteifreunde, die vergangenen Jahre hätten gezeigt, «dass die *Gefahr eines Kulturkampfes* immer drohender wird, und im gegnerischen [d.h. im freisinnigen und sozialdemokratischen] Lager will man offensichtlich zu einem entscheidenen Schlage gegen uns Katholiken ausholen».[541] Der christlichsoziale Wahlkampf im Vorfeld der Grossratswahl von 1927 schliesslich führte vollends zurück zu den alten, das heisst vor dem Ersten Weltkrieg gegen die Sozialdemokraten gemachten kulturpolitischen Vorbehalten. Es gehe darum, polemisierte Josef Scherrer, «die höchsten Ideale und Grundsätze unserer Weltanschauung, die religiös-sittlichen und kulturellen Volksgüter im öffentlichen Leben» gegen den «Sturm der Freisinnigen und Sozialdemokraten» zu verteidigen.[542] Oder anders ausgedrückt: Die christlichsoziale Gegnerschaft galt nicht mehr primär den «Vaterlandsfeinden» oder «Revolutionären», sondern den mit dem Freisinn verbundenen Feinden der katholischen Kirche und des katholischen Glaubens. Im übrigen traute Josef Scherrer den nach und nach auf eine sozialreformerische Linie einschwenkenden Sozialdemokraten nicht über den Weg. Bei deren Gesinnungswandel handle es sich, warnte er 1927 im konservativen Kantonalkomitee, bloss um ein Täuschungsmanöver, «um eine allmähliche taktische Umstellung vom allgemein Wirtschaftlichen zum mehr Kulturpolitischen»; als «zahmer Revisionismus» sei der Sozialismus «noch gefährlicher als offener Radikalismus».[543]

539 Kundgebung der KVP zu den Grossratswahlen 1924, März 1924 (BAR).
540 Flugblatt der CSP zur Nationalratswahl von 1925 (BAR). An der Delegiertenversammlung des ZV von Ende April 1926 in Zürich verwies Scherrer auf diesen Parteitagsbeschluss und warnte davor, dass neben der sozialistischen Presse vor allem sozialistische Lehrer und sozialistische Pfarrer Einfluss auf das kulturelle Leben zu nehmen versuchten (Hochwacht, Nr. 100, 30. April 1926).
541 Zirkular der CSP an die verehrl. Mitglieder des Kantonalkomitees, an die verehrl. katholischen Arbeiter-, Angestellten- u. Beamtenvereine u. christlichsozialen Parteisektionen, 8. Oktober 1925 (BAR).
542 Hochwacht, Nr. 71, 25. März 1927.
543 Prot. Kantonalkomitee KVP, 29. Oktober 1927 (StaatsA SG, Archiv CVP).

Die Hintergründe der Akzentverschiebung im christlichsozialen Antisozialismus sind wohl darin zu erkennen, dass sich die St.Galler Sozialdemokratie nach dem Landesstreik nicht als jene systemsprengende, revolutionäre Kraft erwies, als die die bürgerliche Propaganda sie hinstellte, sondern sich nach und nach ins bürgerliche Machtkartell integrierte. Noch deutlicher als auf gesamtschweizerischer Ebene hatten die St.Galler Sozialdemokraten auf Antrag ihres Vorstandes den Beitritt zur III. Internationalen verworfen.[544] Josef Scherrer fiel im Frühjahr 1926 denn auch auf, dass die Sozialdemokraten, die im Kanton St.Gallen bereits in den städtischen Exekutiven von St.Gallen und Rorschach sassen, sich «von Tag zu Tag regierungsfreundlicher» gebärdeten, überall «Appetit nach Regierungssesseln» bekämen und ihre frühere Scheu, in bürgerlichen Regierungen mitzuwirken, zusehends ablegten.[545] Zudem zeitigte die Diffamierungskampagne gegen die Sozialdemokraten, die die Christlichsozialen an prominenter Stelle mittrugen, nicht die erhoffte Wirkung. Begünstigt durch das seit dem Landesstreik geschärfte soziale Bewusstsein weiter bürgerlicher Kreise, konnte die Sozialdemokratie in wichtigen nationalen Sachabstimmungen der 1920er Jahre «eklatante Erfolge» verzeichnen.[546] Im Kanton St.Gallen bodigten die Sozialdemokraten im September 1925 in einem leidenschaftlich geführten Referendumskampf gegen den Widerstand der bürgerlichen Parteien (und der CSP) das kantonale Staatsschuldentilgungsgesetz. Der erste Wahlgang nach dem Landesstreik, die erstmals nach Proporzrecht durchgeführte Nationalratswahl von 1919, brachte den St.Galler Sozialdemokraten auf Anhieb einen doppelten Sitzgewinn. 1925 eroberten sie, zu Lasten der Konservativen, ein drittes Mandat hinzu, das sie 1928 zu verteidigen vermochten. Bis 1924 verdreifachten sie, vorwiegend auf Kosten des Freisinns und der Demokraten, ihren Mandatsanteil im Grossen Rat.[547] Und nach der Demission des Sozialdemokraten Otto Weber im Jahre 1930 klopften die Sozialdemokraten zum dritten Mal an die Türe des sanktgallischen Regierungsrates.

---

544 Von 38 St.Galler Sektionen sprachen sich nur deren zwei sehr knapp für den Beitritt aus. In acht Sektionen gab es überhaupt keine Beitrittsbefürworter (Roschewski, Sozialdemokratie, S. 117f.).
545 Hochwacht, Nr. 100, 30. April 1926.
546 Gruner, Parteien, S. 142. Erwähnenswert sind die Annahme des Arbeitszeitgesetzes bei den Eisenbahnen (1920), die Verwerfung des Bundesgesetzes über den Schutz der öffentlichen Ordnung (1922), die Verwerfung der Revision des Fabrikgesetzes (1924) und die Annahme des Verfassungsartikels für die Alters- und Hinterbliebenenversicherung (1925). Mit Ausnahme der erstgenannten Vorlage, die die St.Galler mit knapper Mehrheit ablehnten, deckten sich die St.Galler Ergebnisse mit jenen in der Gesamtschweiz.
547 1912 resp. 1915 11 Mandate (=5%); 1924 25 Mandate (=15%).

3.4 Pragmatische Zustimmung zur sozialdemokratischen Regierungsratskandidatur

Auf der Linie ihrer bisherigen stramm antisozialistischen Politik hätte sich die CSP 1930 dem sozialdemokratischen Ansinnen auf Teilhabe an der Regierung entgegenstellen müssen. Zweimal bereits hatte sie es getan: Als 1919 Heinrich Scherrer zu ersetzen war und die Sozialdemokraten mit wenig Erfolgschancen Emil Hardegger portierten, schloss sich die CSP, ohne eine sichtbar aktive Rolle zu spielen, der Haltung der Konservativen an, die einmütig dafür eintraten, den sozialdemokratischen Anspruch «im Hinblick auf [deren] Politik im verflossenen Jahre u. im Hinblick auf [deren] Entwicklung überhaupt» zurückzuweisen.[548] 1927 hielt die freisinnig-sozialdemokratische Allianz die Zeit für gekommen, den des Rückhalts in seiner eigenen Partei beraubten Demokraten Otto Weber mit einer sozialdemokratischen Gegenkandidatur zu bekämpfen. In den Debatten innerhalb der KVP, in denen Für und Wider einer sozialdemokratischen Regierungsbeteiligung erörtert wurden, gehörten die Christlichsozialen zu jener Seite, die dafür plädierte, entweder die Position Webers zu verteidigen oder aber – sofern sich dieses Unterfangen als aussichtslos erweisen sollte – dem sozialdemokratischen Anspruch mit einem eigenen konservativen Kandidaten entgegenzutreten. «Jedenfalls», so Josef Scherrer, «dürfen wir nicht kampflos das Feld räumen».[549]

Wohl gelang es 1927 dank konservativer Unterstützung noch einmal, den Regierungsratssitz Otto Webers zu verteidigen. Doch die Zeit der (unter sich gespaltenen) Demokraten und damit auch der nunmehr vier Jahrzehnte alten konservativ-demokratischen Allianz war abgelaufen. In der kurz nach der Regierungsratswahl abgehaltenen Grossratswahl erlitten die Demokraten eine vernichtende Niederlage. Gleichzeitig gelang es den Sozialdemokraten anlässlich der Nationalratswahl im Herbst 1928, ihren zuvor eroberten dritten Sitz zu behaupten, während Otto Weber sein Nationalratsmandat verlor. Spätestens jetzt dämmerte in Josef Scherrer die Einsicht, dass «die Sozialisten … nicht dauernd von der Regierung und Mitverantwortlichkeit ferngehal-

---

548 Prot. Parteiausschuss KVP, 15. Dezember 1919 (StaatsA SG, Archiv CVP). Dem sozialdemokratischen Kandidaten fehle, so die konservative Parteileitung in einem streng vertraulichen Zirkular an die Bezirks- und Gemeindeleiter, nicht nur die persönliche Eignung für das Amt eines Regierungsrates, auch habe «seine Haltung beim Generalstreik und in der nachfolgenden Debatte im Grossen Rate» bewiesen, «dass ihm alle und jede Eigenschaften fehlen, um der richtige Chef des st.gallischen Erziehungsdepartementes oder irgend eines andern Departementes unserer kantonalen Regierung zu werden» (8. Januar 1920, StaatsA SG, Archiv CVP). Gewählt wurde schliesslich, mit konservativer Unterstützung, der Rechtsdemokrat Otto Weber. Emil Hardegger wurde 1924 in den St.Galler Stadtrat gewählt.
549 Prot. Parteiausschuss KVP, 29. Januar 1927 (StaatsA SG, Archiv CVP).

ten werden» konnten.⁵⁵⁰ Und als Otto Weber 1930 sein Regierungsratsmandat niederlegte, war es für Josef Scherrer ein Akt der «politischen Vernunft», den frei gewordenen Sitz den Sozialdemokraten zu überlassen.⁵⁵¹

Wie argumentierte Josef Scherrer? Wie gelang es ihm, die tiefsitzenden antisozialistischen Ressentiments seiner Parteigenossen, aber auch Bischof Bürklers zu überwinden, der ihn, veranlasst durch den scharfen Widerspruch in der katholischen Geistlichkeit, eigens in dieser Angelegenheit zu sich rufen liess?⁵⁵² Aufschlussreich ist zunächst, welches Argument Scherrer nicht anführte: Für Scherrer waren die Sozialdemokraten nicht darum regierungsfähig geworden, weil sie sich anschickten, das herrschende politische System und dessen Spielregeln anzuerkennen, auch nicht deshalb, weil er die sozialdemokratischen Anliegen als legitim anerkannt hätte. Scherrer hat, darin bestärkt durch die kirchlichen Autoritäten, seine durch die Erfahrung des Landesstreiks gewonnene Einschätzung der Sozialdemokratie 1930 ebensowenig korrigiert wie im folgenden Jahrzehnt, als sich die Schweizer Sozialdemokraten aufmachten, die klassenkämpferischen Partien aus ihrem Programm zu eliminieren. Ausdrücklich trat Scherrer denn auch allfälligen Spekulationen über eine Annäherung von Christlichsozialen und Sozialdemokraten entgegen. «Selbstverständlich» sei, «dass die Anerkennung des sozialdemokratischen Vertretungsanspruchs in keiner Weise die Anerkennung der sozialdemokratischen Anschauung und ihrer Programmbestrebungen bedeutet. Der volle Gegensatz und die Unvereinbarkeit der sozialistischen mit der katholischen Welt- und Lebensanschauung bleibt bestehen, und der Kampf gegen den Sozialismus wird von uns auch in der Zukunft mit allen erlaubten Mitteln geführt werden.»⁵⁵³ Nicht vom Faktum der Wandlung der Sozialdemokraten zu einer demokratischen und reformerischen Kraft liess sich Scherrer überzeugen, sondern einzig und allein von der nüchternen Analyse der realen politischen Gegebenheiten, womit sich für ihn die Frage der sozialdemokratischen Regierungsbeteiligung auf eine bloss numerische Angelegenheit reduzierte. Konkret: Die gespaltenen und zur Bedeutungslosigkeit geschrumpften Demokraten hätten das Recht auf einen

---

550 TBSch, 20. Dezember 1928 (PrivatA Scherrer). Diese Meinung war von einer Minderheit im konservativen Parteiausschuss bereits im Vorfeld der Regierungsratswahl von 1927 geäussert worden (vgl. Prot. Parteiausschuss KVP, 8. Januar 1927, StaatsA SG, Archiv CVP).
551 TBSch, 27. Februar 1930 (PrivatA Scherrer).
552 Zur Argumentation Scherrers vgl. TBSch, 16. und 26. Februar 1930 (PrivatA Scherrer), und Hochwacht, Nr. 57, 8. März 1930. Ganz auf der Linie von Scherrers Argumenten bewegte sich der von Johannes Müller verfasste Kommentar zur Zustimmung des Kantonalkomitees der KVP in der «Hochwacht», Nr. 48, 26. Februar 1930.
553 Bereits im Grossratswahlkampf unmittelbar nach der Regierungsratswahl zog Josef Scherrer denn auch in der alten Schärfe gegen die Sozialdemokraten zu Felde (vgl. die christlichsoziale Kundgebung zu den Grossratswahlen 1930, verf. v. Parteiausschuss der CSP, 1930, BAR, und Hochwacht, Nr. 74, 28. März 1930).

Regierungsratssitz verwirkt, die Sozialdemokraten bei der letzten Nationalratswahl parallel dazu ihren Sitzanspruch ausgewiesen, weshalb diese nicht ruhen würden, bis sie diesen Anspruch auch durchgesetzt hätten. Einer sozialistischen Regierungsbeteiligung liesse sich sogar insofern ein positiver Aspekt abgewinnen, als die Sozialdemokraten damit «aus der Oppositionsstellung, der Negation und Kritik» herausgeführt und zur Mitverantwortung im Staat erzogen werden könnten. So ständen die Dinge, «ob uns das gefällt oder nicht», das sei eine «Tatsache, die man nicht ignorieren kann». Die in den konservativen Parteigremien erwogene konservative oder christlichsoziale Kampfkandidatur lehnte Scherrer mit der Begründung ab, dass dadurch Freisinnige und Sozialdemokraten noch enger zusammenrücken würden. Eine Mehrheit der Konservativen und Christlichsozialen im Regierungsrat setze eine Mehrheitsstellung im Grossen Rat voraus; in diese Richtung müssten Konservative und Christlichsoziale mit vereinten Kräften arbeiten. Schliesslich hatte für Josef Scherrer die pragmatische Zustimmung zur sozialdemokratischen Regierungsbeteiligung auch noch eine moralische Komponente: Die CSP, stets das Recht von Minderheiten bejahend, müsse dieser Linie treu bleiben, auch wenn sie sich jetzt für einmal in der Rolle des Stärkeren befinde.

Das christlichsoziale Kantonalkomitee folgte der Argumentation seines Vorsitzenden ohne Gegenstimme. War diese geschlossene Willensbekundung nur der Überzeugungskraft und der Autorität Scherrers zuzuschreiben, oder war sie nicht vielleicht auch ein Indiz dafür, dass sich die Beziehungen zwischen Christlichsozialen und Sozialdemokraten im neuen Jahrzehnt entkrampfen würden, ja vielleicht sogar ein Anzeichen dafür, dass die beiden Antipoden jenseits ideologischer Barrieren und Fixierungen vermehrt zusammenspannen und im Zeichen der heraufziehenden Wirtschaftskrise und drängender sozialer Probleme zu einheitlicher Aktion sich verbinden könnten?

3.5 Zurück in den Doktrinarismus – die 1930er Jahre

Als habe die katholische Kirchenleitung derlei Spekulationen durchkreuzen wollen, trat sie gleich zu Beginn der 1930er Jahre mit zwei Dokumenten an die Öffentlichkeit: dem päpstlichen Rundschreiben Quadragesimo anno von 1931 und dem Hirtenbrief des schweizerischen Episkopats von 1932. Die beiden der Tradition und dem Geist der Enzyklika Rerum novarum sowie des bischöflichen Bettagsmandats von 1920 verpflichteten Dokumente bestätigten mit unmissverständlicher Deutlichkeit jene Trennlinie, die die katholische Arbeiter- und Angestelltenschaft seit Bestehen der christlichsozialen Organisationen von ihren sozialdemokratischen Klassengenossen abhob. Was die St.Galler Christlichsozialen betraf, waren Befürchtungen wegen einer Aufweichung der antisozialistischen Ausrichtung völlig unbegründet, allein schon deswegen, weil Alois Scheiwiler, seit 1930 St.Galler Bischof, und dessen Intimus Josef Scherrer die St.Galler Bewegung auf stramm antisozialistischem Kurs hielten und Absetzbewegungen gegen links wie etwa jener der kantonalen Gewerkschaftsvereinigung in der Mitte des Jahrzehnts entschieden entgegentraten.

Die beginnenden 1930er Jahre standen völlig im Banne der schweren Weltwirtschaftskrise, die zwar die Schweiz verzögert und weniger hart als andere Industriestaaten traf, doch auch hier und besonders im Kanton St.Gallen schwere wirtschaftliche Verluste und Rückschläge brachte. Enttäuscht über die bundesrätliche Spar- und Deflationspolitik, ergriffen die linken Arbeitnehmerorganisationen die Offensive und entwarfen in Anlehnung an moderne volkswirtschaftliche Theorien alternative wirtschaftspolitische Krisenbekämpfungskonzepte, die nach dem Zweiten Weltkrieg Aufnahme ins Repertoire der Instrumente staatlicher Wirtschaftspolitik fanden.[554] Ein 1934/35 von den Angestelltenverbänden und der Sozialdemokratischen Partei der Schweiz vorgeschlagener «Plan der Arbeit» wollte den Staat auf umfassende wirtschaftliche Steuerung festlegen, daneben Grossbanken, private Versicherungsgesellschaften und Industrieunternehmungen mit Monopolcharakter sozialisieren. 1934 reichte der Schweizerische Gewerkschaftsbund mit Unterstützung der Sozialdemokraten, der Angestelltenverbände und der Bauernheimatbewegung das «Volksbegehren zur Bekämpfung der wirtschaftlichen Krise und Not», die sogenannte «Kriseninitiative», ein. Das Begehren verlangte vom Bund vermehrte Staatsausgaben, Arbeitsbeschaffungsmassnahmen, öffentliche Aufträge sowie Preis- und Lohnschutz, stellte im übrigen das kapitalistische System jedoch nicht grundsätzlich in Frage.[555] Nach dem Scheitern der Initiative – sie wurde von den bürgerlichen Parteien scharf bekämpft und am 2. Juli 1935 knapp verworfen – formulierten Vertreter des Schweizerischen Gewerkschaftsbundes, der Angestelltenverbände und der Bauernheimatbewegung im Jahre 1936 «Richtlinien für den wirtschaftlichen Wiederaufbau und die Sicherung der Demokratie». Das moderate, allen Sozialisierungexperimenten entsagende Programm sollte jene Kräfte im Lande sammeln, die eine fortschrittliche Wirtschafts- und Sozialpolitik anstrebten. Als einzige schweizerische Partei schlossen sich die

---

554 Vgl. Greyerz, Bundesstaat, S. 1178f.; Hardmeier, Arbeiterbewegung, S. 54ff.; vgl. auch ders., Geschichte der sozialdemokratischen Ideen in der Schweiz 1920–1945, Winterthur 1958.
555 Der Wortlaut der Initiative ist abgedr. in: Schweizerische Arbeiterbewegung, S. 268f. Ein Kommentar dazu ebd., S. 240f.; vgl. auch Hardmeier, Arbeiterbewegung, S. 54f.

Sozialdemokraten 1937 der Richtlinienbewegung an, nachdem sie 1935 ihr klassenkämpferisches Parteiprogramm von 1920 revidiert und sich zur Bejahung der bürgerlichen Demokratie und kurz darauf der Landesverteidigung durchgerungen hatten.[556]

Wie würden sich die Christlichsozialen zu den Krisenbekämpfungsprogrammen der Linken stellen? Würden sie wohl mitmarschieren, zumal sich die sozialistischen Arbeitnehmerorganisationen nun, im Unterschied zu 1918, legaler Kampfmittel bedienten und zumal auch sie, die Christlichsozialen, in praxi einem kräftigen Staatsinterventionismus das Wort redeten?[557] Mitnichten! Die Christlichsozialen lehnten sämtliche Vorstösse der Linken ohne Wenn und Aber ab, ja sie fochten, zumal im Abstimmungskampf zur Kriseninitiative, in der vordersten Reihe des bürgerlichen Lagers gegen die linken Krisenbekämpfungsvorschläge und bestätigten ihren im Landesstreik erworbenen Ruf als antisozialistischer Stosstrupp des Bürgertums.[558] Man kann sich des Eindrucks nicht erwehren, dass die Ablehnung ganz einfach darum erfolgte, weil die Krisenbekämpfungsvorschläge von der Linken herstammten, dass hier, zwar mit graduellen, nicht aber prinzipiellen Unterschieden, zwei dasselbe taten, nämlich die staatliche Intervention zugunsten der Arbeiter- und Angestelltenschaft zu fordern, was dann doch nicht dasselbe war! Sassen die insbesondere von den Erfahrungen des Landesstreiks genährten Ressentiments gegen die Linke immer noch so tief, dass es das Vorstellungsvermögen der christlichsozialen Führerschaft, vor allem Josef Scherrers und Alois Scheiwilers, überstieg, der Linken die Fähigkeit zur Wandlung von einer marxistisch-klassenkämpferischen zu einer reformistischen Kraft zu attestieren und Gemeinsamkeiten in der Sache zu erkennen? Oder konnte schlichtweg nicht sein, was nicht sein durfte, weil die Christlichsozialen von den kirchlichen Autoritäten nun einmal auf Oppositionskurs gegen die Sozialdemokratie verpflichtet waren? Oder war die Abwehrhaltung von der Befürchtung getragen, die Aktionseinheit von Christlichsozialen und Sozialdemokraten könnte die Trennlinie zwischen den beiden Richtungen der Arbeiterbewegung verwischen, könnte in den

---

556 Zu den Programmrevisionen der Schweizer Sozialdemokraten vgl. Gruner, Parteien, S. 143; Schweizerische Arbeiterbewegung, S. 243f.
557 In einer Wahlkundgebung warb die CSP 1936 mit den Leistungen der christlichsozialen Gruppe des Grossen Rates während der verflossenen Amtsperiode. Demgemäss taten sich die Christlichsozialen in der Legislaturperiode 1933–36 vor allem dadurch hervor, dass sie nach der staatlichen Krisenintervention riefen (BAR). Mit Nachdruck setzte sich die CSP 1934 auch für die Erhebung eines ausserordentlichen kantonalen Staatssteuerzuschlages ein. 1936 engagierten sich die Christlichsozialen der Stadt St.Gallen zusammen mit der Linken für die Einführung einer Zusatzsteuer zum Zweck der Arbeitsbeschaffung.
558 Zur Auseinandersetzung der Christlichsozialen mit den Krisenbekämpfungsvorschlägen der Linken vgl. JB CAB 1934–36, passim, und 1937/38, passim. Vgl. auch Gehrig, Das Christlichsoziale, S. 168ff., und Rölli-Alkemper, SKVP 1935–1943, S. 25ff.

Kreisen der christlichen Gewerkschafter oder der katholischen Bauern, die den Aktivitäten der Linken mit unverhohlener Sympathie begegneten[559], den Einbruch der antisozialistischen Front und die Abwanderung nach links bewirken? Alle diese Beweggründe spielten bei der Formulierung des antisozialistischen Standpunkts der Christlichsozialen unzweifelhaft eine Rolle. Hinzu kam, dass die Christlichsozialen ein eigenes, ein «positives» Krisenbekämpfungskonzept bereithielten, wie Scherrer sich ausdrückte, nämlich die Idee der berufsständischen Neuordnung von Gesellschaft, Staat und Wirtschaft. Das Konzept unterschied sich von den sozialistischen Rezepten wesentlich gerade dadurch, dass es den Staat entlasten und dessen Aufgaben und Kompetenzen an paritätisch aus Arbeitgebern und Arbeitnehmern zusammengesetzte Korporationen übertragen und mithin die direkte Staatsintervention nicht ausweiten, sondern im Gegenteil beschränken wollte. Dieses Konzept spielte im Abstimmungskampf zur Kriseninitiative eine zentrale Rolle, indem die Christlichsozialen ihre Ordnungsvorstellungen gerade in der Abgrenzung zu den sozialistischen Krisenprogrammen zu profilieren und zu propagieren versuchten. Die Auseinandersetzung spitzte sich zu einem Entscheidungskampf zwischen zwei künftigen Ordnungsmodellen zu: hier Staatssozialismus und staatliche Wirtschaftsdiktatur, dort die dem Gedanken der Subsidiarität verpflichtete berufsständische Ordnung, äusserte Scherrer in einem «Gutachten» über die Initiative.[560]

Was von den sozialdemokratischen Organisationen und ihren Aktivitäten deshalb jetzt und auch künftig zu halten sei, das eröffnete Josef Scherrer im Frühherbst 1934 den rund 10 000 Teilnehmern am Jubiläumskongress des ZV in Einsiedeln. Die Sozialisten seien «in einer Mauserung begriffen, in der sie ungefähr so ‹nett aussehen› wie ein sich mausernder Kanarienvogel! Sie reden nun nicht mehr von Diktatur, sondern von der Demokratie, nicht mehr vom Klassenkampf..., sondern von einer ‹breiten Front aller Arbeitenden› ... Man hat es da aber nicht mit einem neuen Kurs zu tun, der aus einem neuen Geist kommt, sondern lediglich mit Konjunkturpolitik! Die Weltverbesserer zur Linken möchten die Situation ausnützen ... Der Boden, den sie wählen, ist nicht der Boden Gottes ... Es ist der Boden des Sozialismus, doch Sozialismus und Christentum sind auch heute noch unvereinbar!»[561] In dieser doktrinären und fundamentalistischen Perspektive war eine

---

559 1932 hatte der CNG seine Zustimmung zur Krisensteuerinitiative der Sozialdemokraten signalisiert. Ebenso stiess die Kriseninitiative in den Kreisen der christlichen Gewerkschafter zunächst auf Zuspruch (TBSch, 2. Mai 1935, PrivatA Scherrer).
560 Scherrer, Kriseninitiative, S. 10f. Scherrer verfasste diese Schrift im Auftrag des kantonalen Katholischen Volksvereins. Sie wurde durch das bischöfliche Ordinariat der Diözese St.Gallen dem Klerus zugestellt (Begleitschreiben von Josef Scherrer vom 15. Mai 1935, BiASG).

Katholik und Kriseninitiative

Wir lehnen die Kriseninitiative aufs entschiedenste ab!

Denn wir sehen in ihr:

1. ein **schlaues, sozialistisches Machwerk,** das unter dem Schein der Arbeiter- und Bauernfreundlichkeit dem religionsfeindlichen Sozialismus die Herrschaft über die Schweiz sichern soll;
2. einen **perfiden Angriff** auf unsere althergebrachten, föderalistischen Institutionen und auf die **Selbständigkeit der Kantone,** die der Zentralgewalt des Bundes total ausgeliefert werden sollen, zum ungeheuern Schaden für die religiösen Interessen der Katholiken;
3. eine **gewissenlose Irreführung** des Schweizervolkes, das durch glänzende, nie zu verwirklichende Versprechungen auf eine Bahn gelockt werden soll, auf welcher statt besserer Verhältnisse nur größeres Elend zu erwarten ist;
4. eine **große Gefahr für das Kreditwesen** der Schweiz, das bei Annahme der Initiative aufs schwerste erschüttert würde.
5. eine **traurige Verkennung** der sozialen Lehren unserer hl. Kirche, sowie der eigentlichen tiefsten Krisenursachen, da die schwere Lage vor allem von der Mißachtung der Gebote Gottes herkommt und nur durch entschiedene Rückkehr zu diesen Geboten überwunden werden kann.
Es handelt sich also bei dieser Initiative um eine tiefernste Frage der Moral und des Gewissens.
Einen skandalösen Mißbrauch des katholischen Namens bedeutet es, da eine sich katholisch nennende Aktionsgemeinschaft soeben ein Flugblatt „Katholiken und Kriseninitiative" für Annahme der Initiative ins Volk geworfen hat. In ganz unbefugter, widerrechtlicher Weise maßt sich diese Aktionsgemeinschaft den Namen katholisch an. Sie ist alles eher denn katholisch. Hier gilt buchstäblich das Wort von den Wölfen im Schafspelz.

Vom katholischen Standpunkte aus gibt es in dieser tiefernsten Frage gar nichts anderes als ein klares und entschlossenes NEIN.

✝ **Aloisius Scheiwiler,**
Bischof.

Bischof Alois Scheiwiler scheute sich nicht davor, aktiv zu tagespolitischen Fragen Position zu beziehen. Flugblatt gegen die sozialdemokratische Kriseninitiative 1935.

auch nur punktuelle Allianz der Christlichsozialen mit der Linken schlichtweg undenkbar. Josef Scherrer, darin bestärkt durch Alois Scheiwiler, witterte in der Wandlung der Linken nichts als taktische Verstellung, in deren Plan der Arbeit nichts anderes als einen «Köder an der Angel des roten Fischers»[562], in deren Kriseninitiative nichts anderes als einen «grossangelegten Vorstoss zur Eroberung der wirtschaftlichen und politischen Macht durch

---

561 Hochwacht, Nr. 223, 25. September 1934. Bereits im Frühjahr 1934 hatte Josef Scherrer seinem Misstrauen gegenüber der Wandlung der Sozialdemokratie Ausdruck gegeben: «Der Frontwechsel ist ja wohl weniger auf die Erkenntnisse der Irrtümer dieses Systems als auf das taktische Bedürfnis zurückzuführen» (Christlichsoziale Korrespondenz Nr. 5, 1934, Beilage zur Hochwacht, Nr. 112, 15. Mai 1934).
562 Christlichsoziale Kundgebung zur Nationalratswahl 1935, verf. v. Wahlausschuss der CSP, 1935 (BAR).

Damit ist der krasseste, geistlose Materialismus der schweizerischen Sozialdemokratie neuerdings offiziell dokumentiert. Eine Bewegung, die sich derart dem brutalen Materialismus verschreibt, ist ein **Körper ohne Leben**.

Heute paktieren die Sozialisten in den Kantonen Zürich, Basel und Genf **offen mit den Kommunisten**. Dieses **Wahlbündnis** kam unter der Bedingung zustande, daß in den übrigen Kantonen keine kommunistischen Listen aufgestellt werden. **Ein stilles Einvernehmen besteht also auch im Kanton St.Gallen zwischen Sozialisten und Kommunisten.** Was sagen jene Genossen dazu, die angeblich noch auf demokratischem Boden stehen? Glauben sie, daß das Volk das aus trauriger politischer Geschäftemacherei getriebene **Doppelspiel** nicht durchschaut, wenn man im gleichen Augenblick den vaterländischen **Rütlischwur** schwören und die **Internationale** anstimmen will? **Alle lohnempfangenden Volkskreise** wären **zuerst die Leidtragenden**, wenn die roten Sesselaspirationen zum Ziel führen wür-

4

St.Galler Konservative und Chistlichsoziale als Bollwerk gegen Sozialismus und Kommunismus (Broschüre zur Nationalratswahl 1935).

den Marxismus»[563], einen Testfall «für oder gegen den Sozialismus»[564], in deren Richtlinienbewegung nichts anderes als «eine Sammelschiene des schweizerischen Marxismus», einen «grossangelegten Versuch..., eine neue politische Mehrheit im marxistischen Sinne zu erzielen».[565] Das Argumentationsmuster der Christlichsozialen glich jenem aus den Tagen des Landesstreiks praktisch aufs Haar: Wie damals liess sich den einzelnen sozialen Postulaten der Linken die Berechtigung prinzipiell nicht absprechen, viele fanden bekanntlich auch in den christlichsozialen Kundgebungen ihren Niederschlag. Damals aber wie auch jetzt wurde den Forderungen des weltanschaulichen Gegners blosser Mittelcharakter unterschoben, das heisst: Den im einzelnen teilweise unbestritten berechtigten sozialen Postulaten wurde unterstellt, sie dienten lediglich einem bestimmten Zweck, nämlich der Erringung der Macht und der sozialistischen Umgestaltung der bestehenden Verhältnisse.

Die Auseinandersetzungen um die Rezepte zur Krisenbekämpfung auf der nationalen Bühne bestimmten auch das Verhältnis von Christlichsozialen und Sozialdemokraten im Kanton St. Gallen, wie sich anhand der Wahlpropaganda der CSP zeigen lässt. Abgesehen von einem vagen Hinweis auf «drohende Kämpfe auf grundsätzlich kulturellem Boden» fehlten im grossrätlichen Wahlkampf von 1933 noch Angriffe auf die Sozialdemokraten[566]; der folgende Urnengang hingegen, die Nationalratswahl von 1935, stand völlig im Zeichen der Abwehrstellung zu den Krisenbekämpfungsoffensiven der Linken. «Keine einzige Stimme dem gemauserten Marxismus, der heute seine wahren Ziele verschleiert», appellierte der christlichsoziale Wahlausschuss 1935 ans Wahlvolk; «wir lassen unsere föderalistische Demokratie nicht in einen politischen Zwangsstaat nach dem Muster der russischen So-

---

563 Scherrer, Kriseninitiative, S. 4. Alois Scheiwiler bezeichnete die Kriseninitiative in einem Aufruf in der katholischen Presse als «ein schlaues, sozialistisches Machwerk, das unter dem Schein der Arbeiter- und Bauernfreundlichkeit dem religionsfeindlichen Sozialismus die Herrschaft über die Schweiz sichern soll» (Hochwacht, Nr. 126, 31. Mai 1935, und Ostschweiz, Nr. 250, 29. Mai 1935; Original im BAR). Im Kanton St. Gallen bildete sich in der konservativen Gesamtpartei ein Aktionskomitee gegen die Kriseninitiative, dem auch Josef Scherrer angehörte (TBSch, 25. April 1935, PrivatA Scherrer).
564 TBSch, 6. April 1935 (PrivatA Scherrer). Dem KBB, der von Alois Scheiwiler und Josef Scherrer als Reaktion auf die Zustimmung der Jungbauern zur Kriseninitiative ins Leben gerufenen katholischen Bauernorganisation, schrieb Scherrer 1935 ins Programm: «Drohend erhebt... ein radikaler und revolutionärer Sozialismus das Haupt» (Programm des Katholischen Bauernbundes der Diözese St. Gallen, Juli 1935, Archiv KBB).
565 Zirkular der CSP an die Mitglieder des Kantonalkomitees, an die christlichsozialen Bezirks- und Gemeindeorganisationen, resp. der politischen Kommissionen der katholischen Arbeiter- und Angestelltenvereine, 17. Februar 1937 (BAR). Zur Einschätzung der Sozialdemokratie nach deren Programmrevision von 1935 vgl. auch Josef Scherrers Referat «Eidgenössische Zeitaufgaben im Lichte unseres Programms», gehalten am Jubiläumsparteitag der Konservativen im Mai 1937 in Luzern, v. a. S. 14f. (BAR).
566 Hochwacht, Nr. 70, 23. März 1933.

wjetdiktatur umwandeln.»⁵⁶⁷ Im kurz darauf folgenden Grossratswahlkampf vom Frühjahr 1936 verzichtete die CSP auf die direkte Attackierung der Sozialdemokraten. Ein christlichsozialer Wahlaufruf machte nur vage Anspielungen auf «Hetzer und Volksaufwiegler, welche die Not weiter Volkskreise für ihre dunklen Pläne ausnützen und missbrauchen», liess aber offen, ob die Sozialdemokraten oder die neuen Parteien bzw. Bewegungen angesprochen seien.⁵⁶⁸ Vor der bereits im Banne der äusseren Bedrohung und im Zeichen des nationalen Schulterschlusses von Bürgertum und Arbeiterschaft stehenden Grossratswahl vom Frühjahr 1939 konstatierte Josef Scherrer nicht ohne Genugtuung die «Bekehrung» der Sozialdemokratie: «Die *Marxisten* treten heute für Forderungen und Programmpunkte ein, welche die *christlichsoziale* Arbeiterbewegung seit Jahrzehnten verteidigt hat, die ihr aber seitens der sozialistischen Volksgenossen als Arbeiterverrat und kapitalistische Liebedienerei angekreidet wurden!» Doch auch jetzt konnte Josef Scherrer nicht umhin, mahnend den Finger zu heben: «Wir werden aber gut tun, erst die *Bewährung* der Sozialisten abzuwarten ... Beim Sozialismus, auch beim durchgemauserten, haben wir nie ausser acht zu lassen, dass er weltanschaulich und kulturell auch in Zukunft unser erster *Gegner* bleibt. Katholizismus und Sozialismus sind unvereinbar!»⁵⁶⁹ Unter diesen Voraussetzungen musste die von den Freisinnigen im Kriegsjahr 1940 initiierte überparteiliche Zusammenarbeit Schiffbruch erleiden. Für den christlichsozialen Kantonalpräsidenten stand die Frage nach den Schuldigen und den Gründen des Scheiterns ausser Zweifel: Die Sozialdemokraten, so erklärte er den fehlgeschlagenen Versuch zur Schaffung einer interparteilichen Kommission, seien «zur alten politischen Methode des scharfen politischen Kampfes und der Hetze zurückgekehrt». Zudem habe das Projekt von allem Anfang an auf wankenden Füssen gestanden. «Es können nicht alle weltanschaulich bedingten Gegensätze überbrückt oder einfach ignoriert werden. Das müsste zur Verflachung der Weltanschauung führen.»⁵⁷⁰

---

567 Christlichsoziale Kundgebung zur Nationalratswahl 1935, verf. v. Wahlausschuss der CSP, 1935 (BAR). Vgl. auch die von Josef Scherrer für die KVP verfasste Wahlkundgebung «Im Sturm der werdenden Zeit. Der Grosskampf um die Eroberung der politischen Macht in der Schweiz», 1935, v.a. S. 19 und S. 25f. (StaatsA SG, Archiv CVP).
568 Christlichsoziale Kundgebung zu den sanktgallischen Grossrats-Wahlen vom 29. März 1936, verf. v. Parteiausschuss der CSP, 1936 (BAR).
569 Materialien für Referenten. Im Auftrag des Wahlausschusses der Konservativen Volkspartei des Kantons St.Gallen verfasst von Josef Scherrer, 1939 (StaatsA SG, Archiv CVP). Vgl. auch die ebenfalls von Josef Scherrer namens des Wahlausschusses der KVP verfasste Wegleitung mit dem Titel «Was kann ich von meiner Partei dem Volke sagen?» aus dem Jahre 1939, S. 7ff. (StaatsA SG, Archiv CVP).
570 Jb CSP 1939–41, S. 8 (BAR).

Eine Facette im christlichsozialen antisozialistischen Programm bildete die Bekämpfung des Kommunismus, der im Kanton St.Gallen eine ephemere Kraft blieb und nur 1921 und 1933 im Bezirk St.Gallen je ein Grossratsmandat eroberte. Waren 1921 Sozialdemokraten und Kommunisten ungeachtet der internen Auseinandersetzungen um den Beitritt zur Dritten Kommunistischen Internationalen über denselben Leisten geschlagen und beide pauschal der Revolutions- und Diktaturgelüste bezichtigt worden[571], so ging die CSP beim Angriff auf die Kommunisten 1933 einen Schritt weiter. Im Auftrag der christlichsozialen Gruppe des Grossen Rates reichte der Uzwiler Rechtsanwalt Johann Wechsler im Kantonsparlament eine Motion ein, mit der er dem Regierungsrat beantragte, die Kommunistische Partei aufzulösen und deren Vertretern die Mitwirkung in den kantonalen Behörden und in der kantonalen Verwaltung zu verbieten.[572] In der grossrätlichen Diskussion der Motion war es Josef Scherrer, der dem Häufchen der Kommunisten auf den Leib rückte und ihm das vorhielt, was er auch an den Sozialdemokraten aussetzte. Der Kommunismus – und wie dieser auch der Sozialismus – sei familienfeindlich und vernichte durch seine Sozialisierungsexperimente die wirtschaftliche Selbständigkeit, die Privatinitiative und das Verantwortungsbewusstsein. Er bedeute «Vermassung und Diktatur» und stehe im Widerspruch zu den altschweizerischen Traditionen. Der Grosse Rat folgte gegen die Stimmen der Sozialdemokraten der Argumentation der Christlichsozialen und erklärte die Motion in abgeänderter Form – auch faschistische Vereinigungen sollten verboten werden – für erheblich.[573]

---

571 In den Stürmen der Gegenwart. Flugschrift der CSP zu den Grossratswahlen 1921, S. 2f. (BAR). 1920 führte Josef Scherrer in einem Referat am I. christlichsozialen Arbeiterkongress aus: «Übrigens ist die Sozialisierung das Endziel der radikalen wie der gemässigten Sozialdemokraten. Die Differenz besteht nur in der Wahl der Mittel und in der Bemessung der Zeit, in welcher das Ziel erreicht werden soll» (Prot. CAB 1920, S. 85). Zum Verhältnis von Sozialdemokraten und Kommunisten vgl. Gruner, Parteien, S. 140f. und S. 146ff.
572 Die Motion ist abgedr. in: Prot. des Grossen Rates, 8.–10. Mai 1933, und Hochwacht, Nr. 109, 10. Mai 1933. Begründung der Motion und Debatte in: Prot. des Grossen Rates 16./17. Juli 1934.
573 Hochwacht, Nr. 165, 18. Juli 1934; vgl. auch Nr. 169, 23. Juli 1934. Im Mai 1935 bestellte der Rat in Ausführung der Motion eine Kommission zur «Abänderung der Vorschriften der Kantonsverfassung über die Stimmfähigkeit (Ausschluss von Angehörigen und Förderern staatsgefährlicher Vereinigungen)». In der Novembersession 1936 entschied der Rat auf Antrag der Kommission, auf die Vorlage nicht einzutreten und das Geschäft abzuschreiben, weil eine kantonale Regelung nicht mehr notwendig sei und gleichzeitig auf Bundesebene entsprechende Vorkehrungen eingeleitet worden seien (Prot. des Grossen Rates, 13. November 1936). 1937/38 wurde die Kommunistische Partei in einigen Kantonen, 1940 zusammen mit rechtsextremistischen Parteien landesweit verboten (vgl. Gruner, Parteien, S. 147).

3.6 Versuch einer Bilanz

Um ein «Gegengewicht» gegen die erstarkende Sozialdemokratie zu bilden, war die CSP 1911 in die politische Arena eingetreten. Die Christlichsozialen legitimierten die Existenz ihrer in der Organisation selbständigen und in der Aktion freien Parteigruppe mit dem Hinweis auf die Notwendigkeit, das katholische Milieu gegen die Verlockungen von links zu verbarrikadieren, das heisst zu verhindern, dass die katholische Arbeiter- und Angestelltenschaft ins weltanschaulich feindliche Lager abwanderte. Mit einer zunächst noch temperierten, im Verlauf des Landesstreiks aber rüde und gehässig werdenden antisozialistischen Rhetorik zogen sie eine scharfe Scheidelinie zur sozialdemokratischen Konkurrenz, um die Klientel an die eigene Organisation zu binden. Es bleibt die Frage, inwieweit die CSP ihrem Ruf als antisozialistische Frontorganisation in der politischen Praxis gerecht wurde, die Frage also nach dem Erfolg der christlichsozialen Antisozialismus-Strategie.

Auch wenn die Beantwortung dieser Frage nicht ohne Mutmassungen auskommt, so glauben wir doch soviel feststellen zu können: Der Wirksamkeit der CSP war zuzuschreiben, dass die numerische Stärke des St.Galler konservativen Parteilagers – ausgedrückt in Mandatsanteilen im kantonalen und im eidgenössischen Parlament – seit der Einführung des Proporzsystems in Kanton und Bund praktisch konstant blieb. Die bereits oben gewürdigte Wirksamkeit der CSP als sozialer Sauerteig verschaffte der Arbeiter- und Angestelltenschaft im konservativen Parteilager eine politische Heimat und liess sie der Versuchung widerstehen, die katholische Lagerloyalität mit der sozialdemokratischen Klassensolidarität zu vertauschen. Wohl am deutlichsten tritt diese Leistung am Beispiel der ersten Nationalratswahl nach Proporzrecht zutage. Dadurch, dass die CSP die katholischen Arbeiter und Angestellten für die gemeinsame konservativ-christlichsoziale Wahlliste zu mobilisieren und so dem konservativen Parteilager zu erhalten vermochte, konnte die konservative Gesamtpartei ihren bisherigen Mandatsanteil halten, indes die andere historische St.Galler Partei, die Freisinnigen, gleich zwei Mandate an die Sozialdemokraten abgeben musste. Für die kantonalen Wahlgänge lässt sich eine einfache Rechnung aufstellen, was freilich nicht unproblematisch ist, denn sie unterschätzt die Bindekraft der katholischen Weltanschauung auch für die Arbeiter- und Angestelltenschaft und ignoriert die Tatsache, dass die CSP nicht nur Arbeiter und Angestellte sammelte: Wenn der grossrätliche Mandatsanteil der CSP von jenem der konservativen Gesamtpartei subtrahiert wird, zeigt sich, dass die Konservativen ihre bei den ersten Proporzwahlen erlangte Stellung als stärkste politische Kraft St.Gallens rasch eingebüsst und in puncto Wählerstärke ungefähr mit dem Freisinn gleichgezogen hätten. Mit anderen Worten: Dank der Mobilisierungsarbeit der Christlichsozialen behauptete die KVP ihre dominierende Stellung in der St.Galler Parteienlandschaft.

Doch nicht allein die KVP wäre ohne die Christlichsozialen einen anderen Weg gegangen. Auch die Sozialdemokratische Partei des Kantons St.Gallen und das sanktgallische Parteiensystem insgesamt hätten sich in eine andere Richtung entwickelt. Addiert man, in Weiterführung des Rechenspiels, den Mandatsanteil der CSP jenem der Sozialdemokratie hinzu – dies macht darum Sinn, weil die mittelständisch geprägte konservative Partei ohne den christlichsozialen Einfluss eine sozial reaktionäre Politik betrieben und damit ihren linken Flügel unweigerlich abgestossen hätte – , so erhellt, dass die Sozialdemokratie im stark industrialisierten Kanton St.Gallen bereits 1918 einen Wähleranteil von fast 20 Prozent erreicht hätte und seit der 1930er Wahl, die sowohl den Sozialdemokraten wie den Christlichsozialen grosse Gewinne brachte, ungefähr gleich stark wie die KVP und die freisinnige Partei geworden wäre. Anders ausgedrückt: Ohne die CSP wären die Sozialdemokraten auch ins Gehege der katholischen Arbeiter- und Angestelltenschaft eingebrochen und neben Konservativen und Freisinnigen zur dritten bedeutenden politischen Kraft im Kanton aufgestiegen.

Damit hätte sich wahrscheinlich auch die parteipolitische Landschaft des Kantons verändert, und zwar in zwei denkbare Richtungen. Entweder wäre die Sozialdemokratie bereits lange vor 1930 ins bürgerliche Machtkartell eingebunden worden, in den frühen 1920er Jahren möglicherweise zunächst mit einem Regierungsratsmandat, nach 1930 dann mit zweien. Oder aber der in den Tagen des Landesstreiks vollzogene, kurzlebige antisozialistische Schulterschluss zwischen den bürgerlichen Parteien hätte auch im folgenden Jahrzehnt angesichts einer kontinuierlich wachsenden Sozialdemokratie Bestand gehabt. Wie auf Bundesebene wären sich nach diesem Szenario ein Bürgerblock zwischen politischem Katholizismus und Freisinn auf der einen und eine sozialdemokratisch organisierte Arbeiterschaft auf der anderen Seite entlang des klassenkämpferischen Grabens gegenübergestanden. Die kulturkämpferischen Auseinandersetzungen, die sich bekanntlich in den 1920er Jahren wiederbelebten und bis in die 1960er Jahre hinzogen, wären gegenüber den sozial-ökonomischen Konflikten in den Hintergrund getreten und hätten auch im Kulturkampfkanton St.Gallen an Schärfe verloren.

4. Das Verhältnis zu anderen politischen Kräften

4.1 Die Stellung zum Freisinn

Gegen nichts habe der Gründer der christlichsozialen Organisationen, Johann Baptist Jung, so scharf und eindeutig Stellung bezogen wie gegen den Kapitalismus, weiss sein Schüler und Biograph Josef Scherrer zu berichten.[574] Jungs enger Weggefährte Alois Scheiwiler beurteilte den Kapitalismus unter dem Eindruck der weltweiten Wirtschaftskrise gar als einen «Feind der Menschheit, noch schlimmer und gefährlicher als Sozialismus und Bolschewismus».[575] Die von den einleitenden Passagen in der Enzyklika Rerum novarum inspirierte christlichsoziale Kritik galt zunächst dem Kapitalismus als jenem Wirtschaftssystem, das im Zeichen der Handels- und Gewerbefreiheit die zünftisch gebundene Wirtschaftsordnung des Mittelalters beseitigt und die arbeitenden Stände unter ein ausbeuterisches Joch gebeugt habe. Es sei der Verursacher der Klassengesellschaft und habe den Sozialismus auf den Plan gerufen, mit dem er durch seine materialistische Weltanschauung verbunden sei.[576] Die Kritik galt aber immer auch dem Liberalismus als einer Weltanschauung, in deren Rahmen sich der moderne Kapitalismus ausbilden konnte. Der Liberalismus leugne die Rückbindung aller Lebensbereiche an das göttliche Sittengesetz und die Kompetenz der Kirche zur Mitgestaltung des öffentlichen Lebens, lehrte Jung in seinem «Grundriss der christlichen Sittenlehre». Mit seinem atomistischen Individualismus habe der Liberalismus überlieferte soziale Bindungen zerstört und die Volksgemeinschaft zersetzt.[577]

---

574 Scherrer, Jung, S. 124f.
575 25 Jahre christlichsoziale Presse, S. 7. Zu Scheiwilers Einschätzung des liberalen Bürgertums vgl. Bernold, Episkopat, S. 97ff. Scheiwiler brachte nicht nur den Sozialismus, sondern auch den Liberalismus in Verbindung mit dem Judentum. Von der Christlichsozialen Partei Österreichs schrieb er 1915, sie sei «gegen die himmeltraurige liberale Judenwirtschaft» gegründet worden (Hoch die Christlichsoziale, S. 8f.).
576 Vgl. z. B. Scherrer, Liberalismus, passim; ders., Kapitalismus, passim; ders., Sozialreform, v. a. S. 16ff.
577 Jung, Grundriss, S. 52ff. und S. 61f.; vgl. auch ders., Genossenschaftliche Volkswirtschaft, S. 5f. Zu einer eigentlichen Philippika wider den Kapitalismus artete Jungs am schweizerischen Katholikentag im August 1909 in Zug gehaltenes Referat mit dem Titel «Was schulden wir dem Arbeiterstande?» aus (abgedr. in: Sarganserländer, Nrn. 109 und 110, 11. und 14. September 1909).

An der Wiege der christlichsozialen Bewegung stand damit nicht nur der Antisozialismus, sondern ebensosehr der Antiliberalismus respektive Antikapitalismus. Die christlichsozialen Organisationen – Standesvereine, Gewerkschaften und genossenschaftliche Selbsthilfeeinrichtungen – bildeten die kirchlich approbierte Antwort auf den Siegeszug von Liberalismus und Kapitalismus und die damit einhergehenden sozialen Umwälzungen. Auf der politischen Ebene suchten die Christlichsozialen über den verlängerten Arm der Konservativen die materiellen Interessen der Arbeiter- und Angestelltenschaft in der Sozial- und Wirtschaftsgesetzgebung des bürgerlich-liberalen Staates wahrzunehmen. Genauso wie der Antisozialismus stellte der Antiliberalismus eine konstante Grösse im programmatischen Selbstverständnis der Christlichsozialen dar. Und wie der Antisozialismus erfüllte auch der Antiliberalismus für das konservativ-christlichsoziale Lager die Funktion einer Integrationsideologie, und zwar in doppelter Weise: Mit ihrer Kampfansage an den Liberalismus reihte sich die CSP in die kulturkämpferische Front des katholischen Lagers ein. Der Kampf gegen die Laisierung des öffentlichen Lebens und für die Rechte der Kirche bezüglich Ehe, Familie und Schule verband die CSP im Kulturkampfkanton St.Gallen mit der konservativen Mutterpartei. Ausserdem hatte der Antiliberalismus respektive Antikapitalismus für die CSP die Funktion, die soziale Dimension ihrer Parteiarbeit zu unterstreichen. Er schützte die im bürgerlichen Lager agierenden Christlichsozialen vor dem Vorwurf, lediglich Handlangerdienste für den Kapitalismus zu leisten, und trug auf diese Weise zum Zusammenhalt der christlichsozialen Bewegung bei.

Trotz dieser Fundamentalkritik blieb das Verhältnis der Christlichsozialen zum Freisinn und dem von diesem geformten bürgerlich-liberalen Staat ambivalent. Es darf nicht verkannt werden, dass es zwischen christlicher Soziallehre und Liberalismus stets Brücken gab, die tragfähig genug waren, eine Annäherung der ideellen Antipoden zu ermöglichen. Solche Berührungspunkte hätte es, objektiv betrachtet, auch im Verhältnis zum Sozialismus gegeben. Nur sind sie dort ignoriert worden; wo eine Basis zur Zusammenarbeit vorhanden gewesen wäre, wurden ideologische Barrieren errichtet, die den Blick auf Gemeinsamkeiten verstellten. Dagegen blieb im Verhältnis der Christlichsozialen zum Liberalismus die Türe zur Verständigung stets offen. Grundlage einer Verständigung zwischen Liberalen und Christlichsozialen war die beiderseitige Wertschätzung des Privatbesitzes. Rerum novarum hatte das Recht auf Sondereigentum explizit zu einem Naturrecht erklärt, nur galt dieses Recht nicht absolut. Es wurde begrenzt durch sittliche und soziale Pflichten des Eigentümers und musste sich dem Kollektivinteresse dienstbar machen. Daraus ergab sich eine differenzierte Beurteilung des kapitalistischen Wirtschaftssystems: Die Christlichsozialen unterschieden zwischen dem Kapitalismus an und für sich und dessen Entartung in Gestalt des ungehemmten Erwerbsstrebens und des Missbrauchs der wirtschaftlichen Macht. Der Katholizismus sei nicht von vorneherein ein Gegner des kapitalistischen Wirtschaftssystems, räsonierte Alois Scheiwiler 1927 in einem Referat im Rahmen der Sozialen Woche in Einsiedeln. Er verurteile «nicht den Kapitalismus schlechthin, sondern den Mammonismus, das lukrative Gewerbe, den Geld- und Vermögenserwerb als Selbstzweck».[578] Die Christlichsozialen beharrten mithin nicht auf der Überwindung des Kapitalismus, sondern verlangten dessen Zügelung und soziale Abfederung. Ihr Fernziel war, die unteren Erwerbsgruppen gleichberechtigt an den Segnungen des Kapitals teilhaben zu lassen, «den Arbeiter aus gedrückter Lage zum Erwerb von Eigenbesitz, zu einem eigenen Heim zu führen, ihm den Weg zum Mittelstand, zur selbständigen und selbstverantwortlichen Arbeitsart zu öffnen», wie Josef Scherrer in seiner Programmschrift «Christlichsoziale Politik» 1923 schrieb.[579] Noch deutlicher hatte er einige Jahre zuvor die sozialreformerischen und sozialintegrativen Ziele der christlichsozialen Bewegung in seinem Tagebuch umrissen: «Wir wollen nicht die Verproletarisierung, sondern die Entproletarisierung des Volkes! So strebt die christlichsoziale Arbeiterschaft nach Bodenständigkeit, und ich möchte sagen nach mehr Bürgerlichkeit.»[580]

Damit relativierte sich die Gegnerschaft der Christlichsozialen zum freisinnigen Bürgertum doch erheblich. In die antiliberale Polemik mischte sich immer auch Respekt für den Freisinn als jener Kraft, die die bestehende Staats- und Gesellschaftsordnung geschaffen hatte. Als der freisinnige Landammann Gottlieb Baumgartner Josef Scherrer im Grossen Rat für die Mitarbeit in der kantonalen Lebensmittelfürsorgekommission dankte, wertete Scherrer dieses Kompliment als «unbestreitbaren und schönen Erfolg für unsere christlichsoziale Politik».[581] Während des Landesstreiks standen die Christlichsozialen bekanntlich mit dem freisinnigen und konservativen Bürgertum in Reih und Glied gegen ihre sozialdemokratischen Klassengenossen. Mit sichtlicher Genugtuung erinnerte sich Josef Scherrer noch nach zwei Jahrzehnten an die Landesstreikdebatte im St.Galler Grossen Rat, in welcher der freisinnige Fraktionspräsident und Nationalrat Robert Forrer bemerkt hatte, «er ziehe den Hut ab vor den Christlichsozialen».[582] In der Konsequenz

---

578 Prot. Soziale Woche 1927, S. 74f.
579 Scherrer, Politik, S. 27.
580 TBSch, 30. Dezember 1920 (PrivatA Scherrer).
581 TBSch, 30. November 1916 (PrivatA Scherrer).
582 Josef Scherrer, Christlichsoziale Grossratsgruppe des Kantons St.Gallen. Notizen zum 25jährigen Bestand der Gruppe, 1937, S. 5 (BAR). Vgl. auch Scherrer, Sozialreform, S. 26. Tatsächlich hatte Robert Forrer in der Debatte festgestellt, er «ziehe den Hut ab vor den christlichsozialen Arbeitern und den freien Arbeitern, die in diesen Tagen, wie-

dieser Haltung lag es, dass die CSP der Annäherung von Konservativen und Freisinnigen in der Mitte der 1930er Jahre nicht nur keinen Widerstand entgegensetzte, sondern sie sogar vorsichtig begrüsste, damit allerdings die Erwartung verbindend, dass den «grundsätzlichen kulturellen und sozialpolitischen Forderungen» der Christlichsozialen Rechnung getragen werde, ansonsten die Gefahr bestehe, «dass die Arbeiterschaft zur Partei hinausgetrieben wird».[583] Den Mitgliedern des christlichsozialen Kantonalkomitees gab Josef Scherrer Anfang April 1934 zu bedenken, «dass wir, wenn wir unser Programm [der berufsständischen Neuordnung] durchsetzen wollen, eine Mehrheit gewinnen müssen. Dazu genügen unsere eigenen Kräfte vorläufig nicht», weswegen Konservative und Christlichsoziale «bei anderen Leuten Verstärkung und Hilfe suchen müssen», konkret bei der freisinnigen Partei und den Fronten.[584] In der Sitzung der christlichsozialen Grossratsgruppe im Mai 1934 warb Josef Scherrer um Verständnis für das Projekt einer konservativ-freisinnigen Allianz. «Wir sind allein zu schwach, um unsere Postulate durchzubringen. Diese Tatsache kann und darf in der Politik, die wir treiben, nicht unberücksichtigt bleiben. Wir dürfen daher den Weg weder nach rechts noch nach links verriegeln. Wir müssen die Hilfe annehmen, wo sie erhältlich ist. Grundsätzliche Politik ist sicher wünschenswert, aber wir dürfen doch nicht vergessen, dass unser Volk auch eine Existenz haben muss und wir auf die Dauer gesehen suchen müssen, praktische Erfolge zu erreichen und durch unsere Bestrebungen etwas zu erreichen. Unser Volk wird von uns sicher nicht erwarten, dass wir mit dem Kopf durch die Wand rennen, sondern dass wir dem Volk Brot geben.»[585] Als das Projekt eines bürgerlichen Schulterschlusses Ende 1934 schliesslich konkretere Konturen bekam, begrüsste die christlichsoziale Parteileitung das Ergebnis, unter der Voraussetzung natürlich, dass in der bürgerlichen Arbeitsgemeinschaft die Arbeiterinteressen gewahrt würden.[586] Und das hiess: Die CSP war, auch wenn das Vorhaben einer bürgerlichen Zusammenarbeit am Ende nicht über das Anfangsstadium hinaus gedieh, gegen rechts bereit, ideologische Gesichtspunkte zugunsten einer pragmatisch orientierten Politik zurückzustellen, während sie zur selben Zeit die von den sozialdemokratischen Arbeiterorganisationen

wohl sie in denselben Bitternissen und Kümmernissen, in denselben Nöten und Drangsalen stehen wie die Sozialdemokraten, doch treu und aufrichtig auf dem Boden des Vaterlandes ihre Pflicht getan haben» (Prot. des Grossen Rates des Kantons St.Gallen, 19., 22. und 25. November 1918, S. 80, StaatsA SG).
583 TBSch, 11. und 15. Mai 1934 (PrivatA Scherrer).
584 Josef Scherrer, Unsere Stellung zur politischen Lage, Referat an der Sitzung des Kantonalkomitees der CSP, 2. April 1934, S. 21 (BAR).
585 TBSch, 15. Mai 1934 (PrivatA Scherrer).
586 Prot. Parteiausschuss CSP, 6. Januar 1935 (BAR). Im Frühjahr 1936 regte Johannes Müller in der «Hochwacht» an, die Bemühungen um eine Annäherung von Konservativen und Freisinnigen wieder aufzunehmen (Nrn. 73 und 84, 26. März und 8. April 1936).

initiierte Linksallianz a priori und aus grundsätzlichen Erwägungen entschieden ablehnte. Mit anderen Worten: Im Verhältnis der CSP gegenüber den Sozialdemokraten regierte der Doktrinarismus, im Verhältnis zum Freisinn der Pragmatismus.

4.2 Die Stellung zu den Demokraten

Die grundsätzlich-weltanschaulichen Vorbehalte, die die Christlichsozialen dem Liberalismus und dessen Bannerträger, der freisinnig-demokratischen Partei, entgegenbrachten, prägten auch das Verhältnis zur linksbürgerlichen Demokratischen und Arbeiterpartei. Diese galt den Christlichsozialen als Absplitterung des Freisinns, von dem sie sich nur in wirtschaftlichen, nicht aber in kulturellen Fragen unterschied. Die Demokraten standen damit in christlichsozialer Optik auf der anderen Seite des kulturkämpferischen Grabens, wo sie «in allen Fragen der Sittlichkeit und Religion» mit dem «famosen Linksblock» aus Freisinnigen und Sozialdemokraten marschierten, «der den letzten Rest des religiösen Einflusses in Schule und Staat bekämpft und die Religion aus dem öffentlichen Leben verbannt».[587]

Auf der praktischen Ebene schienen sich Christlichsoziale und Demokraten zunächst nicht in die Quere gekommen zu sein. In den Archivalien zur Gründung der CSP werden die Demokraten nie erwähnt, genauso wie im christlichsozialen Grossratswahlkampf von 1912 Attacken auf die Demokraten fehlen. Wurden die Demokraten darum geschont, weil sie mit den Konservativen seit zwei Jahrzehnten partnerschaftlich verbunden waren und zusammen mit diesen (und den Sozialdemokraten) das proportionale Wahlrecht durchgesetzt hatten? Oder waren die christlichsozialen Energien so stark durch die Auseinandersetzungen mit dem konservativen Seniorpartner und mit den Sozialdemokraten gebunden, dass keine Kraft zur Bekämpfung der Demokraten mehr blieb? Wie dem auch sei, in den folgenden Jahren scheinen Christlichsoziale und Demokraten immerhin in einem Verhältnis der Konkurrenz gestanden zu sein. Denn offensichtlich bemühten sich letztere, Wähler in der katholischen Arbeiter- und Angestelltenschaft anzusprechen. Die christlichsoziale Grossratsgruppe führte nämlich im Februar 1913 Klage darüber, die Demokraten würden vor allem in den Bezirken Tablat und Unterrheintal versuchen, «aus unserem Leder Riemen zu schneiden», wogegen eingeschritten werden müsse.[588] Die demokratische Partei schicke sich an, warnten die Christlichsozialen ihre Klientel vor den Verfassungs-

---

587 An das arbeitende Volk! Flugblatt zur Grossratswahl 1918, verf. vom Kantonalkomitee der CSP, 1918 (BAR).
588 Prot. christlichsoziale Gruppe des Grossen Rates, 24. Februar 1913 (BAR).

ratswahlen in der Stadt St.Gallen im Jahre 1916, «unter den Katholiken zu weibeln ... Wohl verstehen es die Demokraten, die Ungefährlichen, Zahmen und Harmlosen zu spielen, aber in allen grundsätzlichen Fragen heulen sie mit den Wölfen! ... Aber, wenn es gilt, Farbe zu bekennen, wahre Toleranz zu üben, schlägt man den Katholiken, um deren Gunst man so sehr buhlt, ins Gesicht, dann ist man freisinnig!»[589]

Als die Wählerschaft der Demokraten in den 1920er Jahren erodierte, stellten sich auch die Christlichsozialen in die Reihe der Erben.[590] Wieweit die CSP tatsächlich ehemals demokratische Wähler rekrutieren konnte, ist nicht aufzuhellen. Es ist aber davon auszugehen, das es keine nennenswerten Wählerbewegungen von den Demokraten zu den Christlichsozialen gegeben hat, allein schon deswegen, weil die klerikale und kulturkämpferische CSP auf die in kulturellen und konfessionellen Fragen versöhnlichen, ja indifferenten Demokraten wenig Anziehungskraft ausgeübt haben dürfte.[591] Nach der Grossratswahl von 1930, die den Demokraten eine vernichtende Niederlage, den Christlichsozialen (wie auch den Sozialdemokraten) dagegen einen beachtlichen Mandatszuwachs brachte, mutmasste Johannes Müller denn auch, nur «etwas weniges» sei zu den Christlichsozialen gestossen.[592]

Die christlichsoziale Kritik an den Demokraten verstummte im Laufe der 1920er Jahre parallel zu deren Niedergang. Die Christlichsozialen beugten sich der Parteiräson, rangen sich, wie auch im Verhältnis zum Freisinn, zu einer pragmatischen Position durch, dazu veranlasst durch die Einsicht in die Nützlichkeit und Verlässlichkeit der Demokraten als Verbündete und Mehrheitsbeschaffer der konservativen Gesamtpartei.[593] Die CSP trug darum die Bemühungen der konservativen Mutterpartei mit, von den Demokraten zu retten, was noch zu retten war, wenn auch nicht besonders aktiv.

---

589 Der Arbeiter, Nr. 46, 18. November 1916.
590 In einer Vorstandssitzung der CSP von St.Gallen-Ost wurde 1926 angeregt, die katholischen Mitglieder der von schweren inneren Spannungen erschütterten demokratischen Partei zu umwerben (TBSch, 22. Juli 1926, PrivatA Scherrer).
591 Den weltanschaulich-religiösen Indifferentismus machten die Christlichsozialen den Demokraten gelegentlich zum Vorwurf, so im Grossratswahlkampf von 1921, als sich die Demokraten den Vorwurf gefallen lassen mussten, «von jedem Winde aufgewehter Wüstensand» zu sein (Hochwacht, Nr. 79, 7. April 1921).
592 Hochwacht, Nr. 79, 3. April 1930.
593 Nach Josef Scherrer löste der Demokrat Otto Weber die freisinnig-konservative Pattsituation im Regierungsrat «in vielen Fällen» zugunsten der Konservativen auf (TBSch, 29. Januar 1937, PrivatA Scherrer).

4.3 Die Stellung zur Nationalen Front

Obgleich St.Gallen jener Schweizer Kanton war, der den Ereignissen in Deutschland und Österreich geographisch am nächsten stand, und obwohl die Wirtschaftskrise die Ostschweiz ungleich härter traf als andere Landesteile, vermochten die Fronten und Bünde der frühen 1930er Jahre hier nur punktuell Fuss zu fassen. Zwar drängten sich im Juni 1933 über 2000 Personen in den St.Galler «Schützengarten», um in einer öffentlichen Versammlung die beiden Frontenführer Emil Sonderegger und Robert Tobler zu hören. Doch bereits im Frühherbst desselben Jahres kam der Parteiausschuss der KVP zum Schluss, von der Frontenbewegung sei im Kanton nicht mehr viel zu erwarten, ihr fehlten Führerpersönlichkeiten sowie Gefolgschaft.[594] Tatsächlich blieben die Fronten – abgesehen von Aktivitäten in der Kantonshauptstadt, im Rheintal und im Toggenburg – eine marginale Kraft, die nie an kantonalen oder nationalen Wahlgängen teilnahm.

Die St.Galler Christlichsozialen bezogen erstmals im Juni 1933 öffentlich zur Frontenbewegung Stellung. In einem Aufruf zur christlichsozialen Landsgemeinde in Gossau begrüsste die Leitung der CSP die Fronten als «Bundesgenossen» im Kampf gegen Liberalismus und Marxismus und für eine Neuordnung von Staat, Wirtschaft und Gesellschaft.[595] Der Hauptreferent der Tagung in Gossau, Johannes Duft, der den erkrankten Josef Scherrer vertrat, präzisierte diese Einschätzung: «Wenn die neuen Fronten halten, was sie versprechen: geistig-moralische Erneuerung des Volkes, Stärkung und Hebung der christlichen Volksgesinnung, Weckung des vaterländisch-sozialen Bewusstseins, dann begrüssen wir sie als Bahnbrecher eines neuen Gemeinschaftslebens in Staat und Volkswirtschaft.» Sollten die Fronten dagegen «unsozialen Geist, ungerechte Kritik und undemokratische Forderungen» verbreiten, «proklamieren wir ihnen ein kategorisches Halt!»[596]

Die zunächst positive Beurteilung der Fronten wich alsbald kritischer Distanznahme. Bereits im September 1933 notierte Josef Scherrer ins Tagebuch: «Was an der Frontenbewegung gut ist, das haben wir in der christ-

---

594 Prot. Parteiausschuss KVP, 16. September 1933 (StaatsA SG, Archiv CVP).
595 Hochwacht, Nr. 132, 8. Juni 1933. Auch Alois Scheiwiler hatte an der Delegiertentagung des ZV im Mai 1933 das Aufkommen der Fronten als Verbündete im Kampf gegen die «falschen liberalen Grundsätze» und gegen die «haltlosen marxistischen Prinzipien» begrüsst (Hochwacht, Nr. 119, 22. Mai 1933).
596 Hochwacht, Nr. 136, 14. Juni 1933. Ähnlich beurteilte der Christlichsoziale Eugen Lendi in einem im Mai 1933 gehaltenen Referat im konservativen Kantonalkomitee die Frontenbewegung. Einerseits erkannte er Affinitäten zum konservativ-christlichsozialen Programm, andererseits lehnte er «die Diktatur, die Gleichschaltung, die Betonung des Rassenelementes und die über sachliche Kritik hinausgehende persönliche Judenhetze» ab (Prot. Kantonalkomitee KVP, 10. Mai 1933, StaatsA SG, Archiv CVP).

«Die weltanschaulich fest verankerte Konservative Volkspartei bietet den undurchdringlichen Damm gegen die revolutionären Mächte links und die unchristlichen Totalitätsbestrebungen rechts» (Broschüre zur Grossratswahl 1933).

lichsozialen Bewegung schon längst vertreten. Zu einem schönen Teile bilden die Fronten eine Gefahr, der wir durch richtige Aufklärung begegnen müssen.»[597] Und im November desselben Jahres rief er an der Delegiertenversammlung des KV zur Vorsicht gegenüber den Fronten auf: «Eine Unterdrückung der Demokratie und eine Gleichschaltung kommt für die Schweiz nicht in Frage.»[598] Dennoch hielt Scherrer vorerst dafür, die Brücken zu den Fronten nicht abzubrechen. «Von Fall zu Fall muss geprüft werden, ob in einer Frage ein Zusammengehen möglich ist. Das Gute sollen wir nehmen, ob es von links oder rechts kommt.»[599] Damit sprach Scherrer das Projekt der berufsständischen Neuordnung der Gesellschaft an, zu deren Durchsetzung ihm Sukkurs nicht nur von freisinniger Seite, sondern auch von ganz rechts willkommen war. In einem Grundsatzartikel in der «Hochwacht» signalisierte Josef Scherrer die Bereitschaft der christlichsozialen Organisationen, zur Verwirklichung der berufsständischen Ordnung mit den Fronten und anderen gesinnungsverwandten Kräften eine «Arbeitsgemeinschaft» zu bilden.[600]

Zwei Entwicklungen veranlassten die Christlichsozialen jedoch, im Verlauf des Jahres 1934 trotz weiterhin bestehender weltanschaulich-programmatischer Affinitäten – korporative Neuordnung, Antisozialismus und

---

597 TBSch, 5. September 1933 (PrivatA Scherrer).
598 Prot. KV, Delegiertenversammlung vom 12. November 1933 (Archiv KAB). Vgl. auch Hochwacht, Nr. 267, 16. November 1933.
599 TBSch, 9. Juni 1934 (PrivatA Scherrer).
600 Christlichsoziale Korrespondenz Nr. 5, Beilage zur Hochwacht, Nr. 112, 15. Mai 1934; vgl. auch Christlichsoziale Korrespondenz Nr. 7, Beilage zur Hochwacht, Nr. 170, 24. Juli 1934.

Antiliberalismus – sich von den Fronten zu distanzieren: Erstens entging der christlichsozialen Führerschaft nicht, dass die Fronten seit Frühjahr 1934 in ihr Gehege einzudringen suchten. Die Fronten seien darauf aus, «ihre Pfeifen aus unserem Holz zu schneiden», gab sich Josef Scherrer besorgt[601], und an der Hauptversammlung der CSP der Stadt St.Gallen rief er dazu auf, den Einbruch der Fronten in die Reihen der christlichsozialen Organisationen abzuwehren.[602] Aus dem oberen Rheintal erhielt Josef Scherrer Bericht, die Frontisten würden mit dem Angebot billiger Beiträge für den Übertritt der christlichen Arbeiter in die Arbeitslosenversicherungskasse der Nationalen Front werben.[603] Und zweitens diskreditierten die Ereignisse in Deutschland und Österreich – Übergriffe auf die katholische Kirche, Gleichschaltung, Röhm-Putsch, Ermordung des Kanzlers Engelbert Dollfuss – die faschistischen Ableger in der Schweiz.[604] Die nationale Erneuerungsbewegung in der Schweiz trage, führte Josef Scherrer in einem Referat im Kantonalkomitee der CSP Anfang April 1934 aus, «z. T. die Züge der ausländ. nationalen Bewegung. Sie bildet deshalb auch eine Gefahr für uns (die Schweiz würde jedenfalls nicht katholisch gleichgeschaltet!).»[605] Vollends ernüchtert, schrieb Josef Scherrer Ende Februar 1935 an Bischof Alois Scheiwiler, in der Frontenbewegung fänden sich «so viele Anklänge an faschistische und nationalsozialistische Ideen…, dass man doch vom religiösen und politischen Standpunkt aus nicht wünschen kann, dass sie Eingang in unser katholisches Volk finde».[606] Bis Ende 1935 schlug die anfängliche Sympathie vollständig in Ablehnung um. In einer Analyse der Nationalratswahl von 1935 attestierte

---

601 TBSch, 27. Mai 1934 (PrivatA Scherrer). Der Sekretär des Kartells St.Gallen, August Steffen, warnte im Ausschuss des Kartells vor der «Absorbierung unserer Mitglieder durch die Fronten» (Prot. Kartell St.Gallen, Sitzung des Ausschusses vom 29. Mai 1934, Archiv KAB). An der Hauptversammlung des folgendes Jahres verwies er auf die grossen Anstrengungen der Nationalen Front, «unseren Organisationen die Mitglieder abspenstig zu machen» (Prot. Kartell St.Gallen, Haupt-Delegiertenversammlung vom 6. April 1935, Archiv KAB).
602 TBSch, 22. Juni 1934 (PrivatA Scherrer). Wohl deswegen hätte Johannes Müller nichts einzuwenden gehabt, wenn die Fronten im Sommer 1934 gleichzeitig mit den Kommunisten verboten worden wären (Hochwacht, Nr. 169, 23. Juli 1934). Die christlichsozialen Spitzenorganisationen der Schweiz lehnten 1934 die Mitarbeit der Mitglieder von Standesvereinen und Gewerkschaften in der Frontenbewegung «einmütig und mit aller Entschiedenheit» ab (JB CAB 1932/33, S. 12).
603 TBSch, 28. Februar 1935 (PrivatA Scherrer).
604 Im JB CAB 1932/33, S. 28f., kritisierte Scherrer in scharfen Worten die «Rücksichtslosigkeit», mit der die Nationalsozialisten nach ihrem Machtantritt die christliche Arbeiterbewegung in Deutschland zertrümmerten.
605 Josef Scherrer, Unsere Stellung zur politischen Lage. Referat an der Sitzung des Kantonalkomitees der CSP, 2. April 1934, S. 7f. (BAR).
606 Schreiben von Josef Scherrer an Alois Scheiwiler vom 28. Februar 1935 (BiASG). Alois Scheiwiler tat sich übrigens sehr schwer mit einer Stellungnahme zu den Fronten. Nicht nur gewährte er dem St.Galler Bezirksführer der Nationalen Front eine Audienz, er versäumte es trotz der Warnung Josef Scherrers auch, öffentlich gegen die Fronten Position zu beziehen (vgl. Bernold, Episkopat, S. 372ff.).

Josef Scherrer den Fronten zwar «in ihrem Ideengehalt etwas Gutes», doch hätten es die «zu deutlichen Anklänge an nationalsozialistische Methoden und an den totalitären Staat» den Christlichsozialen im jüngsten Wahlgang verboten, die Front «irgendwie ernsthaft als Weg- und Kampfgenosse» zu betrachten.[607]

4.4 Die Stellung zu den «Splitterparteien»

In der Mitte der 1930er Jahre kam Bewegung in das bislang äusserst stabile Parteiengefüge St.Gallens. Gleich drei neue politische Gruppierungen drängten im Vorfeld der Nationalratswahl von 1935 in den politischen Ring: die Unabhängigen, die Jungbauern (Bauernheimatbewegung) sowie die vor allem im Rheintal und im Werdenberg werbende Allgemeine Volksliste, eine Koalition von Freigeldlern, Resten der ehemaligen Demokraten und Lohnstickern. Die christlichsoziale Wahlpropaganda von 1935 subsumierte die drei Gruppierungen pauschal unter der Bezeichnung «Splitterparteien». Auf diese Weise brachte die CSP gleich auch ihren ersten Vorbehalt gegen die neuen Gruppen zum Ausdruck: Diese «neuen Kandidaten der Volks‹heilkunde›» dienten nur der «Kräftezersplitterung» und bedrohten damit sogar das Funktionieren der Demokratie.[608] Zudem huldigten sie unterschiedslos einem billigen Populismus: «Politische Grundsätze haben sie keine», war Johannes Müller überzeugt, «sie versprechen dies und versprechen das, was jeder etwa gerne hört!»[609]

Zur erfolgreichsten neuen politischen Kraft wurden die von ihrem Gründer Gottlieb Duttweiler selber in den Wahlkampf geführten Unabhängigen. Bereits Ende Dezember 1929 war die Migros mit ihren «fahrenden Läden» in die Stadt und den Kanton St.Gallen eingebrochen.[610] Zur Phalanx der Boykotteure des neuartigen Vertriebssystems gehörte auch die christlichsoziale Konsumgenossenschaft «Konkordia», die 1931 im Kanton St.Gallen 17 Genossenschaften mit 56 Verkaufsstellen zählte.[611] Die Genossenschaft

---

607 Josef Scherrer, Bericht über die Nationalratswahlen vom 26./27. Oktober 1935, Ende Dezember 1935, S. 4 (BAR).
608 Christlichsoziale Kundgebung zur Nationalratswahl 1935, verf. v. Wahlausschuss der CSP, 1935 (BAR).
609 Hochwacht, Nr. 73, 26. März 1936.
610 Curt Riess, Gottlieb Duttweiler. Eine Biographie, Zürich 1988, S. 103ff. Die Migros St.Gallen wurde im Januar 1930 als Aktiengesellschaft gegründet und im Mai 1941 in eine Genossenschaft umgewandelt (Alfred A. Häsler, Das Abenteuer Migros. Die 60 Jahre junge Idee, hg. vom Migros-Genossenschaftsbund im Verlag der Migros-Presse, o.O. 1985, S. 356).
611 JB CAB 1930/31, S. 127. Die einzelnen Genossenschaften sind namentlich aufgeführt in: Führer durch die Christlichsoziale Bewegung 1929, S. 40f.

Rorschach-St.Gallen, deren Umsätze unter dem Druck der Wirtschaftskrise und infolge des allgemeinen Lohn- und Preisabbaus schrumpften, rief ihre Mitglieder 1931 «dringend» dazu auf, «ihren Bedarf an Waren nur bei der Konsumgenossenschaft Konkordia zu decken und dem grossen Marktgeschrei der sogenannten Migros A.G. kein Gehör zu schenken».[612] Schützenhilfe erhielt die Genossenschaft seitens der CSP: Im Mai 1933 gelangte der christlichsoziale Kantonsrat Josef Klaus an den Regierungsrat mit der Anfrage, was die Regierung zur Bekämpfung der Migros «und ähnlicher mittelstandsruinierender Hydragebilde» zu unternehmen gedenke.[613]

Vom Erfolg Duttweilers in der Nationalratswahl von 1935 – seine Liste erzielte auf Anhieb rund acht Prozent aller Parteistimmen und eroberte ein Nationalratsmandat – wurden die Christlichsozialen überrascht.[614] Weil sie dieses Ergebnis nicht erwartet und Duttweilers Erfolgsaussichten unterschätzt hatten, war eine ernsthafte Auseinandersetzung mit dessen Programm im Vorfeld der Wahl unterblieben. Die CSP hatte sich darauf beschränkt, die Wählerschaft vor dem «Grossverdiener Duttweiler» zu warnen, dem «Herunterreisser der Preise und Löhne» und dem «Bekämpfer des Mittelstandes».[615] Erst im Februar 1937 – Duttweiler hatte seine lose politische Gruppierung eben in eine förmliche Partei umgewandelt – bemühte sich Josef Scherrer, seine Parteifreunde über den Charakter der Unabhängigen aufzuklären.[616] Ein halbes Jahr später analysierte er in der konservativen Wirtschaftskommission das wirtschaftspolitische Programm Duttweilers.[617] Zwei Punkte der Kritik stechen vor allem hervor: Im Vorstoss Duttweilers in die Politik erkannten die Christlichsozialen erstens nichts anderes als den Versuch, der Expansion des Migros-Unternehmens das Terrain zu bereiten. Die Unabhängigen seien eine «rein wirtschaftlich orientierte Partei», Duttweiler stelle «sein Geschäft schamlos in den Dienst der Politik und die Politik in den Dienst seiner Unternehmung». Und zweitens: Duttweilers Partei fehle der

---

612 Jb Kartell St.Gallen 1931, S. 5 (Archiv KAB). Vgl. auch Josef Meile, Gibt es für das Einkaufen christliche Grundsätze? Zürich o.J. (1934). Die Umsätze der Genossenschaft seien, wurde 1934 im Ausschuss der Kommission des Kartells St.Gallen festgestellt, seit langem rückläufig (Prot. vom 24. Mai 1934, Archiv KAB).
613 Hochwacht, Nr. 109, 10. Mai 1933.
614 Duttweiler kandidierte gleichzeitig in den Kantonen Bern, Zürich und St.Gallen und wurde in allen drei Kantonen gewählt. Da er das in Bern gewonnene Mandat annahm, fiel der in St.Gallen eroberte Sitz an Ulrich Eggenberger.
615 Christlichsoziale Kundgebung zur Nationalratswahl 1935, verf. v. Wahlausschuss der CSP, 1935 (BAR).
616 Zirkular der CSP an die Mitglieder des Kantonalkomitees, an die christlichsozialen Bezirks- und Gemeindeorganisationen, resp. der politischen Kommissionen der katholischen Arbeiter- und Angestelltenvereine, 17. Februar 1937 (BAR).
617 Prot. Wirtschaftskommission KVP, 8. September 1937 (StaatsA SG, Archiv CVP). Vgl. auch TBSch, 5. Februar 1937 und 29. Oktober 1939 (PrivatA Scherrer).

weltanschauliche Untergrund, ein «tieferes ethisches Prinzip». Was allenfalls an ideellen Forderungen vorgetragen werde, «das ist offenbar nur die Verbrämung des materialistischen, geschäftlichen Strebens». Das wirtschaftspolitische Programm der Unabhängigen sei als Reaktion auf die «in den letzten Jahren stark gebundene Wirtschaft» zu interpretieren und stelle letzten Endes die «Rückkehr zum extremen Manchestertum», zum «hemmungslosen Liberalismus» dar. Den Erfolg Duttweilers erklärte Scherrer mit den erheblichen finanziellen Mitteln, die Duttweiler aufwandte, sowie mit der «amerikanischen Wahlmethode», die dem Wahlvolk offenbar imponiert habe.[618]

Über die Freiwirtschaftsbewegung, die im Kanton St.Gallen vor allem in den Kreisen der verschuldeten Kleinbauern Anhänger fand, war der Stab bereits vor deren offiziellem Eintritt in die politische Arena gebrochen worden.[619] Der Bundesvorstand des CAB und der Zentralausschuss des ZV kamen auf Antrag zweier Studienkommissionen zum Schluss, dass die Freiwirtschaftslehre «aus technischen, wirtschaftlichen und vor allem aus grundsätzlichen, weltanschaulichen Gründen» abzulehnen sei.[620] Und am 1./2. Juli 1935 verurteilte die Schweizerische Bischofskonferenz die Freiwirtschaftslehre als untaugliches Mittel zur Abwehr der Auswüchse des Kapitalismus und forderte die Katholiken auf, sich von der Bewegung fernzuhalten.[621] Die CSP verzichtete im Nationalratswahlkampf 1935 und auch später auf eine inhaltliche Auseinandersetzung mit den Anhängern der

---

618 Josef Scherrer, Bericht über die Nationalratswahlen vom 26./27. Oktober 1935, Ende Dezember 1935, S. 2f. (BAR).
619 Der Parteiausschuss der KVP liess sich im Dezember 1934 und im März 1935 von zwei Exponenten der Freiwirtschaftsbewegung über die Ziele der vom deutschen Wirtschaftstheoretiker Silvio Gesell entworfenen Lehre ins Bild setzen (Prot. Parteiausschuss KVP, 8. Dezember 1934 und 2. März 1935; vgl. auch Prot. Parteiausschuss KVP, 25. November 1934, StaatsA SG, Archiv CVP). Demgemäss handelte es sich dabei um eine monetaristische Konjunkturtheorie, die über eine Reform des Währungssystems eine krisenfreie Entwicklung der Wirtschaft sichern wollte. Konkret sollte die Geldmenge stets in einem bestimmten Verhältnis zur Warenmenge gehalten werden, um dadurch zu verhindern, dass wegen zu grosser Nachfrage eine Teuerung oder wegen zu geringer Nachfrage ein Preissturz eintritt (Festwährung). Der Ausgleich war durch eine entsprechende Notenausgabe zu schaffen, deren Zirkulation durch einen Wertschwund erzwungen werden sollte (Freigeld). Um die Kapitalflucht in den Bodenmarkt zu unterbinden, war die Überführung von Grund und Boden in Gemeineigentum vorgesehen (Freiland). Zur freiwirtschaftlichen Bewegung vgl. auch Gruner, Parteien, S. 101f.
620 JB CAB 1932/33, S. 41f. Der Zentralausschuss des ZV verbot den Standesvereinen im Januar 1935, Anhänger der Freigeldbewegung als Referenten beizuziehen (TBSch, 9. Januar 1935, PrivatA Scherrer). Vgl. auch JB CAB 1934–36, S. 39f.
621 Die Kundgebung der Bischöfe ist abgedr. in: Hochwacht, Nr. 154, 5. Juli 1935. Die beiden katholischen Publizisten Ferdinand Buomberger und Alfred Teobaldi hatten in zwei 1934 und 1935 erschienenen Abhandlungen die bischöfliche Ablehnung theoretisch begründet (F. B., Bedenken gegen Freigeld und Freiland, Weggis 1934; A. T., Freigeld und Katholizismus, mit einem Vorwort von Bischof Alois Scheiwiler, Zürich 1935).

Freiwirtschaftslehre und berief sich stattdessen lediglich auf das Verbot der Schweizer Bischöfe.[622]

Als weitaus gefährlicher bewerteten die Christlichsozialen das Vorrücken der Jungbauern in die Kreise der katholischen Bauernschaft, erst recht, nachdem die Jungbauern sich zu den Zielen der Kriseninitiative der Linken bekannt hatten. Die erwähnte Bischofskonferenz vom 1./2. Juli 1935 rief zur Gegenoffensive auf und empfahl die Gründung von katholischen Bauernstandesvereinen. Bischof Alois Scheiwiler untersagte daraufhin den katholischen Bauern seiner Diözese den Beitritt zur Bauernheimatbewegung und gründete zusammen mit Josef Scherrer den KBB. Wie bei der Bekämpfung der Freiwirtschaftsbewegung unterblieb christlichsozialerseits im Nationalratswahlkampf 1935 eine argumentative Auseinandersetzung mit den Jungbauern. Stattdessen begnügte sich die CSP mit dem Hinweis auf die bischöfliche Einsprache gegen den Beitritt zur Bauernheimatbewegung. Erst das Engagement der Jungbauern in der Richtlinienbewegung veranlasste Josef Scherrer zu einer sachlichen Begründung seiner Ablehnung. Bei den Jungbauern, klärte er seine Gesinnungsfreunde im Februar 1937 auf, handle es sich um eine Bewegung, «die vollständig mit den sozialistischen Kräften zusammengeht», wie deren Mitarbeit in der Richtlinienbewegung beweise.[623] Ein von Scherrer 1938 verfasstes 26seitiges, mit einer wirren Fülle von Zitaten gespicktes Gutachten verfolgte einzig und allein den Zweck, den Nachweis zu erbringen, dass die Jungbauernbewegung «im Schlepptau der Sozialisten» fahre, ja sogar mit den Kommunisten «freundschaftliche Verbindungen» pflege.[624]

---

622 Christlichsoziale Kundgebung zur Nationalratswahl 1935, verf. v. Wahlausschuss der CSP, 1935 (BAR).
623 Zirkular der CSP an die Mitglieder des Kantonalkomitees, an die christlichsozialen Bezirks- und Gemeindeorganisationen, resp. der politischen Kommissionen der katholischen Arbeiter- und Angestelltenvereine, 17. Februar 1937 (BAR).
624 Josef Scherrer, Bauernheimatbewegung. Belege für deren Bewertung und Gründe für die Ablehnung derselben, 1938 (StaatsA SG, Archiv CVP).

Schlussbetrachtung

(Katholische) Lagerloyalität vor (sozialdemokratischer) Klassensolidarität

Ein Vierteljahrhundert nach der Gründung einer christlichsozialen Parteigruppe im Kanton St.Gallen sprach deren Kantonalpräsident Josef Scherrer in einer Tagebuchnotiz sehr allgemein vom «Doppelkampf», den seine Parteifreunde einerseits gegen reaktionäre Tendenzen innerhalb der konservativen Partei, andererseits gegen die Sozialisten führen müssten. Damit umriss Scherrer das Kraftfeld, in dem sich die Christlichsozialen in St.Gallen wie auch andernorts bewegten und dessen Pole auf der einen Seite das bürgerlich-katholische Lager, auf der anderen Seite die Organisationen der sozialdemokratischen Genossinnen und Genossen bildeten. Mit dem Nachbarn zur Rechten waren die Christlichsozialen durch das Bekenntnis zur gemeinsamen katholischen Weltanschauung verbunden, mit jenem zur Linken über die soziologisch identische Klientel. Die doppelte Verbundenheit brachte unweigerlich Loyalitätskonflikte mit sich: Sollten sich die Christlichsozialen auf der Grundlage des gemeinsamen Programms und zur Abwehr kulturkämpferischer Übergriffe ins katholisch-bürgerliche Parteilager einordnen, oder sollten sie auf der Basis identischer Klasseninteressen zusammen mit den sozialdemokratischen Verbänden eine gemeinsame antikapitalistische und antibürgerliche Front aufbauen? Was stand höher: die Geschlossenheit der Klasse und die materiellen Klasseninteressen oder die Geschlossenheit der Weltanschauung und die kultur- und religionspolitischen Ziele des katholischen Volkes?

Wenigstens im Kanton St.Gallen stand diese Alternative beziehungsweise die Verankerung der Christlichsozialen im katholisch-konservativen Lager ernsthaft nie zur Diskussion. Zwar fehlte es an der Gründungsversammlung vom 26. November 1911 nicht an Stimmen, die die CSP von den Konservativen trennen und auf eigene Füsse stellen wollten. Dem aber stand entgegen, dass der Kanton St.Gallen in der Gestalt der konservativen Partei bereits über eine traditionell starke politische Organisation der Katholiken verfügte, die zu verdrängen und zu ersetzen illusorisch gewesen wäre. Entscheidend indessen war, dass die Christlichsozialen auf Grund ihrer ideellen Fundamente und ihrer Gründungsgeschichte von Anfang an auf den Weg der Integration ins konservative Parteilager verwiesen waren. Das päpstliche Rundschreiben Rerum novarum von 1891, die Geburtsurkunde der christlichsozialen Arbeiter- und Volksbewegung, hatte den Sozialismus als irriges System verurteilt und zur antisozialistischen Sammlung der katholischen Arbeiter- und Angestelltenschaft aufgerufen. Irrig war nach päpstlich-kirchlicher Auffassung der Sozialismus in all seinen Ausprägungen deshalb, weil dieser die soziale Frage nur materialistisch, sozusagen vom «Unterbau» her interpretierte, das Heil also allein in der Reform der wirtschaftlich-sozialen Verhältnisse suchte und die soziale Frage einseitig als Arbeiterfrage deutete. Der Papst dagegen und mit ihm die christlichsozialen Gründer erkannten die wahren Ursachen der sozialen Probleme in einer geistigen Krise, darin, dass Religion und Kirche im Zuge von Säkularisierung und Modernisierung aus ihrer angestammten Stellung verdrängt worden waren. Deswegen müsse eine wirkungsvolle Therapie im Geistig-Religiösen ansetzen, im «Überbau», um in der Marxschen Terminologie zu bleiben. Erst dann – und das war die primäre Aufgabe der katholischen Standesvereine der Arbeiter und Arbeiterinnen, der originellste Beitrag der Christlichsozialen zur Arbeiterbewegung –, erst dann, wenn Sitten und Gesinnung im Geiste der christlichen Sozialreform erneuert, Gesellschaft und Wirtschaft rechristianisiert sein würden, sei eine dauerhafte soziale Befriedung, sei die Ständeversöhnung möglich. Johann Baptist Jung und Alois Scheiwiler, die Gründer der christlichsozialen Arbeiter- und Volksbewegung, erwarben sich den Segen und die Unterstützung der katholisch-kirchlichen Hierarchie gerade deswegen, weil sie ihr Engagement für die christliche Sozialreform von Anfang an mit einer scharfen Kampfstellung gegen die Sozialdemokraten verbanden. Als die Christlichsozialen gute fünf Jahre später auch politisch erwachten, waren die Weichen zur Integration in die konservative Partei und zur Frontstellung gegen die Sozialdemokraten gestellt. Was allenfalls noch einer Klärung bedurfte, war die konkrete Form der Integration.

Im Kanton St. Gallen formierten sich die katholischen Arbeitervereine im November 1911 als organisatorisch selbständige politische Gruppe innerhalb der konservativen Gesamtpartei. Analog dazu vereinigten sich ein Jahr später auch die christlichsozialen Grossräte als Gruppe im Schoss der konservativen Fraktion. Die Verbindung zwischen der altkonservativen und der christlichsozialen Parteirichtung wurde über ein gemeinsames Programm und über gegenseitige Vertretungen in den Parteigremien gesichert. Offen blieb zunächst die heikle Frage des Radius der christlichsozialen Autonomie in Sach- und Wahlfragen. Erst 1919, nachdem die Christlichsozialen der Stadt St. Gallen Vorarbeit geleistet hatten, wurde der Geltungsbereich der christlichsozialen Autonomie in der Weise abgesteckt, dass die CSP sich in allgemein politischen, in kulturellen und in religiösen Sachfragen der Parole der Gesamtpartei unterwarf, in wirtschafts- und sozialpolitischen dagegen Selbständigkeit beanspruchen konnte. Die konservative Statutenrevision von

1936 bestätigte diese Vereinbarung, wobei nun auch Wahlangelegenheiten ausdrücklich als allgemein politische Fragen definiert wurden.

Genauso wie die katholischen Standesvereine der Arbeiter und Angestellten auf der gesellschaftlichen Ebene für die Ideale der christlichen Sozialreform fochten, wollte die CSP im Rahmen der konservativen Gesamtpartei als «sozialer Sauerteig» wirken, das heisst die altehrwürdige konservative Partei nach und nach sozial erneuern und, auf diese Weise der katholischen Arbeiter- und Angestelltenschaft eine politische Heimat schaffend, diese davon abhalten, zur sozialdemokratischen Konkurrenz abzuwandern. Wenn diese Mission dereinst erfüllt sein würde, also die konservative Partei das christlichsoziale Gedankengut restlos übernommen und die Arbeiter- und Angestelltenschaft im katholischen Lager die ihr gebührende Stellung erlangt haben würde, würden die Christlichsozialen auf ihre selbständige Organisation verzichten und in der Gesamtpartei aufgehen können.

Die erste Frucht in diesem Bemühen war das gemeinsame Programm, das sich Konservative und Christlichsoziale 1911 gaben und in dem sich die konservative Gesamtpartei zu den Zielen der christlichen Sozialreform bekannte. Der Sauerteig-Strategie erwuchsen in der mittelständisch geprägten konservativen Partei indessen von Anfang an Widerstände. Das Verlangen nach staatlich-sozialpolitischer Intervention stand im Geruch der Klassenpolitik, und der Vorwurf, die Christlichsozialen seien «verkappte Sozialisten» oder «Weihwasser-Sozialisten», war auf seiten der Konservativen schnell zur Hand. Ihm glaubten die Christlichsozialen dadurch begegnen zu müssen, dass sie ihr Engagement für die Arbeitnehmerschaft mit einer schroffen und mitunter wüsten antisozialistischen Rhetorik orchestrierten, an der sie selbst dann noch festhielten, als sich die Sozialdemokratie zu einer demokratischen und reformistischen Kraft gewandelt hatte. Zugespitzt lässt sich formulieren, dass der christlichsoziale Antisozialismus eine Voraussetzung für den Erfolg des Sauerteig-Gedankens war, dass sich den Christlichsozialen die Tür zu Einfluss und Geltung in der konservativen Gesamtpartei darum öffnete, weil sie gleichzeitig und fortgesetzt ihre antisozialistische Gesinnung beteuerten.

Misst man die Wirksamkeit der christlichsozialen Parteigruppe an ihrem Anspruch, die konservative Gesamtpartei nach und nach mit dem sozialen Gedanken zu durchsetzen und mehr und mehr Einfluss auf deren praktische Politik zu erlangen, so kann man nicht umhin, den Christlichsozialen Erfolg zu attestieren. Nach anfänglicher Zurücksetzung stiegen die Christlichsozialen spätestens seit dem Ersten Weltkrieg zum gleichberechtigten Juniorpartner der Konservativen auf, was sich 1919 zunächst in der Wahl zweier Christlichsozialer in den Nationalrat und schliesslich 1942 in der Erhebung eines Christlichsozialen in den Regierungsrat, 1949 in der Umbenennung der Gesamtpartei in «Konservativ-christlichsoziale Volkspartei» manifestierte. In der Sachpolitik ist der Einfluss der Christlichsozialen auf den Kurs der Gesamtpartei zwar nur schwer zu erfassen. Die Tatsache aber, dass die konkrete Sachpolitik in der Gesamtpartei wie in der konservativen Fraktion praktisch nie Anlass zu Querelen gab, belegt indirekt, dass die Gesamtpartei bemüht war, auf die Anliegen des christlichsozialen Juniorpartners Rücksicht zu nehmen und sozial- und wirtschaftspolitisches Profil zu gewinnen, was im übrigen von Josef Scherrer mehrfach bestätigt wurde und was sich beispielsweise anhand der zweimaligen klaren Zustimmung der Konservativen zur Alters- und Hinterlassenenversicherung zeigte. Aber auch aus dem Phänomen, dass das konservative Parteilager seinen Mandatsanteil in eidgenössischen und kantonalen Wahlgängen grosso modo behaupten konnte, lässt sich schliessen, dass die CSP in der Gesamtpartei Einfluss und Gewicht hatte und gerade darum die katholische Arbeiter- und Angestelltenschaft bei der Stange zu halten vermochte. Greifbarer wird das Gewicht der Christlichsozialen dagegen in der Personalpolitik. Es gelang der CSP, in der konservativen Jungmannschaft sowie in der katholischen Bauernschaft Fuss zu fassen. Ihren Anteil an der Gesamtzahl der konservativen Mandate in der kantonalen Legislative baute sie kontinuierlich aus, und in der konservativen Nationalratsdeputation erlangte sie zeitweilig sogar die Mehrheit, was konservativerseits heftige Abwehrreflexe und Verdrängungsängste provozierte. Bezeichnenderweise wurde darum nicht die Sachpolitik, sondern die Personalpolitik zur Quelle gelegentlichen konservativ-christlichsozialen Haders.

Auch für die konservative Gesamtpartei erwies sich die Gründung der christlichsozialen Parteigruppe als eigentlicher Glücksfall. Zwar komplizierte die Rücksichtnahme auf die CSP die innerparteiliche Willensbildung und mussten die Konservativen teilweise schmerzliche Konzessionen an ihren Juniorpartner machen. Dem aber stand auf der Positivseite gegenüber, dass es gerade die Christlichsozialen waren, die die programmatische und organisatorische Erneuerung der Gesamtpartei vorantrieben. Vor allem aber: Indem die Christlichsozialen als sozialer Stachel oder soziales Gewissen die konservative Mutterpartei in der Sozial- und Wirtschaftspolitik à jour hielten und ihrer Klientel gebührende Vertretungen in den Behörden verschafften, banden sie die katholische Arbeiter- und Angestelltenschaft ins katholischkonservative Lager ein. Damit leisteten sie einen wesentlichen Beitrag zur Behauptung der numerischen Stärke der St.Galler Konservativen. Dank christlichsozialem Engagement blieb der konservativen Partei jenes Schicksal erspart, das die andere St.Galler Traditionspartei, den Freisinn, ereilte, der in der Zwischenkriegszeit rund einen Viertel seines Wähleranteils an die Sozialdemokraten abgeben musste.

Scherrers Hinweis auf den «Doppelkampf», den die CSP gegen links und gegen rechts zu führen genötigt war, und die Positionierung der Christlichsozialen als Arbeiter- und Angestelltenorganisation im mittelständisch-bäuerlichen konservativen Parteilager könnten die Vermutung nahelegen, die konservativ-christlichsoziale Hausgemeinschaft auf der einen und die CSP auf der andern Seite seien mit ständigen starken Spannungen und Zerreissproben konfrontiert gewesen. Für den Kanton St.Gallen trifft diese Feststellung in dieser Form nicht zu. Über weite Abschnitte war das wechselseitige Verhältnis recht einvernehmlich. Zwar blieben der konservativen Gesamtpartei innere Konflikte nicht erspart, in der Regel immer dann, wenn die CSP, wie bei der Grossratswahl von 1912 oder den Nationalratswahlen von 1919 und 1935, auf Kosten des konservativen Parteiflügels wuchs oder sich die Christlichsozialen anschickten, in konservative Domänen einzudringen, so 1923 mit dem (missglückten) Versuch zur Gründung eines christlichsozialen Tagblatts in St.Gallen oder 1935 mit dem (erfolgreichen) Vorstoss zur Schaffung katholischer Bauernstandsvereine. Aber auch in den christlichsozialen Reihen selber gab es – mit der einzigen Ausnahme des allerdings bloss episodischen Begehrens der christlichen Gewerkschaftsvereinigung des Kantons St.Gallen auf Trennung von den Konservativen – keine Bestrebungen, sich von der Bindung an die Konservativen loszulösen.

Wenn man nach den Gründen sucht, die dieses hohe Mass an Kohäsion erklären, ist zuallererst auf die Konservative wie Christlichsoziale in gleicher Weise verpflichtende katholische Weltanschauung zu verweisen. Sie war, verbunden mit einem scharfen Antiliberalismus und Antisozialismus, tragfähig genug, klassenbedingte Divergenzen zwischen den beiden Parteiflügeln auszugleichen und zu überwinden. War in wirtschaftlich-sozialen Sachfragen im Einzelfall keine Einigkeit zu erreichen, stand es gemäss der Autonomie-Vereinbarung von 1919 der CSP frei, selbständig vorzugehen. Doch erklären diese Hinweise das Phänomen der hohen Kohäsion nicht hinreichend. Anderswo – so in den 1930er Jahren in der Stadt Luzern und im Kanton Graubünden – kam es nämlich trotz der Wertegemeinschaft von Konservativen und Christlichsozialen zur Trennung der katholischen Brüder. Für den Kanton St.Gallen kommen zwei weitere Kohäsionsfaktoren hinzu. Erstens die Tatsache, dass es sowohl in den Reihen der CSP wie auch in denjenigen der KVP keine einzige Führerpersönlichkeit von Rang und Namen gab, die je einer Trennung das Wort geredet hätte. Die konservative Gesamtpartei war darum neben der Wertegemeinschaft immer auch eine Willensgemeinschaft. Auf christlichsozialer Seite ist in erster Linie Josef Scherrer zu erwähnen, der mit der Rückendeckung Alois Scheiwilers die Parteieinheit als Vermächtnis des Bewegungsgründers Johann Baptist Jung durch alle Stürme hindurch mit dem ganzen Gewicht seiner Autorität verteidigte und dafür Sorge trug, dass die Christlichsozialen nicht aus dem konservativen Parteilager ausscherten. Die zweite spezifisch sanktgallische

Erklärung ist darin zu suchen, dass der Kanton St.Gallen traditionell ein Kulturkampfkanton war und dass alte kulturkämpferische Gräben in den 1920er Jahren von neuem aufbrachen. Das Feindbild eines religions- und kirchenfeindlichen Linksblocks von Freisinnigen und Sozialdemokraten disziplinierte und integrierte das konservativ-christlichsoziale Parteilager.

Angesichts der Erfolge der CSP als Parteigruppe innert der konservativen Gesamtpartei ist es müssig zu fragen, ob nicht der andere Weg, der 1911 wenigstens grundsätzlich offenstand, der Weg der vollständigen Lostrennung von den Konservativen und die Solidarität mit den reformistischen Sozialdemokraten, den im Oberland Johann Baptist Rusch vor der Gründung der CSP propagiert hatte und den die christlichen Gewerkschafter in der Mitte der 1930er Jahre beschreiten wollten, mehr Erfolg versprochen hätte. Nicht zu bestreiten ist, dass den Christlichsozialen – zu erinnern ist an den «Hochwacht»-Konflikt oder an die Auseinandersetzungen bei Wahlen – einige Frustrationen erspart geblieben wären; dass es ihnen auch unbenommen gewesen wäre, den Arbeitnehmerstandpunkt in Sachfragen unbedingter zu vertreten. Diese Vorteile indessen hätte sich die CSP mit weit gewichtigeren Nachteilen erkaufen müssen. Die Christlichsozialen wären als Minderheit in der Arbeitnehmerbewegung stets im Schatten der Sozialdemokraten gestanden, hätten wohl auch, weil sie auf die klare Abgrenzung gegenüber dem Partner zur Linken hätten verzichten müssen, Teile ihrer eigenen Klientel an diesen verloren, ebenso unweigerlich die kleinbäuerlich-mittelständischen Elemente ihrer Basis nach rechts abgestossen. Entscheidend aber wäre gewesen, und darauf wies Josef Scherrer als eifrigster Verfechter der Einheit mit den Konservativen wieder und wieder hin, dass die CSP im Falle der Trennung sich der Chance begeben hätte, ihren Wirkungskreis in die staatstragende konservative Partei hinein zu erweitern und von dort Unterstützung für die sozial- und wirtschaftspolitischen Postulate der Arbeiter- und Angestelltenschaft zu erhalten.

Die Christlichsozialen stehen heute gesamtschweizerisch wiederum an jenem Scheideweg, an dem sie nach ihrem politischen Erwachen am Anfang des 20. Jahrhunderts schon einmal standen. Sollen sie weiterhin unter dem Dach der christlichdemokratischen Mutterpartei und als deren linker Flügel politisieren, oder sollen sie stattdessen die historischen Bande lockern oder gar durchschneiden und die Annäherung ans linke Parteilager suchen? Wenigstens zwei Lehren können aus der historischen Perspektive St.Gallens für die Gegenwart gezogen werden. Erstens: Die Einbindung in die konservative Partei lohnte sich für die Christlichsozialen wie für die Konservativen. Der Gruppenstatus, verbunden mit der Möglichkeit okkasioneller Opposition zum Kurs der Gesamtpartei, erlaubte es den Christlichsozialen, im katholisch-konservativen Lager zu verbleiben und sich dort erfolgreich als Anwältin der Arbeitnehmerinteressen zu profilieren. Dadurch erhielt die CSP der Mutterpartei die Arbeiter- und Angestelltenschaft und blieb die konservative Gesamtpartei die dominante Kraft im St.Galler Parteiengefüge. Und zweitens: Der Erfolg fiel den Christlichsozialen nicht ohne weiteres in den Schoss. Die Voraussetzungen hierzu waren neben der grossen persönlichen Opferbereitschaft der christlichsozialen Akteure die schlagkräftige und disziplinierte eigene Organisation sowie der unerschütterliche Wille von Altkonservativen und Christlichsozialen zum Ausgleich und zur Zusammenarbeit.

Bibliographie

1 Quellen

1.1 Ungedruckte Quellen

Archiv CVP	Archiv der CVP des Kantons St.Gallen, St.Gallen
Archiv KAB	Archiv der Katholischen Arbeitnehmerbewegung der Diözese St.Gallen, St.Gallen (ungeordnet).
Archiv Katholische Administration	Archiv der Administration des Katholischen Konfessionsteils des Kantons St.Gallen, St.Gallen (Abt. II A, 2–4: Nachlass Thomas Holenstein sen.).
Archiv KBB	Archiv des Katholischen Bauernbundes der Diözese St.Gallen, Tübach (ungeordnet).
BiA SG	Bischöfliches Archiv der Diözese St.Gallen, St.Gallen (Rubrik B, Fasz. 2, f und g: Bischöfe A. Scheiwiler und J. Meile; H, Fasz. 17,1: Wahlen und Parteien; O, Fasz. 6,1: Arbeiter- und Arbeiterinnenvereine; Fasz. 7,1: Arbeiterfrage, Gewerkschaften, Christlichsoziale; Fasz. 7,2: Christlichsoziale, Nationalrat Scherrer; Fasz. 7,3: Christlichsoziale, Gewerkschaften).
BAR	Schweizerisches Bundesarchiv, Bern: Archiv der Christlichen Sozialbewegung der Schweiz, Bern (Sign. J II. 196 1990/57, Nr. 254–263, 268–269: CSP; Nr. 246–251: KVP; Nr. 169–172: christlichsoziale Organisationen des Kantons St.Gallen; Nr. 292: Politisches Komitee der christlichsozialen Arbeiterorganisationen; Nr. 54: ZV).
PrivatA Scherrer	Privatarchiv von Josef Scherrer, St.Gallen (ungeordnet).
StaatsA SG	Staatsarchiv des Kantons St.Gallen, St.Gallen.

Bibliographie

1.2 Gedruckte Quellen

Amtliche Publikationen

Amtsblatt
  Amtsblatt des Kantons St.Gallen, St.Gallen 1911–1939.
Prot. des Grossen Rates
  Protokolle der Verhandlungen des Grossen Rates des Kantons St.Gallen, St.Gallen 1912–1939.
Statistik des Kantons St.Gallen, XVI
  Statistik des Kantons St.Gallen, Heft Nr. XVI, Die Bevölkerungsbewegung im Kanton St.Gallen unter besonderer Berücksichtigung der Bürgerrechts- und der konfessionellen Verhältnisse 1837–1900, hg. vom Departement des Innern des Kantons St.Gallen und bearb. von Othmar Müller, Bern 1901.
Statistik des Kantons St.Gallen, XXXII
  Statistik des Kantons St.Gallen, Heft Nr. XXXII, Die kantonalen und eidgenössischen Volksabstimmungen im Kanton St.Gallen mit besonderer Berücksichtigung derjenigen von 1891–1913, hg. vom Departement des Innern des Kantons St.Gallen und bearb. von Othmar Müller, St.Gallen 1914.
Statistik des Kantons St.Gallen, XXXIII
  Statistik des Kantons St.Gallen, Heft Nr. XXXIII, Beiträge zur Fremden- und Einbürgerungsfrage im Kanton St.Gallen, hg. vom Departement des Innern des Kantons St.Gallen und bearb. von Othmar Müller, St.Gallen 1917.
Statistik des Kantons St.Gallen, XXXIX
  Statistik des Kantons St.Gallen, Heft Nr. XXXIX, Der St.Galler Bürger an den Urnen, Referendum und Initiative im Kanton St.Gallen 1831–1952, hg. vom Departement des Innern und bearb. von Hans Gmür, Bazenheid 1953.
Statistik des Kantons St.Gallen, XL
  Statistik des Kantons St.Gallen, Heft Nr. XL, Die Grossratswahlen im Kanton St.Gallen 1912–1954, hg. vom Departement des Innern und bearb. von Hans Gmür, Au 1954.
Statistik des Kantons St.Gallen, XLI
  Statistik des Kantons St.Gallen, Heft Nr. XLI, Die Nationalratswahlen im Kanton St.Gallen 1919–1955, hg. vom Departement des Innern und bearb. von Hans Gmür, Gossau o.J. (1955).

Periodica

Alttoggenburger
  Der Alttoggenburger, Bazenheid (einzelne Nummern).
Arbeiter
  Der Arbeiter. Organ der katholischen Arbeitervereine, Winterthur (einzelne Nummern).
Arbeiterzeitung
  Ostschweizerische Arbeiterzeitung, St.Gallen 1910–1911.
Führer
  Der Führer. Organ der Christlichsozialen Volksbewegung der Schweiz, Winterthur (einzelne Nummern).

Fürstenländer
: Der Fürstenländer, Gossau (einzelne Nummern).
Hochwacht
: Hochwacht. Christlichsoziales Tagblatt der Schweiz, Winterthur 1922–1939.
Katholischer Schweizerbauer
: Katholischer Schweizerbauer, Rorschach (einzelne Nummern).
Kirchenzeitung
: Schweizerische Kirchenzeitung, Luzern (einzelne Nummern).
Neue Zürcher Nachrichten
: Neue Zürcher Nachrichten, Zürich (einzelne Nummern).
Neue Zürcher Zeitung
: Neue Zürcher Zeitung, Zürich (einzelne Nummern).
Ostschweiz
: Die Ostschweiz. Zentralorgan der Konservativen Volkspartei des Kantons St.Gallen, St.Gallen 1904–1939.
Rheintalische Volkszeitung
: Rheintalische Volkszeitung, Altstätten 1911–1914 sowie einzelne Nummern.
Rorschacher Zeitung
: Rorschacher Zeitung, Rorschach (einzelne Nummern).
Sarganserländer
: Der Sarganserländer, Sargans 1909–1912.
St.Galler Tagblatt
: St.Galler Tagblatt, St.Gallen 1911–1939.
Volksrecht
: Volksrecht. Sozialdemokratisches Tagblatt, Zürich (einzelne Nummern).
Volksstimme
: Volksstimme. Sozialdemokratisches Tagblatt, St.Gallen 1911–1939.
Winterthurer Volkszeitung
: Winterthurer Volkszeitung (Lokalausgabe der «Hochwacht»), Winterthur 1921–1922.

Jahresberichte, Jahrbücher und Protokolle

JB CAB
: Jahrbücher des Christlichsozialen Arbeiterbundes der Schweiz für die Jahre 1919–1943, St.Gallen/Winterthur 1921–1944.
Jb Arbeiterunion 1911
: Jahres-Bericht der Arbeiter-Union St.Gallen (Unionsvorstand und Arbeitersekretariat) für das Jahr 1911. Mit einem Anhang: «25 Jahre Kampf», St.Gallen 1911.
Jb katholischer Arbeiterverein St.Gallen
: Jahresberichte des katholischen Arbeitervereins St.Gallen, St.Gallen/Winterthur 1901–1910.
Jb Kartell St.Gallen
: Jahresberichte des christlichsozialen Kartells St.Gallen und Umgebung für die Jahre 1911 und 1920, Winterthur 1912/1921.
Jb ZV
: Jahresberichte des Zentralverbandes christlichsozialer Arbeiterorganisationen der Schweiz für die Jahre 1904–1924, St.Gallen/Zürich/Winterthur 1904, 1906–1925.

Jubiläumsbericht Kartell St.Gallen 1924
   Jubiläumsbericht des christlichsozialen Kartells St.Gallen und Umgebung 1900–1924 und Jahresbericht 1924, Winterthur 1925.
Jubiläumsbericht Kartell St.Gallen 1929
   Jubiläumsbericht des christlichsozialen Kartells St.Gallen und Umgebung 1900–1929 und Jahresbericht 1929, Winterthur o.J. (1930).
Prot. CAB
   Protokolle der Verhandlungen der Schweizerischen christlichsozialen Arbeiterkongresse 1920, 1922, 1925, 1928 und 1932, hg. vom Christlichsozialen Arbeiterbund der Schweiz, Winterthur 1920ff.
Prot. Schweizerische Soziale Woche 1941
   Schweizerische Soziale Woche, abgehalten in Freiburg, 29., 30. und 31. August 1941. Stenogramm der Verhandlungen, hg. vom Christlichsozialen Arbeiterbund der Schweiz, Winterthur o.J. (1941).
Prot. Soziale Woche 1927
   Soziale Woche der Schweiz, abgehalten vom 18. bis 20. August 1927 in Einsiedeln. Protokoll der Verhandlungen mit vollinhaltlicher Wiedergabe der Referate, Diskussionen und Beschlüsse, hg. vom Christlichsozialen Arbeiterbund der Schweiz, Winterthur o.J. (1927).

Broschüren und Bücher

Arbeitervereine und Gewerkschaften
   Arbeitervereine und Gewerkschaften, Winterthur 1908.
Balthasar/Gruner, Soziale Spannungen
   Balthasar Andreas/Gruner Erich, Soziale Spannungen – wirtschaftlicher Wandel. Dokumente zur Schweiz zwischen 1880 und 1914, Bern 1989.
Banz, Christlich-sozial
   Banz Placidus, Christlich-sozial! oder Der richtige Weg zur Lösung der sozialen Frage, Feldkirch/Lindau/Buchs o.J.
Beck, Sozialismus
   Beck J(oseph), Der heutige Sozialismus. Eine Orientierung, Flugschriften zu Schutz und Trutz, Nr. 9, hg. von Alfred Teobaldi, Winterthur o.J. (1922).
Buomberger, Katholische Grundsätze
   Buomberger Ferdinand, Katholische Grundsätze der Volkswirtschaft, Weggis 1926.
Buomberger, Stellung
   Buomberger Ferdinand, Die Stellung der Christlich-Sozialen zur Politik. Vortrag und Programm, Zürich o.J. (1908).
Die Christlichsozialen
   Die Christlichsozialen. Kurze Geschichte der christlich-sozialen Bewegung in der Schweiz, Flugschriften zu Schutz und Trutz, Nr. 7, hg. von Alfred Teobaldi, Winterthur 1921.
Duft, Bauer und Arbeiter
   Duft Johannes, Bauer und Arbeiter, Referat am IV. Christlich-sozialen Arbeiterkongress vom 8./9. September 1928 in Bern, Winterthur 1928.
Duft, Kommunale Politik
   Duft Johannes, Die Aufgaben der kommunalen Politik, o.O., o.J. (Winterthur 1925).

Duft, Sozialreform
Duft Johannes, Die Pflicht zur christlichen Sozialreform, Referat an der Generalversammlung des Schweiz. Studentenvereins 1920 in Wil, Sonderdruck aus «Monat-Rosen» 65 (1920/1921).

F.J.B., Arbeiter, Arbeiterin
F.J.B., Arbeiter, Arbeiterin wohin des Weges? Flugschriften zu Schutz und Trutz, Nr. 4, hg. von Alfred Teobaldi, Winterthur 1921.

Festführer Landeskongress
Festführer für den neunten christlichsozialen Landeskongress am 7. und 8. Mai 1949 in St.Gallen. Grosskundgebung des 50jährigen Bestehens der christlichsozialen Arbeiter- und Volksbewegung der Schweiz, Winterthur o.J. (1949).

Führer durch die Christlichsoziale Bewegung 1925
Führer durch die Christlichsoziale Bewegung der Schweiz, hg. vom Christlichsozialen Arbeiterbund, Winterthur 1925.

Führer durch die Christlichsoziale Bewegung 1929
Führer durch die Christlichsoziale Bewegung der Schweiz, hg. vom Christlichsozialen Arbeiterbund der Schweiz, Winterthur 1929.

Jung, Genossenschaftliche Volkswirtschaft
Jung J(ohann Baptist), Die genossenschaftliche Volkswirtschaft, die Wirtschaft der Zukunft, St.Gallen o.J. (1920).

Jung, Grundriss
Jung J(ohann Baptist), Grundriss der christlichen Sittenlehre, mit besonderer Berücksichtigung der socialen Frage und der wichtigsten Rechtsgrundsätze über Kirche und Staat, Freiburg i. Ue. 1900.

Lebensfragen für den Arbeiter
Lebensfragen für den Arbeiter. Warum und wie soll ich mich gewerkschaftlich organisieren? Winterthur 1914.

Meile, Berufsgemeinschaften
Meile Josef, Sind katholische Berufsgemeinschaften notwendig? Winterthur o.J. (1934).

Meile, Selbstbesinnung
Meile Josephus, Eine christlichsoziale Selbstbesinnung, Winterthur o.J. (1942).

Scheiwiler, Arbeiter-Enzyklika
Scheiwiler Alois, Zum Jubiläum der Arbeiter-Enzyklika von Papst Leo XIII. 1891–1916. Eine Denkschrift, Winterthur o.J. (1916).

Scheiwiler, Bauernstand
Scheiwiler Alois, Die Fundamente des Bauernstandes, Ansprache an der Hauptversammlung des kantonalen landwirtschaftlichen Vereins am 11. April 1931, in: 43. Jahresbericht des Kant. Landwirtschaftlichen Vereins Appenzell I.-Rh. pro 1930, Appenzell 1931.

Scheiwiler, Hoch die Christlichsoziale
Scheiwiler Alois, Hoch die Christlichsoziale! Eine Beleuchtung der christlichsozialen Arbeiterorganisationen, deren Wirksamkeit und Ziele, St.Gallen o.J. (1915).

Scheiwiler, Jugend
Scheiwiler Alois, Im Kampfe um die Jugend. Den lb. Jünglingen zur Lehr' und Wehr, Einsiedeln o.J. (1916).

Scheiwiler, Rote Flut
Scheiwiler J. A(ois), Die «rote Flut», in: Schweizerische Rundschau, XIII. Jg. (1912/13), S. 258–275.
Scheiwiler, Soziale Bewegungen
Scheiwiler Alois, Soziale Bewegungen in der Schweiz, o.O., o.J.
Scheiwiler, Soziale Lehren
Scheiwiler Alois, Die sozialen Lehren der katholischen Kirche und ihre praktische Anwendung, St.Gallen 1927.
Scheiwiler, Sozialismus
Scheiwiler Alois, Der gegenwärtige Stand des Sozialismus, in: «Monat-Rosen» 64 (1920), S. 225–233.
Scheiwiler, Weltmacht
Scheiwiler Alois, Eine gefährliche Weltmacht. Einige Gedanken über die Presse, St.Gallen o.J. (1916).
Scheiwiller, Wirtschafts- und Sozialprogramm
Scheiwiller Otmar P., Wirtschafts- und Sozialprogramm der Schweizerkatholiken, o.O., o.J. (1943).
Scherrer, Arbeitszeit
Scherrer Josef, Der Kampf um die Arbeitszeit! Eine Darlegung des Arbeitnehmer-Standpunktes, St.Gallen 1923.
Scherrer, Berufsständische Ordnung I
Scherrer Josef, Errichtung der berufsständischen Ordnung. Postulat von Nationalrat Josef Scherrer, St.Gallen, vom 23. September 1931, Winterthur 1933.
Scherrer, Berufsständische Ordnung II
Scherrer Josef, Berufsständische Ordnung. Richtlinien für eine Schweizerische Lösung, o.O. 1937.
Scherrer, Bundesversammlung
Scherrer Josef, Aus der Tätigkeit der christlichsozialen Gruppe der Bundesversammlung, Winterthur 1922.
Scherrer, Christlichsoziale Arbeiterbewegung
Scherrer Josef, Die christlichsoziale Arbeiterbewegung der Schweiz und die aktuellen Fragen der Gegenwart, Referat am Delegiertentag des Zentralverbandes christlichsozialer Arbeiterorganisationen der Schweiz vom 1. Juli 1917 in Zürich, Winterthur 1917.
Scherrer, Grundlagen
Scherrer Josef, Grundlagen und Forderungen der christlichen Gewerkschaftsbewegung. Vortrag am VI. Christlichen Gewerkschaftskongress vom 8./9. Oktober 1927 in Winterthur, St.Gallen 1927.
Scherrer, Kapitalismus
Scherrer Josef, Der Kapitalismus, Ursache des Sozialismus, Referat am Sozialpolitischen Orientierungskurs des Schweizerischen Katholischen Volksvereins in Luzern, 24./25. März 1928, Separat-Abzug aus den Volksvereins-Annalen, Heft IV, Mai 1928.
Scherrer, Kriseninitiative
Scherrer Josef, Grundsätzliche weltanschauliche Gesichtspunkte zum sozialistischen Volksbegehren zur Bekämpfung der wirtschaftlichen Krise und Not, Uznach 1935.

Scherrer, Kulturarbeit
: Scherrer Josef, Kulturarbeit der christlichsozialen Bewegung, Festrede an der Jubiläumstagung des christlichsozialen Kartells St.Gallen, St.Gallen 1925.

Scherrer, Liberalismus
: Scherrer Josef, Liberalismus und Arbeiterfrage, Zürich o.J. (1913).

Scherrer, Politik
: Scherrer Josef, Christlichsoziale Politik. Eine Wegleitung, St.Gallen 1923.

Scherrer, Rückblick
: Scherrer Josef, Ein Rückblick auf das Schaffen der christlichsozialen Bewegung der Schweiz, St.Gallen 1941.

Scherrer, Sozialismus
: Scherrer Josef, Sozialismus und freie Gewerkschaften, St.Gallen 1943.

Scherrer, Sozialreform
: Scherrer Josef, Die christliche Sozialreform. Eine Orientierung über die christliche Arbeiter- und Volksbewegung, mit einem Vorwort von Mgr. Dr. Josephus Meile, Bischof, Winterthur o.J. (1945).

Scherrer, Standort
: Scherrer Josef, Der Standort der Christlichsozialen, St.Gallen o.J.

Scherrer, Triumph
: Scherrer Josef, Ein Triumph über den Materialismus! Programmrede am I. Schweizerischen christlichsozialen Arbeiterkongress vom 28./29. August in Zürich, Winterthur 1920.

Schweizerische Arbeiterbewegung
: Schweizerische Arbeiterbewegung. Dokumente zu Lage, Organisation und Kämpfen der Arbeiter von der Frühindustrialisierung bis zur Gegenwart, hg. und eingeleitet von einer Arbeitsgruppe für Geschichte der Arbeiterbewegung, Zürich 1980.

Texte zur katholischen Soziallehre
: Texte zur katholischen Soziallehre. Die sozialen Rundschreiben der Päpste und andere kirchliche Dokumente, mit Einführungen von Oswald von Nell-Breuning SJ und Johannes Schasching SJ, hg. vom Bundesverband der Katholischen Arbeitnehmer-Bewegung Deutschlands, Köln [7]1989.

Warum christliche Gewerkschaften
: Warum christliche Gewerkschaften? Eine Beleuchtung ihres Wesens, ihrer Ziele und ihrer Gegner, Zürich o.J. (1908).

Warum katholische Arbeitervereine
: Warum katholische Arbeitervereine? Winterthur 1907.

Werden und Wachsen des Bundesstaates
: Werden und Wachsen des Bundesstaates 1815–1945, Quellenhefte zur Schweizergeschichte, hg. durch eine Kommission des Vereins Schweizerischer Geschichtslehrer und bearbeitet von Erich Gruner und Wilfried Haeberli, Zürich 1974.

Wick, Intervention
: Wick Karl, Die Intervention des Staates auf wirtschaftlichem und sozialem Gebiete, St.Gallen 1927.

Wie gelangen die christlich-sozialen Organisationen zu kräftiger Blüte
: Wie gelangen die christlich-sozialen Organisationen zu kräftiger Blüte? Ein ernstes Wort an alle christlich-sozialen Arbeiter- und Arbeiterinnenvereine, besonders aber an ihre Vorstände, Winterthur 1908.

2 Literatur

Altermatt, Allklassenpartei
Altermatt Urs, Katholische Allklassenpartei mit mittelständischem Gepräge, in: ders./Hans Peter Fagagnini (Hg.), Die CVP zwischen Programm und Wirklichkeit, Zürich/Köln 1979, S. 29–39.

Altermatt, Aufbruch
Altermatt Urs, Aufbruch aus dem katholischen Ghetto? in: ders./Hans Peter Fagagnini (Hg.), Die CVP zwischen Programm und Wirklichkeit, Zürich/Köln 1979, S. 85–105.

Altermatt, Ghetto
Altermatt Urs, Der Weg der Schweizer Katholiken ins Ghetto. Die Entstehungsgeschichte der nationalen Volksorganisationen im Schweizer Katholizismus 1848–1919, Zürich/Einsiedeln/Köln 1972.

Altermatt, Katholizismus und Moderne
Altermatt Urs, Katholizismus und Moderne. Zur Sozial- und Mentalitätsgeschichte der Schweizer Katholiken im 19. und 20. Jahrhundert, Zürich 1989.

Altermatt, Milieukatholizismus
Altermatt Urs, Die goldenen Jahre des Milieukatholizismus 1920–1945, in: ders. (Hg.), Schweizer Katholizismus zwischen den Weltkriegen 1920–1940, Freiburg i. Ue 1994, S. 3–24.

Altermatt, Politischer Katholizismus
Altermatt Urs, Politischer Katholizismus. Überlegungen und Hinweise zu Begriff und Gegenstand des politischen Katholizismus im allgemeinen und des politischen Katholizismus der Schweiz im besonderen, in: Reformatio 22 (1973), S. 486–496.

Altermatt, Wandlungen
Altermatt Urs, Das «hohe» C: Wandlungen und Profile, in: ders./Hans Peter Fagagnini (Hg.), Die CVP zwischen Programm und Wirklichkeit, Zürich/Köln 1979, S. 127–149.

Altermatt, Wirtschaftsflügel
Altermatt Urs, Die Wirtschaftsflügel in der CVP: Die «dynamische Mitte» unter Druck, in: Schweizer Jahrbuch für politische Wissenschaft 26 (1986), S. 63–88.

Altermatt/Bosshart-Pfluger/Python, Katholiken und Katholizismus
Altermatt Urs/Bosshart-Pfluger Catherine/Python Francis, Katholiken und Katholizismus im 19. und 20. Jahrhundert, in: Schweizerische Zeitschrift für Geschichte 41 (1991), S. 493–511.

Balthasar/Gruner, Soziale Spannungen
Balthasar Andreas/Gruner Erich, Soziale Spannungen – Wirtschaftlicher Wandel. Dokumente zur Schweiz zwischen 1880 und 1914, Bern 1989.

Bärtschi, Lebensverhältnisse
Bärtschi Hans-Peter, Die Lebensverhältnisse der Schweizer Arbeiter um 1900, in: Gewerkschaftliche Rundschau 75 (1983), Heft 4, S. 118–124.

Baumberger, CSP Zürich
Baumberger Georg, Ein Beitrag zur Gründung und Entwicklung der christlichsozialen Partei von Kanton und Stadt Zürich, Zürich o.J. (1922).

Bergier, Wirtschaftsgeschichte
Bergier Jean-François, Die Wirtschaftsgeschichte der Schweiz. Von den Anfängen bis zur Gegenwart, Zürich/Köln 1983.

Bernold, Episkopat
Bernold Patrick, Der schweizerische Episkopat und die Bedrohung der Demokratie 1919–1939. Die Stellungnahme der Bischöfe zum modernen Bundesstaat und ihre Auseinandersetzung mit Kommunismus, Sozialismus, Faschismus und Nationalsozialismus, Bern 1995.

Bernold, Schweizer Bischöfe
Bernold Patrick, Die Stellungnahme der Schweizer Bischöfe zu Kommunismus, Sozialismus und Faschismus 1929–1939, in: Urs Altermatt (Hg.), Schweizer Katholizismus zwischen den Weltkriegen 1920–1940, Freiburg i. Ue. 1994, S. 343–358.

Beuret, Katholisch-soziale Bewegung
Beuret Gregor, Die katholisch-soziale Bewegung in der Schweiz 1848–1919, Winterthur 1959.

Beyme, Parteien
Beyme Klaus von, Parteien in westlichen Demokratien, München 1982.

Bibliographie der Schweizer Presse
Bibliographie der Schweizer Presse. Mit Einschluss des Fürstentums Liechtenstein, bearb. von Fritz Blaser, 2 Halbbände, Basel 1956 und 1958.

Bischöfe der deutschsprachigen Länder
Die Bischöfe der deutschsprachigen Länder 1785/1803 bis 1945. Ein biographisches Lexikon, hg. von Erwin Gatz, Berlin 1983.

Böni, Jung
Böni Joseph, Ein Priesterleben im Geiste der acht Seligkeiten. Lebensskizze von H.H. Kan. J. B. Jung sel., St.Gallen 1923.

Büchel, Meile
Büchel Karl, Dr. Josephus Meile, Bischof von St.Gallen, St.Gallen 1962.

Bucher, Geschichte
Bucher Silvio, Die Geschichte des Kantons im Überblick, in: Der Kanton St.Gallen. Landschaft, Gemeinschaft, Heimat, Rorschach 1985, S. 9–42.

Bucher, Siedlung
Bucher Silvio, Die Siedlung. Bevölkerung und Wirtschaft vom Jahr 1800 bis heute, in: St.Gallen, Antlitz einer Stadt. Betrachtungen über Entwicklung und Eigenart, hg. von der St.Gallischen Kreditanstalt, St.Gallen 1979, S. 36–53.

Büchler, Erschütterung und Bewährung
Büchler Hans, Erschütterung und Bewährung. 1912 bis 1945: Weltkriege und Zwischenkriegszeit, in: Vom Liberalen Verein zur modernen FDP. Geschichte des St.Galler Freisinns 1857–1982, hg. von der Freisinnig-Demokratischen Partei (FDP) des Kantons St.Gallen, St.Gallen 1982, S. 61–88.

Casetti, Partei und Christlichsoziale
Casetti Guido, Partei und Christlichsoziale: die heilsame Unruh, in: Urs Altermatt/Hans Peter Fagagnini (Hg.), Die CVP zwischen Programm und Wirklichkeit, Zürich/Köln 1979, S. 106–123.

Cavelti, Partei und Kirche
: Cavelti Urs Josef, Partei und Kirche – ein Verhältnis im Wandel, in: Festschrift 150 Jahre Christlichdemokratische Volkspartei des Kantons St.Gallen 1834–1984, hg. von der Christlichdemokratischen Volkspartei des Kantons St.Gallen CVP, St.Gallen 1984, S. 209–255.

Dora, Egger
: Dora Cornel, Augustinus Egger von St.Gallen 1833–1906. Ein Bischof zwischen Kulturkampf, sozialer Frage und Modernismusstreit (St.Galler Kultur und Geschichte 23), St.Gallen 1994.

Dubach, Kirche im Wandel
: Dubach Alfred, Kirche im Wandel, in: Zwischen Kirche und Staat. 175 Jahre Katholischer Konfessionsteil des Kantons St.Gallen 1813–1988, hg. vom Katholischen Administrationsrat des Kantons St.Gallen, St.Gallen 1988, S. 139–174.

Dudle, Christlichnationaler Gewerkschaftsbund
: Dudle Otto, 50 Jahre Christlichnationaler Gewerkschaftsbund, Winterthur o.J. (1957).

Duft, Bistum St.Gallen
: Duft Johannes, Das Bistum St.Gallen. Geschichte, Bischöfe, Domkapitel, St.Gallen 1993.

Duft Johannes, Schrifttum 1960
: Duft Johannes, Das Schrifttum der St.Galler Katholiken 1847–1960. Ein bibliographischer und geistesgeschichtlicher Beitrag zur Geschichte des Bistums St.Gallen, St.Gallen 1964.

Duverger, Parteien
: Duverger Maurice, Die politischen Parteien, dt. hg. von Siegfried Landshut, Tübingen 1959.

Ehinger, Ringen
: Ehinger Paul, Ringen um die Verfassungen. 1803 bis 1890: Die Parteiorganisation entsteht, in: Vom Liberalen Verein zur modernen FDP. Geschichte des St.Galler Freisinns 1857–1982, hg. von der Freisinnig-Demokratischen Partei (FDP) des Kantons St.Gallen, St.Gallen 1982, S. 23–43.

Ehrenzeller, Gegensatz
: Ehrenzeller Ernst, Der konservativ-liberale Gegensatz im Kanton St.Gallen bis zur Verfassungsrevision von 1861, St.Gallen 1947.

Ehrenzeller, Jungfreisinn
: Ehrenzeller Ernst, Der st.gallische Jungfreisinn 1915–1924, in: Politische Rundschau. Zeitschrift für Kultur, Politik und Wirtschaft 42 (1963), Heft 9–12, S. 224–254.

Ehrenzeller, Stadt St.Gallen
: Ehrenzeller Ernst, Geschichte der Stadt St.Gallen, St.Gallen 1988.

Fenske, Geschichte der politischen Ideen
: Fenske Hans u. a., Geschichte der politischen Ideen. Von Homer bis zur Gegenwart, Frankfurt a. M. 1987.

Festschrift Gesellenvereine
: Festschrift für die 50jährige Jubiläumsfeier der katholischen Gesellenvereine Appenzell, Rorschach, St.Gallen und Wil in Rorschach am 8. August 1920, Rorschach 1920.

Franzen, Kirchengeschichte
Franzen August, Kleine Kirchengeschichte, Freiburg i. Br. [12]1984.

Fritzsche, Arbeiterbewegung
Fritzsche Bruno, Die Arbeiterbewegung im 19. und 20. Jahrhundert, in: Die Schweiz. Vom Bau der Alpen bis zur Frage nach der Zukunft, Zehnte Buchgabe des Migros-Genossenschafts-Bundes, o.O. 1975, S. 104–114.

Fritzsche, Städtisches Wachstum
Fritzsche Bruno, Städtisches Wachstum und soziale Konflikte, in: Schweizerische Zeitschrift für Volkswirtschaft und Statistik 113 (1977), S. 447–473.

Fuchs, Sozialdemokratische Partei
Fuchs Walter, Die Sozialdemokratische Partei des Kantons St.Gallen. Zustand und Zukunftsperspektiven, in: Klaus Plitzner (Hg.), Ein Jahrhundert der Sozialdemokratie im Bodenseeraum – Ende oder Anfang? –, Hard o.J. (1989), S. 89–111.

Fueter, Die Schweiz seit 1848
Fueter Eduard, Die Schweiz seit 1848. Geschichte, Politik, Wirtschaft, Zürich/Leipzig 1928.

25 Jahre christlichsoziale Presse
25 Jahre Dienst für die christlichsoziale Presse 1906–1930, Winterthur o.J. (1930).

50 Jahre Bauernpolitische Vereinigung
50 Jahre Bauernpolitische Vereinigung des Kantons St.Gallen 1919–1969. Sondernummer St.Galler Bauer, Nr. 22, 30. Mai 1970.

50 Jahre Christliche Bauarbeitersektion
50 Jahre Christliche Bauarbeitersektion St.Gallen 1904–1954, St.Gallen o.J. (1954).

50 Jahre Katholischer Bauernbund
50 Jahre Katholischer Bauernbund St.Gallen, hg. vom Katholischen Bauernbund St.Gallen, Bazenheid 1985.

Furger, Katholische Soziallehre
Furger Franz, Die Katholische Soziallehre – eine Einführung, Freiburg i. Ue. 1989.

Fust, Jungmannschafts-Verband
Fust Alois, 50 Jahre St.Gallischer Jungmannschafts-Verband 1894–1944, o.O., o.J. (1946).

Gedenkschrift Georg Baumberger
Dr. iur. h.c. Georg Baumberger, Nationalrat, Zürich o.J. (1931).

Gedenkschrift Johannes Duft
In memoriam Dr. iur. Johannes Duft-Bersinger, St.Gallen, 1883–1957, Zürich 1958.

Gedenkschrift Johannes Huber
Johannes Huber, 1879–1948, hg. von der Buchdruckerei Volksstimme St.Gallen, St.Gallen 1948.

Gedenkschrift Paul Müller
Vater der sanktgallischen Gemeinden. Gedenkschrift zu Ehren von Paul Müller, Landammann von St.Gallen, hg. von der Verlagsanstalt Buchdruckerei Konkordia, Winterthur o.J. (1966).

Gedenkschrift Josef Scherrer
Im Gedenken an Dr. h.c. Josef Scherrer, St.Gallen, 1891–1965, Winterthur o.J. (1965).

Gehrig, Das Christlichsoziale
　Gehrig Othmar, Das Christlichsoziale in der Politik unter besonderer Berücksichtigung des Christlichsozialen Arbeiterbundes der Schweiz 1919–1939, Winterthur 1969.
Gilg/Gruner, Nationale Erneuerungsbewegungen
　Gilg Peter/Gruner Erich, Nationale Erneuerungsbewegungen in der Schweiz 1925–1940, in: Vierteljahreshefte für Zeitgeschichte 14 (1966), S. 1–25.
Glaus, Nationale Front
　Glaus Beat, Die Nationale Front. Eine Schweizer faschistische Bewegung 1930–1940, Zürich/Einsiedeln/Köln 1969.
Göldi, Vereine
　Göldi Wolfgang, Katholische Arbeiter-, Arbeiterinnen- und christliche Dienstbotenvereine in der Schweiz 1899–1920. Entstehung, Verbreitung, Vereinsleben und Standeserziehung, Lizentiatsarbeit, Freiburg i. Ue. 1986 (masch.).
Gottwald, Rerum novarum
　Gottwald Herbert, 1891. Rerum novarum. Das soziale Gewissen des Heiligen Stuhls, Berlin 1994.
Grebing, Deutsche Arbeiterbewegung
　Grebing Helga, Geschichte der deutschen Arbeiterbewegung, München [8]1977.
Greyerz, Bundesstaat
　Greyerz Hans von, Der Bundesstaat seit 1848. Überarbeitet und mit einem Nachwort ergänzt von Hans Ulrich Jost, in: Handbuch der Schweizer Geschichte, Bd. 2, Zürich [2]1980, S. 1019–1254.
Gruber, Christliche Sozialbewegung
　Gruber Bruno, Die Christliche Sozialbewegung der Schweiz, Beitrag für das Kolloquium der Vereinigung für Schweizerische Kirchengeschichte in Freiburg i. Ue. am 27./28. April 1990 (masch.).
Gruner, Arbeiter
　Gruner Erich, Die Arbeiter in der Schweiz im 19. Jahrhundert. Soziale Lage, Organisation, Verhältnis zu Arbeitgeber und Staat, Bern 1968.
Gruner, Arbeiterschaft und Wirtschaft
　Gruner Erich (Hg.), Arbeiterschaft und Wirtschaft in der Schweiz 1880–1914. Soziale Lage, Organisation und Kämpfe von Arbeitern und Unternehmern, politische Organisation und Sozialpolitik, 3 Bde., Zürich 1987/88.
Gruner, Bundesversammlung
　Gruner Erich u. a., Die schweizerische Bundesversammlung 1848–1920, 2 Bde., Bern 1966.
Gruner, Parteien
　Gruner Erich, Die Parteien in der Schweiz. Geschichte, neue Forschungsergebnisse, aktuelle Probleme, Bern [2]1977.
Gundlach, Soziale Rundschreiben
　Gundlach Gustav (Hg.), Die sozialen Rundschreiben Leos III. und Pius' XI., Text und deutsche Übersetzung, Paderborn [3]1960.
Habicht, Wandel
　Habicht Hans Martin, Wandel im Demokratieverständnis: Kämpfe um das Wahlsystem 1891–1911, in: Vom Liberalen Verein zur modernen FDP. Geschichte des St.Galler Freisinns 1857–1982, hg. von der Freisinnig-Demokratischen Partei (FDP) des Kantons St.Gallen, St.Gallen 1982, S. 45–60.

Handbuch der Kirchengeschichte
: Handbuch der Kirchengeschichte, hg. von Hubert Jedin, Bd. VI/2, Die Kirche zwischen Anpassung und Widerstand, Freiburg/Basel/Wien 1973.

Handbuch Politisches System
: Handbuch Politisches System der Schweiz, Bd. 2, Strukturen und Prozesse, hg. von Ulrich Klöti, Bern/Stuttgart 1984.

Handlexikon Politikwissenschaft
: Handlexikon zur Politikwissenschaft, hg. von Axel Görlitz, 2 Bde., Reinbek b. Hamburg 1973.

Hardmeier, Arbeiterbewegung
: Hardmeier Benno, Aus der Geschichte der schweizerischen Arbeiterbewegung, Bern 1970.

Hartmann, Parteienforschung
: Hartmann Jürgen, Parteienforschung, Darmstadt 1979.

Hauser, Wirtschafts- und Sozialgeschichte
: Hauser Albert, Schweizerische Wirtschafts- und Sozialgeschichte, Erlenbach-Zürich 1961.

HBLS
: Historisch-biographisches Lexikon der Schweiz, 7 Bde. und 1 Supplementband, Neuenburg 1921–1934.

Heil, Christliche Gewerkschaftsbewegung
: Heil Anton, Die christliche Gewerkschaftsbewegung, in: Der Weg der christlichen Gewerkschaften, Festgabe für Johann Heil zum 70. Geburtstag, Winterthur 1954, S. 51–75.

Heil, CMV
: Heil Johann, Ein halbes Jahrhundert CMV, o.O., o.J. (Winterthur 1955).

Hodel, SKVP 1918–1929
: Hodel Markus, Die Schweizerische Konservative Volkspartei 1918–1929. Die goldenen Jahre des politischen Katholizismus, Freiburg i. Ue. 1994.

Holenstein, Christlichsoziale Arbeiterbewegung
: Holenstein Dieter, Die christlichsoziale Arbeiterbewegung im Landesstreik 1918, in: Urs Altermatt (Hg.), Schweizer Katholizismus zwischen den Weltkriegen 1920–1940, Freiburg i. Ue. 1994, S. 237–252.

Holenstein, Landesstreik
: Holenstein Dieter, Die christlichsoziale Bewegung und der Landesstreik 1918. Die landesweite Arbeitsniederlegung am Ende des Ersten Weltkrieges aus dem Blickwinkel einer Minderheitsorganisation der schweizerischen Arbeiterschaft, Lizentiatsarbeit, Freiburg i. Ue. 1983 (masch.).

Holenstein, Baumberger
: Holenstein Thomas, St.Galler Erinnerungen an Georg Baumberger, St.Gallen 1931.

Holenstein, Kirchenpolitische Kämpfe
: Holenstein Thomas, Die kirchenpolitischen Kämpfe im Kanton St.Gallen, St.Gallen 1925.

Holenstein, Konservative Volksparteie
: Holenstein Thomas, Geschichte der Konservativen Volkspartei des Kantons St.Gallen 1834–1934, St.Gallen 1934.

HSVSV
: Handwörterbuch der Schweizerischen Volkswirtschaft, Socialpolitik und Verwaltung, hg. von Naum Reichesberg, 3 Bde., Bern 1903–1911.

HSVW
: Handbuch der schweizerischen Volkswirtschaft, hg. von der Schweizerischen Gesellschaft für Statistik und Volkswirtschaft, 2 Bde., Bern ²1955.

100 Jahre «Die Ostschweiz»
: 100 Jahre «Die Ostschweiz». 1874–1974. Jubiläumsschrift, St.Gallen 1974.

Jenatsch-Walker, Bibliographie
: Jenatsch-Walker Rita, Der Christlichnationale Gewerkschaftsbund und seine Verbände. Bibliographie der Zeitungen, Zeitschriften, Tätigkeitsberichte, Protokolle, Schriften und Sekundärliteratur, hg. vom Schweizerischen Sozialarchiv, Zürich 1983.

Jost, Bedrohung und Enge
: Jost Hans Ulrich, Bedrohung und Enge (1919–1945), in: Geschichte der Schweiz – und der Schweizer, Bd. III, Basel 1983, S. 101–189.

Jung, Jugendbewegung
: Jung Joseph, Katholische Jugendbewegung in der deutschen Schweiz. Der Jungmannschaftsverband zwischen Tradition und Wandel von der Mitte des 19. Jahrhunderts bis zum Zweiten Weltkrieg, Freiburg i. Ue 1988.

Katholikenverein St.Gallen
: Der Katholikenverein der Stadt St.Gallen 1868–1918, Separatdruck aus der «Ostschweiz», St.Gallen 1919.

Katholisches Handbuch
: Katholisches Handbuch der Schweiz, bearb. von Hermann Seiler, Luzern 1943.

Katholisches Soziallexikon
: Katholisches Soziallexikon, hg. von Alfred Klose/Wolfgang Mantl/Valentin Zsifkovits, Innsbruck/Wien/München ²1980.

Kulemann, Berufsvereine
: Kulemann W(ilhelm), Die Berufsvereine, Bd. 5, Berlin 1913.

Kull, Sozialreformerische Arbeiterbewegung
: Kull Ernst, Die sozialreformerische Arbeiterbewegung in der Schweiz. Die römisch-katholische, die evangelisch-soziale und die liberal-nationale Arbeiterbewegung, Zürich 1930.

Lexikon Parteien
: Lexikon zur Geschichte der Parteien in Europa, hg. von Frank Wende, Stuttgart 1981.

Liberale Köpfe
: Liberale Köpfe. Führende Politiker aus der 150jährigen Geschichte des Kantons St.Gallen, Separata aus St.Galler Tagblatt, überreicht von der Freisinnig-Demokratischen Partei des Kantons St.Gallen, St.Gallen o.J. (1953).

Linder, Leobuchhandlung
: Linder Josef, 50 Jahre Leobuchhandlung, hg. von der Leobuchhandlung St.Gallen auf das Fest ihres 50jährigen Bestehens am 17. September 1968, St.Gallen 1968.

Luig, Christlichsoziale Bewegung
: Luig Andreas, Die christlichsoziale Bewegung in der deutschen Schweiz 1943–1947, Lizentiatsarbeit, Freiburg i. Ue. 1987 (masch.).

Lüthi, Gewerkschaften
: Lüthi Urs, Die Anfänge der christlichen Gewerkschaften in der Schweiz, unter besonderer Berücksichtigung der Zeitspanne bis 1910, Seminararbeit, Bern 1981 (masch.).

Meier, Katholische Kirche
: Meier Alfred, Die katholische Kirche im Kanton St.Gallen, in: Der Kanton St.Gallen, Geschichte, Kultur, Wirtschaft, Aarau 1974, S. 149–174.

Meile, Katholische Vereine
: Meile Josephus, Die katholischen Vereine in ihrer Entwicklung und Bedeutung, in: ders. (Hg.), Hundert Jahre Diözese St.Gallen, Uznach 1947, S. 253–298.

Meile, Scheiwiler
: Meile Josephus, Dr. Aloisius Scheiwiler, Der soziale Bischof von St.Gallen 1872–1938, St.Gallen 1941.

Moser, Stand der Bauern
: Moser Peter, Der Stand der Bauern. Bäuerliche Politik, Wirtschaft und Kultur gestern und heute, Frauenfeld 1994.

Müller, Bischöfe
: Müller Josef, Die Bischöfe von St.Gallen, in: Josephus Meile (Hg.), Hundert Jahre Diözese St.Gallen, Uznach 1947, S. 91–115.

Müller, Katholische Standesvereine
: Müller Peter, Katholische Standesvereine als Teil des politischen Katholizismus, untersucht am Beispiel der katholischen Gesellen-, Arbeiter- und Arbeiterinnenvereine des Amtsbezirks Konstanz, Konstanz 1973 (masch.).

Nüesch, Blüte und Krise
: Nüesch Ernst, Blüte und Krise der Stickerei, in: Rheintaler Regionalgeschichte in Exkursionen, hg. von der Kantonsschule Heerbrugg zu ihrem 20jährigen Jubiläum, Heerbrugg 1996, S. 72–80.

Oberholzer, Katholische Presse
: Oberholzer Paul, Die katholische Presse, in: Josephus Meile (Hg.), Hundert Jahre Diözese St.Gallen, Uznach 1947, S. 299–318.

Oberholzer, Konservative Volkspartei
: Oberholzer Paul, Die Konservative Volkspartei 1839–1912. Von ihrer Entstehung bis zur Einführung der Proporzwahl, in: Festschrift 150 Jahre Christlichdemokratische Volkspartei des Kantons St.Gallen 1834–1984, hg. von der Christlichdemokratischen Volkspartei des Kantons St.Gallen CVP, St.Gallen 1984, S. 19–75.

Obrecht, Christlich-soziale Bewegung
: Obrecht Max, Die christlich-soziale Bewegung in der Schweiz, in: Schweizerische Zeïtschrift für Volkswirtschaft und Sozialpolitik XXVI (1920), S. 65–75, 108–115 und 139–153.

Oesch, Egger
: Oesch Johannes, Dr. Augustinus Egger, Bischof von St.Gallen. Biographisch-historische Studie, St.Gallen 1909.

Oesch, Rüegg
: Oesch Johannes, Dr. Ferdinandus Rüegg, vierter Bischof von St.Gallen. Biographisch-historische Studie, Einsiedeln o.J. (1914).

Pfiffner, Presse
: Pfiffner Leo, Partei- und Gesinnungspresse, Gesinnungspresse und Partei, in: Festschrift 150 Jahre Christlichdemokratische Volkspartei des Kantons St.Gallen 1834–1984, hg. von der Christlichdemokratischen Volkspartei des Kantons St.Gallen CVP, St.Gallen 1984, S. 227–240.

Raschke, Parteien
: Raschke Joachim (Hg.), Die politischen Parteien in Westeuropa. Geschichte, Programm, Praxis. Ein Handbuch, Reinbek b. Hamburg 1978.

Riesen, Bauernheimatbewegung
: Riesen René, Die schweizerische Bauernheimatbewegung (Jungbauern). Die Entwicklung von den Anfängen bis 1947 unter der Führung von Dr. Hans Müller, Möschberg/Grosshöchstetten, Bern 1972.

Ritter, Katholisch-soziale Bewegung
: Ritter Emil, Die katholisch-soziale Bewegung Deutschlands im neunzehnten Jahrhundert und der Volksverein, Köln 1954.

Rölli-Alkemper, SKVP 1935–1943
: Rölli-Alkemper Lukas, Die Schweizerische Konservative Volkspartei 1935–1943. Der politische Katholizismus zwischen Emanzipation und Integration, Freiburg i.Ue. 1993.

Röllin, Stadtveränderung
: Röllin Peter, St.Gallen. Stadtveränderung und Stadterlebnis im 19. Jahrhundert. Stadt zwischen Heimat und Fremde, Tradition und Fortschritt, St.Gallen 1981.

Roschewski, Lebensbilder
: Roschewski Heinz, Lebensbilder sanktgallischer Sozialisten, Separatdruck aus der «Volksstimme», St.Gallen 1955.

Roschewski, Sozialdemokratie
: Roschewski Heinz, Die st.gallische Sozialdemokratie in Vergangenheit und Gegenwart, in: 50 Jahre Volksstimme. Zur Geschichte der ostschweizerischen Arbeiterbewegung und Arbeiterpresse, St.Gallen o.J. (1961), S. 93–154.

Ruffieux, Die Schweiz des Freisinns
: Ruffieux Roland, Die Schweiz des Freisinns (1848–1914), in: Geschichte der Schweiz – und der Schweizer, Bd. III, Basel 1983, S. 9–100.

Ruffieux, Katholische Arbeiterbewegung
: Ruffieux Roland, Die katholische Arbeiterbewegung in der Schweiz, in: S. Herman Scholl (Hg.), Katholische Arbeiterbewegung in Westeuropa, Bonn 1966, S. 357–392.

Ruffieux, Mouvement chrétien-social
: Ruffieux Roland, Le mouvement chrétien-social en Suisse romande 1891–1949. Avec la collaboration de Bernard Prongué, Fribourg 1969.

Rusch, Erinnerungen
: Rusch Johann Baptist, Am Webstuhl der Zeit, Erinnerungen des Blättlischreibers, II. Teil: Die Lehrjahre, Rapperswil 1938.

Schasching, Kirche und industrielle Gesellschaft
: Schasching Johannes, Kirche und industrielle Gesellschaft, Wien 1960.

Schasching, Soziale Botschaft
: Schasching Johannes, Die soziale Botschaft der Kirche von Leo XIII. bis Johannes XXIII., Innsbruck/Wien/München ²1963.

Scheiwiler, Bürkler
　Scheiwiler Alois, Dr. Robertus Bürkler, der fünfte Bischof von St.Gallen, St.Gallen 1932.
Scheiwiler, Jung
　Scheiwiler A(lois), Johann Baptist Jung, Kanonikus, 1861–1922, St.Gallen o.J. (1922).
Schelbert, Gewerkschaftsarbeit
　Schelbert August, 50 Jahre Gewerkschaftsarbeit der christlichen Holzarbeiter, Bauarbeiter und Maler der Schweiz, 1901–1951, Zürich 1951.
Scherrer, Jung
　Scherrer Josef, Kanonikus Johann Baptist Jung und sein Werk, St.Gallen 1953.
Scherrer, Saat und Ernte
　Scherrer Josef, Saat und Ernte. Werden, Ziel und Tätigkeit der katholischen Bauernbewegung, Winterthur o.J. (1961).
Schlaginhaufen, Gewerkschaftskartell
　Schlaginhaufen Karl, Die Entwicklung des St.Galler Gewerkschaftskartells, in: 50 Jahre Volksstimme. Zur Geschichte der ostschweizerischen Arbeiterbewegung und Arbeiterpresse, St.Gallen o.J. (1961), S. 155–194.
Schöbi, Volksverein
　Schöbi Josef, Der Katholische Volksverein 1834–1973. Ein Rückblick im gesamtschweizerischen Rahmen, Au 1975.
Schweizerische Arbeiterbewegung
　Schweizerische Arbeiterbewegung. Dokumente zu Lage, Organisation und Kämpfen der Arbeiter von der Frühindustrialisierung bis zur Gegenwart, hg. und eingeleitet von einer Arbeitsgruppe für Geschichte der Arbeiterbewegung Zürich, Zürich 1980.
60 Jahre Holzarbeiter-Sektion
　60 Jahre Christliche Holzarbeiter-Sektion St.Gallen, o.O., o.J. (1959).
Simon, Vatikan und soziale Frage
　Simon Alfred, Der Vatikan und die soziale Frage, in: S. Herman Scholl (Hg.), Katholische Arbeiterbewegung in Westeuropa, Bonn 1966, S. 13–49.
Specker, Die industrielle Revolution
　Specker Louis, Die industrielle Revolution in der Ostschweiz – Ein Überblick, Separatdruck aus: Rorschacher Neujahrsblatt 80 (1990).
Specker, Gegnerschaft
　Specker Louis, Gegnerschaft trotz Einigkeit. Howard Eugster-Züst und Johann Baptist Jung. Zwei Ostschweizer Sozialpioniere aus christlichem Geist im Vergleich, Separatdruck aus: Rorschacher Neujahrsblatt 84 (1994).
Specker, Ostschweizer Sticker
　Specker Louis, Vom Leben und Arbeiten der Ostschweizer Sticker, Separatdruck aus: Ausstellungskatalog Stickerei-Zeit. Kultur und Kunst in St.Gallen, 1870–1930, St.Gallen 1989.
Specker, Sozialdemokratischen Bewegung
　Specker Louis, Die Anfänge der sozialdemokratischen Bewegung im Kanton St.Gallen, in: Klaus Plitzner (Hg.), Ein Jahrhundert der Sozialdemokratie im Bodenseeraum – Ende oder Anfang? –, Hard o.J. (1989), S. 69–87.

Specker, Textilindustrie
Specker Louis, So kann es ja nicht bleiben! Zur Situation der Arbeiterschaft unter dem Regiment der Textilindustrie, in: Fabriklerleben. Industriearchäologie und Anthropologie, Publikation zur Ausstellung, hg. von Hansjörg Frommelt im Auftrag des Liechtensteinischen Landesmuseums, Zürich 1994, S. 157–173.

Spieler, Marginalisierung
Spieler Willy, Zur Marginalisierung der politischen Linken in der katholischen Kirche, in: Urs Altermatt (Hg.), Schweizer Katholizismus zwischen den Weltkriegen 1920–1940, Freiburg i. Ue. 1994, S. 253–278.

Staatslexikon
Staatslexikon. Recht, Wirtschaft, Gesellschaft, hg. von der Görres-Gesellschaft, 5 Bde., Freiburg i. Br. [7]1985ff.

Stegmann, Enzyklika
Stegmann Franz Josef, Die Enzyklika «Rerum novarum» und die katholisch-soziale Bewegung in Deutschland, in: Aram Mattioli/Gerhard Wanner (Hg.), Katholizismus und «soziale Frage». Ursprünge und Auswirkungen der Enzyklika «Rerum novarum» in Deutschland, Liechtenstein, Vorarlberg und St.Gallen, Zürich 1995, S. 45–73.

Stein, Industrie
Stein Paul, Industrie des Kantons St.Gallen. Stand 1972/73, in: Der Kanton St.Gallen, Geschichte, Kultur, Wirtschaft, Aarau 1974, S. 259–284.

Tanner, Weber, Sticker und Unternehmer
Tanner Albert, Das Schiffchen fliegt – die Maschine rauscht. Weber, Sticker und Unternehmer in der Ostschweiz, Zürich 1985.

Texte zur katholischen Soziallehre
Texte zur katholischen Soziallehre. Die sozialen Rundschreiben der Päpste und andere kirchliche Dokumente, mit Einführungen von Oswald von Nell-Breuning SJ und Johannes Schasching SJ, hg. vom Bundesverband der Katholischen Arbeitnehmer-Bewegung Deutschlands, Köln [7]1989.

Theimer, Politische Ideen
Theimer Walter, Geschichte der politischen Ideen, Bern [3]1955.

Thürer, Der Kanton St.Gallen
Thürer Georg, Der Kanton St.Gallen während der beiden Weltkriege, in: Rorschacher Neujahrsblatt 58 (1968), S. 65–90.

Thürer, Landammänner
Thürer Georg, Die Landammänner des Kantons St.Gallen, Zweiter Teil: 1891–1972, in: Neujahrsblatt, hg. vom Historischen Verein des Kantons St.Gallen 113 (1973), S. 1–47.

Thürer, St.Galler Geschichte
Thürer Georg, St.Galler Geschichte. Kultur, Staatsleben und Wirtschaft in Kanton und Stadt St.Gallen von der Urzeit bis zur Gegenwart, Bd. II, St.Gallen 1972.

Thürer, Zeitungswesen
Thürer Georg, Das Zeitungswesen im Kanton St.Gallen. Ein Rückblick auf die Tagespresse vom 18. Jahrhundert bis zur Gegenwart, in: Rorschacher Neujahrsblatt 51 (1961), S. 37–49.

Tschäni, Parteien
Tschäni Hans, Parteien, Programme, Parolen, Aarau/Frankfurt a. M./Salzburg 1979.

Voegtle, Verfassung
: Voegtle Otmar, Der Kanton St.Gallen auf dem Weg zur Verfassung von 1890, Zürich 1969.

Walliser, Kampf um demokratische Rechte
: Walliser Peter, Der Kampf um demokratische Rechte im Kanton Solothurn, dargestellt anhand der Biographien von Josef und Otto Walliser, Solothurn 1986.

Wäspi, Bauernseelsorge
: Wäspi Remo, Die schweizerische Bauernseelsorge im Dienste katholischer Bauernorganisationen, Lizentiatsarbeit, Freiburg i. Ue. 1984 (masch.).

Weber, Erinnerungen
: Weber Otto, Aus st.gallischer Geschichte seit 1890. Persönliche Erinnerungen, Bazenheid o.J. (1933).

Weber, Korporatismus
: Weber Quirin, Korporatismus statt Sozialismus. Die Idee der berufsständischen Ordnung im schweizerischen Katholizismus während der Zwischenkriegszeit, Freiburg i. Ue. 1989.

Weder, caritatives und soziales Wirken
: Weder Michael, Caritatives und soziales Wirken in der Diözese St.Gallen, in: Josephus Meile (Hg.), Hundert Jahre Diözese St.Gallen, Uznach 1947, S. 319–333.

Weder, Verein christlicher Hausangestellter
: Weder Michael, 50 Jahre Verein christlicher Hausangestellter St.Gallen, St.Gallen 1942.

Wild, Aspekte
: Wild Bernhard, Aspekte aus der Geschichte der katholischen Arbeitnehmer- und Arbeitnehmerinnenbewegung der deutschsprachigen Schweiz, Beitrag für das Kolloquium der Vereinigung für Schweizerische Kirchengeschichte in Freiburg i. Ue. am 27./28. April 1990 (masch.).

Wolf, Faschismus
: Wolf Walter, Faschismus in der Schweiz. Die Geschichte der Frontenbewegung in der deutschen Schweiz, 1930–1945, Zürich 1969.

Zibura, Parteienlehre
: Zibura Gilbert (Hg.), Beiträge zur allgemeinen Parteienlehre. Zur Theorie, Typologie und Vergleichung politischer Parteien, Darmstadt 1969.

Ziegler, Stadt St.Gallen
: Ziegler Ernst u. a., Zur Geschichte der Stadt St.Gallen vor dem Zweiten Weltkrieg, in: Rorschacher Neujahrsblatt 72 (1982), S. 21–80.

Anhang

1 Abkürzungsverzeichnis

Abb.	Abbildung(en)
Abschn.	Abschnitt(e)
Anm.	Anmerkung(en)
Art.	Artikel
CAB	Christlichsozialer Arbeiterbund der Schweiz
CNG	Christlichnationaler Gewerkschaftsbund der Schweiz
CSB	Christliche Sozialbewegung der Schweiz
CSJ	Christlichsoziale Jugend
CSP	Christlichsoziale Partei (des Kantons St.Gallen)
CVP	Christlichdemokratische Volkspartei (des Kantons St.Gallen)
JB	Jahrbuch / Jahrbücher
Jb	Jahresbericht(e)
KAB	Katholische Arbeitnehmerbewegung
Kap.	Kapitel
KBB	Katholischer Bauernbund der Diözese St.Gallen
Kartell St.Gallen	Christlichsoziales Kartell St.Gallen und Umgebung
KV	St.Gallischer Kantonalverband christlichsozialer Organisationen
KVP	Konservative Volkspartei (des Kantons St.Gallen)
Prot.	Protokoll(e)
SG	Kanton St.Gallen
Tab.	Tabelle(n)
TBSch	Tagebuch / Tagebücher von Josef Scherrer
VMAV	Verband der katholischen Männer- und Arbeitervereine der Schweiz
ZV	Zentralverband christlichsozialer Arbeiterorganisationen der Schweiz

2 Verzeichnis der Tabellen und Abbildungen

2.1 Tabellen

Tab. 1:	Entwicklung der Arbeiter- und Arbeiterinnenvereine im Kanton St.Gallen, 1899–1920	63
Tab. 2:	Entwicklung der Arbeiter- und Arbeiterinnenvereine im Kanton St.Gallen, 1921–1939	72
Tab. 3:	Stand der Sparkassen in den Rayons St.Gallen und Rorschach sowie in der Gesamtschweiz, 1910, 1920, 1931 und 1936	79
Tab. 4:	Mitgliederzahlen der männlichen Standesvereine und der Gewerkschaften im Kartell St.Gallen, 1911–1939	91
Tab. 5:	Parteipolitische Zusammensetzung des Grossen Rates des Kantons St.Gallen, 1906, 1909	126

Tab. 6:	Arbeitervereine und ihre Mitgliederzahlen in den Bezirken des Kantons St.Gallen, 1911	165
Tab. 7:	Prozentuale Listenstimmenanteile in den St.Galler Bezirken in der Grossratswahl von 1912	167
Tab. 8:	Klassifizierung der St.Galler Bezirke nach der Verbreitung der CSP 1911/12	169
Tab. 9:	Anteile der St.Galler Bezirke an der Mitgliederzahl aller Arbeitervereine und an der Gesamtzahl aller christlichsozialen Grossratsmandate, 1912, 1919, 1929, 1939	171
Tab. 10:	Regionale Repräsentanz in den Parteiorganen der CSP, 1912, 1925, 1939	174
Tab. 11:	Zentrale Programmpunkte des Wirtschafts- und Sozialprogramms der Schweizer Katholiken von 1929 in Abgrenzung gegenüber Liberalismus und Sozialismus	200
Tab. 12:	Synopse der sozial- und wirtschaftspolitischen Leitvorstellungen und Postulate im Politischen Programm der schweizerischen Christlichsozialen 1908, im Programmentwurf der St.Galler Christlichsozialen 1911 und im Parteiprogramm der Konservativen und Christlichsozialen des Kantons St.Gallen 1911	228
Tab. 13:	Geistliche in den Parteigremien der CSP und in der christlichsozialen Grossratsgruppe, 1912–1941	253
Tab. 14:	Approximative Mitgliederzahlen der CSP nach Bezirken 1913/14, 1920, 1927, 1933	273
Tab. 15:	Berufszugehörigkeit der Bezirkspräsidenten sowie der Mitglieder des Kantonalkomitees und des Parteiausschusses der CSP, 1915, 1925, 1941	280
Tab. 16:	Berufszugehörigkeit der Mitglieder der christlichsozialen Grossratsgruppe in den Legislaturperioden 1912–15, 1924–27, 1939–42	281
Tab. 17:	Prozentuale Verteilung der Parteiämter und der Grossratsmandate der CSP auf einzelne Angestelltenkategorien, 1915, 1925, 1941	282
Tab. 18:	Vertretung der christlichsozialen Grossratsgruppe in den Präsidien der Bezirksparteien und in der Leitung der CSP, 1919, 1925, 1936, 1941	324
Tab. 19:	Einnahmen- und Ausgabenstruktur der Kasse der CSP in den Perioden 1922–1925, 1931–1935	329
Tab. 20:	Vertretung der CSP in den Organen der konservativen Gesamtpartei und in der konservativen Fraktionsleitung, 1912, 1919, 1936	356
Tab. 21:	Parteipolitische Zusammensetzung des Grossen Rates des Kantons St.Gallen, 1912–1939	375
Tab. 22:	Parteipolitische Zusammensetzung der St.Galler Nationalratsdeputation, 1914–1939	376
Tab. 23:	Parolen der St.Galler Konservativen, Christlichsozialen, Sozialdemokraten und Freisinnigen zu den kantonalen sozial-, wirtschafts- und finanzpolitischen Abstimmungsvorlagen, 1912–1939	420
Tab. 24:	Mandatsanteile von Konservativen und Christlichsozialen im Grossen Rat des Kantons St.Gallen, 1912–1939	430
Tab. 25:	Mandatsanteile von Konservativen und Christlichsozialen an der St.Galler Nationalratsvertretung, 1919–1939	431

2.2 Abbildungen

Abb. 1: Die organisatorische Struktur des St.Gallischen Kantonalverbandes christlichsozialer Organisationen 95
Abb. 2: Die organisatorische Struktur der CSP des Kantons St.Gallen 310
Abb. 3: Die organisatorische Struktur der KVP des Kantons St.Gallen nach der Statutenrevision von 1936 (leicht vereinfacht) 338

3 Bildnachweis

Archiv KAB, St.Gallen: 65, 243, 511, 513
Archiv Katholische Administration, St.Gallen: 150
Archiv Rheintalische Volkszeitung, Altstätten: 322
Baumgartner Walther, Hinterforst: 157
Bischöfliches Archiv, St.Gallen: 46, 241
Bundesarchiv, Bern: 46, 48, 51, 53, 142, 166, 218, 220, 226, 251, 305, 343, 393, 457, 523
Der Sonntag. Katholisches Wochenblatt: 26, 96, 113, 191, 202, 264, 275, 464
Festschrift 150 Jahre CVP des Kantons St.Gallen, 1984: 397
Führer durch die Christlichsoziale Bewegung 1925: 80, 82, 84
Gedenkschrift Baumberger: 130
Göldi Wolfgang, Rorschach: 68, 169
Gottwald, Rerum novarum: 181
Hochwacht: 262, 454
JB CAB: 300
Jb ZV: 118, 119
Kühne Kurt, St.Gallen: 87, 100, 138
Meile, Scheiwiler: 205
Ostschweiz: 239, 377
Roth Patrick, St.Gallen: Umschlagbild vorne, 70
Rusch, Erinnerungen: 474
Scheiwiler, Jung: 42
Scherrer Maria, St.Gallen: Frontispiz, 145, 285, 286, 291, 303, 319, 326, 437, 439
Scherrer, Saat und Ernte: 107
St.Galler Stadt-Anzeiger: 136
Staatsarchiv, Archiv CVP, St.Gallen: 35, 144, 222, 260, 265, 297, 302, 340, 381, 387, 414, 418, 427, 452, 484, 524, 537, Umschlagbild hinten
Stiftsbibliothek, St.Gallen: 41, 43, 67, 261
Volksrecht: 152
Volksstimme: 154, 425

4 Personenregister

Das Register umfasst die Personennamen im Haupttext und in den Fussnoten. Verweise auf Bildlegenden sind jeweils am Ende *kursiv* gesetzt. Der Name *Josef Scherrer* wurde nicht aufgenommen.

Bächtiger, Josef 460
Baumberger, Georg 43, 81, 103, 125, 127–131, 137, 139, 141, 156, 189, 198, 256–257, 277, 286, 397–398, 453, 456, 458–460, 487, *130*
Baumgartner, Gottlieb 383, 532
Bebel, August 475
Beck, Joseph 33, 67, 473
Bernhardsgrütter, Eduard 474
Biederlack, Josef 44
Bleicher, Ernst 160–161, 481–482
Böhni, Joseph 42, 280
Brandt, Paul 280, 475
Brielmaier, Gebhard 36, 70, 82, 132–133, 140, 159–160, 279, 296, 299, 311, 314, 507, *35*
Bruggmann, Josef 75, 140, 145, 160, 279, 296, 299, 311, 314, 325, 334
Büchel, Karl 108
Buomberger, Emil 133, 141, 144–145, 147, 224, 334, 342, 359, 378, 386, 396, 458, 460, 462, 464–465, 485, 506, *464*
Buomberger, Ferdinand 128–129, 131, 190–191, 275, 395, 460, 541, *191–192*
Bürkler, Robert 104, 256–257, 259–261, 263, 413, 470, 478, 494, 498–499, *241, 260*
Cathrein, Victor 44
Curti, Theodor 124
David, Eugen 431
Decurtins, Caspar 128–129, 194, 472, 475
Doka, Carl 210
Dollfuss, Engelbert 207, 538
Dudle, Otto 87–88, 161
Duft, Johannes 12, 60, 104, 141, 160, 162, 168, 271, 279, 281, 296–299, 301, 314–315, 318, 334–335, 348–349, 361, 396, 418, 422, 437–439, 441, 444, 448, 455, 462, 464–465, 488, 508, 510, 513, 536, *297, 397, 437*
Dürr, Emil 159, 314, 325, 330, 481–482
Duttweiler, Gottlieb 388, 539–541
Eberle, Johann Joseph 32–33
Eberle, Leo 389
Eggenberger, Ulrich 540
Egger, Augustin 40–43, 45, 128, 188, 248, 252, 255–257, 259, *41*
Egger-Forster, Franz 252, 316
Eisele, Georg 31, 36, 73, 297, 299
Eisenring, Johann Baptist 437
Eisenring, Theodor 402
Erb, Felix 252, 316, 444

Eugster, Howard 280, 475
Feigenwinter, Ernst 473
Forrer, Robert 532
Furgler, Kurt 317, 431
Gesell, Silvio 541
Geser-Rohner, Albert 21, 113, 160, 301, 439, *113*
Gmür, Hans 452, *452*
Good, Anton 478
Grawehr, Emil 406
Greulich, Herman 52, 475, *51*
Grünenfelder, Emil 16, 303, 315, 382, 387, 390, 414, 422, 438, 441–442, 445, 447, 450, 469, 474–475, 480, 482
Gsell, Walter 389
Guntli, Eduard 16, 148, 249, 333–337, 346–348, 361–362, 364, 369, 384–385, 401, 413–415, 432, 436, 438–439, 446, 462, 464–470, 488, 511, *414*
Haltinner, Hans 108
Hangartner, Karl 402
Hardegger, Emil 385, 517
Hauser, Johann 446
Hengartner, Otto 163, 449–450, 453
Hitze, Franz 36–37
Holenstein, Thomas, jun. 431, 443–444
Holenstein, Thomas, sen. 12, 125, 133, 148, 224, 259, 350, 460, 471, 484
Horat, Aloys 460, 471
Huber, Johannes 280, 379, 382, 385
Huber, Otto 440
Josuran, Alfons 389
Jung, Johann Baptist 11, 20, 30–34, 37–59, 66, 73–74, 76–77, 79, 81, 83, 86, 92, 98–99, 103–104, 113, 127, 129, 133–134, 139–141, 143, 145, 147–149, 160, 177, 182, 187–189, 196, 198, 224–225, 245, 252–253, 256, 259–261, 283–284, 296–297, 342, 358, 396, 455, 464, 473, 487–488, 494–495, 497, 506, 509, 530, 545, 548, *42, 51, 67, 150, 275*
Kappler, Arnold 160–161, 325, 355, 371, 406, 431, 444, 449–450, 482
Keel, Johann Josef 125, 224
Keel, Rudolf 163, 412, 417
Keel, Valentin 261, 263, 280, 379, 385, 387, 391, *387*
Kern, Karl 76, 131, 159, 216
Kessler, Alfred 280
Klaus, Josef 320, 540
Klingler, Walter 431, 471
Knecht, Eugen 341
Kobelt, Karl 391
Koch, Theophil 385
Kolping, Adolph 30
Ledergerber, Beda 107
Lehner, Ida 100–101
Lendi, Eugen 161, 210–211, 429, 536

Leo XIII. 41, 177–188, 205, 252, 395, 494–495, *181*
Lorenz, Jacob 24
Louis, Rosa 101, 262
Lüchinger, Heinrich 122
Lueger, Karl 476
Lutz, Ulrich 412
Mächler, Albert 379, 387
Mäder, Emil 385, 416, 427, 442, 446–449, *427*
Maglioni, Luigi 383
Matt, Hans von 487
Meile, Joseph 44, 55, 66, 92–94, 96–97, 101, 105, 111–113, 117–118, 121, 177–178, 242, 245, 254–256, 261, 265–268, 291, 295, 306, 391, 494, 502, *96, 205, 265*
Messmer, Anton 16, 133, 137, 222–224, 317, 359, 382, 409, 412, 439–440, 446, 460, 477, *222*
Meyenberg, Albert 244, 490
Müller, Hans 27, 105–106
Müller, Johannes 11–12, 17, 31, 57, 62, 86, 89–90, 92, 160–161, 212, 281, 296, 300–302, 314–315, 325, 337, 355, 389, 391, 422, 432, 439, 441–442, 444, 447, 449, 466, 471, 481, 486, 488, 503, 510, 533, 535, 538–539, *300*
Müller, Konrad 85
Müller, Othmar 125, 452
Müller, Paul (christl. soz.) 97, 281, 296, 301–303, 319, 324, 346, 407, 445, 450–451, 488, *302*
Müller, Paul (kons.) 441
Münch, Fritz 502
Mussolini, Benito 202
Nüesch, Jakob 388
Oesch, Johann Ignaz 65
Pesch, Heinrich 38
Pflüger, Paul 475
Pius X. 37
Pius XI. 176, 179, 201–205, 254, 494, *202*
Pius XII. 245, 294
Python, Georges 128
Riedener, Josef 340, 351–353, 371, 418–419, 450, *418*
Riklin, Josef 77, 327, 455
Rüegg, Ferdinand 256, 259
Rukstuhl, Edwin 301, 448
Rusch, Johann Baptist 29, 65, 133, 238, 308, 277, 434, 473–479, 504, 549, *474*
Savoy, André 112, 195, 210
Scheiwiler, Alois 11, 20, 27, 30–31, 34, 36, 38–47, 50, 52–53, 55, 59, 61–62, 66, 72, 81, 83, 88, 92–93, 98–101, 103–108, 111–115, 119, 129, 131, 134, 139–140, 156, 160–161, 168, 177–178, 180, 182, 187–188, 193, 205–206, 212, 216, 236, 240, 245–246, 248, 250, 252–267, 274, 283–284, 291, 296–297, 306–308, 317, 344, 352, 391, 404, 409, 417, 432, 441, 446, 455, 461, 463–465, 467–468, 482, 487–488, 496–501, 504, 520–521, 523, 525, 530, 532, 536, 538, 542, 545, 548, *43, 67, 205, 261–262, 264, 397, 523*

Scheiwiler, Peter 478
Scheiwiller, Otmar 199–200
Schelbert, August 88, 481
Scherrer, Ambros 282
Scherrer, Heinrich 124–125, 127, 280, 379, 382–383, 445, 517
Scherrer, Maria 283
Scherrer-Brisig, Maria *291*
Scherrer-Füllemann, Josef 124, 135
Schirmer, August 210, 213, 332
Schmid von Grüneck, Georg 494, 499
Schmidt, Franz 280
Schmuki, Johann 443
Schneider, Johann 404–405
Schöbi, Josef 322–323, 355, 440, 443, 448, 471, *322*
Schönenberger, Wilhelm 444
Schubiger, Johann 16, 133, 137, 143, 148–149, 446, *144, 150*
Schwizer, Alfons 107–110, 404–406, 441–442, *107*
Sonderegger, Emil 536
Staub, Ignatius *264*
Staub, Josef Othmar 128, 437
Steffen, August 72–73, 161, 278, 325, 402, 482, 538
Steiner, Jakob 403, 437, 470
Teobaldi, Alfred 541
Tobler, Robert 536
Walliser, Josef 132, 156, 178, 272
Walther, Heinrich 290, 487
Weber, Max 502
Weber, Otto 381, 383–385, 448, 517, 535
Wechsler, Johann 527
Weder, Karl 321
Wick, Karl 182, 205, 208, 283, 394–396, 407–408, 455, 460, 488
Wick, Othmar 311, 434
Widmer, Bernhard 70
Widrig, Anton 435, 478
Zemp, Josef 39
Zurburg, Carl 133, 168, 321–323, 411, 433, *322*

St.Galler Kultur und Geschichte

Bisher sind folgende Bände erschienen:

1 *Walter Lendi*, Bibliographie Paul Staerkle. – *Felici Maissen*, Johann Peter Mirer als Rektor des katholischen Gymnasiums 1820–1829. – *Martin Lendi*, Regierungsrat Dr. Karl Kobelt, Staatsmann und Bauherr. 1971. 56 Seiten

2 Festgabe für Paul Staerkle zu seinem achtzigsten Geburtstag am 26. März 1972. Mit Beiträgen von *Ernst W. Alther, Bernhard Anderes, Albert Bruckner, Johannes Duft, Hans Dörig, Ferdinand Elsener, Rainald Fischer, Arthur Kobler, Walter Lendi, Iso Müller, Walter Müller, Franz Perret, Josef Reck, Joachim Salzgeber, Emil Spiess, Werner Vogler*. 1972. 215 Seiten

3 *Ernst W. Alther*, Besiedlung, Bodennutzung und Migration in der Grundherrschaft der Grafen von Toggenburg und der Fürstabtei St.Gallen am Beispiel von Bauerngeschlechtern. – *Yvo Hangartner*, Wie lautet Art. 51 der st.gallischen Kantonsverfassung? – *Guido Kisch*, Lothar Rothschild (1909–1974). – *Alois Stadler*, Die Stellung der Fürstabtei St.Gallen im Dreissigjährigen Krieg (Dissertation). – *Jakob Christoph Thomann* (1781–1843), Rückblicke auf die verflossenen Lebenstage von Jakob Christoph Thomann, angefangen den 10ten Juli 1828. 1974. 174 Seiten

4 *Louis Specker*, «Weberpfarrer» Howard Eugster-Züst, 1861–1932. Leben und Werk des Vaters der Schweizerischen Textilarbeiterorganisation. 1975. 384 Seiten

5 *Franz Niklaus Schlauri*, Karl Beda Müller-Friedberg (Sohn) und die st.gallischen Bestrebungen zur Kodifikation des Privatrechts 1806–1811 (mit einer Übersicht der übrigen st.gallischen Kodifikationsversuche des 19. Jahrhunderts). 1975. 211 Seiten

6 *Louis Hürlimann*, Das Schweizerregiment der Fürstabtei St.Gallen in Spanien 1742–1798 (Dissertation) – *Kurt Buchmann*, Johann Jakob Scheitlin-Laderer (1806–1884). – *Georg Leonhard Hartmann*, Reise nach München im September 1816; Reise nach Hohenems und Pfäfers 1804 (bearbeitet von *Ernst Ziegler*). *Franz Perret*, Bibliographie zur Geschichte der Abtei Pfäfers. – *Otto P. Clavadetscher*, Dr. h.c. Walter Müller (1914–1975). – *Walter Müller*, Von der Rechtsweisung zur Niederschrift. Beiträge zur Entstehung der ländlichen Weistümer und verwandter Rechtsquellen, vornehmlich im weiteren Bodenseeraum. (Ein Fragment aus dem Nachlass, hg. von *Otto P. Clavadetscher*.). 1976. 354 Seiten

7 *Matilde Carrara Ronzani*, Antike Keramik im Historischen Museum von St.Gallen. Die Schenkungen Julius und Albert Züblin und einige weitere antike Vasen der St.Galler Sammlung (Dissertation). – *Giuseppe Clivio*, Geschichte der Lehrerbildung im Kanton St.Gallen. – *Felici Maissen*, St.Galler Studenten an der Universität Innsbruck 1671–1900. 1977. 350 Seiten

8 *Thomas Mettler*, Konrad Meyer (1780–1813) und die st.gallischen Strafgesetze der Mediation (Dissertation). – *Beat Bühler*, Geschichte von Ganterschwil. Gemeinde zwischen Thur und Necker. – *Werner Vogler*, Bibliographie Franz Perret. 1979. 312 Seiten

9 *Ernest Menolfi*, Sanktgallische Untertanen im Thurgau. Eine sozialgeschichtliche Untersuchung über die Herrschaft Bürglen (TG) im 17. und 18. Jahrhundert. 1980. 416 Seiten

10 Historisches Museum St.Gallen: Katalog der Graphiksammlung: Ansichten aus Fürstenland und Toggenburg (bearb. von *Roland Wäspe*). – *Claudio Stucky*, Das Sarganserland 1919–1939. Ein Bezirk in der Zwischenkriegszeit (Dissertation). – *Werner Vogler*, Die stift-st.gallischen Klöster und Pfarreien in der zweiten Hälfte des 18. Jahrhunderts. Ein Katalog. – *Urs Josef Cavelti*, Das Miteigentum des Katholischen Konfessionsteils am Stiftsarchiv St.Gallen. 1982. 368 Seiten

11 *Marcel Mayer*, Die Leinwandindustrie der Stadt St.Gallen von 1721–1760. *Hans Werner Goetz*, Typus einer Adelsherrschaft im späteren 9. Jahrhundert: Der Linzgaugraf Udalrich. – *Elisabeth Meyer-Marthaler*, Der Toggenburger Erbfall von 1436 als Frage von Erb- und Lehenrecht. – *Kurt Buchmann*, Johannes Sutter-Giezendanner 1859–1903. Ein Obertoggenburger Lebensbild aus der zweiten Hälfte des 19. Jahrhunderts. – *Felici Maissen*, St.Galler Studenten an der Universität Ingolstadt-Landshut-München 1472–1914. – *Otto Gsell*, Georg Gsell 1673–1740. Hofmaler Peters des Grossen. – David Gsell 1674–1725. Ein St.Galler als Pfarrherr zu Reck in Westfalen zu Beginn des 18. Jahrhunderts. – *Hans Fässler*, Nicht-ökonomische Funktionen von Markt und Marktplatz in St.Gallen. 1981. 396 Seiten

12 *Alois Stadler*, Geschichte der Genossame Goldingen. Ein Beitrag zur Siedlungs- und Wirtschaftsgeschichte einer voralpinen Region des Kantons St.Gallen. 1982. 319 Seiten

13 *Benno Schubiger*, Felix Wilhelm Kubly, 1802–1872. Ein Schweizer Architekt zwischen Klassizismus und Historismus. 1984. 283 Seiten

14 *Kurt Buchmann*, Die St.Gallisch-Appenzellische Gemeinnützige Gesellschaft 1819–1867. Ihre Geschichte im Spiegel der gemeinnützig-vaterländischen Sozietätsbewegung des 18./19. Jahrhunderts. – *Peter Saile*, Die Erbrechte der Stadt Wil von 1514–1639. Rechtshistorische Entwicklung und grundsätzliche Bedeutung (Dissertation). 1985. 459 Seiten

15 Thesaurus Fabariensis. Die Reliquien-, Schatz- und Bücherverzeichnisse im Liber Viventium von Pfäfers. – *Werner Vogler*, Der Liber Viventium von Pfäfers. Eine Einführung. – *Iso Müller*, Das Reliquienverzeichnis. – *Carl Pfaff*, Die Schatzverzeichnisse. Die Bücherverzeichnisse. – *Dieter Schindler*, Werdenberg als Glarner Landvogtei. Untertanen, ländliche Oberschicht und «fremde Herren» im 18. Jahrhundert. 1986. 354 Seiten

16 Subsidia Sangallensia I. Materialien und Untersuchungen zu den Verbrüderungsbüchern und zu den älteren Urkunden des Stiftsarchivs St.Gallen. Hg. von *Michael Borgolte, Dieter Geuenich und Karl Schmid*. 1986. 756 Seiten

17 *Marcel Mayer*, Hilfsbedürftige und Delinquenten. Die Anstaltsinsassen der Stadt St.Gallen 1750–1798. 1987. 346 Seiten

18 *Beat Bühler*, Gegenreformation und katholische Reform in den stift-st.gallischen Pfarreien der Diözese Konstanz unter den Äbten Otmar Kunz (1564–1577) und Joachim Opser (1577–1594) [Dissertation]. – *Hans Schnyder*, Ur- und Frühgeschichte der Gemeinde Marbach im St.Galler Rheintal. – *Paul Oberholzer*, Der Streit um Dattikon. Ein Schiedsgerichtshandel zwischen dem Land Gaster und der Stadt Uznach in der Mitte des 15. Jahrhunderts. – *Pantaleon Germann*, «Merckwürdigkeiten» und «Notata» aus den Jahren 1742–1771. Bearbeitet von *Franz Germann*. – *Ursula Brunold-Bigler*, Das Bild der Nichtsesshaften in schweizerischen Volkskalendern des 18. und 19. Jahrhunderts. 1988. 353 Seiten

19 *Joseph Reinhard Weber*, Stadt und Bezirk Rorschach in alten Ansichten. Inventar der Druckgraphik bis um 1900. 1990. 320 Seiten

20 *Hubert Patscheider*, Das Kantonsspital St.Gallen 1953–1988. 1991. 264 Seiten

21 *Ursula Ninfa*, Johann Georg Müller 1822–1849. Ein Architekt auf der Suche nach dem Neuen Stil. 1993. 536 Seiten

22 *Stefan Sonderegger*, Landwirtschaftliche Entwicklung in der spätmittelalterlichen Nordostschweiz. Eine Untersuchung ausgehend von den wirtschaftlichen Aktivitäten des Heiliggeist-Spitals St.Gallen. 1994. 509 Seiten

23 *Cornel Dora*, Augustinus Egger von St.Gallen 1833–1906. Ein Bischof zwischen Kulturkampf, sozialer Frage und Modernismusstreit. 1994. 668 Seiten

24 *Philip Robinson*, Die Fürstabtei St.Gallen und ihr Territorium 1463–1529. Eine Studie zur Entwicklung territorialer Staatlichkeit. 1995. 361 Seiten

25 *Martin Röhl*, Die politischen Rechte im Kanton St.Gallen. Ihre Entwicklung von der Regeneration bis zur Jahrhundertwende. 1995. 356 Seiten

26 *Pascale Sutter*, «Arme Siechen». Das St.Galler Siechenhaus Linsebühl im Spätmittelalter und in der frühen Neuzeit. – *Rudolf Gadient*, Weihnachtliche Stubenspiele aus Flums. Nach einem Manuskript von 1783. – *Felici Maissen*, St.Galler Studenten an der Universität Heidelberg 1386–1921. – St.Galler Studenten an der Universität Tübingen 1477–1914. – *Ernst Ehrenzeller*, Staatsarchivar Peter Ehrenzeller 1798–1847. 1996. 464 Seiten

27 *Isabella Studer-Geisser*, Maria Geroe-Tobler 1895–1967. Ein Beitrag zur Schweizer Textilkunst des 20. Jahrhunderts. 1997. 252 Seiten

28 *Willi Schoch*, Die Bevölkerung der Stadt St.Gallen im Jahre 1411. Eine sozialgeschichtliche und sozialtopographische Untersuchung. 1997. 343 Seiten

29 *Rita M. Fritschi*, «Der arme Lazarus im Kulturstaat». Die Entstehung und die ersten Betriebsjahre des Kantonsspitals St.Gallen von 1845–1880, 1997. 234 Seiten

Zu beziehen durch:
Buchhandlung am Rösslitor, Webergasse 5, CH-9001 St.Gallen